CONTENTS 目录

前言 v

1　罗马时期 001

2　盎格鲁－撒克逊时期 033
　　从肯特的埃塞尔伯特王至维京人入侵（597—865）........ 035
　　从阿尔弗雷德大帝至黑斯廷斯战役（865—1066）........ 059

3　诺曼王朝和安茹王朝 099
　　威廉一世（1066—1087）.. 101
　　威廉二世（1087—1100）.. 114
　　亨利一世（1100—1135）.. 120
　　布洛瓦的斯蒂芬（1135—1154）................................. 127
　　亨利二世（1154—1189）.. 132
　　理查一世（1189—1199）.. 157
　　约翰（1199—1216）.. 170

4　金雀花王朝 179
　　亨利三世（1216—1272）.. 181

爱德华一世（1272—1307） 189

　　爱德华二世（1307—1327） 199

　　爱德华三世（1327—1377） 205

　　理查二世（1377—1399） 219

5　兰开斯特王朝和约克王朝 225

　　亨利四世（1399—1413） 227

　　亨利五世（1413—1422） 232

　　亨利六世（1422—1461） 239

　　爱德华四世（1461—1483） 248

　　爱德华五世（1483） 254

　　理查三世（1483—1485） 257

6　都铎王朝 263

　　亨利七世（1485—1509） 265

　　亨利八世（1509—1547） 274

　　爱德华六世（1547—1553） 295

　　玛丽一世（1553—1558） 300

　　伊丽莎白一世（1558—1603） 305

7　斯图亚特王朝 329

　　詹姆士一世（1603—1625） 331

　　查理一世（1625—1649） 347

　　　君权神授（1625—1642） 347

　　　内战（1642—1649） 360

　　共和国和护国主时期（1649—1660） 371

　　查理二世（1660—1685） 381

詹姆士二世（1685—1688）..................................400
　　　威廉和玛丽（1689—1702）..................................406
　　　安妮（1702—1714）..417

8　汉诺威王朝..431
　　乔治一世（1714—1727）......................................433
　　乔治二世（1727—1760）......................................444
　　乔治三世（1760—1820）......................................469
　　　爱国君主（1760—1793）....................................469
　　　法国大革命战争和拿破仑战争（1793—1815）........497
　　　激进风潮（1815—1820）....................................526
　　乔治四世（1820—1830）......................................533
　　威廉四世（1830—1837）......................................544
　　维多利亚（1837—1901）......................................558
　　　《谷物法》和爱尔兰大饥荒（1837—1854）.............558
　　　好战的帕默斯顿（1854—1868）............................574
　　　格莱斯顿和迪斯雷利（1868—1886）......................594
　　　帝国主义和社会主义（1886—1901）......................618

9　萨克森-科堡王朝..641
　　爱德华七世（1901—1910）..................................643

10　温莎王朝..655
　　乔治五世（1910—1936）....................................657
　　　最后的和平年代（1910—1914）..........................657
　　　第一次世界大战（1914—1918）..........................671
　　　和平谈判和法西斯主义兴起（1918—1936）............684

爱德华八世（1936）...711

乔治六世（1936—1952）...711

    绥靖政策的失败（1936—1939）.............................711

    第二次世界大战（1939—1945）.............................716

    国内改革与国外共产主义的发展（1945—1952）......735

伊丽莎白二世（1952—2022）...................................745

    改变之风（1952—1964）...745

    欧洲病夫（1964—1979）...753

    撒切尔夫人的遗产（1979—2002）...........................765

英格兰各王朝系谱..793

英国历任首相..805

人名、地名、专有名词对照表....................................811

前　言
Preface

我年轻时曾阅读过介绍英国历史的各类书籍，它们为英国源远流长而错综复杂的过去整理出了一个清晰的脉络。这些书带有很强的传记性，内容丰富多彩，里面充满了冒险经历，从而使历史更容易被人们记住。1905 年，一位名叫亨利埃塔·马歇尔（Henrietta Marshall）的新西兰女士撰写了介绍英国历史最著名的一本书——《岛国故事》(*Our Island Story*)。当时，大英帝国正值全盛时期，如《1066 年和所有》(*1066 and All That*) 中不朽的文字所描述的那样，是世界上"最强大的国家"。不必说，世界已与昨日不同，主管历史的缪斯女神克利俄（Clio）也改变了她的观点。如今，人们对上一辈心中的英雄壮举可能已经有了全然不同的态度。

在起笔撰写本书时，我想到了我的 3 个女儿。考虑到她们，我认为还是有必要为普通人写一本书，让他们在充满争论的历史浅滩上不至于迷失方向，同时为那些并不从事历史研究工作的人大致勾勒出过去的形貌。在英国现行国家教学的安排下，许多年轻人学会了查阅只有内行才懂的历史文献，却对年代的顺序毫无所知，甚至分不清斯图亚特王朝和维多利亚时代究竟孰先孰后。许多孩子认为，埃及人和阿兹特克人也曾经在大不列颠群岛上生活过。而我们对这样的误解似乎也已经见怪不怪了。本书的目的在于尝试带领读者回归"何人、何时、何事、何如"的传统原则。

再者，历史长河中展现的爱国主义精神也打动了我。英国今日之成就很大程度上应归功于昨日之亡士。一些天资卓越的个人产生了巨大的影响，假使没有他们，英国今天的状况可能完全不同。他们的行动促使历史发生了转折。威廉·威尔伯福斯（William Wilberforce）*是废除奴隶贸易运动背后的推动力量；弗洛伦斯·南丁格尔挽救了无数英国士兵的生命，他们原本可能丧命于拖沓懒散的军队官僚制度之下。诺曼王朝和都铎王朝虽然统治残暴，但本质上是两个思想自由的时代，这两个时代也铸就了英国历史上的一段辉煌，而其血腥统治则应被视作英国本土民族的本性。自布狄卡（Boudicca）王后反抗罗马人的统治以来，英国人便传承了一种振奋人心的特质，一旦统治者太过分，他们便会反抗。英国拥有维护法制、保护普通民众权利不受暴政侵害的传统，这种传统为世界带来了议会民主体制。

一个民族的历史必须将体现民族精神的趣闻逸事包括在内，因为它们能够反映民族价值观。因此，我也毫不愧疚地再一次讲述了一些脍炙人口的民族故事，虽然我并不确定它们到底是否真实地发生过。重要的是，这些故事经历了时间的考验，在数百年后依然被人们反复提起。我们英国人最喜爱的故事是，一位伟大的人物（如阿尔弗雷德大帝）欣然采纳了街头普通男女的意见，然后纠正了自己的错误。毫无疑问，这是最能说明英国人特质的例子。

当然，英国人身上还有其他优秀的品质，比如善用讥讽、心地善良、维护民主、幽默诙谐、充满活力、宽大包容、英勇无畏。几个世纪以来，英国人已经推翻了无数残暴统治和严酷政策，英国也永远不会缺少时刻准备与暴政斗争的英雄儿女。从约翰·汉普登（John Hampden）到试图阻止塞西尔·罗兹将恩德贝莱人的土地掠夺过来建立罗得西亚的英国传教士，这样的例子不一而足。约瑟夫·张伯伦

---

* 1759—1833，英国下议院议员、废奴主义者。——编者注

（Joseph Chamberlain）*开创了市政社会主义（Municipal socialism）†，国民医疗服务体系也在英国建立了起来，两者共同成为英国人道主义理想的最佳例证。

我把自己视为拥有爱尔兰血统的苏格兰人，也十分清晰地认识到爱尔兰、苏格兰和威尔士民族各自拥有独立的历史，尽管如此，我还是沿着英格兰王国的发展叙述了本书的大部分内容。因为威斯敏斯特议会仍是这4个地区的首要立法机构，目前联合王国也仍保持完整，所以我相信本书的叙述方式是符合法律的。

本书如有讹误，纯属我个人疏漏。历史学家艾伦·帕尔默（Alan Palmer）在创作过程中给了我大量帮助。他在英国史方面拥有百科全书般的渊博知识，让我深受启发。我对他的感谢难以言表。编辑佩内洛普·霍尔（Penelope Hoare）无比耐心地等待我完成了这本书，我的代理人埃德·维克托（Ed Victor）也做出了不可估量的贡献。我经常在3个孩子布兰奇、亚特兰特和霍诺尔放假时进行历史考察，比如在复活节假期前往荒凉清冷的卡洛登战役古战场。感谢孩子们能以良好的心态容忍我的考察活动。感谢海伦·弗雷泽（Helen Fraser）与我非亲非故，却委托我撰写此书。在创作期间，查图和温都斯书局出版商艾莉森·塞缪尔（Alison Samuel）一直鼓励着我。我的母亲安东尼娅·弗雷泽（Antonia Fraser）‡不仅阅读了我在各个阶段的创作手稿，还一直积极地关注这本书的进展。在创作之初，我的继父哈罗德·品特（Harold Pinter）§和已故的外祖父母弗兰克·朗福德（Frank Longford）¶、伊丽莎白·朗福德（Elizabeth Longford）**便已读过我的手稿，我也要感谢他们。我还要感谢帕特里克·西尔（Patrick Seale）和我分享了许多中东地区的知识。丹尼尔·约翰逊（Daniel Johnson）学识渊博，他赠送给我很

---

* 1836—1914，英国政治家，英国首相内维尔·张伯伦的父亲。——编者注

† 市政社会主义是费边社的重要政策主张，认为只要扩大市政当局对煤气工业、电力工业、自来水工业和其他公用事业的所有权，加强政府对私人企业的管理，就是实行社会主义。——译者注

‡ 英国著名历史作家、小说家，著有包括《历代英王生平》在内的逾30本书。——编者注

§ 英国剧作家、导演，2005年诺贝尔文学奖获得者。品特被誉为萧伯纳之后英国最重要的剧作家，是英国荒诞派戏剧的代表人物。——编者注

¶ 即第七代朗福德伯爵弗兰克·帕克南，英国政治家、社会活动家，曾任议会上院议长、第一海军大臣等政府要职。——编者注

** 即朗福德伯爵夫人伊丽莎白·帕克南，英国历史作家，曾为英国皇家文学学会成员，著有维多利亚女王、诗人拜伦和威灵顿公爵的传记。她也是英国首相内维尔·张伯伦的外甥女。——编者注

多他认为我能用得上的书。我还要感谢劳拉·林赛（Laura Lindsay）。她就职于佳士得，得益于她手上的英国图像资料，我才不至于被地图弄得晕头转向。已故的杰拉尔德·布罗德里布（Gerald Brodribb）博士带领我参观了在东苏塞克斯博波尔公园发掘出的罗马公共浴室遗址，我想在这里表达对他的感谢。我还十分感谢菲利普·弗劳尔（Philip Flower）允许我复制一部分他祖父独一无二的收藏——记录布尔战争的照片。我也从罗伯特·西尔弗（Robert Silver）的儿时读物《英国历史图说》（*The Pictorial History of England*）中得到很大启发。莉莉·理查兹（Lily Richards）、波佩·汉普森（Poppy Hampson）和我的妹夫艺术家科尔曼·桑德斯（Coleman Saunders）为这本书的图片研究提供了大量帮助，我也要感谢他们。克里斯托弗·伍德黑德（Christopher Woodhead）也在创作中不断鼓励着我。爱德华·巴克（Edward Barker）让我了解了青少年历史爱好者的观点，劳里·德·格拉蒙（Laure de Gramont）则提供了法国人看待阿尔比恩*的视角。芒罗·普赖思（Munro Price）博士也为我提供了帮助，拉尔夫·格里菲思（Ralph Griffiths）负责本书的校对工作。此外，彼得·詹姆斯（Peter James）出色地编辑了我的手稿，如果没有他，你们便不可能看到这本书。

最后，我还要特别感谢我的丈夫爱德华·菲茨杰拉德（Edward Fitzgerald），他虽然几乎和这本书生活在了一起，但对历史的热情一直没有减退。

---

* 英国或不列颠的雅称。——编者注

I
罗 马 时 期
Roman

2000多年前，在公元前55年，罗马人来到不列颠。我想从这里开始，讲述英国的故事。在罗马帝国最伟大的军事统帅尤利乌斯·恺撒（Julius Caesar）率领远征军第一次来到不列颠岛之前，这个国家一直孤悬海外。波涛汹涌的大海隔绝了它与欧洲大陆的交通。除了这个岛自己的居民之外，没有人对这个地方有太多的了解，哪怕他们能听到关于它的传言。它向北延伸到哪儿？它的森林是否真的让人有进无出？它是否真的是一个岛屿？它的矿产资源是不是真的特别丰富？

最迟在公元前4世纪，也就是恺撒进军之前250年，当地的居民就已经在位于不列颠西南端的艾克提斯岛（Island of Ictis）特别是圣米迦勒山（St Michael's Mount）开采珍贵的金矿和锡矿，用于出口了。他们的贸易联系甚至远达地中海一带。因为这项贸易，在公元前300年，希腊殖民地马西利亚（Massilia，即现在的马赛）派了一个名叫皮西亚斯（Pytheas）的人前往不列颠，进行一次考察之旅。皮西亚斯注意到当地居民天性很友好。他说，在更远的东部地区，布立吞人（Briton）掌握着某种神秘的方法，可以从山地运来巨大的蓝石。

他说，在他们的主要港口多塞特（Dorset）的东北部，有一片巨大的平原，他们或者他们的神灵为宗教庆典建造了一个巨大的石环，称为巨石阵。

但是皮西亚斯的描述仅零星地出现在后世的一部作品的引述中。不列颠的部落没有文字，因此它们仍然保持着神秘。公元前3000年的新石器时代，他们的那些身材矮小、肤色黝黑、聪明能干的远古祖先从地中海进入不列颠，但是此后一直不为人知，只在一些口耳相传的传说里记述了他们的故事。考古学家只有通过在古墓中发掘出来的文物，才推断出不列颠的新石器时代人已经开始用鹿角翻土，种植少量的小麦，用燧石做箭头猎取野味为食。在恺撒写了《高卢战记》（*Commentaries on the Gallic War*）之后，我们才有了对这个国家的第一份文字描述，而在那之前，罗马人已经听闻不列颠之名长达400年了。

在皮西亚斯和恺撒亲自前往不列颠之前，岛上主要的原始居民是铁器时代的凯尔特人。他们和西班牙的伊比利亚人、法国的高卢人一样，都拥有强大的军事实力，在罗马城邦兴起之前，他们掌握着北欧和中欧及地中海地区之间的贸易路径。凯尔特人是继新石器时代人之后涌入不列颠的第二波人，但是他们进入不列颠的时间是公元前1000年左右，比新石器时代人晚了2000年。新石器时代人留下的最伟大的纪念就是位于威尔特郡（Wiltshire）埃夫伯里（Avebury）的环形巨石阵。在他们之后，凯尔特人之前，还有另外一拨儿人入侵了不列颠。

这一拨儿入侵者是圆脑袋的青铜器时代人，他们来自于莱茵兰（Rhineland），于公元前1900年左右踏上了不列颠的土地。他们虽然也肤色黝黑，但比新石器时代人体格更强壮，体形更高大。很快地，他们就占领了从英格兰东岸约克郡（Yorkshire）到南边萨里（Surrey）之间的大片土地。这个更为先进的民族有时被称为宽口陶器人，得名于从他们墓葬中发现的陪葬的酒器。他们已经会制造青铜工具，建造了巨石阵，采用单人墓葬、圆形坟冢。但是到了大约公元前1000年，他们的生活受到了一个新的、更强大的文明的挑战。

从公元前1000年左右开始，凯尔特人从欧洲东部陆续往西迁移。日耳曼人的部落在他们身后不断扩张，迫使他们前往北欧和西欧，尤其是法国、西班牙和不列颠地区。他们促使这些地方进入了铁器时代。凯尔特人部落具备了足够的技术，能够从地底开采铁矿石——通过高温加热的方式提炼铁矿石。而后，他们通过将多层金属片捶打融合，制造出更加复杂强韧的金属。这样一来，他们在青铜工具和石器的基础上前进了一大步。他们利用更为强大的铁质武器，轻易地打败了还处于青铜器时代的民族。他们还用铁制造车轮，并用马拉车，从而提高了他们的迁移速度。凯尔特人十分喜爱马，甚至将马作为陪葬品用于墓葬。

  凯尔特人身材高，肤色浅，拥有红色或金色的头发，眼睛是蓝色或绿色的。他们不仅在外形上与青铜器时代人大不相同，而且语言也与之相异。凯尔特人使用许多不同的语言，但只有其中两种得到了发展，没有人知道确切的原因。盖尔语（Gaelic）最初被称为戈伊德尔语（Goidel），通行于爱尔兰和苏格兰；布立吞语（Brythonic）则是威尔士语、布列塔尼语和康沃尔语的起源。凯尔特人不像新石器时代人那样穴居野外，而是筑屋而居：他们埋柱于泥土，搭起屋子，又编织树枝，用作屋顶。最初他们居住的村寨都坐落在山上，以便他们俯瞰四野，不久之后他们发明了犁，将周边的土地划分成小方块进行耕种。这种耕地形制一直延续到罗马时期结束。英格兰西南部的一些凯尔特人则在湖畔建村而居，出于防御的考虑，他们的村庄似孤岛一般，与四周隔绝。凯尔特人的统治者有男性也有女性，甚至女人也可以领导战斗。

  到公元前1世纪，不列颠——或者按罗马人的称呼，叫作不列颠尼亚（Britannia）——已经引起了恺撒的窥伺。高卢（一个国家，其领土范围基本上等同于如今的法国）反抗罗马统治的领导人常逃往不列颠尼亚，恺撒不想再让它继续充当这些人的避难所。考古学家已经证实，公元前1世纪，不列颠南部沿岸地区的居民从位于多塞特的主要港口亨吉斯特伯里角（Hengistbury Head）出发，频繁与高卢人进行贸易往来。在恺撒生前，不列颠南部和法国北部可能被一个叫迪维阿库斯（Diviacus）的高卢领主所统治。恺撒认为在布立吞人中有巨大影响力的宗教领袖德鲁伊教团员（Druids）也帮着高卢人煽风点火。高卢西北部即今比利时一带的比利其人（Belgae）反叛罗马。他们与隔海相望的不列颠关系密切，每当他们遇到麻烦，都习惯性地逃往不列颠避难。这些比利其人由卡西维劳努斯（Cassivellaunus）统治，被称为卡图维劳尼人（Catuvellauni）。比利其人从高卢逃往不列颠定居下来的事情还历历在目，因此，恺撒便决意要彻底打败他们；若是将不列颠尼亚变成罗马帝国的一个行省，就能彻底打破比利其人的统治。同时，若能将帝国的疆域扩大到已知世界的尽头，也能成为他的一项伟大功绩，令他名垂千古。在恺撒统治下的独特的军国主义罗马社会中，获取荣耀和权力的方式是扩大帝国的疆域，而非治理这些领土。

恺撒在公元前55年第一次远征时乘船穿越"海洋"（实为海峡），他的主要目的之一是收集不列颠的港口和登陆地的信息。他登陆时遇到了一些困难：大潮掀翻了他的重型运输船。他注意到不列颠的房子和居民都和高卢相似，唯有一个显著的不同就是无论贫富，不列颠的男子都将身体表面的毛发剃光（只有上唇不剃，反而会留长长的髭须），并用一种名为靛蓝的蓝色染料涂在身上。他们红色的头发也留得非常长，常常会用束发带扎起来。他们知道如何处理兽皮，并将之出口，而且和欧洲大陆维持着良好的贸易关系；他们用黄金和铁条购买铁器、牲畜和粮食，货币体系初具雏形。但是，当恺撒靠近肯特（Kent）沿海的迪尔（Deal）一带时，看到身体涂满靛蓝的布立吞人在他上方的悬崖上飞快地移动着双轮战车，十分野蛮原始。由于他们不着寸缕，所以恺撒认为他们不懂织布技术——织布技术被罗马人认为是文明的标志之一。但显然恺撒是被这些布立吞人的外表给误导了。事实上，他们知道如何将羊毛纺成线，如何将线织成衣服，如何用鲜花和昆虫做染料给衣服染色。他们其实常常穿着宽松的羊毛长衫、斗篷和长袍，戴着穿成螺旋状的复杂精巧的珠宝饰物，这些饰物是他们的优秀工匠用黄金、白银、珐琅制成的。恺撒第一次看到他们时，他们之所以会赤身裸体，完全是因为这是他们的战斗习俗。凯尔特人的各部落，以及英吉利海峡（English Channel）另一边的高卢人，在战斗的时候都是完全赤裸的。

然而恺撒依然认为，尽管肯提姆（Cantium，恺撒根据当地人的发音音译的这个国家的名称，即今天的肯特郡）的人民事实上达到了相当高的文明程度，掌握了耕种技术，但此地以北的布立吞人并不懂得农耕，只能靠打猎获取食物为生。事实上，罗马人在当时已经掌握了先进精密的工程技术，能够以此建造石桥、铺设道路、修筑人工水渠，他们也已经具备了建筑学知识，能够让宫殿堡垒拔地而起，他们甚至已经拥有了丰富的军事知识和行政能力，相较之下，布立吞人确实显得野蛮无知，盲目迷信。他们生活在德鲁伊教团员的统治之下。这些穿白色长袍的德鲁伊教团员视槲寄生为圣物，还进行人祭，将人关在柳编笼子里活活烧死。

野兔、鸡和鹅也被视作神圣的动物，这也就意味着人们不能将它们用作食物——尽管布立吞人喜欢把它们当作宠物。据说布立吞人热爱诗歌，但是他们也极好争斗。

恺撒发现不列颠尼亚的气候虽然比高卢更潮湿，但也更温和。利用滴漏，他推断这个陌生的新国家的地理位置比欧洲大陆更靠北，夜间时间较短。随着他深入内陆，他在这个国家的东部距南海岸约 80 英里*的地方遇到了一条大河，他将之命名为泰米尔（Thamium），这个拉丁文名称与古代布立吞人给这条河起的名字发音相近。这条河就是如今我们所知的泰晤士河（Thames）。不列颠勇士们的勇敢无畏和他们操纵双轮战车的战术给恺撒留下了深刻的印象，因此他对这一切进行了极为详细的描述。尤其令他印象深刻的是他们骑马的技术。他们可以毫无畏惧地骑马全速冲下陡坡，又能在一眨眼的工夫掉转马头，策马向前追上战车。

尽管不列颠大部分地区的文明程度都明显低于罗马，但是恺撒的两次远征都未能给他带来什么荣耀。他那句名言"我来，我见，我征服"从未在不列颠实现。作为一个在平静无波的地中海沿岸出生长大的人，他预料不到不列颠沿岸的风浪对军队会有多大影响，结果带去的士兵很多都折于风浪之中，最后成功登陆的士兵数量不足，这使他的第一次入侵以陷入僵局告终。一年以后，即公元前 54 年，他从布伦（Boulogne）出发，试图再次入侵不列颠。此次他发动了大量的兵力，动用了 28 艘战船和 800 艘运输船（为了应对不列颠的风浪，船身特意改低了）。这一次远征比上一次成功。远征之后，双方缔结了和平协议，不列颠的部落每年要向罗马纳贡一次。但是因为后来高卢地区发生叛乱，恺撒不得不紧急撤回高卢去镇压叛军，这次入侵并没有征服整个不列颠。

恺撒可能会说肯特的坎蒂人（Cantii）、埃塞克斯的特里诺文特人（Trinovante）和诺福克（Norfolk）的爱西尼人（Iceni）都已经臣服于他，但在他离开时，并没有像 90 年后克劳狄（Claudius）皇帝真正征服不列颠时做的那样，留下戍卫军队。尽管他和他的传说已经越过泰晤士河传到更远的地方，但是若非特里诺文特人背叛了自己的同胞，只怕在不列颠部落的人海战术之下，罗马人早已经被赶出国境。

---

* 1 英里约为 1.6 千米。——编者注

在卡西维劳努斯的领导之下，彼此争斗不休的不列颠各部落曾一度团结起来。眼见特里诺文特人已经与罗马单独媾和，卡西维劳努斯认为与恺撒达成和约是比较明智的做法。他们的和谈并不艰难。此时的不列颠并未真正落入罗马人的掌控，无论如何都尚不能算作帝国的西部边境。恺撒自己似乎也不认为他已经征服了不列颠。他从未宣布自己获胜，也没有像往常那样让充作奴隶的战俘沿着罗马游行，以炫耀他开疆拓土的功绩。据说他展示出来的战利品只有一件用不列颠的淡水珍珠制作的胸甲（不列颠白银不多，令他非常失望）。他也许很高兴自己能够离开这个地方，因为正如1世纪罗马历史学家塔西佗（Tacitus）所言，这个国家的气候"多雨多雾，令人厌恶"，在这里，由于"土壤和空气极度潮湿"，所以农作物生长得很快，但是成熟得很慢。

之后，意大利的内战转移了恺撒的注意力，他的后继者也有比不列颠更重要的关注点，所以在将近100年的时间里，布立吞人在他们的国王和首领的统治之下，自由自在地延续他们祖先的生活方式。但是他们的生活还是发生了一些细微而缓慢的改变。不论是在外交上还是在贸易上，他们与罗马人的接触都越来越频繁。不列颠此时已经向罗马帝国出售谷物，并从罗马的商人手中购买橄榄油和葡萄酒，这些物品在公元前1世纪晚期的不列颠墓葬中均有出现，为我们提供了佐证。不列颠境内出土了一些罗马工艺风格的精巧的人工制品，比如在诺福克的霍克沃（Hockwold）地区发现的银杯，原被认为是罗马官员的财产，如今很多人相信它们是在不列颠被征服之前，罗马政府赠给当地一位重要的部落首领的礼物。一些像科米乌斯（Commius）一样接受过罗马教育的高卢人逃到了英国（科米乌斯原先帮助恺撒侵略过不列颠，但是后来成为苏塞克斯的阿特雷巴特人的国王）。与这些人的接触增多，让不列颠的当地人越来越多地学会了罗马人的生活方式。到公元前1世纪末，英格兰南部的很多国王，包括住在汉普郡（Hampshire）锡尔切斯特（Silchester）一带的科米乌斯的儿子汀科密乌斯（Tincommius）在内，都拥有了自己的铸币厂。他们铸造自己的硬币，在硬币上铭刻拉丁文，自称"君主"，尽管他们自己都不懂拉丁文。

这些王国中最重要的就是卡西维劳努斯的子孙统治的那些地方。他们的部落被称为卡图维劳尼。在恺撒撒走之后，卡图维劳尼人大规模地扩大他们的领土。

他们的土地自剑桥（Cambridge）和北安普敦（Northampton）起，经赫特福德郡（Hertfordshire），一直延伸到萨里郡（南部后来发展成为伦敦），形成一个半圆形。1世纪初，他们的统治者是国王库诺比莱纳斯（Cunobelinus），即莎士比亚笔下的辛白林，他铸造的硬币上有CUNO的字样。2世纪早期的罗马历史学家苏埃托尼乌斯（Suetonius）称之为"布立吞人之王"。不列颠这个遥远神秘的国度之所以会再次走进罗马统治者的视野之中，是因为库诺比莱纳斯和他的儿子艾德米尼厄斯（Adminius）爆发了冲突。艾德米尼厄斯王子被他的父亲驱逐，逃到了罗马，到了卡里古拉（Caligula）皇帝的宫廷。

既然恺撒已经将不列颠列入了罗马的版图之中，那么彻底征服不列颠就成了罗马政府一直想要完成，却偏偏难以实现的目标：这个国家在抵挡住了恺撒的入侵之后就披上了一层荣光。随着被流放的不列颠王子艾德米尼厄斯的到来，帝国对这个国家的兴趣又一次被挑了起来。卡里古拉皇帝开始准备再次入侵不列颠。他建造了船舰，筹备了武器，筹集了军费，集结了军队。传说他抵达了多佛（Dover），却被那里高耸的悬崖峭壁挡住了去路，只好叫沮丧的士兵去海边捡贝壳，以"海洋的馈赠"替代"战利品"，但究竟真相是否如此，已经不得而知了。人们常常编造一些讽刺残暴的卡里古拉皇帝的笑话，所以我们难以确定这个说法究竟是事实还是虚构的。

但41年，卡里古拉的叔父克劳狄继位，这个性情乖戾但精力充沛的新皇帝亟需借助武力征服来稳固他摇摇欲坠的皇位，所以他接手了卡里古拉所做的征战准备。在克劳狄统治期间，不列颠才真正被罗马占领，因为罗马在不列颠全境系统地修建了堡垒，派驻了军队，将之变成了罗马的一个行省。这一次，罗马派出了4个军团共计2万名士兵，另有2万名辅助兵，组成了罗马侵略军。他们将占领北至苏格兰的广大地区长达4个世纪之久。罗马军事指挥奥卢斯·普劳提乌斯（Aulus Plautius）在梅德韦（Medway）以北打败了布立吞人，之后，克劳狄带着大象来到了不列颠，在库诺比莱纳斯国王的旧都卡姆洛杜努姆（Camulodunum），即今天埃塞克斯郡的科尔切斯特（Colchester），举行胜利游行。征服不列颠给克劳狄增添了他所急需的政治资本。

到1世纪末，不列颠已经变成了不列颠尼亚省，彻底成为了罗马帝国的一部分。依靠罗马先进的战术和甲胄，在仅仅 6 年的时间里，总共才 4 万人的罗马军队就打败了数十万不列颠凯尔特人，占领了北至特伦特河（Trent）、塞文河（Severn）和迪河（Dee）的广袤国土。然而，尽管罗马侵略者强大得令人生畏，但古代布立吞人依然对重获独立、驱逐罗马人离境抱有一些希望。不列颠各部落对个人自由的执着，令严肃理智的罗马人印象深刻、叹为观止。他们不得不多次镇压不列颠部落的叛乱。但是想反抗罗马，光有一腔蛮勇是不够的。不列颠部落最大的不利因素就是他们时常发生内讧，这种情况带来了灾难性的后果。这意味着，他们在人数上的优势始终无法用于对抗罗马人。塔西佗认为，"在战争中，没有其他任何事情，包括强大的国家的支持"，比不列颠各部落之间的"无法团结合作"对"我们的助益更大"。他们普遍倾向于与罗马单独缔结条约，然后转而攻击彼此。恺撒"分而治之"的策略在 1 世纪的英国得到了最佳的体现。若这些部落能像卡西维劳努斯统治时期那般团结，仅凭人数优势，他们就有可能将罗马人困在海湾。

克劳狄很注意与不列颠的国王和女王建立良好的关系。另一个实现不列颠和平的方法是移民。老兵从意大利来到不列颠开始新生活。他们为罗马帝国服役了 30 年，作为奖励，他们被授予不列颠的土地，这些地方被称为"退伍军人聚居地"。这是罗马将一个国家变成罗马帝国行省的一种传统手段。然而，在库诺比莱纳斯的另一个儿子卡拉克塔库斯（Caractatus）酋长的领导下，在长达 9 年的时间里，一支危险的不列颠抵抗力量一直活跃在威尔士西部边境地区。这些布立吞人拒绝离开他们的土地让土地变成罗马人的聚居地，而罗马总督欧斯托里乌斯·斯卡普拉（Ostorius Scapula）要求不列颠的部落解除武装的命令进一步激怒了他们。

卡拉克塔库斯率领的是一个叫作志留人（Silures）的部落。志留人肤色黝黑，毛发卷曲，以性情剽悍凶猛著称，被恺撒认为是西班牙人后裔。在卡拉克塔库斯的统治之下，他们声名远播，甚至传到意大利。在意大利，人们认为一个野蛮的酋长竟敢挑衅罗马帝国，实在令人匪夷所思。早期，卡拉克塔库斯运用游击战术，带领他的部众在不同地区之间转移。但是在占领了奥陶人（Ordovices）的领地什罗普郡（Shropshire）之后，随着大量的布立吞人聚集到他的麾下，他误以为自己可以在正面交战中打败罗马人。卡拉克塔库斯对他的追随者说，如果他们所能期待的仅是东躲西藏的悲惨生活，那么活着就毫无意义；他们必须重新获得自由，否则他们将永远沦为奴隶。这番言辞足以赢得同时代罗马人的钦佩，也令他们更确切地知道在不列颠人的认知中自由是何等重要。

卡拉克塔库斯给自己精心选择了会战的阵地。留着长发和髭须、肤色黝黑的部落战士背倚隐约可见的悬崖峭壁，前据天然河流和人工壁垒，向敌人投掷长矛，发出凶狠粗粝的怒吼。尽管他们勇猛无畏，武器强大，但在罗马人卓越的战术面前，他们也几乎没有任何胜算。他们投掷的长矛和石块对罗马人的盔甲和著名的龟壳阵形（在这个阵形里，士兵将盾牌像伞一样拼起来）没有任何杀伤力。罗马士兵势不可当地向前移动，冲垮了壁垒。战斗还未开始，便已经结束。由辅助军组成的先遣队负责进攻，向敌人投掷标枪，全副武装的步兵列着紧凑的阵形紧随其后，无声无息地、有条不紊地将漏网之鱼屠戮殆尽。幸存的不列颠部落男子不得不逃入山中。

卡拉克塔库斯逃往东部，向布里甘特人（Brigantes）的女王卡迪蔓杜亚（Cartimandua）请求庇护。布里甘特人是一个强大的部落，与帕里西人（Parisi）共同统治着英格兰北部，即如今的约克郡一带。但是卡迪蔓杜亚已经与罗马人结盟，所以她将卡拉克塔库斯和他的妻儿一起押送去了罗马。即便被送到了罗马，他不屈的精神依然赢得了罗马人的尊重。不像其他俘虏，卡拉克塔库斯在经过皇帝面前时没有哭号求饶，始终保持着骄傲、坚毅的举止，即便面容憔悴，也无损他的威严。他跟在他的妻子、兄弟和孩子身后踉跄而行，他们被铁链锁在一起。他突然走出队伍，靠近皇帝的看台，无所畏惧地和他说话。卡拉克塔库斯告诉克劳狄，他之所以会输，不过是因为命运选择将胜利给了皇帝，皇帝知道了卡拉克塔库斯为此抱憾，也不该感到惊讶。皇帝也许想要统治全世界，但是随之而来的问题是，其他人都会心甘情愿被奴役吗？如果他未经战斗就直接投降了，那么无论是他，还是他被俘这个事实，都不会为人所知。"如果你杀了我，一切将被遗忘，"他说，"若你不杀我，那么我的存在将让世人永远记得你的仁慈。"克劳狄被这个异族人君王的言辞所感动，于是他下令砍断卡拉克塔库斯的铁链，将他和他的家人释放。

然而在不列颠境内，罗马人对被他们征服的部落的欺辱不断地激起仇恨。布立吞人社会本身允许蓄奴，他们觉得罗马人对待他们就像对待奴隶一样。这个结果是不列颠的第一任罗马总督欧斯托里乌斯·斯卡普拉造成的。罗马帝国征服每个地方之后，采取的方针都是与当地的部落酋长合作，使这个地方长治久安。有所不同的是派驻到当地的管辖者的秉性：他是否是个敏锐周到的人。欧斯托里乌斯·斯卡普拉并不具备克劳狄皇帝的外交才能——后者曾以隆重的典礼和尊重的态度接纳友好的不列颠部落。

为了建一座巨大的克劳狄皇帝的雕像，罗马政府向科尔切斯特的居民非法增税，而欧斯托里乌斯·斯卡普拉对此视若无睹。这座雕像被笃信宗教的布立吞人视作侵略者的标志，他们对其非常厌恶。退伍军人从特里诺文特人手中非法夺取埃塞克斯郡的土地，用作退伍军人聚居地，他也没有采取任何措施制止；事实上他本人很可能从中渔利。由于不列颠的游击队在袭击退伍军人的时候毫不留情，所以退伍军人以牙还牙，在对待特里诺文特人时也不留余地，将他们逐出家园，夺取他们的土地。通常情况下，罗马守军都非常严格地要求退伍军人遵守协议的条款，但是埃塞克斯的守军都希望他们在自己服役满30年之后能够多得到一些不列颠的土地，所以他们选择对退伍军人的违法行为视而不见。欧斯托里乌斯与志留人不断爆发冲突，最终因此操劳而死。在他死后，穷兵黩武的苏埃托尼乌斯·保利努斯（Suetonius Paulinus）接任了他的位置，他没有采取任何举措来平息已然沸腾的民怨，反而向安格尔西岛（Anglesey）发动袭击——这个岛是德鲁伊教团员的住处，被当地人视作圣岛。保利努斯相信，只要他能彻底摧毁反叛分子的这个巢穴，不列颠人的抵抗就会自然而然地消失。

到61年时，罗马人与不列颠部落之间的关系已经非常紧张，尤其是在伦敦东北部的科尔切斯特一带和诺福克。在这些地方，与特里诺文特人比邻而居的爱西尼人对罗马人的怨愤更为强烈。他们的国王普拉图萨古斯（Pratusagus）在临死前，为了保护其妻子布狄卡（Boudicca）王后在其死后不像其他布立吞人那样被残忍对待，决定让罗马人和他的两个女儿共同继承他的王国。然而当地的军事指挥官非但没有满足，反而用木棒抽打美丽的红发王后，还强奸了她的两个年仅十多岁的女儿。之后罗马人毁掉了她的房子，将她家的珍宝洗劫一空——她的银壶、雕花镜和黄金首饰全都落入了军事指挥官的口袋；最后，将她和爱西尼人都赶出了他们的家园。罗马人随即举办了一场盛大的狂欢，庆祝他们的杀戮和破坏。

保利努斯刚刚掌权不久，所以不了解不列颠各部落都燃烧着对罗马人的熊熊怒火，也没有意识到罗马政权面临的真正威胁不在威尔士，而是在东安格利亚（East Anglia）。他对东安格利亚置之不理，转而着手准备摧毁安格尔西岛。愤怒的爱西尼人随即在全国各地群起反抗。特里诺文特人站到了布狄卡王后的阵营，所有其他被压迫到忍无可忍的部落也都与他们同仇敌忾。当保利努斯和他的军队正在威尔士造船准备渡海去安格尔西岛时，布狄卡王后已经在埃塞克斯集结了一支12万人的军队，人数是驻守不列颠罗马军团的3倍。这支军队冲进了新建的罗马城镇科尔切斯特。自负的罗马移民当初修建这个城镇的时候犯了一个愚蠢的错误——没有修筑城墙。这支军队摧毁了这座城镇，拆掉了克劳狄神殿，击溃了第九军团，然后拥向伦敦（罗马人称之为伦狄尼）。

当时的罗马军队指挥官一致认为，若非保利努斯及时班师，罗马有可能已经失去了对不列颠南部的控制。事实确实如此，保利努斯放弃了伦敦，以此保住了不列颠行省。伦敦的居民向他求助，尽管伦敦是罗马时期不列颠的贸易中心，但保利努斯也没有派军队前往。他认为伦敦根本守不住，挥师救援也无济于事，因为那是个商人聚集的地方，没有城墙，也没有守军。愤怒的布立吞人大肆屠戮伦敦的居民，之后将它付之一炬。熊熊大火散发出来的热量将城里的罗马建筑都熔化了，最后凝成了一层红黏土，掩埋在了如今伦敦市路面以下13英尺*深的位置。考古学家在伦敦博物馆附近的巴比肯（Barbican）旁边挖掘出了一部分红黏土，供人们参观。

与此同时，不列颠的部落继续扫荡。据估算，他们杀了超过7万的罗马移民。但他们不加区分地大肆劫掠，而且从来没想过要摧毁重要的军事目标，如堡垒、罗马守军等。布狄卡王后站在她的双轮战车上，手握长矛，脖子上戴着一个沉甸甸的黄金项环，金红色的头发编成两条长长的发辫，再用束发带扎好。她在战场上集结了各部落的人，带着他们四处转战，其间，发表了一系列意义重大的演讲。然而，尽管人数众多，但是当他们在不列颠的中部地区遭遇保利努斯的军队时，与罗马人

---

* 1英尺约为0.3米。——编者注

正面交战的惨痛失败再一次重演了。集结起来的部落首领无法就作战计划达成一致，结果他们的部众中大约有8万人惨遭屠戮，而罗马军队人数仅为1万左右。为了不让她深爱的女儿再次落入罗马人的手中，布狄卡逼她们喝下了黄金酒杯里的毒药，然后自己也喝了。保利努斯找到她的时候，这位伟大的王后已经香消玉殒，但她面容安详，仿佛只是沉入睡梦之中，双臂还环抱着她的两个女儿。

罗马政府不得不从日耳曼增派2000名士兵前往不列颠，以确保不列颠南部的胜利不会发生变数。由于无人照料庄稼，不列颠部落陷入了饥荒，这削弱了他们的抵抗能力。然而，似乎没有任何事情能够摧毁他们的意志，或是阻止他们发表反抗的言论。当时，罗马皇帝派了更多的军队去不列颠，还派了一个名叫波利克里托斯（Polyclitus）的恢复了自由身的奴隶，让他指导保利努斯如何更好地管理这个行省，然而即便是处在最黑暗的时期，布立吞人对自由的信念也依然毫不动摇，他们还敢于嘲讽保利努斯作为一个伟大的将军竟然要听命于一个奴隶，这一切令罗马人十分震惊。但是威尔士和不列颠北部仍未被罗马人征服。到公元1世纪60年代末，由于经常遭受亨伯赛德（Humberside）的帕里西人部落、约克郡的布里甘特人部落（他们已经与罗马敌对）及威尔士的志留人和奥陶人的侵袭，罗马不得不进一步攻打负隅顽抗的不列颠部落，好让他们屈服。

自68年以后，连续几位罗马总督取得了一系列战役的胜利，将苏格兰以南的不列颠岛所有地区都至少暂时地纳入了帝国的统治。1世纪70年代初，罗马在他们攻占的约克、卡利恩（Caerleon）和切斯特（Chester）修建了堡垒，派驻了守军，同时在北部新修了道路。这条道路从约克出发，穿过科布里奇（Corbridge）、纽斯特德（Newstead），一直抵达泰河（River Tay）。这些1世纪的总督之中，最有名的是阿格里科拉（Agricola）。他在74年至84年期间，通过7场重要的战役，完成了对不列颠西北部的占领，还建立了四通八达的道路网络和牢固的堡垒，以防卫占领的领土。至78年，他已经在什罗普郡打败了奥陶人，占领了安格尔西岛，派遣了第二十军团驻扎在切斯特的新建的堡垒。第二年，他修筑了从切斯特到卡莱尔（Carlisle）的道路（他在卡莱尔修筑了防御工事），并在索尔韦湾（Solway Firth）和泰恩河（Tyne）之间派驻军队。之后，他将自己的军团带到了远在因弗内斯郡（Invernesshire）的马里湾（Moray Firth），并在格劳庇乌山战役

（Battle of Mons Graupius）中打败了集结的喀里多尼亚部落（Caledonians）——喀里多尼亚是罗马人对北部的皮克特人（Picts）的称呼。接着，他又从苏格兰西南沿海的克莱德湾（Firth of Clyde）到东部的福斯湾（Firth of Forth）修建了多个堡垒，构成了罗马的边境线。阿格里科拉还以多佛为根据地，组建了一支海军，构成了新的不列颠舰队，还派遣了远征军前往苏格兰北部。远征军绕过北部海岸，到达了奥克尼群岛（Orkney）。他甚至还可能谋划过对希伯尼亚（Hibernia，罗马人对爱尔兰的称呼）的进攻。

阿格里科拉只在不列颠统治了10年。84年，嫉贤妒能的暴君图密善（Domitian）担心这位了不起的总督有篡位的图谋，将他召回。阿格里科拉采取了很多举措，力图让布立吞人接受不列颠成为罗马行省的事实。他时时警惕不列颠部落的叛乱，但是从不侮辱他们。罗马统治时期，不列颠南部有罗马守军驻防的小镇成了不列颠人文明与发展的中心。正如阿格里科拉的女婿塔西佗所言，好战的凯尔特人逐渐转变成了罗马公民，自豪地穿上了托加袍（toga）。这令塔西佗都感到有些讶异。阿格里科拉从内部消解了仇恨。他特意将不列颠部落首领的儿子们带到身边，让他们学习罗马的课程，包括三学科（语法、修辞、逻辑）、四学科（算术、几何、天文、音乐）和古典人文学科。布立吞人的这些年青一代受这种教育长大，且都说罗马语言，所以他们与罗马之间形成了无形的、但同时却又牢不可破的联系。

阿格里科拉主张让这些精英人士进入罗马政府部门，成为行政官员，因为他本人非常佩服布立吞人无所畏惧的性格，他认为这是他们的天性。他相信一旦他们接受了相应的培训，会比卑躬屈膝、奴颜媚骨的高卢人（Gaul）更适合担任公务人员。经由此法，他收买了大量人心，这些人后来发展成了隐藏在不列颠富裕阶层中的罗马间谍。不列颠南部的新罗马 - 布立吞人（Romano-Briton）只效忠于罗马，他们喜欢新的罗马式的生活。阿格里科拉命人在伦敦修建一座总督府，即菲什本罗马宫殿（Fishbourne Roman Palace），这座辉煌的宫殿带有一个长方形廊柱大厅，于他担任总督期间落成。

在阿格里科拉新建的城镇上，罗马的集市和市场的观念刺激了贸易的繁荣发展。人们按罗马的生活方式和风格兴建了大量的建筑，包括公共浴室、圆形露天剧场和集市，这些城镇逐渐发展成了埃克塞特、林肯（Lincoln）、赛伦塞斯特（Cirencester）和圣奥尔本斯（St Albans）等城市。各地的法庭都是罗马风格，正面的外墙用大理石修建，点缀着宝石；在法庭上，人们依据罗马的成文法审判案件。不列颠传统的审判方式是人们聚在林中空地，让德鲁伊教团员审判案件。相比之下，审判方式已经变得大不相同。罗马法律的判决依据是人们做过什么事情，这种方式更快捷也更公平。

不列颠有大量的铅矿和锡矿，尤其是在西南部地区。随着罗马人开始管理铅和锡的出口，财富开始流向这个国家。当时的布立吞人受此影响，开始效仿罗马奢靡的生活方式。相较于罗马帝国的堕落腐化，塔西佗等古罗马的观察家更喜欢布立吞人原始的活力，因此对这个转变忧心忡忡。由于南部的新罗马-布立吞人对新的生活方式乐在其中，乐于享受公共浴室等便捷的设施，所以就他们而言，乐于看到阿格里科拉始终对各种不安定因素保持警惕，以免一直不安分的不列颠北部和西部的各部落威胁到他们现有的生活。

阿格里科拉给不列颠带来了深远的影响。这个国家的东南部地区已经与罗马帝国的其他地方十分相似。拉丁语成了这个地区的官方书面语和口语。罗马人十分重视教育，所以这里大部分人都学会了读写。甚至连当地的风景都发生了改变。原本这个地区长满了浓密阴森的橡树林，凯尔特人就在橡树林里以木头、枝条搭盖起一座座逼仄潮湿的小屋。如今，这些树林都被砍掉了，变成了大片的空地和平原。由于罗马的政府体系本质上是以城镇为中心的，所以他们在空地和平原上修建了城镇，铺设了道路。便捷的交通促进了商业的发展。城镇内部和城镇周边近郊矗立着一座座雅致华丽的石墙庄园，里面居住的都是获准担任公职的、担任治安官或议员的富裕的布立吞人。他们的房子设施完备，他们用水管和水渠引来活水，已经开始使用地暖取暖，用壁画装饰墙面，房子的形制与庞贝古城（Pompeii）的遗迹相仿。这些站在社会顶端的布立吞人将增加的税收送回罗马的帝国金库，让奴隶和自由民在城市周边的田地里为他们种植庄稼或放牧羊群，生产精巧的罗马羊毛制品。

依照罗马的政策，在他们征服的国家里，人们依然可以信仰他们自己的神灵，不过他们不允许古代布立吞人继续进行人祭。凯尔特人的社会盛行泛神崇拜，也就是说，他们认为万物皆有灵，无论是溪流还是树林，或是其他事物，都有神灵存在。随着时间的推移，他们的宗教信仰渐渐与罗马的神祇相互融合。巴斯（Bath）拥有保存得最完整的2000多年前罗马的公共浴室。在这座城市曾经修建古代凯尔特人神殿的地方，后来建造了一座密涅瓦（Minerva）的神庙。布立吞人社会组织的一些方面也发生了类似的转变。在罗马的城镇之外，一些古老的凯尔特人部落，如志留人和阿特雷巴特人（Atrebates），都调整了自己部落的议会制度，使之几乎可与帝国政府的地方议会一样不断延续，并发挥同样的作用。

在英语里，月份的名称很多都源自罗马占领时期。1月的名称起源于双面神雅努斯（Janus）。传说这个神有两张脸，一张脸向后回顾过去一年，另一张脸向前瞻望未来一年。这个神其实源自埃及，后被罗马人吸纳。3月的名称由战神马尔斯（Mars）演化而来。7月则取自尤利乌斯·恺撒之名，而8月的名称来源于他的甥外孙奥古斯都（Augustus）——另一位伟大的罗马皇帝。拉丁诗人维吉尔（Virgil）根据他的事迹写就了《埃涅阿斯纪》（*Aeneid*）。尽管后来盎格鲁-撒克逊人（Anglo-Saxon）入侵之后，用他们的神灵给一周七天中的多个日子命名，但是许多源于罗马的名称还是得以保留下来。不列颠的许多风俗习惯和格言谚语都来自于罗马占领时期，包括结婚蛋糕、戒指、伴娘和伴郎、新娘的面纱等在内的一些婚俗都是由罗马传来的。英国人如今耳熟能详的许多丧葬习俗也是如此，比如墓前献花。英国人在墓园种植的柏树和紫杉在罗马被视作悲伤之树。如果有人打喷嚏，罗马人会用拉丁语对他说"祝福你"——即便皇帝也会如此。他们还认为，如果有人在议论你，你的耳朵就会发烫。角鸮的尖锐叫声在罗马一直被视作凶兆。

尽管不列颠南部已经完全罗马化了，但是罗马对整个不列颠行省的占领和统治却始终都不曾安全无虞，因为北部和苏格兰地区不断发生叛乱。罗马人始终都需要5万人的驻军才能掌控整个行省——他们将3个军团和一些辅助军永久地派驻到此地。不列颠部落英勇善战，有时罗马甚至要将帝国10%的军队都派到不列颠的战场上。

不列颠的所有罗马城镇（其中最主要的城镇为科尔切斯特、林肯、格洛斯特、约克和圣奥尔本斯），尤其是威尔士地区的城镇，都修筑了城墙，用以抵挡蛮族部落的入侵。尽管大部分不列颠人都已经被征服，但仍有不列颠人不断地袭击罗马的中心城市。这与高卢人截然不同。在高卢，只有极少数城镇修有城墙。确实，与不列颠不同，高卢完全被罗马化了，以至于除了布列塔尼地区（Brittany）之外，其他地区的古凯尔特语全都失传了，取而代之的是拉丁语——这也是如今法语词汇中保留的拉丁语单词数量多于其他语言的原因。在不列颠，凯尔特语在威尔士和康沃尔地区及罗马城镇之外的乡村地区保留并延续了下来。

尽管阿格里科拉才能卓著，但是他始终未能完全征服苏格兰，在他之后的罗马统治者也未能实现这一目标。到87年，罗马不得不承认，阿格里科拉制订的占领泰河以南的苏格兰南部地区的计划不可行，所以阿格里科拉在泰河边为第二十军团修筑的堡垒被废弃，罗马军团退回到了阿格里科拉建成的福斯－克莱德边境线。但是即便如此，这种军事布防依然渐渐被视为过于冒进，所以罗马军团不断地从苏格兰缓慢地向南撤退。118年，布里甘特人和皮克特人联合起来，在约克发动了对第九军团的致命袭击。这场袭击让注重实际的罗马皇帝哈德良（Hadrian）决定，他不仅要将罗马统治下的不列颠北部的边境线大大地向南移，而且要将边境线修筑得固若金汤。哈德良的方法是，在索尔韦湾和泰恩河之间修筑一段巨大的长城，城墙宽8英尺，高12英尺，每隔1罗马里（Roman mile）*配有一座堡垒，用于驻扎罗马士兵。长城将连成一线，贯穿坎布里亚郡（Cumbria）和诺森伯兰郡（Northumberland）南部。

在之后的几个世纪里，有三位罗马皇帝曾派兵出征苏格兰，试图在麻烦不断的不列颠行省将罗马的统治区域往北部延伸，以此来提高自己的威望，巩固自己的政权。尽管皇帝安东尼·庇护（Antoninus Pius）成功地在阿格里科拉修筑的堡垒之间占领了一块地方，并修筑了一道黏土墙（安东尼墙），但是罗马统治下的不列颠的实际边境，始终都是哈德良在122年巡视不列颠时下令修筑的长城。

与其他皇帝不同，哈德良并不好大喜功。他认为，罗马与其不断地扩张，不如约束自己的武力，这样罗马才能更繁荣昌盛。在30余年的时间里，他设计的

---

* 1罗马里约等于1.49千米。——编者注

那道墙一直缓慢地修建着。80英里长的长城，每隔一段距离就修建一座军事瞭望塔，巨大的堡垒以更大的间距分布在长城沿线，每个堡垒都有自己的商店、军队医院和神殿。长城的很多部分残存至今。4世纪早期，罗马帝国强制所有人信仰基督教。在此之前，驻守长城的士兵和在约克〔古称埃勃雷肯（Eboracum）〕、卡利恩〔古称伊斯卡－锡鲁尔拉姆（Isca Silurum）〕及切斯特〔古称德瓦（Deva）〕的堡垒驻扎的士兵都有自己的宗教：他们信仰从波斯传来的东方神明密特拉神（Mithras），在地下深处举行神秘的拜神仪式。哈德良在伦敦也建了一座堡垒。

如果说哈德良长城是现存的最大、最明显的罗马占领不列颠的标志，那么紧随其后的当数著名的罗马道路。这些道路修建于2000年前，连接各个军事驻地，以便约克、卡利恩和切斯特的驻军能够迅速往来、相互支援。惠特灵大道（Watling Street）起于多佛〔古称多伯利（Dubrae）〕，延伸至伦敦，之后经圣奥尔本斯，抵达威尔士边境的罗克塞特〔Wroxeter，古称维罗卡尼姆（Viroconium）〕。尽管它的支路有一条往南一直延伸到卡利恩以南、纽波特（Newport）以北不远处，还有一条支路抵达卡那封（Carnarvon）以东，但是主干道一直往北到达切斯特，然后穿过约克。埃尔明大道（Ermine Street）是纵贯不列颠东部的一条大道，起于约克，穿过林肯市〔古称林德姆（Lindum）〕，之后经科尔切斯特，一直抵达伦敦。福斯路（Fosse Way）连接林肯市和埃克塞特〔或称伊斯卡－杜姆诺尼拉姆（Isca Dumniorum），该名称源自当地的凯尔特部落杜姆尼亚（Dumnia）〕，与惠特灵大道相交。

罗马人在统治期间推行了以铜币和金币为基础的经济体系，令不列颠的居民获得利益，使不列颠走向富足。从伦敦城道路下发掘出来的一处垃圾坑中，我们找到了一些精致的凉鞋和精巧的彩陶，这些都是当时普通百姓的物品，证明当时社会高度发达，百姓生活富裕。商人此时已经会用兽骨或木头制成尖笔，在蜡板上计算他们的收支。发掘出来的用于纺织的线筒则证明当时的布立吞人已经会纺织花纹精美的亚麻布。同时，由于曲辕犁的出现，加上罗马人将东安格利亚一带的沼泽排干，变成了耕地，所以不列颠也开始了更大规模的耕种。不列颠成了帝国最大的谷物来源地，在罗马有专门为它修建的粮仓。到4世纪时，皇帝尤里安（Julian）开始在帝国的其他地方修建粮仓，储存来自不列颠的小麦。不列颠的锡矿和铁矿在铁器时代的凯尔特人手中已经得到很好的利用，至此时，它们成了罗马帝国获取暴利的重要商品。事实上，我们有充足的理由相信，罗马帝国第三大炼铁厂就坐落在黑斯廷斯（Hastings）附近的巴特尔（Battle）的威尔德地区（Weald）。当年这座炼铁厂是为驻扎在不列颠的舰队服务的，它倾倒的大堆矿渣和废铁，至今仍埋于地下。在过去的20个世纪里，地面上滋长蔓延的草木丛林将之深深掩藏。在其附近，博波尔公园（Beauport Park）住宅区的地下，人们发现了一座保存良好的罗马浴室。这座浴室是供海军军官使用的，更衣室里竟然还放置了罕见的锁柜。除了这个锁柜之外，人们还发现了另外4个从罗马帝国时期一直保存至今的锁柜。

在200年的时间里，不列颠受到罗马的高压控制。但是随着时间慢慢过去，到3世纪时，罗马的统治者变得傲慢自大，一些罗马属地开始脱离他们的掌控。在一些地势偏远的行省，掌握了过多自主权的当地军官开始寻思从帝国中独立出来，建立他们自己的王国。不列颠因为距离罗马很远，所以对这类的冒险家有着很大的吸引力。因此，287年，一位名叫卡劳修斯（Carausius）的罗马海军上将，趁他被派往英吉利海峡剿灭撒克逊海盗的机会，攫取了不列颠的统治权。在罗马驻军的支持之下，他在不列颠称王。293年，卡劳修斯被暗杀，在此之前他已经开始出征高卢的北部地区。谋杀他的人是他的主要下属阿列克图斯（Allectus）。此后阿列克图斯开始统治不列颠，直至296年他被君士坦提乌斯一世（Constantius I）所杀。君士坦提乌斯一世是一名勇士，他从罗马奔赴不列颠，解救被阿列克图斯率领的法兰克人（Frankish）雇佣军包围的伦敦。他的儿子就是后来的罗马皇帝君士坦丁大帝（Constantine the Great）。

君士坦提乌斯一世是西罗马帝国的恺撒。"恺撒"是一个职位的称号，这个职位是罗马皇帝戴克里先（Diocletian）所创。他为了恢复帝国的稳定秩序，消灭叛乱的军事首领和东部入侵的日耳曼（German）部落，进行了改革，新创了这个职位。戴克里先认识到，如果想阻止帝国倾覆，必须进行大规模的改革，所以他建立了一套新的四帝共治的体系，包括两个皇帝和两个副帝，前者称为"奥古斯都"，后者称为"恺撒"。若奥古斯都去世，则副帝自动接替他成为新皇帝。这四个统治者将帝国分成东罗马帝国和西罗马帝国。纳入帝国版图的各个国家如今改称"教区"，由教区神父管理。不列颠变成了一个教区，包含四个省份，但是整个不列颠仅是高卢行政区的一个部分。

君士坦提乌斯在继任为奥古斯都之后，从约克出发，准备前往泰赛德（Tayside），追击皮克特人和喀里多尼亚人。但是他在约克去世之后，在306年，他彪炳史册的儿子——有一半英格兰血统的君士坦丁，被军队拥立为皇帝。君士坦丁是罗马最重要的皇帝之一。他于313年实行独尊基督教的政策，改变了罗马帝国乃至整个欧洲世界的精神内核。君士坦丁相信，基督教的上帝曾对他显圣，告诉他应让士兵在盾牌上装饰十字架，他认为这是他能在著名的米尔维安大桥战役（Battle of Milvian Bridge）中获胜的原因，正是这场战役，让他重新统一了帝国。君士坦丁在君士坦丁堡（Constantinople）建立新城"基督教的罗马"（Christian Rome），并将帝国的首都迁到这里。他将基督教确立为国教，认为这会是凝聚帝国的一股力量。异教的庙宇积累了几个世纪的财富，一夕之间变成了基督教教会的财产，基督教教会本身成为罗马帝国政治体系的一个重要支柱。除此之外，君士坦丁还授予地区主教凌驾于地方法官之上的司法权。

尽管君士坦丁依然崇拜太阳，但是他的母亲——来自英格兰的海伦娜（Helena）——将他养育成了基督教徒。4世纪初，一些颇有号召力的小基督教派成员放弃了世俗的权力和财富，追求天国的喜乐富足；这些人被戴克里先残酷地迫害，因为他认为罗马帝国之所以会出现种种危机，是因为民众忽视了朱庇特和密涅瓦等古老的神明。由于不列颠的统治者君士坦提乌斯与一名基督徒结了婚，且对他们的信仰持有理解和同情，所以不列颠成了流亡的基督徒的避难所。尽管君士坦提乌斯曾毁掉基督教堂，但是他没有杀害过信仰基督教的人。即便如此，不列颠还是有三位早期的基督教殉教者：圣朱利安（St Julian）、圣亚伦（St Aaron）和圣奥尔本（St Alban），其中圣奥尔本尤为著名。他来自赫特福德的维鲁拉米恩地区（Verulamium），是罗马统治下的不列颠的一名年轻富人，由于庇护一位基督教神父，加上拒绝向古老神明献祭，于305年被处决。为了纪念他，维鲁拉米恩后来改名为圣奥尔本斯。

到君士坦丁对确立教旨和信仰产生兴趣之时，不列颠已经拥有了众多基督教信徒。314年，在阿尔勒（Arles）成立的教会委员会中有3名来自不列颠的主教。布立吞人对基督教有自己的一番看法，体现在被斥为异端邪说的贝拉基主义（Pelagianism）：不列颠的思想家贝拉基（Pelagius）公然反对非洲教会之父希波的圣奥古斯丁（St Augustine of Hippo）的观点，否认关于原罪的教义。苏格兰和爱尔兰教会由两位罗马统治下的不列颠基督教圣徒所创：圣帕特里克（St Patrick）和圣尼尼安（St Ninian）。前者因使爱尔兰改信基督教而闻名，并于450年创立了阿尔马（Armagh）天主教区；后者来自北部乡村地区，5世纪初开始劝说喀里多尼亚和皮克特人改信基督教。

然而，尽管罗马不列颠的教会中出现了一些非常伟大的传教士，但是罗马基督教在不列颠的根基依然甚浅。除了信仰基督之外，当地的人还信仰凯尔特人的神明。4世纪的不列颠，在某种程度上，信仰基督教的主要是那些居住在各地大庄园里的土地贵族。现存的文物显示，这个时期拥有庄园的富人家中的镶嵌图案、壁画和银餐具上常有象征基督教的凯乐符号（Chi-Rho），在多塞特地区尤其如此。不信教的撒克逊人此时尚在北海的另一侧，准备着入侵不列颠。他们后来几乎让基督教在英格兰彻底消失。只有康沃尔郡和威尔士地区，有一小批信仰基督教的罗马凯尔特人躲开了入侵者的杀戮，基督教这才得以幸存下来。被撒克逊人占领了150年之后，到了7世纪，英格兰才在罗马、苏格兰和爱尔兰传教士的影响之下，重拾基督教信仰。

在不列颠，罗马军团是对抗皮克特人和撒克逊人袭击的主要力量，在5世纪的最初10年，为了抵御日耳曼部落对罗马的入侵，大部分不列颠的罗马军团要么已经被撤走，要么即将被撤走。402年，西哥特人（Visigoth）在阿拉里克（Alaric）的领导下，进入了意大利。尽管戴克里先和君士坦丁都对政府体制进行了改革，但是当时罗马帝国还是失去了对边境的控制。此外，君士坦丁的几个儿子之间爆发的内战，极大地削弱了罗马的国力。但是在4世纪，他们面临的最危险的情况是一个人口现象：缺乏土地的日耳曼部落的野蛮迁徙，或者也可称为全民流浪。这些剽悍好斗的部落来自欧洲中部多瑙河以东，包括西哥特人、东哥特人（Ostrogoth）、汪达尔人（Vandal）、阿兰人（Alan）、苏维汇人（Suevi）和阿勒曼尼人（Alemanni）。他们从100年前就已经开始给罗马帝国的边境带来巨大的压力。3世纪中叶，罗马帝国在莱茵河和多瑙河一带的边境就被他们撕了一个裂口。

后来戴克里先的改革壮大了罗马帝国的实力，他们才被赶走。

375年，他们在现在的俄罗斯地区被可怕的匈人（Huns）打败。这是一个来自中亚的野蛮原始的部落，当时也正在向西迁移。惊慌失措的日耳曼部落意欲避其锋芒，只能逃往别处，而罗马帝国政府将他们拒之门外，令他们无处可逃，他们只好用武力为自己打开出路。376年，居住在多瑙河东岸的西哥特人和东哥特人乞求罗马皇帝瓦伦斯（Valens）为他们提供庇护，允许他们渡过多瑙河，与罗马帝国结成联盟。他们说若罗马为他们提供土地，帮他们抵挡匈人，那么作为回报，他们将为帝国军队效命。尽管两年之后他们在阿德里安堡（Adrianople）杀死了瓦伦斯，证明了他们的合作终将土崩瓦解，但在当时，帝国政府意识到日耳曼部落给帝国带来的压力过于沉重，所以最好还是拉拢一些日耳曼部落的人站在罗马这边。他们签署了条约，罗马给了他们土地，一部分土地位于高卢的北部。

阿拉里克领导下的野蛮的西哥特人很快就在意大利的北部地区站稳了脚跟。402年，罗马决定从不列颠抽调更多的士兵回罗马。他们需要这些士兵去意大利保卫帝国的城镇，抗击西哥特人。如果更多罗马士兵被撤走，那么布立吞人就只能完全听凭他们的敌人皮克特人、苏格兰人、撒克逊人的处置了。长城的防卫出现松懈，北部的皮克特人可以越过长城南下；来自希伯尼亚的苏格兰人不断袭击加洛韦（Galloway）、威尔士和康沃尔。还有来自北海彼岸的、日耳曼部落的北方分支撒克逊人，也都重新振奋了精神，开始入侵不列颠。

自3世纪起，许多凶悍的人结成团伙，在北海和英吉利海峡四处劫掠，人数达到了史无前例的高峰。这些人都来自今天的德国北部和丹麦一带。当时，罗马驻守不列颠的军队中混入了越来越多的高卢人、日耳曼人、西班牙人和摩尔人（Moor）。一小批退伍的撒克逊军人被不列颠肥沃的农田和温和的气候所吸引，在不列颠定居下来。他们可能对故乡的亲友说，侵占这个国家的时机已经到了。

到这个时期，对于罗马帝国的政府而言，不列颠依然是个遥远的地方。它属于高卢行政区，所以这种遥远的感觉越发得到了强化。正因为如此，不列颠吸引了帝国的许多觊觎高位的野心家，其中就包括皇帝狄奥多西（Theodosius）手下的将军马格努斯·马克西穆斯（Magnus Maximus）。他于一次打败皮克特人之后，被他的军队拥立为不列颠、高卢和西班牙行政区的统治者，并统治这些行政区直到387年。由于不列颠当地的居民常常受蛮族敌人侵扰，所以只要这些野心家看起来能够为他们提供比罗马统治者更好的保护，他们就欢迎这些野心家。

在不列颠的伪皇帝君士坦丁三世的统治下，不列颠与罗马永久地断绝了关系。因为民众和军队普遍不满罗马对待不列颠行省的方式，所以军队拥立君士坦丁三世为皇帝。自402年起，罗马甚至不给留在不列颠的军队和公务人员支付薪俸。到了406年，蛮族渡过莱茵河，罗马忙于抵御这些敌人，保卫自己的国土，根本顾不上考虑不列颠的问题。或许是因为罗马帝国根本支付不起给他们的薪俸，或许是因为与蛮族的战争导致局势动荡，所以没法把钱运到不列颠，总之，和其他很多地处偏远的行省一样，不列颠没有收到罗马帝国的拨款。不管原因究竟是什么，帝国政府总归是没有拨款，这件事激怒了当地的权贵和富裕阶层，因为这样一来政府的财政支出就要由他们来承担。君士坦丁三世在侵占了高卢和西班牙之后，对帝国西北部的占领和统治一度得到了西罗马帝国皇帝霍诺留（Honorius）的承认。然而他热衷于四处征战，这也就意味着他的士兵无法固定地驻扎在不列颠，抗击来自爱尔兰人、撒克逊人和皮克特人的猛烈进攻。当国家需要他的时候，君士坦丁却滞留在西班牙，这让国人十分愤怒，于是，大约在409年，不列颠的领导人驱逐了君士坦丁留在当地的所谓帝国政府官员。

在不列颠驱逐罗马官员的同时，罗马人也放弃了不列颠。410年，罗马被阿拉里克和哥特人洗劫了，这迫使罗马至少在当时的一段时间内只能对遥远的行省放任不管。霍诺留给不列颠的城市发了正式的文书，通知他们，从此以后他们再也不能依靠罗马军队的帮助来抵御皮克特人，他们必须依靠自己。在那之前，市民不允许携带武器，但是从那一刻起，他们必须拿起武器。不列颠本土的统治者争相出现，填补罗马帝国政府崩溃之后出现的权力真空。

一开始这让不列颠的居民松了一口气。不久之前，罗马人在停止武力扩张之后，为了弥补奴隶数量不足带来的兵力匮乏问题，在不列颠实行新规，强制要求当地人必须在罗马军队服役。不列颠的富人对这个规定早已深恶痛绝，因为强制征兵掠夺了他们的劳动力，当庄稼成熟需要人来收割的时候，本该在地里干活的人却被编入了军队。而且，他们很高兴不用再向罗马缴纳重税。罗马官僚机构庞大，帝国政府官员冗余且尸位素餐的高官过多，为了维持这么庞大的官僚机构，罗马每年都要从不列颠征收大量赋税。当时的历史学家记述了摆脱罗马的关税和法律的束缚之后，不列颠人是如何生活的。刚开始的时候，他们满足于依靠撒克逊雇佣军来完成各种防卫任务——以往这些任务都是由罗马军团完成的。但是不久之后他们就跟罗马人一样意识到，除非有足够的时间训练蛮族，让他们融入你的风俗习惯，否则不要将自己置于他们的支配之下。

在罗马军团撤退之后的几十年里，不列颠的权贵和富裕的城镇居民大部分依然采用罗马的生活方式。429 年，当圣杰曼努斯（St Germanus）和其他几位主教前往不列颠，试图驳斥贝拉基主义的观点时，他见到了一个富裕的不列颠社会，所有罗马文明的印记都依然深深地烙印在这里：这里的人衣着富丽华贵，受教育水平很高，能够讲拉丁语。461 年去世的圣帕特里克就来自一个拥有庄园和土地的富裕家庭。

然而，尽管不列颠的民众依然保持了罗马式的生活习惯，但是帝国的瓦解还是让他们的生活出现了改变。在盎格鲁-撒克逊人侵扰他们之前，这种改变就已经发生了。依赖盎格鲁-撒克逊人来保护他们，逐步将他们引向了可怕的命运。随着帝国分崩离析，取而代之的是一个个独立的日耳曼部落。此前，仰赖于长达 400 年的罗马帝国的和平，不列颠的全球经济和远途贸易得以发展到极高的水平，如今也随着帝国的灭亡而逐渐走向没落。到 5 世纪 20 年代，铸币开始从不列颠消失。在不到一代人的时间里，很多地方的罗马墓园，比如位于多塞特的庞德伯里（Poundbury）的墓园，都荒废了。罗马法律规定，出于健康的考虑，死去的人必须葬在城墙之外，但是此时由于没有罗马官员监督实施，已经无人再遵守这条法律了。更糟糕的是，罗马的军队和公务人员给不列颠的城镇带来的贸易和工作机会也没有了。没有了大批的士兵来购买商品和服务，城镇渐渐衰败。没有了中央税收体系，罗马文明带来的众多设施，比如道路、澡堂和政府机构等，由于缺乏资金维护，便迅速地破败损毁了。著名的陶器作坊曾经雇用大量的工人来制作陶罐，才能满足需求，因为罗马人用陶罐就像我们现代人使用塑料袋一样，不论什么商品，都用它来装运，但是如今这些作坊也消失了——制作玻璃的工坊也是如此。

由于撒克逊人的侵袭，加上城镇的凋敝，在短短 30 年内，不列颠居民的生活水平就比他们的祖辈降低了许多。但是，不列颠并非个案，事实上，曾经的罗马帝国的疆域之内，由于世界经济的恶化，普遍出现了社会文明程度倒退的现象。在不列颠和其他罗马帝国以前的行省，都只有小规模的当地贸易还在进行，而且交易方式退化到了以物易物的水平。至481年时，西欧不再受罗马皇帝管辖。罗马遭受了第二次洗劫，落入了东欧部落东哥特人的掌控之中。罗马帝国曾经囊括了整个地中海地区，其疆域西至不列颠，东抵罗马尼亚，如今只剩下了君士坦丁堡和它周围的一些土地。在欧洲大陆，多个部落取代了罗马帝国进行统治：东哥特人占领了意大利，法兰克人和勃艮第人（Burgundians）统治了高卢的北部和中部地区，西哥特人盘踞在高卢南部和西班牙，汪达尔人侵占了非洲北部。

到了447年前后，曾经的罗马帝国的不列颠尼亚行省早已脱离了罗马，开始遭受朱特人（Jutes）、盎格鲁人、撒克逊人等多个条顿人部落的联合入侵。尽管那个时期没有文献资料记载（这也是为什么那段时期被称为"黑暗时代"的原因），但是有证据表明，这场大规模的入侵是由不列颠一个野心勃勃的暴君引起的。他效仿罗马人的做法，在5世纪30年代，招募了日耳曼部落男子到不列颠充作雇佣军，用以对抗不列颠的其他君主，而且由于罗马军团撤离导致长城被荒废，皮克特人越来越频繁地滋扰他的国家，他需要这些雇佣军来抵御他们。根据英格兰第一位历史学家、8世纪伟大的盎格鲁-撒克逊人、修道士可敬的比德（Venerable Bede）的说法，这位不列颠君王名叫伏提庚（Vortigern）。为了回报这些为他效命的撒克逊雇佣军，他可能鼓励他们到位于肯特郡内和伦敦一带的他的领地定居。但是，德意志北部沿海的海平面上升，与此同时，住在德意志北部的人从定居在英格兰的亲族那里得知，英格兰土地平坦肥沃，气候温和湿润，与自己这里阴寒的气候形成鲜明对比，而且布立吞人明显无力保卫自己，于是，在这种种因素的影响之下，这些居于德意志的人给伏提庚和他的同胞带去了他们没有预料到的后果。朱特人、盎格鲁人和撒克逊人崇拜的主要神祇是战神沃登（Woden）和雷神托尔（Thor），换句话说，他们都是英勇好战的民族，对他们而言，荣耀必须靠战斗来赢取，而不是来自于修建城镇。

大约从5世纪中叶起，之后的50年里，日耳曼部落人民开始源源不断地漂洋过海迁往不列颠，其人数之多，直接将罗马不列颠人从他们世代居住的土地上驱赶到了西部。撒克逊人并不满足于他们自己的小王国。当不列颠的东道主拒绝给他们更多的土地时，他们在英明强大的首领——传说他们的名字分别为亨吉斯特（Hengister）和霍萨（Horsa）——的带领之下，掉转矛头攻打东道主，最终将他杀死。他们开始在英格兰为自己攫取更多的土地，从塞尼特（Thanet）和肯特郡开始，接着向西进发，占领了怀特岛（Isle of Wight）和汉普郡东部地区。不久之后，不列颠东南沿海地区被命名为苏塞克斯，其含义是"撒克逊人的南部土地"。至527年，又一拨儿撒克逊人已经到达了伦敦东部，将他们占据的土地称为埃塞克斯，即撒克逊人的东部王国。与此同时，盎格鲁人从他们与不列颠隔海相望的家乡入侵不列颠，攫取了一片领地，后来这片领地被称为东盎格鲁（East Angles），或称东安格利亚。

不列颠原来的居民罗马凯尔特人逃往了西南部。这里本是奥陶人和志留人的地盘。盎格鲁人和撒克逊人将之称为威尔士，意思是"外国人的土地"。还有一部分人逃往了北部，进入了哈德良长城以北。北部地区在400年左右建立了3个不列颠王国——斯特拉思克莱德（Strathclyde）、葛德丁（Gododdin）和加洛韦。到460年，经过10年苦战，盎格鲁-撒克逊的军队已经屠杀了大量的罗马不列颠人，劫掠了所有主要城市，占据了这个国家南部和东部的大量土地。到495年，第一批盎格鲁-撒克逊人已经在英格兰居住下来，盎格鲁-撒克逊王国的疆域已经覆盖了北至约克、西至南安普敦（Southampton）的大片区域。

历史常常是胜利者的故事，但是在整整两个世纪的时间里，征服了不列颠的盎格鲁-撒克逊人并没有办法记录他们自己的活动。这些金发碧眼的盎格鲁人、撒克逊人和朱特人都是目不识丁的北方日耳曼部落，来自常年狂风肆虐的辛布里半岛（Cimbrian Peninsula）和今天的丹麦、石勒苏益格（Schleswig）、荷尔斯泰因（Holstein）等地，他们并没有自己的文字。与占领了法国、意大利等前罗马帝国领土的日耳曼民族不同，这些入侵不列颠的嗜血侵略者大部分都没有受到当地先进文明的洗礼：尽管曾经有很多来自德意志不来梅哈芬（Bremerhaven）的撒克逊人加入了罗马的军队，但是更多的撒克逊人变成了海盗和帝国的敌人。这些民族长期偏居于遥远的大陆北方（日德兰半岛与苏格兰北部的阿伯丁在同一个纬度），所以大部分人都不曾与罗马帝国有过接触，不像住在南部的其他条顿民族那样接受过罗马帝国的教化。

而且，勃艮第人、西哥特人、汪达尔人和法兰克人（Franks）等条顿部落在迁移到帝国安家落户之前，就已经深受罗马文明的影响。随着他们的力量逐渐强盛，罗马帝国的实力不断削弱，他们成了新的统治者。他们并没有撤销欧洲大陆的大部分罗马政府行政部门，而是完整地接管了它们，让它继续保留原状。英国的情况却与之恰恰相反：由于罗马政府被驱逐，他们没有留下任何合适的中央政治体系或经济体系让撒克逊人借鉴。进入不列颠的野蛮日耳曼部落只接触到了已经日渐式微的罗马文明，几乎没有受到它任何影响。而且，盎格鲁－撒克逊人夺取统治权的过程非常残忍血腥，还十分迅速。英格兰当地的居民或被杀或被俘，大部分地区变得荒无人烟，所以也不会有古典文明来改变盎格鲁－撒克逊人未开化的状态。人们根本没有时间仔细安排，不列颠的统治权就已经交到他们的手里了。撒克逊人建立了很多独立的小王国，各自设立了自己的制度。

在不列颠的南部和西部，日耳曼民族以惊人的速度在罗马不列颠人肥沃的土地上搭建房屋住了下来，而罗马不列颠人却被赶到了威尔士和康沃尔，很多甚至不得不住到洞穴里。我们不知道他们对此到底是什么反应。关于那个时期的记载，存世的极少，而且都只是一些浮光掠影的记叙。这些记录都来自其他国家的历史学家，比如6世纪的拜占庭作家普罗科匹厄斯（Procopius）。因此，对于这段早期的英国历史，我们只能通过考古学家从定居点的遗址发掘出来的实物进行推测，或是参考7世纪开始被文字记录下来的盎格鲁－撒克逊律法的一些古老规定来破译。这些律法通过人们的口耳相传，或以民间故事的形式，一代代地传承下去，这个过程中难免出现添油加醋的内容，最后被可敬的比德整理记录下来。直到6世纪末，盎格鲁－撒克逊人开始恢复了基督教信仰，知识与文明才重新回到英格兰，不过在这之前，文化也并未断层，而是在威尔士和康沃尔地区一直不断地传承。盎格鲁－撒克逊的修道士和神父开始记录下他们在这个新国家的生活，到9世纪末时，这些记录才被整理成官方史书《盎格鲁－撒克逊编年史》（The Anglo-Saxon Chronicle）。我们已知的最接近那段历史的见证人是6世纪中叶的罗马不列颠修道士吉尔达斯（Gildas），他在其著作《不列颠的征服与毁灭》（On the Ruin and Conquest of Britain）中记述了他的国家在异教徒盎格鲁－撒克逊人手中遭受的苦难。但是即便如此,他成书的时间也比盎格鲁-撒克逊人首次入侵的时间晚了 100 年。

到 460 年左右,与当时的其他国家相比,不列颠的去罗马化已经十分明显。这个国家的大部分领土完全被撒克逊部落占领,原先住在这里的人们都在担心还会发生更坏的情况。5 世纪 40 年代,不列颠的一些地区认为自己与罗马的关系依旧紧密,并向罗马帝国残余领土的统治者大将军埃提乌斯(Aetius)请求帮助。埃提乌斯当时忙着抵抗匈人领袖阿提拉(Attila)和他率领的游牧部族对高卢的入侵。不列颠人将求助信递到他手上,他们在信中哀诉:"不列颠人正在痛苦地呻吟","那些野蛮人要将我们赶到海里","但是大海将我们丢回来面对野蛮人,我们走投无路,进退维谷,要么被杀,要么淹死"。但是埃提乌斯已经自顾不暇,没有心力去帮助不列颠。直到 451 年,他在沙隆战役(Battle of the Catalaunian Plains)中取得了决定性的胜利,这才击退了阿提拉的进攻,将匈人赶出了法国。倒是有一个罗马人回不列颠帮助他们,那就是圣杰曼努斯,他率领布立吞人进行战斗,告诉他们在与敌人对阵的时候要大声喊:"哈利路亚!"但是这并不足以帮到他们。

面对日耳曼部落的侵略,罗马不列颠人唯一的出路就是放弃他们的庄园和城市。撒克逊人放火烧他们的房子,屠杀逃跑的人。一些罗马布立吞人逃离家园时,将他们家的银币和财物埋到了地下,期待着将来某一天这些侵略者被赶跑后,他们还能回来把它们挖出来。这些财物原来的主人再也未能回去。有的财物在几个世纪后被发掘出来,现藏于大英博物馆(British Museum)。这些文明严谨的罗马不列颠公民已经可以与罗马最好的律师辩论法律问题,却被迫逃到山里,躲进 400 年前铁器时代的远祖搭建的古老的寨子里,依靠寨子的栅栏保卫自己。由于罗马的石匠技术已经迅速地衰落了,当时几乎没有人知道怎么加工石头,所以他们只能用木材加固堡垒。

到处都是疯狂的野蛮人,他们留着凌乱的长发——这是他们勇士身份的标志——四处袭击不列颠人,将他们全部斩于刀下。他们呼喊着托尔和沃登的名字横冲直撞,这两只神豢养的乌鸦以人类的血液为食。神父、女人和孩子都被残忍地杀害,很多都死于他们用作避难所的圣坛之下。死的人太多了,幸存下来的人都来不及埋葬他们。那些试图逃往威尔士的山中躲藏的人被成批成批地屠戮，哪怕是已经投降的，也未必能够幸免于难。如此一来，撒克逊人入侵的第一年，英格兰原有的人口就几乎消失殆尽了。

很多人逃往了不列颠在高卢的殖民地阿莫里凯（Armorica），这个殖民地是伪帝马格努斯·马克西穆斯在4世纪末时建立的。他们在一个海边国家过上了舒适一些的生活，这里的环境与他们逃离的祖国十分相似。在阿莫里凯安家的罗马不列颠人数量非常多，他们的力量非常强大，所以直至今日，他们的子孙后代依然还在使用一种古老的不列颠语言，而且这块属于法国的土地，即布列塔尼，还是以他们的名称命名的。不列颠尼亚，这个曾经的罗马行省的名字，成了尘封的历史，取而代之的是"英格兰"这个名称，意思是盎格鲁人的土地。直到1707年，不列颠尼亚这个拉丁名称被改成英文"不列颠"后重新被人使用，用作英格兰、苏格兰和威尔士三地的总称。

第一次入侵后过了一个世纪，吉尔达斯写出了他的著作。他注意到所有的罗马城市依然处于废弃之中："我们的城市依然空空荡荡，不复往昔繁盛，直至今日，它们仍是阴森衰败的废墟。"在盎格鲁－撒克逊人入侵之前，布立吞人就早已变得文质彬彬。他们接受过完整的罗马课程的教育，被培训成为罗马不列颠城镇的文职人员和公务人员，习惯了地面集中供暖系统，也习惯了玻璃窗户和铺得整整齐齐的路面。这些布立吞人已经丢失了曾经叫罗马人钦佩不已的吃苦耐劳、坚强不屈的精神。在罗马统治的400年里，曾经凶猛好斗、半裸身体、驾着战车四处征战的凯尔特人被磨掉了野性，成了彬彬有礼、讲拉丁语的罗马公民。罗马凯尔特人信仰温和的、反对暴力的基督教上帝，所以面对盎格鲁人和撒克逊人的时候，他们完全无力反抗。

幸运的是，在盎格鲁－撒克逊人发动第一次入侵之后，在那个世纪结束之前，出现了两位杰出的首领，将不列颠人转变成了能够抵抗外敌的军队。一个是出身高贵的罗马人，可能当过将军，名字叫安布罗斯·奥雷连（Ambrosius Aurelianus）。吉尔达斯是如此形容这个人的："这是个谦逊的男子，在这个祸乱丛生的时代，他是罗马民族唯一一个立于困局之中而得以幸存下来的人。"第二个首领是个罗马凯尔特人。5世纪末，撒克逊人在不列颠扎根后已经过了一代人了，这个时候这位首领在西部地区起兵反抗，成功地将敌方撒克逊人困在海湾长达30年之久。他可能是奥雷连的儿子。500年或516年左右，他在多次战役中占了上风，最后在最激烈最关键的蒙斯-贝多尼克斯战役（Battle of Mons Badonicus，发生在如今的利丁顿周边地区）中获得大捷，迫使西撒克逊人撤出多塞特，退回到了威尔特郡中部。这位首领的出生和去世都充满了神秘，他的坟茔究竟在何处，人们至今都不知道。据推断，他将西部地区建成了一个独立的不列颠王国，直到550年左右，新一拨儿的撒克逊人最终完成了对整个英格兰的占领。他可能就是伟大的凯尔特人首领亚瑟王（King Arthur）的原型。到9世纪，很多关于亚瑟王的故事四处流传。他生前可能住在一座巨大的铁器时代的城堡里，这座城堡位于萨默塞特（Somerset）的南卡德伯里（South Cadbury），在5世纪和6世纪时，曾有过大规模的重修和加固（它的恢宏大殿的遗址已被发掘出来）。

可以确定的是，这些给后世的作家和诗人带来许多灵感的传说和神话故事，主要集中在康沃尔和威尔士——这些地方成了从南部逃出来的不列颠人的避难所。这些故事有一个很奇特的共同点，那就是都认为亚瑟王并没有死，只是陷入了沉睡之中，将来当不列颠陷入最危急关头的时候，他就会醒来，带领这个国家渡过难关。沉睡的地点有人说是在威尔士的一个洞穴里，有人说是在一个名叫阿瓦隆（Avalon）的仙岛上。这些故事除了有明显的基督教象征之外，都暗示了罗马不列颠的凯尔特人虽然已经濒临绝望，但终究还抱有一丝希望，相信自己终有一日能够回到家乡。但是这个希望终究没有成真。

多亏了罗马凯尔特人"亚瑟"获得的胜利，从蒙斯-贝多尼克斯战役之后直到6世纪中期，他们享受了大约50年的和平——我们之所以知道这一点，是因为吉尔达斯是在和平时期进行创作的。但仅仅10年之后，即550年左右，新一拨儿的撒克逊人入侵又开始了，于是，到6世纪末，撒克逊人的王国永久地建立了，领土覆盖了英格兰的大部分区域，北境直达苏格兰低地。两个盎格鲁部落占领了英格兰东部亨伯河（Humber）以北的土地。南边的王国称为德拉（Deira），面积接近如今的约克郡；在其北面是伯尼西亚王国（Bernicia），它的国土从蒂斯河（Tees）一直延伸到福斯湾。7世纪早期，德拉和伯尼西亚两个王国合并成了诺森布里亚王国（Northumbria）。在它的南边是中英格兰王国，或者称为麦西亚王国

（Mercia），它的国土西至威尔士北部边境，东边与盎格鲁王国接壤。它的南边挨着威塞克斯王国（Wessex），即西撒克逊王国，由于他们的首领查乌林（Ceawlin）英勇善战，到7世纪早期，他们的领土到达了塞文河下游地区。只有威尔士和英格兰西部地区仍保持独立，与撒克逊人对峙。康沃尔一直抵抗到了9世纪中期。与此同时，在北边，爱尔兰部落利用罗马人撤走后的大好时机，在皮克特人的地盘以西、罗马行省以北的地方，建立了苏格兰人的王国。多亏了圣帕特里克对爱尔兰的影响，在他创办的修道院里，一个名叫圣科伦巴（St Columba）的修道士在563年完成了圣尼尼安未竟的事业，将靠近西部高地沿海的艾奥纳岛（Iona）上的苏格兰人和皮克特人都变成了基督徒。

在威尔士、康沃尔和爱尔兰，凯尔特基督教依然保留了一些传统的习惯。由于教会和新修道院延续下来的教育，他们依然能够用拉丁文写作，更多的手写稿被抄写出来，在更大的范围内传播。但是，出于对压迫者的强烈恨意，罗马不列颠人一直保持独善其身的态度，不与盎格鲁-撒克逊人接触，也从不试图做点儿什么让这些邻居改信基督教。所以，盎格鲁-撒克逊人最终只能从国外获取基督教的文明。盎格鲁人和撒克逊人在占领英格兰之后，很快就走出了未开化的状态，这对于后世的英格兰而言实属大幸。

6世纪末，据说（据8世纪的比德记录的民间传说），势大力强的新教皇格列高利一世（Gregory the Great）在罗马的集市上看到几个金发碧眼的漂亮奴隶小孩时，想起了曾经信教的罗马行省不列颠尼亚，如今那里的人们失去了信仰，都在迷途之中。当他询问这些小孩是什么人时，有人告诉他，他们是盎格鲁人，据说教皇当时颇有深意地说了一句话："他们不是盎格鲁人，而是安琪儿（天使）。"不管这个故事是否真实，可以确定的是，597年，正在革新教皇制度的格列高利教皇派了一个传教团去肯特，劝肯特国王埃塞尔伯特（Ethelbert）入教。教皇认为他的代表奥古斯汀（Augustine）主教也许能有机会对国王传教，因为国王娶了一个信奉基督教的法兰克女人，结婚之前她的身份是贝莎公主（Princess Bertha）。就这样，英格兰开始重新信仰基督教，这将英格兰重新带回了欧洲世界，在之后的几千年里，一个名为基督教世界（Christendom）的共同的宗教文化取代了罗马帝国，将整个欧洲结合在了一起。

2
盎格鲁－撒克逊时期
Anglo-Saxon

从肯特的埃塞尔伯特王至维京人入侵
Ethelbert of Kent to the Viking Invasions

597—865

当教皇派遣的传教团于 597 年抵达塞尼特岛时,传教团的团长圣奥古斯汀对即将要面对撒克逊人感到十分紧张。如果肯特的国王埃塞尔伯特与其他日耳曼蛮族——比如说他妻子的外祖父高卢国王克洛维(King Clovis)——性情相似的话,那么他必然也勇武凶悍。克洛维国王曾说,如果耶稣被钉死在十字架上时自己也在场的话,那一定会为他复仇。显然他完全没有领会这个故事的要义。尽管奥古斯汀胆战心惊,但是教皇格列高利给他写了多封书信,坚持要求他必须完成使命。6 世纪末,埃塞尔伯特王是英格兰最重要的国王,是所有盎格鲁 - 撒克逊小王国一起尊崇的英格兰共主(Bretwalda)。如果埃塞尔伯特的王国信仰了基督教,那么以他的影响力,其他王国就有可能效仿。

埃塞尔伯特王的态度跟他们所料想的一样。尽管这个由 40 位风尘仆仆的修道士组成的小传教团没有携带武器,只手持一个银质的耶稣受难十字架,每个人都穿着朴素的褐色袍子,但是他似乎还是把他们当成巫师或魔法师来对待。他坚持要在户外接见他们,以防他们施咒,因为据说在户外的话,魔法的力量会削弱。

而且他还禁止他们离岛。但是，埃塞尔伯特王允许他的妻子贝莎王后（婚前是法兰克人的贝莎公主）坚持她自己的宗教信仰，这是他与强大的法兰克王室结盟的条件之一。所以，尽管贝莎王后生活在一群崇拜沃登和托尔的撒克逊人中间，却并没有忘记自己的信仰。当时在王国的首都坎特伯雷（Canterbury）的东边，依然保留着一座古老的纪念圣马丁（St Martin）的罗马教堂，王后和她的灵魂导师路德哈德（Luidhard）可以在这里祷告。

埃塞尔伯特王仔细观察了这些修道士一段时间。这些修道士给他带来了教皇的礼物——一本装帧精美的《圣经》和一些珠宝，而且他发现他们都十分温和有礼，所以后来他允许他们离开小岛，去王后的教堂做礼拜。不久之后，这些传教士在布道时说，即便是国王，面对生老病死也无能为力，但是信仰基督就可以在将来获得永生，这让埃塞尔伯特王心动不已，而且他被传教士的学识和他们对穷人的关爱所打动，所以他自己受洗成为基督徒。至这一年的年末，在他治下有1万人受洗。

教皇格列高利定期给这些罗马传教士写信指导他们。在他们的影响下，616年，盎格鲁-撒克逊统治后的英格兰出现了第一部成文法典。不过这部法典是用英文而不是拉丁文写就的。与罗马不列颠人不同的是，盎格鲁-撒克逊人只会使用他们自己的语言。这部埃塞尔伯特王制定的英文法典深受法兰克民族的影响，它规定，新近出现的神职人员和国王赠予他们用来修建教堂的土地，均受法律保护。至7世纪末，教堂获准不必缴税。奥古斯汀修建了圣奥古斯汀修道院（St Augustine's Abbey，肯特早期的盎格鲁-撒克逊国王都葬于这里），同时还建造了一座教堂，这座教堂最终发展为坎特伯雷大教堂（Canterbury Cathedral）。教皇格列高利寄来的书信和其他珍贵的文字资料都被保存在修道院里。罗马传教士逐步修建了更多的修道院，它们都逐渐成了肯特人接受教育的地方。在富裕的贵族阶层中逐渐出现了一种风气：他们捐款或赠地用于修建修道院，然后将他们的儿子送往这些修道院学习文化知识。602年，教皇为圣奥古斯汀专门设立了一个坎特伯雷大主教的职位。

教皇格列高利本打算在英格兰任命两个大主教，分别在坎特伯雷和约克。他之所以如此盘算，是因为他依然将英格兰视作罗马的行省——所以它的宗教中心必须有一个是在罗马重镇埃勃雷肯，也就是约克。但是约克如今在德拉王国境内。尽管埃塞尔伯特王的领土与德拉王国接壤，但是德拉王国与肯特完全相互独立。因此，约克及其周边的地区必须另行派人去传教，英格兰的其他盎格鲁-撒克逊王国也都是如此。604年，教皇在罗切斯特（Rochester）一带又设立了一个主教职位。"切斯特"（Chest）在盎格鲁-撒克逊人的语言中是古老的罗马城市的意思。同一年，在东撒克逊（East Saxons）的一处名为朗蒂尼亚姆（Londinium）的老城镇（撒克逊人称为朗登维格）又增设了一个主教职位。

尽管教皇格列高利知道埃塞尔伯特是英格兰最重要的国王，但是他并没有意识到自罗马人离开之后，这个国家发生了多大的改变。正如我们已经看到的，英格兰在很久之前就已经丢失了罗马人建立的所有国家管理体系。这个国家如今被各个部落民族分割成小块，彼此之间相互征战，相互吞并。因此，小部落的首领变成了合并后的大王国的郡长（Ealdorman），在盎格鲁-撒克逊人的语言里，这个称呼指的是军事长官的意思。至7世纪末，英格兰总共有七个王国，合称七王国，分别是：苏塞克斯、肯特、埃塞克斯、东安格利亚、威塞克斯、麦西亚和诺森布里亚。由于这些部落民族都没有文字，所以历史学家只能猜想他们当时的生活状况。不过，后世的一些文献资料、文学片段和法律条文中有些提到古时的习俗，通过这些资料，我们可以知道早期的盎格鲁-撒克逊人在很多方面保留了他们的先祖即1世纪的日耳曼人的特点。罗马的观察家曾对这些特点有过详细的观察和深刻的认识。

日耳曼民族社会结构的一个最主要的特征就是他们的家庭，或者更准确地说，是家族。效忠于自己的家族，这是一个很关键的理念。家族中任何一个人被谋杀的话，整个家族都有义务追杀凶手，替他报仇。然而，即便是1世纪时，普遍的做法也已经从杀人偿命演变成杀人赔钱了，就是让凶手支付人命价，即一条人命的价钱，而不必让其偿命，这种做法有助于让社会变得更加和平稳定。如果凶手没有支付人命钱，那么死者的家族有两个选择，要么杀了这名凶手，要么让别人付钱赎走这个凶手。除此之外，如果一个人被控犯罪，那么按照惯例，他家族的人必须在法庭上发誓为他做证。至10世纪，若一个家族中出现了一个罪犯，那么这个家族必须负责看管好他，防止他日后继续犯罪。在几个世纪的漫长时间里，负责地方法庭的国王和贵族在了解犯罪事实的时候，除了听取双方家族的供述之外，还会向周边居民了解情况，综合考量两方面的证据和说辞。9世纪，阿尔弗雷德大帝（Alfred the Great）等国王修改了法律，要求人们首先效忠于他们的君主，其次才是效忠于他们自己的家族，然而尽管重点有所转移，但是忠诚和神圣的宣誓依然构成了盎格鲁－撒克逊社会的基石。

大部分盎格鲁－撒克逊入侵者是以自由农民的身份，以部落的形式聚居在英格兰的，每个部落都有各自独立的首领，却没有一个统领所有部落的共同的国王。后来才出现面积更大的王国和相应的国王，统治不同的部落。这种以部落为单位聚居的社会形态可以从英格兰的很多地名中看出端倪。这些含有"in(g)"之类读音的地名都有"人"的意思，如黑斯廷斯的意思就是"黑斯塔（Haesta）的人"，沃金（Woking）指的是"沃卡（Wocca）的人"。10世纪有一份很著名的文件，即所谓的"部落海得书"（Tribal Hidage），本是为了征税而制定的。这份文件里详细地记录了很多部落族群和它们拥有的土地面积。所谓"海得"，是英格兰的旧土地单位，也是计税的单位。在不同的王国，1海得的具体面积有很大的不同[*]，大致在40至120英亩[†]之间。

埃塞尔伯特王制定的法典中的条文显示，当时肯特的人民常常在户外集会，并在集会中讨论当地事务。讨论时，会有学识丰富或家境富裕的人在场管理秩序。自6世纪晚期开始，貌似每100海得（4000英亩或以上）土地会设置一个部落法庭。10世纪的一些文件上提到古时的"百户法庭"（hundred court），可能就是其起源。那个时候，百户法庭每个月开庭一次，审理违犯普通法和教会法的案件，或者调整税收。这反映了一个事实，就是当时的英格兰王国都是以百户为单位划分行政区域的。在好几个世纪的时间里，法官是由当地的居民挑选的，而不是由国王指定的。即便是早期原始的盎格鲁－撒克逊人，哪怕他们还是会蓄奴，他们的生活里也有一种真正的民主传统。这一点与罗马的生活方式截然不同。

贵族阶级的那一小部分人构成了肯特社会最富裕的阶层，但是在6世纪末，整

---

[*] 1海得是指一户人家养活家人及仆人所需的土地。——译者注

[†] 1英亩约等于40.47公亩。——编者注

个王国人数最多的要数自由农民，或者叫底层自由民，他们的权利受法律保护，他们的领主不是某个贵族，而是国王本人。在肯特，一个底层自由民对他的家族而言价值100个金币：如果他被杀，他的家族能够得到这么多赔偿，这也就是所谓的人命价。9世纪，维京人的入侵破坏了他们的社会结构，很多底层自由民被杀。为了得到当地领主的保护，底层自由民不得不为他们干活，来支付高昂的税金，即丹麦金（Danegeld），作为交换，当战争威胁到他们的家庭和庄稼的时候，领主的士兵必须保护他们。同时，很多盎格鲁-撒克逊人成功地保留了他们远古祖先的财政自治权，这一权利让人们的思想可以保持独立。他们珍视这种独立。

7世纪晚期，威塞克斯的国王伊恩（King Ine）制定的法律让我们对英格兰西部地区的底层自由民有了更多的了解。法律要求他们必须在民兵队伍服役。所谓民兵队伍，是盎格鲁-撒克逊的国民军，在紧急情况下，国家可以征调他们抗击外敌。同时还有一部特别法规，它规定，如果在民兵外出征战时，任何人未经允许进入他家土地的篱笆之内，就会被重罚。民兵和其他村民都要支持国王，向他纳税——这是充作军需的，最早他们缴纳的是一定量的麦芽酒、牛肉、蜂蜜和烤面包等，后来逐渐改成一定数量的金钱或税费。似乎从最早的时候开始，只要首领要求，盎格鲁-撒克逊人就需要自己集资修建当地的桥梁和城墙，并出资为国王修筑堡垒，每户出资的金额按各户的土地面积分摊。至700年，英格兰境内的所有王国的国王都成立了各自的御前会议，由智者充任顾问，这些御前会议被称为"贤人会议"（Witan）。贤人会议的成员大多是那个王国里的大领主，国王管理国家的种种政令，从分封土地给贵族，到宣布修道院不必再缴税，都需要他们联署。如果他们愿意的话，他们甚至可以决定让哪位王室成员成为国王，不过他们的主要职责还是给国王提建议。

盎格鲁-撒克逊人入侵英格兰之后，以部落的形式聚居，与之相仿，底层自由民一般也都分散居住在小村庄里。他们的农田形制不同于凯尔特铁器时代的方块状，而是弯曲的长条状。在一些王国，一些农田分散在旷野，农民共同耕作。但是在其他的王国，比如肯特，每个农民的田地则相对独立。整个英格兰，所有村庄外缘的树林一般都是公共用地，所有人都将自家养的猪、羊、牛等放养到林间草地上。

这些肤色白皙、身材高大的盎格鲁-撒克逊人用的犁，比古时布立吞人的更大、更重、更结实。布立吞人的犁比较轻，所以他们倾向于在地势较高、土质较松的田地耕种，而盎格鲁-撒克逊人则因为有大型的犁，可以在英格兰中部地区地势较低、土壤肥沃、土质黏重的冲击河谷耕作。因此，越来越多的盎格鲁-撒克逊人沿着乌斯河（Ouse）往泰恩河和蒂斯河方向分布，扩大了麦西亚、德拉和伯尼西亚等王国的面积。至 7 世纪早期，后两者被强大的国王埃塞尔福里斯（King Ethelfrith）侵吞，并入了诺森布里亚王国（诺森布里亚的意思就是"亨伯河以北的人们"）。

盎格鲁-撒克逊人在看到宏伟的罗马建筑废墟时都惊叹不已。他们本身只会使用木材和砖石搭建一些原始的建筑，而罗马人能够修建高耸的大理石神庙、巨大的石砌澡堂，乃至散布在英格兰各地的人工水渠，这些建筑技艺远远超出他们的想象，所以他们无法相信这些建筑是由人类所建。他们的文献资料中反复用"巨人的杰作"来描述罗马建筑。过去学界认为，盎格鲁-撒克逊人都不敢进入罗马城市，因为他们迷信地认为这些城市里有鬼魂出没。但是最近的研究发现，尽管一开始撒克逊人和盎格鲁人可能会将罗马建筑拆了，将拆下来的大块砖石用来搭建自己的住所，但是从 7 世纪末开始，古老的罗马城市重新吸引了一批新的盎格鲁-撒克逊城市居民。不过，这些城市，比如约克和伦敦等，吸引来的人数始终不过几千人而已，因为大部分盎格鲁-撒克逊人更愿意住在乡村当农民。但农民需要修建王宫、王室庄园和酿酒厂等。在今天的威尔顿（Wilton）、沃尔顿（Walton）和金斯敦（Kingston）等地还能看见这些建筑。这些巨大的建筑都是非常壮观（尽管有点儿粗糙）的木质建筑。它们常被用作百户区的行政管理中心，所以必须修建得很大，当整个百户区的居民带着物资来敬献给国王的时候，要能够容纳下所有人。

但是王宫要么是国王本人的居所，要么是国王座下的郡长们的住所，所以除了高大之外，还要修建得温暖舒适：宴会时，宾客们可以坐在大餐桌旁，盛满了蜂蜜酒的羊角杯在宾客之间传递着；巨大的壁炉里跳跃着热烈的火光；地板上铺着洁净新鲜的灯芯草，满室都是它清甜的味道。尽管大部分盎格鲁-撒克逊人都已经过上了定居农耕的生活，但他们还保留着关于自己的祖先北日耳曼勇士的民族记忆。诗人在大殿上唱起雄壮的歌，表达他们对祖先的追思和纪念，其中就有纪念贝奥武夫（Beowulf）伟大功绩的诗歌。

忠诚、复仇和死亡是盎格鲁-撒克逊文学最喜欢表现的主题，但是最受欢迎的可能是颂扬国王和贵族部下之间君臣之义的诗歌。这些贵族即大乡绅，对国王忠心耿耿。就像家族成员效忠家族一样，国王的臣下效忠国王，这种关系与前者是一样神圣的。若一个臣子眼看着自己的国王在战场上阵亡，自己却不拼死为他报仇，那么这将是他一生的耻辱。早期的英格兰历史充满了这种英雄主义的例子：许多臣子贵族即便在国王死后，也坚决拒绝投降。就像8世纪威塞克斯国王基涅武甫（Cynewulf）的部属一样，在他死后，他们为了给他报仇，全部壮烈牺牲。

进入7世纪以后，英格兰境内除了肯特之外，其他大部分地区依然不信仰基督教。想要改变这些地区人们的信仰，毫无疑问，传教的人本身必须对上帝足够忠贞，因为这些人极为敬畏他们原先信仰的神祇，用这些神的名字给很多地方命名，如赫特福德郡的桑德里奇（Thundridge），就是"托尔的脊背"的意思，除此之外还有很多类似的例子。尽管以后基督教会将成为英格兰王国的支柱之一，成为中世纪文明的核心内容，但是在当时，教会需要克服种种障碍，让粗鲁的、不信基督的、麻木的异教徒信仰基督教。向撒克逊人传教的修道士常常不得不利用他们的祷告词和故事来吸引听众，但是这些听众崇尚暴力，很难接受基督教对受难和忍耐的推崇。

然而，多亏了奥古斯汀率领的传教团始终坚定、积极地从事传教活动，加上从爱尔兰和苏格兰来的传教士的帮助，很快英格兰就由一个未开化的社会转变成了基督教社会，整个过程用了不到一个世纪的时间。这一转变将不断地以惊人的速度改变盎格鲁-撒克逊人，同时也改变他们的文化。他们从原来嗜血的野蛮人，变成了愿意送孩子去学拉丁文，让他们接触古典知识的文明人。从7世纪60年代至9世纪20年代的差不多一个半世纪里，英格兰重新出现了去修道院读书学习的风气，并迅速席卷整个国家。这个做法在7世纪的诺森布里亚达到了顶峰。这一点从插图精美的《林迪斯法恩福音书》（Lindisfarne Gospels）中可见一斑。而且，一场学术和艺术的复兴从英格兰蔓延到了法兰克人的王国。自5世纪早期开始就断裂了的英格兰与欧洲大陆之间的联系，此时重建起来。盎格鲁-撒克逊人在此前的 300 年里都只会修建简单的木屋，此时也开始建造大量精巧美观的教堂和修道院，因为在他们的社会里，这已经是彰显上帝荣耀的做法，他们对此推崇备至。坎特伯雷大主教塔尔苏斯的西奥多（Theodore of Tarsus）将一些法兰克王国和意大利的艺术家带到了英格兰。因为他们，盎格鲁－撒克逊人接触到了比自己民族的建筑和涂墙技术更为精致复杂的工艺。

在基督教会的影响之下，加上与欧洲大陆更高水平的文明的联系，英格兰的建筑再一次变得宏伟美观起来。他们开始给街道铺好路面，用小块的装饰石材拼贴王宫的地面。金线织物再一次挂上了屋子的内墙，就像恺撒时期一样。3 个世纪之后，由于英格兰的教会与高卢有密切的联系，而高卢又一直没让制造玻璃的技艺失传，这项技艺再一次传入了英格兰。7 世纪末，勇士兼贵族本尼狄克特·比思考普（Benedict Biscop）成了引进高卢玻璃匠人的第一人。他将这些匠人送往自己在泰恩河畔的贾罗（Jarrow）修建的修道院。从此以后，盎格鲁－撒克逊时期英格兰的教堂第一次用上了玻璃窗户，不久之后，又改用彩色玻璃。

但是英格兰早期的基督教根基薄弱，需要仰仗强权君主的支持。肯特国王埃塞尔伯特于 616 年去世，之后他的儿子埃德博尔德（Eadbald）继任王位。这位新王非常厌恶基督教，于是肯特几乎又回到了信仰异教的状态。这让罗马传教团的成员十分沮丧，许多人都决定放弃肯特，去法兰克传教。按照传统的说法，他们之所以后来又返回了英格兰，完全是因为耶稣门徒圣彼得（St Peter）在异象中对他们其中一人显圣，这个人就是主教劳伦修斯（Bishop Laurentius）。圣彼得愤怒地批评主教，猛烈地鞭笞他，反复提醒他要记得《圣经》中好牧羊人的故事，要求他不能将他的羊群丢给不信教的豺狼。第二天，埃德博尔德看到伤痕累累的圣劳伦修斯，惊怕不已，于是改过自新。其他主教也都返回了英格兰。

若不是有可敬的比德做的考据研究，估计我们今天完全无从得知原始的盎格鲁－撒克逊人的生活发生了多么惊人的改变。这位居住在贾罗的一座修道院里的修道士出生于 670 年左右，主要活跃于 8 世纪，是位伟大的作家，被誉为英格兰历史之父，同时也是耶稣降生之后的 1000 年里全欧洲最有影响力的作家之一。在达勒姆大教堂（Durham Cathedral）内，他的坟墓保存至今。关于英格兰人的发源有很多神话传说，比德决意找出这些神话传说背后的史实究竟如何。他废寝忘食地工作，他的考据涉及的内容非常广泛，论证严谨周密。尽管只要条件允许，他就会向见证这些历史的人请教，但是能够让他作为史实罗列出来的，必然要有文字史料的佐证。为此，他仔细查阅了英格兰的所有古书资料，同时还写信到罗马，查阅教皇的档案记录，获取准确的信息。除此之外，他还完善了狄奥尼修斯·伊希格斯（Dionysius Exiguus）发明的纪元方式，将耶稣降生视作现代的开端。比德的书在 8 世纪的欧洲盛行一时。由于他的影响，所有地方的人都开始采用"公元"（拉丁语原义是"我们的主降生之年"）来纪年。

比德的作品《英国教会史》（*The Ecclesiastical History of the English People*）中记录了英格兰的变化。我们所了解到的 5 世纪的入侵，以及之后的 3 个世纪里英格兰的众多王国的情况，大部分都来自这本书。在英格兰，肯特王国的人民改信基督教之后，下一个发生这种重要的转变的王国是诺森布里亚。尽管在埃塞尔伯特死后，下一个英格兰共主是东安格利亚的国王雷德沃尔德（Raedwald），但是真正发动了影响最深远的英格兰基督教运动的，却另有其人。他名叫埃德温（Edwin），来自北方的德拉王国（今约克郡），是个被流放的王子，寄居于雷德沃尔德的宫廷中，后来他建立了诺森布里亚王国。

虽然很多早期盎格鲁-撒克逊国王的生平都被湮没在历史洪流之中，我们对他们知之甚少，但是雷德沃尔德却是个例外。1939 年夏天，就在第二次世界大战爆发之前不久，人们在过去属于萨福克（Suffolk）沿海的萨顿胡（Sutton Hoo）发现了一座古墓，学界普遍认为这就是雷德沃尔德的坟墓。古墓中发现了大量精美的陪葬品，制作的时间大约在 621 年至 630 年之间，现在这些物品都陈列在大英博物馆。通过这些物品，我们得以更清晰地了解 7 世纪时盎格鲁-撒克逊的统治者——雷德沃尔德本人，以及建立了诺森布里亚的他的食客埃德温——的生活风貌。这座古墓位于一个百尺高的海岬之巅，像贝奥武夫火葬时的柴堆一样，"巍峨高耸，让大海上航行的人们都可以望见"。它的墓室是由一艘 90 英尺长的长船改造的。雷德沃尔德的祖先盎格鲁人就是乘坐着这样的战船来到英格兰、走上历史的舞台的。

雷德沃尔德的坟墓最重要的意义是它证实国际贸易已经在欧洲复苏了。在西罗马帝国灭亡之后的 200 年里，曾经繁荣一时的国际贸易迅速衰落，只剩下地方性的以物易物的小规模交易。雷德沃尔德的盔甲是在瑞典打造的，他的酒碗是中东地区的工匠制作的。陪葬的还有许多不同地方的铸币，有些来自君士坦丁堡和埃及的亚历山大港（Alexandria），这说明雷德沃尔德与很多国家，甚至与很遥远的地区，都有贸易往来。

萨顿胡的墓葬同时也显示，尽管雷德沃尔德表面上是个基督徒，但是他的本质还是与图坦卡蒙（Tutankhamun）之流一般无二，都是异教徒，因为他的墓葬和古埃及人一样富丽，陪葬品十分丰富，其中有一口巨大的锅，还有一个硕大的盛蜂蜜酒用的羊角杯，上面装饰着华美的银饰，这是他预备在瓦尔哈拉神殿（Halls of Valhalla）上饮酒用的。*黄金带扣每个重1磅多，装饰着错综复杂的狩猎动物的图案，比如猎鹰等。它们说明了英格兰在7世纪时已经有了非常杰出的工匠，他们已经将掐丝珐琅工艺发展到了一个巅峰，即便是今天，人们想要达到那样的制作水平也有难度。但是最与众不同的是他的勇士形象。他那做工精湛的铁头盔上镀了一层黄铜，上面雕刻着正在战斗的人物像。头盔上眼睛的部位是两个窟窿，看着令人毛骨悚然，耳朵部位垂吊着专门保护耳朵的铁片。这副形象无疑会让敌人在面对他的时候胆战心惊。

诺森布里亚的埃德温也是这种形象。7世纪时，大部分盎格鲁-撒克逊王国都长期处在战乱之中，为争夺领土而彼此征战。在这种状态之下，唯有得到这些强权君主的支持，基督教才能长久地延续生存下来。在雷德沃尔德的帮助之下，埃德温打败了他的对手埃塞尔福里斯，成了整个诺森布里亚的王。埃塞尔福里斯当时已经统一了约克附近的德拉王国和伯尼西亚王国，疆域一直达到了苏格兰边境。不过，埃德温的统治有另一个重要的影响，就是他迎娶了肯特国王埃塞尔伯特的女儿，也就是信仰基督教的埃泽布加（Ethelburga）。她嫁到诺森布里亚的时候带去了一个名叫保利努斯（Paulinus）的修道士。他信仰坚定，热心传教。他本人机智善辩，同时又给国王带去了教皇赠送的贵重礼物，包括银光闪闪的玻璃、意大利工艺打造的精巧的镀金象牙梳、顶级羊毛织就的衬衫等，这两个因素加起来，成功地引起了国王的兴趣，也满足了他作为至高无上的君主的虚荣。

---

* 瓦尔哈拉神殿是斯堪的纳维亚神话里诸神之父奥丁接待战死者英灵的殿堂。——译者注

国王埃德温改信基督教乃是一件非常严肃的事情。若没有与他手下的贵族和异教祭司首领事先交谈过——事实上应该说若没有他们的同意——他是无法改变自己的信仰的。比德写的一部盎格鲁-撒克逊文学作品中有一段最著名的文字就源自此事,从这段话里,我们能够从一个侧面看到7世纪的盎格鲁-撒克逊统治者的生活。当时,诺森布里亚的大祭司考菲(Coifi)直言不讳地承认,即便是他,也没有觉得给神像献祭会让他有所收获。在他说了这番话之后,国王手下的一个部落首领说了如下一番话:

> 我王,在我看来,人的现世生活与生前死后未知的生活,二者之间的对比,可以用麻雀做个比拟。冬天您坐在屋里和郡长、领主们宴饮,大厅中央的壁炉里炉火熊熊地烧着,整个屋里都暖烘烘的,但是屋外凄风苦雨,风雪肆虐,寒意刺骨。一只麻雀从大厅中飞快地掠过,它从一扇门飞了进来,很快又从另一扇门飞了出去。它在屋里这短暂的时间里,寒风暴雪被隔绝在外,影响不到它,但是它出去之后或进来之前的光景,我们都知道并没有那么舒适。如果这个新的宗教能够让我们了解更多生前死后的情景,那么也许我们确实应该接受它。

大祭司终于被说服,于是便向国王借了一匹马,飞奔去拆毁了神龛。在此之前诺森布里亚人一直都在用牛给神龛献祭。

埃德温改信基督教之后,他的人民也随之做了这样的改变。627年4月12日星期日正是复活节,在这一天,贵族、大批的平民及国王本人,一起在保利努斯修建的一座约克的木质教堂接受了洗礼。这座木质教堂就是如今约克大教堂(York Minster)的前身。之后保利努斯沿着诺森布里亚境内大大小小的河流四处奔走,给普通教众做洗礼。当时的信众都渴望与诺森布里亚人一起受洗,很多人从偏远的村庄跋涉数日来到这里,所以保利努斯曾一度不得不连续36天昼夜不停地为人们施洗,才得以完成全部任务。至630年,诺森布里亚在周边战乱不休的邻国的衬托之下,成了和平的代名词。

雷德沃尔德死后,埃德温接替他成为英格兰共主。但是原先的布立吞人十分憎恨他。布立吞人居住于威尔士，由他们的国王格温内思的卡德瓦隆（Cadwallon of Gwynedd）统治。诺森布里亚扩张领土侵犯了他们的利益。尽管卡德瓦隆是个基督徒，但是却选择与麦西亚的异教徒国王彭达（Penda）联合。

由于罗马传教士与凯尔特教会之间存在强烈的敌意，所以威尔士的主教没有规劝卡德瓦隆不要攻打同是基督徒的埃德温国王。圣奥古斯汀曾以为只要他率领传教团抵达英格兰，威尔士的主教们就要接受他的指挥，因为他受教皇之命，有权在这片土地上设立2个大主教和24个主教职位。但是威尔士人视他为外来夺权者，他们认为自己信仰基督的历史更久，他应该服从自己。奥古斯汀召集了一次会议与他们理论，结果双方恶语相向。奥古斯汀公开斥责威尔士的主教信奉异端邪说，警告他们若两边的教会不能合并，只怕会有严重的后果。似乎是一语成谶，633年，埃德温在哈特菲尔德战役（Battle of Hatfield）中被杀，西不列颠的人蜂拥进入诺森布里亚，纵火烧毁村庄和教堂，尽管他们也信仰基督教，却几乎将基督教从诺森布里亚连根拔起。卡德瓦隆麾下的士兵连老弱妇孺都不放过，所以主教保利努斯不得不将王后埃泽布加和她的家人召集起来，带上一个大大的黄金十字架和一只镶满宝石珠玉的圣餐杯，护送他们往南去相对安宁的肯特王国，投奔她的兄长。保利努斯此前原是约克的主教，到644年10月10日他去世前，是罗切斯特的主教（这一次卒年有明确记载）。

诺森布里亚的国王埃塞尔福里斯之子奥斯瓦德（Oswald）回到了故国，赶走了彭达和卡德瓦隆，将威尔士不列颠人赶回他们自己位于坎布里亚的王国，并迫使他们承认他是他们的君主，这才结束了这一次的祸乱。奥斯瓦德的统治时间很短，他于642年被彭达刺杀。但是他与另一位伟大的早期基督徒圣艾丹（St Aidan）是志同道合的朋友，后者向爱尔兰基督开放自己的教会，通过自己在古典学问上的成就和凯尔特人特有的传教激情，完成了诺森布里亚教会的改革。因此，奥斯瓦德也是一位名垂青史的君王。

圣艾丹是个修道士，他生活的修道院位于离苏格兰西海岸不远的艾奥纳岛，声誉甚隆，由爱尔兰的修道士圣科伦巴于563年修建，最初是为了给苏格兰人入教使用的。奥斯瓦德国王自己就是在这里接受的教育。这所修道院最好地保留了古典教育传统。这一传统之所以能在爱尔兰幸存下来，是因为日耳曼人并未侵入此地。爱尔兰基督教会可谓是重要的学术基地，因为其修道院保留了相当大一部分的欧洲古典文化遗产，而在意大利和法兰西，因为日耳曼部落的入侵，这些古典文化都消亡了。当时在爱尔兰，勤奋的修道士依然在孜孜不倦地抄录记载古典知识的抄本，其中很多都是从古希腊文明传承到罗马时代的，这些抄本一度成为罗马公民的日常读物。

奥斯瓦德回到诺森布里亚时，随行的有很多在爱尔兰接受过教育的修道士。他们在奥斯瓦德凋敝不堪的王国重建基督教信仰。圣艾丹受命成为诺森布里亚人的主教。出于典型的爱尔兰人和苏格兰人的禁欲苦修精神，他将自己的主教办公地点、教堂和修道院的地址都选在诺森布里亚沿海一个海浪侵蚀的小岛上，名叫林迪斯法恩岛，也叫霍利岛（Holy Island），位于特威德河畔贝里克（Berwick-upon-Tweed）以南。尽管圣艾丹是诺森布里亚教会的首领，地位崇高，但是林迪斯法恩岛上的建筑却全是爱尔兰风格的、以芦苇为屋顶的草房子。

在圣艾丹的影响之下，其他盎格鲁-撒克逊王国都知道奥斯瓦德王朝笃信上帝。在神父们的引导之下，盎格鲁-撒克逊统治者和郡长的天性有所改变，言谈举止更加文雅温和。很多贵族开始效仿圣艾丹，在每周三和周五断食。奥斯瓦德并没有以强大的武力著称于世，尽管强者为尊是盎格鲁-撒克逊社会的法则。相反，他是以对穷人的怜悯和扶持而闻名各国。比德写了很多关于这位国王无私慷慨的新奇故事，比如说将他的复活节午餐——用银盘盛着的美味佳肴——送给了街上的穷人。

当奥斯瓦德的弟弟奥斯维（Oswy）继承王位之后，这位令人敬畏的君王让诺森布里亚重获霸主地位。圣艾丹和奥斯瓦德建立的基督徒式的生活方式以更猛的势头扩散到其他王国。奥斯维做了一个非常有利的决定，就是鼓励诺森布里亚的传教士去其他王国传教。多亏了诺森布里亚的修道士圣查达（St Ceadda）的传教活动，彭达统治的闻名于世的异教王国麦西亚的人民也开始改信基督教，其中包括彭达的儿子匹达（Peada）。至700年，整个英格兰都改信了基督教。每个地区的传教士并不是来自同一个地方：让东安格利亚信教的是一个勃艮第人，在威塞克斯完成这一伟业的是一位从肯特来的罗马人。但是主要地区的传教士都来自诺森布里亚、林迪斯法恩岛和艾奥纳岛。约克郡的修道士里彭的威尔弗里德（Wilfrid of Ripon）让南撒克逊转变了信仰。查达的兄弟切德（Cedd）则让东撒克逊重回基督教世界。

至698年，林迪斯法恩岛上的修道院为新的诺森布里亚基督教文明创造了一个非凡的杰作，那就是《林迪斯法恩福音书》。这是《新约》四福音书的一个版本，有漂亮的字体和花纹，还有精致的插图。这些花纹既有凯尔特人的传统纹饰，也有盎格鲁－撒克逊人的图案，后者与东安格利亚国王雷德沃尔德的坟墓中发现的带扣上的图案一样。

《林迪斯法恩福音书》是聚居在一个地方的修道士设计制作的。到7世纪末，英格兰的修道士基本上都聚居在不同地方。爱尔兰基督教因其修道士奉行禁欲苦修而闻名。早期的爱尔兰和苏格兰修道院一般都建在偏远的地方，比如小岛、山野等，修道士的房间形似蜂巢，夏天阴凉，冬天冰冷。但随着基督教的传播，加上英格兰各个王国之间相互通婚，以及诺森布里亚和爱尔兰的传教士孜孜不倦地工作，一些更为华丽宏伟的修道院被修建出来了。修道院规模变大，成了握有权力的机构。修道院里出现了很多专门的房间，比如抄写手稿的缮写室等，在室外还会有草药园。修道院为人们提供教育，内部逐渐自成社群，发挥着越发重要的作用。他们开始有自己的养羊场和养牛场，很多富人将自己的土地遗赠给修道院，以此换取修道士们为他们的灵魂做弥撒。7世纪时，也有妇女到修道院中修行。不久之后，很多地方开始出现所谓的"男女修道院"，这些修道院里男女修道士共同修行，但是居住在不同的楼里。在古英语里，修道院称作"敏斯特"（minster），所以现在的英国地名如果含有"敏斯特"，就表明这个地方原本是宗教社区，如威斯敏斯特（Westminster）、敏斯特洛弗尔（Minster Lovell）和阿普敏斯特（Upminster）等。

多亏了国王奥斯维所做的不懈努力，英格兰教会最终众望所归地在全国范围内实现了合并，此前，罗马、凯尔特、苏格兰和爱尔兰的教会分别组成不同的教派，各自为政，相互攻讦。他们争执不下的最主要问题是复活节的日期，但是问题背后的根源是英格兰教会缺乏一个和睦的全国性组织。尽管奥斯维只是个心思简单的勇士，或者毋宁说正因为他只是个勇士，他在664年决定必须彻底地解决如何计算复活节日期以及其他一系列问题。

在诺森布里亚的公主、女修道院院长希尔达（Abbess Hilda）创办的修道院中，奥斯维召集了一次全国性的教会会议。这个修道院位于约克郡东部沿海常年多风的惠特比（Whitby）。希尔达是个了不起的管理者，她的修道院成了一所培养教会政治家的学校，从这里走出了至少 5 位杰出的神职人员，包括约克的威尔弗里德。它也成了国王和王侯咨询政事的地方。7 世纪 80 年代，凯德蒙（Caedmon）——一位卑微的庶务修道士*——也生活在这里，他是现存最早的一些盎格鲁–撒克逊宗教诗歌的作者。

比德描述过在这家修道院里修行的这位可怜的庶务修道士。他是个生性腼腆的人，由于没有受过教育，所以干的都是仆人们的杂活儿。吃饭的时候，那些受过教育的修道士会在食堂或餐厅里吟诗歌唱，以此自娱。为了增进教友情谊，修道士和庶务修道士是坐在一起吃饭的。每当这种时候，凯德蒙看着竖琴沿着餐桌递到他面前，他总是觉得很尴尬，根本不敢开口。所以他总是迅速地找个借口离席。一天晚上，为了照料修道院里的马匹，他睡在了马厩里。夜里他想到自己的无知，睡梦中都十分忧愁沮丧。突然间，一个人出现在他的梦里，对他说："凯德蒙，唱首诗歌给我听。"凯德蒙回答说他不会，这也就是每次他都要离开饭厅的原因。但是对方坚持要他唱歌。"那我要唱什么？"凯德蒙问。"唱上帝创世之始。"那个人说。于是，凯德蒙站在马厩的满地污秽上，开始唱起赞歌，赞美创造并保护了人类的圣父。他发现从自己的嘴里唱出了最美妙的诗句。接下来的故事是，女修道院院长希尔达听到了他唱出来的美妙诗歌，于是她说凯德蒙不应该继续做庶务修道士，而应该被授予适当的神职。

就是在这座修道院里，来自不同王国的众多教会神职人员服从了英格兰共主奥斯维的命令，组成了惠特比宗教会议（Synod of Whitby），也就是第一届不列颠会议。所有 7 世纪的不列颠基督教世界的重要人物都参加了这次会议，力图解决爱尔兰和罗马两个教会之间的纷争。爱尔兰教会在黑暗时代与罗马失去了联系，此后自成体系。至 664 年，它实际上已经独立于罗马教会，甚至与罗马教会对立。他们经常与罗马教皇产生分歧，不管是关于复活节的日期，还是削发仪式的做法——爱尔兰的修道士将额前两耳之间的头发剃掉，而罗马的修道士则是将头顶

---

* 指的是未受神职、在修道院当勤杂工的修道士。——译者注

中间的头发削去。在诺森布里亚王国内，教会开始在日常生活中占据日益重要的地位，这些分歧给人们的生活带来了很多麻烦。

圣艾丹去世之后，脾气暴躁的主教科尔曼（Colman）接替他入驻林迪斯法恩岛，担任约克主教之职。随之而来的就是这两个同一信仰下的不同分支之间产生了越来越匪夷所思的敌对情绪。爱尔兰、苏格兰的传教士将一些民众带入基督教世界，而另一些民众却是由罗马传教士传教的，所以这两个教会之间的纷争蔓延到了普通民众的生活层面，牵扯了人们大量的精力——若没有这些纷争，人们的精力本可以用来做更有意义的事情。在惠特比教会会议上，里彭的威尔弗里德支持罗马教会的观点。他用铿锵洪亮的声音质问："皮克特人和布立吞人，不过是两个最偏远的小岛上的一小部分人，凭什么要与全球性的罗马教会不同？要知道在亚洲、非洲、埃及、希腊、意大利和法国，基督徒都服从罗马教会。"

最终的决定权在国王奥斯维手里。他最终选择支持圣彼得在英格兰建立的罗马教会，而不是圣科伦巴成立的、实际上已经脱离罗马管理的教会。但是他一宣布这个决定，坚决拥护圣科伦巴的科尔曼主教立即勃然大怒，他辞掉了林迪斯法恩岛的主教之职，气冲冲地回到了艾奥纳岛，最后回到了爱尔兰。奥斯维的教会会议为英格兰教会做了一个很大的贡献。从此以后，英格兰的基督教就由罗马教会管理。罗马教会是个高效、人员稳定、财力雄厚的国际组织，而另一个教会却只能依赖个人的信教热情生存下来。几年之后，教皇决定从今天的土耳其一带调派一个优秀的神父去英格兰担任坎特伯雷大主教一职，这个神父就是塔尔苏斯的西奥多。这个决定让英格兰整个国家都获益匪浅。

尽管我们今天认为古时的大主教之职具有非常重要的意义，但当时，除了在肯特王国境内，坎特伯雷大主教在其他地方几乎没有任何实权。然而，在西奥多担任大主教之后的20年里，他凭着出众的组织能力进行改革，让英格兰教会成为一个团结的整体。672年颁布的第一部教规授予了西奥多及以后的坎特伯雷大主教管理整个英格兰教会的权力，同时授予他们的还有设立新教区和新主教职位的权力。这是英格兰宗教历史上的一座里程碑。不同王国的所有主教（以前计划要有24个，此时这个计划已经实现了），包括来自麦西亚、诺森布里亚和其他王国的主教，都接受坎特伯雷大主教的管理。他们创办了培训学校，培养修道士和神父，确保有足够的人手来辅佐每个主教完成他们的工作。他们还创办了专门的学校培养有天赋的孩子，这些学校招收孩子的时候不考虑他们的家庭背景。由于西奥多本人讲希腊语，所以英格兰的学校又开始教授希腊语和拉丁语。他们还恢复了古罗马的七门课程：文法、逻辑、修辞学、算术、几何、天文、音乐。

西奥多定期召集教会会议。通过这种方式，英格兰教会达成了全国性的统一。在富人的支持之下，宗教热情席卷全国，整个英格兰修建了大量的修道院，尤其是在诺森伯兰郡。修道士开始模仿他们祖先的日耳曼诗歌，创作押头韵的宗教诗歌。他们当中最有才华的诗人担负起了融合基督教价值观和撒克逊人传统的尚武精神的任务。到 8 世纪，他们创作了两首最伟大的盎格鲁 - 撒克逊诗歌：《十字架之梦》(The Dream of the Rood)和《贝奥武夫》。这两首诗如果不是修道士创作的，那至少也是他们在缮写室里一字一句抄录到手写卷上的，同样也是他们，将盎格鲁 - 撒克逊人的基督教文化传承到后世。他们也记录了身边的普通人。他们不再描绘他们的北欧祖先虚构出来的怪物，而是描写他们身边真实的人：英格兰的底层自由民在农田耕种或放貂猎兔；贵族骑着马，手腕上托着猎鹰。由于富裕阶层的孩子在修道院接受教育，他们的娱乐方式变得文雅了许多，比如创作格言警句和简短的小诗。一旦他们跟着会讲拉丁语的修道士学习过，那些比较聪慧的孩子就可能喜欢上从拉丁文学作品中衍生出来的盎格鲁 - 撒克逊谜语，甚至拉丁文学本身，包括维吉尔的《埃涅阿斯纪》（比德肯定读过这部作品）和普林尼(Pliny)的《自然史》(Natural History)。

基督教已经成为一股横扫盎格鲁 - 撒克逊诸王国的力量，与国王和领主占据同样重要的地位。与修道院社区不同的是，教区的关键人物不是教区神父——那个时候教区神父数量很少——而是主教。在当时，主教担负着各地巡回布道的任务。一开始教区教堂的数量也非常少，因为修建教堂需要资金和时间。在没有教堂的地方，大主教西奥多告诉人们可以在田野里做祷告，这也就是有些地方只立了一个十字架却没有圣餐台的原因。在比尤卡斯尔、坎布里亚和达勒姆等几个地方还能看到这种十字架，装饰着来自外国的新奇精巧的花纹，比如西奥多的工匠雕琢的拜占庭风格的葡萄藤叶花纹。

一些撒克逊人的教堂被保留到了今天，比如位于北安普敦郡（Northamptonshire）的布里克沃思教堂（Brixworth Church），以及《洛娜·杜恩》（*Lorna Doone*）一书中提到的圣母马利亚大学教堂（University Church of St Mary the Virgin）。但是大部分这时期的教堂要么被入侵英格兰的丹麦人毁坏了，要么被诺曼人重建了。随着时间的推移，几个世纪之后，越来越多的富人将自己修建的私人建筑捐出来用作教区教堂。这样一来，很多富人因为在自己的土地上修建了教堂，就拥有了任命教区神父的权力。至7世纪末，教会拥有征收什一税的合法权力，也就是农民要将收获粮食的1/10交给教会，用以供养教区神父。100年以后，将自己庄园田地收入的1/3捐给教会已被英格兰的贵族视作天经地义的做法。

670年奥斯维去世之后，诺森布里亚开始渐渐失去了英格兰霸主的地位，取而代之的是麦西亚。奥斯维的儿子埃格弗里斯（Ecgfrith）没有继承他父亲精明务实的性情。他试图向北扩张，攻打行踪不定的皮克特人，结果徒劳无功，白白浪费了王国的资源。8世纪的英格兰基本上处于麦西亚霸权时期，也就是两个麦西亚国王——埃塞尔博德（Ethelbald，716—757年在位）和奥法（Offa，757—796年在位）的统治时期。

这个时期也是诺森布里亚教会的鼎盛时期，是盎格鲁–撒克逊基督教的英雄时代，由热心虔诚的诺森布里亚国王和修道士在林迪斯法恩岛上建立的宗教传统开始取得成果。它源于爱尔兰，受其影响，这个教会的人始终保持虔诚的态度，又一脉相承地延续了圣艾丹等伟大的创始人深深的使命感。到7世纪末，英格兰教会开始往德意志派遣传教士，向他们的先祖，也就是不信教的日耳曼人，传播基督教。约克主教里彭的威尔弗里德带领着第一个传教团前往萨克森（Saxony）传教，但是他的船在弗里西亚（Frisia）失事。之后他的学生威利布罗德（Willibrord）和与威利布罗德同时代的圣卜尼法斯（St Boniface）继续完成他未竟的事业。

诺森布里亚教会与新的法兰西政权也建立了紧密的联系。8世纪时，英格兰的学问传统传入了法兰西，在这种传统的帮助下，西方的知识文化实现了复兴，这就是8世纪的"加洛林文艺复兴"（Carolingian Renaissance）。双方的接触带来了众多成果，其中之一就是成立了宫廷学校。这所学校是加洛林王朝

（Carolingian）最伟大的君王查理曼（Charlemagne）创办的，在这所学校里，年轻的法兰克贵族和有资质的平民家庭的男孩可以接受教育。查理曼有一头金发，是个非常伟大的君主。虽然他本人是个文盲，但是却非常尊重和重视教育。他的士兵征服了日耳曼撒克逊人的领土，给了这些异教徒两个选择：要么受洗，要么死去。这些人如果知道查理曼每天晚上都躺在黑板上睡觉，试图以这种方式潜移默化地学会那些他觉得非常难学的文字，他们肯定会觉得万分惊诧。

在英格兰，因为麦西亚国力强盛，国王埃塞尔博德开始自称是南英格兰之王。他的继任者奥法更是干脆自称是英格兰之王。他这么说其实也不无道理：除了诺森布里亚和威塞克斯，国王奥法已经直接统治了这个国家剩下的大部分地区。在威塞克斯，虽然西撒克逊的古老政权依然存在，但是它们的实力已经比以前弱了许多。奥法本人是个非常优秀的将领，他在自己的王国使用一种纯银打造的硬币，银币的外观模仿罗马货币，非常精致美观。他同时也学习罗马人抵御外敌的方式，建造了一堵矮墙将威尔士的不列颠人隔离在英格兰境外，这堵墙两端都连到海边，一直保存至今。奥法是教会的一个重要的保护人，他将教会视作维持社会稳定和推动教育的力量，予以极大的支持，其措施包括授予教会土地、修建教堂等。

在这两位强大的麦西亚国王长达将近一整个世纪的统治时间里，英格兰达到了前所未有的繁荣。英格兰人原本被视作欧洲的野蛮人，如今却以其井然有序的生活而闻名，并且成为文化研究的典范。查理曼与奥法通信，称奥法为"兄弟"。只有极少数人能够让查理曼如此称呼。现存的欧洲第一份贸易协定就是奥法代表英格兰人与查理曼签订的。这份协议规定，两国的商人可以自由出入彼国经商，两国的地方官员负责执行这个条款。

787年，一场无比盛大的庆典标志着国王奥法的女儿伊德伯格（Eadburgha）与西撒克逊的国王贝奥特里克（Beorhtric）缔结了婚约。这场联姻将更多的西撒克逊领土带到了奥法的治下：他获得了泰晤士河以北的西撒克逊领土。奥法的威望和实力使之可以要求教皇将坎特伯雷大主教的管辖区一分为二，让他在斯塔福德郡（Staffordshire）的利奇菲尔德（Lichfield）设立麦西亚自己的大主教。然而，尽管国王奥法在国内外都有崇高的地位，但在他的统治期间，有一股比他强大得多的力量开始第一次威胁到英格兰。

就在他的女儿嫁到威塞克斯后不久，在多塞特沿海出现了三艘巨大的船，每艘船足有近80英尺长、17英尺宽——这个大小相当于一所大房子或一座大型殿堂。这些船来自丹麦，驶入了波特兰（Portland）的海港，船上满载着来自北方的相貌奇特、外形凶狠的人。国王贝奥特里克派驻此地的官员按照当时和平时期的惯例，要求他们跟他走，去最近的城镇多尔切斯特（Dorchester）做登记，然而那些外国人非但没有以文明人的方式回应，反而暴起攻击这名海关官员，将他给杀了。《盎格鲁－撒克逊编年史》中记载："这是丹麦人派来夺取英格兰土地的第一批船只。"这句记录仿佛恶兆，还有更多的船只即将到来。

这三艘船是英格兰历史上关于可怕的斯堪的纳维亚人的第一份记录。这些人被称为维京人。在之后的200年里，他们将以其闪电般的突袭和劫掠摧毁刚刚成型的中世纪基督教世界。维京人的名称Viking来自古挪威语单词"vik"，意思是港湾、峡湾，而维京人本就是来自挪威、瑞典、丹麦峡湾地区的没有土地的年轻人。当时欧洲西北部的国家都专注于农耕，丢弃了航海技术，然而维京人却一直传承着高明的航海技术。他们热衷于贸易和冒险，一直在海上游荡，将他们自己国家出产的动物皮革拿到外国的港口去交换任何他们感兴趣的货物。不过，他们也有强烈的杀戮欲。曾经同样嗜血的盎格鲁人和撒克逊人受基督教影响，如今已经收敛了许多。维京人以死亡和破坏向他们崇拜的古老神明献祭。古老神明主要包括残酷的雷神托尔和诸神之父奥丁（Odin）。他们相信只有通过杀戮才能获得来生。

9世纪早期有一段时间，在斯堪的纳维亚人之间传播着一个谣言：查理曼征服了维持波罗的海秩序的北日耳曼人——弗里西亚人，这意味着以后再也没有弗里西亚人的战舰保护西边的海域，人们可以在那片海域毫不费力地打劫过往船只。同一时期，斯堪的纳维亚人的数量迅速增加，类似于经历了一场人口爆炸。他们居住的狭长的挪威峡湾附近没有足够的土地维持他们的生活，那些没有土地的年轻人只能靠打劫谋生，便成了维京人。除此之外，斯堪的纳维亚人长期住在与世隔绝的小村庄和荒无人烟的森林里，已经习惯了自给自足、自力更生，所以当挪威的第一个国王"金发王"哈拉尔（Harald Fairhair），以及其他丹麦和挪威君主开始加强君权统治时，他们觉得非常不耐烦。他们迫切地需要寻找一片新天地来施展拳脚。于是，维京人开始奔袭英格兰的东部沿海和法兰克帝国（Frankish Empire，查理曼统治下的广袤国土）的北部沿海地区，因为他们每次无论在哪个位置登陆，都能轻而易举地击溃当地人的抵抗，所以这些地区开始陷入了任由维京人鱼肉的境地。此后他们反复多次从被冰雪覆盖的波罗的海沿岸的峡湾出发，奔袭不列颠的土壤肥沃、气候温和的沿海地区。

50年以前，即732年，西欧的基督教世界刚刚在查理曼的祖父查理·马特（Charles Martel）的带领下打败了穆斯林军队。穆斯林当时已经攻占了西班牙，但是查理·马特率领军队在比利牛斯山脉（Pyrenees）打败了他们，将他们赶出了法兰西。然而如今，由于维京人的战舰不断侵扰北欧沿海，欧洲基督教文明再次陷入危机中。

维京人侵扰欧洲的300年与此前的"黑暗时代"有很多共性。本来人们历经千辛万苦，已经发现并整理了大量的知识，本已经消除了侵占不列颠的日耳曼人带来的破坏，然而维京人的到来让很多知识和文化又一次消失了，这个变化在9世纪尤其明显。基督教带给欧洲的光明变得摇曳不定，几乎要熄灭。若将当时的情况放在今天，我们可以说它相当于把我们今天所有的图书馆、出版社和学校无一遗漏地都烧成了平地，而且从不给我们留下足够的时间来重建它们。

不幸的是，因为英格兰很多重要的修道院的创始人希望把修道院建得与世隔绝，结果它们都非常容易受到北欧人（Norseman）的袭击。这些修道院都是传播文化、传授知识的中心，比如林迪斯法恩岛上的教堂。它们有的坐落在深入海域的海角，有的建在孤悬海外的小岛上，既无天然屏障，又没有军队守卫，遇到袭击，只能坐以待毙。维京人完全感知不到它们的神圣，只惦记着教堂里的黄金圣餐杯和镶嵌了宝石的圣器。

北欧人的船吃水很浅，这种设计令船只可以飞快地进入河口，在河道逆流而上。他们挂着一片巨大单帆的长船，他们雕了龙首的船头切开海浪的声音，他们挂在船两侧的护甲，以及他们穿着锁子甲的身影，都成了人们时不时就会看见的景象。沿海居民对这些景象尤为恐惧。维京人善于使诈，常常在夜间偷袭。他们悄无声息地放下船桨，抓起大刀，登上海岸，杀死手无寸铁的修道士，哪怕是这些修道士正在祈祷，他们也不会手下留情。修道院在过去的两个世纪里积累的金银被他们洗劫一空。他们将教堂建筑付之一炬，之后就离开了，给那些幸存者留下深深的绝望。

9世纪，英格兰和爱尔兰几乎所有珍贵无比的修道院图书馆都被毁了。这些图书馆都是历经磨难才修建起来的，收藏着他们辛辛苦苦抄写的书籍，然而入侵英格兰和爱尔兰的维京人将之破坏殆尽。在发明印刷术之前，书籍的唯一传播方式就是手抄。成千上万有着精美插图的手抄卷，每一页都写满了漂亮的文字，每一本的插图都是修道士花了足足一年的时间仔细画出来的，然而它们却都与修道院一起被烧成灰烬。这些早期的手抄书只有极少的一部分没有被维京人毁掉，得以流传到后世，其中就有《林迪斯法恩福音书》和成书于8世纪或9世纪的《凯尔经》（*Book of Kells*）。后者很可能是在艾奥纳岛完成的，但是被传播到爱尔兰。这两本书现在都陈列在大英图书馆里。在长达两个世纪的时间里，林迪斯法恩岛曾是英格兰宗教生活的中心，但是793年，这个岛毁于维京人的劫掠，在这里修行的修道士也被杀光。第二年，比德的出生地贾罗也被毁掉。一年之后，艾奥纳岛也未能幸免于难。

如今的我们很难想象维京人带来的威胁是多么令人恐惧。但是只要一想到他们的船只出现在海岸边，英格兰和法兰西的人民就失去了全部信心。在惊恐不安的英格兰人眼中，林迪斯法恩岛被烧毁是上帝对他们发怒的一个征兆，因为林迪斯法恩岛是尤为神圣的地方，为什么上帝会任由它被毁掉？戴着角盔的维京人每次登陆时都要唱："无论我们走到哪儿，猛兽都跟着我们，喝我们刀下鬼的血。"正如歌词所描述的那样，维京人的野蛮及他们的滋扰，令基督教国家将他们视作妖魔。难怪当时每个星期天的弥撒都加了一句衷心的祷告："主啊，拯救我们脱离维京人的欺凌吧。"

维京人可以细分为三个族群，分别前往不同的方向。成千上万的来自瑞典的维京人在他们的首领留里克（Rurik）的带领之下横扫东方，建立了基辅罗斯（Kievan Rus'），即第一个俄罗斯国家。来自挪威的维京人往西进发，发现了格陵兰岛。两个世纪之后，在1000年左右，他们发现了北美大陆，从如今的新英格兰一带进入北美洲。这一拨儿维京人沿着苏格兰西海岸往南，穿过了爱尔兰岛，在那里建立了维京人的城市，包括都柏林（Dublin）和科克（Cork），又将这个国家北部富有的修道院几乎全都洗劫一空。他们突袭了奥克尼群岛、凯思内斯（Caithness）、罗斯（Ross）、加洛韦、邓弗里斯（Dumfries）、马恩岛（Isle of Man）、坎伯兰（Cumberland）、威斯特摩兰（Westmorland）、柴郡（Cheshire）、兰开夏郡（Lancashire）和南威尔士沿海等地。他们挥舞着双刃斧，几乎所向披靡，将这些地方的许多平民变成了奴隶。

维京人的第三个族群走的是所谓的"内海线"。这些令人避之不及的海盗将精力集中在了英格兰南部沿海和欧洲大陆的北部沿海。这部分维京人来自如今的丹麦。5世纪，盎格鲁人去了英格兰之后，他们原先盘踞的丹麦地区就变成了无人区，后来维京人的祖先迁入了此地。因为在9世纪的最初30年里，丹麦处于强盛的君权统治之下，加之查理曼余威犹在，所以丹麦维京人最初只是以小股力量侵扰英格兰南部和法兰西，这些地区还未遇到最大的危险。但是随着国王霍里克（Horik）去世，丹麦的君权统治迅速崩溃，对丹麦维京人的最后一点约束也不复存在。于是9世纪中叶，大批的丹麦维京人迅速扩张，领头的是朗纳尔·洛德布罗克（Ragnar Lodbrok，也被人称作"毛裤子朗纳尔"）和他为数众多的儿子。

维京人越发猖獗，公海上他们的舰队数量以惊人的速度增长起来。9世纪60年代，他们的势力发展到巅峰。当时他们的船数量达到350艘，每艘船上可搭载100名战士，再加上他们有30年的作战经验，所以可以轻而易举地置人于死地。强大的力量令他们越来越猖狂放肆。原本他们不过是时不时地上岸抢劫，从某种程度上讲人们还是可以忍受的，但是发展到后来，他们开始明目张胆地在他们洗劫过的国家过冬。他们对当地人的轻视可见一斑。

维京人开始在爱尔兰的河口、港湾泊船，在它的东部沿海修建堡垒。他们的目的不再只是抢劫，而是想驱逐当地人，然后定居于此。845年复活节前夕，维京人的全部野心大白于天下。在这个复活节前夜，9世纪最臭名昭著的海盗、可怕的维京人首领朗纳尔·洛德布罗克亲自沿着塞纳河（Seine）扬帆而上，洗劫了巴黎。巴黎的市民四散奔逃，教堂被废弃。此前巴黎作为法兰克王国的中心城市，刚刚在查理曼的统治之下成为欧洲最重要的城市之一，结果朗纳尔·洛德布罗克毫无障碍地攻陷了它。在法兰克国王"秃头"查理（Charles the Bald，又称查理二世）惊恐目光的注视之下，朗纳尔·洛德布罗克将111名巴黎市民活活吊死在树上，在他收到了 7000 磅*白银之后,才将另外 100 余人放走。做完了这些,他才故意嘲弄地向惊恐不安的国王鞠了一躬,他乱蓬蓬的红胡子在春日和煦的阳光之下闪着油光。然后他扬长而去,再次回到海上。但是围观的人无疑都知道了谁的实力更强大。毫无疑问,实力没有掌握在国王手里。

从此以后,丹麦维京人武装力量或多或少地永久占领了莱茵河、斯凯尔特河(Scheldt)、索姆河(Somme)、塞纳河、卢瓦尔河(Loire)和加伦河(Garonne)流域的一些地区。859 年,维京人在摩洛哥一带征战,将战俘带到了他们在爱尔兰的据点。朗纳尔·洛德布罗克的儿子们抵达意大利的卢纳(Luna)并掌控了这座城市,但他们以为自己占领的是罗马。至此,维京人的烧杀掳掠几乎遍及了整个欧洲。865 年,建立基辅罗斯政权的瑞典维京人对君士坦丁堡形成合围之势。

就是在这样的背景之下,849 年,一位伟人在伯克郡(Berkshire)的旺蒂奇(Wantage)出生了。这个人将拯救英格兰于维京人统治的水深火热之中。他就是威塞克斯王室的王子,后世称他为阿尔弗雷德大帝。

---

* 1 磅约为 0.45 千克。——编者注

从阿尔弗雷德大帝至黑斯廷斯战役
Alfred the Great to the Battle of Hastings

865—1066

威塞克斯即西撒克逊王国。根据民间传说，撒克逊人首领策尔迪克（Cerdic）和他的儿子坎里克（Cynric）在495年建立了威塞克斯。当时他们刚从今天的南安普敦登陆，但是当时他们将那个地方称为汉姆维克（Hamwic）。（"维克"这个词源自拉丁语，是"地方"的意思。伊普斯维奇（Ipswich）和诺里奇（Norwich）这两个地名中的"维奇"和"里奇"也是同一个意思）威塞克斯王国发源于汉普郡绵延千里的肥沃草原，8世纪麦西亚的国王掌握了至高无上的权力，迫使威塞克斯迁离塞文河下游的河谷地区，但是这个王国并未消失，而是迁到了布里斯托尔（Bristol）及其以北地区，其领土依然覆盖了整个多塞特和萨默塞特（Somerset）地区。西撒克逊人不仅是卓越的战略家，而且喜欢思考，擅长组织。威塞克斯的国王中最重要的一位就是伊恩。他在7世纪末颁布了一部法典，或者也可以说是一部西撒克逊法律的合集。

至9世纪30年代，麦西亚在英格兰至高无上的地位被威塞克斯取代。由于统治者精明强干，威塞克斯始终保持了高速的发展。825年，阿尔弗雷德的祖父埃格伯特（Egbert）在伊朗顿战役（Battle of Ellandune）中取得了对麦西亚王国的决定性胜利，从此以后，麦西亚王国原来的附属国肯特、埃塞克斯、萨里和苏塞克斯等都永久地成为威塞克斯王国的一部分，不复有独立的地位。埃格伯特在位37年，占领了从德文郡（Devon）至泰马河（Tamar）的广袤领土，结束了西威尔士（或称康沃尔）作为独立政权的历史。从此以后，康沃尔每年需要向威塞克斯纳贡。只有东安格利亚、麦西亚、威尔士和诺森布里亚依然独立于威塞克斯，但是这些国家都承认埃格伯特是他们的最高君主。当埃格伯特占领了肯特之后，他成了英格兰基督教的护教者，即整个英格兰的主教。

威塞克斯王国的扩张正好发生在丹麦维京人日益放肆地烧杀抢掠的背景之下。正如我们前面提到的，自9世纪30年代之后，他们开始真正威胁到了整个英格兰的和平与安全。在之后的30年里，有记录的袭击至少有12次，没有记录的很可能更多。但是由于这些袭击都是修道士按照时间顺序记录下来的，其中很大一部分都在维京人劫掠时被毁掉了，所以多半都不完整。9世纪40年代，维京人消灭了东安格利亚和肯特，并袭击了麦西亚王国的里金（Wrekin）。844年，他们杀掉了诺森布里亚的国王。但幸亏他们最后还是离开了，尽管他们带走了许多战利品。

十年之后，情况变得越来越糟。维京人不复像最初时那样只是单船作战，而是采取团伙协作，每次都聚集了一大批人一起袭击一个地方。在他们同时代的人看来，他们的规模建制已经几乎可谓是一支"异教徒军队"了。851年，阿尔弗雷德大帝的父亲埃塞伍尔夫国王（King Ethelwulf）击败了一支由数百艘船组成的维京人舰队，当时这支舰队正对坎特伯雷和伦敦发起猛烈的袭击——在此之前，这支舰队已经击溃麦西亚国王贝奥特伍尔夫（Beorhtwulf），使他陷入逃亡。阿尔弗雷德大帝的哥哥、威塞克斯的另一位王子埃塞尔伯特当时正替他的父亲管理肯特；他在桑威奇（Sandwich）沿海打败了丹麦维京人的军队。尽管英格兰获得了这些胜利，但是在855年，一支大型的维京人舰队还是在谢佩岛（Isle of Sheppey）建立了永久的冬季据点，直接对梅德韦（Medway）河口至泰晤士河口一带造成威胁。维京人开始在那里修建堡垒，很多伦敦人对此十分恐惧。当初维京人沿着塞纳河逆流而上直取巴黎，如今他们迟早也会沿泰晤士河西行攻占伦敦。由于埃塞伍尔夫国王一家人打败了丹麦维京人，所以等到他将威塞克斯交到他的儿子们手中时，威塞克斯已经是英格兰最重要的王国了。但是整个国家依然生活在阴影之下，时时恐惧维京人的下一次入侵。十年之后，这些长久以来令人恐惧的事情终于结束了。865年，号称"维京雄师"的大批丹麦维京人在东安格利亚登陆，显然是打算从盎格鲁-撒克逊人手中夺取整个英格兰，作为自己的居住地，将之建成一个丹麦维京人的王国。

尽管之前他们已经零星地劫掠过几次英格兰，但是794年维京人袭击贾罗时，他们的远征首领被折磨致死，所以并没有获得真正的胜利。这可能导致维京人不得不更谨慎地对待英格兰。事实上，9世纪的大部分时间，他们确实更多地将兵力集中在法兰西和爱尔兰。855年左右，朗纳尔·洛德布罗克，这个曾迫使法兰克国王查理二世交给他7000磅白银的大海盗，终于落入了诺森布里亚国王埃利（Aelle）手中。朗纳尔·洛德布罗克曾侵扰过诺森布里亚，而且全身而退。据说，他被俘是因为他为了能够进一步提高速度而建造了两艘特别大的船，结果由于船体太大，他们没办法很好地操控。结果，这两艘船在海中倾覆，维京人中最剽悍的一部分人就这样淹死了，死前还在诅咒朗纳尔·洛德布罗克的愚蠢。

朗纳尔·洛德布罗克被俘，受尽了折磨，接着被丢进地牢。地牢里遍地毒蛇，他被毒蛇噬咬，痛苦不堪。诺森布里亚的王室和大臣纷纷来折辱他，带着嘲讽的神色，幸灾乐祸地围观这个红头发、大块头的维京人落难的样子。他这样苟延残喘了一阵子，才在痛苦中死去。但是，即便他已在破旧肮脏的草席上日益衰弱，即便这个曾经让半个欧洲都恐惧不安的人已经被俘，而且诺森布里亚人已在为此击掌相庆，朗纳尔·洛德布罗克也不会让自己悄无声息地离开人世。这个曾经的海上之王的嘶吼声穿透城堡厚厚的墙壁，从地下深处的地牢传到人们的耳朵里。他唱着令人恐惧的死亡和荣耀之歌，预言当他的儿子们来为他报仇时，他们将在这里建立恐怖的统治。"很多人将被狼牙撕碎，"他唱道，"雄鹰从野兽身上撕下血淋淋的肉。"他还在自己的歌里描述了瓦尔哈拉殿堂的盛宴："在那儿，我们将用中空的巨大头骨做酒杯，畅饮麦芽酒。"正如他的描述，在他去享用这场盛宴之后，他的儿子们很快就开始用诺森布里亚人的头骨喝酒了。在他死前，当毒蛇窸窸窣窣地在他身下钻来钻去时，他召唤他的儿子们为他报仇："我打了50场胜仗。我从来没想过最后我会是被蛇给咬死的。那些小猪崽要是知道他们的老子想要他们做什么，一定会哼哼着同意的。"

小猪崽们长大之后做的事情可不只是"哼哼"了。10年之后，这些小猪崽，即"无骨者"伊瓦尔（Ivar the Boneless）、哈夫丹（Halfdan）和乌比（Ubba），带领着丹麦的维京雄师，让英格兰为他们父亲的死付出了惨重的代价。865年，他们在东安格利亚沿海登陆，将乡村夷为平地，直到那些惊慌失措的农民向他们献上财物和马匹，他们才停止。之后他们沿着罗马人修建的埃尔明大道往北飞驰。这条路依然是英格兰东部沿海的一条畅通无阻的要道，他们沿着这条路抵达诺森布里亚的首都约克。诺森布里亚的政府本就已经因为内战而不复当年的强盛，至867年，整个诺森布里亚王国都落入了丹麦维京雄师的掌控。他们杀死了国王埃利和其他重要的王室成员，还杀掉了诺森布里亚的8个军事首领和郡长，报了大仇。他们立了一个名叫埃格伯特的傀儡君王，统治这个曾属于他们的杀父仇人的王国。

但是"无骨者"伊瓦尔和哈夫丹并不满足于只占领诺森布里亚。于是这支由数千名维京勇士组成的维京雄师开始四处征战。他们渡过亨伯河，往南进发，打算占领曾经十分强盛的麦西亚王国的首都诺丁汉（Nottingham）。麦西亚的国王伯格雷德（Burgred）娶了阿尔弗雷德大帝的姐姐埃塞斯维斯（Ethelswith），所以威塞克斯派兵支援麦西亚。然而，狡猾的丹麦人始终躲在防御工事后面，不正面交锋，却也不撤走。最后，麦西亚人只好同意给他们财物让他们离开。冬天之后，维京雄师再一次回到约克，给那里的居民造成巨大的损失，之后他们才往南撤回到东安格利亚。沿途维京人毁掉了位于麦迪桑斯泰德（Medeshamstede）即彼得伯勒（Peterborough）的宏伟古老的修道院，杀掉了那里的修道院院长和修道士，焚毁了著名的图书馆。在东安格利亚，年轻的国王埃德蒙（Edmund）率领了一支军队英勇地抵抗他们。但是很快他就被俘了，并在距贝里圣埃德蒙兹（Bury St Edmunds）以东25英里的霍克森（Hoxne）被残忍地杀害了：他先被绑在树上当作箭靶子，之后才被砍头。为了纪念这位英勇就义的国王，人们在贝里圣埃德蒙兹修建了一座修道院，就坐落在他的埋骨之处。至此，东安格利亚也成了维京人的另一个王国。

丹麦人势如破竹，在五年之内就攻占了伦敦以北的所有领土，包括麦西亚、东安格利亚和诺森布里亚三个盎格鲁－撒克逊王国。只有威塞克斯还掌握在盎格鲁－撒克逊人手中。其他王国实质上已成了一个统一的丹麦王国，遵循丹麦的法律。这些国家由于军备不足，而且组织混乱，加上没有舰队守卫海岸线，所以只要敌方有足够的兵力，就能轻而易举地将它们收入囊中。尽管盎格鲁－撒克逊的民兵法规定成年男子每年必须参与作战 40 天，但这项规定不得人心，征集民兵的号召也常被忽略。即便是那些响应了号召的人，大多也不愿意去自己国家以外的地方作战。究其原因，就像我们今天的陪审服务一样，那为期 40 天的作战可能会刚好被安排在最不适宜的时间，比如农民正赶着要在雨季前收完地里的庄稼，却被要求去参战。

如果说 9 世纪初维京人不时地出没已经令人恐惧不安，那么丹麦的维京雄师长期盘踞在英格兰，四处劫掠，简直让当地人的日常生活变成了一场看不见终点的噩梦。特雷维多宝窟（Trewhiddle Hoard）聚集了一大批早期教堂的银器（目前这批文物收藏在大英博物馆），这是当时的一个神父藏在一棵树后面的，但是这个神父再也没能回来拿走它们。这些物品就是无声的证据，见证了那个时代持续不断的杀戮，见证了在那之前两个半世纪里的文化成果被迅速摧毁。在英格兰东部沃什湾（Wash）西面和南面的沼泽地带附近的克罗尔兰德（Croyland），一个修道士将他耳闻目睹的事情按时间顺序记录了下来。这部编年史描述了维京人来袭时人们的典型反应——在整个英格兰，人们都在经历相同的事情。它也提到，丹麦异教徒从林肯郡（Lincolnshire）到诺福克郡的途中，他们全副武装的战马沿途发出轰鸣的铁蹄声，令英格兰的土地都随之颤抖。它还提到，有一次，克罗尔兰德修道院的院长和修道士们正在做晨祷，突然一个人慌慌张张地冲进来告诉他们维京人正往这边来。一些修道士逃到了船上，拼命地划船，逃离了修道院，祈祷着这个地方错综复杂的沼泽和终年不散的迷雾能够掩护他们，不叫维京人发现。但是剩下的那些人都被就地解决了。

870 年秋天，丹麦人决定要征服英格兰最后一个仍保持独立的盎格鲁－撒克逊王国，也就是威塞克斯。但这一次，他们终于遇到了旗鼓相当的对手。尽管当时威塞克斯的国王埃塞尔雷德（Ethelred）并不具备决胜千里的军事才能，而且比起整个王国的安危，他更关心自己的宗教修行，但他的弟弟、西撒克逊军队的联合指挥官阿尔弗雷德继承了威塞克斯历任国王最优秀的品质。阿尔弗雷德不久之后继承了王位。他是前国王埃塞伍尔夫的第四个也是最小的一个儿子。埃塞伍尔夫将保卫基督教世界，使之不被维京人毁灭视作自己的责任，并将自己的这份强烈的责任感传给了阿尔弗雷德。他的父亲——曾经辅佐过查理曼的埃格伯特国王——教给了他作为信仰上帝的国王应该具备的最优秀的品质，他又将之教给了阿尔弗雷德，以此来激励他。阿尔弗雷德曾至少两次跟着他的父亲去罗马朝圣，祈祷上帝能够降福于威塞克斯，保护它不被维京人侵扰。当时在威塞克斯王国内，人们十分担忧基督教文明会因为丹麦人的反复袭击而从英格兰消失。为了平息这种忧虑，埃塞伍尔夫将自己王国税收的1/10都交给教会，以确保宗教学习不会被中断。

由于很多修道士、神父被维京人杀害了，所以学术的氛围无可避免地开始变差，这个问题让阿尔弗雷德忧心忡忡。他成为国王之后立即推行了一项了不起的计划：恢复对英格兰人的教育。他始终记得自己小时候，"泰晤士河以南没有一个神父能读懂拉丁文的弥撒经书，整个英格兰也只有寥寥数人会拉丁语"。正是由于这个原因，他直到12岁才开始学习阅读，而且是自学成才的，因为那个时候，即便是国王，也找不到有学识的修道士来教自己的儿子。

阿尔弗雷德有一句名言："人竟无所求知，吾不知有殆于此者。"这句话让我们知道，在经受了维京人长达40年的侵袭劫掠之后，当时的英格兰人已经不能像以前那样轻而易举地获取知识了。那时候很多书籍都是用拉丁文写的，但是阿尔弗雷德已经找不到任何人来教他拉丁文了——他在40岁时才学会这门语言——所以很多知识他都无从获取。很多其他英格兰人也遇到了同样的困境。威尔士的修道士、后来的舍伯恩（Sherborne）主教阿塞尔（Asser）记录了阿尔弗雷德的生活起居，在这份著名的记录里他提到，国王曾经"十分遗憾地叹着气"说，在他有能力学习的小时候，他找不到老师来教他，这成为他毕生最大的遗憾之一。

正因如此，当令人避之不及的丹麦军队将注意力转移到威塞克斯，决意在870年的圣诞节攻陷其都城雷丁（Reading）时，他们遭到了威塞克斯军民的殊死抵抗，因为阿尔弗雷德将此战役视作拯救英格兰文明的战斗。然而当时的局势十分危急。当时威塞克斯的国王实际上是埃塞尔雷德。战事紧急，他本该率领军队在伯克郡的里奇韦（Ridgeway）迎击丹麦人，然而在这关键时刻，他竟然坚持要听完弥撒。阿尔弗雷德已经命令自己的那部分军队列出盎格鲁 - 撒克逊的著名阵式——盾墙阵，就等埃塞尔雷德发兵，但他却坚决不肯离开营帐，宣称他这一辈子绝不会在听神父做弥撒时中途离开。当时那些可怕的丹麦军队正不停地向山下的威塞克斯的士兵投掷标枪，标枪撞上盾牌的声音震耳欲聋。埃塞尔雷德还在听神父诵经，而年仅 21 岁的阿尔弗雷德却顶着敌方所有的攻势，沿着陡峭的山坡往上推进战线。他的士兵在一株矮小的荆棘树周围奋勇杀敌，不久之后，尽管很多打头阵的维京人穿着锁子甲，但还是被杀死在山脊上，剩下的人很快就四散逃逸了。

尽管这远远算不上是决定性的战役（许多年之后，英格兰一方才在阿尔弗雷德的统领之下最终占据了上风），但这是丹麦人第一次在公开的战役中被打败。埃塞尔雷德在二十多岁时就死了，在他死后，871 年，阿尔弗雷德成为国王。之后，他与丹麦人签了一份和平协议，为威塞克斯争取到了宝贵的休养生息的时间。签订协议对丹麦人而言也是求之不得的好事。他们被围困在了自己位于雷丁的堡垒里。每每他们试图冒险突围，都会遭遇阿尔弗雷德的迎头痛击，这让丹麦全军疲惫不堪。能够暂时休战，他们也很高兴。幸运的是，维京人占领的北方地区发生了反叛，维京雄师不得不分出一部分精力来镇压这些反叛。在他们镇压了叛乱并打败了苏格兰西南部的斯特拉思克莱德王国之后，有半数的士兵在他们的首领哈夫丹的领导下，决定不再卷入威塞克斯的战局里。他们决意留在北方，将之建设成一个真正的丹麦人的王国，而不是借助傀儡政府来管理这片疆域。哈夫丹担任国王期间，在他的领导之下，丹麦维京人占领了原诺森布里亚王国的大部分领土，其疆界大致等同于今天的约克郡（时至今日，这个郡还保留了很多源自丹麦语的地名，由此也可以看出当年这个地区被丹麦人占领过）。丹麦的士兵变成了农民，他们在约维克（Jorvik）建立了首都，又将土地按丹麦人的方式重新划分，以便征税。他们的行政区划是以"邑"为单位的，而不像盎格鲁 - 撒克逊人的王国那样，以百户为单位。

至 874 年，除威塞克斯以外，丹麦军队已经巩固了自己对英格兰其他地区的掌控。除了惠特灵大道以西的部分地区之外，麦西亚的大部分土地都被丹麦的贵族瓜分了。至此，从泰晤士河到亨伯河之间广阔的英格兰土地都落入丹麦人手中。丹麦人分布在各个地区，主要的居住点包括五大区：林肯、斯坦福德

（Stamford）、诺丁汉、德比（Derby）和莱斯特（Leicester）。这五大居住区组成了一个联邦。

但是另一半没有选择在北方安家的丹麦士兵还是将目光投向了威塞克斯肥沃的土地，包括伯克郡、汉普郡、多塞特郡和德文郡。这些地区正从维京雄师造成的破坏中缓慢地恢复过来。在相安无事了4年之后，这部分士兵在他们的国王古斯鲁姆（Guthrum）的带领下，决定重返战场。于是他们往南行军，前往格兰塔布里奇（Grantabridge），又开始滋扰威塞克斯。当时，法兰西以西的英吉利海峡上游弋着大量的维京船只，阿尔弗雷德认为，若想阻止他们增援英格兰境内的这些维京人，唯一的办法就是在他们登陆之前，在海上击溃他们。因此，他向维京人的老对手弗里西亚人求教，请他们教英格兰人如何建造他们的那种舰船——他们的舰船曾经可以与维京船只势均力敌。最后，英格兰人造出了比维京人的船更快、更长的船只。我们可以毫不夸张地说，阿尔弗雷德是英国皇家海军之父。

阿尔弗雷德包围了被敌军占领的埃克塞特，同时，他还派了新造的舰船在沿岸巡逻防卫，防止古斯鲁姆的军队通过海路获取补给。丹麦人也听到关于阿尔弗雷德的海军的传言，但他们不以为意，仍然派人往法兰西送消息，请求那边的维京兄弟前来支援。法兰西的维京人当时正在其首领罗洛（Rollo）的领导之下，逼迫法兰克人将一块土地割让给他们。911年，这块土地最终被割让给了维京人，成了诺曼底公国（Duchy of Normandy，意为"北欧人的公国"）。法兰西维京人在接到求援的消息之后，派遣了一支由120艘船只组成的大型舰队，满载多达万人的兵力，横渡英吉利海峡，前往支援。阿尔弗雷德的新舰队遇到的第一支敌军就是这支舰队。恶劣的天气助了阿尔弗雷德一臂之力。在多塞特郡沿海的桑威奇附近海域，曾经不可一世的维京人被海上的狂风巨浪弄得筋疲力尽，于是，他们被阿尔弗雷德的海军击败了，舰队也被摧毁。在古斯鲁姆和他的军队庄严地宣誓自己绝不会再侵犯威塞克斯之后，阿尔弗雷德放他们离开埃克塞特，让他们返回麦西亚境内由丹麦人统治的格洛斯特。

但是丹麦人言而无信，不久之后就撕毁了埃克塞特的协议。朗纳尔·洛德布罗克的小儿子乌比当时是德韦达（Dyfed）的国王，在威尔士南部耀武扬威。古斯鲁姆与他制订了一个计划。他们议定一起从威尔士南部进攻威塞克斯。阿尔弗雷德原以为丹麦人会信守诺言，所以878年圣诞节，他让自己的部下将领都回家过节，他自己留在奇彭纳姆（Chippenham）的王宫之中，与自己的小家庭团聚。奇彭纳姆距格洛斯特很近，这给了敌人可乘之机。就在主显节前夕，他接到报信人的消息：一支庞大的丹麦人的军队正"如蝗虫般遮天蔽日地"朝奇彭纳姆袭来。

到午夜的时候，丹麦人已经占领了奇彭纳姆。国王和他的家人逃往了萨默塞特东部的沼泽区，靠着这里错综复杂的地形才得以逃脱。随后，很多西撒克逊王国的贵族投降了，他们已经厌倦了无休止的战争。占领军要求他们为其提供军资军饷，很多人不堪重负，只好抛弃了田产家园，逃去了别的国家。然而阿尔弗雷德大帝却没有放弃。在丹麦人瓜分威塞克斯的时候，他领着几个贵族藏身在萨默塞特境内的阿塞尔内岛（Isle of Athelney）上。这是位于托恩河（Tone）和帕雷特河（Parrett）交汇处的一个岛屿，四周遍布沼泽和湍急的河流，如果没有船只，任何人都进不来。在位于牛津的阿什莫尔博物馆（Ashmolean Museum）里，你可能会看到一个小物件。它是由珐琅、黄金和宝石制成的，代表了盎格鲁-撒克逊人最精湛的工艺水平，上面刻了一行拉丁文，意思是"阿尔弗雷德御制"。这件珠宝是阿塞尔内岛上的一个农民从地里翻出来的，很可能是一千多年前阿尔弗雷德驻扎在小岛上时不小心遗落的。

在这个小岛上，阿尔弗雷德和他的部众过得非常艰难，除了少量的生活必需品之外，就只有一些他们光明正大地搜寻或偷偷摸摸地抢劫得来的东西。国王自己就住在手下的一个放牛人的小草房里。他的很多广为人知的故事都发生在这个时期。据说，有一天，那个放牛人的妻子正准备用烤炉给阿尔弗雷德做蛋糕（应该是烤饼），年仅二十多岁的阿尔弗雷德当时就坐在壁炉旁削着箭头，想象着有一天他的国家重获自由。他穿着家纺粗布做的衣裳，乔装成普通人的样子，所以那位女主人以为他跟以前的那些客人一样，也是暂时借住在她家的牧羊人。她吩咐他帮忙看着烤炉，因为她要去附近的泉眼打些水回来。但是阿尔弗雷德一直在盘算下一次的袭击，完全沉浸在自己的思绪里，结果面包都烤到焦黑了，他也没有注意到——这让放牛人的妻子十分恼火，像训斥帮厨一样狠狠地斥骂了他一顿。放牛人吓坏了，他之前没有告诉自己的妻子他们的客人是谁，此时他说破了客人的真实身份，于是他的妻子感到十分慌张。然而，国王阿尔弗雷德只是哈哈一笑，说她骂得对,他本应该留意烤炉里的面包的。过了几年,在重建了自己的王国之后,他派人去请来了这对放牛人夫妇,嘉奖他们在他遇到困难时给予他帮助。阿尔弗雷德通过游击战的方式继续抵抗丹麦人,并在岛上建了一座牢不可破的堡垒,妥善地安置了他的家人。传说他甚至曾经乔装成一个琴师混入了丹麦人的军营。他一个帐篷一个帐篷地表演过去,一边弹琴一边唱歌,但同时也偷偷地观察军营里的人数,以及军营的布防情况。

在阿尔弗雷德的不懈努力之下,整个西撒克逊王国都知道了他们还没有失去希望,他们的国王正在那个 24 英亩大小的岛上组建一支威塞克斯的军队。人们对阿尔弗雷德的支援迅速增加,仅仅在 878 年的复活节过去 7 周之后,一大批来自萨默塞特、威尔特郡和汉普郡的西撒克逊人光明正大地聚集到埃格伯特之石(Egbert's Stone),即今天威尔特郡的布里克斯顿-戴维利尔(Brixton Deverill),来觐见国王。

在距离切本哈姆的丹麦军营不远的爱丁顿(Edington),阿尔弗雷德与敌军交火了。包围了敌军 14 天之后,他终于取得了这场关键战役的胜利。丹麦军队军旗的图案是一只展翅的渡鸦,传说是朗纳尔·洛德布罗克的女儿们在一天的时间内织好的。据说,爱丁顿战役那一天,丹麦军队的军旗一直无精打采地垂着,直到战役打响,它都没能招展起来。这是一个失败的征兆,预示着他们将在阿尔弗雷德的军旗下被打败。阿尔弗雷德的军旗上绣着威塞克斯的白马,这是他们的象征。在这场战役中,丹麦人彻底惨败,所以阿尔弗雷德终于可以随心所欲地向他们提出有利于他的条件要求,包括强迫丹麦人接受基督教。史书上是如此评价此事的:丹麦人接受了一个"他们以前绝不会同意的"协议。他们在萨默塞特签署了《韦德摩尔条约》(Treaty of Wedmore),条约规定,丹麦异教徒的军队必须撤出威塞克斯,并将麦西亚的南部和西部割让给阿尔弗雷德。异教徒国王古斯鲁姆必须受洗成为基督徒,由阿尔弗雷德担任他的教父。古斯鲁姆在受洗时被赐予教名阿瑟尔斯坦(Athelstan),从此成为阿尔弗雷德的义子。他们之间自此有了难以被打破的神圣的关系。

尽管阿尔弗雷德赢得了一场重大的胜利,但他的王国依然被包围在虎视眈眈的丹麦人的领土之内。而且,那年秋天,古斯鲁姆罔顾他与阿尔弗雷德签订的协议，悍然帮助另一支维京人的军队入侵泰晤士河的河口。在其首领希斯坦（Haesten）的率领下，这支维京人军队逆流而上，前往西面的富勒姆（Fulham）并占领了那里，将其变成了自己的冬季据点。尽管他们仅在富勒姆作威作福了两年，之后就转移去了根特（Ghent），但是维京舰队却不断地在英格兰和法兰西之间来来回回，令肯特饱受战乱，社会凋敝。884年，他们还包围了罗切斯特。只有阿尔弗雷德的英勇无敌的军队才能一直威吓他们。

罗切斯特被围让阿尔弗雷德学到了很重要的一课：他国家的城镇必须要有更好的防御设施，而且必须得像堡垒那样易守难攻。民兵制度也得改革，使民兵成为更可靠的兵力，民兵的服役期限也要延长。阿尔弗雷德的办法是将民兵一分为二，一半在军队里服役时，另一半回家探亲。他还在英格兰南部编织了一张防御网，这是他独创的防御方式。他以一座座筑了牢固高墙的城镇为中心，建立一个个防御区，将整个威塞克斯都围在里面，如此一来，王国里的任何人如果遇到丹麦人来袭，都能在20英里内找到避难所。这种防御区有30个左右，一部分从东部的萨瑟克（Southwark）开始，沿着牛津、克里克莱德（Cricklade）和马姆斯伯里（Malmesbury）分布，直至德文郡北部的皮尔顿（Pilton），另一部分沿着南部沿海，分布在德文郡的哈尔韦尔（Halwell）和苏塞克斯郡东部的黑斯廷斯之间。

除了采用防御区这种全新的防御方式之外，阿尔弗雷德还改革了威塞克斯的地方政府体系。身处当时的内忧外患之中，阿尔弗雷德不可避免地要实行独裁统治。他废止了古老的以百户为单位的行政区划，将国家划分成若干个郡，以此加强王权。每个郡的地方政府都在防御区的中心城镇办公，每个郡都有一个地方法院。郡和防御区的长官由同一个人担任。这些由阿尔弗雷德任命的郡长的权力凌驾于当地的贵族之上。郡长既要负责执行国王的命令，比如收税、征集民兵，又要负责在战争时期召集民众驻守防御区，同时还要处理郡内的一般性公共事务，比如修桥、筑城墙，等等。随着威塞克斯疆域扩大，更多的英格兰土地被并入这个王国，郡制也逐渐推广到英格兰的其他地方，故而，至11世纪初，蒂斯河以南所有地区，都以郡为行政区划。

在一个郡里，地方主教发挥着与王室郡长同样重要的作用。王室郡长的权力时常会被地方行政长官或地方司法长官架空。在这种时候，主教会协助管理郡法院，而且还常常负责处理一部分与货币供应有关的事务。防御区作为由中央政府授权建立的军事防御堡垒，通常都建有铸币厂。

尽管阿尔弗雷德在其统治期间不断加强君权，但是他依然沿用了盎格鲁－撒克逊王国自古以来的统治制度，即不论颁布政令还是制定法律，国王都要先取得御前会议即贤人会议（Witenagemot）的批准。随着威塞克斯的君主逐渐掌控越来越多的土地，贤人会议也慢慢具备了国民大会的特点。

至886年，阿尔弗雷德在英格兰人民心中已经成了希望的代名词。他已经从丹麦人手中夺回了他们最重要的城市——伦敦。他将伦敦一带的丹麦人据点都烧成平地，狠狠地教训了奸猾狡诈的古斯鲁姆。伦敦又可以成为英格兰的国内和国际贸易的货运集散地了。这使英格兰人民第一次意识到，丹麦人不一定能够永久占领英格兰；事实上他们有一天可能会脱离丹麦人的掌控。阿尔弗雷德将奥德维克〔Aldwick，即今天的奥德维奇（Aldwych），其标志性建筑就是丹麦圣克莱蒙教堂（Church of St Clement Danes）〕划分为丹麦人的居住区，允许他们继续居住在那里，但他重建了伦敦，凸显了它作为英格兰人生活的中心城市的重要性。这座城市如今的很多区域都是阿尔弗雷德当年修建的，他还在齐普赛街（Cheapside）和泰晤士河之间新修了街道，在奥尔特敏斯特（Old Minster）为自己建造了一座王宫。这座城市在隶属于麦西亚王国时，是个没有城墙的开放型城市，分布在泰晤士河沿岸，坐落在如今的河岸街（Strand Street）和舰队街（Fleet Street）一带，但是阿尔弗雷德没有让它继续保持原样，而是像罗马时期那样，修建了城墙。他还在河流最浅的位置新建了萨瑟克（Southwark）作为一道屏障，因为这个位置是进入伦敦的主要通道。

麦西亚王国的人民为了报答他保护他们的恩德，有意拥立他为自己的君主。但是他认为麦西亚人民拥有辉煌的历史，对自己的传统引以为傲，若要治理他们的王国，必须采取一些变通措施。因此，他选了一位名叫埃塞尔雷德的麦西亚贵族来统治麦西亚人，并将伦敦也并入他的管辖范围。然后，他将自己的女儿埃塞尔弗列德（Ethelflaed）嫁给了他。很多威尔士的小国君主都认为效仿麦西亚是一种明智的选择，于是阿尔弗雷德也成了这些国家的君主。与他同时代的人称他为"除了丹麦人统治的地区之外所有英格兰人共同的君主"。很多史学专家都认为，阿尔弗雷德成为英格兰人公认的领袖，领导英格兰人抗击丹麦人，是英格兰人民走向政治统一的一个重要标志。民族危机催化了政治统一。阿尔弗雷德是第一个将英格兰的人民统称为"英格兰人"（Angelcynn）的人。不过，直到10世纪末阿尔弗雷德的曾孙埃德加（Edgar）统治期间，"盎格鲁-撒克逊英格兰"这个概念才作为一个政治单位被广泛地接受。

吓破了胆的丹麦人与威塞克斯签署了第二份协议，重新划定了阿尔弗雷德的王国与丹麦人的统治区——丹麦区（Danelaw）——之间的疆界。这份协议被称为《阿尔弗雷德与古斯鲁姆和平协议》（Alfred and Guthrum's Peace）。西撒克逊与麦西亚的疆土南部以泰晤士河、利河（River Lea）为边界，与古斯鲁姆的东安格利亚王国接壤，北部一直达到贝德福德（Bedford）。从这里沿着古罗马的惠特灵大道直到威尔士边境的切斯特，这一线构成了阿尔弗雷德的王国的北部国界。威塞克斯与东安格利亚重新划界，这让后者损失了一些利益。尽管阿尔弗雷德控制的疆域很大，但还是比丹麦区的面积小。不过，维京人对这位威塞克斯国王十分敬重，所以他们在协议中承诺，住在古斯鲁姆统治的丹麦区的英格兰臣民享有与丹麦人同等的权利，如此一来，在法律上，英格兰人获得了平等待遇。

作为第一个击败维京人的国王，阿尔弗雷德的威名传遍了整个欧洲大陆。他作为赶走异教徒的基督教英雄，受到教皇的高度赞扬与敬重。由于这个原因，罗马的盎格鲁-撒克逊学校被免于征税，并且，教皇还将一片据信是真十字架碎片的宝物赠给了阿尔弗雷德，当年耶稣就是被钉死在这个十字架上的。这是教皇能够给予的最高的荣耀。在消除了内忧外患、巩固了王国政权之后，阿尔弗雷德将他剩下的时间都用来重建这个王国，毕竟这个国家饱受战火摧残，如今已是百废待兴。每年王室的税收有半数都捐给了教会，用以在国内外新建修道院。这样一来，学习的风气得以恢复。同时，由于在英格兰只有极少数人能够阅读拉丁文，国王下令将他认为重要的书籍都翻译成盎格鲁-撒克逊语，并且亲自监督这项工作。阿尔弗雷德本人亲自翻译了比德的《基督教历史》和奥罗修斯（Orosius）的世界史著作。前者被他誉为"每个人都最应该阅读的书籍之一"。他翻译了教皇格列高利一世对于神职人员在管理教区时应采取的教牧关怀的建议。翻译好的建议被下发到每个主教手里，同时交给主教们的还有抄录并散发这份文件的指示。阿尔弗雷德还会在他的翻译里加上一些注解，他认为这样可能有助于读者理解。之所以这么做，是因为他相信每个人不管是什么身份，都应该有渠道获取知识。他翻译的奥罗修斯的作品里记录了一些9世纪时人们对北欧和中欧地理环境的认识。这些记录有一部分来源于爱冒险的斯堪的纳维亚人，是他们在造访他的国家时讲给他的，其中有一位名叫欧特利（Ohtere）的挪威人——他曾住在北极圈以北地区。有些记录则来自他派去探索未知世界的自己国家的航海者。为了让他的臣民能够享受到他小时候没能拥有的学习条件，他出钱从国外聘请学者来帮他提高国民的教育水平，这些学者当中有弗里西亚人，有法兰克人，也有威尔士人。阿塞尔在回忆他的生平时曾十分遗憾地说起这段历史："从前人们都到这片土地来学习知识、接受教育，可如今我们却失去了所有知识，只能从头开始，重新获得它们。"

　　阿尔弗雷德成为国王后做的第一件事，就是在他曾经藏身的阿塞尔内岛上建了一座修道院。按阿塞尔的话说，当时修道生活已经"从这个国家完全消失了"。阿尔弗雷德计划复兴修道生活，兴建这所修道院只是他这个计划的第一步。尽管当时仍有一些修道院幸存下来，但没有一个能够正常地过宗教生活。大部分英格兰人已经丢失了他们对教会原本的尊重。阿尔弗雷德不得不在全国范围内发起一场招募运动，征募修道士和修女。即使如此，当时英格兰教士的整体素质依然很低，以至于他们不得不从德国北部的弗里西亚请了一个人，来担任阿塞尔内岛上新建的修道院的院长。阿尔弗雷德的小女儿埃塞尔吉娃（Ethelgiva）出家成了修女，于是他在沙夫茨伯里（Shaftesbury）东门附近为她建了一座女修道院。

　　作为恢复被维京人破坏的英格兰生活的计划的一部分，阿尔弗雷德命人编撰了一部英格兰历史，即《盎格鲁-撒克逊编年史》，以此帮助他的子民进一步了解自己的民族和历史。而且，因为他希望英格兰所有的孩子都能掌握自己民族的文字和知识，他想确保每个英格兰人都真的会去读这本书，所以，他要求这本书必须用每个人都能懂的语言来写，那就是盎格鲁-撒克逊语。这本历史书成书之后，他命人抄了许多副本，派发到全国所有重要的教堂里。《盎格鲁-撒克逊编年史》罗列出了5世纪中叶之后每年发生的重要事件，其行文方式和手法颇受比德的影响。在阿尔弗雷德去世之后，很多修道院依然在续写这本史书，直至12世纪。除了比德记录的历史之外，这是记录欧洲早期历史的最重要的史书之一。

阿尔弗雷德相信国王必须有恰当的规范来管理一个国家。他写道："以下就是一个国王工作和管理的规范：他必须让他的国家人口繁盛，不能令土地荒无人烟；他必须有神职人员，有军队，有劳动者。"之前他已经采取了一些措施来照顾神职人员。现在阿尔弗雷德将他的注意力转移到一些劳动者——尤其是法官——的身上。与丹麦人之间旷日持久的战争严重地毁坏了英格兰生活的正常规制。以前每个月，在地方上的百户法庭，人们都会依据盎格鲁-撒克逊的法律处理案件，这些法律基本上遵从古老的风俗习惯。但是，由于战争的破坏，古老的风俗习惯没能得到妥善传承，于是很多人都对之不甚了了。为了填补传统的缺失带来的空白，阿尔弗雷德下令修订西撒克逊的法律，并颁行全国。肯特王国的埃塞尔伯特、威塞克斯的国王伊恩和麦西亚王国的奥法等君主颁布的法律中，所有他认为有用的条款，都被吸纳到这部修订的法典中。法典的前言简介里声明了阿尔弗雷德已经将这些条款提交给贤人会议审阅，贤人会议的成员已批准颁行这些法律，民众必须遵守。

历史学者认为，当时的法律之所以会关注保护弱者的问题，很大原因要归结到阿尔弗雷德的身上。他本人就说过，他的作用之一就是保护穷人（他将自己收入的1/4都捐给了穷人），因为他们没有其他保护者。他进一步限制了极具破坏性的世仇行为，强调臣属对君主的义务和责任。在他统治之前，这个国家甚至没有监狱，但是他建造了监狱，因为他想要重新建立一个和平的、文明的社会，在这个社会里每个人都必须信守诺言，任何人若打破了自己的誓言，就会被监禁40天。

阿尔弗雷德的法律有很浓重的宗教意味。法典的开篇就是《摩西十诫》，之后的条款里引用了大量《圣经》的内容，他试图以此让英格兰人更尊重基督教和《圣经》。他要求他的法官和地方长官要么提升自己的法律知识，要么就辞职。阿塞尔是如此描述当时的情形的：虽然很多法官自出生时起一直都是文盲，但是出于惧怕心理和对他们伟大国王的崇拜，他们开始狂热地学习律法。由于他们当中很多人都不识字，所以大部分都采纳了国王阿尔弗雷德的建议，只要他们有空闲，就让他们的孩子或奴隶"夜以继日"地将这些法律读给他们听。阿尔弗雷德时常视察他们如何审理案件。如果他不同意他们的判决，他就会传召他们，向他们提问，并让他们解释他们为何给出那样的审理结果。"是由于无知，是出于恶意，还是因为金钱？"他曾在一个著名的场合这样直言不讳地质问。

阿尔弗雷德的祖父给他描绘过查理曼著名的宫廷学校，他对此一直念念不忘，所以他在自己的宫廷也创建了一所学校。这所学校从整个王国招收学生，招生时不考虑身份贵贱，只招收最有资质的男孩。学生毕业之后将进入政府部门工作。如此一来，他就能将全国英才尽收囊中。阿尔弗雷德是个神圣而又虔诚的基督徒。他发明了英格兰历史上的第一个时钟，是一盏牛角灯，里面插着蜡烛。用这盏牛角灯，他可以很方便地将一天的时间平均分成3段，8小时用来祈祷，8小时用来处理政务，8小时用来睡觉休息。他于899年去世，享年50岁。他死后葬于纽敏斯特（New Minster），这是他在其首都温彻斯特（Winchester）新建的修道院。

阿尔弗雷德是英格兰历史上最重要的国王之一。他保护英格兰文明的种种努力为他赢得了"大帝"之称。继承他王位的是他的儿子"长者"爱德华（Edward the Elder）。爱德华是一位优秀的军人，继承父亲未竟的事业，继续抗击丹麦人。尽管阿尔弗雷德取得了众多的成就，但是"长者"爱德华继承王位之时，这个王国依然有其忧患：嗜血的丹麦军队占据了约克郡北部惠特比以南的广袤领土，与他的王国对峙。而且，丹麦人是以军队的形式定居在英格兰的，而不是分成一个个王国，这就意味着他们随时可以再次发起入侵。除此之外，还有另一个危险因素一直威胁着威塞克斯，那就是位于爱尔兰都柏林一带的挪威人的王国一直对丹麦人占据的约克垂涎不已，因为约克已经成为斯堪的纳维亚人的重要贸易区。

作为一个军事战略家，爱德华深知为了英格兰的安全，他必须得先发制人，对周边的丹麦王国发起一系列进攻。他必须得尽可能多地攻占丹麦人的土地，至少也要打成平手，这样才能让他们清楚地知道，他们若挑起战争，那么从他这里占不到一点儿好处。在他的姐姐埃塞尔弗列德——她在丈夫去世之后就一直统治麦西亚人，被称为"麦西亚贵妇"（Lady of the Mercians）——的帮助之下，通过不断的征战，爱德华继续完成阿尔弗雷德的心愿——将英格兰建成一个统一的国家。姐弟二人采用阿尔弗雷德首创的防御区制度，加强了与威尔士、丹麦王国接壤的边境地区的防御。此外，他们从丹麦人的五大区（Five Boroughs），即德比、斯坦福德、诺丁汉、莱斯特和林肯开始，逐步蚕食丹麦区内的英格兰中部地区。

后来埃塞尔弗列德因不断的战事操劳过度，心力交瘁而死，到这个时候，他们已经占领了这片地区。爱德华没有指定任何人继承他姐姐的统治，而是自己接管了原本分属丹麦人和英格兰人管辖的麦西亚全部领土，大致相当于今天我们所说的英国中部地区。这样一来，他进一步统一了这个国家。在掌控了中部地区之后，他又攻占了东安格利亚，接着通过漫长的北伐，夺回了诺森布里亚的大片领土。在这个过程中，他从切斯特开始，沿着默西河（Mersey）一线往东修建了大量的新堡垒。

至923年，不列颠的其他小国君主都只能承认自己无法抵挡强大的西撒克逊国王。这个国王最喜欢做的事就是穿着鹿皮裤、攥着小盾牌指挥战斗。爱德华和他的子孙成为苏格兰人和威尔士人共同的君主，从此以后，他们在国际上也享有了更高的地位。"长者"爱德华的儿子、一头金发的阿瑟尔斯坦（Athelstan）获得了那个时期欧洲最强大的统治者赠送的大量贵重礼物，这位统治者就是东法兰克王国的国王、德意志人"猎鸟者"亨利（Henry the Fowler）。亨利决定与威塞克斯王室通婚，让他的儿子奥托（Otto）迎娶阿瑟尔斯坦的妹妹伊迪丝（Edith）。阿瑟尔斯坦的另一个妹妹嫁给了法兰西国王。阿尔弗雷德一直很喜爱阿瑟尔斯坦，因为他容貌俊美、举止优雅，而且热爱诗歌，所以送给他的孙儿一柄特制的撒克逊宝剑，提醒他要为自己的祖先感到骄傲；又送给他一领红色的斗篷。爱德华故意将他送到麦西亚的姑母家接受教育，目的是拉近麦西亚王国与西撒克逊之间的联系。阿瑟尔斯坦领导的征战结束了丹麦人对约克的统治。尽管937年一些威尔士小国的国王、苏格兰国王君士坦丁（Constantine）和都柏林的维京人一起反抗阿瑟尔斯坦，但是在布鲁南波夫战役（Battle of Brunanburh）中，他们全被打败了，从此以后他们再也没有发起反叛。

在威塞克斯国王的统治之下，此后的50年里，英格兰成为一个统一的国家。西撒克逊的王室之所以可以扩张并成为全国的君主，有一方面是因为丹麦人倾覆了麦西亚和东安格利亚原本的王朝，还有一方面原因是，将近百年的时间里，丹麦人没有再发动新的入侵。对英格兰乃至对整个欧洲大陆而言，维京人侵略的活跃时期已经过去了。911年，法兰克人将塞纳河下游流域的一块领土割让给了罗洛和他率领的挪威军队，条件是他们要保护法兰克人的王国不受袭击。他们在那里建立了王国，即后来人们所熟知的诺曼底公国。他们受洗入教，成为诺曼底公爵"直率的查理"（Charles the Simple）的臣民，罗洛本人迎娶了查理的女儿。整个欧洲似乎终于都摆脱了维京人烧杀抢掠的噩梦，进入了和平时期。不过法兰西的苏格神父（Abbé Suger）很有先见之明地指出："这些挪威人身体里奔流着斯堪的纳维亚人残暴的血液，在他们的天性里没有和平这个概念，维持和平有违他们的意愿。"百年之后，英格兰人就会感受到他这番论断的重量。

阿瑟尔斯坦和很多其他威塞克斯的国王一样英年早逝。939年，他离开了人世。他死后，他的弟弟埃德蒙一世（Edmund I）继承了王位。埃德蒙成功地用武力镇压了麦西亚和德拉的丹麦人叛乱。他迫使威尔士人将坎伯兰割让给苏格兰人，从而让苏格兰国王马尔科姆（Malcolm）与英格兰结成更紧密的联盟。有些出乎英格兰人意料的是，过了半个世纪之后，丹麦人已经开始安居乐业，成了与他们友好互惠的邻居。只要维京人不复从前那般残暴，他们就可以为英格兰和欧洲其他地方补充新鲜的血液。一直以来，他们除了是海盗之外，也是优秀的商人，这一点从他们的墓葬中就能看出来：随葬品除了战斧之外，还有称货物用的天平。战争结束之后，约克郡的城市生活渐渐复苏，农村生活也恢复了生机。这些无论什么天气都敢下海航行的胆气十足的维京人，并未像盎格鲁-撒克逊人的先祖那样，在入侵不列颠时将当地人屠戮殆尽，反而与英格兰人毗邻而居，还向他们学习农耕知识，成了合格的农民。作为英格兰境内的一个民族，约克郡人以其严峻古板的性格闻名于世，这或许与他们的维京人血统有很大的关系。整体上，英格兰人从维京人的军事成就中学到了很多东西：他们借鉴了训练有素的维京人的楔形阵，用于陆上作战，而且也引进了他们穿的那种金属网衫，后来这种金属网衫演变成了英国骑士穿的锁子甲。

946年，在位刚6年的国王埃德蒙被人刺杀身亡。一群亡命之徒混进了王室宴会厅，国王不加细察就随意地收留了其中一人，结果导致了这场悲剧。虽然他有两个年幼的儿子，但因为他们年纪太小，不能继承王位，于是"长者"爱德华最小的儿子埃德雷德（Edred）成了新任国王。尽管埃德雷德体弱多病，但是他的首席大臣，即格拉斯顿伯里（Glastonbury）修道院院长圣邓斯坦（St Dunstan）是10世纪最伟大的人物之一。圣邓斯坦天性十分克己禁欲，他每天都睡在格拉斯顿伯里教堂旁的一个山洞里，因为洞顶太低，他都无法站直。跟阿尔弗雷德一样，他也决意在英格兰复兴修道院生活，重建被丹麦人毁坏的文明。但是，除了借鉴卢瓦尔河畔弗勒里（Fleury）的本笃会改革的原则，重新组建英格兰的修道院之外，圣邓斯坦还指导埃德雷德扩张领土。954年，埃德雷德最终从丹麦人手中夺回了诺森布里亚。之后不久，他就自称为"不列颠人的恺撒"（Caesar of the British）。英格兰人和丹麦人之间的民族融合达到了前所未有的程度。丹麦区大部分的居民都改信了基督教，使融合的进程进一步加快，统一的民族逐渐形成。圣邓斯坦极有远见地给了丹麦区北部的丹麦人一定程度的自治自主的权利，允许他们按照原来的方式治理自己的郡县。他们的伯爵——这是他们对自己的统治者的称呼——依然负责管理他们。955年，埃德雷德去世，他的侄子埃德威（Edwy）成为新国王，但是埃德威与圣邓斯坦不和并最后将其流放。由于英格兰修道士数量不足，很多在修道院里任职的教士都是结了婚的世俗之人。这些职位在他们手中父子相传，给他们的家族带去了极大的利益。这些家族通常与宫廷有着千丝万缕的联系。圣邓斯坦曾试图驱逐这些人，让真正的修道士接管修道院，此举让他树敌无数。朝中与那些世俗教士有关联的人无不向国王进谗言，诋毁圣邓斯坦。

　　没了圣邓斯坦的指导，埃德威在治国上显得软弱无能，同时又残暴不仁。麦西亚和诺森布里亚先后反叛，并要求让埃德威的弟弟埃德加担任他们两国的国王。圣邓斯坦被复用，为新国王加冕。在加冕的时候，他为新国王涂圣油，以示埃德加是神选中的人。这是英格兰历史上第一次出现这种仪式，时至今日，这个仪式依然是加冕典礼上的一个固定步骤。虽然埃德威依然是威塞克斯的国王，但是在他死后，埃德加成了整个英格兰的王。埃德加的在位时间为959年至975年。关于他的生平，最著名的故事就是在切斯特，6个藩属国王渡他过迪河。这6个藩属国王分别是苏格兰国王、坎伯兰国王、马恩岛的丹麦国王及威尔士的3个国王。他们拥立埃德加为他们共同的君主。当时圣邓斯坦已经成为坎特伯雷大主教。在他的建议之下，埃德加让坎伯兰的国王成了苏格兰国王的臣属，并将原属诺森布里亚王国的洛锡安区（Lothian）划给了苏格兰，从而避免了与苏格兰人爆发边境战争，免去一场生灵涂炭的危机。当上坎特伯雷大主教之后，圣邓斯坦终于可以名正言顺地整顿英格兰修道院堕落腐坏的风气，要求它们重新开始彻底地贯彻圣本笃（St Benedict）于6世纪制定的"无私产、不婚娶、服从长上"的教规。在修道院任职的很多世俗教士被修道士所取代。

在埃德加的统治期间，西撒克逊王朝达到了鼎盛。在他死后，这个王国却在他儿子埃塞尔雷德二世（Ethelred II）的统治之下逐渐走向衰落。埃塞尔雷德二世有一个著名的绰号叫"仓促王"（the Unready），他于978年至1016年在位。在他之前，他同父异母的哥哥"殉教者"爱德华（Edward the Martyr）继承了埃德加的王位，但是爱德华被埃塞尔雷德二世的母亲艾芙丽达（Elfrida）下令刺死，随后他继承了爱德华的王位。

在历史学家看来，埃塞尔雷德二世通过此种血腥手段夺得王位，除了给他和他统治的国家带来不幸之外，没有任何好处。与他同时代的政论家将他批得一文不值：有人说他空占王位37年，不过是尸位素餐，毫无作为，更遑论建树，说他的统治始于血腥，终于耻辱，其间无非可怜无耻，完全乏善可陈。艾芙丽达强迫大主教圣邓斯坦为她儿子加冕，想借他的威望来为加冕典礼增光添彩，打消旁人的质疑。但是这个行凶杀人的前王后低估了圣邓斯坦的良知和正义感。典礼开始后，圣邓斯坦无法抑制自己的愤怒，直接当众表达了出来。将王冠戴到埃塞尔雷德二世头上时，他预言道："上帝是这么说的，你那无耻的母亲和她的帮凶的滔天罪行，只有用可怜的英格兰人民的鲜血才能洗刷干净。你们的罪恶将报应在英格兰这个国家，它将受到前所未有的惩罚。"

圣邓斯坦没能活着看到他的预言变成现实。但在埃塞尔雷德当上国王后的第四年，圣邓斯坦的话似乎开始成真了。消失了将近一整个世纪的丹麦维京人又一次入侵英格兰。这些维京人于982年在南安普敦登陆，跟他们百年前的祖先一样残忍地四处劫掠。他们之所以会再次入侵，或许是因为他们听说英格兰如今的统治者只是一个小男孩和一群教士。在那之后的10年里，整个南部沿海地区和东安格利亚不断地受到袭扰。

埃塞尔雷德二世完全没有他的高祖阿尔弗雷德大帝的钢铁意志。991年，在埃塞克斯的马尔顿之战（Battle of Maldon）中，他被丹麦人打败之后，做了一个令自己遗臭万年的丧权辱国的决定，那就是向对方支付丹麦金——换句话说，他给丹麦人支付赔款，求他们退兵。这在英格兰历史上是第一次。第一笔丹麦金的金额是 1 万英镑，这在当时是个天文数字。这笔赔款被分摊到每个人身上，无论他们是否有能力支付。但是 1 万英镑不过是个开始。丹麦人轻而易举就获得了这笔财富，这让他们更加贪得无厌，于是每隔不久就来一次英格兰，每次索要的赔款金额越来越高。先是 1.6 万英镑，然后是 2.4 万英镑，最后增加到 3.2 万英镑——放在今天的话，相当于几百万英镑。为了筹集金钱支付高额的丹麦金，政府只能征收重税，于是大量的底层自由民沦为农奴：很多人为了偿还地主借给他们的税钱，不得不放弃刚能勉强维持生计的自给农业，转而成为庄园农场的雇工，为当地的地主耕种。

从此以后，在英国文化里，"丹麦金"这个词就有了一种非常不光彩的喻义，通常指代胆小懦弱、目光短浅的处事方式。在他本应该通过战斗去争得自由的时候，埃塞尔雷德二世却试图用金钱买来自由，从没想过丹麦人一旦花光了这些钱，必然会回来索要更多。在他的统治期间，英格兰人丢失了他们原有的战斗精神——这种战斗精神曾帮他们击败丹麦人。他们士气低迷，英格兰总共有 32 个郡，丹麦人很快就占领了其中的 16 个。

维京人的袭击和沉重的赋税令整个英格兰都不堪重负。埃塞尔雷德如今已经被人称作"仓促王"埃塞尔雷德了。这个绰号的含义在之后的几个世纪里发生了改变，因为英格兰人开始从他的名字里衍生出一个具有贬低意味的双关语。在盎格鲁-撒克逊语里，"埃塞尔"的意思是尊贵的、好的，而"雷德"的意思是建议、顾问。所以埃塞尔雷德这个名字的意思就是好的建议。但是由于他的举措总像是听从了一些糟糕的建议才会做出来的，所以他开始被人称为"决策无方者"埃塞尔雷德。

为了讨好丹麦人，埃塞尔雷德迎娶了一个维京女子，这让英格兰陷入了更深的绝望之中。他的妻子是诺曼底的艾玛（Emma of Normandy），其父亲是诺曼底公爵。维京人此番发起新一轮的进攻，背后是有一些丹麦国王在支持的，而艾玛的父亲与这些国王乃是同盟。然而埃塞尔雷德还是个反复无常的人。此时他向丹麦人示好，但是 1002 年，他又想收拾自己王国里住在原丹麦区内的丹麦血统的居民，偷偷命令手下的人在 11 月 13 日，即圣布莱斯节（St Brice's Day）那天，屠杀所有英格兰境内的丹麦人。郡长官命令人们杀死自己的丹麦邻居，要求主人杀死自己的丹麦客人。这是一个非常卑鄙无耻的做法，违背了所有促进和睦的法律规定，激化了民族隔阂和矛盾。

丹麦国王的妹妹甘西蒂斯（Gunhildis）嫁给了一个英格兰贵族，当时正住在英格兰。与她的兄长"八字胡"斯韦恩（Sweyn Forkbeard）不同的是，甘西蒂斯是个基督徒，一直致力于改善丹麦人和英格兰人之间的关系。尽管她跪在埃塞尔雷德面前苦苦哀求，求他看在她一直以来为她的第二故乡所做的贡献的分儿上，放过她和她的家人，但是埃塞尔雷德还是命人将她和她的儿子及其他丹麦人一起杀掉了。

埃塞尔雷德在坚持杀掉丹麦国王的妹妹和外甥的时候，并没预料到这会给他的统治带来一个灾难性的后果。斯韦恩对自己的妹妹和外甥及丹麦同胞被屠杀感到万分愤怒。为了给他们报仇雪恨，1013年，他发动了对英格兰的入侵。在这之前，他就已经为此做了长达10年的准备：他一边在沿海地区发动小规模的袭击，慢慢消耗英格兰的国力，一边紧锣密鼓地准备发动一次全面的、大规模的入侵。这一次，他亲自站在队伍前列，率领着庞大的军队来到这里。既然英格兰人对丹麦人不曾手下留情，他就以牙还牙，对英格兰人也毫不留情。他在取道东安格利亚前往诺森布里亚的途中，将他遇到的所有英格兰人都变成了自己的刀下亡魂。这个国家的大部分地区都被迫向他投降，之后，他包围了伦敦——国王埃塞尔雷德正躲在这里。当时的伦敦市民和如今一样，都以其不屈和独立闻名于世。他们准备为保护埃塞尔雷德而战斗到最后。

然而，尽管他们做好了牺牲的准备，但国王却没给他们机会。埃塞尔雷德除了胆小懦弱之外还十分懒惰散漫，他一看到斯韦恩的营帐沿着城墙包围了整个伦敦，就立即宣布他不要在这里忍受无聊的长期围困。之前，他已经将妻子艾玛和他们的两个孩子送去了诺曼底，寻求她兄长的庇护，此时他趁着夜色，也逃去了诺曼底。如此一来，斯韦恩本来可以成为英格兰的统治者，只可惜他突然去世，将丹麦和英格兰留给了他的儿子克努特（Cnut）——一个卓越的军事战略家。但是英格兰人还是更希望由古老的西撒克逊王室来统治他们的国家。在他们的恳求之下，埃塞尔雷德不情不愿地回到了英格兰，领导人们抵抗克努特。之后不久，1016年，埃塞尔雷德去世。他的儿子埃德蒙接替他继续领导英格兰人的抗争。埃德蒙是埃塞尔雷德早年与一个英格兰女人生下的儿子，由于他体格健壮，所以被人称为"刚勇者"埃德蒙（Edmund Ironside），即埃德蒙二世。他与克努特打了6场战役之后，两个国王发现他们彼此势均力敌，所以最好还是达成权力分享的协议。他们在塞文河上的一个名叫奥尔尼（Olney）的小岛上签订了协议。从此，克努特成为诺森布里亚和麦西亚的国王，而埃德蒙二世则继续担任威塞克斯的国王。埃德蒙在继位当年的11月就去世了。在他死后，威塞克斯的郡长们决定让克努特成为他们的国王。于是，整个英格兰归属同一个君王的局面得以重现。

为了加强自己的合法性，巩固自身的统治，克努特娶了埃塞尔雷德二世的遗孀——诺曼底的艾玛。她的儿子爱德华后来成了国王，即"忏悔者"爱德华（Edward the Confessor）。原本有权继承威塞克斯王位的盎格鲁-撒克逊王室成员并没有一个被克努特亲手杀死，但这不是因为他心慈手软，事实上他谋害过他们。他派埃德蒙二世的两个儿子去见瑞典国王，密令瑞典国王处决他们二人。不过因为两个孩子外表看起来单纯无辜，所以本该杀他们的人于心不忍，而将他们保护了起来，送到匈牙利国王那里避难。他们的后代有的与匈牙利王室联姻，有的与苏格兰王室结合。除此之外，另外两个最有权继承英格兰王位的人就是艾玛的两个儿子阿尔弗雷德和爱德华，这两个人都在诺曼底，被他们的舅父理查公爵保护了起来。他们在诺曼底长大，所以更像是诺曼人，而不像英格兰人。

在克努特的统治之下，英格兰进入了繁荣昌盛的时期。至1027年，他成功地入侵了苏格兰，迫使苏格兰的国王马尔科姆二世宣誓向他效忠，成为他的臣属。不久之后，克努特感觉自己在英格兰的地位已经足够稳固，于是将剩余的丹麦军队都送回家了——他的父亲正是用这支军队占领了英格兰。但是与原先的西撒克逊国王不同的是，他始终保留了一支庞大的王宫卫队，这支卫队由3000名丹麦侍卫组成。而且，他还有一支强大而稳定的海军。不过尽管克努特将大量的英格兰领土划分给了他的丹麦同胞们，但他并没有剥夺英格兰当地贵族的土地和财产。这一点与后来的诺曼人的统治不同。克努特还请了英格兰顾问帮助他管理这个国家。

克努特在很多方面与以前的日耳曼国王很相似。他喜欢军旅生活，每天晚上都在他的大殿上举行与征战有关的活动。但他是个直性子的军人，所以更关心事情的实际情况，而不喜欢听到别人的恭维。然而刚开始时，很多英格兰朝臣都喜欢用恭维话来拍他的马屁。他有一个广为人知的故事充分地体现了他的这个性格特点。

国王和几个英格兰人在海边散步。"陛下，"最大胆、最擅长奉承的一个英格兰人说，"我们认为陛下是如此强大，我们这个国家的一切都服从您的旨意。所以，哪怕是海浪，只要您下令，它们也会服从您的命令。"最后克努特对他们荒唐的言论忍无可忍。他看着他们，让他们搬一张椅子放在稍微被海浪淹没一点的位置。他坐在椅子上，看着自己的脚被海浪打湿，说道："现在，我命令海浪退潮，但是它们没有任何反应。我不是个白痴，我希望下一次你们再准备说这种愚蠢的奉承话，还想让我照单全收的时候，能够想想现在，然后把你们的嘴巴闭紧了。"

身材矮小的克努特给英格兰制定了一部重要的新法典。这部法典进一步提高了教会的地位，重申了很多古老的英格兰风俗和传统，同时又增加了一些全新的内容，比如它规定，所有自由民都要纳入百户和十户联保组（指的是由10个男子组成的小组，从属于百户）。如此一来，他的臣民就要负责防止他们的邻里乡亲违法乱纪，于是王国变得更加井然有序。克努特迫切地想要将自己与其他维京人区别开来，想要加入基督教国家的联盟。他被教会的辉煌荣耀和悠久历史所吸引，于是前往罗马朝圣，参加了神圣罗马帝国皇帝康拉德二世登基时的加冕典礼。他利用这个场合让罗马的海关将从英格兰而来的朝圣者放行。他要求所有当初与他一起来到英格兰的丹麦人都要改信基督教，还派了英格兰的主教去挪威和丹麦，向那里的人们传教。克努特坚持将星期天作为休息日，严格征收教会什一税，而且他认为作为国王，成为臣民的精神导师是他的职责之一。这些举措很快为他赢得了教会机构的支持。

克努特向他的英格兰臣民征收巨额的丹麦金。然而在他的统治期间，还是有一些重要的撒克逊家族取得了很高的社会地位。克努特常常离开英格兰，因为他的领土还包括丹麦、瑞典和挪威组成的广阔的北欧帝国（Nordic Empire），以及赫布里底群岛（Hebrides），他需要去这些地区处理政务。他不在英格兰时，他的英格兰顾问就要代他治理国家。戈德温家族（Godwins）原本是来自苏塞克斯的大乡绅，此时开始逐渐掌握了权力，到最后，这个家族的成员甚至登上了王位。为了便于管理，克努特将英格兰划分成了4个伯爵领，它们的面积和分界均遵照以前的盎格鲁-撒克逊王国——东安格利亚、麦西亚、诺森布里亚和威塞克斯。克努特的这项举措让戈德温家族获得了利益。不幸的是，这种划分伯爵领的做法破坏了英格兰的团结统一。阿尔弗雷德大帝和他的子孙千辛万苦才实现了英格兰的统一，但如今4个伯爵领又开始各自为政，每个领地分别效忠各自的统治者。后来，当诺曼人入侵英格兰的时候，英格兰没能团结一致地抵御他们，这也是其中的一个重要原因。原本威塞克斯这块伯爵领是由克努特自己亲自管理的，但是到1020年，精力充沛、足智多谋的戈德温已经发展出了足够大的势力，成为威塞克斯伯爵。加上他与克努特私交甚笃，让他得以迎娶了一位有王室血统的丹麦贵妇。

1035年，戎马一生的克努特因为积劳成疾而去世，年仅40岁。在他死后，他的帝国也随之四分五裂。这个帝国之所以能够存在，部分原因就是他可敬可畏的个性震慑了众人。同时，帝国的分裂也是时代变迁的体现。在那之前的200年里，占据整个欧洲支配地位的是斯堪的纳维亚人，即没有土地财产的维京海盗和他们的首领。但是在那之后的一个世纪，欧洲的历史将由维京人的后裔——诺曼人来书写。自法兰西国王将法兰西北部的一块土地划归维京人之后，他们就在那里安家，彻底地变成了法兰西国王的臣民，称为诺曼人。克努特去世31年之后，诺曼底的军事天才攻占了英格兰，他们的威廉公爵被人称为"征服者"威廉（William the Conqueror）。

一开始，诺曼人听说英格兰陷入了争夺王位的纷争之中，他们觉得这可能是个可乘之机，说不定他们可以借此吞并英格兰。给他们提供消息的是克努特的遗孀艾玛的诺曼仆人。英格兰王位的合法继承人到底应该是克努特的长子、丹麦人"飞毛腿"哈罗德（Harold Harefoot，在他父亲去世之后确实在位了一小段时间），还是英格兰的最后一位西撒克逊国王埃塞尔雷德二世的两个儿子阿尔弗雷德和爱德华？以及在匈牙利的"刚勇者"埃德蒙的几个儿子，他们也都是继承西撒克逊王位的人选。再加上克努特最喜爱的儿子哈德克努特（Harthacnut），局势变得更加复杂（哈德克努特的母亲是诺曼底的艾玛）。戈德温伯爵选中了哈德克努特来扶持。虽然戈德温伯爵宣称，他这么做只是在为一个失去父亲的可怜孩子张目，但实际上他只是想利用他实现自己更大的野心罢了。

于是戈德温对前王后艾玛和大量的王室珍宝进行所谓的安全保管，并四处推销让哈德克努特继承王位的理由。不过，"飞毛腿"哈罗德得到了丹麦人的支持，又牢牢掌控了伦敦，所以夺得了王位，将艾玛和哈德克努特流放到了布鲁日（Bruges）。仅仅过了几年，"飞毛腿"哈罗德就于1040年去世。他一死，埃塞尔雷德二世的幼子阿尔弗雷德立即冒险离开诺曼底的藏身之所，回到了英格兰，赶在哈德克努特回来之前在伦敦登基了。但是当时真正掌控局势的仍是戈德温伯爵。如果阿尔弗雷德登基的话，他捞不到好处，于是他暗中下令逮捕了阿尔弗雷德，弄瞎了他的双眼，将他监禁起来，最后将他杀死于伊利修道院。哈德克努特随后加冕为王。

历史学家评价戈德温是个"聪敏机变"的人。哈德克努特性格软弱，他因为自己同母异父的哥哥死于非命，对戈德温心有不满，但是戈德温将自己多年来通过各种阴谋诡计搜罗来的财宝分了一些给他，就将他安抚了。哈德克努特死于1042年。至此，丹麦王室的统治在维持了短暂的二十余年之后就宣告终结。随后，戈德温迅速地成为埃塞尔雷德二世的另一个儿子爱德华的老师。爱德华也住在诺曼底，此时成了继承王位的热门人选。后世称他为"忏悔者"爱德华。

但是爱德华并不是块儿当统治者的料。他之所以有"忏悔者"这个绰号，是因为据说他每天都要至少去告解室忏悔一次，由此可见他是个天性虔诚温厚的基督徒。据说，他曾因为迷茫无措，跪在高大魁梧的戈德温面前，问他自己该怎么做。戈德温向他许诺，只要他乖乖地听话，任由其掌控，任命戈德温的儿子担任要职，迎娶戈德温的女儿，那么过不了多久，他就能登上王位。

事实证明戈德温所言非虚。在戈德温的控制之下，1043年复活节，"忏悔者"爱德华举行了加冕仪式。加冕典礼专门选在他的先祖阿尔弗雷德大帝的国都温彻斯特举办，目的是向全国人民强调他身上的原西撒克逊王室的血统。典礼十分庄严盛大。爱德华娶了艾金萨（Edgitha）为妻，她是戈德温的女儿，也叫伊迪丝，容貌出众，举止优雅。但是爱德华还是和以前一样过着修道士般的清心寡欲的生活，基本不近女色，也不理朝政。更重要的是，这位新国王更像是一个诺曼人而非英格兰人。他并不以自己是个盎格鲁-撒克逊国王为荣，反而热爱一切与诺曼底有关的东西。他的母亲在他小时候就离开了他，与克努特一起生活，所以他是诺曼底的修道士带大的；他更熟悉诺曼底的语言和风俗，也更喜欢使用那里的语言，遵从那里的风俗。他甫一登基，就任用了大批的诺曼顾问，帮他与几乎只手遮天的戈德温相抗衡。当初戈德温害得他弟弟阿尔弗雷德惨死，他听到了不少关于此事的传言，所以他一直很害怕戈德温。为了彰显诺曼文化，爱德华不久之后就在泰晤士河的北岸修建了一座诺曼风格的大教堂，这个大教堂就是威斯敏斯特教堂（Westminster Abbey）的前身。

这个时期英格兰王室的收入相当惊人。此前，先是为了筹集军费抗击丹麦人，后是为了支付丹麦金，政府逐渐建立了一套行之有效的征税手段。"仓促王"埃塞尔雷德在每个郡专设一个政府公务人员，负责征收税款，初步建立了征税制度。这些王室官员需要频繁地与地方上的长官沟通，为了沟通的方便，英格兰出现了一种特殊形式的信件，称为敕令，这是欧洲第一次出现这种信件。它是由国王发给地方法院的文件，上面加盖国王印玺，具有法律效力。11世纪，负责郡法庭事务的人是郡的长官或地方上的行政司法长官，而负责将税收按时交到国王手里的是国王的代表（他们的权力有时会和地方上的伯爵相冲突）。

财政制度的改善带来了巨额的财政收入。这些收入本应该被用于加强英格兰的海防，但爱德华却用其购买圣徒的遗骸，又将买来的遗骸装在微型教堂形状的银盒子里。他甚至没有继续维持那支规模甚小的海军，哪怕它对保障英格兰的安全起着至关重要的作用。这位忏悔者每天只知道带着他从诺曼底招来的顾问参加弥撒。那些诺曼人是一群贪婪又老练的人，他们紧紧地盯着国王，就像老鹰盯着猎物一般，而且，他们还一直想方设法地要将权势遮天的戈德温及其儿子们拉下台。

不久之后，爱德华的宫廷就分裂成了两股相互对立的势力。一方是诺曼人，另一方则是以戈德温为首的英格兰权贵。诺曼人有一种东方式的谦恭礼貌，不像不拘礼节的英格兰人那样随性直白。他们也不像戈德温家族那样傲慢，一副自己可以与国王平起平坐的样子。据一些观察家记载，戈德温家族的人常常嘲笑爱德华的天真幼稚，有时甚至当着他的面出言讽刺，这令观察家们都倍感震惊。戈德温将国王牢牢地拿捏在自己手里，几乎是要风得风，要雨得雨，所以英格兰的大量土地都被划成他几个儿子的封地。正是由于戈德温对国王施加了压力，所以戈德温不成器的儿子斯韦恩拥有了一片很大的伯爵领，囊括了从麦西亚到威塞克斯的多个郡。戈德温的长子哈罗德则被封为埃塞克斯伯爵。

从戈德温家族的角度而言，尤其是在戈德温本人和他最有出息的儿子哈罗德看来，越来越多的外国人在宫廷中担任要职自然是令他们愤恨厌恶的，他们也极不愿意看到这些外国人对国王的影响力越来越大。尽管诺曼人中只有少部分会讲英语，但他们占据了这个国家的很多重要职位。而且，朱米埃日的罗贝尔（Robert of Jumièges）——一个诺曼修道士——被任命为坎特伯雷大主教。国王的秘书处用的都是诺曼官员，于是，人们都开始相信，只有会讲诺曼法语的人提出的请求才会被传达给国王。在宫廷里形成了两个泾渭分明的阵营：一边是王后伊迪丝的父亲和兄弟以及他们的支持者，他们总是披着传统的盎格鲁－撒克逊式的长披风；另一边则是诺曼人，他们时常公然嘲笑撒克逊贵族满脸邋遢的大胡子。那些把胡子剃得干干净净的诺曼人脸上傲慢的笑容，总是让撒克逊人恨不能将他们的脸给撕下来。恼怒的撒克逊人说诺曼人剃胡子不过是扭捏作态，不过是想让自己看起来像教士而已。

在这种形势之下，冲突一触即发。不久之后，爱德华的妹夫布洛涅伯爵尤斯塔斯（Count Eustace of Boulogne）于1051年访问英格兰。在戈德温家族的煽风点火之下，冲突真的爆发了。尤斯塔斯伯爵跟所有法兰克人一样，认为撒克逊人生来就是比他们低贱的奴仆，尽管事实上撒克逊人与他们一样都是条顿人的后裔。在前往伦敦的途中，有一天他在多佛过夜，但他们没有花钱去住旅馆。伯爵命令他的手下全副武装，拿着刀威胁多佛的市民给他们提供住宿。那些市民断然拒绝，于是立即被尤斯塔斯伯爵手下的骑兵袭扰。尽管这些受威胁的市民大多都是小商贩，但是他们杀死了伯爵手下的19名士兵。

这个事件最后发展成了一场全面的外交纠纷。爱德华对此十分恼火，因为多佛位于戈德温的伯爵领内，所以他向戈德温大发雷霆，并勒令他去多佛以即决裁判的方式尽快处理此事。所谓即决裁判，就是不予调查、不加质询，立即处决所有参与此事的人。但是，位高权重的戈德温并没有服从他的命令，恰恰相反，因为从康沃尔到肯特都属于他的领地，所以他在南部沿海地区征集了一支军队与爱德华对抗，并发兵前往伦敦。但是另外两个实力强大的伯爵——麦西亚的利奥弗里克〔Leofric，他的夫人戈黛娃（Godiva）以慈悲慷慨闻名于世〕和诺森布里亚的西沃德（Siward）——支持国王，并发兵往南征讨戈德温。如此一来，戈德温知道自己没有胜算，只好放弃。之后他被迫去伦敦出席了一次贤人会议，最后被驱逐出境。与他一起被流放的还有他的儿子哈罗德和托斯蒂格（Tostig），以及他的夫人。他的另一个儿子斯韦恩则被认定为不法之徒，被剥夺了公民权。除此之外，爱德华还将怒火发泄到了他的王后、戈德温的女儿伊迪丝的头上。他休弃了她，将她的珠宝首饰都没收了，又将她关进了修道院。

爱德华终于摆脱了戈德温的阴影，可以自由地决定英格兰王位将来的归属。他差不多已经属意诺曼底公爵的私生子，也就是他的表亲威廉。另一个人选是他同父异母的哥哥"刚勇者"埃德蒙的儿子，也就是他的侄子爱德华，但是他从未见过后者，相比之下，他更倾向于选择前者。1051年，威廉罕见地离开了自己的国家，对国王爱德华进行国事访问，他此行的目的很可能是与爱德华商定自己以后继承王位的事情。当时的诺曼史官也都持这个观点，而且，在那之后，"征服者"威廉多次说过他将和国王爱德华一样，按照英格兰古代贤王的治国方式统治英格兰，这说明他已将自己视为英格兰王位的合法继承人。然而，威廉公爵在英格兰并不得人心。那些在1051年见过他的人都觉得他面容冷峻，令人望而生畏。他被人说成是一个"酷厉之人"。尽管国王自己很青睐诺曼人，任命越来越多的诺曼人担任地方各郡的行政司法长官，但是各郡的人民都很不喜欢诺曼人。因为他们大部分都不会讲英语，所以在人们看来，他们根本就无法主持郡法庭的审判，维持地方司法的公正。

戈德温利用了这一点。一年之后，在人们反诺曼人的情绪高涨之时，他回到了英格兰。这一次，他从沿海地区征集了大量的海员和水兵，组成了一支强大的海军。有了这支海军做后盾，加上获得了伦敦的支持，于是他在萨瑟克包围了国王的船只，要求国王答应他的一切要求。国王早已精神萎靡，唯一能够让他提起兴致的事情就是兴建威斯敏斯特教堂。在一次露天集会上，贤人会议投票决定让戈德温官复原职，这极大地羞辱了国王。受此打击，国王的精神再也没能恢复过来。很多诺曼人被逐出英格兰，王后也从修道院中被放了出来，重新回到宫廷，享受她应有的待遇。担任坎特伯雷大主教的诺曼人——朱米埃日的罗贝尔——离开了这个国家，大主教的很多土地都被重新划分给了戈德温家族。盎格鲁-撒克逊主教斯蒂甘德（Stigand）是戈德温家族的支持者。在还没有得到教皇同意的情况之下，他就被任命为新的坎特伯雷大主教，取代了罗贝尔。至此，戈德温家族完全掌控了这个国家。名扬海内的西沃德伯爵去世之后，托斯蒂格·戈德温出人意料地被封为诺森布里亚伯爵。从此，这个家族的领地横跨东西、纵贯南北，覆盖了英格兰的大部分国土。

这个新贵家族野心勃勃的创始人在流放回来之后没多久，就在一次宴会上突然死去了。传说他在国王爱德华问了他一个问题之后很快就死了，那个问题是："告诉我实话，你是不是真的把我弟弟阿尔弗雷德的眼睛挖了出来，然后杀了他？"戈德温回答说："如果我做了的话，就让上帝赐我死。"他刚说完，就被一块肉给噎死了。

虽然主要的阴谋家已经死了，但因为"忏悔者"爱德华无子，对于戈德温家族和他们阵营的官员贵族而言，王位的继承依然是个尚无定论的大问题。他们下定决心，无论如何王位都不能落到威廉公爵手中。既然诺曼人一派已然失势，在他们的坚持之下，国王爱德华最后只好派人去接他的侄子爱德华回国，指定他为王位继承人。然而这位与"征服者"威廉争夺王位的对手在抵达英格兰后没多久就离奇地死亡了。尽管国王的侄子有一个儿子，也就是"显贵者"埃德加（Edgar the Atheling），但是按照盎格鲁－撒克逊王室的惯例，小孩子几乎不可能加冕称王。于是，威廉公爵似乎再一次成为最有可能继承王位的人。

尽管国王本人偏向诺曼底，但是威廉公爵继承王位的事情还是存在很多变数。事实上"忏悔者"爱德华没有任何正统的继承人，威廉公爵要继承王位也是名不正言不顺。加上戈德温举兵叛变一事暴露出了英格兰王室的软弱无能，令其他一些国家对英格兰起了觊觎之心。年轻的挪威国王哈罗德·哈德拉达（Harold Hardrada）野心勃勃，声称自己作为克努特的继承人，理应继承英格兰王位。而且新封的诺森布里亚伯爵托斯蒂格·戈德温与苏格兰的君主马尔科姆三世交情甚笃，这也给英格兰的未来蒙上一层阴影，因为他有可能在苏格兰人的支持下侵占英格兰。

盎格鲁－撒克逊王室统治的最后几年里，格温内思（Gwynedd）和波厄斯（Powys）的君主格鲁菲兹·阿普·卢埃林（Gruffydd ap Llywelyn）的实力越来越强，英格兰不得不想方设法与之抗衡。格鲁菲兹在位期间统一了威尔士的大部分地区。麦西亚的阿弗加（Aelfgar）因为自己的土地财产很多都被划给了戈德温的小儿子吉尔斯（Gyrth）而心怀不满，因此他怂恿格鲁菲兹与一支挪威舰队结盟，一起入侵英格兰。在国家面临危机的时刻，哈罗德·戈德温英勇地抗击威尔士人，击败了格鲁菲兹，并于1063年将他的领土并入了英格兰。这些战役为哈罗德赢得了极高的声望。

　　3年之后，"忏悔者"爱德华去世。在贤人会议的成员们看来，哈罗德作为戈德温家族的族长，似乎是全英格兰最适宜登基的人选。除了麦西亚还有部分领地属于别人之外，戈德温家族实际上已经统治了英格兰的大部分地区。尽管哈罗德并没有王室血统，但是面对那些觊觎王位、虎视眈眈的外国侵略者，想要保卫英格兰不受他们的威胁，哈罗德无疑是最佳人选。而且他是英格兰人，贤人会议当然更倾向于选他。在那个时候，戈德温家族的主要对手——实力强劲的麦西亚君主阿弗加——已经去世了，所以哈罗德·戈德温顺利地当选为国王。10世纪，有好几个国王在去世的时候，他们的正统继承人都尚未成年，所以英格兰的王位继承人更多是由贤人会议选举出来的。这种做法可以从神圣罗马帝国的皇位继承中找到先例，但更大程度上是因为这个国家自古有之的传统。从最早的时候开始，盎格鲁－撒克逊国王的决议就通常需要贵族议会的批准才能执行。到了诺曼征服时期，国王常常就重大的全国性问题咨询贤人会议。贤人会议的成员都是来自全国各地的乡绅、主教、行政司法长官等。颁行新的律法，征收新的赋税，采取军事行动以及与别的国家结盟，这些重大的决定都必须得到贤人会议成员的赞成，这是国王实行统治的一个极其重要的程序。

　　1066年1月5日，爱德华去世，被葬于他新建的威斯敏斯特教堂的地下室里。由于当时外部环境十分危险，所以在他死后第二天，哈罗德就加冕为新的国王。哈罗德以其毫无王室血统的身份登基，这在英格兰是史无前例的，不过这也反映出戈德温家族巨大的影响力。但是哈罗德在位时间十分短暂。同一年的圣诞节，在当初哈罗德加冕时的同一座教堂里，"征服者"威廉戴上王冠，成为新的国王。

　　在诺曼底的威廉看来，他认定自己是"忏悔者"爱德华的正统继承人。前国王是这么对他说的，诺曼版本的历史记录也是这么写的（当然也没有其他版本的历史记录流传下来）。1065年圣诞节之后，爱德华的身体每况愈下，当时哈罗德代表英格兰政府给威廉公爵送去了一条消息，让他做好准备，等爱德华咽气之后他就要继承王位。但是在爱德华去世之后，哈罗德·戈德温却窃取了本属于威廉的王位。威廉接到这条消息的时候，正在鲁昂（Rouen）郊外的鲁夫赖（Rouvray）一带的森林里打猎。他听说事情已成定局，顿时大发雷霆。

数年之前，哈罗德身上发生过一次意外事故。因为这场事故，当时的局势显得越发错综复杂了。当年在法兰西沿岸发生了一起船难，事故发生之后，哈罗德被当地的法庭关押，是威廉将他赎出来的。作为交换，哈罗德迫不得已发誓自己将会忠于威廉，做他的臣民，乃至做他的仆役。他在圣骨匣前面宣誓会效忠于威廉，圣骨匣里装着诺曼底几个最神圣的圣徒的一些遗骸，所以他绝不能违背这个誓言。在那个时期，国家的法律并不健全，司法体系才刚刚起步，所以社会能够维持良好的秩序，很大程度上是依赖誓言的神圣性。打破誓言会被处以40天的监禁。正因如此，威廉觉得他受到了哈罗德的严重侮辱，因为于情于理，哈罗德都应该将王位让给威廉，而不是自己登基。

1066年，威廉多次向英格兰的新国王施加压力，指责他违背誓言，并警告他，在这一年结束之前他就会来英格兰夺回属于他的王位。但是哈罗德并不理会他的威胁，他辩称，虽然他曾发誓效忠诺曼底公爵，但是他已经娶了威廉的女儿，实现了自己侍奉威廉的诺言，如今既然她已经去世，这个誓言便已然无效。可惜人们都知道哈罗德跟他的父亲一样，性格圆滑狡诈。当时的一个编史者记载，哈罗德经常不遵守自己的承诺。"只要他能找到任何借口或抓住任何漏洞，堵住别人的指责"，那么他完全"不在乎"打破别人对他的信任。

尽管哈罗德得到了王位，但他一直没有得到这个国家人民的认同，其他戈德温家族成员也没能做到。他的弟弟托斯蒂格发起过一场声势浩大的叛乱，失败之后，被逐出了诺森布里亚，从此声名扫地。取而代之的是莫卡（Morcar）。莫卡是麦西亚伯爵埃德温的弟弟，埃德温则继承了父亲阿弗加的爵位和领地。如此一来，对戈德温家族而言，麦西亚和诺森布里亚都控制在了敌对家族的两个成员手中。在接下来的9个月里，哈罗德一直没能获得全国性的支持，而且新国王和他的家族始终都无法洗脱窃取王位的嫌疑，这一切给哈罗德的统治带来致命的影响。戈德温家族未经深思熟虑，未经罗马方面认可，就将担任坎特伯雷大主教的诺曼人换成了盎格鲁-撒克逊人斯蒂甘德,这让诺曼底公爵威廉找到了一个冠冕堂皇的理由入侵英格兰:公爵宣称他打算赶走不合法的大主教,护送教皇指定的人选前去任职。大主教斯蒂甘德行事一向是谁的面子都不给,所以已经得罪了很多人,尤其是他拒绝将民众缴纳的"彼得便士"*转交给罗马教廷,让教皇对他十分不满。因此,当威廉决定远征英格兰时,教皇毫不犹豫地送了他一面缀满珍珠宝石的旗帜,用来鼓舞公爵军队的士气。

威廉还花了很多心思争取到了西欧基督教世界中另一个重要人物的支持,那就是皇帝亨利四世(Henry Ⅳ)。800年,教皇为了与拜占庭抗衡,为查理曼加冕,宣布他为"罗马人的皇帝"。自此以后,强大的世俗首领皇帝就成了教会的固定保护人。有了皇帝和教皇的支持,威廉公爵的士兵觉得自己的征伐代表了正义和神圣,因此军心稳定,士气高涨。而英格兰方面却越来越人心涣散,国家四分五裂。作为军队的首领,威廉拥有杰出的军事才能和声望。诺曼底周边的很多王国都入侵过诺曼底,其中包括法兰西,但是都被他赶跑了。这些成就令他确信,即便自己不在诺曼底,只要自己离开的时间不长,也没人敢袭击他的公爵领。更何况,他最大的敌人安茹(Anjou)正陷于内战的泥沼之中,根本无暇侵犯诺曼底。

诺曼底的威廉公爵完善了一种新的作战方式,令他征服英格兰的过程变得出人意料地简单。诺曼人习惯于马上作战。在和平时期,他们会用泥土简单地堆砌一些粗糙简陋的碉堡,用作周边旷野的防御工事。威廉名声在外,所以1066年夏天,当他开始修建船只准备远征时,大量没有土地的诺曼骑兵——他们都是维京人的后裔——蜂拥而至。在古镇利勒博讷(Lillebonne),威廉召集了5000人的军队。古罗马圆形剧场静默矗立在这座古镇,神圣的教皇旗帜在风中猎猎作响,5000名全西欧最英勇无敌的男儿从布列塔尼,从佛兰德斯(Flanders),从西西里岛(Sicily),从法兰西中部,从诺曼底,拥向这里,齐聚一堂,为同一个人效力。他们都是家无余财的穷人,无力置业娶妻,而这个人向他们允诺,只要他们帮他征服了英格兰,就能获赐英格兰的土地和女人。他们乐于战斗,在他们横渡英吉利海峡、登陆英格兰的时候,他们几乎可以明确地看到自己将会得到多少利益。

---

* Peter's Pence,指的是英国宗教改革前每户每年缴纳给教廷的一便士税金。——译者注

但是其他人也不安分。1066年5月，哈罗德的弟弟托斯蒂格出现在了怀特岛附近，带领着挪威国王哈罗德·哈德拉达派来的一支不怀好意的舰队。他从那里开始沿着东海岸一路往北，沿途焚毁海港。到最后，埃德温伯爵和莫卡伯爵将他击败了，他逃到苏格兰避难。

到那一年仲夏，哈罗德安插的间谍查知诺曼底很快将会进攻英格兰，局势越发混乱。海峡对面的诺曼底公爵正在建造大量的船只，数量只怕比他们见过的所有船只的总和还多，可能有千艘之多，为此，哈罗德疯狂地重建久受冷落的英格兰海军，并命令王国的民兵随时待命。尽管诺曼底的船不会比捕鱼用的单桅小帆船大多少，但是用来完成它们的使命已经是绰绰有余了。我们如今还能从巴约挂毯（Bayeux Tapestry）上看到这些船只的样子。巴约挂毯是威廉的同母异父的弟弟巴约主教命人制作的，为的就是纪念威廉征服英格兰的丰功伟绩。挂毯的图案显示那些船是用绳子拖到海里的，它们载着战马和兵器驶向英格兰。为了让他的士兵更忠心更服从，公爵提高了他们的军饷，还许诺给他们更多的赏赐。1066年8月，皮卡第（Picardy）的地面尘土飞扬，站满了士兵，等到东风一起，他们就会从圣瓦莱里（St Valery）的港口扬帆起航，横渡英吉利海峡。他们在营帐里等了足足一个月。正是秋日丰收的季节，朗月盈了又亏，每天晚上，营火燎起的烟把苍黑的天幕都给遮蔽了。但是东风依然没有一点儿要来的迹象。

到了9月底，士兵们开始焦躁不安，私下里难免小声嘀咕，东风迟迟不来是不是因为上帝反对他们远征？这个时候，粗鲁野蛮的威廉公爵让人将圣瓦莱里的遗体给挖了出来，当着众将士的面将之游街示众。终于，几天之后的9月27日，威廉等到了他想要的东风。当士兵还跪在地上感谢上帝的时候，威廉挂着红帆的船已经停在英吉利海峡中间了，他在船上等着其他船只赶上来。不久之后，侵略军就乘着东风轻轻松松地抵达了英格兰，从佩文西〔Pevensey，即罗马时期的安德里达港（Anderida），后来盎格鲁-撒克逊人将它改成了这个名字〕登陆。一座罗马时期的碉堡依然在这里屹立不倒，于是威廉按照诺曼人的习惯，占据了这个碉堡，挖了壕沟，筑了泥墙，把它当作一个简单的防御城堡。事实上，那些迷信的诺曼骑兵在那个时候可能早已经灰心不安了，因为在登陆的时候，威廉不小心被绊倒了，跌了个四脚朝天。这像是出师不利的征兆，但是当士兵们忍不住咒骂这个噩兆的时候，公爵却攥着一把土从地上翻身爬了起来，说他不过是想更亲密地拥抱自己的新王国。

国王哈罗德那边又是什么情况呢？他为何没有守在岸边阻止敌军登陆，反而任由他们毫无阻碍地走过咯吱作响的跳板，踏上这个国家的土地？为什么当整支敌军取道东部沿海地区往南，向黑斯廷斯进发的时候，没有一个人出来抵抗他们？哪怕是在一些山路崎岖，威廉的侦察兵都认为十分适合埋伏的地方，也没有人在这里伏击他们。而且为什么在英吉利海峡上，没有任何船只来拦截诺曼舰队？事情就是这样祸不单行，因为风向的问题，当初诺曼人没法横渡英吉利海峡，但是这个风向却方便了托斯蒂格和他的盟友挪威国王哈罗德·哈德拉达入侵英格兰北部。9月25日，也就是威廉和他的军队抵达佩文西之前的两天，哈罗德已经在约克附近的斯坦福德桥战役（Battle of Stamford Bridge）中击败了托斯蒂格和哈罗德·哈德拉达。此时哈罗德如果要挥师往南部沿海迎击威廉公爵，至少需要10天才能抵达。但是他的将士很多都在这场战役中负伤，已经精疲力竭。

更糟糕的是，英格兰舰队自9月8日之后就解散了，因为自夏初开始，水兵和民兵就被召集起来，在英吉利海峡沿岸的港口守卫，到了这个时候，如果还不放他们回家，只怕这些全副武装的士兵会发生哗变。民兵每次应征都只要服役40天，如今这服役期限已经过了。英格兰的海军从泰晤士河撤回了伦敦，于是整个英吉利海峡几乎是门户大开，无人防守。

哈罗德一向精力充沛，然而他也十分急躁冲动。他一听说诺曼人已经登陆，立刻从约克挥师南下。然而，他兵力不足。诺森布里亚伯爵和麦西亚伯爵麾下的将士都没有随他南下，因为他们还没有从斯坦福德桥战役中恢复元气；也正是因为这个原因，他们也没能给他多少支援，否则他或许能够抵挡住诺曼人的进攻。再加上戈德温家族与埃德温和莫卡之间的敌对情绪，他们也不会真的倾尽全力地帮他。所以，与威廉正面交锋的主要是哈罗德的亲卫，也就是那支最早由克努特成立的、人数共计3000人的王宫卫队。除此之外，哈罗德的弟弟吉尔斯和利奥夫温（Leofwine）给他送来了一些士兵，伦敦市民以及住在苏塞克斯附近的、能够赶得过来的乡绅领主和农民也参与了战斗。

哈罗德似乎没打算等到把所有英格兰的民兵都召集起来之后再挥师黑斯廷斯。

从距离比较远的郡征调民兵需要很多时间，有些光是在路上就得走好几天。或许9月以来局势一直动荡不安，北方和南方先后爆发危机，令哈罗德无暇深思熟虑，而且他本人也已经筋疲力尽了。

黑斯廷斯战役是一场实力悬殊的较量。一方是训练有素的诺曼骑兵，另一方却是疲惫不堪的、杂乱无章的英格兰军队。英格兰一方当中有很多人都是从田野里直接征调来的农民。他们根本没有经过战斗训练，就被民兵机构逼着上了战场。如果幸运的话也许他们能拿到一根长矛，一些人甚至只能拿干草叉当兵器。面对兵强马壮、训练有素的骑兵，他们几乎没有任何胜算。黑斯廷斯战役中，威廉手下骑兵的素质注定了英格兰一方的失败。诺曼男子从小就会被送到各个大领主的城堡里接受军事训练，这种做法令诺曼士兵能够在战场上令行禁止。这是诺曼人的一种生活方式，不久之后就在英格兰推广开来。

威廉把自己的指挥部设在了一座临时搭建在黑斯廷斯的木头城堡里。他在指挥部里听到哈罗德率军来袭时，把握住了机会。诺曼底公爵带着自己的士兵迎战，将英格兰国王拦在了那片地区的最高点。那个位置当时的地名是森拉克（Senlac）。与此同时，公爵将自己的军队驻扎在与之相对的一条山脊上。哈罗德所处的位置面积狭小，他的士兵不得不紧紧地挤在王旗之下，几乎没有走动的空间。1066年10月14日，诺曼士兵从一只银杯中领了圣餐，之后威廉命骑兵们冲下山，向英格兰人发起进攻，而当时，哈罗德和他麾下的士兵正费力地想要摆出惯用的撒克逊阵形，国王的卫队分布在阵列的中央。国王的所有士兵都是步兵，相比于诺曼骑兵，他们的劣势非常明显。撒克逊人将他们的战斧在头顶上甩动，紧紧地挨着彼此，在身前竖起一面面风筝状的盾牌，构成了一堵牢固的挡墙。即便是战马，也很难冲散这样一群士兵——前提是他们能够一直保持住自己的阵形。哈罗德特意提醒他的手下不要贪功而追击敌人，否则必然被敌军所败。

国王哈罗德站在了盾墙中间，他的两个弟弟与他站在一起，英格兰的王旗竖在他们中间。国王与士兵们并肩作战，这样就没有任何人敢临阵脱逃了。阵列的两翼由来自苏塞克斯和肯特的农民组成，他们没有多少兵器装备，只能竖起盾墙护住阵列的两侧。他们当中有一些是来自温彻斯特的修道士，后来都牺牲在战场上了，战斗结束之后，人们在掩埋阵亡士兵时发现了他们在盔甲里面穿着棕色修道士袍。

一开始似乎是撒克逊人占了优势，因为山坡陡峭，入侵者想要正面进攻他们非常困难。诺曼人将他们从东方学来的作战技术用在这场战役中，那就是利用从阿拉伯传来的马镫，让骑兵们在解放了双手的同时还能在马背上坐得更稳。空出来的双手可以更好地用于击敌。诺曼骑兵一次又一次地冲上山坡，向山顶上的哈罗德发起进攻，但是每次他们都无法冲破撒克逊人的盾墙。

尽管装备和战术更先进的诺曼人渐渐占据了优势，但这场战役足足打了6个小时还没分出胜负。于是威廉让他的主力攻击撒克逊军队中装备和实力较弱的两翼。他麾下的弓箭手在敌军的头顶上落下一阵阵的箭雨。这让英格兰一方由农民组成的方阵损失惨重，因为他们不像国王亲卫那样有锁子甲护身。不过即便如此，他们依然坚守阵地。之后，兵不厌诈的公爵给他的骑兵们发了一个信号，于是整支骑兵佯装败退，掉头就跑。躲在盾墙后面的撒克逊将士被胜利冲昏了头，无暇仔细思考，就大声呐喊着冲下山坡，追击敌人，根本没有听到哈罗德命令他们留在原地的吼声，于是他们的阵形瞬间就全乱了。

看到撒克逊士兵开始追击他们了，诺曼的骑兵大吼一声，掉转马头，开始纵马冲击、踩踏敌人。不久之后，双方阵地之间的山谷里就充斥着濒死的士兵和受伤马匹的尖叫嘶吼。在这场战役中，最勇敢的撒克逊勇士当数哈罗德·戈德温。哈罗德和他的亲卫没有中对方的诱敌之计，始终都竖着盾墙，保持着阵形坚守在山顶上，威廉意识到自己的军队无论如何都没法靠近那座山头，于是他再次令弓箭手往敌军头上射箭。其中一支箭射中了哈罗德的眼睛，直接贯入脑中，将他杀死了。

诺曼底公爵也一样是个英勇无畏的角色。在厮杀最惨烈的时候，他的声音盖过了战场上的呼号，清晰地命令他的将士往前冲。进攻、奔袭，他无不身先士卒。亲历那场战役的人说他"无处不在，无往不利，奋力呼喊，奋勇拼杀"。跟哈罗德一样，那一天，他的坐骑死了好几匹。他一直战斗到夜幕降临，终于大获全胜。暮色降临的时候，他穿过战斗结束后的战场，走到了显然是撒克逊人厮杀最惨烈的地方。地面冰凉，尸横遍野。哈罗德的遗体就躺在这里，身上盖着已经破碎不堪的英格兰王旗。

这场惨烈的血战令威廉感慨颇深，于是他宣布，从即日起，森拉克改名为巴塔伊（Bataille），就是"战役"的意思。这个词跟很多其他诺曼词汇一样，后来传入了英格兰，改变了这里的语言。威廉命人在战场上修建了贝特修道院（Battle Abbey），将高高的祭坛建在了哈罗德的丧生之处，以此纪念这位国王。时至今日，我们依然能够见到这个祭坛。

尽管黑斯廷斯战役是英格兰历史的一个重要转折点，但在当时，没有人可以断言，北部地区的领主埃德温和莫卡会不会领导这个国家再次联合抗敌，"忏悔者"爱德华的侄孙——"显贵者"埃德加会不会夺得王位。后者当时正在伦敦发展自己的势力。被后世称为"征服者"的威廉则选择留在了原地，花了整整一个月的时间，巩固了自己对多佛和坎特伯雷一带的占领。哈罗德的妹妹即"忏悔者"爱德华的遗孀伊迪丝带领着温彻斯特人向他投降，受此鼓舞，他旋即往西方进军，离开肯特，前往伦敦。

尽管"征服者"烧掉了萨瑟克——纵火是诺曼人一直以来的作战特点——但是他还是无法突破当时进城通道上的防卫，进入高墙围护的伦敦城。那个进城通道即今天的伦敦桥（London Bridge）。当时的伦敦跟今天一样，都是英格兰最关键的城市。他见伦敦久攻不下，决定另辟蹊径。他认为攻克这座城市最好的办法就是往西进军。若他们将伦敦附近的乡村全部夷为平地，伦敦市民就无处获得食物补给。于是，萨里郡、伯克郡和汉普郡北部的千里沃野，里达（Reada）人和沃卡人居住了600余年的肥沃土地，都被这些英格兰的宿敌维京人的后裔一把火烧得干干净净。当公爵从沃灵福德（Wallingford）渡过泰晤士河时，他显然是打算返回伦敦，重新发起进攻。在大主教斯蒂甘德的敦促之下，领导反抗的人决定放弃抵抗。

在这期间，埃德温和莫卡根本就没有挥师南下，重整河山。整个国家根本没有真正重视抵抗和反击，这让"征服者"威廉少了很多麻烦。富裕的伦敦权贵家族之前拥立年轻的"显贵者"埃德加为国王，但是如今却改弦易辙，与埃德温、莫卡一道，在赫特福德郡的奇尔特恩山丘（Chiltern Hills）脚下的伯克姆斯特德（Berkhamsted），也就是今天的赫默尔亨普斯特德（Hemel Hempstead）以西不远，迎接威廉。就是在这里，他们向他献上了王冠。他们发誓效忠"征服者"，保证不会再有武力反抗。之后，威廉当着他们的面烧掉了伯克姆斯特德和伦敦之间绵延近 30 英里的小麦地，免得他到了伦敦之后还有后顾之忧。

1066 年的圣诞节是个滴水成冰的冬日，就在这一天，"征服者"威廉在威斯敏斯特教堂登基成为英格兰国王。尽管他是通过武力征服夺得的王位，但是登基之后，他非常迫切地想要别人承认他是正统的王位继承人，希望能够获得他的新臣民的认可。所以，在加冕典礼上，他让两个人一起为他加冕——身为约克大主教的英格兰人埃尔德雷德（Ealdred）和来自库唐斯（Coutances）的诺曼主教杰弗里（Geoffrey），并让两位主教问观礼的人他们是否接受他成为他们的国王。虽然因为威廉的骑兵将整个教堂团团包围了，在这样的情况下英格兰人不太可能说不，但是英格兰人和诺曼法国人震耳欲聋的欢呼声还是让这些骑兵吃了一惊。在短暂的慌乱之后，他们开始在教堂周边的建筑纵火。于是人们一窝蜂地往外跑，只剩下"征服者"和教士留在了圣坛上。尽管外面一片混乱，但是里面依然庄严肃穆。按照始于圣邓斯坦的撒克逊传统，威廉被涂上圣油，成为新国王，又按盎格鲁－撒克逊国王的惯例，发誓公平公正地统治他的臣民。

尽管"征服者"很想与他的新臣民和平共处，但是他无法否认一个事实，那就是，他唯有靠驻军的武力才能控制英格兰这个国家。为了威吓伦敦市民，威廉命人在短短 3 个月内用泥土和木材建成了白塔（White Tower）。如今，它依然是伦敦塔（Tower of London）这一复杂建筑的一个组成部分。为了防止叛乱，他在英格兰各地修建了一系列城堡，白塔不过是其中之一。

在之前盎格鲁－撒克逊统治的数百年里，英格兰国王很多都是被推选出来的，加上贤人会议这个机构的存在，给了英格兰一种协商统治的传统。但是出身诺曼底的新国王从来不与人协商，他只发号施令。从此以后，国王再也不需要经过贤人会议的批准才能发布政令。新成立的御前会议（Curia Regis）只负责执行国王的命令，并不能给国王提建议。1067 年 3 月，也就是黑斯廷斯战役结束约 6 个月后，盎格鲁－撒克逊英格兰剩下的两名权贵即埃德温和莫卡，以及"显贵者"埃德加、大主教斯蒂甘德等人，都被迫陪着英格兰的新君主渡过英吉利海峡，来到诺曼底，参加胜利游行。

"征服者"不在英格兰的时候，由两个人替他管理这个国家，一个是新的肯特伯爵，即前巴约主教厄德（Bishop Odo），他是诺曼人，也是威廉同母异父的弟弟，另一个是"征服者"威廉的管家威廉·费茨奥斯本（William FitzOsbern），当时已经被封为赫里福德伯爵（Earl of Hereford）。不久之后，由于英格兰本国的土地主开始起兵反抗诺曼人的苛政，威廉回到了英格兰，铲除了英格兰原来的统治阶层，以诺曼军事贵族取而代之。盎格鲁－撒克逊的砖木建筑，尤其是教堂，大部分都被推倒重建，换成了诺曼的石头建筑。撒克逊人沦为下等人；他们的语言，正如我们所知的，变成了贱民的俚语。法语成了新的贵族阶层的语言。

诺曼人接掌的这个国家的政府体系在 11 世纪的欧洲是最强大的，即便最后几个古英格兰国王本身软弱无能，这个政府依然保持了极高的效率。英格兰原有的管理体系为新的诺曼政府打下了坚实的基础。威廉迫切地想要被世人承认为"忏悔者"爱德华的正统继承人，想要抹去他夺权篡位的痕迹，所以一应政务都按照"忏悔者"爱德华的旧例来办。但是，无论有多少理由，都无法掩盖一个事实，那就是，如今一个外国人统治了这片土地。

3
诺曼王朝和安茹王朝
Norman and Angevin

威廉一世
William Ⅰ

1066—1087*

尽管在诺曼征服之后，和平时期就到来了，但是这个和平时期并没有持续多久。很快，各地纷纷爆发抵抗斗争，烽火不断。盎格鲁-撒克逊人抱怨诺曼战士滥用职权，抢掠英格兰人的财物产业，淫辱他们的妻子，地位比较低的乡绅富户甚至被他们赶出家园，然而新的统治者却对他们的抱怨充耳不闻，这更加剧了人们的反抗。更严重的是，像埃德温、莫卡和"显贵者"埃德加这样割据一方的豪雄试图从别的国家寻求支援，夺回对这个国家的控制权。在鲁昂，威廉听说英格兰人与丹麦国王，甚至与他的表亲布洛涅伯爵都有接触：他们请求这些外国君主帮他们赶走诺曼人。哈罗德的3个儿子此前一直躲在爱尔兰，如今他们开始在英格兰西部大肆破坏。在北部地区，当地的伯爵发动了大规模的反抗运动。但是，跟黑斯廷斯战役一样，这些发起抵抗的各方依然缺乏一个共同的目标和纲领，这意味着他们永远不可能获得胜利。

---

* 本页及往后，标题中对君主标注的都是在位时间。——编者注

然而即便如此,当时这般此起彼伏的反抗斗争还是迫使威廉不得不回到伦敦,将诺曼底交给他的妻子佛兰德斯的玛蒂尔达(Matilda of Flanders)和他的长子罗贝尔一起打理。令当时的人倍感惊奇的是,他完全不等春天回暖了以后再开战,尽管天寒地冻不宜作战,他还是直接在1067年的1月就派了一支军队北伐,而他自己则亲自率领另一支军队西征。他在前往埃克塞特沿途的战略要地都修建了典型的诺曼城堡。这些堡垒都是修建在人工土堆或护堤上的塔楼,周围壕沟环绕。它们的用途是控制周边的乡村地区。塔楼窗户狭小,毫无虚饰,这些特点无不昭示着它们的军事用途。

在成功地围困了埃克塞特并在城外修建了鲁日蒙城堡(Castle of Rougemont)之后,威廉匆忙赶往北部,去面对威胁他统治的最大势力。1069年年初,撒克逊人趁夜晚刺杀了威廉派驻达勒姆的长官罗贝尔·德·科米纳(Robert de Comines)以及他手下的500人,除了两个活口,其他人都在睡梦中死去了。约克的英格兰人也以同样的方式反抗驻扎在当地的外国部队并摧毁它们,还烧毁了约克大教堂。当时,哈罗德的几个儿子再一次从普利茅斯(Plymouth)登陆,与此同时,丹麦国王的舰队和"显贵者"埃德加的船只一起沿着亨伯河逆流而上,长驱直入。在这种形势之下,威廉对他的新领土的统治似乎突然变得摇摇欲坠。然而,他一如既往地果断采取行动,收买了丹麦人,劝服他们和英格兰首领一起撤回到泰恩河。之后他自己继续前往约克。约克的撒克逊人领袖亨廷顿伯爵瓦尔塞奥夫(Waltheof)已经在那里组织、发起并亲自参与了好几次反抗运动。

虽然这个人杀了许多诺曼人,但是威廉颇为欣赏他,于是将他纳入自己麾下,并将自己的外甥女朱迪思(Judith)嫁给了他。然而对于诺森布里亚人的挑衅,他却没有如此宽容,而是予以了残酷的报复。圣诞节本是一个充满善意祥和的日子,但是"征服者"却留在已变成空城的约克,每日阴沉沉地独自盘算如何彻底摧毁周围100英里内的区域。每天,诺曼士兵都被派遣出去,杀掉他们见到的一切活物:男人、女人、小孩,以及他们的家畜。他们的房子、果树、腌制水果、粮食,都被烧得一干二净,犁也都被打碎。从亨伯河到蒂斯河,从威尔河(Wear)到泰恩河,这之间的大片乡村地区都变成了荒芜之地。14年之后,《末日审判书》(*Domesday Book*)——为了税收而编撰的著名的英国土地调查清册——只用了一个可怕的词言简意赅地形容这一整片区域：不毛之地。整整 50 年，这片土地上几乎什么都不能生长。这段历史被称为"北方大掠夺"（Harrying of the North）。它的目的就是确保这个地方的居民从此以后再也不能反抗诺曼人的统治。

不过，在林肯郡有一个不屈不挠的乡绅，带领着英格兰一小块地区的人民，与威廉和他的军队一直抗衡到 1071 年。这个乡绅就是"觉醒者"赫里沃德（Hereward the Wake），而那块地区就是剑桥郡的伊利岛（Isle of Ely）。当时这个小岛四周都是难以逾越的沼泽湿地，形成天然的屏障。这个小岛成了英国人抵抗外侮的象征。它的领袖"觉醒者"赫里沃德的名字跟罗宾汉（Robin Hood）、亚瑟王一样，出现在大量的民间故事里，染上了几分神秘色彩。这恰恰显示出人民对他深深的敬爱。但是与其他传说人物不同的是，赫里沃德是历史上真实存在过的人，关于他的生平有翔实的记载。他那时从国外回来，却发现母亲被诺曼新贵赶出了自己的房子，而房子已被那群诺曼人据为己有。赫里沃德为母亲的这番遭遇而暴怒，他开始不断地袭击诺曼人。北方大掠夺之后，埃德温伯爵和莫卡伯爵迫不得已离开了自己的领地，带着他们的部众去投奔他，于是伊利岛成了英格兰抵抗力量的中心。

到最后，威廉只能依靠自己打败狡诈的撒克逊人。他将沃什湾和仅有的几条进入沼泽区的通道封锁了几个星期，试图切断岛上的食物供给，将那些英格兰人逼出来。但即便赫里沃德和他的抵抗军都只能吃草根树皮为生了，他们依然没有放弃。威廉手下的士兵试图筑一条堤道通往岛上，但他们总是被对方以各种方式在各种地方伏击，到最后，他们都开始嘀咕赫里沃德是不是会魔法。事实上，若不是岛上的修道士出卖了赫里沃德，诺曼人可能永远都无法抓到他。这些修道士与赫里沃德不一样，他们想念自己以往丰盛的饮食，想念白面包、鹿肉和优质的法国葡萄酒。所以他们给威廉送去了一个消息，告诉他在小岛与诺曼人的营地之间有一条密道。半夜，威廉和他的手下拥入了小岛，搜捕到了躲在芦苇丛中的赫里沃德。

这标志着英格兰人的抵抗正式结束了。因为威廉钦敬赫里沃德的勇气，所以对他宽大处理。据信后来赫里沃德为国王效力，参加了国王在法国发动的巩固诺曼底边境的一场战役，并在战役中阵亡。然而此后英格兰还是时不时地爆发一些地区性的叛乱，尽管规模都不大，但依然令局势不稳，因此威廉放弃了原本让盎格鲁－撒克逊人为他治理英格兰的政策。他征服英格兰才一小段时间，民众还没有完全接受这件事。由于想要渔翁得利的国家，比如丹麦和佛兰德斯等，一直都在与那些阴谋叛乱的人一起图谋不轨，所以，1074年，当赫里福德伯爵、诺福克伯爵和狡诈的瓦尔塞奥夫伯爵阴谋夺权的时候，威廉对他新占领的这个国家的态度发生了变化。

在此之前，诺曼人允许大量的撒克逊乡绅地主依然保有他们原有的土地，只要他们支付一定的捐税将土地赎回即可。大部分的郡和郡法庭依然由英格兰官员掌管。尽管有一部分土地被重新分配以奖赏威廉的部众，但是这些土地毕竟规模较小。然而从1075年开始，4000名在哈罗德统治时期拥有大量土地的乡绅地主被剥夺了田产。他们的农田、草原、牧场和森林被合并成更大的地块，分封给了200名诺曼贵族和他们各自豢养的少量士兵。如今，威廉认为只有诺曼人值得信任，只有他们能够替他管理好这个不断反叛的国家。他们管理的手段就是封建制度，这是一种军事土地所有制。

在撒克逊国王统治时期，拥有土地的人，除了民兵需要承担一定的防卫责任，以及需要负责修路建桥之外，并不需要承担其他义务。诺曼底公爵将诺曼的制度引入了英格兰，在这种制度下，所有拥有土地的人都要承担军事义务。这个土地所有制度被称为"国王所有制"。国王将土地分封给他手下的臣属，成为他们的领主，条件是发生战争时，他们得效忠于他们的领主。受封的臣属可以将他们的领土继续分封给他们的手下。这个制度将整个英格兰都纳入了同一个军事体系里，若不是英格兰刚刚发生了一场大的变革，这个制度也无法成功推行。每一名诺曼地主受封每一块土地，或者说每一块采邑，都要让这个采邑给威廉提供一名全副武装的士兵或骑士，全年跟随他四处征战，供他驱使。另外受封的地主还要发誓效忠于将土地分封给他的领主，这个宣誓就被称为效忠宣誓。经过效忠宣誓之后，宣誓者就要效忠于他的上级，也就是领主。

"征服者"威廉之所以能在1066年轻而易举地征调入侵英格兰的大军，是因为诺曼封建制度。他让从他手中获封土地的诺曼大领主履行义务，征调他们的骑士。这些骑士任何时候都要备好武器和马匹，做好作战的准备。国王处于整个制度的顶端，在他底下是一些最有权势的贵族，称为国王直属封臣。每个直属封臣需要为他提供最多1500名骑士。这1500名骑士大部分都是从底下的更小的封臣那里征调来的。

到1085年，不仅所有的土地已经被重新分配，而且各郡负责重要事务的官员也全部都由英格兰人换成了诺曼法国人。"征服者"威廉往各个郡派了代表管理该郡，取代原先的行政司法长官，这些代表称为子爵。因为这个原因，郡的名称也一度换成了法语名。即便换了名称，郡的区划仍然保持不变。然而子爵的权责和作用很快就消失了，行政司法长官这个职位又重新出现。在过去的10年里，英格兰人已经习惯了看到大量的诺曼官员在士兵的护卫之下从伦敦前往各地收集信息，为重新分配土地做好准备。诺曼人还时常召集调查委员会。他们坐在户外的乡村草地上，议定每块封地的界线、权利、徭役兵役等，并确定这些权利义务究竟是属于领主还是属于教士。这就是陪审制度的发端。

诺曼人对英格兰的统治始于他们的武力征服，但是他们本质上却尊崇法律和商业精神。他们一门心思地追求合法性、正统性，而且喜欢严格地照章办事。诺曼贵族即便是夺走了撒克逊人的田产，也希望与这些田产相关的权利义务保持不变，仍旧按照"爱德华国王时期的章程"走，以此证明诺曼人接管这个国家的正统性。在制定土地法的时候，威廉尤其重视厘清大地主的权利。英格兰国王的法定权力远大于其他西欧君主。尽管盎格鲁-撒克逊贵族有权设立自己的法庭，解决自己领地内的争端，惩治盗贼和评估丢失的财物的价值，但是根据几个世纪以来的英格兰传统，这些权力都是国王授予的。国王和他手下的官员要负责维持和平。而且，英格兰国王有权提高这个国家的任何地方的税收。按照英格兰的传统，只要国王的指令或敕令送达郡法庭，所有人都要服从，并不需要士兵强制执行。

1085年圣诞节，所有的土地已经完成重新分配，国王将所有最重要的新领主和国王直属封臣都召集过来，召开了最后一次三年一度的议会。据记载，威廉在会上和与会人员"非常深入详细地探讨了关于这片领土的问题——人口分布及人口构成"。如今，他可以派遣更多的政府官员，与刚被诺曼化的英格兰人一道，扩充每个郡的郡法庭。他们调查评估每个人的应缴税款，无论是乡野村夫，还是贵族富人，都不漏过，而且针对辖区内的所有调查项目，他们还向一大批有产的当地人取证。取证的时间范围不仅包括当年（1086），还包括20年前，即1066年的情况。这些当地人提供信息时，需要发誓自己所言非虚。郡法庭由当地的贵族、该郡所有百户法庭的成员、6名比较富足的底层自由民和地方行政司法长官共同组成。负责调查评估的诺曼官员与他们所调查的郡没有利益牵扯，而且调查出来的数据还会由另一组官员复核。

这一次调查显示了1066年的土地所有情况和20年后今天的土地分配情况，揭示了在这段时间里，英格兰本国的贵族已经完完全全被诺曼勇士所取代。它也罗列了有组织的诺曼军事力量和他们彼此之间的利害关系，这在中世纪尚属首次。事实上，直到19世纪，这样的细节信息才再次受到重视，被统计出来。很快，这次调查结果就被英格兰人粗鲁地称为《末日审判书》。诺曼调查员盘问的事项细到了一户农户家里有几只鹅几头猪，一个盎格鲁-撒克逊人感觉自己被冒犯时说道："即便是末日审判来临时记录天使（Recording Angel）所做的记录也不过如此了。"

尽管《末日审判书》中缺失了一些郡的信息，但是整体而言，这本书异常详尽地给我们描绘了英格兰的全景。它列出了所有林地、草原、磨坊水池、鱼塘、城镇和村庄，甚至列出了英格兰和诺曼居民的姓名——其中很多名称和位置至今未变。土地被重新分配给为数不多的诺曼勇士，由此可知，从此以后英格兰这个国家的社会将以庄园、领地为单位进行组织。官员在评估田产时，都是以领地为基础，测算附属土地的面积。诺曼官员将大部分人口划分成了以下几大类：隶农、农场劳动者和奴隶。其中奴隶的人数最多。隶农到13世纪时已经差不多是农奴的同义词，变成了他们所依附的地主的财产，没有独立的法律地位，但是在1086年的时候，隶农还是自由人，既包括以劳动从地主那里换取土地使用权的佃农，也包括自己拥有小块土地的农民。这项调查也涉及了租金、劳务和耕地服务等领域的评估，便于威廉判断是否能从这个新占有的国家榨取更多的金钱。

由于《末日审判书》的存在，在整个欧洲，唯有英格兰那么详细、全面地记录了那个时期的社会风貌。这部调查清册现存于伦敦的国家档案馆。这项调查仅用了一年多一点儿的时间就完成了，这一方面要归功于诺曼体系的效率，另一方面也是多亏了从阿尔弗雷德大帝时期就逐步建立、完善的英格兰地方政府体系。原先的盎格鲁-撒克逊地方政府体系就已经高度完善、极为合理，地方上设置了百户法庭和郡法庭，是一套成熟的体系。照理来说，这样的体系本该与威廉的独裁统治无法兼容，但事实上二者却相得益彰。这归功于威廉在位期间所做的大量改革。尽管这些改革都是有条不紊地进行的，但是改革措施之多令人瞠目结舌，等到威廉的统治结束时，羊皮纸写就的相关文书已经堆积如山。甚至因为文书过多，连负责为国王草拟文件的文书室都不得不扩充建制。文书室始建于"忏悔者"爱德华时期，原是一个附属于王室的办公室，如今变成了一个独立的部门。经过专门训练的文员在这个部门工作，负责为国王草拟政令，或向各郡下发敕令。

1086 年 8 月，威廉认为他已经按照诺曼的模式完成了对英格兰的改造。他将整个国家主要的领主，以及国王直属封臣分封的下一级贵族，都召集到了索尔兹伯里（Salisbury）。尽管并不是所有领主都能参加，但是与会的人数还是很多。这些人依次跪在他们的国王面前。威廉双手握着他们的手，听他们宣誓自己永远拥护他，忠诚于他。这是"征服者"威廉的创举，显示了英格兰封建制度独有的特点，那就是，所有大小领主都要清楚地意识到，除了需要效忠于他们直属的领主之外，还需要效忠于国王。

英格兰的所有领主都在索尔兹伯里平原上跪在已经十分肥胖的诺曼国王面前，这幅奇特的景象标志着诺曼征服达到了胜利的巅峰。反抗斗争逐渐消失，丹麦人终于放弃了争夺英格兰王位——他们最后一次试图入侵是在 1085 年。威廉往外推移了与威尔士交界的边境线，在加的夫（Cardiff）修建了一座城堡，并迫使威尔士领主和苏格兰国王宣誓效忠于他，否则他就继续发动战争，摧毁他们的国家。这一切都说明了诺曼人对英格兰的掌控之强，同时，我们也不要忘记威廉给英格兰带来了和平。尽管大部分英格兰人社会地位低下，但是事实上，在将近 100 年的时间里，英格兰没有再遭受强敌入侵。到 11 世纪 70 年代，它已成为一个横贯大陆的大帝国，幅员辽阔，不逊于克努特统治时期，而且一直未受外敌侵凌。但是与克努特统治时期不同的是，威廉的帝国将英格兰原有的源于斯堪的纳维亚人和日耳曼人的文化传统都从这片土地上剥离了。这个国家被拉回了拉丁文明的中心，接纳了从罗马时期就延续至今的重学传统，这对后世产生了深远的影响。

长远来看，诺曼征服带来了很多有利的影响，无论这些影响是如何产生的。不过，即便如此，对于大部分英格兰人而言，他们在诺曼人的统治之下遭受了巨大的苦难。诺曼统治带来的一个最显著的影响就是大量的英格兰自由佃农慢慢变成了农奴。1066年,自由佃农占据英格兰总人口的将近一半。几个世纪以来,他们一直参与百户法庭和郡法庭,在地方政府中发挥重要的作用,但是到了1200年,他们不再被允许进入国王的法庭,因为他们不能再称自己是自由人。隶农这个称呼已经等同于农奴,他们依附于领主的庄园生活,为领主做工,他们的争端只能在庄园法庭上审理判决。如此一来,在诺曼统治时期,尽管由于诺曼神职人员的反对,撒克逊人原本的蓄奴制度逐渐消失了,但是有40%的英格兰人的自由受到了极大的制约和侵害。在诺曼统治时期,庄园法庭慢慢地取代了古老的百户法庭。在百户法庭上,一群小农场主和领主共同负责案件的审理和判决,而如今的庄园法庭变成了庄园领主一个人说了算。

英格兰圣徒的纪念日大部分都不被新来的诺曼教士所承认。英文也不再用作书面语。之前,诗歌和《盎格鲁-撒克逊编年史》这样的史书都是用古英语写就的,而如今,在诺曼统治下的英格兰,法语才是宫廷语言,书籍都是用法文写的。《盎格鲁-撒克逊编年史》这本史书从阿尔弗雷德大帝时期就开始修撰,曾由修道院的修道士续写了几个世纪,结果到了12世纪中叶,逐渐无人过问。在接下来的一个世纪里,英语失去了主流地位,成了没文化的粗人的语言。

因为威廉是个狂热的狩猎爱好者,所以他甚至从英格兰人手中夺走了森林资源。当时这个国家尚有大量的森林覆盖。在诺曼征服之前,千百年来人们在茂盛广阔的森林里砍柴、狩猎,森林为他们提供免费的燃料和食物。但是威廉颁布了法律,禁止人们在森林里使用弓箭或猎犬。任何人若在森林里砍柴或偷猎,都有可能被处以挖眼、断肢乃至杀头的重刑。"他喜爱高大的牡鹿,喜爱到了仿佛它们是他的孩子一般。"《盎格鲁-撒克逊编年史》中如是说。

更糟糕的是,"征服者"威廉选中了汉普郡内一块大约方圆30英里的地,毁掉那里所有的教堂和城镇,只为了腾出空地供他造林,即我们今天所知的新森林(New Forest),这个名称从一开始到现在,沿用了900年,一直没变。如此一来,鹿可以悠游度日,人却要忍饥挨饿。威廉的新《森林法》(Forest Law)引发了英格兰人的严重不满,但是因为他痴迷狩猎,所以尽管他一向谨慎,却不愿意在这件事上三思而后行。他将全英格兰的所有森林都变成了王室保护区,只有他和他的朋友可以进去打猎。

"征服者"威廉原打算将每个重要部下的封地分散在全国各地，以免一些地区只知效忠于该地的大封臣，给王权造成威胁。但是，由于与威尔士和苏格兰交界的边境地区不稳定，他改变了原先的计划。整整几个世纪，这些地区不断发生战争。在这些边界地区，他允许罗杰·德·蒙莫朗西（Roger de Montmorency）等贵族拥有大片集中的领地。在这里，当地的领主必须负责组建私家军队，将威尔士人阻隔在国境之外。这些领地被称为巴拉丁伯爵领（palatine earldom）*。它们的统治者更像是诺曼底的独立贵族。但威廉毕竟是谨慎多智，他想到了一个制约这一类伯爵领的办法：只要有可能，他就让教会成员兼任这些巴拉丁伯爵领的统治者。其中最有名的就是达勒姆的采邑主教。根据诺曼法律，神职人员不允许结婚，不能有孩子，所以他们不会发展出自己的王朝，不会威胁到王室至高无上的地位。

诺曼征服给英格兰带来的最后一个巨大的变化就是英国教会的改革。诺曼人入侵的借口之一，就是戈德温家族擅权妄为。威廉在征服之前为自己争取到了教皇的支持，那么在征服英格兰之后，他就不得不满足教皇的意愿。当时的教皇是格列高利七世〔Gregory Ⅶ，原名希尔德布兰德（Hildebrand），担任过罗马教会的副主教〕，他已经发起了一场艰难的教会改革。不管怎么说，这些改革与诺曼底公爵朴素务实的性格不谋而合。威廉是个非常虔诚的教徒，反对教会腐败。因此，他罢免了违规上任的大主教斯蒂甘德，哪怕后者曾经利用自己在英格兰的影响力，让英格兰人更和平地接受诺曼人的征服和统治。不过威廉一直等到这个国家安定下来了，才罢免了他。

威廉将他的朋友兰弗朗克（Lanfranc）——卡昂（Caen）修道院院长——从诺曼底请来，担任坎特伯雷大主教。兰弗朗克对教会的组织架构做了大量的调整。由于人口向城市迁移，他将英格兰的各个主教的住处改在了各自教区内的主要城市，比如说，利奇菲尔德的主教就搬到了切斯特。另外，兰弗朗克将懒散的英格兰神职人员撤换成了训练有素的诺曼人，如此一来，教区教士中不再有讲英语的英格兰人。兰弗朗克原是意大利的律师，曾在帕维亚（Pavia）的法律学校学习，

---

* 英国的巴拉丁伯爵领是指伯爵在领地内享有王权的地方自治单位。——译者注

直到晚年才投身宗教。他曾将位于诺曼底的贝克（Bec）的一所修道院变成了11世纪宗教学习的中心。他与自己的君主一样，心思缜密、足智多谋。他按照希尔德布兰德的改革方向，修改了英国教会的惯例。格列高利七世深信，教士的行为必须比其他人更端方有礼，因为他受神的召唤，有神圣的使命，所以他应该遵守比常人更严苛的戒律和规范。因此，他禁止了诸如像买卖圣职这样的腐败行为（所谓买卖圣职，指的是出售赎罪券）。他要求所有神职人员必须重新遵守独身的戒律。在那之前，几乎每个村庄都有教士的妻儿，但是自那之后，教士不再有家室。

这种将神职人员从特权阶级中剔除出去的做法，意味着诺曼征服终结了盎格鲁-撒克逊时期英格兰政教结合的历史。不过直到16世纪，教士和神职人员实质上依然相当于政府的公职人员。与盎格鲁-撒克逊国王统治时期不同，如今主教不再主持郡法庭。威廉允许教会自设法庭。教会法庭负责审判担任圣职的人，解决与婚姻有关的争端，并处理与宗教有关的事务。

如此一来，英格兰发展出了两套法律体系。一个是教会法（Canon law），用于教会法庭。教会法与另一套法律体系大不相同，后者到13世纪时被冠以"普通法"（common law）这个称呼，大体上是依据古英格兰的风俗习惯制定的律法。教会法源自罗马法律的一些基本原则和重要条款。当时在欧洲大陆的一些学习中心，包括帕维亚，人们仍在研究罗马法律。兰弗朗克本人就在帕维亚接受过法律训练。教会的神职人员学习的也都是教会法。16世纪以前，在英格兰早期的行政部门任职的主要都是神职人员。

与之相反的是，英格兰的普通法始终包含了一部分常识性的内容，因为自一开始，使用普通法审理案件的就一直是农民。普通法从来就没有精准的条文。早期的诺曼国王通过王座法庭（King's Bench）进行审判时都很随意，这进一步增加了普通法的模糊性。当时在王座法庭，只要有任意一个贵族出席，法庭在与他稍稍讨论过案情之后就会宣判。当然，王室委员会或御前会议的成员可以派人去各郡，从行政司法长官那里获取某个案件的证据，之后他们或在当地研究这些证据，或将它们带回伦敦，让王室委员会的成员讨论。

受过训练的教会神职人员拥有更高的受教育水平，这在很多方面而言对诺曼人是有利无害的。但是希尔德布兰德有一项影响深远的改革措施损害了威廉的利益。教皇格列高利坚信神职人员高于世俗之人，这导致了他反复试图让教会摆脱世俗君主的控制。当时，世俗君主有权授予主教和修道院院长权戒和权杖——这两样东西乃是他们地位的象征。但是教皇打算终止世俗君主的这项权力。他与神圣罗马帝国皇帝亨利四世已经因为这项主张而爆发过冲突，即叙任权斗争（Investiture Contest），让德意志和意大利局势动荡了近50年。

教皇格列高利认为威廉已在他掌控之中。格列高利不仅要求诺曼底公爵放弃主教叙任权，即授予主教和修道院院长封地和职权的权力，还要求他宣誓效忠于教皇：公爵曾请求教廷（Church Curia）支持他入侵英格兰，这相当于变相地承认了教皇对他的管辖权。罗马的一些最优秀的律师甚至炮制了一套复杂巧妙的说辞，试图论证既然英格兰曾给罗马教廷缴纳名为"彼得便士"的献金，那么就足以证明英格兰曾是罗马的属地。

但是以"征服者"威廉的心机，他怎会轻易被教皇格列高利所左右。就像他限制诺曼贵族的权力一样，他也打算尽可能地限制教会的权力。他给罗马方面发了一条简短的通知，称他会支付彼得便士，他也承认英格兰拖欠这个款项很久了。但是他说，依照英格兰君主的传统，他不能宣誓效忠于教皇，成为教皇的属臣。在这之后，威廉按照自己的意愿颁布了许多法令。他宣布，除非有国王本人的承认，否则任何一个教皇在英格兰都不被承认。若没有国王的明确允许，教会会议无权通过法律。同样，教皇的诏书和公函只有在经过国王的批准之后才能下发给民众。

威廉的这些举措，教皇大体上都容忍了，因为威廉对教会的支持和贡献大于他给教会带来的损害，而且他还任用神职人员担任政府部门的工作人员，越来越多地处理政府事务。因此，尽管教皇不允许德意志皇帝拥有叙任权，但还是允许威廉给英格兰的主教们授予权戒和权杖。对于英格兰来说，作为维持社会安定和国家统一的重要力量之一，教会推动了英格兰人民更快地接纳诺曼征服。

由于"征服者"与教会结盟，诺曼人修建了大量的教堂和修道院。很多英格兰最著名的大教堂都修建于诺曼征服前后。11世纪70年代，坎特伯雷大教堂落成，另外，林肯大教堂（Lincoln Cathedral）和老塞勒姆大教堂（Old Sarum Cathedral）也在这个时期开始兴建。如今后两者的废墟依然保留在索尔兹伯里。

罗马式风格的巨大的石砌教堂如雨后春笋一般迅速地在英格兰各地拔地而起。罗马式风格是诺曼人传入英格兰的，这种风格的建筑除了V形交叉影线之外，没有太多虚饰，其显著的特点就是大石柱、拱顶和长长的大殿。这些教堂几乎与诺曼人的城堡一样显眼，人们从很远的地方就能看见它们。之后的10年里，人们还在伊利岛、伍斯特（Worcester）和格洛斯特修建了灰色的石砌诺曼大教堂。人们还修建了图克斯伯里修道院（Tewkesbury Abbey），并翻修了坐落于圣奥尔本斯和罗切斯特的大教堂。

与此同时，诺曼人还推动了另一项同样举世瞩目的工作，那就是修建城堡。在这个过程中，他们推倒了大量撒克逊建筑，这也就是保存下来的撒克逊建筑那么少的原因。他们推倒了原来的建筑，在它们的位置上按照诺曼的风格修建新的城堡。这些城堡修得固若金汤，有些甚至是石头建筑。诺曼人跟他们的祖先维京人一样，都热衷于做生意，在这些活跃的诺曼人的影响之下，城镇不断发展，商业越发繁荣。当年罗马人撤离英格兰时，犹太商人也随之离开这个国家，如今，在消失了600余年之后，他们又回到英格兰经商。

尽管诺曼人给撒克逊人带来了巨大的苦难，但他们也从英格兰发现了很多他们欣赏并愿意学习的东西，尤其是盎格鲁-撒克逊的政治制度。不过一代人的时间，诺曼人与撒克逊人通婚就已经非常普遍了，尤其很多财产丰厚的撒克逊女继承人都嫁给了诺曼人。诺曼征服时期最有名的手工制品——巴约挂毯，虽然是威廉同母异父的弟弟、诺曼主教厄德下令制作的，但它采用的全是英格兰的工艺。这个挂毯很可能是在坎特伯雷完成缝制的，它显示了英格兰在挂毯制作方面达到了很高的艺术水平。挂毯长250英尺、宽20英尺，上面布满了栩栩如生的图案，细致地描绘了诺曼征服的故事。正因为如此，它成了英格兰最重要的一件历史文物。

1087年，也就是《末日审判书》完成后的第二年，强大的公爵回到了诺曼底，又发起了一场战争。这是他最后一次征战。他打算占领与诺曼底接壤的一块有争议的领土——曼恩（Maine），结果出师不利。20年前，也就是黑斯廷斯战役的那一年，当时的法国国王软弱无能。但是到了1087年，坐在王位上的是一位新国王：腓力一世（Philip I）。这位国王在威廉和他的长子——诺曼底的继承人罗贝尔——之间挑拨离间。他幸灾乐祸地帮后者反叛自己的父亲。因为威廉从来不给他的长子任何权力，而是将所有统治权都牢牢地握在自己的手里，所以后者起了反叛之心。为了惩罚这个儿子，威廉故意选他的另一个儿子威廉·鲁弗斯（William Rufus）作为英格兰王国的继承人。解决完这些事情之后，"征服者"威廉与法国国王开战了。

这场战争并非偶然。威廉一直想要攻打芒特（Mantes），这个城市早先属于诺曼底。但是传说他们开战的原因是法国国王对威廉肥胖臃肿的身材开了一个非常恶毒的玩笑，结果传到了威廉的耳朵里。的确，他现在的大肚腩已经让他无法骑上马背，他也无法再像年轻时那样行走四方，他被困囿于鲁昂的王宫之中。此时他听说法国国王腓力开了一个玩笑嘲讽他："英格兰国王就跟刚生完孩子的女人似的整天卧床不起。"威廉当时有意声东击西，所以故意说："告诉腓力，等我病好了之后，我必包围马斯（Mass），到时候我会为他点10万根蜡烛。"一个月之后，他没有包围马斯，而是包围了芒特。之后他放火烧了这座城市，而且他还真的点了10万根蜡烛。

这个做法导致了威廉的死亡。他的马踩到了未熄灭的余烬，狠狠地将他摔了出去，他因此受了致命的内伤。临终之前，照顾他的是他最喜爱的儿子亨利，也就是后来的亨利一世（Henry I）。亨利精于谋算、尊重律法，这样的性格与他的父亲如出一辙，自然会受到父亲的赞赏。不过，在这个时候，诺曼底公爵的另一个儿子却快马加鞭地跑去了英格兰，他就是身材壮硕的威廉·鲁弗斯。他之所以会叫这个名字，是因为他的红发和红脸。他是英格兰王位的继承人，所以必须尽快到达英格兰，以免被盎格鲁－撒克逊人捷足先登。

威廉二世
William Ⅱ

1087—1100

　　威廉·鲁弗斯的统治与他的父亲截然不同。他与他父亲仅有的相似之处就是，他们俩都是英勇无畏、战无不胜的勇士和强大的君主。他的政治手段非常高明。比如，他释放了莫卡等重要的英格兰领袖，从而获得了英格兰人的好感。他扩大了他所统治的领土，相比于"征服者"威廉，他给威尔士人和苏格兰人带来的威胁甚至更大。他击败并杀死了苏格兰国王马尔科姆·坎莫尔（Malcolm Canmore），后者一直不断地入侵英格兰。他还于1092年重新占领了坎伯兰——这原是斯特拉思克莱德威尔士人建立的独立公国。坎伯兰的首府卡莱尔被纳入了英格兰的管辖，到了下一个国王在位期间，这个城市有了自己的主教。威廉·鲁弗斯统治的领土横跨多个王国。在他统治时期，朝臣首次开始使用算板计算应向国王缴纳的捐税。也是在他在位期间，人们开始修建达勒姆教堂，这是西欧第一座使用肋架拱顶的建筑。

　　但不久之后，人们就洞悉了这个新国王的品质远不及他父亲。他是个贪婪的人，既不能公正廉明，也不懂克己怀柔，他的父亲虽是个酷厉的君主，但至少行事一向公平公正。尽管他于1097年修建了威斯敏斯特大厅（Westminster Hall），将之作为他和他的幕僚审理案件的地方，但是实际上，威廉·鲁弗斯的裁决往往都是为他自己的利益服务的。新国王缺乏他父亲那样的自律、节制的精神，他不停地搜刮财物，满足自己穷奢极欲的生活。当时他身边有一个名叫雷纳夫（Ranulf）的诺曼小官吏，这是个和他一样厚颜无耻的小人。在雷纳夫的挑唆和帮助之下，威廉·鲁弗斯不停地搜刮民脂民膏，很快这个国家就不堪重负，而这个低级官吏却因讨了国王的欢心，很快成为首席政法官。这是英格兰历史上第一次出现这个官职。雷纳夫有个绰号叫"弗朗巴尔"（Flambard），"弗朗"的意思是火焰，"巴尔"则是诗人的意思。据修道士奥尔德利库斯·维塔利斯（Ordericus Vitalis）所言，他之所以会有这个绰号，是因为"他像吞噬一切的烈火一样折磨他的人民，将教会每日吟唱的圣歌谱成了哀乐"。他怂恿国王更细致地扩充《末日审判书》的信息，更严格地征税，以此来填满自己的钱袋子，尤其要对修道院的财产进行统计和征税——他们觉得之前的那位国王对修道院过于宽容了。

由于弗朗巴尔卑劣狡诈的伎俩，他们两个人想出了形形色色的敛财手段，迫使这个国家给国王缴纳了史无前例的巨额捐税。威廉一世在位时，只向富裕的封臣征纳过贡赋，但是如今贡赋却成了国王敛财的工具，令贵族封臣不堪重负。跟现在的遗产税一样，封建法律规定如果重要的封臣或国王直属封臣去世了，那么他的继承人必须向国王缴纳一笔税费之后才能继承他的土地财产。如今这笔钱更是非交不可，谁都别想例外。若继承人未成年，按律应由国王代为保管他们的封地财产，等他们成年之后交还给他们，但是在威廉·鲁弗斯的统治下，这条规则完全被破坏了，他要么拒不归还封地财产，要么就派人去这些封地砍伐树木，将售卖木材的钱据为己有。国王还逼迫封臣的女性继承人嫁给他的近臣。

1088年，也就是威廉二世继位的第二年，他横征暴敛的行为就引发了他手下一名直属封臣的反叛。这场叛乱打的旗号是迎立威廉二世的哥哥罗贝尔为国王，但最终被镇压下去了。罗贝尔当时统治着诺曼底，不像他的弟弟那样强势酷厉。在国王的叔父、巴约的厄德的带领下，很多贵族利用这次叛乱，借机烧杀掳掠，令民众惶惶不安。他们的军事实力令威廉二世心生警惕，于是他采取了一个非常聪明的应对措施：他向地位低下的英格兰民众允诺，以后不会再那么严格地执行《森林法》，而且会减免一些赋税。这令他一下子占据了上风。很多人相信若是让那些贵族的骑兵继续这么四处劫掠，他们迟早也不能幸免于难，于是转而支持国王。最终，很多重要的国王直属封臣都丢失了他们的封地，被驱逐到别的国家。但是，1095年，为了反抗国王的暴政，在罗贝尔·德·莫布雷（Robert de Mowbray）的率领下，一场新的叛乱在诺森伯兰伯爵领爆发了，但是也没能成功。即便如此，威廉二世也未能攻破德·莫布雷据守的班堡城堡（Bamburgh Castle），于是他干脆在它旁边新建了一座城堡，就是后来的马尔沃辛城堡（Malvoisin），也被人称为"恶邻城堡"（Evil Neighbour）。最后，当德·莫布雷终于只能弃城逃跑时，马尔沃辛的士兵冲进城堡里，俘虏了他。这是国王在位期间遇到的最后一起叛变。

由于威廉·鲁弗斯对他的封臣采取暴力高压政策，所以很多依然保有祖先维京人征伐热血的诺曼冒险家决定到国界以外的地方碰碰运气。于是，他们入侵威尔士，从威尔士君主手中夺取土地。他们跟那些巴拉丁伯爵一样，也在自己夺得的领地内称王称霸。这些边境地区的领地演变成了以城堡为中心的小型独立王国——这种布局方式可以让从小接受战争训练的诺曼骑士更有效地保卫这片土地，这些领地也有助于他们抵抗和镇压威尔士人。蒙哥马利（Montgomery）、布雷肯（Brecon）和彭布罗克（Pembroke）等贵族领地就是从这个时期开始建立的。

威廉·鲁弗斯不仅与大贵族为敌，而且对待教会的方式也让英格兰人既震惊又反感。他的朝堂早已乌烟瘴气。围绕在他身边的众多小人常通过嘲弄教会来娱乐他。大主教兰弗朗克去世之后，在雷纳夫·弗朗巴尔的怂恿之下，整整4年时间，国王都拒不任命新的坎特伯雷大主教。这种做法能够让国王从中获利。只要大主教之职空缺，那么那片富饶的大主教区的所有租税都会落入国王的手中。直到威廉突然身患重病，觉得自己命不久矣，他才开始起了敬畏之心，收敛了自己的行为，任命了一个最合适的人为新的大主教。

这个人就是修道院院长安瑟伦（Abbot Anselm）。他跟兰弗朗克一样，都来自诺曼底的贝克修道院。圣洁的安瑟伦原本不愿意去英格兰，因为他知道这必然会与他本性相冲突。他说他自己是"一只虚弱的老绵羊，无法供英格兰国王这样暴烈的公牛犊驱使"。但是威廉不允许他拒绝。然而很快安瑟伦就对自己的决定后悔了。"征服者"的儿子治下的英格兰教会的状况让新任大主教感到震惊，宫廷的腐化堕落也令他倍感惊愕——朝堂之上，众人最关心的问题竟然只是国王是不是烫了头发，或者大家到底要不要也穿上他新近设计的羊角钩鞋。这种鞋子的鞋尖向上高高地卷起，人穿上以后几乎走不了路。与此同时，尽管坎特伯雷已经有了大主教，但还是有很多教区的主教职位空缺，这些地方的教会收入依然落入国王的口袋。尽管大主教安瑟伦性情温和，但是作为英格兰教会的首领，他无法容忍国王继续这样占据教会的田产，胡作非为。他试图召集一次主教大会来谴责国王的行为，但是被国王给阻挠了。国王宣称，反正修道院也是他的，他的所作所为无可厚非。大主教安瑟伦对此回应称：它们是属于上帝的，国王有责任保护它们，只有在这个意义上，它们才属于国王。

他们两个人不像兰弗朗克和"征服者"威廉那样彼此惺惺相惜，相反，他们谁也不能站在对方的立场上看待这个问题。二者之间的不和，在教皇乌尔班二世（Urban Ⅱ）当选后达到了新的高度。当时教皇与世俗统治者在叙任权斗争中彼此不断博弈，争夺权力。德意志皇帝自己任命了克雷芒（Clement）为教皇，与乌尔班二世抗衡。大主教安瑟伦决意站在乌尔班这边，请他为自己颁发大主教证章，但是红脸的鲁弗斯对此勃然大怒，而且禁止他离境，因为他不承认那两个人当中的任何一个是真正的教皇。1095年，国王在罗金厄姆城堡（Rockingham Castle）召开了一次大会，所有国王直属封臣和主教均出席了。他们在会上讨论大主教究竟应该主要服从教皇还是服从国王。这次大会没有达成一致意见。双方势均力敌，贵族们都希望能够限制威廉·鲁弗斯的权力，而主教们却迫切地想讨好他。最重要的是，每一次与威廉二世对峙，都让安瑟伦更坚定自己的决心，不能向他屈服。

他们的关系持续恶化。1097年，威廉·鲁弗斯对威尔士人发动了一场战争，各个封地必须为他缴纳军费、补充兵力，但是当他向大主教安瑟伦的封地要钱要人的时候，被直截了当地拒绝了。威廉威胁大主教说要将他送上法庭，但是安瑟伦回复说，只有教皇才有权裁决他们之间的矛盾。之后大主教害怕国王盛怒之下可能会杀了他，就逃去了罗马。自那之后，直到威廉去世之前，他一直留在那儿，于是英格兰的教会再一次群龙无首，大主教的所有财产土地又落入了威廉的掌控之中。

威廉·鲁弗斯野心勃勃，而且精力充沛。长久以来，他一直觊觎他的兄长罗贝尔拥有的世袭诺曼底公爵之位。罗贝尔将财政搞得一塌糊涂，这正好给了他可乘之机。罗贝尔公爵将诺曼底最重要的一些领土——科唐坦半岛（Cotentin Peninsula）和阿夫朗什（Avranches）——出售给了威廉·鲁弗斯的弟弟亨利，这给了英格兰国王一个绝佳的借口。他打着反对亨利占有他们共同的宗地祖产的旗号，入侵诺曼底。最后为了让他退兵，罗贝尔将诺曼底东部的大量土地割让给他。不久之后，罗贝尔公爵就将诺曼底剩下的领土也交到了威廉的手里——至少是暂时被威廉控制了。他将它抵押给了威廉，换取军费支持十字军东征，去圣地对抗穆斯林。

和"显贵者"埃德加等很多同时代的西欧人一样，罗贝尔公爵一直念念不忘要从塞尔柱土耳其人（Seljuk Turk）手中解放耶路撒冷（Jerusalem）。以前，基督教朝圣者可以获准进入圣所、客西马尼园（Garden of Gethsemane）、加略山（Mount Calvary）和耶稣墓，但是如今土耳其人几乎完全禁止他们接近上述地点。更严重的是，在东欧和西亚那一整片地区，基督教朝圣者常常被无辜杀戮或者卖作奴隶。1095年，在克莱蒙（Clermont）的一个集市上，教皇乌尔班二世对一众贵族、市民和农民传教布道时，迫切地号召人们集结起来为耶稣而战，将圣地从异教徒手中解放出来。就这样，他发起了第一次十字军东征。

所有骑士都在他们穿的锁子甲外面套了一件外套，上面都绣了一个红色的十字架，代表耶稣受难时的那个十字架，这是十字军的标志。参加圣战可以为他们洗刷一些罪恶，这样他们就有可能进入天堂。在一个教会权力至高无上的时代，对于那些为战争而生的诺曼军人而言，没有什么比此更有吸引力的了。第一次十字军东征大获全胜。至1099年，他们赶走了土耳其人，建立了耶路撒冷王国（Latin Kingdom of Jerusalem），以戈弗雷·德·布永（Godfrey de Bouillon）为国王。在这期间，威廉以债权人的身份回到诺曼底，取代他兄长统治这里。他夺回了勒芒（Le Mans），进攻法国，甚至快要占领阿基坦（Aquitaine）的广袤土地，令法国国王十分恐慌。阿基坦公爵和罗贝尔一样，都想为十字军东征筹措军费，于是他决定效仿后者，将他的领土抵押给威廉。这样一来，与西班牙北边接壤的全部领土就都落入了英格兰国王的控制中。

然而，正在他的权势如日中天的时候，1100年8月2日，威廉·鲁弗斯去新森林打猎时，被一支不知从哪里射来的冷箭给射死了。据传言，射箭的人是沃特尔·蒂勒尔（Walter Tyrrel），但即便真的是他射的，他这么做的原因也不太可能是为了他自己，更可能是出于国王的弟弟亨利的授意。当时亨利也在随驾的人员之列。威廉·鲁弗斯的死疑点重重，葬礼也一切从简，这一切都暗示了他的死是一场精心策划的阴谋。国王死的时候身边没有一个人，他的侍臣们和他弟弟亨利把他一个人丢在树林里。他的遗体是被一个卑微的烧炭人发现的，发现遗体的地点如今还放着鲁弗斯石（Rufus Stone）。烧炭是诺曼时期英格兰最低贱的工作，这位名叫伯吉斯（Purkess）的烧炭人将国王的尸体用一架粗糙的手推木车送到了附近的温彻斯特。但即便威廉·鲁弗斯的尸体被送到了温彻斯特，人们也没有举办国丧，没有全国哀悼，甚至都没有在教堂里举行葬礼，就将他匆匆埋葬了。

死去的国王被送到温彻斯特的时候，他的弟弟亨利已经在那里等着了。他以最快的速度跑到了国库那里。从威塞克斯各个君王的统治时期开始，国库就设在温彻斯特。按照传统，任何人只要把控了国库，就可以加冕为王。亨利驱使当地的贵族按照盎格鲁-撒克逊王室的惯例，宣布自己为新国王。亨利差一点儿就没赶上，因为他的兄长罗贝尔派来的人很快就到了，这人自然是打算立罗贝尔公爵为国王的。8月5日，亨利登基加冕。

亨利一世
Henry Ⅰ

1100—1135

宫廷史官到后来才注意到,亨利一世从小就很喜欢看他的哥哥们彼此争斗,因为这样一来他就可以渔翁得利。这个新国王所做的一切事情都是经过深思熟虑的,都是为了达到他最终的目的。尽管他并不是什么学者,但是自14世纪起,他就得到了"贤明者"(Beauclerk)这个绰号,这说明他当时就已经以睿智闻名于世了。亨利不像威廉·鲁弗斯那么蛮勇酷烈。尽管他也一样贪婪,但他知道,如果想要安安稳稳地统治这个国家,那么他必须比他哥哥多用些聪明的手段。

亨利和他父亲一样,都信奉以律法治国。他继位之后做的第一件事就是颁布了《自由宪章》(Charter of Liberties),在宪章中他允诺会终止威廉·鲁弗斯对民众的压迫,恢复"忏悔者"爱德华时期的各项制度政策,这让诺曼国王重新获得了英格兰人的认可。为了让民众相信他所言非虚,他先将雷纳夫·弗朗巴尔关进他父亲修建的白塔里,然后又迎娶了苏格兰的伊迪丝公主,她是国王埃德加的妹妹、"刚勇者"埃德蒙的曾外孙女。这样一来,西撒克逊王室的古老血统与诺曼人的血统融合到了一起,不得不说,这是亨利深谋远虑、精于算计的又一例证。这场联姻令两国建立起亲密的邦交，并最终带来了一个意想不到的好处：苏格兰的国门以和平的方式向诺曼冒险家们敞开了。为了让自己的名字听起来更像诺曼人，伊迪丝将名字改成了玛蒂尔达。她的一个哥哥大卫（David，后来继承了埃德加的王位，即大卫一世）则迎娶了沃尔特奥夫伯爵的女儿，并宣誓效忠于亨利。

亨利采取的这些争取臣民好感的措施，在实施的当年就给他带来了莫大的好处。一贯阿谀奉承的雷纳夫·弗朗巴尔不知用了什么方法，竟然从白塔里逃了出去。在他的鼓动之下，罗贝尔公爵决意争夺英格兰王位。很多诺曼贵族在两国都有领地，他向这些贵族征调了大量士兵，集结成军，在朴次茅斯（Portsmouth）登陆。罗贝尔为第一次十字军东征立了大功，而且又是亨利的长兄，既有名望又有身份，完全有可能成为后者最危险的对手。

但是亨利颁布的宪章开始发挥它的作用。新国王登基之后从不干涉教会的事务，于是坎特伯雷大主教得以返回这个国家，结束了他在罗马的逃亡生涯。于是，教会投桃报李，鼓励英格兰民众团结一致，支持亨利。大主教安瑟伦在英格兰民众面前呼吁，只要亨利能够领导他们，他们就不畏惧诺曼人，他们就能够与诺曼人战斗到底。罗贝尔意识到自己不可能打败上下齐心的英格兰人，于是就和他强大的弟弟达成了休战协议，并签署了一份法律文件。在这份文件里，他宣布放弃主张自己的王位继承权。之后，因为他的弟弟给了他一份津贴作为报偿，他将自己在科唐坦的土地割让给英格兰，然后就灰溜溜地撤回了诺曼底，不管他的支持者的死活。那些支持过他的盎格鲁-诺曼贵族不得不自己面对亨利的怒火。

罗贝尔公爵不是个思虑周全的人，所以他没有想过他的支持者将会面临怎样的危险境遇。为了杀一儆百，亨利将一个名叫罗贝尔·德·贝莱姆（Robert de Bellême）的大贵族的大量家私田产都毁得一干二净。德·贝莱姆的领地包括苏塞克斯的一大部分、诺曼底的大片土地，以及与威尔士接壤的、半独立的巴拉丁伯爵领什鲁斯伯里（Shrewsbury）。因为他的领地处在威尔士边境，王室特许他养兵御敌，所以德·贝莱姆的私家军队兵力强盛，给国王带来了很大的威胁。如今趁此机会，亨利向他发起了一场大规模的袭击，占领了德·贝莱姆所有的城堡，其中就包括至今仍矗立于西苏塞克斯郡的阿伦德尔城堡（Arundel Castle）。接着，亨利又包围了德·贝莱姆在塞文河畔的布里奇诺斯（Bridgnorth）

兴建的新堡垒，撤销了什鲁斯伯里巴拉丁伯爵领，并将德·贝莱姆驱逐出境，赶回了诺曼底。

但是和大部分诺曼贵族一样，德·贝莱姆拥有强大的势力，而且不是个会乖乖认命的人，所以他不可能沉寂太久。回到诺曼底之后，他就与罗贝尔公爵开战，并占领了部分领土。诺曼底在亨利兄长的统治之下渐渐陷入了混乱，这给了亨利一个绝佳的借口插手诺曼底的事务。1106年，亨利在廷切布雷（Tinchebrai）的一场战役中击败了罗贝尔公爵，取得了决定性的胜利，并将罗贝尔关押在加的夫城堡整整30年，正式将诺曼底公爵领并入英格兰。自那之后，在将近100年的时间里，英格兰和诺曼底一直由同一个政府管辖，直到1204年亨利一世的曾外孙约翰将公爵领割让给法国国王。

这一系列事情让封建贵族对亨利有了不满。但是他们的英雄主义情结在冷漠理智的亨利眼中全然不值一哂。亨利的强硬手腕让他们不敢再有反叛之心。在剩下的统治时间里，亨利渐渐提拔重用出身寒微的人。他根据才能选拔骑士和政府官员。这些人只有仰赖他的恩典才能加官晋爵，而不像贵族那样可以依靠自己手中的兵力胁迫国王。在亨利的统治期间，像索尔兹伯里的罗杰这样受过良好教育的知识分子逐渐兴起，政府也变得更加井井有条、高效务实。罗杰成了索尔兹伯里的主教，是亨利的首席政法官。但是他与之前的那位首席政法官弗朗巴尔完全不同，他思维敏捷、思路清晰、极有条理。在他的努力之下，12世纪早期，这个国家出现了第一个全国性的法院和一个名为财政署（Exchequer）的政府机构，即财政部的前身。

在国王和他最亲密的朋友，也就是主要贵族的努力之下，御前会议渐渐与御前会议区分开来。他们采取的措施包括就法律纠纷举办听证会等。威廉·鲁弗斯建了威斯敏斯特大厅，在国王审判案件的时候，万千民众都可以旁观。但是在亨利一世的统治时期，法律教育和教会法的普及程度在欧洲，尤其是在欧洲大陆，得到了很大提高，这开始影响刑法的发展。一大批专业律师涌现出来，他们比常人拥有更丰富的法律知识，可以根据普遍适用的法律原则处理法律问题。在伦敦，训练有素的法官开始替国王审理有关直属封臣的法律案件和郡法庭上诉的法律纠纷。也是在这个时期，巡回法庭开始出现，法官开始在全国各地代表国王巡回审判案件。这项传统延续至今已经有800余年历史了。一般来说，代表国王司法公正的巡回法庭更公平公正、不偏不倚。亨利生前对司法体系做了很多改进，在他死后这些举措为他赢得了"正义之狮"（Lion of Justice）的美誉。

名为财政署的新政府部门负责税收。"财政署"一词的英文原义是"由方格布得出"，之所以会叫这个名称，原因很简单。与阿拉伯世界不同的是，当时西欧人还没发明"零"这个数字，这样一来，即便是简单的算术，也非常不好处理。为了解决这个问题，人们要么使用算板，要么跟亨利一样，用一块方格布来辅助计算。方格布看起来跟国际象棋的棋盘有点儿像，在这块布上面，人们将代表一定金额的筹码在不同的格子之间移来移去：12世纪时，国民收入和生产核算就是这样进行的。财政署的官员在新的威斯敏斯特石头大厅里进行核算，即便是法庭在各地巡回期间也不会中止。每年两次，财政署官员会在国王或他的首席政法官的领导之下，坐在桌旁，摆上方格布和筹码，与各郡的行政司法长官一起核对各地应上缴的税款、租金、罚金和到期债务等，每一分钱都得计算在内。

不论从哪个方面来讲，在亨利统治时期，政府一切工作的精确度都比原先有了大幅提升。这得益于索尔兹伯里的主教罗杰，他有条不紊的性格和井然有序的做事风格让政府的账目清晰明了，这在罗马占领之后还是第一次。1130年开始，政府账目开始被记录在优质羊皮制成的长长的羊皮纸上，这些羊皮纸随后被卷起来，以便存放。因为它们都被卷成筒状，所以被称为"国库卷档"（Pipe Rolls）。也是这个时期，出现了一份成文于亨利去世之后的、关于王室职责的记录，让我们第一次对12世纪早期的宫廷生活有了更清晰的了解。考虑到在亨利死后，英格兰陷入了混乱，有一段时间几乎没有任何记录，这份记录文件就显得尤为重要。

今天英国的君主和首相都住在固定的王宫和府邸里，亨利则与此不同。受他新建立的巡回法庭制度的影响，他本人也一直在全国各地巡查，驻跸于各处的王室住所，比如他的修道院或狩猎小屋。与所有诺曼国王一样，他也非常痴迷于追猎运动。他在牛津郡的伍德斯托克（Woodstock）修建了一座带有围墙的猎场，里面豢养了大量从国外引进的奇珍异兽，供他打猎。但有时候国王也会借宿在他手下的直属封臣的府邸，有时甚至一住好几个星期。国王出行时，侍卫和随从可能多达数百人，为这么多人提供食宿可能让招待他们的封臣不堪重负。尤其是在威廉·鲁弗斯在位期间，国王驾临对属臣而言就是一场灾祸，因为他的随从部众几乎全是行为不端、不成体统的小人。据史料记载，在当时，国王车驾路过地方封臣的府邸时，这些地方封臣都会躲到树林里，这样一来，国王要求借宿时得不到答复，就会离开。等国王走了这些封臣才敢回家。

但是从另一方面说，能够招待国王也是一个巨大的荣耀，因为这意味着家中的年轻人有机会被国王注意到，成为国王的侍从，以后一步步晋升，甚至成为地位尊贵的大臣也不是不可能的。尽管政府职能越来越细化，越来越多的政府官员由专业人士担任，但是王室依然是政府的中心。国王的司法官负责训练所有想要成为神父的教士。正如我们之前提到过的，政府部门的工作人员很多都是神职人员，国王治国所需的大量文书都是由他们完成的。亨利王朝的另一个荣誉职衔是国王内侍。尽管"内侍"这个职位听起来好像只是负责国王卧室内的事情，但是实际上他也负责管理国库。这是因为在古时候，"国库"不过是一只放在国王卧室里的宝箱而已。另外国王的侍从还包括王室管家和王室总管，前者负责管理宫殿内部的诸项事宜，而后者则要管理众多仆役和宫外的事务，包括管理国王的马厩。

这些为王室服务的内廷官职后来演变成我们如今所熟悉的一些重要的政府岗位，不过在这个过程中，这些岗位的权责和角色发生了一些微妙的变化。比如，国库如今归财政大臣管辖。像内侍这样的内廷官职如今有的已成为世袭的职衔，有的在某一个特定的家族内代代传承。到现在，在每次英国全国性会议的开幕典礼上，我们还能看到这些内廷官员跟在君王身后走入会场。在当时，为了求国王让自己家的儿子担任侍从，事实上大贵族都会给国王一大笔钱，他们看中的就是侍从有可能获得平步青云的机会。在亨利一世统治时期，一个侍从只要表现出他愿意并有能力为国王拿衣服，或者是为国王端食物，就有可能被选为宫廷神父的助手，从此走上升官发财的坦途。在当助手一段时间以后，他通常就能成为宫廷神父，进而逐渐进入国王的秘书处。

亨利的宫廷运转得井然有序，一切事务都有明确的章程，甚至连侍臣吃什么饭菜都有详细的规定。宫廷中每一个人，无论职位高低，无论是尊贵如司法官还是卑微如洗衣女工，都能获得一定量的金钱、食物、葡萄酒和蜡烛，维持他们的生活。例如，司法官的薪俸如下：每天有 5 先令工资、一块重油水果蛋糕（用杏仁蛋白软糖装饰的一种水果蛋糕)、两块咸味重油水果蛋糕、一袋做面包用的面粉和一定量的普通清酒(因为当时除了泉水之外,其他的水都很脏,不能饮用)。因为司法官的工作主要是阅读各类文件,所以他还能获得多达40个蜡烛头和1根完整的粗蜡烛,用作房间的照明。国王的侍卫则与司法官不同,因为他们主要负责保卫亨利的宫殿,需要有更多的体力活动,所以他们的食物配额是司法官的两倍,但是由于他们不需要阅读文件或审核账目,所以分配给他们的蜡烛就少得多了。他们每天早上还能有两块面包的加餐,晚上也会有额外的一碟菜,另外每天还能有一加仑啤酒,供他们在守卫王宫的时候消磨时间。

亨利与教会的联系非常紧密。在他任命主教罗杰为他的首席大臣之后,这种盟友关系更是得到了进一步强化。这意味着,一直以来教会与世俗君主的权力争夺以一种和平友善的方式暂时告一段落,尽管国王并没能占据像威廉一世时期那样的优势。大主教安瑟伦流亡罗马期间,受当时教皇的教会独立思想的影响,开始认同神职人员地位高于世俗君主的观点。尽管大主教曾领导民众支持亨利抗击罗贝尔公爵,但是1103年,新教皇帕斯加尔二世(Pascal Ⅱ)带领教会从叙任权斗争失败的危机中恢复过来之后,宣布了一条新的规定:禁止任何担任圣职的人向世俗君主宣誓效忠,而大主教公开表示支持。虽然安瑟伦当时已经宣誓效忠于亨利,但是自此以后他拒绝再向亨利宣誓,并再一次逃往罗马。教会在英格兰又一次陷入群龙无首的境地,这一次,大主教一职空缺了4年。亨利自然不会承认这样一项看起来会削弱他的王权的教会法令,否则的话,大量的英格兰人将不会再宣誓效忠于他,因为担任圣职者不仅包括主教和神父,还包括普通的神职人员。

安瑟伦和亨利后来达成了一个彼此满意的折中方案。在英格兰,教会依然归世俗君主管辖,但是国王不再拥有叙任权。所有普通神职人员可以向国王宣誓效忠,而主教们则只以他们的世俗财产如教会土地所有人的身份宣誓效忠于国王,并在必要的时候发誓追随国王,为国王提供士兵。这种相互妥协的方案令各方皆大欢喜,而且事实上欧洲的叙任权争斗最终也是以类似的办法结束的。但是这毕竟留下了一个隐患,即一旦教会或政府的首领比较不知变通,那么究竟哪一方的地位更高的问题就又可能引发一场明争暗斗。事实上,30年之后,亨利一世的外孙亨利二世(Henry Ⅱ)在位期间,这样的事情真的发生了。

尽管英格兰人并不爱戴亨利，但是他却使他们真正接纳了诺曼国王。他竭力维持了整个岛的和平，但是在他死后，一场内战打破了和平的局面。命运的简单一击打乱了他所有的周密计划。他唯一的儿子威廉不幸早逝，这样他的王位继承人就变成了女儿玛蒂尔达。她当时已经嫁给神圣罗马帝国皇帝亨利五世（Henry V），是帝国皇后。但是诺曼贵族和盎格鲁-撒克逊人此前从来没被女性君主统治过——虽然凯尔特时期有过布狄卡王后统治部落的先例，但她毕竟只统治了东南部的一个部落而已。各方人马都不愿意接受这个局面。

王子威廉的死本是可以避免的。1106年诺曼底正式纳入英格兰国王的统治之后，王室就时常在这两个地方之间往返。不幸的是，1120年，在诺曼底逗留了4年的王位继承人威廉起程返回伦敦，结果刚从巴夫勒尔（Barfleur）起航不久，就在英吉利海峡失事溺亡，同时罹难的还有亨利的多位大臣。当国王听到这个可怕的消息之后，他悲痛地喊了一声，就昏倒在地不省人事了。据说在这场悲剧之后，他就再也没有了笑容。不久之后他又娶了一个妻子，就是鲁汶的阿德莉萨（Adeliza of Louvain），希望能够再生几个男性后代，但最后还是没能生出儿子。1126年，他无奈之下只好将他的女儿——当时已经孀居的神圣罗马帝国皇后玛蒂尔达——确立为王位继承人。在册封继承人的典礼上，国王直属封臣就像当初向她的弟弟威廉宣誓一样，向皇后玛蒂尔达宣誓效忠，发誓会做她忠诚的臣民。1135年，亨利一世因为吃了太多七鳃鳗（一种很不好消化的水产，大夫曾提醒过他不要吃），在诺曼底去世。但是英格兰王位没有被传给玛蒂尔达，相反，英格兰人拥立了亨利的外甥，也就是他姐姐阿德拉（Adela）的儿子布洛瓦的斯蒂芬（Stephen of Blois）为新国王。尽管斯蒂芬本人已经发过誓会效忠他的表亲玛蒂尔达，但他听闻消息之后，却立刻日夜兼程地从布洛瓦赶到了英格兰，皇后还没来得及从安茹抵达，他就抢先坐上了国王的宝座。

布洛瓦的斯蒂芬
Stephen of Blois

1135—1154

　　新国王非常确信这些有着一半诺曼血统的贵族非常高傲，所以，不管他们对玛蒂尔达的父亲说过什么，他们都绝不会允许一个女人统治自己。而且，在这些贵族宣誓效忠于皇后玛蒂尔达之后，她又改嫁给安茹伯爵，这使她更不受英格兰臣民的欢迎。尽管亨利一世安排这场联姻的本意是希望维持诺曼底和与它毗邻的安茹之间的和平，但是安茹王室残暴狡诈，诡计多端，与诺曼贵族乃是世仇。斯蒂芬料想得没错，玛蒂尔达的性别加上她与安茹人的婚姻，让盎格鲁-诺曼大贵族无法接受她成为君主。

　　正如斯蒂芬所期望的，所有主要直属封臣和地位日益提高的伦敦商人，以及索尔兹伯里主教罗杰这位尤为举足轻重的人物，都支持他继位。有了亨利的首席政法官、亨利统治时期的组织天才的支持，斯蒂芬赢得了亨利留下来的整个政府体系所有官员、干事、法官的拥护和忠诚。斯蒂芬的弟弟温彻斯特主教亨利（Henry, Bishop of Winchester）曾深受他们的舅父亨利一世的眷顾，但此时却帮着斯蒂芬争取教会的支持，令斯蒂芬的篡位之举显得更合乎规矩。斯蒂芬在伦敦登基之后率领着军队抵达温彻斯特。这位新国王之所以能够顺利接管国库，主教亨利发挥了极为重要的作用。

斯蒂芬掌控了整个国家。这个国家已经从战争的苦难中恢复过来。由于它与富饶的诺曼底之间的商贸关系，它进入了一个史无前例的高速发展期。在亨利一世统治期间，国王的整个国家以及屈从于他的贵族封地都实现了和平。和平带来了经济繁荣和文化发展：城镇、宗教生活和艺术都有了蓬勃发展的机会。史上第一次，商人和手艺人——主要是修鞋匠和织布工——建立了各自的同业公会，订立了他们的行业标准。建立于1133年的巴托罗缪市场（Bartholomew Fair）是中世纪英格兰最大的布市，同业公会的成员会在那里出售他们的商品。而在10年之前，名为圣巴特（St Bart's）、也称为圣巴托罗缪（St Bartholomew's）的伦敦医院已经落成。皇后玛蒂尔达已经能够穿上东方传来的新布料如平纹细棉布等制成的衣服。这些新布料是英格兰的十字军或随同他们出征的商人带回来的。像她这样有钱的贵妇还可以买到商人从巴勒斯坦进口的、绣了精致花纹的布料。在约克郡，新成立的西多会（Cistercian）在修建里沃修道院（Rievaulx Abbey）时运用了精致的尖拱，这不仅显示了东方建筑对他们的影响，也说明了教堂和堡垒不再像之前那样一定要采用罗马风格。由于诺曼人与巴黎多有联系，英格兰人也与之接触颇多。在巴黎，修道士阿伯拉尔（Abelard）大力提倡逻辑，从而改变了哲学研究。一场常被称作12世纪文艺复兴的运动由此发端。欧洲大陆的学者纷纷来到英格兰发表演说，同时欧洲大陆的手抄本中也开始运用圣奥尔本斯、坎特伯雷和温彻斯特等英格兰修道院的艺术成果——这些修道院在书籍插图艺术方面达到了新的高度。但在斯蒂芬的统治之下，繁荣的势头渐渐减弱。苏格兰国王大卫打着为他的外甥女玛蒂尔达张目的名义反复入侵诺森伯兰，终结了多年以来英格兰与苏格兰和平共处的历史。1138年，在考顿沼泽（Cowton Moor）的旗帜之战（Battle of the Standard）中，苏格兰国王被击败，最终被赶出了英格兰。击败苏格兰国王的是约克大主教瑟斯坦（Thurstan），他自发组织了北部的民兵抗击外敌。大主教瑟斯坦是个思想独立的约克郡人，他对诺曼人在军事上的创举并无了解，所以他的军队依然全是步兵，采用的也是老式战术，尽管这种战术曾令英格兰在黑斯廷斯战役中一败涂地。在开战前，他甚至在一辆农用小推车上插了好些旗帜，分别代表斯蒂芬和约克郡三位最有名的圣徒，以此来鼓舞士气。他对老式战术的信心最终并没有落空，他的军队挡住了苏格兰骑兵的冲锋，最终击败了他们。

尽管玛蒂尔达的舅父被挡住了，但是就在这一年的晚些时候，国王做出了将索尔兹伯里的罗杰革职这样的错误决定，之后，皇后与斯蒂芬之间爆发了一场内战。斯蒂芬与主教罗杰之间的龃龉好像是源于这个敏感国王的不自信。当时大臣的职位基本上被索尔兹伯里的罗杰一家人给垄断了：罗杰的两个侄子分别担任伊利和林肯的主教，而他的儿子又是王室司法官。国王将此视作对他自己的权力的威胁。在他们拒绝交出他们的一些城堡之后，斯蒂芬将他们丰厚的家产没收充公了，如此一来，他就彻底与这个家族撕破了脸。然而满朝官员多半都是这个家族提拔上来的，可以说整个政府之所以能够高效地运转，全仰赖这个手握大权的家族的门生子弟。1138年，罗杰被革职后不到一个月，皇后玛蒂尔达同父异母的弟弟格洛斯特的罗伯特（Robert of Gloucester）就登陆英格兰，鼓动人们反叛斯蒂芬。格洛斯特的罗伯特是个很有教养的文雅之士，他是蒙茅斯的杰弗里（Geoffrey of Monmouth）的资助人。后者是个历史学家，推动了亚瑟王故事的流传。

一年之后，1139年9月，玛蒂尔达亲自去了西部地区的布里斯托尔附近。之后的10年里，双方不断地交战，各有输赢，但是任何一方都无法占据上风，令英格兰人民苦不堪言。尽管斯蒂芬为了获得民众的支持，废除了亨利一世确立的新《森林法》，但他始终还是没能完全满足民众的期待。

内战让国家陷入混乱无序的状态。在这种状态之下，唯一获得利益的人就是封建贵族。由于王室中央政府对英格兰的控制减弱，贵族们的权力开始扩张，到最后，他们的地位与前三位诺曼国王统治期间已经大不相同。他们没有一个人关心斯蒂芬和玛蒂尔达哪个会赢，也没有人全力支持哪一方。这延长了战争的持续时间（最终持续了整整10年）。斯蒂芬最后不得不求助于佛兰德斯雇佣兵来击败对方，但这令民众更反感他。之后的15年里，人们违法建造了数百座城堡和堡垒。在那个时代，由于城堡有可能被用于战争，所以人们建造城堡之前必须先从国王那里获得一张许可证。城堡和堡垒取代了诺曼人的庄园宅第，成为这个国家最主要的建筑形式，这说明当时英格兰人的生活可谓是危机四伏。它们的地牢里常常上演着难以言说的惨剧。由于各郡的行政司法长官或是空缺或是无力管辖，地方上的贵族开始恣意妄为。他们巧设名目勒索农民，农民一旦拒绝支付新增的高额捐税，就会被带到地牢里受尽折磨。由于被关押的农民太多，耕作的人手不足，整个国家的粮食产量开始下降。没有人知道下一个被贵族抓走的人会是谁，没有人知道谁会因为自家藏的一点儿白银被人惦记了，房子就被人一把火烧成平地。连那个时期的史书都悲叹当时社会状况之恶劣。"他们将所有稍有家产的人都抓起来丢进了监牢，"《盎格鲁-撒克逊编年史》记载，"一些人原本颇为富裕，最后却只能乞食为生。他们打劫教堂和教士。哪怕主教和神职人员都诅咒他们，请求神降灾祸于他们，他们也毫不在意。他们的恶行毁坏了这片土地。人们说，是不是基督和他的圣徒都睡着了，才会放任恶徒这样猖狂。"

一些野心勃勃的贵族要求斯蒂芬将王室土地划分一大块给他们，作为对他们支持国王的回报。这些土地都是斯蒂芬的父辈和祖辈费尽千辛万苦才打下来的。其中曼德维尔的杰弗里（Geoffrey of Mandeville）尤为贪婪，他先是支持斯蒂芬，后来又改投玛蒂尔达的阵营，每次改换阵营他都借机索取更多的领土。从这种僵持不下的局面不难看出双方的势力分布：玛蒂尔达的支持者主要占据了西部的布里斯托尔和格洛斯特附近的地区，因为这片地区是她同父异母的弟弟——格洛斯特的罗伯特——的地盘，而斯蒂芬一方则控制了伦敦和东南部。最后，在1141年，格洛斯特的罗伯特和他的女婿切斯特伯爵趁着斯蒂芬围攻林肯时俘虏了他，打破了僵局。之后，斯蒂芬的亲弟弟、温彻斯特主教亨利宣布，斯蒂芬被俘是上帝降下的一个征兆，说明他争夺王位乃是不合法的，如此一来，几个重要的贵族推举玛蒂尔达为女王。本来事情到此就可以解决了，但是她性格傲慢，而伦敦人又不易受人左右，结果此事又出了差错。

伦敦人当时已经选择支持斯蒂芬，而且他们也对皇后冰冷傲慢的性子不无印象。所以出乎贵族们的意料，他们不同意贵族们拥立玛蒂尔达。他们在午夜时分发动了叛乱，用一种羞辱的方式将玛蒂尔达赶出了他们的城市。没有人清楚当天晚上究竟发生了什么事，但主教亨利又接收到了一份灵异的指示，表明全能的上帝很可能还是支持斯蒂芬的。他改变了立场，带人造反，企图解救当时被关押的国王。玛蒂尔达还未加冕，她手下杰出的军事总指挥官格洛斯特的罗伯特在温彻斯特的一场战役中被俘，她只能自己指挥军队。

皇后不仅欠缺平易近人的性情，而且没了她的兄弟在旁出谋划策，她根本毫无战术可言。不久之后她就败逃了。在威尔特郡的迪韦齐斯（Devizes），她惊险地躲过了斯蒂芬军队的搜捕——据说她裹上了裹尸布，伪装成一具尸体才逃脱的——但最后却被围困在牛津城堡（Oxford Castle）。1142 年 12 月，因为食物耗尽，她清楚地知道她的部下势必要投降了，但她本人还是成功地逃脱了。那天清晨，天色未明，她穿上一袭白色长袍，与地面厚厚的白色积雪融为一体，叫人看不分明。她从城堡的一座塔楼上垂下一根绳子，然后翻出了窗户，沿着绳子滑到地面上。在 3 个骑士的护送之下，她从一道隐秘的后门离开了城堡，悄悄地溜出了敌人的封锁线。士兵们都没有发觉那道消失在街角的人影就是他们的目标。当时正是天寒地冻的冬季，泰晤士河面结了一层厚厚的冰，故而皇后可以沿着河一直走到沃灵福德，回到安全的地方。

双方同意交换两个最重要的战俘，即格洛斯特的罗伯特和斯蒂芬。之后战火继续在这个国家四处燃烧。但是如今，尤其是在伦敦人阻止了她加冕之后，玛蒂尔达一方已经不再那么一心一意地征战了。1148 年，格洛斯特的罗伯特去世之后，支持玛蒂尔达的声音渐渐微弱下去，最后她退回诺曼底，再也没有踏足英格兰。斯蒂芬依然是名义上的国王，但是他实际控制的领土只是诺曼国王原有领土的非常小的一部分。威尔士人不断地侵占边境地区贵族的封地，英格兰北部的领土成了苏格兰国王大卫的采邑。所以，尽管战争已经结束，但混乱无序的状态依然继续存在。

但是，1153 年，皇后的儿子安茹的亨利（Henry of Anjou）抵达英格兰，要求得到本应属于他母亲的王位，这标志着一个新的时代的开始。他占领了马姆斯伯里，而且他得到了莱斯特伯爵的支持，意味着他控制了整个中部地区，这令他的夺位之路更加顺畅。虽然斯蒂芬并没有真的被打得一败涂地，但是他已经厌倦了没完没了的战争。在谋士的建议之下，他接受了《沃灵福德条约》（Treaty of Wallingford）。条约规定斯蒂芬可以继续当国王，但在他死后，由亨利继承王位，斯蒂芬的儿子尤斯塔斯（Eustace）则可以获得一块较大的封地作为补偿。

亨利二世
Henry Ⅱ

1154—1189

尽管1154年登上王位的时候年仅21岁,但亨利二世却是英格兰历史上最伟大的君王之一。12世纪是个充满创新、民族自信不断增强的复兴时期,大量的历史、传记和政论专著等书籍被人们编撰出来。亨利可谓是这个时期的一个代表性人物。他建立的英格兰国家的法律框架很多都沿用至今。

1154年,斯蒂芬统治时期带来的社会混乱仍令这个国家举步维艰,但是亨利勤政爱民,在他孜孜不倦的努力之下,12世纪50年代末,英格兰再一次回到了他的外祖父亨利一世铺设的正轨上。不仅是当初支持他母亲的人拥戴他;为了能够结束内战的苦难,甚至以前斯蒂芬阵营的人,如索尔兹伯里的罗杰的侄子伊利主教奈杰尔(Nigel),都愿意摒弃前嫌支持他。御前会议又恢复了运转,巡回法官终于又敢离开家门了。但是亨利最重要的目标还是限制地方贵族的权力,只有这样,英格兰才不会重复刚刚经历过的那种混乱无序的局面——这种局面给这个国家造成了太大的破坏。

事实上,任何一个地方贵族都不敢轻视亨利二世。他的性子跟以往的那些诺曼国王如出一辙：勇猛好斗、精力充沛；而且他性格强势，独是独非。不仅如此，由于他迎娶了阿基坦的埃莉诺（Eleanor of Aquitaine），他也成了法兰西整个西部地区的统治者，统治着从卢瓦尔河至西班牙边境的比利牛斯山脉之间的广大领土。而且他还分别从他的母亲和父亲那里继承了诺曼底和安茹，成为这两个地方的君主。埃莉诺让他拥有了阿基坦、普瓦图和奥弗涅（Auvergne）三地。因此，英格兰的新国王是整个西欧拥有土地最多的君主。由于亨利可以从他掌控的大片领土上征调无数的士兵为他效劳，所以当他下令拆毁1115座违法乱建的城堡时，那些私自修建城堡的贵族们没有一个敢提出异议。尽管英格兰并不是他所有领土中最大的一块，但却是最重要的，因为占据这片领土令他拥有了"国王"这个身份。这意味着，他的地位一下子比欧洲大陆法国境内的其他公爵等大封臣高了至少一级。而且如此一来，在身份地位上，他就与法国国王不相上下。尽管严格意义上讲，诺曼底和安茹的统治者实际上是路易七世（Louis Ⅶ）的封臣，但是这位法国国王真正掌控的国土面积，尚不及英格兰国王所统治的法国国土面积的1/8。

亨利的首要任务是让英格兰恢复秩序，并削减贵族的权力，使之降回到原先的水平。他率领军队远征边陲，进攻威尔士和苏格兰，以这种方式将王权恢复到他的外祖父统治时期的水平。尽管格温内思依然保持独立，但是威尔士大部分的小领主都向英格兰国王宣誓效忠，英格兰边境的封臣又重新得到了原本的领地。威尔士和英格兰两地的基督教会早年一直相互独立，互不干涉，但在威尔士的主教们接受坎特伯雷大主教作为他们教会的首领之后，这种相互分离的状态也告一段落。与此同时，亨利的大表侄、苏格兰的马尔科姆四世（Malcolm Ⅳ）不得不将诺森布里亚归还给英格兰，并向亨利俯首称臣，宣誓效忠于他。亨利手段强硬，令英格兰的所有政府官员都印象深刻。所有斯蒂芬请来的外国军队，如佛兰德斯雇佣兵等，都被送回他们自己的国家——这些军队多半都是贪得无厌的乌合之众。而且斯蒂芬授予他们的所有土地都被收回，又变成了王室土地。国王坚持亲自到每个郡的郡法庭上"评判法官的审判"。正如一个史官对此事的评论：这会给整个司法系统带来一场剧变。

亨利二世统治的前20年见证了安茹帝国（Angevin Empire）的大幅扩张。在这期间，亨利占领了布列塔尼地区，又将图卢兹（Toulouse）变成了自己的属地。

他还让爱尔兰各国的国王归降于他。亨利除了继承诺曼祖先的血性之外，也同样受到了父亲杰弗里的影响。在杰弗里的统治之下，安茹成为当时那一地区（今天的法国）最强大的一股势力。到1144年，安茹的杰弗里已经控制了诺曼底公爵领的大部分土地。就这样，依靠武力征服，他成了公爵。不过，由于他的妻子是诺曼底的统治者，他的儿子乃是公爵之位的合法继承人，所以政府一应事务大多是以他儿子的名义处理的。多亏了父亲重视教育，亨利二世接触到了那个时期欧洲最先进的知识，成为当时受教育水平最高的王储之一。他喜欢诗歌和阅读，对哲学也颇感兴趣，而且，虽然他本人并非律师，但也从欧洲大陆新成立的大学里吸收了它们传授的法律知识中的精髓，并将之用于治理英格兰。亨利二世的父亲是安茹伯爵，所以他是英格兰的第一个安茹国王。不过，亨利的儿子约翰没能守住基业，致使安茹被人占领，从那以后，亨利子孙统治的时期被称为金雀花王朝（Plantagenets）。

亨利二世继承了其先人最优秀的品质，同时也没能避免他们最严重的缺点。他有安茹人狡猾诡诈的特点，头脑灵活，外交手段十分高明，但他也有安茹人典型的暴烈脾气，这与诺曼底统治者代代相传的强硬性格颇为相似。除了父亲为他提供的教育之外，他也从他的舅外祖父苏格兰国王大卫，以及他的舅父格洛斯特的罗伯特那里学会了治国之术。总而言之，亨利二世是英格兰所有国王中最可敬可怕的一个，是一个英勇的战士，也是一个卓越的政治家。他的外形是典型的安茹人的样子，健壮敦实，因为经常骑马所以两腿粗壮；脸膛方正，面色红润，犹如雄狮。据史官记载，他经常发怒，在发怒时，他的眼睛仿佛会射出闪电来。

亨利从他父亲手中继承了无比广袤的国土，也就是安茹帝国。这给他带来了一些麻烦。为了争夺法国领土的统治权，法兰西国王与他们开战。这场旷日持久的战争牵扯了亨利和他几个儿子的大部分精力。刚开始时，法国国王只拥有巴黎周边的一小块区域，但是到了13世纪初，安茹人迎来了一个劲敌——法国国王腓力·奥古斯都（Philip Augustus），结果最后安茹帝国北部的领土被法国占领了。

但是帝国也给英格兰带来了巨大的益处。它让英格兰南部的伦敦、布里斯托尔和南安普敦等港口与几个同样十分繁忙的安茹港口——波尔多（Bordeaux）、鲁昂和拉罗谢尔（La Rochelle）——建立了非常紧密的联系。英格兰的商人能够以优惠的价格进口法国的葡萄酒和盐。这两种商品因为常用于保存食物，所以是中世纪重要的商品。在19世纪净水技术发明之前，因为水太脏，人们不敢喝水，所以他们要么喝葡萄酒，要么喝啤酒。当时各个阶层的人，都是一天到晚喝淡啤酒。尽管英格兰南部在中世纪时也种植葡萄，但是由于在15世纪中期之前，英格兰一直掌控着安茹和波尔多的大片地区，所以英格兰人逐渐习惯于喝波尔多葡萄酒。这种传统一直延续到拿破仑战争时期（当时不列颠的盟友葡萄牙暂时取代法国，成为不列颠酒精饮料的主要供应国）。

统治这样一个幅员辽阔的帝国，要求统治者必须有充沛的精力，能够应对长途旅行，这是因为组成安茹帝国的各个领地之间矛盾重重，全靠国王一个人维系，才能够保持强盛团结。幸亏亨利能够胜任这样艰巨的任务。他向来充满好奇心和求知欲，而且生活简朴，不追求奢华享受，不重视周遭环境。有时，随驾人员会发现，他们一直跟在纵马疾驰的国王后面跑，结果被他带到了一片陌生的树林，所有人都不知道自己身在何方。"常常到了天黑的时候，"布洛瓦的彼得（Peter of Blois）回忆说，"我们若是能找到一座简陋脏乱的小屋子歇脚，就觉得是上帝听到了我们的祈祷，满足了我们的愿望。那样的屋子估计连猪都嫌弃，但是我们却常常为了谁能住进屋里而吵得不可开交，甚至为了争夺一块睡觉的地方而拔刀相向。"

亨利跟很多其他诺曼人一样，都痴迷于打猎。这意味着，尽管自常设法庭在威斯敏斯特成立之后，伦敦渐渐成为政府所在地，但是国王的大部分公务都是在乡野之中处理的。国王永远都闲不下来，他的侍臣惊讶地发现，除了吃饭的时候，他几乎不会有时间坐下来，即便是吃饭，他也没时间细嚼慢咽。因为他发现自己根本就闲不住，所以在听弥撒的时候他常常从头到尾都在画画，毕竟，作为一个虔诚的基督徒，弥撒的祈祷词他每天都听，早已经烂熟于胸了。神父说，他们是根据弥撒词的长短来给王室选择弥撒词的，因为所有人都害怕若时间耽误得太久亨利会发怒。

国王在英格兰发布的第一份人事任命就是将坎特伯雷大主教座下的一位才华横溢、风度翩翩的秘书提拔成司法官，这位秘书名叫托马斯·贝克特（Thomas à Becket），是一位已经定居伦敦的诺曼商人之子。当贝克特还是个小侍从的时候，他聪颖的天资和敏锐的细节掌控能力就让他脱颖而出，此后，他在为大主教西奥博尔德（Theobald）效力期间进一步学习了法律知识，甚至被送去意大利的博洛尼亚大学（University of Bologna）学习罗马法律和教会法，这令他的能力得到进一步加强。自那以后，大主教多次委派他出访别的国家，处理大量重要的事务。贝克特向世人展示出他是个聪明机变、精力充沛的外交家。

但贝克特并不只是亨利的司法官而已。年轻的国王毕竟不是本土人士，所以他需要有人帮他了解英格兰。承担这项任务的就是能言善辩、口齿清晰的托马斯。他们成了非常亲密的朋友，大部分时间都与对方待在一起。那个时代的人都注意到了他们两人非比寻常的亲密关系。有整整10年的时间，这两个人像兄弟一般共同治理这个国家。托马斯大约比亨利年长10岁，在维护世代相传的国王权力和君主领地方面，他发挥了极为重要的作用，同时作为司法官，他还负责起草和审核国王的每一项命令、每一份诏书。在所有事情上亨利都很依赖托马斯，甚至可以说是过度依赖他了。他们每餐同饮同食，嬉戏玩闹起来不像国王和大臣，反而像两个小男孩。有一次，亨利骑马跑进托马斯的家里，直接跳到餐桌旁，坐到他旁边和他一起吃饭。曾有一个作家写道："自基督教诞生以来，从来没有哪两个人比他们还要齐心的。他们每天同进同出，形影不离。在教会里，他们坐在一起；外出时，他们也一起骑马出门。"可能是因为常年骑马，国王一向着装朴素。托马斯·贝克特则不同，这位壮志凌云的才俊喜欢炫耀，总是穿着花纹繁复、绣工精巧的大斗篷。要是换了其他人这样自命不凡、虚荣矫饰，亨利定要打压他的气焰，但是托马斯这样，他却觉得很好玩。

司法官和国王一样，时时都有奇思妙想。很可能正是在他的劝说下，亨利也开始征收日益普遍的免服兵役税（scutage），也称为盾牌钱（shield money），即国王直属封臣及其属臣如果没时间服兵役，向国王缴纳2马克*就可以免服兵役。当时亨利在法国的领地时常受到法国国王路易七世的挑衅和威胁，因为法国国王十分妒忌自己这个强大的属臣。为了维护自己在法国的领土，亨利不得不一直发动战争。征收盾牌钱，再用这些钱雇用职业士兵，利用他们的作战技能和经验，可以极大地降低作战的难度。而且，对于一个急于重建君王权威的统治者而言，免

---

* 旧时英格兰和苏格兰的记账货币单位，合当时的13先令4便士。——译者注

服兵役税还有一个优点，就是它能够削弱地方贵族的军事实力。托马斯本人跟国王一样热衷于战斗。1159年，在亨利设法征服图卢兹郡的时候，托马斯就骑着战马立在他的君主身旁。以其头脑之灵活敏锐，让亨利的长子与法国国王的女儿缔结婚约可能也是他的主意。他们想让法国国王以韦克桑地区（Vexin Region）作为女儿的嫁妆，通过这种手段获得这块他们觊觎已久的土地。这个地区位于鲁昂和巴黎之间，地理位置冲要。毫无疑问，完成这件事情谈判的同样也是托马斯。由于当时新娘和新郎的年纪分别只有6个月和3岁，所以虽然尚在襁褓之中的小公主被送去了亨利二世的王宫之中，但路易七世认为至少还得再过10年他们才有可能真的结婚。结果，令路易恼火不已的是，仅仅过了2年，1160年，英格兰人就迫不及待地让年龄分别只有3岁和5岁的两个孩子订婚了，于是韦克桑地区又一次归入了亨利的帝国版图之中。

在亨利的许可之下，很多宗教机构的收益都归托马斯所有，所以托马斯很快聚敛了大量的财富。当托马斯作为使者出访法国，就韦克桑地区的移交问题进行谈判时，由于他的车马随从声势浩大，所有法国人都跑到街上围观。他带了1000名骑士，还有250名侍从，一边为他唱赞歌一边摇旗助威。他带了一些自己教堂里的圣徒遗物，让众多神父排成两列，分别骑马走在圣徒遗物的两侧；在他们的身后，一些孩童骑在马鞍上，手里捧着要敬献给法国国王的黄金。

1161年，大主教西奥博尔德去世了。国王因为十分喜爱才华横溢、内外兼美的托马斯，也喜爱他举凡思虑总能与自己不谋而合，所以认为应将他任命为英格兰教会的最高领袖，也就是坎特伯雷大主教。然而托马斯并未正式担任过神职，因此这番任命势必要惹来争议。与此同时，他还要继续兼任国王的大法官法庭的庭长。与那个时期的所有君主一样，亨利也早就对教会诸多得寸进尺的要求心存不满。托马斯·贝克特或许原本是借助了教会机构的举荐才得以当上司法官的，但是在担任司法官一职8年之后，他已经完全认同国王对教会征税以支付军费的做法了。所以，这个任命似乎是对教会的一个巨大打击，意味着教会从此将受到君主更严格的控制。

多年来国家的混乱无序和王权的削弱不仅让地方贵族趁机发展了自己的势力，而且也让教会的地位进一步提高了。那时候，由国王设立和管辖的郡法庭或多或少都受到了削弱，于是教会法庭开始越俎代庖。至亨利二世统治时期，教会律师已经将涉及普通人生活方方面面的各类案件都弄到他们的法庭上审理，并开始主张有关债务的案件应该归他们管辖。教会律师向罗马教廷上诉的案件当中，关于财产纠纷的越来越多，这与教廷设立的初衷——处理与宗教生活有关的案件——完全背道而驰。除此之外，这些律师还运用他们的法律知识来增加教会的收入，于是，如今他们的收入已经比国王还高。

教会之所以能够顺利地扩展自己的权力，与一群英格兰人在罗马的活动是分不开的。这些人之中有一个就是索尔兹伯里的约翰（John of Salisbury）。他是政治哲学家，也是未来给贝克特写传记的人。另外还有个人名叫尼古拉斯·布雷克斯皮尔（Nicholas Breakspear），于1154年成为教皇阿德里安四世（Adrian Ⅳ）。12世纪对多个国家而言都是一个法律得以发展的伟大时期，这些人都是教会法发展的重要领军人物。与托马斯·贝克特一样，索尔兹伯里的约翰也曾在大主教西奥博尔德手下工作。正是在他的影响之下，整个国家的神职人员开始得到更全面的法律培训。

但是对亨利二世而言，教会的所作所为中最令他难以接受的是，他们竟然将触手伸到了刑法这一领域。教会声称他们拥有审判担任神职的人员的权力，但实际上他们是假借这个名义纵容谋杀犯和盗贼，对他们不加惩戒便释放。国王任命的法官若是要求领圣职的教会人士出庭，就会遭到辱骂；罪犯也不接受他们的审判。在那个时期，"神职"一词指的不仅是神父，还包括任何在教会学习过和训练过的人。任何人只要能够写拉丁文就可以说自己领了神职，这样一来就可以归入神职人员。同样地，任何人只要在削发仪式上将自己头顶上的那部分头发剃掉，就可以声称自己是一名神职人员。由于教会法庭不能判死刑，所以，如亨利所说，大量"有罪的教士"都没有受到恰如其分的惩罚。他们甚至都不用坐牢，因为教会不愿意支付监禁犯人的费用——教会辩称，将这些人解除神职已经让他们得到足够的惩罚了。作为重建王国和谐秩序的重要一环，亨利必须妥善解决这些不合情理的问题。他相信通过任命托马斯·贝克特为大主教，可以让过于独立、势力过大的教会重新臣服于自己。

但是托马斯极不愿意接受这个职位，一部分原因就是他预见到一旦他接受了这个任命，他和亨利之间就会出现利益冲突。尽管他老于世故，但是他很了解自己，一旦接受了一项任务，他就会全力以赴。据说，他曾告诉国王："如果我成了坎特伯雷大主教，那么，我就首先要效命于上帝，其次才是效忠于您。"无论从哪个方面来讲，托马斯都不受教会神职人员的欢迎，因为他曾以强硬的手段迫使教会成员为他们的土地支付免服兵役税。还有很多教士对此感到万分惊骇，因为托马斯·贝克特仅担任过助祭，甚至都没有权力主持弥撒，结果竟然被任命为教会的最高领袖。那些认识贝克特的人一方面祝贺他获得这个职位，另一方面也对他是否能胜任心存疑虑，他们不相信这样一个骄傲、傲慢的司法官会坚决地放弃奢靡浮华、寻欢作乐的生活，成为一个圣洁至善的大主教。但是，出乎世人的意料，他真的这么做了。

托马斯·贝克特先被授予神父之职，之后成为大主教。甫一受命，他的言行举止立即发生了巨大的转变。每天晚上，他都在祈祷和压抑肉欲中度过。他在庄重的法衣里面穿了一件山羊毛织的粗糙的衬衫，衬衫上还长了许多虱子，这样一来，他就能和耶稣一样，每时每刻经受苦难的考验。不论是当时的人，还是后世的观察家，都认为这样巨大的转变说明了在上帝和他担任的庄严职位的感召之下，他整个人发生了改变。不过，当代的历史学家一般不倾向于用如此富有宗教色彩的观点来解释他的变化。有人指出，托马斯成为大主教之后，立刻对原本提拔他的主子表现出强烈的敌对。尽管他确实过上虔诚的宗教生活，但与此同时，他也利用自己的职务不断地干涉国王布政，此时他对国王的阻碍完全不下于曾经对他的帮助。他似乎是通过对抗那个任命他的人来测试自己的权力究竟有多大——哪怕仅仅几个月前，他们还是最亲密的朋友。

尽管长久以来他们的矛盾不断积累升级，但真正爆发是在 1163 年。国王在威斯敏斯特的教会大会上通知主教们他打算修正一个法律漏洞，这个法律漏洞就是所谓的"神职特权"*。因为他当时已经清楚地知道，仅凭社会共识就想让普通法庭重审已经被教会法庭判罪的教士是行不通的，所以他打算将之以法律的形式确定下来，用法律来规定"有罪的教士"先接受教会法庭审判，若被判定有罪就必须

---

* 神职特权指的是中世纪神职人员不受普通法院审判或惩罚的特权。——译者注

被剥夺神职，然后交由普通法庭处罚。结果贝克特本人拒绝批准重审教士的法案，亨利为之震怒。1164年1月，亨利援引英格兰的传统旧例，彰显自己的权力，草拟了《克拉伦登宪章》（Constitutions of Clarendon），重申了英国教会组织的地位。

但是《克拉伦登宪章》处理的远不止是眼前的这个问题，它援引的也远不止是传统旧例。宪章不仅规定了有罪的神职人员应该如何审判，亨利还试图以此限制教会的权力，重新定义教会与世俗政权的关系：没有经过君主的许可，神父禁止离开国家；同样，未经国王的批准，教会不能开除地方贵族的教籍；所有关于土地的纠纷必须在世俗法庭审判，哪怕其中牵涉到教会；债务纠纷也只能在世俗法庭审判；只有经过亨利的允许，教会法庭才能向罗马教廷上诉。

尽管一开始，以伦敦主教吉尔伯特·福利奥特（Gilbert Foliot）为首的大部分主教都对宪章十分不满，但是因为国王威胁要用武力对付他们，所以最后他们都接受了宪章。教皇亚历山大三世（Alexander III）当时正被迫流亡，所以他不会做任何可能惹英格兰国王不快的事情。亨利二世是亚历山大的主要支持者，后者还需要仰仗亨利来对抗他的对手教皇帕斯加尔——神圣罗马帝国皇帝腓特烈一世（Frederick I）选定的教皇人选。腓特烈一世有个绰号叫"巴巴罗萨"，也就是"红胡子"的意思。正是他将亚历山大赶出了意大利。在叙任权争斗之后，教会与皇帝双方陷入了长期的权力争夺，亚历山大会不惜一切代价防止英格兰国王站到皇帝那一边。

贝克特拒绝签署宪章，他的理由是它侵犯了教会的自由。于是局势陷入了尴尬的境地，因为宪章必须先有坎特伯雷大主教的签章才能正式生效。

国王对此怒不可遏。尽管他对托马斯反常的举止感到伤心，又需要时时警惕教会里那些嫉恨他的对手们的攻讦，但他还是决意对付托马斯。亨利没收了大主教的财产，又取消了他对自己的长子亨利王子的监护权，之后，他开始着手除掉托马斯。1164年10月，国王在北安普敦召开了大议会（Great Council）。在会上亨利要求贝克特解释在他担任司法官期间所有经手的钱款的去向。托马斯回复说，他将这些钱全都用来为国王服务了。他戴了一个很大的耶稣受难十字架，暗示他只需要上帝给予他保护，这进一步激怒了国王。大主教的这番行为跟他以往很多别的事迹一样，在他的敌人看来，自是荒诞怪异、夸张做作，但在他的支持者，如索尔兹伯里的约翰等人的眼中，却是勇敢无畏的表现，说明贝克特的内心在上帝的光辉照耀之下，发生了翻天覆地的改变。

　　国王的恐吓威胁反而让托马斯更加固执己见。尽管主教们都恳求他签署宪章，但是托马斯坚持要与亨利面对面辩论，结果他们爆发了激烈的争吵。亨利愤怒地说托马斯的忘恩负义让他感到震惊。亨利一手将他提拔到这片土地上最荣耀的位置，但是托马斯非但不报答，反而处处与亨利作对。难道他已经忘了国王曾经对他是多么喜爱和器重吗？托马斯回答说，上帝觉得适宜赐予自己怎样的名利地位，他都假国王之手赐予自己了；国王为他做的这些事情，他并非毫不在意。只要国王的举措不违背上帝的意志，那么他也不愿意与他为敌。亨利确实是他的君主，但上帝是他们共同的主；为了遵循国王的命令而违背上帝的意愿，这对他们俩都没有好处。正如圣彼得所说的："我们必须服从上帝，而不是服从任何人。"国王愤怒地回嘴说他不想听一个隶农的儿子给他讲这些布道似的冠冕堂皇的说辞，托马斯说："我确实没有王室血统。圣彼得也没有。"

　　由于大主教依然拒绝签署宪章，亨利的首席政法官宣布他为叛国者。托马斯意识到与英格兰国王为敌会给自己带来生命危险，于是趁午夜逃离了北安普敦，逃出了王国，向教皇亚历山大三世求助，在国外待了6年。

　　对于亨利而言，局势变得有些不可收拾。英格兰的教会这么多年群龙无首，这令他无论是在国内还是在国际上都脸上无光。不过，到1170年，在教皇的干预之下，大主教回来了。各方都相信他们已经达成了和解。在法国举办的一次会议上，国王答应了让大主教回到这个国家。

　　托马斯于同年的12月返回，重新住进了位于坎特伯雷的大主教宫。不过，他在这里只住了不到一个月时间。尽管在他们会晤时，亨利二世没有提过签署《克拉伦登宪章》的事，但显然他认为此事已是双方默认的了，而且改革会随之启动。但是大主教和以前一样固执。他拒绝撤销他做出的开除约克大主教教籍的决定——后者在托马斯逃亡期间，在圣灵降临节（Whitsunday）为亨利二世的儿子亨利王子举行了加冕仪式。这是中世纪时期的惯例，相当于册立王储，目的是为了确保地方贵族能够忠于未来的君主，但是按理有权主持这种典礼的只有坎特伯雷大主教。事实上，在他回来后的这个12月，贝克特将所有参与此事的人都开除了教籍，其中有 7 个是在英格兰具有影响力的人，包括首席政法官及伦敦主教吉尔伯特·福利奥特，另有其他 9 名主教。

局面陷入了短暂的平静。在一种诡异的气氛之中，12 月悄然过去了大半。国王和大主教都已经不跟对方说话了。教皇突然站到了托马斯那边，这令国王的心情更加恶劣。教皇下了一份诏书，或者说一条命令，宣布对英格兰所有参与了册立王储典礼的主教，即便不开除教籍，也要暂停他们的职务，这让英格兰教会陷入了混乱之中。

这一年的圣诞节，亨利二世选择在严寒的诺曼底过节。圣诞节当天，他接到消息，托马斯又给了他们一击。他这次开除了拉尔夫·德·布洛克（Ralph de Broc）的教籍——布洛克曾在他流亡期间接管坎特伯雷教区。亨利被托马斯不断的挑衅给气疯了，这个暴躁冲动的国王气得将双手伸向天空，怒吼道："那些食君之禄的懦夫们难道就没有一个能担君之忧吗？就没有人能收拾这个只会搅局的神父吗？"

在国王说出这番气话之后没多久，4 名骑士离开王宫，前往英格兰。这 4 名骑士分别是休·德·莫维尔（Huge de Morville）、雷金纳德·菲茨·厄斯（Reginald Fitz Urse）、理查德·勒布雷顿（Richard le Breton）和威廉·德·特雷西（William de Tracy），他们一直都不喜欢贝克特。他们先到了拉尔夫·德·布洛克的家里，然后继续前往位于坎特伯雷的大主教宫。

12 月 29 日下午，冬日的天空阴沉灰暗，惨白的日光几乎完全被凝滞的黑云遮蔽，天气冷得滴水成冰。大主教正在图书室里静静地看书，突然门口传来了一阵骚乱之声。几个骑士闯进了大主教宫，那儿的仆人和侍从——都是些文弱的神父和小男仆——试图拦住他们，但都只是徒劳。他们冲进了大主教的房间，命令他撤销开除教籍的决定。大主教没理会他们。他说自己只是奉教皇之命行事而已，说完就要动身去附近的教堂。他的十字杖持杖者爱德华·格里姆（Edward Grim）就跟在他身后。正因为他幸免于难，所以世人才得以从他口中知道了事发时的情景。

几个骑士停顿了一下，穿上了盔甲——尽管我们也不清楚他们为何要多此一举，毕竟他们的对手不过是一些正在做晚祷的手无寸铁的修道士而已。此时，在昏暗的教堂里，贝克特就站在他们前面不远处，他身上的白衣在昏黄的暮色里尤为分明，他站在高高的祭坛之下，准备做弥撒。"大主教在哪儿？那个叛国者在哪儿？"他们嚷嚷道。"我在这里。"贝克特一边说，一边转过身来面对这些暴徒，"我不是叛国者，我是大主教，是上帝的神父。"之后他温和地低下头鞠了个躬，仿佛初次见面点头致意一般。其中一个骑士倒是还记得自幼接受的基督徒的教养，不想在这个神圣的地方杀死坎特伯雷大主教，毕竟在过去 500 余年的漫长时光里，英格兰人一直在这个地方赞美他们的上帝。他试图将大主教拖到外面去。但是贝克特不肯走，他牢牢地抱住了唱诗班席位左边走廊北面北耳堂的一根柱子，拖都拖不走，他们只好决定将他就地杀死。他们第一刀砍下去的时候，他躲开了，结果这一刀砍到了十字杖持杖者。不过接着那几个骑士一拥而上，坎特伯雷大主教就这样被乱刀砍死于祭坛之下。

4 名信基督的骑士犯下如此血腥的罪行，而且他们的行为明显是出于同是基督徒的英格兰国王的授意，这件事成了整个西欧的丑闻。尽管亨利二世自己很可能也没想到，他一时的气话竟会被当成谋杀大主教的命令（我们从那个时期的记录中得知，当时国王正想着给他安上叛国的罪名），但世人却更愿意相信他是有意为之的。英格兰教会的首领在英格兰国王的授意之下被杀，这件事引起了轩然大波。教皇当即宣布托马斯为圣徒，对基督教殉难者圣托马斯的狂热崇拜甚至传到了冰岛。

死去的托马斯比他活着的时候更有影响力。他以往的所有过失都被遗忘，他被尊奉为捍卫教会、反抗不公的斗士。为了纪念前大主教而建立的圣殿成了整个欧洲最受瞩目的地点之一。《坎特伯雷故事集》(*The Canterbury Tales*) 中描写的朝圣者寻找"有福的神圣殉难者"的故事，就是根据这次事件写就的。这个圣殿装饰得非常华丽，而且传说托马斯的残躯有不可思议的治愈能力，因此这个圣殿享有盛名。如果说大主教当初不允许有罪的教士接受世俗法庭的惩罚是他的不对，他反对王权这样赤裸裸地压迫教会则多少算是在情理之中。不过，尽管托马斯·贝克特在英格兰的民间故事里被塑造成了一个英雄，但是从今天来看，他这个人并不真的那么值得颂扬。他的殉难令革除教会积弊的改革足足推迟了 300 年。

尽管在先前的几年里，他们之间积怨重重，但亨利二世确实是个虔诚忠贞的人，他也被这场刺杀给惊呆了。听到这个消息后，他号啕大哭，穿上了麻衣，在脸上擦上了灰土。*利雪（Lisieux）的主教注意到，他当时的表现不像是死者的君主，倒更像是他的朋友——当然，他确实曾经是死者的朋友。他将自己关在房间里整整3天，不吃不喝，整个人恍恍惚惚的，几乎不省人事，当时整个国家甚至都开始担心，会不会他们的大主教刚死，他们的国王也要离他们而去了。尽管托马斯最终的命运从某程度上讲乃是咎由自取，但是他竟被人刺杀惨死，这样骇人听闻的惨剧成了亨利余生的一个污点，从此他再也没能从这个打击之中完全恢复过来。他的令名受损，甚至他自己对生活也不复从前那般斗志昂扬。尽管从1173年起，他在立法方面取得了很多伟大的成就，但是在他广袤的国土上，叛乱丛生、流民四起，令他余生疲于奔命。最初的叛乱是由他的儿子们挑起的。法国国王利用了他们对父亲的敌意，好借机侵占英格兰的领土，扩大自己的版图。

亨利二世是第一个成功地将诺曼人的统治加诸邻国爱尔兰的英格兰国王。尽管爱尔兰的修道士们在他们的修道院里保存了大量的文献资料，而且盎格鲁-撒克逊王国之所以能够改信基督教，爱尔兰基督教会也在其中起到了至关重要的作用，但是爱尔兰文明的鼎盛时期已经结束。9世纪时，尽管维京人在爱尔兰定居，建成了都柏林、科克和利默里克等城市，但是他们的劫掠毁掉了许多修道院。自此以后，这个诸王割据的国家的艺术和文学就失去了往日的繁荣。诸多的国王实际上只相当于部落的首领。如今，血腥的部落仇杀和持续不断的战争已经成为这个国家的常态了。

向诺曼人敞开了通往爱尔兰的大门的是伦斯特国王德莫特（Dermot, King of Leinster）。1166年，他的敌人们联合起来，借口他抢走了相邻的康诺特（Connaught）地区的布列夫尼（Breffny）首领的娇妻德沃吉尔（Devorgil），将他驱逐出爱尔兰。德莫特逃往当时位于布里斯托尔的亨利二世的宫廷，请求亨利出兵帮忙夺回自己的王国。尽管亨利二世拒绝了他的请求，但给了德莫特国王一份授权文书，允许他在英格兰招募自己的臣民为他效力。作为回报，德莫特国王宣誓效忠于亨利，对他俯首称臣。不久之后，德莫特就发现，最容易招募到诺曼雇佣兵的地方就是威尔士南部，也就是那些边境地区贵族的封地，究其原因，大约

---

* 穿麻衣且撒灰于头上为忏悔或哀悼的表示，见《马太福音》11: 21。——译者注

是这里的贵族为了将他们的边境线往外推，一直没有停止与威尔士各个国王之间大大小小的征战。由于诺曼人严格实行长子继承制度，所以除了长子之外，诺曼人的其他儿子都没有土地，他们愿意不惜一切代价获取土地和金钱。德莫特正好需要这样的人帮他夺回王国。

彭布罗克的巴拉丁伯爵理查德·德·克莱尔（Richard de Clare）毛遂自荐，成为奔赴爱尔兰的诺曼远征军的统帅。他是个闻名遐迩的勇士，很多人都听过他的外号"强弓手"。为了感谢他的帮助，德莫特国王允诺将他心爱的女儿伊娃（Eva）嫁给他，并承诺在自己死后，会将伦斯特王国的王位传给他。如今，英国人还能在下议院看到一幅画，上面画着伊娃和"强弓手"的婚礼场景。这场婚礼标志着爱尔兰开始接受来自英格兰的统治，从此以后，在800余年的漫长时间里，英格兰一直统治着爱尔兰。"强弓手"可以自行招募他的直属亲兵，于是他征集了一支由诺曼骑士组成的、非常有战斗力的军队，作为远征军的先锋部队。这支军队中最重要的成员是菲茨杰拉德兄弟以及与他们同母异父的菲茨斯蒂芬（Fitzstephen）兄弟。他们都是威尔士一位名叫内斯塔（Nesta）的公主的儿子，她是里斯·阿普·都铎（Rhys ap Tudor）的女儿。菲茨杰拉德兄弟的父亲是温莎的杰拉尔德（Gerald of Windsor），一位拥有王室血统的诺曼骑士。他们的外甥就是历史上有名的学者吉拉尔杜斯·凯姆布闰斯（Giraldus Cambrensis），这个名字的意思其实就是"威尔士的杰拉德"的意思，凯姆布闰斯是"威尔士"的拉丁语说法。吉拉尔杜斯·凯姆布闰斯陪同他们几个勇士一同前往爱尔兰，他极为详细地描写和记录了远征爱尔兰的情况。

尽管诺曼军队的人数不多，甚至"强弓手"本人也留在了英格兰，但是由于他们训练有素、战术高明，所以在与爱尔兰人的部落及丹麦人的王国作战时，他们依然占据了优势。凯尔特人的个人英雄主义和部落仇杀的传统让他们难以放下世仇、团结一致；无论是12世纪时他们在爱尔兰面对诺曼人，还是1世纪时在不列颠尼亚面对罗马人，他们一直都是一盘散沙。尽管爱尔兰人与诺曼人一样英勇无畏，但是他们争强好斗、毫无秩序、难以服从指挥，而且始终不能放下各部落之间的积怨，停止彼此攻伐，所以没能团结起来共同抵御一个远比他们的旧敌更危险的对手。结果，韦克斯福德（Wexford）和都柏林等重镇迅速落入诺曼雇佣军的掌控之中。诺曼军队在菲茨杰拉德家的几个兄弟——威廉、雷蒙德和莫里斯

（Maurice）——的领导之下，苦战了两年。之后，1170年，"强弓手"终于渡过了爱尔兰海，迅速攻占了沃特福德（Waterford），迎娶了伊娃。第二年德莫特就去世了，于是"强弓手"成了伦斯特的新国王。不过即便他们攻占了爱尔兰，诺曼贵族和君王对爱尔兰的控制还是很薄弱。都柏林原是挪威人聚居的城镇，所以，不久之后，那些挪威人的亲友故旧就从马恩岛渡海来到这里，对诺曼人发起了进攻。尽管诺曼人将他们赶跑了，但是很快他们又迎来了德莫特国王以前在爱尔兰的宿敌的袭击。

这时发生了一件对"强弓手"非常有利的事情。1171年，亨利开始警觉到，如果任由诺曼雇佣军在爱尔兰建立一个独立的诺曼王国，它有可能会对自己的帝国造成威胁。贝克特的死激起了民众对他的愤怒和指责，这可能也进一步促使他下定决心，无论如何都要将邻国牢牢掌控在自己手里，同时也要收服那里的居民——那些彼此纷争不断的爱尔兰人、丹麦人和诺曼人。他决定扶持"强弓手"掌控爱尔兰。安茹帝国的君主能够征调的兵力当然远比"强弓手"的军队多。于是，作为爱尔兰出现的第一个来自英格兰的君主，"强弓手"自己几乎没费什么力气就被确立为爱尔兰的统治者。不久之后，亨利就在都柏林建立了英格兰政府。爱尔兰的部落首领事实上也颇欢迎国王，因为他可以抵御诺曼雇佣军的袭击，为他们提供保护。不久之后，诺曼军队的统帅都宣布投降，而且，爱尔兰的主教们也跟他们一样，在卡舍尔宗教会议（Synod of Cashel）上承认亨利是他们效忠的君主。亨利派了自己的军队驻守沃特福德和韦克斯福德，允许盎格鲁-诺曼商人来这个国家经商，将盎格鲁-诺曼法律引入这个国家，还派来了很多盎格鲁-诺曼修道士。他还在都柏林建了一座王宫。就是在这里，他度过了那年的冬天。若不是1173年发生了一场叛乱，使他不得不集中精力对付叛军，他完全有可能在爱尔兰有更多建树。这场叛乱是他的妻子和几个儿子趁他不在的时候挑起的，迅速地席卷了整个帝国。

正因如此，诺曼人对爱尔兰的入侵并没有像当初他们入侵英格兰那样，带来非常深远的影响。事实上，它带来的结果不过是在沃特福德、韦克斯福德和都柏林周边形成了一些自给自足的小诺曼王国。部分领土听命于英格兰国王的管辖，这些领土在后世被称为英国辖区（The Pale）。英国辖区一直没有明确的疆界。到 14 世纪时，英国辖区包括劳斯郡（County Louth）、米斯郡（County Meath）、特里姆（Trim）、基尔肯尼（Kilkenny）和基尔代尔（Kildare）。到 16 世纪初，爱尔兰的部落领袖带领着他们的部落人民占领了英国辖区的大量土地，而与此同时，一些古老的诺曼家族，如菲茨杰拉德家族（家族世袭为基尔代尔伯爵）等，拥有了强大的实力和比较独立的地位。这些都令都铎王朝统治者十分忌惮。于是，他们觉得有必要重新入侵爱尔兰，以免约克王朝的支持者利用这个地方死灰复燃（详见后文）。

这场迫使亨利二世中断他在爱尔兰的布局，返回自己帝国的叛乱让他在余生中疲于奔命，在这之后，帝国又爆发过多次叛乱，基本上都与这次叛乱大同小异。之所以会爆发这次叛乱，是因为帝国疆域广袤，他又在苏格兰和法国树敌太多，而且他还有很多儿子。贝克特死后，亨利受千夫所指。1173 年和 1174 年，他所有的敌人都利用这个时机，齐心协力地起兵攻打他。当时，从博得斯地区（Borders）的特威德河（River Tweed）到比利牛斯山脉，帝国疆域内烽火四起、硝烟弥漫。

到 1173 年时，亨利的头几个儿子已经长大成人。他当时的妻子是阿基坦的埃莉诺，她原本是法国国王路易七世的妻子。尽管在婚后的 15 年里他们有了 8 个孩子，但是他们原本激情澎湃的婚姻此时已经快要难以维系了。王后埃莉诺是个强势、干练、优雅的女人，拥有很好的文学品位，正是在她的支持和资助之下，浪漫主义世俗文学才得以繁荣一时，成为 12 世纪一个显著的新特点。由于她本人掌控着阿基坦地区，所以她拥有相当大的政治影响力。当时，她早已与丈夫分居，她的丈夫已经公开地与情妇罗萨蒙德·克利福德（Rosamund Clifford）双宿双飞，这个情妇是威尔士边境地区一个贵族领主的女儿。

亨利二世的外祖父曾在牛津郡的伍德斯托克圈养了许多珍禽异兽，亨利二世则在这里他最喜爱的一座宫殿之内，按照东方繁复华丽的设计风格，建了一座隐秘的住所。这处住所被称作罗萨蒙德避暑别墅（Rosamund's Bower），它带有一座怡人的水景园，人们必须穿过一座迷宫才能进入别墅。据说，在迷宫的外围，国王命人种上了大量的玫瑰花，花色深粉和白色相间，缤纷夺目。这些花是世界上最早的玫瑰品种，由东征的十字军从大马士革（Damascus）传入英格兰，他将这种玫瑰花命名为罗萨曼迪（Rosamundi），以表达他对情妇的爱慕。这个花名沿用至今，被誉为世界第一玫瑰。亨利二世的情妇被后人称为"美人罗萨蒙德"（Fair Rosamund），她年纪不大就死了。传说王后埃莉诺收买了国王的一个手下，让他将迷宫的路径透露给了她。据说有一天晚上，美人罗萨蒙德听到外面号角声起、马蹄嗒嗒，以为是国王打猎归来，便欢欣雀跃地跑去开门，结果却看到王后埃莉诺站在门口。她被王后一刀刺进了心脏，就此香消玉殒。

这些野史传闻或许不足为信，不过，可以确定的是，王后埃莉诺站到了她儿子们的阵营，与国王对抗。埃莉诺的儿子们与他们的父亲一样，继承了安茹人和诺曼人的特点，精力充沛、主动活跃、仪容威严。4年之前，也就是1169年，亨利二世已经将帝国划分给了他的几个儿子。他的长子，也就是王储小亨利，统治英格兰、诺曼底和安茹这些地方。埃莉诺自己的阿基坦公爵领归她最喜欢的儿子所有，这个儿子才能出众、慷慨大方，但是性情暴烈，他就是历史上赫赫有名的"狮心王"理查（Richard the Lionheart）。布列塔尼地区是亨利二世从其原主手中夺来的，他将之交给了他的第三个儿子杰弗里。然而，和李尔王一样，亨利二世虽然名义上已经将帝国划分给了几个儿子，但是事实上他完全不打算将实际的权力和这些地方的收入交到他们手里。

法国国王路易七世一直以来心心念念的都是要分裂、侵占安茹帝国，在他的怂恿挑唆之下，1173年3月，亨利的这几个儿子达成了一项密谋。亨利二世的改革侵犯了一些地方贵族，尤其是阿基坦地区的贵族，如普瓦图伯爵（Count of Poitou）的利益，普瓦图伯爵原本拥有的一些权力（如司法权和铸币权）都被一步步侵蚀掉了。这几个儿子利用了这些地方贵族的不满情绪，向他们征调士兵。就在这个月，整个安茹帝国各个地方都爆发了反对国王的叛乱。那个时候，王后埃莉诺乔装成一个男子，打算逃往法国王宫，与她的3个儿子会合，但是还没等她逃走，叛乱爆发了，她就被拦截下来，随后被投入监狱。她与她的扈从切斯特的休（Hugh of Chester）——一个参与叛乱的地方贵族——被关押在法国的法莱斯（Falaise），直到亨利二世去世之后才被放出来。当时，路易七世试图入侵诺曼底，而王储小亨利则率领一支法国舰队，打算攻占英格兰，但是他们都失败了。阿基坦各个地方的贵族都起兵袭击亨利的驻军。与此同时，苏格兰人在"狮王"威廉

（William the Lion）的率领之下，再次洗劫了诺森布里亚。由于刺杀贝克特事件余波的影响，所有叛乱都愈演愈烈，大有燎原之势。故而，国王能够在这种众叛亲离、危如累卵的局势之下击败所有叛军，实在是一项惊人的成就。

他能够做到这一点，自是少不了安茹帝国各地那些始终对他忠心耿耿的将士们的襄助。从他之前的种种行为我们可以看出来，亨利二世本质上还是一个虔诚的人。叛乱爆发的前一年，也就是1172年，他终于和教皇达成了协议，即《阿夫朗什妥协案》（Compromise of Avranches）。为了能够洗清自己的罪过，他答应在他的有生之年不会阻止人们向罗马教会法庭上诉，同时，他宣布废除大主教托马斯生前一直拒绝签署的《克拉伦登宪章》。于是，直到16世纪的宗教改革（Reformation）之前，任何人只要能够阅读拉丁文，就可以享有"神职特权"，无论犯了什么罪，无论罪行多么恶劣，都可以免受世俗法庭的审判。从某种程度上讲，这份妥协案让国王重新赢得了民众的尊重，因为他们终于不用担心英格兰会收到教皇禁令了。很多基督教的神父本来就不喜欢托马斯·贝克特，此时既然亨利已经做出了表态，他们自然就摒弃前嫌，与亨利修复了关系。这样一来，由于当时政府官员和行政部门的干事多由神父和修道士充任，政府体系对国王的忠诚得到了保障。英格兰的普通民众几乎没有人参与地方贵族的叛乱，因为一旦局势动荡、国家混乱，他们非但不能从中得到什么好处，反而会遭受很多的损失。

南征北讨了一年之后，到1174年，亨利二世成功地挡住了外国敌军的进攻，并镇压了阿基坦地区的叛乱，但是即便如此，他的任务还远未结束，英格兰依然处在骚乱不安的状态之中。这位伟大的国王认为，他之所以迟迟不能稳住局势，是因为他身上背负着谋杀大主教的罪名，所以上帝不让他获得胜利。为此，在迫切想要赎罪的愿望驱使之下，1174年7月12日，他踏上了前往坎特伯雷的朝圣之旅，到托马斯的圣殿里苦修，乞求原谅。民心易煽动，他的这番姿态让他迅速获得了广大群众的认可。国王像最穷苦的朝圣者一样，赤着脚，只穿了一件衬衣。当他走到圣殿附近，为了表达真心的愧悔，他跪了下来，膝行至他故友的坟前。按照吉拉尔杜斯·凯姆布闰斯的说法，亨利可谓是这个时期的恺撒大帝，当这位君王跪着前进的时候，修道士们就站在一旁，挥着木棍笞打他。之后，他又彻夜不眠，在他旧友的圣殿上趴着，一刻不停地祈祷。做完这一切之后，民众终于又开始拥戴他。第二天，当他抵达伦敦时，民众夹道欢迎，欢呼之声不断。他开心地发现，就在他跪在坎特伯雷进行忏悔的那天，狡诈的苏格兰国王——"狮王"威廉在袭击诺森布里亚的阿尼克（Alnwick）时被俘了。

亨利对自己的儿子多少还是比较宽容的，但是对于苏格兰，他可就没那么心软了。自"长者"爱德华统治时期，苏格兰人的国王就被迫承认英格兰国王是他们的最高君主，只不过他们大多数都会在暗地里抓住一切机会制造麻烦，挑起事端。但是，这种阳奉阴违的做法被严厉的《法莱斯条约》（Treaty of Falaise）终结了。条约迫使"狮王"威廉宣誓效忠于亨利二世；亨利二世还在苏格兰的爱丁堡（Edinburgh）、斯特灵（Stirling）、贝里克、罗克斯堡（Roxburgh）和杰德堡（Jedburgh）等要塞派驻了军队。这样一来，英格兰国王就真正成了苏格兰国王的最高君主。这场胜利之后，亨利自己也重新燃起了斗志。他恢复了以往的杀伐决断，率领军队奔袭萨福克郡的弗拉姆灵厄姆城堡（Framlingham Castle），包围了英格兰地方贵族叛乱的一个重要领导人休·比戈德（Hugh Bigod）。那座城堡如今依然矗立在那里。比戈德被俘之后，英格兰境内的混乱局面渐渐稳定下来。

此后的 10 年里，英格兰进入了一个内部巩固发展的时期，不再像亨利统治的前期那样不断地对外扩张。1181 年颁布的《武备条例》（Assize of Arms，所谓条例，乃是有法律效力的法令）更新了征集民兵的法律，反映出亨利对普通英格兰民众的信任，究其原因，是因为在他的儿子们造反时，他们没有参与叛乱。《武备条例》规定，所有自由民都要在自己家里常备武器，以便随时保卫他们的国家，镇压造反的乱臣贼子。这项改革同时也是削弱地方贵族兵权的一种尝试，因为跟之前的免服兵役税一样，《武备条例》使亨利得以在征兵方面减少对地方贵族的依赖。为了表示自己对英格兰臣民的尊重，从 1181 年起，国王就不再在英格兰使用外国雇佣军了，只是在国外才会用到他们。

在前一个世纪，英格兰出现了职业律师。他们有的在早期的牛津大学（University of Oxford）和剑桥大学（University of Cambridge）学习过法律，有的在其他一些从教堂的基础上发展起来的高等学府，如埃克塞特大教堂和约克大教堂等受过法律培训。不过，在亨利采取了一系列法律改革之后，英格兰才在法律定义方面出现了快速发展。到 13 世纪时，这些法律定义被称为普通法。在亨利统治的倒数第二年，也就是1188年，一位匿名的作家以格兰维尔（Glanvill）为笔名发表了一部开创性的、关于英格兰法律和习惯的摘要总结，那就是《论英格兰的法律与习惯》（*De legibus et consuetudinibus regni Angliae*）。

这部书详细地罗列了英格兰世俗法庭的司法程序和审判标准。格兰维尔的重要性在于，他向人们展示了当时在整个英格兰，已经有一套"约定俗成"的法律，让自由民可以依法捍卫自己的权利，而且他们还可以向不同的庄园法庭、封地法庭和教会法庭起诉。尽管建立巡回法庭制度的是亨利一世，但是使这套制度真正完善并确定下来的却是亨利二世。1176年，英格兰被分成了6个巡回审判区，这一区划一直沿用到今天。自那之后，巡回法官便有了一项责任，那就是巡查这个国家的每一个郡，并在郡法庭成立巡回法院或组织听证会，以便英格兰的每一个角落都能享有国王的司法公正。巡回法官每6个月巡回一次，由御前会议的法制局协助安排组织。御前会议位于威斯敏斯特，此时已经分成两套体系：高等民事法庭（Court of Common Pleas）负责处理土地纠纷和私人之间的纠纷，也就是整个王国里的普通民事案件；王座法院（Court of King's Bench）负责审判刑事案件，正如其名称所示，王座法庭有时就在国王座前审理案件。13世纪，巡回法庭换了一个称呼，但是本质依然保持不变。此后巡回法庭制度持续了700年，直到1971年，巡回法庭的名称又改作巡回刑事法庭（crown court）。

亨利的大部分法律都有助于这个国家的社会安定。行政司法长官一职最早设立于盎格鲁-撒克逊时期，诺曼人保留了这个职位和其原本的职责。亨利颁发的法律除了继续让行政司法长官在郡法庭负责为国王征收赋税之外，还加强了他们执法的权力。于是，那时的行政司法长官可以进入任何人的封地领土去逮捕盗贼，即便那片土地属于领主的管辖范围。在那之前，只有领主和修道院院长才有这样的特权。当时的行政司法长官有些类似于早期的警察机关，即便不是在他们各自管辖的郡里，他们也要彼此通力合作。与此同时，亨利二世在每个郡都建了一座监狱，又给每个行政司法长官安排了一个巡佐。巡佐有权逮捕任何嫌疑人，并将之带到法庭接受审判；他们还有权调停乡野村民的斗殴。任何一个公民都有义务在看到犯罪事件时大声喊叫，通知其他人，而且必须追捕罪犯。

我们如今所熟知的陪审团审案制度也是在亨利二世统治期间发展起来的。从

1179年起，根据《北安普敦法令》（Assize of Northampton），关于土地的纠纷可以由12名有产者共同审理。这种审判方法可以取代诺曼人原先采用的以战斗获得神明裁判的方式。到12世纪末，受过专业训练的律师数量日益增多，他们将一种新的理性主义引入了当时的知识界。这些律师当中，有一些人是在牛津接受的法律教育，由于路易七世为贝克特提供庇护，亨利二世于1167年起禁止他的臣民去巴黎大学（University of Paris）学习。用神明裁判解决土地纠纷的理论依据是土地的合法所有人会得到上帝的支持，在上帝的奇迹显灵之下，他会获得战斗的胜利。理性主义盛行之后，这套理论就显得荒诞不经。毕竟，获胜的人有可能只是因为他身体强壮，更擅长打架而已。新的陪审团审案制度让老弱妇孺也有了申诉权利的机会，不过，当时只有世俗法庭才有这一制度。到了13世纪初，教会内部开始出现反对旧审判制度的声音。1215年，罗马的拉特兰会议（Lateran Council）发布了一条命令，禁止任何神父参与神明裁判。不久之后，这一风俗就绝迹了。

不过亨利并没有消除所有诺曼人常用的神明裁判的做法，事实上他自己还创造了一些。1166年，出现了一种以水来进行神明裁判的方式。被告被困住手脚，浸入大水缸中，水缸里装满了经过当地神父祈福的圣水。如果被告沉下水去，则说明他是无辜的，如果他浮起来了，那他就是有罪的。当时还有另一种神明裁判的做法，使用的是热铁。审判者会要求被告拿起一块加热到赤红的铁块，如果他没有被烫伤，那就说明他是有罪的。不过总体而言，大部分自由民都倾向于去世俗法庭，用更理性的方式来获得司法公正。

亨利二世还在英格兰设立了一个新的岗位，就是验尸官（coroner）。这个岗位与今天的验尸官大同小异。验尸官由郡法庭推举任命，负责对死因可疑的遗体进行检查——所谓死因可疑，一般是指突然死亡或意外死亡，或有其他原因让人怀疑死者是被谋杀的。当时的法律规定，验尸官必须在死者死后尽快进行检查，趁着目击者记忆犹新的时候尽可能多地获得一些准确的信息。

在诺曼征服之前，英格兰就已经有很长的法治历史了，大量的英格兰民众早已经适应了百户法庭和郡法庭的审案传统。在克努特统治时期，按盎格鲁-撒克逊法律的规定，每个人都要纳入十户联保组，以维护稳定的社会秩序。"征服者"威廉进一步深化了这套制度。他规定，如果一个诺曼人被谋杀了，而他所属的百户区无法找出杀人犯是谁,那么整个百户区都将被处以重罚。不过,由于当时一个百户区的面积非常大,这一规定并没有可行性。于是,到了12世纪末,一种类似于民众自我管理的制度开始出现了,这就是十户联保制(frankpledge),以十户联保组为单位推行。简而言之,就是每十个人组成一个联保小组,每个人都要负责监督组内其他成员的言行。十户联保组的责任就是将他们认定的嫌疑人送到百户法庭。到了亨利二世统治时期,行政司法长官的职责之一也是确保在他管辖的郡里,每个人都被编入十户联保组。

尽管亨利不愿意将权力转交给他的几个儿子,但他仍是一个慷慨善良的人,对他的家庭充满了感情。几个年长的儿子造反让他痛心疾首,愤恨不已,但他最终还是决定相信他们已经真心悔过,将他们原先的封地又都重新划给了他们。不过,他的妻子还是被关押在监牢里。在亨利二世镇压了叛军之后,毫无疑问,他成了那个时代最伟大的君主。而且,他的几个女儿都嫁给了当时基督教世界最有权势的几位国王。由此,英格兰与许多其他国家缔结了非正式联盟。英格兰一边与卡斯蒂利亚王国(Kingdom of Castile,西班牙最重要的一个国家)结盟,另一边与德意志和佛兰德斯建立了良好的关系。由此建立的联盟一直存续了数百年。

这一时期英格兰外交政策的一大主题依然是与法国为敌,这与以往倒是大同小异。1180年,法国国王腓力二世,也就是腓力·奥古斯都继任为法国国王。安茹帝国由此迎来了一个更奸猾狡诈的敌手。亨利二世的晚年过得颇为凄凉。当年他的几个儿子发动第一次叛乱,原因之一就是他过于喜爱幼子约翰。当时他已经将好几座本该属于王储小亨利的城堡赐给了这个幼子。约翰比他健在的最年长的哥哥理查小了近10岁,是个身材矮小(只有5英尺5英寸*高)、一头黑发的年轻人。他被后人称作"无地王"约翰(John Lackland),因为他没有任何像样的领土可以继承,不像他年长的哥哥们那样,可以成为一方君主。因为他性情不仁不义,残酷暴虐,所以几个世纪以来,人们对他的评价都很差。不过,他的统治才能和他对司法的关注倒是令现代历史学家印象深刻。

但是,与他同时代的历史学家都颇为厌憎他。当时,历史学家吉拉尔杜

---

* 1英寸约等于2.54厘米。——编者注

斯·凯姆布闰斯直言不讳地指出，宠爱幼子的亨利二世决定将他刚刚收入版图的爱尔兰交给约翰，以此弥补约翰没有封地的缺憾，乃是犯了严重的错误。当时王储小亨利已经去世，这意味他的封地诺曼底和英格兰将由理查继承，既然如此，亨利试图说服理查将他原有的阿基坦地区让给约翰，但是没能成功。于是，1185年，他将年仅18岁的约翰封为爱尔兰之主，送他去治理那个国家。不过，因为约翰行止荒唐，所以不到一年的时间，他就不得不将约翰从爱尔兰召回。约翰对年长谋士的建议充耳不闻，反倒和一帮与他年纪相仿的纨绔子弟整日厮混在一起，对爱尔兰各国的国王没有起码的敬意。爱尔兰男子习惯蓄长胡子（在喜欢把胡子剃干净的诺曼人眼中，他们的这种风尚有些怪异），他就去扯他们的胡子，又将他们的土地赐给他的宠臣。尽管约翰犯了这么多错误，但昏了头的国王还是一门心思地要为他谋一块领土。他别无办法，只能损害"狮心王"理查的利益了。

在亨利的几个儿子造反之后的第十一年，也就是1183年，另一场叛乱在理查自己的阿基坦公爵领爆发了。很长时间以来，当地那些高傲不驯的贵族一直觉得理查对他们的控制太严了。王储小亨利和他的另一个弟弟、受封于布列塔尼地区的杰弗里稍加挑唆，他们就兴兵反抗他们的君主。叛乱爆发之后，图卢兹和勃艮第（Burgundy）发兵援助叛军，于是这场叛乱又一次几乎让安茹帝国分崩离析。当时局势十分危急，以防万一，亨利二世下令将所有参与过第一次叛乱的地方贵族全部看押起来。王储小亨利因为痢疾而突然去世，随后，这场声势浩大的叛乱很快就平息下来，就像它当初爆发时一样迅速。不过，如此一来，新的王位继承人就是理查了。相比于王储小亨利，他与父亲的关系更是势同水火。

金发蓝眼的理查外形高大俊美，完全符合人们印象里的英雄形象。他迷人、慷慨、剽悍、冲动，虽然没他父亲那样聪敏的头脑，却有他自己独特的性情和军事天赋。尽管此时人们都认为理查将会是英格兰、诺曼底和安茹等领土的继承人，但是亨利二世却在暗地里盘算着要把这些领土传给约翰。他要求理查将阿基坦让给约翰，被理查拒绝之后，整整4年时间，他拒不宣布理查为他的继承人。他没有像当初册立理查的兄长小亨利为王储时那样，为理查举行册立典礼，也没有做任何必要的安排促成理查与法国的艾丽斯公主（Princess Alice）早日完婚——艾丽斯公主是小亨利遗孀的妹妹。

亨利二世持心不公，苛待理查，后来安茹帝国最终分崩离析，究其根源，便是由此发端。因为英格兰国王同时也是诺曼底公爵，所以他算是法国国王的封臣。法国新国王腓力·奥古斯都借口亨利处事不公，开始对这个过于强大的臣子采取敌对措施。不仅如此，亨利二世的所作所为令理查心怀怨恨，使他最终永久地倒向了腓力的阵营。正如我在前文提到过的，亨利二世之所以能够重新拿回属于诺曼人的韦克桑地区，全靠小亨利与腓力的姐姐联姻。如今，韦克桑地区已经成了腓力的另一个姐姐艾丽斯的嫁妆，但是亨利二世的故意拖延导致她与理查至今仍未完婚。如此一来，英格兰既不归还韦克桑地区，又不送他姐姐回法国，腓力·奥古斯都就找到了一个非常合理的借口对英格兰发动战争。尽管这场战争以双方停战告终，但是不久之后，法国国王向理查释放善意，理查很快就又与他达成了合作。

1189年，第三次十字军东征开始了。亨利二世在这件事情上的所作所为，令这对父子之间的关系降到了冰点。理查——这位未来的"狮心王"——热切地想要参加这次十字军东征。拉丁王国耶路撒冷落入了一个新的强大的穆斯林军阀的掌控之中，他就是埃及和叙利亚的苏丹、库尔德人萨拉丁（Saladin）。理查迫切地想要去解救它。但是当时局势不明，除非他的父亲明确宣布他为继承人，否则他贸然离开国内必会带来祸患，他还不至于如此冒失。可是亨利二世还是不肯确立他为继承人。于是，理查不仅公开宣誓效忠于法国国王，从而名正言顺地掌控了他在法国的领地，而且还立即与法国国王一道，入侵亨利掌控的安茹帝国的疆域。

亨利二世当时就在法国，不过不幸的是，他身边没有足够的英格兰军队，兵力不足，无法同时支持多边开战。他军费不足，也无法再支付雇佣军的开销，于是雇佣军不再为他打仗。曼恩和安茹的原本直属于亨利的封臣发现，年轻的君主与他年迈的父亲相比，胜多败少，于是都站到了理查的阵营。接着，亨利二世又被赶出了勒芒。不过，出于一种故土难离的情感，亨利不愿意离开他的家乡安茹。否则，如果他当时跑去诺曼底的话，便可以在那里获得更多将士和人民的支持。也或许是他太累了，实在无力再背水一战，因为他当时病了，发了高烧，身体虚弱。最后，在维埃纳河（Vienne）乱石堆叠的河岸上的一座古老的安茹堡垒——希农城堡（Royal Fortress of Chinon），他被迫与腓力和理查签下了一份屈辱的条约，满足了他们的所有要求。亨利二世抵达科隆比埃（Colombières）与对方谈判时，身体状况已经非常不好，浑身颤抖，整个人摇晃若风中残烛。腓力于心不忍，主动将自己的披风递给他，并建议他坐到草地上歇歇，但是年迈的国王愤怒地拒绝了好意。

之后，国王回到了希农城堡，躺在病床上，浏览一份参与造反者的名单。腓力和理查要求他同意这些人从此以后宣誓效忠于理查，而不再尊奉他为君主。名单的首位赫然列着他的爱子约翰，当他看到这个名字时，他转过脸，对着墙壁，他的侍从听到他痛苦地喊道："噢，约翰！约翰！"之后他便再没了力气，闷闷地说道："随他们折腾去吧。这个世上，再也没有什么让我牵挂的东西了。"3天之后，他去世了。在他弥留之际，他身边的人听到他喃喃自语，"耻辱。一个战败的国王的耻辱。"

先前，在位于温彻斯特的王宫里，亨利命人画了一幅画，对他而言，这幅画总结了他晚年的生活和他与几个成年儿子之间的关系：3只年轻的鹰正在袭击它们的父亲，第四只小鹰正站在它父亲的脖颈上，准备将它的眼睛啄出来。事实说明，这幅画委实具有先见之明。

亨利二世死后，人们运送他的尸首越过安茹地区连绵起伏的山峦，将他葬在风弗洛修道院（Royal Abbey of Fontevraud）。时至今日，我们依然能够在那里看到他的坟墓。在他的旁边葬着王后埃莉诺。尽管他们在生命的最后一段时光里彼此为敌，但是在死后，他们终究葬在了一起。虽然正如一位历史学家所说的那样，亨利这头雄狮最终被豺狼咬死，但他依然是伟大的君主。他在司法审判和政府行政方面取得了诸多成就，他首创的许多方式方法一直沿用了8个世纪。尽管在他死后，他的两个昏聩不明的儿子给这个国家带来了极大的损害，但是他建立的政府制度还是让英格兰继续保持了一段时间的繁荣。

理查一世
Richard I

1189—1199

刚一登基，理查的行为方式就发生了翻天覆地的改变。当时的一个史官记载，在父亲的葬礼上，他走向他父亲的遗体时，遗体的鼻孔里流出了鲜血，这说明杀害死者的凶手就在旁边。但是理查改变了许多。他时不时地陷入一阵阵的懊悔痛苦中难以自拔，他处罚了所有背叛过他父亲的人，只对他母亲网开一面，将她从温彻斯特的监狱中放了出来。他奖励了他父亲的忠实拥护者，包括威廉·马歇尔（William Marshall）。这个人曾经为了老国王而要求与他决斗。他曾经与腓力·奥古斯都的亲密关系很快将变成不死不休的敌对态势。

在"狮心王"理查看来，他那个时候需要处理的最重要的事情，就是拯救落入萨拉丁手里信仰基督教的拉丁王国耶路撒冷。萨拉丁是一个新的穆斯林军阀，是叙利亚的统治者。作为一个来自美索不达米亚（Mesopotamia，即今天的伊拉克以及部分伊朗、叙利亚、科威特和土耳其）的库尔德人，萨拉丁大帝是当时中东大部分地区的最高君主，正致力于将所有拉丁民族和西欧人赶出巴勒斯坦。

巴勒斯坦是世界上 3 个最重要的一神论信仰的发源地，从古至今都具有很崇高的宗教象征意义。出于一种惊人的巧合，耶路撒冷这个小城被这3个宗教都尊为圣地，它们各自的神都在这里显现过许多神迹。巴勒斯坦是耶稣殉难的地点，就像它是耶稣生前生活过的地方一样，对基督徒而言具有重要的意义；而且圣墓教堂（Church of the Holy Sepulchre）也在这座城市，耶稣曾经就葬在这里的石洞里。在圣墓教堂的那个位置，还有所罗门神庙（Temple of Solomon）毁坏的遗迹。这座神庙是犹太教的圣迹。而且，据信亚伯拉罕（Abraham）就是在这个地方差点儿将他的儿子以撒（Isaac）献祭给上帝的，不过在最后关头，一只卡在灌木丛里的公羊代替了以撒，被用来献祭。同样是这个地方，被穆斯林认定是穆罕默德（Muhammad）升天的圣地。为了纪念和颂扬穆罕默德，穆斯林在这里修建了岩石圆顶清真寺（Dome of the Rock）。当时，巴勒斯坦刚刚落入穆斯林的掌控之中。

1095年至1099年，为解放圣地而进行的第一次十字军东征最终获得了胜利。这场胜利建立了耶路撒冷的拉丁王国，并成立了埃德萨（Edessa）、的黎波里（Tripoli）和安条克（Antioch）等几个由鲍德温伯爵（Count Baldwin）统治的伯爵领。鲍德温伯爵是安茹人，与亨利二世有些沾亲带故。由于亨利二世是安茹王室之主，所以当耶路撒冷王国政权倾覆之后，牧首希拉克略（Patriarch Heraclius）前往英格兰。他肩负着一个特殊的使命，就是请求亨利二世带兵解救那座城市。但是亨利没有被他说服。尽管他对宗教也很热忱，但是对他而言，发动一场十字军东征乃是一件旷日持久、前途未卜而且劳民伤财的事情。在他看来，安茹帝国还没有那么安宁稳定，所以作为它的统治者，他不能离开。从1166年起，每一个自由民都必须从自己的每英镑收入中捐出1便士，以备将来十字军东征之用。如今，亨利二世应主教请求，对民众课以重税，称为萨拉丁税（Saladin tithe），或称为什一税，也就是每个自由民必须将私人收入的1/10捐献出来，为十字军东征筹集军费。

这种做法并没有让当时的人们感到满意。他们更希望国王能够亲自率领十字军东征，而不想支付萨拉丁什一税。最后，十字军的大部分士兵实际上都不是军人，而是普通公民。正如一个历史学家所说，十字军东征成了一场"武装的朝圣"，很多人只是因为教皇乌尔班二世说过参加十字军能够让他们获得神的眷顾，更容易进入天堂，所以才加入队伍的。在深受宗教影响的中世纪，十字军东征是最接近于群众运动的事件。那个时期，《圣经》故事是唯一一种广泛流传的文学作品，受其影响，若能解放那些耶稣生活过的地方——伯利恒（Bethlehem）、拿撒勒（Nazareth）、迦南（Canaan）、加利利（Galilee）和加略山，民众几乎都会立即云集响应。

跟其他所有人一样，"狮心王"理查也无法抵抗伟大的十字军东征的诱惑，尤其他首先是一个军事天分极高的军人，其次才是其他身份。他曾以武力削弱了阿基坦南部桀骜不驯的地方贵族的势力，这令他的军事技能得到进一步的锻炼和提升。当年第二次十字军东征的目的本是为了解救埃德萨，结果在法国和德意志军队的带领之下，这场东征遭遇了惨痛的失败，令西欧的基督教世界颜面尽失。理查认为，这次十字军东征将是一雪前耻、赢回属于基督教世界的荣耀的好机会，而他自己完全能够在其中发挥巨大的作用。或许还有另一层原因，那就是他跟其他十字军成员一样，都渴望去看看这个世界。

这位新国王一点儿都不像他父亲那样，担心自己如果参加第三次十字军东征的话，出征期间这个国家会出现动乱。不仅如此，事实上，理查一世在位长达10年，可是其间他只去过英格兰两次，第一次是为了登基加冕，第二次只是为了筹钱。他的父亲致力于更好地管理国家、消除腐败，可是他一点儿都没有继承他父亲在这方面的志向。每个郡的行政司法长官之职都被拿出来公开售卖。苏格兰国王"狮王"威廉支付给理查1万马克之后，理查就同意废除《法莱斯条约》。英格兰的新任首席政法官、伊利主教威廉·朗香（William Longchamp）已经在安茹王朝政府任职多年，但由于当时官场兴起的卖官鬻爵的风气，有人就谣传他也是用钱买来这个职位的。理查甚至开玩笑说，如果他能找到买家的话，他早就把伦敦出售了。不过，亨利二世建立的完善的政府管理体系此时显现出它的价值来了："狮心王"统治的那些年，在国王一直不在的情况下，政府依然运转得非常好。

尽管这个来自法国南部的君主对交到他手里的这套宝贵的制度总是一副漫不经心的样子，而且明显对这个国家漠不关心，但是英格兰历史上还从来没有哪个国王像理查这样受民众拥戴和追捧。他的性格，从某种程度上讲，非常欢乐恣意、慷慨大方。他那种肆无忌惮的态度和无穷无尽的冒险经历掩盖了他天性中不那么受人喜爱的其他方面。他刚登上王位不久，就大赦所有关在监狱里的犯人，尤其是那些因为反对《森林法》而被关押的人。这个简单的做法立即让他赢得了民众的好感，甚至被赋予了神话色彩。人们把他与神话传说中的绿林好汉罗宾汉联系起来，这也从一个侧面反映出不列颠人天性里的不驯顺：他们对他当初造反抱有同情支持的态度。不过，就是在这个了不起的勇士的统治之下，英格兰出现了历史上最严重的迫害犹太人的事件。事件的开端是出席理查的加冕典礼的犹太教领袖被一群暴民袭击。

1世纪末之前，罗马人将犹太人从以色列驱逐出去，从那时起，犹太民族就散落到世界各地，这个事件就是犹太人离散（Diaspora）。12世纪时，英格兰的总人口大概有250万，犹太人只占其中极小的一部分，大概只有5000人。他们很多都是流动商贩、商人和放债人。他们在经商、金融方面的天分和技巧，让中世纪时的欧洲各国政府把他们视作银行的代名词。在诺曼征服之后，因为他们是政府借贷的主要来源，政府还能随意地向他们征收赋税，所以诺曼王朝和安茹王朝的君主对他们都采取保护的态度。他们在城镇里有自己专门的聚居区，他们自己内部使用希伯来语交流。他们的饮食、风俗禁忌和宗教仪式都与其他人不同，尽管此时他们已经远不像900多年前那样严格地遵守宗教仪式了。

基督教会的创始人耶稣基督是历史上最有名的犹太人，耶稣的使徒和信徒也都是受他教化的犹太人；耶稣使徒记录下来的文献资料一直是基督教学者孜孜不倦研究的对象。尽管犹太人与基督教有如此深厚的渊源，但是在十字军东征时，由于当时教皇宣扬要以武力斗争对付所有不信基督的人，所以他鼓励教区神父在布道的时候抨击攻讦犹太人。基督教会开始不断地强调，耶稣基督之所以会被钉死在十字架上，就是因为一千余年前，住在耶路撒冷的犹太人表决同意处死他。教区神父也告诉他的教众，借钱给别人并收取利息乃是犯了高利贷罪——尽管当时有很多基督徒也偷偷地参与放贷生意，而如今放贷更是早已成为所有银行的标准运作方式。

在十字军东征之前，尽管在约克和英格兰南部的大部分重要城镇都有犹太人居住，但是除了商会成员之外，普通的英格兰民众与犹太人基本上处于一种井水不犯河水的状态。不过，十字军东征需要大量的金钱支持，这两个群体之间的关系因此改变了。那些拥有土地的骑士，因为想要参加十字军，所以前所未有地迫切需要大量现金。获得现金的最快方式当然是用他们的土地做抵押，向别人借钱，而最有可能给他们提供充足贷款的人就是犹太放贷人，因为他们与海外的其他放贷人有千丝万缕的联系，可以通过他们调集更多的流动资金。出于狂热的宗教热情，那些基督教的骑士借了大量的钱，而他们往往还不起这些钱。

尽管从第一次十字军东征之后开始，在过去的一个世纪里，民众的反犹太人情绪已经在不断地累积，但这种情绪却是在"狮心王"理查的加冕典礼上才真正显现出来。民众反犹太人的偏见之所以会不断加剧，是因为犹太人操作十字军将士的欠账利息的方式令他们无法接受。十字军东征结束之后，回到家乡的骑士被告知，他们在外期间，欠款的利率发生了改变。如果一笔欠款的利率出乎他们意料地提高了50%甚至更多（这在当时并不罕见），那么原本可以偿还债务的、拥有小块封地的骑士，如今就只能将他一半的土地抵偿给他的债主。封建社会的农村生活和以物易物的经济生活让那些十字军士兵成了名副其实的"现金穷人"，他们完全无法理解利息和复利究竟是怎么回事，只觉得犹太人明显是用这种手段坑骗他们的钱。

信仰基督教的英格兰骑士选择了犹太放债人而不是基督徒放债人作为他们发泄怒火的出口。作为少数群体，犹太人成了代人受过的替罪羊。那些目光短浅的小地主忘了，欠债还钱乃是天经地义的事情，而他们却将自己还不上钱怪罪到别人身上。结果可想而知，到了该还债的那一天，十字军战士非常不甘心自己竟然要出售土地。

理查一世加冕典礼的宴会上，犹太社区的几个重要人士不请自到，向国王献上了非常贵重的礼物，这似乎一下子点燃了在场者的怒火。这可耻的怒火后来迅速地席卷了整个英格兰。当时，大批的伦敦市民——他们很多都是小商人，都欠了犹太放债人的钱——以及很多地方上来的小贵族，都上前攻击犹太人。他们将犹太人赶出了宴会大厅，而且在这个过程中，很多犹太人都被打成了重伤。国王和他的士兵试图阻止他们，但是暴乱的人群蜂拥至犹太人聚居区，将那里的居民绞死，放火烧了他们的房子。事后，国王并没有认真地辨别和惩罚那些暴徒。

这或许变相鼓励了全国各地的人们攻击住在他们城镇里的犹太人，捏造谎言污蔑他们的风俗传统。这一年的秋天和冬天，在诺里奇、斯坦福德、林肯和贝里圣埃德蒙兹等地都发生了针对犹太人的大屠杀。不过，最令人震惊的暴行发生在约克。当时，为了躲避一群武装人员的迫害，500名犹太男女老幼躲到了城里的一座城堡里避难，结果由于守门人的出卖，他们遭到了袭击。很多人自杀了，没有自杀的也被就地杀死了。这些暴徒之所以残杀犹太人，不只是出于种族仇恨，更恶劣的是他们想要借此抹掉他们欠犹太人的大量债务。很多暴徒实际上是当地一些有头有脸的大家族豢养的士兵。他们曾接到指示，直奔大教堂，烧毁了犹太人存放在这里的十字军成员交给他们的借款欠据。他们在大教堂烧起了一个大火堆，将所有欠据烧得一干二净。许多巨额债务本来需要十字军战士用自己的土地田产来偿还，结果就这样被他们一举抹掉了。

尽管犯下约克大屠杀罪行的暴徒被首席政法官威廉·朗香处以严厉的惩罚，但是经此一事之后，犹太社区再也没能恢复他们之前的信心，甚至也没能再拥有从前那样的财富。他们继续在英格兰居住了大约100年，继续作为放贷人受到王室的保护，直到1290年，另一股基督教宗教狂热出现，理查的侄子即爱德华一世（Edward I）将他们全部驱逐出境。

尽管英格兰是由非常优秀的摄政者——威廉·朗香和国王的母亲、前王后埃莉诺——共同打理，但是国王理查长期逗留巴勒斯坦，不回国内，很快就令这个国家良好的运转秩序受到了冲击。领导这股破坏力量的是国王的弟弟约翰和一些实力强大的地方贵族，他们眼红朗香的权势。与其他很多在安茹王朝担任过要职的人物一样，朗香是个天生就具备杰出才能但出身寒微的人。在狡诈阴险、诡计多端的约翰的安排之下，地方贵族制订了一套实现他们计划的绝佳方案。就在"狮心王"理查离开这个国家后不久，一场反抗宫廷统治的斗争就开始了，部分地区甚至因此卷入内战。尽管约翰的绰号是"无地王"，但在当时，作为国王的弟弟，他实际上统治着英格兰西南部的大部分地区。理查之所以敢命他管理这些地方，是因为他觉得约翰的军事才能不高。他没注意到约翰的足智多谋足以弥补他在作战方面的不足。

理查在很多事情上都很漫不经心，而且，尽管他父亲留给他的英格兰已经与安茹帝国周边的许多强国结成了有利的联盟，但他总体而言还是认为武力比外交更重要。随着法国和英格兰两国的军队一起往东进发，前往圣地，理查选择忽略他的旧同伙法国国王腓力·奥古斯都对他的敌意。在理查成为安茹帝国的新君主之后，腓力就对他心存忌惮。但是理查完全没打算安抚腓力：这位英格兰新国王非但拒绝与艾丽斯公主结婚，而且还结束了与法国的联盟，转而与西班牙北部的纳瓦拉王国（Kingdom of Navarre）结盟，以此保卫帝国南端的安全。这令法国人倍感屈辱。在西西里岛的墨西拿（Messina），法国军队和安茹军队聚集在一起，准备踏上他们前往巴勒斯坦的最后一段旅程。就是在这个地方，理查公开拒绝了艾丽斯公主，迎娶了美丽的纳瓦拉公主贝伦加丽亚（Berengaria），然而他依然占据着韦克桑地区，拒不归还给法国。

到了圣地，理查作为军事战略家的卓越才能招致了其他君主的妒忌。他们将拉丁城堡阿卡（Acre）包围了整整两年，却因为它坐落在一个岬角上，地理位置易守难攻，所以没能将它攻克下来。在城堡高耸的黄色城垛下面开阔的平地上，基督教世界的军队搭建了一排排的营帐，绵延出很长的距离。萨拉丁的军队占据了高处，俯瞰着他们。他们阻碍了十字军的食物供应，于是原本包围别人的人，反而被别人围困了。

十字军战士都穿着欧洲的那种沉重的盔甲，结果在中东地区炎热无比的天气中，很多人都中暑了。叙利亚人（或者说阿拉伯人）与他们相反；他们不在头上戴金属头盔，而是戴浅色的头巾遮阳。相比于东方的伊斯兰国家，西方的基督教国家在军事上的优势主要体现在弩弓上，不过这一优势武器并没有在第三次十字军东征时派上什么用场。萨拉丁是在自己的领土上作战，他的士兵都已经习惯了沙漠的自然条件。他们有完备的补给线将物资运往内陆地区，他们有更好的马匹（一种阿拉伯快马，当时欧洲人还没见过这种品种的马），他们还有更轻巧的武器——一种弧形的短弯刀。相比于十字军使用的长达3英尺的笨重刀剑，这种短弯刀用起来更灵活，可以更快地直取敌首。与萨拉丁军队的兵强马壮不同，十字军中有很多人都病倒了。他们的营帐都是草草地随处搭建的，排水差导致疾病传染，很多人因此死掉了，其中还包括坎特伯雷大主教和雷纳夫·格兰维尔（Ranulf Glanvill）这样的重要人物。

但是，随着理查的到来，这场军事行动进入了一个新的局面。他出色地指挥调动攻城器械，击溃了阿拉伯人的抵抗。不同于欧洲其他君主的畏首畏尾，"狮心王"理查总是身先士卒，展示他个人的神勇，令他的将士们对他心服口服。他亲自上阵杀敌，他的弩从来不失准头，双方将士在天幕下显出的轮廓，就足以让他准确地判别敌友。在"狮心王"的率领之下，他们从萨拉丁手中夺取了阿卡。

这是半个世纪来基督教世界对穆斯林的首次重大胜利。然而，它让这支人数众多、疾病肆虐、士气低迷的欧洲军队中不同国家阵营之间本已经摩擦不断的关系变得更加紧张。法国国王和英格兰国王各自推举了一个耶路撒冷王位候选人，双方争执不下，互不退让。德意志军队士气低迷，因为他们的国王在前来巴勒斯坦的途中不慎落水淹死了。奥地利士兵在攻克阿卡的战役中没有起到什么作用，却迫切要求分享战果、共享荣耀。他们将奥地利的国旗挂到城堡的城垛上，但是英格兰士兵却将那些旗帜都撕了下来，还威胁说，如果奥地利人再敢挂他们的旗帜的话，他们会将奥地利人从城垛上扔下去，这让奥地利士兵十分恼怒。他们的将领利奥波德公爵（Duke Leopold）向理查抱怨此事，但是理查却没有采取任何措施约束他手下将士的行为——他又一次忽略了外交关系。尽管寒热病已经在军营蔓延，极大地削弱了基督教军队的战斗力，而且英格兰国王本人也患上了这个病，但他还是坚持继续往耶路撒冷进军。到1191年8月，矮小黝黑的腓力·奥古斯都已经受够了站在众望所归的理查身边，被他的荣耀反衬得灰头土脸，所以他决定，既然"狮心王"已经掌控了十字军，那么这时候就是摧毁英格兰对欧洲大陆领土控制的绝佳时机。于是，他借口生病，很快离开了军营，返回了法国。

十字军战士因为热病而虚弱无力，尽管终于不再被困于原地，可以继续行军，让他们的精神振奋了一些，但是整支队伍看起来军容不整、七零八落。他们开始了艰难的行军，先是沿着海岸南下，然后转而登上岩石高地。耶路撒冷就坐落在这片高地上。十字军战士一边行军一边齐声高喊他们的战斗口号："救援，救援，救援圣墓教堂！"每天晚上，在营地的篝火旁，都会有一个人先起头喊口号，然后渐渐整个营地的人都加入进来。他们用这种方式来鼓舞士兵忽略他们正遭受的痛苦，完成他们解放圣地的使命。

在阿尔苏夫战役（Battle of Arsuf）中，"狮心王"理查指挥着他强大的步兵和优秀的弩手，从萨拉丁手中夺得了胜利。这是萨拉丁第一次在旷野作战中落败。这场胜利让整个欧洲都燃起了一股新的希望，也让理查在将士中的声望更上一层楼。然而最后，尽管"狮心王"曾两次率领他的军队攻打到距离圣城不足12英里的地方，但是因为军队补给线被切断，加上将士精疲力竭，无力再战，他还是没能获得最终的胜利。萨拉丁的兵力大部分都保存了下来。

理查被迫撤军，因为他知道，想要包围耶路撒冷无异于痴人说梦。1192年，理查与萨拉丁签署了一份条约。若是换了别人，萨拉丁不会同意这些条款——这份条约显示了这位伟大的东方勇士对他对手的军事指挥才能的欣赏和敬意。基督徒再次被允许进入圣墓教堂，也可以在整个城市的任何地方做生意；雅法（Jaffa）与其下属的区域成了基督教的势力范围。不过当萨拉丁谦和礼貌地邀请理查亲自去圣城参观时，他拒绝了。或许是上帝的旨意让他无法解放这座城市，但他还是不愿意进入这个他无法攻克的地方。

尽管在攻打耶路撒冷的战役中，理查和萨拉丁双方互有胜负，最后战事进入了胶着的局面，不过总体而言，第三次十字军东征跟之前的那次一样，彻底地失败了。这次十字军东征的直接目的就是将圣地重新纳入基督教的控制，但是他们没有实现这个目的；而且在这个过程中，原本是盟友的法国国王和英格兰国王变成了死敌。但是另一方面，十字军东征促进了西方与阿拉伯世界的交流与融合，改变了西方的基督教世界。从很多方面来讲，阿拉伯文化远比基督教国家的文化先进。19世纪和20世纪的时候，很多先进的技术从西欧传到了东方，但是在当时，先进技术的传播方向是相反的。西欧接触到了先进的阿拉伯医学，从中获益良多，因为它慢慢地减少、瓦解了西方的迷信活动。阿拉伯科学和数学让西方世界接触到数字0和小数点，阿拉伯人使用香料保存食物的方法也被西方人习得。在欧洲建筑史上，13世纪盛行一时的S形双曲线拱门就是直接借鉴了阿拉伯建筑的特点。

第三次十字军东征结束之后，理查开始以最快的速度赶回英格兰和他的帝国——他弟弟的阴谋已经威胁到了他的统治。他听到消息说，因为法国国王对他抱有敌意，所以如果再借道法国，可能会遇到危险。所以，他只好多绕了一大圈路，从北部的德意志回去。在国内，约翰已经和腓力·奥古斯都沆瀣一气，共谋推翻理查的统治。腓力拉拢约翰的方式，与当年理查还只是王储时他笼络理查的方式如出一辙：法国国王将被理查拒婚的艾丽斯公主许配给了约翰。他还许诺，只要约翰效忠于他，作为回报，约翰以后可以继续统治英格兰国王在欧洲大陆的领土。不过这个允诺基本上是不能当真的。理查不在的时候，法国国王一直鼓动诺曼底的地方贵族成为他自己的封臣，推翻英格兰的统治。

与此同时，英格兰正遭受着约翰和地方贵族领导的叛乱和暴动。他们得到了民众的支持，因为为了给十字军筹集军费，国王向民众征收的赋税高到前所未有的地步。到1191年，反对势力已经强大到足以让朗香下台。幸好，就在朗香被罢免之后，理查最信任的一个顾问索尔兹伯里主教休伯特·沃尔特（Hubert Walter）从十字军中赶回了英格兰，按理查的指示，赶在约翰的同党接任之前，成为新的首席政法官。然而，事情似乎朝着对约翰有利的方向发展。1193年年初，国王理查被妒忌他的十字军战友奥地利公爵给捉住了，后者将他卖给了神圣罗马帝国皇帝亨利六世（Henry Ⅵ）。

围绕着理查这个人，围绕着他的被俘、他的魅力、他的勇敢、他的粗心大意——试图乔装打扮之后穿过奥地利，却忘了摘下手上华美的王室手套——人们编织出了千万个传说。最著名的故事是关于他的乐师布隆德尔（Blondel）的。曾有3个月的时间，"狮心王"似乎凭空消失了，没有任何关于他的消息传出。在腓力·奥古斯都的提醒之下，约翰开始散布谣言说这位伟大的十字军战士已经死了。布隆德尔无法接受他这位朋友的死讯，于是动身去找他。他走遍了整个欧洲。他们曾在阿基坦一起度过了好几个小时，一起写诗赞美基督教骑士的美德。据传，就在布隆德尔穿过多瑙河平原周围的高山时，他偶尔唱了一句以前和国王一起谱写的歌谣。出乎他的意料，从山上若隐若现的迪恩斯泰因城堡（Castle of Dürnstein）里传出浑厚低沉的歌唱声，声音掠过隔绝视线的树林，传到他的耳朵里，唱的正是歌谣的下一句。

不管是不是布隆德尔将国王的关押地点传回英格兰的，总之，皇帝亨利六世要求英格兰支付10万马克的赎金，才能释放他。为了支付十字军东征的费用，这个国家几乎已经被沉重的赋税拖垮，对于这样一个国家而言，这么大一笔赎金是个难以承受的负担。然而，在手腕高明的前王后埃莉诺的大力推动之下，一年之后的1194年，英格兰人就筹集到了大部分钱。所有教堂的圣餐杯和耶稣受难像都被熔铸成银块，每个自由民都必须将其收入的1/4上缴政府。约克郡的西多会修道院当时已经开始尝试牧羊，他们被迫将全年的牧羊收入都交给国家。

毫无疑问最后这笔赎金并没有完全支付。亨利六世威胁说，如果他的要求得不到满足，那么他就会将理查交给法国国王，那就意味着安茹帝国的灭亡。然而事实上，在腓力·奥古斯都不断的袭击和吞并之下，安茹帝国的很多疆域已经基本脱离了帝国的掌控。当初理查还没被囚之前，腓力试图说服诺曼底摆脱英格兰的统治，但是没有成功，因为"狮心王"作为一个十字军战士，拥有很高的威望和大批的拥趸。不过，理查被囚之后，情势立即变得不明朗了。腓力·奥古斯都成功地占领了诺曼底南部的门户——韦克桑地区，甚至一度抵达了诺曼底的首府鲁昂，不过最后被击退了。

如此一来，1193 年，那两个阴谋家就有了一个非常明显的机会。约翰坚信，篡夺王位的时机已经到来——理查仍被囚禁，尽管英格兰政府采取了种种严厉的措施筹集赎金，但仍未凑够金额。约翰就在这个时候出手了。他渡过英吉利海峡，到巴黎与腓力会面，同意让英格兰在法国的领地——甚至有可能还包括英格兰本土——从此以后都效忠于法国国王。之后，他开始实施他们共同制订的计划。约翰在英格兰亲自发动了反抗他兄长统治的叛乱，与此同时，法国国王开始建造军舰战船，准备横渡海峡入侵英格兰。

由于神圣罗马帝国皇帝忌惮法国的扩张野心，英格兰才得以幸免于难。他与理查建立了联盟：为了重获自由，理查宣誓英格兰从此效忠于皇帝，成为皇帝的采邑。这种约定在实际的执行中并没有什么真正的影响。理查必须遵守这条誓言直至皇帝去世，赎金就不必继续支付了。重要的是，如此一来，神圣罗马帝国和英格兰就可以联手对抗法国。理查在法国度过了他生命的最后 5 年。他一直在那里征战，试图从腓力·奥古斯都手中重新夺回优势。

听说理查要回来了，法国对英格兰的入侵和约翰的叛乱都迅速地失败了。消息灵通的腓力给约翰送去了一则简短的通知，上面简洁地写了一句话："自己留心，魔鬼被放出来了。"约翰收到通知后，很快就离开了，去了诺曼底。他始终没能完全接管英格兰。前王后埃莉诺在这期间显示出了她的勇气和决断力，她下令英格兰的全体民众听从自己长子的号令，共同抵御叛军和外敌，又命令这个国家的防御力量时时保持警惕。英格兰的船只在英吉利海峡上巡航，关注敌方的一举一动。不过，理查回到英格兰之后，只做了两件事，其一是增加人民的赋税，其二是重新举办了一次加冕典礼，旨在提醒民众他才是真正的国王。做完这两件事之后，他又匆匆离开了这个国家。这一去之后，他再也没有回来。

国王将他能干的首席政法官休伯特·沃尔特（兼任坎特伯雷大主教）留在那里管理政府。沃尔特是雷纳夫·格兰维尔的外甥，在亨利二世晚年，曾为那位伟大的国王效命过一段时间。他接受过系统的法律学习。为了抵御法国的入侵，职业士兵的数量越来越多。为了支付他们的军饷，为了建造防御堡垒，为了给低地国家（Low Countries）*和北部的德意志君主送礼物以便维持他们与英格兰的联盟关系，共同对抗法国，英格兰不得不向民众增加赋税。沃尔特就是制定和执行加赋政策的最佳人选。不过，一种不满和反抗的情绪在英格兰民众之中滋长起来，因为当初为了筹集国王的赎金，他们很多人的财富都已经被严重压榨。之后的4年里，为了从法国夺回安茹帝国的领土，两国交战不休，巨额的军费支出令英格兰不堪重负。

1198年，也就是"狮心王"去世的前一年，理查要求地方贵族履行他们的封建义务，为他补充兵力。这惹怒了地方贵族，于是他们又一次造反了。封建征兵制度是从古老的民兵制度发展出来的，国王直属封臣们不知道根据这种制度自己究竟要为国王服役多久。保卫自己的国家不受侵犯是一回事，但是不断地去别的国家征战似乎又是另一回事了。而且，他们每年被要求服兵役的时间多于40天。造反的人群中有很多人并不是出于自己的私人利益，比如一位圣徒般的神父兼政府官员——林肯主教休。休为从属于自己的主教领地的封臣张目，不遗余力地抗议国王对他们横征暴敛，拒绝逼迫自己的属臣满足国王的要求。因此，对他来说，休伯特·沃尔特被罢免首席政法官之职，由埃塞克斯伯爵杰弗里·菲茨·彼得（Geoffrey Fitz Peter）接任，乃是一场胜利。

但是理查并不真的在意英格兰民众的愤怒。他为了将腓力·奥古斯都的法国军队赶回他们自己的国土而发起的战争已经取得了进展，塞纳河以东属于他的领土已经被他夺回了大部分，诺曼的韦克桑地区也已经重回他的掌控。为了保护诺曼底不再受到腓力·奥古斯都的侵略，他在莱桑德利（Les Andelys）附近的一处悬崖绝壁之上建了一座宏伟的城堡，俯瞰塞纳河。如今，我们还能看到这座城堡

---

* 低地国家指荷兰、比利时和卢森堡。——译者注

的遗迹。这座坐落在两国边境的城堡是国王治下杰出的工程技术的又一体现；不到一年的时间，这座巨大的城堡就快速地落成了。完工之后，国王满怀自豪地看着这座宏伟的建筑说："这难道不像一个只有12个月大的强壮婴儿吗？可是它足以抵御法国国王。"在法语里，"强壮"这个词的说法是"盖拉德"，于是，这座城堡从此以后就被称为"盖拉德城堡"（Château Gaillard）。

尽管"狮心王"理查是个军事天才，但是他脾气暴虐，天性尚武，所以有时候，一些臣属贵族与他起了争执之后，哪怕根本没必要诉诸武力，他也会对他们发动战争。1199年4月，就是在这样一场本无必要的战事中，理查一世迎来了他的死亡。在阿基坦中心地区的利穆赞（Limousin）腹地一个叫恰卢斯（Chalus）的地方，一位封臣发现了一处埋在地下的无主宝藏，是大量的白银。他拒绝将这批白银交给他的君主理查，于是国王出兵征讨他。就在理查稳坐马背，督促手下将士包围敌方城堡时，从城堡的一道窗缝里射出一支冷箭，深深地扎入了他的胸口。可叹的是正是他让弩弓这种武器名扬天下，最后他自己却丧生于弩弓之下。随军的医生医术不精，他尝试着将那支箭取出来，却没能成功，国王很不耐烦，便自己动手把它硬抽出来，结果伤口感染了。正当"狮心王"重伤卧床、奄奄一息之时，他的手下攻克了那座城堡。事实上，守卫那座城堡的总共只有7名骑士和8个仆人而已。即便如此，理查也是一如既往地慷慨大度，他宽宥了射伤他的人，不予追究。不过他一死，他的手下就没有他那么宽宏大量了。

"狮心王"理查临死之前，因为他与贝伦加丽亚没有孩子，他将手下所有重要的直属封臣都召集到他的病榻旁，让他们宣誓效忠于约翰。按照正常的继承顺序，理查的侄子亚瑟（Arthur），也就是约翰的兄长布列塔尼的杰弗里的儿子，才是他的第一顺位继承人。不过，诺曼和安茹王朝的国王延续了古英格兰君主的传统，都倾向于择贤而立，只要继承人有王室血统即可。在母亲前王后埃莉诺的支持之下，1199年5月末，约翰终于得偿所愿，加冕为英格兰国王。

约翰
John

1199—1216

　　直至19世纪末,约翰依然是名声最差的君主之一。即便是在当时那个普遍野蛮的时代,他纵情声色犬马的个人生活和残暴不仁的心性也属少见(他尤其喜欢酷刑和死刑),这些令他恶名远播。除此之外,他与教皇势同水火,而当时记录历史的人都是修道士,他们当然站到了他的对立面,不遗余力地诋毁他。作为曾经无比强大的安茹帝国的统治者,约翰继位不久,就丢失了诺曼底和所有法国北部的领土,颜面尽失。除了英格兰本土之外,还属于英格兰统治的领土只剩下海峡群岛(Channel Islands,算是诺曼公爵领的一点儿残余部分)和前王后埃莉诺的领地阿基坦。

　　从某些方面来讲,作为英格兰的统治者,约翰其实比他哥哥做得好。不过从个人品性这方面来说的话,在一个崇尚武力的时代,他没有理查那种作为一个神圣战士的魅力——事实上,作为幼子,他跟其他家族的幼子一样,接受的是非常纯粹的基督教教育,而没有受过太多军事训练。受不好战的性格影响,他在英格兰度过了他一生的大部分时间。从"征服者"威廉开始,他是所有诺曼国王当中在英格兰生活时间最长的一个。跟亨利二世一样，他密切地关注英格兰民众生活的方方面面，也沿袭了安茹君主对朝廷施政的重视，因此他不断地在他的王国各地巡视。他也和他的父亲一样，致力于司法公正，时人皆知他常常动用自己的合法权利出席王座法庭，旁听法官审判案件。尽管传说故事里常常把他塑造成恶毒的人，是舍伍德森林（Sherwood Forest）里偷猎盗伐者的死敌，但事实上国王约翰一直努力地修正他的先人制定的《森林法》，使之不那么严苛。他登上王位时已经快33岁，早已不是14年前那个扯爱尔兰长者胡子的轻佻年轻人，而是个成熟的成年人了。

即便如此，约翰也是一个残暴专横、贪婪、无法无天的统治者。跟威廉·鲁弗斯一样，他也肆无忌惮地侵吞别人的财产土地。因为他不断地谋算侵占教会和地方贵族的财富，所以他与他们都成了死敌。到他统治的末期，他已经令民众完全与他离心背德了；他们不信任他，乃至谣传他为了掠夺财富，绑架并谋杀了很多巨富之家的继承人。

尽管约翰继承英格兰王位时没有遇到什么阻碍，但继承法国的领土时却是另一番局面。1199年，法国国王腓力·奥古斯都决定承认约翰的侄子、年仅12岁的布列塔尼的亚瑟为安茹帝国的首领，两国随即爆发战争。这件事并没有让腓力得到什么好处。第二年，约翰就掌控了他在法国的领土，腓力只好接受这个事实。不过，不久之后腓力又发动了一场战争，意在瓦解他在法国领土上的最大对手。约翰当时刚刚休了无所生养的发妻格洛斯特的伊莎贝拉（Isabella of Gloucester），动了迎娶昂古莱姆的伊莎贝拉（Isabella of Angoulême）的念头，因为这样一来她的领土就能作为嫁妆并入他的帝国，刚好可以作为他进出阿基坦的通道。不过可惜的是，昂古莱姆的伊莎贝拉当时已经订婚了，未婚夫是一个骄横的、出身名门的普瓦图贵族，名叫休·德·吕西尼昂（Hugh de Lusignan）。英格兰国王夺取了本该属于他的领地，令他倍感愤怒和屈辱。他很快就发现，约翰的蛮横专制也侵犯了许多其他普瓦图贵族的利益，他们也因此而感到愤愤不平。

在德·吕西尼昂的带领下，他们向腓力·奥古斯都请愿，求他以约翰的君主身份，纠正这个英格兰国王对他们犯下的错误。这给了腓力瓦解安茹帝国的最后一次机会。他抓住了这次机会。约翰拒绝回应法国的国王法庭对他的指控，于是，1202

年，法庭宣布没收他在法国的所有领地。为了能够让这条消息深入人心，真正地发挥作用，腓力·奥古斯都随后宣布年仅15岁的布列塔尼的亚瑟为布列塔尼、安茹、曼恩、都兰（Touraine）和阿基坦等地的领主。有了法国的兵力支持，亚瑟自己去攻占这些领地，而腓力则占领了诺曼底。这块公爵领才是他真正的目的，因为控制了它，他就能控制北部沿海地区——这可是他的首都巴黎天然的物资供应区。

就在这个节点上发生了一件事情，彻底毁坏了约翰在历史上的名声。他的侄子进入普瓦图，他紧随其后也去了。就在这个地方，在普瓦图贵族的帮助之下，亚瑟包围了他的祖母阿基坦的埃莉诺。约翰与他交战，并击败了他——这个结果出乎所有人的意料，因为理查对约翰的军事才能评价很低，而这个评价又深入人心。之后，约翰先将自己的侄子关进法莱斯的一座城堡里，然后又转移到诺曼底的首府鲁昂。1203年，亚瑟去世了，死因基本上可以断定是谋杀。当时的人都相信是约翰亲自动手杀了他，甚至绘声绘色地描述当时的场景。人们说他有典型的安茹人的性格，盛怒之下什么都做得出来，还说他在乔装打扮之后趁着夜色动了手。

不管亚瑟之死的真相究竟是什么样的，他的叔父都没得到好处。腓力的军队迅速攻占了安茹、都兰和曼恩，而布列塔尼地区出于对亚瑟被杀的义愤，主动归附了法国。1204年，诺曼底也成了法国国王的领土。理论上讲，在英格兰的所有法国领土当中，只有这个公爵领是最难被法国攫取的。它与英格兰建立联系的时间很久了，两地之间的贸易往来更是极大地加强了它支持英格兰的倾向。更重要的是，公爵领的很多贵族封臣是盎格鲁-诺曼人，他们在英吉利海峡两岸都有领地。这里有很多固若金汤的堡垒，可以抵抗法国的侵略，其中最宏伟壮丽的当数理查修建的盖拉德城堡。但是这里的地方贵族实在是对他们的公爵心怀怨恨，而且腓力·奥古斯都比约翰更懂战略。明明是需要约翰去诺曼底征战的时候，他却躲在英格兰，白白贻误战机。尽管盖拉德城堡坚守了6个月，直到3月初才被攻陷，但是早在这之前，约翰就已经放弃了诺曼底。次月，他的母亲埃莉诺去世，于是，诺曼人对英格兰王室的最后一点效忠之心也随之消失了。到1204年的仲夏节（Midsummer Day）这天，"征服者"威廉和安茹的杰弗里传下来的所有位于法国北部的领土，都从约翰王手中丧失了。

丢失诺曼底对英格兰影响深远。虽然当时被视作一场灾难，但是它迫使盎格鲁-诺曼大贵族在英格兰和诺曼底之间选择一个效忠的对象，因为他们无法再在两边同时拥有领地了。诺曼征服的影响逐渐淡化，从此以后，英格兰作为一个统一的国家和独立的民族，只受英格兰国王的统治和管辖，开始了新的发展历程。阿基坦公爵领变成了唯一还掌握在英格兰国王手中的法国领土，但是没了安茹帝国的联系，它事实上相当于一块独立的英格兰殖民地。

组建一支永久的英格兰海军守卫海峡又成了一件迫在眉睫的要事，上一次出现这种情况还是在 1066 年以前。在 1204 年以前，与英格兰南部沿海地区隔海相望的基本上是邦交甚好的诺曼底，所以，在和平时期，常规的沿海巡防只交给几个城镇来完成，这几个城镇就是所谓的"五港同盟"（Cinque Ports）——黑斯廷斯、罗姆尼（Romney）、海斯（Hythe）、多佛和桑威奇，后来温奇尔西（Winchelsea）和拉伊（Rye）也加入进来，分别是第六、第七个城镇。这种做法已经持续了很长一段时间。按法律要求，这些城镇需要提供 57 艘巡防船，巡防船既可以供自己使用，也可以由国王调用；作为补偿，它们无须向国王缴税，而且可以在各自的城镇内收税。不过，在失去诺曼底之后，这种巡防制度就显得不足了。当时政府强行征用了部分船只，又将所有在英吉利海峡上拦截的商船都收归王国政府，用以充实海防。

如果说到目前为止，人们还只是认为国王给这个国家带来了不幸，那么，在他与教皇失和之后，人们开始觉得，他简直就是个被诅咒的邪恶之人。1205 年，坎特伯雷大主教休伯特·沃尔特去世了。虽然严格来讲，英格兰教会的首领应该由坎特伯雷大教堂的座堂圣职团（Cathedral Chapter）的修道士选举产生，但是从"征服者"威廉时代开始，人们已经普遍接受了国王对人选拥有很大的决定权。可惜，修道士们却做了蠢事。他们秘密地推举了一个平庸的修道院副院长雷金纳德（Reginald）为候选人，未经国王的同意就将他送去罗马，去教皇英诺森三世（Innocent Ⅲ）那里接受大主教的白羊毛皮肩带。然而，尽管雷金纳德已经事先得到提醒，在教皇正式予以委任之前，不要宣扬自己的新职位，但这个轻率虚荣的修道院副院长还是坚持认为只有摆足了排场，才能配得上他刚得到的显赫地位。他带了一队神父和骑马侍从，一路大张旗鼓地慢慢向罗马行进。结果，国王很快就发现了这件事，于是派他自己选中的候选人——诺里奇主教——前往罗马。这个人也一样配不上那个尊贵的位置。

　　这两个候选人没有一个让中世纪的伟大教皇英诺森三世满意的。他要求圣职团的修道士选举枢机主教斯蒂芬·朗顿（Cardinal Stephen Langton）——住在罗马的一位杰出的英格兰神学家，之后正式任命他为坎特伯雷大主教。但是约翰却不是个会乖乖顺从的人，他不让新任大主教回到国内。他这么做也不是没有道理：历史上教皇与英格兰国王起过多次争执，但是从来没有哪个教皇敢在英国教会领袖人选这个问题上违背英格兰方面的意愿。不过，约翰之所以坚持自己的立场，与其说是坚持原则，不如说是他想让自己的人掌管教会，这样一来，他就能从富饶诱人的教会领地榨取财富了。随后事情陷入僵局，因为从教皇这个角度，他不会接受诺里奇主教成为大主教。最后这个局面被打破是因为英诺森三世给英格兰下了禁令，在该国，所有宗教仪式和典礼都被禁止了。

　　这还只是刚刚开始。教皇随后动用了所有他能使用的手段逼迫英格兰国王服从。尽管教皇禁令对向来视宗教为无物的约翰而言根本无关痛痒，但是它对普通民众而言无异于一场灾难。教堂全都关闭了，婚礼无法举行，死去的人不能葬在神圣的教堂墓地，所有这一切，让民众痛苦不已。只有每个人最初和最终的两个仪式，出于对灵魂的敬意，得以保留：洗礼和终傅（为病人，尤其是临终者涂圣油仪式的旧称）。在那个没有时钟的时代，教堂钟声就是提醒时间的工具，但是如今它也变成了令人焦灼的沉默，仿佛是一种无声的指责。

　　教皇禁令在其他所有人看来都像是一个诅咒，可是国王却对此无动于衷，他甚至将此视作一个机会，迫不及待地夺取富有的修道院和主教辖区的财产土地。1209年，教皇采取了更严厉的措施，直接开除了国王本人的教籍，约翰当即将英格兰大主教领地的土地都没收充公了。利用这些土地带来的收益，国王征集了一支庞大的雇佣军，武力解决了他与苏格兰、威尔士和爱尔兰的所有争端，取得了令他满意的结果。他迫使格温内思的卢埃林投降，之后渡海去了爱尔兰，按自己的意愿将它的东部领土划分给了英格兰贵族，削减当地贵族的势力。

　　约翰并没有清楚地意识到自己惹恼了多么可怕的敌人。1212年，被英格兰国王种种行径彻底激怒的教皇英诺森决定动用他的最后一个、同时也是最有杀伤力的武器。历史上有一段时期，如果罗马教廷宣布某个基督教国家的统治者不遵教皇旨意，那么其他国家的君主可以群起废黜他。英诺森于是下发了废黜约翰的命令，并将这项任务交给他最重要的盟友——法国国王腓力·奥古斯都。这是法国国王求之不得的一项任务。

听到腓力准备入侵的消息，国王约翰的态度立刻完全转变。他不敢冒这个险，因为一旦遭受侵略，他就有可能失去王位：普通民众因为教皇禁令而对他心存不满，英格兰的地方贵族在失去了他们的诺曼领地之后，也对他心有怨言。随着腓力·奥古斯都大军压境，国王派人给教皇送去了消息，称他接受教皇提名的斯蒂芬·朗顿为大主教。尽管如此，英诺森还是趁此机会让英格兰国王答应了一些更为苛刻的条件。不仅斯蒂芬·朗顿要成为坎特伯雷大主教，而且所有因为遵守教皇禁令、拒绝给信众做弥撒而被约翰驱逐流放的神父，都要能够返回英格兰。最重要的是，约翰必须将英格兰的王权交给教皇使节潘道夫（Pandulf），只有在他宣誓成为教皇的属臣之后，才能拿回王权，但是从此他所统治的英格兰只能算作教皇的封邑。为此，英格兰必须每年向罗马支付1000马克。

这些条款约翰全都接受了，这样至少能够让英格兰免受侵略。约翰并没有完全放弃夺回他的先人传下来的安茹和普瓦图等地的想法。恰逢他的外甥、神圣罗马帝国皇帝奥托（Otto）被教皇废黜，他就与欧洲北部诸小国国王继续结盟，企图围攻法国国王。然而约翰在军事上优柔寡断，加上当时他显得懦弱无能，所以这个计划最终失败了。在争夺安茹的一场战役中，他本来有可能击败由腓力的儿子路易率领的敌军，结果却临阵退缩。1214年，联盟国家的军队和英格兰的一支分遣队在布汶战役（Battle of Bouvines）中遭遇腓力本人，被彻底击溃了，损失惨重。

布汶战役标志着英格兰最终永远地失去了安茹帝国。从此以后，法国成为西欧4个最强大的君主政权之一。它也是约翰在国内统治的一个转折点。他又一次丢尽了颜面，不得不回到国内面对地方贵族和教会的质问和要求。他们趁他不在国内期间，在鼓舞人心的新任坎特伯雷大主教斯蒂芬·朗顿的领导之下，紧密地团结在一起。他们收到大主教的暗示，要求约翰为英格兰法律制定一份新的类似于亨利一世的《自由宪章》那样的纲领，遏制王权越来越专制残暴的趋势，恢复民众的信心。当国王拒绝了他们的要求后，地方贵族便在朗顿的积极支持下群起造反。

两千余名地方贵族、有封地的士兵和骑士聚集到林肯郡的斯坦福德，挥师南下。这支兵马全副武装，声势浩大。构成这支军队的人员成分复杂，来自英格兰的各个领域和地区，很多此前从未有过交集，包括北部和南部的地方贵族、边境地区领主、亨利二世时期形成的政府公务人员和官员，以及国王直属封臣。直到伦敦被叛军占领之后，约翰终于意识到，他别无他法，只能向他们让步，满足他们的要求，否则就再也没有东山再起的机会了。1215年6月15日，在温莎（Windsor）附近狭长低洼的兰尼米德（Runnymede）平原泰晤士河中央的一个小岛上，国王约翰不情不愿地在一份文件上盖上自己的印章。这份文件就是《大宪章》（Great Charter / Magna Carta），在历史上具有非常重大的意义。

从很多方面来讲，《大宪章》的出现可谓恰逢其时。它强调了自亨利一世和亨利二世颁发宪章以来英格兰民众已经享有的权利和运用的法律，但是它同时也反映了在安茹王朝国王的统治之下，地方贵族的愤懑和他们的权利受到的侵蚀。《大宪章》体现了他们要求分享更多权力的主张。与此同时，它的一些条款具有永恒的意义。这份文件适用于"王国的所有自由民和他们的子孙万代"，可以被理解为适用于所有阶层的人。所以，通常来说，人们将它视作英国人民自由权的发端。

尽管诺曼王朝和安茹王朝的国王大体上都算得上明君英主，尽管他们带领英格兰成为欧洲先进文明的一分子，但他们的统治都是专制而残酷的。《大宪章》改变了这一切。它以法律的形式制约国王的权力，不允许他无视法律，又授权成立一个由25名地方贵族组成的委员会，可以动用一切手段保证这份文件不会成为一纸空文。如果国王真的想废除这份文件的话，他们可以将他投入监狱。

叛军首领们要求，英格兰每个郡的行政司法长官都必须召集一次公众集会，在集会上当众宣读一遍《大宪章》。王国里的每一座重要的教堂和城镇都必须抄录一份，这样才能让每个人都了解到他们有哪些权利，什么是他们理应拥有的东西。在之后长达8个世纪的时间里，《大宪章》宣扬的权利不仅很大程度上让英格兰的民族意识得以定型，而且很多受不列颠或不列颠移民影响的国家，如美国、印度和澳大利亚等，它们的国家意识也都打上了这份文件的烙印。《大宪章》是英格兰对世界的政治思想发展做出的最大贡献，是民主理念的一种早期表达，集中体现了民主理念的核心价值，即通过法治确保每个人享有公平的权利——能否享有权利取决于他们的德行，而不是财富地位。

宪章的很多条款保障了英国教会的权利和自由，这不仅防止以后教皇和君主再就教会首领的任命问题发生争执，而且授予了教堂的圣职团自行推选主教的权力。宪章还强调了遗产继承的规则，阻止约翰继续像以前那样无视这些规定；它制定了征收免服兵役税的步骤；13世纪早期的一个迫切需要解决的大问题——骑士阶层拖欠基督徒放贷人和犹太放贷人巨额债款不还——得到了缓解；宪章中统一了部分度量衡。

地方贵族没有试图限制国王法庭的司法权，不过他们给自己量身打造了一套司法体系。《大宪章》同样规定了一些关于司法公正的基本原则，给后世带来深远的影响，比如第40条："余等不得向任何人出售、拒绝或延搁其应享之权利与公正裁判。"但是它也表达了对法治的尊重。法治正是那个时代的精神。第39条规定，任何自由民，如未经其同级贵族的依法裁判，皆不得被监禁、没收财产、剥夺法律保护权，或加以任何其他损害。这在英格兰历史上尚属首次。对后世影响最深远的是，它规定未经贵族委员会的批准，国王不得向人民增加赋税。

不过，尽管约翰签署了《大宪章》，但以他油滑狡诈的性情，他根本就没打算真的遵守。他逃到怀特岛之后，又与地方贵族重新开战了。他在那儿向教皇求救，为了讨好教皇，他匆忙发布了十字军誓言。他乞求教皇帮他废除《大宪章》，理由是它侮辱了王权，进而羞辱了圣座（Holy See）。英诺森三世十分受用，于是毫不迟疑地宣布《大宪章》作废，坎特伯雷大主教斯蒂芬·朗顿因为拒绝开除制定这份文件的英国主教和贵族的教籍，被暂停了职权。

约翰从怀特岛逃出来，带着一支外国雇佣军穿过英格兰，奔袭曾经支持叛军的苏格兰国王亚历山大一世（Alexander I）。在后方，他命大量的外国军队不断地袭扰地方贵族的庄园领地。外国军队的确不负他所望，将此事做得非常彻底，于是不堪其扰的贵族决定向腓力·奥古斯都求助，并允诺将英格兰王位交给他的儿子。腓力的儿子路易假意宣称约翰谋杀了侄子布列塔尼的亚瑟，不应再居国王之位，以此为借口入侵英格兰，并以他妻子的名义争夺王位。他的妻子是卡斯蒂利亚的布兰奇（Blanche of Castile），是亨利二世的外孙女、约翰的外甥女。1215年11月，约7000

名法国士兵沿着泰晤士河逆流而上，支援贵族和伦敦市民。

本来这场战争完全有可能演变成另一场法国人征服英格兰的戏码，不过就在这个时候，原本就已经身体欠佳的国王去世了，于是战事戛然而止。约翰当时已经率领远征军攻占了重镇林肯。1216 年 10 月，有一天晚上他吃了桃子，喝了新酿的苹果酒当晚餐，结果引起了胃部不适，最后，在诺丁汉郡（Nottinghamshire）的纽瓦克（Newark）去世了。他的继承人亨利三世（Henry III）当时年仅 9 岁。不过，他虽然过于年幼，但年幼天真恰是他的优势，令整个国家的人都对他心生怜爱，继而拥戴他。教皇使节瓜拉（Guala）支持他成为新国王。对于像彭布罗克伯爵威廉·马歇尔和休伯特·德·伯格（Hubert de Burgh）这样野心勃勃的贵族而言，他是金雀花王朝的合法继承人，容易让民众接受。在教会的支持下，他们以他的名义统治了这个国家整整 11 年。

从这个时候开始，英格兰王室的称呼发生了改变，直到 14 世纪末另一个新的王朝取代他们。他们不能再叫作安茹王朝，因为他们之所以曾拥有这个称谓，是因为他们曾经拥有法国的安茹，但如今他们已经失去了这块领土。由于安茹王朝的王室徽章是一种黄色的金雀属植物（金雀花），所以他们从此以后被称为金雀花王朝。

约翰曾经是并且现在仍然是英格兰最不受欢迎的国王。尽管他治国有方，但是他始终没能洗脱残暴不祥的恶名。诺曼底从他手中丢失了，于是他"无地王"的绰号又一次被人提及——这个绰号本是父亲给他的爱称。不仅如此，据说他还把英格兰的王冠、权杖和其他珍宝弄丢了，因为就在他去世前不久，装着他的行李辎重的船在渡韦兰河（River Welland）时被巨浪形成的一个漩涡给吞没了。如今，在克罗斯基斯（Cross Keys）的沃什湾与林恩河（Lynn）之间还有一个名叫"国王角"（King's Corner）的地方，据说当年国王就是站在这里，从北岸眼睁睁地看着他的半数军队消失在沃什湾的水面之下，从此以后，约翰的王冠再也没有重见天日。如今很多学生都会一语双关地开玩笑说无冕不成王，约翰就是在沃什湾丢掉了他的英格兰王冠。

4
金雀花王朝
Plantagenet

亨利三世
Henry Ⅲ

1216—1272

亨利三世继承王位的时候还只是个小男孩。尽管他在位时间很长,但是他的性格一直都有软弱、孩子气的一面。他一直有"单纯"之名。在当时那个情境下,这可不是什么美誉——当时的地方贵族既强大又不安分,他们已经习惯了王权软弱、自己只手遮天的生活,国王要统治这样的属臣,性格单纯绝对不可取。亨利一生孜孜以求的都是他的宗教信仰,这甚至常常让他忽略了自己身为君主的责任。他另一项持续终生的"事业"就是不断满足贪婪的法国和意大利亲友的要求。他们总向他要官做,每当此时,他总是跟他父亲约翰一样,有求必应,这导致了一个结果,就是在他在位的56年里,英格兰国内始终都蔓延着一种憎恶外国人的氛围。由此可知,亨利不是一个合格的国家首脑。不过从另一方面来讲,亨利有很高的审美品位,对推动英格兰的艺术起到了很大的作用。他欣赏欧洲大陆技术精湛的手工艺人,命他们来装修全国各地的教堂,令许多教堂都焕然一新。他最伟大的杰作是威斯敏斯特教堂。以哥特式风格重建这所教堂耗费了20多年时间,几乎全由他个人出资。但是,在他统治期间出现的一个最重要的进步,还得是1265

年平民院的初具雏形。

　　年迈的彭布罗克伯爵威廉·马歇尔曾是亨利三世的祖父亨利二世的一位高明的顾问，如今当上了摄政王。他务实的治国方略令王室重获荣光。他在世时完成了几件重要的事，其一是将路易和他的法国军队赶出了英格兰，其二是确保他年幼的君主得到教皇的支持。之后，为了结束内战、安抚地方贵族、争取他们的支持，他明智地选择以国王的名义重新发布《大宪章》。不过，尽管法国人对国王的威胁已经消失，但是接下来的10年依然时有骚乱，跟斯蒂芬统治时期颇有相似之处。威廉·马歇尔去世之后，休伯特·德·伯格接替他成为少年君主的首席顾问。德·伯格就任之后不久，就将精力放在了处理约翰留下来的烂摊子上。约翰对外国人青眼有加，为了感谢他们帮助他，赐予了他们大量的英格兰土地，但是他们如今却践踏英格兰的社会传统，关押法官，无视法律。德·伯格围攻了许多外国人非法修建的城堡，将其中很多人赶出了这个国家。

　　但是1227年，教皇宣布亨利三世已经成年，已经到了应该亲政的时候了，之后情势急转直下。亨利与德·伯格离心离德，他将约翰手下最贪婪的大臣之一彼得·德·罗什（Peter des Roches）重新任命为首席政法官。此人曾兼任司法官和温彻斯特主教。亨利也像他父亲一样，随意地将领地和官职赐予别人，其数量之巨、规模之大，史无前例。例如，彼得·德·罗什的侄子担任了不下10个郡的行政司法长官：约克、伯克郡、格洛斯特、萨默塞特、诺森伯兰郡、德文郡、兰开夏郡、埃塞克斯、汉普郡和诺福克郡。1233年，英格兰人的耐心终于被消磨殆尽。威廉·马歇尔的儿子理查德想方设法地逼迫国王撤了彼得·德·罗什的职。随后内战爆发。主教们威胁国王如果他不撤掉彼得·德·罗什，他们就开除他的教籍，尽管当时国王设计杀掉了理查德·马歇尔，但最后还是不得不妥协。1234年，他将彼得·德·罗什以及支持他的普瓦图同党都撤了职，让休伯特·德·伯格官复原职。

　　但是这些冲突还是没有让国王吸取教训。尽管他在本质上比他家族的其他任何人都更像个英格兰人，而且还以英格兰圣徒的名字给他的几个孩子起名，但1236年他与普罗旺斯的埃莉诺（Eleanor of Provence）结婚之后，他对她的萨伏依亲属颇多照拂，于是，很快又有一批外国人掌握了这个国家的大权。在他们的挑唆之下，他试图摆脱英格兰贵族组成的议会的控制，实行独裁统治。教皇的干涉也让这个国家的人民不堪其扰。在那之前，因为国王强势，所以抵挡住了教皇权力的扩张和渗透。但亨利三世身边围绕着的顾问谋士都来自法国和意大利，在他们的影响之下，他觉得允许教皇侵犯传统的选举权利，撤换民众推选出来的官员和圣职人员并没有什么不妥。

结果，一大批法国和意大利的神父变成了主教和修道院院长，他们常年不在自己的教区，对教区事务漠不关心。1240年，圣徒般的埃德蒙·里奇（Edmund Rich）去世之后，王后的舅父、萨伏依的卜尼法斯（Savoyard Boniface）成为令民众极为厌恶的新任坎特伯雷大主教。他任职后，几乎不曾费心去英格兰看看。教皇格列高利九世（Gregory IX）为了支付自己与皇帝腓特烈二世（Frederick II）之间的战争支出，命令英格兰大幅提高对民众征收的赋税，亨利因为笃信宗教，自然选择了遵守。这一切并没有转移民众的注意力，没能让他们对外国人的厌恶稍有缓解。当时英国教会的所有重要人物中，唯一一个胆敢抗议教皇行为的就是林肯主教罗伯特·格罗斯泰斯特（Robert Grosseteste）。但是孤掌难鸣，他也改变不了局势。

尽管有这么多外国人，或者更准确地说，也许正是因为有这么多外国人，一种"英国精神"的观念在这个国家逐渐兴起了。每个郡的城镇都重新向民众派发《大宪章》，将权利意识传达给英格兰人民。托钵修会（Mendicant）的出现是另一个团结民众的重要因素，他们的作用相当于如今的报纸，将新近发生的重大事件的最新消息从一个城镇传播到另一个城镇。于是，哪怕是住在与世隔绝的小村庄里的人，都能感觉到自己属于这个民族。托钵修道士是指那些居无定所、四处传教、乞讨为生的教士，多半属于多明我会（Dominican）和方济各会（Franciscan）这两个修会，他们通常在露天市场的布告牌下布道传教，往教会输入了一股追求真理的新鲜血液。他们与既得利益者、与利益各方，都没有关联，所以他们比一般的神职人员更有批判精神。

这个时期，牛津大学和剑桥大学出现了一股理性主义思潮，进一步促进了国家意识的发展。这两所大学为全国各地的青年才俊提供了交流思想、向杰出的学者学习的机会。当时给他们讲课的老师包括林肯主教罗伯特·格罗斯泰斯特（他从1230年左右开始在牛津教书，并在那里成立了方济各会）和方济各会的另一个成员罗杰·培根（Roger Bacon）。城镇也在此时开始迅速地繁荣起来。英格兰和佛兰德斯维持着一项利润丰厚的贸易，那就是原毛交易。原毛被源源不断地运到佛兰德斯，从那里销往欧洲大陆的纺织重镇，制成布料。英文再一次成为书面语言：《夏天来了》（"Summer is icumen in"）的歌词就是创作于这个时期，用的是中世纪英文。

但是在那些漫不经心的外国人的管辖下，英格兰政府变得越来越散漫无能。威尔士诸国的国王在卢埃林·阿普·约沃思（Llywelyn ap Iorwerth）和他的孙子卢埃林·阿普·格鲁菲兹（Llywelyn ap Gruffydd）的带领下，又一次侵犯英格兰南部边境。以前英格兰国王可以依靠王室土地的收益维持王室的用度，但是王室土地大部分都被理查一世和亨利的父亲约翰出售了，如今所剩无几，王室濒临破产，国王的大量扈从仆役因为国王不给他们支付工资，甚至不得不干起拦路抢劫的勾当。对国王不满的情绪在整个国家蔓延。

亨利三世为夺回安茹帝国做了最后一次尝试，正是这个举动令民众的不满情绪进一步高涨。亨利是个非常孝顺的儿子，约翰去世后，亨利的母亲昂古莱姆的伊莎贝拉改嫁给了约翰的旧敌、普瓦图的休·德·吕西尼昂。那个时期法国国王路易九世（Louis IX）一直带领着法兰西王国不断扩张，而王权的扩张是以损害普瓦图地方贵族的世袭权力和财富为代价的。至1242年，亨利的母亲和继父向他求助，于是他就带领着一支英国军队支援普瓦图，袭击盘踞在那里的法国军队，但是在塔耶堡战役（Battle of Taillebourg）中，他被敌方打得落花流水，无力招架。普瓦图此后又传承了一代，之后这块贵族领地就彻底收归法国国王了。1259年，国王接受了《巴黎条约》（Treaty of Paris），承认了一个自1214年起就已经是既成事实的情况，那就是，只有阿基坦的加斯科涅地区（Gascony）依然属于英国。在这场败仗之后，又有一拨儿外国人——亨利三世的几个同母异父的兄弟姐妹——来到英格兰。他们跟萨伏依人一样都需要被妥善安置，都要得到官职和主教教区。

亨利三世简直把教会当成自己的父亲来供奉，所以他承担了教皇与皇帝开战的开销。为此他开征了新税，令这个国家不堪重负。尽管腓特烈二世已经去世了，教皇还是打定主意要瓦解他的帝国。为了回报英格兰的资助，教皇允诺让亨利的二儿子埃德蒙继承西西里王国，又支持亨利的弟弟康沃尔的理查

（Richard of Cornwall）于1257年当选罗马国王。获得这些荣耀的代价是亨利需要支付13.5万英镑的巨款，若不开征新税，他是无论如何都拿不出这笔钱的。根据《大宪章》的精神，未经25名贵族封臣组成的委员会批准，他不能提高赋税，于是，他被迫在1258年召集委员会成员讨论此事。

国王早已将王室的财富挥霍殆尽了，这意味着他得定期召集委员会成员，向他们伸手要钱。随着这样的会议变得越来越频繁，地方贵族开始逐渐习惯于在会议上讨论各自领地内的事情，于是，委员会开始被称为议会。到13世纪50年代，地方贵族很清楚地认识到他们的目标。当时的宫廷已经成为一个封闭排外的圈子，他们无法进入其中，获取影响力。所以如果国王想要提高税收，他必须重新确认宪章，重新设立首席政法官、司法官和财政大臣等职位。这些职位自1244年起就被亨利撤销了。

就是在这样的背景下，1258年年初，当国王要求征纳13.5万英镑税收，满足教皇的十字军的开销时，地方贵族和骑士决定反抗。在威斯敏斯特的委员会——或者叫议会——开会时，他们宣布，除非英格兰政府改革，否则国王别想从他们身上获取更多的现金。

领导这次反抗的是一个名叫西蒙·德·蒙福尔（Simon de Montfort）的贵族，他是个法国人，从自己母亲手里继承了莱斯特伯爵领。德·蒙福尔刚来英格兰生活时，也是个不受欢迎的外国"贵人"，加上他迎娶了亨利三世的妹妹，所以他的地位一度被捧得很高。德·蒙福尔是个性格强悍、充满激情的人。1248年，他被任命为法国最南端的加斯科涅地区的总督，这是法国本土上残留的最后一块安茹帝国领地。他需要让这片土地重新恢复秩序。他的父亲也叫西蒙·德·蒙福尔，曾经以血腥手段震慑这个地区的阿尔比教派（Albigensian）异端，上一代人对此都知之甚详。他于是效仿其父，用同样强硬的手段控制和镇压了不服管理的城镇和蠢蠢欲动的贵族。但是这场胜利是有代价的。优柔寡断、无主见的国王因为加斯科涅人不断抱怨德·蒙福尔的高压政策和严刑峻法，开始站到他们那边，对他产生了警惕。西蒙·德·蒙福尔对此既觉得委屈愤怒，又感到幻灭，于是迅速地转而号召人们反抗国王。

1258年6月，第二次议会在牛津召开，与会的地方贵族都打定主意，如果亨利三世不同意他们的要求，他们就诉诸武力。尽管国王和他的密友们都诋毁它是"疯子的议会"，但实际上议会的要求都十分冷静而理智。这次会议通过了一项新的协议，弥补了《大宪章》的一些缺漏和不足，那就是《牛津条例》（Provisions of Oxford）。这份文件规定，由亨利任命15名贵族组成核心集团，也叫"十五人议会"（Council of Fifteen），由这些贵族与国王共同管理国家。

《牛津条例》意味着王权被进一步限制。对德·蒙福尔和其他人来说，根据犹太教和基督教的教义，他们的反叛并无什么不对，因为教义就指导他们要反抗暴君，而且他们是为了公众的利益才做了这些事情。那15个人逼迫国王开除所有担任政府要职的外国人（包括来自普瓦图的国王同母异父的弟弟们），任命英格兰人担任大臣，结束所有海外的劳民伤财的活动。

十五人议会掌权的时间名义上是从1259年到1263年。但是这些贵族水火不容，最终分裂成两个派系，分别由德·蒙福尔和格洛斯特的理查（Richard of Gloucester）领导，为了争夺领导权，这两个派系之间发动了战争，即所谓的男爵战争（Barons' Wars）。不久之后，亨利三世的长子、坚毅果敢的爱德华勋爵，也就是未来的国王爱德华一世，密谋在十五人议会中收买一批为王室效命的人。与他合作的人物之中，最重要的就是格洛斯特伯爵。在这些人的支持下，亨利废除了《牛津条例》的规定，迫使教皇宽赦了他的义务，之后加入了战争。但是战争双方始终僵持不下，最后只好请法国国王路易九世来居中调停。在路易的协调之下，1264年，双方签署了《亚眠和约》（Mise of Amiens），宣布《牛津条例》的规定不合法。

但西蒙·德·蒙福尔和他的支持者拒绝遵守《亚眠和约》，决定继续发动战争。1264年5月14日，双方最终的决定性战役在苏塞克斯的刘易斯（Lewes）爆发了。西蒙伯爵是个卓越的军事将领，他俘虏了国王和他的继承人，逼迫他们签署了《刘易斯协定》（Mise of Lewes），将国王的权力转移给一个由9人组成的委员会。如此一来，英格兰的实际统治者变成了这位权倾朝野的伯爵。然而，拥护王室的反对派并未完全放弃。与威尔士接壤的边境地区贵族群起勤王，前王后也通过自己的影响力，在法国沿海组建了一支军队，这让西蒙·德·蒙福尔意识到，他必须尽快采取措施，获取全国的支持。于是，1265年，他召集了第一次英国议会。但这次"议会"只是徒有其名罢了。

与早期的议会不同，1265年的这次议会，还有很多与当代的英国议会比较相似的元素。此次议会不止局限于贵族，部分平民被召集来，与贵族和主教共同商讨国家和政府的事务，这就是平民院的雏形。每个郡推选两名骑士参与会议，发表他们的观点，不仅如此，还有许多城市和自治市镇获邀分别派遣两名代表参加。到13世纪末，这些代表被称为议员。过去，英格兰人可以通过每个郡的行政司法长官定期将他们的观点传达给国王，长官在参加大陪审团审讯时会将民众的观点汇报上去；英格兰人也可以让商人帮他们转达意见，因为国王需要借钱的时候就会与商人接触。但是这两种方式无论哪个都是非正式的途径。1265年的议会是英格兰历史上第一次全国境内所有封地贵族齐聚一堂。他们在会议上不仅通过了新的税收规定，而且所有人都针对公共政策的一些问题发表了自己的观点。这迅速地成为一项优良的传统。

一年以后，西蒙·德·蒙福尔的统治走到了尽头。威尔士边境地区的领主打着被俘的爱德华勋爵的旗号，起兵反叛，德·蒙福尔领兵远征西境，进行镇压。就在这个过程中，被俘的王子趁机逃脱。此后，很多贵族开始派兵支援威尔士边境的叛军，投向亨利三世的阵营。德·蒙福尔被迫再次渡过塞文河。1265年8月一个酷热难当的日子，他与爱德华及叛乱的边境领主狭路相逢，短兵相接，这就是伊夫舍姆战役（Battle of Evesham）。爱德华以卓越的战术包围了德·蒙福尔，使他四面受敌，最终战败。经此一役，爱德华很快就赢得了"苏格兰之锤"的别号。西蒙在观察战场局势时，知道败局已定，自己必然难逃一死，于是他不无钦佩地说道："他们有勇有谋，一往无前，如有神助。上帝，请宽恕我们的灵魂吧，至于我们的肉体，那就只能交给爱德华勋爵来处置了！"

西蒙·德·蒙福尔的这句话完全适用于他自己的情况。在他死后，他被开膛破肚，头颅被挂在一杆长矛上，插在伦敦塔前示众。不过，尽管他最后身败名裂，但他的观念却延续下来。爱德华勋爵本人后来就采纳了很多西蒙伯爵的政治观点。此战之后，王国的权力就掌握在亨利三世的这个功勋卓著的儿子手中，尽管直到1272年之前，亨利三世一直都是名义上的国王。

1267年，爱德华签署《凯尼尔沃思声明》（Dictum of Kenilworth），宣布宽赦西蒙的大部分同党，通过这个手段，令国家重回统一安定。但是这些贵族被处以巨额罚款，于是他们的很多财产都被没收充公，实力被严重地削弱了。威尔士地区的新霸主卢埃林·阿普·格鲁菲兹曾与西蒙·德·蒙福尔结盟，如今与新政权签署了《什鲁斯伯里协议》（Treaty of Shrewsbury），堂而皇之地归附了新政权；作为交换，他获得了威尔士诸国共主的称号，实际上就是威尔士所有权贵的首领和大领主。曾经英格兰的每个郡都出现了叛乱，如今终于恢复了平静安宁。正因如此，爱德华勋爵得以抽身参与第四次十字军东征，并且一去4年。从1272年他父亲去世时的情形就可知道，他并不着急回国。爱德华当时指定了一个摄政王代他管理国家，他自己则慢悠悠地，直到1274年才重新出现在英格兰。由此可知，他一点儿都不担心英国会发生新的叛乱。

爱德华一世
Edward I

1272—1307

爱德华一世登上王位时是33岁。他是金雀花王朝第一个名叫爱德华的国王，所以尽管在那之前历史上已经有过两个与他重名的盎格鲁-撒克逊国王——"长者"爱德华和"忏悔者"爱德华，但他还是被人称为爱德华一世。因为他个子很高，所以有个绰号叫"长腿王"（Longshanks）。这个身材特点让他在战场上占据了不少优势，他臂长腿长，当他握着长矛与敌军交战时，往往他的长矛已经捅进对方的身体了，对方的兵器却还没碰到他。他是个非常优秀的士兵，正是他最终击溃了威尔士君主们的统治，这在历史上尚属首次，以前从未有人做到过这一点，即便是当年以武力征服了欧洲的罗马人也没能做到。他在威尔士境内修建了大量著名的城堡，以此威慑当地贵族，控制这里的领土，从而将威尔士永久地纳入了英国的版图。时至今日，这些城堡依然矗立在威尔士境内。他将自己的长子封为威尔士亲王，取代了卢埃林·阿普·格鲁菲兹。他的坟墓位于威斯敏斯特教堂内，用波白克大理石修建而成，外表恢宏朴素，反映了他威严肃穆的性格。14世纪，一个姓名不详的人在这座坟墓上刻上了"苏格兰之锤"的字样。但是，尽管爱德华一世大力镇压苏格兰人，但他从未真正完全征服苏格兰。他去世时，苏格兰仍保持着独立，他去世的地方就离苏格兰不远。

这位新国王之所以得名爱德华，是因为他的父亲亨利三世十分崇拜"忏悔者"爱德华。但是他的性格与那位温顺的圣徒有天壤之别。爱德华一世的行事风格更像他的一位先人——威严果决的"征服者"威廉。在父亲统治期间，他的种种经历，以及他在西蒙·德·蒙福尔的威势之下渐渐学习为政之道的过程，都让他相信团结和治理这个国家的最好方式，就是大贵族建立的、拥有广泛群众基础的议会。爱德华继位之后立即面临着来自卢埃林·阿普·格鲁菲兹的挑战，于是他先后发动了两次征讨威尔士的战争，最终击溃了对方。但是国王的精力主要还是放在了一系列的法制改革上。在经历了长达75年的王权衰微、国家动荡之后，他需要以这种方式来巩固王室的统治，更重要的是，他需要以此限制大贵族的权力。

爱德华一世受骑士精神影响颇深。此前一个世纪中，骑士文学极为流行。这类作品所宣扬的伟大国王应该具备的骑士精神，在这个时期已经成了深入人心的观念。他非常喜欢亚瑟王的故事，命人千方百计找到了几块据说属于亚瑟王的骸骨，之后举办了一场特殊的葬礼，将这些骸骨葬在格拉斯顿伯里修道院，他和王后都出席了这场葬礼。另外，他还不时举办圆桌宴会，此事使他闻名遐迩。他与他的妻子卡斯蒂利亚的埃莉诺（Eleanor of Castile）之间鹣鲽情深，千百年来传为佳话。在当时的社会，大多数婚姻更多考虑的是政治和利益，像他们这样"特立独行"的婚姻，显示了他强烈的情感。埃莉诺陪伴他一起南征北战，度过所有艰难的战场生涯，甚至1270年他参加十字军东征、前往圣地的时候，她也跟在他身边照顾他。传说在十字军东征期间，因为她从自己的祖国卡斯蒂利亚的一些阿拉伯医生那里学来了很多先进的医疗知识，她还曾救过爱德华的命。埃莉诺王后于1290年在诺丁汉郡的哈比（Harby）去世。失去爱妻的国王心情悲怆、形容枯槁，他做了一件非常不寻常的事情：亲自护送她的灵柩去威斯敏斯特教堂。为了纪念亡妻，他命人修建了12个十字架，称为埃莉诺十字架（Eleanor Crosses）。每个十字架的位置都是他扶柩南行的途中灵柩曾暂时停驻的地方。其中有几个十字架至今仍在原地，不过其中最著名的一个——查令十字（Charing Cross），其实是后人重建的。

但爱德华一世并不只是一个满脑子传奇故事的士兵,他的性格也有极为务实的一面。他制定了新的法律,鼓励外国商人前来经商,同时又改革了币制。他这么做也是出于政治方面的考量,因为他知道,如果鼓励商业和贸易的发展,就可以平衡地方贵族的势力。他参加完十字军东征之后返回英格兰时,顺道去巡视了他在法国的领土加斯科涅,其中吉耶纳(Guienne)的民众目无法纪,社会脱离法制,令他十分震惊。因此,他制定了一项政策,建立一些专门的村落,供遵纪守法的商人、律师等中产阶级人士居住,以此鼓励中产阶级发展壮大。他的另一个十分务实的举措就是确保国王能从英格兰日益增长的羊毛贸易中分得一杯羹。因为西多会修道士们探索出了伐木放羊的模式,羊毛贸易的规模得到极大的增长。1275年,爱德华一世制定并开始征收一项新的王室税,出口到北欧的每一包羊毛、羊皮和皮革都要缴纳这项税款。

在爱德华一世的统治下,伦敦塔周边的地区成了中央政府的所在地,这在历史上尚属首次。他将那里原先的铸币厂迁到威斯敏斯特,然后在白塔旁边修建了那座我们十分熟悉的中世纪风格的王宫。王宫里他自己起居生活的区域以及他卧室旁边小教堂的装饰风格都以朴实无华而著称。在当时英格兰崇尚华丽繁复的装饰风格的社会背景之下,这种朴素显示出国王性格中果断坚毅、务求实际、不好虚饰的特点,这与他父亲贪图享乐、放浪不羁的天性可谓大相径庭。

1274年,爱德华从圣地返回英国,举办了加冕典礼。同年,他在全国范围内重建诺曼人传统的治国体系:审讯制度。由于他父亲性子散漫,政府秩序混乱,所以很多本来属于王座法庭的司法权和权力,都被地方贵族的地方法庭接管了,导致国王的权力受损。他发起了一项名为"根据什么行使职权"(Quo warranto)的调查质询,于是受命的特派员到全国各地质询每个贵族封臣他们认为自己拥有哪些权力,以及这些权力是否真的属于他们。要完成这项工作,特派员需要手持一份盖了国王御玺的令状。不过,还有一些地方,人们仍是按照盎格鲁-撒克逊时期的风俗召集法庭,审判案件,这种做法被视作传统遗俗,没有被当作僭越。

1275年出台的《威斯敏斯特第一法案》(First Statute of Westminster)总结了这次质询的结果,之后,1278年颁布的《格洛斯特法案》(Statute of Gloucester)限制了很多原属贵族封地的司法权,将之收拢到中央政府。《威斯敏斯特第三法案》(Third

Statute of Westminster）——它的另一个广为人知的名称是《禁止分封法》（Quia Emptores）——进一步削弱了封地贵族的实力。这项法令允许保有土地的自由民将自己的土地自由地出让给其他人，受让人不需要对出让人承担封建义务，也就是受让人不需要效忠于出让人，只需要直接效忠于出让人所属的领主——很多时候这个领主就是国王。根据英格兰的百户制度，每个百户区都有义务防止自己的辖区发生犯罪事件，《威斯敏斯特第二法案》（Second Statute of Westminster）进一步强化了这项制度，同时也完善了民兵的管理办法。

爱德华一世也尝试着审核教会的管辖权。自约翰成为罗马的属臣之后，英国每年需要向教皇缴纳一笔钱，但他废止了这一做法，还规定教会法庭永远不得侵犯世俗法庭的司法权和管辖范围。1279年颁布的《没收法》（Statute of Mortmain，根据拉丁文原意，乃是"死手"的意思）规定，未经国王同意，任何人不得将自己的土地田产遗赠给教会。所有的这些措施让爱德华一世的财富远多于他的父亲，如此一来，他就不需要向犹太社区借钱办事了。爱德华是坚定的基督徒，他的宗教热情促使他产生了反犹太人的倾向。犹太人提供借款获取重利的做法让他反感，所以他往他们身上安上一个使用外国硬币、拒用他发行的英国货币的罪名，在1290年将英格兰的所有犹太人全都驱逐出境。从此之后，犹太人在英格兰绝迹了足足350年，直到奥利弗·克伦威尔（Oliver Cromwell）请他们回来，他们才又踏上这片土地。

1289年，因为民众对法官有诸多不满，国王决定对所有王室法庭的法官进行调查审核。这是展现国王权力的又一项举措。最后只有4个法官通过了审核，其他法官都被解职了。从1292年起，根据规定，只有受过法官培训的律师才能在王室法庭出庭辩护，这让法庭辩护更为规范。另外，从这个时期开始，律师学院（Inns of Court）成了法律教育的中心，所有的出庭律师都必须加入这个组织。

但是爱德华统治期间最重要的事件还是对威尔士和苏格兰用兵。早在1277年，他就对卢埃林·阿普·格鲁菲兹统治下的威尔士发动了战争。卢埃林利用《什鲁斯伯里协议》大肆扩张自己的势力，意图侵占英格兰边境地区贵族的封地，将自己的领土面积扩大一倍。卢埃林与西蒙·德·蒙福尔的女儿订婚了，并宣称要继承那个叛国大首领的精神，爱德华听说之后就派遣一支军队进入北威尔士。之后双方签署了《康韦条约》（Treaty of Conway），卢埃林失去了威尔士大领主的地位，变回一个小国君主。他的大部分领土都被纳入英格兰法律的管辖，威尔士的传统被忽视了。

英格兰军队进驻了威尔士的每个行政区。英格兰对威尔士的压迫不久之后就引发了另一场叛乱。领导这场叛乱的是卢埃林和他的弟弟戴维兹（Dafydd）。爱德华再次领兵进入北威尔士，将卢埃林国王围困在斯诺登尼亚（Snowdonia）。但卢埃林国王成功地逃出了英格兰的封锁线，逃往瓦伊河（River Wye）上游地区。在那里，他赢得了许多边境贵族封地普通民众的支持，并在他们的支持下发动了最后一击，但12月11日，在奥列文桥战役（Battle of Orewin Bridge）中，他兵败身死。

这次爱德华的处置方式就没有之前那般温和宽容了。卢埃林的头颅被砍下来，用一根长矛高高地挑起，头顶上插上了一根柳条——这是在嘲讽以前威尔士人为他们的国王加冕的仪式。按照当时的习惯，他的头颅被挂在伦敦塔外直至腐烂，以此警告和震慑民众不得怀有异心。尽管戴维兹国王藏身在自家周围的密林和幽谷中，又多支撑了一年，但是到1283年，他也在什鲁斯伯里被处决了。

北威尔士的政府体制按照英格兰地方政府的形式被重新组织。边境贵族封地依然保持半独立的封建封地的性质，直到16世纪，这种情况才发生了改变。但是威尔士的大部分地区，尤其是北部和沿海区域，都按照英格兰的模式重新划分整治，纳入了英格兰的管辖。它被划分为6个郡：前5个分别是安格尔西、卡马森（Carmarthen）、卡那封、梅里奥尼思（Merioneth）和卡迪根（Cardigan）；第六个郡是由爱德华一世首次建立的，他将之命名为弗林特郡（Flintshire）。每个郡都有自己的行政司法长官。整个威尔士都被一系列固若金汤的白色城堡给包围起来了，其中知名的城堡有卡那封城堡、康韦城堡和哈莱克城堡等。后来的国王爱德华二世（Edward II）就是在1284年出生于卡那封城堡的，除了夭折的孩子，他是爱德华的长子。传说当时爱德华对台下聚集的民众大声宣布："我会给你们威尔士任命一个不讲英语的王。"接着，他将刚刚出生的小婴孩抱到窗户边，宣布他就是他们的新国王。从1301年起，威尔士亲王就成了英王长子的固定封号。

征服苏格兰耗费的时间比占领威尔士短得多，不过，国王对苏格兰的统治也不过是昙花一现罢了。直到13世纪末，苏格兰一直是一个幅员辽阔、政权统一的国家，整个苏格兰都归一个国王统治，其疆域北至苏格兰高地，南至特威德河。苏格兰高地上居住着凯尔特部落，部落成员与诺曼人互相通婚、相互融合。这个王国的西南边境北起加洛韦，南端与原威尔士王国的一片区域接壤，那片区域就是现在的坎布里亚，或者叫湖区（Lake District）。苏格兰既然有如此辽阔广袤的疆域，那么对英格兰而言，它就有可能成为敌人的藏身之所。不管从哪个方面来看，将之纳入英格兰的统治确实更符合治国方略。

　　自从1174年《法莱斯条约》签署以来，英格兰人和苏格兰人已经和平相处了一个多世纪。但到了1286年，这种和平的局面开始难以为继：古苏格兰王国的最后一任国王亚历山大三世（Alexander Ⅲ）突然毫无预兆地去世了，此前，他的两个儿子已经不幸地在两年内相继去世。这样一来，他王位的唯一继承人就是他的外孙女——绰号为"挪威少女"（Maid of Norway）的玛格丽特。但是仅仅过了4年，她也去世了，于是，王位就没有明确的继承人了。此后，不下13个人相继宣称王位应该由自己继承，其中最重要的人选是约翰·贝利厄尔（John Balliol）和罗伯特·布鲁斯（Robert Bruce），他们两人的母亲都有苏格兰王室血统。这么多人争夺王位，不论谁的主张都难以获得所有人的支持，内战似乎一触即发。苏格兰的很多大贵族都在英格兰拥有土地，他们认为，爱德华一世最有资格决定由谁来当下一任苏格兰国王。但是爱德华要求他们答应一个条件，否则就不为他们做这个仲裁。自从"狮心王"理查将《法莱斯条约》拿去换钱之后，苏格兰国王就只作为其英格兰境内领地的主人效忠于英格兰；英格兰国王是苏格兰人的最高君主的观念早已经被他们淡忘。爱德华一世答应为王位之争做仲裁，但是要求所有苏格兰贵族和所有王位候选人都要先宣誓效忠于他，尊奉他为苏格兰的最高君主。

　　主要的王位候选人和大贵族都迫切地想要争取爱德华的支持，于是他们答应了。在104名法官的协助下，爱德华审理了苏格兰王位继承权的诉讼。经过深思熟虑、详细论证，最后，在1292年，王位传给约翰·贝利厄尔。他在特威德河畔贝里克——当时是苏格兰的一座城镇——被正式宣布为苏格兰国王。但是，几乎就在同时，法国和英格兰又因为后者在法国的领地而爆发了战争，如此一来，本应该已经明朗的结果又一次变得不确定了。爱德华一世率领一支英国军队前往加斯科涅，抵抗法国国王腓力四世（Philip Ⅳ）的入侵。腓力则让他的间谍在威尔士和苏格兰煽动民众叛乱。尽管威尔士的叛乱很快就被镇压下去了，并没有掀起什么风浪，但是苏格兰带来的威胁却棘手得多。从1293年起，苏格兰和法国签署了一系列外交协议，建立起紧密的联系，携手对抗他们共同的敌人英格兰。这就是所谓的"老同盟"（Auld Alliance）。

苏格兰贵族对爱德华一世的敌意逐渐滋长。越来越多的苏格兰普通民众若是不满当地法庭的判决，就会向英格兰的王室法庭上诉，其中很大一部分原因是他们听说英格兰的法庭更为公正、更有经验。尽管如此，当英格兰要求他们为英军服役，去加斯科涅抗击法国军队时，苏格兰人还是感到很愤怒。人们鄙弃约翰·贝利厄尔，认为他已被英格兰国王掌控，不能成为一个好的领袖。作为苏格兰的统治者，他的权力地位已经或多或少地被一个由12名贵族组成的委员会所取代，正如英格兰的亨利三世在位期间十五人议会取代国王的统治一样。

爱德华一世的王国腹背受敌、四面楚歌，面对如此境地，他决意效仿先前的西蒙伯爵的做法。1295年，他召集了一届议会，将英格兰整个国家团结起来，共同面对即将到来的危机，让这个国家的所有政治组织之间的合作和联系达到一个新的高度。这次议会即众所周知的"模范议会"（Model Parliament）。《大宪章》已经以法律的形式制约了国王的权力，但是爱德华又在这个基础上往前迈进了一步，强调在英格兰，国王的统治措施必须经过被统治者的同意。国王下达了一份诏书，要求每个郡、城市、自治市镇都选举出两名代表，由他们与贵族和主教共同组成议会。诏书里面有一句名言："凡攸关众人之事，理应取得众议赞同。"文件接着又写道："众人之公敌，需有众人群策以应之，此亦不言自明之理。"

爱德华甫一登基，就已经开始时常召集议会了。但是在这次议会上，为了回报议员们表决同意他开征新税筹措军费，他首次同意成立枢密院。靠着模范议会批准他征收的大笔税金，他在1296年发动了对苏格兰的战争，想要迫使苏格兰人就范。面对爱德华的大举入侵，约翰·贝利厄尔不敢应战，直接宣布放弃苏格兰王位。爱德华自立为苏格兰国王，这个国家被分封给他手下的英格兰人。自6世纪起，苏格兰国王一直都是在斯昆石（Stone of Scone，又叫"命运之石"）上举行继位仪式的。为了昭示政权的更替，这块石头被运往南方，送进了威斯敏斯特教堂里，放在了英格兰国王的宝座下面。它在那里放了700余年，直到1999年，为了向新一届苏格兰议会（Scottish Assembly）致敬，这块石头才被归还。

在解决了法国国王的两个同盟之后，国王班师回到南部，为接下来的加斯科涅战争做准备。但是回到英格兰之后，他发现不论是教会还是世俗贵族都不赞同他的战争计划。他们显然已经打心底里完全接受并认同了爱德华的旨意：凡攸关众人之事，理应取得众议赞同。坎特伯雷大主教罗伯特·温奇尔西（Robert Winchelsey）宣称，根据教皇卜尼法斯八世（Boniface Ⅷ）的最新指示，英国的神职人员不能再向世俗君主缴纳更多的捐税。1297年，英格兰王室军事总长、赫里福德伯爵汉弗莱·博恩（Humphrey Bohun）、诺福克伯爵罗杰·比戈德（Roger Bigod）和英格兰元帅，以及其他大部分大贵族在索尔兹伯里召开议会会议，拒绝接受国王命令前往加斯科涅。最后爱德华自己怒气冲冲地拂袖而去。既然手下的贵族封臣不肯拨款，他只好采取一种非法的方式筹措远征法国的军费，那就是滥收过路费。在他的纵容之下，他手下的士兵没收了所有往来商人的羊毛，要求他们必须交钱才能拿回那些货物。

但是英格兰的贵族跟国王一样坚毅果决。爱德华刚到加斯科涅，博恩和比戈德就在坎特伯雷大主教的怂恿之下，将国王的儿子卡那封的爱德华（Edward of Caernarvon）关进监狱，并宣布除非国王重新颁布《大宪章》，否则就绝不释放他。他们还要求增加新的条款：废除过路费，并且，从此以后，未经议会批准而征收税费都将被视为违法行为（议会取代了《大宪章》原先规定的由25名贵族组成的委员会）。这份修改后的新文件称为《确认宪章》（Confirmatio Cartarum）。爱德华一世别无选择，只好签署了这份文件，也没有再做什么无谓的挣扎。

但他的麻烦还远没有结束。苏格兰爆发了大规模的叛乱，响应者云集。这迫使"长腿王"不得不从欧洲大陆赶回国内。在一位名叫威廉·华莱士爵士（Sir William Wallace，绰号叫作"勇者之心"）的骑士领导下，苏格兰境内各地相继爆发了一系列起义。1297年9月，在决定性的斯特灵桥战役（Battle of Stirling Bridge）中，华莱士出人意料地打败了国王派驻苏格兰的代表——瓦伦伯爵（Earl Warenne）。到了这一年年末，苏格兰已经将所有英格兰人都赶出了国境。华莱士在英格兰边境的城镇恣意烧杀掳掠。

　　华莱士的支持者大部分都是普通民众。苏格兰贵族与他们相反，因为他们很多人除了在苏格兰拥有田产之外，还在英格兰拥有土地，所以他们当然不愿意与英格兰国王为敌。尽管华莱士的军队物资匮乏、装备极差，甚至连一匹马都买不起，但华莱士本人是个杰出的战术家。在第二年的福尔柯克战役（Battle of Falkirk）中，他经过苦战，最后仅以微小的劣势惜败。爱德华一世在与威尔士的战争中第一次发现长弓的奥秘，后来就以此训练自己的弓箭手，这次战役上，他派出了这些经过专门训练的弓箭手，才得以战胜华莱士为了对付强大的英格兰骑兵而专门设计的方阵和兵器。

　　就在这个时候，国王与贵族之间的纷争使国王不得不回到南部。直到1303年，他才终于可以重回北方，巩固他在苏格兰的统治。此时他已经是个病体虚弱的老人了。他当时已经快70岁了，在那个时代，这样的年纪可谓迟暮之年。此次北伐，路途漫漫，他的谋士臣属都觉得以他的身体状况，他最好能坐在铺了软垫的车子里上路，但是他拒绝了他们的建议。相反，他骑着马走在队伍的最前头，率军围攻苏格兰防线的重要关隘斯特灵城堡（Stirling Castle）。在包围城堡时，国王走到了城墙不远处，因为距离太近，敌军的箭射到他的马鞍，深入马腹。尽管他的手下都劝他撤到后方，但是这位年迈的战士坚定地拒绝了，依然骄傲地挺直脊背，骑着战马，不顾苏格兰人不断从城墙上扔下来的希腊火*和倾倒下来的滚油，日复一日地巡视战况。

　　等到斯特灵最终沦陷之后，征服苏格兰似乎已经指日可待。华莱士被俘了，他被押送到南方，绞死、开膛、分尸，他的头颅和之前的卢埃林国王一样，被悬挂在伦敦塔的大门上。英格兰的统治再一次在苏格兰确立起来。苏格兰被划分为4个区域，所有区域统归爱德华一世的外甥布列塔尼的约翰（John of Brittany）治理。爱德华本人则离开这里，回到南部。但是他刚离开，苏格兰的另一个伟大的民族英雄，即前文提到的罗伯特·布鲁斯，就领导民众发动了又一场起义。

　　布鲁斯是布列塔尼的约翰的竞争对手的孙子，他本是苏格兰贵族，原本支持

---

* 东罗马帝国所利用的一种可以在水上燃烧的液态燃烧剂，主要应用于海战中。——编者注

英格兰统治苏格兰，但后来英格兰士兵对苏格兰人的残酷压迫激起了他的愤怒〔巴肯伯爵夫人（Countess of Buchan）等贵妇被关在笼子里，吊在城墙上示众，受尽侮辱〕。1306年，布鲁斯和约翰·科明（John Comyn）在邓弗里斯一座偏僻的教堂里秘密会晤，商讨反抗英格兰统治的计划，因为一言不合，脾气暴躁的布鲁斯杀死了科明。科明也参与了苏格兰王位之争，所以布鲁斯似乎不由自主地想抓住一切机会了结这个竞争对手。尽管此举让布鲁斯从此背上了不法之徒的恶名，而且因为他是在教堂这样神圣的地方犯下谋杀罪，他的恶行尤其令人难以忍受，但还是有很多普通民众开始聚集到他麾下，其中有许多人去了他藏匿的深山里追随他。从此之后，苏格兰人反抗的力量开始渐渐势不可当，所有地方都燃起了烽火，英格兰人最后被赶出了这个国家。这一年年末，罗伯特·布鲁斯在斯昆加冕为苏格兰国王。

尽管爱德华一世此时已经年近七旬，行将就木，但他依然壮心不已。他又从南部出发，第三次踏上了北伐之路，试图巩固自己对顽抗的苏格兰人的统治。但在1307年7月7日，他在距目的地不远的布拉夫桑斯（Burgh by Sands）去世了。老国王临死之前十分不甘心，命手下人在他死后将他的尸身用沸水熬煮，将骨头剥离出来，这样他们就可以抬着他的骸骨站在英格兰军队的前列，和军队一起继续北上，越过边境。爱德华一世的儿子爱德华二世完全不肖其父，尽管他向他父亲保证过会继续这场战争，但实际上放弃了北伐，退回南方，整日与一个名叫皮尔斯·加韦斯顿（Piers Gaveston）的英俊的加斯科涅骑士厮混在一起。

爱德华二世
Edward II

1307—1327

爱德华一世手腕高明，将贵族和各方分封势力管理得井井有条。但是，继承他王位的儿子既没有他的谋略手腕，也不像他那么思虑周全。有这样一个了不起的父亲，爱德华二世从小耳濡目染，确实像人们所期待的那样对军事和治国都有很深的理解，但是他的性格却始终轻浮狂妄得不可救药。尽管他在位20年，但实际上在这20年里，他基本上是统而不治，毫无作为，早早就埋下了失去权位的隐患。

爱德华二世继位时年仅23岁，与"长腿王"一样，也是个高大英俊的美男子，但是他一点儿都没继承到他父亲的坚毅勇武，反而性格十分软弱，缺乏主见。他喜爱皮尔斯·加韦斯顿。加韦斯顿机智俏皮，说话刻薄，常有傲慢之色，这些特质让英格兰的贵族都十分憎恶他，但是却让爱德华二世十分着迷。爱德华二世在他父亲死后立即放弃了北伐苏格兰，之后，他做的第一件事就是召回了加韦斯顿——他的父亲以前因为不喜加韦斯顿行事放纵、生活堕落，将他逐出了宫廷。爱德华二世将自己的外甥女嫁给了他，又恢复了他的名誉尊号，归还了他的土地田产，还封他为康沃尔伯爵。但是因为加韦斯顿总是不知餍足地缠着他的"密友"寻欢作乐，所以国王很快就荒废了国事，政府的运转慢慢陷入了停滞。到1308年，议会的贵族们忍无可忍，要求将加韦斯顿驱逐出境。

爱德华二世仓促地将加韦斯顿任命为爱尔兰总督，让他离开了这个国家，以此满足了贵族们的要求。为了能让那位加斯科涅骑士回到英格兰，他还向议会允诺了许多条件，做出了许多让步。然而，尽管议会的贵族们答应会让加韦斯顿回来，但到了1310年，他们固请实施一项新的改革，成立由贵族和主教组成的指导委员会，称为"贵族委员会"（Lords Ordainers）。一年之后，新成立的委员会宣布永久驱逐加韦斯顿，要求国王任命所有大臣时都必须按照他们的建议，而且未经他们允许国王不得发动战争或离开这个国家。爱德华不顾委员会的决议，下令让加韦斯顿回来，但是贵族们发兵将国王的这个宠臣围困在斯卡伯勒城堡（Scarborough Castle），不久之后就杀了他。爱德华二世多次向贵族发难，想为加韦斯顿报仇，但是他的报复根本微不足道，因为他越来越仰赖贵族为他抵御苏格兰人。苏格兰人在罗伯特·布鲁斯的领导下不断南侵，威胁到了英格兰北部的领土安全。

据说，英勇的布鲁斯曾经陷入了几乎看不到希望的绝境之中，之所以最后还能坚持斗争，是因为他藏身在加洛韦的一座小农庄时，看到一只蜘蛛织网，从中受到了鼓舞。到1314年，他和他的部众已经攻占了苏格兰的大部分地区，更重要的是，他们赢得了绝大多数苏格兰贵族的支持。爱德华曾经派兵驻防的那些城堡几乎全都落入他的掌控，只剩下一个还没被他攻克，即斯特灵城堡。这是一个具有重大战略价值的要塞，因为它是进入苏格兰高地的门户。即便是贪图安逸、懒散昏聩的爱德华二世也明白，他必须率军北上，守住这个要塞。与此同时，罗伯特·布鲁斯也在紧锣密鼓地筹备着攻打这座城堡，尽管他兵力不足，但他设下了陷阱，等着英格兰军队自投罗网。他会在他们给城堡解围之前就将他们打败。

苏格兰军队集结到福思河（River Forth）的支流班诺克河（Bannock Burn）河畔的一座山丘上。他们居高临下，占据地理位置的优势。两军之间只隔着一块沼泽地，其中遍布水池、泥沼、沟塘。布鲁斯已经密令手下将很多水池偷偷挖深了许多，底下插上利刃，令这片沼泽地比以前更加危险。后来的事情果然如布鲁斯计划的那样：英格兰骑兵骑着马冲上来，结果陷入水池中被利刃扎伤刺死。与此同时，苏格兰骑兵势如破竹，打败了实力强大的英格兰和威尔士的弓箭手，因为爱德华没有派步兵在他们周边防守。

英格兰军队已经乱了阵脚，军心涣散，恰在此时，又有一批苏格兰士兵出现在地平线上，他们看起来像是增援的军队，尽管实际上他们不过是随军的平民装扮的。这些"援军"的出现让英格兰方面彻底失去了斗志。国王本人带头逃跑：他穿着盔甲，精钢头盔上戴着醒目的金王冠，匆匆忙忙地从战场上逃离。他的部众见他如此，也全都转身就跑。他们就这样彻底溃败了。第二天，弹尽粮绝的斯特灵城堡的英格兰守军打开城门，迎接罗伯特·布鲁斯进城。从此之后，他不管在名义上还是事实上，都已经是独立的苏格兰王国的国王。

班诺克本之战（Battle of Bannockburn）的奇耻大辱让国王失去了更多的权力，这些权力被贵族委员会接管。当时实际控制着贵族委员会的是爱德华的堂弟兰开斯特的托马斯（Thomas of Lancaster），他是爱德华一世的弟弟埃德蒙的儿子。在托马斯的影响下，贵族委员会与国王一样无法有效地管理这个国家。爱德华一世倾毕生之力建立并且引以为傲的法制，已经出现了倾颓之象，国王和托马斯双方的势力开始爆发私斗，和平安宁的社会氛围渐渐消失。英格兰的整个政府行政体系日益崩溃，英格兰北部越来越频繁地遭到苏格兰人闪电式的越境劫掠。国家陷入混乱，一种大难将至的阴影笼罩在人们头顶，而令这种局面雪上加霜的是，1315年和1316年发生了大饥荒——那两年夏季雨水不断，庄稼无法成熟。即便是王室，也曾经历过吃不饱饭的艰难。饥荒导致数千人死亡。全国范围内暴发的牛病又让形势进一步恶化。为了防止牛病进一步扩散，数以千计的牲畜被宰杀。

这个时期，贵族中出现了一个温和派，其领袖人物是彭布罗克伯爵。他试图成立新的委员会来控制国王，限制兰开斯特的托马斯的行为。但是爱德华二世开始对彭布罗克一派的另外两名贵族表现出宠爱，他们是德斯潘塞（Despenser）家族的两兄弟。国王赐予了他们大量的贵族头衔和土地。1321年，议会召开了全员会议，在兰开斯特的托马斯授意下，议会大肆攻讦德斯潘塞兄弟，并将这两名新宠流放了。出乎所有人的意料，国王在这件事上罕见地摆出了强硬的态度，对兰开斯特的两个主要支持者，也是德斯潘塞兄弟的两个主要政敌发动了战争。他们两个都是边境地区的贵族领主，一个是罗杰·莫蒂默（Roger Mortimer），另一个是赫里福德伯爵（他的父亲曾经反抗过爱德华一世）。国王渡过了塞文河，击溃了莫蒂默，大获全胜，然后召回了德斯潘塞兄弟。托马斯逃往了北部。但是在巴勒布里奇（Boroughbridge），国王的手下找到了躲在教堂里寻求庇护的托马斯，将他从教堂里拖了出来，并在他的庞蒂弗拉克特城堡（Pontefract Castle）前将他枭首示众。

此时，爱德华和他的两个新宠似乎已经安全了。这场本有可能发展成燎原之势的叛乱已经结束，几个领导人要么跟莫蒂默一样被关进了伦敦塔，要么已经死了。之后的4年里，德斯潘塞兄弟挟天子以令诸侯，掌握了英格兰的实际统治权。为了迎合大众，赢得民心，1322年，在约克召集的议会上，他们废除了贵族委员会要求国王颁行的一项法令，理由是该法令只获得了贵族的通过。他们宣布，"王国的平民"——每个郡的骑士和市镇的代表——必须参与这样的重要决议，否则决议的内容就不能成为法律。这令英国平民院的发展迈出了重要一步，令它进一步掌握了权力。

不过，德斯潘塞兄弟也有皮尔斯·加韦斯顿的许多毛病，正是这诸多毛病令皮尔斯当初见斥于王公贵族。他们傲慢、贪婪，热情地希求他们的主人赏赐给他们更多的贵族头衔和土地，完全不知收敛。为了结束苏格兰人的劫掠给边境地区造成的混乱，爱德华二世尝试发兵入侵苏格兰，结果却自取其辱。苏格兰人根本不屑于和他开战，直接将他赶出了苏格兰，并且差点就在拜兰修道院（Byland Abbey）将他俘虏了。1323年，两国之间签署了停战协议，从此，英格兰在事实上承认罗伯特·布鲁斯是苏格兰国王。与此同时，民众们都看到，在德斯潘塞兄弟的散漫的统治下，整个政府机构体系开始腐败退化下去，弊病丛生。税收征不上来，法庭不再追求公正和正义，官员与民众对立。

在这种背景下，民众的不满情绪不断发酵，积怨日深，只需出现一个领袖人物稍加鼓动，这种不满就能演变成一场叛乱。1324年，这样的一个领袖人物出现了。充当这个领袖的正是罗杰·莫蒂默。他原是兰开斯特的党羽，从关押他的伦敦塔中逃了出来，跑去巴黎，与很多其他被流放的兰开斯特党羽会合。恰巧爱德华二世的妻子伊莎贝拉也在那里，他们夫妻感情不睦，伊莎贝拉带着她的儿子——未来的爱德华三世——去看望她的兄长法国国王查理四世（Charles Ⅳ），顺便借这个机会让法国国王确认爱德华为加斯科涅和蓬蒂厄（Ponthieu）之主。她和莫蒂默结成了同盟，因为他们都憎恨德斯潘塞兄弟：王后是因为他们掌控了她的丈夫，莫蒂默则是因为他们没收了他的财产。

这种天然的联盟关系不久之后又因为两人之间产生的感情而更加牢固。王后伊莎贝拉不顾国王让她回国的请求，公开与莫蒂默同居，和他谋划攻打英格兰，推翻德斯潘塞兄弟对那个国家的统治。但是英格兰国王之妻和叛国之贼的丑行不仅让法国宫廷感到忧虑，甚至让其他国家的人也都开始担心起来。此时人们提到她时，已经开始以"那个法国的荡妇"来指代了。教皇下令让查理四世驱逐他的妹妹，这个命令对查理而言可谓正中下怀。伊莎贝拉带着13岁的儿子爱德华去了埃诺（Hainault），让他与埃诺伯爵的女儿菲利帕（Philippa）订婚。伯爵能够与英格兰这样重要的国家联姻，自然喜不自胜，忙不迭地为伊莎贝拉和莫蒂默提供了军队，让他们打着爱德华王子的旗号攻打英格兰。

王后伊莎贝拉宣布她和莫蒂默的目的是解救这个国家于德斯潘塞兄弟的暴政统治之中。1326年，她从埃塞克斯的奥威尔（Orwell）登陆，率军向伦敦进发。很快，整个王国大部分的大贵族都加入了她的阵营，其中包括兰开斯特的托马斯的弟弟亨利。与此同时，伦敦市民不仅为伊莎贝拉和莫蒂默打开了城门，还杀死了爱德华二世的一个使者——埃克塞特主教。面对这样多方联合的敌军，国王一方根本没有一战之力。在这种情况下，爱德华二世和德斯潘塞兄弟不得不向西逃窜，企图逃到位于格拉摩根（Glamorgan）的德斯潘塞家族封地，只要能到那里，他们就安全了。但是他们都被俘了。德斯潘塞兄弟被立即处决，弟弟的尸身被肢解，然后高高地挂在50英尺高的绞刑台上。爱德华被戴上镣铐，押送回伦敦。他的统治时期宣告结束。青涩笨拙又年轻英勇的爱德华王子被拥立为新的国王，也就是爱德华三世。他对他风姿动人的母亲甚为迷恋。

与此同时，在西部地区，爱德华二世被重兵押送着从一个城堡转移到另一个城堡。不久之后，新政府认为，只要他活着，他们的敌人就容易打着他的旗号联合起来进行反抗，所以1327年，他被一片剑叶兰的叶子刺死于格洛斯特郡的伯克利城堡（Berkeley Castle）里。据说他死的时候发出的凄厉惨叫声甚至传到了数英里之外。为了避免民众揣测他的死因，当时英格兰的实际掌权者莫蒂默干脆先下手为强，命人将爱德华二世赤裸的尸身展示给民众，以此打消他们的疑虑。尸身上确实没有肉眼可见的伤口。之后，尸体就悄悄地被掩埋在格洛斯特的修道院教堂。

爱德华三世
Edward III

1327—1377

爱德华三世将会统治英格兰长达50年时间。但是他最广为人知的功绩是,作为一个伟大的战士,和他儿子"黑太子"(Black Prince)一道,带领英格兰人民在英法百年战争(Hundred Years' War)中取得了一个接一个的胜利。这场为了争夺法国王位而发起的旷日持久的战争,最终随着爱德华三世的曾孙亨利五世在阿金库尔战役(Battle of Agincourt)上大获全胜,而达到了理想的结果。这场胜仗之后,亨利迎娶了法国国王的女儿凯瑟琳(Katherine),于是他的儿子亨利六世(Henry VI)尚在襁褓之中,就短暂地兼任了英格兰和法兰西两国的国王。更重要的是,爱德华三世的胜利巩固了英格兰对阿基坦的控制,它大致相当于今天法国领土的1/4。而且英格兰趁机控制了法国的重要港口加来(Calais)。战争为他带来了难以估量的名望,所以他在位期间,王权君威几乎从未受到质疑。贵族们的精力都被英法两国的战争所牵扯。国王扩建了位于温莎的哥特式城堡,在这座城堡里,他举办了无数次盛大的宴会和骑士比武大会。这些盛事是按照近百年来影响深远的亚瑟王故事打造的,体现了当时的时代精神。亚瑟王原是黑暗时代的部落首领，此时已经被宫廷骑士文学塑造成了一位完美的绅士、英勇的骑士，成为骑士精神的理想化身。

　　英法百年战争为英格兰赢得了众多利益，正是因为这个原因，英格兰才有资本兴起新一轮的建设项目，并获得民众的支持。这些建设项目进一步强化了本来就已经在全国各地复苏的英国精神。爱德华三世时代的标志性建筑名为"垂直式建筑"（Perpendicular），呈现一种英国独有的后哥特式风格。与那个时期欧洲大陆主流的哥特式建筑不同，英国建筑没有像它们那样大量运用流线型线条，反而使用更加简明冷峻的几何线条，其中代表性的建筑包括格洛斯特大教堂（Gloucester Cathedral）、圣乔治礼拜堂（St George's Chapel，在温莎城堡内）和温彻斯特大教堂等。从1362年起，英语正式取代拉丁语，成为英格兰的官方语言。英格兰最伟大的作家之一杰弗里·乔叟（Geoffrey Chaucer）出生于1343年左右。他出生在一个富裕的葡萄酒商人的家庭，从小就走遍了许多国家，会讲至少4种语言。他痴迷于法国的诗歌和但丁（Dante）、薄伽丘（Boccaccio）的作品，后来他为王室效力，成了一名外交官，这样的工作令他对那些作品的喜爱有增无减。然而他自己的作品的影响力太大了，如《公爵夫人之书》（The Book of the Duchess）——书中描述了冈特的约翰（John of Gaunt）的妻子兰开斯特的布兰奇（Blanche of Lancaster）的死亡，以及后期的《坎特伯雷故事集》等。到了14世纪末，英文彻底取代了拉丁文和法文，成为英格兰文学作品的通用文字。同时，威廉·兰格伦（William Langland）的《农夫皮尔斯》（Piers Plowman）和佚名作者作品《高文爵士与绿衣骑士》（Sir Gawain and the Green Knight）等作品也向其他国家展示了英格兰新的创作精神。

　　尽管在那个时代英格兰取得了辉煌的军事成就，国王也获得民众的普遍拥戴，但是爱德华三世的统治时期还是充满了严重的社会危机。1348年，一种名为黑死病（Black Death）的鼠疫在英格兰暴发，与欧洲的其他地方一样，这场瘟疫夺去了无数人的生命。这种疾病源自亚洲。热那亚共和国（Republic of Genoa）贸易繁荣，与亚洲有非常多的货物往来，结果热那亚货船上的一种黑鼠就将这种疾病带入了欧洲。那个时代的人认为黑死病是上帝降下的诅咒。当时短短一年之内，英格兰总人口就有1/5死于这场鼠疫，死亡人数惊人。最后被黑死病夺去生命的人数量竟然达到总人口的 1/3。这场瘟疫让法国和意大利的人口都锐减了一半。黑死病让之后的整整一代欧洲人对世界充满了悲观的情绪，与第一次世界大战之后的那种消极颇为相似。大量能够种植粮食的劳动力因为这场瘟疫而死去，导致在此后将近一个世纪里，英格兰的人口数量不断下滑。直到 15 世纪中叶，人口才开始增长。

劳动力短缺也动摇了农奴制的基础。这套由诺曼人带入英格兰的制度禁止农奴离开自己领主的领地。由于很多地主迫切地需要人手来耕种他们的土地，所以他们对出逃的农奴普遍采取"不问来处"的策略。到 14 世纪末，农奴制已经名存实亡。但是，农民要求获得最低生活工资，为自己争取更好的生活的尝试却遭到了阻碍；政府以立法的形式予以否定。1351 年颁发的《劳工法令》（Statute of Labourers）将工资降到了黑死病引发通货膨胀之前的水平。结果，很多地主招不到耕作的人手，无奈之下只好将他们的耕地抛荒，使之变成草场，用来放羊，因为放牧不需要什么人手。这样一来，对于出逃的农奴而言，只要还能找到一份工作，就已经是万幸了。整个西欧不断爆发大规模的农民起义，民众的不满情绪由此可见一斑，在《农夫皮尔斯》一书中也有所体现。

对于大量的地主而言，牧羊是获利的便捷途径。13 世纪和 14 世纪时，英国的羊毛出口达到了巅峰。在爱德华三世统治时期，羊毛纺织品取代了原毛，成为英格兰的主要出口货品。东安格利亚既没有山丘，也没有奔腾的河流，所以，13 世纪水力棉纺厂出现后，没能在这兴建起来。约克郡、兰开夏郡的奔宁山脉（Pennines）以及西部地区都借助这种新的设施，成为之后几个世纪里英格兰的羊毛加工中心。但是东安格利亚有丰富的软水资源（非常适合加工纺织品），而且当地的绵羊可以产出非常优质的细羊毛，当地人将这两个优势结合起来，制造出一种备受喜爱的精纺毛料，并以诺福克村庄的名字给它命名。这是 1331 年爱德华鼓励佛兰德斯毛纺工开发英格兰自己的精纺毛料的直接成果。一些布料商人垄断了羊毛制品的买卖，控制了羊毛出口贸易的港口和仓库，积累了大量的个人财富，这使他们有能力取代犹太人为国王提供贷款。

爱德华继位后的前 3 年，他的母亲伊莎贝拉和罗杰·莫蒂默作为摄政者把持了朝政。但是他们并没有统治这个国家太久。莫蒂默性情贪婪，他的家族封地在威尔士，他便想自己成为威尔士之主，其野心路人皆知。由于这些因素，再加上他们两人的不正当关系，不久之后民众就极厌恶他们。之后，法国国王查理四世侵占了加斯科涅的大部分地区，令英格兰陷入一种混乱不安的氛围之中。他们两人未能及时阻挡查理的侵略，由此英格兰民众更加不支持他们。在那个时代，葡萄酒就相当于今天的饮用水，是不可或缺的必需品，然而经过这场冲突之后，尽管英格兰依然从波尔多、巴约讷（Bayonne）等地进口葡萄酒，但葡萄酒贸易量锐减，不复占据举足轻重的地位。

1330年，爱德华夺回了权力。当时他的第一个孩子刚刚出生，就是后来举世闻名的勇士"黑太子"。成为一个父亲令爱德华对自己更有信心，也更有勇气为自己争取权力。一天晚上，当伊莎贝拉和莫蒂默正在诺丁汉城堡（Nottingham Castle）里休息时，年轻的国王带着一队全副武装的士兵，从一条地下通道进入城堡里，将莫蒂默从床上扯了起来。他的母亲在一旁哭喊着求情，但他充耳不闻。莫蒂默被绞死于泰伯恩刑场（Tyburn Tree）的绞刑架上。这是一座处决普通刑事犯的刑场，直到18世纪末之前，一直都矗立于埃奇韦尔路（Edgware Road）和大理石拱门（Marble Arch）的交叉口。前王后伊莎贝拉被流放到赖辛堡（Castle Rising）的庄园里，在那里幽居了20多年。

年轻的国王甫一掌权，就开始征战。在苏格兰，罗伯特·布鲁斯去世之后，他的儿子大卫二世（David II）成了新的苏格兰国王，但是到1332年，国王大卫失去了王位，约翰·贝利厄尔的儿子爱德华成为新国王。次年，爱德华三世在哈里登山战役（Battle of Halidon Hill）中重新从苏格兰人手中夺回了特威德河畔的贝里克，将这座边陲小镇永远地变成了英格兰的一部分。但是在百年战争爆发之后，爱德华三世的主力部队都被派到英吉利海峡对岸去作战了，大卫趁机东山再起，又一次成为苏格兰人的国王。

从很多方面来讲，英法百年战争实质上是两国此前断断续续军事冲突的延续，比如说不久之前伊莎贝拉和莫蒂默刚刚输掉的那场战争。这些军事冲突的主要诱因就是法国领土上残留的安茹帝国的疆域。爱德华三世出于尊严和葡萄酒贸易的利益，自然不会容忍法国国王对加斯科涅反反复复地挑衅。同样，法国国王长期以来奉行统一法国领土，将之全部纳入法国国王统治的国策，也不会轻易退让。

两国之间的形势本就剑拔弩张，在这种情况下，法国国王又宣布支持布鲁斯，威胁到英格兰，令双方的关系雪上加霜。但是此时新出现的一个因素令整个局面更加复杂，那就是两国都试图掌控法国东北部的邻国佛兰德斯——它是英格兰最大的贸易伙伴。

在佛兰德斯国内，利润丰厚的纺织品贸易被实力强大、立场独立的大商人把持着。他们几乎不向已经没钱没权的伯爵缴纳贡赋，在他们看来，封建义务好像只是旧时代残留下来的一点遗迹，早已经被遗忘在历史的尘埃里。他们反而和英格兰休戚与共，因为他们正是靠着英格兰的羊毛发家的。但是佛兰德斯伯爵名义上依然是他们的领主，而他又是法国国王的属臣。一段时间以来，为了他们的自由和权力，佛兰德斯的居民和纺织品重镇的要人都与伯爵颇有龃龉。当伯爵决定借助法国军队，以武力解决这些争端时，佛兰德斯的公民领袖詹姆斯·范·阿特威尔德（James van Artevelde）宣布独立，并于1338年自行与爱德华三世缔结了联盟。强大的英格兰国王将会为佛兰德斯的纺织品城镇和它们的贸易提供保护。

斯鲁伊斯海战（Battle of Sluys）据说是英格兰历史上第一次海战，史学界一般认为它是英法百年战争开始的标志。1340年，一支由200多艘船组成的庞大的法国舰队（其中包括诺曼和热那亚海军的战舰）涌入了斯鲁伊斯港口的海面，封锁英格兰的船只，使其无法前往佛兰德斯作战。国王不顾大议会的建议，只身前往港口，迎击敌舰。他征用了英格兰南部各个港口中停泊的所有船只，将之临时拼凑成一支规模较小的舰队，调集到奥威尔河口。这支舰队的组织纪律可想而知是比较混乱松散的。这是一次绝佳的机会，如果这次能够打败法国海军，那么从此以后这个国家就能彻底摆脱他们的威胁了，所以国王不想错失机会。

这场战役的结果是解除了法国在英吉利海峡上的封锁，在接下来的30年里，英国船只可以自由航行。这是法国人第一次见识到长弓的威力。这种武器虽然是威尔士人发明的，却令英格兰军队名扬天下。在那个世纪的大部分时间里，英格兰军队借助这种武器，在正面激战的战场上几乎是战无不胜。同时代的武器没有一件能有它那样的速射能力，只要是善加运用，它的威力可以超过技术更先进的弩弓。

长弓这种武器操作不便，弓箭手必须从小接受专门的射箭训练，锻炼出足够的臂力，才能拉开这种重型武器。长弓在完全拉开以后是6英尺长、3英尺宽，它立起来的高度可以超过大部分威尔士人和英格兰人的身高。英格兰拥有精湛的造弓手艺，可以将榆木变成匀称、完美的长弓，又拥有悠久的箭术传统，使射箭变成了全民喜爱的运动，但法国人缺少这些，所以他们的军队始终未能学会操纵长弓。意识到这一点之后，为了保障有足够的长弓手源源不断地补充军队力量，爱德华三世禁止人们在乡野从事射箭之外的任何运动。

在斯鲁伊斯，英格兰人射出的漫天箭雨让大量的法国士兵要么掉入海中，要么潜入水中躲避，于是200多艘战舰最后都被俘了。这样的惨败严重挫伤了法国海军的尊严，海军的指挥官甚至都不敢告诉腓力六世（Philip VI）这个结果。最后腓力六世还是从宫廷小丑的口中听到这个消息的。"英格兰人都是懦夫，"小丑对正在等战况消息的主人说，"他们都没有勇气像法国人和诺曼人那样跳到海里。"

掌控了英吉利海峡之后，爱德华三世终于有底气跟法国人签署停战协议了。不过之后他一回到英格兰，就又开始筹措军费，准备再次交战。这个时候，战争已经变成了一场赌博，而赌博的赌注越来越大。由于母亲伊莎贝拉的关系，爱德华三世其实也是法国王位的有力竞争者，伊莎贝拉的哥哥、法国国王查理四世去世时没有男性继承人，法国王位因此被传给了血缘甚远的王室旁支的族长，也就是瓦卢瓦公爵（Duke of Valois）。瓦卢瓦公爵登上了王位，是为腓力六世。但不少人都认为，作为上一位法国国王的外甥，爱德华dub更有资格继承王位。

1340年，爱德华三世宣布要夺回属于他的法国王位，其原因有一部分是为了迎合佛兰芒人（Fleming，指佛兰德斯居民）。他们不想被视作背弃君主的不义之徒。如果爱德华三世成为他们的君主，那么他们背叛旧主的行为就能变成正当的义举。但是爱德华也知道，只要他宣布争夺王位，那么他的尊严便不允许他中途退出，战争势必要拖延许久。接下来的一个世纪，英格兰和法国之间一直处在持续的战争状态。事实上，直到19世纪，英格兰王室才宣布放弃他们对法国王位的主张。在那之前，英格兰国王的盾形徽章上，象征法国的鸢尾花一直和象征英格兰的扬起前爪跃立的狮子并列。

1346年，腓力六世的军队对驻守加斯科涅的英格兰军队发起了猛烈的进攻。在其攻势之下，英格兰人似乎马上就要被永久地赶出欧洲大陆了。爱德华采用围魏救赵之计，入侵法国北部诺曼底的科唐坦半岛。刚开始时，他的计划取得了成功。腓力撤离了加斯科涅战场，转而迎战英格兰军队。在他们国王的指挥之下，英格兰军队当时正横扫诺曼底。国王的儿子、年仅16岁的威尔士亲王也随军征战，他的黑色盔甲为他赢得了"黑太子"这个绰号。他们将诺曼底踏平了之后，便沿着塞纳河逆流而上，直到他们可以远远望见法国首都巴黎了才停下来。但是腓力六世此时已经集结了军队，以逸待劳。爱德华败逃，法国军队紧追不舍，于是英国军队不得不往东北方向逃窜，有的跑去海边，有的跑到了他们的盟国佛兰德斯的边境。爱德华击败了驻守索姆河浅滩的法国骑兵——在退潮时这个浅滩在布朗什塔克（Blanche Taque）附近会露出河床——之后渡了河。他决定不能再逃了，必须奋起反击。他将反击的地点选在他自己的领土蓬蒂厄的一个名为克勒西（Crécy）的小村庄。

克勒西战役（Battle of Crécy）让爱德华三世名震欧洲大陆。他的兵力不及敌军一半，但是靠着巧妙的布局，加上运用长弓配合步兵，他们将法国军队打得落花流水。克勒西战役证明了英格兰的战术可以战胜法国骑兵的铁蹄。因为这场伟大的胜利，爱德华牢牢地掌控了加来港，这是他们往东的必经之路，具有极为重要的战略意义。它成了英格兰方面的重要据点，既是货物中转的仓库，也是重兵把守的要塞。占领这个港口之后，英格兰就控制了整个英吉利海峡。直到1558年，这座城镇才被归还给它真正的主人。

作战的场地是爱德华三世在克勒西精心挑选的，令他自己占据了另一重优势。他选了一片斜坡，坡顶是一座风车。他自己就在那里俯瞰整个战场，观察战局。来自威尔士和英格兰的弓箭手排列成V形方阵，如此一来，后面的人可以将箭射过前面人的头顶，前面的人又可以掩护后面的战友。法国军队的王牌骑兵却不得不策马爬坡。战马身上都坐着满身甲胄的骑兵，负重已经很大，所以爬坡并不轻松。尽管法国骑兵一如既往地竭尽全力，策马冲锋，但是曾经以此名扬天下的他们，这次却只冲到半道，就被英格兰的弓箭手好似割草一般，一批批给射翻在地。他们前后发起15次冲锋，结果15次都被"黑太子"指挥的长弓手压制得不得不撤回原地。

第二天早上，在堆积如山的数千战死将士的尸首中，人们发现了法国国王的弟弟阿朗松公爵（Duke of Alencon）和年迈瞽目的波希米亚国王（King of Bohemia）。后者当初坚持参加这场战役，并命他的骑士领着他来到战场的前线，"这样说不定我也能给那些英国佬一击"。爱德华三世和"黑太子"发现了这位目不能视的国王的尸体，他的头盔滚到不远处，上面还插着羽饰，是3根鸵鸟羽毛。老国王的英勇无畏让"黑太子"甚为动容，于是他留下了那3根鸵鸟羽毛，作为自己头盔上的羽饰，还将老国王的格言"我服务"拿来用作自己的座右铭。从此之后，这两样东西就成了威尔士亲王的专属。正如爱德华三世所言，"黑太子"就是那一天在克勒西找到了激励自己的榜样。

尽管战争是残酷无情的，但是参加战争的人却觉得它体现了骑士精神。"骑士"一词源自法语词汇，原意是"骑在马上的士兵"。骑士精神吸收了东方阿拉伯世界的一些理念，成了一套正式的行为准则，它的核心观念包括保护弱者，胜利者必须善待落败者等。我们如今普遍遵循的一些人道主义原则，如《日内瓦公约》（Geneva Conventions）里面关于善待战俘的严格规定等，都是起源于这套准则。

对于14世纪的贵族和骑士而言，参与加来围攻战的双方首领的做派，是骑士精神的行为准则在现实中最完美的体现。加来的5个主要市民领袖提出，只要爱德华三世放过其他市民，他们就自愿献上自己的首级。爱德华冷漠地让人送去他的回复：他们必须脱下所有衣服，只穿一件衬衫，并给自己套上绞索，以便他绞死他们，否则的话，他就拒绝接受他们的提议。但是，他的王后菲利帕被那几个市民高贵的精神打动，故而为他们求情，求他放过他们。爱德华依从了她：对待柔弱的女性谦恭有礼，尊重和顺从她们，也是他毕生奉行的骑士行为准则的一部分。

1348年，爱德华三世回到英格兰后，制定了嘉德勋章（Order of the Garter），授予了24名骑士和国王自己，以这种方式庆祝克勒西的大捷。传说这个名称源自用来系长筒袜的袜带（英文里"嘉德"一词有"袜带"的意思，也可以指男士的袖箍）。有一天晚上，在温莎举办的一场舞会上，人们误以为爱德华绑在胳膊上的袖箍是他舞伴掉落的袜带。看到宾客们脸上震惊的神色时，胸襟开阔的国王并没有生气，反而开了个玩笑："想歪了的人自己去反省。"不管这个名称究竟起源于哪里，嘉德勋章至今仍是不列颠的最高荣誉之一，依然只有君主才可以决定将之授予什么人。每年6月，在温莎的圣乔治礼拜堂都会举办授勋仪式——当初该勋章就是在这里首次颁发的。

在那几年，英格兰国王宣布争夺法国王位之后，很多陷入贫困的英格兰骑士暗中利用这个时机获取利益，他们采取的方式就是加入雇佣兵团。这些全副武装的英格兰人在欧洲大陆上四处游荡，名义上是为英格兰国王征战，实际上干的是打家劫舍、掠夺财富的勾当。由于骑士精神是他们孜孜以求的最高目标，因此成为一个骑士、不断地打仗就好像他们的天职。国王对骑士比武大赛的狂热又助长了这种风气。

这些冒险家的行为导致两国之间的敌对非但没有消减，反而愈演愈烈，最后新的战争再次爆发。1356年9月，"黑太子"领着一支大约1800人的军队，从波尔多出发，沿着加伦河逆流而上，进入法国的中部地区，一直深入到卢瓦尔河谷（Loire Valley）。尽管腓力六世鲁莽的儿子、法国新任国王约翰带着一支8000人的军队拦截他，但他最后还是抢了大批的战利品，回到加斯科涅。当时"黑太子"虽然兵力远不及对方，但最终大获全胜。法国军队重蹈覆辙，再次以骑兵对抗英格兰的长弓，结果又一次一败涂地。在战斗最激烈的阶段，冲动蛮勇的国王约翰被俘了，并在英格兰大获全胜之后被押送回英格兰，跟苏格兰国王一样成了阶下囚——大卫二世已经在1346年的内维尔十字之战（Battle of Neville's Cross）中被俘了。法国国王骑着高大的白马，被人引着在彩旗飘扬的伦敦街道上游行，对于法国人而言这实在是奇耻大辱。出于骑士精神的要求，哪怕法国国王是战俘，他的坐骑也应该比"黑太子"好，所以那个俘虏了约翰的人最后反倒骑了一匹小马跟在他旁边一路小跑。

有了法国国王在手里，爱德华三世就有足够的谈判筹码。1360年，爱德华与约翰签署了对自己非常有利的《布雷蒂尼条约》（Treaty of Brétigny）。整个阿基坦地区（包括普瓦图和利穆赞）都要归还给他。条约还正式承认了爱德华对蓬蒂厄和加来的占领，并同意向他支付一笔巨额赎金。因为金额过大，所以实际上到最后这笔赎金都没有支付完。作为交换，爱德华放弃争夺法国王位。

不过，这是英格兰最辉煌的时刻，之后形势就一落千丈。在那之后，出于对英格兰人的憎恨——在过去的20年里，他们四处挑起的战火将法国的农业完全破坏了——整个法国都团结在新国王查理五世（Charles V）麾下。而且，1362年，陷入绝境的法国人再一次被鼠疫所吞噬，随后一场饥荒又侵袭了本已遭受重创、尚未恢复元气的人们，这些灾难侵蚀了法国的英格兰属地对英格兰的忠诚——它们的忠诚曾令英格兰人在战争中如虎添翼。1369年，阿基坦涌现出反抗"黑太子"的浪潮。

"黑太子"爱德华最近一次出兵插手西班牙的事务，是试图帮"残忍的佩德罗"（Pedro the Cruel）夺回卡斯蒂利亚的王位。这项战事耗费高昂，却没有收到成效。他想要向阿基坦征收新的赋税，填补军费支出。除加斯科涅地区之外的那些地方的权贵早已经习惯于将自己视作法国人，而不是英格兰的臣民，他们抓住这个时机开始作乱。他们不想按《布雷蒂尼条约》规定的那样，成为凶猛好战的"黑太子"的臣属，于是向查理五世求助。由于当时条约还没有完全执行，查理依然是阿基坦的君主，所以他传唤"黑太子"到巴黎议会来为自己辩护。"黑太子"爱德华回复说他会穿上盔甲，带上6万士兵去和议会辩论。于是新的战争又爆发了。

但是这一次的战事比之前的更无意义，破坏性却更大。"黑太子"在西班牙战争中染上了一种消耗性疾病，导致病体虚弱，甚至不能骑马。他只能躺在设了床的马车里，一个又一个城市地奔走，每到一处就以他父亲的名义烧杀掳掠，因为他父亲又重新主张自己继承法国王位的权利了。1370年，他洗劫了造反的利穆赞的首府利摩日（Limoges），这一役彻底毁坏了他的名誉，再也无法恢复。当他命令他的士兵在他面前屠尽这座城的所有居民，连老弱妇孺都不放过的时候，所谓的战争是符合骑士精神的崇高事业的说法，已经被证明只是彻底的谎言。

在爱德华三世在位的剩下几年里，法国人的做法显示出他们已经吸取了教训。在查理五世和他手下的布列塔尼指挥官贝特朗·杜·盖克兰（Bertrand du Guesclin）的指挥下，他们避免与英格兰军队正面交锋；相反，他们放任英格兰人在他们的领土上四处挑衅，反正这种小打小闹也不会让他们得到什么益处，反而会消耗他们的有生力量，还能激起法国民众同仇敌忾的情绪，合力对抗英格兰人。"黑太子"返回了英格兰，没多久就死了。取代他位置的是他弟弟冈特的约翰（他出生在冈特，因此得名），在爱德华三世当时仍活着的孩子中排行第四，封号是兰开斯特公爵。

1373年，冈特的约翰从东北沿海的加来一路南下，直到西南部的波尔多，一路上将沿途村镇都夷为平地，但是这番远征最终没有什么收获。这一路上他自己的士兵也因为忍饥挨饿、风餐露宿而折损了一半。当法国人在卡斯蒂利亚海军的帮助下控制了英吉利海峡，并拦截了英格兰派来增援的军队之后，战火渐渐平息。到1377年爱德华三世去世时，他在位早期的几次大捷取得的功绩已经被全部抵消了。因为虽然战事一直如火如荼地进行，但是除攻占了加来之外，英格兰此时实际控制的领土还不如伊莎贝拉和莫蒂默统治时期，只剩下少数几个沿海城镇，如巴约讷、波尔多、布列斯特（Brest）和瑟堡（Cherbourg）等。

从14世纪70年代早期开始，爱德华三世就已经步入衰迈迟暮的状态了。当时，国家的统治权被派别林立、互不相让的枢密院所掌握。他们主要分成了两个派别，一派支持冈特的约翰，另一派支持约翰的兄长、垂死的"黑太子"。很多为英格兰的胜利立下过汗马功劳的重要将领要么已经去世，要么行将就木，这个国家本身也和他们一样，走向了衰落。自从1348年至1349年黑死病吞噬了1/3的总人口之后，社会各个阶层人们的生活都充满了恐慌和混乱。连续的旱灾和严重的歉收，让英格兰乃至整个欧洲的食物供给无论从哪个方面来讲都降到了一个非常危险的水平，所以在瘟疫暴发之前，已经有大量的欧洲人口处于营养不良的状态。这些人对黑死病这种致命疾病的抵抗力很差。黑死病最初的症状是腹股沟和腋下的皮肤下面冒出黑色淤斑，通常几个小时之后病人就会死亡。

但是1349年之后，这场瘟疫并没有从英格兰完全消失。1362年，它卷土重来，侵袭了英格兰、法国和其他地方；1369年又暴发了一次。它带来的危害和损失，从统计数据中就可见一斑。在黑死病出现之前，一般认为英格兰人口估计已经达到550万左右。到14世纪末，英格兰总人口减少了200万。1348年之前伴随着物质的极大繁荣而兴起的以积极乐观为主题的时代精神，被一种愤怒不满的情绪所取代。这种情绪甚至连宗教都无法安抚，最后导致了农民起义。国际贸易曾经盛极一时，参与其中的各方无不获利颇丰，但是受战争的冲击，如今已经难以维系，只余一些小规模的交易仍在持续。

大量的农奴和地主被疾病骤然夺去生命，这扰乱了几个世纪以来的社会秩序，因为领主和农奴之间的权利义务等关系常常是口头约定的，很多人去世时甚至来不及留下只言片语，于是后人就不清楚这些约定了。人们对政府的态度也发生了改变，因为英格兰人不像从前那样自然而然地服从长上。在瘟疫暴发之后，那些富裕的主教和贵族们要么选择躲在自己的城堡里闭门不出，要么干脆逃去欧洲大陆避难，他们的这些举动让当地人失去了对他们的敬重。甚至连教区神父很多时候都不能让人们自发地服从他们，尽管在黑死病流行时，他们的所作所为堪称表率：很多感染了高传染性黑死病的人被自己的家人抛弃，只有神父不离不弃地照顾这些病人，所以当时神父的死亡率比普通人要高。

人性乖戾，在科学的医学知识和医疗手段出现之前，这种情况被视为神父并不比普通人圣洁的明证。当时的人普遍认为这场瘟疫是上帝对罪恶的人类的惩罚，神父非但没有幸免，反而被特意挑选出来，承受更重的惩罚。至14世纪末，他们的这种自我牺牲的精神导致神父数量严重不足，很多教区没有神父。只有少量神父幸存下来，坚持布道，对抗死亡带来的消沉悲观和困扰，这些阴暗的情绪在那个时期的绘画和诗歌作品中有充分的体现。

而且，这个世纪有一段时间，社会上出现了一种反教权的情绪，并且愈演愈烈。1309年，一个来自法国的教皇将教廷迁移到法国南部的阿维尼翁（Avignon），之后，这里所有被推选出来的教皇都是法国人，于是，直到1378年的这60余年的时间里，英格兰政府都将教皇视作他们的敌人法国国王的附庸。在爱德华三世的命令之下，英格兰制定了《圣职授职法》（Statute of Provisors）和《蔑视王权罪法》（Statute of Praemunire），规定在教会圣职的任命问题上英格兰不受教皇的辖制，并禁止民众向外国的法庭上诉。1366年，议会要求废止以前约翰王同意成为教皇属臣的协议，并终止了每年向教皇缴纳岁贡的惯例。以前这些岁贡是交到罗马，后来是送到阿维尼翁。

当时的人们普遍出现信仰上的虚无，社会的氛围也躁动不安，在这种情况下，一个新的教派自觉有责任担负起传道的重任，他们为那些信仰幻灭的人提供了一个新的、颇具吸引力的方向。这个教派名为罗拉德派（Lollard）。罗拉德派是一名激进的牛津神学家约翰·威克利夫（John Wyclif）的追随者。他的很多教义理论都被后来的宗教改革运动所吸收。威克利夫相信，宗教权威的真正来源不是神父，而是《圣经》。他时常发表公开谴责全体神父的言论，这也为冈特的约翰提供了一件便利的武器，令他在之后争夺枢密院控制权的长期斗争中有了更多的胜算。

冈特的约翰的首任妻子是兰开斯特的布兰奇，她是北方强盛富足的兰开斯特的女继承人，得益于此，他成了这个国家最大的一个贵族。他奢侈时髦，私生活非常奢靡，引起了英格兰主教们的不满，这些主教都属于"黑太子"的阵营。于是，约翰顺理成章地成了反教权一派的领军人物。当时的英格兰延续着长久以来的传统，大量的政府职位由教会的主教充任。威克利夫的关于神父不应该参与政治的观点为约翰提供了理论支持，使他成功地说服了爱德华三世的情妇艾丽斯·佩勒斯（Alice Perrers），驱逐了许多主教。如此一来，温彻斯特主教威廉·威克姆和神父派的其他成员变得和冈特的约翰一系势不两立。

实际上，朝廷中真正的腐败，比如为了赢得好感、获得垄断权和占据要职而进行的贿赂行为，大多是冈特的约翰和他的同谋的手笔，其中包括艾丽斯·佩勒斯、一个名叫理查·莱昂斯（Richard Lyons）的伦敦商人和拉蒂默勋爵（Lord Latimer）等。尽管冈特的约翰可以控制大部分的政府任命，但他无法控制平民院。平民院由城镇和郡县选举出来的代表组成，从14世纪30年代起，就与贵族组成的贵族院区分开来，独立举行会议。平民院不容易被他操纵，因为这里支持"黑太子"的势力尤为强大。最后，在1376年，主教们和平民院一起在议会上公开抨击冈特的约翰一系。这次议会后来被称为"正当议会"（Good Parliament）。平民院随后又选了一个议长（这是有史以来第一次出现"议长"这个职位），即彼得·德·拉梅尔爵士（Sir Peter de la Mare），他提起了英格兰历史上的第一次检举诉讼，针对的是约翰的几个主要同谋。德·拉梅尔本人担任控方律师，由贵族院行使判决权——直到18世纪以前，这一直是政治诉讼的标准程序。贵族院判定拉蒂默和莱昂斯犯有贿赂罪和腐败罪，艾丽斯·佩勒斯也被认定有罪，并被要求搬出国王的寝宫，以免她蛊惑君王。就在最终宣判之前，平民院最重要的保护人"黑太子"去世了。整个国家再无任何人可以与冈特的约翰相抗衡，他的权势再也不受掣肘，于是他轻而易举地召集了新的议会，废止了正当议会通过的法案。

爱德华三世在1377年仲夏节当天去世了。然而他一生的"盛夏"年华，那些曾经拥有万千荣耀的时光，很早以前就已经成了回忆，在岁月流洗之下逐渐变得暗淡无光。在他快要咽气的时候，那些忘恩负义的宫廷侍臣却跑出宫殿，到这个国家的新主人面前献媚，就连艾丽斯·佩勒斯，这个曾经作为爱德华的女伴多次出席爱德华举办的骑士比武大赛的女人，在这个时候也背弃了他——不过她倒是没忘记在走之前先将他手指上的几枚戒指摘走。这个人是那个时代欧洲最伟大的君主，在整整两个世纪的时间里一直是最受爱戴的英格兰国王，然而他死的时候，若不是一位神父刚好经过，他身边连一个人都没有。这位神父在他的灵魂离去的时候，为他行了最后的仪式。

理查二世
Richard II

1377—1399

　　理查二世（或者称为波尔多的理查，因为他出生在那座城市，所以有如此称呼）是"黑太子"存活下来的最年长的儿子，继承王位时年仅10岁。那个时期的一幅绘画作品显示，这位少年君主身材纤弱，发色浅黄，看起来很柔弱，但是这样惹人怜爱的形象不能让我们无视一个事实，那就是随着理查慢慢长大，他身上很明显地展示出和他父亲一样暴烈冲动的性格。与他祖父爱德华三世不同的是，他一点儿都没意识到引领整个国家前进的重要性，也没有想过要在议会的帮助下实行统治。不过，当他的统治出现第一次大危机的时候，也就是农民起义（Peasants' Revolt）爆发时，尽管他当时只有14岁，却展示出了非凡的勇气和智慧。

　　新国王登基并没有带来什么变化。国家依然由枢密院统治，实际的掌权人是理查的叔父——兰开斯特公爵冈特的约翰。政府依然十分不受民众支持。与法国的停战协议到期了，两国并没有续约。英格兰的贸易商、船只和沿海城镇都开始遭受法国人的劫掠。法国人甚至还有可能会入侵英格兰。不过，1380年，查理五世去世，继位的查理六世（Charles VI）也是个小男孩，这个危机算是解除了。之后，1381 年，为了抗议新开征的人头税，全国各地相继爆发了叛乱，参与叛乱的人很多，声势浩大。这场叛乱被称为农民起义。政府规定每个超过 15 岁的男子，不论贫富，都要支付相同数额的人头税。这样一个荒唐的、不公平的要求下达之后，仍属于隶农身份的小农和劳工的失望不满之情达到了顶峰。40 年来，人们对政府的敬重逐渐崩塌，原本的传统秩序也渐渐变得不合时宜。1378 年教会分裂带来了巨大的混乱，从此基督教世界同时有两个教皇并存——一个在罗马，另一个在阿维尼翁。这进一步瓦解了在社会问题上因循守旧的教会的影响力。

而且，威克利夫此时已经和冈特的约翰决裂了。他和他的信徒罗拉德派成员已经转而向乡村的普通人传播他们的理念，他们黄褐色的袍子很快成了英格兰各地农村的常见景象。同时，一个罗拉德派教徒首次将《圣经》翻译成英文，因为威克利夫认为，每个人都应该有机会亲自阅读《圣经》，对《圣经》的经文形成自己的理解。

他的理论可以总结为一点，那就是所有善良虔诚的人身上都具备"支配权"，并非只有神父才有这种权利。这一观点带来了革命性的影响。尽管罗拉德派的门徒很少有人本身是农民出身，但是威克利夫强调个人价值的理念契合了当时的社会环境。

1381 年，所有对当局不满的人会集到一起，在伦敦游行示威。领导这场游行的人名叫瓦特·泰勒（Wat Tyler，也叫"屋顶工"瓦特），是个手艺精湛的工匠。泰勒站在游行队伍的前列，引着人们从肯特出发。从朱特人统治时期，这个郡就一直拥有更民主的传统。尽管肯特郡内并不存在隶农制度，但是他们要求在整个英格兰废除隶农制，并拒绝缴纳人头税。同时，全国各地陆续爆发起义。一个名叫约翰·鲍尔（John Ball）的四处游历的神父曾写下一首脍炙人口的诗歌，此时他开始在埃塞克斯大力宣扬这首诗歌的主题。那句诗是这样的：

> 当初亚当耕地夏娃织布，
> 那时哪有绅士哪有贵族？

南部地区的起义尤其有一种反教权的色彩，因为大部分起义者都是在大教堂、大修道院的土地上干活的农奴。当听到去伦敦游行的消息时，他们很多人正在地里劳作，当即就拿着自己的农具当武器，加入队伍中。他们用的"武器"，有从树上摘水果用的钩镰，有羊毛剪，还有斧头。这场起义看起来是一场自动自发的行动，背后没有任何政治组织的煽动或支持，但是具有非常大的危险性。起义的人从四面八方拥入伦敦街头，在萨瑟克纵火。镇守在伦敦塔前的伦敦城守卫军寡不敌众，节节败退。随后，他们杀死了坎特伯雷大主教和司法官，将坐落于泰晤士河畔的、属于冈特的约翰的萨伏依宫（Savoy Palace）烧成平地。

暴乱发生后，少年国王理查是整个政府唯一一个还有理智的人。当他手下的大臣们惊慌失措的时候，他显示出了极大的勇气，同意与叛乱者见面谈判，倾听他们的诉求。他在麦尔安德（Mile End）承诺，只要暴动的人群散去，他就颁发《自由宪章》，废除农奴制。之后，在伦敦市长威廉·沃尔沃思（William Walworth）的陪同下，他驰马前往史密斯菲尔德（Smithfield），与瓦特·泰勒谈判。他只带了60名骑士，而泰勒率领着2000名肯特人。与理查一起出席这次会面的还有他广受爱戴的母亲——肯特的琼（Joan, Fair Maid of Kent）。这样一来，叛乱的肯特人有可能觉得他与自己的家乡是有联系的，因而更愿意听听他会说什么。

在面对面地就民众抱怨的问题交流了一会儿之后，瓦特·泰勒将一只手放在国王的马缰上，他的另一只手里攥着一把匕首。尽管他看起来并没有要用那把匕首做什么的意思，但是在当时那种情况下，考虑到暴民在城里四处纵火，已经有两个政府官员被杀身亡，市长沃尔沃思认为泰勒打算行刺国王，也是无可厚非的。不管怎么说，他当时的第一反应就是拔剑杀死了那个叛军首领。看到这一幕，肯特民众一拥而上，眼看就要抓住理查，那些带着弓箭的叛军更是将箭对准了他。但是理查以他无畏的勇气挽救了当时千钧一发的局面。他策马前行到泰勒的追随者面前，大喊道："跟我走，我会带领你们。瓦特·泰勒是个叛国者。"

抗议的民众有些不知所措，因为他们都是被泰勒激情澎湃的演说给鼓动了，才会来伦敦的。于是他们选择听从理查，跟在他纤弱的身影后面，来到当时的伊斯灵顿（Islington）的空地上。但是他们发现自己被包围了——沃尔沃思匆忙集结了大约千名士兵，将这里团团围住。很多人跪了下来乞求国王的饶恕。到夜幕降临之时，所有闯入伦敦烧杀打砸的人都离开了伦敦，踏上了回家的路途。国王很明显地显露出对他们的同情和谅解，所以他们相信他会废除农奴制。

1382年，理查二世迎娶了虔诚的波希米亚的安妮（Anne of Bohemia），她是波希米亚国王文西斯劳斯（Wenceslaus）的妹妹。为了庆祝他们的婚礼，国王终于宣布大赦所有参与农民起义的人。但是很快，一些参与起义的人还是被处罚了，而他们的诉求则被彻底忽略了。约翰·鲍尔在英格兰第一位殉道者的家乡圣奥尔本斯被处决，至于废除农奴制的宪章，因为国王当初是被迫答应制定这部宪章的，所以始终没有正式颁发。尽管隶农制度真正完全消失还得等到100年以后，但实际上，当时很多地主和贵族已经开始给予隶农自由，并向他们支付工钱，换取他们的服务。劳动力匮乏的局面一直没有消失，令这种做法成为必然，否则的话，隶农势必不会甘心受压迫。

但是，1381年理查二世获得的敬重只是昙花一现。冈特的约翰因为妻子康斯坦丝（Constance）的缘故，有权争夺卡斯蒂利亚的王位，为此他离开了枢密院。这本来可以让这个国家有一个新的开始，但是冈特和他的党羽走了之后，接替他们位置的是一拨儿与他们一样行事无状的人。他们得到理查宠信，所以身居高位，其中最重要的人物包括牛津伯爵罗伯特·德·维尔（Robert de Vere, Earl of Oxford）和司法大臣迈克尔·德·拉波尔（Michael de la Pole）。前者被理查封为爱尔兰公爵，后者后来成为萨福克伯爵。

理查和新的宫廷党人对律法和议会的态度跟冈特的约翰一样傲慢。和他的父亲"黑太子"一样，国王喜好奢侈，喜欢富丽堂皇的宫室。为了能有足够的金钱满足他这些需求，他常常不经过议会同意就突然违规征税。伍德斯托克的托马斯（Thomas of Woodstock）——爱德华三世的幼子格洛斯特公爵（Duke of Gloucester）——领导着一批议会党人开始联合起来，对抗宫廷党。1386年，议会以贪腐为由要求理查将司法大臣德·拉波尔解职，双方的矛盾由此达到顶峰。国王回复说，他不会为了取悦议会而解雇任何人，哪怕是在厨房干活的低贱的小人物都不行。对此，议会的应对方式是直接弹劾司法大臣，并任命11名贵族组成贵族委员会，由他们管理这个国家。这套做法在爱德华二世在位时就用过。

但是理查二世比他的曾祖父更强硬。他先是说服了法庭正式宣布贵族委员会违犯法律，理由是他们干涉君主特权。随后，他向议会党宣战。但是1388年

2月，在牛津郡的拉德科特桥战役（Battle of Radcot Bridge）中，他的军队被冲散，他本人也被迫退回伦敦。在随后举行的"残忍议会"（Merciless Parliament）上，包括理查的叔父格洛斯特公爵和堂弟——冈特的约翰的儿子兰开斯特的亨利（Henry of Lancaster）——在内的5名贵族，控告国王的几个宠臣叛国。他们被称为贵族上诉人，先发起了叛国上诉，然后将国王宠信的许多重臣处决了。

贵族上诉人从此开始借助枢密院统治国家。但是宫廷中的利益关系错综复杂，瞬息万变，不到一年时间，理查就重新掌握了话语权。等到获得了受人敬重的传统教权党的支持之后，他又夺回了统治权。理查的叔父冈特的约翰从西班牙回来之后，其影响力缓和了不同派系之间的敌意，令整个局势稳定下来。不久之后，5个贵族上诉人中有两个——兰开斯特的亨利和诺丁汉伯爵托马斯·莫布雷（Thomas Mowbray）——转投了宫廷党。国际关系也实现了稳定。在他的首任妻子波希米亚的安妮去世之后，1396年，理查与法国国王查理六世的女儿结婚，两国达成了停战协议，之后两国之间维持了将近30年的和平。

但是妻子安妮的死让国王伤心不已，触发了他本就喜怒不定的性格中最残暴、最无法控制的一面。他将自己与安妮一起居住的宫殿夷为平地，而且因为贵族上诉人之一阿伦德尔伯爵在王后的葬礼上迟到了，暴怒的国王直接在众人面前甩了他一巴掌。

但是理查二世实际上并不像他表面上看起来那么没有城府。在"残忍议会"之后将近10年的时间里，他一直小心蛰伏，等待时机，暗地里谋划着如何报复那些贵族上诉人。在波希米亚的安妮去世的第二年，他突然发难，逮捕了其中3个人：他的叔父格洛斯特公爵、阿伦德尔伯爵和沃里克伯爵（Earl of Warwick）。国王从自己的私人卫队柴郡弓箭手（Cheshire Archers）中调来4000人，包围了议会，议会别无选择，只能向他低头，按他的意愿判这3名贵族犯了叛国罪。阿伦德尔伯爵的审判堪称即决审判的典范，在一天时间内走完了审理、判决和处决的全套流程。格洛斯特公爵则是在加来的监狱里被秘密杀害的。沃里克伯爵在支付了大量的罚金之后，侥幸逃脱一死。

到1399年，英格兰人已经受够了他们的暴君。兰开斯特的亨利——有时人们也用他的姓氏博林布鲁克（Bolingbroke）称呼他——领导了一场大规模的运动，力图推翻理查的统治。堂兄弟二人在威尔士北部的弗林特狭路相逢。当理查意识到没有人支持自己之后，就投降了。随后在议会的一次会议上，兰开斯特的亨利站在空着的王位面前，宣布王位归自己所有。他十分谨慎，没有让议会来宣布他继承王位，因为一旦承认议会有权任命他为国王，那么议会就有权废黜他。出于同样的考虑，他不承认自己是通过武力征服才得到这个王位的，因为一旦承认了，那么将来就有可能出现另一个人以武力篡权。不过一般都认为，他能够得到王位，是以上两个因素综合作用的结果。总而言之，兰开斯特革命（Lancastrian Revolution）几乎是兵不血刃地将冈特的约翰的儿子送上了王位。

新国王加冕，是为亨利四世。一开始他可能并没有打算杀了前国王，但是在那一年的圣诞节，一项企图让理查复位的密谋被他察觉，于是他清醒地认识到，一个国家不能容下两个国王。当时理查被关押在位于亨利原来的封地兰开斯特的庞蒂弗拉克特城堡里，很快就被秘密处决了。官方隐瞒了真相，宣称他是自己绝食而死。

5
兰开斯特王朝和约克王朝
Lancastrian and Yorkist

亨利四世
Henry IV

1399—1413

尽管兰开斯特革命带来了剧烈的动荡，但是在新王朝建立之后的前 20 年，议会的影响力达到了一个巅峰。在之后的 200 年里，议会都未能重回这个时期的辉煌。理查二世无子，所以王位的正统继承人本应是第四代马奇伯爵（Earl of March）。马奇伯爵的外祖父是理查二世的叔父、爱德华三世的第三子——克拉伦斯的莱昂内尔（Lionel of Clarence）。因此，篡位的亨利四世尤其需要贵族院和平民院的支持。如此一来，议会会议成为一年一度的安排。自从《大宪章》问世之后，国王决策行事就需要事先征得枢密院的同意，渐渐形成了限制王权的传统。到这个时期，咨询磋商的重要性更甚于以往。

议会的关键部分是下议院。在长达 150 余年的时间里，律师、富裕市民、商人和小地主是平民院的主要成员，他们负责在各个郡征收赋税。尽管贵族们仍然凭借着他们广袤的领土和私人军队而成为王室顾问的不二人选，把持着向国王建言献策的通道，但是由于平民院控制着税收，所以连英格兰的国王都不得不听从这些中产阶级的要求。到 15 世纪早期，平民院和贵族、国王一样，都可以提请制定新法律，这在当时的欧洲是绝无仅有的情况。1413年亨利五世继位之时，通行的法律制定流程已经变成由平民院拟定草案并呈交国王签字生效，国王可以拒绝签字，但是他不能自行修改草案使之符合他的要求。英格兰人已经获取了相当程度的自由民主，而欧洲大陆仍然处在君主的绝对专制下，这种对比令英格兰的有识之士大为自豪。

由于平民院中既有乡绅和小贵族，也有商人阶级，所以在英格兰从来没有形成壁垒森严的阶级制度，不像很多其他国家那样阶级分明。恰恰相反，小地主、乡绅和商人因为共同的利益而紧密地团结起来。英格兰的阶级体系非常灵活，没有明显的界限，人们可以通过联姻或借助事业而上升到上层阶级，也有可能因为这些原因而沦落到下层阶级，这一点时常令外国的政治观察家感到惊讶。其中尤为常见的是，商人阶级受益于贸易增长、教育提高和健康改善，并且人口和经济终于从黑死病的冲击中恢复元气，商人的女儿常常成为她们家族提升社会地位、增加家族财富的工具。华丽的教区教堂以前本来是由庄园贵族把控，如今已经被经营羊毛生意的商人掌控。东安格利亚的很多"羊毛教堂"都体现了当时的这种情况，其中尤以朗梅尔福德（Long Melford）、萨德伯里（Sudbury）和拉文纳姆（Lavenham）等几个城镇的教堂最为典型。

富裕的商人也开始在城镇里兴建大房子。它们常常是以砖头修建而成的——这种建筑材料自罗马时期就不再使用了。建筑的侧重点从防御功能转向了居住功能，兴建城堡作为住宅的富人越来越少了。这个时期兴建的一些旧式城堡的窗户都开得很大，比如苏塞克斯的赫斯特蒙苏城堡（Herstmonceux Castle）等，这说明修建者不再注重防御功能，之所以仍在城墙上开垛口，不过是为了装饰而已。

当时的国际贸易逐渐被纳入日益完善的条约协议的管辖，英格兰在其中占据的份额越来越大，大量的财富流入英格兰，随之而来的是城镇不断发展，功能和构成越来越复杂。在国王的许可和宪章的授权之下，城镇被纳入法律主体的范畴，拥有自己的政府，有权自己制定法律、进行选举。国王必须尊重它们的体系、法律和选举结果。财富在城镇中创造了一个界限更分明的阶级，这个阶级由富裕的商人，尤其是布料商人直接控制。选举的时候，这个阶级的人相互推举，渐渐发展成寡头统治集团。贸易也变得更加规范。同业公会等行业组织有权抽查商人和手工艺人的店铺和作坊，确保他们遵守行业标准。

同业公会的作用并不限于规范自己的行业。与城镇合作社一样，它们都是英格兰城市文明的一种新的构成。行业公会救济穷人，资助城市兴建文法学校，供其成员自己的孩子们上学。他们经常组织安排音乐和游行表演，使之成为15世纪生活不可或缺的一部分。当时同业公会组织的各种广为人知的戏剧表演宣扬了《圣经》故事，令当时所有人，不论出身、地位和职业，都对《圣经》故事有所了解。其中最著名的戏剧是在约克演出的那些。表演的舞台设置在巨大的马车上，沿着城市巡回演出。在伦敦市，鱼贩、金匠和布商的同业公会积累了巨大的财富，这一点从他们修建的恢宏华丽的会堂就可以看出来。那些会堂时至今日依然屹立不倒。行业公会也遵循传统做法，将财富换成土地田产。在好几个世纪的时间里，他们的土地田产不断地增加，故而他们有财力慷慨行善。和地方贵族一样，行业公会的会长也被允许制定和穿着自己的制服。很多行业公会和个体商人在许多教堂的主体建筑之外修建了一些小礼拜堂，用作行业公会成员的祭坛，进一步地改变了教堂建筑的形制。他们会请专门的祭坛神父在祭坛上整日地做弥撒，让逝去的灵魂得到安息。这带来了一个结果，就是教堂的人员相应地增加了。

越来越多的衣料商、批发商和店主（如肉贩和面包店主）的孩子有机会接受教育。于是，大量的抄写员不断地抄写书籍，以满足迅速增长的阅读需求。直到勃艮第统治时期尼德兰的一位名叫威廉·卡克斯顿（William Caxton）的印刷商，借着两国之间密切的贸易往来进入英格兰，并带来了一台活字印刷机之后，这种情况才得以改变。这种印刷机由德意志人约翰·谷登堡（Johan Gutenberg）发明。自1474年第一次引进印刷机之后，中产阶级的文化水平实现了前所未有的提升，很多小商人家里的藏书可以与上层阶级世家的藏书相媲美。

尽管当时出现了这么多进步的趋势，但是由于王权软弱，15世纪的英格兰也出现了另一股强劲的潮流，那就是封建制度的复兴，即地方贵族的统治被重新确立并加强了。兰开斯特王朝的君主对议会的依赖增加了贵族院的权力，导致了血腥的代际派系斗争，并使国家陷入巨大的混乱，唯有斯蒂芬时期的动荡方能与之相提并论。传统上，只有两个地区始终坚持封建制度不动摇。它们分别是英格兰与威尔士的交界处，以及英格兰和苏格兰的边境地区。从诺曼王朝早期开始，这些地区就普遍被划为巴拉丁伯爵领；伯爵领拥有独立的军队，拱卫英格兰。新的王朝面对的第一个挑战就来自这些边境地区的地方贵族。

正如兰开斯特王朝这个名称所暗示的，这个王朝的权力基础是英格兰西北地区的兰开夏和约克郡，亨利四世在这里拥有非常广阔的封地。兰开斯特的亨利确实是在北部贵族的襄助下，尤其是在诺森伯兰的珀西家族（Percy Family）的军事支持下，才夺得了王位。在亨利四世即位之初，因为珀西家族忠贞不贰，帮他将苏格兰人挡在英格兰国境之外，他才能高枕无忧。珀西家族觉得自己理应得到嘉奖，但是他却未能如他们所愿。珀西家族向来高傲自负，正如一句老话所说，在他们看来，诺森伯兰只有一个王，这个王并不是英格兰国王。因此他们很快心生怨怼。更令他们不满的是，国王之前刻意误导他们相信他们能够成为枢密院的主要成员，结果这些期待未能得到满足。于是，在亨利即位还不满一年之时，趁着威尔士人发起叛乱，珀西家族一方面出于私愤，一方面也因为和叛乱的威尔士人有亲缘关系，便加入了叛乱阵营。

1400年，一场土地纠纷被呈交英格兰的法庭审理，法庭偏袒英格兰的边境贵族格雷·里辛勋爵（Lord Grey of Ruthin），没有公正地维护威尔士地主欧文·格伦道尔（Owen Glendower）的权利。这一事件成为一场新的威尔士独立战争的导火索。格伦道尔卓越的军事才能与威尔士人对他们君主的深恶痛绝相结合，令他们在战场上势如破竹。战场的胜利令格伦道尔志得意满，于是他召集了威尔士议会，宣布拥戴阿维尼翁的法国教皇，不再听命于罗马教皇。他自立为威尔士国王，与法国国王查理六世缔结了法律性条约，结成同盟。查理六世是被废黜的英王理查二世的岳父。当法国的运兵船抵达卡马森海湾（Carmarthen Bay）时，奉命前往威尔士镇压叛乱的诺森伯兰伯爵之子哈利·珀西（Harry Percy）开始与叛军的首领密谋勾结，威尔士人的叛乱演变成旨在推翻新王朝的起义。至1403年，叛军首领的目标不再只是争取威尔士独立，而是帮助英格兰王位的正统继承人——第五代马奇伯爵——夺回属于他的宝座。对新王朝不满的贵族之中，最主要的一个人物就是边境贵族埃德蒙·莫蒂默爵士（Sir Edmund Mortimer）。他本身是爱德华三世的后裔，他的外祖父是克拉伦斯的莱昂内尔，即爱德华三世的第三子。他从中引荐，将珀西家族与格伦道尔拉拢到马奇伯爵的阵营，因为他与三方关系都很密切：

他是哈利·珀西的妻弟，是欧文·格伦道尔的女婿，又是马奇伯爵的叔父。

1403年7月，在威尔士边境的什鲁斯伯里之战中，亨利四世半路拦截了"热刺"（Hotspur，苏格兰人对哈利·珀西的爱称）率领的军队，使他们无法与格伦道尔率领的威尔士军队会师。"热刺"被他以前的学生——亨利四世之子蒙茅斯的亨利（Henry of Monmouth），即未来的亨利五世给刺杀了。尽管格伦道尔逃脱了，但是此前他不断壮大起来的军事力量带来的迫在眉睫的威胁总算是得到了缓解。然而，1405年，另一场叛乱爆发了。这一次，领导叛军的是"热刺"的父亲诺森伯兰伯爵。当时，英格兰教会中仅次于坎特伯雷大主教的第二号人物约克大主教理查德·斯科洛普（Richard Scrope）也参与了叛乱，是北方叛军的重要首领，因此，政府出动了最强大的军力在最短的时间内严厉地镇压了这场叛乱。尽管因为斯科洛普的教士身份，世俗法律并不适用于他，但他还是被处决了。这引发了很多的质疑和不满。

理查二世和大主教斯科洛普两人之死证明了亨利四世完全可以毫不留情地捍卫他建立的王朝，但是他也为此付出了沉重的代价：他为此良心不安，精神上饱受折磨。兰开斯特的亨利的天性并不适合谋权篡位，他性情多愁善感，笃信宗教，从来没想过杀掉马奇伯爵，将金雀花王朝的这一系子孙斩草除根。据说，1407年大主教斯科洛普被处决时，亨利突然染上了麻风病。人们普遍认为，他之所以此后身体每况愈下，年仅46岁就去世，根源就在于他的精神因为这一年的事情而崩溃了。

随着国王变得越来越行为反常、语无伦次，并且无法察觉周遭环境，权力逐步转移到他的家人手里。他的儿子，也就是未来的亨利五世，在叔父们即博福特（Beaufort）兄弟几人（都是冈特的约翰的儿子）的帮助下，开始控制枢密院，瓦解了亨利四世的主要顾问坎特伯雷大主教托马斯·阿伦德尔（Thomas Arundel）在政局上的影响力。1413年，国王终于一病不起，在威斯敏斯特宫的耶路撒冷室去世。很久之前，有人预言他会死在圣地，如此一来这个预言也算是成真了。

亨利五世
Henry V

1413—1422

尽管亨利五世从他父亲身上继承了坚定的宗教信仰,但是对这位新国王而言,这种宗教信仰起到的主要作用是让他更加坚信自己是天命所归的、天生的君主。他跟他的父亲不一样,他的手上没有沾染鲜血。在他内心,他认定自己接手的所有事业,包括他祖父提出的继承法国王位的主张,都是正当的。他除了性格坚毅果决、严谨自律之外,这种对自己的所作所为坚信不疑的信念,也让他行事总带有几分理直气壮。他身体精瘦结实,自13岁起,就在威尔士的战争中经受战火的考验和锤炼。尽管在继位之时,他已经因为打败了"热刺"而名扬天下,被视作一个了不起的勇士,但是在他的一幅最广为人知的画像里,他看起来更像是个神父而非勇士:头发蓬乱、神情肃穆、外表朴素。戏剧人物哈尔王子(Prince Hal)就是以他为原型的。尽管形形色色的传说故事都暗示他年轻时性情乖戾疯狂,包括他曾殴打他父亲手下的首席法官威廉·盖斯戈威戈尼(William Gascoigne),但事实上其中很多故事很可能都是人们在他死后杜撰的。

可以确定的一点是,亨利五世有一种鼓动人群追随他的能力。他长于雄辩,拥有杰出的军事才能，甚至凭借自己的军事天赋重新夺回了英格兰以前的领土诺曼底，并将自己的儿子送上了法国国王的宝座。因此，他激起了英格兰民众对他的爱戴和忠诚。与他父亲一样，亨利在位的时间不长，但是这短暂的9年充满了前所未有的荣耀与光辉。他在法国取得的胜利帮他赢得了平民院的热情支持，于是每次他要发动战争时，他们都二话不说就给他拨款。这位英雄国王得到了民众的交口赞誉和一致拥戴，可谓史上罕见。因此，兰开斯特王朝之前不得民心的问题和篡权谋逆的恶名，都被一笔勾销了。

这个兰开斯特王朝新国王继位的时候没有遇到任何阻碍，不过继位之后他面临的第一个任务就是恢复国内的和平稳定。为了实现这个目标，他采取了一些措施安抚潜在的政敌，包括无条件赦免欧文·格伦道尔和他的支持者，释放马奇伯爵，并在威斯敏斯特教堂给理查二世修建了一座宏伟华丽的坟墓。尽管亨利五世罢免了他的政敌大主教阿伦德尔在政府里的职务，从他的博福特家族的几个叔父中选了一个接任，但是阿伦德尔的一些保守观点仍然得到了国王的认同。

在亨利五世的统治下，罗拉德派异教徒受到更严厉的追捕和迫害。甚至连他的老朋友和战友、来自威尔士边境封地的骑士约翰·奥尔德卡斯尔爵士（Sir John Oldcastle），都因为狂热地支持威克利夫而被逮捕，被控以信仰异端邪说的罪名，送到法庭审判。这件事就发生在国王继位后的第二年。莎士比亚笔下的福斯塔夫（Falstaff）很可能就是以这名骑士为原型的。奥尔德卡斯尔密谋造反，试图在伦敦南部的埃尔特姆宫（Eltham Palace）囚禁国王，这就是奥尔德卡斯尔阴谋（Oldcastle Plot）。失败后，他逃回了威尔士边境自己的世袭领地。最后，他又被抓获，并在伦敦塔被处决，从此，罗拉德派对正统教义的冲击被彻底禁绝，之后的百余年间，天主教会的信条再没受到任何挑战。这件事之后，罗拉德派的教义信仰转变为一场地下运动，在西米德兰兹郡（West Midlands）一带和受教育程度较高的工匠之中发展了很多信众。尽管这个教派的独立精神早已在潜移默化中渗透到英格兰人的血液里，但是当权者中已经没有它的信众了。

国内的局势终于平稳下来，亨利五世转而将精力放到国外。他相信只要发动一场战争，他就能夺回属于他的产业。1360年爱德华三世签署《布雷蒂尼条约》，声明放弃他对法国王位的主张，作为交换，法国将阿基坦归还给英格兰。但这份条约从来没有真正执行——阿基坦地区一直没有归还，甚至连仅剩的加斯科涅地区也不断地被蚕食，所以英格兰王室也没有真的放弃要求继承法国王位的主张。亨利下定决心至少要夺回整个阿基坦地区，如果有可能的话，还要夺回诺曼底。看起来现在恰是做这件事情的好时机。

法国国王查理六世身患间歇性精神病三十余年，这极大地削弱了法国政府的力量。王室内部同室操戈，两败俱伤，尤其是国王的弟弟奥尔良公爵（Duke of Orléans）和国王的堂弟勃艮第公爵（Duke of Burgundy）"无畏的约翰"（John the Fearless / Jean Sans Peur）之间的明争暗斗，进一步消耗了政府的力量。1407年，勃艮第公爵指使手下刺杀了奥尔良公爵，一场内战由此引发。战争的一方支持奥尔良公爵的阿马尼亚克派（Armagnac），其首领是阿马尼亚克伯爵，他的领地在法国南部，毗邻阿基坦；另一方是勃艮第派，这一方的势力范围主要是巴黎的东北部地区。

法国的这两大派系都频繁地派遣使者出使英格兰，但是在归还领土的问题上一直没有取得什么进展。到1414年，亨利五世的耐心已经被消耗殆尽，于是很快他就得出一个结论：打破当前僵局的唯一方式，就是派一支英格兰军队入侵法国。支持战争的呼声很高。伦敦市和加斯科涅一起为亨利筹措了大量军费。他在议会上发表了一个演讲，认为应该采取实际行动来实现他对法国王位的主张，贵族院和平民院都被他说服了，所以议会批准增加赋税，帮他夺回属于他的诺曼底至阿基坦之间的广阔领土。一支新的舰队在南安普敦集结，因理查二世的婚姻而签署的停战协议也已到期，于是，百年战争重新开战了。1415年夏天，他们已经做好了开战的准备，军队整肃、军资齐备、军心稳定。8月初，国王带领军队扬帆起航，驶向诺曼底的阿夫勒尔（Harfleur），这是法国北部的门户。这支由9000人组成的军队的任务只是发动战争而已，算不上一次真正意义上的入侵。但是事情的发展打乱了他们的计划。直到9月末，这个港口才被攻陷。在敌方的国土上，军队的食物供给一直是一个难题。长时间围攻港口，加上痢疾蔓延，士兵的战斗力下降得很厉害。

结果，他们不得不放弃这边的战场，把军队调往英格兰掌控的加来港口，以确保它的安全。但是为了到达那里，英格兰军队必须穿过敌方的领土。亨利五世和疲惫不堪的军队沿着爱德华三世到达克勒西之前走过的老路，先往北走。从布朗日（Blangy）渡过泰努瓦斯河（Ternoise）之后，他们发现前往加来的路被一支庞大的法国军队封锁了——对方至少有4万名身体强健的士兵。敌军在一个名叫阿金库尔的小村庄严阵以待。当时正是10月末，英国军队获胜的希望甚是渺茫。但是法国军队的指挥官犯了一个巨大的错误，正是这个错误让英格兰人占据了上风：他们选了一块狭小的高原作为战场，高原四面树木群山环绕，结果他们强大的军队没有足够的空间来发挥实力。

亨利五世此人尽管不苟言笑，但是他对士兵关怀有加。他在军队里安排了医生，他手下的弓箭手都配了坐骑，而且，他学习了恺撒的做法，让军队一直带着浮桥，这样一来，英格兰士兵在渡河的时候都不会弄湿衣服，能够更舒适地行军。跟其他国家军队不同的是，英格兰军队在包围城镇的时候，他们会居住在防水的小木屋里。这些木屋由随军的工程师、木匠、工匠建造而成。亨利总是亲自监督军粮的发放，确保手下的士兵都能吃饱。不管英格兰军队行军到哪儿，在近海海域都会有一小支船队满载补给的食物跟随着他们。据说几个世纪之后，拿破仑曾经如此评价国王：他知道"兵马未动粮草先行"的道理。他也采取了一些措施，防止他的王牌兵种长弓手缺乏足够的箭矢、国王下令每年为军队提供100万支箭。为了满足这个要求，英格兰全境的公共土地都养了大量的鹅，它们翅膀上的硬羽用于制作箭矢。而且，国王还下旨禁止乡村居民用白蜡树做木屐——由于土地泥泞，大部分农民都会穿木屐——因为白蜡树是制作箭杆的最佳材料。

在阿金库尔战役前夕，亨利按他年轻时就养成的指挥作战的习惯，在树林的枝叶掩映下，穿梭在军营之中，悄无声息地将士兵都集结起来。之后，他发表了战前最后一次动员演讲。多年以后，很多老兵还会反复提及他当晚的演讲。如果说莎士比亚笔下的亨利五世的台词是经过了这位剧作家天才的加工，并不是历史上国王真正的原话，那么至少其主旨还是符合真实的历史记录的。尤其是剧作家借亨利五世之口表达出来的民主观点，确实是有现实依据的。事实上，在战场上的英格兰军队里，与社会地位较高的骑士相比，弓箭手的价值更大。只有依靠他们的箭术，才能让箭矢如漫天风雪一般落入敌方的阵营，并保护己方的骑士。法国军队与法国社会一样阶层分明：社会地位较高的骑士不屑于和穷苦农民身份的弓箭手混杂在一起。

但是，英格兰骑士在开始战斗之前就下了马，将马送到后方，然后他们与弓箭手一道，站在战场上并肩作战。所以，即便亨利并没有真的说出"今天他跟我一起流着血，他就是我的好兄弟；不论他怎样低微卑贱，今天这个日子将会带给他绅士的身份"这样的话，他的举动也已经清晰地传达出了这层意思。

英格兰军队的人数几乎刚够敌军的1/5，而且与军容齐整、衣饰精良的法国骑士相比，他们看起来粗鄙不堪，怪异无比。英格兰军队的装束以实用为主要考量因素。每个长弓手都脱掉了一只鞋，将袜子扯烂，露出脚指头，这样他们能够更好地抓地，在泥泞的地面上不容易打滑。他们还将用剑的那只胳膊的袖子剪掉，这样活动起来更加灵活。我们可以想象他们光着膀子、邋里邋遢的样子，这样的一支军队看着就不像能够打败法国人。战场的另一边，法国骑士擦得光亮无比的盔甲反射出耀眼的光芒。在他们眼中，那些英格兰人和威尔士人看起来肯定像布狄卡时期未开化的野蛮人一样。

但是，尽管看起来两军实力悬殊，法国军队也没有因此轻敌。英格兰的长弓手依然给他们带来了很大的威压，所以在战斗开始之后，法国骑士向弓箭手猛扑过去，挥舞着刀剑，试图将弓箭手拉弦的两根手指削断。对此，英格兰的长弓手故意竖起两根手指头嘲弄他们。时至今日，依然有人用这种手势（反向比"耶"）来表达他们的轻蔑之意。

战斗开始之后，亨利命令队伍前面的弓箭手向法军的阵营靠近，以免箭矢的射程不够，射不到对方。法国人看到这一幕，大喜过望，他们没想到英格兰人竟会如此愚蠢。看了看彼此之后，他们就骑马冲向了长弓手。但是他们不知道，他们前面的地面上已经被悄悄地插上了很多削尖了的木桩。战马受惊，相互冲撞，将骑士甩下马背。他们因为穿着笨重的盔甲，所以摔在泥滩里爬不起来。英格兰的弓箭手立刻趁机冲到前面，以他们一贯的冷血作风，开始毫不留情地射杀敌军。

法国很多强大的贵族都在这一天战死在那片被毁坏的农田里。法国军队伤亡惨重，死了约6000人，与之相比，英格兰方面战死的人数不到300人。法军死亡人数如此之多，其中一个原因是亨利下令处死所有法军战俘，因为当时有一个谣言传得沸沸扬扬，说是法国预备从后方偷袭他们。国王的行囊辎重都在军队后方，包括英格兰的王冠、大法官印玺（没了它，任何公文都无法签署生效）和王国之剑等，都在其中。尽管在威斯敏斯特已经逐步建立了完备的、固定的政府部门，但亨利五世跟以前的君主一样，征战时还是带上了所有象征他的地位和王权的物品。他杀死战俘的行为或许称不上仁义，但是至少算得上果断迅速。不过这一举动让英格兰军队颇有不满——并不是出于人道主义的考虑，而是因为杀了被俘的骑士之后，就不能拿他们换取赎金了。在百年战争期间，英格兰军队靠着用战俘换赎金获得了大笔的财富。

连接加来和伦敦的道路如此一来就被清理干净了。英雄国王甫一踏上英格兰土地，就被夹道欢迎的人群高高地抬起，在一群兴高采烈的市民的簇拥之下一路回到伦敦。温彻斯特主教亨利·博福特在那里为他举行了一场庆祝的弥撒。阿金库尔战役表明了上帝是站在英格兰人这边的，为了庆祝国王的胜利，他们将圣克里斯宾节（St Crispin's Day）确立为阿金库尔战役纪念日，每年的这一天都会举行弥撒。议会将他们在税收方面的权力让渡给了亨利五世，准许他终生都不必经过议会批准即可开征税收，这是历史上唯一的一次特例。即便如此，举国欢腾的情绪也没有受到影响。

这是兰开斯特王朝的国王与议会关系最亲密无间的一段时间。亨利成了整个欧洲最伟大的君主。他的影响力之大，甚至达到能够左右整个基督教世界的程度。他对神圣罗马帝国皇帝西吉斯蒙德（Sigismund）的支持，终结了困扰整个基督教世界百余年的天主教分裂问题：之前有两个教皇，后来甚至发展到三个，如今终于只剩下一个，就是马丁五世（Martin V）。同时，为了显示他们坚定不移地信仰正统教义，大公会议（General Council）将波希米亚的异教徒扬·胡斯（Jan Hus）——威克利夫的一个信众——在火刑柱上烧死。之后的几年里，靠着大量的税收和借款的支持，国王专心致志地谋求夺回诺曼底。经过一系列紧张的围攻战，至1419年，他终于实现了目标，诺曼底又一次被纳入英格兰的统治。英格兰人又一次掌控了塞纳河下游地区。对法国人而言，他们带来的威胁，跟500年前他们的祖先维京人不相上下。

最后，相互敌对的勃艮第派和奥尔良派都意识到他们面临的危险。于是他们相互表态示好，希望冰释前嫌，一致抵抗外敌。但是即便在这样的危急关头，他们依然把两家的世仇放在了首位。阿马尼亚克派即奥尔良派的领袖法国王太子，与勃艮第公爵"无畏的约翰"在约讷（Yonne）境内的蒙特罗（Montereau）的一座桥上会面，结果后者在会议上被刺杀身亡，于是双方之间的仇恨死灰复燃。但勃艮第派对奥尔良派的愤怒成了英格兰的长期助力，因为"无畏的约翰"的儿子、新任勃艮第公爵"好人"腓力（Philip the Good）与英格兰人全面结盟。为了阻止奥尔良派的王太子统治法国，1420年亨利五世与勃艮第公爵签署了《特鲁瓦条约》（Treaty of Troyes），依据条约亨利五世将迎娶法国国王查理六世的女儿凯瑟琳（Catherine），并在他疯疯癫癫的岳父的余生担任法国摄政王。最后，最重要的一点是，根据这份条约，亨利和他的子孙将继承法国的王位，不过法国仍会保持独立王国的地位，继续保有法国原本的法律体系和委员会制度。

事实证明，《特鲁瓦条约》承诺的兼任两国国王的条件很难实现。卢瓦尔河北部和巴黎周边地区的法国人民或许会厌恶奥尔良派，从而欢迎英格兰国王暂时来主持他们的三级会议（Estates General），欢迎英格兰驻军入主卢浮宫（Louvre），接管巴士底狱（Bastille），但是卢瓦尔河南部地区的情况就完全不一样了。在那些地区，王太子一直被人们视作王位的正统继承人、法国未来的君主。1421年，亨利五世的弟弟克拉伦斯公爵（Duke of Clarence）试图将英格兰的法国领土进一步往南部扩张，结果丢了性命。事发之后，亨利将尚在襁褓之中的儿子和妻子凯瑟琳留在英格兰，自己亲自返回了法国。

一年之后，英雄国王去世了。他死于痢疾，这种疾病对长期征战的人是一种非常大的威胁。他的继承人还是个幼儿，这对英格兰而言实非幸事。更糟糕的是，尽管亨利六世有一个英武的父亲，但他却更多地遗传了母亲家族的问题。他的外祖父查理六世的疯病很快就在他身上显出端倪。

如果亨利五世活到了迟暮之年，那么一切将会是怎样一番情形？这是最大的历史假设命题之一。如果国王仅有的几幅肃穆的画像不能满足你们的想象，或者有谁想要感受他的英魂余热，不妨去威斯敏斯特教堂的小礼拜堂祭拜他的坟墓。在那里，高墙上刻着国王在阿金库尔战场上骑马战斗的浮雕，浮雕里他的身体倾斜得很厉害，这是他最为生动鲜活的一个形象。

亨利六世
Henry VI

1422—1461

非常巧合的是，1422年，在亨利五世去世后没几个月，法国国王查理六世也去世了，于是年幼的亨利六世同时成了英格兰国王和法国国王。两国的实际统治者分别是他的两位叔父，都是王室成员。亨利五世的弟弟贝德福德公爵约翰（John, Duke of Bedford）——一位颇有才干的勇士——成为摄政王。但是他去了法国，试图执行《特鲁瓦条约》，于是就将管理国家的任务交给了他的弟弟——野心勃勃的格洛斯特公爵汉弗莱（Duke Humphrey of Gloucester），让汉弗莱与枢密院协同打理朝政。

贝德福德跟他的兄长亨利五世一样，富有远见卓识，他清楚地知道，想要统治法国，唯一办法就是和勃艮第公爵"好人"腓力搞好关系。勃艮第公爵的支持非常关键，因为勃艮第派控制了法国北部的大部分地区，尤其是巴黎周边地区。贝德福德建立了一个英格兰-勃艮第联盟，又与布列塔尼公爵签署了一份条约，通过这些举措，稳固了他的侄子在这个王国的权位。之后，他腾出手脚，开始往南扩张英属法国的领土，将边境线推进到卢瓦尔河南部，达到奥尔良-阿马尼亚克一系控制的法国中部和南部地区。王太子已经在这些地区被拥立为国王。

贝德福德南征之行时常被迫中断，因为他不得不常常回国整顿枢密院。汉弗莱公爵和小国王的叔祖父温彻斯特主教亨利·博福特（Henry Beaufort）都是野心勃勃的人物，他们妒贤嫉能、争权夺势，不断地挑起各种阴谋，常常令政府事务陷入僵局。因为博福特曾经在教皇选举的时候，作为枢机主教支持教皇，所以1429年，汉弗莱公爵污蔑博福特是教皇的间谍，要求将他逐出枢密院。这件事让贝德福德意识到，与其继续让汉弗莱公爵担任摄政王，还不如给年仅7岁的亨利六世加冕，由他亲政。自那之后，枢机主教博福特对枢密院的影响力达到了巅峰。

贝德福德已经开始发起另一轮更为猛烈的攻势，打算将王太子的势力斩草除根。他包围了奥尔良镇。奥尔良地理位置冲要，被视为进入南部的关键，水流湍急的卢瓦尔河上仅有几座渡河桥，它就是前往其中一座桥的必经之路。如果那个时候他成功地攻下奥尔良的话，那么英格兰－勃艮第的军队就能蜂拥进入法国中部地区。但就在这个关键的时刻，法国的命运被一名来自栋雷米（Domremi）的农村少女改变了。栋雷米位于东北部的香槟（Champagne）和洛林（Lorraine）之间，这名少女就是圣女贞德（Joan of Arc / Jeanne d'Arc）。

尽管栋雷米距奥尔良派占领的法国南部很远，但是圣女贞德还是成功地穿越敌区，抵达王太子驻扎的希农，在他的城堡里见到了他。她迫不及待地告诉他自己从神灵显圣时得到的启示：他将会回到位于英格兰占领区腹地的兰斯（Rheims），在那里加冕为法国国王。她历尽艰难才终于见到他，接着她又不断给这个放纵任性的男人建立信心。法国宫廷的那些廷臣个个世故圆滑，衣饰华丽，而贞德却一派天真，穿着简陋的木屐和家纺的羊毛衣服，双方之间的反差简直大得无以复加，但是她坚称，在她一边为父亲放羊一边思索着陷入分裂的祖国遭受的苦难时，法国最伟大的几位圣徒突然显现在她面前。她的描述如此富有感染力，以至于最后王太子也对她的惊人预言深信不疑。

在那个凡事都讲究象征、重视征兆的时代，圣女贞德穿上王太子特意为她准备的白色盔甲，剪掉头发，仿佛是神圣的天使降临人间为法国而战。她激起了军队的士气，原本消极悲观的士兵都燃起了爱国热情。她骑着从王室的马厩里挑出来的战马，获准率领一队法国士兵去解救被围困在奥尔良的斗志全无的驻军。让奥尔良派吃惊的是,她竟然成功地从英格兰军队的包围圈里杀出一条血路,进到城里与守军会合。不久之后,她攻占了英格兰军队的一个驻军点,迫使英格兰人撤兵。

奥尔良之围终于被解除,城里的居民宣布贞德是他们的市民。于是,从此之后,她就有了"奥尔良少女"(Maid of Orléans)这个称号。不久之后,她在帕泰(Patay)与英格兰军队正面交战时取得了胜利,让奥尔良军队重新建立了信心。如此一来,少女终于可以领着王太子穿过英格兰-勃艮第军队的占领区,回到北方的兰斯。王太子像他的先祖们一样,在这里加冕为王。从远古时期开始,这里就一直是法国国王举办加冕典礼的圣地。尽管典礼一结束,王太子又得逃回南部,但是在那座回声萦绕的教堂里,他的身份发生了巨大的转变。兰斯大主教用圣油在他额头上画出十字架之后,新任国王查理七世(Charles Ⅶ)就此成为名正言顺的君主,受得起一切供奉和敬重。

贞德与奥尔良军队留在了北方。在她的鼓舞下,甚至连英格兰-勃艮第占领区的法国居民都开始公开地反抗统治他们的外国人。尽管少女已经完成了她的第一个目标——王太子如今名义上已成为日渐团结统一的法国的君主,但是她还未完成她的第二个目标,那就是将英格兰人赶出法国。

就是在这个时候,少女的运气开始急转直下了。她的优势在于她有坚定的信念,但是她并不是一个训练有素的将领。她信心膨胀,决定向巴黎进军,但最终没能攻克它,于是,本就已经对她的威信心存妒忌的王太子的智囊顾问们,趁机发出越来越多的反对她的声音。1430年5月,她不顾别人的建议,贸然出兵解救贡比涅(Compiègne)。这座小镇原先属于勃艮第的统治区,位于公国西部边境,但是后来背叛了其统治者,于是勃艮第公爵腓力派兵包围了它。她在战场上负了伤,之后在返回营地的途中,被腓力公爵手下的士兵抓住了。她的白色盔甲让她成了非常显眼的目标。

贞德被关进了监狱。英格兰人和勃艮第人则开始琢磨怎样除掉她才能避免激起太多民愤。没了她的助力,她的敌人很快就占据了上风,压制住了实力不足的王太子。最后,在博韦主教(Bishop of Beauvais)的授意下,鲁昂的宗教法庭做了这件恶事。这位法国的女英雄被污蔑为女巫,活活烧死。王太子一直袖手旁观,没有营救她。奥尔良少女拒绝对她说过的神迹做任何改口，于是，由于关押而变得苍白虚弱的少女被人从地牢里带出来，拉到诺曼底鲁昂的一处市集广场上，绑在一根火刑柱上。在她周围，木柴渐渐垒起。火被点燃了。这位在后世被尊为圣女的女孩，轻声地为自己祈祷，没有为最后的痛苦折磨而叫喊哪怕一声。她的骨灰被撒进了塞纳河。

尽管她去世了，但是人们被她激起的爱国热情并未随着她的去世而消散。20年后，英格兰人占领的法国领土缩减到只剩下加来港。尽管在她被杀的那一年，贝德福德将亨利六世带到法国加冕，但是民众高涨的反英情绪迫使他们无法在兰斯举行典礼。最后他只好将就着在巴黎加冕。但是这场加冕典礼几乎没有任何作用——事实上，它反而进一步激发了法国人的爱国精神。甚至勃艮第派控制的北方城镇都群起反抗英格兰人。

贝德福德的妻子是勃艮第公爵的妹妹，她的去世让反抗英格兰的进程进一步加快了。英格兰－勃艮第之间的联盟曾经因为双方首领的私人关系而更为牢固，但是后来，贝德福德没有经过他原先妻兄的同意，就迎娶了勃艮第公爵的属臣卢森堡的杰凯塔（Jacquetta of Luxembourg）为妻，从此之后，双方的关系再也没能修好如初。勃艮第公爵怀疑英格兰是不是也想控制卢森堡。从那时起，勃艮第就转向了查理七世，用他的影响力来支持法国国王，帮他在巴黎站稳脚跟。

尽管两国在法国领土上还有一些零星的冲突，但是战役之间的休战时间越来越长。1435年，贝德福德去世，英格兰的主和派开始占据主导地位，其领军人物就是枢机主教博福特。1444年，亨利六世迎娶了法国国王的内侄女、刚强坚毅的安茹的玛格丽特（Margaret of Anjou）。借着这场联姻，他们终于敲定了《图尔停战协议》（Treaty of Tours）。但是博福特的决定虽是明智之举，却与民意不符，因为全国民众还抱有强烈的反法情绪。在博福特于1447年去世之后，他的拥护者萨福克公爵立刻成了众矢之的。汉弗莱公爵虽然已经被逐出宫廷，而且他的妻子被控试图以巫术谋害亨利六世，令他丢尽了脸面，但是他一如既往地继续展示他的亲民风格，公开发表反对与法国联姻的言论。萨福克公爵逮捕了他，之后他离奇死亡，引发了民众的强烈抗议。

但是这一切与3年之后失去诺曼底和加斯科涅的奇耻大辱相比根本不值一提。

民众感觉整个国家都为此蒙羞。那个时候萨福克公爵已经成为亨利六世的首席大臣。他手下最重要的议员之一是枢机主教博福特的侄子埃德蒙·博福特（Edmund Beaufort）。他是萨默塞特公爵（Duke of Somerset），担任诺曼底总督。但他没有保卫好诺曼底，使之在1450年永久地落入法国人的掌控，令萨福克公爵执政的政府蒙受耻辱。甚至在加斯科涅，圣女贞德激发的爱国主义精神最终也占据了上风。当法国士兵开始入侵这里时，加斯科涅人没有一个拿起武器反抗。即便是那些与英格兰有非常紧密贸易联系的城镇，如波尔多和巴约讷，也投向法国的阵营。

但是加斯科涅人已经习惯了比较独立的地位，而他们的新君主并不愿意给予他们那么多的独立自主权，所以在1451年，英格兰方面派遣什鲁斯伯里伯爵约翰·塔尔博特（John Talbot）去帮助波尔多周边的加斯科涅人。他是一位年高德勋、功勋卓著的老将，从亨利四世时期的威尔士战争开始，就已经在军队服役了。然而不幸的是，自从欧文·格伦道尔造反之后，半个世纪以来出现了多次军事发展，其中之一就是大炮的出现，而塔尔博特并未了解这些发展。于是顺理成章地，1453年，法国的炮兵部队在多尔多涅（Dordogne）赢得了卡斯蒂永战役（Battle of Castillon）的胜利。这场战斗终结了英法百年战争。曾经天下无敌的长弓最终沦为落后的武器。或许是由于年老昏聩，塔尔博特犯了一个彻头彻尾的错误。他率领着骑兵沿山坡冲向坡顶的敌军营地，那个营地的防御固若金汤，还有300门大炮守卫在那里。他的军队在抵达敌营的寨门前就已经死了1/10，他本人也在半路上被杀了。那一天之后，英格兰在法国的领土就只剩下贸易中心兼港口城市加来。

但是，不用等到卡斯蒂永战役开战，仅最初失去诺曼底和加斯科涅的耻辱就让萨福克威信扫地。1450年，他被控叛国罪。当时人们怀疑他意图安排他自己的儿子继承王位，怀疑他与法国人勾结，还怀疑萨默塞特公爵也是个叛国贼。民众愤怒到无以复加，让亨利六世也不敢触犯，为了不让萨福克公爵进监狱，他只好将他流放到加来。即便如此，公爵在去加来的途中还是被人杀了。他的无头尸体几天之后被冲上英格兰的海岸。

更糟糕的情况还在后头。仅仅数周之后，一个名叫杰克·凯德（Jack Cade）的爱尔兰无名小卒率领着肯特人入侵首都，亨利六世被迫逃离——据说此时他已经完全被他暴戾凶狠的法国妻子安茹的玛格丽特拿捏住了。他们之所以发动叛乱，是因为人们普遍认为萨福克公爵被谋杀一事与他们有牵连，政府也准备惩罚他们。他们在布莱克希思（Blackheath）安营扎寨，击败了国王派来镇压他们的军队，之后他们进入伦敦，对国王的所有宠臣都采取了即决裁判。直到叛军里的野蛮分子开始抢劫普通人的店铺，伦敦市民才开始反抗凯德。不久之后，他就被杀了。国王这才从藏身的凯尼尔沃思返回首都。

到底是谁在背后支持杰克·凯德？凯德的叛乱跟农民起义不一样；很多对政府不满的议员和绅士，甚至整个国家，为了抗议高额的税收、无能的政府和在法国遭遇的溃败，都参与了这次造反。凯德自称是莫蒂默家族的旁支。这个边境贵族家族与克拉伦斯的金雀花王室一系血缘很近。有些人认为，这场叛乱其实是为了推翻兰开斯特王朝而精心策划的，主谋是王室公爵约克的理查（Richard of York）。他的母亲是安妮·莫蒂默（Anne Mortimer，她是克拉伦斯公爵莱昂内尔的继承人），出于这个原因，他成为爱德华三世后裔的主要代表人物。若根据严格的继承顺序深究起来，只要女性后代拥有继承权，那么约克公爵就是王位的正统继承人。事实上，凯德死后没多久，约克公爵理查确实离开了他在爱尔兰的封地，出现在伦敦。在那之前的3年里，他被萨福克禁止进入伦敦。自此，他成为反对兰开斯特政权势力的首要人物。

有一段时间，亨利六世与他的这位假定继承人之间的关系颇为敌对。国王膝下无子，约克公爵试图让议会提议将他确立为国王的继承人。双方的关系没有任何好转。不过，至少一开始时，约克公爵似乎并没有打算篡夺王位。但是1453年，王后玛格丽特生下了一个儿子，于是亨利改变了他在王位继承人问题上的立场。既然约克公爵不再是继承王位的唯一人选，他对亨利也就没有之前那么心慈手软了。更何况，事情的发展也给了他可乘之机：仁弱的亨利六世开始神志不清了。据当时的一位史官记载，刚出生的威尔士亲王被送到他手中的时候，他一直盯着地面，好像无法看到那个孩子似的。

尽管国王疯癫的事情被遮掩得严严实实，尽管枢密院继续替他治理国家，但是整个国家依然滋生出一种强烈的不满情绪。1454年，萨默塞特公爵被解职，声望日隆的约克公爵被推选为英格兰新任摄政王。但是几个月之后，国王恢复了神志,又命萨默塞特公爵统领枢密院,将约克公爵排斥在枢密院之外。对此,约克公爵的反应是召集了一支军队,以武力对抗国王。1455年,在赫特福德郡的第一次圣奥尔本斯战役(First Battle of St Albans)中,他杀死了萨默塞特公爵,俘虏了亨利六世。国王无法承受这场新的羞辱打击,失去了理智。于是,约克公爵再次被任命为摄政王。

第一次圣奥尔本斯战役通常被视为内战的开端。这场内战断断续续打了30年,双方分别是金雀花王室的两个分支,沃尔特·司各特爵士(Sir Walter Scott)将这场内战命名为"玫瑰战争"(Wars of the Roses)。兰开斯特家族的徽章花纹里有一朵红玫瑰,而约克家族的徽章里用了白玫瑰,故名。

约克公爵与内维尔家族(Neville Family)联姻了。这是整个英格兰最有野心的大贵族家族,他们与约克郡的豪门望族有着千丝万缕的联系,共同把持了英格兰北部的军政大权。内维尔家族完全站到了约克公爵的阵营,因为他们与北部的另一个贵族家族——珀西家族——长期以来一直是死敌,而珀西家族是兰开斯特家族的老牌盟友。内维尔家族的一个重要人物是约克公爵的妻兄、索尔兹伯里伯爵理查德·内维尔(Richard Neville),但比他更重要的是他的儿子。他的儿子因为与比彻姆家族(Beauchamp)联姻,成为沃里克伯爵,也就是历史上大名鼎鼎的"造王者"沃里克(Warwick the Kingmaker)。比彻姆家族的领地使他成了当时最富有的贵族。

沃里克伯爵和索尔兹伯里伯爵在圣奥尔本斯战役中起了非常关键的作用。为嘉奖他们的功劳,沃里克伯爵被任命为加来的长官。后来亨利六世在1456年又恢复神志了,罢黜了约克公爵的摄政王之位,但却没有罢免他,约克公爵仍留在了枢密院。不久之后枢密院就因为内讧而四分五裂,整个英格兰各地的政府体系也开始崩溃,随之崩溃的还有法治体系。在法国征战、抢夺战利品的经历让贵族养成了依靠武力争夺财富的习惯,这种习惯并没有随着失去诺曼底和加斯科涅而消失。

大贵族开始习惯于让他们的扈从士兵戴上他们家族的徽章,穿上特定的制服,成群结队地纵马奔驰,追击仇家,每队都有40人甚至更多。尽管人们并不愿意看到他们,但这样的场景随处可见。士兵和许多其他人一样,发誓会追随他们的领主,正如一份宣誓效忠誓言所说的那样,"为领主对抗英格兰境内所有人"。在很多地区，地方法庭都不再运转了，因为一旦地方法庭的宣判不符合这些私家军队的期待，他们就会直接推翻判决。随着地方政府的垮台，贵族开始肆无忌惮地相互劫掠，甚至小规模地开战。在乱世之中，总是强者为王，至少他们能够短暂地称霸。作为加来的长官，沃里克伯爵以自己的私人财富支持军队袭击法国人，成了民族英雄。

1459年，约克与兰开斯特之间再次爆发战争。这一次挑起事端的是精力充沛的王后。她一直试图逐步地将约克一系逐出枢密院，这一次，她决定先发制人，攻打约克人。但是事情的发展出乎她的意料。她的军队袭击索尔兹伯里伯爵，却在斯塔福德郡的布洛希思之役（Battle of Blore Heath）中被他打败。接下来，轮到威尔士边境贵族和莫蒂默家族动手了——沃里克伯爵已经在这些贵族封地上与约克公爵和他的父亲索尔兹伯里伯爵会师，正准备发起攻势。亨利六世此时却出人意料地显示出坚毅果决的一面，他亲自率领军队，将还未做好准备的谋逆者打了个措手不及，迫使他们逃到国外——约克公爵逃回自己在爱尔兰的封地，内维尔逃去加来。接着王后玛格丽特命令议会呈报所有约克党人名单，这些人都被判处死刑，他们的财产全部被没收，入了国王私库。

这种赶尽杀绝的做法反而让约克党人更加坚定——他们要么赢，得到全部，要么死，失去一切。接下来的那一年，也就是1460年，沃里克伯爵和索尔兹伯里伯爵率领军队返回国内，约克公爵的长子即未来的爱德华四世（Edward IV）也在这支队伍里。他们的目标是让爱德华的父亲从摄政王变成国王。在北安普敦战役中，"造王者"沃里克俘虏了亨利六世，被俘时亨利正疯疯癫癫地在战场上到处乱转。约克党人似乎获得了最终的胜利。王后被迫逃往北方的苏格兰。

约克公爵迫不及待地从爱尔兰渡海来到英格兰，要求议会立他为新国王。但是贵族院不同意，而是让他继续担任摄政王。不过，他获得了威尔士亲王的封号，成为正式册立的王位继承人。不管他名义上是什么身份，反正如今约克公爵已经是这个国家的实际统治者了。亨利六世在伦敦塔里无声无息地度过他的时光。不过这一年年末，摄政王不得不前往北部，镇压约克郡内兰开斯特一系的地方贵族叛乱。在1460年12月的韦克菲尔德战役（Battle of Wakefield）中，约克党人遭遇惨败，约克党当中的一些最重要的贵族，包括约克公爵本人，都在此役中丢了性命。沃里克伯爵的父亲索尔兹伯里伯爵在兰开斯特党人控制的要塞庞蒂弗拉克特被公开处决；约克公爵的次子拉特兰伯爵（Earl of Rutland）也被杀了。约克公爵死后，他的头颅被割下来，戴上一顶纸糊的王冠，挂在约克市的城墙上，作为对约克党人的严厉警告。

与此同时，王后玛格丽特正在苏格兰军队的护送下，从苏格兰取道南下，与英格兰北部的兰开斯特军队会合，一同前往伦敦。苏格兰人迫使他们同意了一项非常苛刻的条件：作为对苏格兰人提供帮助的回报，他们必须将贝里克归还给苏格兰。在前往伦敦的途中，王后在赫特福德郡的圣奥尔本斯与沃里克伯爵狭路相逢——他正率兵北上，阻止她前往首都。在这个地方，她赢得了一场巨大的胜利，夺回了她的丈夫。

王后玛格丽特是个外国人，她并不理解贝里克对苏格兰民众而言意味着什么，她也不清楚苏格兰人与英格兰人之间源远流长的仇恨。苏格兰人一路南下穿过英格兰国境时，他们的言行做派仿佛就是一支侵略军，事实上，从很多方面来看他们确实就是侵略者。他们在英格兰一路烧杀掳掠，最终导致了这位来自法国的王后的垮台，因为南方的民众开始倒戈相向了。伦敦市民拦截了给王后的军队运送补给的车辆，玛格丽特自己也犹豫不决，不敢直接进入伦敦，因为她知道自己会得到什么样的"礼遇"。

年仅18岁的爱德华原本是马奇伯爵，继承的是他的舅祖父埃德蒙·莫蒂默的爵位封号。他的父亲死后，他又成了新任约克公爵。他抓住这个时机，从威尔士境内的莫蒂默封地和其他威尔士边境贵族那里征调了大量的士兵和扈从，然后往东进发。1461年2月，他在赫里福德郡的莫蒂默十字路战役（Battle of Mortimer's Cross）中打败了兰开斯特的军队，之后与沃里克伯爵的军队会师，赶在玛格丽特王后之前进入伦敦。一个月之后，他在威斯敏斯特大厅上被拥立为国王，也就是爱德华四世。

爱德华四世
Edward IV

1461—1483

尽管爱德华四世已经登基，但是兰开斯特党人依然没有放弃希望，仍在继续战斗。爱德华是个很有谋略的将领，他知道对方兵力强盛，必须尽快将他们打垮，否则他们永远都是一个威胁。在约克郡的塔德卡斯特（Tadcaster）附近的陶顿（Towton），他与兰开斯特的军队狭路相逢。1461 年 3 月圣枝主日（Palm Sunday, 复活节前的星期日）那一天，陶顿战役（Battle of Towton）在遮天蔽日的暴风雪中开场了。这场战役最终演变成南北之战。战役的一方是北方边境贵族，如克利福德家族和珀西家族等的私家军队，另一方是爱德华四世从莫蒂默封地召集的士兵扈从和沃里克从英格兰中部地区征调的将士。兰开斯特最终全面溃败，这个派系的 6 个最重要的贵族都战死了，从此，他们这一系几乎乏人领导。另有大约 3.7 万名士兵被杀，他们的鲜血将地面的积雪都染成了红色。很多人的尸体落到战场旁边的一条深涧里，再也没有被找到。

但是王后玛格丽特的天性里可没有放弃这一说。她带着疯疯癫癫的亨利六世退回苏格兰，在那个地方鼓动和支持英格兰北部叛乱。1464 年，爱德华终于忍无可忍，开始肃清兰开斯特的残余势力，并以赫克瑟姆之战（Battle of Hexham）一举结束了暴乱。亨利六世也在暴乱队伍之列，这一役之后，他成了逃犯，最后被俘。被捕时，他正在奔宁山脉四处游荡。之后他被关进伦敦塔。至此，苏格兰人放弃了他，与爱德华四世签署了和平协议。爱德华四世开始恢复国家的秩序，重建政府体系。但是，到15世纪60年代末，约克王朝的统治又面临着一个新的威胁。这一次带来威胁的是一位出乎意料的人物，那就是沃里克伯爵。他原是约克党人的首席参谋，为他们夺得王位立下了汗马功劳。在他自己广袤的封地领土上，他有着无与伦比的影响力，后来这种影响力甚至扩大到了整个英格兰。这是这个国家能够顺利、平稳地过渡到约克王朝统治的一个重要因素。沃里克伯爵很快就起用自己的亲友故旧担任法庭的重要职务，任命他的一个弟弟为约克大主教，又将原先珀西家族的伯爵领赐给他的另一个弟弟。他自己得到的好处则是成为一位国际政治家。他坚信，相对于长期以来与勃艮第之间的联盟，如今与法国联盟会给英格兰带来更大的好处。

法国国王查理七世之子新国王路易十一（Louis XI）对虚荣自负的沃里克伯爵曲意奉承。路易决意与其东部边境的危险对手为敌，所以与英格兰结盟势在必行。他提议爱德华迎娶萨伏依的博纳（Bona of Savoy）为妻，那是法国王后的妹妹。但是此时爱德华四世年纪渐长，他迫切地想要摆脱跋扈的沃里克伯爵和内维尔家族的控制，他有自己的政治抱负。他与他的顾问参谋们真正决裂是在沃里克伯爵计划让他与法国联姻之后，因为这项计划迫使国王坦白他已经和精致优雅的伊丽莎白·伍德维尔（Elizabeth Woodville）秘密结婚了。这个女人是里弗斯伯爵（Lord Rivers）的女儿，是个寡妇，她的前夫是约翰·格雷爵士（Sir John Grey）——一名兰开斯特党人。在其他兰开斯特一系的贵妇因为夫家在夺权中失败而身败名裂的时候，她却赢得了胜利。爱德华四世白皙俊美，年轻高大，净身高有6英尺3英寸（约1米9），而且风度翩翩、风流潇洒，好色之名众所周知。

伊丽莎白王后尽管外表柔弱娇美，但她并不是什么天真少女，而是一个饱经世事的妇人，比国王年长，还和前夫育有两个孩子。这桩秘密婚姻被揭露之后，人们才发现她的众多贪婪的亲戚已经遍布宫廷，占据了许多重要职位。不久之后沃里克伯爵和他的弟弟约克大主教就被革去了王室法律顾问之职。更有甚者，爱德华故意制定与沃里克伯爵相反的外交政策。他将自己的妹妹约克的玛格丽特（Margaret of York）嫁给了勃艮第公爵"大胆的查理"（Charles the Rash），以这种方式重新巩固了英格兰－勃艮第联盟。

骄傲自负的沃里克伯爵自然无法忍受以这样的方式被公开羞辱。于是他决定动用自己广阔领土上的私家军队，起兵反抗国王。经过一番谋划，他选择国王的弟弟克拉伦斯公爵乔治来帮自己实现雄心壮志。乔治为人贪婪，缺乏主见，是个志大才疏的年轻人。克拉伦斯公爵与其他所有人一样，都不喜欢伍德维尔，不久之后他就被劝诱着娶了沃里克伯爵的长女兼女继承人伊莎贝拉。遭受了爱德华四世的打击之后，"造王者"如今打算将克拉伦斯公爵送上王位，让自己的女儿成为王后。

1469年，一系列叛乱开始在英格兰中部地区的沃里克伯爵和内维尔家族的领地上演了。在艾奇科特战役（Battle of Edgcote）中，爱德华四世一度落入沃里克伯爵手中，成为阶下囚，不过因为贵族院的反对，"造王者"被迫将他释放了。一年之后，沃里克伯爵策划了又一场叛乱，但这一次他被爱德华打得落花流水。克拉伦斯公爵和沃里克被迫逃往国外，投奔法国国王路易十一。

在法国，受同样奸诈狡猾的路易十一的影响，沃里克伯爵层出不穷的阴谋诡计开始有了不同于以往的形式。路易十一决心让兰开斯特王室重回王位，以此瓦解勃艮第与英格兰的联盟，从而打击勃艮第。由于法国也是流亡的前王后玛格丽特和她的儿子威尔士亲王爱德华的祖国，所以路易得以从中斡旋，让曾经势不两立的死敌——兰开斯特王朝的王后和前约克党人沃里克伯爵——达成了和解。沃里克伯爵的自负让他很快决定实施一项新的计划，就是入侵英格兰，帮亨利六世复位。作为报答，前王后玛格丽特的儿子威尔士亲王将会迎娶他的次女安妮·内维尔（Anne Neville）。沃里克伯爵想要看到自己的后代坐上王位，安妮如今是他的主要希望所在。

1470年秋天，沃里克伯爵和克拉伦斯公爵率领着由法国人资助的军队，在英格兰登陆了。趁着爱德华四世还在北部，他们将神志不清的亨利六世从伦敦塔放出来，复立他为国王。之后，借助法国军队之力，他们迫使爱德华四世开始流亡，逃到勃艮第他妹夫的宫廷。沃里克伯爵这次远征的行军速度很快，不久之后他就到达了伦敦，这意味着爱德华根本没时间组织抵抗。

亨利六世复位后，他在位的时间只有1470年10月至1471年5月这短短的6个多月，但是对于"造王者"沃里克和他的内维尔家族而言，这实实在在地让他们重回了权力中心。亨利六世这一生起起落落，即便是冷漠无情的人，只怕也要被这样的命运折磨得心神不宁，更何况是他，于是，他最后彻底痴呆了。当时的一位史官毫不留情地嘲讽他"像一头被戴上王冠的牛犊一般，连吭一声都不会"。不过，"造王者"的好日子也快到头了。1471年3月，约克的爱德华在亨伯河畔的拉文斯博（Ravenspur）登陆，与以前篡夺王位的亨利四世一样，一路稳扎稳打地前往伦敦。

内战已经断断续续地打了不止15年了。这些战役大体上并不会影响到普通市民的生活，不过，大约1/3的贵族都战死了。亨利四世因为有全国民众的拥戴才能篡位成功，不过，尽管爱德华并没有得到全国范围内的热烈拥护，但是长期以来，南部和东部地区、肯特和苏塞克斯，以及威尔士边境贵族封地，都是约克党支持者的集中地。爱德华四世对金钱兴趣浓厚，他与伦敦的商人有着极为亲密友好的关系。这座城市向他敞开大门之日，亨利六世又回到了伦敦塔里。爱德华再次被拥立为王。克拉伦斯公爵站到了爱德华的阵营，因为他终于意识到，既然沃里克伯爵如今已经在帮兰开斯特一系夺位，那么唯一能依靠的就只有自己的兄长了。

1471年4月14日复活节那天，在今天的伦敦北部，双方打了一场决定性的战役，即巴尼特战役（Battle of Barnet）。爱德华以摧枯拉朽之势击败了沃里克伯爵和兰开斯特军队，沃里克伯爵本人也战死沙场。跟陶顿战役时一样，当天大部分时间天气非常恶劣反常，浓雾弥漫，经久不散，几乎伸手不见五指。

尽管爱德华四世已经除掉了他最大的敌人，但是威尔士亲王和安茹的玛格丽特刚刚在西部地区登陆，依然威胁着他。如果前王后玛格丽特早一点儿抵达的话，她或许还能为她儿子创造更好的局面，但是如今约克党人已经在巴尼特战役中彻底地获得了胜利，整个国家各方的势力都被爱德华收拢了。5月4日，爱德华四世与前王后和她儿子狭路相逢，并在图克斯伯里战役（Battle of Tewkesbury）中一决生死。这是最后一场血腥的屠戮，标志着兰开斯特一系的希望彻底破灭了，白玫瑰最终获得了胜利。前王后玛格丽特被投进监狱，但是威尔士亲王却被冷血地杀死了。兰开斯特一系的其他贵族即便投降，也都没有逃过一死。至于亨利六世，爱德华四世最终认为，他的存在会给自己的王朝带来巨大的威胁，这样的危险人物不能继续活着。在爱德华从图克斯伯里返回伦敦的当天，官方公布消息称亨利已经在伦敦塔里去世，死因是"完全是由于过度的愤怒和忧思"。

从此以后，在他的统治时期，爱德华四世一直是一位强大的君主，法律和秩序得到了恢复。为了避免贵族的权势膨胀，他尽量减少召集议会会议，但实际上很多贵族子弟都已死于战争，事实上已经没有反对他的势力存在。国王严厉禁绝了贵族之间私斗的风气，赢得了商人阶级的普遍欢迎，即便他为了规避议会的钳制，开始征收恩税，也没有削弱民众对他的爱戴。所谓恩税，其实本质上跟以前的过路费一样，是一种强制性贷款，主要由商人支付。他与一位伦敦商人的妻子简·肖（Jane Shore）长期保持着暧昧关系，这进一步巩固了他与商人群体之间的紧密联系。

既然伦敦已经不再是战争前线了，国际贸易便开始在这里迅速地发展繁荣，加上农奴制终于消亡，大量廉价的流动劳动力涌入这里，给伦敦提供了巨大的发展动力。而且，爱德华四世大力打击海盗，让英格兰周边的海域变得更加安全，这也对经济和社会发展起到了帮助作用。欧洲的各个王国已经不再像以前那样互相残杀，而是开始将精力向外转移，去探索未知的世界。至1460年，葡萄牙国王和冈特的约翰的外孙"航海家"亨利（Henry the Navigator）已经发现了非洲西北沿海地区。1481年，布里斯托尔的商人扬帆西行，进入大西洋，最后发现了一些小岛，他们将之命名为巴西群岛（isles of Brasil），有可能就是今天的纽芬兰岛（Newfoundland）。10年之后，克里斯托弗·哥伦布（Christopher Columbus）成为第一个踏足未知大陆的欧洲人，这片大陆后来被命名为美洲。

爱德华四世支持印刷商卡克斯顿（Caxton），准许他于1476年在威斯敏斯特教堂旁边的背阴处成立自己的印刷社。这项革命性的技术出现，意味着人们阅读的内容不再受教会掌控。这一时期，英格兰境内流传着大量未经审查的古希腊和古罗马文学作品；这些作品和骑士文学、历史一样，自教父（Church Father）*出

---

*特指2—12世纪在制定或阐述教义方面有权威的神学家。——译者注

现之后，就一直被教会厌弃。这是文艺复兴（Renaissance），也是西方文化复兴的开端。经过德西德里乌斯·伊拉斯谟（Desiderius Erasmus）、圣保罗大教堂（St Paul's Cathedral）教长兼教堂附属男子学校创始人约翰·科利特（John Colet）等学者的传播，人文主义运动传入英格兰，并轰轰烈烈地开展起来。不受宗教干扰地对人进行研究，标志着中世纪的结束和现代世界的开端。

在动荡不安的北部地区，爱德华倚重他的弟弟格洛斯特的理查镇压兰开斯特党人，抵御苏格兰人的入侵。理查在图克斯伯里战役中的表现证明了他是一位天才的军事指挥官，但他同时也是一位非常优秀的政府管理者。约克王朝的国王不久之后就觉得自己的国家已经足够安定了，所以他可以入侵法国，惩罚路易十一当初参与沃里克伯爵谋逆一事。不过，国王的妹夫"大胆的查理"没有派遣足够的军队支援他争取胜利，于是，英格兰-勃艮第联盟几乎立刻瓦解了。不管怎样，勃艮第作为一个独立国家的历史差不多要走到尽头了。1477年，"大胆的查理"在南锡战役（Battle of Nancy）中与瑞士人交锋，被敌军所杀。在路易看来，这意味着他可以入侵勃艮第，使之成为法国领土的一部分。从那之后，勃艮第被永远地并入了法国版图。

1483年，爱德华四世突然中风去世，当时他年仅40岁，头发还没变白，不过身体已经发福。他一直纵情于犬马声色，生活穷奢极欲，近于放荡淫逸，就是这样的生活渐渐搞垮了他的身体，让他英年早逝。在最后几年，他收拾了他不安分的弟弟克拉伦斯公爵，剥夺了他的财产和公民权。克拉伦斯公爵并没有从他的经历中汲取什么教训，还令他的弟弟格洛斯特的理查对他心生怨恨。克拉伦斯公爵的妻妹安妮·内维尔在她的第一任丈夫威尔士亲王死后嫁给了理查。克拉伦斯公爵不顾格洛斯特继承遗产的愿望，企图自己一个人继承沃里克的全部财产。最后，1478年，克拉伦斯公爵淹死在一大缸马姆齐甜酒（Malmsey wine）里。人们几乎可以断定他是被谋杀的。

爱德华四世去世之后，王位传给了他不到13岁的儿子，也就是爱德华五世（Edward V）。爱德华五世和他年仅9岁的弟弟约克公爵，就是历史上命运多舛的"伦敦塔里的王子"（Princes in the Tower）。

爱德华五世
Edward V

1483

由于爱德华五世还不到亲政的年纪,所以在他父亲死后,曾经伴随亨利六世整个统治时期的派系党争又开始出现了。这次争斗的双方分别是伍德维尔家族(Woodville Family)和老牌贵族。当时在爱德华手下的那些大臣看来,英格兰政府面临的真正威胁并不是后来谋杀了两位王子的格洛斯特的理查,而是伍德维尔家族。伍德维尔家族准备发动政变,这在当时几乎是路人皆知。前王后伊丽莎白已经将国王的财产转移到她名下保管,她的弟弟爱德华·伍德维尔爵士已经强夺了舰队,她的儿子多塞特侯爵(Marquis of Dorset)开始在他的领地征调军队。作为爱德华四世在北部地区的代表,格洛斯特的理查被自己的兄长在临终前指定为小国王的监护人,枢密院提议任命他为摄政王。大臣们没有丝毫迟疑地催促他尽快来南部接受这项任命。

伍德维尔家族在爱德华四世一朝擅权多年,将枢密院里很多原先的朝臣逐出了宫廷,赶回他们自己的封地。他们最主要的对手是前王后的妹夫白金汉公爵(Duke of Buckingham)。伊丽莎白打算尽快给新国王加冕,让他亲政,以免格洛斯特成为摄政王掌握大权。在了解到她的打算之后，白金汉公爵代表格洛斯特阻挠了加冕典礼。伍德维尔家族的一队人马护送着新国王从西部飞奔回伦敦时，中了格洛斯特和白金汉公爵的埋伏。之后，这两个人和爱德华五世一起前往伦敦，于1483年5月4日抵达。

当时有人提议将6月24日定为爱德华加冕典礼的日期，这意味着格洛斯特的理查的摄政生涯可能还没开始就要结束了。之后发生的一系列事情让人实在很难客观地评价格洛斯特的理查。他的性格在都铎王朝的各种文字作品中，包括在莎士比亚的笔下，都被描写得邪恶阴暗。甚至连他的外表都被用来攻讦他。他可能只是有点儿斜肩，却被夸大成驼背，被刻画成"驼背的癞蛤蟆"，甚至这个生理缺陷还被视作他道德沦丧的体现。格洛斯特的理查天性孤僻寡言，喜欢独处。尽管他不像他的兄长那样风度翩翩、魅力无穷，但是拥有政治家的素质和手腕，这一点一直令人钦佩赞赏。而且他跟克拉伦斯公爵不一样，他一直都坚定地支持爱德华四世。他朴素严峻的宗教性格与爱德华四世及其王后的轻薄浮夸完全相反，双方却能很好地互补。此前他治理了北部地区12年，一直以其杰出的才干享有盛名。他尽忠职守，为饱经战乱之苦的百姓重建了当地的政府体系，彻底根除了腐败，为自己赢得了众人的拥护和忠诚。

事实上似乎直到1483年6月之前，格洛斯特的理查的品行一直堪为表率。然而，不可否认的是，在那个夏天发生的罪恶事件背后，他有着不可推卸的责任。事实不言自明。到了7月6日，格洛斯特取代爱德华五世登上王位，在威斯敏斯特教堂加冕，成为理查三世（Richard Ⅲ）。格洛斯特剥夺侄子继承权的事件是经过周密安排的。一位名为拉尔夫·肖博士（Dr Ralph Shaw）的著名神父在圣保罗大教堂举行了一次公开布道，其主题就是"私生子不能承宗庙"。肖的观点是，由于爱德华四世在迎娶伊丽莎白·伍德维尔之前已经与另一位女士订立了婚约，所以他们的婚姻是无效的，爱德华五世和他的弟弟约克公爵都只能算是私生子。两天之后，白金汉公爵在市政厅对伦敦市长和一些重要的市民发表演讲时也重复了这套理论。按照正常的继承顺序，克拉伦斯公爵更年长，所以他的儿子应该享有优先继承权，但是因为克拉伦斯公爵谋反，所以他的儿子失去了继承王位的资格。于是，王位的真正继承人就变成了格洛斯特的理查。

与此同时，格洛斯特以铁腕肃清了所有潜在的反对势力。最重要的是，伍德维尔家族最重要的两个领袖人物未经法院审判就被直接处决了。之后，大约2000名格洛斯特的士兵从北方赶来，开始包围伦敦。这些士兵的到来，加上武力威胁，迫使前王后伊丽莎白将约克公爵送去了威斯敏斯特教堂的圣所，让他做好准备参加他兄长的加冕典礼。但是，这位年仅9岁的公爵刚刚进入伦敦塔与他的兄长会合，加冕典礼就被莫名其妙地推迟到11月。之后，理查应议会贵族院所请，接受了王位——事实上贵族院也是别无选择，毕竟军队都已经包围了伦敦——而后，原本为他侄子准备的加冕典礼直接为他所用了。那两个小男孩就这样消失在伦敦塔里。自1483年秋天之后，就再也没有人见过他们。

理查三世到底有没有谋杀他的两个侄子，这一事件至今为止已经被无数人不吝笔墨地演绎过了。最早从下一任君主的统治时期开始，这个谣言开始被写入诗文篇章之中。在亨利七世（Henry Ⅶ）统治时期，理查三世曾经的追随者、众所周知的同谋犯詹姆斯·蒂雷尔爵士（Sir James Tyrell），在因另一项指控被捕之后，供述了他们谋杀两位王子的经过。他宣称他和同伙在理查三世的指示下，用迷药弄昏了白塔里看守王子的狱卒，然后趁着夜里两个孩子正在床上睡觉的时候，将他们闷死了。当时詹姆斯爵士并没有亲自动手，只是站在白塔外的月光里静静地等待，杀人犯溜进王子的房间下手，又将他们的尸体埋在楼梯底下，抹去了一切痕迹。确实，过了将近200年之后，1674年，工人在白塔楼梯底下挖方时，发现一个木头箱子，里面装着两个孩子的骸骨，其中一个十二三岁，另一个大约10岁。骸骨上还粘着没有完全腐烂的碎布片和天鹅绒。

不过，那个时候人们当然没办法通过骸骨判断他们的性别或推断他们去世的时间，如今虽然已经有了相关的知识和技术，但是骸骨却没有完好地保存下来。不管怎么说，从至少2000年前开始，伦敦塔矗立的位置就已经是一个人口中心了，甚至在罗马时期就是一个重要的堡垒。一份洗衣清单上提到了这两个孩子穿的衣服，清单上的日期是1485年9月。那个时候理查已经被他的继任者都铎王朝的亨利七世所取代。有些人引用这份洗衣清单作为证据，认为两个男孩是死在亨利七世手中的。如果两个男孩活着的话，他们对都铎王朝的威胁不会低于他们对理查三世的威胁。不过，更多的证据指向理查才是真正的元凶。

理查三世
Richard III

1483—1485

1483年秋天，全国各地都有绅士群体起义，反抗新国王理查三世。虽然他们的目的多种多样，但似乎都有一个共同的目标，就是从威斯敏斯特教堂救出爱德华四世的其他孩子，使他们免遭毒手。很显然，很多人相信那两位王子已经遭遇了不测。叛乱的大部分人都曾是约克党人的坚定支持者，很多人还曾是地方上的行政司法长官。那个夏天必然发生了什么令人发指的事，才让这些人对约克国王倒戈相向。即便如此，理查也没有将两个男孩带出来让人们看到他们还活着，否则谣言自然不攻自破。尽管两位王子可能直到1483年10月才遇害，但是在此之前他们似乎就已经销声匿迹了。在伦敦塔附近叫卖的商贩再也没有见到他们在塔底的花园里练习箭术，他们的身影甚至再也没有出现在"围栏或窗户后面"。那个时候已经有很多人言之凿凿地说两个男孩已经遇害了。众口铄金，积毁销骨，显然很多人都把理查视为面目可憎的刽子手，是王室残杀幼童的始作俑者。即便是在人命轻贱的15世纪，这依然是令人发指的罪行。

最严重的叛乱之一是理查原先的盟友白金汉公爵领导的。人们谈到两位王子之死的时候常常会提及白金汉公爵的名字，认为他与那次谋杀有所牵连，因为他当时是伦敦塔的主管。但是，大约在1483年夏天，他与理查三世关系破裂，究其原因，或许是跟那场谋杀有关，或许是因为他本人虽然血缘稍远，但也是有权继承王位的人选之一。他当时并没有自立为王，而是选择拥立亨利·都铎（Henry Tudor）。亨利是女继承人玛格丽特·博福特夫人（Lady Margaret Beaufort）的儿子。在亨利六世和威尔士亲王相继去世之后，这位拥有部分威尔士血统的贵族尽管在血缘上已经有些远了，却是兰开斯特家族一脉最后的希望。他的母亲玛格丽特夫人是个厉害的女人，她参加了理查三世的加冕典礼，却在1471年将亨利·都铎偷偷送到国外，藏身在布列塔尼，因为当时人们认为他在国内随时会有生命危险。

在白金汉公爵的鼓动下，亨利·都铎从布列塔尼率领一支小型舰队，踏上征途，去争夺王位，但是当他清楚地意识到这次造反没有任何成功的希望之后，只好返回原地。不过，白金汉公爵被俘并在索尔兹伯里的市场广场上被处决。但是这场叛乱让人们对国王的不满情绪如星火燎原一般迅速扩散到所有人群，以至于到最后约克党人和兰开斯特党人开始联手对付国王。前王后伊丽莎白·伍德维尔和玛格丽特·博福特夫人达成协议，让约克的伊丽莎白公主（Princess Elizabeth of York）嫁给玛格丽特夫人的儿子亨利·都铎。

亨利·都铎的父亲里士满伯爵埃德蒙·都铎（Edmund Tudor, lst Earl of Richmond）是威尔士人，曾与其他几个家族一起积极地参与了欧文·格伦道尔的叛乱。埃德蒙在法国国王亨利五世去世之后，热烈地追求他的遗孀前王后凯瑟琳，并与她结婚。由于亨利·都铎的父亲在他出生之前就已经去世了，他的母亲后来又改嫁了，所以他是由他的叔父贾斯珀·都铎（Jasper Tudor）抚养长大的，他成长的地方是威尔士的彭布罗克城堡（Pembroke Castle）。他后来说起自己早年的生活，大部分时间要么是离群索居，要么就是背井离乡四处漂泊。

亨利·都铎发现布列塔尼人谋划着背叛他，打算拿他换钱，于是干脆将布列塔尼出卖给法国，换取了法国的支持。不久之后，越来越多的参与了叛乱的英格兰南部家族首领加入了他的阵营。理查将他们的土地财产没收充公，把他们原来的领土分封给了自己的朋友，这意味着他们已经没有什么可以失去的了，而一旦新国王登基，他们可以凭拥立之功，得到很多利益。1484年4月，理查三世爱逾性命的婚生独子死了，不到一年，他的妻子安妮·内维尔也去世了，这给他的统治带来了不祥的阴影。一个古老的预言开始四处传播：到了三王并立之年，将有巨大的灾难降临这个王国。

事实上，正是安妮·内维尔的死刺激了兰开斯特家族的王位竞争者和约克家族的流亡者采取行动。1485年春末，他们听到传言说安妮·内维尔的死并不是一场意外：理查三世毒死了他的妻子，打算迎娶他的侄女约克的伊丽莎白，以此巩固他摇摇欲坠的统治。伊丽莎白是爱德华四世的女儿，她能够抹去理查的窃国之名，让他的统治变得名正言顺。

但是，我们已经知道，约克的伊丽莎白也是将亨利·都铎推上王位的计划中的关键人物。亨利通过他母亲玛格丽特·博福特夫人的血统来要求继承王位的话，并不具有足够的筹码。尽管博福特家族一系确实有合法的王位继承权，但是这个家族一开始就已经被排除在继承人选之外了。而且，自萨默塞特公爵在图克斯伯里战役中战死之后，这个家族的父系血脉已经断绝，而母系后代在争夺继承权时通常会受到歧视，没有那么名正言顺——亨利·都铎正是母系后代。与约克的伊丽莎白结婚，可以增加他争夺王位的筹码。想到理查有可能取代他与她结婚，这位逃亡者倍感威胁，立即加快推进他的计划。

传统上，历代英格兰国王都十分倚重绅士阶层，他们与这个阶层建立了千丝万缕的非正式的联系。但是如今这个阶层的人员大量出逃，导致在接下来的内战中，理查三世只能完全依靠大贵族和他们豢养的士兵。至1485年，他如果想保住王位，就必须争取到英格兰3个最重要的大贵族的支持——他们的军队可以左右时局。这3个贵族分别为诺森伯兰伯爵亨利·珀西（Henry Percy, 4th Earl of Northumberland）、诺福克公爵（Duke of Norfolk）和柴郡大贵族斯坦利勋爵（Lord Stanley）。当时诺福克公爵站在理查那边，另外两个贵族则放弃了他。珀西家族不管怎样一直都是兰开斯特家族的支持者，而且先前理查决定让林肯伯爵和北方法院（Council of the North）管理珀西家族传统的势力范围，让诺森伯兰伯爵非常愤怒。

但是理查三世面临的最大的难题之一就是，第三个决定性人物斯坦利勋爵的态度还是个未知数。斯坦利是英格兰王室军事总长（Constable of England），但是这项任命不过是为了把他和理查三世的政府更紧密地捆绑在一起而已，因为斯坦利是玛格丽特·博福特夫人的第四任丈夫。理查肯定早已经确信斯坦利对他妻子一直以来的计划都是心知肚明的，不过因为害怕西北部地区会发生叛乱，所以他不敢将斯坦利关进监狱。

斯坦利勋爵究竟会选择效忠于谁，很显然这是理查如何安排己方防御的关键。8月初，亨利·都铎在威尔士西部的米尔福德港（Milford Haven）登陆。他若前往伦敦，必然要途经与柴郡的斯坦利封地相隔不远的东北部地区。斯坦利勋爵在那个地方拥有大约4000名士兵，他完全有能力拦住亨利·都铎和他2000人的军队，让他们无法离开威尔士，但是他放他们通过了。

到8月22日，亨利·都铎的军队已经到达莱斯特郡。这是英格兰的腹地，玫瑰战争的最后一场战役就是在这个郡的马基特博斯沃思（Market Bosworth）上演的。他很好地利用了自己的威尔士血统和威尔士人的忠诚；他的夺位之路被视作威尔士人的复兴。随着他一路向东前往博斯沃思原野战役（Battle of Bosworth Field）的战场迎接自己的命运，威尔士的文人墨客不吝辞藻地讴歌他，称颂他是真正的威尔士之王，甚至古人就曾预言过他的到来。在他率军横穿威尔士和中部地区的途中，大量的支持者蜂拥而来，齐聚他的麾下。理查那边的情况则恰恰相反，他所期待的勤王之师并未出现。敌军入侵的消息不断地传开，但是只有诺福克公爵前来拦截。诺森伯兰伯爵仍留在北地，坚守不出。理查三世之前未雨绸缪，将斯坦利的儿子斯特兰奇男爵（Lord Strange）扣作人质，防止他帮助叛军。

结果，尽管斯坦利勋爵明显是有意放亨利·都铎通过柴郡，但他还是继续向理查保证他会效忠于理查。然而理查一方的败兆早已显露。在战役爆发的前夜，篡位的国王显然因为心中有鬼而备受煎熬，难以入睡，而他手下的许多人就在那一夜偷偷溜出了营地，跑到亨利·都铎的阵营里。与此同时，斯坦利将他的军队排布在两军中间的一座山上，这样一来谁都不知道他的军队到底是属于国王那边的，还是帮着叛军这边的。这个狡诈的斯坦利，虽然陷入了进退维谷的两难之境，却聪明地选择了先作壁上观，再伺机而动。

没有诺森伯兰伯爵的军队加入，国王阵营的士气并不高。在战斗一上午之后，他们这一方败象已显，于是士气更加低落了。陷入绝境的理查亲自率领一队骑兵冲向亨利·都铎，将他绣着威尔士红龙的军旗扯了下来，丢到了地上。这个时候，斯坦利终于加入了战局，加入造反者的阵营。最后，亨利·都铎大获全胜。

按莎士比亚的描写，理查三世当时跌落战马，徒劳地喊道："一匹马！一匹马！我愿以我的王国换一匹马！"这样的台词并非无稽之谈：当时地面泥泞不堪，导致他无法在马背上坐稳。但是不管理查这个人究竟如何，他至少不是个懦夫，他依然奋勇击杀了许多威尔士士兵，最后才因为寡不敌众而战死。战役结束之后，他的尸体被剥得赤条条的丢在马背上，叫马驮着示众，提醒人们他再也不是加冕过的国王了。在上战场之前，理查在他的头盔上戴了一顶轻巧的金王冠。这顶王冠滚到了一旁的山楂林里。人们找到它时，斯坦利勋爵刚好就在旁边。机智的斯坦利勋爵将它戴到亨利·都铎的头上，与众人欢呼着拥立他为国王。

理查三世赤裸的遗体被草草地掩埋在莱斯特的一处没有标志的墓穴里，而新国王亨利七世则继续领兵奔赴伦敦。不久之后他在那里迎娶了他的远亲约克的伊丽莎白。当时的一位史官写过这么一句话："1485年8月22日这天，野猪尖利的獠牙终于被拔去，红玫瑰终于击败了白玫瑰，报了仇，它的光芒照耀着我们。"这足以显示前一任国王是多么不得人心。亨利·都铎是通过兰开斯特的红玫瑰，通过他自己身上博福特家族的血统，才得以登上王位的。都铎王室的玫瑰花饰体现了这两个家族的联合——约克家族的白玫瑰叠加在兰开斯特家族的红玫瑰上。该花饰如今在伦敦塔卫兵的制服上还能看到，这种制服是亨利七世专门为他的卫兵设计的。

亨利七世用自己的姓氏命名了一个全新的王朝——都铎王朝。这是6世纪之后，也是亚瑟王之后，英格兰第一次迎来最古老的原住民族裔的国王。当时卡克斯顿刚刚出版了托马斯·马洛礼爵士（Sir Thomas Malory）的《亚瑟王之死》（*Le Morte d'Arthur*）一书，亚瑟王的荣光又一次回到人们的视线中。亨利七世甚至以这位古代的不列颠国王的名字为自己的长子命名。在加冕典礼上，新国王和他的支持者利用了人们对这位传奇人物的敬仰和追思。他们又一次援引古老的预言为新国王正名，让他的登基显得合情合理。为了凸显王国大一统，亨利特意把怀孕的王后送去温彻斯特生产，那是古代西撒克斯王国的国都。与此同时，亨利作为约克郡领主,还拥有一个贵族封号,就是里士满伯爵,为了不让人们忘记他的这个头衔,他在希恩(Sheen)附近的河畔修建了里士满宫(Richmond Palace)。

但现实绝不总是这么浪漫而富有传奇色彩。亨利七世并不打算在议会的钳制下遵守宪法的规定,做一个处处受制、束手束脚的兰开斯特国王。他是一位君王,他在议会还没来得及召开会议之前就自立为王了,因此,跟爱德华四世一样,他尽可能地避免召集议会会议。到了下一个世纪,在他后代的统治下,都铎王朝的平民院成了王权的统治工具,这就是所谓的都铎王朝专制主义(Tudor despotism),在这种制度下,这个单一民族国家取得了很大的发展。

the STORY of BRITAIN

诸王的不列颠

Vol. II
—
The Formation
of the United Kingdom

第二册：
联合王国
的缔造

从罗马帝国时代到联合王国的2000年

［英］丽贝卡·弗雷泽 著

叶锬焰 史林 译

中国画报出版社·北京

6
都铎王朝
Tudor

亨利七世
Henry Ⅶ

1485—1509

都铎王朝实力强大，魅力无穷，政治手腕高明，统治英格兰一百余年，其间，未受任何势力的干扰。这个王朝的统治时期恰逢欧洲人对世界、对自己的看法发生前所未有的飞速转变的时期。1492 年，在都铎王朝第一个国王亨利七世的统治期间，人们发现在欧洲与亚洲之间还存在一个未知的美洲，有人将之视作近现代的开端，因为也是在这个时期，大量中世纪的正统观念都被推翻了。中世纪的哲学家以其匪夷所思的智慧和创造性思维，将所有知识都完美地嵌入宗教观念的体系里。例如，在 15 世纪的新发现出现之前，欧洲的基督徒相信耶路撒冷是世界的地理中心。但是，在葡萄牙人绕着非洲沿海航行了一圈、西班牙人发现美洲之后，人们自然就不会再相信这样的无稽之谈了。

而且，在 15 世纪末之前，学者们不愿意与教会卷入令人心烦意乱的争论之中。自黑暗时代开始，拉丁基督教徒就鲜有人学习希腊语。这个时期人们开始重拾对希腊文化的学习，这给人们的学习过程带来了翻天覆地的改变。自出现 3 个教皇并立的局面之后，人们对教皇的敬畏之心逐渐减弱，对他们的失望之情日益滋生，人们学习方式的改变更是进一步加剧了他们对教皇的失望。1453年，君士坦丁堡被土耳其人攻陷，数以百计的拜占庭学者被迫逃亡，四散流离，他们很多人逃到西欧，让西欧重新接触到已经被遗忘了的古希腊古典哲学家的理念。艺术领域的古典复兴，也就是文艺复兴运动，从14世纪就已经逐渐发展起来，但是当希腊哲学研究在大学里落地生根之后，它将学者从基督教对人们逻辑思维的禁锢里解放出来，并引发了一系列的连锁反应。古希腊文本著作的翻译和引进彻底改变了人们的学习方式。被称为新学问（New Learning）的希腊文艺哲学思想让人们看到《新约》里记载的早期教会的样子；如今腐朽堕落、汲汲营营的教皇没有一丝一毫早期教会的风骨。所有这些事件共同作用，其结果是非常惊人的。仅仅一代人的时间，基督徒就摆脱了罗马教会勉力维持的权威和控制。就在都铎王朝第二任国王亨利八世（Henry Ⅷ）在世的那个时期，成千上万人的个人良知开始觉醒，最终引发了宗教改革运动，各种各样的新教教会大量涌现，其中就包括英国国教会（Church of England）。

到16世纪末，在都铎王朝第五任君主伊丽莎白一世（Elizabeth I）的漫长统治期内，新教和天主教势力之间的冲突已经演变成一场世界范围的战争。新教教会内部越来越坚信只有自己是正派、正义的，这种观念将欧洲和英格兰分化成两个界限分明的意识形态阵营，各自固守着自己的信念。西班牙刚刚于1469年实现统一，将来自格拉纳达（Granada）的、统治了西班牙七百余年的摩尔人的最后一位君主流放了，它成了天主教势力的拥护者。即便伟大的女王伊丽莎白拥有灵活狡猾的外交手腕和热爱和平的天性，英格兰也没有选择韬光养晦，而是在1588年击败了西班牙无敌舰队（Spanish Armada），毫不掩饰地昭示它拥护新教的立场，成为支持天主教的西班牙的主要敌人。最后，也是很重要的一点，地中海地区作为一个曾经的地理枢纽，支配了世界2000余年，但是美洲新大陆被发现之后，贸易路径发生了巨大改变，对拥有大西洋海岸线的国家更为有利，包括葡萄牙、西班牙、法国和英国。这几个国家在下一个世纪开启了帝国之路。

但是在1485年玫瑰战争刚结束的时候，没有人预料到不久的将来会发生这样翻天覆地的变化，也没有人想到都铎王朝会占领那么多殖民地，还在殖民地建立奴隶制度。都铎王室刚刚夺得政权，亨利七世最迫切的任务是巩固他的王朝。

之后的 20 余年里，他非常成功地完成了这项任务，其结果就是，他的儿子亨利八世继位时，没有任何人提出哪怕一丁点异议。但亨利七世毕竟是篡位者，所以在他统治的第一个阶段，他的精力难免要用来处理各种潜在的威胁。事实上，新国王迎娶了约克王朝唯一的正统继承人——身材高挑、气质高雅的金发美人约克的伊丽莎白。另一个有可能争夺王位的人——可耻的克拉伦斯公爵之子沃里克伯爵——已经被囚禁在伦敦塔里。不过这一切并没有阻止人们给他捣乱。但是亨利七世最大的麻烦主要来自两个方面：第一个是他妻子的姑妈——爱德华四世的妹妹勃艮第的玛格丽特（Margaret of Burgundy），任何造反者都可以在她的宫廷受到热烈欢迎；另一个是爱尔兰人，他们的首领是菲茨杰拉德家族的基尔代尔伯爵。爱尔兰人长期以来一直支持约克王室，因为约克党人莫蒂默家族的领地就在爱尔兰。

第一场大规模反抗亨利的叛乱爆发于 1487 年，参与者是一些对国王不满的群体，背后的策划者是勃艮第的玛格丽特，而领导这场叛乱的则是理查三世的主要支持者之一弗朗西斯·洛弗尔（Francis Lovel）。一个名叫兰伯特·西姆内尔（Lambert Simnel）的年轻男孩跑到爱尔兰，自称是沃里克伯爵，刚刚从伦敦塔里逃出来。尽管他狂妄放肆地在爱尔兰自立为王，但他组织起来的侵略军（少量洛弗尔的军队和一些德意志雇佣兵）实力实在微不足道，在斯托克战役（Battle of Stoke）中，亨利几乎不费吹灰之力就把他们打得一败涂地，西姆内尔本人也被俘了。真正的沃里克伯爵从伦敦塔里被带出来游行，以此向众人宣告他还活着。亨利根本没把兰伯特·西姆内尔放在眼里，所以他直接将他丢到王室的厨房里翻烤肉架去了。

勃艮第的玛格丽特送去英格兰的第二个觊觎王位者是珀金·沃贝克（Perkin Warbeck）。事实证明这个人的威胁比前一个大得多。他对外宣称自己是伦敦塔里的两个王子之一——弟弟约克公爵理查，还宣称他的背后有一批对新国王不满的英格兰贵族在支持他。不仅沃贝克的这番说辞得到了法国国王和勃艮第的玛格丽特的确认，而且他本人还被苏格兰国王詹姆士四世（James Ⅳ）热情地邀请到苏格兰。詹姆士四世甚至还将他的表姑凯瑟琳·戈登夫人（Lady Catherine Gordon）嫁给了他，并以他的名义出兵入侵英格兰。

为了抵挡苏格兰人的入侵，英格兰征收了大量的税款，结果这成了 1497 年康沃尔地区叛乱的理由。康沃尔郡的人认为他们离苏格兰如此遥远，没有必要为英格兰北部的防御战争买单。一支康沃尔军队驻扎到伦敦的布莱克希思。沃贝克当时已经被詹姆士四世赶出苏格兰了，因为詹姆士四世害怕英格兰会因他而入侵自己的领土。沃贝克抓住这个千载难逢的好机会，在西部登陆，往伦敦进发，结果在汤顿（Taunton）被彻底地击败了。他逃到比利的西多会小隐修院（Cistercian Priory of Beaulieu，如今已改造成蒙塔古男爵的赛车名人博物馆）潜藏了一阵子，之后还是难逃被俘的命运。他被押回伦敦，于1499年被杀。与他一起被处决的还有沃里克伯爵。这个不幸的人好像并没有犯过事，只不过因为他原先是王位的重要继承人选，这个世界就没有他的容身之处了。

这一次冲突被称为玫瑰战争的终章。到那个世纪末，亨利七世通过巧妙的外交谈判和恰当地运用战争手段，终于让都铎王室坐稳了王位。他联合西班牙的斐迪南（Ferdinand）和神圣罗马帝国的马克西米利安（Maximilian）等法国的敌人，又一次发动对法国的入侵，还威胁尼德兰停止向他们出口英格兰羊毛，多管齐下，让沃贝克无法在欧洲大陆找到一个安全的庇护所。1496年，尼德兰和英格兰签署了商务条约，规定了互惠待遇和税则等，将两国紧密地捆绑在一起，恢复了双方的贸易联系，并规定任何一方都不得为另一方的敌人提供庇护。后来在1506年，双方又进一步签署了新的条约，扩充了原条约的内容，并订立了对英格兰商人有利的条款。之所以会签署第二份条约，与马克西米利安的儿子腓力大公（Archduke Philip）在英格兰沿岸地区遭遇船只失事有关。

联姻也是亨利使用的另一种巩固地位的手段。法国将布列塔尼纳入版图之后，对英格兰南部沿海地区构成巨大的威胁。亨利因惧怕法国入侵，决定让英格兰与日益兴盛壮大的西班牙搭上关系，他采取的方式是让他的长子迎娶斐迪南的女儿阿拉贡的凯瑟琳（Catherine of Aragon）。1501年，经过双方多次互遣使者反复谈判，并就嫁妆问题讨价还价一番之后，凯瑟琳嫁给了威尔士亲王亚瑟。但是，仅过了一年，亚瑟就去世了，令他的父母悲痛不已。按照教会的法令，兄终弟及的婚姻是被禁止的，但是亨利迫切地需要与西班牙保持联盟关系，所以他请求当时的教皇尤利乌斯二世（Julius II）予以特许，让他的次子也就是未来的亨利八世与凯瑟琳结婚。教皇最终给予特许，于是新任的威尔士亲王与寡嫂举办了婚礼。白皙俊美、身材颀长的亨利迎娶了端庄严肃、虔思笃行的西班牙公主。这份特许后来带来了非常严重的后果。

阿拉贡的凯瑟琳的父亲阿拉贡的斐迪南（Ferdinand of Aragon），是个狡诈多智的人。他利用自己与卡斯蒂利亚的伊莎贝拉（Isabella of Castile）的联姻，在1492年驱逐了摩尔王室，统一了西班牙半岛。不仅如此，他还控制了两西西里王国（Two Sicilies），即意大利那不勒斯（Naples）以南的地区，从而掌控了地中海西部沿岸一带。与西班牙王室联姻让新掌权的都铎王朝在国际舞台上占据举足轻重的地位。在之后的40年里，与西班牙保持步调一致将成为英格兰首要的外交原则。亨利七世将自己的女儿玛格丽特·都铎嫁给苏格兰国王詹姆士四世，希望能够以这种方式破坏法国与苏格兰之间持续了200余年的"老同盟"。后来都铎王朝最后一位君主伊丽莎白女王去世之后，因为女王无子，詹姆士夫妇的曾外孙继承了英格兰王位。

但是那个时期最强盛的国家当数法国。这个国家在数个世纪以来一直处于分裂状态，大量公国、侯国混战不休。1488年，年轻的国王查理八世（Charles Ⅷ）与布列塔尼公国的女继承人结婚，公国被并入法国领土，法国版图的最后一块终于拼上了。国内局势稳定之后，1494年，查理占领了那不勒斯，此举极大地激怒了意大利人。法国的政策在长达半个世纪的时间里都有点儿不合时宜，这些政策制定的依据是美洲被发现之前存在的欧洲经济概念。也就是说，他们还在认为，只有控制了意大利半岛，控制了通往黎凡特（Levant）的地中海盆地的贸易通道，才能获得真正的财富和势力。于是法国费尽全力不断征战，试图通过安茹和维斯康蒂（Visconti）先人的血缘联系，争夺那不勒斯王国和米兰公国（Duchy of Milan）的继承权，甚至心甘情愿地卷入意大利的几大君主与教皇之间无休无止的内斗之中。这种政策最终导致了法国与西班牙之间长达百年的战争。

除了在国际上站稳脚跟，亨利七世也在国内重新树立了君主的权威。15世纪后半叶混乱无序的状态导致他刚登基时，君主的权威在各个方面都被严重地破坏。不管怎样，威尔士反正是欢迎有威尔士血统的君主的，而且他还让威尔士顾问委员会（Council of Wales）重新恢复了活力。该委员会受威尔士亲王顾问委员会（Prince of Wales's Council）的监督。至于爱尔兰，亨利将爱德华·波伊宁斯爵士（Sir Edward Poynings）派去那里担任总督，取代基尔代尔伯爵，试图以这种方式让爱尔兰人与英格兰建立更紧密的联系。1494 年,《波伊宁斯法》(Poynings' Law)剥夺了当时仍处于半独立状态的爱尔兰的独立立法权,规定爱尔兰议会(Irish Parliament)在没经过英格兰枢密院的批准之前不得自行颁布法律,并规定所有英格兰议会制定的法律均适用于爱尔兰。但是当时爱尔兰人似乎更倾向于以违犯《波伊宁斯法》为荣,而以遵守该法为耻。爱尔兰的地方首领和诺曼爱尔兰人依然我行我素地过着半自治的生活。据说波伊宁斯曾心烦意乱地抱怨:"整个爱尔兰都管不了基尔代尔伯爵。"亨利七世听到之后回复他说:"那还是让基尔代尔伯爵来管整个爱尔兰吧。"于是波伊宁斯被召回,爱尔兰的一切又恢复如初了。

在国内,尽管亨利在血统上属于兰开斯特王室的后裔,但他更多的是效仿约克王朝君主的做法,尽量减少对议会的依赖,通过恩税,也就是强制贷款,来筹措资金。这种方式从理论上来讲是不合法的。但是英格兰人已经受够了中央软弱、派系林立、地方割据的政府,他这种压制地方贵族势力的做法反而广受欢迎。当年亨利五世继位后颁布的第一批法案中,有一项就是禁止地方贵族养侍从或私家军队,因为在那之前的一个世纪里,侍从和私人军队给国家带来了巨大的混乱和破坏。然而地方贵族养兵的风气屡禁不止。据说,亨利七世到牛津伯爵家做客,临走时,故意以一种赞赏的语气问伯爵养了多少侍从。"至少 200 人。"牛津伯爵十分自豪地说。国王当即命他缴纳 1 万英镑的罚款。

亨利执行该法案的方法就是对违法者处以巨额的罚款,这极大地充盈了国库。枢密院原本一直是法院体系的一部分,如今开始发挥一种更贴近于执行的角色,改头换面成为星室法庭(Court of Star Chamber)*,负责普通法管辖范围内的案件。之所以叫星室法庭,是因为召集会议的威斯敏斯特宫的房间屋顶上有星星的图案。不过,尽管星室法庭在都铎王朝后面几位君主手中逐渐变成一个执行即决定裁判的臭名昭著的机构,但在亨利七世统治时期,它一般负责审理贵族违法,且涉案贵族对地方法院可能会有过多干扰的案件。这是亨利的另一项旨在削弱贵族势力的政策,因为亨利禁止贵族养兵的法律并没能立即消除贵族武力威胁司法公正的风气。另一项加强王权的做法是提高各郡骑士的权力,让他们成为地方上的治安

---

* 以滥刑专断闻名于世,1641 年被废除。——译者注

法官。这是很有必要的，因为到 15 世纪末，各郡的行政司法长官基本上都已经沦为各大家族及其党羽的傀儡了。

1509 年，刚刚 50 岁出头的亨利七世去世了。他在去世之前，已经为王室积攒了大量的财富，代价是他严重地失去了民心。之所以会出现这样的情况，还得"归功于"他最倚重的两位顾问：理查德·恩普森（Richard Empson）和埃德蒙·达德利（Edmund Dudley）。这两位把他们的聪明才智全用来巧设名目勒索钱财了。此外，亨利的坎特伯雷大主教兼财政大臣——枢机主教莫顿（Cardinal Morton）在敛财方面拥有不逊于他们二人的才智。他发明的征税手段"莫顿叉妙招"（Morton's Fork）令后世都记住了他的恶行。莫顿叉让心无戒备的民众无论如何都逃不开纳贡的结局。按莫顿的观点，如果一个人的生活阔绰奢华，那么他必然没有向国王缴纳足够多的贡赋，所以可以向他征收更多的税。另外，如果一个人生活简朴，那么他很可能是性格悭吝，暗中积累了大量的财富，那么就应该强迫他把财富分给国王。

当时欧洲已经尝试着进行探索新大陆的航行。亨利对此表现出极大的兴趣。葡萄牙是 15 世纪航海领域的伟大创新者，它与布里斯托尔有着非常密切的联系。布里斯托尔的商人和葡萄牙国王合作，后者为威尼斯人约翰·卡伯特（John Cabot）提供资助，让他往西航行，最终发现了拉布拉多沿岸，即今天的加拿大东海岸地区。但是为什么这些惊人的发现会集中在这个时期？其中一个原因是，15 世纪土耳其人（或称为奥斯曼帝国子民）从巴尔干（Balkan）地区不断地向西迁徙。在这之前，香料贸易一直是欧洲利润最丰厚的生意，因为在冰箱出现之前，香料是人们保存食物的必需品，而且香料只能从东方的热带国家（主要是印度）经地中海地区进口到欧洲。意大利的热那亚共和国和威尼斯共和国（Republic of Venice）都因为刚好是连接东西方的交通枢纽，地理位置优越，所以从这项贸易中获取了巨大的财富。但是随着土耳其人开始切断地中海一带的交通，寻找一条海路通往印度就成了当务之急，唯有如此，才不必再依赖地中海东岸的传统贸易路径。

葡萄牙国土背靠西大西洋，距离地中海最远，葡萄牙人相信只要能发现一条新的通道前往印度，就能从地中海沿岸国家手中夺过这项利润丰厚的贸易。葡萄牙人的激情具有感染力，于是他们的邻国西班牙也热切地投入这项事业中。热那亚航海家克里斯托弗·哥伦布断定，前往印度的最佳途径应该是往西。在斐迪南和伊莎贝拉的资助下，他于1492年起航，最终发现了加勒比海地区的群岛，这些群岛之后被命名为西印度群岛，并沿用至今——尽管这些岛屿实际上与印度相隔万里。他发现了新大陆。随后教皇宣布，距亚速尔群岛（Azores）以西100里格*的那片未知世界全部属于西班牙和葡萄牙。之后，在议会的授意下，西班牙当即征服了阿兹特克人（Aztecs），在今天的墨西哥建立了新西班牙（New Spain）。

除此之外，土耳其人西进还带来了另一个深远的影响。君士坦丁堡被攻陷，希腊学者为了躲避这场大灾难而逃往西欧的重要城市和大学，散布到西欧各地。正如我们所知，他们给知识分子带来了虽然缓慢却非常惊人的影响，最主要是影响了后者对宗教的理解。在当时印刷技术革新的推动下，人们思考的方式经历了巨大的转变。但即便反教权主义的理念已经得到广泛的传播，人们的宗教情绪并没有消失。虔诚的宗教运动和对新学问的学术研究成果的不满和愤慨，二者结合起来，最终导致在德意志出现了一场社会巨变。引发这场巨变的是一位名叫马丁·路德（Martin Luther）的修道士和神学教授。路德早已经对教会不敬宗教的本质十分反感，但在1517年，他看到一位多明我会的托钵修士坐在红色的天鹅绒毯子上，兜售教皇的赎罪券来筹措资金，预备在罗马修建一座新的圣彼得教堂，当时就怒不可遏（所谓的赎罪券，号称可以赦免人们的罪）。

那一年的10月31日，路德将他的"95条论纲"，也就是对教皇训诫的95条批评，钉在维滕贝格（Wittenberg）的天主教堂大门上，由此引发了一场宗教革命，即宗教改革运动。尽管很多人早已经和他有相同的感受，但这是第一次有人公开挑战教皇的权威。路德的行为撼动了整个基督教世界的根基。一些农民聚众闹事，路德被开除教籍，路德和神圣罗马帝国皇帝查理五世（Charles V）在沃姆斯议会（Diet of Worms）的会议上举行了一场公开辩论。查理五世也是西班牙国王，是教皇的支持者。在这场辩论上，路德拒绝收回他的看法。他认为人必须依靠自己的信仰获得救赎，而不是像当时的通行做法那

---

* 原陆路长度单位，1里格一般约等于3英里（约4.82千米）。——译者注

样，依靠由教士执行的教会圣事*。到1530年，德意志北部的8位邦国君主已经接受了路德教的信仰。后来经过反抗皇帝的事情之后，路德教派的教义被称为新教主义。1534年，英格兰国王亨利七世之子亨利八世成为第一个与罗马决裂的君主。这些路德教派的成员国君主也在努力地调和他们自己的教会与教皇势力之间的矛盾。

---

* 七项圣事，即洗礼、坚振礼、圣餐、补赎、终傅、授圣职礼和婚配。——译者注

亨利八世
Henry VIII

1509—1547

宗教改革运动始于 1517 年。尽管英国国王后来建立了英格兰自己的国教并与罗马决裂，但是当时年仅 27 岁的亨利八世还是一个虔诚的罗马天主教徒。年轻的亨利八世身为亨利七世的次子，又很有才干，所以很可能从小就是被当作未来的教会要员来培养的。1521 年沃姆斯议会辩论前夕，针对路德派的运动，他旁征博引地写了一篇自己的文章，攻击路德的观点，维护七大圣事。为此，教皇授予他"护教者"（Defender of the Faith）的尊号（非常反常的一点是，不知出于什么原因，直至今日不列颠的君主依然享有这个尊号，这也是为什么如今英镑的硬币上还有"DF"字样的原因，尽管不列颠君主是英国国教会的最高首领，但他/她是不可能去捍卫罗马天主教信仰的）。亨利八世继承王位的第三年，便迫切地加入了教皇尤利乌斯二世的神圣同盟（Holy League），不久之后，就作为教皇的十字军成员，入侵法国，将法国人赶出了意大利。由于他卓越的贡献，不久之后，他就在罗马赢得了很高的声望，受到罗马教会的礼敬。教皇赠予他一朵黄金玫瑰，以示对他的恩宠，另外，1515 年，他的首席顾问、大法官兼约克大主教托马斯·沃尔西（Thomas Wolsey）被任命为红衣主教。而且，在1509年，亨利还娶了虔诚的阿拉贡的凯瑟琳，她是笃信天主教的君主斐迪南与伊莎贝拉夫妇之女。

所以，理论上，亨利八世是最不可能带领英格兰开展宗教改革运动并与罗马决裂的人。然而，事实上，他最后做了这些事情。驱使他展开宗教和政治改革的动力，一方面是他需要一个男性继承人，另一方面是因为他对一位名叫安妮·博林（Anne Boleyn）的宫廷女官的热烈爱情。

亨利八世的父亲是个很有教养的文雅之士，跟都铎王朝的所有君主一样，非常重视儿子的教育。新国王可以讲七国语言，还是个技艺精湛的音乐家，甚至还会作曲。英格兰最受喜爱的、最广为传唱的民谣之一《绿袖子》据说就是他谱写的。亨利八世深受文艺复兴运动的影响，他自己本人至少写过两首五部分弥撒曲*，而且擅长演奏鲁特琴。他鼓励自己的宫廷成为一个新学问的中心。他成立了皇家内外科医学院（Royal College of Surgeons and Physicians），重建了圣巴托罗缪医院，标志着更科学的医疗手段已经开始运用到实际中。他在牛津和剑桥设立的钦定教授职称（Regius professorship）让我们至今铭记他对教育的扶持。亨利八世喜欢与不同的学者探讨和辩论，其中就有他的朋友、最重要的人文主义者之一伊拉斯谟（Erasmus，所谓人文主义者，就是新学问的研究者）。他的宫廷是当时全欧洲最优秀、最先进的。

德意志北部杰出肖像画家汉斯·荷尔拜因（Hans Holbein）庄重的现实主义风格肖像画引起了国王的极大兴趣。荷尔拜因受他征辟，搬到伦敦，当了20年宫廷画师。他为国王统治时期的重要人物都画了肖像，如今这些肖像画大部分都藏在英国国家肖像美术馆，它们就是亨利八世曾经资助文艺复兴时期艺术创作的明证。他将意大利的杰出雕塑家托利贾尼请到伦敦，让他在威斯敏斯特教堂为自己的父母修建坟墓。到他统治末期，国王不仅会在希恩的里士满宫居住，还时常驻跸于其他几座新建的宫殿，包括汉普敦宫（Hampton Court Palace）、白厅宫（Whitehall Palace）、圣詹姆士宫（St James's Palace）和位于萨里郡的一座精致华

---

* 指弥撒曲包含固定的五个部分：垂怜经（Kyrie）、光荣颂（Gloria）、信经（Credo）、圣哉经（Sanctus）和羔羊颂（Agnus Dei）。——译者注

丽的木石宫殿，因其精致无双，所以被命名为"无双宫"（Nonsuch Palace）。

国王除了鼓励外国艺术家来英格兰之外，意大利的诗歌也开始渗透到这个国家来。很多贵族子侄接受绅士教育，都会选择在结束教育之前去古典罗马旅行，正是他们将那些诗歌引进到英格兰的。诗人萨里伯爵（Earl of Surrey）——诺福克公爵之子——和托马斯·怀亚特爵士（Sir Thomas Wyatt）两人将十四行诗和无韵诗引入英格兰，这两种体例都是意大利诗歌首创的。之后，它们慢慢地传播开来，影响的范围越来越广，直到后来在伊丽莎白统治时期，它们被天才诗人威廉·莎士比亚采用，达到了最鼎盛。人们对古典文学重新燃起了兴趣；作为古典文学的代表门类，拉丁戏剧成为当时各所大学的一种流行风尚。1545年，亨利八世任命了第一个负责管理剧院的官员：娱乐总管（Master of the Revels）。亨利七世是英格兰历史上最简朴、节俭的国王，在他治下，经历百年战争消耗的王室重新掌握了大量的财富。或许是为了与他朴素的父亲形成对比，亨利八世是最奢侈靡费的国王之一。他花了大量的钱来置办鲜衣华服，那些衣服用金线绣上纹样，装饰着各式奇珍异宝。他还沉迷于宴饮取乐，豢养乐师供他消遣，所有这些，都花费了大量金钱。

国王也很爱运动，跳舞、网球和打猎都是他非常喜爱的运动项目。他的外表完全不像他父亲，反而更像他母亲，继承了她作为约克王室后裔典型的金发美人的相貌；甚至他或许还有点像爱德华四世。从他现存于伦敦塔的巨大铠甲可以估计，他的净身高超过6英尺。尽管他跟他的外祖父一样，年纪大了之后变得特别胖，但年轻的时候是个非常和蔼可亲、风度翩翩的男子。然而，在继位之后，他就展示出了天性里的冷酷无情。他坐上王位之后做的第一件事就是处决了他父亲的宠臣达德利和恩普森。他给他们安的罪名是叛国罪，却没有给出详细的指控，其实他的实际意图只是为自己争取民意而已。从各方面来看，亨利八世本人都很符合16世纪意大利作家马基雅维里（Machiavelli）对他的描述：狡猾、英明，堪称文艺复兴时期君主的典范。

亨利八世天生具有政治天赋，他的这种才干后来遗传给了他的女儿伊丽莎白。他们都明白自己必须取得臣民的拥护；他们也都清楚地知道，作为英格兰的君主，如果想要成功地统治这个国家，就必须做出勇于纳谏、顺应民意的样子，也就是得常常征求议会的意见和建议；他们也都意识到，想要获得民心，就必须让臣民认识他们。无论是在下议院发表充满激情、智慧和热情的演讲，还是到乡村视察并争取人民对建立未久的新王朝的支持，他都要向臣民大力宣传自己。由于亨利七世的不懈努力，他的儿子继位时，尽管年纪尚轻，但王位还是颇为稳固，并没有出现觊觎王位者，更没有人比他拥有更优先的继承权。亨利八世是个精力充沛的人，很容易受到外国事务、境外战争的诱惑，所以很快就带动了整个国家的活力。尽管他是以神圣同盟的名义攻打法国的，但是他真正的动机是实现英格兰人的旧梦，重新夺回诺曼底和加斯科涅地区。

亨利八世迫切地想要在世界舞台上扮演重要角色，这促使他将注意力放到英格兰的防卫工作上。南部的所有沿海城市，比如说在康沃尔的圣莫斯（St Mawes）等，都修建起圆塔和高墙，以示英格兰拥有非常好的防御工事。甚至亨利还是继阿尔弗雷德大帝之后第一个组建皇家海军的国王。在他继位后的头两年，英格兰建造了两艘巨大的船，用来威吓法国人，这两艘船分别被命名为"哈利大帝"号（Great Harry）和"玛丽玫瑰"号（Mary Rose）。然而，1545年，一场悲剧降临了：在与法国人进行海战时，"玛丽玫瑰"号因为舷窗没关，转弯时船速太快，结果发生倾覆，"玛丽玫瑰"号连同船上的500名将士一同沉入海底。1982年，在海底静静沉睡了将近四个半世纪的"玛丽玫瑰"号被打捞出水，安置在朴次茅斯，如今，游客可以去那里参观它的16世纪的木质船身。亨利也在伍尔维奇（Woolwich）和德特福德（Deptford）成立了皇家造船厂，并组建海军委员会（Navy Board），负责管理造船厂。

刚开始的时候，亨利继续任用他父亲的大臣来管理政府。但是不久之后，这位精力充沛的君主发现，坎特伯雷大主教手下的一位名叫托马斯·沃尔西（Thomas Wolsey）的年轻教士适合担任他的大臣，因为他与自己拥有相同的雄心抱负。沃尔西精力旺盛、风采迷人，对外交非常感兴趣。当时，与法国和西班牙这样的强国相比，英格兰还算不上欧洲的重要国家。沃尔西制订了一份提高英格兰地位的计划，引起国王的强烈兴趣。英格兰必须一直借助灵活的外交政策，通过不断改变阵营，优先维护自己的利益，所以不要有永久的联盟，而应该努力维持欧洲强国之间的势力平衡。尽管国王能言善辩，总能轻而易举地用他的演讲说服平民院，但是他对细枝末节的问题非常容易厌烦，而沃尔西则恰恰相反，他特别喜欢到议会抽丝剥茧地解释一切细节，为亨利发动战争筹集经费。

在亨利八世统治初期，出现了一个可以让他和沃尔西大展宏图的机会。意大利诸城邦软弱无能，各国政府纷纷合纵连横，争相占领意大利，1511年，教皇尤利乌斯二世建立了神圣同盟，要将法国人赶出意大利，于是这场混乱的抢椅子游戏终于要接近尾声了。作为抗击法国的一支重要力量，亨利需要在1513年派兵，同时攻打法国北部的加来附近地区和法国南部，以此牵制他们的兵力。在一场名为马刺之战（Battle of the Spurs，得名于法国骑士战败后撤退时使用的马刺）的重要战役中，沃尔西亲自披挂上阵，与其他骑士一同杀敌，让法国人大败而逃。这场战役最终的结果是法国与英格兰达成和平。亨利的妹妹玛丽嫁给了年迈的法国国王路易十二，于是双方的和平得到进一步的保障。

同一年，因为苏格兰与法国是同盟，所以在英格兰入侵法国期间，苏格兰发兵攻打英格兰北部，结果出人意料地在弗洛登战役中（Battle of Flodden）遭遇大败。詹姆士四世和苏格兰贵族刚进入英格兰边境，就惨遭屠戮。这样一来，到1514年，亨利和沃尔西的通力合作及他们不与西班牙结盟的政策，似乎都大获成功了。国王巩固了边境；苏格兰如今名义上的君主是詹姆士五世，实际的统治者却是詹姆士的母亲、亨利的姐姐玛格丽特·都铎，而法国的统治者则是亨利的妹夫。

之后的400年里，英格兰处理欧洲政事的一条主要指导原则就是沃尔西维持各国势力平衡的理论。在那之后的几年里，欧洲各国王室的重要人物相继去世，结果王后凯瑟琳的外甥、西班牙国王查理五世统治了大半个欧洲和新大陆，在这样的情况下，沃尔西的这套理论就更有意义了。查理五世不久之后当选为神圣罗马帝国皇帝。尽管选帝侯（Elector）*选举他为新皇帝时，他由于自己已经拥有大量的财富和至高无上的权力，并不太愿意接受这个尊号，但是他确实是16世纪欧洲政局的一个划时代的人物。查理五世继承的领土之大，确实可以用"帝国"一词来形容。他的祖母勃艮第女公爵玛丽（Mary of Burgundy）使他继承了尼德兰；

---

* 德意志有权选举神圣罗马帝国皇帝的诸侯。——译者注

他的祖父皇帝马克西米利安一世（Emperor Maximilian）将哈布斯堡君主国*中奥地利的王位也传给了他。他的母亲胡安娜（Joanna）是阿拉贡的凯瑟琳的姐姐，她留给他的领土包括西班牙和阿拉贡王国两西西里。除了拥有大片的领土之外，作为西班牙王位继承人，查理五世还拥有数不胜数的现金财富。他在墨西哥和秘鲁建立的新西班牙殖民地上发现了大量银矿，这意味着，到该世纪中期，他的收入已经远远超过其他欧洲国家的总和。

因为查理是尼德兰的君主，而英格兰的主要出口商品——羊毛——有大约90%是销往尼德兰的，所以亨利或多或少都不得不与他维持良好的、和平的关系。然而，多亏了查理和法国的新国王弗朗索瓦一世（Francis I）势成水火，英格兰才有了斡旋甚至渔利的余地。弗朗索瓦和英吉利海峡另一侧的那位国王一样，都是深受文艺复兴运动影响的杰出君主；按弗朗索瓦一世的规划，他不仅要重新占领意大利，而且还要打败查理五世，当选神圣罗马帝国皇帝。尽管当时皇帝之位与早期的"恺撒"早已不同，已经没有实权，但是皇帝依然有一定的地位和影响力。皇帝一般是由德意志的七位选帝侯，也就是七个公国和侯国的领袖，共同选举产生，大部分皇帝人选都来自哈布斯堡王室。

从1520年至1529年，弗朗索瓦和查理之间为了争夺意大利领土而反反复复地发生冲突。沃尔西此时依然认为与法国保持和睦是有必要的。为了维持欧洲势力的平衡，他们得加入法国的阵营，与查理五世对抗，于是英格兰从法国的死敌，变成了时不时支援它的盟友。在两国重修于好的外交活动中，最重要的是1520年亨利八世与弗朗索瓦一世在金缕地（Field of the Cloth of Gold）的会面交谈。这场会谈是沃尔西一力促成的。会谈的地点是英格兰领地加来与法国领土之间的一处田野。为了这次会谈，他们专门搭建了一座装饰华丽的帐篷，里面铺满了精美的地毯。会谈的场面恢宏壮丽，甚至用酒做喷泉，令整个田野仿佛都铺上了一层金线织物。如今在汉普敦宫还藏着一幅为纪念那场盛事而作的名画。该宫殿是沃尔西在里士满宫以北数英里处建造的。

两位正值盛年的年轻国王相处起来更像是兄弟，而不是两个友邦的君主。他

---

* 奥地利哈布斯堡王朝君主统治过的神圣罗马帝国、奥地利帝国和奥匈帝国等国家的统称。——译者注

们常常大清早地悄悄溜进对方的帐篷里，甚至还在一起摔跤。不过，尽管他们当时相处得非常愉快，但尼德兰的羊毛贸易对英格兰太重要了，而且最后还是王后凯瑟琳的外甥查理当上了皇帝，这意味着，两国之间的关系基本上没有发生什么改变。英格兰仍旧是法国的敌人，仍是皇帝的盟友。

只要能让国王事事顺心，沃尔西就是无人可以撼动的国王第一宠臣，过着帝王般的生活。他被任命为约克大主教兼林肯主教，同时另外两个主教领地的收入也归他所有。沃尔西开始有些膨胀，不仅给自己修建了汉普敦宫，还在约克境内给自己修建了一座宫殿，即后来的白厅宫。1515年，当他成为枢机主教后，哪怕他并没有被任命为英格兰的教会首领坎特伯雷大主教，他也已经开始无视教会的等级，随心所欲地做任何事。同一年，亨利又任命他为大法官。于是，沃尔西成为英格兰最有权势的官员，身兼教会首领和政府首领两个身份。他这个人爱管闲事，对待议会又很不客气，使人们对他既畏惧又反感。因为议会不留情面地直接拒绝为国王再征纳更多税，沃尔西干脆整整七年不再召集议会开会，转而向富裕的市民索要"献金"来维持开支。

沃尔西奢华的生活方式和他自命不凡的姿态令人们越来越反感。据说连他家的厨子都身穿锦衣、项戴金链，可见他生活之靡费。他本人作为枢机主教，只穿最上乘的丝绸制成的红袍，上面用昂贵的皮草装饰。他家的餐盘都是黄金打造的。他给自己新建了多座宫殿，轮流着住；不管住在哪处房子，都有多达500名的仆从跟着他，吃饭的时候，光是这些仆役就要坐满三大张餐桌。枢机主教每次在公众面前出现，场面都非常壮观，十分引人注目，即便是最随意的非正式场合，他都要精心安排仪仗：先是一名高大英俊的神父走在枢机主教前面，手持一根银柱，银柱的顶端是一座小小的十字架；之后出场的是枢机主教的礼帽，帽子被放在铺了紫色软垫的盘子上，由一名贵族托着，贵族不能戴帽子，以示敬重；一队仆役跟在贵族旁边，一边走一边喊："给神的恩典让道！"最后才是枢机主教隆重登场。他总是面带谦和的微笑，眉眼低垂，或许是在欣赏自己脚上缀满珠玉的金丝鞋吧。不过，这样恢宏壮观的场景里总会出现一头煞风景的骡子，因为沃尔西说他只是个谦卑的教士而已，只配骑骡子出行，不应该骑马。

不过沃尔西也并不是个只知卖弄的人。他确实是个严肃的学者，支持新学问，是剑桥学者威廉·廷代尔（William Tyndale）的保护人。廷代尔是继罗拉德派信徒之后第一个将《圣经》大部分内容翻译成英文的英格兰人。在马丁·路德的帮助下，他将3000余份自己的译作偷偷运到了英格兰。沃尔西尽管傲慢自大，却和当时的所有有识之士一样，认为教会需要进行严厉的改革。很多修道院，尤其是那些规模较小、影响力不大的修道院，对这个国家人民的精神生活基本没有任何助益。如果关闭这些修道院，将它们的土地出售，得来的钱就可以用来建设学校，因为学校可以更好地传播学问。于是在1523年，沃尔西派遣了一批干事去调查这些小修道院，他们发现小修道院里的生活死气沉沉。因此，一些小修道院最后被关闭、解散了。接下来沃尔西在牛津创办了一个新学院，他将之命名为枢机主教学院（Cardinal College），后来改名为基督教堂学院（Christ Church）。

沃尔西的结局来得非常突然。1526年，国王被一位名叫安妮·博林的19岁女孩迷住了。这位女孩气质迷人，双眼如黑曜石般夺目，她的母亲是诺福克公爵的妹妹。亨利早已经对他与凯瑟琳的婚姻感到绝望了。当年教皇的一份特许状让他迎娶了他兄长的遗孀，如今结婚多年，王后多次流产或生下死胎；除了玛丽公主之外，他们没有任何其他孩子存活下来。这一切让国王认为他们的婚姻受到了诅咒。新王朝刚刚建立不足半个世纪，亨利满心想的都是生下一个儿子继承王位。安妮·博林的姐姐玛丽已经是国王的情妇了，所以安妮·博林和她的舅父都不满足于让她仅仅做国王的情人，而是期望她能正式嫁给国王。如果要达成这个目标，就必须请教皇克雷芒七世（Clement Ⅶ）宣布国王原来的婚姻失效——这是中世纪离婚的标准流程。不过，不幸的是，当时的国际局势和沃尔西的外交策略让亨利很难获得教皇的首肯。

1527年年初，王后凯瑟琳的外甥查理五世因不忿教皇支持法国，率兵攻占了罗马，并将之洗劫一遍。克雷芒七世成了他的阶下囚。两年之前，当查理与法国在意大利陷入持久混战时，他也曾在帕维亚战役（Battle of Pavia）中俘虏了弗朗索瓦一世。这些惊人事件让沃尔西更加坚信自己的那套维持势力平衡的理论。亨利答应与弗朗索瓦修好，成为他的盟友，结束与皇帝的同盟关系。然而，在当时的环境下，明明是最不适宜做外交变动的时候，国王却不顾反对、一意孤行。结果，最后演变成了英格兰宫廷的一场真正的大危机。

身陷囹圄的教皇没有第一时间解除亨利八世与凯瑟琳的婚姻，反而派了一支教皇特使团（Decretal Commission），调查这件事的始末，令亨利怒不可遏。负责与梵蒂冈方面外交谈判的沃尔西成了替罪羊，这位鼓吹与法国建立联盟的主要人物承受了国王的滔天怒火。很显然，沃尔西空有枢机主教之衔，实际上在罗马并无影响力。教皇特使团在伦敦收集证据，阿拉贡的凯瑟琳激动地向他们陈述她与亨利的兄长亚瑟之间的婚姻实际上有名无实，他们并未圆房。在他们收集完证据返回罗马，开始进入听证阶段之后，沃尔西的末日降临了。

亨利八世的离婚意图受挫，大发雷霆，转而将怒火发泄到之前最宠爱的臣子身上。到中年时，亨利越来越暴躁易怒。安妮·博林和她的舅父诺福克公爵认为沃尔西不赞同国王与博林结婚，所以都怂恿国王处罚沃尔西。国王曾经对他的大法官颇为恩宠，甚至可以说极为喜爱，但是眨眼之间，所有恩宠便消散无踪了。枢机主教的所有财产，包括汉普敦宫、约克宫和枢机主教学院都被国王没收了，不久之后国王自己住进了汉普敦宫。沃尔西躲到了自己在约克的大主教领地。他被控叛国，1530年，他奉召南下，去伦敦塔受审，结果行至中途，就在莱斯特去世了。这反倒成全了他最后的体面，否则他也难逃被处决的命运。派来押送枢机主教的伦敦塔军官站在他床边等他的时候，他对军官说他现在很害怕英格兰，因为他感觉到死亡正在逼近。他问，谁能阻挡国王的意志呢？现在枢密院里已经没人敢反对他了。沃尔西留下的最后一句话是："若我以前侍奉主有像侍奉国王那样尽心，主就不会在我已经头发斑白的时候放弃我了。"

然而，在英格兰那边，一方面是受国王对安妮·博林热烈感情的驱动，另一方面也受国外如火如荼的宗教改革运动的感染，事情很快向前发展。安妮·博林的仇敌私下悄悄议论她，说她有一只手上有六根手指，这是女巫的标志。不管怎么说，仍是皇帝查理五世阶下囚的教皇显然不想在这个时候得罪皇帝的姨母阿拉贡的凯瑟琳，所以已经打定主意要找一切理由拒绝给亨利八世发放离婚许可。如此一来，在亨利看来，唯一的出路就是证明教皇是不义的，这样不需要他的许可就能离婚了。亨利的第一步是向各所大学的学者和有识之士咨询意见。

这样激进的设想在16世纪以前是谁都不敢想象的。但跟德意志人一样，英格兰人也极度厌恶教皇。罗马教会一直对英格兰颇多滋扰，经常向这个国家索要大量钱财捐税。而当英格兰打算展示国力、彰显自己国家的文化生活时，教会的势力就会出来横加干涉，尤其是教会的神职人员还都是懒惰和腐败的代名词，令人十分厌烦。自圣彼得之后，几个世纪以来，教会神圣的观念深入人心，人们对它的敬畏和尊重让英格兰一直留在罗马教会。但是如今，新学问让知识分子、有识之士的态度发生了巨大的改变，不管是在大学里、朝堂上或是议会中，人们看待教会问题的方式都已经与以前大不相同，仿若有一道亮光透进来，驱散了教皇晦暗荫翳的魔力。教皇被皇帝囚禁，更是让教皇的权威跌到谷底。人们从未如此清晰地体会到，教皇也只不过是外国的一个世俗机构的首领，而他们的特殊法庭竟然至今仍在包庇违法乱纪的神职人员，使他们逃脱英格兰法律的制裁。

但是学者向来不会给出简单直白的答案，在亨利向他们咨询改革问题时，他们给出了一堆五花八门却毫无用处的答案。因此国王决定向神职人员施压。虽然亨利采取了很多措施，但他并没有打算创立一个与罗马教会在教义上有很大分歧的新教会；他希望建立的英格兰教会应该仍是信仰天主教，只不过是没有教皇而已。首先，在全国性的坎特伯雷和约克教士会议（Convocation of Canterbury and York）上，亨利对列席的神职人员提出了警告，说他们承认沃尔西是教皇使节，违犯了古老的《蔑视王权罪法》。作为处罚，他将向他们收取共计 10 万英镑的罚款。接下来，为了平息他的怒火，全体神父和教士不得不承认他是英格兰教会的最高首领。到了这个时候，国王仍寄希望于教皇克雷芒和他的继任者保罗三世（Paul III），希望他们能够明智一些，准许他与王后离婚，但是他们最终并没有如他所愿。

从 1529 年到 1536 年这 7 年间，史称宗教改革议会（Reformation Parliament）的英格兰议会陆续通过了一系列法案。利用这些法案，亨利八世让英格兰摆脱了罗马教皇的钳制，建立了他自己的教会，即英国国教会。1534 年，《至尊法案》（Act of Supremacy）获得通过，亨利终于实现了自己的目标，将英格兰从罗马天主教会分离出来。如此一来，原本应该交给罗马的一切教会收入如今都要上交给国王了。从 14 世纪起英格兰就有《蔑视王权罪法》，但是一直以来人们都不怎么遵守，如今这项法律得到了真正的执行，英格兰的案件不允许再提交罗马审理。否认亨利是英格兰教会首领会以叛国罪论处。

《至尊法案》得到议会通过并不是因为议会受到了国王的胁迫，相反，恰恰是因为议会的积极参与，才有了这部法律。宗教改革议会的成员都迫切地想要向世人证明他们是独立的英格兰人，他们都觉得，只有摆脱教皇，才能自己掌握英格兰的命运、探索独特的发展道路。尽管亨利的统治渐渐出现了暴政、恐怖和独裁的端倪，但从某种程度上来讲，他掌控议会的天赋、亲切温和的举止和英雄般高贵伟岸的气度，使他依然成为理想的英格兰人的代表。这让他一直深受民众爱戴，而民心向背正是他最关切的问题。历史学家所谓的都铎专制并不像欧洲大陆一些国家的专制政权那样，需要动用军队力量才能维系。事实上，正如英格兰国王理论上需要民意拥戴才能登基一样，想要掌控英格兰，必须有地方绅士阶级的支持才能实现。亨利通过议会取得了绅士阶级的支持，将他们收拢到自己的麾下。作为地方上的治安法官，他们不遗余力地在自己管辖的郡县推行国王制定的法律和规章。

自百年战争以来，英格兰意识已渐渐地加强，宗教改革议会也不断地表达这种意识。在亨利八世的一力推行下，人们每周去教堂做礼拜时，这种英格兰意识都会被重新强调、强化一遍。到亨利统治时期结束时，所有信经、主祷文和十诫都是用英语来讲解的。更有甚者，从1540年起，每个教区教堂都会放一本英文版本的《圣经》。这对这个国家的文学发展起到了不可估量的作用，几乎可以与卡克斯顿的印刷机带来的影响相提并论。当时的英文版《圣经》整体上采用的是廷代尔的译本，经迈尔斯·科弗代尔（Miles Coverdale）校对，由大主教托马斯·克兰默（Thomas Cranmer）作序后付梓。至此，亨利八世终于成功地建立了单一民族国家。

沃尔西死后，亨利在宗教事务上主要向克兰默咨询。他是一位剑桥学者，性格敏感，总爱取悦别人。亨利让克兰默担任安妮·博林的家庭牧师。1533年，他被任命为坎特伯雷大主教，成为新成立的英国国教会首领。他宣布国王与阿拉贡的凯瑟琳的第一段婚姻已经失效。因此，国王可以自由地和安妮·博林结婚。此时，安妮·博林已怀孕多时，即将临盆，她的这个孩子，就是后来的女王伊丽莎白一世。

托马斯·克兰默是一个漂洗工的孩子，来自帕特尼（Putney）。他协助制定了

《至尊法案》，如今已经成为国王治国的得力助手。不久之后，他想到修道院在过去的 600 年里积累了惊人的财富，而且拥有整个英格兰将近 1/3 的土地，这些财富或许可以用来加强人民对都铎王朝国王的忠诚和爱戴。如果他关闭这些修道院，将它们的土地重新分配给上层阶级和中层阶级的人们，比如大贵族、绅士、律师和商人等，那么他就能争取民心，巩固新的教会的地位，同时铲除最后一股拥戴教皇的势力。

大部分修道院很早之前就已经丧失了它们的势力和影响力。他需要面对的对手只不过是不足 1 万人的修道士和修女，而且这些修道士和修女多半是不谙世故、性情温和的人。尽管早些年沃尔西就在国家主义的驱动下压制了某些修道院，但是克兰默做得更加彻底：他解散了所有规模较小的修道院，同时启动一项调查，最后根据这项调查的结果，他把剩下的修道院也都关闭了。随着修道院被关闭，它们的土地被重新分配给大约 4 万民众，宗教改革运动在财产分配上已经取得了成功。很多英格兰的世家望族，比如卡文迪什家族（Cavendish Family）和罗素家族（Russell Family）等，还有很多商人、律师和郡骑士，都分到了原属于修道院的土地，获得了巨大的利益。古老的修道院被改造成他们庄严华美的家，如后来受封贝德福德公爵的罗素家族，就得到了沃本修道院（Woburn Abbey）。对这些人而言，重回罗马教会的统治意味着他们将失去这些财富，所以他们是绝不会允许这种事情发生的。

英格兰的宗教改革运动是在最牢固、最持久的基础上实现的，这个基础就是土地。然而，尽管国王越来越像一个血腥的暴君，令所有人都惊惧不已，但是在王室和政府层面，宗教改革却没有如亨利所期待的那样顺利地展开，尤其是宫廷和政府中与他接触频繁的高层对此并不配合。哪怕国王确实跟教皇一样是个宗教保守派，一如既往地反对路德的观点，甚至对宣扬新教主义观点的异教徒处以火刑，但是他手下的大法官托马斯·莫尔（Thomas More）和年迈的罗切斯特主教约翰·费希尔（John Fisher）却无法接受国王取代教皇。他们对历史传统的尊重和对天主教的坚定信仰不允许他们接受。于是，当 1534 年《至尊法案》获得通过，所有神职人员和政府官员都被要求承认亨利为英国国教会最高首领并宣誓效忠于他时，莫尔和费希尔拒绝发这个誓言。他们只宣誓会效忠于安妮·博林的孩子们，但是，令国王尴尬又恼火的是，他们拒绝承认安妮·博林是亨利的合法妻子。这两个人当即被送去伦敦塔监禁起来。

莫尔的一生成就非凡，他当时已经达到常人难以企及的高度了：他在政府担任的职务类似于如今的首相，是英格兰的领军人物之一；同时，他还是一个学者、一个能言善辩的知名律师、一位议会议员；他的学识和他的著作《乌托邦》令他蜚声国际。然而，这样的人物，却被揪住衣襟，从伦敦塔沿着街道拖到威斯敏斯特，以叛国罪受审。这样的事情令当时已经显出暴君之相的国王更多了几分暴戾恐怖之气。就在不久之前，莫尔还是国王的密友。人们多次看到亨利在莫尔家漂亮的花园里散步，他的手臂亲密地搭在大法官的肩膀上。那座花园位于切尔西（Chelsea），即今天的切尔西药用植物园（Chelsea Physic Garden）。国王甚至还常常在晚饭后不请自来地出现在莫尔家中，找他聊天，一起度过愉快的时间。每到这种时候，国王总是显得温文尔雅，以至于莫尔的女婿托马斯·罗珀（Thomas Roper）都认为，那些认为国王越发残暴的言论不过是捕风捉影的无稽之谈。但莫尔是这么回答他的："然而，罗珀，我的孩子，我受此殊遇，却无法以此为荣，因为若我的头颅能为他换来一座法国的城池，他必会毫不犹豫地将它砍下来。"后来亨利在听说教皇任命了费希尔为枢机主教后，他的反应证实了莫尔所言非虚。国王听到这个消息之后，说道："我很快就会把他的首级送去罗马交给教皇，这样他就能亲自给他戴上枢机主教的头冠了。"

莫尔在受审时为自己辩护的那番宏论令亨利如鲠在喉，他害怕莫尔的号召力会鼓动整个国家联合起来抵制他的改革。莫尔跟费希尔不一样，后者年衰体弱，已经无意也无力再为自己辩护，所以很快就被定罪处决，但是莫尔的意志和才智并未因身陷囹圄而有所损伤。尽管他的身体已经被重重折磨压弯，他的头发经过一夏天的囚禁也已经灰白了，但是身体遭受的折磨并没有让他天生的威严有一丝一毫的损伤。他的辩护清晰有力、直击要害。他并没有违背法律，也没有试图反抗国王的意愿。他所做的仅仅只是保持沉默而已，而沉默尚未被定义为叛国。不过，任何事都改变不了他既定的命运。当他听到死刑判决之后，莫尔立即断言承认王权至尊才是违犯了法律。"你怎能与整个英格兰抗辩？"人群中有一个人被他的勇气所震惊，不禁喊道。"啊，不过我有整个基督教世界的整个历史在支持我。"莫尔微笑着说道。

　　1535年7月6日，一个信使来到莫尔的牢房里，告诉莫尔他要被带出去行刑了。莫尔十分镇定，只在牢里停留了一会儿，给他的妻子和女儿写了一封简短的诀别信，"请为我祈祷，就像我会为你们祈祷一样，祈祷我们会在天堂团聚"。之后，他从自己的牢房里走出来，慢悠悠地穿过伦敦塔的花园，镇定得好像他不过是去吃早餐一般。负责行刑的刽子手告诉他，由于国王对他的特殊厚爱，他将只会被斩首，而不必像通常的做法那样，还要被挖去脏腑。莫尔听到之后，还开了一个玩笑，"上帝保佑我的朋友们都不要得到这种厚爱。"但是国王还发布了另一条命令，禁止托马斯·莫尔爵士在行刑前对围观的民众发表最后的演讲。即便是到了最后的时刻，亨利依然恐惧莫尔的力量。所以，莫尔最后只是简单地说，他至死仍是国王忠诚的子民，也是上帝面前坚贞的天主教徒。之后，刽子手就让他的三寸不烂之舌再也无法吐出一句话来。

　　1536年，也就是莫尔和费希尔被斩首后的第二年，北部地区爆发了一场严重的叛乱，这场叛乱被称为求恩巡礼（Pilgrimage of Grace）。北部的约克郡、兰开夏郡和林肯郡还保留着修道院传统，所以这些地区的居民对修道院依然抱有很大的敬意，而且新学问和新观念都是从东南部沿海港口传入英格兰的，这些北部地区的人民对之并不了解，还未受其洗礼。在约克郡的罗伯特·阿斯克（Robert Aske）的号召下，大量的人群聚集起来，要求驱逐国王的权臣托马斯·克伦威尔（Thomas Cromwell），让国家恢复原来的信仰。但是亨利以他一贯镇定冷漠的态度处理了这场危机。诺福克公爵被人们普遍认为是宫廷中倾向天主教的派系的领袖。国王派他去劝解造反的民众，承诺只要他们和平地解散，国王就会听从他们的要求。造反民众听信了他的话，离开了。于是，叛乱的势头被化解于无形。第二年暴乱再起，结果让国王找到充分的借口，将阿斯克和其他叛乱的领袖都送上了行刑台。由都铎王朝官员组成的北方法院将旧天主教家族的最后一点影响力都铲除得一干二净，尽管他们并没能改变他们对古老信仰的忠贞。

　　随着《解散修道院法令》的颁布，亨利的宗教改革运动进入了更加激进的阶段。那些负责关闭修道院的人基本上都会洗劫修道院，夺走修道院积累的财宝，甚至他们还鼓吹迷信和偶像崇拜，让人们背离真正的宗教。位于坎特伯雷的圣托马斯·贝克特的圣殿曾是中世纪最著名的朝圣圣地之一，如今那里的一切金银财宝都被洗劫一空。两驾马车满载着战利品，在财物的重压之下嘎吱作响，缓缓地驶向正热切等候着它们的国王。在克伦威尔残暴贪婪的手下的"努力"之下，乡村教堂甚至连餐盘和圣餐杯都被抢走了。1545年，亨利关闭了所有附属小教堂——这是中世纪英格兰特有的代表性建筑，通常是行业公会或世俗教士学院捐建的。这一做法掐断了人们接受教育的一条途径；后来亨利之子爱德华六世（Edward Ⅵ）在位时兴办的学校之所以能繁荣兴盛，与此不无关系。

不过，尽管克兰默已经做好了准备，有意任命包括休·拉蒂默（Hugh Latimer）等人在内的先进的新教徒担任教会空缺的职位，但是国王本人的表现却依然像个天主教徒。他依然在担心教皇可能号召所有天主教国家入侵英格兰，将这个国家带回到"真正的"信仰里，而且他敏锐的政治触角迫使他不得不正视求恩巡礼事件背后的含义。他知道这个国家绝大部分人仍是彻底的天主教徒，他们沉默的表象之下隐藏着深切的愤恨不平。所以，尽管他资助了将《圣经》翻译成英文的工作，但是依然视译者廷代尔为异教徒，要求查理五世追捕他。在求恩巡礼事件发生三年之后，亨利颁布了《六条法令》（Act of the Six Articles），规定任何人若敢质疑圣餐饼即是基督圣体，就要被处以死刑。这部法令向英格兰和教皇显示了亨利本质上仍是最为正统的天主教徒。

那个时期在欧洲进行得如火如荼的宗教辩论已经发展到了一个新的阶段。在路德提出取消大部分圣事的观点的基础上，法国的约翰·加尔文（John Calvin）和瑞士的胡尔德莱斯·茨温利（Ulrich Zwingli）等思想家提出了更进一步的改革。在亨利八世统治时期，众人争论不休的最关键问题就是弥撒本身。茨温利的观点是，经过对《圣经》文本的仔细研究，圣餐并不属于圣事，它只不过是对最后的晚餐的纪念而已。圣餐的酒和饼并不是基督圣体的血肉。尽管克兰默到晚年时已经无法判断他自己究竟信的是什么，但是亨利自始至终都非常坚定地表示，他坚信弥撒中的圣体实在（Real Presence）。国王在史密斯菲尔德烧死了所有在英格兰四处游荡、宣扬从欧洲渗透进来的新理念的新教异教徒。然而，新教宗教改革运动带来的这场争夺灵魂的战争并没有因此结束。事实上，一直到他的统治期结束，这场战争都还没平息。在国王的一生中，英格兰教会中的天主教派系和新教派系都从国王的婚姻状况中获得了一点好处。

当年那个出身高贵、曾经赢得全民拥戴的年轻人，已经从一位富有魅力的文艺复兴君主，迅速地堕落成一个暴君，一个接连杀妻的罪人。在英格兰，一个人不管在政府中身居何位、掌握何权，都不可能高枕无忧。亨利利用阴谋分别于1539年和1541年杀掉两位王室近亲——埃克塞特侯爵（Marquis of Exeter）和索尔兹伯里伯爵夫人。后者是天主教的枢机主教雷金纳德·波尔（Reginald Pole）的母亲，波尔当时流亡于罗马。伯爵夫人当时已到古稀之年，她的下场尤为骇人。这位精神矍铄的老太太被送上断头台后，绕着刀架一圈又一圈地跑，一边跑一边喊："我的脑袋里从未有过叛国的念头，你有本事就自己来拿走它。"刽子手只好亲自按住她，用斧子把她的脑袋砍下来。

不过，在安妮·博林正式成为王后之后的第三年，杀头的斧子也落到她的脖子上。王后没有给国王生出一个他日夜期盼的男性继承人，反而生了一个瘦弱的红发小女孩。已经因为暴饮暴食而变得异常肥胖的亨利认为这也是一个征兆，预示着这场婚姻也是受到诅咒的。尽管许多宫殿装饰都体现了他对安妮的热烈感情，尽管两个人名字的首字母 HA 被设计成交缠的图案，在汉普敦宫和圣詹姆士宫里刻得到处都是，但是国王已经开始物色下一任妻子了。于是，突然某一天，活泼热情的安妮发现自己被逮捕了，并被控告通奸。她一直被很多人厌恶，因为人们讨厌她的傲慢自矜，更憎恶她的新教信仰。

没有任何正式的说法，安妮就从位于格林尼治（Greenwich）的王室宫殿被带到伦敦塔。她是坐着驳船过去的，当她看到狰狞庞大的伦敦塔外门，知道自己将被送往何处之后，她不由自主地尖叫起来。那声尖叫凄厉恐怖，令人胆寒，一直传到河的南岸。伦敦塔的警卫试图安抚她，就跟她说她不会被关押进地牢，而是会住在她封后之前住的那个房间里。但她只是发出一声嘲讽的冷笑。警卫接着真诚地对她说，亨利国王治下的每一位臣民，都一定会得到公正的对待，所以她大可放心，结果她发出了一声更为嘲讽的笑声。接下来，安妮·博林好像陷入精神失控的状态。在之后的几周里，她不停地尖叫吵嚷，间或发出一些歇斯底里的笑声，直到她被认定犯有叛国罪并被处以死刑。由于她曾跟监狱的看守说过，她害怕杀头的斧子会弄疼她纤细的脖子，所以她的丈夫专门从加来运来了一柄宝剑，用它来割下她的头。这可谓她丈夫给她的最后一点宠爱了。

安妮·博林踏上了行刑台，她的黑色长发盘了起来，用白色的亚麻布头巾绑住，好让刽子手可以清楚地看到她的脖子。就在她走上行刑台的同一天，亨利迎娶了他的新宠——安静温婉的简·西摩（Jane Seymour）。国王终于合法地结婚了。1537年，简为他生了一个他凤夜期盼的儿子，他立即封这个儿子为威尔士亲王，并在施洗礼时为他赐名爱德华。不过在爱德华出生后12天，他的母亲就去世了。于是，国王身边的位置又空了出来。出于真心的悲痛和对亡妻的尊重，整整两年时间，国王没有让人填上这个空缺。

很多人相信简·西摩一家是支持新学问的新教徒，尤其是她的两个哥哥和克兰默及克伦威尔都走得很近。16世纪30年代末，国王默认了克伦威尔的提议，将克里维斯的安妮（Anne of Cleves）定为下一任王后，国王身边的新教势力似乎达到了顶峰。新王后的弟弟是莱茵河下游的克里维斯公爵（Duke of Cleves），是个新教徒。当时的情势看起来仿佛英格兰很快就要公开与德意志北部的小国君主结成同盟了。那些小国君主成立了施马尔卡尔登联盟（Schmalkaldic League），正竭尽所能地支持新教徒，与皇帝对抗。

不管从哪个方面来看，国王当时都已经有些厌烦克伦威尔，并且日益倾向于支持宗教保守分子，比如温彻斯特主教斯蒂芬·加德纳（Stephen Gardiner）和伦敦主教埃德蒙·邦纳（Edmund Bonner）。克伦威尔促成了一些真正的改革措施，比如设立教区登记制度，将居民出生、死亡和婚姻等事记录在册。但这些措施并不能为政府挽回民心。国王之前只看过克里维斯的安妮的一张画像，就同意了这场婚姻，并命人着手安排，因为他没时间亲自见她本人。但是这幅由汉斯·荷尔拜因绘制的画像比她本人美得多，所以当她本人抵达伦敦之后，提议这场联姻的克伦威尔就开始遭遇事业滑坡了，因为她与画像上的人一点都不像。那幅画像如今存于巴黎的罗浮宫。在亨利看来，她身材肥胖、骨架粗大、粗野笨拙，更重要的是，她只会讲几个简单的英语单词。据说，亨利第一次见到她之后，就恼火地对克伦威尔低声骂道："简直是一头佛兰德斯的母驴，我不喜欢她。"同时，尽管这场婚礼办得隆重而盛大，但是德意志北部信仰新教的小国君主联盟并没有因此向英格兰伸出橄榄枝。虽然国王不能撤销婚约，但是克兰默很快就炮制出一个恰当的借口，宣告这场婚姻无效，于是王后克里维斯的安妮领了一笔赡养费，就从王后的宝座上退下来了，不过估计她应该还是很开心的，毕竟她还能全身而退，不用像前几任那样身首异处。

野心勃勃、肆无忌惮的诺福克公爵带领支持天主教的派系，向国王提出驱逐克伦威尔的请愿，国王很快就屈从了。诺福克公爵之前用外甥女安妮·博林引诱国王，如今他刚刚主持完对安妮·博林的审判，就故技重施，又给国王献上了他的侄女凯瑟琳·霍华德（Catherine Howard），期望她能成为下一任王后。1540年夏天，他们发现，一位名叫巴恩斯博士（Dr Barnes）的新教传教士是克伦威尔与德意志新教君主联系的秘密代理，这似乎足以证明克伦威尔是英格兰的新教异教徒的代理人。不到几周的时间，克伦威尔也被斩首了。所有的亲友故旧都抛弃了他，唯有大主教克兰默出来替他求情，他请求国王看在克伦威尔多年来忠心耿耿地为国王效命的分儿上，给他一些恩慈，但是国王根本不为所动。

到16世纪40年代，英格兰整个国家都笼罩在一种沉默无声的恐怖氛围之中。正如枢机主教波尔所质问的那样："英格兰是不是跟土耳其一样，只能靠刀剑的暴力来统治了？"不管是新教徒还是天主教徒，都有殉道者陆续被关进囚笼，送到史密斯菲尔德烧死，因为，不管是像天主教徒那样认为教皇的权威高于国王，还是像新教徒那样否认天主教的教义，都会以叛国罪论处。这两个有着不可调和的宗教矛盾的敌对阵营在朝堂上钩心斗角，时常告发对方，相互攻讦，弄得朝廷乌烟瘴气。

克伦威尔被处死的那个月，国王终于迎娶了他的第五任妻子——年轻活泼、身材娇小的凯瑟琳·霍华德。这令天主教派备受鼓舞。所有人都期待这次的婚姻能够持久，但是结果却并不如他们所愿。国王本来就生性多疑，如今他肥硕的腿溃烂发炎，令他的情绪更是暴躁不定，不过在凯瑟琳·霍华德这件事情上，他的怀疑或许不无根据。新王后年仅十八，自然会觉得宫廷里那些英俊潇洒的年轻男子比她那个已经50岁的老丈夫更有魅力，这一切都看在了国王眼里。凯瑟琳与他结婚后不到两年，某一天，国王在汉普敦宫吃完晚饭后就消失了，跑去白厅宫。自那之后，他就再也没有与王后见面。过了几天，在11月中的一个滴水成冰的早晨，几个士兵来到汉普敦宫，逮捕了凯瑟琳。当年她被逮捕的位置是一条连接小教堂和国家公寓（State Apartments）的走廊，如今它被人称为"闹鬼的走廊"，据说,那条长廊上常常有一个穿着白衣的女人出没,一边走一边哭泣——那是凯瑟琳·霍华德的鬼魂。

王后被软禁在奇西克(Chiswick)的赛昂宫(Syon House)里一段时间,之后,她与人通奸的罪名坐实。和她的表姐安妮·博林一样,她以叛国罪被处决。在困于囚牢期间,她华美衣服上的珍宝首饰都被摘下来,送回恼怒的国王手中。她的所有朋友都受到牵连,被严厉地审讯,招供出很多细节,而且,她自己也曾偷偷地向大主教克兰默告解,以为如果她能坦承自己的所作所为,忏悔自己因年轻无知而犯的错误,或许会有所帮助。

亨利八世的第六任也是最后一任妻子是凯瑟琳·帕尔(Catherine Parr)。他在前一个王后死后的第二年,也就是1543年,迎娶了她。她的年龄比国王的前几任妻子大得多,为人务实又识时务,聪明而又善于审时度势,所以她的脑袋稳稳地留在她的肩膀上。她一直熬到国王去世,至此,她才总算真正保住了自己的脑袋。她同时也是个非常优秀的护士,对于一个已经因为血栓而半身不遂的国王而言,这是她最为重要、最为优秀的品质。到16世纪40年代末,亨利八世早已失去了年轻时运动员般的强健体魄;打猎和谱写音乐,都成了久远的记忆。尽管1544年时他还成功地率领他的军队包围了布洛涅,但是大部分时候,由于他的腿已经水肿得不成样子,他只能坐在一种新发明的机械装置上,被人推着在宫殿里走走。他的身体太差了,甚至都没法签署文件,手下人只好发明了一个橡胶印章,代替他的签名。

新王后温和而尽责地照顾她的几个继子女:玛丽、伊丽莎白和爱德华。两个女孩都被亨利宣布是不合法的私生女,在远离宫廷的贫困晦暗的环境中长大。相比于亨利的漠不关心,凯瑟琳反而坚持要将神经质却非常虔诚的玛丽小姐和聪慧过人的伊丽莎白小姐接回来,跟她和国王一起生活。伊丽莎白的母亲在她还不到3岁时就被斩首了。正是凯瑟琳·帕尔的维护,让她们在经受了多年的忽视之后,终于得到了她们作为国王之女应得的待遇。

国王不断恶化的健康状况预示着他将不久于人世,随之而来的,就是宫廷和朝堂上的人开始不择手段地争权夺利。其中动作最大的就是简·西摩的两个哥哥爱德华和托马斯,也即病弱的9岁继承人爱德华的两个舅舅,他们希望能让大舅爱德华·西摩被任命为摄政王，让他们名正言顺地统治这个国家。不过，与此同时，多疑的国王听到谣言说，两任王后的长辈诺福克公爵和他的儿子萨里伯爵公开表示，他们的王室血统已经说明在国王去世之后，诺福克公爵应该是最佳的摄政王人选。萨里伯爵喜欢使用"忏悔者"爱德华的纹章图案，此乃事实。为此，1547年1月19日，萨里伯爵以大不敬之罪被处决。诺福克公爵的行刑日期本来定在28日，不过刚巧在前一天，亨利八世去世了，于是他得以逃过一劫。国王去世的时候握着温和的克兰默的手。他与克兰默的友谊算是亨利一生中少有的几段善始善终的关系之一。

主少国疑，朝纲败乱，这似乎是英格兰王室逃不开的宿命。不过从另一个方面来讲，爱德华六世从他父亲手中继承王国时，王国的中央王权统治得到了最大程度的巩固，中央对地方的掌控之紧，也达到了前所未有的程度。亨利拥有部分威尔士血统，掌控威尔士的领土，还在那里拥有大量的追随者，所以1536年他通过《威尔士法案》（Statute of Wales）废除古老的边境贵族司法权时，并没有遇到太多阻碍。于是，威尔士全境终于按照英格兰的模式划分为郡县。在爱尔兰，菲茨杰拉德家族发起的一场叛乱成了一个完美的借口，让亨利堂而皇之地派了一支军队，牢牢地把控了这个国家。他将自己在英格兰推行宗教改革运动的经验推广到爱尔兰，将当地修道院的大量土地重新划分给爱尔兰贵族，换取他们的支持和拥戴。由于爱尔兰之主（Lord of Ireland）本是个教皇封号，所以亨利称自己为爱尔兰之王（King of Ireland）。

但是，亨利的继承人也有很多难题要面对。一直以来，在国库吃紧的时期，政府筹措费用的通行办法就是把硬币削边*或往金银里掺铜。爱德华·西摩（Edward Seymour，不久之后被封为萨默塞特公爵）已经成为摄政王，他上任后，首先要面对的就是一个因为劣币问题而暴乱四起的烂摊子。民众之所以不满，是因为商家店主为了抵销劣币带来的损失，不得不提高物价。解散修道院让数以千计的英格兰富裕家庭增加了财富，使他们更忠于国王，但是也带来了严重的社会问题。修道院土地的新主人不像之前的那些修道士那样良善温和，也没有他们的

---

* 将削下来的部分烧熔了用于铸造新币。——译者注

那种社区意识。为穷人服务的医院和济贫所都消失不见了，地租提高了许多。

最重要的是，圈地运动（Enclosure）带来了更为恶劣的影响。原先允许社区公用的土地，如今被一道道栅栏围了起来，供新主人私人使用。与此同时，羊毛价高，导致了数以千计的农民无地可耕，因为耕地都被用来牧羊了。许多种地的能手都发现他们没有工作可做了，因为利润最丰厚的牧羊工作不需要太多人手，一大群绵羊只需雇用一个牧羊人就够了。早在1516年，托马斯·莫尔爵士在他的著作《乌托邦》里就警告过，绵羊会吃掉人。如今，这种情况已经恶化到无法控制的地步，导致失去土地的自耕农不得不四处游荡，想方设法地寻找谋生的机会。

萨默塞特公爵跟死去的国王相反，是个激进的新教徒，而那位严肃的少年国王也信仰新教。亨利八世在推行宗教改革运动时，一直是采取循序渐进的方式，因为作为国王，他知道在国外虎视眈眈的天主教势力和国内根深蒂固的保守主义的双重压力下，他不得不小心翼翼，如履薄冰。但是新的统治者没有老国王的那种政治天赋。

爱德华六世
Edward VI

1547—1553

尽管亨利八世本人不喜欢极端的新教徒，但是他却很尊重他们的学识和才华，所以他将自己视若珍宝的儿子和继承人交给几位杰出的新教牧师来培养，比如罗杰·阿斯克姆（Roger Ascham）等。其结果就是，这个小男孩养成了一副严肃端凝的性子，很好地继承了他父亲强大的意志和不容置疑的权威，而且还下定决心推行新的宗教，使之超出他父亲故意限制的范围。爱德华六世最欣赏的牧师之一是前伍斯特主教休·拉蒂默（Hugh Latimer）。他是亨利八世统治时间受难的新教徒殉道者的朋友，由于他的观点太过激进，令亨利不喜，所以亨利解除了他的主教之职。在摄政王萨默塞特公爵和少年国王的影响下，朝堂之上的争斗平息了不少，相比上一个国王的统治时期，此时的宫廷更为肃静、庄严。亨利八世统治时期的一种典型服饰是浮艳花哨的天鹅绒紧身上衣，但是大部分清教徒男女都不喜欢这样的服装，而是常常穿暗色的衣服。不久之后，这种着装风格成了清教徒的显著特征。

当时宫廷中的主要矛盾，就是摄政王本人和枢密院成员都试图掌控那个睿智异常却体弱多病的少年国王。不过，摄政王和他弟弟托马斯·西摩（Thomas Seymour）之间也出现了矛盾。托马斯·西摩巨大的个人魅力使他进入了中央政府的核心。新国王继位刚刚6个月，托马斯·西摩就将先王的遗孀凯瑟琳·帕尔迷得神魂颠倒，并与她结婚了，之后，两人大部分时间居住在格洛斯特郡的休德利城堡（Sudeley Castle）。此时西摩已经是海军上将，借着这段婚姻，他牢牢地控制住了一位有可能继承王位的女继承人——伊丽莎白小姐。她在父亲去世之后，继续和她的继母生活在一起。

托马斯·西摩一向不是个循规蹈矩的守礼君子，他行止浮夸，对年少的伊丽莎白过分亲昵，以至于一时间谣言四起，人们甚至认为他企图自己娶她为妻，借此攫取王位。他的名声不好，据说，他曾通过硬币削边的方式赚取不义之财，甚至还滥用自己海军上将的身份，干起海盗的勾当，从中渔利。关于他的各种乱七八糟的传言一时间甚嚣尘上。一些仆人宣称，他们曾看到他大清早的时候在伊丽莎白的床上嬉闹，两个人还都只穿着睡衣。据说他曾撕掉她穿的裙子，理由是黑色不适合她。据说还有人亲眼见到他亲吻她。1548年，凯瑟琳·帕尔因难产而死，当时甚至还有谣言说他故意毒死了他妻子，只是为了能够名正言顺地迎娶伊丽莎白。

事实上西摩的目标比这个大得多：他想让他的外甥、年少的国王废黜他的兄长，改立他为摄政王。不管他的目的是什么，反正，他开始暗中召集人手，准备发起叛乱。当萨默塞特公爵听到风声之后，西摩就被处死了。在听到他被处决的消息之后，当时年仅15岁的伊丽莎白冷静淡漠地对她的女家庭教师凯特·阿什利（Kate Ashley）说："今天死了一个很机智却不识时务的人。"

但是萨默塞特公爵处决了弟弟之后也不能高枕无忧。各种事端风起云涌，究其根源，就是过去的10年里，整个社会发生了巨大的转变。不仅仅是圈地的做法开始严重侵害人民的利益，而且在爱德华的统治下，英国国教会开始大刀阔斧地改革，极大地转变了它原先的仪式和规程。亨利八世曾经为了保持教会的传承，实现平稳过渡，而一力维持这些惯例不变。如今教会已经发生了翻天覆地的变化，换上了崭新的风貌，这令纯粹追求真理的知识分子、有识之士十分满意，但是却严重地伤害了普通民众的感情。

克伦威尔发起了没收圣殿和教堂财富的运动，主要目的是充盈国库。但是爱德华的政府却将掠夺教堂的行动推向了极致，它的主要目的不再是获得金钱财富，而是让教会摆脱罗马天主教中的一些迷信成分。于是，一些政府人员冲进教堂，将绘有圣徒、神迹的玻璃窗都刷成白色——很多古老的英格兰教堂仍残留着当时刷上的白色涂料的痕迹。他们还将精致的圣餐桌、圣坛屏和雕像拉出来，用锤子砸得粉碎。这场运动被称为反偶像运动（iconoclasm）。政府颁布的一条禁止图书和绘画的法令规定这种做法是合法的。很多历史悠久的纪念活动和节日本来一直是乡村生活中令人愉悦的一部分，比如每年2月2日的圣烛节，每年圣灰星期三（Ash Wednesday）以灰抹额的习俗，以及在棕榈主日手持棕榈树枝来纪念基督进入耶路撒冷的做法，等等，都被认为是教皇凭空创造出来的，被法律明令禁止。而且，牧师再次拥有了结婚生子的权利。

1549年，政府强迫民众使用首版新祈祷书（亨利八世委派人编撰的，克兰默为此筹备了多年），引发了英格兰西南部和东部多个郡的大规模起义。尽管这两个地区的起义军的诉求大相径庭——西南部起义军要求重新用拉丁语做弥撒，而由杰克·科特（Jack Ket）领导的诺里奇周边地区的人民要求禁止圈地——但是两处的起义者都表明，政府已经很不得人心了。处理起义的问题、应对后续的局面，成了摄政王萨默塞特公爵倒台的发端。他心地善良，对科特的苦衷颇有同情，尽管枢密院的其他成员都认为应当加大打击的力度，但他还是不忍心大力镇压起义。

萨默塞特公爵尚在犹豫不决，他在枢密院的政敌就开始采取行动了。约翰·达德利（John Dudley）是亨利七世时期被斩首的大臣达德利之子，他派去大批的人，镇压了东部数个郡的叛乱，将杰克·科特吊死在诺里奇城堡的护墙上，他手下的一干逆犯也都被吊死在橡树上。达德利是个大胆无畏的战士，渐渐开始掌握了权力。先前，萨默塞特公爵挑起了平齐战役（Battle of Pinkie），目的是支援苏格兰境内新兴的新教徒宗教改革运动，同时让爱德华六世与年幼的苏格兰女王储玛丽（Mary of Scotland）达成婚约。这场战役让达德利脱颖而出，成为一位荣耀加身的英雄，却令萨默塞特公爵备受耻辱，因为苏格兰人非常反感他的提议，直言不讳地指出这种"粗鲁的求婚方式"令他们厌恶，而且还将玛丽偷偷送到法国，嫁给法国的王太子。

萨默塞特公爵不仅是看起来愚蠢笨拙，而且还几乎明目张胆地贪污受贿。尽管取缔小教堂，没收它们财富的行动，让枢密院的所有成员都得到了好处，但摄政王分到的财物远超他人，甚至让他有足够的财力修建起英格兰的第一座意大利风格的宅邸，即坐落于河岸街的萨默塞特公爵府（Somerset House）。这座府邸直至不久之前还被用作英国存放公民出生、死亡和婚姻记录的档案库。不过，尽管这一切都是事实，但他的政敌提及这些事，也不过是为逼迫摄政王下台找一个借口罢了。同一年，萨默塞特公爵被逐出了枢密院。达德利被封为诺森伯兰公爵，掌握了政权。

诺森伯兰公爵在教会改革问题上比萨默塞特公爵更激进，也是激进派的领袖。英格兰成了先进的新教牧师的避难所；因为皇帝查理五世的军队似乎已经准备不加区分地镇压德意志境内的所有宗教改革运动，所以像马丁·布策尔（Martin Bucer）和殉道者彼得（Peter Martyr）等，都在查理五世的迫害下逃到英格兰。尽管大部分民众都激烈地反对第一部祈祷书，但是英格兰教会还是一意孤行，在1552年出版了第二部祈祷书，次年又颁布了《四十二信条》（Forty-Two Articles of Faith），越来越偏离了亨利时期的天主教信仰。事实上，尽管第一部祈祷书引起民众的强烈不满，但是它的内容却是遵照其倡议人亨利八世的标准，符合天主教的教义。不过，第二部尽管也是克兰默编写的，却反映出英格兰的新教徒已经在宗教改革这条路上走得很远了。教会已经开始认同茨温利教派的理念，认为圣餐只是纪念仪式，并没有圣体实在。很多观点激进的新教徒重要人员都被委以重任：尼古拉斯·里德利（Nicholas Ridley）据信是茨温利教派信徒，被委任为伦敦主教；约翰·胡珀（John Hooper）成了格洛斯特主教，不久之后，他就因为拒绝穿主教的法衣而引起广泛的瞩目——他的理由是古时候教会并不要求穿法衣。

1553年7月，诺森伯兰公爵发现，当时才16岁的、一直体弱多病的国王，近来的健康状况迅速恶化。如果他想保住自己的权位，那么他就得抓紧行动了。根据亨利八世的遗嘱，同时依据议会的继承法规定，王位的第一顺位继承人应该是阿拉贡的凯瑟琳之女玛丽公主，其次是伊丽莎白公主。但众所周知，玛丽公主一直在自己的房间里做天主教弥撒，如果她继承爱德华的王位，那么英格兰新教的整个宗教改革运动都有可能被破坏。于是，在坎特伯雷大主教克兰默和伦敦主教尼古拉斯·里德利的支持下，诺森伯兰公爵说服了爱德华将王位传给坚定的新教徒简·格雷夫人（Lady Jane Grey）。她是亨利八世的妹妹玛丽的长外孙女，是除了上述的两人之外，最有权继承王位的人了。伊丽莎白公主也没有天主教倾向，但是在诺森伯兰公爵看来，她缺少简·格雷夫人独有的一项优点：简·格雷夫人是他的儿媳。

爱德华六世亲手写出一份新的遗嘱，越过了玛丽和伊丽莎白，将王位传给了简·格雷夫人。两天之后，7月6日晚上，苍白虚弱的少年国王因肺病去世。为了避免在诺森伯兰公爵逮捕玛丽公主之前走漏消息，王宫的守卫比平时多了一倍。但是，不知为何，还是有一个信使成功地从伦敦逃了出去，策马疾驰，赶到了赫特福德郡的汉斯顿（Hunsdon），告诉住在那里的玛丽公主她的弟弟已经去世，她必须赶紧逃跑。天色未明，37岁的玛丽就带着一些仆从，赶到诺福克的肯宁霍尔（Kenninghall）。

在伦敦，得知消息的诺森伯兰公爵暴跳如雷，当即宣布简·格雷夫人为继任的女王。但简·格雷夫人却没有为此欣喜若狂，因为她并不想成为诺森伯兰公爵的傀儡。大批的将士纷纷投奔玛丽公主在东部数郡建立的军队。简·格雷夫人登基才刚刚10天，枢密院的其他成员就迎接玛丽回到伦敦。8月3日，她没有遭遇任何抵抗，就进入了这座城市。当时跟在她身旁的是伊丽莎白公主。玛丽将简·格雷夫人和诺森伯兰公爵投入监狱，然后登基成为女王。

玛丽一世
Mary I

1553—1558

玛丽统治了仅仅 5 年就死于胃癌。尽管新任女王身材矮胖、相貌平凡，但是她完美地结合了都铎家族钢铁般的坚强意志，以及她的西班牙母亲传承给她的虔诚的天主教信仰。尽管她的父亲和弟弟给她施加了巨大的压力，但她始终拒绝放弃自己的信仰，并相信带领英格兰恢复它的传统宗教信仰是她的使命。对此，西班牙大使不停地怂恿她采取行动，这位大使也成了她最重要的顾问。她刚一登基，所有新教主教，包括胡珀、里德利和克兰默等都被撤职，取而代之的是亨利八世在位期间"信仰天主教的"主教——这些人之前都已经在监牢里受尽了苦楚。

从 1531 年起就一直担任温彻斯特主教一职的斯蒂芬·加德纳，在爱德华六世统治期间被关押了两年，如今成了玛丽的大法官兼首席宗教顾问。新政府的议会下发的第一条法令就是让宗教恢复到亨利开始宗教改革运动之前的状态：《六条法令》被重新提起；恢复弥撒；已经结婚的神职人员，比如克兰默等，必须宣布与他们的妻子解除婚姻关系；爱德华时期的主教被大量关押，新教徒被驱逐出境。但是女王并不打算就此收手。尽管她登基时接受了教会最高首领的尊号，但到了她统治的第二年，1554 年 11 月，她宣布废除宗教改革的法令，将英格兰重新置于罗马教会的管辖之下。

解散修道院保证了绅士阶层和贵族阶层对亨利的宗教改革运动的支持。玛丽让英格兰回归罗马教皇统治的举动没有遭到激烈的反对，其原因也在于财产。她也很好地继承了都铎王室的务实精神，所以实施新政时同意人们不必将修道院土地归还给教会。加上 16 世纪中叶新教主义信仰在英格兰根基尚浅，所以让国家恢复原来的罗马天主教信仰一事，没有遇到什么波折就实现了。这一年的晚些时候，玛丽的表亲、教皇的使节枢机主教波尔，结束了多年来流亡罗马的生活，回到英格兰，废除了亨利的宗教改革运动。波尔成为坎特伯雷大主教。

玛丽在 1554 年决定与她表兄查理五世的儿子结婚，她的这位表侄当时是王子身份，后来成为西班牙的国王腓力二世（Philip Ⅱ）。她的这个决定引起了议会、枢密院乃至整个国家的激烈反对。不过她已经下定决心了，因为西班牙的一切都让她不由自主地心生敬意。当西班牙大使雷纳（Renard）提议她嫁给腓力时，她甚至都没见过对方，就不由自主地陷入兴奋与欣喜之中，立刻郑重地承诺她不会嫁给任何别的人。诗人之子托马斯·怀亚特爵士领导了几场暴动和叛乱，他的目的是将伊丽莎白公主送上王位。

玛丽很快采取了应对措施。她骑马跑到伦敦市政厅，向民众保证她会推迟与西班牙王子的婚期，直到议会同意为止，这样才挽回了民意。怀亚特被押上了行刑台。尽管他在行刑前为伊丽莎白撇清了关系，但是玛丽并不相信他的话。简夫人和诺森伯兰公爵都被处决了。受尽惊吓、倍感愤怒的伊丽莎白被用船送到伦敦塔看押——她的母亲就曾被关押在这里，至死都没有被放出来。在伦敦塔前，伊丽莎白做出了一个著名的举动：她拒绝走进名为"叛国者之门"（Traitor's Gate）的入口，而是坐在石板路上，拒绝再往前走。"我坐在这里，马上要成为一个囚犯，但是我问心无愧。作为一个臣民，我的忠诚比站在台阶上的各位，不差分毫。"她以一种居高临下的傲慢语气说道。直到太阳下山，她才终于同意进去，但是没有人敢再催促她。

但是他们没有找到任何证据可以给伊丽莎白定罪。她不可能蠢到公开地策划阴谋。她早年的生活养成了她极度谨小慎微的性格，而且她早已知道忍辱负重、韬光养晦的重要性。玛丽的一些顾问，比如加德纳主教（Bishop Gardiner）等，很早就建议将她收监，因为她极有可能会成为新教势力阴谋的关键人物，那个时候她就不得不跪在女王面前，乞求她不要剥夺自己的自由。尽管伊丽莎白在监牢里度过了几个月的灰暗时光，而且，由于将简·格雷夫人杀头的行刑台一直没有拆除，她每一天都在担心这是不是自己的最后一天，但最终她还是被无罪释放了。她去了牛津郡的伍德斯托克，后来又搬去伦敦北部的哈特菲尔德，一直过着平静的生活。

阴沉冷肃的西班牙的腓力来到了伦敦。他是一个有着亚麻色胡子和冷峻眼眸的男子。他的到来，不仅让英格兰彻底回到原先的宗教，而且所有拒绝服从的人都被视作异教徒，遭到迫害。枢机主教波尔设立了一个委员会，调查异端邪说，很快，爱德华时期的所有主教都相继被判处火刑。第一个被烧死的是圣保罗大教堂的教士约翰·罗杰斯（John Rogers），他因协助完成克兰默主持的《圣经》翻译工作而闻名于世。在他之后，格洛斯特主教胡珀也被处决。胡珀的信仰让他拒绝穿上主教法衣，因为那不是古时候的先贤圣徒的做法。他穿着白色的长衣，被带到史密斯菲尔德，绑在一根柱子上，柴火在他身边堆了起来，最后只剩下上半身露出来。火焰慢慢吞噬了他，但是他始终没有发出一声叫喊。

英格兰宗教改革运动早期另外三位最知名的人物——克兰默、拉蒂默和里德利——都被带到了牛津，由新上任的天主教派的大主教对他们的信仰进行审查。克兰默的审判被推迟了，因为他是经过教皇正式任命的大主教，他的案件必须移交罗马。但是拉蒂默和里德利都由于否认圣餐变体，即所谓的圣餐物在弥撒中变成耶稣的肉体和血，但留有面包和酒的形式的理论，而被判处死刑。他们两个被背靠背捆在一起，丢进牛津镇上的一条污水沟里。随着火焰升起，他们开始遭受烈火焚身的折磨。里德利疼得不停打滚，素来无畏的拉蒂默对这位和他一起受难的兄弟说："拿出你的大丈夫气概来，里德利兄弟。借着上帝的恩典，今天我们将会在英格兰点亮一支蜡烛，照亮一切蒙昧，我相信它永不会熄灭。"

他确实说对了。在那之后的 3 年里，又有 300 名殉道者被处死。直到玛丽政府大规模迫害殉道者之前，新教主义信仰事实上一直都只在极为有限的小部分地区流传。但是，受文艺复兴的文明精神的影响，相比于中世纪，火刑在玛丽统治时期更容易引起民众心理上的严重不适，因为他们都能看到它给人带来多么惨烈的痛苦。而且，对异教徒的迫害基本上是由于西班牙方面的影响；自从女王结婚之后，整个国家就笼罩在西班牙的阴影下。西班牙宗教裁判所（Spanish Inquisition）已经令西班牙饱受诟病，后来出版的《福克斯殉道者名录》（Foxe's Book of Martyrs）一书中，对之也有所描写。玛丽的迫害在促使英格兰人改信新教方面起到的作用，超过了所有新教牧师所做的全部努力。女王本人也因此被人称为"血腥玛丽"。

克兰默不久之后也在火刑场上迎来自己的死亡。这位曾经的大主教一直以来身体都比较弱，虽然拥有极高的文学天赋，但性格却并不强韧坚定，如今更已垂垂老矣。在被关押了5个月之后，他的精神就崩溃了。他同意放弃自己先前的宗教主张，听从枢机主教波尔的建议，在各种认罪文书上签了字。这些文书把他描述成自亨利八世时期起在这个国家流传的一切罪恶的制造者。但克兰默是宗教改革运动的主要设计师之一，是新教教派的重要人物，所以枢机主教波尔和女王玛丽要求他正式地、公开地声明改变他的新教立场。按他们的安排，他将会在牛津的圣玛丽教堂（St Mary's Church）当众做出这项声明。

但令人吃惊的是，站在布道坛上的克兰默突然显示出前所未有的勇气，没有人想到他竟会如此勇敢。他用坚定的声音批判教皇是反基督的恶徒，批判教皇坚持的教义信条不是真理，乃是谬论。他还没讲完，恼羞成怒的天主教徒就将他拖下布道坛，匆匆地绑到外面的火刑柱上。但即便到了这个时候，他依然用自己的智计打击了对手。克兰默将自己的右手伸进火里，大声地说："就是这只没用的手，写下了谎言和放弃信仰的声明，它应该先被烧掉。"

尽管人们普遍认为当时会有那么多人被判处火刑，主要是由于玛丽女王受到了西班牙顾问的影响，但事实上玛丽本人也从火刑中获得巨大的满足。她的身体一直不是很强健，而且常常胃口很差，但是每次有人被执行火刑之后，她当天晚上都会比平常吃得丰盛。从迫害异教徒中获得精神上的满足，是她少有的几种放松情绪的方式之一。腓力与玛丽结婚后不久就回到了他自己的王国，只有在需要军费支持他与法国开战时，他才会偶尔回到英格兰，见见他的妻子。

法国瓦卢瓦王室（Valois）的亨利二世（Henry II）和哈布斯堡王室的亨利五

世之间的敌对呈现出各种令人惊诧的手段和形式，其中之一就是腓力强迫玛丽向法国宣战，英格兰的军队也参与了进攻法国的战争，并在圣昆廷战役（Battle of St Quentin）中赢得了胜利。但是玛丽不管做什么事，最后的结局都惨不忍睹，这次也不例外。1558年，法国的最高统帅发动了一场针锋相对的报复行动，袭击了英格兰在法国的最后一块领地——港口兼货物转运重镇加来。尽管加来的总督反复强调他没有足够的食物和士兵保卫这座城镇，但玛丽政府还是没有充分认识到形势之危急。

最后，援军终于抵达，但已经太晚了。对法开战是完全违背民意的行动。民众对腓力和玛丽本人的厌恶让议会不再对君主俯首帖耳、言听计从，所以在征纳税赋供给军需的问题上，议会拒绝再投赞成票。这意味着，政府只能通过强制贷款或非法征收关税等方式来筹措军费。这或许是援军迟迟不到的原因之一。加来沦陷的消息传来，仿佛晴空霹雳一般震惊了整个英格兰；玛丽的身体本就已经每况愈下，这个消息更是给了她致命的一击。她之前刚刚流产过一次，如今，她在胃肿瘤的折磨之下，躺在床上奄奄一息。可怜的是，之前的好几个月里，她还一直错把那肿瘤当成自己怀孕了。当时，她的人民痛恨她，她的丈夫远在天边。临终之前，这位不幸的女王说出了一句流传千古的话："即便我死了，加来依然是我刻骨铭心的痛苦。"她死于11月17日。同一天，在她死后几个小时，另一位捍卫古老信仰的重要人物枢机主教波尔也去世了。

与此同时，信使们飞速地打马跑去哈特菲尔德。25岁的伊丽莎白就住在那里。他们知道既然她的姐姐没有子息，那么她就是下一任女王。当信使们抵达伊丽莎白的住所时，博闻强识的伊丽莎白正坐在一棵橡树下读古典著作，他们欢呼着拥立她为新任女王。片刻之后，她用拉丁语缓缓地说道："这是上帝的安排，在我等凡人眼中如此不可思议。"时人纷纷议论说，无论如何，读书的女王总好过烧书的女王。事实证明他们的想法是对的。

伊丽莎白一世
Elizabeth I

1558—1603

　　伊丽莎白，这位聪明过人、身材纤细的年轻女人在1558年继承了英格兰王位。她这些年经历过许多波折起伏，这些经历深刻地影响了她的性格。在庆祝她加冕的伦敦盛装游行上，有人扮作时间老人的样子，从她面前经过，她身边的人听到她惊叹般的喃喃自语："是时间将我带到了这里。"伊丽莎白早年颠沛流离，困难重重的生活令她成了一个与她的祖父亨利七世颇为相似的、完美的务实主义者。跟他一样，每当涉及金钱支出的问题时，她便节俭到近乎吝啬的地步。这是国家之幸，因为她接掌的这个国家当时已经被腓力的战争拖到破产的边缘了。她跟她父亲不一样，不愿意轻易地参与到战争中，一方面是由于开销问题，另一方面是因为她谨慎小心的性格让她不喜欢轻易地表明立场。她在外交政策上鲜有直截了当的态度，反而一直保持着模棱两可的暧昧状态，这令她手下的大臣们倍感无奈。

　　新任女王经历过她的弟弟和姐姐统治时期的宗教极端主义，这令她对那种极端的情绪非常反感，使她对宗教的态度趋于宽容。她在继位后不久，就宣布她

"不会去探究人们的灵魂"。在她统治的最初10年左右的时间里,她并不介意天主教信仰继续存在,只要人们表面上遵守新教仪程即可。

伊丽莎白女王继承了都铎家族普遍的政治手腕和个人魅力,也继承了她父亲强势、坚韧的性格——她的父亲正是靠着这样的性格才让整个英格兰匍匐在他脚下的。这些都是她的弟弟和姐姐所严重欠缺的。她拥有和父亲一样无与伦比的才智、温和热情的性格,以及出众的机智与幽默感。她完全没有遗传母亲深色的头发、眼睛等外貌特征,她继承了都铎家族白皙的肤色,拥有一头红发和傲气十足的鹰钩鼻。跟亨利八世一样,她也认为自己应该经常到各处巡视,与绅士阶层和贵族阶层保持良好的关系,因为他们是都铎王朝的基石和支柱。因此,全国各地许多房子最豪华的房间都有"伊丽莎白女王曾宿于此"之类的传闻。另外她还有一点与亨利八世类似,就是她也有一个非常华丽的宫廷。这里充满了各式各样的舞会、假面舞会和宫廷阴谋,而伊丽莎白自己就是其中最璀璨夺目的明星、最精神昂扬的舞者。

她手腕高明,丝毫不逊色于她的父亲,总能令议会服从她的意愿,每当她需要他们为她筹措资金时,她总会如愿以偿。尽管枢密院和议会一直催促她结婚,以便能够培养出一个信仰新教的继承人,但她自始至终都没有去做。或许,到最后,她是嫁给了她的国家。正如她在著名的"黄金演讲"中所说的:"尽管是上帝让我荣居高位,但是我王权的真正荣耀来自你们的敬爱和拥戴,正是它们令我稳坐王位。尽管你们有过,并且还将拥有很多比我更有能力、更睿智的君主,但是你们从未有过,也不会再有哪个君主比我更热爱你们。"

伟大的伊丽莎白女王统治时期是英格兰历史上最独特的一段时间。她的海军在全球的海洋上游弋,击败了西班牙无敌舰队(Spanish Armada),使新教主义畅通无阻地通过海上航线传播到世界各地。那个时期的剧院里上演了迄今为止全球最伟大的几部剧作——威廉·莎士比亚的戏剧。当整个欧洲开始陷入宗教战争导致的文明冲突的深渊里时,她采取的中立路线让新教主义得以用一种平和的方式扎根到信徒之中。在当时,很多欧洲国家的君主都相继被暗杀而死,而伊丽莎白却得以幸免。

女王极为爱慕虚荣,这是她那个喜欢卖弄风情的母亲遗传给她的性格特质,同时，她又从她父亲身上继承了对富丽华美事物的喜爱。终其一生，她都对宫廷狂欢和华衣美服情有独钟。在她的统治时期，越到后期服装的风格就越夸张华丽。轮状皱领、浮夸的发型、大量的珠宝首饰、盛宴和男性宠臣，这些都是她统治时期的特点，不久之后，她就得到了"荣光女王"（Gloriana）的绰号。不了解她的外国使臣都觉得她沉迷于舞会，喜欢与年轻男子纠缠不清，实在是轻浮肤浅。蒙她恩宠的男子先有莱斯特伯爵罗伯特·达德利（Robert Dudley）、克里斯托弗·哈顿爵士（Sir Christopher Hatton），后有埃塞克斯伯爵。那些使臣却没有看到，这位勤于国政、善于权谋的女政治家与弗朗西斯·沃尔辛厄姆爵士（Sir Francis Walsingham）等杰出的战略家一起在书房议事，谋划着如何牵制西班牙的腓力，让他无法干涉英格兰的内政外交。这个女人甄选公仆的方式是绝对公正客观的，她择取伟大的政治家威廉·塞西尔（William Cecil）担任自己的首席大臣，也就是首席国务大臣，因为她相信"你不会收受任何形式的馈赠，所以不会贪腐；你会忠于国家，而且你不会刻意逢迎我的个人意愿，所以你一定会给我你觉得最恰当的建议"。但是那些外国使臣却没把这样一个不简单的女人当回事。与她父亲在位时的那些大臣不同，她座下的大臣都为她鞠躬尽瘁，死而后已。塞西尔辅佐了她整整40年。

横亘在新女王面前迫切需要解决的问题，就是英格兰教会。此时它已经再次隶属于罗马教会了。伊丽莎白深受新学问的陶冶，对新学问有很高的造诣，能够讲流利的拉丁语和法语，还能阅读希腊文，她对那些出现在爱德华的第二本祈祷书里的进步新教徒的宗教观点抱有很深的同情和认可。她并不相信圣体实在，她在登基后不久就很清楚地表明了这一点：在一次做弥撒的时候，当牧师高举起圣餐饼时，她直接起身离席了。不过，她只打算让教会恢复她父亲统治时期的那种程度的宗教改革——它没有那么激进，不会引起那么大的争议。但是她面临着一个巨大的问题，就是人手不足。亨利时期的新教徒都已经死得差不多了，如今掌控教会的神职人员都是天主教徒。结果，伊丽莎白只能从玛丽时期流亡海外的新教徒中择取一些人来接掌教会。

玛丽时期流亡国外的人大体上是那些宗教极端分子，女王对他们有一种本能的反感。出于女人的天性，女王喜欢文质彬彬、举止文雅的臣子，但是他们这些人却为了显示自己的真实，刻意地抛弃良好的举止，显得既粗鲁又急切。日内瓦是当时新教徒的避难中心之一，他们之中有很多人都深受居住于日内瓦的约翰·加尔文的影响。加尔文通过对《圣经》的研习，认为等级制度是不合理的，他反对教会对宗教的监督和指导：不应该有官方的祈祷书；每个教堂都应该由一群牧师或长老共同管理。他甚至反对路德认为合理的一两项圣事，因为他自己发展出了一套得救预定论——男女信徒是会得救还是会入地狱，是上帝早已经注定的。真正关键的是被选中的人（指的就是会得救的人）要保持自己精神上的圣洁。所以他们的宗教信仰并不是通过拜神的行为来表达，而是在日常生活、行为举止和衣着风格等方面，保持精神的纯洁，以此表达他们对上帝的信仰（这个流派的人被称为清教徒，他们因衣着清洁而得名）。既然新任女王是新教徒，玛丽时期流亡海外的新教徒就都返回了英格兰，期待着能够按照加尔文教派的理论，对英格兰教会进行深度的改革。

但是伊丽莎白对这种主张自治和民主的宗教教派一点都不感兴趣。作为她父亲的女儿，她相信如果要维持国家的良好秩序，政府就必须掌控宗教。在位的大部分时间里，她都在打压清教主义（Puritanism），到最后也只是稍微取得了一点优势而已。清教徒的主要发言人——负责宣传教义的未开化的野蛮人约翰·诺克斯（John Knox）——对女王个人进行无耻的攻击。他发表了一本臭名昭著的小册子《吹响反对可怕的妇女统治的第一声号角》(*First Blast of the Trumpet against the Monstrous Regiment of Women*)，大肆攻击女性统治者。女王将他逐出伦敦，他只好跑去了苏格兰，并在苏格兰发动加尔文主义宗教改革（Calvinist Reformation）。跟很多清教徒一样，诺克斯的宗教信仰给了他莫名其妙的优越感，使他对其他人，甚至对王室，都毫无敬意。伊丽莎白觉得这一点令她无法忍受。

即便如此，女王还是不得不与这些玛丽时期的流亡者共事，因为她别无选择。幸好，她任命的坎特伯雷大主教、原林肯主教马修·帕克（Matthew Parker）很合她的心意。帕克是个学者型的牧师，曾担任女王母亲安妮·博林的私人牧师。在玛丽统治时期，他设法留在了英格兰，所以他没有受到国外的宗教极端主义者的影响。他和女王一样，都认为教会有必要对宗教进行管理和规范。不管是宗教仪式还是法衣的问题，他都认为，迎合英格兰民众的主流意愿更为重要。至于民众意愿，大部分还是倾向于传统的宗教形式。由于帕克和女王天才的斡旋手段和协调能力，1559年《至尊法案》和《教会统一法案》（Acts of Supremacy and Uniformity）才得以颁布实施。英格兰的教会据此再次切断了与教皇的联系，取得了令所有人都满意的结果。尽管伊丽莎白的解决方案本质上是采用了爱德华六世的第二部祈祷书的精髓，但是表面上看，她规定的圣餐仪式既体现了圣体实在，又可以作为一种纪念仪式。如此一来，新的教会最大限度地避免了对天主教徒的冒犯，使整个英格兰统一到女王的统治之下。伊丽莎白宣布自己是英格兰教会的最高管理者，而不是最高首领，这种适当的谦恭，令神职人员可以自行决定教会的一应事务。为了确保清教徒也能服从这种安排，大主教帕克设立了教会委员会法庭（Court of Ecclesiastical Commission），在每个教区执行伊丽莎白的政策。

在伊丽莎白统治的早期，她的这种中庸、折中的方案确实取得了成效。天主教的神职人员大部分都成了英国国教会的牧师，英格兰的天主教徒基本上没有给她带来什么麻烦。真正令她恼怒的是玛丽时期流亡者的举动。刚开始，他们那些人拒绝接受教皇"迷信"的标志性行为，比如穿白色法衣、画十字架等。她虽恼怒，却因为自己登基未久，根基未稳，所以无法收拾他们。但是在她继位7年之后，1565年，女王和帕克觉得自己已经把权力收拢得差不多了，可以采取措施对付清教徒了。帕克将"公告"下发给了神职人员。所谓公告，是一些强制牧师遵守祈祷书规定、穿着白色法衣的指导原则。30名牧师因为拒绝履行这些规定而被免职。

这场行动让清教徒们清醒地认识到他们的前景。他们当中的大部分人之前还乐观地以为伊丽莎白的折中方案只不过是改革的开端。但此时他们已经明白，在女王看来，那实际上就是她想要的最终结果。从那以后，清教徒就开始依据《圣经新约》，不断地抨击教会的制度和管理。其中的一个观点是，既然《新约》中没有主教，那么伊丽莎白的教会也不应该有主教。1575年帕克去世后，女王发现自己的处境比之前设想的还要孤立。很多议会成员和政府公仆，尤其是塞西尔的同事、她的另一位国务大臣弗朗西斯·沃尔辛厄姆手下的人，越来越被清教徒牧师所谋求的宗教改革目标所吸引。他们批判教会委员会，甚至连当时已经被册封为伯利男爵（Lord Burghley）的忠诚的威廉·塞西尔都拿它与西班牙宗教法庭做比较，认为二者在手段残忍、缺乏公正审判方面可谓不相上下。

女王对这样的境况颇感惊骇，她突然发现她的新任坎特伯雷大主教埃德蒙·格林德尔（Edmund Grindal）对当时的"神启运动"（Prophesyings）抱有同情。那是由清教派牧师发起和主持的一种越来越受欢迎的《圣经》自助小组，很多非神职人员的普通信众也被邀请参与。由于他们的活动常常导致对教会的抨击，伊丽莎白相信政府有必要查禁这种小组。格林德尔则认为，只要对它们加以管辖即可。胆大鲁莽的大主教拒绝查禁它们之后，被停职了整整5年。1583年，他的坎特伯雷大主教之职被约翰·惠特吉夫特（John Whitgift）所取代。身材瘦小、肤色黝黑、性情激烈的惠特吉夫特大主教和格林德尔一样，也是加尔文教派的信徒，不过，对他而言，当清教徒的理念与官方规定的教义和律令相冲突时，应该以既定的法律为先。惠特吉夫特当权，追捕清教徒的工作就变得容易多了。所有被怀疑是清教徒的牧师都被带到教会委员会法庭接受质询，他们必须发誓遵守新的《六条法令》，该法令强调了在宗教事务上王权的至高无上。至少200名牧师因此被免职。到她统治的末期，伊丽莎白对不信奉国教的异议者的态度越来越严厉，所有拒绝加入英国国教会的神职人员，要么被处死，要么被流放。

亨利八世在弥撒的争议问题上一直含糊其辞，保持着模棱两可的态度，这种做法令天主教国家找不到借口入侵英格兰。伊丽莎白在宗教问题上也同样非常谨慎，加上她坚决地反对加尔文教派，而且在她统治之初的12年里，她一直很友好地对待法国和西班牙，所以天主教国家也没有干涉英格兰。事实上，女王释放出来的信号极为混杂，她的态度很不明朗，所以她已经鳏居的姐夫腓力二世甚至一度以为可以迎娶她为继室——很多其他天主教徒，比如奥地利大公查理（Archduke Charles of Austria）、未来的法国国王亨利三世（Henry III）、亨利三世之弟安茹公爵等，都有这样的念头。得益于伊丽莎白在宗教问题的解决方案上十足的小心，在她统治的第一个十年里，虽然她的权位还没有稳固，西班牙的腓力完全有能力入侵英格兰，帮助英格兰的天主教派夺权，但是并没有爆发太多的天主教阴谋。总体而言，天主教徒付出了一些代价。他们没有参与英国国教会的活动，只能在自己家里默默地做弥撒。

但是在第一个十年即将过去之时，由于各种各样的原因，情况发生了改变，伊丽莎白政府需要应对的首要敌人变成了天主教。在之后的20年里，伊丽莎白和信仰新教的英格兰都面临了巨大的威胁。这主要是由苏格兰女王、天主教徒玛丽抵达英格兰带来的。她是亨利八世的甥孙女，是伊丽莎白的隔代表亲，在血缘上是王室的近亲，也有资格继承英格兰王位。

伊丽莎白将约翰·诺克斯逐出了英格兰，他就将自己的激情和精力带去北部的苏格兰。他在苏格兰新教贵族（他们自称为教众贵族）之间挑起的宗教起义，渐渐发展成一场爱国主义战争，目的是让苏格兰摆脱摄政王、法国天主教徒吉斯的玛丽（Mary of Guise）——她是苏格兰女王玛丽的母亲。尽管伊丽莎白并不想支援叛乱者，但是1560年，在枢密院的建议之下，她派出一支军队，协助苏格兰人对抗法国政府。随着吉斯的玛丽去世，教众贵族建立了一个新的政权，其本质上是加尔文主义的苏格兰共和国：新的苏格兰议会宣布弃绝教皇，成立了最高宗教会议（General Assembly），这是长老会教会的最高权力机构。但是詹姆士五世（James V）的女儿玛丽并没有被加尔文教派夺取政权的这场运动吓倒。她的丈夫法国国王弗朗索瓦二世（Francis II）去世，新寡的玛丽返回了苏格兰，要求接管属于她的王国，成为苏格兰女王。

苏格兰女王玛丽是个相貌出众、身材高挑的美人。但是与她的表姑母伊丽莎白不一样，她几乎完全没有政治才能和手腕，反而任性固执，只知意气用事，近乎愚蠢。不过，一开始时，她外表的魅力帮她赢得了统治苏格兰的新教贵族的支持。她完全没有打算将已成气候的加尔文教派赶出苏格兰，也没想过让自己的国家恢复原先的宗教信仰，不过她倒是坚持在自己的内殿聆听弥撒。这引起了约翰·诺克斯的暴怒，他在爱丁堡公开布道时说，女王的一次弥撒，"在我看来比千军万马更可怕"。但是玛丽向国外与她关系紧密的天主教君主，尤其是西班牙的腓力和她在吉斯的舅父们强调，现在还不是入侵苏格兰的好时机。她让自己的同父异母的哥哥、詹姆士五世的私生子莫里伯爵（Earl of Moray）继续统治苏格兰。

事实上，刚开始时，苏格兰女王玛丽唯一的不明智举动是要求成为无子无女的伊丽莎白女王的继承人。但是关于她的辉煌事迹的传闻已经让伊丽莎白颇为恼怒，所以伊丽莎白女王和枢密院坚决地表示不接受她的这项主张。教皇从未承认过亨利八世与安妮·博林的婚姻，所以对于虔诚的天主教徒而言，伊丽莎白乃是私生女，不能成为英格兰的合法君主，所以真正应该坐在王位上的是苏格兰女玛丽。玛丽作为一个天主教徒，完全有可能拥有集结英格兰天主教徒的号召力，事实上她最后确实号召了英格兰的天主教徒与政府对抗。

玛丽再婚之前，一切都还算正常。但是，1565年，她恋上了达恩利公爵（Lord Darnley），决定要与他结婚。这让莫里伯爵和伊丽莎白都很恼怒，因为亨利·达恩利是亨利八世的姐姐玛格丽特·都铎的外孙，这场联姻会增加苏格兰女王玛丽取得英格兰王位的筹码。而且，达恩利是英格兰天主教徒的领袖之一。伊丽莎白和塞西尔发布了一项声明，直指这场婚姻会对"两位女王甚至两个王国之间和睦友好的关系造成损害"。他们又向莫里伯爵和其他新教贵族开放纽卡斯尔（Newcastle），作为其避难所。这些人之前为了抗议这场联姻而造反，经过短暂的内战，玛丽和达恩利打败了他们，于是他们被逐出了苏格兰。之后，这场婚姻还是按计划如期成礼了。

婚后刚过几个月，玛丽就认清了她丈夫的本性。她开始厌恶他，因为他软弱无能、残暴不仁，还是个酒鬼。而且，性格扭曲、奸诈不忠的达恩利根本没打算只做女王的丈夫。他决定争取女王的政敌、在英格兰避难的莫里伯爵和新教贵族的支持，自己篡夺王位。1566年3月，在爱丁堡的荷里路德宫（Palace of Holyroodhouse），女王眼睁睁地看着自己的私人秘书意大利人戴维·里齐奥（David Rizzio）在自己面前被20名全副武装的男子杀死。这次谋杀是一场可怕阴谋的结果，而那场阴谋的目的，很可能是让当时怀孕的女王流产。那20名男子不是普通的刺客，其中不乏一些重要的贵族，甚至还包括女王的丈夫本人。尽管玛丽女王非常恐惧，但是不知为何，她还是成功地保持了冷静，说服了达恩利，让他供出了与他同谋的逆臣，那些同谋犯也被逐出了这个国家。与此同时，玛丽似乎也开始酝酿着报复，她此时已经迷上了轻佻时髦的波斯威尔伯爵詹姆斯·赫伯恩（James Hepburn, Earl of Bothwell）。

波斯威尔伯爵是个边境贵族，向来寡廉鲜耻，行事不择手段，最终成了玛丽的第三任丈夫。在波斯威尔伯爵的策划下，爱丁堡南部一座名为柯克欧菲尔德（Kirk O'Field）的房子发生了爆炸，达恩利因此而死，不过，几乎毫无疑问，玛丽也参与了这场谋杀。但是，没过多久，原先站在波斯威尔伯爵阵营的苏格兰贵族就转换了态度，愤而攻击他。随后，莫里伯爵和教众贵族结束了流放生涯，回到了苏格兰，用刀子胁迫女王宣布退位，将王位传给她仅 13 个月大的儿子詹姆士（他的父亲是达恩利公爵）。1568 年，玛丽逃出了苏格兰，乘着一艘破旧的渔船，逃到了英格兰，决意任凭她的表姑母伊丽莎白处置。

苏格兰女王玛丽抵达英格兰，让伊丽莎白和塞西尔陷入了进退维谷的困难境地。如果让她留在国内，那么她还是有可能成为天主教徒的旗帜，但是，从另一方面来讲，如果放她前往法国，也不是个明智之举，因为她有可能在那边召集军队，迫使他们将英格兰王位传给她。面对这样的困境，伊丽莎白决定拖延时间。她宣布调查玛丽是否与达恩利之死有关。这让她可以无限期地关押玛丽。

在英格兰，苏格兰女王最后的确汇聚了一批阴谋推翻伊丽莎白统治的天主教徒，尤其在 1570 年新教皇庇护五世（Pius V）插手了她的案件，开除了伊丽莎白的教籍，并号召废黜英格兰女王之后，这种情况更甚。玛丽抵达英格兰 12 个月之后，在天主教依然长盛不衰的北部地区，古老的珀西和内维尔家族的几位伯爵，轻率地发起一场叛乱。尽管这场叛乱以惨败收场，但是从那以后，直至玛丽去世之前，整整 18 年里，几乎每年都会出现一次新的天主教徒谋逆的阴谋。在此期间，第四代诺福克公爵，也就是诗人萨里伯爵之子，被卷入了一场新的谋逆阴谋中。那场阴谋是由一名名叫里多尔菲（Ridolfi）的意大利银行家挑起的，但是他背后的资助人是西班牙的腓力。大量的信件从诺福克发往西班牙，通过这些书信往来，里多尔菲和玛丽本人谋划了各种夺取政权的方式。支持他们阴谋的是一支由阿尔瓦公爵（Duke of Alva）率领的西班牙军队，他们正从尼德兰渡海前来。

但是，除了塞西尔，伊丽莎白手下还有一位才能卓著的外交大臣弗朗西斯·沃尔辛厄姆爵士。作为一个好斗的清教徒，沃尔辛厄姆不仅是要发动一场抗击英格兰外敌的战争，而且，他觉得他是在对全世界的天主教徒宣战。他编织了一张覆盖整个欧洲、复杂得惊人的秘密谍报网络，而他本人，就像一只大蜘蛛一样，坐镇在整张网络的中心。他的谍报网很快就搜集了足够的证据，证明诺福克公爵谋反，于是 1571 年，诺福克公爵被捕，以叛国罪被处决。尽管下议院要求将苏格兰女王也一并处决，但伊丽莎白还是劝阻了他们。之后的 15 年里，未老先衰的玛丽一直囚于斯塔福德郡的塔特伯里城堡（Tutbury Castle）中。她一直没有真正放弃重返王位的想法，尤其当她听说莫里伯爵遇刺身亡之后，更是燃起了很大的希望。但是她的希望最终都没有实现。

苏格兰的玛丽女王被囚禁在英格兰的那段时期，恰好是罗马天主教出现复兴的一个阶段，被称为反宗教改革运动（Counter-Reformation）。天主教无意与新教协调共存，而是改组了自身。圣依纳爵·罗耀拉（St Ignatius Loyola）迅速地成立了耶稣会（Society of Jesuits），攻击新教国家的信仰。有他开了先河，兰开夏郡的一位名叫威廉·艾伦（William Allen）的天主教徒在腓力二世占领的尼德兰城市杜埃（Douai）成立了一所神学院，往英格兰输送神父，意图重振天主教。他们打算鼓动英格兰的天主教徒造反，同时西班牙军队也会入侵英格兰。艾伦和他的拥趸认为，只有这样里应外合，他们才有可能成功。

从16世纪70年代开始，大批在杜埃接受过训练的神父扮成传教士秘密地潜回英格兰，藏匿在称为神父密室的特定房间里。这些神父密室是专门为他们建造的，位置都在英格兰乡村的房子里。尽管一直以来，举办弥撒被视为否认女王的王权至尊，乃是叛国谋逆的罪行，但是直到16世纪70年代之前，这项法律条款基本上没有被认真执行过。然而，随着在神学院受训过的神父大量涌入，加上耶稣会成功地激起了天主教意识的复苏，英格兰的安全突然面临着切实的威胁。

英格兰和西班牙两国之间开始出现一种不言自明的敌意，这种敌对情绪让两国断断续续地出现一些小摩擦，让矛盾不断升级，最后两国几乎要爆发大规模的冲突。由于伊丽莎白希望竭尽所能地避免开战，而腓力则打算等到好的时机再发动侵略，所以直到1587年之前，英格兰还一直享有和平。然而，如果说女王由于重重顾忌而不能公开宣布西班牙为敌国，那么她的海军则没有这些顾虑了。英吉利海峡和通往新大陆的航线成了两国的非正式战场。英格兰人肆无忌惮地袭击他们遇到的所有西班牙船只，一来为自己夺取财物，二来为新教主义的传播扫清一些路障，做一点贡献。

自维京人之后，英格兰人就渐渐失去了他们先祖对海洋探险的热情。但是到16世纪末，这种热情又重新恢复了。新大陆的发现激发了各地英格兰商人参与探险的兴趣。发现拉布拉多的探险家约翰·卡博特之子塞巴斯蒂安·卡博特（Sebastian Cabot）成立了商人冒险家公司（Company of Merchant Adventurers），已经开始插足波罗的海的新市场。

但是，在他们那个时期的所有探险者之中，最知名的当属伊丽莎白治下的冒险家兼船长弗朗西斯·德雷克（Francis Drake）和约翰·霍金斯（John Hawkins）。他们的航行除了探索发现之外，另一个目的就是在西班牙大陆美洲（Spanish Main）地区实行恐怖统治。今天人们对德雷克的表兄约翰·霍金斯的评价很低，因为他是英格兰奴隶贸易的始作俑者。他是第一个将非洲人运到西印度群岛和南美洲热带地区充作苦力的人。这种可怕的人口贩卖活动为他自己，也在之后的 200 余年里为其他英国商人，赚取了无比丰厚的利润。

弗朗西斯·德雷克是伊丽莎白时期英格兰最伟大、最受赞誉的英雄。他的蛮勇和他对新教主义的炽烈信仰令他成为西班牙国王最惧怕的英格兰航海家。德雷克来自德文郡一个坚定的新教家庭。他将自己的所有时间都用来给西班牙人制造麻烦。任何西班牙船只，只要进入英吉利海峡，就会成为他的攻击目标，哪怕船上有西班牙的大公贵族，也不例外。1572 年，德雷克获颁私掠许可证（一种允许他对西班牙人发动私人战争的证书），之后，他发动了一场远征，抢夺西班牙舰队的金银货物，并在巴拿马（Panama）登陆。在那里，他看到了一片未知的海域——太平洋，他开始念念不忘地盘算探索那片海洋。这些事件都是英国和西班牙两国争夺新大陆控制权竞争中的一部分。5 年之后，他再次率领 5 艘船从普利茅斯扬帆起航。女王和很多贵族大臣都投资了他的这次探险。

循着半个世纪前麦哲伦（Magellan）环球航行的路线，德雷克沿着南美洲东岸南下。他一路边行边劫掠西班牙船只，勇敢地挺过了无数场暴风雨，其中最严重的一场持续了整整 52 天。最后，他终于穿过了南美洲最南端的、由麦哲伦发现并以他的名字命名的波涛汹涌的海峡，再取道北上，沿着南美洲西部的整条海岸线，一直航行到了中美洲。但是当年麦哲伦从这里开始往西航行，横穿太平洋，抵达菲律宾，最终在菲律宾去世，而德雷克却选择了继续北上，一直航行到了加利福尼亚，并在圣弗朗西斯科（San Francisco）登陆。当时这里是西班牙人的聚居点，他将之命名为德雷克湾（Drake's Bay）。他袭击了西班牙的一艘满载金银珠宝的运输船 "卡卡弗戈" 号（*Cacafuego*），抢到的财宝放在今天可以价值好几百万英镑。大获全胜之后，他才开始返航，成为继麦哲伦之后第二个完成环球航行的航海家。在他回到英格兰之后，女王在他的船 "金鹿" 号（*Golden Hind*）上封他为爵士，让他一时风头无二。

对于劫掠西班牙的财富，从中渔利，伊丽莎白并无顾虑不安。她本人也不乏海盗精神，德雷克的许多探险活动背后也有她的支持。西班牙政府多次要求女王将德雷克交给他们，但是她都拒绝了；事实上，她已然将西班牙视作敌国了。不过，即便如此，她也没打算真的惹恼一个西班牙国王腓力这样财富逼人、实力强胜的人——他有美洲的大量银矿为他源源不断地输送财富，又在1580年将葡萄牙也纳入了他的版图。

因此，在官方层面上，伊丽莎白仍在尽力维持着和西班牙的腓力的友好关系，以安抚对方，甚至在1572年，新教主义的发展进入非常关键的时期，需要它的领袖人物站出来起到支持和引领作用的时候，她也依然维系着与西班牙的表面和平。在里多尔菲的阴谋败露后没多久，尼德兰人对阿尔瓦将军率领的西班牙占领军的憎恶全面爆发，发展成了一场起义。令整个欧洲都大感意外的是，北部的7个信仰新教的省份，在奥兰治的威廉（William of Orange）的率领下，经过奋勇斗争，竟然推翻了西班牙的铁腕统治——自从皇帝查理五世从来自勃艮第的祖母那里继承了尼德兰之后，西班牙就一直是它们的领主。它们已经无法继续忍受西班牙统治者对它们领袖的血腥残杀，对它们政治自由传统的破坏，也无法忍受西班牙宗教裁判所的折磨迫害，所以成立了联合省（United Provinces）。只剩下信奉天主教的南方10省继续效忠于西班牙，被称为西属尼德兰（Spanish Netherlands），其领土大致为今天的比利时一带。法国的情况则与此相反，那里新教徒的境遇极为不幸。8月24日，在圣巴托罗缪节（Feast of St Bartholomew）凌晨，所有聚集到巴黎、庆祝他们的首领纳瓦拉国王亨利（Henry of Navarre）与法国国王妹妹的婚礼的胡格诺派教徒（Huguenot），都在睡梦中被杀死了。这场大屠杀可能是出于王后的母亲凯瑟琳·德·美第奇（Catherine de Medici）的授意。当时的局势看起来好像法国的反宗教改革势力十分嚣张，很可能获得最终的胜利。

那些四面楚歌的新教徒遭遇到的重重困境令英格兰对他们产生了极大的同情，尤以枢密院为甚。但是如果支援尼德兰新教徒的斗争，就有可能导致英格兰与西班牙开战，而当时西班牙的势力已经因为天主教在法国取得的胜利而进一步加强了。

在这种情况下，伊丽莎白是不会允许她手下的大臣贸然援助尼德兰新教徒的。因为，尽管她自己对新教徒抱有同情，而且她也很乐意借着德雷克的小打小闹从西班牙手里夺得一些好处，但是由于她天生小心谨慎的性格，她不会让英格兰为了所谓的英雄主义而四处树敌。针对胡格诺派教徒的大屠杀更令她迫切地想要与腓力达成协议，重新开始与尼德兰通商。

不过伊丽莎白还是准备对胡格诺派教徒施以援手。他们当时已经被迫躲到大西洋沿岸的要塞拉罗谢尔避难。既然如今法国激进的天主教徒（也就是吉斯党人），很可能会获得胜利，并与西班牙结盟一起入侵英格兰，那么，英格兰当然就有必要设法在法国国内挑起严重的叛乱，让法国人自顾不暇，转移他们对英格兰的注意力。因此，伊丽莎白秘密地派遣军队和战舰，去援助拉罗谢尔的人民。

然而，尽管女王想方设法地避免英格兰被卷入宗教战争，但是在欧洲，新教－天主教阵营越来越泾渭分明，两个阵营之间的冲突越来越迫在眉睫。1574年，激进的天主教徒亨利三世登基为法国国王，法国开始逐步地与西班牙缔结联盟。10年之后，两国完全成了同盟。若不是英格兰和德意志派遣军队援助孔代亲王（Prince of Conde）领导的胡格诺派教徒牵制了法国的精力，法国的反宗教改革运动势必会发展得更快。

帕尔马公爵（Duke of Parma）被派驻到荷兰。作为军事指挥官，他的才能明显优于前任指挥官。因此，到1579年，人们已经开始担忧尼德兰北部的地区会很快被攻占。而且还有不少人谣传说在那里聚集的西班牙军队将会用于侵略英格兰。由于担心西班牙的驻扎部队会阻碍他们前往英格兰最大的贸易中心安特卫普（Antwerp），英格兰迫切地需要与法国结成更牢固的联盟关系。最简便的结盟方式，莫过于让女王与法国王室联姻。

时年50岁的伊丽莎白与法国国王亨利三世的弟弟安茹公爵维持了两年的亲密关系，很多人都希望这段关系最终能够修成正果。伊丽莎白继位之后，整整25年，她拒绝了英国宫廷的所有男士，莱斯特伯爵罗伯特曾经赢得了她的芳心，甚至据说他还杀死了自己的妻子，只为了能够名正言顺地迎娶女王，但最后他也一样没能如愿以偿。下议院一直催促她结婚，但她始终都没有答应。安茹公爵比伊丽莎白小了22岁，他成了女士的"小青蛙"，得到了她的倾心，但是他的军事才能不足。当时尼德兰的北部7省仍在与西班牙顽抗，他试着领兵去支援这些省份（军费是英国出的，军队是法国的），结果搞得一团糟。女王的每次婚讯最后都不了了之，这一次也不例外。随后安茹公爵返回了法国。不过，至少面对着当时越来越亲近西班牙的法国政府，他成了新教主义的支持者和中流砥柱。

到1585年，英格兰和西班牙两国正式走向了敌对。除了女王之外，没有人怀疑两国之间很快就会爆发战争。西班牙谋划着从爱尔兰和苏格兰发兵，从背后袭击英格兰。1579年，西班牙派遣军队，分拨军费，调集了一批教士去爱尔兰的芒斯特省（Munster），让那儿的菲茨杰拉德家族的叛乱死灰复燃，演变成一场全国性的叛乱。这场叛乱遭到残酷的镇压，菲茨杰拉德家族的封地被转赐给伊丽莎白时期的冒险家们，其中有一个是《仙后》（The Faerie Queen）的作者斯宾塞。长期以来，天主教势力一直在试图将苏格兰变成一个天主教国家，英格兰政府只好向其国王詹姆士六世（James Ⅵ）发放津贴，与他结盟，并提醒他他很可能是伊丽莎白女王的王位继承人，以这些方式阻碍天主教侵蚀苏格兰的进程。

之后的事情发展得很快。1583年，西班牙和英格兰中断了外交关系。当时，思罗克莫顿阴谋（Throckmorton Plot）败露，这场阴谋的目的是行刺伊丽莎白，令苏格兰女王玛丽取而代之。西班牙大使门多萨（Mendoza）被查出来是这场阴谋背后的策划人，于是他被逐出了伦敦。作为报复，腓力扣押了所有停泊在西班牙港口的英格兰船只。在女王的明确指示下，德雷克和马丁·弗罗比舍（Martin Frobisher）带领着30艘船，去为她报仇雪耻。他们航行到西印度群岛，袭击了西班牙舰队，焚毁了当地的重要城市圣多明各（Santo Domingo），带着他们打劫来的财物返回英格兰。西班牙舰队运送的金银再一次没能如期抵达尼德兰，于是，在那里驻扎的西班牙军队又没拿到军饷。那些银钱反而被送到了英格兰。

1584年，由于女王的安危深受威胁，塞西尔和沃尔辛厄姆共同起草了一份文件，即《联合契约》（Bond of Association）。这份文件主要是针对苏格兰女王玛丽和她的儿子詹姆士六世的，它规定，若是伊丽莎白女王被刺杀，那么刺杀者是以谁的名义采取的行动，那个人就要被处死。这份文件得到了整个枢密院所有成员的背书，另有数以千计的英格兰人积极地联名支持。不久之后，议会通过了一项法令，规定耶稣会和神学院神父不得进入英格兰。尼德兰的领导人奥兰治的威廉被刺杀，西班牙军队在将军帕尔马公爵的率领下攻占了安特卫普，当时的国际形势已经颇为晦暗。在法国，亨利三世的政府当时被激进的天主教徒吉斯党人所把持，他们似乎恨不得把自己的国家变成西班牙的一个哨站。

最后，在塞西尔的反复劝说恳求之下，女王终于做出了让步，决意支援尼德兰人，因为法国人已经不可能去帮助他们了。不过即便如此，她依然坚持维持和平的表象，并未正式宣布与西班牙开战。尼德兰战役的英军将领是无能的莱斯特伯爵。若非诗人菲利普·锡德尼爵士（Sir Philip Sidney）在此役中战死，这场战役根本就没什么值得后人纪念的。在围攻聚特芬（Zutphen）时，诗人做了一件非常有名的事情，他将自己的最后一杯水给了一位奄奄一息的士兵，说："你比我更需要它。"

之后，在1586年，伊丽莎白一直惧怕的危机终究还是发生了。沃尔辛厄姆手下的间谍早就发现苏格兰女王玛丽和西班牙的阴谋策划者之间联系紧密，但是他们始终无法找到切实的证据指控她。不过如今，一位来自德比郡（Derbyshire）的名叫安东尼·巴宾顿（Anthony Babington）的年轻无城府的天主教徒，和一位名叫约翰·巴拉德（John Ballard）的神学院神父一起参与了一项密谋，就是这项密谋最终导致了玛丽的毁灭。安东尼和其他人一样，都被浪漫多情的苏格兰女王迷住了。玛丽相信他们传递信件的渠道是万无一失的，所以她没有保持足够的警惕，而是将所有的商讨和谋划都落于文字，这些信件完全可以作为她意图谋刺伊丽莎白的罪证。最后，沃尔辛厄姆拿到了他想要的证据。连伊丽莎白都同意玛丽必须被判以叛国罪。

由于詹姆士六世的统治并不稳固，而且他还领着英格兰政府的津贴，所以英格兰政府相信他不敢为他的母亲攻打英格兰。事实证明他们的判断是对的。1586年10月，玛丽在彼得伯勒附近的福瑟临黑城堡（Fotheringhay Castle）接受审判，当天没有任何意外发生。尽管玛丽认为自己是苏格兰女王，并不是伊丽莎白的臣民，并且据此拒绝回应对她的所有指控，但是她还是被判犯有叛国罪，并被处以死刑。她活着的话会给英格兰带来很多的危险，但是她的表姑母还是不肯签署她的死刑执行令。

最后，1587年2月，伊丽莎白做出了让步。但是，尽管她签署了死刑执行令，却不允许将它送去福瑟临黑城堡。她在这件事上完全失去了理智，结果，枢密院的成员只好自己动手了。据说，他们自作主张，让伊丽莎白女王的私人秘书威廉·戴维森（William Davison）将死刑执行令送去福瑟临黑城堡，苏格兰女王就在城堡的大殿上被执行了死刑。行刑前她希望能按自己信仰的宗教的惯例，举行临终的仪式，结果被拒绝了。相反，他们让彼得伯勒的新教牧师给她做祷告。当他吵吵嚷嚷地做祷告的时候，女王自己静静地读她的祈祷书。接着，她手持一个耶稣受难十字架，登上行刑台。前一天晚上，她就听到了人们搭建这个行刑台的声音。曾经优雅苗条的身材，如今已经失去了以往的风韵，变得肥壮了许多。就这样，她将自己的身体伸到了屠刀下。

伊丽莎白在听到玛丽的死讯之后，陷入深深的悲痛之中，而且正如伊丽莎白所言，自己可以算是替人受过。据说，当她听到消息后，巨大的悲恸令她泣不成声。这个说法虽然只是传闻，但可能也与事实相去不远。在女王的盛怒之下，倒霉的戴维森成了替罪羊，被开除了政府职务。然而，前苏格兰女王玛丽的所有个人衣物都要么被焚烧要么被毁掉，以免任何物品留了下来，成为人们纪念她的凭依，或成为天主教徒尊奉的圣物。

苏格兰女王被执行死刑，这成了打破西班牙国王腓力二世忍耐极限的最后一个因素。既然身为法国前王后的玛丽已死，法国就不会再为她而卷入西班牙和英格兰的冲突，英格兰不得不独自承担一切后果。杜埃神学院的创办者威廉·艾伦如今已经升任枢机主教，他向腓力保证，只要西班牙入侵英格兰，英格兰的天主教徒将会群起响应，推翻伊丽莎白的统治。1587年，令人忧心的消息不断传来，据说西班牙已将举国财富都用来武装他们的"无敌舰队"，准备入侵英格兰。腓力作为冈特的约翰血统最近的嫡系子孙，主张由自己继承英格兰王位。

不过事情的发展并没有他设想的那么顺利。弗朗西斯·德雷克带领着一批人，大肆劫掠了加的斯港（Cádiz）。总计1万余吨位的船只有的被烧毁，有的被凿沉，有的还被他据为己有。他对自己这次行动的评价是，"它让西班牙国王焦头烂额"。这次行动让无敌舰队不得不再造新的船只，准备工作推迟了整整一年才完成。腓力犯的另一个重要错误是，他相信了枢机主教艾伦的话，以为英格兰的天主教徒真的都在期盼西班牙军队的到来，解救他们于水火之中。事实上，苏格兰女王玛丽的死已经让他们收起了二心，一心一意地效忠于伊丽莎白。让一个西班牙人来取代他们敬爱的荣光女王，成为英格兰的新君主，这并不是他们喜欢看到的事情。伊丽莎白本人拒绝批准枢密院针对天主教徒的侮辱性计划——开除天主教士兵。海军大臣埃芬厄姆的霍华德伯爵（Lord Howard of Effingham）发现，虽然他是个众所周知的天主教徒，而且与诺福克公爵渊源颇深，但是他并没有因为宗教信仰而在指挥舰队时受到掣肘。

之后的一年里，英格兰全身心地投入到战前准备中。与西班牙不同的是，英格兰并没有常备军，必须依赖地方上的民兵组织御敌卫国，民兵的训练由陆军中尉负责。陆军中尉是从爱德华六世时期开始设置的军衔。由于英格兰军事上的弱点，如果它想赢得胜利，就必须将侵略军拦截在海上，主战场必须得在海上。自从亨利八世时期开始，海军就已经变得正规、专业，如今在霍金斯的指导下，海军得到了进一步的发展。作为一个经验丰富的海盗，他将自己积累的实用知识都应用到新建船只上，所以，他们建造的船只在技术上领先于西班牙战船。新船根据战斗的需求有意地调整了设计，船体紧凑，船身较低，可以将船身更高的西班牙战舰撞出破洞，还能在之后迅速掉头。

至1588年夏初，英格兰的西南沿岸地区已经开始每天巡逻，以便在西班牙舰队从比斯开湾（Bay of Biscay）驶来时，能够第一时间发现它们。但是直到7月中旬，一直都风平浪静，尽管西班牙无敌舰队在5月时已经起航过一次了，但是因为天气恶劣，他们最后不得不退回葡萄牙。结果他们又花了两个月来重新整装。女王又一次发挥了她一贯的作风，不顾枢密院的反对，执意于8月之前将宫廷迁到蒂尔伯里（Tilbury）。这个地方已经设立了一座陆军训练营。这座训练营由她的宠臣莱斯特伯爵罗伯特负责，虽然他在支援尼德兰时的表现不尽如人意。在蒂尔伯里，女王与军队同吃同住，每天宿在一座白色的帐篷里，始终穿着一件金属胸甲。就是在这个地方，在这场冲突达到最顶峰的时刻，她召集了所有将士，对着坐在地上的他们，做了一次动员演讲。这是她最伟大、最激动人心的演讲之一。伊丽莎白不像今天的政治家，有一整个团队帮他们撰写演讲稿，她这次演讲的每一字每一句，都是她自己写的。

"让暴君去恐惧吧！"她说。

"我一直确信,除了上帝的保佑,我最强大的力量和最坚强的守卫,来自我所有子民的忠诚和爱戴。因此,我来到这里,与你们一起,生死与共,为上帝、为我的王国、为我的人民,我不惜战死,哪怕我的荣耀和我的鲜血都沦落尘土,也在所不惜。我知道我不过是个柔弱的女子,但我拥有一个君主、一个英格兰君主应有的心气和勇气。在我看来,帕尔马或西班牙,或欧洲任何其他国家的君主,若胆敢侵犯我的领土边境,无非是自不量力,结果必然是自取其辱。"

英格兰南部沿海每座突出的悬崖、山峰上都建了灯塔,当时英格兰已经在这些灯塔旁边建了许多瞭望台,以便能够及时地发出敌军入侵的信号,不过直到7月19号,他们才发出了第一个信号。那一天,一个名叫弗莱明(Fleming)的苏格兰海盗看到了第一艘西班牙战舰,那是西班牙无敌舰队进入英吉利海峡的136艘战船之一。他以最快的速度往东行驶,抵达普利茅斯,告诉那里驻守的舰队,在利泽德半岛(Lizard peninsula)沿岸、兰兹角(Land's End)附近,有西班牙船只出没。这个消息传到营地的时候,德雷克正和霍华德伯爵玩滚木球的游戏。听到消息之后,霍华德马上下令舰队准备出发,但是德雷克拉住了海军大臣的胳膊,阻止了他。"我们还有足够的时间玩完这一局。"德雷克平静地说。霍华德顺从地继续游戏。西班牙舰队的指挥官是梅迪纳-西多尼亚公爵(Duke of Medina-Sidonia),他对船只和海战都一无所知,但偏偏他是无敌舰队的绝对统帅。与之相反,霍华德伯爵可以毫无顾忌地将制定战略、指挥作战的任务交给德雷克和他手下那些经验丰富的海员。

直到黄昏薄暮,他们才发出迎战的信号。西班牙人对英格兰方面的反应有些疑惑不解。霍华德和德雷克没有从普利茅斯迎战他们,反而放无敌舰队从容不迫地继续沿英吉利海峡北上。之后,他们才开始从背后追击他们。一个目睹了这场海战的人说当时无敌舰队的前面像是半月的形状,圆弧两端间隔超过7英里。德雷克的计划是追在西班牙无敌舰队的后面,不断地向他们开火,迫使他们不得不一直往前行驶。他打算利用当时的西南风,击败西班牙人。于是,霍华德、德雷克、霍金斯和弗罗比舍分别坐镇英格兰舰队的前4艘船,指挥舰队紧紧地跟着无敌舰队,一路沿着英吉利海峡北上。这样一来,他们可以随时想跟就跟想停就停,而西班牙那方却始终没有机会掉转头来,与紧追不舍的敌军正面交锋。

在站在岸边观战的英格兰人看来,当时的场面似乎非常危险。整个英吉利海峡上布满了高大的西班牙战舰,以不可阻挡之势前往佛兰德斯去接帕尔马公爵的 2.6 万名士兵,渡海入侵英格兰。但是人们担心的这种场面一直没有出现。8 月 7 日至 8 日,西班牙舰队在多佛海峡的加来海路上短暂地停泊,接收补给的物资,这给了德雷克机会。跟加的斯港那次一样,他很快想出了一套战术。他领着战舰,趁着夜色在敌军战舰周边游弋,令西班牙那边心生不安,决定拔锚起航。正当西班牙无敌舰队乱着起锚时,英格兰舰队发起了进攻。这场战役持续了整整 9 个小时。梅迪纳-西多尼亚公爵本想与帕尔马公爵会合,让他帮忙护送自己的军队渡过英吉利海峡,但是英格兰舰队封锁了西班牙舰队的退路,加上西南风不停地刮,他的这个念头最后只能与夏风一样消散于空中。西班牙无敌舰队想要逃脱英格兰舰队的追击,唯一的办法只能是继续向北,从苏格兰北部沿海绕过去。

强烈的大风对西班牙船只紧追不舍,将它们刮得偏离了航线,迫使它们继续往北,直到挪威沿海,有些船只甚至被风掀到了苏格兰和爱尔兰怪石嶙峋的海岸上,拍得粉碎。事后,仅斯莱戈湾(Sligo Bay)一地,就发现了大约 2000 具尸体。曾经被誉为无敌舰队的 136 艘战舰,只有 53 艘侥幸逃脱,狼狈地回了家。伊丽莎白命人铸造了一枚纪念章,以纪念这场大胜利。纪念章上刻了一行铭文:"上帝使风来,他们便烟消云散。"

帕尔马公爵一直就不觉得这次远征是个好主意。尼德兰的叛军控制了佛兰德斯沿岸的水域,他的军队根本没办法穿过他们的封锁。后世的历史学家认为,西班牙人远离自己的本土作战,而且没有任何食物和军火补给线,不像英格兰船只那样,可以随时获得充足的补给,所以他们战胜的概率很低。不过在当时,人们都觉得西班牙无敌舰队是个巨大的威胁,英格兰之所以会获胜,完全是侥幸。对西班牙和反宗教改革运动势力而言,西班牙无敌舰队战败委实是个巨大的打击。这场战役维护了英格兰的新教信仰,也保住了信仰新教的联合省。至 1588 年,联合省演变为尼德兰联省共和国,原西属尼德兰一分为二。至该世纪末,即便在法国,天主教势力也都没有了之前受西班牙支持时的嚣张气焰,不再像原先那样令人敬畏了。在法国波旁王朝(Bourbon)的第一任君主亨利四世(Henry Ⅳ)即原纳瓦拉国王亨利的统治下,法国的天主教势力变得更为自由、宽容。亨利四世原是新教徒，在继位时，为了迎合民众、团结各方势力，他改信了天主教。当时，他不无嘲讽地开了一个玩笑："做个弥撒就换得一座巴黎，值了。"他颁布了《南特赦令》（Edict of Nantes）*，又与伊丽莎白结成了亲密的联盟，共同对抗西班牙，从而保护了新教信仰。

之后，西班牙无敌舰队又先后于1596年和1597年发动侵略。第一次入侵，无敌舰队覆没于加的斯港，当时英军的统帅是霍华德伯爵和伊丽莎白的新宠埃塞克斯伯爵罗伯特·德弗卢（Robert Devereux），后者是莱斯特伯爵的继子。这两次入侵的规模都赶不上1588年的那一次，而且两次都以惨败告终。但是，直到该世纪末，英格兰入侵西班牙领土的尝试一直都不如之前那般成功。1591年，康沃尔郡人理查德·格伦维尔（Richard Grenville）乘坐"复仇"号（Revenge），率领海军远征亚速尔群岛。战役持续了将近24小时，最后他被西班牙海军击败。这是"复仇"号的最后一役，这场远征也因此在海事年鉴上留下了浓墨重彩的一笔。女王治下最著名的海员德雷克和霍金斯与女王一样，都已日渐年迈，他们俩在1595年最后一次打劫西班牙运宝船时，双双去世了。

尽管很多曾获女王青睐与芳心的宠臣都已经去世了，但是荣光女王自己却并未因时光流逝而自觉年华已老。在她将近70岁时，她最后一次陷入了热烈的爱情中，对方是年仅33岁的埃塞克斯伯爵。他在加的斯港一役大获全胜的功绩，令他成为当时家喻户晓的英雄，加上他与女王的关系，他成了整个国家最炙手可热的权臣之一。据说，伊丽莎白被他迷得完全昏了头脑，给予了他各种各样的特权，甚至容忍他与她争执、辩驳，她以往的那些宠臣可都没有这样的权利。

埃塞克斯伯爵是个野心勃勃、不知餍足的人。他尤为迫切地将伯利男爵之子罗伯特·塞西尔爵士（Sir Robert Cecil）从他担任的要职上赶了下来，并在女王的提议之下，自己接任了这个职务。事实上，埃塞克斯伯爵最终的目标可能是与女王结婚。不管事实如何，总之，1599年女王派他去爱尔兰镇压泰隆伯爵休·奥尼尔（Hugh O'Neill, Earl of Tyrone）的叛乱时，人们纷纷谣传他有意率领爱尔兰的军队，对女王倒戈相向，自己攫取王位。在与泰隆伯爵的对阵中，他吃了一场

---

* 1598年4月13日由法国国王亨利四世颁布的敕令，其承认了法国国内的胡格诺派的信仰自由。——编者注

大败仗，之后，他就神秘地与泰隆伯爵多次会晤，这些反常的举动，令人们更相信谣言并非无稽之谈。故而，当埃塞克斯伯爵擅离职守，从爱尔兰回到国内，并在某天清晨，在女王还未起床就突然出现在无双宫的女王卧室时，伊丽莎白自己都认为他这是要发动政变了。她当时衣衫不整，还没来得及戴上能令她显得年轻好几岁的红色假发，也还没来得及涂上铅粉，将苍老的容颜隐藏到年轻的妆容后面。一缕缕灰白的头发从她头上披散下来。半是羞恼，半是恐惧，她下令将埃塞克斯伯爵逐出了宫廷。

埃塞克斯伯爵开始与各色狂妄放肆的人结交，越来越不知收敛。1601年2月，他在伦敦发动了一场叛乱。尽管这场暴动的本意只是迫使塞西尔家族下台，令埃塞克斯伯爵自己重新掌权，重获女王宠幸，但从表面上看来，它就是一项叛国大逆的罪行。当月，他就受到了审判，并被处决。据说，埃塞克斯伯爵被关在伦敦塔里的时候，曾托人将女王赐予他的一枚大红宝石戒指送给她——那是他们曾经两情相悦时女王送给他的——乞求她的垂怜。但是他托请的人是诺丁汉伯爵夫人，她辜负了他的所托，并没有将那枚戒指上呈给女王。两年之后，伯爵夫人重病弥留，女王来看望她。伯爵夫人向她坦白了自己的所作所为。女王用手紧紧地按住自己的心口，仿佛她的心就要碎了一般。她对伯爵夫人喊道："上帝也许会宽恕你，但我永远不会。"接着就跑出了房间。这或许只是人们杜撰的爱情童话，但是无论如何，在伯爵夫人死后不到一个月伊丽莎白也去世了，这总归是事实。不管怎么说，随着老友故旧一个个去世，伊丽莎白晚年精神一直十分抑郁消沉。她与新继任的大臣之间也没有与原先的老臣那样的默契，甚至还不如和塞西尔之子罗伯特的关系融洽。晚年孤身一人的生活，令她越发郁郁寡欢。"如今遍地走的都是狐狸般狡诈奸猾之徒，要找到一个忠贞高尚的人，简直难如登天。"她曾满怀忧伤地对一位侍臣如此感叹。

一直以来，伊丽莎白女王都显示出不逊于她父亲的魅力，令下议院始终拥护她的统治；她的臣子也拥有与克伦威尔一样的掌管议会的才能：罗伯特·塞西尔爵士一直坐镇下议院，以期更好地控制它，同时，他们还设立了很多新的有权推举议会代表的市镇，令很多伊丽莎白的拥护者得以上位。不过，到晚年，女王已经没有精力应付国事，下议院一贯在国事上立场鲜明、直言不讳，女王曾经对此颇觉有趣，但如今她没有精力与他们斗智斗勇了。议会中大量的议员是清教徒，伊丽莎白统治时期的英国教会从未停止对他们的迫害，这导致女王与这些议员之间的关系越来越紧张。同时，人年纪大了，总会变得悭吝一些，女王也没能例外：她的开销已经降到几乎可以忽略不计的地步了，以至于她都无须再召集议会筹措资金。不过，与她的继任者不同的是，她始终都知道什么时候该向下议院让步。1601年，经过下议院多年的反对，女王开始显示出放弃专营体系的倾向。所谓专营体系，就是获得某种商品专营权的人有权给该商品定价。埃塞克斯伯爵曾获得甜酒的专营权，直到后来他失去权力、名誉尽毁之后，这项专营权才被收回。专营权常被用来赏赐亲信和侍臣，但是它们对普通民众的生活影响太大了。当女王听到一个议会成员抱怨说不久之后说不定连面包都要被纳入专营时，女王展示出了她一如既往的明君风度，对下议院说，她非常感激他们一直提醒她不断地了解她的王国，并向他们承诺她会废除专营制度。

从很多方面来讲，伊丽莎白女王治下的英格兰都是一个荣耀的伟大王国。探险家沃尔特·雷利爵士（Sir Walter Raleigh）已经在美洲建立了第一块英格兰定居点，为了纪念"童贞女王"（Virgin Queen，伊丽莎白一世的称号），他将之命名为弗吉尼亚（Virginia，原意为"处女之地"）。风度翩翩、浪漫诗意的雷利第一次引起伊丽莎白的注意，是他将自己的斗篷解下来铺在她的脚下，免得她精致的绣鞋沾上泥坑的污水。很快，他就进入了她的密友圈。后来她发现他没经过她的同意就结婚了，这才让他失去了恩宠。雷利将两种新的植物引进这个国家：马铃薯和烟草。他在美洲探险时，发现当地的印第安人种植这两种作物。马铃薯得到推广，尤其是在爱尔兰，因为马铃薯价格便宜、易于种植，它很快成了穷人的主食，但是烟草种植却因为英格兰气候过于湿冷而没能获得成功，更无法普及。尽管如此，沃尔特爵士还是让英格兰人尝到了烟草的滋味，随着弗吉尼亚殖民地的发展，烟草成了它最主要的出口产品。让国人接受新的事物并非总是一帆风顺的：当雷利学着他见过的印第安人的样子，将烟草塞进烟斗里点燃时，他的仆人以为他身上着火了，将一整桶水都倒在了他身上。

1576年，英格兰第一座专门功能的剧院落成。它坐落于伦敦肖尔迪奇区（Shoreditch）的哈利韦尔街（Halliwell Street），位于伦敦城东边、泰晤士河北岸。

它最早是由一位名叫詹姆斯·伯比奇（James Burbage）的演员兼经理人创办的。1597 年伯比奇去世之后，他的儿子卡斯伯特和理查德（一位著名的演员，也是莎士比亚的朋友）将整座剧院搬迁到河流上游的萨瑟克的班克塞德（Bankside）。剧院在这里得以重建，并更名为环球剧院。一座设施完善的剧院落成，令剧作家可以在那里安心创作，一时之间，大量优秀的剧本涌现出来。许多年轻的剧作家，如克里斯托弗·马洛（Christopher Marlowe，他的第一部剧作《帖木儿大帝》在 1587 年公演）、本·琼森（Ben Jonson）和威廉·莎士比亚等，受这座露天剧院的鼓舞，决意要让伦敦成为戏剧之都。至 16 世纪 90 年代中期，我们如今最喜爱的一批优秀剧作就已经问世并让伦敦人对之津津乐道了，如《维洛那二绅士》（*The Two Gentlemen of Verona*）、《空爱一场》（*Love's Labour's Lost*）、《驯悍记》（*The Taming of the Shrew*）、《仲夏夜之梦》（*A Midsummer Night's Dream*）和《罗密欧与朱丽叶》（*Romeo and Juliet*）等。莎士比亚获得了空前的成功，以至于作为沃里克郡埃文河畔斯特拉特福（Stratford upon Avon）的一个手套商人的儿子，他竟得以进入宫廷，成为宫廷侍臣。莎士比亚创作了大量的历史剧，其灵感大多是来自出版商拉斐尔·霍林斯赫德（Raphael Holinshed）收集的编年史，同时他有可能也受到古文物研究家威廉·卡姆登（William Camden）作品的影响。莎士比亚的这些杰出的作品，使他成了都铎王朝的代表诗人。借助《理查三世》（*Richard III*）等戏剧作品抹黑约克党人，成为都铎王室官方宣传的重头戏之一。自克兰默之后，英语这门语言逐渐发展成一种富有表现力的表达工具。伊丽莎白女王去世后第二年，钦定本《圣经》（*King James Bible*）付梓；在那个文学领域空前繁荣的时代，它是一座艺术丰碑。最后，玄学派诗人出现，才令那股文学浪潮渐渐衰退。

1603 年 2 月，带领着英格兰走过将近半个世纪的风风雨雨并经历了快速发展和扩张的伟大女王，迅速地衰弱消瘦下去。她一直待在自己的房间里，不吃不睡，不换衣服，也不肯上床休息。她的寝殿里放着许多坐垫，她就这样日复一日、一言不发地坐在坐垫上，咬着自己的手指。后来，塞西尔家的小男孩噙着眼泪劝她："陛下，您必须到床上去。"她听到以后，突然清醒过来，说道："小鬼！小鬼！你爸爸应该告诉过你，对女王不能用'必须'这样的词。"不过，几个小时之后，她终于同意躺到她的雕花大床上。她在床的帘幔后面辗转反侧，度过了她生命的最后时光。3月23日，她已经无法说话了。作为她的宠臣之一，大主教惠特吉夫特在她的卧床旁为她祈祷。她陷入昏迷之中，在次日凌晨两点左右去世了。

  伊丽莎白一直都拒绝指定继承人，但是罗伯特·塞西尔爵士宣布，她曾暗示过应该由詹姆士六世来继承王位。他早已经命人每隔10英里准备一匹驿马，于是，他所信任的信使罗伯特·凯里爵士（Sir Robert Carey）得以迅速地、畅通无阻地将消息传递到苏格兰，让王位的更迭以最快、最安全的方式完成。仅仅62小时之后，詹姆士六世就知道了自己已经成为英格兰的新国王詹姆士一世，并开始起程南下。伊丽莎白女王的时代已经结束了，等待着英格兰的是一个动荡不安的时代。女王以其强势的个性和手腕将国内错综复杂的各方矛盾都暂时压了下去，在她死后，这些矛盾最终爆发出来，演变成了战争。尽管如此，17世纪初的英格兰看起来还是一幅安宁祥和的景象：爱尔兰已经臣服于英格兰；1600年，西班牙企图取道爱尔兰入侵英格兰的计划被芒乔伊男爵（Lord Mountjoy）在金塞尔战役（Battle of Kinsale）中挫败了；而且，在阿萨夫主教威廉·摩根（William Morgan, Bishop of Asaph）将《圣经》首次译成威尔士文之后，新教信仰逐渐在威尔士地区推广开来。詹姆士一世，也就是苏格兰国王詹姆士六世，继承了英格兰王位，实现了几个世纪以来英格兰君主梦寐以求但从未实现过的愿望：统一全岛，由一个君主来统治。最重要的是，对于面临无数麻烦和挑战的英格兰而言，他是个信仰新教的国王，这一点尤为有利。

7
斯图亚特王朝
Stuart

詹姆士一世
James I

1603—1625

　　从1603年伊丽莎白女王去世至1714年，英格兰名义上一直是由苏格兰王室统治的，其中，詹姆士一世是第一任国王。到这个王朝末期，英格兰已经发展成为当时世界上最大的贸易国和殖民国家。英勇无畏的英格兰人在伊丽莎白女王统治时期，就已经是出色的航海家了，在斯图亚特王朝治下，进一步变成了殖民地开拓者。他们将北美东海岸的大部分地区和西印度群岛的大部分岛屿都变成了他们的殖民地，又在非洲西部至印度之间设立了大量的贸易站点。大规模的贸易扩张让非贵族阶层和中产阶级迅速地富裕起来，金融家、商人、大宗货物的批发商和律师等，掌握了大量的财富，如此一来，难免增强了下议院为自身争取更大权力的意识。这些阶层意识到自己掌握了巨额财富，于是渴望能够更进一步参与政府的决策。然而，新的王朝一直秉持着一种根深蒂固的信念：议会、法律和教会都必须无条件地服从于王权、服务于王权。新兴中产阶级的诉求无疑与新王朝的信条相冲突。

　　由于宗教信仰的问题，在之后长达80年的时间里，英格兰不断出现动荡和巨变。在此期间，英格兰人为了明确国王的意愿和议会的意愿究竟哪个为先，经历了种种艰苦卓绝的斗争。国王和议会爆发了血腥的内战，后来，在一位国王被处决、另一位国王被废黜之后，英国还曾短暂地实行过共和制，最后，这个问题终于以议会获胜得到了解决。从威廉和玛丽之后，王位由谁继承就由议会说了算；信仰新教成了英格兰君主的必备条件。到17世纪末，新教已经成了议会统治和自由的代名词，而天主教信仰则等同于暴政和王权专制。

不过，在詹姆士一世继位之初，他的后继者将来要面对的矛盾冲突还未显出太多征兆来。斯图亚特王室空降到英格兰的王位上，令这个王国达成了前所未有的大一统。由于都铎王朝已经完成了对爱尔兰的征服，所以詹姆士一世无论是在名义上还是在事实上，也都是爱尔兰的国王。这是以前的君主都没有做到的。他和伊丽莎白女王一样，愿意听从罗伯特·塞西尔（他在1605年被封为索尔兹伯里伯爵）的许多良好的建议，并且还坚持贯彻女王的大部分政策。不过他们的政策还是有一个很明显的不同：詹姆士一向自诩是个了不起的调停人，他在登上英格兰王位后，就立即结束了与西班牙的战争。

从很多方面来讲，詹姆士当时面临的最大难题是他是苏格兰人，而苏格兰自古以来就与英格兰相互敌对。他是个不知圆融的苏格兰国王，尽管在过去的25年里，他一直享受着伟大的女王给他发放的津贴，但他却经常揪着这位前任君主的小过失大放厥词。詹姆士提出了一项合情合理的构思，就是通过合并议会和法律体系，将苏格兰和英格兰合并成一个王国——他称之为大不列颠（Great Britain）。但是英格兰议会对他的这项提议却嗤之以鼻。尽管克伦威尔为此付出了不少努力，但是直到约100年之后，在安妮女王统治时期，这项提议才最终变成了现实。詹姆士生前能做到的仅是规定在他继承英格兰王位后出生的每一位苏格兰人，都自动成为英格兰公民。他还亲自为统一后的国家设计了国旗（他将国旗称为联合王国国旗）——国旗图案由分别代表圣乔治（Saint George，英格兰的守护神）和圣安德鲁（Saint Andrew，苏格兰的守护神）的十字架组合而成。

尽管有圆滑的索尔兹伯里伯爵尽力铺垫和协调，詹姆士大力提拔苏格兰权贵的行为还是将他自己毫无准备地置于宫廷甚至整个国家的对立面。而且，他毫不遮掩地与一群苏格兰宠臣继续保持着亲密的友谊，而这些宠臣企图从南部的富庶之地尽可能地攫取利益的野心又昭然若揭，这一切进一步加深了英格兰人对他的反感。尽管詹姆士本人博学多才，但是他对自己刚刚继承的国家的态度，只怕与边境地区打家劫舍的苏格兰人并无二致，都只是对南部英格兰的富饶土地和巨大财富感兴趣。在詹姆士南下的途中，他就已经显示出自己对英格兰的风俗传统毫无兴趣也并不尊重——他未经法官审判就绞死了一个窃贼。

英格兰人已经习惯了伊丽莎白时期威严、庄重、独裁的宫廷，对苏格兰国王散漫随意、有失体面的行事方式备感难堪。尽管詹姆士一世是美丽动人的苏格兰女王和高贵优雅的达恩利勋爵（Lord Darnley）唯一的孩子，但是他在外表上完全没有他父母那样完美。当时人们对他怪诞的外表和个人习惯有一段很形象的描述——他的嘴边时不时挂满涎水，因为他的舌头实在太长了；他的皮肤太娇嫩，不能随便清洗，所以他的双手总是油腻腻的，仿佛敷了一层油膏。这段描述曾流行一时，很多人引用它来讽刺国王。17世纪时，一个国王的理想形象仍是英勇善战、充满男子气概，所以，詹姆士因为害怕被人刺杀而在自己的紧身背心和马裤里加上特殊衬里的做法，让他的新臣民非常鄙视他的胆怯懦弱，而且他无论去哪里都习惯带着年轻俊美的男子陪同，这种习惯也令臣民觉得很反感。他幼年时不小心摔伤了腿，所以腿脚不太灵便，时常需要别的男子扶着他，这样一来，关于他女气柔弱的说法更是甚嚣尘上。

尽管一开始，英格兰人对于继任之君是一名男子，而且还是一位子嗣甚繁的男子这件事，是持有好感的，但是詹姆士一世却没能努力让自己获得臣民的亲近和拥戴。他做的每件事都在激怒英格兰人，尤其是他坚决不肯尝试着学习或理解他们的习俗和传统，令他们尤为恼怒。他们也厌恶他四处演讲的自命不凡的做派——他甚至大言不惭地自诩是"整个国家最伟大的教育家"。

不同于都铎王室是通过谋权篡位才得到的王位，斯图亚特王室始终都认定自己是天命所归的正统继承人，而且他们这个家族在继承英格兰王位之前，就已经统治苏格兰超过两个世纪了。不过，詹姆士一世除了国王的身份之外，也是一个博闻强识的学者，他非常博学，创作了不少作品。他对神学的浓厚兴趣令他对王权政府的性质进行了深入的思考并得出了一系列令人振奋的结论。在位期间，他陆陆续续地借助书籍和小册子等手段详细论述并发表了他的这些观点。詹姆士为自己炮制了"君权神授"的信条。根据这套理论，君主是上帝在人间选定的代表，君主代表上帝行使权力，所以他们有权控制整个王国的一切机构和制度，包括法律体系和议会。在詹姆士的观念里，除非议会完全无条件地服从国王，否则议会完全不应该存在。詹姆士多次在下议院发表演讲，其中有一次他就直言不讳地宣称，国王"是这世间最至高无上的存在，因为国王不只是上帝在人间的代理人，坐在上帝给予的王座上，甚至连上帝自己，都称国王为神"。

詹姆士基本上是抓住一切机会鼓吹他的这套理论，不管是在宫廷里，还是在议会里，他都操着他那令人不快的苏格兰口音，宣扬他的观点。他要求英格兰教会在每周日的布道会上宣传这些观点。然而不幸的是，他的这套理论完全与英格兰的实际情况相冲突，而这位苏格兰国王却从来都不愿去了解这些现实。尽管专制的、如上帝一般至高无上的都铎王室在本质上无疑也秉持着君权神授这样的观念，但是他们十分聪明地选择了不将它宣之于口，而且，不管做什么事，他们表面上都会咨询议会的意见。奇怪的是，博学多闻的詹姆士竟然偏偏缺少都铎王室的这种政治智慧，看不到就在自己眼皮底下发生的事情。不管都铎王室是不是情愿，在过去的3个世纪里，他们都已经逐渐承认了议会和君主在某种意义上已经形成了合作关系。由于财政法案必须由议会批准才能生效，所以国王无法绕开议会实行统治。议会为国王的统治提供支持，作为回报，议会成员希望他们自己能够在这个王国的大部分事务上拥有发言权。尽管詹姆士质疑他们的权利，但是不久之后，议会成员就用事实向他证明这个王国拥有言论自由的传统。他们已经习惯了讨论外交政策问题——幸运的是，伊丽莎白统治时期，外交政策大体上与他们内心深处新教主义的爱国热情相吻合。同时，他们也习惯了下议院行使权力、处理政务不受君王干涉。

但是詹姆士拒绝接受他们的观点。他在位期间，由始至终，每次他与议会成员见面，都是不欢而散，从未有过例外。他们大胆的要求令他吃惊，也冒犯了他决意要维护的王权尊严。在苏格兰，他一直被教会和强大的苏格兰贵族拿捏在手里，后者甚至两度劫持了他。英格兰与苏格兰不同，这里一直以君主强势闻名于世。他花了大量的时间向所有愿意倾听的人诉说他对下议院的不满，尤其喜欢向西班牙大使抱怨，后者对这种局面显然是喜闻乐见的。詹姆士受过很好的教育，所以他每次向议会成员讲话时，都是一副屈尊纡贵的样子，仿佛他们都是不懂事的孩子，而且他除了能看到自己的观点之外，对其他人的所有观点根本视而不见、听而不闻。法国国王亨利四世曾评价他是"整个基督教世界最聪明的傻瓜"，他的种种表现证明了这个评价委实是再贴切不过了。

詹姆士一世甫一登基，朝堂上立刻就出现了党争局面。当时宫廷中主要有两个派系，一派的领袖是罗伯特·塞西尔，另一派的领导者是伊丽莎白的宠臣、伟大的探险家和诗人沃尔特·雷利。雷利被罢免了尊贵的警卫队长之职。他发现由于詹姆士偏宠塞西尔，他自己的利益受到了损害。新国王刚刚登基，时局还不稳定，雷利本就性格冲动，如今又对新君心怀怨恨，于是他被卷入了一项阴谋，即所谓的"主要阴谋"（Main Plot），企图劫持塞西尔。

主要阴谋刚被发现，"次要阴谋"（Bye Plot）就随之暴露了。殉道的苏格兰玛丽女王之子登基之后竟然没有立即废止伊丽莎白针对天主教徒的惩罚法律，这令一些疯狂激进的天主教徒十分不满。他们计划绑架詹姆士，让他的一个天主教徒表亲取代他坐上王位。随着这项阴谋被揭露，天主教徒的境遇变得比以前更加艰难。雷利被判终身监禁关押于伦敦塔。之后，他在监狱里度过了13年，其间，他创作了《世界史》（The History of the World）一书和许多诗歌。除此之外，具有强烈的清教主义倾向的下议院针对天主教徒实施了极为酷厉的惩罚，令天主教徒陷入了绝境。

按律令，由于天主教徒不参加新教的礼拜仪式，他们必须每月交纳20英镑的罚款。这件事发生之后，任何天主教徒只要没有按时交纳这项罚款，政府就会没收其2/3的财产。这项处罚严重地削弱了天主教徒的势力。由于罚款金额每年高达240英镑，家境一般的人根本支付不起，所以，平民天主教徒很快就遭受了灭顶之灾。真正的迫害也开始出现。全副武装的士兵先后9次大规模地搜查普通人的私宅，抓捕天主教神父。英格兰国教会的全体牧师都成了各自教区的密探，向政府告发所有不去教堂里参加每周日的新教礼拜仪式的人。到最后，天主教徒遭受了终极的凌辱——新教教堂不许天主教徒葬在它们的墓地里。

即便是富裕的天主教徒，也为他们的信仰付出了惨重的代价。新教主教们被要求开除各自主教教区内的天主教徒首要分子的教籍，并将他们的名字上报给大法官法庭（Chancery），防止天主教徒通过契约或遗嘱将财产转移给他们的亲友。更有甚者，人们纷纷谣传议会的下一步动作是要彻底铲除天主教信仰，令天主教徒更加惶恐不安。国王敌对的声明，以及伦敦主教在圣保罗大教堂十字架前的一次布道会上的激烈言论，让已经疲于奔命的天主教徒不得不相信传言只怕是真的。这也让他们当中的极端分子相信，他们必须做点什么了。他们最终决定，要在1605年11月5日国王召集当届议会开会的当天，炸毁倾向清教的议会两院。他们认为这是解决问题的最好办法。他们绑架了国王的女儿伊丽莎白公主，打算在事后立她为新君，当然，前提是她同意恢复罗马天主教的地位。

领导这场阴谋的是来自沃里克郡的一名名叫罗伯特·凯茨比（Robert Catesby）的绅士，不过，在11月4日晚上往议会两院地下室里埋火药导火索的是盖伊·福克斯（Guy Fawkes），他是一名曾在荷兰参战过的雇佣兵。正是从他的名字盖伊衍生出了"给那老家伙一分钱"的习语；每年11月5日人们烧毁的也是他的雕像。*福克斯被人发现的时候，正蹲在火药桶旁边，手里提着一盏有遮光装置的提灯——一位名叫蒙提戈男爵（Lord Mounteagle）的天主教贵族想到其他一些同是天主教徒的贵族将会被炸死，实在是良心难安，所以将此事泄露给了索尔兹伯里伯爵。自那以后，每次议会会议开幕时，作为仪式的一部分，英国皇家禁卫军仪仗队都要搜查一遍地下室，这已经成了传统。

侥幸逃脱了这场差点酿成惨祸的阴谋之后，后怕不已的政府迅速地、毫不留情地行动起来。为了彻底清查，政府的相关部门逮捕了所有他们觉得有嫌疑的天主教徒，而根本不费心去查证他们究竟有没有参与其中。盖伊·福克斯本人被施以惨无人道的酷刑，受尽折磨，天主教群体由上至下都被清洗了一遍。事实上，当时整个国家，包括普通的天主教民众，都被这场意图行刺君主、颠覆朝政的大逆之罪给吓得不轻。这种情绪在莎士比亚的剧作《麦克白》（Macbeth）中也有所体现。莎士比亚就是在这场阴谋余波未平时创作了这部剧作，6个月后，该剧公演。当时人们还陷在对袭击君主一事的恐惧不安之中，这部剧引起了他们的深切

---

* 为纪念"火药阴谋"（Gunpowder Plot）这一历史事件，英国将11月5日的夜晚命名为"盖伊·福克斯之夜"。英格兰许多地方政府会组织盛大的焰火表演，人们也会点燃篝火，把英国叛国者盖伊·福克斯的人物模型扔到火中烧毁。——译者注

共鸣。政府尤为热切地希望能够借此机会掌控耶稣会，因为自成立以来，它就一直与英格兰政府为敌，给他们造成巨大的威胁。政府部门决定逮捕耶稣会的 3 名首要分子：杰拉德神父（Father Gerard）、加尼特神父（Father Garnet）和格林韦神父（Father Greenway）。他们都是天主教势力的重要领导人物。

尽管杰拉德神父和格林韦神父逃去了欧洲大陆，但是加尼特神父只来得及逃到伍斯特附近的一处名叫辛德勒普（Hindlip）的庄园里。这座庄园是蒙提戈男爵的妹夫托马斯·哈宾顿（Thomas Habington）的产业。在那里，他藏身于一座神父密室中。这座密室是上一代人修建的，修建者是一位信仰天主教的木匠，他保证这座神父密室极为隐秘，没有其他人知道它的存在。他战战兢兢地躲在那里，每日寝食难安，后来他给塞西尔写了一份声明书，力陈自己的清白。当地的地方法官收到线报，知道他有可能藏身于周边地区，便来搜查，尽管面对他们的质询，哈宾顿夫人勇敢地为他遮掩，但最后他们还是找到了在壁炉旁挖出的小密室，发现了躺在里面的加尼特神父。

在火药阴谋发生之后，受其影响，人们已经开始对所有天主教徒都觉得反感了。不过，直到加尼特神父被捕并受审之后，天主教徒天生就是叛国者的观念才开始深入人心，而且事实证明，这种偏见很难消除。天主教势力总是对外国人忠心耿耿，不管他们效忠的是西班牙国王腓力还是教皇。自从英格兰开始倾向新教主义之后，天主教势力的这一特点就不断引发人们对他们的质疑。后来，人们从加尼特的告解记录里查到，另一位神父曾告诉过他凯茨比曾在 3 个月之前向他忏悔过炸毁议会这项计划，于是，加尼特实际上知道这项阴谋的事实被揭穿，从此，公众对天主教徒的态度更是急剧地恶化了。很多人甚至决意去欧洲大陆，以避开国内充满敌对情绪的环境。

英格兰颁行了新的法律，禁止天主教徒在宫廷出现，不许他们在伦敦周边 10 英里以内的区域居住。他们不能搬到距现在的住宅超过 5 英里以外的地方，除非他们能够获得由 4 位周边地区治安官共同签署的特殊许可证。他们的职业道路也受到限制——天主教徒不能从事医生、律师、遗嘱执行人、管理员或法官等职业，也不能成为任何市镇委员会的成员。在这种情况下，选择继续做个天主教徒，实际上就意味着要放弃整个社会，拒绝成为这个社会的一分子。自那以后，老派的天主教徒就被称为"拒不尊奉国教者"。这些拒不尊奉国教者不管怎样还是固守着他们的宗教信仰，不过，在这个过程中，他们变得非常贫困，且开始离群索居。这种状况一直持续了两个世纪，直到1829年《天主教徒解禁法》（Catholic Emancipation Act）颁布实施之后，才有所改变。

新生儿在出生后一个月内如果没有受洗成为新教徒，那么其父母就要缴纳巨额罚款。詹姆士的宫廷宠臣和财政署很快就养成了剥削天主教徒的习惯，将他们的财产当成自己收入的一大来源。只要天主教徒没有及时支付罚款，他们就迫不及待地执行没收其2/3财产的处罚。老练世故的法国国王亨利四世从英吉利海峡对岸给詹姆士一世送来了劝诫，他说宗教"是一团烈火，你越是大力地想扑灭它，它就燃烧得越旺盛"，并提醒詹姆士一世，这样的严刑峻法会让他自己陷入更危险的阴谋之中。但很奇怪的是，这种情况并没有发生。或许是因为天主教徒的信仰鼓励他们在被人打了左脸之后还要把右脸送上去，所以他们最后逆来顺受地接受了自己变成二等公民的事实。

事实上，詹姆士最大的恐惧来自清教徒。他们的大胆放肆在桀骜不驯的下议院体现得淋漓尽致。新任国王从苏格兰南下去继承王位时，他们竟然胆敢半路拦住他的车驾，向他呈递一份千人请愿书——那是一份由千名清教徒共同签署的请愿书。他们请求国王对他们一视同仁，并修改祈祷书，从而终止伊丽莎白女王对他们信仰的压制。詹姆士自信能与他们辩论此事，而且对自己的神学知识颇有些沾沾自喜，所以他允诺会在次年举办一次大会，辩论所有这些问题。但是当这场会议在汉普敦宫正式开幕之后，清教牧师们发现，他们选错了听众。尽管新国王有激进的苏格兰长老会教派的背景，或者说也许正是因为他对长老会知之甚详，所以他跟伊丽莎白一样，坚决地反对将长老会制度引入英格兰（长老会Presbytery这个称呼源自于希腊语presbyter，意思是"长者"）。事实上，詹姆士强烈地支持主教制度，认为主教们是王权的支柱。他甚至想竭尽所能地在苏格兰重新确立主教制度。他对清教牧师们说："苏格兰长老会之于君主，就如魔鬼之于上帝。"后来他在评价高教会派（High Church）的地位时，对这个问题做出了更为精练的总结："没有主教，就没有国王。"

清教徒从国王那里得到的最大好处就是，国王决定重译《圣经》。1611年，由 47 名学者合作翻译的精美的钦定本《圣经》出版，很快就被广泛接受，成为新教礼拜仪式和新教家庭最喜爱的《圣经》版本。这个版本留用了很多威廉·廷代尔的译文。钦定本《圣经》是一项卓越的学术成就，至今仍是一部英语文学杰作，其遣词造句对英语语言产生了不可估量的深远影响。

清教徒们一致呼吁人们的生活应该更加肃穆朴素，尤其在安息日，更应如此。对此，国王明确地表示，他并不打算在英格兰推行这样的改革。的确，在他的统治时期，英国国教会开始显示出保守主义的色彩，尤其是惠特吉夫特去世，理查德·班克罗夫特（Richard Bancroft）继任为坎特伯雷大主教之后，这种趋势更加明显。但是真正鼓吹让英格兰回归到亨利八世时期的天主教信仰的最主要人物却是威廉·劳德（William Laud）——他先是当上了伦敦主教，最后在 1633 年詹姆士之子查理一世在位期间，成功地坐上了坎特伯雷大主教的宝座。

在劳德的影响下，英国国教会开始与当时越发强势的清教徒加尔文主义思潮对抗。它没有接受加尔文主义理论，反而吸纳了一位名叫阿米尼乌斯（Arminius）的尼德兰教授的观点——他的观点强调追随古老的罗马教会。之后的 20 年里，随着议会和国王争夺最高权威的战争爆发，清教徒于情于理都倾向于加入下议院的阵营，借此为自己争取更多的权利，而英国国教会则成为拥护王权独裁统治的中坚力量。教区牧师在他们主教的领导下，不断地在布道会上宣讲，与上帝指定的、地位超然的、理应凌驾于法律之上的统治者对抗，乃是一件错事。加上斯图亚特王朝的国王总是习惯于无视这个国家的律法，一应政务都不经过议会的批准，所以如此一来，宗教问题和宪政问题便完全交织在一起了。

实际上，直到 1612 年索尔兹伯里伯爵去世前后，詹姆士的独裁倾向才越来越明显地显露出来，他削弱议会的自主性、增加自己权势的企图才真正开始付诸实践。在詹姆士统治初期，他和议会之间就因一些问题而产生过小规模的言语冲突：1607 年，议会拒绝给予苏格兰人与英格兰人相同的权利，也不同意两国之间实现贸易自由，令詹姆士非常恼怒。下议院曾直言不讳地表示，他的外交政策不够"新教主义"，他与西班牙媾和的决定令他们惊诧不安，尤其是他的妻子丹麦的安妮（Anne of Denmark）是众所周知的天主教徒，令他的这个决定显得更加可疑。他们的这番批评让詹姆士觉得自己受到了冒犯。詹姆士依据一切权力源于国王的理论，企图干涉白金汉郡（Buckinghamshire）的一位名叫雪利（Shirley）的重罪犯当选，结果他的做法被阻止了。下议院向他递交了一份措辞激烈的抗议书，重申下议院自古以来就有自由选举等权利，而且这些权利一直以来就是英格兰人民与生俱来的基本权利，这些权利与王权毫无关系，国王无权干涉。对此，他不得不让步。若是在伊丽莎白女王在位的时候，下议院绝对不敢对君主如此放肆，但詹姆士是个外来者，这给了下议院恣意表达自己观点的机会。一开始，他们将国王的不当行为归咎于他不了解这个国家的运作方式，事实倒也确实如此。

不过，在国王登基7年之后，他便不再是先前那个初来乍到、一无所知的外来者，也不再像当初那样畏首畏尾了。到1610年时，他已经对议会的威吓和约束忍无可忍，又下定决心要增加自己的收入。之前，法院裁决国王不征求议会同意就修改海关税率的行为是合法的，根据这项裁决，詹姆士抓住了一个机会，专断地颁布了一系列新的税收法令。而且，当下议院提出抗议时，他简单粗暴地解散了议会。后来，詹姆士和他的儿子查理在位期间，都不再经过议会来征收税费，这样一来，他们就不用和下议院打交道了。这成了两朝的惯例。1614年，詹姆士曾试过通过"代理人"（Undertakers）来掌控议会。所谓代理人，就是愿意为国王去影响选票，使选举结果符合国王利益的议会成员。但是，那一届的"糊涂议会"（Addled Parliament）*对代理人的无耻行径十分愤怒，他们坚决拒绝改变自己的态度，于是，3周之后，国王将这届议会解散了。在此后的11年里，大部分时候，他都没有召集议会。

然而，国王统治国家可以不用议会，却不能不用钱。刚开始的时候，他的主要资金来源是绅士阶层为了购买贵族头衔而支付的费用：只要向国王缴纳1千英镑，他们就能成为准男爵†；如果他们缴纳1万英镑，就能成为贵族。但是他奢侈铺张的生活方式不是这点收入可以维持的，于是他不得不铤而走险，更加不择手段地敛财。所以，当西班牙大使贡多马尔（Gondomar）向詹姆士许诺，只要他让他的次子查理迎娶一位西班牙公主，他就能拿到六位数的嫁妆时，这笔巨额嫁妆

---

* 此届议会因拒绝同意国王的要求而被解散，它没有通过任何法案，故而获此名称。——译者注

† 英国级别最低的世袭头衔之一，仍是平民身份。——译者注

的诱惑就在国王的脑中挥之不去了，他无可避免地想到，只要他拿到这笔钱，他就再也不必为筹措金钱而召集议会了。随之而来的就是他越来越想制定一套能够取悦西班牙的外交政策。国王的长子亨利王子是个才华横溢、广受爱戴的虔诚的新教徒，在索尔兹伯里伯爵去世的同一年，他也去世了。亨利王子之死消除了国王的最后一点顾忌，因为新任威尔士亲王、国王的次子查理王子是个腼腆孤僻的人，说话还会结巴。詹姆士不顾英格兰国内高涨的反西班牙情绪，对贡多马尔言听计从。

詹姆士不但骄傲自负，而且性格轻浮而懒惰。他将自己的大部分时间用来打猎游乐，而不是处理政务。索尔兹伯里伯爵去世后，他将政务交给几个无才无德的宠臣来处理，比如罗切斯特子爵罗伯特·科尔（Robert Kerr, Viscount Rochester）。科尔是个相貌英俊的贵族，和詹姆士的其他宠臣一样，他获得器重的原因也是他的相貌，而不是因为他对英格兰的外交政策有什么深刻的理解。他在1613年被封为萨默塞特伯爵。由于他长期生活在宫廷，闭目塞听，不知民间疾苦，所以他觉得西班牙势力在宫廷中日益得势并不是什么问题，甚至事实上这正是他所希望的。萨默塞特伯爵和他那臭名昭著的妻子弗朗西丝（Frances）很快就连累詹姆士陷入丑闻之中——他们俩因为被控谋杀托马斯·奥弗伯里爵士（Sir Thomas Overbury）而在上议院*受审。尽管他们两个都被认定有罪并被判处死刑，但是国王却用他的权力赦免并释放了他们，这激起了更强烈的公愤。

人们当时已经感觉到英格兰原先的政治规范已经被降低和损毁到令人难以接受的水平。1616年，高等民事法庭的首席法官爱德华·科克爵士（Sir Edward Coke）因为劝阻国王干涉法律案件的审理而被解职，这件事进一步强化了人们的这种感受。在詹姆士看来，君权神授，所以必要的时候他当然有权暂停法律的实施。他的这种想法得到了他手下的野心勃勃的大法官弗朗西斯·培根爵士（Sir Francis Bacon）的支持。后者认为，法官必须拥护君主特权，必须遵奉君王的意愿。但是，科克并不认同他的观点。无论在生前还是死后都对律师和议会成员有巨大影响的科克，从

---

* 英国贵族院于1544年改名为上议院。本书1544年前的部分采用贵族院对应平民院的译法，1544年后的部分采用上议院对应下议院的译法。——编者注

他对法学的深入研究中得出了一个结论，那就是，即便是国王也应该遵守普通法。

1618年，伊丽莎白时期的英雄沃尔特·雷利爵士被无端地控告参与了15年前的主要阴谋。詹姆士竟然这样旧事重提处决了他，这彻底地败坏了他自己的名誉。作为伊丽莎白治下的黄金时代的英格兰的重要人物，雷利被处决的真正原因实际上是詹姆士想要取悦西班牙。先前，詹姆士为了满足自己对金钱的贪欲，将雷利从伦敦塔里释放出来，派他去传说中的宝地埃尔多拉多（El Dorado）的一个湖底寻找宝藏，那个地方大约在圭亚那一带。这位从伊丽莎白时代走过来的老人在寻宝途中忍不住烧毁了一个挡了他去路的西班牙定居点。显然，如今国王已经是不惜一切代价也要安抚西班牙人了。英格兰的外交政策似乎被西班牙大使给牢牢地把控了。

这会带来多大的危害毋庸赘言。幸好，1618年，三十年战争（Thirty Years' War）开始了，英格兰的这种情况随之在一定程度上得到了遏制。詹姆士的女婿、德意志莱茵-普法尔茨选帝侯腓特烈（Frederick）是个知名的新教教徒，当时信仰新教的波希米亚（Bohemia，今捷克共和国）请求他来担任国王，取代信仰天主教的哈布斯堡王室的皇帝斐迪南二世（Ferdinand Ⅱ）。在1620年的白山战役（Battle of White Mountain）中，腓特烈和波希米亚人落败，西班牙人接着入侵了腓特烈的普法尔茨伯爵领（the Palatinate），于是，他和詹姆士之女伊丽莎白发现自己如今无家可归了。他们的困境在英格兰国内引起了人们的热议。1622年，下议院正式向国王递交请愿书，恳请对西班牙开战，恳请为查理王子安排新教婚姻，并恳请进一步制定针对天主教徒的惩罚法律。尽管当时已经有这么多征兆了，但是詹姆士仍然迫切地渴望自己能与富饶的西班牙结成联盟。他迫不及待地安排与西班牙联姻之事。因为此事对他有着不可抗拒的诱惑力，他甚至已经为此牺牲了雷利，所以他继续和贡多马尔谈判。他相信这是唯一可以说服西班牙人从腓特烈的领地撤兵，让腓特烈重掌大权的办法。

与此同时，人们风闻迎娶西班牙公主的代价是英格兰将秘密地改变当前的宗教信仰，那些谣言传得绘声绘色，令人不得不信。传言西班牙开出的条件是这场婚姻必须办得正式、隆重。它必须经过议会的批准，而且在婚礼举办之前，针对天主教徒的惩罚法律必须至少已经废止3年。婚后两人生育的所有子女都必须信奉天主教，而且英格兰人不得以他们信仰天主教为由阻挠他们继承王位。

　　国王的新宠、虚荣轻浮的白金汉公爵被提拔重用。此人恶名之盛，甚至萨默塞特伯爵都要相形见绌，而且他贪污受贿之事也是尽人皆知。他的得势，让公众加深了对国王的反感。到詹姆士在位的最后几年，白金汉公爵已经掌控了朝局，似乎英格兰的真正统治者已经变成他了。而且，他对下一任国王查理一世的影响力不逊于他对其父亲的影响。白金汉公爵和查理没有被民众对这桩婚事普遍的反对态度所吓倒。1623年，他们经过乔装打扮，不计后果地踏上了一场荒唐的冒险之旅，亲自前往西班牙，希望能借此加快已经陷入僵局长达8年的谈判进程，将西班牙公主娶回来。但是，无论是风度翩翩的白金汉公爵还是瘦小、不安的查理，都没有在马德里（Madrid）讨到好处。甚至他们的举动还让婚礼更加遥遥无期。傲慢的西班牙宫廷表示，这位斯图亚特王室的年轻人和他朋友的行为有违礼仪，他们对此很不高兴，所以他们提出了更多的条件，包括让两人以后的孩子接受天主教教育，以及为公主专门配备一名主教和至少20名神父，令他们常驻家中供公主驱使。

　　后来，由于查理的姐姐伊丽莎白（她曾成为波希米亚王后，在位时间仅短短一年，自那之后便被称为"冬季王后"）的尴尬处境，这场婚事最终不了了之。尽管詹姆士很显然不太可能会为了他女儿的幸福下定决心放弃与西班牙联姻，但是查理会为他的姐姐考虑。这位威尔士亲王最后直截了当地问西班牙方面他们是否会向皇帝斐迪南宣战，让斐迪南归还他姐夫的普法尔茨伯爵领，他得到的答案是"不会"。查理大发雷霆。最后他自己乘船回国，没有带上西班牙公主，这让英格兰的民众松了一口气。既然外交手段已经失效，满腔怒火的查理就决定用战争的手段帮助姐姐解围。

　　下议院已经为和西班牙联姻之事担心了很多年，他们害怕它会导致新教信仰在英格兰和其他国家遭遇灭顶之灾，所以得知查理有意与西班牙开战后，他们二话没说就同意为他筹措军费和物资。英格兰与法国缔结了反西班牙联盟。法国国王路易十三（Louis XIII）的首席顾问红衣主教黎塞留（Cardinal Richelieu）颇有野心，他希望能够削弱哈布斯堡王室在西班牙和奥地利的影响力，提高自己国家的国际地位，所以两国一拍即合。威尔士亲王最后没有和西班牙公主联姻，反而和法国国王的妹妹亨利埃塔·玛丽亚（Henrietta Maria）订了婚。她和法国国王一样，虽然身材瘦小，但是性格开朗、热情大方。

然而，1624年支援普法尔茨伯爵领的军事行动并没有取得成功。即便有法国人的帮助，并由德意志的雇佣兵曼斯菲尔德伯爵（Count Mansfeld）率领，这次远征也进行得并不顺利。战前的准备不够充分，没有配备称职的军需官，所以食物和衣物的供给不足，结果数千名士兵还没上战场就因为冻饿而死。由于政府官员都是靠贿赂白金汉公爵才得到职位的，所以民众普遍对政府及其能力不抱希望。这场远征的失败似乎刚好印证了人们的看法。下议院早就想把那位权倾朝野的宠臣传唤过来，让他向他们解释自己的行为，但是显然他们根本奈何不了他。

非但如此，在詹姆士一世在位的最后一段时间，国王与议会之间的裂痕越来越大：下议院又一次要求审查专营制度。当时，宫廷侍臣很多都拥有酒吧的专营权，这已经成为他们重要的收入来源了。下议院还指控大法官弗朗西斯·培根爵士贪污受贿。培根承认了这项指控，辞去了职务，并被关入监牢，但最后詹姆士下令释放了他。詹姆士这个人，不管作为国王是多么失败，对朋友还是很仗义的。1625年3月，国王去世。下议院少了许多顾忌，便下定决心要让白金汉公爵失去权位。

不过，对于新君而言，局势并非完全暗淡无光。虽然王权受到议会的攻讦，但是在查理一世登基之初，英格兰已经将很多地区都牢牢地纳入了自己的统治范围——这些地区在伊丽莎白女王时期的地图上还只是无主之地。而且在查理·勃朗特（Charles Blount）的统治下，爱尔兰第一次维持了长时间的和平，当然其中有部分原因是爱尔兰人精心选取了冲要的位置，从西北部的斯莱戈湾至贝尔法斯特湾（Belfast Lough）的卡里克弗格斯（Carrick Fergus）修建了大量的堡垒。勃朗特被授予了芒乔伊伯爵的封号。1600年，他接替埃塞克斯伯爵，成为爱尔兰总督。之后，随着泰隆伯爵休·奥尼尔和蒂尔康奈伯爵休·奥唐纳（Hugh O'Donnell, Earl of Tyrconnell）被迫逃往法国避难——所谓的"伯爵出逃事件"（Flight of the Earls）——爱尔兰开始真正地归顺英格兰。1610年，通过所谓的阿尔斯特殖民地计划（Ulster Plantation），泰隆伯爵的领地被瓜分给了派驻当地的，主要由苏格兰长老会教徒组成的新教驻军，确立了芒乔伊伯爵对这个国家的完全占领和绝对统治。他们瓜分了肥沃的东部地区，而将贫瘠荒芜的西北地区留给了当地居民。爱尔兰的原住民和诺曼爱尔兰人对这些来自阿尔斯特的新移民深恶痛绝；阿尔斯特新移民和当地原先的居民之间的关系，是后世许多纷争的根源，直至今日依然如此。

此时，东印度公司（East India Company）已经在印度西部沿海地区大获成功。其实伊丽莎白一世有可能了解过这个公司，因为它和非洲西海岸的冈比亚和塞拉利昂的贸易站点一样，都成立于她在位期间。1600年，该公司决定涉足东印度群岛，或者更准确地说是马来群岛一带的香料贸易。但是，尼德兰人先于他们5年进入该地区，此时已经成为当地的主要势力，而且借着英格兰与西班牙战争的东风，他们夺走了大部分原属葡萄牙的殖民地。于是，英格兰人决定将精力集中到印度的大陆上。因为外交家托马斯·罗爵士（Sir Thomas Rowe）与莫卧儿皇帝贾汉吉尔（到1612年时，他已经统治着印度的大部分地区）之间达成了友好关系，东印度公司获得了在印度南部的苏拉特（Surat）和马德拉斯（Madras）从事经营活动的特许状，并开始开设工厂（这是17世纪人们对贸易站点的称呼）。这些看似微不足道的工作，却是大英帝国在印度扩张的起点。

不过，詹姆士在位期间取得的最重要的发展是，在民众对雷利在弗吉尼亚的罗阿诺克（Roanoke）建立的殖民地感到失望之后，英格兰人在美洲建立了大量新的定居点。在理查德·哈克路特（Richard Hakluyt）的作品，尤其是描写伊丽莎白时期的探险航行的《英国主要航线、航行和发现》（*The Principall Navigations, Voiages and Discoveries of the English Nation*）一书的驱使下，英格兰人终于意识到新大陆潜藏着多大的机会。西班牙人、法兰西人和尼德兰人都早已相继在那里开疆拓土了。17世纪早期的英格兰殖民者主要是清教徒，他们在弗吉尼亚以北数百英里的地方建立了大批的殖民地，统称为新英格兰（New England）。在那里，他们可以按他们自己的方式进行祈祷。

一群来自诺丁汉郡斯克鲁比（Scrooby）的分离主义者在1620年乘坐"五月花"号（*Mayflower*）前往新大陆，并建立了普利茅斯殖民地，从此以后，众多英格兰人开始移民到新英格兰地区定居。内战爆发前的10年里，每年大约都有多达5000名英格兰人移民到普利茅斯附近的马萨诸塞（Massachusetts）殖民地。该殖民地是约翰·温思罗普（John Winthrop）领导的一批清教律师在1629年建立的。当时查理一世和大主教劳德企图将清教信仰从英格兰彻底清除，推行的政策越来越残暴，为了应对这种局面，他们选择了移民。随后，在查理一世统治期间，更多的殖民地在美洲东部沿海地区建立起来，包括佛蒙特（Vermont）、康涅狄格（Connecticut）和罗得岛（Rhode Island）等。受针对天主教徒的惩罚律令的影响，巴尔的摩男爵（Lord Baltimore）在1632年建立了天主教殖民地马里兰，该殖民地就在弗吉尼亚以北，其名字是为了向查理一世的妻子亨利埃塔·玛丽亚王后致敬而起的。北部地区的居民靠出口鱼类、兽皮维持生计，而南部地区的居民很快就开始从西非沿岸的英格兰商人手中购买非洲黑奴，役使这些奴隶在他们面积广阔的烟草和棉花种植园中劳作，因为他们和西班牙人一样，都觉得自己欧洲人的体格不适合在湿热的环境中干体力活。

1609年，弗吉尼亚的一艘海船被冲到一座海岛上，从此，人们开始移民到百慕大。后来，加勒比海地区的其他岛屿也陆续有人来定居。那里的英格兰移民也开始进口非洲黑奴为他们的种植园干活。从古希腊时期开始，人们就一直使用蜂蜜给食物增加甜味，但是随着人们发现甘蔗并了解它的出色的味道之后，加勒比海地区就开始主要种植甘蔗。由约翰·霍金斯首创的黑奴贸易如今已经发展成一项长期存在的、可耻的营生。英格兰生产的产品，如纺织品等，被卖到西非以换取黑奴。随后，黑奴被关进贩运奴隶的船只，送到西印度群岛和南部的弗吉尼亚等殖民地。运输的途中，黑奴被关押在密闭的空间里，生存条件极差，旅途充满危险。殖民地的人以蔗糖、棉花和烟草等产品换取黑奴。这些初级产品则被运回英格兰最重要的港口——布里斯托尔和利物浦。很多体面的英格兰商人家庭都从这种简便的三角贸易中赚取了巨额的财富。

这些发展开始改变英格兰人的生活，例如到17世纪末，即便是英格兰最偏远地区的家庭主妇，都能用来自西印度群岛的蔗糖给她们的新饮料——茶——增加甜味，她们的丈夫和兄弟都能拿着烟斗抽上美洲产的烟草。虽然民众生活有所改善，但是新国王却面临着迫在眉睫的难题。尽管查理一世对议会的厌恶不亚于他的父亲，但是他却不得不听命于议会，因为他需要他们为他筹措军费，支持他与西班牙之间旷日持久的战争。

查理一世
Charles I

1625—1649

君权神授（1625—1642）

查理一世性格严肃、头脑迟钝，加上他有口吃的毛病，说话速度也很慢。尽管他没有他的父亲那样超群的才智，但他的眼光非常好，是个很出色的艺术鉴赏家。正是因为他，王室才征辟了一大批那个时代最杰出的画家，如著名的尼德兰画家彼得·保罗·鲁本斯（Peter Paul Rubens）等。查理曾让鲁本斯在白厅宫宴会厅的天花板上花了一幅巨大的詹姆士一世肖像。查理也收藏了一批优秀的画作，如拉斐尔（Raphael）的作品及列奥纳多·达·芬奇（Leonardo da Vinci）的草图等，如今这些作品分别存于温莎城堡和英国伦敦国家美术馆。查理也是意大利风格建筑师依理高·琼斯（Inigo Jones）的资助人。琼斯在格林尼治修建了精巧、简洁的王后之屋（Queen's House），还设计了很多其他美观精致的经典建筑。琼斯也是将帕拉第奥建筑风格（Palladian）介绍到英格兰的第一人，彻底改变了这个国家在那个时期的建筑风格。索尔兹伯里附近的威尔顿就是这种建筑风格的代表。

琼斯还为王后亨利埃塔·玛丽亚编写了许多假面戏剧，供她表演。这位来自法国的王后身材娇小，性格也有些孩子气，很喜欢拉着交好的贵妇淑女一起为国王表演。这些起源于文艺复兴时期的假面戏剧是宫廷里非常棒的娱乐方式。跟戏剧类似，假面戏剧也有精巧的戏服，也有剧本。当时这类剧本大多是本·琼森创作的。尽管日益壮大的清教徒势力反对戏剧表演，并通过布道和宣传册等方式激烈地表达他们的反对意见，但是查理的宫廷却以拥有大批的业余演员而闻名于世。这类假面戏剧通常都以君权神授为主题。对于笃信宗教的查理而言，这无疑是非常吸引人的。他与英国国教会里冉冉升起的新星威廉·劳德成了密友，并在1628年任命他为伦敦主教，又在1633年最终任命他为坎特伯雷大主教。劳德进一步迎合了查理的君主是上帝选中的代表的观点，让他更坚定地认为任何人都不该质疑君主的观点。甚至在查理第一次召集议会时，劳德还亲自到议会两院去阐释这个观点。

这一届议会与詹姆士一世时期的议会一样，都不会乖乖听话。国王和下议院之间的对抗延续到了查理的统治时期，没有一点儿缓和。为了替姐姐伊丽莎白主张权利，查理同意为他的舅父、丹麦国王克里斯蒂安拨款，支持他发起一场新的军事行动，对抗德意志的天主教联盟。然而，尽管他觉得议会理所当然地应该同意给这样正义的战争提供支持，但是当时下议院对国王的敌意太大，所以故意不授予新国王终生征收进口税的权利。按惯例，每个新君登基之后不久，议会都会授予新君这项权利，但他们只批准国王征收一年的进口税。议会成员同时要求罢免白金汉公爵，还暗示查理应该学习伊丽莎白女王的明君风范，效仿她的治国之道，听从枢密院的建议，而不是让宠臣替他管理国家。议会这样无礼的言行让查理一怒之下将其解散，但是不久之后，由于在国际上遭遇了越来越多的困难，他不得不重新召集议会。查理在如何处理胡格诺派教徒的问题上与他的妻兄、法国国王路易十三有了分歧。后者原是与英格兰一致对抗哈布斯堡王室的盟友，如今双方彻底决裂了。

查理的第二届议会的氛围一直十分冷淡。在白金汉公爵的建议下，查理把前一届议会中反对声音比较大、比较不温顺的成员，如前首席法官爱德华·科克爵士、约克郡地主托马斯·温特沃斯爵士（Sir Thomas Wentworth）等，都任命为地方的行政司法长官，这意味着他们再也不能成为下议院成员了。不过，即便将这些人禁言了，下议院的整体态度也没有发生任何改变。如今，下议院的领袖是一位天才的演说家——康沃尔郡的准男爵约翰·艾略特爵士（Sir John Eliot）。下议院仍旧坚持弹劾白金汉公爵，结果查理竟然亲自去了威斯敏斯特宫，严厉地批评议会成员竟敢质疑他的仆人，尤其是这位仆人与他的关系还如此亲近。查理又一次解散了议会，还威胁议会成员说，是否召集议会完全由他决定，旁人无权置喙。他还将艾略特囚禁了一小段时间，这进一步激化了他与议会成员之间的矛盾。在这段时间，由于查理无法与议会达成一致，结果英格兰无法派兵支援丹麦国王克里斯蒂安与德意志天主教势力对抗，最后导致克里斯蒂安和他的军队被敌军彻底击溃了。

但是查理固执地不肯向下议院低头。换作一个更明智的统治者，考虑到自己糟糕透顶的财务状况和当时危机四伏的政治局势，想必都会极力避免可能让事态恶化的行为。然而，在专断自大的白金汉公爵的挑唆下，查理不但不收敛锋芒，反而派人去法国西部的港口拉罗谢尔，支援那里叛乱的胡格诺派教徒，让英格兰与法国的矛盾进一步升级。由于议会已经被解散，所以他决定征纳另一种不需要议会批准的税，为战争筹措军费。他采用的办法是向所有纳税人强制征纳贷款。全国各地数百名最有名望的、拥有大量财富和崇高地位的公民不肯屈服，结果被投入监狱。仅过了数周时间，一个郡的5名骑士就对此事的合法性提出了质疑。在"达内尔案件"（Darnell's case）中，他们要求知道自己被控以什么罪名，还要求法院依照众所周知的普通法令状或人身保护令的规定释放他们。根据人身保护令，任何人如果要将另一个人关入监狱，就必须将这个人带到法官面前，阐述他犯的过失；如果法官认为指控的过失还构不成犯罪，那么他就必须释放这个人。尽管负责审理达内尔案件的法官支持将那5名骑士送进监狱里，但是能找到的关押他们的唯一理由就是这是国王的要求，这个理由本身就毫无说服力，而且简直就是暴政的体现。

然而，即便是采取强制贷款措施，也不足以筹措足够的资金来支持与路易十三的战争。1628年，查理被迫再次召集议会。下议院下定决心要让国王清楚地认识到，他不能再用以前的那种态度来对待议会。下议院中比较极端的成员向国王呈递了一份措辞十分激烈的抗议书，严厉地批评了国王的各项政策。这份抗议书的标题是《权利请愿书》（Petition of Right），由议会成员爱德华·科克爵士、约翰·艾略特爵士和乡村地主约翰·皮姆（John Pym）共同拟定，后世的历史学家普遍认为，这是英格兰历史上意义最重大的宪政文件之一。《权利请愿书》向查理阐明了关于"臣民的权利与自由"的相关法律规定，请愿书的作者还罗列了他们认为属于国王的非法"创举"的行为，要求他立即终止。如果国王不接受请愿书，那么下议院就会控告白金汉公爵叛国。这样的威胁使国王不得不答应他们的要求；反过来，查理也得到了他想要的拨款。

对于后面双方的长期战争而言，这只是刚刚开始而已。白金汉公爵此时担任英格兰海军大臣之职，他自始至终都没有被带到下议院接受质询。那一年的晚些时候，他在朴次茅斯监督船只前往援救拉罗谢尔时，被一个精神失常的清教徒刺杀了，这件事简直大快人心。不过，下议院并没有就此满足。1629年，它又一次召开会议时，对国王发起了又一轮攻讦。这一次，下议院攻击的是他的宗教顾问。约翰·艾略特爵士起草了一份议案，规定任何人若纵容阿米尼乌斯派教义（Arminianism）传播，或纵容宗教上的变革（指的是恢复罗马天主教信仰），就要被治罪，还规定任何人若敢未经议会的许可，就擅自将应付的海关税费支付给国王，也要被处罚。

在劳德的影响下，英国国教会已经完全按照查理的政治政策来行事了。每一个布道坛上，英国圣公会的牧师们都在不遗余力地鼓吹君权神授、君命不可违的理论。更严重的是，劳德还彻底地恢复了亨利八世时期的宗教仪式，即我们今天所谓的高教会派仪式，比如在称耶稣之名的时候要鞠躬等，这让大部分清教徒都认为他是打算让英格兰重回罗马教会的管辖。事实上劳德并没有这样的打算。但是他对清教徒的厌憎和他对国王（在同时代的人眼中这个国王是个暴君）的无条件支持，让人们普遍相信，罗马天主教信仰很快就会在英格兰重新确立起来，而且它还会自然而然地成为专制统治和压迫统治的帮凶。正当此时，又有传言说国王当初为了迎娶亨利埃塔·玛丽亚，允诺废止针对天主教徒的惩罚法律，这加深了民众的恐惧。这个传言倒是与事实相去不远，尽管关于这场联姻的这部分秘密协定一直都没有真正执行。与此同时，亨利埃塔·玛丽亚习惯于公开地在白厅宫的罗马天主教小教堂里做祷告，令当时的局势雪上加霜。

查理听说，尽管他接受了《权利请愿书》，但在威斯敏斯特的议会上，事态的发展还是完全脱离他的掌控，他新任命的伦敦主教劳德被攻击是个叛国者。当查理了解到这个情况之后，他从白厅宫传了一道口谕给下议院的议长，让他下令停止对劳德的指控。但是，下议院直接将国王派来的信使轰出门外。议长试图让议会成员离开议院，结果令人震惊的是，议会成员非但没走，反而派两个年轻力壮的议员霍利斯（Holles）和瓦伦丁（Valentine）架住议长的胳膊，将他按在座位上，而后，下议院投票通过了艾略特的议案。等到国王从白厅宫派来军队强行攻破议院的大门时，已经太迟了，一切已成定局，那项提案已经获得通过。但是议会也为自己的所作所为付出了代价——议会再一次被解散，约翰·艾略特爵士被关进了伦敦塔。监牢里的生活条件极差，令他的肺结核恶化得很快。3年之后，他病逝于监牢之中。

议会和国王之间的争斗如今是彻底摆上明面了。之后，直到1640年，整整11年的时间，查理没有召集过一次议会，而是自己筹措金钱统治这个国家。过往的错误已经给了他足够的教训，足以让他意识到，如果他不召集议会征纳税收，那么他是没有办法维持在国外两处开战的。因此，他与法国和西班牙都达成了和解，并最终放弃了他的姐姐、姐夫和欧洲大陆的新教事业。在欧洲大陆，血腥无比的三十年战争还在继续，直到1648年才最终收场。

这个时期国王的主要顾问是劳德主教（从1633年起担任坎特伯雷大主教）和托马斯·温特沃斯爵士。温特沃斯能力出众，又十分勤勉，他见下议院向国王主张一些权利，觉得这些主张有些过分，因此对下议院产生不满。在他的建议下，查理开始倚仗特权法庭统治国家，比如星室法庭、北方法院（其作用相当于北方地区的星室法庭）和高等宗教事务法庭（Court of High Commission）等，这些法庭不必遵守普通法的惯例。劳德大力地利用高等宗教事务法庭，清理信仰清教的牧师，消灭教会内部的不同意见。

劳德决意要彻底消灭清教主义信仰。他已经预见到，清教主义"是一匹被揪住耳朵的狼"，只等着伺机反抗。在他担任大主教期间，他和他的支持者走遍了英格兰的每一个主教教区，考量各个教区牧师的信仰和他们对宗教仪式的运用。牧师一旦没有通过他们的考核，就会被送到高等宗教事务法庭，关押起来，并遭受惨无人道的惩罚——他们的遭遇只能用惨无人道这个词才能形容。清教徒律师威廉·普林（William Prynne）写了《讨戏子檄》（*Histriomastix*）一书，批评戏剧表演这种行为有伤风化——这被视为含沙射影地攻击王后。他因此遭受了酷刑折磨：他的身上用烙铁烙上了烙印，他的耳朵也被割掉。在这个时期，约有3万名清教徒因为无法自由地选择自己的信仰，而要面临这样的惩罚，不得已选择携家带口移民去自由的美洲。

劳德和温特沃斯乃是一对密友，他们都认为，英格兰需要的是对每个政府部门都进行一次有效的改革。他们将自己提高教会和政府效率的尝试称为"彻底行动"。温特沃斯在主持北方法院期间，就已经推行过"彻底行动"。如今他又被派到爱尔兰，去恢复这个国家的秩序，并贯彻劳德主张的主教统治。他使用的暴力手段不逊于劳德，也很不得人心，最后，这个国家所有派系的势力都非常排斥他。

议会的长期缺位和教会的压迫，让英格兰国内的不满情绪达到了顶峰。民众不习惯自己在国家大事上没有任何发言权。在英格兰，君主必须获得地方上的地主和商人阶层的支持和拥戴，因为他需要他们无偿地担任法官和地方行政官，维持乡村地区的秩序。但是到了17世纪30年代，因为乡绅阶层的许多人都拒绝为查理一世服务，政府的正常运转几乎难以为继。

更何况，随着时间的推移，人们发现议会似乎将被无限期地闲置。事实证明查理在挖掘故纸堆方面是个天才：他找到了一些早已经被人遗忘的旧律法，重新加以推行，以此为自己征纳额外的税赋。其中就包括一些封建时代遗留的规定，比如若一个人拥有的土地超过一定面积，本人又没有骑士封号，就需要交纳罚款等。国王找了一些借口，将宗教改革运动之前教会拥有的一部分土地变成了国王的财产，又将皇家森林的范围扩大，将一些值钱的土地都囊括在内。这些举措激怒了一大批土地所有者。尽管议会只授予了查理在登基的第一年征收海关税费的权力，但他以其奸猾狡诈的手段，提高了按重量和按货品价值征收的关税。

1634年，国王恢复征收古老的税种——造船费（ship money）。从理论上讲，这种古老的税种是向所有沿海城镇和港口征收的，目的是保证在危险时期可以建造更多战舰。尽管皇家海军确实需要建造更多的战舰，抵御与他们越来越敌对的尼德兰海军，保卫英格兰不受威胁，但是总体而言，这种税只有在战时才能征收，而当时英格兰并没有处于战争之中。尽管如此，那些港口城镇及那里的商人和公司，还是二话不说地缴纳了这项税费。但是，第二年，国王将造船费的征收范围扩大到了内陆地区，事情一下子明朗了，显然，这样征税是不正当、不合法的。

白金汉郡的一位名叫约翰·汉普登的富裕地主是约翰·艾略特爵士的朋友，而且自己也曾担任过议会议员。他拒绝缴纳造船费，1638年，他的案件被呈交法院审理。尽管法官最后裁定造船费完全合法，但是汉普登案件及汉普登本人让本就沸腾的民怨更是火上浇油。不过，第一个因为民众的不满而爆发革命的地区不是在英格兰，而是在苏格兰。

查理和劳德当时做了一件事：他们将注意力放到改革苏格兰的宗教信仰和仪式上了，想要使其与英格兰保持一致。虽然从"彻底行动"的角度而言这是必然要走的一步，但它仍是非常不明智的举动。他们以为如果给苏格兰人印发新的祈祷书，就能让苏格兰人从中受益，却没想过苏格兰人和英格兰的清教徒一样，都更喜欢按照自己认可的方式进行祈祷。他们的这项决定，在苏格兰人看来，简直就是平地惊雷了。新的祈祷书在爱丁堡的圣吉尔斯大教堂（St Giles Cathedral）第一次使用时，礼拜仪式刚开始，就几乎发生了暴乱。一个名叫詹妮·格迪斯（Jenny Geddes）的妇女抄起一只脚凳往圣吉尔斯大教堂的教长身上扔。这位妇女成了民族英雄。爱丁堡一向平静安详的街道一下子被暴乱的民众占领。暴乱迅速扩大到整个苏格兰。1638年3月，苏格兰大部分地区都签署了一份名为《国民誓约》（National Covenant）的文件。文件主张所有签署该文件的地区联合起来，捍卫依据福音书真正改革过的宗教信仰和仪式，共同抵制天主教。

一群有名望的苏格兰人成立了一个委员会，由阿盖尔伯爵（Earl of Argyll）和蒙特罗斯伯爵（Earl of Montrose）领导。这个新成立的委员会与英格兰方面不断地相互传递讯息，表达对当局的不满。委员会实质上成了苏格兰真正的统治机构，旨在捍卫苏格兰的长老会教义。尽管查理已经撤回了祈祷书，但一切已经太晚了。人们在格拉斯哥（Glasgow）举办了一届教会大会，废除了由詹姆士推行到苏格兰并由查理进一步贯彻执行的主教制度，还宣布苏格兰教会从此不受国王干涉和管辖。查理从伦敦下发了一道命令，要求教会大会自行解散，但是这道命令被彻底无视了。

如果换一位明智的君主，这个时候肯定会做出让步，但是苏格兰臣民对王权的挑衅激怒了查理。在他看来，他此时毫无疑问必须要用战争来教训苏格兰人。1639年夏天，他与苏格兰人的第一次冲突被称为第一次主教战争（First Bishops' War）。但是，由于既没有军队，又没有议会为他筹集经费去招募军队，所以他唯一的办法就是挑起英格兰人自古以来对苏格兰人的积怨，使他们参与攻打苏格兰人。可是英格兰人对他愤恨不满，让他的如意算盘落空了。结果，他很快就被迫与苏格兰人和谈。依据他们签署的《贝里克条约》（Treaty of Berwick），他允许他们在有不同意见时自由地召集议会，召开教会大会，解决双方的分歧。

但是随后查理意识到苏格兰人仍没有打算放弃《国民誓约》的主张，还继续坚持要废除祈祷书、驱逐主教，他觉得这个问题必须得用战争来解决。他驱散了他们的集会，从爱尔兰召回了温特沃斯（当时刚被封为斯特拉福德伯爵）。斯特拉福德伯爵慷慨地自掏腰包借给国王一大笔钱，还成功地说服了国王，如果他想筹措足够的军费来攻打苏格兰人，唯一的办法就是召集议会。1640年4月，时隔11年之后，议会终于又一次召开会议了。查理本来希望，借着苏格兰人入侵的威胁，他可以让议会成员听从他的吩咐。但是，这么长时间以来下议院的言论自由严重受限，导致下议院根本不想服从国王。斯特拉福德伯爵劝国王听从他们的要求，最重要的是，要先停止征收造船费。但是仅仅3周之后，查理就解散了这届议会，发动了第二次主教战争（Second Bishops' War）。这届议会被人称为短期议会（Short Parliament）。

没有议会为他筹措经费组建一支正规的军队，国王只好向他的朋友们借钱。第二次主教战争以惨败告终，苏格兰军队侵入了英格兰北部的郡，甚至打到了纽卡斯尔。整个英格兰都对国王不满，最后，国王迫不得已与苏格兰签订了赔款停战协议。他不得不支付总计2.5万英镑的赔款，这在当时是一笔巨款。所以他无奈之下，只好再次召集议会在1640年11月3日开会。

这届议会被称为长期议会（Long Parliament），之后的20年里，它以各种形式一直存在着。由于苏格兰军队一直据守在诺森伯兰和达勒姆——差不多可以确定的是，皮姆一直与他们有暗中联系——国王完全没有权力。除非他向议会做出让步，从而让议会同意为他筹款，供他组建军队赶走苏格兰人，否则苏格兰人还会继续深入英格兰。议会召开第一次会议时，查理政府的支柱斯特拉福德伯爵和劳德就被双双逮捕，并控以叛国罪。劳德被指控非法密谋让英国国教会重回罗马教会的管辖，斯特拉福德伯爵则被指控阴谋颠覆议会政体。

对于斯特拉福德伯爵的行为究竟能不能算是叛国罪这件事，上议院有点儿拿不定主意，因为根据法律，"叛国罪"指的是反抗国王的罪行，而斯特拉福德伯爵却是个对国王忠心耿耿的大臣。但是下议院却预料到这次案件的最终结果有可能是斯特拉福德伯爵被无罪释放，让狡猾奸诈的国王再次全身而退。一个名叫亚瑟·黑兹里格爵士（Sir Arthur Hazelrigg）的比较激进的清教徒站了出来，要求对斯特拉福德伯爵动用《剥夺公权法案》（Bill of Attainder）*。换句话说，他要求不经过司法审理，就判处斯特拉福德伯爵死刑。尽管上议院再次犹豫了，但是就在这个时候，他们发现国王和王后貌似要求北部的军队前来营救斯特拉福德伯爵，这加速了他的灭亡。在皮姆的煽动之下，整个伦敦都陷入了难以平息的愤怒之中。皮姆宣称王后亨利埃塔·玛丽亚已经向法国求救，法国军队很快就会从朴次茅斯登陆。

尽管事态发展不利，但是斯特拉福德伯爵还是保持了冷静，催促国王指控清教徒的领袖们叛国，以此反击他们，因为他们与苏格兰的国民誓约派（the Covenanters）逆党有很多书信往来。但是，此时的国王显然已经被重重困境吓坏了，完全不知所措，结果，他坐视斯特拉福德伯爵受审，而且在案件审理过程中，大部分时间他都只是呆呆地坐在那里，目光茫然，神色紧张。他的儿子、年仅10岁的威尔士亲王就坐在他的身边。当时伦敦市已经开始为即将到来的危机训练武装部队；当议会通过了针对斯特拉福德伯爵的《剥夺公权法案》后，查理犹豫了。

本来他可以救下对他忠心耿耿的仆人。只要他拒绝签署这项法案，他的仆人就不会因这些捏造出来的指控而死。或许他本意也想这么做的，因为他一直安抚斯特拉福德伯爵，让他不要害怕，还向他保证国王会保护他，所以他一定不会被处决。作为一个忠心的仆人，斯特拉福德伯爵给国王写信说，即便他最后难逃一

---

* 指的是不经司法程序而实施褫夺财产权和公民权处罚的法案。——译者注

死，也不会怪罪国王，"只要我的死能够让形势好转"。然而私底下，他从来没想过自己竟然真的会被处死。看着街上游行的暴民，想到自己妻子和孩子的安危，查理最终还是做出了决定。他放弃了斯特拉福德伯爵，不管他的安危了。之前，国王曾主动提出自己永远不会再任命斯特拉福德伯爵担任机要职务，甚至建议判处他终身监禁，希望能够至少保住他的性命，但是最后，他选择了签署《剥夺公权法案》。

查理一直没能原谅自己做出这样的决定。之后他接连倒霉，他也觉得这是他背叛朋友的报应。甚至在他签署《剥夺公权法案》之后，他还派了年幼的威尔士亲王去威斯敏斯特宫，为斯特拉福德伯爵求情。但是一切已经太晚了。当斯特拉福德伯爵听说自己真的要被处决之后，他完全不敢相信，拼命地摇头。1641年5月12日，他走出监牢，踏上了塔山（Tower Hill）上的行刑台。人们听到他喃喃自语："不要信任一个君王。"大主教劳德当时正被关押在伦敦塔里。他听到了行刑前那一阵开场的击鼓声，接着，就听到了斧子落下的那一声巨响——斯特拉福德伯爵在20万人的围观下，被枭首了。他痛心疾首地写道，查理是一个"不知何为伟大，也无法学会伟大的"君王。不过，当时的清教徒对此的态度却是完全的轻蔑嘲讽。一个清教徒冷酷地评价道："死人自然不会有朋友。"这基本上体现了下议院中清教徒对此事的反应。

国王一下子失去了两个主要的顾问，于是他不得不采纳政治才干不足的王后亨利埃塔·玛丽亚给出的一些不怎么高明的建议。作为一个外国人，她无法理解长期议会在1641年之后已逐渐成为国王在政府事务上必须仰赖的合作伙伴。既然斯特拉福德伯爵已死，劳德也差不多等于死了，那么接下来下议院就集中精力清理查理在"十一年暴政"期间采用的统治手段。曾在1629年裁定强制贷款合法的法官被传唤来接受审讯。国王采用的所有不经议会审批的赋税名目，比如造船费、按吨位计费的吨税和按货值计费的税费等，都被宣布是违法、违宪的。所有的特权法庭，包括星室法庭、北方法院和民众深恶痛绝的高等宗教事务法庭，都被撤销。普林被无罪释放，除了耳朵没了，其他一点儿问题都没有。他们还制定了《三年法案》（Triennial Act），规定无论国王召集议会与否，议会至少每3年都要召开一次会议，每届议会的任期不超过3年。

然而，下议院提出《根除法案》（Root and Branch Bill），要求废除教会的主教制度，代之以长老制度，用世俗的长者替代主教，对教会进行管理。事态发展到这个局面，国内开始出现了一支保王党，其领袖是律师爱德华·海德（Edward Hyde，后来成为历史学家克拉伦登伯爵）和福克兰子爵卢修斯·卡里（Lucius Cary, Viscount Falkland）。既然查理滥用权力的行为已经被制止了，议会中的温和派也不希望这场逐渐演变成革命的运动再进一步深入了。清教徒对传统的憎恶、沉闷无聊的生活方式和他们对任何精致事物（不管是衣物、人的举止风度、书籍还是宗教）的挖苦，都让保王党人十分反感。的确，清教徒中有很多伟大的诗人和思想家，如约翰·弥尔顿（John Milton）——他大概可以算得上英格兰最伟大的诗人，但也有很大一部分清教徒是没有受过什么教育的文盲，他们害怕他们无法理解的事物。那些尊重自己文化遗产的英格兰人开始感到担心，那些经过许多个世纪才逐渐形成的珍贵文化遗产有可能会被搞破坏的狂热分子毁掉。

然而，尽管议会中保王党的势力开始发展起来，但很快人们就清楚地意识到，查理根本无意通过议会实行统治，他也不想遵守游戏规则。1641年夏天，议会休会期间，他匆匆忙忙地赶去苏格兰，企图说服苏格兰人和他们的军队站到他这边，一起在英格兰发动一场政变。但是他陷入了与苏格兰贵族的内讧之中，与他们起了冲突，结果非但未能如愿，还让保王党人都对他起了疑心。

之后，真正的危机开始了。斯特拉福德伯爵死后，信奉天主教的爱尔兰人觉得反抗的时机已经成熟，于是大肆屠杀定居于北爱尔兰的新教徒。1641年11月23日，财产被侵占的地主、诺曼爱尔兰人和古老的凯尔特爱尔兰人联合起来，向英格兰殖民者发难，将他们赶出了自己的土地，毁掉了"彻底行动"在爱尔兰建立的各项制度。这场叛乱导致大量的人死亡，其部分原因应当归咎于倾向清教主义的议会之前歇斯底里地迫害天主教徒。但是议会党人却不这么认为，他们对此次叛乱的解读是，这是爱尔兰天主教军队支持国王，准备入侵英格兰的第一步行动。

这场爱尔兰叛乱显著提高了威斯敏斯特宫内两党之争的赌注。英格兰需要召集一支军队来镇压这场叛乱，而且，这支军队还不能落入逆党的手中——"逆党"一词是国王用来形容议会党人的。首都四处流传着恶毒的流言：不但国王和王后煽动爱尔兰人大肆屠杀，而且来自外国的王后还和国外的天主教势力有所接触。据传言，她已经请那些天主教国家派遣军队进入英格兰，镇压这里的新教势力。局势十分紧张，议会和国王互不信任，在这种气氛之下，议会在皮姆的领导下，开始鼓动进一步的革命性变革。就在爱尔兰叛乱的这个11月，为了团结自己的追随者，共同对抗海德与福克兰子爵领导的保王党，皮姆发布了《大抗议书》（Grand Remonstrance），罗列了查理自登基以来的种种罪行，控诉他一直以来"都有颠覆法理基础和政体原则的恶毒意图"。这份文件还要求给予议会审查国王的各位大臣的权力，并号召采用长老会制度改革教会。

对于查理而言，幸运的是，这份《大抗议书》与之前的《根除法案》一样，让更多的人倒向了他的阵营。保王党，或者叫立宪派，如今已经占据了下议院将近一半的席位。1641年11月末，《大抗议书》以仅仅11票的微弱优势在下议院获得通过，但是可能由于主张过于激进，被上议院否决了。然而，正当局势有所好转时，查理又将一切搞砸了。1642年1月初，查理试图逮捕议会党的5位最重要的成员——皮姆、汉普登、霍利斯、黑兹里格和斯特罗德（Strode），还有非议会党的曼德维尔勋爵（Lord Mandeville）。显然，查理本性难移。他并未真的对自己以往错误的统治方式有所反省，当他看到支持自己、反对皮姆极端主义的力量有所增长时，他又猖狂了起来。

皮姆自己也没有一板一眼地遵守宪法，反而一样采用了一些不正当的手段。在这一点上他跟查理倒是不相上下。一拨儿暴民长期守在议会门口，恐吓那些不支持皮姆的人。皮姆不愿意清理街上游行打砸的暴徒以恢复秩序，因为暴徒给政府施压，可以帮他实现自己的目的。甚至议会还私下警告查理，他们打算控告王后亨利埃塔·玛丽亚煽动爱尔兰大屠杀，阴谋迫害人民。一旦被起诉，她就有可能被处决。这也就是1642年1月3日查理决定先下手为强的原因。他控告5位议会成员和曼德维尔勋爵犯了叛国罪。但是议会两院宣称国王侵犯了他们的权利，拒绝逮捕他们。据说，亨利埃塔·玛丽亚听说此事之后，对她的丈夫大吼道："去啊，你这个懦夫，去揪住那些恶棍的耳朵，把他们拖出去，要不然你就再也不要来见我。"但是，当查理率领数百名士兵冲破重重阻碍、冲进议会时，他发现，正如他所说的，那里"早已人去楼空"。议员们已经逃到筑有高墙的伦敦城内，受过武装训练的市民和从港口赶来的船员在那里保护着他们。

之后，那些武装人群包围了议会，于是不到一周之后，那5位议会成员就回到了下议院。1月10日，查理知道了下议院即将以叛国罪逮捕王后，于是带着王室成员逃出了当时的王宫——白厅宫，像贼一样趁着夜色逃跑。他们先逃到汉普敦宫，然后经过温莎、坎特伯雷，最后抵达多佛港。之后整整7年时间，国王没有再在白厅宫露面。他再次出现在白厅宫，是7年后的1月，他从宴会大厅走出来，走向行刑台。

2月23日，王后亨利埃塔·玛丽亚从多佛离开了这个国家。她带走了大量的王室珍宝，打算到尼德兰用这些珍宝换一支军队，回来营救她的丈夫。她的长女玛丽公主陪着她。玛丽公主已经在前一年与尼德兰的重要统治者——奥兰治的威廉二世举行了代理婚礼，所以她们如今要去玛丽的丈夫那里避难。与此同时，查理则开始集结国内支持他的势力，因为很显然，他已经没有回头路可走了。

6个月之后，8月22日这天，双方宣战了。在宣战前这几个月的间隙里，查理也并不是没有尝试与议会和解。他甚至签署了法案，将主教从上议院中剔除了。但是，议会提出了《民兵法案》（Militia Bill），要求军队不再受国王掌控，又提出了《十九条建议》（Nineteen Propositions），意图限制王权，使王沦为名义上的统治者。这成了压垮骆驼的最后一根稻草。查理觉得，捍卫自己王位的唯一办法只能是战争。然而，他先是打算夺取藏在赫尔（Hull）的一批武器，后来又打算征用舰队，结果两次行动都失败了。舰队和赫尔的长官都是完全支持议会的。

这个时期，查理撤退到了北部的约克。6月，他向全英格兰境内所有忠于他的势力和他的朋友们发出指令，请他们替他召集当地的民兵。北部和西部地区的人民显示出了前所未有的热情，纷纷声援国王。但是在整个南部和东部地区，同样有许许多多人群起响应议会的号召，纷纷全面武装起来，其中包括议会成员奥利弗·克伦威尔。他是剑桥当地的一个乡绅；若不是《大抗议书》获得了通过，他早就离开英格兰去美洲了。

7月11日，议会宣布查理已经挑起了战争。一个月后，他们宣布，所有为国王效命的人都是叛国贼。8月22日，国王在诺丁汉城堡的城墙前集结军队，展开了王旗，他年幼的儿子查理和詹姆士穿着孩童的小盔甲（查理二世的那副小盔甲现存于伦敦塔）站在旁边见证了这一幕。内战终于爆发了。

荷兰的艺术家凡·戴克（Van Dyck）是查理的宫廷画师，就像亨利八世时期的汉斯·荷尔拜因一样。他为我们留下了当时宫廷中许多重要人物的画像。这些栩栩如生的画像里的人物一个个都穿着彩色的丝绸衣服，衣领上装饰着蕾丝花边，帽子上插着羽毛，披着长长的卷发，即所谓的美发卷。相较于议会党人而言，他们的外表无可避免地显得有些不够庄重。当时有人形容这些保王党人是向女人献殷勤的花花公子，并不是没有道理的。内战爆发之后，清教徒的极端主义思想让更多高尚、勤勉的人像斯特拉福德伯爵和劳德一样，选择支持查理。不过，从那个时期的艺术作品中，我们仍可以推断出某种真实状况。当时的宫廷和议会双方人物的画像风格迥异。议会党人的服装和身上都没有一丝赘余的装饰：他们穿着暗色的衣服，衣领朴素，头发都剪成短短的锅盖头。这个发型让他们得到了"圆颅党人"（Roundhead）的称呼。而且，像奥利弗·克伦威尔、拉尔夫·霍普顿爵士（Sir Ralph Hopton）和艾尔顿将军（General Ireton）等人的画像，都传达出一种很强烈的坚毅感。他们的外表和他们的言辞都朴实无华，而且他们从一开始就显得很真诚，不像保王党人那样直到陷入了绝境才开始放下虚张声势的做派。

内战（1642—1649）

似乎从一开始，国王就没有摊上好运。在诺丁汉城堡外面，绣着腾跃的金狮纹章的军旗刚刚挂起来，就被风吹倒了，让所有人都暗暗心惊。但是很快，国王的手下们就开始忙起了各种准备工作；他们摊开地图，安排武器，核算食物供应，审查供应线，等等，所以顾不上细想这个不祥的征兆。然而，当海军和伦敦城都宣布拥护议会的消息传来时，国王这边的人马还是无可避免地感到了担忧。到最后，正是这两个因素给了清教徒巨大的优势：有了海军的协助，议会党军队奔赴前线的速度比保王党快得多，因为国王的士兵只能从陆路前往各个地方。港口城市也是抵御国王军事进攻的重要堡垒，而且一旦掌控港口城市，国王的军队就没办法使用海港了。另外，控制了伦敦城就意味着议会控制了海关关税和贸易税收的所有收入。从长期来看，国王很难筹到足够的钱从国外购买更多的武器或召集更多军队。不过，战争爆发之后，就像下议院一下子分裂成保王党和议会党两股势力一样，整个国家也立即分成了两个阵营。双方的冲突将持续很长时间。

这场内战可以细分为几个阶段。第一次内战持续的时间是从1642年到1646年。这个阶段可以简单地概括为国王和激进派之争。所谓激进派，即皮姆所领导的半个议会。但是，随着战争的进行，议会的目标发生了改变。议会党的军队本身成了一支独立的改革力量，他们决心阻止查理一世重新掌权，因为当时查理一世已经将苏格兰人和大部分议会成员都拉拢到自己的阵营里了。如此一来，1648年，第二次内战开始了。在这个阶段，军队取得了胜利。议会的势力被削弱，而国王则直接被处决了，共和政体取代了君主制。当时威尔士亲王在爱尔兰和苏格兰由长老会加冕为国王，即查理二世。当议会军打败了这两个地区的保王党军队之后，议会军的领袖奥利弗·克伦威尔自封为护国主，其实质就是共和国的元首。7年之后即1660年，共和政体已经沦为另一种形式的暴政统治，议会已经变得和17世纪30年代时一样形同虚设，于是，宪政改革又回到了原先的轨道：共和国掌权的一位将军乔治·蒙克（George Monck）迎回了查理二世，再次拥立他为国王，恢复了君主制。

当第一次内战于1642年爆发时，双方的势力范围在地理上的划分大致与玫瑰战争时两个阵营的分界重合。北部地区、威尔士地区、西南地区和比较落后的地区拥护国王，而城镇集中、商业发达的伦敦、东部地区、南部地区和东南地区都倾向于支持议会党。当然，这只是大致的划分，还是有一些例外情况。盛产布料织物的城镇，比如约克郡的西区（West Riding）和萨默塞特的一些城市，整体上都属于保王党的势力范围，但是这些地区也有一些小块区域支持议会党，因为基本上所有以贸易为生的人，都属于议会党人。牛津和剑桥这两所大学支持国王，甚至已经开始将自己学校的银器熔铸，用以资助保王党购买更多军事装备。不过后来，作为亨廷顿（Huntingdon）的议会代表，奥利弗·克伦威尔制止了剑桥大学的这种行为。

在内战的最初两年，国王的战略目标是攻下伦敦。不过，他只在战争刚开始的阶段抵达过哈默史密斯（Hammersmith）的特南格林（Turnham Green），这是他最靠近伦敦的时候。当时伦敦的武装民众在伊丽莎白的宠臣之子、清教徒埃塞克斯伯爵的领导下，已经变成了一支除议会之外人见人厌的力量，正是他们迫使查理改变目标，转而前往牛津。出于对当时仍身陷囹圄的劳德的敬意，牛津强烈地支持保王党。于是国王将自己的大本营设在了那里，直至战争结束。总的来说，1643 年，战局对保王党有利。国王英勇的外甥——选帝侯和"冬季王后"之子鲁珀特王子（Prince Rupert）攻陷了议会党控制的布里斯托尔。纽卡斯尔伯爵（Earl of Newcastle）在布拉德福德（Bradford）附近的艾德沃顿沼泽（Adwalton Moor）打败了费尔法克斯勋爵（Lord Fairfax）和他的儿子托马斯·费尔法克斯爵士（Sir Thomas Fairfax），除了赫尔一地之外，约克郡全境都落入了国王的掌控。康沃尔郡和德文郡，以及威尔特郡的迪韦齐斯以南的广大西南地区，都是保王党的势力范围。保王党人的两个最擅长煽动人心的对手早早地就死了，这让保王党人更是士气大振：汉普登在查尔格罗夫平原（Chalgrove Field）与鲁珀特王子对阵时战死；皮姆死于癌症。

不过，普利茅斯、赫尔和格洛斯特都给保王党带来了巨大的威胁，令其难以维持已有的优势。而且，皮姆生前做的最后几件事情中，有一件就是帮议会党争取到了苏格兰军队的支持，这让战争的天平进一步向议会党这一方倾斜。1643 年 9 月，议会党与苏格兰人签署了一份协议，该协议的名称为《神圣盟约》（Solemn League and Covenant），协议规定英格兰将推行长老制，作为交换，苏格兰盟约派（Covenanters）将加入议会党的阵营，并借给议会党 2 万名士兵。

查理也在寻求外部的帮助。他与爱尔兰天主教的叛军签署了《停战协议》（The Cessation of Arms），承诺不追究他们的叛乱之事，以此换来了爱尔兰的武装支持。但是这场交易进一步坐实了国王决意借助令人憎恶的爱尔兰天主教势力并在英格兰恢复天主教信仰的传言。

苏格兰军队的战斗力明显强得多。在它加入议会党阵营之后，议会党一方在战场上捷报频传。1644 年 7 月，就在苏格兰军队挥师南下，打算在约克郡与费尔法克斯家族的军队会师时，一场战役打响了，这是这场战争中最重要的战役之一。国王手下最杰出的两位将军——他的外甥鲁珀特王子和纽卡斯尔伯爵——都在马斯顿荒原战役（Battle of Marston Moor）中被击败了。在此之前，鲁珀特王子的王牌骑兵一直所向披靡。然而，这一次他遇到了东部联盟军队（Eastern

Association）。这支军队之前就已经借着在赫尔的战役赢得了巨大的荣誉，由东部的埃塞克斯郡、剑桥郡、诺福克郡和萨福克郡等地的子弟组成，具有强烈的清教主义倾向。很多移民美洲的人就来自于这些地区。

东部联盟凭借着它的革命激情和良好的纪律赢得了很好的声誉。他们是一群有着全新面貌的清教徒士兵：他们习惯于一边行军一边唱赞美诗；他们滴酒不沾，但是一旦拿起长矛，他们的英勇强悍绝不逊色于那些以酒壮胆的士兵。东部联盟中最重要的人物就是虔诚的教徒奥利弗·克伦威尔。这位身材魁梧的议会成员以前从来没有打过仗，但是出乎所有人的意料，他最后竟以无与伦比的军事天赋成了举世瞩目的领袖。战争开始的第一年，在埃吉山战役（Battle of Edge hill）中，鲁珀特王子的骑兵给克伦威尔留下了深刻的印象，于是他开始训练和培养自己的骑兵。到了马斯顿荒原的战场上，东部数郡的骑兵的骑术已经不逊于鲁珀特王子的骑兵了，而且他们的纪律性还比对方强得多。最后，这种纪律性和苏格兰人的英勇扭转了整个战局，让保王党的士兵溃不成军。事后，克伦威尔说："是上帝让他们成为我们的俎上鱼肉。"自那一天之后，他的军队渐渐赢得了"铁甲军"（Ironsides）的美誉，因为没有任何人能够突破他和他军队的铁骑封锁。

马斯顿荒原失守，意味着保王党失去了对北部地区的掌控。尽管西南部地区仍在国王将领的控制之下，但是在1645年上半年，大败之后的保王党军队依然驻扎在英格兰的中部地区。查理的计划是在那边等着与蒙特罗斯侯爵（Marquis of Montrose，即前文提到的蒙特罗斯伯爵）刚刚从苏格兰高地招募的保王党军队会和。蒙特罗斯侯爵此前原是国民誓约派的核心领导人，不过，情势出现了出乎所有人意料的转折，他背弃了与加尔文教徒的联盟，转向保王党的阵营。他希望国王受过教训以后，行事可以更克制，更尊重宪法规定。

同一年，蒙特罗斯侯爵横扫苏格兰，取得一系列惊人的胜利，很快就控制了这个国家的几乎全部国土。征战伊始，他的骑兵队伍总共只有3匹马，他的军队还是由无组织、无纪律的苏格兰高地部落男子组成，这些纪律散漫的士兵平时的消遣就是相互争斗。在这种情况下，他取得的功绩就更是令人瞩目了。蒙特罗斯侯爵高贵的气度和鼓舞人心的个人魅力，加上苏格兰高地各部落与坎贝尔家族（Campbell Family）的世仇，将这支军队打磨成了一支所向披靡的战斗力量。坎贝尔家族的首领就是阿盖尔伯爵，他是国民誓约派的领袖。

在此期间，议会党阵营发现了己方在战场上的劣势，于是阵营中的几个领导人开始反思自己的军队组织形式。当初议会因为在到底要与国王抗争到什么程度的问题上意见不一，所以分裂成保王党和议会党两个派系，如今议会党的领导人内部也开始分裂成小的派别。一些领导人物，如曼彻斯特伯爵（Earl of Manchester，原先的曼德维尔勋爵）和埃塞克斯伯爵等人，尽管一开始在议会和国王的斗争中扮演了重要角色，但是如今已经开始对不遗余力地攻打国王心存疑虑。据说，曼彻斯特伯爵认为，武力永远不可能让战火平息，只有通过协商谈判，才能结束战争。甚至，他还警告说："即便我们打败了国王99次，只要国王打败我们1次，我们就全完了。"

议会党阵营中这些思想相对温和的人占据了下议院的大多数。在究竟应该如何改革英国国教会的问题上，他们与其他人的意见大相径庭，分歧最终演变成政治立场的冲突，他们后被称为长老派（Presbyterian Party）。他们的主张是通过教会在英格兰推行长老制，这种主张本质上还是拥护阶级制度的。更为激进的议会党成员是相信宗教信仰自由的清教徒独立派（Puritan Independent），他们在其下议院领袖奥利弗·克伦威尔的领导下，反对长老派的提议。尽管独立派在议会成员中只占少数，但是大部分军队在宗教立场上都与他们一致。独立派大多是比较虔诚狂热的宗教人士，他们献身于独立派，受简单的宗教使命驱使，没有过多顾虑。他们鄙夷长老派的温和态度，认为应该将指挥权从这些摇摆不定、瞻前顾后的人手中拿走，毕竟他们没有做好与歹毒的国王一决生死的准备。

经过一番暗箱操作之后，1645年2月，《自我否定条例》（Self-Denying Ordinance）颁布，剥夺了议会两院所有成员的军事指挥权——只有克伦威尔本人除外，因为他作为将领的军事天分是有目共睹的。曼彻斯特伯爵和埃塞克斯伯爵被迫退休；议会党的军队改名为新模范军，由克伦威尔掌控。克伦威尔出任骑兵中将，骑兵归最高统帅（托马斯·费尔法克斯爵士）管辖。改组后的新模范军跟之前的东部联盟一样，有非常明显的宗教性质，而且对克伦威尔有浓厚的个人崇拜。这个时期，劳德终于被处决了，说明宗教极端势力已经掌握了议会党的权力。

尽管蒙特罗斯侯爵在苏格兰取得了胜利，但事实证明1645年是议会党军队的决胜之年。6月，在北安普敦郡的纳斯比战役（Battle of Naseby）中，国王的军队遭遇了比马斯顿荒原战役更惨烈的失败。战役伊始，国王的军队向敌军发起了猛烈的冲锋，冲垮了由亨利·艾尔顿（Henry Ireton）率领的新模范军的左翼，但是之后，鲁珀特王子没能继续坚持。他纵容自己的骑兵离开战场，去劫掠议会党军队的辎重行囊。他离开之后，克伦威尔的士兵开始反攻，狠狠地打击了对手。当保王党的军队溃逃时，他们不仅丢弃了大部分的武器装备，还把查理一世的机密文件也留在了那里。这些文件显示，为了说服爱尔兰天主教军队来英格兰帮他，国王向他们承诺废止反天主教的法律；他还谋划着出钱雇用别国的军队来入侵英格兰，而且他的儿子查理已经出国去安排这件事了。这些文件证实了议会党人最深的恐惧：英格兰的未来可能会陷于专制、罪恶的天主教势力的压迫之下。

1645年9月，蒙特罗斯侯爵在塞尔扣克（Selkirk）被经验丰富的苏格兰将军戴维·莱斯利（David Leslie）彻底击溃了，至此，国王从北部的苏格兰人那里获取援助的希望彻底破灭了。尽管蒙特罗斯侯爵的苏格兰高地军队拥有无与伦比的单兵作战能力，但他们并不知道，越是在胜利的时候，越要固守岗位、维持军纪。在8月前后，军队中有很多士兵私自脱队，回到自己的部落。同时，蒙特罗斯侯爵试图联合苏格兰东南部低地一起支援保王党，但是因为低地地区的长老会教徒厌憎查理与爱尔兰天主教徒的联盟，所以最后没能达成一致。这场大败之后，蒙特罗斯侯爵逃往欧洲大陆，同月，查理在康沃尔郡以外地区的最后一支军队在切斯特附近的罗顿希斯（Rowton Heath）被敌军打败。

1646年年初，康沃尔郡的首府特鲁罗（Truro）被敌军包围，最后投降，从此，国王的军队甚至失去了对西部地区的掌控。自那之后，保王党势力败局已定。5月，随着一个又一个城镇失守，随着圆颅党人开始逼近保王党的总部，查理逃离了牛津，向北疾驰，去向驻扎在纽瓦克的苏格兰国民誓约派势力投降。他们将他带到了纽卡斯尔。最后，6月，牛津被议会党人攻陷，第一次英格兰内战结束。

查理选择向苏格兰人投降，因为他觉得他们有可能会支持他对抗英格兰人。议会党分裂出来的两个派系之间依然剑拔弩张，气氛没有一点儿缓和。由于长老派与军队已经彻底决裂，所以长老派的议会成员派了自己的代表，匆匆赶去北方，单独与国王和苏格兰人协商，以期共同对付军队势力。他们的提议是让国王在遵守一定条件的前提下重新掌权，即所谓的《纽卡斯尔提案》（Propositions of Newcastle）；教会要推行长老制；今后的20年里，军队和海军由议会控制；严格执行针对天主教徒的法律。但这些正是战争爆发前查理拒绝接受的那些条件，如今，他还是无法接受。1647年1月，因为国王拖欠了他们40万英镑的军费，苏格兰人将国王交给了议会党。议会党将他押送到北安普敦郡的汉姆比山庄（Holmby House）。随后，苏格兰人起程返回北方他们自己的国家，不再插手军队势力和长老派之间的权力之争。如今，军队势力越来越把克伦威尔视作自己的最高统帅了。

1647年上半年，国王一直被关押在汉姆比山庄。军队势力和长老派之间的敌对局势更加紧张。清教徒独立派，或者说军队成员，在议会的影响力越来越大。长老派的议会成员看到军队日渐成为一支政治力量，未来还可能自行掌控政府，他们对此感到非常担心。他们期望的是在战争结束之后，军队直接解散，将管理政府、统治国家这件事留给他们来做。长老派决定先下手为强。如果他们能解散新模范军，那么军方的威胁自然就消失了。长老派犯了一个错误，那就是他们采取的第一个措施竟是停发军饷——骑兵的薪金被拖欠了整整10个月。军队拒绝解散。非但如此，他们还发动哗变，推选了自己的政治委员会。克伦威尔是这个政治委员会的重要成员。

1647年6月，克伦威尔以其一贯独到的战略眼光，判断出他必须牢牢掌控整个棋局最关键的一枚棋子：国王。他派了科尼特·乔伊斯（Cornet Joyce）去汉姆比山庄，带回了查理，将他控制在军队手里，之后，将他带到以前都铎王朝的王宫汉普敦宫里。同时，军队进入伦敦，驱逐了议会中的11名长老派议员。这个行动证明了军队和当初的查理一样，都是议会特权（尤指议员拥有的言论权利，他们不用担忧被控诽谤而遭惩罚或法律诉讼）之敌。这个时候，军队的领导人向国王提出他们自己的《提案纲要》（Heads of Proposals）。他们的提案颇为合理：查理可以重返王位，只要他同意每两年召集一次议会；主教制度也可以恢复，不过不能强制任何人服从主教；祈祷书也可以重新在教堂发放，但是不能强制教徒使用它的祈祷文。

但是这些正直的人想法简单，和他们做交易的人却满肚子阴谋诡计，惯用卑鄙手段。议会的长老派议员被驱逐之后，查理认为议会党内部的两个派系之间很快就会开始自相残杀，于是在与军队势力谈判的同时，他还秘密地与苏格兰人和英格兰的长老派谈判，以为有军方优渥的条件，他就可以更有底气地和他们讨价还价了。他逃到了怀特岛，之后，他在卡里斯布鲁克城堡（Carisbrooke Castle）被捕，并被看押于此。尽管如此，他仍秘密地向苏格兰人传递信息，与他们谈判。

最后，在卡里斯布鲁克城堡，狡诈的查理终于成功地与汉密尔顿侯爵（Marquis of Hamilton）领导的比较温和的国民誓约派签署了一项条约——《协约》（The Engagement）。汉密尔顿侯爵当时已经背弃了阿盖尔伯爵。根据《协约》，查理最终同意了在英格兰建立长老制，但是要求苏格兰军队侵入英格兰之后，必须尽快镇压其他一切异端教派，包括属于独立派势力的所有教派，并成立新的议会。1648年，在长老派对军队里的极端主义势力的恐惧、国王的阴谋和苏格兰军队即将前来援助他们的消息等几重因素的共同作用下，英格兰的长老派、保王党和苏格兰长老会教徒联合了起来。

6月，肯特和埃塞克斯两地爆发了起义，7月，南威尔士（South Wales）也出现暴动，第二次内战由此开始。欧洲大陆的三十年战争刚刚结束，相关国家签署了《威斯特伐利亚和约》（Peace of Westphalia），所以国王觉得自己有希望取得欧洲大陆倾向天主教军队的支援。然而费尔法克斯勋爵很快击败了肯特的叛军，而克伦威尔则在镇压了威尔士的起义之后，又迅速地在普勒斯顿（Preston）击溃了规模不大、实力微弱的苏格兰军队。1648年8月末，埃塞克斯的保王党在支撑了两个星期之后投降了。不过，尽管第二次内战至此结束，但是议会党面临的危险还远没有彻底消失。当时国内还存在着很强烈的支持保王党的情绪，具体的体现之一就是，海军中至少有9艘战舰突然改换了立场，驶往尼德兰，加入威尔士亲王的阵营。

这场新危机让军队势力开始疯狂地反击国王，因为他们认定国王此人不值得他们再予以信任。国王行事卑鄙，一点都不光明磊落，令他们觉得非常恶心，于是他们发表了一份声明，宣布他们有义务"让查理·斯图亚特这个嗜血成性的杀人犯为他造成的流血牺牲负责，为他丧心病狂地破坏上帝事业的种种罪行负责，为受他拖累的这个可怜国家的人民负责"。军队势力已经受够了漫长的拖延和谈判，于是事情的发展渐渐失控了。当时，查理在怀特岛仍享有相当程度的自由，但是军队强行将他带离了怀特岛，押送到汉普郡的赫斯特城堡（Hurst Castle）监禁起来，还派人24小时看守他。3周之后，他们又将他押送到温莎。之后，1648年12月6日，托马斯·普莱德上校（Colonel Thomas Pride）率领的军队将下议院的143名长老会的议员或驱逐或逮捕，这便是普莱德肃清（Pride's Purge）。肃清后剩下的议员组成残缺议会（Rump Parliament），其主要成员是独立派成员和支持奥利弗·克伦威尔及军队的人。

军队如今坚持要让国王受审。尽管上议院拒绝接受这一要求，但是下议院投票成立了一个自封的高等法院。法院由135名委员组成，其中只有极少数是律师，没有一个是真正的法官。一个名叫约翰·布拉德肖（John Bradshaw）的地位卑贱的地方律师被推选为主席。1649年1月20日，国王查理站在威斯敏斯特大厅的悬臂托梁下接受审判。很久以前，就是在这个大厅里，他的先祖曾为臣民主持公道。在威斯敏斯特的这方小小的天地之外，整个英格兰都为军队这种放肆的行为而震惊不已。

查理或许是丢掉了他的王国，不过他并没有丢掉自己的才智。他结巴的毛病在这个时刻竟然也消失了。他大声地质问是谁授权他们将他带上法庭的，因为在英格兰任何人都无权审判国王。"在英格兰人民的授权下。"布拉德肖回答说。但是查理拒绝回应一个违犯宪法成立的法庭的指控，在接下来的审判过程中，他拒绝再做任何发言。他的儿子威尔士亲王之前在尼德兰听说他父亲的近况之后，忍不住呜呜哭泣。此时，他给残缺议会送来一张空白的纸张，告诉他们只要他们肯放过他父亲，无论他们在这纸上写什么要求，他都会签字同意。但是这并没有什么用。

这个"法庭"继续听取指证国王罪行的证据。由于国王没有为自己做任何辩护，所以法庭认定国王对自己的人民发动了战争，募集军队对抗议会，还是个"暴君、叛国者、杀人犯，是这个国家所有良民的公敌"。因此，他们判处国王死刑，死刑的执行方式是砍头。

135名委员，只有59人签署了死刑执行令。其他人都已经偷偷溜走了，他们不愿意在这样一份根本不合法理的文件上签字。因此，最后查理一世是被法庭的少数人判处死刑的，而法庭本身又是由下议院的少数人，实际上更准确地说是不合法的残余议员表决设立的，而且还没有经过当时的上议院同意。

出乎人们意料的是，在面临死亡时，查理一世显示出了自己的坚强与高贵；在此之前没有人觉得他能和这样的优秀品质沾上边。正如一位作家描述的那样："他素未予生命以荣光，死亡却令其德行得彰。"1月30日，国王在白厅宫的国宴厅外被处决，这座建筑是依高理·琼斯为查理的父亲詹姆士一世设计修建的。当查理站上行刑台时，他显得颇为镇定。他身材瘦小，穿着一身黑衣。在他生命的最后几天，他一直在向伦敦主教威廉·贾克森（William Juxon）祈祷。行刑那天天气特别阴冷，他特意穿了两件衣服，免得自己只是冻得发抖，却叫人误以为是自己害怕了。白厅宫四周站了一圈全副武装的骑兵，他们将围观的人群阻挡在外，当时有数以千计的人在场。当国王的头颅连同那长长的、散乱的黑发从他的身体上被砍下来时，人群中爆发出一声惊恐凄厉的叫声，仿佛他们的灵魂遭受了巨大的痛楚。

当时在场的一个目击者在他的日记里写道："在斧子落下的那一刻，我真是满心悲伤。我记得，在那一刻，在场的几千人发出了一声痛苦的叫声。那声音里的痛苦如此深切，我以前从未听过，也希望以后再也不会听到。"戴着面具的刽子手提起正在滴血的头颅说："看吧，这是叛国者查理·斯图亚特。"听到这句话，在场的人没有爆发出胜利的欢呼，反而响起了压抑的哭声。当军队意识到事情的发展不符合他们的预期时，他们开始驱逐人们离开白厅宫。国王的尸体被送去做了处理，之后才被送去温莎，安葬在圣乔治礼拜堂。

据说在国王被行刑后的那天晚上，他的尸体还停放在白厅宫，一个蒙面人走到尸首前。那个人看着国王的遗体，喃喃低语道："确实是残忍，但是别无选择。"他的语气里不无几分痛苦遗憾。这虽只是人们口耳相传的故事，但也有几分事实依据。人们都相信那个蒙面人是奥利弗·克伦威尔。

这场死亡将愚蠢的、不讲信用的国王变成了一个殉道者。一本据说记录了他最后的祈祷和思考的书——《国王的圣像》（*Eikon Basilike, "The Royal Image"*）——成了英格兰乃至整个欧洲的畅销书。诗人约翰·弥尔顿被迫出来运作公共关系，试图扭转人们的这种想法，但是这场运作以失败告终。他还发表了一本小册子，炮制了一套理论解释为何处决暴君永远都是合法的。诗人安德鲁·马维尔（Andrew Marvell）

是克伦威尔的党羽，但是国王从容赴死的气度深深地打动了他，所以他为他写了一首诗，纪念他的死亡：

> 行刑台似英雄场，
> 不事庸常，无意庸常。
> 目眦欲裂，眼露锋芒，
> 锋刃不敢与争光。

> 堪破死生是寻常，
> 便是蒙冤，随它何妨？
> 安卧斧下，如眠锦床，
> 不失雅望是玉郎。

共和国和护国主时期
The Commonwealth and Protectorate

1649—1660

国王被处决后,英格兰被宣布成为共和国。尽管尚有威尔士亲王在,但是君主制被废除了,上议院也被撤销。只有下议院仍维持着普莱德肃清后的样子。所以在当时,尽管新的秩序已经逐步建立起来了,但议会仍是原来的残缺议会。议会成员选举了41个人组成国务委员会(Council of State)。弑君者布拉德肖当选为委员会主席,诗人约翰·弥尔顿担任拉丁语秘书——其职责大致相当于今天的外交大臣,因为当时所有的外交文书都是用拉丁文写成的。尽管奥利弗·克伦威尔是新政权最重要的人物之一,但是他的职位仍是骑兵中将,而且还是费尔法克斯的属下。当时刚成立不久的共和国面临着来自国内外两方面的威胁,所以国家需要仰赖他们的军事才能。

一方面,查理一世殉难,唤起了人们比较强烈的保王情绪。其他国家对于他们竟敢处决国王感到无比震惊和厌恶,以至于英格兰新政府派驻尼德兰和西班牙的大使都被人刺杀了。另一方面,在军队内部,平等派(Leveller,独立派中更为激进的一部分人)的思想广泛传播,这个派系的人对当时的政治解决方案不满。

他们主张所有男性都应享有普选权,所以继续保留残缺议会远没有达到他们的改革诉求。他们希望让所有男性,无论财富地位,都可以参与选举;他们还打算废除与个人财产挂钩的一切特权。因此,他们发动哗变,威胁着要攻打议会,强行推行自由选举。克伦威尔认为如果任由此事发展,有可能导致时局混乱,出现大规模的动荡,所以他决定镇压平等派。"将他们碾成碎片,不然迟早有一天你们会死在他们手里。"他对国务委员会如此说道。在一个深夜,他和费尔法克斯在牛津郡的伯福德(Burford)逮捕了平等派的首领,镇压了这场叛乱。

给刚刚成立的共和国带来更大威胁的是苏格兰和爱尔兰。这两个国家都摆脱了英格兰的统治。处决查理一世带来的问题远多于它解决的问题。它让苏格兰的保王派长老会的军队迅速地团结起来,并很快地拥立威尔士亲王为查理二世国王。在爱尔兰,在奥蒙德侯爵詹姆斯·巴特勒(James Butler, Marquis of Ormonde)*的领导下,新教保王党和天主教贵族组建了一支强大的军队。爱尔兰带来的威胁是最迫切需要处理的,因为威尔士亲王和鲁珀特王子(后者此时是保王党海军的指挥官)正在前往爱尔兰,欲与奥蒙德侯爵会合,推动保王党的发展。

作为军队里最伟大的军人,克伦威尔随即在1649年9月动身前往爱尔兰,接着在10月包围了保王党的两个最重要的据点德罗赫达(Drogheda)和韦克斯福德。由于守军不肯投降,所以,他一攻克这两座城池,就将那里的所有守军都杀了。这种行为当然是十分残暴的,不过按照17世纪围攻战的惯例,这并不违法。他借口说他之所以这么做只是希望能够减少爱尔兰其他地区的流血牺牲,因为如果爱尔兰人知道他不会对他们手下留情,他们自然会更快地投降,以此来为自己的暴行辩护。

到1650年,他完成了对爱尔兰的再次征服。爱尔兰又一次受到了英格兰的压迫;这一次,爱尔兰的土地被分配给了克伦威尔手下的将士——他们是英格兰派来镇压当地人的新守军。爱尔兰人要么放弃他们的天主教信仰,要么就迁居到香农河(River Shannon)以南的康诺特省的荒原。这就是"下地狱还是去康诺特"这句俗谚的来源。时至今日,爱尔兰南部地区的人民提到克伦威尔时,仍难掩厌

---

* 第一代奥蒙德侯爵(1774—1838),爱尔兰贵族和政治家。——编者注

恶之情。

之后，克伦威尔前去苏格兰挽救局势。1650年7月，威尔士亲王查理已经成了一支国民誓约派军队的首领。尽管威尔士亲王几乎没有实权，而且苏格兰仍是由阿盖尔伯爵领导的苏格兰贵族统治，但是让一个斯图亚特王室的继承人留在那个国家，毕竟是很大的潜在威胁，他们无法置之不理。克伦威尔第一次进攻苏格兰以失败告终。苏格兰人善于避其锋芒，不与他们正面交锋，而是拖延战局，让恶劣的天气、饥饿和疾病慢慢消耗掉英军的有生力量。然而，9月3日，克伦威尔在邓巴战役（Battle of Dunbar）中与他以前的同人戴维·莱斯利对阵时，取得了胜利——这是他最辉煌的大捷之一。此后不久，爱丁堡和苏格兰低地就落入了英格兰侵略军的控制中。此时克伦威尔已经成为军队的最高统帅，因为在查理一世受审后，原先的最高统帅费尔法克斯对军队的发展势头感到不安，已经辞职了。

第二年，国民誓约派顶着巨大的压力，让威尔士亲王在斯昆加冕，成为苏格兰国王查理二世。斯昆乃是自古以来苏格兰国王的加冕圣地。他们觉得一个加冕了的正统国王或许可以让英格兰的保王党援助他们，遂在8月发兵攻打英格兰。但是开战不到一个月，在1651年9月3日邓巴战役的一周年纪念日当天，克伦威尔就在伍斯特战役（Battle of Worcester）中击败了查理二世的军队。最后，克伦威尔甚至还迫使奸猾狡诈的阿盖尔伯爵同意了他提出的条件：苏格兰必须像英格兰那样采用共和政体，苏格兰议会必须解散，长老会不能再召开大会；另外，苏格兰必须确保所有清教徒都能自由地选择自己的信仰，并保证两国之间的自由通商。

查理二世本人历经千辛万苦之后，成功地逃到法国。他这一路的艰险在如今的民间传说故事中有颇多体现。伍斯特战役发生时，双方在伍斯特的街道上陷入肉搏，当时有人听到他喊道，他一无所有，只有一条命而已，谁有胆就来拿去。在那场战役之后，他被迫滞留在英格兰中西部地区。在那个地方，他躲在一些友好的天主教徒家的神父密室里，其中包括伍尔弗汉普顿（Wolverhampton）附近的莫斯利古宅（Moseley Old Hall）和什罗普郡的博斯科贝尔府（Boscobel House）。当时军队把守着塞文河上所有的桥，防止他从威尔士的港口逃走。在军队开始搜查博斯科贝尔府之时，他和另一个陪他逃亡的保王党人一起躲到博斯科贝尔府屋后的一株大橡树上。这是他最著名的藏身地点。一整天的时间里，圆颅党的士兵就在树下来回巡视——他们谁都没想过抬头看一看上面，否则的话，他们就会发现那两个逃犯正抱着橡树的树枝，躲在它繁茂的枝叶后面。

在躲过了博斯科贝尔府的搜捕之后，为了抵达海边，这位未来的国王不得不乔装成一个男仆。最后，他终于坐上了一艘渔船，凌晨4点从苏塞克斯西部的肖勒姆（Shoreham）出发，逃离了这个国家。政府已经四处张贴了布告，宣布任何人只要能够提供"前暴君之子查理·斯图亚特"的行踪，就能获得1000英镑的赏金。由于查理二世的外貌特征非常明显，所以我们可以推断其实当时很多人都知道他的身份，只不过都选择了为他保守秘密。这昭示着在议会新的暴政统治下，人们对君主制和王权的怀念已经开始冒头了。9年之后，这种情感促使人们拥立查理二世继承他父亲的王位。

但是，如果说上述的3个国家在克伦威尔的雷霆打压之下，都重归了安定，那么这个新生的共和国在其他国家那里则遭遇了强烈的敌意。在荷兰*，这种敌对情绪引发了第一次英荷战争（First Dutch War，1652—1654）。这两个国家如今都是尊奉加尔文主义的共和国，它们之间有很多的相似之处。在伊丽莎白一世时期，新教主义曾将两国团结在一起，共同对抗天主教势力，但是东印度群岛的贸易竞争，加上荷兰人对保王党势力的同情，使两国之间的关系开始恶化。他们现在欠缺的只是一根引爆战争的导火索而已。1651年，残缺议会试图通过新的《航海条例》（Navigation Act），从荷兰人手中夺取一部分利润丰厚的货运业务，这为开战提供了充分的理由。这份法案规定，任何货物如果不是由其原产国的船只运输的，都不能进口到英格兰或英属殖民地。荷兰人对英格兰共和国竟敢明目张胆地抢夺他们利润最丰厚的生意感到无比恼火。

第一次英荷战争的战场完全是在海上。理论上，英格兰共和国根本无力一战，更遑论获胜了，因为英格兰根本就没有正规的海军。但是一位来自萨默塞特郡的名叫罗伯特·布莱克（Robert Blake）的清教徒扭转了整个局面。他曾经在陆战中从保王党人手中攻下了汤顿，如今他又以自己的实力证明他不仅善于陆战，而且在海战方面也毫不逊色。尽管荷兰人海战经验丰富，但他还是成功地将他们打得

---

* 本书此后对尼德兰地区采用现今常用的中文称谓"荷兰"。——编者注

落荒而逃。作为在纳尔逊（Nelson）出现之前英格兰最伟大的海军将领，海军上将布莱克于1655年在泰瑟尔岛（Texel）附近海域击败了荷兰最优秀的海军将领之一范·特龙普（Van Tromp）。第二年双方签署了《威斯敏斯特和约》（Treaty of Westminster），确立了英格兰在北海的霸权。在这项条约里，荷兰承诺不援助保王党。英格兰的货运行业开始进入飞速发展期。

共和国政府又一次出现内部分裂，英荷战争的危机也并没有让意见不合的各方摒弃前嫌。一段时间以来，军队内部对沾沾自喜的残缺议会滋生了越来越强烈的不满情绪。很多议员已经占据议席将近15年了。军队的领导者认为，残缺议会是时候自行解散了，只有这样才能举行更公平公正的选举，组建更能代表英格兰民意的下议院。但是残缺议会的成员对现状非常满意，所以他们非但没有解散，反而在1653年4月通过了一项法案，进一步延长了他们的任期。于是，克伦威尔采取了行动。

克伦威尔带着手下的士兵冲进议会，告诉议员们："你们再继续坐在这里可不合适！"他开始让人将议会成员丢出去，连议长也不例外——士兵揪着他的长袍，将他从座位上扯了下来。随后，尽管一位名叫托马斯·哈里森（Thomas Harrison）的议员警告他这样的举动是非常危险的，但他仍是一意孤行地命令士兵将代表议长、代表下议院权威的金色权杖拿走了。"将这个花里胡哨的小玩意儿拿走。"克伦威尔冷漠地说。

如今克伦威尔已经成了整个国家至高无上的统治者，一个军事独裁者。他相信上帝赋予了他洞见卓识，所以他能决定什么对这个国家来说是对的。他并不是真的觉得议会制度没有存在的必要，毕竟他一直是全身心地在为议会党的事业奋斗。所以，唯一的问题是找到"对的"议会。之后的几年里，因为他一直不肯放弃议会制度的基本原则，所以他尝试过多种不同的议会形式。不过结果基本上都让他很失望。他的指导原则就是，英格兰应该由一群正派公正的人共同管理。第一次尝试组建一个符合他心意的议会时，克伦威尔觉得，为了确保推选出来的人都是虔诚神圣的基督徒，最快最好的方式就是从地方上的公理会教堂选举候选人。这一届议会被称为小议会（Little Parliament）。推举候选人的标准非常严苛，包括候选人每天祈祷的次数等，结果到最后，整个英格兰只找到了139名真正敬畏上帝的、有资格成为议会成员的合格人选。

其中有一个典型代表，原是个皮匠，是再洗礼派信徒（Anabaptist），人们称他"赞扬上帝的巴尔邦"（Praisegod Barbon）。"巴尔邦"的英文 Barbon 又可以写作 Barebones，是"骨瘦如柴"的意思，故而这届议会得了一个绰号叫"瘦骨议会"（Barebones Parliament）。可惜圣洁虔诚不等于智慧。小议会的这群不切实际的圣徒想要取消一切他们有权处理的事物——律师、牧师、政府，等等。所以只过了 8 个月，克伦威尔就觉得他们根本不会履职。1653 年 12 月，这届议会被解散了。

为了填补他们的空缺，军队的军官委员会（Council of Officers）提出了《政府组织法》（Instrument of Government）。这是英格兰的第一部成文宪法。该法规定议会采取一院制，议院共设 400 个席位。这是一种新形式的下议院，苏格兰和爱尔兰也第一次被列为选区。然而，尽管上议院已经被撤销，但是作为一名贵族，护国主克伦威尔本人却成为整个国家的最高领袖，在国务委员会的协助下统治整个国家。1654 年 9 月，新的议会第一次召开会议，就开始给克伦威尔制造麻烦，尤其是其中比较激进的共和主义者，他们反对护国主这种类似于国王的角色。4 个月后的 1655 年 1 月，克伦威尔解散了这届议会，其专断蛮横远胜过斯图亚特王朝的任何一位国王。

在彭拉多克上校（Colonel Penruddock）的领导下，威尔特郡爆发了一场保王党叛乱，给新政权带来了更多的麻烦。克伦威尔以此为借口，将英格兰分成 11 个军区，每个区设一个少将管辖，实行军事管制。历史学家认为，这或许是促使整个国家倾向于恢复君主制的最重要的一个原因。尽管此前大部分人在日常生活中或多或少总会接触甚至接受清教徒的生活方式，但这是他们第一次体会到所有行为都要按照清教徒的标准来进行是一种什么感受。他们憎恶这种体验。英格兰人习惯于将自己视作自由的人，所以他们觉得清教徒的行为规范对个人自由的限制太多，令人无法忍受。发誓、运动、赌博、醉酒这些平常的行为，如今一旦做出都要被处以罚款。清教徒已经关闭了所有剧院，而如今，只要军区的少将觉得自己辖区内酒吧和乡村酒馆太多，就连酒吧和酒馆都要被关闭。任何一名法官若敢质疑军事管制，就会被撤职。而且，尽管当时议会被解散了，但是税却在未经议会批准的情况下继续征收。若不是因为到处都有军队驻守，人们很可能早就起来反抗了。

不过克伦威尔也拥有很多令人钦佩的品质。他是功勋卓著的将军，也是卓越的政治家，一直为英格兰人民的利益服务。从很多方面来看，他都没有多少个人野心，他的行为都是受他所感知的"上帝的意志"所驱使。他的正义感促使他反抗查理一世；在英格兰人民中间进一步实现公义的渴望又让他变成了一个独裁者——因为他认为人民无法自行实现公义。克伦威尔在很多方面都是理智的、尊重自由的。尽管罗马天主教徒和圣公会的高教会派仍受排斥，但是其他一切教派，不论是浸礼会、长老会还是公理会，都在英国国教会里找到了容身之处。而且，克伦威尔和所有清教徒一样，由于对《圣经》抱有浓厚的兴趣，所以对犹太人颇有好感。尽管伦敦大概一直以来都暗藏着少量犹太人，但是正式邀请犹太人重返英格兰的却是克伦威尔。他在1656年发布这项邀请，不过直到1664年，爱德华一世当年制定的法律才被正式修改。自他发布邀请之后，犹太人开始逐渐重返英格兰，为共和国政府带来了巨额的财富、丰富的文化和有用的欧洲大陆关系网。

为不列颠争取更大的利益，提升不列颠的国际影响力，这是克伦威尔一直以来孜孜以求的目标。在英荷战争之后，他尝试推行新教主义的外交政策，这个政策与当年沃尔辛厄姆的主张有相似之处，尤其是在他利用路易十四（Louis XIV）给萨伏依公爵（Duke of Savoy）施压，阻止其继续屠杀信仰新教的臣民这一点上。这场屠杀被诗人弥尔顿写进一首十四行诗，这是他最脍炙人口的作品之一。正如诗中所描述的那样，那些臣民"冰冷的尸骨散落在巍峨的山峰"。然而，到17世纪中叶，一个国家已经不可能只因为新教主义信仰而决定是否与另一个国家结盟了。尽管克伦威尔与瑞典和丹麦签署了条约，但真正促成合作的原因更多的是贸易联系，而不是宗教信仰。当时欧洲的局势中最重要的是西班牙和法国的竞争。在法国，红衣主教马扎然（Cardinal Mazarin）正替少年国王路易十四谋划这场争斗。

到17世纪末，路易十四统治的法国将会成为欧洲自由的最大障碍。但是克伦威尔出生的时间早了100年——他出生于1599年，当时是伊丽莎白在位的末期。他的世界观都是伊丽莎白时代的观点：在他看来，西班牙是天主教势力的斗士，尤其还是阻挡英格兰在新大陆进一步扩张的最大障碍，所以它永远都是英格兰最大的威胁。在西班牙的腓力四世（Philip Ⅳ）拒绝给予西属殖民地的英格兰商人宗教自由，且拒绝在西印度群岛实行自由贸易之后，1655年，已经和法国正式结盟的英格兰向西班牙宣战（这次结盟迫使查理·斯图亚特王子离开法国）。

战争爆发的第一年，威廉·佩恩爵士（Sir William Penn）和罗伯特·维纳布尔斯（Robert Venables）攻占了牙买加岛；不久之后这个岛屿就发展成重要的英国殖民地。1657年，英国海军在特内里费岛（Tenerife）的圣克鲁斯（Santa Cruz）俘虏了西班牙运宝船，并将之拖回英国，这场大捷给海军上将布莱克蒙上了一层荣光，不过布莱克本人却在返航途中去世了，最后被葬在威斯敏斯特教堂。战争的最后阶段，英法两国并肩作战，一起对抗西班牙，其结果之一就是，在沙丘之战（Battle of the Dunes）结束之后，敦刻尔克（Dunkirk）被英国占领了。因为英格兰的帮助，法国彻底打败了西班牙。从长远来看，这场胜利给英格兰乃至整个欧洲都带来了很多麻烦，因为这让法国在称霸世界的道路上又前进了一步。到1689年，英格兰不得不组建一个联盟来遏制法国的称霸之路。

1656年，克伦威尔又一次尝试重组议会，结束了让民众厌憎不已的军事管制。但是选举结束后，新议会中至少有100名议员持有极端共和主义观点。结果，这些人被克伦威尔的士兵拦住，无法进入议会的会场。议会成员纷纷抗议，结果又有50人因此而被拒于议会门外。如此一来，几乎没有哪一届议会下议院像这一届一样不反映民意的。

1657年，平等派的萨克斯比上校（Colonel Saxby）暗杀克伦威尔失败之后，新的下议院试图恢复内战之前英格兰政体的一些惯例。他们在《恭顺的请愿和建议书》（Humble Petition and Advice）中大致说明了他们的这一主张，并恳请克伦威尔加冕为王，请求恢复上议院，不过它的名称要改成"其他院"（Other House），由护国主提名终身贵族（子孙不能承袭爵位）担任其成员。克伦威尔知道这会立即导致他原先的战友们反应激烈，所以他没有接受"国王"这个头衔，但是除此之外，本质上他跟国王已经没有太大差别了。事实上，他差不多已经建立了一套世袭君主制了，因为他的儿子将会继承他的护国主之位。1658年9月3日，邓巴战役和伍斯特战役胜利纪念日这一天，已经被繁重的国事压得身体虚弱的克伦威尔死于高烧。在他死后，护国主一职传给了他的长子理查德·克伦威尔

(Richard Cromwell)。

但是小克伦威尔完全不像老克伦威尔,他在护国主这个位置上只坐了 8 个月。理查德·克伦威尔是个和气的乡村绅士,他没有他父亲那样旺盛的精力,甚至也不是清教徒。在他继位之后,由于没了他父亲的弹压,军队中的极端分子和议会之间的种种分歧冲突一下子都爆发了出来。军队坚持要求其指挥官查理·弗利特伍德将军(General Charles Fleetwood)拥有独立于护国主和下议院的特殊权力。弗利特伍德娶了克伦威尔的女儿布丽奇特(Bridget,她的前夫艾尔顿已死)。理查德·克伦威尔与军队之间的争执削弱了政权;1659 年 4 月,军队的将领逼迫他解散议会。之后不久,小克伦威尔辞职了。他回到了自己在乡村的房子,让军队自己去实行统治。

随后,局势陷入了一阵令人不满的混乱之中:军队领袖无法就任何问题达成一致意见,唯一一件他们都同意的事就是恢复之前在 1653 年被克伦威尔解散的残缺议会,即普莱德肃清之后下议院剩下的那些独立派议会成员。他们觉得克伦威尔时期最后一届议会是一群唯唯诺诺的人,不够激进。看到伦敦的中央政府显然已经开始失控了,长老派就在柴郡发动了一场起义。军队中一位名叫约翰·兰伯特(John Lambert)的将军镇压了这场起义。兰伯特回到伦敦后又一次驱逐了残缺议会。但是随着整个英格兰的局势越发动荡,军队被迫在节礼日(Boxing Day)* 又一次召回了残缺议会。

驻守在苏格兰的英军将领蒙克将军一直关注事态的发展;时局之乱让他越来越不耐烦。蒙克将军原是保王党,直到 1644 年被俘之后,才投诚到现在的阵营。作为一个有这样背景的职业军人,他觉得如果想要恢复国家的秩序,唯一的办法就是恢复君主制,但是要严格地限制君主的权力。他是个众所周知的善于封锁消息的人。1660 年 1 月初他开始往伦敦进军时,他几乎完全没有透露他的真正意图。不过他的想法还是或多或少地开始泄露出去。随着他一路南下,越来越多的人自发地加入他的队伍,其中还包括第一次内战期间的很多长老派和议会党领导人,如托马斯·费尔法克斯爵士等,因为局势的发展让他们对当局

---

* 圣诞节次日,如遇星期天则顺延一天。——译者注

失去了期待。等到了伦敦之后，蒙克宣布他想要召集一届自由的议会。他要求残缺议会召回当年被普莱德肃清的那些长老派议员。这样一来，议会中长老派的成员就占了多数。他们投票做出解散长期议会的决议——这个议会早在1640年就召开了第一次会议。

蒙克当选为军队的最高统帅，但他拒绝就任"护国主"。他开始与流亡于荷兰的查理·斯图亚特王子联系。在蒙克的建议下，4月4日，查理发布了一条布告，将他的意图告知天下人，这份诏书即《布雷达宣言》(Declaration of Breda)。《布雷达宣言》慷慨允诺宽宥所有参与反抗王权的人，让议会决定一切重要的事务，并宣布在宗教事务上，只要不损害王国的利益，查理允许人们"自由地选择自己的信仰"。与此同时，由贵族和平民组成的自由的议会也召集了——由于没有经过王室的召集，该议会被称为临时议会。很多保王党和长老派的成员都参加了这届议会。临时议会投票赞成英格兰应由国王、上议院和下议院共同治理，并邀请查理·斯图亚特王子回国践祚。

5月29日，他的30岁生日那天，黑发、迷人的威尔士亲王回到伦敦，加冕为国王，是为查理二世。

查理二世
Charles Ⅱ

1660—1685

共和国的统治早已沦为噩梦，因此，俊雅的威尔士亲王回国时受到了民众热烈的欢迎。人们聚到多佛，欢呼着等候他的抵达；从多佛到伦敦的一路上，都有人列队等着欢迎他。威尔士亲王乘坐的船在议会党取得纳斯比战役的重大胜利后被命名为"纳斯比"号（*Naseby*），如今又见风使舵地改成了"皇家查理"号（*Royal Charles*）。当威尔士亲王乘着这艘船穿过海上的波涛时，威尔士亲王对作家塞缪尔·佩皮斯（Samuel Pepys，这位以其日记名传后世的作家当时是陪伴王室回国的官员之一）说，他脑中挥之不去的是他上次离开英格兰时的情形，当时他还是个被悬赏通缉的要犯。如今他凯旋，一切是多么不同！等他快要抵达伦敦时，被长期的流亡经历磨砺得有些愤世嫉俗的威尔士亲王不无嘲讽地说，他在外面流亡了这么久，如今看来全都是他自己的错——因为他遇到的所有人，"没有一个不宣称自己曾热切地期望他回来"。

恢复君主制的决议实际上让共和国政府的各项法律和决策都自动失效了，而且人们还提出将查理二世的统治时期从1649年他父亲去世后算起，如此一来，两位君主之间的空位期就仿佛从来没有存在过一样。不过，不管政治上如何妥协，新国王终归也只是个普通人，无法淡忘自己的家族曾经受过怎样的待遇。在查理亲切温和的表面下潜藏着一种铁石一般的决心，正如他自己所说，他"绝对不要再经历那样的流亡了"。他愿意采取任何措施实现这个目标，确保他和家人的安全。

尽管举国欢庆，但是改弦更张、将国王迎回国内的长老派和一直坚定的保王党之间的矛盾并没有消弭。这两方面的势力在国王接下来的统治期内都扮演了重要的角色，因为议会叛军所代表的势力并没有因为王室复辟而消失。清教徒革命（Puritan Revolution）或许是做得太过火了，超过了人民可以接受的限度，但内战会爆发，确实也说明了民众心存无可抑制的不满情绪。重新确立起来的君主制因为查理二世个人广受民众爱戴而得到了巩固，但他并不是自己恢复了自己的王位。那些将他迎回国内的贵族、议会成员、商人和律师都曾为了争取议会的权力而战，所以他们绝不会允许这个国家回到查理一世时期的那种状态。当他们发现这位新国王亲和的表面之下掩藏着恢复他父亲和祖父时期的王权的野心之后，国王和议会之间又开始了一场新的争斗。在这场争斗中打前锋的是克伦威尔时期的政治家安东尼·阿什利·库珀（Anthony Ashley Cooper）。他在1661年受封为阿什利勋爵（Lord Ashley），后来被封为沙夫茨伯里伯爵（Earl of Shaftesbury），他的追随者即后来的辉格党（Whig）。

不过，刚开始时，因为王位还不稳固，加上之前流亡期间的顾问律师爱德华·海德的约束，查理二世并未显露出自己的独裁本性。查理二世的弟弟詹姆士迎娶了海德的女儿安妮，所以海德是詹姆士的岳父。他现在已经被封为克拉伦登伯爵，成了一名贵族，并被提拔为大法官。爱德华·海德在查理一世时期曾是反对王权的主要领导人之一，所以如今复辟王朝的王权还是受到了最大限度的制约。查理一世时期，长期议会在内战之前制定的大部分法令依然有效，而斯图亚特王朝专制暴政的工具，诸如星室法庭、高等宗教事务法庭和北方法院等，依然被丢在历史的垃圾桶里。造船费和任何其他未经议会批准的税收依然是违法的。《三年法案》中议会必须每3年召开一次会议的规定再次得到了确立。所有向国王缴纳的传统封建税费都被废除了，议会同意每年给查理二世120万英镑的津贴，直至他去世。

克拉伦登伯爵身材矮胖，性情坚贞，如今已经年过五旬了。对比大部分国王不过 30 余岁的年龄，他已经比他们老了 20 岁。他是个老派的、自负的人，不过他与王室一起流亡了很多年，与他们同甘共苦，所以查理二世愿意听从他的意见和建议。他们都迫切地希望让君主制拥有最广泛的基础，从而让它稳固下来。但是君主制的天然支持者——圣公会保王党却对这个目标造成了最严重的威胁。尽管临时议会在决定重新确立君主制之后做的第一件事就是颁布《大赦令》（Act of Indemnity and Oblivion），宣布对内战期间的一切行为宽免不究，但是当保王党占据绝对多数的新议会取代了临时议会之后，《大赦令》从某种程度上被忽略了。共和国政府的 13 名无足轻重的官员被处决，克伦威尔和另外两个参与弑君的人——他的女婿亨利·艾尔顿和约翰·布拉德肖，尸体被挖了出来施以绞刑。除此之外，国王试图将清教徒纳入新的英国国教会中，使之覆盖面更广一些，但是保王党却决意要破坏他的这项举措。

圣公会保王党厌憎在共和国时期统治英格兰的独立派和长老派。他们或许没办法报复那些共和国时期的政要，因为他们很多人如今都在查理二世的宫廷中占据重要的职位，不过，他们却可以对这些人所属的教派采取报复行动。他们相信，所有浸礼会教徒、长老会教徒和公理会教徒都是天然的共和主义者，只要给他们一丝机会，他们就会把他们平常会面的地点演变成革命的温床，就像内战之前一样。保王党的一个目标是让清教徒没有立足之地，所以他们认为应该禁止后者在英格兰境内的任何地方掌握权力；不管是在拥有议会代表的市镇机关中，还是在教会神职人员中，都不应该有清教徒的存在。

查理二世之所以会打算就教会问题达成新的解决方案，是受清教徒领导人驱使的。他们建议重新讨论 1622 年的祈祷书。但是，因为圣公会的顽固，加上清教徒拒绝就主教问题做出妥协，两相夹击之下，他的这个计划宣告破产。取而代之的是一系列法案，将劳德的高教会派重新确立为官方的国教，并规定英格兰政府的各级机关都要执行这项规定。这些法规被称为《克拉伦登法典》（Clarendon Code），这个称呼其实有失公允。1661 年 12 月颁布的《团体法》（Corporation Act）规定所有市镇官员都要宣誓反对《国民誓约》，加入圣公会，服从国王的统治。教会恢复了主教制度，主教们又进入了上议院。1662 年颁布的《第四教会统一法案》（Forth

Act of Uniformity）规定，所有拒绝使用祈祷书，或没经过主教任命的，或拒不反对《国民誓约》的神职人员，都要被免职。在这条法令实施之后，多达2000余名牧师辞去了在英国国教会的职务。

之前在共和国时期，清教徒的不同派系，包括公理会、浸礼会、长老会和另外两个于17世纪50年代刚刚出现的新教派——贵格会（Quaker，其信仰的核心是"内心之光"这一教义，即感受基督对灵魂的直接引导）和索齐尼派（Socinian，后来发展成一位论派*），都认为自己属于英国国教会，但如今他们不再这么认为了。从《克拉伦登法典》颁行之后，不遵奉国教的传统便开始了。随着最狂热激进的牧师离开教会，最有活力、最具力量的宗教势力也离开了英国国教会，这导致了它在18世纪的衰落。直到约翰·卫斯理（John Wesley）的循道宗出现，才让教会内的宗教热情重新燃起。

挑起内战的势力尽管力量受到了削弱，但仍在查理二世的政府占据一席之地；与之相似，清教主义的一些影响深远的观念并没有消失，只不过是转到了地下。《克拉伦登法典》的效果是将英格兰分裂成两个国家，一个是官方的，另一个是非官方的。在该法典颁布后的150年里，不遵奉国教者（Dissenter）被排斥在公众事务之外，接受他们自己教派高尚的教育，所以他们发展出了一种精神上的独立，对当权的势力没有不必要的畏惧。清教主义仍在不遵奉国教者之间流传，化成了一股地下泉水，以最微妙而剧烈的方式，浸润到这个国家生活的方方面面。它存在于不遵奉国教者的心中，依然还是改革和社会变革的一股力量。

1664年的《秘密集会法》（Conventicle Act）规定若宗教集会不使用英国国教的祈祷书，则集会人数不得超过四人。在此法案颁行之后最初的一段时间里，不遵奉国教者被大量地起诉。作家约翰·班扬（John Bunyan）是贝德福德郡的一批浸礼会教徒的牧师，他被关进监狱整整12年，其间他创作了英语文学史上的一部杰作：《天路历程》（The Pilgrim's Progress）。但是随着时间的推移，人们不再那么严格地遵守《克拉伦登法典》，因为没有教会法庭来保障它的执行。1689年，《宽容法案》（Act of Toleration）颁行，修正了之前的法律规定，允许不遵奉国教者安静地做礼

---

* Unitarian，该教派认为上帝系单一者，因而反对三位一体的说法。——译者注

拜。1665年的《五英里法案》(Five Mile Act)禁止一切不遵奉国教的牧师接近有议会代表的市镇或教堂周围5英里之内，但是这条法案很快就失效了。与此同时，那些精力充沛的人因为他们的信仰问题而无法成为行政司法长官、议会成员、法官，甚至不能进入大学学习，所以他们便将自己的精力用来从事一些务实的活动，比如投身银行业和制造业。

与欧洲其他国家相比，英格兰是非常自由的，它颁布宗教《宽容法案》的时间比大部分欧洲国家早了整整一个世纪。在法国，路易十四很快就会撤销1598年颁行的允许新教信仰和政治自由的《南特赦令》。英格兰的《宽容法案》之所以能够得以颁行，很大程度上要归功于查理二世宽厚温和的性格。事实上，他原本打算给予人们"自由地选择自己信仰的权利"，因为那些形形色色的独断偏执的宗教势力已经让他本人受尽苦楚（这就是为什么他会说出那句著名的俏皮话"长老会教义并不是为绅士准备的"）。他甚至允许克伦威尔时期的海军上将之子威廉·佩恩领导的贵格会到美洲建立宾夕法尼亚殖民地，将之作为他们专用的殖民地，让他们可以不受干扰地坚持自己的信仰。他们俩第一次见面时，严肃、高尚的威廉·佩恩在查理二世进来时拒绝向他脱帽致敬，因为他并不认可国王。见此，查理二世非但不以为忤，反而将自己的帽子脱下来，说是按照习俗，他们俩总得有一个人脱帽。

新国王获得了广泛的拥戴和尊敬。他酷爱寻欢作乐，还被人起了一个"快活王"(Merry Monarch)的绰号，这反映了在经历过酷厉禁欲的清教统治之后，他的臣民热烈地期盼能够恢复原来的正常生活。他举办了很多狂欢宴会，跳舞，大肆挥霍，与很多名为女演员实为情妇的女人眉来眼去，甚至很多情妇借此攀上了高枝，成了公爵夫人。他以这种方式引领着民众回到过去的生活方式。范布勒(Vanbrugh)等作家创作的复辟时期的喜剧就体现了当时的时代精神：不关心道德是非，放荡色情。整个英格兰境内，各种游戏、节日、娱乐活动，以及五朔节、圣诞节的庆祝活动，都得到了恢复。当初在共和国时期，圣诞节成了一个专门用于忏悔和赎罪的日子。

查理二世将帆船比赛推广成一个全国性的体育赛事，他本人也经常和弟弟约克公爵比赛。他还将纽马克特(Newmarket)的赛马运动变成了一项流行的活动，这也就是赛马被称为"国王的运动"的原因。他很喜欢让赛马骑师陪着他，经常有人看到他与他们聊天。不论他去哪里，他身边总是跟着几只毛发卷曲的小狗，这种狗的耳朵和尾巴毛发尤为浓密，在那之后被人称为"查理王小猎犬"。国王随性自在的风度深深地吸引了多愁善感的英格兰人。与他庄严肃穆的父亲不同，他总是显得平易近人、亲切友好。如果他在温莎大公园散步的时候被民众认出来，他通常都会第一个挥手示意。

英格兰一直有戏剧表演的传统。这项传统在一个多世纪前就已经深深地根植于民众的生活当中。之前清教徒关闭了剧院，整个国家都早已在热切地盼望它们重新开张。如今，人们很快就看到这位爱热闹的国王几乎每天晚上都在不同的剧院中流连忘返，如特鲁里街皇家剧院（Theatre Royal Drury Lane）。有时他也去享受一种名为歌剧的新的意大利音乐流派。一个名叫内尔·格温（Nell Gwynne）的卖橙汁的女郎兼女演员成了他最喜欢的情妇之一。之前清教徒统治时期，他们曾强调女性应该扮演的角色就是她们丈夫的附庸，然而如今在一种自由的新风气的影响下，阿芙拉·贝恩（Aphra Behn）等自由女性成了剧作家。整个国家四处流传着嘲讽清教徒的诗歌，比如塞缪尔·巴特勒（Samuel Butler）创作的描写一位长老会骑士历险记的诗歌《胡迪布拉斯》（*Hudibras*），也有很多讽刺上流社会奢靡生活的讽刺喜剧，如威廉·威彻利（William Wycherley）的《村妇》（*The Country-Wife*）。

诗人约翰·德莱顿（John Dryden）曾写过一首诗庆祝查理二世回国，该诗名为《回来的星辰》（*Astraea Redux*）。后来他被任命为桂冠诗人。在克伦威尔统治时期，音乐也受到排斥，而如今整个英格兰的各个教会都恢复了音乐演奏。新的宫廷画师彼得·莱利爵士（Sir Peter Lely）用自己的画笔仔细地描绘了很多浓妆艳抹的女人，如卡瑟梅夫人芭芭拉·维利尔斯（Barbara Villiers, Lady Castlemaine）和主持法庭的波特茅斯女公爵路易丝（Louise, Duchess of Portsmouth）等，她们暴露的衣着反映出复辟时期社会低俗情色的风气。她们几乎都给查理二世生过私生子。因为查理二世的妻子布拉干萨的凯瑟琳（Catherine of Braganza）*无法怀孕，所以他很愿意承认这些私生子。这些私生子几乎都被封为公爵，其结果就是，今

---

* 1662年至1685年期间的英格兰、苏格兰和爱尔兰王后。——编者注

天英国的很多公爵都是查理二世私生子的后裔。

在复辟之前，17世纪的英格兰已经出现了大量重要的科学发现，这主要应该归功于文艺复兴和宗教改革运动给人们带来的思想上的解放。自古希腊时期之后，科学的发展就一直停滞不前。而今，它以多种方式迅速地复苏，在潜移默化中改善乃至改变了这个国家人民的生活。从荷兰传过来的农耕技术让英国人可以充分利用沼泽地区和东安格利亚的土地。到17世纪70年代，新技术的推广大大地提高了农作物的产量，让英格兰首次有多余的谷物用于出口。在内战之前，查理一世的医生威廉·哈维（William Harvey）已经证实了血液循环，并了解了胎儿如何在子宫中发育。到17世纪中叶，那些对实验科学感兴趣的人常常聚在一起讨论，他们将这些聚会称为"隐形大学"。这在当时已经成为伦敦的一种风尚。1662年，在查理二世的特许之下，"隐形大学"中的一些杰出成员被吸纳进皇家学会（Royal Society）。这位充满活力、求知若渴的新国王终其一生都对科学抱有浓厚的兴趣，他本人也有做实验的爱好，尽管他曾嘲笑皇家学会的成员除了给空气称重之外，似乎什么都没做。事实上，罗伯特·波义耳（Robert Boyle）给空气称重乃是确定大气性质的重要手段，他之所以能够发明抽气机，也是仰赖这项工作。而且他的这项工作为蒸汽机的发明奠定了基础。蒸汽机是英国人托马斯·纽科门（Thomas Newcomen）在1712年发明的，它的出现让整个世界进入了现代社会。

皇家学会最著名的会员或许当数出生于1642年的杰出数学教授艾萨克·牛顿（Isaac Newton）。他观察苹果落在地上，从而发现了万有引力定律，让物理学的定律发生了翻天覆地的改变。在他之前，物理学长期以来一直遵从亚里士多德的计算方式。此后的200年里，牛顿的定律被奉为真理，正如诗人亚历山大·蒲柏（Alexander Pope）所描述的那样：

自然与自然的定律都藏在黑暗里，
上帝说，"让牛顿来吧！"于是一切化为光明！

在空位期的20余年里，英国的建筑学家基本上没有设计出什么重要的公共建筑。如今他们开始大力推崇奢华的巴洛克风格。皇家学会的另一位会员克里斯托弗·雷恩（Christopher Wren）以修缮圣保罗大教堂而闻名于世，他设计了位于牛津的谢尔登剧院（Sheldonian Theatre）。同时，在伦敦及其他较大的地方城市中出现了咖啡馆和甜品店，这些场所催生了一种精致文雅的生活和社交方式，相比于酒吧的喧闹，更多的人喜欢这种安静的场所。咖啡、巧克力和茶叶成为英格兰最流行的进口产品，反映了英格兰与非洲至马来西亚的大片地区的贸易往来呈现指数增长。

残缺议会和护国主的一些改革被当时的人们认为是有价值的，比如说1651年的《航海条例》等。保王党议会重新执行这些改革措施，使之具备更大的法律效力。克伦威尔时期的英格兰、苏格兰和爱尔兰联盟则被撤销。它们的地方议会曾被废除，如今又重新建立起来。但是在苏格兰，国民誓约派的运动已经成为一种全国性的现象，比英格兰清教徒的影响范围广得多。主教制度被重新确立，英格兰对苏格兰教会的控制越来越严，不仅导致了当地人普遍的武装反抗，而且数以千计的国民誓约派成员因为拒绝接受他们不认可的礼拜仪式和坚持自己的信仰，或被投进监狱，或被处决。他们的领袖阿盖尔伯爵也被处决了。

与苏格兰大相径庭的是，大部分爱尔兰人并没有遇到什么宗教问题，这与查理二世对罗马天主教持有同情态度有很大关系。天主教徒曾为他而战，掩护他躲开敌人的追捕，同时，他的妻子、母亲和最喜欢的情妇都是天主教徒。查理派驻爱尔兰的总督是奥蒙德侯爵（1661年被封为公爵），在他的治理下，尽管没有官方的许可，但人们又可以举行弥撒了。王朝复辟之后的重大难题——如何归还被没收的土地，以及归还给谁——在爱尔兰得到了最充分的展现。尽管爱尔兰的天主教保王党为查理二世的父亲做出了巨大的牺牲，克伦威尔为了惩罚他们，甚至没收了他们的土地重新分给他手下的将士，但是他们当中的大部分人却始终没有因此拿到哪怕一分钱的补偿。当初克伦威尔将土地分给将士，那些将士就自然而然地成了当时驻扎于爱尔兰的、饱受侵扰的新教徒守军的补充力量，查理二世对天主教抱有好感，这让他与他所统治的国家陷入了最严重的冲突之中。他对信仰天主教的法国国王持有同情，据谣传，他还和他做了一些秘密交易。原先的清教徒势力本已经对圣公会在教会问题上的举措不满，如今国王的行为更是让他们火冒三丈。克伦威尔时期的前阿什利勋爵是个和汉普登、皮姆颇为相似的议会党成员，在他的领导下，议会开始激烈地反对查理二世。这是因为在复辟时期，天主教代表暴政和专制的观念深入人心，达到前所未有的程度。议会为了战胜暴政专制已经打了两场内战，自然不允许它死灰复燃。

从克伦威尔统治的初期开始，英格兰的外交政策就一直是支持法国对抗西班牙——这两个国家一直在争夺欧洲的霸权。复辟时期的政府完全延续了这一政策，其中不乏两国君主私交甚笃的原因。查理二世与法国国王路易十四乃是至亲——他们俩是血缘很近的表兄弟。不仅如此，在空位期，查理二世曾在路易十四的王宫生活了很长一段时间。他将路易视作真正的朋友，在他遇到危难时，他可以向路易求助。查理二世之所以会迎娶葡萄牙国王的姐姐布拉干萨的凯瑟琳，也是路易从中牵线搭桥——路易迫切地想将英格兰拉到他的阵营里，成为他的盟友之一，和他一起对抗西班牙。

这场联姻让英格兰得到了印度的港口孟买（Bombay）和非洲的港口丹吉尔（Tangier），对英格兰与印度之间正在蓬勃发展的贸易有极大的助益。孟买很快就成了东印度公司获利最丰厚的贸易地点，得到孟买标志着大英帝国的势力开始在印度建立起来。此外，这桩与葡萄牙的联姻也对当时的局势有很大的意义，因为它对西班牙是一个打击。葡萄牙在被西班牙统治了70余年之后，在法国的援助和法国士兵的支援下，刚刚恢复了独立。1662年，查理二世将敦刻尔克卖给了法国，以取悦路易，这似乎反映出法国国王对他表兄的影响越来越大，令英格兰人感到不满。人们开始说英格兰已经变成了法国的工具。

经过短短的5年，到17世纪60年代中期，查理二世与议会之间的"蜜月期"结束了。第二次英荷战争（Second Anglo-Dutch War）拖延了很长时间，最后也没取得胜利；国王养了那么多情妇，花销越来越大，越来越令人反感（这些情妇似乎都是王后的侍从女官）；宫廷的腐败和靡费让王室越来越不受欢迎，他们的巨额开销引起了下议院对他们的质疑。国王还试图自行颁布《信教自由令》（Act of Indulgence / Declaration of Indulgence），以对抗《教会统一法案》，尽管最后以失败告终，但是他已经开始显现出类似于他先人的一些倾向，引起了议会的极度不满。他希望议会能够通过法案，"使他能够更自如地使用豁免权，他觉得豁免权是他本身固有的权力"。当年议会反对查理一世时提出的目标之一就是让国王不能自行废止法律，所以查理二世提出的这些要求基本上不可能实现。

1665年，黑死病再次光顾了英格兰——这次它被称作"大瘟疫"（Great Plague）。大约7万人死于这场瘟疫。第二年，伦敦大火（Great Fire of London）在短短5天时间里烧毁了半个城市，至少有89座教区教堂被焚毁，其中包括古老的圣保罗大教堂。面对这些严重的天灾人祸，当时的很多人都放弃了他们刚刚培养起来的科学理性的习惯，认为这两场灾难是上帝对堕落的人类的审判。

这一次黑死病肆虐时，由于医学的进步，人们开始使用隔离手段，并在感染了瘟疫的人家打上红叉，将之标记出来，但尽管如此，跟上一次黑死病肆虐时一样，人们又一次听到街上回荡着运尸人"把死者拖出来"的可怕叫声。当时人们认为传播鼠疫的是微生物，为了防止自己吸入这些微生物，有些富人会携带一小束花，将自己的鼻子埋在花里。有一首可怕的童谣就体现了这个时期的风俗（打喷嚏是黑死病的症状之一）：

> 编一个玫瑰花环，
> 口袋里装满花瓣。
> 阿嚏，阿嚏，
> 我们全都倒下了。

和之前一样，大瘟疫也是由船鼠传播的。当时由于殖民地的产品大量输入英格兰，伦敦港迎来了急速的发展，导致船鼠肆虐。

人们对天主教徒有极大的恐惧和偏见，所以虽然实际上伦敦大火是由布丁巷（Pudding Lane）的一家烘焙店引起的，但当时许多人都认定是罗马天主教徒故意纵火。查理二世和约克公爵亲自参与了灭火，赢得了民众的好感。最后结束这场大火的就是约克公爵。他用火药炸毁了火场周边的大片房子，阻断了火势蔓延。

但是这并不足以让王室赢得像1660年复辟之初时那样的民意支持。国王公开地倾向天主教，引起了越来越多的不信任，而且当时有谣言称王位的第一顺位继承人约克公爵正准备改信天主教，令举国上下越发地怀疑。

如果说大瘟疫和伦敦大火似乎是上帝对腐败的、依附法国的宫廷的惩罚，那么1667年发生的一件事成了压垮骆驼的最后一根稻草。荷兰人封锁了泰晤士河，驶到梅德韦，俘虏了英格兰最先进的一些战舰。仿佛这还不够糟糕，路易十四——人们曾以为他是英格兰的朋友——突然改换了阵营，转而支持荷兰人。路易十四的最终目标是让法国取代西班牙成为一个世界强国，所以当他看到英国的殖民地迅速扩张，便心生警惕。一切都陷入了混乱之中，英格兰不得不同时面对两个强大的敌人。种种事情让议会对国王的怒火越燃越旺，为了能够转移怒火，他们需要一个替罪羊，于是，全力促成查理二世复辟的国王忠仆克拉伦登伯爵被选中了。

尽管克拉伦登伯爵是约克公爵的岳父，是两位王位女继承人玛丽公主和安妮公主的外祖父，但是他在宫廷中并不受欢迎，因为他不屑于掩饰他对宫廷不良风气的不满。而且，因为他曾当过国王的老师，所以在对待国王的态度上，仍是习惯性地将他当作一个幼稚的学生。不过，他确实是个忠实的臣子，他对斯图亚特王室忠心耿耿、无比尊敬，曾因为他自己的女儿只是个平民，配不上王室，而拒绝了约克公爵的求亲。但是查理二世和他父亲一样，也有残忍无情的一面。他毫不犹豫地将自己的这位忠仆丢给了下议院。不过查理二世还是跟他父亲有些不同的，他还稍有良心，所以提前通知克拉伦登伯爵将会发生什么事情，让他有机会逃往法国，逃脱了牢狱之灾，更免于被处决的命运。克拉伦登伯爵在法国完成了《大叛乱史》（*The History of the Great Rebellion*），这是一部对内战全面、权威的记录。在完成此书之后，他在法国去世。

第二次英荷战争爆发的根源在于北美地区的荷兰人和英格兰人的矛盾。一方面，英格兰人往南扩张，在1663年建立了一片广袤的新殖民地，即卡罗来纳（Carolina），它的首府是查尔斯顿（Charleston），这两个地名都是依据国王的名字命名的。另一方面，英格兰人也开始占领马里兰和新英格兰地区之间的大片土地。但是这片土地被荷兰人视为自己的领地。这场战争最后陷入了僵局，最终，双方在布雷达签署了新的和约。和约规定，将原荷兰殖民地新阿姆斯特丹（New Amsterdam）划给英格兰人。由于约克公爵是英国海军的最高指挥官，为了表达对他的敬意，人们将这块殖民地重新命名为纽约（New York），意思即"新约克"，不过其中最大的一个岛屿仍保留了原来的荷兰名字——曼哈顿。得到纽约对英国而言是非常关键的一步，从此，英国在北美东岸的殖民地连成了完整的一条线。之前，新阿姆斯特丹隔断了新英格兰地区和南部的英国殖民地，如今，既然它已经换了主人，英格兰的移民很快就占满了这片土地。

英格兰在殖民地取得的这些成功让路易十四比以往更迫切地想要将英格兰拉拢到自己的阵营里。不过令他恼火不已的是，那些策划了克拉伦登伯爵倒台的大臣们本来相互争斗不休，如今却因为警惕法国的野心而团结起来。由克利福德男爵（Lord Clifford）、阿什利勋爵、白金汉公爵（查理一世宠臣之子）、阿灵顿男爵（Lord Arlington）和劳德代尔勋爵（Lord Lauderdale）组成的五大臣小集团（Cabal）*带领英格兰与荷兰和瑞典结成了新的新教联盟。这个三国同盟（Triple Alliance）暂时阻挡了路易的扩张步伐，迫使他从西属尼德兰撤兵。此前，因为路易的妻子是西班牙国王的姐姐，他借她的名义出兵西属尼德兰，要求获得这片领土。

于是，十分不悦的"太阳王"（Sun King，路易十四自诩为"太阳王"）改变了策略。他通过查理二世的妹妹米内特（Minette）将触手伸向了查理二世——米内特是奥尔良公爵夫人，嫁给了路易的弟弟。1670年两国君主签订了《多佛条约》（Treaty of Dover），路易十四诱使查理二世和英格兰回到他的阵营：他承诺和查理二世一起攻打荷兰，战胜之后他们可以获得荷兰的部分沿海地区以及位于斯凯尔特河河口的瓦尔赫伦岛（Walcheren）。

但是条约里有一条秘密条款，这项条款导致了严重的后果。对于路易而言，他为此付出的代价是每年支付给他的表兄多达16万英镑的巨款，让他可以摆脱越来越不驯顺的议会的束缚。对于查理二世而言，他付出的代价更是高昂得多。他让整个国家失去了对斯图亚特王朝国王的最后一点信任和敬意。查理二世只向信仰天主教的阿灵顿和克利福德透露过这项条款的内容。根据这项条款，"只要王国的形势允许"，英格兰国王将宣布自己改信天主教，路易也会派遣6000名法国士兵来帮他让英格兰重回天主教世界。

对查理二世而言，这个举动无比危险。沙夫茨伯里伯爵即安东尼·阿什

---

* 此五人姓名首字母恰好为C、A、B、A和L。——译者注

利·库珀（他于1672年获封此爵位）是当时的政客领袖，也是查理的现任大法官，他早已对国王十分怀疑。他曾是克伦威尔的坚定支持者，事实上他还曾是瘦骨议会的成员，所以一旦国王有实施暴政之嫌，他就会予以回击。在沙夫茨伯里伯爵看来，国王有野心、有精力、性格残忍、刻毒倨傲，他的回归预示着民众将遭受苦难。

跟他的众多追随者一样，沙夫茨伯里伯爵对专制和天主教都有发自内心的深深的憎恶。此前长达半个世纪的政治斗争已经将这种认知熔铸到他的灵魂里。欧洲大陆的路易十四就是这二者最鲜明的体现。沙夫茨伯里伯爵的朋友兼私人医生、政治哲学家约翰·洛克（John Locke）为继续造反提供了理论支持——百年之后他的政府契约论激励了北美殖民地人民反抗他们的宗主国。沙夫茨伯里伯爵的追随者为清教徒党，也被称为"乡村党"，这是相对于查理二世的"宫廷党"而言的。他们与不遵奉国教者及从事制造业的许多人都有紧密的联系。不遵奉国教者不仅察觉到他们的思想自由面临着威胁，还感受到英格兰的贸易遇到了很大的阻碍，因为好战的路易十四控制了欧洲大陆的许多港口。

如果说沙夫茨伯里伯爵和其他人已经从传言中开始捕捉到秘密条款的一些信息，那么在对荷兰开战之前，他们的怀疑进一步加剧了。1672年，作为实施秘密条款的第一步，查理发布了《信教自由令》。在没有经过议会批准的情况下，他宣布废止所有针对罗马天主教徒和不遵奉国教者的惩罚性法令，展现出斯图亚特王朝不尊重议会程序的老传统。要知道，这个国家曾付出战争的代价来结束这项"传统"。下议院极为恼火，所以1673年2月，他们决定拒绝为战争拨款，直到查理撤销《信教自由令》为止。次月，查理做出让步，撤销了《信教自由令》。然而，尽管下议院同意为战争拨付军费，但是他们迅速通过了《核验法》（Test Act），彻底铲除了天主教势力。《核验法》规定所有公职人员都必须宣誓反对罗马教会的教义，并证明他们已经获得了圣公会教籍。查理愤怒地命令议会休会，但是损失已经无可避免：约克公爵，也就是未来的詹姆士二世，必须辞去海军大臣的职务；阿灵顿和克利福德也不得不辞职。

这些人辞职之后几个月，沙夫茨伯里伯爵被罢免了大法官之职。查理二世在位剩下的时间里，骨瘦如柴的沙夫茨伯里伯爵与查理二世之间漫长的争斗一直是这个国家的政治困局，前者领导的反对党力图限制国王的权力，而后者的宫廷党则支持国王。从1673年年末开始，国王的派系便由保王党圣公会教徒托马斯·奥斯本（Thomas Osborne）领导。他和沙夫茨伯里伯爵一样，都是经验老到的下议院议员，在发现其他方法都不见效后，他肆无忌惮地通过行贿换取支持。据说他每年从海关收入中专门抽出2万英镑，用于贿赂议会成员。被封为丹比伯爵（Earl of Danby）的奥斯本下定决心要保住君主特权、铲除不遵奉国教者，他的决心不下于沙夫茨伯里伯爵实现议会意旨、实现宗教宽容的信念。如此一来，下议院在英国历史上第一次分裂成两个泾渭分明的党派，并由此逐渐发展成如今的两党制体系。

在反法情绪越来越高的下议院的施压下，查理二世被迫于1674年与荷兰签署了和约，第三次英荷战争（Third Anglo-Dutch War）结束。从1677年开始，在五大臣小集团瓦解之后出任查理二世新任首相的丹比伯爵就开始召集英国军队，支援荷兰人，并同时安排詹姆士之女玛丽公主嫁给查理的外甥兼荷兰总督奥兰治亲王威廉三世（William III of Orange）。因为查理二世没有孩子，玛丽公主成为最有可能继承英格兰王位的女继承人。11月，两人完婚。路易十四见查理没能阻止丹比伯爵重新确立三国同盟的外交方向，不由地暴跳如雷，因为他已经给了他表兄大量额外的秘密补贴，作为交换，查理承诺除非法国允许，否则英格兰不会与任何国家缔结联盟。

事到如今，路易已经受够了。收买查理二世的策略没有给他带来任何他期望的结果。他将目光转到沙夫茨伯里伯爵领导的反对势力上，决定贿赂他们。这对查理二世而言当然是再危险不过的了。路易向沙夫茨伯里伯爵透露了他和查理二世签署的第二项和第三项秘密协议，协议内容是，将来若英法两国出现龃龉，只要法国国王提出要求，查理二世就会命令议会休会，以免议会向法国宣战，作为回报，法国国王每次要向他支付10万英镑。1678年7月，由于丹比伯爵派去保卫荷兰的英国军队的威胁，路易迫不得已签署了《奈梅亨条约》（Treaties of Nijmegen）。此后不久，他就向沙夫茨伯里伯爵透露了第四项秘密协议。根据该协议，查理收受了献金，故而退出了与荷兰的联盟，而这一切都是丹比伯爵一手完成的，尽管他本人并不情愿这么做。

不管怎样，从1678年8月开始，随着天主教阴谋被发现，所有事情都朝着对沙夫茨伯里伯爵有利的方向发展了。神父泰特斯·奥茨（Titus Oates）是个脸庞溜圆的流氓，他宣称天主教徒在法国的帮助下，正秘密谋划着对新教徒发起大屠杀，连国王和约克公爵也在他们的谋杀目标之列。由于约克公爵当时已经是天主教徒，而且国王本人也已经对罗马天主教徒宽容到无以复加的地步，所以这套说辞显然是胡说八道。但是地方预审法官埃德蒙·贝里·戈弗雷爵士（Sir Edmund Berry Godfrey）的离奇死亡，让尚未熄灭的反天主教的余烬重新燃起熊熊烈火，并迅速地烧到了全国各地。无辜的天主教徒被抓去受审，并在没有任何证据的情况下被判定有罪。这让沙夫茨伯里伯爵看到了机会。他利用人们害怕新教信仰受到威胁的心态，揭露丹比伯爵作为国王的使者与路易所做的种种交易，并拿出了他的亲笔书信作为证据，控告他叛国。为了救下丹比伯爵，同时避免自己因为对法政策而受到议会攻击，1679年1月，查理被迫解散议会，要求重新选举。

但是，从3月开始履职的新一届议会极度敌视天主教徒和约克公爵。沙夫茨伯里伯爵开始要求对这位公开承认自己天主教徒身份的公爵施以惩戒，并将他排除在王位继承人名单之外。但是查理非但没有遵从，反而又一次解散了议会，要求再次选举，以期能有一届听话点儿的下议院，可以投票反对沙夫茨伯里伯爵的《排除法案》(Exclusion Bill)。在议会解散前的最后一天，沙夫茨伯里伯爵成功地让《人身保护法》(Habeas Corpus Act)获得通过。根据这项法律，国王无权推迟审判，也不得无故关押任何人。

然而，新选出来的下议院成员让查理十分警惕，以至于他拒不允许他们召开会议。支持《排除法案》的沙夫茨伯里伯爵的追随者向国王请愿，请他允许议会开会。他们所属的乡村党因此被称为"请愿党"，不久之后，因为苏格兰国民誓约派在1638年请愿之后就曾被称为Whiggamore（意为"好斗的苏格兰长老会教徒"），所以他们又得了"辉格党"这个绰号。与此同时，身陷囹圄的丹比伯爵曾经领导的宫廷党开始被称为"托利党"(Tory)，这是以前爱尔兰人对他们的天主教叛军的称呼。宫廷党早已公开表明他们厌恶沙夫茨伯里伯爵试图干涉国王特权的行为。

议会已经等得不耐烦了，但是国王仍然拒绝让议会开会。伦敦的局势开始变得非常令人不安，人们纷纷传言内战将会再次爆发。苏格兰境内经受了将近20年迫害的国民誓约派开始反抗，他们在圣安德鲁斯（St Andrews）附近谋杀了亲英格兰的大主教夏普（Archbishop Sharp），随后苏格兰东部和西部同时爆发了叛乱。叛军由阿盖尔伯爵之子领导——阿盖尔伯爵当初领导了第一批国民誓约派。至此，沙夫茨伯里伯爵已经开始计划让查理的私生子——肤浅又爱炫耀的蒙茅斯公爵（Duke of Monmouth）取代天主教徒詹姆士继承王位。他的这项计划得到了广泛的讨论。在沙夫茨伯里伯爵的操作下，蒙茅斯公爵被派到北部，镇压国民誓约派的起义，以此积累他自己的政治资本。蒙茅斯公爵依计行事，在格拉斯哥附近的博斯韦尔桥战役（Battle of Bothwell Bridge）中击败国民誓约派。之后，查理二世将约克公爵派去北部，以避开风头，国民誓约派受到了约克公爵的严厉惩罚。阿盖尔被逐出了苏格兰。

与此同时，查理二世开始观察形势以备伺机而动。直到1680年10月他才准许议会开会。下议院当即通过了《排除法案》。但是上议院的哈利法克斯伯爵（Lord Halifax）劝其他上议院议员最好和他一样，不要在辉格党和托利党之间站队，而要见风使舵，于是这项法案被上议院驳回了，詹姆士得以保留王位继承权。

不过，所谓的《排除法案》危机（Exclusion Crisis）已经结束了。为了防止辉格党扶持傀儡上位，查理二世将蒙茅斯公爵送去国外。随着天主教阴谋案带来的影响逐渐消失，国内的气氛相应地缓和了，受此鼓舞，他在1681年1月解散了议会，宣布议会重新选举后到牛津开会。沙夫茨伯里伯爵在牛津的影响力不及在伦敦，因为在伦敦，他有一群暴民和一帮白衣会成员（the Whiteboys）供他驱使。跟以前皮姆的做法一样，他利用这些人挑起街头暴乱，向议会成员施压。与此同时国王还镇定自若地和路易再次谈判，要求路易给予更多资助，以免他以后还要再次召集议会。

3月末，议会在牛津开会。辉格党存心挑衅，而且敌意十足，所以他们去参会时带上了全副武装的士兵——国王也是如此。有那么一小段时间，英格兰又走到了内战的边缘。牛津议会（Oxford Parliament）又一次呼吁禁止约克公爵继承王位，最后枢密院建议让约克公爵任终身摄政，至于名义上的君主则由玛丽公主和安妮公主先后充任。

辉格党拒绝接受这个提议。于是，狡猾的查理二世最后一次解散了议会——从此他再也没有召集议会。事实上，如果当时议会继续召开会议，英格兰确实很有可能再次爆发内战，或者出现辉格党革命。但是辉格党领导人失去了这个机会。既然议会已被解散，议会成员自然渐渐失去了作用，机会很快就过去了。两个月后，沙夫茨伯里伯爵以煽动革命的罪名被押送到伦敦接受大陪审团的审判，但是负责审讯的陪审团成员都是辉格党人，于是所有的指控都被驳回了。沙夫茨伯里伯爵被无罪释放，令拥护他的人欣喜不已。他与蒙茅斯公爵一起逃往荷兰的海牙（Hague），但刚到那里不过几周时间，他就因健康恶化而死。

托利党开始反击。1683年的黑麦屋阴谋案（Rye House Plot）为他们提供了助力。这桩阴谋是一批辉格党极端分子策划的，其中大部分人都是克伦威尔时期的士兵。他们密谋在查理二世的车驾经过黑麦屋的时候刺杀他——黑麦屋是个酒吧，位于伦敦和纽马克特之间的一条路上。尽管这桩阴谋只是少数狂热疯子策划的，但是查理二世利用这个借口，将最后一位辉格党领导人拉下台。他以微不足道的理由处决了两个来自显赫家族的贵族——罗素勋爵（Lord Russell）和阿尔杰农·西德尼（Algernon Sidney）。他们俩很可能都没有参与那桩阴谋，但都是《排除法案》危机的重要推手。

西德尼曾是克伦威尔的国务委员会的成员。他被处决的原因是他的文书中有支持诛杀暴君的言论。罗素勋爵则因为不肯接受"反对暴政专制是错的"这一说法而被杀死。诛杀两人的借口都是当初内战奋斗目标的核心内涵，很多曾经加入清教徒议会党阵营并参与内战的辉格党贵族家族都认为这是合情合理的观念。因此，到查理二世在位末期，他已经受到很多权贵和议会成员的排斥。西德尼和罗素被辉格党人视作公民自由事业的殉难者。后来的事实证明，辉格党人此时只是暂时按兵不动，等到下一任君主在位期间，他们将会为今日之事报仇。

在查理二世生命的最后两年里，国王是个胜利者。这段时期被人称作他的独裁期。他着手调整议会选举机制，以便让托利党占据大部分席位。因为辉格党的势力主要集中在市镇委员会（托利党的势力大多集中在郡委员会），所以他撤销了所有市镇委员会的皇家特许状（Royal Charter）*。这些市镇必须选出以托利党为主

---

* 皇家特许状是一种由英国君主签发的正式文书，专门用于向个人或法人团体授予特定的权利或权力，不少城市和大学等重要机构都是因为获得皇家特许状才得以设立。——译者注

的新的委员会，取代原先的委员会，才能重新拿到皇家特许状。他甚至给自己创造出一项新的权力，就是所有市镇委员会的选举结果都要经过国王的确认才能生效。没有人敢反驳他。所有那些针对他的阴谋和死亡威胁反而让他重新赢得了民意支持。国王无视《核验法》，将约克公爵詹姆士重新召回枢密院，又任命他担任海军大臣。不遵奉国教者和辉格党人被缉捕关押，丹比伯爵被释放。

查理二世在大获全胜的时候得意忘形了，没有及时召集议会，结果形势急转直下。因为根据1641年制定的《三年法案》，每三年必须召集一次议会。国王违反这项规定，令民众心中警铃大作，甚至连他的支持者都心生警惕。哈利法克斯伯爵对国王尤为失望。

国王多年来参与钩心斗角承受的压力，加上他纵情犬马声色的生活，终究显出恶果来了：1685年2月，国王突然中风去世，年仅58岁。在弥留之际，他用一如既往的风趣口吻道歉说自己"至死都是个糊涂人"。当他在交代这些遗言时，天主教神父赫德尔斯顿（Huddleston）悄悄地从后楼梯走进白厅宫。当年查理二世在伍斯特战役后四处逃亡，曾躲在一个天主教徒的家里，遇到了赫德尔斯顿神父。神父在约克公爵的带领下进入国王的房间，按天主教的信仰为国王行了临终的圣礼。从无家可归四处流亡，到取得胜利回到国内，再到最后在自己的奢华大床上去世，查理二世毫无疑问是一位强大的君主。以他的性格，他最后一句遗言不出意料地跟国事毫不相关。"不要让可怜的内丽（内尔·格温的昵称）饿着。"他说完就咽气了。

尽管他晚年行事日趋专断独裁，但是查理二世在位期间，两党制度初现雏形，议会政府进一步发展。丹比伯爵受到指控，最终确立了大臣向议会负责的原则。查理二世既不乏宽容又有些懒散的性格，让他成功地疗愈了内战给这个国家带来的可怕的创伤，这是一项了不起的功绩。但是，尽管殖民地得到扩张，他的统治期却并没有获得很高的声誉。查理二世与法国之间的关系意味着英格兰的袖手旁观客观上对法国的扩张起到了推波助澜的作用，让法国对整个欧洲的宗教自由和公民自由构成了真正的威胁。他的统治在万众期许中开始，在取得国内专制集权的胜利后结束，他的统治生涯与"太阳王"本人不无相似。这最终导致一场新的革命爆发，一劳永逸地限制了斯图亚特王朝国王的权力。

小白金汉公爵曾诌了一首打油诗，把查理二世逗得很开心：

> 我们国王漂亮又聪明，
> 他说的话谁都不敢信。
> 愚蠢的话他从来不说，
> 智慧的话也从未有过。

如今300年过去了，这首打油诗看起来可以算是对他盖棺论定了吧。

詹姆士二世
James II

1685—1688

托利党的反击让詹姆士顺利继位了，没有人敢提出异议。议会表决通过了每年给他拨款190万英镑巨款的决议，这足以看出他当时有多受欢迎。尽管詹姆士英勇勤谨，并且与他第二任妻子天主教徒摩德纳的玛丽（Mary of Modena）的私人生活也规规矩矩，但是作为一个国王，他几乎跟他的父亲查理一世一样失败。他从查理一世身上继承了一些不好的性格特点，既顽固又非常不切实际。对天主教和专制主义的焦虑曾迫使17世纪的英国人拿起武器战斗，如今在詹姆士登基之后，这一切又重演了。他之所以能够登基，是因为有信仰国教的托利党的支持。所以，当他将英格兰转变为天主教国家——甚至是人人厌恶的那种天主教国家——的打算大白于天下之后，他就注定要失败了。

詹姆士从继位之初就已经表现出他打算要做什么事了，只不过因为当时他与辉格党人之间的矛盾已经特别深了，所以不管他做什么，其实都没有差别。尽管他是由坎特伯雷大主教威廉·桑克罗夫特（William Sancroft）按照新教仪式在威斯敏斯特教堂加冕为国王的，但是在他登基后的第二周，国王就公开在白厅宫参加弥撒。他特意将举行弥撒的礼拜堂的大门敞开，来往的所有人都能看到他在做什么。接着，他又采取了支持天主教徒的措施，包括警告所有主教，国王不许神职人员再在布道时发表反对天主教的言论。而且，尽管他并不需要路易十四的钱，但还是接受了后者的献金，因为"太阳王"希望能跟以前一样，以这种方式让不列颠在之后的争斗中保持中立态度。

到1685年夏天，流亡荷兰的辉格党人陷入了绝望。蒙茅斯公爵和阿盖尔伯爵决定在詹姆士坐稳王位之前，努力发动一场革命。阿盖尔伯爵渡海回到他自己在苏格兰的领地，而蒙茅斯公爵则去了英国西南部的几个郡。在那里，他宣称自己是查理二世的婚生子，是真正的英格兰国王。两个人发动的叛乱都失败了。蒙茅斯公爵在新森林附近的塞奇莫尔战役（Battle of Sedgemoor）中落败被俘。之后，在著名的惩罚性的血腥审判（Bloody Assizes）中，数百个支持蒙茅斯公爵的人被处决（其中大部分人被绞死、分尸）。主持血腥审判的是最高法院的首席法官杰弗里斯（Judge Jeffreys）。另有数百人被流放到西印度群岛。

詹姆士抓住蒙茅斯公爵叛乱带来的机会，建立了一支只效忠于他的天主教常备军。他借口民兵素质不佳，组建了新的军团，任命罗马天主教徒为军官，让他们帮他对付已经初现端倪的革命势力，而且拒绝解散这些军团。到1685年10月，国王已经建成了一支由1.6万名士兵组成的军队。他们驻扎在伦敦郊外的豪士罗荒地（Hounslow Heath），时时操练，威慑敌对势力。拥有一支由他掌控的军队之后，詹姆士更有底气在议会中推行他的计划了。他要求他们废除《核验法》，因为他觉得将他的天主教教友排斥在公职人员之外是毫无道理的。但是议会觉得有一个天主教徒做国王，《核验法》的作用就比以前更为重要了，所以他们拒绝了他的要求。当詹姆士企图动用他的豁免权来任命天主教军官时，议会成员公开指责他的行为，并宣布他的任命无效。见此，詹姆士命令他的这一届也是唯一一届议会休会。同时，他也罢免了所有托利党大臣，只有自私自利、毫无原则的桑德兰伯爵罗伯特·斯宾塞（Robert Spencer, Earl of Sunderland）因为惯会投机，迅速改信天主教，才保住了自己的职务。

之后的两年里，本就不乐观的局面变得越发糟糕。1686年7月，詹姆士违法设立了教会委员会法庭，由他的新任大法官、喜欢判处绞刑的法官杰弗里斯主持。

该法庭的目的是镇压非天主教教士的反抗，让教会逐渐罗马化。性情直率的伦敦主教亨利·康普顿（Henry Compton）*反对这种做法，当即被国王罢免。在查理二世获胜的那段时期上任的一些法官对此给出了裁决，宣称只要詹姆士愿意，他就有权无视法律，有权任命罗马天主教徒担任政府职务。接下来，国王充分地利用这项裁决，接连地任命天主教徒。牛津和剑桥都被天主教徒占满，还有4名天主教徒进入了枢密院。1687年4月，詹姆士颁布了《信教自由令》，所有针对天主教徒和不遵奉国教者的法律都被废止了。他希望此举能让一些不遵奉国教者倒向他的阵营，然而，尽管不遵奉国教者曾受到英国国教会的迫害，但是他们显然更愿意接受新教主义，而不是天主教信仰，所以完全不为所动。

如今，人们普遍认为事情照这个态势发展，很快就会导致又一场危机。诸如丹比伯爵等老托利党人开始与流亡的辉格党人联合起来，密谋更换君主。最合适的人选显然是王位的顺位继承人玛丽公主。她是个忠诚可靠的新教徒，已经和奥兰治的威廉三世结婚。威廉乃路易十四的劲敌，此前他就通过各种渠道明确地表达了他反对废除《核验法》、反对打压新教信仰的立场。英格兰方面与荷兰大使多次会晤，开始秘密协商让威廉出兵英格兰、推翻詹姆士二世统治的计划。人们感觉到新教主义信仰正面临着灭顶之灾，这种感觉在法国的新教徒胡格诺派信众逃往英格兰之后变得更加强烈。路易十四先前废除了他的先人颁布的《南特赦令》，又在过去的两年里将40万名胡格诺派教徒逐出法国。那些从法国来的流亡者告诉英国人他们在天主教徒路易十四的统治下经受了多么痛苦的折磨，令整个英格兰的人民都恐惧到战栗不已。他们开始担心以当前的情势来看，自己的房子被拆除、教堂被焚毁的日子已经离他们不远了。

1688年6月，局势已经到了最危急的时刻。詹姆士二世的第二份《信教自由令》对事态起到了催化的作用。他要求在该月的前两个礼拜日，每个教堂都要宣读这份《信教自由令》。这让曾为詹姆士二世加冕的坎特伯雷大主教、圣洁随和的老人家威廉·桑克罗夫特再也无法忍受了。他和其他6名主教一道向国王请愿，恳请他不要让牧师违犯法律。詹姆士二世正因为大部分牧师都拒绝在布道时宣读《信

---

* 英国军官和圣公会牧师，1675年至1713年任伦敦主教。——编者注

教自由令》而恼火不已，于是他顺势指控这些请愿的主教涉嫌发表煽动性言论，将他们关进伦敦塔。此事让英格兰人既震惊又反感，他们终于不得不相信新教的制度和自由权利即将被推翻。当押送主教的驳船驶向伦敦塔时，民众自发地聚集过来围观，大声地为他们祈祷。

安妮公主给当时身在荷兰的姐姐玛丽公主写信说"事情已经走到这一步，如果他们再继续这样下去，我相信过一段时间以后，没有一个新教徒能幸免于难"。她还写道："我已经下定决心无论如何都不会改变我的宗教信仰；不仅如此，如果真的到了那一天，我宁可陷于困窘，靠人救济，也不愿改变信仰。"像6位英格兰主教这样的重要人物都受审下狱，这极大地冒犯了英格兰人的生活方式。尽管如此，但因为詹姆士的两个女儿仍是虔诚可靠的新教徒，所以当时整个国家仍保持着冷静克制。人们有充足的理由相信，等到公主继位之后，信仰新教的女王一定会纠正她父亲的倒行逆施。

然而局势的发展打乱了他们原先的设想。詹姆士二世的第二任妻子摩德纳的玛丽之前生的几个孩子都夭折了，但是此时她又生了一个儿子，被册封为新任威尔士亲王。想到在年老的国王去世之后，继位的可能还是一个天主教教徒，英国人就觉得无法接受。国王夫妇已经许多年未有生育了，这个时候竟然奇迹般地生出这个孩子，这让无数人都怀疑这个孩子究竟是不是国王的儿子——甚至有传言说婴儿不是王后所生，而是被放在暖床炉里带进王后卧室的。这个孩子来历不明的谣言带来了一个结果，那就是每当王位继承人出生时，内政大臣都得在产房旁边守着，以确保婴儿没有被人调换。直到近代，这种做法才被取消。

时间紧迫。6月30日那天，伦敦一个陪审团将几位主教无罪释放，令民众欣喜若狂。同一天，一封关键的信送到了奥兰治的威廉手中，请他出兵帮英格兰摆脱暴政和天主教信仰。他必须带上一支劲旅，既要能推翻詹姆士二世，又要能保障下一届自由的新议会被顺利地选举出来。这封信是由7个政治理念并不相同、来自王国各个地区的人共同签署的。他们代表着数以千计的民众，这些民众有些来自军队，有些来自全国各郡，有些来自教会，有些来自已经被解散的议会，背景身份各不相同。他们都认为，在詹姆士二世的统治下，英格兰新教主义信仰带来的自由权利正在消失；这个共同的担忧将他们团结到一起。签字人之中有托利党的领导人丹比伯爵——他曾是辉格党人最大的敌人,有伟大的伦敦主教康普顿,有罗素家族和西德尼家族的成员——他们俩都是查理二世在位期间辉格党殉难者的近亲,还有富裕的辉格党贵族——罗素家族的姻亲德文郡伯爵(Earl of Devonshire)。

奥兰治亲王威廉三世的毕生之力都用来抵御法国人,保卫他的国家,所以如今有机会与英格兰缔结同盟,共同抵抗路易十四,他当然不会拒绝。詹姆士二世派人在英吉利海峡拦截威廉,但是因为一场东风,威廉率领的舰队沿海峡而下,避开了英格兰的舰队,两军之间没有任何交战。这场东风后来便被人称为"新教东风"(Protestant East Wind)。

奥兰治的威廉于11月5日在德文郡的托贝(Torbay)登陆。这个日期刚好是当年天主教徒企图炸毁议会大厦的阴谋被挫败的日期,所以在新教徒看来,这个巧合充满了象征意义。从托贝开始,这位荷兰总督一路畅通无阻地穿过英格兰西部,往首都前进。他带了一支由1.5万名士兵组成的规模庞大的军队,其中有4000人是当初支援荷兰人的英国士兵。幸运的是,几乎整个英格兰,上至各郡的长官,下到军队的士兵,都支持威廉来到英格兰。按一封邀请威廉前来的信件中的话说,他的到来可以"在今年的这种局面下,给予我们足够的帮助,减轻我们的痛苦"。在他赶往伦敦的途中,西部地区的所有贵族都亲自迎接他。他振臂一呼,响应者云集。

詹姆士二世召集了自己的军队,在索尔兹伯里迎战威廉,但是大量的士兵潜逃了,结果他不敢一战。威廉继续缓慢地向伦敦推进。连詹姆士二世最喜爱的一位士兵——已经为王室服务了20年的约翰·丘吉尔(John Churchill)都放弃了他,加入威廉的军队。詹姆士二世的女儿安妮公主也是如此。威廉几乎没有遇到任何抵抗,这也就是1688年的这场运动被称为"不流血的革命"(Bloodless Revolution)的原因。王后和襁褓中的威尔士亲王詹姆士·爱德华·斯图亚特(James Edward Stuart)被送去法国。国王意识到大势已去。他在梳妆台上留下了一封信,斥责国人背弃他。之后他将国玺丢进了泰晤士河,让继任的君主难以签署官方文书。做完这一切之后,他试图追随他的妻儿去法国。然而令他难堪的是,在他出逃之后,两个英国渔民认出了他,把他押送回去,最后反而是威廉放他离开了。

詹姆士二世自己潜逃了,很多问题就迎刃而解了。不会有军事冲突,所以不必流血牺牲就能实现自由选举。伦敦城原本已经陷入混乱之中，如今威廉的军队进入之后很快就恢复了秩序。1689年1月，他们发布了召集议会的令状，这届议会跟复辟前召开的那次一样，称为临时议会，它的目的是讨论出一个关于王位问题的解决方案。但是在此之前需要先解决一个根本性的难题。托利党仍然相信君权神授，所以希望建立摄政制度：詹姆士二世仍是名义上的国王，由玛丽在威廉的协助下实行真正的统治。但是辉格党不负其革命传统，希望能够一劳永逸地废除君权神授这套理论。他们的目标是确立国王应服从议会权威的原则。

如果建立摄政制度，那么詹姆士二世和他的儿子就会永远成为那些对当局不满的人反抗政府的旗号。经过一番唇枪舌剑之后，临时议会通过了最终的决议，该决议认为，詹姆士二世选择逃往法国，就意味着他已经主动退位了，所以当前王位空缺。临时议会还发布了《权利法案》（Declaration of Rights），历数詹姆士二世的违法行为。为了不触怒托利党人和教会牧师，他们没有责备国王本人，而是将这些非法行为归咎于他的大臣们。

当时托利党人就到底应该由谁继承王位的问题犹豫不决，但是奥兰治的威廉简单地说了一句话就解决了这个问题，他说他来英格兰不是为了"给他妻子当男老师的"。他要么与她成为共治者，要么就自己回荷兰。既然威廉已经来了，那么人们最不希望看到的就是他又离开，于是他们很快同意让威廉和他的妻子共同统治英格兰。2月23日，威廉和玛丽公主一起接受了议会让他们继承王位的请求，并签署了《权利法案》。

斯图亚特王室与议会之间的争斗大戏占据了17世纪的大部分时间，这场大戏最终以这种方式落下了帷幕。它为不列颠的君主立宪制建立了基本法则。后世将1688年的这一事件誉为光荣革命（Glorious Revolution），它捍卫了英格兰的新教信仰，而对英格兰人民而言，新教信仰就意味着民众的权利和自由，是他们赖以对抗天主教专制君主迫害的武器。尽管英格兰王位上还坐着两位斯图亚特王朝的君主，但他们是由议会任命的，而且他们必须向议会负责。这场革命标志着议会最终战胜了斯图亚特王室的所谓君主特权可以凌驾于法律之上的谬论。如今，国王终于变得只是一个政府职位而已，国王可以由政府废立。君权神授的理论尽管依然被托利党人尊奉，但是作为一个政治概念它已经完全失去了根基。议会战胜了王权。

威廉和玛丽
William and Mary

1689—1702

　　威廉是个身材矮小、肤色偏黑、有点驼背的男子，还患有哮喘病，在外形上毫无吸引人之处。但是在他的画像里他显得颇有魅力，其中固然有画师刻意美化他的成分，比如说在大部分画像里，他都是骑在马背上，置身于战场厮杀之中，生理上的缺陷便不会显示出来，但更重要的是这些画像真实地传达出了他的英雄本性。在路易十四去世后，威廉成为17世纪晚期欧洲政治舞台上唯一一位举足轻重的人物。他曾在长达30年的时间里不知疲倦地阻拦法国的霸权之路。他一生都处在争斗之中，加上他目睹了太多权力巅峰的阴谋诡计，比如说他的舅父查理二世就曾和路易十四密谋瓜分他的国家，所以他行事极为隐秘谨慎。除了他的少数几个荷兰高层核心成员，他谁也不信任。在这些人中，真正算得上与他关系亲密的只有荷兰侍臣威廉·本廷克（William Bentinck）。在光荣革命之前，负责与辉格党人协商诸事的主要人物中就有他。本廷克与威廉从幼年便是好友，后来威廉将他封为波特兰伯爵（Earl of Portland）。他对国王一片赤胆忠心，后来王室染上天花，女王玛丽因此而死，也是本廷克自愿负担起照顾染病的威廉的艰巨任务。

即便在英格兰生活了13年,威廉对荷兰亲信的倚重也丝毫未减。因此,到威廉离世之前,英格兰国内许多人都十分厌恶这批外国人的影响力。鉴于很多英格兰人两面三刀的行事做派,他形成总是秘密筹划所有事情的作风也就不难理解。很多英格兰人,甚至连联署请他来英格兰取代詹姆士二世的7位不朽功臣之一什鲁斯伯里公爵(Duke of Shrewsbury),都在威廉成为国王之后,厚颜无耻地选择两边押宝,偷偷地和躲在巴黎圣日耳曼(Saint-Germain-des-Prés)的流亡国王詹姆士二世互通消息。事实上,尽管这场革命定下的方案最终会延续下来,但是在刚开始的时候,没有人能预料它到底能持续多久。甚至连王位继承人玛丽女王以及未来的安妮女王,都一直因为自己篡夺了她们父亲和同父异母弟弟的王位而愧疚不已。威廉在位期间,安妮公主一直暗中和她的父亲联络。

更有甚者,尽管英国国教会的主教们都深受威廉之恩,但他们却丝毫不知感激。既然新教信仰面临的危机已经解除,坎特伯雷大主教威廉·桑克罗夫特以及巴斯和韦尔斯教区主教(Bishop of Bath and Wells)就毫无顾忌地拒绝宣誓效忠于威廉和玛丽,理由是他们并不是王位的正统继承人。由于新君主必须得到大主教的承认,所以拒绝宣誓的桑克罗夫特被撤掉了全英格兰首席主教(Primate of All England)即坎特伯雷大主教的职务,由低教会派(Low Church)的约翰·蒂洛森(John Tillotson)接任。尽管拒绝宣誓效忠的人只占教会的一小部分,而且并没有什么影响力,但实际上大部分牧师和许多托利党人依然暗地里支持詹姆士二世。他们这些人被称为詹姆士党人(Jacobite)。他们觉得,虽然詹姆士二世的宗教信仰那么令人讨厌,但他毕竟是上帝选定的斯图亚特王朝的君主,他们还是必须效忠于他。

圣公会神职人员的这种行为也是对威廉三世的荷兰加尔文主义的一种反应(加尔文主义在本质上与长老会教义大同小异)。从新国王登基之初,他便毫不掩饰自己试图颁行《理解法案》(Comprehension Act),从而建立更为宽容的教会的打算。尽管他的这一尝试遭到阻拦,而且针对罗马天主教徒的惩罚性律法依然存在,但是1689年的《宽容法案》正式在官方层面确立了人们有权信仰不同的教派,无须遵守国教会规定仪式的原则。即便是不遵奉国教的新教徒,只要他们相信三位一体的教义,就可以设立自己的教堂。事实上,这项法案颁行之后,除了罗马天主教依然受人排斥之外，其他所有教派都得到了民众的宽容对待，这在当时成了英格兰的一种风气。即便是上帝一位论派的教徒，也能不受干扰地在他们自己朴素的房间里做礼拜。

英国人也越发迫切地想让新国王理解他必须听命于下议院。因此，议会没有再像以前那样，批准一次性地给威廉和玛丽拨付终身津贴，而是每年重新审批当年的拨款。同样的，虽然国王可以保留一支常备军，但是他必须每年重新向议会申请保留军队的许可。这两项措施确保了议会每年都能召开会议。

1698年1月4日至5日发生了一场火灾，白厅宫被焚毁。此后，威廉和他白皙俏丽的妻子大部分时间都住在新落成的肯辛顿宫（Kensington Palace）。他们夫妇更喜欢这座王宫，哪怕克里斯托弗·雷恩已经为他们重新改造过汉普敦宫，他们也不喜欢汉普敦宫。肯辛顿宫坐落在乡下一个名叫肯辛顿的小村子里，是一座舒适的现代化住宅，与又旧又脏的白厅宫完全不同，后者不仅设计布局杂乱无章，而且在玛丽的伯父查理二世手中，它完全变成了一个罪恶荒唐的场所。玛丽女王真挚自然、不加矫饰的性格让她与臣民颇为亲近。她将郁金香、海景画和青花瓷，以及荷兰风格的砖房引进英格兰。简洁的几何图案的荷兰式园林最典型的特色就是水池和修剪得整整齐齐的林木，这种园林在荷兰极为流行，如今也在英格兰风靡一时。现在在肯辛顿宫的室内橙子园旁边还能看到当年国王夫妇的花园。室内柑橘园也是玛丽女王引进英格兰的一种新事物，她曾在这里种植装饰性的橙子，向她的丈夫奥兰治的威廉表达爱意（"奥兰治"在英文里就是"橙子"的意思）。

自成年之后，威廉三世几乎将毕生时间里都奉献给了他的伟大使命：阻拦路易十四的领土扩张步伐。他实际上对英格兰王位并无多大兴趣，之所以要求成为国王，只不过是为了把英国这个举足轻重的大国拉到他的阵营，共同对抗法国。幸运的是，这场战争也符合英格兰的利益。威廉王之战（King William's War）于1689年在爱尔兰爆发。当时威廉的岳父詹姆士二世带着一小队法国士兵在爱尔兰的金塞尔登陆，因此这场战争有时也被人称为"英国继承权之战"（War of the British Succession）。由于爱尔兰的大部分人口都是天主教徒，所以他们支持詹姆士二世的行动。但这并不意味着爱尔兰是亲英格兰的。事实上，他们很不喜欢英格兰人。他们的最终目的也不是将詹姆士二世送回他的祖先传下来的王位上，更多的是争取爱尔兰的独立，将他们憎恨的苏格兰和英格兰移民逐出他们的土地。他们觉得那些人从他们手中窃取了土地，这种想法多少也算符合事实。为了达到这个目的，他们开始烧毁那些骑在他们头上的外国移民的城堡和房子，迫使他们躲到伦敦德里（Londonderry）和恩尼斯基林（Enniskillen）坚守不出。但是无论什么样的残酷境遇都无法压垮新教徒的意志，哪怕他们粮食耗尽，只能靠吃老鼠和猫肉为生，他们也不曾屈服。伦敦德里一直坚守到1689年6月。当时英格兰的一支舰队抵达福伊尔湖（Lough Foyle），伦敦德里和恩尼斯基林得以解围。这两场胜利，加上其他的一些军事胜利，令爱尔兰北部地区再次被牢牢地掌控在威廉手中。1690年7月，在距离德罗赫达上游两英里处的博伊恩河（River Boyne）上，詹姆士二世被迫与他的女婿狭路相逢。

威廉三世宣布他既然来到爱尔兰就不会无功而返，随后他就在博伊恩河的另一岸排兵布阵，与詹姆士二世隔河对峙。威廉的所有士兵都绑着橙色的腰带，这是奥兰治王室的代表色。如今每年7月，在北爱尔兰新教徒纪念他们的"比利王"（King Billy）率领他们取得胜利的游行季，还能看到他们绑着这种腰带。尽管在战斗中威廉的肩部被炮弹碎片击中，受了重伤，但是他依然面不改色，率军渡河，让詹姆士二世被迫撤逃。

威廉提出的条件非常宽容。根据他们签署的《利默里克条约》（Treaty of Limerick），爱尔兰士兵可以选择解散并加入威廉的军队，或跟着他们的领导人卢肯伯爵（Earl of Lucan）去法国。该条约还给予了罗马天主教徒极大的特权，"让他们可以在法律许可的范围内，像查理二世时期那样践行自己的宗教信仰"。在威廉的许可下，至少1.1万名爱尔兰人去了法国。他们后来成了名震天下的爱尔兰军队"野雁军"（Wild Geese），成为欧洲大陆的斯图亚特王室军队和拥护者的中坚力量。但是刚刚夺取了议会掌控权的爱尔兰新教徒则没有威廉那么宽容。过去的一个世纪里，爱尔兰天主教徒对他们的残酷压迫让他们记忆犹新，所以《利默里克条约》里允诺的信教自由从始至终都没有得到他们的认可和执行。事实上，他们开始执行更为严厉的针对天主教徒的惩罚性法律。

尽管在博伊恩战役（Battle of the Boyne）的前一天爱尔兰就已经被攻克了，但是法国的海军上将图维尔（Admiral Tourville）在比奇角（Beachy Head）大败荷兰和英格兰舰队，导致在接下来的两年里英格兰失去海防。一旦法国入侵，他们完全无力抵抗。好在法国和英格兰的战场从爱尔兰转移到了荷兰，加上英格兰军队在威廉的指挥下压制住了法国的进攻，这种担忧才一直没有变成现实。直到1692年英格兰在拉霍格海战（Battle of La Hogue）中取得大捷之后，英格兰的船只才再次控制了英吉利海峡。

但是威廉和玛丽还需要在苏格兰确立自己的统治。斯图亚特王室本就来自苏格兰，作为斯图亚特国王的家乡，苏格兰人对他的主张积极响应，尤其是苏格兰高地一带的天主教徒对他更是忠心，这种情况一直持续了50年。但是苏格兰低地一带的人大多是长老会教徒，他们有充分的理由讨厌詹姆士二世。故而，由苏格兰各阶层组成的议会最后正式地邀请威廉和玛丽成为他们的君主。然而，苏格兰教会又一次废除了主教制度，导致一批人脱离了原本的教会和政府机构。他们成立了一个新的教会，其成员中很多都是被驱逐的主教，他们被称为苏格兰圣公会教徒（Episcopalian）。苏格兰圣公会成为詹姆士党人的一大来源。在敦提子爵约翰·格雷厄姆（John Graham, Viscount Dundee，伟大的蒙特罗斯侯爵的一位表亲）的领导下，他们和苏格兰高地的部落联合起来，在1689年年末发动了一次支持斯图亚特国王的叛乱。但是在基利克兰基山口（Pass of Killiecrankie）的战役中敦提子爵被杀，这支叛军便随之土崩瓦解。

叛军回乡之后，伦敦政府认为他们必须让苏格兰高地的各个部落彻底就范。部落的领主乃是关键：他们对自己的部落都有绝对的掌控，他们把部落视作一个大家庭——事实上在苏格兰盖尔语里部落一词的本义就是"孩子"。如果所有的部落领主都宣誓效忠威廉和玛丽，那么就相当于他们的部落也宣誓效忠，就不必担心以后再有暴动了。

宣誓效忠的截止日期是1692年的新年。但是直到那天，仍有一个部落领主没有宣誓，他就是格伦科的麦克唐纳家族（the Macdonalds of Glencoe）的族长。不知道出于什么原因，这位名叫麦克·伊恩（Mac Ian）的领主到了1月6日才到达因弗拉里（Inveraray）的英格兰驻军那里。他只超过了截止日期5天而已，而且当时正是传统节日假期，政府并没有太多别的事情要处理，但是苏格兰低地一带的政府已经受够了高地人的不驯，早就想对他们无法无天的行为加以惩治。威廉政府负责苏格兰事务的大臣斯泰尔领主约翰·达尔林普尔（John Dalrymple, Master of Stair）是个自命不凡的人，他有意要教训苏格兰人，所以给伦敦写信，要求杀一儆百，严惩该部落。他说他们有必要"维护社会公义，彻底消灭他们这样的贼子"。威廉亲自签署了剿灭麦克唐纳家族的命令，但是要求"务必隐秘、迅速，务求令其措手不及"的却是达尔林普尔。士兵们"没有打算麻烦政府提供监狱"。

达尔林普尔的心腹阿盖尔将这项任务交给了他部落的坎贝尔家族，告诉他们可以用合法的手段向他们的世仇麦克唐纳家族报仇。2月1日，120名坎贝尔家族的成员乔装成政府的士兵，抵达了颇为神秘的与世隔绝的格伦科山谷（Valley of Glencoe），借宿在麦克唐纳族人家里。他们的任务是封锁山谷外出的所有道路，并在几天之内杀掉山谷里的所有居民，甚至连儿童也不能放过。与此同时，坎贝尔家族深知苏格兰高地人民具有热情好客的传统，所以他们确信自己来借宿不会遇到危险。2月13日夜间，一堆堆泥炭上跳跃的火苗发出暗淡的微光，见证了一场冷酷血腥的暴行。麦克唐纳家族的人盖着绿色的彩格呢被子，正在长夜里安眠，坎贝尔家族的人悄悄地起身，将屠刀伸向款待了他们将近两周的主人。38个人惨遭杀戮。

因为坎贝尔家族用的是枪而不是刺刀，枪声惊醒了睡梦中的人们，所以麦克唐纳家族3/4的成员成功地逃脱了，其中大部分是妇孺。尽管他们暂时脱身，但是他们逃出来的时候身上都只穿着薄薄的睡衣，当时是2月，正是漫天风雪的严寒时节，很多人和他们年幼的孩子都死在了逃亡的途中。然而仿佛奇迹一般，那些最终幸存下来的麦克唐纳家族的女人很多都发现自己已经怀孕了，并且最后都生下了男孩。几个月之后，很多麦克唐纳家族的新成员来到这个世界。他们将会复兴他们的部落。这场罪恶的行动让坎贝尔家族好几代人都无法洗清自己的恶名，而且造成了极其恶劣的影响，迫使斯泰尔从威廉的政府辞职，结束了他的政治生涯。

苏格兰和爱尔兰都已经归顺，国王终于可以将他的全部注意力都放到荷兰的战场上。1695年，他长期的坚持终于得到了回报：他攻克了边境的要塞那慕尔（Namur），终于挡住了法国的领土扩张。1697年路易不得不承认战争已经陷入僵局，至少必须暂时接受这个事实，所以双方签署了《里斯维克和约》（Peace of Ryswick）。路易放弃支持詹姆士二世，转而承认威廉为英格兰国王，归还他自1678年以来占领的除斯特拉斯堡（Strasbourg）和朗道（Landau）以外的所有领土。随着《里斯维克和约》的签订，威廉第一次成功地扼制了路易的野心，他将这个成就归功于英格兰参战。

英格兰获胜的一个重要原因是1694年英格兰银行（Bank of England）成立，为战争提供了源源不断的资金支持。成立银行是卓越的金融家、辉格党政治家查理·蒙塔古（Charles Montagu）的主意。他当时担任财政大臣之职，也是联名邀请奥兰治的威廉出任英格兰国王的7位政要之一。威廉王之战因为参战将士数量众多、战争持续时间长，耗费的资金超过以往的任何一次战争。成千上万的士兵在整整8年的时间里需要不断地获取食物和衣物的补给，总共花去了约4000万英镑的军费。以前筹集军费的常用办法是征收土地税，即根据土地面积向土地所有者征纳的一种税费。支持托利党的乡绅地主一般都有很多土地，但是没有多少现金，这种做法不仅让他们非常反感，而且让政府很快意识到通过征纳额外的税费依然无法支持如此大规模的战争花销。

查理·蒙塔古想到是不是可以让民众永久贷款给政府。以前，财政部主要是通过向金匠短期借款来满足临时的资金需求。金匠是政府的主要借款代理，这种借贷的期限短、利息高。但这一次，政府面向公众发行国债，在不到两周的时间里，所有国债销售一空，政府筹措到了所需的资金，而且是永久性借贷。通过购买国债借款给政府的富裕市民和一些普通商人能够从中获取收益——每年8%的固定利息。政府将用税收收入来偿付这些利息。

英格兰银行成立后没过几年就开始发行钞票，并成为一个储蓄银行。它成了新政府的重要支柱之一，因为它将有产阶级牢牢地绑在了革命阵营。如果詹姆士二世复位，那么这家辉格党的银行欠投资者的钱，他是不太可能去偿还的。在这个时期，也就是17世纪90年代中期前后，劳埃德咖啡馆（Lloyd's）成了整个伦敦为船只和货物购买保险的最佳地点。之后的300年里，劳埃德咖啡馆的名声越来越大，成了全世界最早的保险市场。

但是就在英格兰银行成立的那一年，战争正在如火如荼地进行，玛丽女王却因为感染天花去世了。威廉为之心碎，在她去世时，他痛苦得不能自已，在她的床边晕倒过去，被人抬了出去。此后他因悲痛而卧病在床数周，议会尝试对他进行安慰，但他还是不断地憔悴下去，身体每况愈下。为了纪念他的亡妻，他命克里斯托弗·雷恩将格林尼治王宫（Greenwich Palace）改造成了一座海军医院。在他临终时，人们发现他在自己胸口心脏的位置放着他妻子的小像。

她的死让很多压抑着的力量一下子失去了束缚——玛丽至少还是詹姆士二世的女儿。詹姆士党人认为威廉不是合法的国王，于是一时间出现了很多针对他的暗杀行动。对此，下议院觉得有必要像当初伊丽莎白女王在位时那样，制定一份《联合契约》来保卫国王和新教徒的胜利果实。

玛丽之死带来的巨大悲痛让同病相怜的威廉和他的妻妹安妮公主摒弃了前嫌。此前威廉怀疑约翰·丘吉尔暗中效忠于詹姆士二世，于1692年将丘吉尔从军队中开除并关押到伦敦塔，安妮公主心有不满，两人因此而疏远。丘吉尔如今已经获封为马尔伯勒伯爵（Earl of Marlborough），他和他的妻子莎拉·詹宁斯（Sarah Jennings）*是安妮公主的好友。当初他入狱，让安妮公主与姐姐的关系降到冰点，直到玛丽去世都未能缓和。但是如今，安妮开始帮助她的姐夫代行女主人的职责，威廉和马尔伯勒伯爵之间的关系也亲近了不少。后来国王去世之后，马尔伯勒伯爵继承了国王未竟的事业，继续抗击法国。

到17世纪末，身体一直都不太好的威廉被多年来的军事斗争和繁忙的外交工作拖垮了。他刚登上王位时，任命的政府大臣既有托利党人也有辉格党人，此举的目的是希望能团结整个国家，但是实际效果却不尽如人意。因为詹姆士党人不断地制造各种阴谋（其策划者全都是托利党人），加上托利党人不支持战争，所以在国王登基10年之后，他的大臣全都是辉格党人，被称为"小集团"（Junto），他们组成了一届一党政府。托利党人反对将大量的财富消耗在长期的地面战争上，也不同意组建大规模的常备军队，抨击这种做法不符合英国人的传统。辉格党的观点与他们恰恰相反。辉格党人要谋求商业利益，所以他们继续竭尽全力地支持战争，因为唯有如此，他们才能阻止法国占领欧洲大陆的重要港口。在托利党人看来，威廉如今似乎已经变成了辉格党的国王。第三版《三年法案》颁行，修正

---

* 婚后更名为莎拉·丘吉尔，与英国女王安妮关系甚密，是当时最有影响力的女性之一。——编者注

了曾被查理二世利用的法律漏洞，规定任何一届议会的任期都不能长于3年。威廉的进步观念使他放任《许可证法》（Licensing Act）在1695年失效，这意味着从此以后发行报纸不必再经过政府的审查。这一情况，加上之前颁行的《宽容法案》，让人们进一步感觉到与西欧其他国家相比，英格兰是个非常自由的国家。到18世纪20年代，政治哲学家孟德斯鸠（Montesquieu）形容英格兰的宪法是当时世界上的一个奇迹。当时的社会和政治环境给出版社的繁荣发展创造了有利的条件，让最强盛、最富有创见、最不拘一格的出版社得以出现，成为捍卫英格兰人民自由权利的一支强大力量。

然而，1698年的大选中，由于整个国家已经厌倦了9年来持续不休的战争，托利党人在罗伯特·哈利（Robert Harley，如今伦敦的哈利街就是以他的名字命名的）的领导下赢得了下议院的大部分席位，迫使威廉开除了一些辉格党大臣，并裁减军队至7000人。但是后来的事情证明裁军为时过早。1700年发生了一件极为重要的事，打破了欧洲各国之间的势力平衡：无子的西班牙国王卡洛斯二世（Charles II）病重去世了。

自从几十年前人们知道卡洛斯二世不可能生出继承人之后，整个欧洲就一直在猜测等他死后，幅员辽阔的西班牙帝国会出现什么情况。在他死前，从理论上讲，继承王位的人选有3个，其中有两个人是英格兰和荷兰颇为忌惮的。第一个是法国的王太子，他的母亲是卡洛斯二世的姐姐；另一个是哈布斯堡帝国继承人约瑟夫大公（Archduke Joseph），他的母亲是卡洛斯二世的另一个姐姐。他们两人任何一个继承王位，其领土都会得到很大的扩张，势必会打破当前的势力平衡。若他们继位，法国或神圣罗马帝国不仅能得到西班牙的国土，还能得到西属尼德兰的10个省份，以及米兰公国、马略卡岛（Majorca）、墨西哥（当时它包括今天的加利福尼亚州全境及得克萨斯州的大部分）、南美洲除巴西和圭亚那地区之外的全部地区、古巴、特立尼达岛（Trinidad）和西印度群岛及菲律宾群岛等其他领土。除了领土之外，他们还能占有西班牙帝国境内丰富的金银矿产。

在签署《里斯维克和约》之后，奥兰治的威廉一直和神圣罗马帝国皇帝及路易十四协商，试图找出一种公平合理的办法，避免将广阔的西班牙帝国全部交给某一个国家。协商的结果是在1698年三方签署了《秘密分割条约》（Secret

Partition Treaty）。根据该条约规定，神圣罗马帝国、法兰西和英格兰一致同意，在西班牙国王卡洛斯二世去世之后，他的第三顺位继承人即帝国第一任皇后的外孙巴伐利亚选帝侯将成为西班牙的新国王。然而第二年选帝侯意外去世，打乱了他们的计划。于是在1700年3月他们制定了第二份《秘密分割条约》，规定由神圣罗马帝国皇帝的次子查理大公（Archduke Charles）*继承西班牙王位。

但是这个方案没有考虑到西班牙国王卡洛斯二世本人的想法。他在1700年10月去世之后，人们发现他已经拟定了遗嘱，将整个西班牙帝国交给了他的甥孙——路易十四的孙子安茹公爵腓力（Philip of Anjou）。腓力前往南边的西班牙，接任王位，成为西班牙国王腓力五世。一场新的战争——西班牙王位继承战争（War of the Spanish Succession）——爆发了。法国军队开始入侵西属尼德兰，占领了它的军事要塞和港口。

这对威廉三世而言是个重大的挫折。他一生征战的目标，压制路易十四之势的决心，被一扫而空。与此同时，在他统治的国家，局势也不容乐观，托利党人的反应非常激烈。托利党人不同意再为新的战争拨出哪怕一分钱。在他们看来，政府应该将精力集中在即将到来的英格兰王位继承危机上，而不是关注西班牙的王位继承问题，因为7月的时候，安妮公主唯一活下来的孩子即11岁的格洛斯特公爵去世了。托利党议会下定决心要让国王清楚地了解到，英格兰并不会对荷兰国王予取予求，相反，荷兰国王应该是英格兰的仆人。议会要求威廉将所有外国人开除出枢密院，并通过一系列的法案禁止外国人在政府任职或在议会列席，进一步限制他的权力，这相当于已经对威廉发起了正面攻击。议会成员甚至试图限制国王的行动自由，要求他未经议会许可不得离开英格兰。威廉提出要退位并回到荷兰去，但是他们说服了他留下来，而限制王权的立法工作仍在继续。尽管他从来没有任何试图干涉司法的行为，但是议会还是通过了一项法律，规定除了议会之外，任何人都不得任免法官。1701年，议会通过了《王位继承法》（Act of Settlement），废黜了詹姆士二世的王位，规定他信仰天主教的子嗣无权继承王位，并规定如果威廉和安妮均无嗣而亡，那么汉诺威选帝侯夫人（Electress of

---

* 神圣罗马帝国皇帝利奥波德一世的次子，于1711年继承皇位，改称查理六世（1685—1740）。——编者注

Hanover)、詹姆士一世的新教徒外孙女、波希米亚"冬季王后"伊丽莎白的女儿兼继承人索菲娅（Sophia）将继承英格兰王位。《王位继承法》同时规定，未来的国王和女王都必须是英国国教会的成员，这项规定直至今日依然有效。

但是到了1701年秋天，那些鸵鸟般的托利党人不得不将自己埋在沙堆里的头抬起来，正视路易十四的意图。9月6日，等詹姆士二世在圣日耳曼咽下最后一口气后，路易撕毁了《里斯维克和约》——他在这项和约里承认威廉三世是正统的英格兰国王——转而拥立詹姆士二世的儿子为詹姆士三世，即历史上的"老觊觎王位者"（Old Pretender）。

路易犯了一个巨大的错误。他的这个举动让英格兰人觉得法兰西国王竟敢决定谁是英格兰国王，这个想法让托利党人和辉格党人一致赞同对法兰西开战。英格兰主动提出与荷兰、哈布斯堡帝国组成新的大联盟（Grand Alliance），令威廉松了一口气。威廉召回他的辉格党大臣，再次开始扩充军队。他说，他所喜欢的东西无非战争。随着时间进入新的一年，他迫切地筹备着发动战争。但是他等不到那一天了。1702年2月20日那天早晨浓雾弥漫，他从汉普敦宫骑马出去，结果马被一个鼹鼠丘绊倒了，国王从马上摔下来，锁骨跌断了。当时威廉的身体本就已经每况愈下，否则的话这个伤也不会那么要紧。但是一直以来兼任荷兰和英格兰政府首脑的沉重压力，加上一生的辛苦奔波，摧毁了他的健康，导致他在3月8日病逝。尽管詹姆士党人听说那位"矮小的、穿着黑色天鹅绒衣服的绅士"去世了，都觉得大喜过望，但是王位并没有传到"老觊觎王位者"手中，而是传给了安妮公主。

安妮
Anne

1702—1714

安妮女王是斯图亚特王朝的最后一位君主。她是个身材矮胖、没受过什么教育的小妇人，但是她天生的英格兰人的性格和随和亲切的举止与她的冰冷、严峻的姐夫形成了鲜明对比，使她深受臣民的爱戴。她对英国国教会抱有很大的热情，导致在她死后，神职人员和托利党中潜藏的詹姆士党人都不再搞什么阴谋了。新女王身体一点都不强健，事实上因为患有严重的痛风，她几乎无法行走。她也是英国历史上唯一一位被抬着去参加加冕典礼的君主。但是与她的赢弱恰恰相反的是，她在位期间，她的好友马尔伯勒伯爵让英格兰强大的军事实力名扬天下。女王在位时，英格兰军队取得了几场重大的军事胜利，彻底击垮了到目前为止看起来仍然不可战胜的路易十四。这得益于马尔伯勒伯爵取得的胜利，英格兰获得了大量的领土，扩充了它的第一帝国的版图，使它成为一股可怕的国际势力。

安妮的统治时期恰好与长达13年的西班牙王位继承战争在时间上有所重合。不仅如此，这段时期也恰好是18世纪的开端。这个世纪最大的特点就是人们开始推崇理性。英格兰的光荣革命标志着"君权神授"这种迷信观念被契约政府所取代，这预示着理性主义正在兴起，文化正在发生转变。欧洲方兴未艾的启蒙运动带来了对逻辑推崇备至的思潮，其理念鼓励人们相信，无论在政治上、哲学上还是实践上，任何问题都可以通过恰当的理性思考找到答案。直到法国大革命（French Revolution）之后，人们才意识到极端的理性主义也有阴暗面，从那以后，对逻辑的推崇才开始降温。

但是这些问题离安妮女王都太遥远了。她并不费心去认识什么思想家。简单的家庭之乐，比如打牌、逛花园、与挚友相处等，是她最大的乐趣所在。在1702年，她最好的朋友还是马尔伯勒伯爵及其夫人——傲慢的莎拉·詹宁斯。从学生时代开始，女王就对莎拉言听计从。这样一来，英格兰实际上是由马尔伯勒伯爵统治的，这倒是一件极大的幸事，因为在安妮即位之初这个国家其实面临着巨大的危险。当初法兰西的军队虽然人数与英格兰所在的同盟军基本相同，但是路易的军队却是几个世纪以来世界上最强大的战争机器，已经经过了40多年的战场打磨，所以，多亏了马尔伯勒伯爵作为军事战略家拥有出众的天赋才能，才没有让法兰西将他们控制的傀儡国王送上英格兰王位。威廉死后，马尔伯勒伯爵不仅接替这位荷兰国王担任英荷联军的最高统帅，还继续肩负起威廉未竟的使命，致力于打击法兰西势力。

这场战争不只是决定谁来主宰欧洲。如果路易攻占了荷兰——这在当时看来是很有可能的，因为西属尼德兰以南的地区已经完全掌控在法兰西人手里——那么离他入侵英格兰，将天主教徒詹姆士三世送上王位的那一天只怕也不远了。那样一来，新教君主的统治就会被推翻，光荣革命给人们带来的所有权利和自由都将被剥夺。

尽管最后英格兰还是有马尔伯勒伯爵这样出色的将领以其卓越的军事天赋击败了"太阳王"，但是刚开始的时候，事情看起来并不那么乐观。当时人们虽然都觉得马尔伯勒伯爵是英格兰军方最优秀的军官之一，但是他一直有言行无忌、野心过重的恶名，很多人都认为此人不值得信任。

更糟糕的是，1704年年初，情况突然急转直下，英格兰几乎陷入了绝望。巴伐利亚选帝侯宣布支持路易和他的孙子腓力五世，并允许法兰西军队借道他的国家。如此一来，法兰西军队就打开了通往多瑙河河谷和维也纳的道路。在巴伐利亚人的帮助下，法兰西军队以横扫千军之势清除了一切敌人，几乎快要将哈布斯堡帝国的皇帝利奥波德一世（Leopold I）都变成他们的阶下囚。如果这一切成真的话，那么路易就将获得最终的胜利，因为一旦失去了皇帝的兵力支持，英格兰和荷兰是无法再与法兰西继续对抗的。

皇帝的一半兵力被用来镇压他所统治的匈牙利境内的叛乱——这些兵力本应该被用于对抗法兰西。法兰西人已经做好了攻占维也纳、宣布胜利的准备。军队的每个角落都浮动着激动的情绪，所有人都在巴伐利亚人的帮助下为最后的进攻做准备。似乎没有任何事情、任何人可以阻止维也纳沦陷，因为在军用运输车辆还未出现的那个时代，维也纳与同盟军所在的荷兰之间长达250英里的距离几乎是不可逾越的天堑：英格兰和荷兰的军队没办法及时赶到，解救维也纳。

在这种危急的背景下，路易自以为有必胜的把握，所以没有急着发动进攻，而是在凡尔赛宫宽敞的屋子里不紧不慢地做准备。这个时候马尔伯勒伯爵做出了一个出人意料但是堪称天才的决定。他命令他的军队穿越欧洲，跨过那250英里的距离。他计划赶到巴伐利亚，赶在法兰西人抵达奥地利之前将他们击败。最后他做到了。

马尔伯勒伯爵需要解决两个巨大的难题。首先，他这个计划想要成功，就必须做到出其不意。他不能走漏一丝风声，否则法兰西就会在巴伐利亚集结大批的军队以逸待劳。所以除了他信任的对接人——皇帝军队的最高统帅萨伏依的欧根亲王（Prince Eugene of Savoy）——知道他的计划之外，没有任何人知道他的目的。也是出于这个原因，马尔伯勒伯爵的军队必须躲避法兰西间谍的探查，同时为了避免夏季暑热的不利影响，他们选择在夜晚和清晨行军，行军的具体时间是从凌晨3点到上午9点。此外，他还不能将他的目的地透露给荷兰人，因为他们不会让他离开——他一旦离开，荷兰边境就无人防守了。因此，法兰西人和荷兰人都以为马尔伯勒伯爵领兵出征的目的是攻打洛林或阿尔萨斯（Alsace）。直到他折道往东，离莱茵河越来越远了，他们才意识到他在奔赴巴伐利亚。

马尔伯勒伯爵的行军之旅是他凭着出众的组织能力完成的令人惊叹的伟大功绩。军队每次驻扎休息，营地里都有新的战马、新鲜食物和枪支弹药在等着他们，因此军队始终士气高涨。到了海德堡（Heidelberg），每位士兵还领到了一双新靴子。马尔伯勒伯爵和当年的亨利五世有些相似，都凭着对将士无微不至的关怀而赢得了军心。和很多将领不同，他总是亲自到队伍前面带队。他还有一个广为人知的特点，就是厌恶不必要的杀戮和牺牲，这一点也让他在同时代的许多冷酷无情的将军中显得与众不同。甚至，除非有把握获胜，否则他从不轻易开战。

马尔伯勒伯爵与欧根亲王及皇帝利奥波德的军队会面的地点选在了一座名叫布伦海姆（Blenheim）的小村庄附近，那座村庄位于巴伐利亚境内的多瑙河上游地区。为了防止同盟军攻占巴伐利亚，法国不得不立即调遣军队前去那里，于是就顾不上攻占维也纳了。英格兰士兵穿着显眼的红白相间的外衣，在泥泞的地面上聚集得越来越多，一条名叫内贝尔（Nebel）的小河环绕着他们。法国军队望着对面的英格兰军队，他们意识到，或许从这一刻起局势就要发生逆转了。他们以为英格兰士兵应该还在荷兰的北海沿岸地区，根据传统的估计，距这里足足有60天的行程。但是英军却突然出现在巴伐利亚的腹地，擂着战鼓，发出嗜血的嘶吼声，威胁着他们。

在同盟军的将领看来，再没有哪一场战役能比这场战役更为关键了。对马尔伯勒伯爵而言，它关系着英格兰的命运，对欧根亲王来说，这决定着他的君主利奥波德皇帝的未来。他们两位都是那个时代最优秀的将领和战士。8月12日，身材矮小但身姿挺拔、衣着考究的欧根亲王，和一向有些衣冠不整、如今因为长途跋涉更显得邋遢的马尔伯勒伯爵，在一顶白色的小帐篷里完成了毫无保留的坦诚协商。这次行动始终坚持的一个方针就是出其不意、攻其不备。所以他们决定在黎明时分发起进攻。法国的兵力依然超过同盟军8000余人，但是他们的骤然袭击打得法兰西军队措手不及，加上卓越的战术，他们很快就突破了敌军的战线，直逼敌营中央的指挥站，迫使巴伐利亚选帝侯不得不逃之夭夭。他们取得了胜利。2.3万名法兰西士兵死于此役，另有1.5万名被同盟军俘虏。塔拉尔元帅（Marshal Tallard）也被迫投降。此前的20年里，法兰西军队在正面会战的战场上一直所向披靡，但是布伦海姆的这一战却将他们"无敌之师"的美名毁于一旦。

获胜之后，马尔伯勒伯爵仍像平常那样随性。他随手在一张餐馆账单的背面用铅笔写了自己获胜的消息，给他的妻子寄去。他的妻子和其他英格兰人一样，都在紧张地等待着关于战况的消息。8天之后，消息传到伦敦。当人们知道马尔伯勒伯爵已经打败了"太阳王",阻止了人们以为近在咫尺的侵略之后,整个国家都欢呼沸腾起来。人们纷纷涌入印刷店,要求复印他的捷报,将印刷店都挤得水泄不通。这场胜利是如此伟大,以至于人们专门为他在克里斯托弗·雷恩翻修过的圣保罗教堂里举办了一次典礼,议会也投票通过了给予马尔伯勒伯爵巨额现金奖励和册封他为公爵的决议。出于对他的感激,安妮女王将牛津郡的许多土地都赏赐给他——那是中世纪时期伍德斯托克王宫的所在地。她还命建筑师范布勒为这位民族救星设计了一座配得上他的宫殿,并将之命名为布伦海姆宫(Blenheim Palace)。

这场伟大的胜利也给苏格兰带来了有利的影响。此前在威廉和玛丽统治时期,苏格兰人曾试图在巴拿马的达里恩(Dárien)建立他们自己的殖民地,结果失败了,自那之后,英格兰和苏格兰之间的关系就降到了冰点。当初英格兰的航海法律禁止苏格兰人与英格兰殖民地直接进行贸易,作为反击,苏格兰人制订了达里恩计划(Dárien Scheme)。但是移居达里恩的苏格兰人,要么因为疾病,要么由于西班牙人的袭击,全部葬身于那里。西班牙人之所以袭击他们,是因为他们认为达里恩是西班牙的领地。在苏格兰殖民者遭遇厄运的时候,英格兰政府及英格兰殖民地没有为他们提供任何补给,也不肯帮他们击退西班牙人,导致双方交恶。1704年,苏格兰人采取了报复行动。当时英格兰面临着来自路易十四的严峻威胁,为避免腹背受敌,安妮女王迫不得已,只好接受苏格兰方面提出的《安全法案》(Bill of Security)。法案规定,除非安妮的王位继承人将其权力下放给苏格兰议会行使,否则苏格兰将自行拥立其他信仰新教的人选为苏格兰国王,不再尊奉英格兰国王为苏格兰君主。

想到北方将另立君主,威斯敏斯特的政要们便觉得很不安:只要詹姆士三世宣布改信新教,《安全法案》基本上为他的回归扫平了其他一切障碍。但是随着布伦海姆大捷的消息传来,加上1705年海军上将鲁克(Admiral Rooke)控制了直布罗陀海峡(Gibraltar),英格兰政府终于有底气跟苏格兰谈判了。英格兰提出了统一方案,给予苏格兰人许多优惠,但如果他们不接受这些方案,坚决不肯放弃另立君主的打算的话,那么在英格兰境内居住的以及在军队中服役的所有苏格兰人,都会被视作异国人,将受到逮捕和关押。更重要的是,1705年圣诞节以后,苏格兰的所有农产品、制造产品和牲畜都不能再进入英格兰。

为了显示他们所言非虚，政府开始派遣大量军队驻扎到苏格兰边境——他们如今不必再随时准备着迎战路易十四了。苏格兰人面临着灭顶之灾，但是只要放弃自古以来的独立地位，他们就能安居乐业。他们别无选择。双方敲定了协议，并在1707年10月正式签署了《联合法案》(Act of Union)，规定两国将成立一个联合议会，并统一税收制度和币制。苏格兰人在威斯敏斯特的下议院中占据45个席位，并在上议院中占据16个席位。他们获准拥有自己独立的法律体系，并保持苏格兰长老会的地位。以后君主加冕时也必须要宣誓保护该教会。从此以后，苏格兰的加工制造商便能与英格兰殖民地进行自由贸易，获取丰厚的利润。不过，因为苏格兰境内的紧张局势，加上苏格兰人勇敢刚强的民族性格和对勤劳的推崇，所以很多苏格兰人选择移民去英格兰殖民地，而不是与这些地方进行贸易。大量的苏格兰人为建设大英帝国做出了贡献。与他们所占的人口比例相比，他们的贡献可谓巨大。

从1707年开始，英格兰、苏格兰和威尔士开始合称为大不列颠。詹姆士一世设计的联合王国旗帜，即由代表圣乔治和圣安德鲁的两个十字架组合而成的米字旗，终于成了国旗。安妮女王成了大不列颠的第一位女王。但是大部分苏格兰人对两国合并感到十分不满，此后的40年里，信仰天主教的苏格兰高地一带居民两次试图将天主教徒"老觊觎王位者"送上英格兰王位，苏格兰的新教徒竟然坐视不理，由此可见一斑。

布伦海姆战役结束后的几年里，马尔伯勒和欧根亲王又相继取得了发生在拉米伊（Ramillies）、奥德纳尔德（Oudenaarde）和都灵（Turin）等地的一系列战役的胜利。"太阳王"对欧洲的掌控逐渐被削弱，西属尼德兰的领土几乎全部被同盟军接管了，法国军队被逐出了意大利，利奥波德的儿子查理大公得以成为米兰和那不勒斯的统治者。路易的孙子腓力五世对他们的袭扰依然没有减弱，很快，巴塞罗那和马德里就先后被他攻占了。同盟军当时拥立查理为西班牙国王，但结果在1707年，西班牙人在阿尔曼萨战役（Battle of Almanza）中击败了同盟军，重新拥立腓力为国王。1711年，查理的哥哥、新皇帝约瑟夫一世意外去世，于是查理大公继位，称查理六世。于是同盟军远不像当初那么热切地拥立查理为西班牙国王了，因为他们并不希望哈布斯堡帝国和西班牙帝国合并。这样一来，战事就不像当初那么激烈了。

安妮女王继位之初，以马尔伯勒为首的托利党人把持了政府，马尔伯勒的好友——来自康沃尔郡的政治家西德尼·戈多尔芬（Sidney Godolphin）出任财政大臣。他负责为战争筹措经费。另外，诺丁汉伯爵丹尼尔·芬奇（Daniel Finch），一位典型的信奉高教会派的托利党人，担任国务大臣之职。随着冲突的不断持续，戈多尔芬和马尔伯勒都发现自己越来越疏远自己的党派，反而越发地倾向于辉格党，因为辉格党人与敌人抗争到底的决心更加坚定。为了能将辉格党纳入政府体系，马尔伯勒和戈多尔芬挫败了高教会派托利党人的一项企图。按照当时的法律，不遵奉国教者只要时不时地去英国国教会的教堂领受圣餐，就可以担任公职，高教会派托利党人试图堵上这个法律漏洞，却被他们拦住。但是当他们阻止《反对偶奉国教法案》（Bill against Occasional Conformity）通过后，诺丁汉伯爵和他的追随者愤而辞职。随后，托利党人越发频繁地叫嚣"教会危矣"，试图利用亲托利党的女王的畏惧心理；而马尔伯勒发现随着辉格党大臣上任，他在管理国家时受到的掣肘越来越少，因为辉格党人从来不会批评战争。他的所作所为让他原先所属的旧党派对他升腾起难以磨灭的恨意，他们一边盯着他的一举一动，企图找出可乘之机，一边磨刀霍霍，随时准备动手，但是他们没有找到任何机会。

然而，尽管原先辉格党小集团的成员越来越多地加入马尔伯勒的政府，而且一些资历较浅的辉格党人，如来自诺福克郡的一位名叫罗伯特·沃波尔（Robert Walpole）的颇有才干的乡绅，已经有权审查政府文件，但他们的权力根基还是受到了来自国内和国外两方面的冲击。1709年马尔普拉凯战役（Battle of Malplaquet）让2万名英格兰士兵付出了生命的代价。这场胜利没有让民众如往常般兴奋，毫无疑问，战争已不再是人心所向。马尔伯勒曾被大众普遍地誉为民族的救星，如今却被诋毁为"屠夫"，甚至不久之后连女王自己都开始反对马尔伯勒。这实在是有失公允。

安妮女王在位期间一直对马尔伯勒一家恩宠有加，赐予他们许多贵族封号、珠宝珍玩乃至房屋田产，甚至给了他们入住温莎的一所房子的殊荣。莎拉·马尔伯勒（Sarah Marlborough）担任了女王的内库主管兼女王的服饰女侍长两项要职，但她自负惯了，只觉得这是她应得的。这种恩宠持续了六七年。私底下他们对对方都有专门的称谓：女王称马尔伯勒夫妇为"弗里曼先生""弗里曼夫人"，而马尔伯勒夫妇称呼安妮女王和她的丈夫丹麦亲王乔治为"莫利一家"（the Morleys）。但是马尔伯勒公爵夫人显然已经开始厌倦了随时听候女王差遣的日子——女王因为严重的痛风和水肿，基本上生活不能自理，自然不易伺候。

莎拉的一位名叫阿比盖尔·玛沙姆夫人（Mrs Abigail Masham）的表妹是女王的大侍女，她伺候安妮女王尽心竭力，几乎对女王寸步不离，莎拉见此甚为欢喜。公爵夫人有意叫阿比盖尔·玛沙姆夫人替她完成宫廷里的工作。女王喜欢让侍女陪她闲坐，公爵夫人甚至也让阿比盖尔·玛沙姆夫人替她陪伴女王。莎拉是个没耐心的人，在过去的20年里，她一直充当着宽慰女王、做她最好的朋友、为她出谋划策的角色，早就已经受够了。女王常常找尽借口只是为了跟莎拉一起去温莎——在她喜爱的人面前，女王从无骄傲可言。

但是阿比盖尔·玛沙姆夫人可不像她表面看起来那样天真无害。她不只是马尔伯勒夫人的表妹，也是托利党领袖罗伯特·哈利的亲戚，她与他早已狼狈为奸。玛沙姆夫人曾得到哈利的专门授意，知道如何给女王灌输不利于辉格党人的想法。她开始设法让安妮女王不再喜爱公爵夫人。当女王挚爱的丈夫乔治亲王去世后，她向玛沙姆夫人寻求安慰，这让公爵夫人无比妒忌，以至于怒火中烧。尽管乔治亲王是丹麦国王的弟弟，但是王室成员一直觉得他为人可笑，对他颇为轻贱。他痴迷于制造船模，王宫的各个橱柜上都摆着他的作品，但是人们觉得对一个成年男子而言，这种爱好无异于不务正业。查理二世曾对他做过评价，他的评价确立了朝廷对待乔治亲王的态度："我曾在他喝醉时试探过他，也曾在他清醒的时候考验过他，结果无论哪种情况下，他都是个脑子空空、胸无点墨的废物。"但是他的妻子却极为崇敬他。

正当女王为丧夫而伤心不已的时候，莎拉开始禁止阿比盖尔出现在女王身边。事实上，她用大量的时间，搜肠刮肚地找出一切词汇谩骂女王的新宠，甚至和安妮女王争吵不休。到最后女王不堪其扰，甚至不得不给马尔伯勒公爵本人写信，请求他约束一下莎拉，让她举止得体一点，以免她"说长道短的声音"让她们成为"全城的笑柄"。

由于妻子不知收敛的行为，马尔伯勒本人与女王的关系也迅速恶化，这对一个老练的政治家而言，委实是有些不可思议。王宫之外，辉格党人担心阿比盖尔对他们的诋毁已经开始侵蚀他们的政府根基，这也让马尔伯勒公爵的位置不如从前稳固。他们的担心并不是杞人忧天。

辉格党人起诉了一名名叫萨谢弗雷尔博士（Dr Sacheverell）的托利党高教会派传道士，理由是他在布道时攻击不遵奉国教者、辉格党人和革命后的政策对英国国教会有害。这一案件被人们解读成对持不同意见者的迫害，最终导致了辉格党政府的垮台。女王对案件的审理显示出了极大的兴趣，她常常亲自出席法庭。辉格党公诉律师的言论让她觉得备受冒犯，印证了她觉得辉格党人根本不尊重君王的观点。普通民众也大多无法接受萨谢弗雷尔因言获罪这样的事情，因为这个国家向来以言论自由而自傲。辉格党人一直声称他们对抗路易十四是为了抵抗暴政，但是他们这次的行为本身却颇有几分暴政的味道。

到1711年10月选举时，玛沙姆夫人和哈利已经说服了女王将政府中大部分的辉格党人撤职，连她的老朋友戈多尔芬都不例外。空出的职位都被托利党人占据了。托利党人打着"教会危矣"的旗号，成功地赢得了大选，于是托利党人掌握了大权。公爵夫人莎拉已经失去了她的职位，因为女王再也无法忍受她的怒火和不知收敛的行为。同年，托利党人指控马尔伯勒公爵有挪用公款之嫌，女王于是撤销了这个自己在位期间最重要的忠仆的一切职务，直至调查结束，这一举措再次显示了女王性格软弱。尽管这些指控根本经不起推敲，但是马尔伯勒已经受够了。他与妻子感情不和睦，又被女王的背叛伤透了心，所以他不想再留在英格兰了。他去了国外。国家为了纪念他的伟大胜利而建造的那座富丽堂皇的宫殿，他从未住进去过。他最后一次请求谒见女王，却被女王拒绝了，他的悲惨遭遇以此收尾。

最终，局势落入了托利党人的掌控中。托利党人的领袖哈利是个狡猾、阴险、行事诡秘的人。他们决心结束战争。詹姆士党人第二代奥蒙德公爵被任命为军队的最高统帅。1712年，他服从托利党国务大臣亨利·圣约翰（Henry St John）的密令，放弃了对敌作战。这场可耻的阴谋导致了欧根亲王和皇帝查理六世的战败。英格兰方面还撤销了他们对神圣罗马帝国和荷兰军队的一切援助，迫使他们接受和谈。然而，英格兰获得和平的方式实在不算光明正大，它本质上是法兰西在背后操作的结果。

尽管路易十四曾表示，"只要马尔伯勒被撤职，我们想要的一切就都能实现了"，但实际上，随着1713年和谈结束，《乌得勒支条约》（Treaty of Utrecht）签署，托利党人通过斡旋得到了极大的利益。尽管托利党人对待不列颠先前盟国的卑鄙行为让辉格党人大感不满，但他们根本无计可施。由于此前哈利遇刺受伤，所以带领谈判队伍去巴黎参加和谈的是亨利·圣约翰——他在这一年被封为博林布鲁克子爵（Viscount Bolingbroke）。博林布鲁克子爵是下议院口才最好的演说家，也是个不择手段的政治家，但是他在和谈中迫使法兰西签署了对英格兰大为有利的协议，为后来的大英帝国奠定了基础。

不列颠得到了纽芬兰、哈德逊湾（Hudson Bay）一带的领土及原法兰西殖民地阿卡迪亚（Acadie，为了纪念苏格兰统一，这个地方被改名为新斯科舍，即Nova Scotia，其在拉丁语中是"新苏格兰"之意），动摇了法兰西在北美地区的霸主地位。不列颠不仅通过这种方式成了新大陆的海上霸主，还控制了直布罗陀海峡和梅诺卡岛（Minorca），成为雄霸地中海一带的一股强大的新势力。这些殖民地和新占领的领地让不列颠的海上贸易额翻了一番，于是，继借由过去半个世纪的零星战争完全接管荷兰的货运生意之后，不列颠又朝着成为欧洲主要贸易国的目标进发了。在南面，不列颠还将圣基茨岛（Saint Kitts）也并入了它原有的西印度群岛殖民地版图，除此之外，它还在臭名昭著但利润丰厚的黑奴贸易中分得了一杯羹，获得了西班牙政府颁发的特许证，可以往西班牙殖民地贩卖黑奴。另外，它还获准每年往南美地区输送一船的制成品。

因为法兰西和西班牙两国王室在血缘上非常亲近，所以《乌得勒支条约》还试图避免这两国的王位归属同一个人。在皇帝查理六世的斡旋下，帝国接管了西班牙之前在欧洲占领的大部分领地——西属尼德兰、米兰、那不勒斯和撒丁岛（Sardinia），而荷兰则拥有了在那慕尔等边境重镇驻军的权利，可以与法兰西对峙。萨伏依公爵（Dukedom of Savoy）领成了一个独立的王国，而且兼并了西西里岛；勃兰登堡公国（Brandenburg）成了普鲁士王国（Kingdom of Prussia）。后来普鲁士王国成为德意志境内对抗奥地利方面的主要力量，它与奥地利之间的争斗在此后的两个世纪里一直是欧洲最重要的事件之一。因此，可以说《乌得勒支条约》在很大程度上确立了欧洲几个大国之间的势力平衡，直到18世纪末这种平衡才被打破。然而，在此期间，由于西班牙企图夺回它原先的领土，发动了国际战争，这种平衡的局面也受到了一定程度的动摇。与此同时，法兰西发起了新一轮的与英格兰争夺殖民地和贸易的竞争，共同的利益导致法兰西和西班牙的两个同属波旁王室的君主达成了一份所谓的"家族协定"。

《乌得勒支条约》迫使年迈的路易十四再次接受英格兰的王位应交给信仰新教的继承人的规定。这意味着，在安妮女王之后，英格兰王位将由汉诺威选帝侯夫人继承。然而，尽管在《乌得勒支条约》的谈判中厥功至伟，但是精明的博林布鲁克子爵早已经打定主意，宁可拥立"觊觎王位者"詹姆士为新君，也不要让外国人登上王位，因为人们都清楚，如果汉诺威的乔治（George of Hanover）掌握了大权，那么托利党人的失势不过是早晚的事。作为皇帝手下最优秀的将领之一，乔治对托利党人背叛同盟的行为仍感到愤愤不平，倒是和辉格党人过从甚密。而且，选帝侯夫人索菲娅（Electress Sophia）已经83岁高龄了，是行将就木之人，若她继承了王位，那么，作为她的儿子，乔治势必成为托利党人需要打交道的主要人物。因此，托利党人深知若是任由事情如此发展，安妮女王去世之日，便是他们垮台之时，故而很多托利党人开始公开倒向"觊觎王位者"的阵营。博林布鲁克子爵甚至在他还在巴黎谈判的时候，就已经和詹姆士党人有所接触。

托利党大臣的行动颇为小心，所以外人难以推测他们究竟筹划了什么阴谋，到底有哪些人参与其中，甚至不知道他们是不是真的有明确的计划。然而，人们还是可以察觉到，托利党人似乎给身在法国的"觊觎王位者"传递了不少消息，隐约暗示了他们将在安妮女王去世之后发动一场叛乱。但是，尽管辉格党人已经失去了政权，他们却并没有失去政治头脑。他们立即催促汉诺威大使代表选帝侯夫人之子乔治向上议院提起申请，让乔治以剑桥公爵（Duke of Cambridge）的身份列席上议院。如此一来，乔治就能一直留在英格兰，以免发生政变。然而安妮女王因为王位继承人之争触及了她的丧子之痛——她的儿子格洛斯特公爵之前去世了——所以感到十分恼火，她给选帝侯夫人索菲娅写了一封措辞颇为阴毒的信，拒绝了乔治来英格兰的请求。据说这封信将选帝侯夫人气得一病不起，最后病逝在海恩豪森皇家花园（Royal Gardens of Herrenhausen）。如此一来，乔治就成了王位的第一顺位继承人。7周之后，安妮女王也去世了。

当时事情迅速朝着对詹姆士党人和"觊觎王位者"有利的方向发展，但是安妮女王没有采取任何措施来阻止事态发展，因为她无法向自己同父异母的弟弟发难。而且在她自己的内心深处，她也认可王位世袭的原则。哈利（此时其爵位是牛津伯爵）和博林布鲁克子爵因为《分裂法案》（Schism Bill）的问题产生了分歧。该法案试图禁止不遵奉国教者在他们自己的环境里教育他们的孩子，而牛津伯爵本人就是不遵奉国教者。但是归根结底，他们矛盾的深层原因是牛津伯爵支持汉诺威的乔治继位，而博林布鲁克子爵拥护詹姆士党人。玛沙姆夫人觉得牛津伯爵的地位已经岌岌可危，所以果断地放弃了他，转而和博林布鲁克子爵合作。在女王卧病期间，牛津伯爵和博林布鲁克子爵一直争执不休，最后安妮罢免了牛津伯爵，任命博林布鲁克子爵为政府首脑。詹姆士党人觉得他们基本上已经胜券在握。

如今博林布鲁克已经成为事实上的首席大臣了。然而，就在他打算进一步完善自己的政变计划时，这些计划被那位已经全身水肿的女王整个摧毁了。在他成为政府首脑之后的第三天，也就是7月30日，女王突然中风，显然她随时都有可能去世。博林布鲁克还在犹豫要不要动手，因为他还需要几周时间才能完全准备好，就在这个时候，萨默塞特公爵、阿盖尔公爵（Duke of Argyll）和什鲁斯伯里公爵三位辉格党公爵夺取了政权。正如博林布鲁克的支持者乔纳森·斯威夫特（Jonathan Swift）所说的那样，对他们而言，"时机还未成熟，运气便已消失"。当时安妮女王已经意识不清，躺在她的那张雕花大床上，随时可能咽气，但她还是在辉格党人的劝说之下，气喘吁吁地说出什鲁斯伯里公爵的名字，任命他为新的财政大臣。

掌握了这等大权之后，1714年8月1日安妮女王刚一去世，辉格党的几位公爵便利用手中的权力，召集了伦敦城的民兵实施戒严，并封锁了所有港口，随即宣布汉诺威选帝侯为新任国王，即乔治一世（George I）。对此，博林布鲁克子爵只能懊恼不已地说："只要再给我们6周时间，我们就能将事情安排得妥妥当当，再也没有什么可让我们害怕的。然而，星期二牛津伯爵才被罢免，星期天女王就死了！这都是什么事！命运跟我们开了个什么样的玩笑！"

因为辉格党人的沉着冷静，从安妮女王到乔治国王的政权过渡实现得颇为平顺。据说，当时"英格兰、爱尔兰和苏格兰境内企图阻止他登基的，别说是人，连一只耗子都没有"。整个国家都无比平静，以至于新任国王——汉诺威王朝的首位君主直到9月18日才来到英格兰，当时安妮女王已经去世近两个月了。随着他的到来，托利党人下野了，并在野整整半个世纪。英格兰名义上由来自德意志的汉诺威王室统治，实际上被掌控在辉格党的寡头政府手中。

斯图亚特王朝最后一位君主在位期间的政策颇为酷厉，但是这段时期，英格兰迎来了一场文学的繁荣。内战期间，关心时事的政论家写了大量针砭时弊的小册子，加上17世纪末审查制度有所松动，两者共同作用下，英文散文的创作出现了一个高峰。乔纳森·斯威夫特和丹尼尔·笛福（Daniel Defoe）等作家在这个时期创作了英国文学历史上最尖锐、最直白的一些讽刺作品，其文字风格坦率自然。范布勒和霍克斯莫尔（Hawksmoor）等建筑天才为富人设计建造了大量巴洛克风格的房屋，其中尤以霍华德城堡（Castle Howard）最为富丽。这是安妮女王在位期间最杰出的建筑。由于受荷兰建筑大量使用红砖的影响，这栋房子风格简单，令人舒心。安妮在位期间的另一项重要功绩就是修建了50座新教堂。

安妮女王性格单纯、生活简朴，加上她天性温和虔诚，又经历了17个孩子全部死去的苦难折磨，所以人们发自内心地敬爱她。她在发表第一次议会演讲时就强调了自己是个典型的英格兰人，这对当时刚刚被荷兰人统治了13年的英格兰人民而言，是一个极大的安慰。此后，在德意志人乔治的统治期间，人们回想起安妮女王，无不满心怀念。

8
汉诺威王朝
Hanoverian

乔治一世
George I

1714—1727

乔治一世在54岁时加冕为英国国王。他一生都居住在德意志北部的汉诺威并统治着那里，因此不可避免地对汉诺威更感兴趣。汉诺威实行绝对君主专制，而在英国，吵嚷不休的下议院常常令他万分困扰。汉诺威的国土面积甚至比威尔士还小，在其统治者成为神圣罗马帝国选帝侯之后，它才跻身为德意志的一线邦国。而至少在过去300年中，英国一直在欧洲的政治舞台上扮演着领导者的角色，现在她已经显现出帝国的辉煌。但是，英国的这位新国王却坚持奉行"汉诺威中心主义"。他看待所有事务时都会从汉诺威的立场出发，甚至认为英国能与汉诺威联合，简直是英国的无上荣耀。其子乔治二世也沿袭了这种态度。曾有深谋远虑的人士警告，汉诺威的扩张虽然与英国毫无关联，却会使英国卷入欧洲大陆的战争之中。同时，新国王对汉诺威的态度以及汉诺威奉行的独立外交政策在根本上是本末倒置的。不过，与让信奉天主教的国王继位相比，这一切都显得不那么严重了。

因此，在1714年，英国被迫表现得好似已经抛弃了长久以来的排外传统。大批英国贵族聚集在格林尼治的彩绘厅（Painted Hall）[*]，欢迎新国王以及他在维也纳之围中俘获的来自土耳其的奇怪随从。和国王一同抵达的还有许多汉诺威大臣，他们用异国语言急促地说着一些听不清的话语。懂英语的大臣用略生涩的英语表达了他们的愿望——在富裕的英国宫廷中扩充财富。而英国大臣只是在背后嘲笑他们冗长而难以读准的德语名字，在他们听起来，这些德语名字好似可怕的咳嗽声。

英国的政治阶层表面上显得彬彬有礼，而实际上他们却十分鄙夷这位来自德意志的国王。这是因为与以前不同，这位新国王并非君权神授或由上帝恩赐而产生。确切地说，他是议会法案和辉格党革命政策的产物。乔治一世被议会推上了国王的宝座，如果他没有履行自己的职责，至少在目前还未取得国家支持的时候，议会同样可以将他废黜并遣返他回到汉诺威。除此之外，这位新国王的个人品质也不足以俘获臣民的心灵和思想。他丝毫没有继承斯图亚特家族的非凡领导才能。无论是苏格兰的玛丽女王，还是查理二世，领导才能总会在几代国王身上周期性地出现。然而，人们却很难相信乔治一世是来自莱茵河畔的传奇王子鲁珀特的外甥。

乔治一世是一个土生土长的德意志不伦瑞克人（Brunswick）[†]。他身材矮小，眼球突出，下颚宽大，甚至在与情妇的交往上也沿袭了德意志人循规蹈矩的作风。他共有两个情妇，都是汉诺威人。其中一个生得虎背熊腰，另一个瘦骨嶙峋并且非常迷信。英国人很快给她俩起了绰号，一个叫"大象堡"，一个叫"五月柱"[‡]。她俩严格遵守每隔一天轮流侍寝的制度。无论轮到哪个情妇，侍寝的流程总是一成不变。首先，情妇会和国王单独享用一顿朴素的晚餐，然后一起打打牌、听听音乐。接下来，国王会不厌其烦地用纸剪出一些侧面人像。英国人难以忍受乔治一世的呆板作风，并且觉得他的两个情妇都奇丑无比，想不通留着有何用。

此外，乔治一世还怀有一种畸形的报复心理。他将结发妻子策勒的索菲娅·多萝西娅（Sophia Dorothea of Celle）单独禁闭了长达30余年，以此作为对她与浪荡子弟柯尼希斯马克伯爵（Count Königsmark）私通的严厉惩罚。据说，他杀死了柯尼希斯马克伯爵，将其分尸后埋在妻子更衣室的地板下，以惩罚他斗胆

---

[*] 18世纪初由詹姆斯·桑希尔爵士设计，位于格林尼治的旧皇家海军学院。——编者注

[†] 德国下萨克森州东部的原住民。——编者注

[‡] 五月柱是五朔节用来围着跳舞的柱子，通常又高又细。——译者注

与自己的妻子私通。不过，可以确定的一点是，某个早晨，柯尼希斯马克伯爵离开情妇之后，就再也不见了踪影。第二天，索菲娅·多萝西娅发现自己被锁在了阿尔登（Ahlden）的城堡中。供她解闷的只有周围池塘里的几只天鹅。万分惊恐的侍女告诉王后，她再也不得离开城堡半步，直到被装进棺材运出来的那一天。她的小儿子，也就是未来的乔治二世，在母亲因私通（她的丈夫则公然与情妇交往）而被迫离开家庭时，只有差不多9岁。小乔治长大了一些后，曾试图游过护城河去探望自己的母亲。但还没游多远，就被守卫从河里捞了出来。因此，这位威尔士亲王理所当然极度厌恶他的父亲。

新国王一点儿也不奢侈挥霍，在这一点上他无可挑剔。他没有大兴土木，生活上也没有铺张浪费。相反，他的辉格党大臣却忙不迭地召集当时最优秀的工匠，大建宫殿，极尽奢华。乔治一世有一句话非常著名——"我讨厌所有诗人和画家"。但是，他对音乐家并不反感，曾斥巨资把亨德尔（Handel）*从汉诺威请到英国。亨德尔在汉诺威任宫廷最高指挥，来到英国之后则被聘为皇家御用乐师。亨德尔的大部分名作是在伦敦创作完成的，其中包括《水上音乐》（*Water Music*）和《弥赛亚》（*Messiah*）。《水上音乐》在乔治一世位于泰晤士河畔的皇家游艇音乐会上首次演出。

乔治一世对汉诺威投入的精力实在太多，以至于无暇处理英国政事。他不太听得懂英语，在内阁开会与大臣们交流时不得不使用蹩脚的法语和更为蹩脚的拉丁语。然而，就连这样的内阁会议也极少召开。他在离开深爱的祖国大半年之后，便把英国完全托付给内阁管理。如此一来，由大臣而非君主构成的内阁政府在乔治一世和乔治二世统治时期得到了飞速发展。此前，在安妮女王统治时期，英国内阁便已经取得了较快发展。乔治一世并没有意识到，他正在将权力拱手让给巧言善辩的辉格党领导者，这种权力即便在安妮女王统治时期也属于君主特权。也就是说，他把君主特权让给了光荣革命后权力持续膨胀的大地主贵族家族。因此，现在决定议员构成、议会结束时间和大量政府肥缺委任于谁的是辉格党人，前提

---

* 亨德尔（1685—1759），德国作曲家，巴洛克时期最伟大的音乐家之一，18世纪欧洲乐坛最伟大的风琴演奏家之一。——译者注

是他们宣誓对国王效忠。

直到乔治一世的曾孙、出生在英国的乔治三世继位之后，汉诺威家族才明智起来，察觉到了周围发生的变化。乔治三世极力试图收回被辉格党贵族窃取的任免权，但历经祖父和父亲整整两代人的放权之后，在1714年至1760年长达47年的时间里，辉格党贵族一直以国王的名义控制着英国政权。不得不说，这种情况令人十分震惊。托利党在这整个时期都是在野党。托利党因为詹姆士党人对斯图亚特家族的同情和其领导者博林布鲁克的行为而备受诟病。博林布鲁克曾在乔治一世统治期间叛逃他国，充当"觊觎王位者"的首席顾问。

在这一时期，英语议会中的下议院变得比此前任何时候都更加重要。这个时期最伟大的两位人物——罗伯特·沃波尔爵士和威廉·皮特（William Pitt），都因为执掌下议院而赢得了极大的声望。沃波尔是一位享有20英石*俸禄的乡绅，他通过赤裸裸地贿赂控制下议院；皮特身材瘦高、言辞犀利，他凭借无与伦比的口才让下议院臣服。一旦时机成熟，这两个人便接受爵位，脱离下议院，摇身一变成了上议院议员。在乔治一世和乔治二世的统治之下，自查理二世统治时期开始出现的政治倾向已经演变成了一项成熟的政治原则：在前两任国王统治时期形成的政党政治体制下，国家由内阁管理。也就是说，由在上议院或在下议院中拥有席位的国王的大臣构成的内阁，必须属于在下议院中占多数席位的政党。

乔治一世频繁离开英国前往汉诺威，带动了君主立宪制的另一项重要发展：其在位期间，英国第一次出现了后人熟知的首相一职。英国首相在国王不在本国时负责决策，可以被看成国家首席执行官。乔治一世、乔治二世统治时期都被深深地打上了塑造英国政府的杰出首相——罗伯特·沃波尔爵士的烙印。沃波尔虽然贪婪、世故，其主导的系统性贿赂与腐败令许多同时代的人厌恶不已，但他还是完成了自己应尽的使命——维护和平、稳定环境，使汉诺威王朝这一脆弱的新生政权得以生存、发展。他坚持认为，斯图亚特家族会抓住一切机会，在战争时期和英国敌对方站在同一条战线上，采用不正当的手段实现复辟阴谋。因此，他

---

* 英石，不列颠群岛使用的英制质量单位之一，亦被英联邦国家普遍采用。1英石等于14磅（约6.35千克）。——译者注

极力避免英国卷入任何战争。这也成为他饱受诟病的一点。他不择手段地规避英国在同盟条约中的责任，成功地与法国维持了长达 20 年的和平关系，还通过规避国外战争，创造低税收环境，以此利诱托利党乡绅支持辉格党。在沃波尔的机智运作和精心呵护下，汉诺威王朝在英国的统治基础逐渐变得牢固起来。

然而，综观整个英国，许多家庭仍对斯图亚特家族怀有一种情感上的依恋，认为他们才是正统的统治家族。托利党乡绅会把酒倒在一杯水中，以此私下为詹姆士二世的儿子"水上之王"祝酒。沃波尔是一名彻头彻尾的现实主义者，他不安地把乡绅的行为限制在"身体动作"的范围内；他相信，如果能够容忍詹姆士党人的这种庆祝方式，汉诺威家族将慢慢地被英国民众所接纳。

即便如此，乔治一世在英国执政还不到一年，詹姆士党人便引爆了一场代号为"第十五"的叛乱。1715 年暮春，英国国内弥漫着一种不祥的情绪；这种情绪在当年夏季演变成了一场叛乱，暴民高声呼喊："拥护詹姆士三世！他不是'觊觎王位者'！" 9 月，马尔伯爵（Earl of Mar）在苏格兰的布雷马（Braemar）高举英格兰国王詹姆士三世即苏格兰国王詹姆士八世的旗帜，公开领导叛乱。

不仅信奉国教的乡绅无法克服他们对外来国王的天然厌恶感，不遵奉国教的天主教家庭也在他们的古老信念中保留着对斯图亚特家族的忠诚。因此，斯图亚特王朝复辟大计也在天主教家庭中蓬勃发展。由于天主教家庭宁愿在偏远地区坚守自己的信仰，也不愿意回到英格兰中部地区，所以，詹姆士党人在英格兰北部和南部地区势力较强。不过，苏格兰才是詹姆士党人力量最为集中的地区。在苏格兰低地人和高地人中，数量可观的贵族联合起来反对汉诺威王朝，他们渴望恢复原有的斯图亚特王朝统治。法国境内的詹姆士党人将密信封存在手套中，然后缝在大衣内衬上，以这种方式传递信息，指挥苏格兰境内的詹姆士党人准备好在正统的国王踏上属于他的土地时，为国王而战。法国的詹姆士党人承诺，这一天将很快到来。在博林布鲁克的领导下，詹姆士党人的密谋策划者决定在苏格兰发动叛乱。

可是，谁料反叛者时运不佳，"第十五"叛乱完全没有按照原定计划进行。最大的灾难性问题在于，路易十四完全没有兑现召集法国军队的承诺。"太阳王"路易十四在马尔伯爵举起斯图亚特王朝复辟大旗的 5 天前去世了。对反叛军来说，这个时间点实在太糟糕了！但站在汉诺威王朝的角度看，这或许像威廉三世所乘的"新教东风"一样，是历史对他们的一种庇佑。现在领导法国政府的是支持汉诺威王朝的摄政王，至此法国出兵援助"觊觎王位者"的希望完全破灭。所以，马尔伯爵在苏格兰高地发动叛乱之后，便立即陷入困境，不知接下来应该如何行动。他需要在英国得到军事上的支持，然而获得军事支持的可能性变得越发渺茫。面对詹姆士党人的威胁，英国政府颁布了《骚乱取缔令》（Riot Act）。该法令规定，对于12人以上的集会，如果集会成员收到解散命令之后没有立即解散，治安官有权逮捕所有集会成员。政府以此为把柄，逮捕了许多在英国南部指挥叛乱的幕后主谋。

但是，到了当年10月，斯特灵附近爆发了谢里夫缪尔战役（Battle of Sheriffmuir），马尔手下只有1万士兵，而英国政府军却多达3.5万人。显然，反叛者并不能对乔治一世的统治构成太大威胁。除了兵力上对比悬殊之外，马尔作为将军显得过于软弱。在士兵相信做最后一次冲锋就能够赢得胜利时，他却下令撤退。1715年12月，"觊觎王位者"终于姗姗来迟。但是，他本人并没有起到任何振奋军心的作用。这位年轻人举止庄严、身材高挑、面色白皙，身上丝毫没有那种士兵期待看到的斯图亚特家族应该具有的王者魅力。"觊觎王位者"举止优雅，接受过法国教育，而大多数支持者即苏格兰高地人的外表，令他惊恐不已。在他眼中，这些人无外乎一群肮脏的野蛮人，因此他本人几乎不愿意和他们交流。

"觊觎王位者"如果能够坚持向南挺进的话，或许能够取得一些成绩。谢里夫缪尔战役结束之后，马尔将军命令军队北上，撤退至珀斯（Perth）。之后，"第十五"叛乱便一蹶不振。1716年1月16日，反叛军向北溃散；12月4日，马尔将军和王子抛弃了他们具有浪漫主义情怀的追随者，乘船逃往法国。英格兰北部和苏格兰南部叛军领导者德文特沃特伯爵（Lord Derwentwater）、肯莫尔子爵（Lord Kenmure）和尼斯代尔伯爵（Lord Nithsdale）则留在英国，面临被斩首的危险。

英国政府鉴于叛乱整体组织得极为混乱，发布了大赦令，几乎没有惩罚参与叛乱的苏格兰民众。但是，政府和乔治一世认为，留着尼斯代尔伯爵等英国天主教领导者后患无穷，于是决定处死他们，以儆效尤。

许多英国人仍怀着强烈的反汉诺威情怀，他们觉得被刚刚来到自己国家的德意志国王统治十分畸形。乔治一世宣布，他准备在处决犯人的前夜举办一场舞会，英国人因此更加不欢迎这位国王。幸运的是，尼斯代尔伯爵的妻子是一位果敢决断的女性。在丈夫因为投身于大多数英国人都应该参与的光荣事业而即将被斩首时，她不愿袖手旁观。临刑前几天，她在舞会上见到了国王。她大着胆子扯着国王的胡须，把他拉进附近的一间小休息室中。一想到被关押在伦敦塔里的丈夫只剩下几天的人世光阴，她的泪水便像断了线似的。她双膝着地，跪在国王面前，哭着哀求道："请饶他不死吧，陛下。他会成为您最忠诚的仆人。"但是，国王粗暴地将她推到一旁，命令侍卫把她扔了出去。

这个小插曲很快传遍宫廷，人们认为国王的举止十分无礼。作为一名女性和英格兰伟大伯爵的夫人，她居然会被一个汉诺威人如此对待。但是，尼斯代尔伯爵夫人魄力非凡，她并没有因为这次痛苦的经历就此放弃，而是擦干眼泪，打起精神，连忙前往伦敦塔。伯爵夫人带着一名贴身侍女和另外一位女性，说服了比国王心软的守卫放她进去与丈夫告别。人们听到上面这段经历，都会同情她，也为她高兴。守卫十分愉快地接受了她精心准备的波尔图葡萄酒，竟没有发现这位魅力十足的女性离开时，身边的随从从2个变成了3个。拂晓时分，人们才发现，被认为睡着了的尼斯代尔伯爵原来只是一堆破布。多亏了勇敢的妻子，尼斯代尔伯爵才可以在法国芬芳的空气中品尝葡萄酒的滋味，而此刻他那些不走运的兄弟却已经身首异处了。

"老觊觎王位者"虽然仍然健在，却不得不在老家法国之外寻找一个安身之所。摄政王将体弱多病的"娃娃国王"路易十五控制在手中，计划自行登基。他迫切需要把汉诺威政府收买为自己的同盟。因为，一旦路易十五去世，他需要得到英国的支持，才能打败继承关系最近的西班牙的腓力五世，宣布登基。实际上，"觊觎王位者"的复辟大业在西班牙的号召力更大。这是因为《乌得勒支条约》摧毁了西班牙世界强国的地位。"觊觎王位者"给西班牙提供了报复英国的机会，这与西班牙枢机主教阿尔贝罗尼（Alberoni）恢复西班牙国际地位的雄心不谋而合。

1718年，帕塞罗角海战（Battle of Cape Passaro）爆发，英国再一次摧毁了西班牙称霸地中海地区的计划。英国海军击沉了西班牙舰队，占领了撒丁岛和西西里岛。阿尔贝罗尼对帕塞罗角海战的结果愤怒无比，进而开始支持英国"觊觎王位者"的复辟大业,希望借此报复英国。他成功撩起了瑞典国王查理十二世对这个阴谋的兴趣。乔治一世从丹麦手中购买了原瑞典直辖领地不来梅(Bremen)和费尔登(Verden),这让查理十二世十分恼火。查理十二世是那个时代杰出的军事领袖,如果他出现在苏格兰高地率领反叛军作战的话,汉诺威王朝可能真的会有所惧惮。但是,乔治一世似乎再一次命中注定稳坐王位。在这项密谋计划从纸上落实到行动之前,查理十二世突然暴毙。阿尔贝罗尼最后一次协助"觊觎王位者"登基的尝试发生在1719年。当时,在奥蒙德的率领下,5000名士兵东渡苏格兰,但成功登陆者只有300人,他们很快在格伦希尔(Glenshiel)被打败。

英国政府担心再度发生类似"第十五"的叛乱,于是仓促颁布了一项法案,希望通过加强政府权力来稳定局势。《七年法案》(The Septennial Act)规定,选举由3年一次改为7年一次,辉格党的权力得到巩固。这项法案一直持续到1911年。乔治一世的国家首席大臣斯坦诺普将军(General Stanhope)参加过之前的战争。他建立了一个由法国、英国、荷兰和查理六世组成的新四国同盟,迫使西班牙坐到谈判桌前。英国提出的条件之一是废除引起麻烦的阿尔贝罗尼的权力。没有了阿尔贝罗尼的赞助,英国"觊觎王位者"再一次被迫流亡欧洲,寻找其他赞助人支持自己完成宏伟大业,而这些赞助人通常都三心二意。最近,"觊觎王位者"成了一个小男孩——查理·爱德华王子(Prince Charles Edward)的父亲。这意味着斯图亚特家族的直系血脉得以延续,他也终于感到了一丝慰藉。

最初,乔治一世政府的构成十分混杂,其中包括马尔伯勒的女婿桑德兰伯爵(Earl of Sunderland)和英勇杰出的斯坦诺普将军在内的辉格党元老。斯坦诺普将军及其助手约翰·卡特里特(John Carteret)、桑德兰都属于威廉三世有几分认可的辉格党人。他们相信,英国需要在欧洲发挥作用。但乔治一世政府还包括新一代辉格党政治家,其中最重要的人物有汤森勋爵(Lord Townshend)及其妻兄——时任英国财政大臣的沃波尔爵士。新一代辉格党政治家与斯坦诺普将军在英国是否应该参与欧洲大陆问题上存在严重分歧。汤森和沃波尔优先考虑的是维持稳固的财政基础,因而力图使英国避免战争和卷入国际事务。鉴于这一点,他们在许多方面的立场更接近托利党而非辉格党。他们与时任英国首席大臣斯坦诺普将军决裂之后,隐居于诺福克的府邸消磨时光。王位继承者所属党派的意图日渐清晰，他们在伦敦的所有自由时间都聚集在莱斯特府（Leicester House），即威尔士亲王的府邸。在那里，他们围绕着"未来可继承权益"，形成了一支反对派。他们离被乔治一世召回的日子不远了。

不管斯坦诺普将军的外交天赋是多么出色，他领导的政府在许多方面都令人不甚满意。尤其在财政问题上，管理部门重重地摔了一个跟头。这位直率豪爽的老兵对手下大臣的控制力度不足，1720年，"南海泡沫"（South Sea Bubble）危机爆发。这次重大金融丑闻的诱因是大臣们鼓励民众购买政府企业发行的股票，再用民众的资金偿付公共借贷。1711年，在辉格党人罗伯特·哈利的领导下，英格兰银行支付了战争款项。受此启发，托利党成立南海公司（South Sea Company），接手了价值90万英镑的国家债务。作为回报，英国将《乌得勒支条约》中获得的南美洲贸易垄断权全部交给了南海公司。

南海公司是一家合资企业，也就是说，投资这家企业的股东会获得分红。由于法国战争造成了巨额花费，当时英国负有高达5200万英镑的债务。南海公司主管希望收购全部债务，因为这项业务可以带来丰厚的佣金收益。1720年，南海公司通过贿赂政府官员，促使议会批准其收购一半的国家债务。南海公司主管继而说服政府持股人将手中的国家债券兑换成南海公司的股票。南海公司由此取得了进一步发展。

南海公司发布广告，向人们许诺有机会获得比购买政府股票高得多的收益，政府大臣本身也力挺南海公司的股票。事实证明，两者相加，产生了难以抵挡的吸引力。南海公司股票价格飙升。从清洁工、售货员、女仆、商人到议会议员，每个人都购买了一些南海公司的股票。人们的行为几近疯狂——许多人将房产和财物一并抵押，用借来的钱购买南海公司的股票。虽然老辣的马尔伯勒公爵夫人公开表示，她认为"泡沫将很快破灭"，但还是极少会有人放着明摆着的快钱不赚。

截至1721年冬天，南海公司的股票已经持续上涨了几千英镑。但此时，南海公司开始发布文书，禁止其他公司在盈利时兑现股票。这给市场带来了灾难性的影响。人们对所有投机行为，尤其是南海公司丧失了信心。市场崩溃，股价随之暴跌。南海公司股票泡沫破裂之后，有人一夜之间倾家荡产，成百上千的人面临破产。对政府的恐慌和不信任席卷全国，尤其是政府大臣曾接受贿赂推广股票的内幕被披露之后。一名大臣畏罪自杀，财政大臣约翰·埃斯勒比（John Aislabie）因涉嫌腐败被逐出下议院，斯坦诺普将军不堪重压，心脏病突发去世，桑德兰则被调查。整个英国徘徊在歇斯底里的边缘。

而前财政大臣罗伯特·沃波尔此时正在诺福克，心平气和地打理着地产和生意。然而，每一封送达他在森林隐居之所的信件都要求他重返政坛、挽救英国。令人愉悦的回声逐渐演变为震耳欲聋的合唱。每家报纸都呼吁他复出救国。曾经大声疾呼人们警惕狂热投机行为危险性的人正是沃波尔。他是一名真正懂金融的敏锐政治家，并且能够坚守"底线"。桑德兰在难以抵挡的诱惑面前屈服了，而沃波尔则借助南海股票泡沫危机走上了权力巅峰。在人们的要求下，他接管了政府。自此之后，他的表现一直十分出色。

罗伯特·沃波尔毫不留恋地离开了威尔士亲王的宫廷。他和妹夫汤森一同厘清了政府财务问题，重树了民众对英国政府的信任。在乔治一世余下的统治时期里，英国维持了国内外的和平局面。《乌得勒支条约》创造了新的贸易机会，帮助英国经济实现了迅速复苏。沃波尔最明智的地方在于，随着时间的推移，使大多数英国人都能较为容易地加入辉格党。到18世纪中期，下议院中托利党人的数量下降至60人。沃波尔甚至通过维持教会的现状，设法安抚了顽固的托利党——他最喜欢的座右铭之一是"静局勿扰"。虽然他本人坚持认为应该实行宗教自由，但他相信没有必要像其他辉格党人公开恳求的那样废除《核验法》和《团体法》，因为这会令高教会派失望。同样，他也认为没有理由剥夺非国教徒的公民权利。因此，他每年都会针对违犯《核验法》和《团体法》的公民颁布一道"赦免令"，允许不遵奉国教者担任公职。这是一种典型的沃波尔式妥协：他的政策不会取悦所有人，但可以取悦足够多的人让政策奏效。

在这样一位开明且世俗化的领导管理下，斯图亚特王朝的复辟呼声很快销声匿迹。虽然复辟的隐患仍像埋在地下的热炭一样危险，但给热炭扇风让它重新燃烧的力度还远远不够。詹姆士党人的阴谋破灭之后，与其关系密切的罗切斯特主教弗朗西斯·阿特伯里（Francis Atterbury）没有遭到处决，只是被流放。这表明，复辟的威胁已经变得无关紧要了。博林布鲁克甚至也被允许回国，但仍被禁止踏入上议院半步。

王国重回有识之士的手中，乔治一世因此得以轻松地每年抽出好几个月离开英国，前往位于海恩豪森的旧宫放松心身。伦敦的一切都比不上故土有吸引力。1727年，英国首位汉诺威国王在汉诺威的奥斯纳布吕克（Osnabrück）因中风去世。英国国内反应平静，詹姆士党人中没人出面干涉父子之间直接移交政权。午夜，沃波尔把老国王去世的消息通报给新国王。那个场景一定十分有趣。体形肥胖的沃波尔不得不艰难地双膝跪地，弯下腰向他的新君主致敬。当时，乔治二世正睡得迷迷糊糊，他提起马裤，生气地说："这个谎话编得真好。"他一直不愿承担任何来自父亲的责任。他的父亲也总是拒绝让他在自己频繁离开英国时担任摄政王。现在，他无法相信，自己真的成了国王。

乔治二世的继位甚至让聪明淡定的沃波尔都焦虑了很多天。他担心痛恨父亲的新国王会视自己为父亲的亲信，进而解除他的公职。实际上，乔治二世确实准备把首相一职交给平庸之辈斯宾塞·康普顿爵士（Sir Spencer Compton）*。但是，他深明大义的妻子安斯巴赫的卡罗琳（Caroline of Ansbach）是沃波尔的密友，她说服乔治二世相信，让沃波尔继续担任首相能够最大限度地维护王室的利益。在乔治二世的加冕仪式上，沃波尔以惯常的老练姿态把一切安排得井井有条。

老国王被安葬在汉诺威。除了现在成了肯德尔女公爵（Duchess of Kendal）的"五月柱"之外，没有人因老国王的离世而过于悲伤。自从不幸被关押在阿尔登的索菲娅·多萝西娅去世的消息传来，她就十分担心老国王的健康，因为曾有算命师预言，老国王会在妻子去世后的一年内随她而去。这让女公爵对每个预兆都感到惶恐不安。不过，据说她后来在艾尔沃思（Isleworth）的别墅里找到了新的慰藉，帮助自己克服了悲痛。老国王去世后不久，一只黑色的大乌鸦飞进了她的房间。她相信，老国王的灵魂附在这只乌鸦身上。民间流传着许多故事，讲述她如何向这只乌鸦屈膝行礼，如何恭敬地聆听它的鸣叫——直到一场致命的疾病夺去了她的生命。

---

* 1673—1743，威尔明顿伯爵，英国辉格党政治家。——编者注

乔治二世
George Ⅱ

1727—1760

　　乔治二世在许多方面都比他的父亲友善许多；他和乔治一世一样，也是一名勇敢的军人，但他更加高大英俊。他的英语也比父亲流利，有时会在父亲和英国大臣交流时充当翻译。乔治一世和乔治二世都对英国军队怀有极为浓厚的兴趣，在那个人们普遍对公共服务不感兴趣的年代，英国的军事机构居然成了唯一一个实现了一些改革的领域。军队纪律得到进一步整肃，军备系统也进行了大的调整。乔治二世不赞成英国花钱聘请雇佣兵的传统，认为一个国家理所应当掌握军队的领导权，这是他值得肯定的地方。英国军队在1756—1763年的七年战争（Seven Years' War）中取得胜利，促使英国进入第一帝国时期。这在很大程度上应该归功于汉诺威王朝的影响。

　　44岁的乔治二世登上王位之后，首先做了一件感动天下的事情——将一幅描绘他苦难母亲的画像拿出来公开展览（没有人知道，他以前总会秘密地在口袋里藏一幅母亲的小像，独自一人时不时地掏出来凝视）。这位新国王以前一直和父亲争吵不断。冲突达到顶峰时，乔治一世还曾威胁，要在乔治二世长子的受洗仪式上逮捕他，当时乔治二世还是威尔士亲王。多亏了他冰雪聪明、风情万种的妻子卡罗琳极力劝和，乔治二世才免于被捕。

虽然卡罗琳打心底里并不敬畏已经去世的公公，但她却懂得，她和丈夫需要收起锋芒，学会好好与父亲相处，这样他们将会比针锋相对得到多得多的利益。卡罗琳来自安斯巴赫，她有一头金发，身材丰满，品位高雅，聪慧过人（她出于兴趣和当时最优秀的哲学家保持通信）。卡罗琳王后很享受乔治二世对自己言听计从的态度。她甚至容忍乔治二世欲求不满似的公开豢养情妇——英国情妇。因为她觉得，她们至少能够教会乔治二世更加流利地说英语。卡罗琳王后在丈夫在位期间，不断督促他把自己完全托付给充满智慧的沃波尔。沃波尔曾站在自己的角度愉快地评价："我在国王身边安插了正确的枕边人。"

乔治二世在父亲的掌控下备受折磨，他与自己的儿子兼王位继承人——刚刚成为威尔士亲王的弗雷德里克（Frederick）之间的关系也非常恶劣。1728年，21岁的弗雷德里克从汉诺威移居英国，他和父亲之间的关系时常引起不小的丑闻。罗伯特·沃波尔之子、乔治王时代（Georgian era）的近距离见证者霍勒斯·沃波尔（Horace Walpole）曾经这样评论，汉诺威家族"流淌在血液中的一些东西"阻止了他们与继承人友好相处。人们又把弗雷德里克叫作"可怜的弗雷德"。在一次和父母发生激烈争吵后，他把将要分娩的妻子从王宫里运了出去，以免第一个孩子奥古斯塔公主（Princess Augusta）出生在他讨厌的双亲身旁。

事情的发展和之前如出一辙，托利党人和失势的辉格党人很快开始在新晋威尔士亲王在莱斯特的府上聚集。到18世纪30年代中期，威尔士亲王弗雷德里克成了他们的官方赞助人，产生的积极效果在于形成了一支"忠诚的反对派"。当然，他们效忠的是此后的新王朝。这些人不断地排演讽刺剧目，绘制讽刺画作，奚落现任首相。这种闹剧令沃波尔勃然大怒。而事实的真相却是，机敏狡黠的沃波尔不择手段地使用间谍和腐化手段，对耿直正派的新国王和世故的王后恩威并施，和乔治一世统治时期一样，他在英国获得了绝对的控制权。沃波尔身上值得赞赏的新特点在于他珍惜和平及和平带来的财富和进步。这一点在大多数欧洲政治家都只有兴趣用战争为自己赢得荣耀的18世纪显得非比寻常。

罗伯特·沃波尔爵士是有史以来英国议会中最具天赋的管理者。肥大的腰身和众多的府邸（包括无可匹敌的乡间别墅霍顿庄园）表明，他是权力和财富的忠实爱慕者。佩勒姆兄弟（Pelham brothers）是他手下最忠诚的两名心腹，其中纽卡斯尔公爵（Duke of Newcastle）托马斯·佩勒姆（Thomas Pelham）可以被称作英国议会历史上天赋最高的选举结果操纵者。托马斯表面上常显得犹豫不决，行事匆忙。曾有人打趣道，他总像在什么地方浪费了半小时，急急忙忙想在当天余下的时间里补回来一样。实际上，托马斯看人的眼光独到精准，在玩弄权术与利用政府机关获得赞助的"黑色艺术"上无人可及。纽卡斯尔和沃波尔都认为，"人心皆可收买，关键在于如何定价"。

沃波尔认为，想要保证辉格党掌权，同时防止斯图亚特王朝复辟，唯有通过贿赂使两党政治阶级都保持忠诚；而贿赂的形式可以是内阁职位、贵族爵位、法官职位或金钱本身。议员曾一度直接去他的办公室领取送给他们的黄金。当时，汉诺威王朝统治英国还不到10年，这种全面腐败的制度为这个潜藏着不安定因素的国家带来了真正的宁静。沃波尔以前所未有的超高效率控制着英国。至少从上台开始，沃波尔就能以精明的运作，让议会通过任何他希望颁布的法案，没有什么能够阻止他达到目的。

沃波尔对税收体制进行了大刀阔斧的改革，也取悦了辉格党的天然选民——商人和金融家。他不仅是精力旺盛、雷厉风行的乡绅，"宁愿一天18个小时坐在马鞍上"——支持者喜欢这样描述他——还深受启蒙思想的影响。他坚信，理性可以解决任何问题。弥补过去存在的漏洞，简化阻碍新兴贸易部门发展的烦琐手续，将科学分析运用到贸易、工业和税收结构的改革中，这些都是他践行的"宗教信仰"。其内阁成员大多是优秀的皇家学会会员，他们对新兴的统计学十分痴迷。

《乌得勒支条约》签订之后，英国制造业和对外贸易开始腾飞。为了推动这两个行业的发展，英国议会同意废除几乎全部商品的出口关税，以及对许多原材料征收的进口关税。在这些来源上减少的国库收入可以通过个人税收弥补。也就是说，政府从充满活力的商人口袋中得到了更多财政收入，从他们那里流入英国的财富数量惊人。贸易以前所未有的速度增长，社会变革正在酝酿。

依靠在自有土地经营农场获得金钱的乡绅不再属于英国的富裕阶层。18世纪

30 年代，英国的富裕人士变成了城市商人和从事国际贸易的企业家。海洋运输的大规模发展便是明证。但是，财富虽然转移到了创造财富的商人手中，税收结构却依然维持着原有的格局：土地税在国库收入中占据极大比重，乡绅阶层负担沉重；而商人更倾向于居住在城市，以现金的形式持有财富。沃波尔改变了这种状况。他虽然是辉格党成员，但出身于托利党代表的小地主阶级。由于与法国交战，英国的土地税增长了 4 倍。沃波尔的许多朋友和朋友的父亲都因沉重的土地税而破产。现在，他把税收重担转移到新兴富裕阶层身上。他对乡绅同胞，即居住在偏远地区的托利党人，十分同情；这成为抑制托利党人支持斯图亚特王朝复辟的又一个因素，因为这部分托利党人也意识到，沃波尔非常在乎他们的利益。

无论从商业还是从金融角度来看，汉诺威王朝统治下的英国都获得了前所未有的发展。然而，如果连首相都不遵守道德准则，英国政坛的基调便已确定。这个时期，英国政府以官员全面腐败而臭名昭著。英国教会在反腐败上并未做出任何表率：教会成了当地乡绅谋得一职的好去处，教区牧师在乔治二世统治时期变成了一种舒适的管理职位，与大地主极为类似，一点儿也不像神职人员。直到 18 世纪中期，卫理公会（Methodism）才恢复了人们往日对宗教的热忱。大法官麦克尔斯菲尔德勋爵（Lord Macclesfield）甚至因出售司法职位的委任权而受到审判。许多"太平绅士"*都因为酬金体系与地下犯罪集团纠缠不清，抑或卷入走私贸易，有时甚至整个村庄都是走私团伙的共犯。我们今天在康沃尔兹角附近的密林湾（Porthgwarra）还可以看到固定的滑轮系统，那里的居民，无论来自哪个社会阶层，都对走私行为视而不见。

这种体制——毫无底线的体制，似乎毫无结束的迹象。反对派人士可以诉诸的唯一方法就是嘲讽。1724 年，乔治一世的情妇把爱尔兰铸造新型铜质货币的权力卖给了一个名叫伍德（Wood）的蹩脚商人，主任牧师斯威夫特（Dean Swift）立即发表《布商来信》（*The Drapier's Letters*）作为回应。在约翰·盖伊（John Gay）的《乞丐的歌剧》（*The Beggar's Opera*）中，小偷的厨房显然暗讽了乔

---

* "太平绅士"是由政府委任民间人士担任的维持社区安宁、防止非法刑罚及处理一些较简单的法律程序的职衔。——译者注

治二世的宫廷，沃波尔则化身为故事的主角——大摇大摆的拦路强盗麦克希斯（MacHeath）。在那个锋芒毕露、高度商业化、不信仰上帝的无情时代，社会规则和我们今天所处的时代非常类似——成功受到推崇，失败才是唯一的罪恶。

在低税收和无战争的背景下，英国改善了境内交通，集中力量发展国内贸易。修建运河的热潮始于1720年；到18世纪末，英国国内运河里程数达到了3000英里。用石块铺成的公路开始出现。英国境内的交通运输的便利为商人和农民带来了利益，他们得以向更为广阔的市场销售产品。在中产阶级之中，胸怀大志的成功商人不再单纯依靠商店谋生。他们的财富急速增长，使得妻子可以雇用仆人，避免困于烦琐的家务劳动。1726年，艾伦·拉姆齐（Allan Ramsay）在爱丁堡开设了第一家面向市场的图书馆。效仿者甚众，图书馆很快风靡全英。中产阶级生活的一大标志——小说，在亨利·菲尔丁（Henry Fielding）*和书商塞缪尔·理查森（Samuel Richardson）的推广下出现。中产阶级的经济实力使他们有条件重视养生和保健，与国家领导层在位于巴斯的餐厅并肩用餐和交流成了他们满足自尊心的一种风尚。巴斯的皇家新月楼和广场依照启蒙主义原则修建而成，窗户巨大，采光充足，更加关注建筑的卫生状况。虽然富裕人士的物质条件得到了极大改善，但沃波尔执政时期依然是一个礼乐崩坏、道德沦丧的时代，连生活在那个时代的人也这样认为。威廉·贺加斯（William Hogarth）在1733—1735年发表了著名的《浪子生涯》(The Rake's Progress)，我们从中可以一窥那个粗鲁、残暴时代的缩影。

那个时代也有一群公正廉洁、拒绝腐化和堕落的人，他们能够在那样的时代背景下继续生存，堪称奇迹。这是因为，更加高尚的潮流的确仍然存在于沃波尔统治下的英国。1732年，博爱主义代表人物托利党人詹姆斯·奥格尔索普（James Oglethorpe）在美洲新建了佐治亚（Georgia）殖民地，用以安置因拖欠债务入狱的刑满释放人员。18世纪30年代末，卫斯理兄弟发起卫斯理宗运动，开始致力于振兴英国教会。他们的布道演说很有魅力，表现出虔诚的信仰和极具感染力的热情，为许多人提供了精神上的慰藉，比如生活艰辛的穷人和对丧失使命

---

* 1707—1754，英国小说家、剧作家，其代表作为《汤姆·琼斯》。——编者注

感的教会满腹牢骚的人。

年轻议员威廉·皮特作为反对派人士之一，决心揭露沃波尔体制中隐藏的圈套。他是乔治二世统治时期另一个占据统治地位的人物。截至18世纪30年代中期，言行夸张的皮特声名大振，其出色演讲家的形象深入人心。在那个年代，速记法、电视和广播都尚未出现，他的演讲资料很少得到保存，但历史学家和同时代的人都认为皮特是英国下议院中当之无愧的最伟大的演讲家。他是对自称"爱国主义者"的沃波尔持反对态度的人之一。面对沃波尔的批判，他们声称自己占据着道德制高点。沃波尔与斯图亚特王朝的统治者不同，他从未试图阻止议会会议的召开。实际上，在他的管理下，议会体制得到了前所未有的发展。然而，他的贿赂和腐化手段被爱国主义者视为一种新型暴政。

沃波尔瞧不起这些"爱国主义者"，将他们蔑称为"爱国男孩"，借此讽刺他们行为幼稚、愚蠢。到18世纪30年代，反对派成员中出现了一些十分引人注目的辉格党人：威廉·普尔特尼（William Pulteney）、卡特里特、机智聪明且善用外交手腕的切斯特菲尔德伯爵（Lord Chesterfield）、贵族格伦维尔兄弟及他俩的妹夫威廉·皮特。皮特在他的首次演讲中抨击了政府假公济私的行为，强烈地打击了政府当局。沃波尔因此取消了军队退休金，以期能够钳制住皮特的言论。但是，财政上的困难并没有让皮特感到任何尴尬。他乘坐着破烂的老旧马车在城市中四处走动，以公然彰显的贫困对照沃波尔手下富裕官员锦衣玉食的生活。他化身为鞭笞沃波尔式腐败的皮鞭，控诉着腐败的当局和唯唯诺诺的官员。

沃波尔只有控制住公众舆论，才能保证在接下来的10年中更具天赋的政府官员不会背叛自己、投靠反对派。最终，沃波尔首相选择将所有荣耀集中在自己身上。他迅速将发声过于独立的议员从内阁中驱逐出去，其中包括才华横溢的国际政策专家卡特里特。卡特里特的德语非常流利，以至于沃波尔一度快被排挤出乔治二世的顾问团。还有许多其他人，如普尔特尼，也因为不赞成沃波尔的对外政策被迫离开。沃波尔希望与法国保持友好关系，即使违背条约也在所不惜。1730年，正如沃波尔在评价中所说，一直与他保持良好关系的"资深伙伴"汤森发现难以与他共事，只得辞去公职，返回乡间府邸，过上了田园牧歌般的生活。后来，他发现了芜菁作为冬季饲料的价值，"芜菁"汤森的名字因而为人们所熟知。

在反对托利党的各路人马和心存叛意的辉格党人中，头号人物要数前詹姆士党人博林布鲁克。沃波尔一直不动声色地容忍了他的各种鬼把戏。沃波尔刚一允许博林布鲁克回国，他就创办了《匠人》杂志（Craftsman），言辞激烈地恶意中伤沃波尔。博林布鲁克决意要将污蔑性称号"匠人"扣在沃波尔头上。杂志意在重振托利党，呼吁所有爱国主义者建立更高的公共生活标准，帮助托利党人在政府中担任公职。王位继承者威尔士亲王弗雷德里克迅速接受了他撰写的小册子《论爱国主义国王》（The Idea of a Patriot King）中包含的思想。这位年轻人品位高雅、富于理想主义，走在爱国主义运动的最前端。不过，1751年，可怜的弗雷德里克因肺炎先于儿子即未来的乔治三世去世，从而未能成为真正意义上的国王。不过他的儿子继承了父亲的全部思想，也将自己定义为一位爱国主义国王。1760年之后，他试图将辉格党贵族手中的权力移交给"国王党"（King's Party）。

反对派的权力受到打压，行动受阻，只能通过辱骂和下流的讽刺画在《匠人》中报复沃波尔。虽然沃波尔一直想以辱骂和诽谤罪名逮捕杂志印刷商和编辑，但他们时常能找到一些持同情态度的法官将自己释放。包括《乞丐的歌剧》在内的大量滑稽剧都针对沃波尔，其中许多出自小说家亨利·菲尔丁之手，令沃波尔大为震怒，这些事件促使沃波尔在1737年通过了《许可证法》（Licensing Act）。这使得公务大臣变成了负责审查英国剧院的官员。没有他们的许可，任何戏剧都无法上演。直到1968年，这项规定才被废止。

沃波尔不仅是第一个被称作首相的政府首脑，也是第一个居住在唐宁街10号的英国首相。他气质儒雅，成了辉格党寡头政治的权力象征。乔治二世头戴王冠深居宫殿，真正手握权柄的却是一位居住在联排别墅中的表面平和安静的绅士。联排别墅的风格和整个乔治时代的伦敦建筑相符，今天我们仍然可以在布鲁姆斯伯利（Bloomsbury）和伊斯灵顿见到这种风格的建筑。其居住者主要是乔治时代的成功上层绅士和他们的夫人，国外观察者可以明显地看出这与阶层和出身无关。英国贵族可以不受约束地与城市富裕家庭通婚，而在欧洲大陆，这种情况是难以想象的。

沃波尔这位"英国巨人"——人们给这位号称"无所不能"的首相起的酸溜溜的外号之一——遭到的实质性打击发生在1733年他试图抑制暗流汹涌的走私行业时。因为走私严重，提高商品进入英国的关税已经毫无意义。沃波尔并不了解法国白兰地如何通过非法走私渠道进入英国，他认为唯一的解决方案是在零售端向这些商品征税，同时他还准备把烟草和酒类的税收项目从关税改为国内消费税。

自首届长期议会成立以来，国内消费税就因其税务官的粗暴行为而声名狼藉。税务官全权决定人们应支付多少税款，他们在检查之后，就会立即威胁要征收税款。英国境内的全体公民，无论男女，都愤怒地高呼，如果政府开始向酒类和烟草征税，那么他们下一步就会向面包和奶酪征税，在英国自由将不复存在。反对派则在《匠人》杂志上刊登了粗俗的漫画，影射政府行为，给读者的怒气添了一把火。

在英国首都伦敦，不仅穷人中充斥着不满的情绪，而且整个城市都笼罩着阴沉的气氛。一群暴徒为了阻止税收提案通过，包围了下议院大厦，并焚烧沃波尔和卡罗琳王后的肖像泄愤。沃波尔灰溜溜地从一家咖啡馆的后门逃走。在提案进行第二轮宣读时，原本得到多数人支持的提案只得到了16票，沃波尔得知结果之后便撤回了提案。这个彻头彻尾的实用主义者感觉到灾祸即将降临，表示他不会为了征税而造成流血事件。虽然在此后9年里，沃波尔继续掌权，但其庞大的权力帝国却从此刻起开始崩塌。

避战政策曾帮助沃波尔走向成功，现在却演变成悬在他头上的一把刀。他使英国和法国、西班牙之间维持了长达18年的友好关系。尽管受到挑衅，这项政策的确使英国取得了繁荣发展，也使他本人赢得了选举，并防止斯图亚特王朝复辟，但到了18世纪30年代末，在伦敦，所有支持沃波尔的人，包括商人和实业家都一致认为，英国应该向西班牙宣战，而不是一味地维持和平。

英国在南美洲市场的贸易非常成功。但是，自《乌得勒支条约》开创西班牙议会以来，南美洲便一直是西班牙的保留地。英国在南美洲的贸易激怒了西班牙。尽管按规定，英国每年可以派遣一艘船前往南美洲的货物集散地——市场广阔的波多贝罗（Portobelo）进行贸易活动，但在实践中，一艘大船周围会尾随许多较小的官方护航船，以便大船清空货物时为其重新装货。英国政府对本国人在波多贝罗的违法行为视而不见，而西班牙人唯一的应对手段是强制搜查所有英国船只，因为他们怀疑每艘英国船只都在从事走私活动。

英国报纸接二连三地刊登英国公民在西班牙监狱中遭受的折磨，其残酷程度甚至超过西班牙宗教裁判所，而这仅仅是由于他们继续从事贸易活动。到了18世纪30

年代末，西班牙海岸警卫队习惯性地以挑衅、粗暴的方式拦截并搜查英国船只，这逐渐演变成两国之间一场无声的战争。英国商人认为，他们应该直面这种情况。

他们不再尽力回避西班牙的敌意，而是高声讨论如何用战争打开新市场，进入南美洲，赚取那里的黄金白银。伦敦方面和反对派人士发现，法国才是西班牙袭击英国船只的幕后推手。他们认为，沃波尔被法国蒙骗了。沃波尔的对外政策也疏远了他的主子乔治二世，因为其政策极大地削弱了奥地利方面的力量。乔治二世身为神圣罗马帝国选帝侯，和他的父亲一样对维也纳的君主效忠，他认为必须时刻支持维也纳以制约法国的势力。1737年，沃波尔最强力的支持者卡罗琳王后去世。之后，沃波尔在继续掌权中面临越来越多的困难。时代的潮流已经离他而去。

与之相反，大胆、聪明、傲慢的皮特压制住了英国商人的怒火。英国在18世纪之初的对法战争中赢得了贸易强国的地位，《乌得勒支条约》确认了英国的地位。现在，对西班牙开战变得势在必行。1739年，沃波尔本可以愉快地接受西班牙在《帕尔多公约》（Convention of Pardo）中提出的对受到粗暴对待的英国海员的补偿，皮特却说服下议院否决了他的提案。权宜之计再也无法继续下去了。瘦削的皮特穿着惯常的黑色衣服，恼火地从反对党的板凳上站起来，他对议会说，《帕尔多公约》会使"英国的权利和贸易完全依赖于特命全权大使的仁慈"。英国商人绝望的抱怨声便是对沃波尔不惜一切代价维护和平政策的谴责。"如果我们对这种声音充耳不闻，"他用嘶哑的声音低声警告，"政府便会危在旦夕，我们必须并且应该听从这样的声音。"

他坐下之后，掌声雷动。第二天，所有报纸都热烈赞扬了他的言论。马尔伯勒公爵夫人甚至公开表示，她在遗嘱中给皮特留下了一份遗产，借以指出沃波尔优柔寡断，强调皮特才是她丈夫的自然继承者。1739年，沃波尔极不情愿地在被称为"詹金斯的耳朵战争"（War of Jenkins' Ear）中显露了敌意。表面上看，英国宣战的原因是英国公民詹金斯船长在船只行驶至西班牙水域时遭到西班牙方面的搜查，他的耳朵被割了下来。但其实只是一个借口，因为这件事发生在1731年。

虽然英国人表现出极高的作战热情，但战争始终未能正式打响。英国仅仅损失了7人，便占领了波多贝罗，其他几场零星的战斗根本起不到决定性作用。而在此期间，一场普选落下了帷幕。沃波尔虽然勉强获胜，但仅胜过少数派几票。

他很快便在不信任投票中落败并于 1742 年退休。其管理部门的绝大部分官员仍保持不变，包括佩勒姆兄弟。但是，反对派对外政策专家卡特里特伯爵在长期失势后重返政坛。他在首相斯宾塞·康普顿（现为威尔明顿伯爵）执政期间，凭借对欧洲大陆事务的了解，连续两年掌权。卡特里特地位的上升和沃波尔地位的下降既是由于 1740 年欧洲大陆新战争的影响，也是奥地利王位继承战争的结果。

"詹金斯的耳朵战争"很快被另一场战争取代。傲慢而自负的普鲁士国王极度无礼地占领了奥地利的强大公国——西里西亚（Silesia），战争随之爆发。当时，普鲁士还是德意志北部一个正在崛起的国家，但其士兵素质和军事传统不久后将令欧洲各国惊叹不已。奥地利则是哈布斯堡君主的故国，哈布斯堡王朝在过去 300 年中一直统治着欧洲大陆的德语区。

强占西里西亚公国的幕后推手是时年 24 岁的普鲁士国王腓特烈二世，他的父亲在几个月前刚刚去世。而在奥地利，年轻而缺乏治国经验的玛丽娅·特蕾莎（Maria Theresa）刚从父亲查理六世手中接过王位，腓特烈二世利用这个机会，迅速出兵占领了普鲁士以南的西里西亚公国。之后，他在莫尔维茨会战（Battle of Mollwitz）中打败了奥地利军队。强大的哈布斯堡家族居然败给了勃兰登堡家族（House of Brandenburg），对于玛丽娅·特蕾莎和奥地利来说，这无疑是奇耻大辱。《国事诏书》（Pragmatic Sanction）规定，玛丽娅·特蕾莎继承的所有财产都不可被分割。虽然奥地利君主的所有同盟都签署了这项诏令，但普鲁士却不打算遵守。

普鲁士带头行动之后，其他国家紧随其后。法国和巴伐利亚能够从分割神圣罗马帝国中获得巨大好处，所以他们和普鲁士结成联盟。玛丽娅·特蕾莎匆忙赶到匈牙利，将匈牙利人民团结在自己的战线上，但在她看来，前景十分暗淡。整个德意志地区一片混乱，奥地利在米兰的残余势力也受到来自西班牙和撒丁岛的侵扰。同时，选帝侯推举出一位不属于哈布斯堡家族的罗马帝国皇帝，这是 300 年来的第一次。巴伐利亚选帝侯查理的军队正在虎视眈眈地觊觎着玛丽娅·特蕾莎的土地。

乔治二世和外交大臣卡特里特伯爵一致认为，现在既然再也没有沃波尔的阻碍，针对奥地利的条约就应该得到履行。英国向奥地利提供了大笔援助，用以帮助奥地利军队保卫自己的国家。那个时代最具天赋的外交家卡特里特进行了一系列谈判，将普鲁士从战争中拉了出来。他说服了玛丽娅·特蕾莎女王将西里西亚让给腓特烈二世。作为回报，腓特烈二世承诺，保证乔治二世深爱的汉诺威不受法国控制。乔治二世曾是一名职业军人，他曾亲自率领一支庞大的英国、汉诺威和黑森联军前往低地国家抗击法国，保证了低地国家远离帝国战场中心。乔治二世的盔甲上系着一条黄色的饰带——这是象征汉诺威的颜色。他在1743年的德廷根战役（Battle of Dettingen）中表现神勇。但无法掩盖的是，沃波尔担心的所有事情都真的发生了。英、法两国再一次开战，双方都因此承受了巨大的代价和混乱。

德廷根战役为乔治二世在英国的声望带来了巨大的积极影响——尽管因为他无数次重述这场战役，有些大臣再听到时不得不强忍哈欠。从短期来看，法国被吓退到莱茵河对岸。但是，两年之后，对汉诺威来说，局势又变得不安起来。英国对西班牙开战之初，国内产生了一种爱国主义自豪感。那时，沃波尔就曾私下对朋友说："现在他们敲响钟声，不久他们就会绞扭着双手。"他的话非常正确。法国间谍向政府报告，英国国内仍有许多詹姆士党的支持者。事情的发展与沃波尔的预测如出一辙，法国准备再一次入侵英国，并在英国国内煽动一场广泛的叛乱，从而迫使英国将注意力从奥地利战争中转移开来。

1744年，法国人的计划在一场暴风雨中流产了。也许正如皮特所说，只有"英国古老而不需要支付报酬的盟友——暴风雨中的狂风"才能阻止法军在英国海岸登陆。法国军队开始以"觊觎王位者"之子"小觊觎王位者"查理·爱德华·斯图亚特王子（Prince Charles Edward Stuart）为首；第二年，即1745年，法国军队取得了胜利，法军在丰特努瓦（Fontenoy）的激烈战斗中打败了乔治二世次子坎伯兰公爵（Duke of Cumberland）率领的军队。公爵逃跑，英国黑森和汉诺威联军寡不敌众，毫无胜算。法军转而将精力集中在低地国家，放弃了攻占英国和重续斯图亚特王朝统治的计划。

他们设定的傀儡候选人——时年25岁的查理·爱德华王子，并不那么容易任人摆布。他精力旺盛、英勇无畏，与期期艾艾、毫无主见的父亲形成鲜明的对比。战乱中的英国似乎为他制造了一个夺回祖先失地的绝佳机会。"四五年"叛乱由此开始。王子手下只有7员大将，但拥有1500支火枪，20门小型加农炮和弹药，以及1800柄在他们手中发出铿然之声的阔刀。1745年7月，他们于苏格兰西海岸莫伊达特（Moidart）登陆。王子英俊的外表展示出斯图亚特家族无与伦比的魅力，但这种魅力却总在他的追随者身上施下不幸的诅咒。

许多苏格兰高地人怀疑在没有法国支持的背景下开展复辟大业是否明智，但英国当局却十分严肃地对待他们的威胁。政府下令国家进入最高警备状态，并考虑是否有足够的护卫队保护王宫。由于战争进程相当缓慢，亨利·佩勒姆（Henry Pelham）从威尔明顿和卡特里特手中接过了英国首相的职位。他焦急地向乔治二世传达必须从汉诺威返回英国的讯息，因为英国民众似乎存在某种程度的不满，这种不满可能演变为对汉诺威人乔治二世的敌对情绪，进而导致人们欢迎"小觊觎王位者"登基。

正如"美王子"查理这个名字暗含的意思那样，好运似乎一直伴随着查理·爱德华王子。到了9月底，他已经占领了珀斯和爱丁堡。他在爱丁堡城外的普雷斯顿潘斯战役（Battle of Prestonpans）中全面战胜了英国将军约翰·科普爵士（Sir John Cope）率领的军队。在普雷斯顿潘斯战役之后，英国政府内部开始讨论局势是否发展到了需要从奥属尼德兰调回军队的地步。现在，一级警报似乎已经拉响。英军必须要赶在"美王子"查理达到之前，返回伦敦保卫首都。

与此同时，查理·爱德华王子的许多顾问都催促他宣布苏格兰独立，等待法国援军到达之后重新整编军队。但是，王子被胜利冲昏了头脑，一心想着攻占伦敦。他避开了纽卡斯尔公爵和乔治·韦德将军（General George Wade）的军队，进攻卡莱尔。10月14日，卡莱尔投降。两周后，苏格兰军队进入曼彻斯特。然而，情况并不乐观。大批苏格兰高地人因离开自己土生土长的峡谷而思乡不已，在从爱丁堡到卡莱尔的途中擅自逃走。博福特公爵（Duke of Beaufort）和沃特金·温爵士（Sir Watkin Wynn）等詹姆士党人，因为没有法国援军的背后支持，拒绝在南部发动叛乱。

尽管叛乱注定失败，身着苏格兰传统格子服饰的士兵还是涌入了距伦敦仅127英里的德比。虽然政府军紧随叛军之后，但现在"美王子"查理和英国首都及国王之间，还隔着一支军队。有报告显示，苏格兰高地部队在德比秣马厉兵，局势似乎非常危急，英格兰银行甚至发生了挤兑。乔治二世把所有财宝装在一艘游艇上，准备在万不得已的情况下逃往汉诺威。

德比局势发生了扭转。王子率领军队逼近伦敦，如果他真的和乔治二世决一死战，谁知道结果会怎样呢？但是，顾问终于说服王子撤退。因为效命法国国王的苏格兰和爱尔兰军队已经抵达苏格兰，他们更愿意在第二年重整旗鼓，再次发动对英格兰的袭击。此外，韦德将军和坎伯兰公爵也极为接近王子的军队。当时，坎伯兰公爵已经到达斯塔福德郡。所以，叛军转而向马里湾（Moray Firth）北面的港口因弗内斯缓慢前进，他们认为后援军队会在那里等待他们。但是，苏格兰军队的精力、财力和武器都消耗殆尽，而坎伯兰公爵的部下却能每天从在苏格兰海岸线上登陆的船只中获得新战靴和良好的食物补给。1746年4月，连生活一贯艰苦的苏格兰高地人在卡洛登（Culloden）德拉莫西沼泽（Drumossie Moor）面对坎伯兰公爵的军队时，也完全没有了力气。那是一个寒风吹拂的平原，自然环境不利于防守，是个不利的交战位置。现在，轮到"美王子"查理做出选择了。军事顾问试图说服他不要下令开战，但他却不以为意。

高地人令人毛骨悚然的叫声吓坏了德比人，不过这种著名的叫声其实只是一种微弱的回声。状态良好的苏格兰战士成功突破了坎伯兰公爵两个团的前线，之后却遭到屠杀。卡洛登战役是一场由热兵器主导的战役。粮草充足、武器完备的英格兰红衫军比詹姆士党人多出3000人，他们摧毁了这支队伍。侥幸活下来的詹姆士党人纷纷逃走，他们沿着秘密通道缓慢前行，翻越高山，来到西部海岸，接着搭乘渔船前往法国。而在战场上，坎伯兰公爵下令用刺刀杀死倒在战场上的伤员，因此得到了"屠夫"的称号。

如果不是一位名叫弗洛拉·麦克唐纳（Flora Macdonald）的当地妇女勇敢地救下查理·爱德华王子，王子到达西部群岛（Western Isles）之后，可能已经在南尤伊斯特岛（South Uist）被俘虏了。这位农妇把王子打扮成女仆的模样，看上去一定十分古怪，因为王子和他的伯祖父查理二世一样，身材特别高大。在接下来的5个月中，查理·爱德华王子装作她的随从，在苏格兰西部东躲西藏，避开了政府的追兵。在复仇烈火的驱使下，坎伯兰公爵的士兵恐吓当地人背叛"美王子"查理，想要逼迫他们说出王子的藏身地。士兵还强暴当地妇女，牵走农民的耕牛，摧毁他们简陋的栖身之所，焚毁他们的土地，打破他们的耕犁……许多佃农死于灼伤和饥饿。让英国政府极为愤怒的是，尽管对"美王子"查理的悬赏金额高达3万英镑，但没有任何一个苏格兰高地人背叛他。

最后，查理找到了一条船，船主愿意带他经由斯凯岛（Skye）前往法国。他心怀感激地与弗洛拉告别。著名歌曲"'美王子'的快船，像长了翅膀的鸟儿，飞越大海前往斯凯岛，托着生而为王的小伙子，飞越大海前往斯凯岛"吟唱的便是那个时刻。但是，王子显然并不是"生而为王"，他会继续在世界上生活42年，直到1788年在罗马去世。到了欧洲大陆之后，他成了一个悲伤的醉汉，一刻不停地回忆着过去的冒险经历。对每一位到欧洲游历的旅行者来说，他都是一个值得好奇的人物。但是，从他肥胖、臃肿的脸上，观察者再也找不到当年那个带领整个民族投入战斗的年轻人的模样。

查理王子的部下很少能够安然到老，因为在汉诺威政府看来，此次事件表明，他们让詹姆士党人过得太舒服了。政府采取了若干政策，以确保此类威胁不再发生。苏格兰高地人的生活方式遭到了全面禁止。氏族成员的标志——苏格兰格子服饰被禁穿；酋长重要的世袭郡长职务和管辖权被剥夺，因为这会使他们形成一套自己的法律体系。高地人不被允许携带或拥有刀剑、小型武器和步枪。只要他们身上存在曾经是詹姆士党人的最微小的可疑性，就会被剥夺土地。他们当中的一些人在40年之后才拿回了自己的财产，但这无助于补偿因此无家可归、不得不每天依靠好心人施舍的面包为生的人。反叛军领导者在塔山上被全部处决，其中包括狡猾的洛瓦特勋爵（Lord Lovat）。他为了规避风险两边押注，表面上假装向乔治二世效忠，暗中派儿子为王子打仗。尽管洛瓦特勋爵已经是83岁高龄，但还是一度成功地在被出卖之前经由一个通向西部海岸的峡谷逃到山里的洞穴中。然而，他最终还是没有逃过被处决的命运。

虽然斯图亚特家族对汉诺威王朝的最后一丝威胁已经消除，但是国外战争仍未平息。虽然奥属尼德兰完全处在法国的蹂躏之下，但法军还是没有成功冲破联合省的防线。与此同时，在海军上将安森（Admiral Anson）和霍克·布雷顿（Hawke Breton）的领导下，英国已经取得了海上霸主的地位。法国失去了加拿大的东缘尖端布雷顿角岛（Cape Breton Island），以及首府路易斯堡（Louisburg）*；这些地方曾被殖民者占领。到了现在，奥地利王位继承战争的主

---

* 法国军队在1713年在此建立要塞，现位于加拿大新斯科舍省布雷顿角地区。——编者注

角显然变成了法国和英国，玛丽娅·特蕾莎统治下的奥地利只扮演着可怜的第三者角色，起到的作用很小。在所有战争中，西班牙的作用已经被人们遗忘。实际上，最终在1748年4月结束战争的《亚琛和约》（Treaty of Aix-la-Chapelle）中并没有提及最初引起战争的"詹金斯的耳朵事件"，也就是说，并没有说明西班牙是否有权搜查英国船只。

玛丽娅·特蕾莎通过《亚琛和约》收回了奥地利的大部分领土。然而，她还是因自己受到的对待大为光火。普鲁士国王腓特烈二世拿走了她的西里西亚公国，撒丁王国占领着米兰公国原先的一些领地，她还被迫把帕尔马交给西班牙国王的小儿子。虽然战争以她的名义打响，奥地利得到的待遇却是所有国家中最糟糕的。

英国在首相亨利·佩勒姆的管理下，变得更加繁荣富强。法国统治者将"老觊觎王位者"驱逐出境，再一次承认了英国的新教统治者。卡洛登战役真正消除了前朝统治者后代推翻新王朝的威胁。1766年，"老觊觎王位者"去世，甚至连罗马教皇也没有表示要拥立曾经的"美王子"为查理三世。佩勒姆凭借自己的机智维护了之前的辉格党联盟。他在首相任期内见证了英国在1752年采用改良的格列高利历（Gregorian calendar）。改革历法之后，一年减少了11天。为了纠正旧式儒略历的误差，罗马教皇格列高利十三世（Gregory XIII）在16世纪推算出了格列高利历——英国只花了150年便实现了与其他西欧国家使用相同的历法。

但是，即便信奉新教的汉诺威王朝、英国议会以及《革命法案》（The Revolutionary Settlement）最终得以巩固，下一任汉诺威国王将操着英国的口音，并为自己出生在英国而骄傲，来自法国的威胁也不会消失。英法在两个不同区域竞争尤为激烈：印度的贸易港口和与之隔着好几个大洋的北美殖民地。在即将到来的世界大战中，法国和英国将会为了争夺殖民地的霸主地位而展开战争。尽管英国面积只有法国的1/4，但英国将会成为获胜方。七年战争结束时，英国控制着占据七大洋*中两个大洋的广阔领土，成为国土遍及全球的帝国。

---

* 比较古老的对世界上大洋的划分方式，七大洋包括北冰洋、南冰洋、北大西洋、南大西洋、北太平洋、南太平洋及印度洋。——编者注

佩勒姆政府虽然在和平时期削减了军队，但英、法在印度的持续竞争填补了印度莫卧儿大帝国时期的最后一位皇帝奥朗则布（Aurangzeb）去世后40多年的权力真空。自16世纪以来，欧洲人在印度海岸线上建立的定居点只不过是当地统治者领土内的一些贸易站点。前往印度开厂的人只把自己视为商人，而非类似16世纪侵占墨西哥和秘鲁的西班牙征服者（如果莫卧儿王朝依旧统治印度，一定不会允许这种角色存在）。

在东印度公司的赞助下，英国人开始在东南部海岸线上的马德拉斯（Madras）、孟买和加尔各答（Calcutta）定居；此外，他们还在印度河的一条支流沿线定居。其他国家的定居点散布于英国"工厂"和贸易站点之间，尤以法国居多，法国人在马德拉斯以南不远的本地治里（Pondicherry）开设了工厂；在加尔各答附近的东北部地区，法国人建立了另一个名叫金德纳戈尔（Chandernagore）的定居点。18世纪40年代，莫卧儿帝国已经瓦解成多个诸侯国，这些诸侯国成了英法势力角逐的战场。法国总督杜布雷侯爵（Marquis de Dupleix）开启了一项训练印度本地士兵的计划，这些印度士兵被叫作"印度兵"。这项计划原本是杜布雷为少数拥有火枪和资金的法国领导者制订的，后来逐渐在印度次大陆上传播开来，并很快奏效。杜布雷在南印度卡纳塔克（Karnatic）*广大地区指定了纳瓦布†职位候选人，他们随时准备加冕称帝。包括马德拉斯和本地治里在内的南印度大部分地区实际上成了法国的殖民地。

与此同时，北美东海岸以西有着大片广阔而人烟稀少的处女地，英法矛盾即将在那里爆发。从1749年开始，法国为了把英国殖民者关入围栏并组织新移民向西进入俄亥俄河谷（Ohio Valley）以西的空旷大草原，在俄亥俄河、密西西比河（Mississippi River）和五大湖区沿线修建了许多卫戍堡垒。1754年，佩勒姆突然去世，英法两国移民之间压抑着的敌意在前线战场上爆发。由弗吉尼亚年轻种植园主乔治·华盛顿（George Washington）将军领导的弗吉尼亚人民试图捣毁迪凯纳堡垒（Fort Duquesne）‡。这成为他们反抗法国及限制其扩张领土举措的第一步。

---

* 印度西南部的邦，曾用名"迈索尔"邦。——编者注
† 印度莫卧儿帝国时代的省级地方行政长官。——译者注
‡ 法国人于1754年在阿勒格尼河与莫农加希拉河交汇处建立的堡垒。——编者注

在接下来的两年中，北美的冲突愈演愈烈。显然，两国都必须对此做出官方回应。在1756年5月英法再一次宣战之前，两国都派来了援军。在印度，英国和法国也官方承认了两国正在竞争广袤的南亚次大陆的控制权。1751年，东印度公司前职员罗伯特·克莱武（Robert Clive）取得了令人惊叹的功绩。之后，英国士气大涨。克莱武占领了卡纳塔克地区首府阿尔果德（Arcot），从而挫败了杜布雷侯爵控制卡纳塔克地区的企图。克莱武从未接受过任何军事训练，却是一名如饥似渴的读者，他会利用所有空闲时间学习战术和战略。从阿尔果德开始，他自学而来的知识发挥了神奇的作用。克莱武在双方兵力相等时，能够大胆地进行战略性判断。他手下仅有200名英国士兵——其中许多是从英格兰刚刚征召来的新兵，以及300名印度士兵。他向军队传递了积极的信念，鼓励部下英勇无畏地向敌军基地迈进。最终，他率领部下没有损失一兵一卒就占领了阿尔果德。

尽管杜布雷将军带着庞大的印度和法国后援部队赶来，包围了阿尔果德，但在克莱武意志坚定的领导下，英国士兵和印度雇佣兵将这支3000人的军队压制了50天之久。最后，由于克莱武拒不投降，杜布雷将军不得不下令撤军。印度雇佣军表现出了崇高的英雄气节，他们不愿饮用最后的补给水，因为他们认为欧洲人比他们更需要喝水。阿尔果德围城之战变成了神话。杜布雷将军蒙受了巨大耻辱，不得不离开印度前往巴黎，英国控制了卡纳塔克大部分地区。

英国不仅在印度和美洲陷入战争，也开始遭到其他欧洲国家的敌视。这段时期，在这3个地区发生的战争被统称为"七年战争"。欧洲战争爆发的潜在原因是玛丽娅·特蕾莎不愿意放弃西里西亚公国。前同盟英国的态度令她十分愤怒，为了从腓特烈二世手中夺回西里西亚公国，她与宿敌法国以及俄国和萨克森选帝侯国结盟。虽然乔治二世不赞同外甥腓特烈二世的过激行为，但他从欧洲大陆天主教势力的重新联合中看到了更大的危险。1756年1月，作为回应，英国国王同意与普鲁士结成防御联盟。

但正如大家所了解的那样，精力充沛的腓特烈二世（也被誉为"腓特烈大帝"）面对四面环伺的强敌，不会坐以待毙。1756年8月，他再一次在欧洲挑起战争，入侵了萨克森选帝侯国。他截获了敌国分割普鲁士的详细计划，并将其详细公布在报纸上，用以证明自己的行动是具有正义性的。作为英国唯一的盟友，普鲁士正在艰难地抵抗法国、奥地利和俄国军队的入侵。坏消息从世界各地相继传来。在印度,虽然克莱武在阿尔果德之战后取得了一系列胜利,但局势似乎仍旧朝着有利于法国的方向发展。美洲局势大致一样。在印度东北部的孟加拉,"加尔各答的黑洞"(Black Hole of Calcutta)*刚刚发生了一起惨剧:法国主要同盟之一孟加拉纳瓦布西拉杰·乌德·达乌拉(Siraj ud-Daulah)侵袭了英国的贸易据点,他将抵抗者囚禁在一个狭小的监狱中,经过一个晚上,147名战俘死于窒息。在美洲,法国在圣劳伦斯河(St. Lawrence River)和俄亥俄河河岸用堡垒筑成了一道抵御英国殖民者的防线。这道防线对英国构成了严重威胁。

英国在欧洲的局势更加危急。汉诺威惨遭蹂躏,乔治二世的次子坎伯兰公爵被迫签署了《克罗斯-齐文投降书》(Capitulation of Klosterzeven),将乔治二世看重的选帝权让给了法国。法国舰队战胜了传统的海上霸主英国海军。海军元帅约翰·宾(John Byng)乘坐军舰前去解除危机,但由于指挥不当,地中海的最佳海港梅诺卡岛被法军占领。宾的父亲虽然曾率领部下打赢了帕塞罗角海战,但宾没有延续父亲的荣耀。胜利让法军气势大增,他们立即召集船只驶向加来海峡(Pas-de-Calais),准备入侵英国本土。现在,英国正处在一场大灾难的边缘。在1754年老谋深算的亨利·佩勒姆去世之后,政府就因为派系斗争而变得四分五裂,似乎无人可以掌控局势。

新任首相是亨利·佩勒姆的哥哥纽卡斯尔公爵托马斯·佩勒姆。尽管有"选举操纵者"的声名在外,但托马斯·佩勒姆并不具备亨利那样的社交天赋,也无法做出任何有助于理顺与辉格党关系的举措。在他的管理下,失去方向的政府毫无希望地在一个又一个危机中浮沉。此前所有维持英国安全的基石都松动了,整个国家被卷入一种我们现在可以描述为"盲目恐慌"的旋涡之中:伦敦和许多其他城市派遣代表团向国王请命,请求督促政府针对英国目前极度空虚的防御系统有所作为。英国政府迫切地希望掌控住局面,为了给当前的无望状态寻找一个替罪羊,政府下令在宾自己的船上将他枪决。这样做正如伏尔泰(Voltaire)冷酷的

---

* 加尔各答威廉堡的一处小型地牢。1756年6月,威廉堡被占领之后,孟加拉的印度行政长官在此处关押英国俘虏。——译者注

评价，是为了"鼓舞他人"。

整个国家都相信只有一个人可以力挽狂澜，此人正是受全体人民欢迎的皮特。正如约翰逊博士（Dr Johnson）所评论的，沃波尔是"国王为人民任命的大臣"，皮特才是"人民向国王推选的大臣"。在过去20年中，皮特反复强调，为了摆脱对德意志雇佣兵的依赖，必须提高国内士兵数量，同时加强军事训练。但英国国王仍不过把皮特当成一个无关紧要的大臣。在奥地利王位继承战争中，国王的声誉已经因英国遭到的攻击而受到了玷污。皮特在议会演讲中不留情面地指责英国君主在欧洲大陆战争中花费了过多资金。"显而易见，现在，这个伟大、强盛、万人敬仰的国家被认为只是选帝侯国一个微不足道的行省。"皮特回顾说。乔治二世无法忘记他的话。

皮特从来就不费心掩饰对汉诺威王朝的不屑，也从不隐藏自己的观点——英国不应干涉欧洲大陆的任何事务。纳税人的钱应该更好地用来保卫美洲殖民地不受法国入侵。西班牙战争被奥地利王位继承战争代替时，皮特十分恼火。他认为，英国应该在海上开战，那里才有英国取得胜利的传统因素，并且英国应该为贸易而战。

虽然国王对皮特的敌意不可抑制，但事实却越发清晰，政府正在变得声名扫地，只有皮特才能重树政府威信。皮特因号召大臣在下议院说明情况而被人们称为"伟大的平民议员"（Great Commoner）。他曾经第一个站出来指控沃波尔假公济私和舞弊枉法的行为，由此在人民中树立了威望。虽然全国各个城市都呼吁让皮特上台，国王还是犹豫不决。愤怒的民众聚集到伦敦，国王的情妇——头脑理智的雅茅斯夫人（Lady Yarmouth）感受到了事态的严重性，于是她告诉国王，他必须选择皮特，否则就会丢掉王位。国王终于屈服了。皮特的上台令国王极为不悦，他坚持亲自决策，但在1756年纽卡斯尔公爵因梅诺卡岛失守而辞职之后，国王被迫做出让步。德文郡公爵（Duke of Devonshire）接管了政府，而政府的实际首脑则是皮特。

皮特不像纽卡斯尔公爵那样在下议院掌控着足够多的派系，这是他的劣势。但他的优势在于英国全体民众对他的压倒性多数支持。他对自己的能力十分自信，也相信能将这种自信传递给整个国家。"我知道，只有我能拯救英国，其他人都不行。"他说。

与往届政府不同，皮特政府确立了总体管理规划。在之前的8年时间里，由于国王不愿任命他为战争大臣，皮特一直在亨利·佩勒姆手下担任财政部主计大臣。依据传统，正如沃波尔所说，这个职位可以"为你的骨头添一些油水"；换句话说，财政部主计大臣可以从政府交易中抽成，快速捞钱。但是，皮特拒绝了公职薪水之外的任何收入。相反，他利用公职获取了关于英国贸易和海外定居点的信息。在默默无闻的 8 年中，他阅读了各类资料，这使他更加坚定地相信，英国为了保护海外贸易，需要向法国开战。

如果说沃波尔是英国 18 世纪和平时期最伟大的大臣，那么皮特便是 18 世纪战时最伟大的大臣。他学识渊博，英勇无畏，功绩卓越，恐怕能够与之比肩的只有马尔伯勒和丘吉尔。皮特定下了这样的目标——使一个多年依赖德意志雇佣兵作战，已经忘记如何打仗的国家取得战争胜利。皮特为沃波尔执政时期的腐朽官吏送来了一股清新之风。沃波尔去世之后，因为官员的玩忽职守，英国的战舰甚至腐坏在码头。

在和平时期建立一支常备军令英国人感到不安，因此议会通过提案，同意组建一支全国国民军；这样既能征集军队保卫英国不受法国侵略，也能增加英国军队的人数。与法国相比，英国军队人数少得可怜。为了充分利用英国最优秀的本土士兵资源，皮特不顾人们对苏格兰人忠诚度的争议，组建了两支高地军团。他相信，苏格兰人与生俱来的攻击性能够在与英国敌人的战斗中找到一个宣泄口，进而避免类似"四五年"叛乱的事件再次发生。新组建的军队被用来攻击法国海岸，以分散法国对普鲁士的猛烈进攻。高地军团为普鲁士军队及英国在汉诺威的军队补充了大量兵力，以抵抗法国对汉诺威的入侵。腓特烈大帝领导下的强大普鲁士军队让法军在海湾地带停滞不前，这也是唯一一支获得英国补给的德意志邦国军队。

然而，这支军队的最高将领之一坎伯兰公爵像他的父王一样，也对皮特非常反感。在得知自己要听命于一个在过去 20 年中一直侮辱汉诺威神圣称号的人时，他拒绝供职。这给一直厌恶皮特的乔治二世制造了解除其职务的理由。但是国王发现，组建一个既没有皮特又没有纽卡斯尔公爵的内阁是不可能的，因为其中一位受到广大人民的支持，另一位得到下议院大多数人的支持。在乔治二世闪烁其词的 11 周内，全英国最重要的企业法人给皮特送来了象征支持皮特的金盒子。

最终，国王不得不低头。皮特重返政坛，与纽卡斯尔公爵及其赞助人和支持者一道执掌下议院。从法律上说，纽卡斯尔公爵是英国首相，皮特担任国务大臣，但实际上真正决定一切的是这位"伟大的平民议员"（他经常越过主要下属直接决策）。但皮特重新掌舵的时刻很快就要到来了。最终，他的计划得以实施。普鲁士军队奇迹般地击败了法国和奥地利不可一世的强大联军，同时俄国军队也不敢靠近他们。事实证明，皮特的方法奏效了。与此同时，领导汉诺威境内联军的不伦瑞克的斐迪南（Ferdinand of Brunswick）保护了汉诺威西侧不受攻击。有人抱怨，在德意志进行的战争耗费了巨额资金。对此皮特回应道，只有这一次，战争是合理的：我们必须在欧洲大陆绊住法国，这样他们才不会派遣过多的军队前往美洲和印度。"我将在德意志为你们征服美洲。"他对下议院说。

皮特认为，在动员充分的情况下，北美洲的大量英国殖民者甚至可能直接与法国军队进行面对面的战斗，而前者数量要远远多于后者。英国在北美洲的殖民地面积是本土面积的4倍，那里的军队状态也非常好。为了将法国人驱逐出北美洲大陆，必须依据总体战争规划精心部署每一块殖民地。从佐治亚到新英格兰，英国鼓励各个殖民地召集自己的民兵，派遣士兵参加战斗。尽管北美士兵从未接受过任何来自英国的专业军事训练，皮特却懂得如何巧妙地向他们发号施令。皮特还在北美殖民地建立了宣传阵营，以便创造出一种殖民地和母国同呼吸、共命运的精神。皮特明白，如果缺少了这种精神，战争注定失败。因为迄今为止，每块殖民地仍然认为它们彼此之间是相互独立的。

1758年，皮特派遣了一支英勇无畏的新型北美远征军，其规模和野心前所未有，让人震惊。他兵分三路进攻以魁北克（Quebec）为中心的法国最大的殖民地——加拿大。皮特认为，一旦攻占了魁北克，加拿大将成为英国的囊中之物，法国在北美的势力也会随之土崩瓦解。英国军队和北美军队从纽约出发，分别向南、向西和向东进发，东路军队假道一块伸出海面的陆地。此次东征旨在夺回布雷顿角具有重要战略地位的首府路易斯堡，向西进军的目的是夺回七年战争中爱德华·布拉道克（Edward Braddock）未能攻占的迪凯纳堡垒。与此同时，在阿伯克龙比勋爵（Lord Abercromby）的率领下，英国将要从纽约行进至哈德逊河（Hudson River），前去摧毁法国保卫北方道路的堡垒。

令许多高级军官惊讶的是，皮特把这项任务交给了年轻军官。皮特在这些年轻军官身上看到了领导才能，他们能够在遭到攻击时随机应变，出奇制胜。事实证明，皮特提拔的官员都成了指挥远征部队的出色将领。皮特本人也给他们带来了巨大启发。皮特将自己的战争目的传递给了他们——为了建立新教徒的自由世界而战。他们不畏艰险，攻克了通往圣劳伦斯河的门户路易斯堡。这要归功于沃尔夫陆军准将（Brigadier Wolfe），他在炮火之下英勇地建立了滩头堡。从那时起，局势便向着有利于英军的方向发展。布拉道克曾经被伏击的地方迪凯纳堡垒本来可能会成为法国南部殖民地和加拿大之间的重要链接，但约翰·福布斯（John Forbes）一次进攻就将其拿下，并为了致敬皮特而将其更名为匹兹堡（Pittsburgh）。新英格兰著名军人布拉德斯特里特上校（Colonel Bradstreet）与印第安人维持着良好的关系，他攻下了重要的弗兰克特纳堡垒（Fort Frontenac）。从那之后，法国在安大略湖（Lake Ontario）沿岸的堡垒接连失守；最后，英国攻占了尼亚加拉堡垒（Fort Niagara），完全控制了五大湖区。

在美洲战争中最惊人的军事行动，是时年 32 岁的沃尔夫（Wolfe）将军进军魁北克。但是详细描述英军进攻加拿大的计划遭人窃取，所以极具天赋的法国将军蒙卡尔姆侯爵（Marquis de Montcalm）有充足的时间从蒙特利尔（Montreal）以外的圣劳伦斯河上游地区将军队调回魁北克。英军抵达时，法军已在魁北克城中储备了充足的士兵和枪支。更糟糕的是，沃尔夫部队中最优秀的水手［其中包括詹姆斯·库克（James Cook）*，他很快就会因为发现南太平洋地区而闻名于世］在一条通常会引起危险的极浅河流中逆流而上时，蒙卡尔姆侯爵和他的部下在上方的高地上摆出了完美的阵形。魁北克就建在亚伯拉罕高地（Heights of Abraham）上，法军被安置在这个要塞的四周，防卫着每一条道路。

因此，唯一可能进入城市的方式是爬上圣劳伦斯河岸高耸的峭壁，到达亚伯拉罕高地。这座高大的白垩绝壁隐约显露在英军的上方，看起来似乎难以攻克。英军士兵向上攀爬时，法军可以轻而易举地将他们一锅端。没有人会认为能从峭壁上爬上来足够打一仗的士兵，更不会想到最后有 5000 名英国士兵爬了上来。他们的营帐就在法国人眼皮底下散布在圣劳伦斯河南岸。

在 1759 年夏天的剩余时间里，英国军队一直焦急地注视着他们头顶上方闪耀着的光辉城市。沃尔夫将军不停地咯血，鲜血甚至喷到了放在床边的碗里。毫无

---

* 1728—1779，英国皇家海军军官、航海家、探险家，曾三次前往太平洋。——编者注

疑问，他患了肺结核。前景越发灰暗，看着沃尔夫将军消瘦的面庞，听着他频繁而短促的干咳声，许多人明白他将不久于世。在那年夏季大部分时间里，他手下的陆军准将几近绝望。时间一天天过去，沃尔夫几乎病得出不了营帐。夏季正在一点一滴地流逝，秋季很快就要到来，一旦圣劳伦斯河结冰，所有计划都不得不推迟到来年春天河面再次融化时再实施。而他们无法继续这样干等在魁北克外围。

沃尔夫将军下达的几项命令似乎起不到什么作用。蒙卡尔姆侯爵十分谨慎，不可能被引诱出驻地，前来保卫沃尔夫下令进攻的魁北克周围的村庄。从低处炮轰魁北克毫无效果。袭击蒙卡尔姆侯爵营地的计划毫无进展。沃尔夫病情加重，甚至抬不起头来，只能让副将替他起草作战计划。

在漫长的炎热夏季即将结束的时候，沃尔夫的结核病有所缓解，他证明了自己的明智。他制订了一项大胆的计划，这位皮特信赖的将领在万不得已的情况下不得不孤注一掷。沃尔夫沿着圣劳伦斯河巡视时，注意到了一个极小的河流入水口切开岩壁流了进去。他认为，如果部下能够趁半夜从那里登陆，就可以在夜色的掩护下登上悬崖，在清晨给法军致命一击。

深夜，5000名英国和北美士兵把脸涂成黑色，在沃尔夫的带领下，他们静悄悄地划船顺流而下，直达亚伯拉罕高地对面。河水变化莫测，河里的岩石和浅滩将所有人都置于险境，除了魁北克人。沃尔夫温柔地吟诵着自己最爱的诗篇——托马斯·格雷（Thomas Gray）的《墓园挽歌》（*Elegy Written in a Country Churchyard*）。这首诗在几年前出版，诗稿是他的未婚妻刚从英国寄来的。月光洒在他消瘦的面庞上，似乎给吟诵铿锵诗句的表情镀上了一道祝福之光。诗歌反映的浪漫而犹豫的情绪，正是他当前心境的写照。当神秘的悬崖隐约闪现在他面前时，他的部下正在朦胧的月色中躺在船上休息，沃尔夫合上了书。"好吧，先生们，"他说，"我宁愿创作这首诗，而不是攻占魁北克。"但是，他毅然决然地从船上跳进了波涛汹涌的圣劳伦斯河中。他一直游在队伍前面，直到自己成了靠着绳索登上巨大悬崖的许多小人物中的一员。

当黎明来到，蒙卡尔姆侯爵醒来时，他发现身后的平原，那个人们所说的不可攀登的悬崖之上，站立着一排排英国红衫军。他们排列成了作战阵形，人数远远超过法军。法军哨兵的尸体被砍成了碎片，或散落在悬崖之上，或顺着河水漂走。一夜之间将数千名士兵送上悬崖顶端，这几乎是不可能完成的惊人壮举，但是沃尔夫做到了。

几个小时后，一切都结束了。魁北克被英国和北美洲军队占领。他们在沃尔夫催人奋进的领导下，像魔鬼一样战斗。沃尔夫本人被火枪手射中，身中3弹，但他却只让人匆匆包扎了伤口，以便鼓舞部下发动确保胜利的最后一次进攻。面对武装到牙齿的敌人，他们没有骑兵部队，仅凭借一门加农炮，便取得了胜利。战斗的硝烟散去之后，他由于失血过多而昏倒。沃尔夫看着在他的指挥之下法军的撤退路线被切断，咽下了最后一口气。蒙卡尔姆侯爵也因在战斗中受伤而死去。

尽管英国还花费了一年时间才迫使法国实际交出了加拿大，但英军通过这次战役，攻占了魁北克，足以俯瞰圣劳伦斯河水路，从而阻止了法国派遣更多军队前来支援蒙特利尔。沃尔夫英勇牺牲的事迹传到英国之后，乔治二世深受鼓舞，他委任本杰明·韦斯特（Benjamin West）创作了一幅描绘沃尔夫临终场景的叙事性画作。今天，我们可以在英国国家肖像馆（National Portrait Gallery）中欣赏到这幅画。

正如皮特曾经宣誓的那样，除了南部的路易斯安那之外，法国人已经被驱逐出北美洲。他们企图连接加拿大和路易斯安那，阻止英国殖民地西扩的计划破产。皮特竭尽全力规劝殖民者的努力终于奏效，他们一同参加了第一次帝国战争。1759年也被称作"胜利之年"，那一年世界各地都传来了鼓舞人心的消息。英国在西非和塞内加尔（Senegal）攻占了法国的重要定居点。英国占领了西印度群岛出产蔗糖的岛屿之一瓜德罗普（Guadeloupe），此前英军在夺取马提尼克岛（Martinique）时曾遭遇攻击而失败。这使得皮特在英国人民中的声望又上升到一个新的高度，同时也给英国带来了一年40万英镑的收入。在克莱武的率领下，英军在印度取得了一系列胜利。和北美战况一样，法国人被驱逐出了南亚次大陆。1757年爆发了最为重要的普拉西战役（Battle of Plassey），该战役使孟加拉大片区域成为英国的附属地，新任印度行政官米尔·贾法尔（Mir Jaffier）代表英国进行管理。克莱武从南部派遣的2000名英国士兵和5000名印度雇佣兵，打败了法国同盟西拉杰·乌德·达乌拉多达4万人的强大军队。

和沃尔夫在亚伯拉罕高地上的胜利一样，普拉西战役也决定了未来的局势。孟加拉被纳入卡纳塔克地区，在欧洲各国中，英国在印度的势力最为强大；这些领地成了大英帝国在印度的根据地。克莱武后来因病返回了英国，他的工作由艾尔·库特上校（Colonel Eyre Coote）接替。艾尔·库特上校曾造访普拉西，与当地的印度雇佣兵有着独特的感情。1761年，英国在万达瓦西（Wandewash）和本地治里与法军交战时都取得了决定性胜利，至此彻底消除了法国在印度南部的最后一丝影响。1759年，英法在欧洲的战争以英国胜利告终。不伦瑞克的斐迪南在明登（Minden）的一次伏击战中打败法国，解除了汉诺威的危局。

在皮特的爱将——骁勇异常的霍克·布雷顿的领导下，法国最近一次入侵英国本土的威胁也被解除了。运送法国士兵越过英吉利海峡的运输船已经在塞纳河口聚集。它们将在布列斯特舰队（Brest Fleet）的掩护下行进，所以阻止它们的最佳机会是趁着舰队在法国大西洋沿岸基伯龙海湾（Quiberon Bay）的菲尼斯特雷（Finisterre）抛锚时将其一举摧毁。距离遥远，加上10月时海上天气异常恐怖多变，大多数人面对大海都会望而却步，更不用说前往比斯开湾了。但霍克不会因此退缩。尽管强降雨使能见度几乎降为零，他还是下令领航员开船冲进基伯龙海湾的浅水海域。这片海域中的礁石像钢针一样密集，任何没有准备好抛锚的船只都会因为吸力强劲的漩涡和汹涌的海浪而遭遇灭顶之灾。但是，布列斯特舰队正是在那里整装待发；也正是在那里，霍克喊出了那句即将成为传说的宣言："将我葬于'太阳王'的身侧！"骁勇善战的英国海军舰队在霍克的率领下直接驶入法国船只之中并将其击沉，仅损失了40名士兵。

英国在皮特的领导下改变了命运，腓特烈对此大为赞叹，他说："英格兰经受了长时间的阵痛，现在她终于成为英雄之母。"普鲁士国王在英国也几乎变得和皮特一样广受欢迎，直到现在仍有许多以普鲁士国王命名的酒吧，从这点上我们可以看出他在当时是多么受欢迎。1760年，当英国的声望因胜利变得前所未有地高涨时，乔治二世突然去世，享年77岁。王位由他的孙子乔治三世继承。在乔治二世统治期结束之时，他已经变得非常喜欢皮特了，这个人将他的统治区域扩展到前所未有的范围。尽管皮特为英国鞠躬尽瘁，但在1760年开始的新王朝中，他的地位还是在攻击中变得岌岌可危。

乔治三世
George III

1760—1820

爱国君主（1760—1793）

不幸的是，最后得到腓特烈二世赏识的不列颠英雄却不符合新国王乔治三世的品位。乔治三世生得金发碧眼、英俊潇洒，是梅克伦堡-斯特雷利茨的夏洛特公主（Princess Charlotte of Mecklenberg-Strelitz）忠诚的丈夫。他和夏洛特一共养育了15个孩子——除了1个外，其余全部出生在他于1761年买来当作私人府邸的白金汉宫中。时年22岁的乔治三世对英雄主义有着自己的独特理解。他认为，国王本人应该亲自上演最出彩的部分。他深受博林布鲁克作品中爱国君主观点的影响，从爱国君主身上找到了自己希望体现的所有美德。爱国君主的原则之一是国王应该从各个政党中选拔出优秀人才作为自己的亲信大臣。政党之间可能会发生派系斗争，进而损害国家利益，所以应该用具备一切美德和崇高形象的爱国君主取代政党。

乔治三世本性虔诚，但接受新知识十分缓慢，知识储备也极为有限。不过，一旦某种观点在他的头脑中形成，便难以去除。他对肮脏的政治手腕嗤之以鼻——尤其是伟大的皮特所使用的那些手段。事实上，在接下来的12年中，当乔治三世面对难以应付的对手时，可谓表现得相当成功。他天生意志刚强、心思缜密，凭借这一点他艰难地从辉格党手中夺回了王室的任免权，将其交给他在下议院的支持者——这些支持者也被称为"国王的朋友"。年轻的乔治三世为了实现自己的理念，很快学会了和沃波尔一样老练地利用津贴拉拢官员。

乔治三世的这种做法引起了他和大臣之间的冲突。18世纪60年代，英国政治家普遍对国王通过他的"朋友"掌控立法机关（议会）深恶痛绝。后革命时代的人们秉持着这样的信念：宪法应该包含制约与平衡，否则专制集权将带来真正的危险。在乔治三世漫长执政期的前20年中（乔治三世在位将近60年，虽然他在最后10年中完全无所作为），这种斗争发展到了极致。同时，由于英国国王拒绝承认北美自身议会传统的合法性，这20年也见证了北美殖民地对英国统治的殊死抵抗。

在18世纪下半叶，公民争取法律权利和自由发展成为引人注目的全球性现象。而乔治三世的统治却与时代潮流背道而驰。他将自己的角色定义为统一国家的爱国君主，而在大西洋两岸，人们认为其统治与一个世纪前公民争取到的权利之间存在冲突。自由和理性一样，正在成为那个时代最时髦的词汇，国王的介入则被认为是对自由的破坏。

乔治三世统治时期恰逢起源于18世纪中期法国的启蒙主义（Enlightenment）发展至顶峰。启蒙主义思想像野火一样迅速传播。这一时期，由法国哲学家编纂并在1751年出版的影响力巨大的《百科全书》（*Encyclopédie*）有效地普及了启蒙主义思想（自路易十四时期开始，法国就一直是欧洲的文化中心）。《百科全书》由哲学家德尼·狄德罗（Denis Diderot）主持编纂。为了解释宇宙间的万物，《百科全书》收录了孟德斯鸠等政治理论家，以及伏尔泰和卢梭（Rousseau）等哲学家的文章。编纂者乐观地认为，随着知识的进步，人类社会也将取得进步。从17世纪80年代起，牛顿开始发表对宇宙物理定律的发现；1737年，瑞典植物学家林奈（Linnaeus）创建了自然界物种分类的体系；18世纪上半叶，科学发现的数量激增……一切都使编纂者相信，人类运用智慧能够破译宇宙间的知识规律。

启蒙运动最显著的特点在于，启蒙思想家相信人类理性的力量。启蒙思想认为，人类运用理性能够改善生活中的各个方面，如组织、法律和信念等。启蒙运动的另一个重要特点体现在让-雅克·卢梭等启蒙哲学家关于宇宙万物的大体设想上。总的来说，启蒙思想促使大多数人抛弃了君主政体等保守的政府形式，转而倾向于接受人权和平等的观念。源自英国的许多政治理念启发了百科全书派（Encyclopédistes）。百科全书派将约翰·洛克视为本学派的一员。孟德斯鸠借鉴了英国权力分立的方式，并将英国政府视为理性政府的典范。人们几乎把传统等同于迷信。而传统确实应该对一个世纪前基督教会中的多起死亡事件负责。自然神论认为，存在一个神，但是他/它的定律并不是通过犹太教或基督教等现有宗教为人们所知晓；相反，人们可以通过发现某种一般性原则，进而了解神的定律。人们可以借助科学实验向每一种信念提出质疑，如果发现其中缺乏理性，就应该将它们抛弃。

人们相信，理性是通向美德之路。这些观点在世界上产生了不可低估的影响力。追求理性美德的法国大革命迅速发展，将人类非理性的习俗撕得粉碎。直到那时，人们才清楚地认识到何为理性、何为实验。到了1789年，西方世界遍布着试图摧毁旧事物、寻找新事物的各色人士。事实证明，百科全书派所倡导的政治自由、社会正义和平等的思想是如此有力，鼓舞人们推倒皇宫苑囿，创造出一个新的世界。

百科全书派撰写的文章如此光芒四射、引人注目，不只哲学家本身，连欧洲最保守的君主都把改革观点当成一种时尚。如果安斯巴赫的卡罗琳在20年前就曾和启蒙主义哲学家通信的话，到18世纪中期，俄国叶卡捷琳娜大帝（Catherine the Great）*、普鲁士腓特烈大帝（Frederick the Great）†和奥地利的约瑟夫二世（Joseph Ⅱ）‡便会将启蒙主义哲学思想运用到实践中。他们像全世界各行各业的人一样，因接触启蒙思想而自豪。18世纪末，在启蒙思想的影响下，改革运动终于在英国兴起。改革运动（Reform Movement）要求实施宗教包容，废除奴隶制，同

---

* 叶卡捷琳娜二世，1729—1796，彼得三世之妻，后刺杀彼得三世即位为俄国女皇。——编者注

† 腓特烈二世，1712—1786，普鲁士国王。——编者注

‡ 1741—1790，奥地利大公，1765年成为神圣马罗帝国皇帝。——编者注

时要求进行监狱改革、议会改革、贸易改革和宪法改革。

年轻的乔治三世决心扫除过时的旧事物，以自己的方式彰显那个时代的精神。他相信，应该在英国重新树立美德意识。不幸的是，他的母亲是德意志一个小邦国的公主，在专制宫廷中长大。这位专制的母亲被英国议会的放肆行径吓得不轻，她总是对自己的儿子说："乔治啊，你要成为一个真正的国王。"乔治从未忘记母亲的教诲。但是，他对国王的理解不仅与英国的政治传统产生激烈冲突，还导致他与执政时期的辉格党领导人谢尔本伯爵（Earl of Shelburne）和罗金汉侯爵（Marquis of Rockingham）之间冲突不断。

在启蒙思想的影响下，辉格党领导人以自由火种的守护者和《革命法案》的真正继承者自居，越发感到骄傲和自豪。他们为辉格党赢得了"进步党派"的美名。洛克曾经担任第一位辉格党人沙夫茨伯里伯爵（Lord Shaftesbury）的私人医生，而科学家、不遵奉国教者和氧气发现者约瑟夫·普里斯特利（Joseph Priestley）成了谢尔本伯爵的图书馆管理员，他将诸多先进的理性思想渗透到了辉格党领导人的执政圈中。因此，乔治三世在位期间冲突不断爆发。

一直影响乔治三世的不仅有他的母亲威尔士王妃奥古斯塔，还有他的前任老师比特伯爵（Lord Bute）。比特伯爵是苏格兰人，身材高大，虚荣心强，对自己傲人的美腿颇感自豪。传言称，他是乔治三世母亲的情人。大多数人都厌恶比特，一部分原因在于他是苏格兰人（当时，苏格兰人在英国仍然十分不受欢迎），另一部分原因是他热衷于暗箱操作和玩弄权术。不过，对于如何帮助新国王顺利掌权，他的确有着良好的判断力。他不断强调，比起曾祖父乔治一世和祖父乔治二世，乔治三世是一位地地道道的英国人。乔治三世用完美的英式口音发表了著名的即位演讲。他的口音源自他儿时在伦敦克佑区（Kew）*的生活经历。演讲以"我出生并成长在这样一个国家，我以自己是英国人为荣"开头。虽然这种开场白可能会使观点易被左右的大众从感情上热情接纳新国王，但对政治阶层来说（也就是说，对人际关系网覆盖全国的辉格党人来说），乔治三世仍是一个危险的新面孔。

年轻的乔治三世比较情绪化，待人亲切、真诚。喜欢他的人对他十分信任，其

---

* 英国伦敦列治文区下属一区，属于郊区。——编者注

中的代表人物便是他的前任老师托利党的比特伯爵。乔治三世 12 岁时，父亲弗雷德里克便去世了。比特也曾给"可怜的弗雷德"当过老师。傲慢的比特被国王任命为国务大臣，还被安插进皮特的内阁。乔治三世并不赞成给皮特提供大显身手的机会，但正如霍勒斯·沃波尔所说，皮特是一名无所不能的独裁者，他想要的完全是王位和权杖。皮特对内阁不得不吸纳进国王的代表比特，还得忍受他妨碍自己发号施令而愤怒不已。比特希望乔治三世在加冕仪式中用"血腥而昂贵"来表述战争，但皮特认为这是在侮辱自己，坚决要求将发言词改为"正义而必要"。皮特在内阁中的权威被逐渐削弱。他因无法先发制人地向法国的同盟西班牙宣战，而于 1761 年 10 月辞去下议院领袖一职。同年 12 月，西班牙的敌对行动死灰复燃。比特不得不独自面对，艰难地维持着双方都认为必要的和平，尽管英国在对抗西班牙的敌对行动中夺取了哈瓦那（Havana）和马尼拉（Manila）。

1763 年 2 月，《巴黎条约》（Treaty of Paris）的签订结束了七年战争。腓特烈大帝代表英国进行了英勇战斗，但比特却不顾皮特的恳求，在条约中只字不提英国的伟大盟友。在做出这种不知感恩的举动之后，比特没有提前告知，就撤销了腓特烈大帝赖以维持国家运作的补贴。至此，曾经为英国而战并帮助英国成为世界第一贸易强国的普鲁士王国彻底转变立场，变成了英国难以和解的敌人。

皮特谴责一味求和的举动，认为这"和《乌得勒支条约》一样，玷污了英国"；但是，和《乌得勒支条约》一样，英国也从七年战争中得到了巨大利益。当然，比特的举动冒犯了普鲁士，普鲁士觉得英国和奥地利一样背叛了自己，英国进而走到了一个没有任何欧洲盟友的尴尬境地。但是，此时英国在北美的领土已经扩展到了密西西比河一线。路易斯安那曾经是法国在北美唯一的一块殖民地，不过现在它对法国只剩很小的价值了。所以法国很快在 1762 年将它卖给了西班牙。现在，美洲东部整个沿海地区都落入了英国殖民者的手中，法国曾经在加拿大境内拥有的众多定居点也理所当然地成了英国的领土。此外，除了新奥尔良的城镇和岛屿之外，法国和西班牙从北美洲南部向东至密西西比河的所有属地，也都落入了英国手中。

英国收回了梅诺卡岛。在西印度群岛，英国仍占领着格林纳达（Grenada）、格林纳丁斯群岛（Grenadines）、多巴哥岛（Tobago）、圣文森特岛（Saint Vincent）

和多米尼克（Dominica），但马提尼克岛、瓜德罗普和圣卢西亚（Saint Lucia）被归还给了法国。英国自1748年起在印度获得的利益得到确认。在西非，法国收回了戈雷岛（Goree），塞内加尔仍被英国控制。在中美洲，英国获得了在洪都拉斯砍伐洋苏木树及从事木材贸易的权利，该权利最终发展成了政治干涉。法国虽然在《巴黎条约》中失去了布雷顿角，但仍能依据延续了一百多年的惯例，和英国分享纽芬兰岛丰富的渔业资源。

与此同时，在英国国内，国王开始将自己的想法付诸实践。政府的另一位支柱人物——辉格党主要领导人纽卡斯尔公爵因持续与比特发生冲突，在1762年5月辞职。乔治三世借机除掉了他所有的支持者和追随者。下议院中所有曾对《巴黎条约》投出反对票的辉格党人都被遣散；不仅如此，连纽卡斯尔的税务官这样最不起眼的官员都被辞退。国王亲自手持鹅毛笔，以德文郡公爵的名义草拟了英国枢密院的成员名单。辉格党三巨头——纽卡斯尔、罗金汉和格拉夫顿公爵（Duke of Grafton）被贬为郡尉。

那个时代的人将辉格党经历的这次集体解雇戏称为"对佩勒姆党无辜者的屠杀"。的确，这位年轻国王排除异己的速度和力度都超出了辉格党人的预料。结果，在短短两代人的时间里，曾经人脉广布的辉格党，即"老辉格党"，第一次衰落为小型敌对团体。其中，最具影响力的是皮特和罗金汉领导的团体。但是，如国王所愿，一些辉格党人开始背叛本党，转而投靠"国王的朋友"。

比特天性优雅，他很快发现自己对粗暴、混乱的政治斗争忍无可忍。如他所言，他宁愿"在国王身侧当一个平民"。他虽然选择了隐退，但仍以非官方身份向乔治三世献言建策，继续制造麻烦，就像时人所说"躲在帷幕后面"。但是，国家急需有人管理。乔治三世初次整顿辉格党，没有太多经验，被迫起用了能力有余、想象力不足的乔治·格伦维尔——一个辉格党较小派系的领导人担任首相。格伦维尔是皮特的妻兄（他俩曾经发生过争吵），他不懂礼数，一直对国王态度粗鲁。同样，他也立刻遇到了棘手的事情。在英国国内，大胆的议会议员约翰·威尔克斯（John Wilkes）主办的报纸越发言辞犀利，不留情面地辱骂国王。结果，该报纸被迫永久停刊。在美洲，格伦维尔企图向殖民者征收新税，计划将依据每一份法律文件征收的印花税用于支付战争的巨大开销。他的政策引发了新一轮抗议活动。

格伦维尔认为，英国纳税人没有理由单独承担保护殖民地的重担。如果在北美人民自己的议会上提出征税，格伦维尔或许会得到一个满意的答复。但是问题在于，在北美人民看来，格伦维尔要求征税的方式是武断且具有强迫性的。早在17世纪，他们就参照英国弟兄的范例，规定未经自己议会的许可，任何人无权向他们征税。北美人民认为，他们没有参加英国议院选举的权利，没有任何一位议员代表他们的利益，因此英国议会无权向他们征税。1765年，英国威斯敏斯特议会颁布了《印花税法案》（Stamp Act）。该法案未经北美议会及各殖民地议会通过，在北美引发了骚乱和暴动。暴乱人群高喊口号："无代表，不纳税！"这个口号很容易被17世纪的英国人理解。在13个北美殖民地中，6个殖民地正式提出了抗议。

北美人民在爱国主义责任感的鼓舞下，拒不接受英国政府颁布的《印花税法案》，同时开始抵制英国商品。依赖于北美巨大贸易市场的英国制造商开始破产，格伦维尔在一片混乱中惊恐不已，被迫宣布辞职。罗金汉侯爵继任，并于1766年废除了《印花税法案》。反观英国国内，格伦维尔在自由论者威尔克斯制造的滑稽闹剧中，也一败涂地。

威尔克斯是因放荡堕落而声名狼藉的"地狱火俱乐部"（Hell-Fire Club）的一员。自乔治三世继位以来，威尔克斯创办了《北不列颠人报》（North Briton），该报名称以嘲弄的方式向比特的祖先"致敬"。而后该报开始集中火力攻击新国王的统治。同僚暗中煽风点火，清洗"老辉格党人"的举动被描述成王室对自由的另一次进攻。威尔克斯及其报纸言辞粗鄙，早已臭名远扬。在1763年4月第45期报纸中，他断定国王对议会的演讲只不过是谎言。这还是显得太过分了。律师出身的格伦维尔决心让一意孤行的威尔克斯见识一下法律的威力。他起诉了威尔克斯和《北不列颠人报》的印刷商，并借助一种名为"普通令状"（general warrant）的不指定全体逮捕机制，将与报纸有关的所有人都投入监狱。但是，这种司法手段无法赢得民众的共鸣，在他们看来格伦维尔就像傻子一样愚蠢。在上诉过程中，审判长查尔斯·普拉特（Charles Pratt）释放了威尔克斯并裁定"普通令状"为非法。

伦敦市民出了名地不喜欢被各种条条框框约束，在情绪高涨、久经世故的伦敦人心中，放肆且目中无人的威尔克斯依然是备受欢迎的英雄。威尔克斯入狱一事引发了人们对公民表达事实真相权的重视，普拉特的裁决则被视为自由的有力回击。威尔克斯以被逮捕并受到伦敦陪审团狂热支持者的迫害为由，起诉了政府。然而，他因发表了一首色情诗歌而面临再次被捕。下议院决定将他驱逐出境，他不得不逃往巴黎。但是，这只是他"国之牛蝇"生涯的开始。威尔克斯在逃亡中经常得到幕后人士的支持，后来他被重新选举为议会议员，进而成为伦敦市议员，最终还当选为伦敦市长。他开始投身于各项自由运动之中，尤其是争取媒体自由和北美人民权利的运动——在接下来的10年中，北美人民为了争取自身权利，用暴力撼动了整个北美殖民地。

为了维持政府的稳定，乔治三世曾经要求罗金汉侯爵出任英国首相。这是因为罗金汉侯爵是辉格党内最大派系的领导人，他领导的派系中有许多"老辉格党人"——与纽卡斯尔公爵和佩勒姆关系密切的辉格党人。罗金汉侯爵比格伦维尔更具"常识"［他的秘书爱尔兰人埃德蒙·伯克（Edmund Burke）将成为伟大的辉格党思想家］。但是，国王却通过幕后操控将"国王的朋友"强行安插进议会，导致罗金汉政府无法正常运转。掌玺大臣纽卡斯尔公爵虽是政府一员，但年事已高，身体欠佳，不堪重用。皮特的性格并不适合担任重要角色，他一直拒绝支持议会，还表达了对政府体制的不屑。但是，为了使政府今后更加顺利地运转，乔治三世不得不在1766年组建了包括皮特及其支持者在内的新政府。

从理论上讲，皮特有可能改善英国与北美持续恶化的关系。他指出，《印花税法案》会对北美殖民地贸易构成威胁，英国与北美之间的年贸易额高达200万英镑，而印花税的税率极低，只占贸易收益的1/10。权衡起来，冒险征收印花税的做法非常愚蠢。皮特成功地说服罗金汉侯爵撤回该法案。皮特认为，从道义上讲，英国有权对殖民地征税；但从法律上看，英国并没有相应的权力。皮特突然病重，不得不长期离开岗位，但他拒绝辞去首相职务。结果，由于战争欠款问题一直悬而未决，行动鲁莽的查尔斯·汤森（Charles Townshend）急忙加重了北美殖民地的税收。他希望借助征收关税找到解决争端的办法。毕竟，关税是一项对茶叶、玻璃、纸制品和其他生活必需品征收的间接税。然而，北美人民早已看透了他的伎俩，发动了更加激烈的暴乱作为回应。

此外，虽然皮特表现得有些精神崩溃，但他的政府却丝毫不像这位老议员那般脆弱。皮特带着骄傲和荣耀接受了查塔姆伯爵（Earl of Chatham）的爵位。不过，实际上这是"明升暗降"。现在，他只能坐在上议院的席位中，再也无法利用自己优秀的演说才能操纵下议院了。同时，因为无法再拥有一个统一的政党，查塔姆的政府中许多人士意见不合，近似"一锅中看不中吃的大杂烩"。埃德蒙·伯克对此记忆深刻，将其描述为"一块马赛克、一条缺少水泥却镶嵌着无数碎片的小路，挤满了爱国主义者和朝臣、国王的朋友和共和党人、辉格党人和托利党人，看起来确实精彩纷呈，但触碰上去不太安全，走在上面也充满不确定性"。年迈的查塔姆伯爵没有精力去尝试将众多相互斗争的派系统一成一个可以发挥作用的整体。汤森突然去世后，内部斗争成了一个严重的问题。查塔姆伯爵也越发病重，最终在1768年10月辞去了首相职务。

之后，威尔克斯从国外返回英国，继续制造麻烦。他因撰写淫秽诗歌而遭到指控，再次入狱。虽然这起事件人尽皆知，但他还是成功当选为米德尔塞克斯（Middlesex）的议员。他对议会腐败的描述为他赢得了一部分愿意听他演讲的听众。现在，查塔姆的第一任财政大臣格拉夫顿公爵接任英国首相。格拉夫顿政府迫使下议院拒绝接受威尔克斯当选议员，继续将他关押在监狱中。威尔克斯谴责该举动进一步违背了自由原则。1768年，监狱外爆发了暴乱。次年，他三度被选举和除名。在第四次选举中，他的席位落入了曾经被他击败的对手手中。

1770年，查塔姆重返上议院，因关押威尔克斯事件而对格拉夫顿大加攻击。格拉夫顿也认为该事件涉及自由原则的问题，于是进行了反驳，但是落于下风。两年多来承受的压力终于让他不堪重负，他辞去了首相职务。现在，辉格党内派系极为分散，互不同意对方的政见。查塔姆的行政部门因此不得不向诺斯伯爵（Lord North）领导的，包括"国王的朋友"在内的派系屈服。詹姆士党人诺斯是吉尔福德伯爵（Earl of Guildford）之子。他天资聪颖、白胖可爱，总给人一种快要睡着了的假象，不过，他身上蕴含着能将政府内部各个派系团结起来的亲和力。最终，国王取得了胜利。虽然诺斯是第一个在两代人的时间里担任公职的托利党人，但他任职的真正意义在于，他是依靠"国王的朋友"掌握的权柄。英国议会在这位和蔼可亲的领导者带领下，维持了长达12年的稳定局面。诺斯深知，他的权力建立在拥护国王为政府首脑的基础上。

不幸的是，这些年北美殖民地变得越来越难以驾驭。北美所有殖民地开始同时抵制英国商品；与此同时，一个名为"自由之子"（Sons of Liberty）*的蒙面团伙在马萨诸塞街头横行。对于不同意自己观点的人，他们会用往对方身上"涂沥青粘羽毛"的惩罚羞辱对方。就应当如何组织对英国政府的抗议活动，马萨诸塞议会进行了辩论。抗议者认为，英国既无权制定殖民地法律，也无权向殖民地征税。抗议活动迅速发展成了一场革命。

格拉夫顿向波士顿增派了 2000 名士兵，现在驻扎在马萨诸塞的英国士兵共计有 1 万余人。波士顿的暴民每天会持续数小时辱骂当地英国士兵。双方的怒火一触即发。1770 年 3 月 2 日，7 名英国士兵与团队走散，他们被一群沿着波士顿大道前进的暴民逼到角落，遭到暴民的辱骂和投石攻击。这 7 名士兵因担心自己的生命安全，朝人群开枪，射杀了 5 名殖民地人。这起事件很快被北美殖民地的煽动者渲染成了"大屠杀"，进而要求所有英国军队从北美殖民地撤出。

乔治三世无法容忍殖民地人民的行为，宽容并不是他的本性。他不但拒绝听取殖民地人民的意见，还坚信应该消灭他们。但是，令英国国王丧失耐心的北美人民与他们大西洋彼岸的兄弟姐妹一样，知识丰富，处事老练。他们深受约翰·洛克思想的影响，拥有自己的政治传统，尤其认同通过反抗来制裁非正义统治者。北美殖民地成立之后（以有 100 多年历史的弗吉尼亚和新英格兰为例），殖民地机构已经发展到了完全独立的地步，而且远比 3000 英里之外位于威斯敏斯特的政治机构实在得多。大量殖民地人民已经习惯于像英国议员一样在自己的议会中讨论本地问题。他们在新成立的哈佛大学和耶鲁大学等高等院校中接受了良好的教育，对母国的控制变得越来越没有耐心。历史颇具讽刺意味，皮特曾经为了促使 13 块殖民地的人民将法国视为共同的敌人而进行轰炸式的政治宣传，他还曾经要求殖民地人民做出巨大牺牲，但这些措施却在客观上促使他们建立起一种休戚与共的意识。

自乔治三世登基并掌握国家权力以来，另一个更为直接的原因加速了北美独

---

* 美国独立战争期间反抗英国统治的秘密组织，曾发动波士顿倾茶事件。——编者注

立运动。北美殖民地本身不生产任何工业制成品，完全依赖从英国进口商品。这种商业体系触怒了北美人民，他们希望能够在本地建立制造基地，但法律却禁止他们这么做。在老辉格党人的领导下，殖民地有充足的空间管理本地事务，但乔治三世却坚持对北美的商业体系实行更加严格的监管。以前，英国对北美殖民地、欧洲其他地区和其他殖民地的非法贸易活动基本上采取视而不见的态度，但现在英国不仅严格禁止殖民地从事非法贸易，还提高了殖民地港口的关税。

诺斯开始尝试与北美殖民地人民达成和解。他撤销了除茶叶税之外的各项税收，仅对每英镑茶叶征收3便士的税款，还下令从波士顿撤兵。他同时承诺，英国政府不会再对北美征收任何税款。但是，由于英国国王的坚持，他无力地表示，基于原则，茶叶税必须保留。1773年12月，298箱英国茶叶运达波士顿港口，为政治目的日益清晰的北美煽动者提供了北美人民遭到英国压迫的绝佳象征。在历史上著名的"波士顿倾茶事件"（Boston Tea Party）中，一群北美爱国青年打扮成印第安莫霍克族人的模样，爬上了停泊在港口的船上，将船上的茶叶全部倒入海中。从此以后，所有北美爱国青年都拒绝饮茶。

诺斯伯爵和乔治三世对这起事件感到极为震惊。他们打算把波士顿人民当成拒绝承担《强制法案》（Coercive Acts）责任的孩子一样惩罚［《强制法案》被北美人民称作《不可容忍法案》（Intolerable Acts）］。1774年，波士顿倾茶事件的煽动者被送往英国接受审判，政府中止了马萨诸塞的特许状，北美殖民地继续由英国政府直接管辖。更令北美人民叫骂不断的是，在茶叶商人的赔款到位之前，波士顿港口必须关闭。英国政府丝毫没有料到，这些严厉的措施将会对北美人民产生怎样的强烈影响。他们也没有想到，北美人民宁愿进行战斗，也不愿忍气吞声。弗吉尼亚的著名演说家帕特里克·亨利（Patrick Henry）曾这样告知北美全体人民："无自由，毋宁死。"

英国人民认为北美人民此举十分轻率，并感到非常愤怒，但威斯敏斯特会议上的查塔姆伯爵却不这么认为。查塔姆伯爵及其追随者，连同罗金汉领导的辉格党人，都一致反对《强制法案》。他们呼吁政府做出让步，挽救帝国。他们说服诺斯通过了《退出条款》（Get-out Clause）：如果殖民地拨款支付战争费用，英国政府便停止向殖民地征税。但是，该措施毫无效果。北美独立运动已是箭在弦上。英国指挥官盖奇将军（General Gage）代替了波士顿原总督，他试图执行驱散马萨诸塞议会的命令，但是波士顿人民转而在几英里以西的康科德（Concord）集会。

马萨诸塞人民意识到，违抗母国的真正时刻到来了。他们组建了民兵部队。因为这支部队可以在一分钟内集合起来，所以又被叫作"一分钟人"（Minute Men）*。马萨诸塞人民还开始在隔板房里屯聚枪支。1775年4月，盖奇将军派遣军队前来收缴民兵屯聚的武器。英军在列克星敦（Lexington）遭袭，270名士兵丧生。列克星敦的枪声"在世界范围内引起了回响"，标志着北美独立战争（American Wars of Independence）的开始。

北美人民紧接着展开了攻势。一开始，他们在俯瞰波士顿湾（Boston Harbour）的邦克山（Bunker Hill）上集合，迫使盖奇将军止步于海湾。13块殖民地全部向英国宣战，加入了马萨诸塞的阵营。而仅仅在几个月前，他们还在法律上附属于英国。北美殖民地任命七年战争中的英雄乔治·华盛顿为总司令，前往马萨诸塞指挥战斗。英国政府发现北美局势要比之前设想的严峻得多，随即派遣威廉·豪将军（General Sir William Howe）跨越大西洋，来到波士顿接替盖奇将军指挥战斗。威廉·豪将军经历过七年战争，对北美地形十分熟悉。

华盛顿将军具有杰出的领导才能。他不仅以骁勇善战闻名于殖民地，还得益于曾在英军服役，十分了解对方的优势和劣势。他知道英国红衫军在突然爆发的伏击战及殖民地民兵擅长的小规模战斗中最为脆弱。但是，为了确保殖民地民兵做好战斗的准备，他还需要布置多项工作。北美殖民地军队与英军的不同之处在于，他们已经做好了为独立事业战斗至死的准备，这是他们最大的优势。但是，尽管如此，在阵地战中面对英国红衫军他们仍处于劣势。热血和激情并不总能支持北美民兵完成白天的正规训练。豪将军采取了被动战略，英国军队整个冬天都驻守在波士顿，没有采取任何行动。多亏了这一点，华盛顿将军才得以抓住至关重要的几个月将民兵训练成了一支纪律严明的军队。1776年，他率领部下占领了俯瞰波士顿的多切斯特高地（Dorchester Heights）。豪将军选择不抵抗，把军队撤回纽约布鲁克林（Brooklyn）。华盛顿将军轻而易举便占领了美国最大的港口。

---

* 美国独立战争时期马萨诸塞州的特殊民兵组织。——编者注

豪将军刚一撤回纽约，就开始尽可能多地招募当地士兵。但是，北美人民极少愿意为英军效力，他不得不转而征募殖民者的敌人印第安人。同时，他还投入了 1.8 万名黑森雇佣兵与北美军队作战。他的一系列举措，尤其是使用残暴的德意志雇佣兵，进一步疏远了北美人民。

1776 年 7 月 4 日被北美人民设为特别的纪念日，北美殖民者在费城召开的第二次大陆会议上发表了著名的《独立宣言》（Declaration of Independence），宣告北美殖民地从此成为"自由和独立的国家"。《独立宣言》由弗吉尼亚种植园主托马斯·杰斐逊主笔，彰显了启蒙思想。宣言振聋发聩："人人生而平等，造物主赋予他们若干不可剥夺的权利，其中包括生命、自由以及追求幸福的权利。"英国的历史被抨击为"是接连不断的伤天害理和强取豪夺的历史"，乔治三世被谴责为"不配做自由人民的统治者"。

与此同时，英军惊讶地发现，北美殖民地人民的一系列军事行动相继取得了胜利。华盛顿将军率兵从波士顿南下，企图迫使英军撤出纽约。不过，他被英军击败，被迫撤回费城。但是，与豪将军一同指挥英军作战的加拿大将军伯戈因（Burgoyne）的总计划是将华盛顿的军队驱赶到南部，以便把新英格兰从其余殖民地中分割出去。不过，总计划彻底失败，英军蒙羞。1777 年，伯戈因将军被迫在哈德逊河的萨拉托加（Saratoga）带领全体军队向美国的霍雷肖·盖茨（Horatio Gates）将军投降。

萨拉托加大捷是北美独立战争的转折点。在此之前，欧洲其他国家普遍认为，北美发生的冲突不值得插手。他们认为，面对七年战争的获胜方，北美殖民者毫无胜算。但是，萨拉托加大捷重振了北美军队的士气。更重要的是，法国从官方上承认了北美殖民地独立。法国与美国结盟，承诺美国可以获得法国军队和舰队的支持。1777 年，法国年轻的拉法耶特侯爵（Marquis de Lafayette）来到美国，和美国人民并肩作战，对抗英军。1781 年，康沃利斯将军（General Cornwallis）[*]带领英军在约克镇（Yorktown）投降，结束了战争。约克镇之战中，德格拉斯海军上将（Admiral de Grasse）率领法国舰队在海上封锁英军，格林将军（General

---

[*] 第一代康沃利斯侯爵查尔斯·康沃利斯，1738—1805，英国军人、殖民地官员。——编者注

Greene）在陆路围困英军，一系列行动共同导致了英国的战败。

但是，英国仍坚持展开一场新的世界战争。现在，与英国交战的不只有法国，还有西班牙。1779年，西班牙出于与波旁王朝的密切关系，向英国宣战。一年后，荷兰也对英国宣战，起因是英国坚持实行《中立法案》（Law of Neutrals）。根据法案，英国可以抓捕运送法国货物的荷兰船只，荷兰对此感觉受到侮辱。在同样的背景下，英国的盟友——由中立国俄国、丹麦和瑞典组成的北方武装，也对英国产生了敌意。他们不允许英国拦截他们运送英国敌对方货物的船只。在战争中，英国暂时丧失了海上控制权：梅诺卡岛被他国占领，直布罗陀被围困，英属西印度群岛大部分被法国占领。

在全球范围内，英国的敌人抓住了北美独立战争的机会，开始向英国发动进攻。法国在印度重拾了原先的优势地位：他们煽动马拉地族人和英国开战，征服了孟买、迈索尔王国（Sultan of Mysore）和海德尔·阿里（Haidar Ali），还对整个卡纳塔克地区展开进攻。印度洋控制权暂时回到法国的手中。

七年战争中叱咤印度战场的老将艾尔·库特上校仍然健在，这对英国来说可谓一大幸事。在他的率领下，英国彻底击败了迈索尔国王的军队。与此同时，印度总督沃伦·黑斯廷斯（Warren Hastings）将驻守孟加拉的军队派往孟买解除危机。他在整个行动中展现出为世人称道的杰出军事才能。约克镇刚一陷落，法军便试图攻占牙买加。法军在多米尼克附近被海军上将罗德尼（Admiral Rodney）率领的军队击败，英国海军得以重拾优势地位。在爱尔兰，法庭律师出身的天才政治家亨利·格拉顿（Henry Grattan）招募了数千名新教志愿兵保卫爱尔兰，他们构成了一支实际上数量可观的军队。在这些志愿军的威胁下，1782年在邓甘嫩（Dungannon），人们仿照费城会议召开了大会，单方面宣布爱尔兰在法律上从英国独立。

尽管英国政府1777年在萨拉托加之战后就同意撤回1763年之后颁布的所有北美殖民地法案，但美国人民再也不愿意接受英国议会颁布的任何法案。1782年年初，英国终于接受了美国人民不会向武力屈服的事实，承认美国独立。欧洲其他地区也很快恢复了和平。1783年9月，在《巴黎和约》（Treaty of Versailles）中，英国收回了直布罗陀地区，西班牙收回了包括梅诺卡岛在内的佛罗里达

（Florida）地区，法国获得了多巴哥岛、戈雷岛和塞内加尔。

北美独立战争期间，英国国内局势也很不平静。人们激烈地讨论自由问题，18世纪70年代见证了格兰维尔·夏普（Granville Sharp）的废奴运动。1772年，废奴运动引发了一场法律审判，结果英国废除了奴隶制。法官裁定，西印度种植园主有理由释放他带回英国的黑人奴隶詹姆斯·萨默塞特；同时宣布，"没有任何一部英国法律允许奴隶制这样的统治行为存在"。大约出生在1745年的阿罗德·爱克伊诺（Olaudah Equiano）原先是一名非洲黑奴，被贩卖给了一位皇家海军军官。爱克伊诺参与过加拿大和地中海的战斗，从18世纪便开始生活并定居在英国；在布里斯托尔与他一样的黑人还有3万多名。他亲笔撰写了一篇描述黑人生活的文章，产生了巨大的影响力，对废除英国奴隶制起到了显著的推动作用。越来越多的废奴委员会热烈邀请他进行全国巡回演讲。

英国在北美独立战争中的表现十分糟糕，与在背景相同的七年战争中取得的胜利形成了鲜明的对比。英国公众对政府的评价因此变得极端起来，政府高层的腐败问题也被广泛披露。现在，不只美国人民认为英国议会不能恰当地代表他们的利益。英国在对外战争中失败，失去了北美殖民地，还暂时将公海控制权交给了法国［一个名叫保罗·琼斯（Paul Jones）的前私掠船船员袭击了英国海滨城镇，引发了骚乱］。这一系列事件让许多英国民众开始怀疑当前普遍实行的政治体制是否具有效力。大规模集会活动在整个英国开展起来。人们要求开展过去10年中查塔姆和威尔克斯一直致力推行的议会代表改革运动。

备受尊重的约克郡人牵头进行了最为引人注目的"户外"请愿运动。律师、农民和乡绅要求根据人口变化增加100个乡村代表席位，同时查处腐败人员，清理国王身边的冗余官员。他们认为，这些尸位素餐的官员应该为糟糕的战局负责。18世纪80年代提出的《大约克郡请愿书》（Great Yorkshire Petition）在其他24个郡中得到效仿。在议会中，具有代表性的文件是埃德蒙·伯克提出的《王室年俸法案》（Civil List Bill）。该法案承诺调查领取政府津贴的到底有哪些人。

受农业和工业革命的影响，英国正在经历巨大的变化。整个18世纪，杰思罗·塔尔（Jethro Tull）和沃波尔的妹夫汤森勋爵等人发明的以灌溉牧场、新作物、化肥和轮作技术为特色的新型农牧业技术，经托马斯·科克（Thomas Coke）

和亚瑟·杨（Arthur Young）推广，极大地提高了农作物的产量，进而促进了农业改革。人们又把乔治三世称为"农夫乔治"，他着迷于经营自己的温莎农场，还以笔名发表了许多与农业相关的文章。成功经营一家新型农场需要拥有200英亩以上的广阔农田；与此同时，随着新技术的传播，圈占公地的速度也加快了，圈地运动在乔治三世统治前半期达到顶峰。议会通过了不计其数的私法条例，被圈占的公地数量累计多达200万英亩。曾经遍布着小块自耕农用地的英国乡村变成了由篱笆墙圈起来的大块土地。

近些年来，农业生产技术进步导致区域性失业问题突出，尤其在内陆地区，问题更加严重。英国国内纺织计件工作为人们提供了另外一种赚钱的方式。18世纪80年代中期，埃德蒙·卡特莱特（Edmund Cartwright）发明了动力织布机，詹姆斯·瓦特发明了复动式蒸汽机，英国棉纺织工业几乎在一夜之间发生了翻天覆地的变化。在此之前，工业革命并没有在英国完全展开。詹姆斯·哈格里夫斯把约翰·凯（John Kay）在18世纪30年代发明的飞梭改良为多轴系统，发明了珍妮纺纱机。从此以后，棉纺织成了一个利润丰厚的工业部门。随后，理查德·阿克赖特（Richard Arkwright）发明了水力纺纱机。水力纺纱机利用流水驱动，速度远高于手工织布机。18世纪70年代早期，水力纺织机的发明促使生产地点从家庭转移到工厂，将英国北部近来失去土地的劳动者吸引到奔宁山脉地区工作。几个世纪以来，奔宁山脉地区奔腾的流水为毛纺工业提供了建造水力纺车的绝佳自然环境，而棉纺织业也正是从那里开始腾飞的。

富裕人士往往与圈地运动脱不了干系，他们也不愿意被排除在圈地运动之外。普通民众对圈地运动的怒气便自而然而地转移到富裕人士身上，愤怒常以骚乱的形式发作。受过良好教育的人对较为不幸的人的看法正在改变，从废奴运动到1777年约翰·霍华德（John Howard）在《英格兰和威尔士的监狱状况》（State of the Prisons in England and Wales）中最新表达出的对囚犯待遇的关切，无不体现了这一点。但是，英国不仅受到启蒙思想中理性主义的影响，还受到其中功利主义的影响。新理念认为，应该引导政府为绝大多数人创造最高福祉。卫斯理兄弟和乔治·怀特菲尔德（George Whitefield）发起的宗教复兴运动也影响了英国。从18世纪70年代末开始，宗教复兴运动席卷了英国教会，卫斯理公会由此创建。

英国国教会中的福音派信徒发起了福音运动（Evangelical Movement）。福音运动在未来30年间将产生巨大的影响力，改变英国的习惯和传统。福音派信徒认定，英国本国居民几乎和国外人民一样急需传教士散播福音，越来越多的宗教团体开始向人们发放《圣经》，派遣牧师传教。英国国民逐渐形成一种严肃的气质，这种国民性格被描述为"维多利亚式"。宗教虔诚和努力工作成了英格兰人的座右铭，也变成善于创新的中产阶级生产商推崇的价值观。他们开设的工厂即将推动英国成为工业强国。

英国失去了北美殖民地，乔治三世对此感到无比愤怒，诺斯伯爵只好辞去首相职务。乔治三世只得将自己厌恶的老辉格党人重新召回到罗金汉侯爵手下。不过，这是一届短命政府。议员约翰·邓宁（John Dunning）表示："我们应该削弱国王已经增强并正在持续增强的影响力。"他的批评成了压垮骆驼的最后一根稻草。议会，准确地说，是亨利·格拉顿领导的都柏林议会，通过了赋予爱尔兰独立司法权的法案。与此同时，为了平息户外请愿活动引发的骚乱，伯克颁布《王室年俸法案》，废除了国王享有的一些辉格党反感的挂名闲职和津贴，此外还禁止政府承包商担任议员。但是，政局正在发生变化。贵族出身的老辉格党领袖与新生的进步思想和自由理念格格不入。法国加入北美独立战争之后，辉格党团体面临的压力陡增，他们对北美人民的支持显得尤其缺乏爱国精神。辉格党典型代表、行事大胆的查尔斯·詹姆斯·福克斯（Charles James Fox）是那一代人中最著名的辉格党人，他在诺斯政府时期促进了辉格党的复兴，现在成了罗金汉侯爵的国务大臣之一。但是，他遇到了一名强大的竞争对手——查塔姆伯爵之子小威廉·皮特。小皮特不仅是那个时代备受尊重的人物，后来还当选英国首相，而福克斯的狂妄举动则进一步败坏了辉格党的名声。

从意识形态上看，福克斯与小他10岁的小威廉·皮特存在许多相同之处。他们都认为应该实行宗教宽容政策，惩治政府滥用职权的行为，进行议会改革。小皮特继承了父亲的天赋，和福克斯一样，也是一位杰出的演讲家。伯克听完小皮特在下议院中的首次演讲之后，评价道："他不只像他父亲，简直就是他父亲本人。"父子俩的区别仅体现在性格上，小皮特顺应了那个时代的潮流。他态度更加严谨，较为贴近中产阶级，自控力更强，福克斯则鲁莽冲动；小皮特讲求实效，福克斯虽勇敢无畏但缺乏自制力。

查尔斯·詹姆斯·福克斯是查理二世和情妇路易丝·德·克鲁阿尔（Louise de Kerouaille）的曾孙女即里士满公爵（Duke of Richmond）之女的次子。他的父亲是狡诈的政治家亨利·福克斯，曾在七年战争中担任主计大臣，并借此大捞了一笔，为查塔姆伯爵所不齿。据说，福克斯很快就败光了这笔不义之财，他花钱的速度比父亲赚钱的速度快得多。他整夜寻欢作乐，沉溺于那个时代最邪恶的游戏，在赛马场或"怀特之家"俱乐部铺着绿色垫子的牌桌上一掷千金。福克斯毫无规律的生活作息并不妨碍他在一夜未眠之后前往下议院发表一场优秀的演讲。在他的崇拜者眼中，这才是他真正的迷人之处。

然而，福克斯激进的政治作风，如煽动伦敦暴民、恐吓下议院等老套路，正在变得不合时宜。1780年夏季，为了反对新颁布的《罗马天主教徒解放法》（Catholic Relief Act），戈登暴动（Gordon Riots）爆发并发展到了不受控制的地步，在3天内席卷了半个伦敦；从此之后，"户外"请愿运动便失信于民。狂热的新教徒乔治·戈登（George Gordon）打着"反教皇制度"的口号，向议会请愿；毫不夸张地说，请愿运动致使伦敦街头流血漂橹。天主教教堂被焚毁，监狱被打开，许多人惨遭杀害。国家部门陷入瘫痪，控制住局势的人是乔治三世，他下令朝暴民开枪。戈登暴动吓坏了中产阶级，比起暴乱，他们更愿意维持当前天主教徒无投票权的状态。这个局面一直延续到1832年。

1782年7月，罗金汉侯爵突然去世的消息传来。谢尔本伯爵接任英国首相。他天资卓越但不受人民欢迎。一直与谢尔本伯爵为敌的福克斯连同160名"罗金汉派"（Rockinghamite）成员，又称"老辉格党人"，一同辞去了公职（虽然福克斯当时担任外交大臣），留下孤立无援的谢尔本伯爵，尴尬地和"国王的朋友"及少数"查塔姆派"辉格党人管理政府。其中就有时年23岁的小皮特，他担任政府的财政大臣。尽管在过去的12年中，福克斯一直在北美独立战争政策问题上与诺斯首相不睦，但他再次掌握权柄的唯一方式只有加入托利党。只有和诺斯联手，他才可能获得足够的议员组建政府。到了1783年4月，在一场震惊选民的权力游戏中，福克斯－诺斯轴心成功将谢尔本踢出了局。谢尔本甚至都没来得及把结束战争的条约看完，就被踢出了政府。新一届政府名义上由波特兰公爵（Duke of

Portland）领导，实际上受控于福克斯和诺斯。诺斯的态度发生了惊人的转变，他宣布"在这个国家，国王只享有名义上的权力"。

但是，乔治三世和之前一样不容小觑。他对背信弃义的诺斯的讨厌程度不亚于对福克斯的讨厌程度。大量事实证明，诺斯正在把他的儿子威尔士亲王引上一条不归路。那个时代的某位观察者目睹了这样的场景：五大三粗的福克斯大摇大摆地穿过白金汉宫一层大厅，上前亲吻乔治三世的手，作为就任的象征。这位观察者评论道：国王看起来就像一匹愤怒的马，"瞪大双眼，耳朵后竖"，好似要把刚就任的大臣踢到一边一样。乔治三世不仅驳回了福克斯提出的增加亲王俸禄的建议，还使整个政府拒绝了福克斯提出的《印度法案》（India Bill）。该法案要求由议会直接指派的 7 位专员而非总督管辖印度。

人人都知道福克斯不可信，加上他在下议院中压倒性的多数席位，人们普遍认为，他的目标是将印度的赞助权掌握在自己和朋友手中。《印度法案》损害了东印度公司的特许经营权，因而引起了极大的反感；同时，"国王的朋友"认为法案侵犯了王室特权。据说，乔治三世曾抱怨，如果议会通过《印度法案》，他便要把王冠从头上摘下来，戴到福克斯不修边幅的黑发上。漫画家则满足于绘制讽刺画——卡罗（查尔斯）可汗骑着大象闯进伦敦，扫开面前的一切阻碍。限制国王权力的呼声曾一度高涨，现在呼声已经有所回落，更为迫切的是限制福克斯及其追随者的影响力。

平易近人的福克斯变得满腹忧愁，他希望促使下议院通过提案。不过，最后他还是白费力气，终于消停下来。但是，乔治三世还是将自己狡猾的进攻计划付诸实践。他安排了一个名叫瑟洛的年轻贵族在投票前向所有上议员递送名片，国王用心险恶地在名片上亲笔写下一句话："任何投票赞成《印度提案》的人不仅当不了国王的朋友，还会成为国王的敌人。"在 18 世纪，上议院议员原本都是国王的顾问，但由于乔治三世十分有主见，他们即便算不上国王真正的朋友，也是国王的支持者。被当成国王的敌人是 18 世纪任何一位上议院议员都不愿意看到的事情。因此，他们否决了提案。

12 月 18 日，国王在同一天晚上派人去福克斯那里取回官玺。国王已经选定了一名能够承担重任的候选人——24 岁的威廉·皮特，他将成为英国历史上最年轻的首相。国王曾两度秘密接见这位善良、勤奋的年轻人，考察他是否可以在谢尔本伯爵无法掌控下议院且《北美和平条约》（American Peace Treaty）阻碍和平进程的局势下担任要职。皮特担心议会不受自己控制，两度拒绝出任首相。但心意已决的国王不愿轻易放弃，他坚持找皮特商谈，最终用令人信服的理由说服了他。皮特同意姑且一试，看看首相的权威是否能使议员最终倒向他。

在一片嘲笑和"将国家托付给一名高中生"的奚落中，这位身材修长的青年接管了政府。他拒绝进行普选，完全依赖国王的支持维护自己的权威。不过，下议院中的托利党人开始渐渐放弃诺斯，转而投奔皮特。这是一种妥协，因为皮特身上至少没有污点。皮特不同于查塔姆，他沉着冷静，不似他父亲那般满怀激情；他善于团队协作，他的父亲则必须支配他人；他偏爱简洁，他的父亲却喜欢华丽的风格；他是技艺高超的政治家，而他的父亲是一位政客和高超的战争领袖。但是，和之前不同，现在辉格党和托利党的情况都变得难以把握。许多老辉格党贵族家族已经切断了党派联系，辉格党本身的受欢迎程度也在下降。1784年3月，皮特大胆地进行了第一次选举，160多位支持福克斯的辉格党人失去了席位。英国人幽默地将他们称为"福克斯的殉道者"。福克斯则鄙夷地把皮特政府叫作"碎肉馅饼"，因为他相信，这届政府坚持不到当年的圣诞节。然而，皮特政府却坚持了17年。

选举之后，皮特独握大权。他不仅获得了国家的支持，同时还获得了上议院和下议院的支持；更重要的是，他还得到了国王的支持。他成了自沃波尔之后权力最大的人。皮特出生显赫，头脑聪慧、接地气，他认为富人应该参与政治，拥有一定的国家权力。他将托利党新兴贵族安排在上议院中，这些人逐渐变得和辉格党革命派家族一样有权有势。他虽然现在成了辉格党领导者，但并没有忘记自己身上传承的辉格党改革派自由传统，他改革了公共账户的审计制度，永久性地废除了英国政府坚持了近一个世纪的繁文缛节。皮特和他的父亲一样，拒绝从模棱两可的挂名闲职中赚取额外收入，即所谓的"津贴"，而当时许多政治家却靠着这份津贴生活。

英国虽然是传统上的海上强国，但和平时期的海军军备却极为废弛，甚至找不到一艘在出海前不需要维修的军舰。船舶修造厂效率低下、不堪重负。海军上将豪追随皮特，他既是一位明智的改革者，也是第一位被任命为海军上将的勋爵。在5年内，英国建造军舰的速度又提了上去。英国港口停泊着90艘战舰，在任何海洋环境下都可以出航。

皮特现在虽然成了托利党的领导，但仍继续奉行谢尔本伯爵顾问团前成员——激进经济学家亚当·斯密（Adam Smith）*的理念。亚当·斯密一直担任皮特的顾问，他在1776年出版了一部旷世之作《国富论》（The Wealth of Nations）。这本书将商业上的贸易保护主义传播到了欧洲各殖民强国中。亚当·斯密认为，国家之间实行低关税和自由贸易将显著增加各国财富。皮特原本试图清除英国制造商对爱尔兰贸易设置的障碍，但由于兰开夏郡商人势力的阻挠，行动遭遇了短期障碍；而他与法国签订的创新性条约创造了两国有史以来的最低关税。他希望借助贸易促进两个积怨已深的国家进行合作。皮特也是一位勤勉的金融家，坚决奉行廉洁的财政政策，他一手创立了国家偿还债务的支付体系。经历了两次大战之后，英国的国家债务总额高达2.5亿英镑。此外，他还降低了烟草、酒类和茶叶的关税。低廉的茶叶价格使英国成了一个喜爱饮茶的国度，最具时代特点的诗人——基督福音教派信徒威廉·柯珀（William Cowper）写道，英国人变得"爱以茶助兴，而非不醉不归"。

从某种程度上看，皮特对国王及"国王的朋友"支持的依赖阻碍了他的进一步发挥。他是一名彻底的实用主义政治家，比任何人都更坚信政治是一门"可能性艺术"。和他的血统相吻合的是，他刚一掌权，便引入了《改革法案》（Reform Bill）。尽管如此，他并没有成功收买腐败官员，也没有实现对议会席位的重新分配。当他发现自己的措施在下议院中极不受欢迎时，立即放弃了原先的计划。同样，皮特虽然认为应该实行宗教包容政策，但他绝对不会利用官方支持，参与1788—1791年废除《核验法》和《团体法》的运动。此时，制糖业对经济的重要性增加，西印度公司的利益相关者也开始了有力的游说活动；两者共同作用，导致废除奴隶贸易运动陷入泥潭。不过，至少出现了以废除奴隶贸易为目的的运动。

皮特是幸运的，其首相任期之初恰逢工业革命最令人赞叹的时期：詹姆

---

* 1723—1790，苏格兰哲学家、经济学家，被誉为经济学之父。——编者注

斯·瓦特发明的改良蒸汽机使纺织工业和钢铁工业的大规模生产成为可能。在整个18世纪，虽然英国在工具制造、纺织业和制陶业上不断取得进步，但瓦特在18世纪80年代引入英国的蒸汽机促使生产效率呈指数增长。经过短短的几年时间，英国便可以生产从棉质床单到机器工具等所有种类的商品，不仅生产速度提高了10倍，价格也只有其他国家的1/10。如果没有工业革命，即便皮特进行了所有的改革，英国也可能会因战争和北美人民对英国商品长达10年的抵制而破产。

只有在对印度前任总督沃伦·黑斯廷斯的审判这一件事上，皮特较少赢得同时代人的赞誉。1784年，皮特依据此案颁布了规范印度事务的法案。皮特的改革虽然不如福克斯深入，但他在东印度公司新设立了一个国家部门——由政府运营的管理董事会。董事会主席也会成为英国内阁成员，其职责是监督任何与印度领土有关的公司政策决定。尽管公司的商业政策仍不受约束，但英国政府对公司总督的任命拥有一票否决权。

在调查过程中，东印度公司被竞争对手举报了许多负面信息，引起人们对黑斯廷斯行为的质疑。黑斯廷斯是一位才华横溢且富有建设性的管理者，但他在东印度公司根本性的腐败行为引起了人们的反感；同时，他的经商方式傲慢无礼，也让他四面树敌。最终，他因金钱敲诈、腐败和谋杀证人等罪名遭到弹劾。审判持续了7年之久，成为当时历史上最漫长的一次审判。然而，最后事实证明大多数指控是不实的；之后，他被宣布无罪。但是，黑斯廷斯在审判过程中已经彻底崩溃了。他的朋友指责皮特没有阻止弹劾，但皮特认为，英国政府不能宽恕黑斯廷斯的行为，也不能支持一个被负面谣言包围的人。审判使人们要求为英国服务的印度公务员遵守更高的行为标准，俨然将他们变为印度一个特殊的社会阶级。

在皮特的不懈努力下，在18世纪的最后10年中，英国无论是内部结构还是外部关系，都运转得不错，格局也比较现代。1788年，澳大利亚大陆成为大英帝国的流放地。英国在那里建立了罪犯定居点，将其当成一个流放犯人的地方，以弥补因北美独立而失去的"流放者家园"。18世纪70年代，探险家詹姆斯·库克船长在航行中发现了新西兰和澳大利亚东海岸。他在报告中记录，植物学湾（Botany Bay）可以作为一个很好的定居点。1788年1月，英国在悉尼（得名于英国当时的内政大臣）建立了定居点。在泰晤士河畔临时监狱中关押的罪犯被转移到那里，他们在遥远的新世界中开始了新的生活。截至1830年，共有超过5万名罪犯抵达澳大利亚。不过，英国政府很快便取消了这个惯例。到了19世纪50年代，大量淘金者和饲养绵羊的农民被那里广袤的户外空间所吸引，纷纷涌入澳大利亚。在1839年之前，没有任何一个英国人在与澳大利亚相邻的新西兰定居，直到1839年，爱德华·吉本·韦克菲尔德（Edward Gibbon Wakefield）的新西兰公司才在那里开始了殖民活动。

在处理国际关系方面，皮特也如同应对所有其他事务一样细致和英明。他帮助英国和普鲁士重修旧好，还和在北美独立战争期间闹翻的荷兰恢复了古老的盟友关系。现在，俄国开始插手欧洲事务。他是第一个意识到俄国这个"沉睡的巨人"是对欧洲构成潜在威胁的政治家。坚实的同盟网络结束了英国危险的孤立状态。这种状态在北美独立战争结束之后已经持续了相当长一段时间。在接下来的动荡岁月中，皮特结交的这些国际盟友变得极为重要。法国灿烂文明之下潜藏着的巨大压力很快将像火山一样喷发，产生的极大破坏力的辐射范围远超本国。

但是，1788年，乔治三世突然失去了理智，变成一个残暴的疯子。这似乎预示着，麻烦会在某个不起眼的角落爆发。乔治三世正乘着马车在温莎城堡中行驶，突然他从马车中下来，走到一棵树旁，抓住较低的树枝，似乎想要用手晃动它。接着，他和树进行了很长一段时间的交流，因为他相信，这棵树就是普鲁士国王。最后，一旁焦虑的夏洛特王后好不容易才将他哄回马车。但是，10月6日，国王的病情变得十分严重，也奇怪起来。他两个最年长的儿子——威尔士亲王和约克公爵不得不与医生、侍卫一起，整夜守候在国王卧室的隔壁，以防他接下来做出什么奇怪的举动。国王整晚在温莎城堡通风良好的走廊里跑来跑去，满嘴胡话，像一个无可救药的疯子。王后受到了惊吓，也不愿意与国王同寝；国王整夜不眠，连他的马夫福特纳姆也被折腾得筋疲力尽，不得不因健康原因离开。后来，他在皮卡迪利大街（Piccadilly）开了一家食品杂货店。

乔治三世的病症看似是精神疾病，实际上是患有卟啉症的一种表现。国王的病情让政府高层大为吃惊。威尔士亲王开始摄政，他性情狂暴、挥霍无度。英国的命运眼看就要交付于这个时年26岁、极不负责的王位继承人手中。福克斯终于看到了成为英国首相的希望。很早以前，从早熟的年轻时代开始，他就一直渴望担任首相职务。现在，他开始在议会中展开一系列活动。威尔士亲王与其拥护者福克斯完全是一丘之貉，他不仅是一个赌徒，而且是公认的破产者。他还私下缔结了一段秘密婚约。他违背乔治三世在1772年颁布的《王室婚姻法》(Royal Marriages Act)，迎娶了罗马天主教徒菲茨赫伯特（Fitzherbert）夫人。乔治三世在法案中禁止后代未经国王许可缔结婚姻。威尔士亲王和弟弟为了取悦朋友，模仿乔治三世在晚上的种种荒谬行为，关于王室顿时谣言四起。与此同时，在下议院中，皮特正与福克斯较量，他试图阻止威尔士亲王自动获得摄政权。

皮特坚持认为，摄政王必须由议会任命，摄政王的摄政行为也必须接受议会调查。在下议院的宏大场景中，皮特赢得了辩论。福克斯的表现和平时一样无礼，他宣称，既然"从法律上讲国王已经去世"，便没有必要遵循先例；议会委员会如何认为并不重要，重要的是在这个国家只有一个人与众不同。他从外表上看已经成年，有能力行使皇家权力，并且是王位的自然继承人。福克斯的言论令听众目瞪口呆。皮特听完他的说辞后大笑道："以上帝的名义，我将让那位绅士在余生都不得加入辉格党。"

福克斯彻底背弃了辉格党的基本革命原则。皮特认为，辉格党曾经将王位交给威廉三世，借此结束了君权神授的王位世袭制，改由基于议会意志的组织决定王位继承。福克斯的论据被驳回，乔治三世仍是国王。令国人大感宽慰的是，就在议会准备要确立摄政统治之时，国王康复了。然而真实的情况是，国王在一天中有好几个小时都被紧身衣缚住，以防自伤或伤害他人。谣言四散、人心惶惶，但国王的真实状况却没有被国人知晓。后来，国王从克佑区返回，虽然他看上去颤颤巍巍，但精神还算好。在克佑区，他被交给了威利斯医生服侍，而这位医生对待病人的态度并不温柔。皮特的忠诚和机智帮助英国渡过了这场危机，也加深了首相和国王之间的关系。然而此时，就在海峡对岸的法国，另一位国王的命运开始影响英国的未来，1789年正是法国大革命开始之年。

法国大革命是200年来一件开天辟地的大事，我们至今仍能感受到它的回响。21世纪初，世界上大多数政府都以某种形式展现了大众民主。法国大革命则是建立这种民主形式的首次试验。革命始于法国国王路易十六（Louis XVI）[*]为了筹措资

---

[*] 名为路易－奥古斯特，1754—1793，法兰西国王，1793年被送上断头台。——编者注

金而召集议会（三级会议）。自17世纪早期，三级议会就一直处于中断状态。三级会议的召开成了引爆被长期搁置的矛盾的导火索。法国政府由于在长达100年的时间里无休止地征战，到1789年时已经破产。经济学家意识到，获得所需资金的唯一方式便是改变法国极不协调的税收体系。法国的财政结构几乎在中世纪后就没有进行过改革，富人、贵族和教会人员都享有免除税收的特权，他们几乎不需要缴税。而最沉重的赋税，如臭名昭著的盐税，都落到了最穷困的人身上，主体税种和土地税也是如此。

收税豁免权和其他严重不平等的规定交织在一起。几个世纪以来，不同于英国一直奉行法律面前人人平等的原则，法国虽然也实行君主专制，但法国贵族在法律上享受优先权。毫不夸张地说，法国国王的话就是法律。国王的一封信，即秘密逮捕令，便足以将任何人送入监狱；不需要经过任何审判，也不需要任何解释，就可以让一个人在监狱里度过余生。法国人民无法向议会求助，要求扣留国王的资金，也无从反抗君主专制。虽然法国哲学家对欧洲其他国家和地区产生了极大影响，但他们中没有一个人在本国实践了自己的哲学思想。现在，法国的男男女女都满怀热情地渴望创建一个更加开明和理性的社会。

第一次三级会议在1614年召开，之后便一直中断；现在，为了筹措资金，三级会议终于在凡尔赛宫重新召开。国王并没有意识到，法国人民渴望改革的诉求是多么迫切和普遍。人民的力量好似决堤的洪水，名为国民议会的新机构得以创建起来。法国贵族自行投票放弃了他们自古以来享有的特权，共同声明将基于国民议会在1789年8月26日颁布的《人权宣言》（Declaration of the Rights of Man and of the Citizen）创立一部新宪法。《人权宣言》受美国《独立宣言》的影响，坚决主张维护自由、平等和人类与生俱来的权利；《人权宣言》同时鼓舞了法国大革命的早期领导者拉法耶特将军。不过，奠定法国大革命主基调的是让-雅克·卢梭的启蒙主义经典著作《社会契约论》（The Social Contract）。卢梭和洛克一样，认为政府是人民和统治者之间订立契约的结果。他坚信人民具备的"公共意志"对革命进程起到了至关重要的作用。

但是，严格地说，问题的关键在于应该由谁来确认这种所谓的"公共意志"。从一开始，法国大革命就伴随着"暴民暴力"。1789年7月14日，"攻占巴士底狱"事件爆发。臭名昭著的巴士底狱是旧体制和秘密逮捕令的象征。英国也强烈希望结束暴政,福克斯甚至向许多人表示,他为攻占巴士底狱喝彩,并将其称为"世界上发生的最伟大、最卓越的事件!"年轻的诗人威廉·华兹华斯的言辞或许能够反映出那个时代浪漫主义青年诗人的心声。他高呼:生活在这个时期无疑是一种"福佑"。大多数英国人对追求个人自由的事业都怀有与生俱来的同情;他们为"自由"能在一个将"路易十四"等同于"镇压"的国家发展壮大而感到欢欣鼓舞。

但是,在《人权宣言》发表之后,法国大革命出现了更为极端的行为。一群暴民胁迫国王和王后离开凡尔赛宫,回到巴黎。他们虽然没有明说,但实际上囚禁了国王和王后。拉法耶特将军不得不召集一支由中产阶级国民自卫军组成的军团,在暴民四处滋事时维护巴黎秩序。新成立的立宪议会将路易十六变为宪法上的君主。此时,皮特和英国政府仍然对削弱波旁王朝的专制主义暴政持同情态度。如果法国也实行君主立宪制,那么英吉利海峡两岸面对面的两个国家将拥有更多的共同点。但是,追求普世权利的崇高演讲将会很快堕落为恐怖统治和暴民统治。

1790年10月,每艘船只都载满"富人难民"开始逃离法国。革命者仅允许他们携带随身衣物,并警告他们不要讨价还价。愤怒的农民丝毫不关注律师在巴黎做什么,无论是分割权力,还是建立法治体系或确立个人权利。几个世纪以来,农民和处境相似的巴黎市民一直被当成牲畜对待,这些所谓的"无裤党"终于被激怒了,他们表现得像野兽一样。面黄肌瘦的农民因愤怒而变得狂躁:他们烧毁了先辈们在无法追忆的过去亲手修建起来的城堡。他们将城堡洗劫一空,掠夺金银珠宝,不加区别地杀死主人,不管主人是否曾经友善地对待他们。

巴黎君主立宪制下的国民议会演变成革命政府。虽然它不断呈现出新的形式,但归根结底还是依靠暴力。路易十六虽然仍是名义上的国王,但到了1792年,王后和他的两个儿子都成了阶下囚,他们的朋友也惶惶不可终日。正如一位评论者所叙述的那样:很快"我们将有理由担心,革命会变得像萨图恩*一样依次吞噬掉他的每一个孩子"。

---

* 萨图恩(Saturn):罗马农神,和妻子瑞亚生了许多子女,但每个孩子刚一出生就被萨图恩吞掉了。——译者注

随着革命之火继续蔓延，人们不切实际地试图将几个世纪以来的一切错位一并纠正。他们摧毁教堂，抛弃上帝，用更具逻辑性的至上崇拜代替上帝的位置。他们还用一种更形象的方式来命名月份。但是，任何一届国民议会的领导者都不长久。当权几个月之后，他们总会因不明确的"反人民"罪而被逮捕。名为"雅各宾派"的激进政治团体掌握了巴黎的实权。该团体包括大多数当时最进步的革命派思想家，如丹东、马拉和罗伯斯庇尔。他们对人民的意志有一套自己的解释，用自己的逻辑精心构思出一个旨在摧毁人类所有传统的"美德共和国"。打着大革命"自由、平等、博爱"的旗号，他们很快成了独裁者。

在同时代的所有英国人中，白金汉宫辉格党顾问埃德蒙·伯克的反应最为消极，也是最精准的。他曾是自由主义的支持者，却在一夜之间变成了保守主义者。攻占巴士底狱事件过去一年后，他撰写了名作《法国革命论》(*Reflections on the Revolution in France*)，先知般地预见了即将发生的混乱。他写道："一些流行的公共意志代替无政府主义建立了军事独裁。"震惊之余，伯克坚信人类不可能抹杀过去：人类的组织机构需要经历缓慢的发展过程。伯克提出的观点十分强硬，而且他开始公开在下议院中驳斥福克斯的观点，令他的这位老朋友极度苦恼。

法国革命者对待王室成员的方式使得欧洲陷入战争。王后玛丽·安托瓦内特（Marie Antoinette）是哈布斯堡君主的姑母，法国国王和王后变成阶下囚的消息传到国外，奥地利和普鲁士军队在不伦瑞克将军的率领下穿越边界，准备前去解救他们。但是，暴民以"九月屠杀"回应了革命面对的威胁，他们不理智地屠杀囚犯。巴黎人冲入监狱，将囚犯们就地杀死；3天内，巴黎人民一共杀死了6000名保王党囚犯。暴民将普通罪犯的头颅和王室成员朋友的头颅串在同一根长矛上，拿到大街上游行。在1792年的整个秋季，警报声彻夜鸣响，号召这座城市和市民武装起来。"挂在灯上"的呼喊声意味着将囚犯吊在路灯柱上勒死。一旦呼声响起，巴黎人便会照做。

之后发生的事情令整个欧洲战栗不已，革命委员会召集每个法国公民加入民众武装，这支革命军队成功击败了普鲁士军队。这则消息产生了类似英军在萨拉托加战败的效果。人们不敢想象，从未经过训练、从未上过战场、毫无经验的新兵——尽管他们的人数多达5万，尽管他们身强力壮，燃烧着保卫祖国的雄心——居然能够在瓦尔密战役（Battle of Valmy）中打败著名的普鲁士军队。但是，民众武装确实将普鲁士军队驱逐出了法国边境。

作为对外国入侵的回应，革命军宣布法国放弃君主立宪政体。革命者宣布成立共和国，取代了君主立宪制国家。接着，10月，米拉波和罗伯斯庇尔发誓要进行下去的革命越过国境燃烧到了国外。民众武装参与了一场又一场战斗，气势汹汹地征战欧洲大陆。他们先是占领了若干德意志城镇，然后在瑞士巴塞尔宣布成立另一个共和国。最后，法国军队在热马普战役中羞辱了奥地利军队，占领了布鲁塞尔（Brussels）和安特卫普。如果说衣衫褴褛、宁愿为国战死沙场的民众已经足以令人惧惮的话——1个爱国者倒下了，在他的身后会站起20个爱国者——那么更令欧洲其他国家政府感到恐慌的是1792年11月颁布的一道政令。该政令宣布法国军队将帮助所有想要恢复自由的人民。31岁的罗兰夫人——国民议会一位代表的夫人，以莫须有的罪名被处决。她的遭遇，连同她在断头台上喊出的话语"哦，自由！多少罪恶是以它的名义犯下的！"让同时代的人产生了困惑。

仅仅在一年前，皮特因对新成立的君主立宪制法国持积极态度，而削减了在军备上的税收和开支。他仍然相信，欧洲从未有更多原因期待和平的到来。但现在，接二连三的事件让他也措手不及。1793年1月，法国国王接受了革命委员会仓促的审判，审判完全没有按照恰当的司法程序进行。法国国王路易十六被18世纪最完美的发明——符合逻辑而高效迅速的断头台处决。断头台处决速度之快，令人咋舌。

路易十六被处决的消息引起了英国人的普遍反感。英国政府的反应最为及时。温文尔雅的法国大使肖夫兰（Chauvelin）和优雅的特使塔列朗（Talleyr）主教，也就是未来的亲王，被告知必须在一周之内无条件离开英国。皮特在下议院公开哀悼了法国国王的命运，称这一事件为反宗教、反正义和反人性的暴行。他说，在英国，无论贫富，没有人能够凌驾于法律之上，法律不会放弃保护任何一个贫穷或不重要的人；路易十六的死表明，法国与英国不同，上述两点在法国都不成立。

皮特仍拒绝遵照伯克的敦促直接开战。他觉得，仅仅为了维护道德，基于法国暴民是"上帝和人类的敌人"而开战，不是英国政府分内的职责。不过，他认为这种指控倒是符合实际，他向法国提出了严正警告。他告诉下议院，如果法国希望和英国维持和平状态，就必须宣布放弃侵略，将革命限制在本国境内，"不得侮辱他国政府、扰乱他国安宁，也不得冒犯他国权利。除非法国同意上述条件，如若不然，不管我们多么希望维护和平，最后必将通过战争解决问题"。小皮特与他的父亲查塔姆伯爵不同，虽然他也坚决维护和平，但和平必须是真实而稳固的，且与英国利益和欧洲总体安全一致。

英国越发不可避免地将要进入战争状态。如果放任革命政府继续存在，单是其对外政策就会对全欧洲的君主制国家构成威胁。然而，革命者宣布依据"自然法则"向所有船只开放斯凯尔特河重要河口，英国这才被迫卷入冲突。法国对荷兰的中立状态构成了威胁，根据条约，英国应该出兵保护。皮特别无选择，只能不情愿地放弃他追求了 10 年的和平与进步。

然而，皮特还是慢了一步。在他对下议院发表演讲的同一天，法国国内为争夺权力而战斗的人们率先向英国和荷兰宣战。在接下来的 23 年中，这场战争足以将欧洲拖入深渊，直到滑铁卢战役（Battle of Waterloo）*结束。

法国大革命战争和拿破仑战争（1793—1815）

在接下来的 20 年中，英国几乎无休止地与法国交战，英国国内包容的政治氛围发生了极大变化。最初，皮特宣称，这场战争的目的并不是对抗"武装主张"。法国在斯凯尔特河的船只对英国商业构成了威胁，战争的目的是保护英国的商业利益。然而，不久之后，法国政府宣誓将帮助所有国家的人民反抗本国统治者，至此对抗"武装主张"成了战争显而易见的目的。正如在半个 18 世纪中詹姆士党人与英国全面为敌一样，在 18 世纪最后 10 年和 19 世纪最初 10 年里"雅各宾派"也立志要与英国为敌。

对英国人来说，"革命"这个词在庆祝光荣革命一百周年纪念日后的短短几年中一直包含着令人恐惧的意义。除了在 1806—1807 年废除奴隶制的这段时间里短

---

* 大不列颠联合王国、荷兰联合王国、普鲁士王国于 1815 年 6 月 18 日在比利时布鲁塞尔南部的滑铁卢同法兰西第一帝国进行的一次战役。——编者注

暂地被排斥在内阁之外，托利党在整整两代人的时间里一直是英国执政党；辉格党及其执政理念则被坚定地排斥在政府和时代潮流之外。那时的英国不但政治上保守主义盛行，执政导向更是趋于保守。面对战争及法国大革命支持派对英国政治机构形成的威胁，皮特及大部分政界人士完全丧失了理性的自由信念。所有一切导致这位年轻的首相很难认可前革命盟友法国。

在战争爆发之前，皮特就已经对革命支持者产生了警觉。1792年，激进派人士托马斯·潘恩（Thomas Paine）*撰写了名为《人的权利》（*The Rights of Man*）的小册子，建议在英国成立共和国。这本小册子在当时销售了20万册，但法律禁止进一步发表一切"煽动性文字"。潘恩遭到起诉，不得不逃往法国。诗人威廉·布莱克（William Blake）†曾梦见过潘恩，他的梦显示出了先知般的预见性。多亏了布莱克的警告，潘恩才得以提前一个小时逃走，免遭逮捕。后来，潘恩被选举为法国国民公会成员。战争刚一打响，英国政府便开始实行彻底的镇压统治。法国大革命爆发之后，联络社作为一种获取法国伟大政治实验信息的工具遍布英国全境。皮特关闭了正在迅速发展的联络社，因为在新生怀疑情绪的笼罩下，大多数政治俱乐部都被假定为革命者的巢穴，如果不自动解散，政府就会逮捕其成员，将他们关进监狱。

1794年5月，为了方便权威机构执行公务，政府中止了英国自由基石——《人身保护法》。之后，英国政府希望修订法律条文，以便政府以未指明的罪名进行调查时，可以无限期地拘禁公民。但是，这项措施在下议院仅获得39票，遭到否决。此外，与法国的任何联系都会被视为叛国行为而遭到禁止，违反者可能被处以死刑。如果没有福克斯的大胆直言，这项规定可能根本就不会遭到反对。继福克斯之后，他的侄子霍兰男爵（Lord Holland）、剧作家理查德·布林斯利·谢里丹（Richard Brinsley Sheridan）‡和年轻贵族查尔斯·格雷（Charles Grey）都勇敢地表达了反对意见。许多辉格党人对领导者的避战思维越发感到不安。1794年7月，在波特兰公爵和埃德蒙·伯克的领导下，大部分辉格党人穿过议会一层大

---

* 1737—1809，英裔美国思想家、作家、政治活动家，其著作《人的权利》是启蒙运动的指导作品之一。——编者注

† 1757—1827，英国诗人画家。——编者注

‡ 1751—1816，爱尔兰剧作家、英国辉格党政治家。——编者注

厅，加入了皮特的托利党阵营。

在皮特的努力下，第一次反法同盟于1793年成立，荷兰、西班牙、奥地利、普鲁士、葡萄牙和撒丁王国都加入了同盟。英国作为成员之一，和大革命时期的法国展开了战争。英国被分配执行其最擅长的任务——利用自己的大型舰队对抗法国。当时，英国是唯一一个尚未建立征兵制的欧洲国家——的确，英国每年都必须经过议会同意才能继续保留陆军部队。另外，舰队保证了英国海上强国的地位，并且被成功地用来保护海上通道和占领敌方殖民地。1795年，英国从荷兰殖民者手中夺取了好望角（Cape of Good Hope），保障了英国通往印度的海上之路。印度总督韦尔斯利侯爵（Marquis Wellesley）*，即后来为人们所熟知的威灵顿公爵的长兄，在塞林伽巴丹及时采取行动，阻止了法国代表蒂波煽动当地人引起事端，进而避免了英国在殖民地的统治受到威胁。但是，相较于出兵干预欧洲局势，在殖民地取得的成功起到的作用非常有限。英国以金钱援助法国西部旺代（Vendée）和南部土伦（Toulon）保王党人的计划以失败告终，而在约克公爵的率领下，前往奥属尼德兰（Austrian Netherlands）的军队则耗尽了国家资金。

不过，巨大的贸易顺差确保了英国国库始终殷实。依据老皮特开创的惯例，英国政府可以动用国库资金来支付欧洲大陆的军队开支。瓦特发明的蒸汽机使英国的工业革命发展到了一个不同于欧洲其他国家的高度。因为这一点，英国才能维持当前的局面。英国强大的海军力量意味着其制造业出口和从殖民地进口原材料几乎不受战争影响，而英国制造业则在军用制服、帐篷和加农炮等物资材料需求的刺激下进一步发展。在原本就活跃、实用的工业文化刺激下，劳动力的短缺驱动铁制品制造商和工厂所有者进一步提高了机械化程度，他们每天都在自己的工厂中推动发明创新的应用。

奥地利军队本身由大约30万名高度专业化的士兵构成，英国及其盟友相信，联合如此众多的国家不费吹灰之力便可以打败一群乌合之众，法国军队将很快被打败并撤退到原先的边界线后面。然而，法国大革命战争表明，世界已经发展到了一个新的阶段。战争不再只是一个军事科学的问题，信念也能够成为一种秘密

---

* 第一代韦尔斯利侯爵理查德·韦尔斯利，1760—1842，英国爱尔兰政治家、殖民地行政官。——编者注

武器。法国共和军所到之处，他们"自由、平等、博爱"的口号总能刺激生活在压迫政权之下的人民产生情绪上的回应；共和军被当成了解放者，受到各地人民的欢迎。法国军事领袖虽然没有战争经验，但一点儿也不影响大局。在前律师拉扎尔·卡诺（Lazare Carnot）的领导下，法国共和军被打造成了杰出的新型战争机器。虽然这支军队有自己的弱点，但其庞大的数量快赶上"一个武装起来的国家"，足以弥补自身缺陷，使其能够横扫面前的一切敌人。1794年，法国军队羞辱了奥地利军队，将他们从荷兰的土地上赶走，永远切断了哈布斯堡王朝和荷兰长达300年的联系。

随着局势的发展，第一次反法同盟逐渐破裂。英国的主要盟友奥地利和普鲁士更感兴趣的是和俄国一起瓜分软弱的波兰王国，而不是消除法国对世界秩序构成的威胁。战争持续了两年，普鲁士为了完成对波兰的瓜分（俄国、奥地利和普鲁士曾宣誓要消灭波兰），与法国签署和约，退出了反法同盟；而西班牙仅仅与法军进行了两次紧急交战，就被说服与法国结盟。荷兰变成了法国的傀儡国巴达维亚共和国。但是，皮特仍对奥地利抱有很大希望。当时奥地利的领土还包括意大利，是面积广阔的国家。此外，皮特还得到情报，经过4年的战争，不但法国军队已经筋疲力尽、物资匮乏，而且没有经验的巴黎政府也快要耗尽全部资金。和谈条件可能已经具备。但是，那不是一个传统的时代。1797年10月，来自科西嘉岛（Corsica）的年轻将领拿破仑·波拿巴（Napoleon Bonaparte）*率领法国军队，在意大利展开了一场几乎可以称为奇迹的战斗，奥地利军队被驱逐出意大利。战争局势发生了改变。

英国在1793年战争刚刚打响的时候，就和拿破仑·波拿巴有过接触。这位23岁的年轻将领深谙兵法，率领部下占领土伦，挫败了英国扶持法国南部保王党的计划。拿破仑身材矮小、体形消瘦、面色蜡黄。他本来只是一名衣着破旧的火炮官，被战友亲切地唤作"小下士"。他在印度战役之后获得了世界的信任，被誉为历史上最伟大的将军。人们开始将他同恺撒大帝和亚历山大大帝相提并论；当然，他们都怀着同一个征服世界的梦想。在意大利作战时，他利用迅捷的行动和突袭战略将奥地利的防守打得支离破碎，赢得了一系列胜利，继而踏平了整个亚

---

* 1769—1821，法国军事家、政治家，法兰西第一帝国皇帝。——编者注

平宁半岛。在阿尔科拉战役中，拿破仑转身催促部下前进的瞬间——长发在风中飘逸的样子铸就了这位年轻人的经典形象。

意大利战役结束之后，拿破仑已经培养了一批愿意为他赴汤蹈火的部下，因为显然这位军事领袖可以带领他的部下走向胜利。拿破仑的强劲对手威灵顿公爵在回忆录中写道，他一直认为，拿破仑现身战场便相当于4万兵力。军事史也支持了这种说法。拿破仑在一切客观因素都背向他的情况下取得胜利的原因在于，他的人格魅力能够激发部下以前所未有的力量前进和战斗。

两年前一直与皮特谈判的巴黎主和派被抛在了一边，以拿破仑为首的主战派获得了支持。拿破仑丝毫没有让胜利止步于意大利的意思。截至1797年10月，意大利已经出现了一系列由拿破仑建立的共和国。奥地利方面认为，法国的大军对维也纳构成了威胁，他们很可能继续占领威内托（Veneto）。因此，奥地利也与法国签订了和平条约。意大利锯齿状的海岸线曾为英国海军提供了优良港口，而现在意大利的水域停满了法国和西班牙船只，一切都变得无法触及。法国军队驻扎在莱茵河左岸和阿尔卑斯山脉（Alps）地区，法国政府宣称，莱茵河和阿尔卑斯山脉是法国的"天然屏障"。

拿破仑势不可当的胜利激发贝多芬谱写出《英雄交响曲》(*Eroica Symphony*)，但对皮特和英国来说，这几年其实相当难熬。法国陆军看上去不可战胜，不仅如此，西班牙退出反法同盟之后，英国需要独自面对三国舰队构成的严重威胁。西班牙、法国和荷兰的联合海军有能力夺取英吉利海峡的控制权，进而入侵爱尔兰和英国本土。1796年，法国海军在威尔士北部的菲什加德（Fishguard）登陆，企图借道爱尔兰入侵英格兰，但计划失败。只有圣诞节期间的恶劣天气才能阻止法国军队与班特里湾的爱尔兰独立运动力量会合。但是，爱尔兰本身固有的反英情绪使那里一直是法国先遣队入侵英国的最佳登陆地点。爱尔兰人联合会领导西奥博尔德·沃尔夫·托恩（Theobald Wolfe Tone）一直在等候时机到来，企图依靠法国军队推翻英国的统治。爱尔兰人联合会中包括天主教徒和新教徒，其领导的共和派改革运动在不断发展壮大。

1797年2月，在圣文森特角战役中，海军少将霍雷肖·纳尔逊（Horatio Nelson）的英勇表现阻止了西班牙舰队夺取英吉利海峡的控制权。尽管如此，在接下来的几年中，英国在大多数时候都一直受到三国舰队的威胁。而英国舰队中为了抗议恶劣条件而爆发的一连串兵变使其在困局中越陷越深，英吉利海峡几乎处于无人防守的状态。在兵变顶峰，英国依靠邓肯上将（Admiral Duncan）的机敏才思才免于被荷兰入侵。邓肯上将亲自出海监视荷兰舰队在泰瑟尔岛的行动，发现敌军除了2艘小型护卫舰之外，没有其他任何军舰。他遂派遣护卫舰航行到荷兰舰队能够从河口观察到的地方，在接下来的几周内，英国护卫舰装作向荷兰舰队视线之外的其实并不存在的军舰发送信号，诱使荷兰放弃了入侵计划。接着，在10月，邓肯在坎珀当战役中摧毁了荷兰舰队。

同时，一种与以往不同的危险正在逼近英国。对于极为高昂的战争代价，没有人表示赞赏。虽然英国的对外贸易一直处于顺差，但由于战争的巨额开支及支付给盟军的黄金，英国国库一直非常空虚。英格兰银行处在中止兑现的边缘。粮食歉收引发了严重的社会动荡，爆发公民动乱的危险正在逼近。幸运的是，皮特说服了国王将自身权威让步于议会法案，允许英格兰银行发行纸币，作为法定货币代替黄金在全国流通。英国继续用黄金支付军费，但截至1819年，其他领域均已经开始使用银行发行的纸币。这项举措反过来也给英国带来了麻烦：工资的增涨远远落后于物价飙升的速度。许多劳动者在贫困线上挣扎，英国各地方的权威机构纷纷效仿1795年伯克郡首先实施的斯皮纳姆兰救助系统（Speenhamland System），开始不按照常规比例支付劳动者工资。结果，农民接受不了他们的劳动报酬，因为在过去的20年中，他们的工资没有丝毫增长。

到了1798年，皮特为了维持战争支出，被迫引入累进制所得税模式。这种税收方式基于一项简单的原则：以更高比例向富人征税为战争筹措资金。事实证明，这项政策极不受有钱人欢迎，尤其在战争看上去毫无结束迹象的时候。皮特表示愿意向法国归还被英国占领的西印度群岛殖民地，同时准备向法国提供40万英镑的贿赂，企图诱使法国政府走上谈判桌，但他的建议遭到了拒绝。拿破仑洗劫意大利之后，法国并不需要更多的钱：意大利的所有财富，无论是黄金还是古代大师的作品，都被装上火车运往法国。法国也没有离开荷兰的打算，而这是英国进行和谈的前提。在拿破仑的鼓励下，法国政府正愉快地盘算着采取进一步行动——入侵埃及和叙利亚，或土耳其和印度，在东方建立一个崭新的帝国。

但是，就在1798年，法国大革命战争的局势开始朝着有利于英国的方向发展。纳尔逊坚定地认为，皮特耗费如此巨大的精力组建而成的欧洲大陆同盟并没有什么作用。他认为，英国只有动用海上力量才能将欧洲从法国的统治下解救出来。情况确实如他所言。得知拿破仑带领一支小型舰队成功越过土伦，占领了东地中海地区最优良的港口之一马耳他（Malta）后，他凭直觉断定，这个科西嘉人一定会向埃及或印度继续前进。事实证明，他的判断是正确的。拿破仑的动向一直是被小心保守的军事机密，甚至连法国舰队的舰长本人也不知道。随着气候逐渐变得温暖，拿破仑舰队航行到了中东地区；纳尔逊一直冷静地跟在他认定为拿破仑舰队的船只后面。他没有请示指挥官，就径直向东航行。在一场海上风暴中，他的侦察舰损失惨重。因为当时这些称作"海上之眼"的侦察舰为了搜查信息，会在雷达探测区域前的数英里航行。在余下的航程中，长距离侦察舰一直在周围逡巡，因此纳尔逊凭借肉眼几乎看不到前方的船只。

实际上，英国舰队是在6月22日至23日晚间才远眺到法国舰队的踪影。但这足以使纳尔逊确信自己的判断是正确的。但是，纳尔逊由于没有护卫舰，一直没能弄清究竟发生了什么；法国舰队似乎突然消失不见了。纳尔逊徒劳无功地在东地中海地区逡巡之时，法军的作战计划却像发条一样精准地运转着。7月末，拿破仑率领军队向南穿越沙漠，在金字塔战役中打败了埃及统治者马穆鲁克的骑兵，随后占领开罗。最后，纳尔逊无意中发现了一条引领英军找到法国隐藏之处的线索——他们发现法国海军驶离克里特岛（Crete），向东南方向前进。8月1日早晨，纳尔逊再一次返回亚历山大港（Alexandria）*。他发现自己最初凭直觉预测的事情正在真实地发生着。法国舰队停泊在极具战略意义的尼罗河河口阿布基尔海湾（Aboukir Bay）以东5英里的亚历山大港。

天色已晚，但纳尔逊一刻也没有停歇，他立即起航袭击敌军。法军在当天下午2时才第一次远远地望见英国舰队的踪影，因此对纳尔逊的突袭毫无防备。夜间作战的难度众人皆知，所以法军对晚上6点发动突袭的这种非传统做法十分吃惊。从理论上说，在布吕埃海军上将（Admiral Brueys）的领导下，阿布基尔海湾

---

* 埃及第二大城市，地中海海岸的港口。——编者注

的法国舰队状况良好。法军在阿布基尔海湾的海岸上布设了密集的高耸炮台，但事实证明，这些炮台的射程过短。接着，布吕埃犯下了第二个严重错误——他忽视了纳尔逊侦察敌军易受攻击之处的能力。纳尔逊能够看到其他人完全看不到的敌方弱点——布吕埃下令将所有船只停泊在足够远的地方，以便留出足够大的空间供船只掉头。纳尔逊突然意识到，如果敌军有空间掉头，那么英国舰队也同样有空间掉头。于是，他命令技术高超的海员在一旁抛锚。

那个漫长的夜晚被猛烈爆炸和舰艇燃烧的火光照亮，纳尔逊共俘虏和杀死了9000名敌军。他不仅一举捣毁了法国在地中海地区的强大海军，毫不夸张地说，他在尼罗河战役中取得的出人意料的杰出胜利改变了战争的进程。5年以来，法国第一次开始反思自己的作战计划。英国获得了东地中海地区的控制权，而法国陆军尽管拥有最优秀的将领，却仍被困在埃及，一直未能获得阿布基尔海湾的后援军的支援。不过，尼罗河战役首先鼓舞了英国前盟友奥地利。到目前为止，盟军一直在吃败仗。现在，英国前盟友撕毁了与法国的和约，皮特得以组建第二次反法同盟，同盟国包括英国、奥地利、俄国、那不勒斯和土耳其。陆上战争再次打响。而拿破仑在印度开战的计划则变成了一种痴心妄想，他现在被愤怒的土耳其人和埃及人包围，周围充满敌意。纳尔逊简洁地概括了法军的处境："他们自投罗网，找不到出路。"

两个月后，英军在阿布基尔海湾摧毁了法国舰队的消息传到英国；10月2日，整个国家沉浸在巨大的喜悦中。在法军连续5年无往不胜之后，英国人几乎不敢相信他们最终能给敌人致命一击。纳尔逊成了当时的英雄，他的画像像法国的拿破仑一样被刊登在公共印刷品上，或被崇拜他的人绘成漫画英雄。纳尔逊天性活泼，魅力无穷，对祖国忠诚热爱，他在1797—1805年的一系列海上战役中展现出杰出的军事天赋和过人的胆识。这一系列胜利使英国的海上霸权得以维持并持续了长达100年之久。纳尔逊从12岁起就在海军服役，他曾多次负伤——只剩下一只胳膊（另一只被截肢），只有一只眼睛能看见（另一只眼睛只能区分白天和夜晚）。他身材矮小，衣服穿在他身上总显得过于肥大。未来的英国国王威廉四世曾说，"他是我见过的唯一一个男孩船长"，纳尔逊很受部下爱戴。

拿破仑一直拒绝承认在尼罗河战役中战败。他在一场充满豪言壮语的演讲中命令埃及的法国军队必须继续前进，完成伟大的事业。但这一次，拿破仑的损失比他预料的惨烈。土耳其苏丹拒不向法国的入侵屈服，并派出2支军队抗击拿破仑。1799年8月22日，"小下士"觉得时机成熟，可以赶在埃及战役惨败的消息传到国内之前返回巴黎。他果断抛弃了部下，从亚历山大港乘坐一艘小型护卫舰秘密返回巴黎。拿破仑推翻了法国督政府；10月，他成为法国的首席执政官，即实际上的独裁者。一年之后，拉尔夫·阿伯克龙比爵士（Sir Ralph Abercromby）在埃及登陆，在亚历山大港战役中彻底击败了法国军队，至此拿破仑建立东方帝国残存的最后一丝希望也破灭了。

奥地利军队现在已经把法军驱逐出德意志。在杰出将领苏沃洛夫（Suvorov）率领下，俄国迫使法军从意大利半岛原路撤出。法国军队在瑞士和荷兰也遭到了攻击。虽然开局良好，但第二次反法同盟并没有达成原定目标。英国军队在不称职的将军率领下被迫撤出荷兰。1798年年末，爱尔兰叛乱爆发，皮特被迫转移了注意力。在瑞士，法国军队在苏沃洛夫将军到达之前，在苏黎世击败了俄军。

一年前爱尔兰叛乱的失败是由于法国和荷兰军队的缺席。革命思想促使爱尔兰原本就非常强烈的反英情绪再度高涨。爱尔兰人无论如何也不希望被英国国王统治。他们看到法国人民推翻了君主统治，大受鼓舞，也想投入同样的事业。他们把皮特的罗马天主教救济法案当作借口，指责该法案力度不够。1792—1793年，皮特同意做出让步，数量庞大的爱尔兰罗马天主教徒被允许出席陪审团并在选举中投票，即便他们本人不能亲自列席英国议会。但是，沃尔夫·托恩一时脑热，放弃了内部改革的希望，断定革命才是唯一的解决方案。英国海军有效地保卫了英吉利海峡和爱尔兰海，而受法国军方支持的爱尔兰叛乱却演变成了一场内战。在北爱尔兰，以奥兰治亲王威廉命名的极端组织长老会奥兰治同盟与爱尔兰人联合会连同其大批天主教信徒展开了艰苦卓绝的斗争。叛乱虽然得到了韦克斯福德的大力支持，但还是以失败告终。等到法国军队成功抵达爱尔兰西部海岸时，已经来不及支援他们了。

爱尔兰问题亟待解决，尤其是在拿破仑已经逃出埃及，指挥法国军队行动之时。英军驻北美殖民地前将军康沃利斯被派来维持爱尔兰和平，但他和爱尔兰人之间似乎天生无法彼此理解。他告诉皮特，爱尔兰人只能接受不带任何偏见和仇恨的中立政府统治。由威斯敏斯特议会统治爱尔兰是规避爱尔兰内政中难以和解的敌意的唯一办法。

但是，在缺乏主导力量的情况下，皮特如何才能说服都柏林议会通过投票完成自我毁灭？都柏林议会的存在不仅是一种民族荣耀，还代表了一张由错综复杂的各方利益交织而成的网络。皮特自认为提议十分慷慨：爱尔兰将在威斯敏斯特议会中获得100个席位，继而在世界范围内发挥远超其权力和重要性的决策权；英国和爱尔兰之间实行自由贸易。但是，真正使都柏林贪得无厌、毫无爱国之心的选票贩子抛弃都柏林议会和独立地位的，是精心设计的"贿赂大礼"——每票7500英镑。至于如何让他们接受合并，皮特认为，赢得爱尔兰民心并保证他们效忠英王的唯一方法是向天主教徒示好。《联合法案》的签订建立在英国在爱尔兰推行天主教解放运动的基础之上。罗马天主教徒将被吸纳进英国议会，并不再受到歧视。

皮特唯一的疏忽是忘了考虑国王的尴尬处境。乔治三世曾十分庄严地进行了加冕宣誓。他认为，作为一名新教徒君主，如果颁布修正案允许天主教徒获得议会席位，那么便是没有履行好他的神圣职责。尽管很多人向国王谏言，他仍坚持己见，认为天主教解放运动亵渎了他的新教誓言。"别再提你们苏格兰人的形而上学主义了。"皮特的朋友、苏格兰政治家邓达斯（Dundas）试图劝说国王转变观点时，国王这么说道。

1800年的《联合法案》将爱尔兰和英国彻底连接在了一起，至少暂时如此。1801年2月，第一届联合议会召开会议，其中包括100名原爱尔兰议会成员、28名爱尔兰贵族和4名爱尔兰主教。但是，会议的结果极富戏剧性：皮特辞职了。皮特因为没能引入天主教解放运动，自觉有欺骗爱尔兰天主教徒支持的嫌疑，感到无颜继续留在会议中。英国国王简直对任何关于天主教的提案都草木皆兵，所以率先提出辞职是最好的选择。默默无闻的下议院发言人阿丁顿（Addington）接任首相的职位。

整个1800年，第二次反法同盟都处在撤退阶段。俄国及其庞大的军队已经离开了同盟；新沙皇保罗希望充当主要仲裁人，促成英国和法国达成和平条约，借此卖拿破仑一个人情。沙皇保罗利用英国海军在敌对国商品政策上引起的仇恨，创建了一个由前中立国构成的北方武装联盟，其中丹麦海军对英国防御体系构成了真正的威胁。接着，在一场典型的拿破仑式壮举中，拿破仑率领军队直接翻越白雪覆盖的阿尔卑斯山，穿越圣伯纳德大山口（Great St Bernard Pass），直捣奥地利军队后方，并在热那亚包围了敌军。到了12月，奥地利军队被驱赶至多瑙河一线。奥地利方面担心维也纳成为拿破仑的下一个目标，在1801年2月和法国签署了《吕内维尔和约》（Peace of of Lunéville）*，宣布退出同盟。英国不得不再一次独自面对法国，而在缺乏管理能力的首相阿丁顿的领导下，英国更是别无选择。

然而，到了1801年，沙皇试图创建一个北方联盟，这个危险的计划遭到了纳尔逊的阻挠。4月，英国在哥本哈根战役（Battle of Copenhagen）中击沉了丹麦舰队，但英军的死伤数量也十分惊人。鉴于两国海军实力不相上下，海军上将帕克开始向纳尔逊做出指示，命令他"中止行动"。但是，纳尔逊相信，正如事实明确证明的那样，他能够击败丹麦人。他将望远镜放在失明的眼睛前，表示自己看不见上级的信号。他继续作战，直到丹麦人接受了他的停战协定。北方联盟最令人畏惧的武器——丹麦海军，已经成了明日黄花。北方同盟很快因沙皇遇刺而分裂。

所以，截至1802年，英法之间处于势均力敌的状态，两国也通过协商签订了和平条约：英国不得侵犯法国陆地领土，法国也不得侵犯英国海域。同年3月，两国不堪战争重负，签订了《亚眠和约》（Treaty of Amiens），接受了两国之间的现有僵局。英国承认了法兰西共和国，并同意归还除特立尼达和锡兰（Ceylon）之外所有从法国手中掠夺的殖民地。马耳他将被归还给圣约翰骑士团，置于沙皇的保护之下。

但是，《亚眠和约》并不等同于休战，拿破仑利用条约的契机重新整合力量。他非法吞并了皮埃蒙特（Piedmont）和厄尔巴岛（Elba），派军队前往瑞典，并继续占领着荷兰。作为回应，英国拒绝将马耳他交还俄国，由俄国实行摄政统治。敌对情绪仍然存在，但冲突的本质却发生了变化。从1803年持续到1815年的战争被称为"拿破仑战争"。不仅如此，战争的精神也与之前不同了。

法国大革命军队入侵其他君主专制国家是出于自我保护，阻止敌人破坏革命

---

* 法国与神圣罗马帝国于第二次反法同盟战争后，签订的停战条约。——编者注

果实，防止王室家族复辟。但是，即使拿破仑仍然宣称战争是为了将人民从中世纪的法律中解放出来，赋予人民自由，拿破仑战争本质上也属于旧式侵略战争。拿破仑坚定地结束了法国大革命。他并不满足于一辈子充当第一执政官这样的军事独裁者；1804年，他在罗马教皇的见证下加冕称帝，半年之后又自立为意大利国王。

英国是法国新统治者面临的最大实质性威胁。英国就像抵抗法国革命军一样坚决抵制拿破仑帝国的扩张。英国鄙夷地将波拿巴或曰"波尼"当成一直以来与之抗争的暴政和专制的象征。在此后的战争中，英国不仅是拿破仑的主要对手，还常常是他的唯一对手。反观拿破仑，他也专注于诋毁英国。在和平时期，拿破仑的领事曾经参与了一系列冒犯性的间谍活动。领事在乡间散步，真实目的却是侦察良好的登陆地点。

但是，矛盾正在升级。波拿巴抛弃了共和政体，和教皇签订了宗教协定。此时，法国大革命最初对激进思想家的吸引力已经完全消失。即便福克斯等人仍然被法国大革命的宏大理念所吸引，但从1803年6月起，所有论据都不攻自破。这是因为拿破仑集结了一支15万人的庞大军队，准备入侵英国。在他煽动爱尔兰和印度发动叛乱的同时［印度乱党被杰出的年轻将领阿瑟·韦尔斯利（Arthur Wellesley）*勋爵即后来的威灵顿公爵剿灭］，法国东北部海岸的布伦军营已经集结了9万名法国士兵和众多平底船，入侵英国的行动随时都可能开始。拿破仑皇帝正在等待潮水和风力足以将军队送过英吉利海峡，攻克拒不服从的岛国居民的时机，甚至还让人打造了一枚勋章，上面印刻着"1804年袭击英国"。

当法国组建军队、组织士兵训练登陆技术的消息传到英国时，英国人民警觉起来。本土遭到入侵的威胁近在咫尺，因为即便在19世纪早期，渡过英吉利海峡也只需要几个小时。在这个危急关头，英国人民渴望皮特安稳的双手再次挽回局势。政治家乔治·坎宁（George Canning）在一首打油诗中把皮特比喻为"经历暴风雨考验的领航员"。此时刚刚上任的阿丁顿完全是一个平庸之辈，他不仅对国家事务一窍不通，甚至开始削减海军支出以节约资金。坎宁的另一首韵律诗这

---

* 第一代威灵顿公爵，1769—1852，英国军事家、政治家，在滑铁卢战役中击败拿破仑。——编者注

样写道：

> 皮特之于阿丁顿，
>
> 正如伦敦之于帕丁顿。

截至1804年5月，甚至连乔治三世也无法让阿丁顿继续掌权。为了不惹怒国王，皮特保证不再推行天主教解放运动，之后他才得以重新出任首相。对付拿破仑战争新计划的重任再一次落到了皮特肩上，他希望通过某种方式游说各方力量进行再次联合。皮特与阿丁顿不同，在和平时期他就不相信拿破仑所谓的友好声明。他认为战争将很快爆发，所以一门心思将精力投入南部海岸线志愿军的训练中。志愿军满怀热情，可以为英国军队提供30万兵力。在他的监督下，英国还修建了巨大的圆形无窗炮塔，作为沿海地区的防御工事。至今，我们仍可以看到这些炮塔矗立在那里。法国大军在沿海地区等待了整整一年，一直找不到恰当时机渡过海峡。拿破仑意识到，再这么等下去，可能要等到世界末日。英国舰队在英吉利海峡设置了牢不可破的防御工事，只有无比强大的军队才可能渡过海峡。于是，拿破仑迫使西班牙国王卡洛斯四世扩充舰队，与法国联合，企图一举攻破英国。英国情报部门向皮特报告了这个消息，1804年12月，英国向西班牙宣战。

尽管敌军数量远在己方之上，但英国自身还是具备独特的优势条件。法国海军力量还未恢复到大革命前的水平；法军最大的劣势在于缺乏专业岗位的技术人员。这也就意味着，在法国旧制度下，纳尔逊可能面临无法撤离的风险，因为他的特点之一便是不会按照一成不变的规章制度应对局势。但是，他同时拥有极为优秀的船长。直到19世纪晚期，英国陆军的军衔还可以通过购买获得。与陆军不同，英国国王的船只被认为十分宝贵，因而不能交给新手掌管。在皇家海军舰队中，士兵必须进行长时间的学习，才能达到可以实际掌舵的标准。只有经过严格训练的优秀水手才能担任海军司令官。任何人都必须从海军少尉的候补军官开始做起，就像纳尔逊12岁起在战船上工作一样，一路奋斗才晋升到高级职位。

拿破仑的作战计划依赖于法国海军和西班牙舰队的联合。但是，在1805年的前半年中，法国舰队在地中海军事港口土伦和大西洋港口布列斯特一直受到英军的近距离封锁，以至于无法出航。但到了夏季，法国舰队的运气开始有了一些好转。海军上将维尔纳夫（Admiral Villeneuve）和地中海舰队在一场暴风雨中趁机从被纳尔逊封锁的土伦港溜了出去，前往加的斯湾与西班牙舰队会合。联合舰队已经完成了第一步行动。法国和西班牙海军出于安全考虑，迅速向西印度群岛航行，纳尔逊在其后火速追击。但是，令纳尔逊失望的是，维尔纳夫刚一获知舰队到达美洲水域，便立即掉头返回欧洲，希望解救困在布列斯特的法国海军。

7月22日，法国和西班牙联合舰队抵达西班牙西北角的菲尼斯特雷。罗伯特·考尔德爵士（Sir Robert Calder）的监察队负责守卫这片水域，他派侦察船在费罗尔（Ferrol）港口附近逡巡。考尔德的侦察队中只有15艘船，而法国和西班牙联合舰队却拥有25艘船。尽管如此，他明白敌军舰队的到来预示着什么，于是勇敢地迎击了联合舰队，俘获了2艘敌船。但是，总体结果比这还要好。维尔纳夫因为过于忌惮英国海军的实力，指挥西班牙舰队驶离费罗尔港口，向南航行至安全的加的斯。这破坏了拿破仑的计划。如果联合舰队坚持向北航行，他们有可能夺取海峡控制权，接着将大批法国士兵安然地运送到海峡对岸。但是，他们并没有这么做，英国暂时安全了。

与此同时，皮特成功组建了新的反拿破仑同盟，即第三次反法同盟，其中包括奥地利、俄国和瑞典。比起英国，他们更加厌恶"小下士"的行径。维尔纳夫战败之后，拿破仑立即决定就此止损。他急忙将海峡港口的舰队派往德意志南部，计划在奥地利做好准备之前向其开战。拿破仑控制英吉利海峡的计划虽然落空，但仍可能死灰复燃。1805年夏末，皮特认为，摧毁在加的斯潜伏的联合舰队仍是当前的首要任务。局势十分危急，急需解决方案。哥本哈根战役结束之后，海军上将圣文森特（St Vincent）写道："所有人都同意将这项任务交给纳尔逊。"皮特在唐宁街召见了纳尔逊，并把这项重任托付给他。

英国和自由世界的命运就掌握在这个勇气可嘉的人手中。1805年，拿破仑军队在陆地上是不可能被击败的；若不摧毁威胁巨大的联合舰队，他在海上也可能成为不可战胜的神话，那么，英国早晚都会遭到入侵。现在是英国在拿破仑手下生存的最后机会。9月14日，纳尔逊在朴次茅斯登上"胜利"号（Victory）起航，英国人民跪在岸上祈祷。

尽管纳尔逊在月底便到达了加的斯（Cadiz）港口，但他花了 3 周时间才将海军上将维尔纳夫从港口引诱出来，在特拉法尔加角外海开战。10 月 21 日，纳尔逊前往"胜利"号船尾甲板，他为了鼓舞军队士气，走访了每一处甲板。他在 1804 年晋升为分遣舰队海军中将时便穿着这身白色制服。在他的朋友旗舰舰长托马斯·哈代（Thomas Hardy）眼中，这身打扮让他看起来十分帅气。不过，纳尔逊考虑的是如何让部下清楚地识别出自己。他放眼漆黑的大海，只见许多白色的风帆鼓动着翅翼，他说道："我会用一个信号逗笑舰队。"同时，他要求"受英国托付（意为'信赖'）的每个人都要履行自己的职责"，以使计划奏效。后来，他用"期待"一词代替了"托付"。接着，战争打响了。

纳尔逊拥有 27 艘战舰，维尔纳夫拥有 33 艘。纳尔逊计划使用其中最大的 3 艘军舰"胜利"号、"海王星"号（Neptune）和"敬畏"号（Temeraire），"像一柄标枪刺破敌人的战线"。该战术是纳尔逊的伟大发明。他和海军中将科林伍德（Collingwood）分别率领拥有 14 艘和 13 艘战舰的舰队，中间相距 1 英里。他们以一定角度逼近敌军的两列舰队，将敌军分割为 3 个部分，最大限度地制造混乱。他们为实施这一作战计划付出了相当惨重的代价。

战斗打响后的 2 个小时，一名潜伏在"敬畏"号帆具中的法国狙击手从 40 英尺外的地方朝纳尔逊开枪。纳尔逊受到了致命一击，他倒在甲板上，鲜血染红了白色的制服。他大喊一声："他们得手了，哈代！我的脊椎被射穿了！"哈代背起那个时代最伟大的海员——也许放在任何一个时代，他都是最伟大的海员——将他送到医疗室。为了不让部下看到自己痛苦的表情，纳尔逊用一块手帕遮住面部。这位垂死的海军上将在一片战火和硝烟中躺了 4 个小时。下午 4 点，战术开始奏效，英军获得了胜利。33 艘敌军战舰中只有 11 艘返回了加的斯。据航行日志记载，胜利的消息报告给纳尔逊将军之后，"他终于因受伤死去"。哭泣的哈代将他瘦小的身体抱在双臂之间，纳尔逊的最后遗言是"亲吻我吧，哈代。我现在满意了。感谢上帝，我完成了自己的职责"。

1805 年 11 月 6 日凌晨 1 点，海事法庭收到了特拉法尔加海战（Battle of Trafalgar）的消息；凌晨 2 点，皮特也知道了消息。这位一贯克制的男人非常激动，总是一沾枕头就睡着的他居然再也睡不着了。英国人民听到纳尔逊战死的消息都恸哭不已，甚至连泰晤士河畔喜欢以鸣枪和祝酒庆祝胜利的大众都静静地为他默哀。

英国从未如此急切地渴望胜利，尤其是渴望获得海上控制权。仅仅在3天前，拿破仑还带领法国大军的19万部下，以比人们设想的还要快的速度迫使奥地利军队在乌尔姆（Ulm）*投降。而3天之后，特拉法尔加海战的消息一扫英国的阴霾。皮特参加了莱斯特市政厅的年度庆典。在取得对抗拿破仑的伟大胜利之后，他赢得了英国人民的爱戴。欢呼的人群甚至将马匹从他的马车上解开，拉着他走到了宴会地点。在晚宴即将结束的时候，伦敦市长举杯祝愿"欧洲救世主"身体健康。皮特以简短的演讲作为回答，而这场演讲成了被引用次数最多的演讲："非常感谢你们给我的荣耀，但欧洲不是由任何一个人拯救的。我相信，英国以行动、意志树立了自救的榜样。"未来的威灵顿公爵阿瑟·韦尔斯利在印度抗击强大的马拉地族人首领的战斗中表现出色，他也参加了这次庆典。对于皮特的演讲，他这样评价："他只讲了不到2分钟，但不能更完美了。"

尽管那晚皮特显得状态良好，但其实他因过度劳累，在欧洲大陆令人沮丧的消息的不断打击下，健康状况已经急剧恶化。之后不到1个月，12月2日，在奥斯特里茨（Austerlitz）的大雪中，拿破仑大败奥地利和俄国军队。战后双方签订了《普莱斯堡和约》（Peace of Pressburg），意大利和德意志大部分地区的控制权重新回到法国人手中。至此，哈布斯堡王朝的许多世袭土地被重新分割成了更小的德意志公国；1806年8月6日，最后一位神圣罗马帝国皇帝弗兰茨（Francis）†退位，神圣罗马帝国已经名存实亡。在拿破仑本人的亲自领导下，新的德意志邦国被组建成了莱茵邦联（Confederation of the Rhine）。拿破仑不仅本人正式加冕为意大利国王，还把所有兄弟都封为国王：波旁王朝被支持约瑟夫·波拿巴的那不勒斯驱逐，路易登上了荷兰王位，热罗姆成为威斯特伐利亚国王（King of Westphalia），而热罗姆心中惦记的是乔治三世世袭的汉诺威王室土地。

除了英国，从西班牙南部到俄国边界的整个欧洲都处在拿破仑的控制下。一

---

* 德国巴登-符腾堡州的一座城市，位于多瑙河畔。——编者注

† 弗兰茨二世，1768—1835，在拿破仑倒台后，主持召开了维也纳会议。——编者注

年之内，普鲁士和俄国彻底战败。皮特曾递给他的外甥女赫斯特·斯坦诺普女士（Lady Hester Stanhope）一张欧洲地图，然后阴郁地告诉她把地图卷起来，因为在接下来的 10 年中，他们都不需要这张地图了。皮特本人已经活不到需要再看这张地图的时候。他的医生把他送到了临水的巴斯，那时的医生认为，到邻近水域的地方疗养可以医治一切疾病，但这对积劳成疾的皮特并没有效果。皮特没有就此休息，而是热切地展开了联盟计划——普鲁士会出手相助吗？但是，计划没有成功。他下达了可怕的命令——从欧洲北部撤军。接着，垂死的皮特陷入了狂乱的幻觉之中。他向臆想出来的在下议院辩论的人群高呼"听啊！听啊！"他还不断召回情报人员，询问当时的风向。因为，他认为，如果风从东面吹来，消息就会传播地更快一些。1806 年 1 月 23 日，皮特在即将离世之际极度痛苦地叫喊道："噢，我的祖国！我怎能离开我的祖国！"在一旁守着的外甥女永远无法忘记这一幕。皮特去世时年仅 46 岁。

  英国失去了皮特，人们觉得好似太阳从空中坠落了一般。皮特执掌英国政府长达 20 年，无论是作为具有独特美德的年轻政治家，还是最近采取行动将英国从革命危机和法国入侵中拯救出来的人，他在大多数时候都被英国人视为一位鼓舞人心的人物。沃尔特·司各特爵士在皮特去世之后，将他称为"孤独之塔上的守夜人"；正如他所说，对于数百万英国人来说，皮特是拿破仑和他们之间的唯一阻隔。他会身着严谨的黑色大衣，每个早晨来到唐宁街的工作岗位，有条不紊地研究如何对抗拿破仑，分析拿破仑和欧洲不同国家最近的交战情况。他把一生贡献给了国家，充满了爱国主义热情，连生命中的最后几个小时都是在下议院中度过的。但是，病弱的躯体无法支持他的精神。也许就像那个时代的人们所说，奥斯特里茨（Austerlitz）的消息给他造成了致命一击，他再也无法恢复过来。同年，福克斯也随后离世。他听到皮特去世的消息时，脸色煞白，叹息道："世界上少了一些什么。"

  与此同时，正如皮特所预见的那样，欧洲地图正继续被拿破仑改写。1806 年 10 月 14 日，拿破仑在一场胜利中摧毁了普鲁士训练有素的军队；之后拿破仑的军队继续前进，攻占了柏林。现在，在第三次反法同盟中，幸存的仅有英国和俄国。到了 1807 年，反法同盟中只剩下了英国。俄国军队在弗里德兰战役（Battle of Friedland）中在自己的边界线上被拿破仑打败，至此，俄国决定向法国投降。1807年，《提尔西特和约》（Treaty of Tilsit）在涅曼河上的一个木筏上签订，俄国沙皇同意了拿破仑的计划，将欧洲划分为东西势力控制的两个区域。俄国只需要承认包括法国控制的华沙大公国（Grand Duchy of Warsaw）*在内的地区属于拿破仑，即可获得对芬兰、瑞典和土耳其的控制权。俄国还同意加入大陆体系，那是拿破仑构建的全面封锁英国所有货物流通渠道，进而迫使英国投降的体系。

在这项政策下，英国被禁止向任何一个拿破仑卫星国的港口出口商品，而在当时状况下，这意味着英国无法向欧洲大陆任何港口出口商品。英国的所有船只，无论何种类型，都会被逮捕；其他任何使用英国港口的船只也会受到同样的待遇。由于皮特没有任何现成的托利党继任者，辉格党人格伦维尔爵士（Lord Grenville）接任了首相职位。他对拿破仑进行了大胆的反击，发布了枢密令，不承认拿破仑各同盟拥有海上自由权。因为纳尔逊在特拉法尔加海战中取得的胜利，现在处于封锁状态的实际上是法国。为了避免丹麦舰队迫于压力与己为敌，英国直接将其打败。尽管如此，令人绝望的日子还是到来了。如果欧洲大陆不能很快向英国提供援助，并向拿破仑发起回击，不列颠群岛可能很快会被拿破仑的军队围困，在之后的时间里沦为拿破仑的卫星国。

对于英国来说，无论如何这都不是一个光荣的时代。1807年，查尔斯·詹姆斯·福克斯在临终之际促使一项法案通过，英国成了第一个宣布奴隶贸易非法的欧洲国家。但英国人却在早期工厂中经历着另一种不同形式的奴隶制。残酷的战争和对革命的恐惧意味着英国没有时间，也没有意愿进行社会改革。在辉格党政府上台后的一年里，乔治三世发现，他们正试图赋予英国天主教官员及爱尔兰同僚平等的权利。从此之后，英国国王只愿意接受托利党人组建的政府。皮特去世之后，改革派，又称"超翼派"，取得了主导地位。弗朗西斯·伯德特爵士（Sir Francis Burdett）、塞缪尔·罗米利爵士（Sir Samuel Romilly）、塞缪尔·惠特布雷德（Samuel Whitbread）和亨利·布鲁厄姆（Henry Brougham）等人组成了所谓的激进分子，他们是议会中唯一呼吁人们将注意力集中在降低法律的野蛮程度，向

---

* 拿破仑在1807年建立的法兰西第一帝国的姐妹国。——编者注

穷人提供更好的待遇，缩短议会代表任期，增强议员代表性等方面的力量。他们追随福克斯和他的侄子霍兰男爵的脚步，成了新一代勇敢但不受欢迎的政治家。与前人的不同之处在于，他们与辉格党贵族家族没有任何关系。激进分子运动支持者分布在较大的城镇和知识分子之中，在获得合法地位之前，他们的身份一直是联络社成员。

但是，托利党政府在另一方面的政策非常成功。1808年，他们决定向伊比利亚半岛（Iberian Peninsula）派遣一支小型军队，支持抵抗法国的力量，此时历史的潮流已经开始背离拿破仑，最终导致他的覆灭。从理论上看，入侵伊比利亚半岛毫无疑问只是小规模战争，但它最终演变成摧毁整个拿破仑帝国的"恶性肿瘤"，拿破仑将其称为"西班牙溃疡"。在1808年之前，拿破仑都满足于放任这个南部邻国充当自己怯懦的盟友。但是，固执的葡萄牙人拒绝加入反对英国的大陆体系，因为他们与英国有着历史悠久的贸易互惠传统。尽管西班牙国王卡洛斯四世帮助拿破仑占领了葡萄牙，但英国人用战舰帮助葡萄牙政府撤离。拿破仑皇帝很快认识到，可以用自己的兄长约瑟夫·波拿巴（Joseph Bonaparte）*利索地取代战时西班牙的波旁王朝。约瑟夫目前是那不勒斯国王。拿破仑这样做简直是作茧自缚。西班牙人对本国历史非常自豪，他们尤其鄙视北边的法国人，根本不会允许法国人成为他们的国王。像其他欧洲国家一样，西班牙人也在与拿破仑的激战中被打败。但是，与被拿破仑碾轧的欧洲其他国家的人民不同，西班牙人拒不接受法国的统治。

一系列自发性起义席卷了伊比利亚半岛。虽然西班牙被朱诺将军（General Junot）领导的法国军队占领，但这个满是裸露岩石的国家决不会屈服。西班牙游击队隐藏在各个山头，对拿破仑构成威胁。西班牙的新国王约瑟夫·波拿巴被迫屈辱地放弃了西班牙首都马德里，和法国军队一起撤退到巴约讷，而另一边便是西班牙的边境线。与此同时，隐藏在西班牙北部阿斯图里亚斯山区的自立临时政府向伦敦发出信号，请求支援。战局从这个小小的据点开始扭转，最终促成了滑铁卢战役的胜利。然而，在1808年，这个令人愉快的结局是难以预料的。

---

* 1768—1844，法国皇帝拿破仑一世的哥哥，被封为那不勒斯国王和西班牙国王。——编者注

指挥伊比利亚半岛远征行动的是阿瑟·韦尔斯利侯爵，他刚刚在印度取得军事胜利，现任英国陆军中将。皮特这样评价他："他在接受任何任务之前都会表示困难巨大，但接受了任务之后便再也不会有任何抱怨。"现在，韦尔斯利侯爵带着一只小型部队在西班牙登陆，开始了伊比利亚半岛战争。他在维梅鲁（Vimeiro）打败了朱诺将军，赢得了荣誉；当时朱诺将军手下的士兵人数是他的3倍。但是，战斗结束之后，立即抵达西班牙指挥作战的两位更资深的英国将领却能力平平、目光短浅，给朱诺创造了东山再起的机会。因此，尽管韦尔斯利侯爵取得了胜利，双方还是签署了停战协议，也就是臭名昭著的《辛特拉协定》（Convention of Cintra）。这使得法国不仅清空了葡萄牙的全部军队和武器，还掳走了从葡萄牙教堂中洗劫而来的全部黄金，上述财物被悉数运往法国。英国海军为此付出了巨大代价。法国从葡萄牙撤出的全部军队在不远的未来可以被用来对付他们。

这种愚蠢的安排在英国国内引发了丑闻，韦尔斯利侯爵是唯一一个维持名誉、全身而退的人。不过，从另一个角度来看，《辛特拉协定》至少让葡萄牙免遭法国军队的占领，因此成为英国在西班牙对抗拿破仑的一个良好起点。在那里，1808年年末，拿破仑皇帝亲自乘着闪耀的柏林大马车到达西班牙，带着他的纯金晚宴餐具。然而，落后的西班牙农民对欧洲之主的挑衅令他十分恼火。到了12月4日，他打败了西班牙军队，法兰西的三色旗再一次飘扬在马德里上空。

韦尔斯利仍然在伦敦为辛特拉溃退的调查提供证据。此时，英国军队在葡萄牙的新指挥官是和蔼可亲、备受欢迎的约翰·摩尔（John Moore）将军。他一到达西班牙并加入驻在那里的军队，就听到了英军战败的消息。当时，他正在萨拉曼卡，十分靠近拿破仑军队，但他没有足够的士兵可以与之一战，情况十分危急。他勇敢地决定破坏拿破仑与法国的通信，以此迫使拿破仑向北移动。这样，拿破仑远离了西班牙军队，西班牙军队得以撤回到南部积蓄力量。

摩尔的战略奏效了。拿破仑向北方的布尔戈斯（Burgos）前进，使得西班牙军队能够在南部重组。但是，面对拿破仑士兵的追击，摩尔必须在西班牙严酷的冬季里在阿斯图里亚斯山荒凉的山头赢得一场快速撤退战。他带领部下成功撤退到了西班牙西北角的科伦纳，英国政府曾经承诺，运输船会在那里等待他们，将他和部下运送回英国。但是，令他们沮丧的是，在修建着防御工事的城镇中，除了阴沉的灰色波浪之外，什么也没有。而拿破仑最具天赋的大将之一——苏尔特元帅（Marshal Soult）紧跟在他们后面。那时，摩尔的部下已经精疲力竭、士气低落、情绪暴躁；但他成功重组部下，进行了殊死抵抗。尽管运输船最终抵达了那里，英军也撵走了苏尔特元帅，摩尔却在搏斗中战死。他死去的那晚，人们用刺刀仓促挖了一个坑，将他埋在科伦纳的城墙外。摩尔英勇无畏的传奇故事启发诗人创作了著名诗篇《约翰·摩尔爵士在科伦纳的葬礼》(*The Burial of Sir John Moore at Corunna*)，诗的开头极具感召力：

> 没有鼓声，也没有哀乐，
> 我们把他的尸体运到城堡；
> 在埋葬着我们英雄的墓上，
> 也没有士兵鸣枪告别。

这些虔诚而憔悴的士兵从科伦纳返回英国，他们因为拖沓的行政流程几乎全军覆没，这和丧权辱国的《辛特拉协定》一起，使英国政府变得更加不受国人欢迎。波特兰公爵领导着当时的英国政府，他原本是辉格党成员，在法国大革命开始时足够警觉，随后加入了皮特的托利党。随着一场又一场灾难降临到波特兰身上，事实证明，这届政府完全不能胜任其职责。乔治三世次子约克公爵担任军队总司令时，展现出了杰出的管理才能。但是，他的前情妇玛丽·安妮·克拉克［Mary Anne Clark，作家达夫妮·杜穆里埃（Daphne du Maurier）*的女祖先］透露自己曾利用人情关系从有钱的朋友那里获得高额佣金，之后约克公爵被迫辞职。

接下来，在瓦尔赫伦岛爆发了更严重的军事灾难；为了分散拿破仑的注意力，同时援助奥地利，英国派遣了一支军队，准备占领安特卫普。从1809年西班牙崛起的那一刻起，人们便开始认为，其余被占领的欧洲国家也能自行挣脱拿破仑的枷锁。拿破仑放弃继续追击摩尔将军，转而匆忙攻打奥地利，似乎一些德意志公国也将加入奥地利的阵营。但是，由于陆军和海军之间缺乏协同一致的配合，以

---

* 1907—1989，英国小说家、剧作家，代表作有《蝴蝶梦》和《牙买加客栈》。——编者注

及事前对敌情侦察不足，英军未能进一步靠近法拉盛，只得回国，没能给敌军造成任何打击。7月，4000名士兵在泽兰省安特卫普上方的一个小岛上死于热病。与此同时，拿破仑在瓦格拉姆（Wagram）对奥地利的作战中取得了决定性胜利。他告诉奥地利人，胆敢在至高无上的君主面前造次是多么不明智的举动。奥地利不但与法国达成和约，还向拿破仑贡献了一位皇后——年轻貌美的玛丽·路易莎女大公（Archduchess Marie Louise）。历史车轮的轨迹发生了戏剧性的变化，她是玛丽·安托瓦内特的侄孙女。

军事失利，在选举中滥用权力，现任外交大臣坎宁和战争大臣兼殖民地大臣卡斯尔雷子爵（Viscount Castlereagh）之间可耻的决斗，加上糟糕的健康状况，共同作用导致波特兰辞去了首相一职。前任财政大臣托利党右翼成员斯宾塞·珀西瓦尔（Spencer Perceval）接任首相职务。事实证明，他和波特兰一样不值得留念，英国贸易额继续下滑。反对党辉格党与希望结束战争的制造业商人关系密切，他们继续攻击政府在伊比利亚半岛战争上浪费了大量资金。但是，托利党政府值得肯定的一点是拒不放弃伊比利亚半岛。的确，在四处弥漫的悲观情绪中，唯一的亮点是韦尔斯利在葡萄牙取得的军事胜利。

韦尔斯利坚持于1809年4月重返伊比利亚半岛。他给益格鲁-爱尔兰同事卡斯尔雷留下了那里的任务非常紧急的印象。在西班牙游击队限制本国法军活动的同时，韦尔斯利相信，只需要2万名英国士兵和4000名英国骑兵，加上一支新招募的葡萄牙军队，仍可以坚守葡萄牙。他认为，伊比利亚半岛战场尤其重要，因为它的存在向其他欧洲国家表明，法国压迫者并不是不可战胜的。拿破仑的每列纵队有60人，手持泛着金属光泽武器的军队虽然看上去不可一世，但却是由未经训练的法国国民士兵组成的。韦尔斯利强调，可以使用策略战胜这样的军队。在火力方面，纵列中大多数士兵实际上发挥不了作用，因为处于纵队之中的士兵会因为担心误伤己方战友而永远找不到开枪的机会。如果指挥一队稀疏的步兵持步枪向他们瞄准射击，就可以打败让整个欧洲战栗的拿破仑纵队。步兵队伍之所以稀疏，是因为队伍纵深只有2人，每个士兵都有机会开枪。在拿破仑军队和威灵顿军队的多次交锋中，这种策略成了被不断使用的模式。

威灵顿认为，和葡萄牙人民维持友好关系十分必要。在葡萄牙登陆时，他对部下下达了最严明的军纪。他绝对禁止部下向当地人征用任何物资，也绝不允许部下侵犯当地妇女。信奉新教的英国士兵喜欢嘲笑在他们看来包含诸多迷信元素的罗马天主教，但他们被要求尊重葡萄牙人的宗教信仰。英国士兵如果胆敢动当地妇女一根寒毛或偷鸡摸狗，都会被处以绞刑。威灵顿将军的措施虽然严酷，但十分有效。食不果腹的葡萄牙人非常感谢威灵顿将军的军令。纪律严明的英国士兵与到处烧杀抢掠的法国士兵形成了鲜明的对比，博得了当地人的好感。

威灵顿将他带到伊比利亚半岛的2万人组建成了一台优秀的战争机器。但是，葡萄牙再一次从两个方向受到法国的侵略威胁。局势对英国大为不利，威灵顿选择只参加他认为有获胜把握的战争，他说因为"这是英国可以召集的最后一支军队，我们必须小心使用"。虽然承受了重大的人员损失，但威灵顿将军还是将法国军队逐出了葡萄牙，并追击至西班牙的塔拉韦拉（Talavera）。但是，苏尔特元帅在3万名西班牙士兵的协助下，彻底打败了英国。至此，威灵顿认为，英国军队无法维持在西班牙的地位，继而撤回葡萄牙。现在，他必须更加小心地使用士兵，因为法国又向伊比利亚半岛新增了2万名士兵。威灵顿将军被加封为塔拉韦拉子爵，他为了应对当前局势，创造了一项战略性杰作——托里什韦德拉什防线（Lines of Torres Vedras）。威灵顿手下的英国士兵和2.5万名葡萄牙士兵将以防线为藏身处，躲避一整个冬天。

托里什韦德拉什防线——葡萄牙的"古塔"，实际上是里斯本（Lisbon）以北一系列拥有百年以上历史的多面堡、壕沟和土堆筑成的防御工事。威灵顿部下可以保持坚固的防御阵形，直到"饥饿"协助伏击战将法国人赶出葡萄牙。防御工事修建得十分隐蔽，法国人丝毫没有意识到它的存在。1810年秋天，马塞纳将军（General Masséna）率领部下准备攻占里斯本。他们行进至距离这道防线还有两天路程的地方，才意识到他们无法继续前进。英国军队在山坡上集体消失不见。威灵顿同时命令葡萄牙农民将他们的所有物资和牲畜都带到防线中来，留下托里什韦德拉什防线周围空荡荡的乡村。葡萄牙农民虽不太愿意，但也高尚地做出了自我牺牲。威灵顿计划无限期地躲藏在防线之中，直到"饥饿"迫使法国军队离开。

在海上等候的英国补给船使威灵顿有条件在1810年至1811年冬天和部下一起按兵不动。由于法国执行了依靠当地农产品供给的政策，在马塞纳将军领导下潜伏在托里什韦德拉什防线之外的法国军队最终粮草断绝。从1810年10月到次年3月，3万名法国士兵死于饥饿。马塞纳及其部下被迫放弃葡萄牙。1811年，威灵顿开始了战斗，准备将法国军队从西班牙驱逐出境。同年，乔治三世被诊断出患有无法治愈的精神疾病，威尔士亲王终于成了摄政王。虽然新摄政王从年轻时起就和辉格党人结盟，但他不得不接受托利党政府，因此伊比利亚半岛战争仍未停歇。

截至1812年4月，北部的罗德里戈城（Ciudad Rodrigo）和阿尔梅达（Almeida）、南部的巴达霍斯（Badajos）和埃尔瓦斯（Elvas）这4座西班牙最重要的堡垒全部落入英军之手。但是，这样的成就是在英军经历了巨大的不幸，付出了巨大的牺牲之后才取得的。在巴达霍斯，由于英军的大炮后膛缺损，他们只得使用死去战友的躯体来填装弹药，面对骇人的生命消耗，威灵顿不禁流下了泪水。但是，他的目标实现了：从萨拉曼卡的伟大胜利开始，英军打通了前往西班牙的道路；他们将法国军队从西班牙南部驱逐出去，开始一点点实现阻止法军进入西班牙的目标。

5月，首相斯宾塞·珀西瓦尔悲惨地去世。威灵顿在战争决策上的影响力意外得到了提高。珀西瓦尔在下议院大厅被疯狂的商人贝林罕（Bellingham）射杀，新任首相利物浦伯爵（Lord Liverpool）[*]任命威灵顿的老盟友卡斯尔雷为外交大臣。同时，在欧洲其他地方，局势正朝着有利于同盟方的方向发展。1812年，拿破仑最终高估了自己的实力。就伊斯坦布尔（Istanbul）应该归属于谁的问题，拿破仑和俄国产生了不可调和的分歧。由于俄国允许英国商品进入本国港口，法国认为其会与英国结盟。6月，拿破仑做出了入侵俄国的错误决定。

拿破仑把最精良的部队从西班牙撤出，派去与新敌人俄国作战，新近招募的军队代替了原先在西班牙的军队。但是，连拿破仑也只能勉强维持这样的调动。俄国这位觉醒的巨人领土从西部的波兰横跨至东部的中国边境，即便对拿破仑来说，这个敌人也过于强大。60万名法国士兵投入到对俄国的作战之中，而在俄国广袤的土地上，这点儿人数根本算不上什么。像法国一样，俄国也是一个战斗民

---

[*] 第二代利物浦伯爵罗伯特·詹金逊，1770—1828。——编者注

族。事实证明，虽然1793年拿起武器的法兰西人民在欧洲形成了一股不可阻挡的力量，但武装起来的俄国人对拿破仑来说也太过强大。

10月19日，拿破仑决定放弃攻克俄国的计划。但是，爱国主义高涨的俄国人民决定要打败拿破仑，他们甚至准备为此烧毁首都莫斯科。现在，对于拿破仑来说，最重要的是返回自己的帝国，因为他与法兰西已经很久没有联系了。法军开始了从莫斯科漫长而可怕的大撤退。曾经掠夺成性的法国大军在饥饿和著名将领内伊元帅（Marshal Ney）所称的"漫长冬季"的双重打击下溃败。数千名法国士兵被军队抛弃，自生自灭。他们在倒下的地方死去。他们太过虚弱，以至于无法挪动身体，所以被活埋在雪地中，或成了豺狼的食物。死亡人数巨大，简直令人难以置信——1.7万人。而那些没有死去的人赤着脚，没有外套，就这样一步一步地走回了祖国。

威灵顿将军非常爱惜士兵，善待部下，他发明了以自己名字命名的橡胶护腿。拿破仑与之相反，他丝毫不爱惜部下。正如威灵顿所说："没有人比他失去的部下更多。"无论身处何处，无论环境如何，即便部下正在挨饿，拿破仑也会命令他们保证向他供应奢侈的白面包。

与此同时，受到拿破仑从俄国撤军的鼓舞，普鲁士、瑞典和奥地利再一次向拿破仑宣战，而英国则向三国的军队提供补贴。现在，拿破仑的军队已经失去了一些从前的活力和集体荣誉感，而正是这些因素在过去给他们带来了激动人心的胜利。除了爱国的法国人，许多意大利和莱茵邦联的士兵也加入了拿破仑的军队。而如今拿破仑帝国开始因为内部矛盾而分崩离析。

法军在西班牙面临新兵素质不高的困境，而对威灵顿而言，胜利唾手可得，敌人即将全线溃败。1813年，在一系列侧翼进攻后，他控制了整个伊比利亚半岛，将法国军队赶到了比利牛斯山脉附近。接着，当年10月，盟军在中欧赢得了一场决定性的胜利。在莱比锡战役（Battle of Leipzig）中，奥地利、俄国、普鲁士和瑞典将拿破仑的19万法国士兵击退至莱茵河一线。截至1814年1月，在新生德意志民族主义自豪感的驱动下，所有德意志邦国都开始反抗拿破仑。威灵顿在打败苏尔特将军后，越过比利牛斯山脉，和四面八方涌来的同盟士兵一起杀进法国。截至3月底，沙皇亚历山大一世（Tsar Alexander I）和其他胜利国领导人一起来到巴黎，拿破仑被迫退位，返回意大利的厄尔巴岛。

更具远见的人士指出，意大利距离拿破仑过近，安全得不到保证；此外，他们还指出，应该询问法国人民他们希望由怎样的统治者领导。但是，胜利方极为担心另一场法国大革命动摇他们的王位，因此立即让路易十六的弟弟继承了法国王位，是为路易十八（Louis XVIII），他们以这种形式复辟了波旁王朝。在维也纳会议中，各国仔细商讨了欧洲的未来格局。但是，一谈到和平问题，他们便自动回复到了战前时代的风格——贵族外交家在觥筹交错的舞会上侃侃而谈——可憎的消息很快传来。继续谈判已毫无意义：拿破仑已经从厄尔巴岛逃出。他的最后一战——"百日王朝"（Hundred Days）*开始了。

拿破仑带领他的老部下从南部返回巴黎。途中，老兵数量如滚雪球般增长。被派去捉拿拿破仑的内伊元帅曾发誓，要用笼子装着拿破仑回来；但是，他却再一次加入了老战友的行列。肥胖而不受欢迎的路易十八丝毫没有能力号召法国人民。由于整个战争时期他都在英国度过，法国人民几乎不了解这位国王。他很担心自己像哥哥一样遭受可怕的待遇，很快在一片混乱中毫无尊严地逃离了法国。欧洲重新回到了战争状态。

各国决定，每个强国提供15万兵力对抗拿破仑。威灵顿现在不仅被加封为公爵，还担任英军总司令。在他的领导下，英军和布吕歇尔陆军元帅（Field Marshal Blücher）领导的普鲁士军队并肩作战，保卫法国边界东北方向的荷兰南部。在那里，拿破仑决定发动攻击。他需要一场决定性的战斗，打败盟军的军队，以便赶在俄国和奥地利从东部攻入之前，在安特卫普和追随者会合。结果，滑铁卢战役成了另一种意义上的决定性战役。它成了威灵顿所说的"伟大的欧洲干扰者"的最后结局。但是，局势在一开始并不明朗。滑铁卢战役的胜利是无法为人们所预测的。"铁公爵"威灵顿事后坦言，胜利是"一件超级棒的事情——这是你在生命中能够看到的最势均力敌的较量"。

威灵顿最优秀、最训练有素的伊比利亚半岛老兵远在美洲。他们被派去参加一场新的美英战争，1812年6月，这场战争因贸易问题爆发。留给他的是他所描

---

* 从拿破仑一世逃出厄尔巴岛，至路易十八二次复辟的一段时期。——编者注

述的"声名狼藉的军队"——6.8万人的英荷联军，其中很多人是未经训练的新兵，有的士兵在一生中从未摸过枪。"我不知道这些人将对敌人产生怎样的影响，"他评价道，"但上帝做证，他们让我害怕。"此外，拿破仑皇帝亲自率领北方军团，其中包括他最为忠诚的、经历了22年战争的近卫军和老兵，于1815年6月12日从法国出发开始征战。

威灵顿断定，拿破仑会在普鲁士和英国军队实施作战策略之前发动快速进攻。他只是不知道拿破仑会有多快。英国胜利和拿破仑彻底失败取决于布吕歇尔领导的5万名普鲁士士兵何时到达。这会将英荷联军的人数增加到11.8万人，但仍比法国军队少5000人。然而，两军之间距离相当遥远，威灵顿和英荷联军处在拿破仑前进的主要道路上，鉴于局势的变化，普鲁士很可能不会前来援助。拿破仑的谋略一如往常。他决定，在对付英荷联军之前，必须首先在利尼（Ligny）发动攻击。

拿破仑行动迅速，行踪隐秘，直到6月15日下午，威灵顿才发现他的对手已经越过法国边界，带着7万名士兵抵达了沙勒罗瓦（Charleroi）。"拿破仑骗过了我。"威灵顿将军愤怒地说。不仅普鲁士军队在利尼遇袭，法军还在四臂村（Quatre Bras）袭击了荷兰在外的一个师。这意味着，法国军队正在沿着大路向布鲁塞尔进发，现在他们距离布鲁塞尔只有20英里。

现在，威灵顿令部队前进，在四臂村的十字路口集合，以便将内伊元帅从布吕歇尔和普鲁士人所在的利尼引开。在四臂村，尽管双方之间的战斗没有取得决定性结果，但在一天的战斗结束后，威灵顿完成了他有限的目标：阻止法国军队进一步向布鲁塞尔靠近。同时，普鲁士军队从利尼撤退了18英里，到达位于滑铁卢正东方向的瓦夫尔（Wavre）。

得知普鲁士撤军之后，威灵顿决定在滑铁卢追击拿破仑。他将滑铁卢作为基地，同时寄希望于普鲁士人通过某种方式进行支援。这个区域横跨拿破仑军队所在和沙勒罗瓦盟军司令部所在的布鲁塞尔之间的要道：北面是小村庄滑铁卢（今布鲁塞尔近郊），南邻霍高蒙特城堡（Château de Hougoumont），中部是圣杰安山高地农庄（La Haiye Sainte）。威灵顿让工程师调查了过去一周的战场情况，以便将优势最大化。每个建筑物、每个独特的自然地貌，都被用来进行防御。

午夜，威灵顿从72岁高龄的布吕歇尔那里得到消息，他在利尼严重负伤，但即便被拴在马上，这位老将也要在第二天亲自带领部下进攻拿破仑的右侧翼。6月18日的黎明临近之时下起了瓢泼大雨，大雨常常是威灵顿胜利的序曲。士兵们醒来时，发现自己置身于一片泥泞之中。但是，他们很快起床，穿上红色战袍做好打仗的准备。威灵顿公爵头戴卷边三角帽，身着他认为比军装更加舒适的文官服，骑着战马四处为每一位士兵鼓劲。他不屈不挠、沉着冷静的形象鼓舞了军队的士气。

反观拿破仑，他起得很晚，也没有为手下将领分担任何来自英国步兵团或战斗本身的恐惧。因为他相信，普鲁士军队在利尼一战中损失惨重，已经不可能赶过来支援英军。有意思的是，尽管威灵顿将军对拿破仑军队造成了严重的破坏，拿破仑还是将他蔑称为"糟糕的将军"。拿破仑在等待地面干燥，以便自己的骑兵部队能更好发挥。这是一个错误的举动，因为每多等待一个小时，普鲁士军队便有更多时间前来支援英荷联军。在这段时间里，威灵顿一直暗中看表，惴惴不安地计算着普鲁士军队到达了何处。

法军向霍高蒙特城堡发动进攻，滑铁卢战役打响。英军在战火中坚守了一天，掩护住了威灵顿军队的右翼，并且阻止了法军靠近通向布鲁塞尔的大道。法军动用了全部兵力，企图攻下霍高蒙特，但没有成功。与此同时，战斗仍在激烈地进行，法军纵列部队袭击了英军驻守的位置，但也未能成功。威灵顿非常谨慎地将英军排列成矩形。英国新建步兵团在军官领导下训练了数月，很快就学会了如何面对战火保持"稳定"。威灵顿公爵认为，在这点上，他们是世界上最优秀的士兵。他们只需要做到这一点。对抗这个矩形阵列的首先是可怕的法国步兵纵列，在之后的2小时中又换成了法国骑兵部队。"先生们，这是一场艰难的较量，"威灵顿曾说，"看看谁能坚持更久。"

每位英国士兵按照训练要求，镇定地持续瞄准射击。然后，第一排士兵跪下来，给后排士兵留出空间，后排士兵枪口向上翘起，也依次瞄准射击。在第一批子弹用完之后，他们会装入更多子弹。法国骑兵穿着闪亮的盔甲，戴着高高耸起、插着羽毛的头盔，在英国方阵周围急速地一圈又一圈地旋转，企图在稳定的开火结束之后，冲散阵形，找到一条穿过军队的路径。但是，没有什么能够撼动英军的阵形，尽管在战火和硝烟中，他们几乎看不见也听不见任何东西。与此同时，法军漂亮的战马和优秀的骑兵一个接一个倒在泥泞之中。威灵顿后来回忆说，他们看起来就像许多四脚朝天的海龟。而英军的矩阵始终保持稳固。后来，威灵顿公爵在检查满是弹片的战场时，发现一个方阵的士兵全体阵亡了，但他们依然保持着阵形，不让法国骑兵通过。

中午，威灵顿终于在东面远方的树林中看到了前进中的军队忽闪忽现的样子。这是普鲁士军队到来的最初迹象，威灵顿从这天拂晓开始，就一直在焦急地遥望着他们的战马和枪支的踪迹。傍晚 6 时，在以农庄为中心的圣杰安高地，法军开始落败。拿破仑正是在那个时候，企图冲进位于农庄和霍高蒙特城堡之间的威灵顿队列之中。但是，第 52 团让法军无法靠近，最后他们在法军左侧翼进攻时使用刺刀进行搏斗。落日之前，拿破仑派出了他的精锐部队——帝国近卫军。但是，即便是这支军队也被盟军的步兵击败。欧洲最具传奇色彩的军队有史以来第一次溃不成军、落荒而逃。

接着，晚上 8 时，在还有半个小时就要天黑的时候，普鲁士军队终于到达了。布吕歇尔已经精疲力竭。但即便这样，他也没有辜负盟友的期望。他就在那里，长长的白色胡须因沾满尘土而变得黑乎乎的，但他和平时一样精力充沛，部署部下追击法军直到法国领土。威灵顿骑着他的栗色母马"哥本哈根"——这匹战马陪伴他经历了多次战斗——向远方眺望，向法国军队 3 次挥动帽子。英军终于开始反击。"一鼓作气！"他喊道。山脊上出现了一队又一队身着猩红色衣衫的步兵，他们对可怕的法国军队展开追击。这成了滑铁卢战役的结局。拿破仑逃往巴黎，很快在那里宣布退位，支持儿子罗马王接替自己成为法国国王。不久之后，拿破仑被流放到圣赫勒拿岛（Island of St Helena）*，由皇家海军"柏勒罗丰"护卫舰（HMS Bellerophon）牢牢看守。他请求获得摄政王和他口中"最慷慨的盟友"英国的宽恕。6 年之后，他在圣赫勒拿岛去世。

---

* 大西洋岛屿，离非洲西岸 1900 公里。——编者注

激进风潮（1815—1820）

只要拿破仑还是自由的，他便一直能对世界和平构成威胁。滑铁卢战役根除了这个危险人物。但是，法国人民对百日王朝的普遍支持表明，1815年签订的和平协定比最初的设想更具惩罚性。尽管法国恢复了革命前的边界线，但法国北部在5年间一直处在军事占领之下。占领那里的军队由威灵顿公爵指挥，由法国提供资金。这对法国来说是一种耻辱。威灵顿同时兼任英国驻巴黎大使。为了强调拿破仑不再是欧洲之王的事实，他和部下将拿破仑从世界各地掠夺而来的财宝一并物归其主。其中包括从威尼斯掠夺来的圣马可青铜雕像，以及从梵蒂冈掠夺来的华丽绘画，等等。巴黎人们对此十分恼火，他们认为掠夺过来的财物都应该属于他们。因此，这些艺术品只得安排在午夜取走，以免引发骚乱。

法国在整整一代人的时间里践踏了欧洲，现在其邻国纷纷加强了对它的防范，以免它东山再起。前奥属尼德兰（比利时）被并入荷兰，交由奥兰治家族的一位亲王统治。这样便在法国东北部设置了一道牢不可破的屏障。在法国东部边界以南，战前的300多个公国合并成了一个拥有39个邦国的德意志邦联（German Confederation）*，进一步固定了法国的东部边界线。在德意志邦联内部，2/5的前萨克森王国和莱茵兰地区†被并入普鲁士，使其得到了进一步强化。这样的安排使法国再次尝试扩张领土时，不得不三思而后行。

出于同样的考虑，山地国家皮埃蒙特王国（Kingdom of Piedmont）的疆域也得到了拓展。丹麦直到最近才成为拿破仑的盟友，挪威从丹麦人手中被拿走，与瑞典合并为一个王国。在阿尔卑斯山南部，尽管大部分意大利君主都恢复到了战前状态，但意大利还是重新回到了奥地利强有力的保护之下。俄国刚刚参与到欧洲的强国政治中来，其庞大的军队给和谈会议蒙上了一层阴影，成功利用和平协定完成了向西的领土扩张。会议同意了俄国的要求，将名义上的独立王国波兰并入它的帝国，作为对俄国在战争中提供援助的回报，支付给了俄国。

---

* 指1815—1866年的德国，是一个包括了全部德意志邦国的组织。——编者注

† 德国西北部莱茵河两岸的区域。——编者注

1815年的协定呈现出保守的政治信任态度，并且没有干涉列强的帝国主义野心；此外，协定保留了王位世袭制。也就是说，它恢复了法国革命前掌权的王室家族的统治。正如负责和平谈判的英国外交大臣卡斯尔雷指出的那样，"我们想要将训练有素的军队置于我们能够信任的君主之下"。可是，问题在于，保守主义政治家控制了会议，尤以奥地利首相梅特涅亲王（Prince Metternich）为代表。他们下定决心埋葬法国革命对世界释放的危险想法，以至于完全忽略了当地居民的愿望。

尽管和平协定完全基于保守主义目标，但随着波兰、意大利和德意志人民相继对和平协定做出反抗，法国大革命在下一个百年中的影响开始显现。法国大革命的思想产生了巨大影响，不仅局限于欧洲，它孕育了自由主义、民族主义这两个强大的后代。未来战争和革命动乱造就了统一的意大利和德意志，并在衰败的奥斯曼帝国引发了巨大灾难。英国议会当中已经存在某种形式的民主，在接下来的100年中，英国议会通过不断扩大选举权范围，避免了革命的发生。英国上议院和下议院有着足够多的议员，他们拥有远见卓识，能够认识到需要怎样改变才能适应革命时代。英国议会本身能够提供欧洲大陆极度缺乏的疏导方法。

尽管代表英国前往会议进行谈判的卡斯尔雷子爵和威灵顿公爵属于"极端分子"，即托利党中的盎格鲁-爱尔兰激进贵族，但在他们的意识中，议会民主绝不能容忍作为"自由发酵剂"的英国与专制主义的东欧列强同流合污。英国拒绝加入新的国际组织——反民主的神圣同盟（Holy Alliance）*。该组织由沙皇亚历山大一世提议创立，旨在维持欧洲秩序。该组织允许欧洲列强在基督教、和平或正义受到威胁时，更直白地说，在某国政府变得对其他国家而言过分自由时，干涉其内政。卡斯尔雷和威灵顿基于本国制度，明白英国永远不会支持一个国家通过武力干涉他国内政。根据神圣同盟的条款，首先被入侵的可能就是英国。

英国可以同意的是务实而实际地处理问题。为了维持欧洲和平，防止出现另一个拿破仑式的人物，英、俄、奥、普等战胜国组成四国同盟，相约将以武力干涉法国任何可能改变维也纳会议协定的敌对行为。各列强之间的合作给卡斯尔雷

---

* 俄国，奥地利和普鲁士几个君主主义大国在1815年组成的同盟。——编者注

留下了相当深刻的印象，进而使他相信，诸如被他称作"欧洲协调"（Concert of Europe）的维也纳会议等长期会议体系是在任何一方诉诸武力之前解决争端的良好方法。1818年，第二次维也纳会议召开，法国较早地偿清了战争赔款，卡斯尔雷也撤回了驻守法国的英国军队。在一片欢迎声中，法国重新加入了欧洲强国行列。卡斯尔雷相信，这样做有助于保证欧洲未来局势的稳定；如果法国继续沦为"欧洲贱民"，可能会发生分裂而变得危险。

然而，被卡斯尔雷寄予厚望的会议体系遭到了神圣同盟的劫持，英国彻底退出。接下来的几年里，充满了西班牙、葡萄牙、那不勒斯和皮埃蒙特的起义纷扰，这些国家呼吁建立更加自由的秩序。到1820年，维也纳会议发表声明，表示其有权镇压外国革命，同时打击宣扬自由的德意志媒体和高校教师。因此，英国不再以官方身份出席维也纳会议，转而派遣观察员代替大使参会。卡斯尔雷说，英国国王本身就是革命的产物，英国无法否认他国"有通过类似的革命改变政府的权利"。因此，到了19世纪20年代，英国再一次成为国外宪法改革派的朋友，与法国大革命前如出一辙。

英国之上闪耀着滑铁卢战争胜利和消灭危险人物拿破仑的光辉；不仅如此，它还对战争提供了巨大的财政支持，也从和平中获得了极大的好处。在特拉法尔加海战之后，英国抓住机会消灭了海上竞争对手，保持住了自己的贸易主导地位。现在，英国有效地将贸易基地拓展到了世界的各个角落，将马耳他、爱奥尼亚群岛（Ionian Islands）、哈瓦那沿岸的黑尔戈兰岛（Island of Heligoland），以及包括圣卢西亚、多巴哥岛和毛里求斯（Mauritius）在内的前法属西印度群岛占为殖民地。英国继续拥有从荷兰手中夺过来的好望角及位于印度脚下的锡兰（今斯里兰卡），通往印度的海上之路得到了有效保护。英国的海军和商业霸主地位得到了确认。

幸好英国代表出席了维也纳会议，1815年在和平条约签署时顶住了西班牙和葡萄牙的抗议，将一项谴责奴隶制的条款包含在内。反奴隶制协会有效地动员了英国的公众，迫使卡斯尔雷必须向赖以维持欧洲各经济体发展的奴隶贸易提出抗议，最终才同意签署决定欧洲战后格局的和平条约。到1817年，葡萄牙和西班牙在获得7万英镑的补偿款后，都宣布废除奴隶贸易。1年以前，荷兰也已经宣布奴隶贸易为非法。同时，所有法属殖民地也陆续宣布奴隶贸易为非法，如同法国革命政府在1793年的做法一样。

这场战争又被称为英国的第二次百年战争，以法国彻底失败而告终。在新世纪中，俄国的行动引起了英国最严重的怀疑。但是，进入和平时期之后，内政事务成了英国政府面临的最迫切的问题。长达20余年的战争引发了严重的经济困难和错位，加上工业革命的双重作用，这个国家原有的国内体系被撕得粉碎。英国政府继续投入大量精力，进行大刀阔斧的改革。饥寒交迫的工人阶级和被剥夺公民权利的中产阶级联合在一起，共同呼吁进行议会结构改革；而这恰恰是托利党最不愿意应允的。

英国政府并没有把对国外自由运动的支持扩展到国内的民主运动上。战争的结束给民主运动注入了新的活力，因为战争使原本就非常不幸的工人阶级生活环境加剧恶化。激进运动和民主选举运动甚至在战争期间也急剧增长，这是因为机械化的快速发展持续导致人们失业。生存压力使他们相信，自己必须在议会中发声，以便促使政府对他们的需求做出及时回应。在议会中，势力被大幅削弱的辉格党成员约翰·罗素伯爵（Lord John Russell）和格雷伯爵（Lord Grey），以及激进派议员、立法改革者亨利·布鲁厄姆、弗朗西斯·伯德特爵士及其盟友，都呼吁进行改革。

1811年，威尔士亲王成为摄政王，从那时起，约克郡、兰开夏郡和诺丁汉就开始出现劳动者暴乱，他们抗议以改良纺织机代替手工劳动。贫困者有时会面临巨大困难，只得变卖家具，换取食物。勒德分子（Luddite）等许多诺丁汉的熟练织袜工在内德·勒德（Ned Ludd）的带领下，砸毁了代替他们工作的机器。这是因为，皮特颁布的《联合法案》禁止工人与雇主讨价还价。1813年，其中17人因进行抗议活动而被处决。

1815年，20万老兵返回英国寻找工作，同时战争期间生产制服、帐篷和军备物资的工厂也突然关闭，导致工人的生存状况更加恶化。英国纺织业因战后欧洲大陆制造业迅速复兴而受到严重打击。根据斯皮纳姆兰救助系统，政府应根据面包价格向贫困人口提供补贴。受该体系的影响，农业工资仍然保持在很低的水平。从战争时期起，农业工资就没有提高过；然而，物价却增长了200%，尤其是面包价格。近期由于粮食歉收，加上战争时期开垦荒地的高额成本，物价的上涨更为明显。在圈地运动开始之前，工厂里的工人同时也是农民，面包价格不会影响到他们，所以他们尚可勉强维持生存。但现在，他们不再耕种土地、生产粮食，所以需要获得更为廉价的食物。

在制造商看来，解决方法很简单——从国外进口较为廉价的小麦喂饱国内工人。但是，土地所有者认为，这是在摧毁英国农业。托利党代表只考虑自己的利益，全然不顾其他阶层，他们感觉迟钝，令人震惊。1815年，托利党上议院和下议院代表通过了新《谷物法》（Corn Law）。在此之后，只有当小麦价格增长到高于每蒲式耳80先令时，才可以从国外进口谷物。1815年，在议会讨论《谷物法》提案时，饥饿的工人没有其他抵抗的方法，只能尝试用武力迫使议员投票反对该提案。

利物浦伯爵政府，尤其是喜欢大惊小怪的内政大臣阿丁顿［前任英国首相，现为西德默斯子爵（Lord Sidmouth）］，完全不明白饥寒交迫的工人为何要砸毁机器、上街游行。他们认为，暴乱标志着英国长期以来被延迟的革命开始了。1815年到1822年，反政府抗议之激烈和官方反应之残暴是前所未有的。明智地处理战后社会、经济混乱的首要阻碍在于，政府会将工人的任何要求等同于曾经摧毁法国资产阶级的雅各宾派。

政府感到恐慌，继而出台法律，对砸毁机器者判处死刑。浪漫主义诗人拜伦男爵（Lord Byron）[*]在上议院对同僚们发表演讲，他愤怒地说，现在一个人的生命价值还不如一台织袜机。由于当时不存在警察力量，西德默斯采用间谍审问和搜查暴乱头目等手段。然而，事与愿违，间谍起到了密探的作用，怂恿不满于现状的工人推翻政府，鼓励暴民使用暴力，而大多数抗议者的实际诉求是在体制内进行具体的改革。因此，出现了奇怪的现象。虽然到处都是不满之声，但英国并没有爆发真正意义上的革命。大多数人相信，议会有能力纠正之前的错误。那个时代的著名记者威廉·科贝特（William Cobbett）、演说家亨利·亨特（Henry Hunt）等激进分子呼吁人们走上街头游行，参与会议讨论议会改革。虽然政府可能会将亨特视为危险的煽动分子，但他和科贝特一样，都提倡通过议会进行改革。

---

* 乔治·戈登·拜伦，第六代拜伦男爵，1788—1824，英国诗人、革命家。——编者注

不幸的是，1816年12月，激进分子在克拉肯韦尔的斯帕广场组织了一场大型议会改革集会，西德默斯密探的阴谋*和极端主义元素共加深了人们对政府的怀疑。集会由斯宾塞派（Spencean Philanthropists）接管，他们是托马斯·斯宾塞（Thomas Spencer）的革命追随者，认为应该将所有土地国有化。集会初衷是为和平示威，现在却演变成一场暴乱。一些示威者甚至挥舞三色旗，戴上"自由之帽"——法国大革命大屠杀时期的标志性服饰。他们一边呼吁成立公共安全委员会，一边向东游行，进而攻占了伦敦塔，但游行队伍后来在伦敦皇家交易所被冲散。

类似的混乱情况在1817年不断出现，但所幸都不严重。接着，人们迎来了丰年，面包价格回落，整个国家平静了下来。但是，1819年再次出现了粮食歉收。人们再一次吃不饱肚子，加上激进分子弗朗西斯·伯德特爵士要求实施全民公投的提案未得到通过，暴力事件再一次爆发。然而，政府仍然拒绝将这一系列运动视为要求进行议会改革的骚乱。1819年8月，曼彻斯特近郊爆发了一起支持改革的大型和平示威，但却悲剧性地被当成暴乱的开始。

激进分子厌恶暴力，他们希望和斯宾塞派区分开来，所以不允许任何人携带可能被视为武器的物品。这样，权威机构便没有借口把他们的运动当作暴乱。女性、儿童和婴儿开始出现在游行队伍中，以表明示威者坚持以和平的方式表达意见。他们在头顶上方挥动手绘标语，高喊出他们的诉求——改革《谷物法》，实行全民公投，在议会中获得地区代表。他们构成的唯一危险在于人数众多——共计4万多人。然而，游行的氛围是友好、有序的；参与其中的母亲还挎着装有一家人食物的篮子。

当地治安官批准了此次集会，但自此集会人群的行为开始失控。大量义勇骑兵聚集在圣彼得广场，其中一些曾参加过滑铁卢战役。现在，他们的行为变得难以分辨。激进分子亨利·亨特走上演讲台时，他看到治安官就在那里等着他。为了避免引起任何麻烦，他当即表示愿意被逮捕，治安官却坚持让亨利继续演讲。但是，在他讲到一半的时候，治安官派士兵在演讲台上逮捕了他。台下的听众当然不喜欢这样的行为。他们愤怒地叫喊着，想要阻止亨利被从台上带走，治安官命令在一旁待

---

* 密探受雇于政府，怂恿某些政治团体人士犯法以便将其逮捕。——译者注

命的骑兵冲入人群当中。

　　骑兵驾着高头大马，冲入妇孺和挥舞着标语的人群之中。马匹的巨大马蹄将婴儿踢到空中，士兵挥舞着军刀横冲直撞，一共杀死了11人，其中包括1名儿童，400多人严重受伤。国民备感愤怒，将这起事件蔑称为"彼得卢事件"。社会各个阶层都对反对改革的托利党感到愤怒。霍舍姆郡议员之子珀西·比希·雪莱（Percy Bysshe Shelley）创作了《暴政的假面游行》（*The Mask of Anarchy*），他在诗中有力地号召政府的受害者挣脱他们的枷锁。他写道："你们是多数，他们是少数。"

　　"彼得卢事件"之后，托利党政府颁布了具有镇压性质的《第六法案》（Six Acts）。该法案使公民几乎不可能参加室外集会；法案还试图将印花税扩展到所有种类的期刊上，以使工人阶级无法承担购买这些期刊的费用，进而摧毁激进媒体。同时，法案还赋予了治安官更大的权力，允许他们对私人财产进行搜查以杜绝煽动性文学传播；同时，法案允许审理某些特定案件时不召集陪审团。激进主义骚乱在这些方式的阻碍下逐渐衰落。1820年的"卡托街阴谋"（Cato Street Conspiracy）才让公众稍稍相信，也许改革者真的正在背后暗中酝酿一个可怕的革命阴谋。"卡托街阴谋"由斯宾塞派人士西尔斯伍德策划，旨在暗杀内阁成员，而后组建临时政府。

　　摄政王妻子不伦瑞克的卡罗琳（Carolie of Brunswick）*遭遇的困境很快引发了激进运动人士的无限遐想。1820年，乔治三世去世。曾经美好善良、俊朗坚定的金发少年已经变成了温莎城堡中无望的疯子，现在他花白的长发凌乱不堪。即便国王状态如此颓唐，英国人民还是真诚地哀悼了这个他们长久以来如此熟悉的人物——乔治三世，他执政了59年，他谦和、简单的处事方式为人所熟知，他对夏洛特王后无微不至的疼爱也被人称颂。骄奢世故的摄政王在实行了近9年的摄政统治之后，终于成为乔治四世。

---

* 卡罗琳·伊丽莎白，1768—1821，不伦瑞克公国公主，英国国王乔治四世的妻子。——编者注

乔治四世
George IV

1820—1830

乔治四世以讲究穿戴、崇尚异域风情而为人们所熟知,他深谙艺术,他的宫廷建筑气势磅礴,运转迅速,不似其父的宫廷那般朴实无华。乔治四世在 1820 年继位之后,遍历王国,在苏格兰赢得了盛赞。这次巡访是由当时影响力极高的小说家沃尔特·司各特爵士策划而成。沃尔特创作了许多广受欢迎的历史作品,在《罗布·罗伊》(*Rob Roy*)中,他将背叛英国的苏格兰人完全重新塑造成了高贵的野蛮人。乔治四世对苏格兰短裙极为着迷,装饰着苏格兰花纹图案的一切东西——紧身格子呢绒裤、窗帘布料和首饰盒都变得风靡一时,野性而浪漫的苏格兰高地取代了英格兰湖区,成为抒发情感和启迪艺术灵感的广受欢迎之地。乔治四世在还是摄政王的时候,就和设计师约翰·纳什(John Nash)一起,将东苏塞克斯郡的滨海小村庄布赖特赫尔姆斯通(Brighthelmstone)改建成了小型度假村布赖顿(Brighton)。即便到了今天,纳什丰富的新古典主义风格仍奠定了伦敦这座城市的主要基调:他设计建成了伦敦摄政街(Regent Steet,丽晶街)、卡尔顿府联排(Carlton House Terrace)、特拉法尔加广场(Trafalgar Square)、伦敦海德公园(Hyde Park)东北入口的大理石拱门和圣詹姆士公园（St James's Park），同时还将白金汉宫的面积扩大到原来的两倍，成了今天的白金汉宫。但是，纳什在为普利尼（乔治四世的昵称）修建宫殿时，却完全抛弃了新古典主义风格，布赖顿行宫（Brighton Pavilion）的洋葱状穹顶好似从博斯普鲁斯海峡（Bosporus Strait）窃取了灵感。

威尔士亲王在父亲去世之前，一直和他宠爱有加的罗马天主教情妇菲茨赫伯特夫人居住在布赖顿行宫。据我们所知，乔治四世还是威尔士亲王的时候，依据菲茨赫伯特夫人信奉的天主教信条与她举行了婚礼。但他的婚姻并没有得到父亲的允许，根据1772年的《王室婚姻法》，这桩婚姻是无效的。因此，不存在天主教继承人继承王位的风险。

1795年，挥霍无度的威尔士亲王被迫与她的表妹不伦瑞克的卡罗琳成婚。如此一来，议会将会免去他的巨额债务，同时增加他的王室年俸。但是，卡罗琳在他眼里实在没有吸引力。在他们唯一的孩子夏洛特公主出生3天之后，他便离开了卡罗琳。他包养情妇，对妻子十分抵触，甚至在一段时间里继续和菲茨赫伯特夫人同居。结果，威尔士王妃就此堕落，盲目地寻找人生伴侣。最终，谣言四起，称她在婚外育有私生子。到了1806年，威尔士亲王为了摆脱她，强迫当时的政府对王妃的行为进行调查，即所谓的"微妙调查"（Delicate Investigation）。威尔士亲王声称，王妃在布莱克希思的住所已经成了粗鄙谣言的中心。不过，这些谣言并不比围绕亲王本身的谣言来得恶劣。但是，因为找不到更多证据支持离婚，王妃最终遁走海外，其间，不乏一系列不甚优秀的追求者，可谓"刚脱虎口，又入狼穴"。

父亲去世之后，英俊外表不再，即便穿着紧身衣也难掩肥胖身材的乔治四世下定决心要摆脱卡罗琳王后。但是，他的妻子却另有打算。公公刚一去世，她便火速返回英格兰，要求和丈夫一同加冕，并恢复自己在礼拜日教堂祷告王室名单上的名分（乔治四世之前已下令将她除名）。但是，新国王离婚的念头十分坚定，为了达到这个目的，他在议会上组织了一场对王后的审判。软弱的政府因为担心国王会用辉格党班底取代他们，而没有采取任何行动阻止这次审判。人们因此更加鄙视托利党政府。遭到不公对待的王后似乎成了象征英国人民自身受到压迫的符号，变得广受欢迎。

《严刑惩治法案》（Bill of Pains and Penalties）被提交至上议院讨论，该法案实际上是一种离婚法案。所谓的王后情人及其随从，主要是一名意大利人，他在公众面前被反复询问关于王后私生活的问题。当时最具智慧的律师亨利·布鲁厄姆出庭为卡罗琳辩护，他是一位激进的议员，热忱地支持着那个时代各项伟大的事业，包括法律改革、议会改革、宗教解放运动等。多亏了他的辩护，对王后卡罗琳的审判以政府惨败而告终，人们因此更加鄙视政府。离婚法案仅在上议院进行了讨论，但只得到少数赞成票（9票），因此未送达下议院。

尽管卡罗琳被告知不会在加冕仪式中扮演任何角色，但这位可怜的王后仍然坚决要求参加1821年7月乔治四世在威斯敏斯特教堂的加冕礼。在被拒绝进入教堂之后，她前往威斯敏斯特大厅——皇家聚会的举办地点。她用拳头不停地敲打大门，直到被驱逐。用这种方式对待任何人都不合适，更何况是乔治二世的曾外孙女和遭到国王冷落的王后。之后，不到3个星期，卡罗琳王后便在哈默史密斯去世，死因可能是肠胃功能失调，她的身体状况恶化也许是因为遭受了屈辱对待。

在利物浦伯爵的领导下，英国政府在之后的一个世纪中实行着臭名昭著的残酷镇压，尽管如此，其中仍蕴藏着变化的种子。事实证明，卡托街阴谋标志着英国对革命的恐惧到达了顶点。之后，英国便开始进入一个更为进步的新时代，托利党中较为保守派别的推动者卡斯尔雷子爵于1822年去世，预示着新时代的到来。卡斯尔雷子爵去世之后，利物浦伯爵继续担任领导的唯一方法是任用托利党中偏自由化的人士。这类人受制造商影响较大，受土地所有者影响较小。在他们当中，新任内政大臣罗伯特·皮尔（Robert Peel）[*]就是如此，他来自新近发展起来的制造业贵族家庭，是兰开夏郡大纺织富商的孙子。

支持进行天主教解放运动的自由派托利党领导者乔治·坎宁成为外交大臣。而在同业公会中，皮特的另一个信徒威廉·赫斯基森（William Huskisson）坚信，自由贸易是医治世界顽疾的良药。现在，尽管政府仍然继续回避议会改革，但人们可以从政府内部感受到一种更加人性化的影响。坎宁相信，繁荣将成为拯救英国的关键，同时让英国不必非要进行议会改革。同时，坎宁本人、赫斯基森和财政大臣弗雷德里克·罗宾逊（Frederick Robinson）相信，如果英国能够在国家可

---

[*] 1788—1850，英国政治家，被视为英国保守党创建者。——编者注

以承受的范围内最大限度地脱离贸易保护主义,将有可能实现繁荣。

托利党内的坎宁派与充满活力的伯明翰、曼彻斯特制造商保持着密切接触,他们说服赫斯基森削减多项原材料关税。这样既降低了制造业成本,同时也拉低了制成品价格。赫斯基森结束了重商主义,他还针对英国与其他国家之间产生麻烦的主因——货物运输问题,进行了辩论。最近的一起麻烦发生在英国和美国之间(尽管英国军队一度占领了华盛顿,甚至纵火烧毁了白宫,但1812—1815年英美战争仍以双方妥协告终)。现在,英国废除了过去的时代残余,发展成一个非常成功的贸易国家。在新的互惠体制下,赫斯基森制定法律,与其他国家签订条约,允许外国轮船在运输货物时使用英国港口,同时英国运送货物时也可以使用他国港口。

利物浦政府中最为重要的人物或许要数内政大臣罗伯特·皮尔。他一头红发,生性腼腆,举止拘谨,于1812年接替西德默斯。当时,英国的社会结构遭遇重创,几乎到了无法恢复的地步,许多弊端亟须彻底纠正。虽然皮尔持保守主义观点,但在良知和强烈正义感的推动下,他领导英国内政部发展成了一个社会改革部门。像19世纪上半叶的许多改革者一样,皮尔深受英国启蒙主义哲学家杰里米·边沁(Jeremy Bentham)的功利主义影响。边沁的思想在英国起到了革命性的作用,其主旨可以概括为:政府的目标应该是实现"大多数人的最大福祉"。

自第一部《工厂法》(Factory Act)在1802年颁布以来,新工厂的工作时长就遭到了质疑。这成为人们开启人性化思考的标志——在此之前,没有人试图限制工人的工作时长。1819年,新《工厂法》禁止9岁以下的儿童在棉纺织厂工作,表明人们继续普遍支持政府干预特定社会问题。接着,从1822年开始,英国渐进式的改革精神抑制了在政府层面再次出现类似法国大革命的进程。在刑法和监狱改革先驱詹姆斯·麦金托什爵士(Sir James Mackintosh)、贵格会教徒伊丽莎白·弗赖伊(Elizabeth Fry)和约翰·霍华德的建议下,皮尔在改善监狱环境上实施了多项举措。监狱雇用接受过专业培训的人员看管,罪犯的待遇也有所提高;同时,改造罪犯、帮助他们出狱后重新适应新生活的观点也开始流行起来。即使在21世纪,美国监狱也普遍使用铁手铐,而英国从那时便开始禁止在监狱中使用铁手铐，铁手铐只能在庭审时使用。

19世纪的英国沿用了自18世纪开始的严刑重罚。其严酷程度尤其表现为重罪的条目多达200项，且都可以导致死刑。尽管英国在1808年不再对小偷使用死刑，但仍可对入店行窃者判处死刑。由于适用死刑的非严重犯罪太多，大多数伦敦陪审团成员一直拒绝按照法律判决嫌疑犯。皮尔认为，法律条文如果变得更合理，陪审团便可能会依照执行。于是，在1823年，他将适用于死刑的犯罪条目减少了一半，同时简化了法律文件。自13世纪以来，英国的法律文件就不断趋向烦琐，甚至到了令人难以理解的地步。

接下来，转折点到来，工人终于得到了人性化的对待。1824年，皮尔面对来自激进分子的压力，大跨步地废除了《联合法》（Combination Acts），恢复了工会。至此，受雇佣者可以通过集体行动要求提高工资，或者集体请愿，要求缩短工作时长。皮尔对工人并不存在像对托利党极端派一样的恐惧心理，因为他在自己父亲的纺织厂中了解到了工人的习性。他认为，他们应当享有相应权利。"除了手艺和体力两项资产之外一无所有的人，"他说，"如果他们认为合适的话，应该被允许共同协商，决定以怎样的价格出卖自己的资产。"

一些数据和研究使皮尔和赫斯基森相信，工会不会摧毁贸易。这些数据和研究的背后是在查令十字街上拥有一家店面的裁缝弗朗西斯·普莱斯（Francis Place）。普莱斯可不是一个普通的裁缝，他是议会的一名说客，热忱地投身于扩大投票权运动当中。他的缝纫店变成了研究图书和激进运动分子集会的场所。他和威廉·科贝特一样，认为拯救工人阶级的途径是通过议会，而不是通过革命。

1826年，新一轮的贸易衰退席卷英国。皮尔在托利党中力排众议，通过了一项紧急法案，允许从国外进口一定数量的廉价小麦在英国市场上出售。虽然他的做法被指责为向暴民低头，但他相信，缓和当前的紧张局势更加重要，只有这样才能使贫民不至于在面临失业时还要忍饥挨饿。他的深谋远虑防止了一场饥荒，因为当年秋天粮食歉收，加剧了每个人面临的问题。皮尔拒绝将爆发的暴力冲突定性为反政府运动。他非常理解现在的问题，认为这"本质上是一场人类的苦难"。

1829年，皮尔组建了第一支都市警察部队。这支部队由议会组织，苏格兰场*局长直接对内政部负责。詹姆斯·麦金托什以及自己年轻时在爱尔兰担任警察秘书长的经历让皮尔相信,惩罚并不是一种有效的威慑力量。致力于创建预防犯罪的恰当机构才是解决问题的良方。都市警察部队的成功很快在全国范围内被争相模仿,因为在新兴工业城市犯罪分子不断出现。以前,英国依靠守夜人、教区治安官和地方行政长官等业余人士维护法律和秩序。但是,这种方法仅适用于较小村庄里居民相互认识的熟人社会,并不适用于人口流动性较大的大城市。长久以来,人们担心职业警察会像国外一样,成为统治者施行暴政的工具,因而极力反对组建警察部队。为此,皮尔没有将武装力量赋予警察,消除了人们的担心。皮尔禁止警察充当密探,因为在西德默斯的旧式体系中,密探已经引起太多的不幸。新的治安官变得十分受欢迎,他们的绰号"皮勒"和"博比"†甚至一直保留到最近。

在国际事务上,新任外交大臣乔治·坎宁在争取自由的国家中重新为英国树立了反专制主义的形象。坎宁是女演员的儿子,极具表演天赋,体态姿势富于戏剧性,而古板的卡斯尔雷缺少的正是这种天赋。英国现在停止向维也纳会议派遣观察员,因为正如坎宁所说,英国人民不喜欢"他们的代表与专制政权私下亲密交流"。1826年,西班牙和法国准备出兵入侵葡萄牙,制止国王若昂在本国实施自由宪法。英国舰队吓退了这两个参与维也纳会议的强国。伊比利亚半岛战争之后,西班牙便一直惧惮英国的军事力量。因此坎宁用一艘大型英国军舰将4500名士兵运送到里斯本,表明态度之后,西班牙立即撤军,葡萄牙才得以确立本国宪法。

1823年,坎宁不顾其他强国的反对,承认了反抗西班牙统治的南美洲殖民地独立。他不仅对任何试图帮助西班牙重新夺回南美洲殖民地的国家威胁动用皇家海军,还将刚刚成立的美国纳入了支持名单当中。特拉法尔加海战结束之后,英国皇家海军就没打过一场败仗。坎宁敦促门罗总统(President Monroe)把南美洲视为后花园。"门罗主义"(Monroe Doctrine)表明,美国将把欧洲任何国家试图

---

* 苏格兰场是伦敦警察厅总部所在地,是英国人对伦敦警察厅一个转喻式的称呼。——译者注

† "皮勒"和"博比"都是对罗伯特·皮尔的昵称。——译者注

殖民美洲大陆或干涉其中任何一个国家或政权的行为视为战争。坎宁在回忆中说："我认为，新世界的存在是为了打破旧世界的平衡。"英国承认布宜诺斯艾利斯、哥伦比亚和墨西哥新兴共和国的独立，乔治四世大为震怒。他假装弄丢了自己的假牙，拒绝在议会上宣读决议。坎宁英雄主义的背后是贸易。300年来，英国商人一直试图渗入古老的西班牙王国在南美洲的势力范围。现在，既然南美各国已经取得了独立，那么英国商人便可以与曾经的西班牙殖民地展开贸易活动，进而从中获得丰厚的利润，这才是坎宁的目的。

"欧洲协调"的政治合作体系虽然已经名存实亡，但还是延续了足够长的时间，使坎宁能够帮助希腊从奥斯曼帝国中独立出来。1821年，希腊人为反抗土耳其统治发动了起义，这可能是19世纪最严重问题的最初表现。英国外交家称其为"东方问题"（Eastern Question），主要涉及的是应该在多大程度上允许俄国势力渗透到奥斯曼或土耳其帝国衰落后巴尔干到波斯（今伊朗）留下的权力真空。从18世纪末开始，英国就对俄国南进的野心产生了警觉，无论俄国向西进入巴尔干地区还是向东进入波斯，都将直接威胁英国通往印度的道路。英国外事部门尽管并不认同几个世纪以来臭名昭著的土耳其政权，但还是相信奥斯曼帝国是对抗俄国的堡垒。该地区必须作为一个整体进行防御，否则它将解体。

希腊因为拥有可以作为地中海贸易出口的温水港口而长期被俄国垂涎。希腊独立战争（Greek Wars of Independence）为俄国提供了渴望已久的南进机会。俄国通过与土耳其签订条约，名义上争取到了一些保护奥斯曼帝国中基督教教徒的权利。1825年秋，尼古拉一世（Nicholas I）*成为俄国新任沙皇，在他个人性格的驱动下，俄国对希腊的兴趣变得更加强烈了。沙皇尼古拉一世对宗教极为虔诚，属于东正教会的希腊人不仅是俄国的潜在资源，还是他的教友。俄国人表现出要为东正教教友而战斗的姿态，并可能会占领希腊半岛。坎宁决定进行阻止。

尽管英国的官方目标是支援盟友土耳其帝国，在接下来的15年中也是如此，但是在希腊战争中，英国公众和坎宁本人都坚定地站在希腊人一边。在19世纪，每位英国文明人都接受过古典教育，拉丁语和希腊哲学、文学是英国高校的主要课

---

* 尼古拉一世·巴浦洛维奇，1796—1855，俄国皇帝，1825年至1855年在位。——编者注

程。希腊战争爆发之后，立即吸引了许多英国志愿者为之战斗，希腊爱好者协会（Philhellenic Society）在英国各地如雨后春笋般出现，为志愿者提供资金支持。志愿者中广为人知的代表便是浪漫主义诗人拜伦男爵。

1827年，在战争持续了5年之后，埃及军队加入土耳其阵营，开始践踏希腊。虽然英国在官方上保持中立，但英国民众要求政府无条件地采取行动——土耳其人对希腊人的大屠杀让英国群情激愤。作为一名反应敏捷的现代政治家，坎宁无法置澎湃的民意于不顾。他断言，如果俄国出兵干涉，未来最大的希望将在于在"欧洲协调"的旧体系下和俄国并肩行动。坎宁在法国和俄国的支持下进行了重大协商，实际上帮助希腊人从残暴的土耳其人手中争取到了自由，同时名义上阻止了奥斯曼帝国一个重要部分的解体。理论上说希腊仍是奥斯曼帝国的一部分，且必须向土耳其人纳税，但实际上希腊获得了自治。

1827年，利物浦伯爵突发中风，坎宁担任英国首相。然而，开明的坎宁认为应该推动天主教解放运动，导致政府中所有反对该项运动的成员集体辞职——威灵顿和皮尔带头辞职，因为他们相信，天主教解放运动将结束爱尔兰和英国的联合状态。无论如何，许多托利党成员一直不欢迎坎宁，他们认为他聪明过头。为了落实政府的政策，坎宁被迫在内阁中起用了一些由年轻的约翰·罗素伯爵领导的辉格党人，而他们过去20年间在政治上的作用几乎可以忽略不计。获得他们支持的代价是撤销反对非国教徒的《核验法》和《团体法》。

天赋卓越的坎宁健康状况长期持续恶化，于1828年去世。首相一职由前财政大臣弗雷德里克·罗宾逊，即现在的戈德里奇子爵（Lord Goderich）仓促接替。但在1828年，科德林顿（Codrington）海军中将擅自决定，为了支持希腊人民，在纳瓦里诺海战（Battle of Navarino）中击沉埃及和土耳其舰队。内阁不同意这一决策，戈德里奇被迫辞职，乔治四世将首相一职交给威灵顿公爵。他强烈反对摧毁土耳其军舰，认为英国可以在未来与俄国的对抗中使用缴获的军舰。威灵顿创建了由支持坎宁的自由派人士组成的政府，其中包括帕默斯顿子爵（Viscount Palmerston）和赫斯基森，同时还召回了包括皮尔在内的因天主教解放运动卸任的托利党人。

威灵顿虽然是一名优秀的士兵，但不具备外交才能，他很快毁掉了坎宁精心布置的东方网络。坎宁的目的在于将俄国人纳入网络之中，迫使其与英国采取一致行动，但在威灵顿就纳瓦里诺海战向土耳其人道歉之后，俄国人认为盟友没有完成任务，而对英国产生了反感，他们在1828年入侵了土耳其。信奉保守主义的威灵顿恐惧革命，他逐渐与任何争取独立的斗争力量站在了对立面上。但他现在发现，在国际担保人的监督下，确保希腊取得真正意义上的独立是最好的选择，否则俄国将把希腊变成其帝国领土的一部分。因此，他牵头促成英、法、俄三国签订协议，使得希腊在1829年获得独立。这是肢解"欧洲病夫"*的初次尝试，但行动仅止于此。

与此同时，英国国内的托利党自由派难以消化这位"铁公爵"的保守做法。他对待他们像对待下属一样，给他们的角色仅仅是遵守命令。很快，在废除《核验法》和《团体法》之后，包括赫斯基森、威廉·兰姆［William Lamb，未来的墨尔本子爵（Lord Melbourne）］和帕默斯顿在内的全体自由派人士集体辞职，由威灵顿公爵和留下来的皮尔及托利党极端派执政。废除《核验法》和《团体法》标志着人们结束宗教歧视的愿望越发强烈，虽然在沃波尔的努力下《核验法》一直未能执行。一年之内，爱尔兰人大胆地举行了选举，迫使威灵顿开启天主教解放运动。

一些政治家一度相信，天主教解放运动势在必行。但是，若干赋予天主教徒投票权的法案都被上议院驳回，因为上议院中许多议员都在爱尔兰拥有房产。截至目前，英格兰只剩下少量天主教徒，天主教解放运动的重要性仅限于爱尔兰。18世纪末，皮特曾经赋予过爱尔兰天主教徒投票的权利，但由于乔治三世的全面阻止，天主教徒仍然无法担任任何公职。即使他们可能不再会因为坚持自己的宗教信仰而受到惩罚，但他们依然无法成为治安官、法官、郡长或议会议员。

坎宁等政治家曾经认为，给谋杀率如此之高的一个国家带来秩序的唯一方法是赋予天主教徒更多的管理权。天主教社区在肩负适当责任之后，可能会对法律的执行给予一定支持；如果将它们排除在权力之外，它们可能会认为治安官是新

---

* 奥斯曼帝国晚期时被称为"欧洲病夫"。随着西方的崛起，伴随着巴尔干和近东民族独立运动的发展，奥斯曼帝国逐步走向衰落，成为欧洲列强角逐近东和黑海地区霸权的牺牲品。——译者注

教徒管理体制的一部分，与自己格格不入。但是问题在于，大多数爱尔兰天主教徒反对英国统治，他们越来越希望脱离英国，自己管理自己。

到了19世纪20年代末，爱尔兰军事化程度提高。造成这种情况的部分原因在于，拿破仑战争切断了爱尔兰与欧洲大陆神学院的惯常联系，之后在基尔代尔的梅努斯（Maynooth）出现了一种新型爱国主义神父。过去曾有不关心政治的神职人员煽动爱尔兰人民的愤怒和不满，现在一位名叫丹尼尔·奥康奈尔（Daniel O'Connell）的出庭律师再次点燃了爱尔兰人民的情绪。他是一名极具天赋的乡村演讲家，因演讲极具说服力而闻名，用一句套话来说，他很快成了"爱尔兰的无冕之王"。

奥康奈尔着手创造出一种无法拒绝赋予天主教徒投票权的局面。他所属的组织——天主教委员会（Catholic Board）在每一个天主教讲坛上进行推广活动，逐渐发展成一个十分有力的压力团体。该组织通过"天主教借款"，每月定期获得1便士捐款，持续煽动天主教徒进行天主教解放运动。后来，天主教委员会遭到取缔，但由于它具备所有政治组织的特征，奥康奈尔及其朋友很快将其改头换面，以"天主教协会"（Oath of Supremacy）的名称继续经营。

在天主教神父和奥康奈尔的努力下，收入到达40先令的罗马天主教世袭地产拥有者（他们的资产满足获得投票权的资格）才有勇气在1828年的选举中反抗他们强大的新教徒土地主，转而将选票投给立足于天主教会的天主教候选人。从理论上说，一直以来天主教徒都不可能成为议会代表，因为他们需要在当选时宣读"至上宣言"（Oath of Supremacy）。*当然，在实际中从未发生过这样的事情，因为以那种方式宣誓意味着违背自己的宗教信仰，承认英国君主是天主教会的领导者。但是，奥康奈尔争辩道："谁知道被选上的议员会不会遵守誓言呢？"他打赌，一旦天主教徒被选入议会，英国政府为了避免尴尬，不会阻止他入席。毕竟，60年前，议会拒绝让按照法律程序被选上的约翰·威尔克斯入座就曾引起极大的混乱。

令政府错愕的是，奥康奈尔以压倒性的优势作为克莱尔（Clare）的议员回归了议会。天主教协会发出警告，在下一届选举中不会只推举1名，而是60名天主

---

* "至上宣言"要求在英国担任公职或教会职务的人必须宣誓对英国国教的最高统治者效忠。——译者注

教议员。议会体系陷入僵局。威灵顿确信，如果不允许奥康奈尔入座威斯敏斯特议会，爱尔兰将爆发内战。尽管仅仅在一年之前，威灵顿公爵和皮尔曾宁愿双双辞职，也不愿意在支持天主教解放运动的坎宁的领导下任职，但是现在威灵顿觉得还是识时务者为俊杰——他不得不支持天主教解放运动，向不可逆的潮流屈服。威灵顿作为新教支持者和爱尔兰新教贵族，其双重身份使国王确信，必须批准天主教解放运动。虽然乔治四世和他的父亲一样，认为应该坚守自己在加冕典礼上的誓言，但他还是极不情愿地同意了。奥康奈尔以其大胆的行动赢得了今天的局面。

从1829年开始，罗马天主教徒便可以在议会中获得席位，虽然他们仍然无法担任财政大臣和首相。然而，由于《罗马天主教徒解放法》在奥康奈尔当选时尚未颁布，所以威灵顿仍不允许他在下议院获得席位。作为报复，威灵顿还将世袭地产拥有者的投票资产标准大幅提高至10英镑一年，导致许多支持奥康奈尔的贫农和小农场主失去了投票权。不过，奥康奈尔身边仍然聚集着足够多的支持者，足以使他以议员身份再次参加下一届议会。

但是，天主教解放运动不仅标志着旧议会制度的终结，还标志着托利党统治的结束。托利党极端派对威灵顿公爵感到非常愤怒，觉得他背叛了他们。1830年，他们在背后捅了威灵顿一刀，投票支持辉格党，将威灵顿和皮尔逐出了政府。他们的举动帮助辉格党政府自1807年以来首次上台执政。

威廉四世
William IV

1830—1837

旧体制在英国日渐式微，1830 年 6 月 23 日，乔治四世去世后，迹象更加明显。正如乔治四世的称呼"欧洲第一绅士"所表明的，他成了英国曾经辉煌一时的贵族统治的缩影。几个月之后，曼彻斯特和利物浦之间开通了第一条长距离蒸汽火车铁路，标志着现在和过去划分出明确的界限。铁路工程让人们感到兴奋，大多数内阁成员出席了通车仪式，包括英国首相威灵顿公爵。在他们的注视下，乔治·史蒂芬逊（George Stevenson）的著名蒸汽机车"火箭"号（Rocket）首次驶出。

但是，英国不仅被火车旅行的不同节奏所改变，人口数量也将增长到祖辈们做梦也想不到的数字。他们将很快用上英国人查尔斯·惠斯通（Charles Wheatstone）和威廉·库克（William Cooke）发明的电报，享受到英国人威廉·亨利·福克斯·塔尔博特（William Henry Fox Talbot）和约瑟夫·班克罗夫特·里德（Joseph Bacroft Reade）所说的摄影技术，在法国，这一技术被称为"银版照相"。现在，人们乘坐第一艘蒸汽船只需 10 天就可以横渡大西洋，而之前依靠风力需要3个月之久。英国人开始使用下水道系统，从罗马时代开始，英国的排水系统就没有得到过改进，下水道系统的应用极大地改善了英国人的健康条件。18世纪末，英国人可以借着威廉·默多克（William Murdock）在瓦特的蒸汽机工厂中发明出来的煤气灯读书，并且这种煤气灯在城镇中已经成了稀松平常的事物。英国人不必在烛光下费眼睛，就可以酣畅淋漓地一口气读完畅销作家撰写的3卷本长篇小说，比如称得上时代人物和最犀利批评家的查尔斯·狄更斯（Charles Dickens）的作品。

英国政府也随着这些变化发生了巨大改变。活跃的商人阶级获得了巨大财富，他们再也不甘于被剥夺自己主宰命运的权利。1832年，在威灵顿和大多数贵族的反对声中，搁置了40年的《改革法案》（Reform Bill）得到通过。这个过程伴随着由激进政治活动家领导的前所未有的中产阶级的示威，以及新近复苏的对革命的恐惧。更重要的是，在19世纪稍后的时间里，英国还将通过两项《改革法案》，进一步将选举权拓展至其他欧洲国家都无法企及的水平。仅仅过了90年，无论财产多寡，每位成年男性都可以进行投票。

政治意识也开始出现了影响深远的转变。英国人口不再像过去几百年那样被划分为绅士阶层、律师、商人、少数教育家和农民。工业革命引发了彻底变革，许多新兴行业应运而生，数千种新的职业也由此产生，如锅炉修理工、机械工具制造工等。随着蒸汽时代的到来，还出现了从事采矿、土木工程等具体行业的工程师。这些人可能没有接受过建立在阶级基础上的绅士教育，但他们具有完全的自我意识，能够坚持自己的意见。然而，他们当中大多数人在谢菲尔德、伯明翰和利兹（Leeds）等新兴大型都市聚集区都没有投票权，他们奇怪地发现衰败的自治镇老塞勒姆竟然拥有7个投票名额，还经选举从其中产生了两名议会代表——尽管所谓的"城镇"只是一座山丘上的荒废城堡。

主要城市的人口数量开始增长到数千人。在达比家族（Darby Family）等善于创新的钢铁厂老板的努力下，钢铁行业在整个18世纪取得了跨越式发展，钢铁贸易永久性地从苏塞克斯的威尔德地区向英国北部移动。人们发现使用煤炭将铁融化比使用木炭效率更高。达比、伯明翰、谢菲尔德和格拉斯哥等生产从钩眼扣到武器等形形色色的小型铁制品的传统金属加工城镇，受战争需求刺激，产量呈指数级增长。

关于改革的政治意愿变得不可阻挡。1830年8月，在威灵顿的领导下，托利党在新议会中重新掌权，成为乔治三世的第三个儿子、时年65岁的克拉伦斯公爵继位（威廉四世）的一个标志。乔治四世只有一个孩子——品行高洁的夏洛特公主，她与放荡不羁的父母大为不同，人们对她寄予厚望，但不幸的是，她在17岁时夭折了。但是，许多在投票权改革后被选出的议员进入了议会。在整个欧洲，战后所有的反动和镇压企图已告终结。一种暴力而不切实际的民族主义精神席卷了英国，这时期的戏剧、歌剧和诗歌都表达了这种精神。法国、比利时、荷兰南部省份、波兰、意大利和德意志北部都爆发了革命。

波兰和意大利人民的起义被他们的俄国和奥地利"主人"镇压，法国和比利时的中产阶级自由派在革命中取得了胜利。反对革命的法国波旁王朝国王查理十世（Charles X）被推翻，他是命运多舛的路易十六和路易十八的弟弟，他试图限制新兴中产阶级和媒体的力量。基于受议会限制的立宪制原则，他堂兄"平等的菲利普"（Philippe Égalité）之子接过王位，成了路易-菲利普国王（King Louis-Philippe），也被称为"公民国王"。比利时成功脱离荷兰，成立了独立的王国。

国际自由运动取得成功使英国的改革支持者更加觉得不应该放弃自由事业。王后卡罗琳的司法捍卫者——激进派人士亨利·布鲁厄姆成功地在约克郡获得席位，由此可见民心所向。一位外地人在以排外情绪著称的地区当选，标志着当地居民极度渴望议会中有人能够代表利兹、谢菲尔德和哈德斯菲尔德（Huddersfield）等大型工业城市聚集区。让他们无法忍受的是，无论当地居民多么富有和重要，没有一个人拥有投票的权利。

然而，在新一届议会的第一次会议中，"铁公爵"表明了自己的立场：只要他掌权，人民就别想参与议会。资深辉格党改革者格雷伯爵表示，他支持改革；而威灵顿公爵回应道，议会制度已经非常完美了，他想不出如何设计一个更好的。这成为压垮托利党自由派的最后一根稻草。他们抛弃党派忠诚，转而把票投给辉格党，威灵顿失去了首相的职位，格雷伯爵组建了20多年以来的第一届辉格党政府。

对于害怕英国国内爆发革命的人来说，格雷不是一个让人谈之色变的人物。他是拥有庞大地产的上议院议员中的一员。但是，他在整个政治生涯中都为了议会改革而奋斗，他是担任首相的合适人选，人们相信他能够将英国引入一个新纪元。为了这个时刻,他已经等待了几十年。在他的领导下,这届改革派内阁表现得十分引人注目,内阁成员包括辉格党、少量激进派或极端派辉格党议员,比如后来成为财政大臣的亨利·布鲁厄姆,以及托利党自由派。在支持坎宁的托利党人中,加入内阁的有帕默斯顿子爵和墨尔本子爵。

格雷出生于1764年,但他的大部分同僚都是决心对选举制度进行现代化改革的年轻人。一代人之后,约翰·布赖特(John Bright)曾说,英国是"议会制度之母"。然而,选举制度虽然令所有渴望进步的国家无比向往,但本国公民却对它嗤之以鼻,认为结束这种选举模式非常重要。1831年3月31日,年轻的辉格党人约翰·罗素子爵将《核验法》和《团体法》从法典中删除,并且向非国教徒开放国家公职,《改革法案》也在下议院中通过了第一次审阅。改革席卷英国:议会中168名议员失去了席位,60个行政区被撤销,所有居民数少于2000人的行政区失去了投票权,30个居民数少于4000人的行政区失去了一位成员代表。空出来的所有席位都给了之前没有代表名额的城市,如曼彻斯特、利兹、伯明翰和谢菲尔德,以及新成立的伦敦行政区和代表数量不足的大型郡县,如约克郡。

罗素在现行选民名册中增加了大约40万成年男性,并且他们并非都拥有自己的房产。这是一项大胆的举措,因为在此之前,只有拥有房产的人才被视为能够对自己的选票负责,成为议员则需要达到更高的财产要求。现在,投票权扩展到每年付得起10英镑租金的城镇居民,罗素赋予了中产阶级、店主、小商人、工程师和教师投票的权利。议会不再是土地主的专属封地。

在乡村地区,投票一直较为民主。年收入达40先令的世袭地产拥有者可以投票,一些更为富裕的租佃农场主也拥有投票权,但贫困的工人阶级仍然无法投票。年收入超过10英镑的(据官册)土地拥有者,以及持有租期为21年以上或价值超过50英镑租约的租赁者也可以投票。投票注册制度从那时开始实行,用以证明个人具备投票资格。在实际操作中,投票或选举不再延续长达数周(时间越长,权力滥用的空间便越大),一个城镇仅需一天时间即可完成;在乡村地区,由于人们居所相隔较远,投票需要两天。

《改革法案》以1票的优势通过了第二次审查。托利党人大为吃惊,人们把他们脸上的表情比喻为"被诅咒的旁观者"。但是,托利党没有被完全打倒,他们设法在委员会审查中终止了法案——这是议会详细审查法案细节是否通过的阶段。政府集体辞职，要求进行全体选举。

针对《改革法案》的投票实际上是一次全民公投，在无数激动人心的场景中展开，许多改革者回到议会当中。在很快就要成为市议员的激进派运动家托马斯·阿特伍德（Thomas Attwood）的指导下，数量庞大的伯明翰市民加入了名叫"政治联盟"（Political Union）的组织。阿特伍德创立了这个组织，并说服现有投票者在选举中支持改革派候选人。在"法案，全部法案，只要法案"的振奋人心的呼喊声中，《改革法案》没有遇到太多困难就在下议院得到了通过。但是，1831年10月，上议院展现出其保守土地所有者机构的本质，驳回了提案，致使全国爆发骚乱。贵族和主教在大街上遭到袭击；在布里斯托尔，主教的宫殿被焚毁；诺丁汉城堡被夷为平地，因为它属于纽卡斯尔公爵。许多郡县和城市不得不召集军队来恢复秩序。

但是，比公民暴乱更令人警觉的是中产阶级叛乱。整个英国，一个又一个城镇里，最受尊重的公民、国家的脊梁——律师、教师和医生加入激进派仿效伯明翰最新成立的政治联盟当中，宣泄着他们被排斥在选举之外的怒火。他们声称自己的目标是"保卫国王和内阁成员不受选票贩子的侵犯"。在伯明翰，教堂特意调低了钟声的音量，使之昼夜不停地鸣响，以表达城市的愤怒。政治联盟的15万成员宣布，他们做好了挺进伦敦的准备。与詹姆士二世统治时期英国面临变为天主教国家的危险时一样，英国人民开始拒绝维护地方政府的公共服务体系，而国家福祉和秩序以此为根基。英国人民不再充当郡县治安官或者太平绅士，法院不再开庭。英国社会结构中价值不可估量的组成部分——公共服务精神被搁置一旁。令人不安的是，如果不采取有效措施安抚改革者，这个国家将真的处于分崩离析的危险之中。

在这种背景下，辉格党在1831年12月起草了第三版《改革法案》。该法案先后在下议院和上议院通过，因为许多贵族成员都对国家正在发生的大规模事件感到警觉，开始将《改革法案》视为无法阻挡的事情。但是，1832年4月底，法案在委员会阶段受到阻挠：一些贵族成员试图阻止在会上讨论法案的条款。更糟糕的是，和善的国王拒绝帮助格雷伯爵，同时驳回了他为了使上议院中的辉格党人数超过托利党而增设 50 个辉格党贵族头衔的要求。

威廉四世是乔治三世众多儿子中的第三个，他在成长过程中发现自己并不那么重要，在 1827 年他的兄长约克公爵即原定王位继承人去世之前确实如此。他还是克拉伦斯公爵的时候，在泰晤士河畔的里士满区享受着舒适的家庭生活。他在 1811 年之前，一直愉快地和丧偶的喜剧女演员乔丹女士住在一起，他们一共生育了 10 个孩子，但一直没有结婚。1818 年，他被说服和更为门当户对的王室成员萨克森-迈宁根公主阿德莱德（Princess Adelaide of Saxe-Meiningen）结婚。他们生了两个女儿，但不幸的是，这两个孩子都没有非婚生子女那般健康，小小年纪便夭折了。威廉四世在海上接受了大部分教育，远离宫廷的他显得朴实无华。他走起路来摇摇晃晃，像个海员。成为国王之后，他继续保持着友善的习惯，喜欢在街头馈赠朋友礼物。即便他现在身份尊贵，也会首先起身给对方让路。他被人们称作"傻子比利"，想必这个称呼一定是在背后叫的，因为据说他在加冕仪式时曾小声问："谁是'傻子比利'？"

在议会通过《改革法案》的同时，直率坦诚、眼球突出的国王变得极度焦躁不安，他很快抛却了之前的民主作风。格雷别无选择只好辞职。威灵顿再一次被请出来，在国王的邀请下出任首相。因为威廉四世相信，威灵顿公爵会成功通过一项更为缓和且能被接受的《改革法案》。

现在，英国人民的情绪燃烧到了顶点。威灵顿公爵在 15 年前还是国人敬仰的救世主，现在却变成了国家最不受欢迎的人。他位于海德公园大门的阿普斯利宅邸（Apsley House）的窗户上至今仍装着铁栏杆，因为他认为有必要防止暴民袭击。在所谓的"五月风云"（Days of May）时期，人们得知威灵顿公爵正在试图组建行政管理机构后，开始在伦敦四处张贴巨幅宣传画，上面写着标语"取出黄金，阻止公爵！"在曼彻斯特和伯明翰，人们响应号召开始把钱从账户中取出来，造成了货币动荡。政治联盟提倡拒绝向政府纳税。毫无疑问，如果公爵组建政府，内战将会爆发。整个社会体系处在崩溃边缘；中产阶级政治联盟聘请接受过军事训练的人员组织他们的雇员在工厂练兵。

面对如此内乱，威灵顿公爵像面对天主教解放运动时一样，意识到自己不得不向民意屈服。他放弃了组建政府的想法，在温莎城堡与国王进行了紧张的交谈，他告诫国王召回格雷伯爵，接受法案。为了维护君主的尊严，不让人们觉得国王是在违背自己意愿的情况下被迫册封爵位，同时也为了避免爵位的价值被低估，威灵顿说服许多朋友在1832年6月4日不投赞成票，但这项法案仍以压倒性优势在上议院通过。

改革后的第一届议会在1833年召开会议。一个奇妙而具有象征意义的事件是：一年之后，上议院被烧毁。在原来的地点上，建起了我们今天看到的查尔斯·巴里（Charles Barry）设计的"伪哥特式"的雄伟桩柱。中世纪的建筑风格恰当地提醒着我们议会在13世纪末的起源。尽管如此，经过改革的下议院仍被赋予了新的现代精神。那些被祖先授予盾牌和住所的少数人，终于交出了手中的权力。这些新议员具备商业头脑，思想开明且来自城市。即便如此，固有的乡绅阶层和贵族阶层仍占上议院的大多数，他们在未来许多年中一直在郡县选举中起领导作用。

下议院立即表达出新获得投票权、具有宗教信仰的中产阶级的炽热信念：反对罪恶的奴隶制。1807年，奴隶贸易已被废除，但奴隶制本身还没有结束，实际上，它的存在巩固了西印度群岛的经济。格雷政府最先采取的行动之一是在大英帝国全境宣布奴隶制为非法，种植园主得到2000万英镑的巨额财政补偿。反奴隶制运动之父威廉·威尔伯福斯在他的伟大事业显现出成效的那一年去世了。

新辉格党政府的精神在于追求提高和改善，许多议员希望这届政府能够终结贵族政治论者的自由放任政策，同时开启干预主义政府的新时代。格雷伯爵设立了许多委员会来调查国家现状，无论是在学校、工厂、教堂还是在当地政府，同时确认可以在哪些地方做出改进。辉格党理论上的改革计划给人留下了深刻的印象。议会对全国性的初等教育体系负责。政府向两个教会机构投放学校建设基金——圣公会全国协会（Anglican National Society）和英国及国际非国教徒学校协会（Nonconformist British and Foreign School Society），它们是向贫困人群提供学校教育的主要机构。1839年，英国成立了教育部，负责管理初等教育。

在激进分子和"10小时运动"的压力之下，地方公民委会员投身到限制工厂工作时长的运动当中。1833年，英国通过了新的《工厂法》，拓宽了1819年通过的《棉纺织工厂法》（Cotton Mills and Factories Act）的适用范围，将法律应用到各类纺织厂中。法律规定任何工厂不得雇用 9 岁以下的儿童；对于 9～13 岁的儿童，法律也做出了区分，只允许他们每天工作 9 小时；13～18 岁的青少年每天可以工作 12 小时；13 岁以下的儿童必须用工作时间的一半接受教育，由工厂主提供私人教师。辉格党人成立了付费的政府工作检查团，确保建筑物在通风和设备运转方面符合健康和安全标准。

辉格党政府面临的最紧迫的问题之一是农业萧条。1815 年以来，英国农业一直处在衰退之中。英国农村地区极度贫困，不断爆发的骚乱成了贫困的证明。人们焚烧干草垛，趁着夜晚把打谷机偷出农场，然后用锤子砸毁。虽然辉格党人相信理性化和现代化，但他们对待骚乱分子却和托利党极端派一样残暴：9 名成年男性和男孩因焚烧干草垛而被绞死，许多骚乱分子被发配到集中流放刑事罪犯的澳洲殖民地。然而，在勤奋但备受争议的埃德温·查德威克爵士（Sir Edwin Chadwick）等充满活力的改革家领导下，辉格党人创建了一个委员会来调查四处弥漫的不满情绪。他们创造性地调查了工人的健康状况，后来这种调查演变为对公共健康问题的调研。

委员会认为，脱贫措施应该受到谴责。斯皮纳姆兰救助系统以土地税补充农民工资，自拿破仑战争时期，许多国家就采取了这种做法，土地税负担变得极为沉重，许多农场主根本负担不起他们的土地税费。当农场主降低工资并解雇劳动力时，原本就糟糕的局势开始失控。地方行政官为了削减繁重的税收，限制了对贫困人口救济的支出。1834 年，可以追溯至伊丽莎白统治时期的《济贫法》（Poor Law）被废除。新《济贫法》规定，从土地税中获得的补助（我们今天称之为失业津贴）只能少量地发给"高龄或病弱"的贫困人群。任何身体健康、足以参加工作的男性和女性如果想要从教区税收中获得援助，就必须住在劳动救济所中。劳动救济所是一种大型当地机构，用以收容极度贫困的人。新体系还对《济贫法》的行政流程进行了标准化改革。经过改革，每个教区都设立了不同的行政流程，使得照顾流浪汉和孤儿变得更加容易。《济贫法》废除了农业补助，从长远上看有助于提高农民收入。

然而，1834 年 12 月，国王突然觉得自己受够了这些"好事之徒"。他对辉格党的进步想法产生了厌恶，主要是由于他们对英国国教会的态度不够尊重：辉格党领导人墨尔本子爵将爱尔兰的新教主教数量缩减到10人。为了降低爱尔兰犯罪率，政府新出台了《强制法案》。为了表示抗议，格雷辞职。议会本会更大比例地吸纳中产阶级成员，但威廉四世因为辉格党人插手教会事务，利用王室特权解除了他们的职务。国王任命罗伯特·皮尔为英国首相，希望他能够出台一些尊重教会的托利党政策。

实际上，皮尔希望组建一个不同于传统托利党，且倾向于自由主义的托利党。他希望将托利党从代表贸易保护主义的土地所有者的政党转变为代表制造业主的政党。皮尔认为，如果托利党想要继续发展下去，就不得不向新的权力群体拓展，同时倾听中产阶级的意见。他的观点将至少花费10年时间才能重新获得国内托利党，也就是目前所谓的保守党（Conservative Party）[*]的支持。托利党之所以被称为保守党，是因为他们希望最大限度地保留古老的机构，而他们也能面向未来。然而，在下一届选举中，托利党仍然在下议院占少数席位，因此辉格党在墨尔本子爵的领导下重新上台。

墨尔本子爵威廉·兰姆娶了与拜伦男爵关系暧昧的卡罗琳·兰姆女爵（Lady Caroline Lamb）[†]为妻。墨尔本子爵由数位18世纪末期幽默有趣的辉格党女主人抚养长大，所以他在某些方面的想法与时代格格不入。墨尔本子爵关心的是辉格党古老、抽象的自由概念，而对如何提高工人的生活水平漠不关心。从这个局限性上看，他在某些方面是与世隔绝的。但超然而智慧的墨尔本子爵又是一名现代主义者，他实行了一系列旨在提高国家效率的创新性改革。

1835年的《市政改革法案》（Municipal Reform Act）将城镇的控制权从故步自封的寡头组织手中转移到中产阶级手中，对议会产生的影响类似于1832年的《改革法案》。在追求宗教自由的过程中，辉格党人继续将英国国教会的控制权掌握在国家机构手中。在英格兰和威尔士，当地教区牧师从所在社区抽取什一税的长达1000年的传统被废除。从1836年开始，人们可以在非国教小教堂中举行婚礼仪式。尽管直到1871年，牛津和剑桥等古老学府才废除了宗教考查制度，但

---

[*] 英国中偏右政党，历史悠久，现与工党并列为英国两大主要政党。——编者注

[†] 1785—1828，英国女贵族，小说家。——编者注

1836年成立的伦敦大学（University of London）可以不经过"宗教考查"就授予学位。现在，非国教徒、天主教徒和犹太教徒不必前往苏格兰或欧洲大陆求学，在英国就可以学习。报纸的印花税被削减至1便士。1837年，首次出现强制性的公民出生、死亡和结婚注册登记制度，作为对1538年托马斯·克伦威尔发明的教区注册制度的补充。1839年，在罗兰·希尔（Rowland Hill）的努力下，1便士邮资制度得到采纳，人们只需要花1便士就可以把一封信邮寄到不列颠群岛全境的任何一个地方。

尽管法律上实现了上述现代化进步，但在表面之下还是会周期性地发生一些令人痛苦的事件。1834年，《济贫法》在短期内以完全失败告终。小说《雾都孤儿》（Oliver Twist）创作于新体制创立的3年之后，揭露了济贫院作为组织化的残酷机构的本来面目。在里面居住的人像囚犯一样被对待，而他们所犯之罪就是贫穷。每一丝个性的张扬，每一抹明亮的色彩，无论是插在罐子中的一束雏菊，还是手工编织的珍贵帽子，都会被没收；每一餐必须安静地吃完；夫妻不得不分房而睡，也不得不和自己的孩子分开睡；所有人都必须住在宿舍中。济贫院一直存在到20世纪早期，直到自由党政府在1906—1914年引入养老金、国家保险和失业保险制度之后才被废除。

至于规范工厂的法律法规，它们可能相应地改善了工人的工作环境，但是改革者和慈善家沙夫茨伯里伯爵表示，英国并没有理由感到骄傲，因为仍有五六岁的孩子被迫在矿井中工作。辉格党政府允许福音派教徒沙夫茨伯里伯爵组织调查工厂，他发动了"旋风行动"。虽然他本人就是1833年颁布的《工厂法》背后的推动力量，但他对这部法律并不满意，并决定将其影响范围拓展到所调研的矿井之中。1840年，他在下议院宣读调查报告的摘要时，一些议员落下了眼泪。

沙夫茨伯里伯爵的"蓝皮书"，即针对矿井和制造业中雇用童工的问题向皇家委员会议会做出的报告，给整个英国带来了剧烈的震动。不带感情色彩的官方语言使得整个报告变得更加冰冷刺骨，报告详细描述了一些6岁的孩子如何套在运煤的卡车上，在地下一天工作12个小时。他们在及膝的水中沿着开凿的隧道拖着煤车，而他们的母亲则用头托举着煤车，将它们一直运送到矿井的顶端。英国便是这样开凿出使它成为"世界工厂"的煤矿。

调查结果促使英国在1842年出台了《煤矿法》（Mines Act），禁止10岁以下的男孩和女孩在矿井中工作。1844年出台的第二版《工厂法》中，女性的工作时长被压缩到了12小时一天，儿童的工作时长被减少到6.5小时一天，然而法律仍然允许雇用8岁以上的童工。虽然当时的状况仍令我们触目惊心，但在同时代的人看来，这已经是一种巨大的进步。这些十几岁的小男孩没有朋友，也没有家人照顾，他们的家人需要他们来赚钱。他们只能充当学徒，在未来的30年中一直在矿井下工作。他们身材矮小、皮肤黝黑、发育滞后，但是不知出于什么原因，这些男孩没有像他们的姐妹一样唤起议员的同情。沙夫茨伯里孜孜不倦地倡导的10小时工作制在未来的许多年都没有达成，因为经济学家预测，制造业在未来将经历一次衰退，进而引发市场和收入的双重缩水。同时，工厂的力量也有所干涉。虽然英国在1850年出台了相关法律，制定了10.5小时工作制，但直到1874年，10小时工作制才最终确定了法定日工作时长的上限。

1842年，埃德温·查德威克爵士发表了《关于英国劳动人口的卫生条件报告》（Report on the Sanitary Condition of the Labouring Population of Great Britain），揭露了英国人肮脏的居住环境和分布在纺织厂和矿井周围的城市贫民窟的状况。工厂的工人像牲口一样生活，他们极不体面地住在10人一间的屋子里。新修道路很多，原先的粪堆排污系统在小村庄或村落中可以被接受，但是在新城市中就变得十分有害。

纺织工人因在通风不良的建筑物内吸入棉絮而患上了肺病；工人们居住在工厂的烟囱周围，烟囱排出的黑色烟尘染黑了方圆数百英里的天空；阳光很少能够穿透烟雾，工人永远生活在硫黄色的光中，周围是机器在昼夜不停地轰鸣；即便在正午，天空也像午夜一般黑暗。神秘主义诗人威廉·布莱克还是小男孩时所熟悉的"舒适的绿色大地"发生了令人震惊的改变，这种两代人之间发生的转变引起他的思考：面对新兴资本主义，美好的基督教生活是否能够继续存在？布莱克在他所处的时代被当成危险的激进分子，而现在他的观点正在成为社会主流。

现在，人们更加清楚地意识到，如此多的工人正在"魔鬼工厂"中忍受着地狱般的折磨。近代早期曾经被人们兴奋歌颂的工业化进程开始受到质疑。1844年，德意志棉纺织厂主的儿子弗里德里希·恩格斯（Friedrich Engels）对工业化进程发起了惊人的控诉，他在《英国工人阶级状况》(*The Condition of the English Working Class*)中描述了曼彻斯特工人阶级的贫困生活。恩格斯所目睹的穷人遭遇使他相信，只有革命性的变革才能阻止大众继续遭到雇主的剥削。阿克赖特合伙人的女婿罗伯特·欧文（Robert Owen）早在1799年就在苏格兰的新拉纳克（New Lanark）开设了合作社，与工人分享获得的利润。尽管实验以失败告终，但欧文深刻地意识到工业革命让人们在生活上付出的代价，进而断定成立工会是唯一的解决方案。

约瑟夫·玛洛德·威廉·透纳（Joseph Mallord William Turner）可能是赞美蒸汽机力量和魅力的最后一位重要的艺术家。他在1844年创作的《雨、蒸汽和速度——西部大铁路》(*Rain, Steam and Speed—the Great Western Railway*)反映了他的态度。到了1848年，前拉斐尔兄弟会（Pre-Raphaelite Brotherhood）的画家遵循那个世纪最具影响力的艺术批评家约翰·拉斯金（John Ruskin）的戒律，自觉回归到14世纪意大利画家所描绘的世界中，作为一种对当前艺术潮流的反抗。迷雾中的中世纪风格成了艺术家模仿的对象，知识分子从机器和现代化中退出。到了19世纪最后的25年，威廉·莫里斯（William Morris）开创了乌托邦式的工艺美术运动，赞扬了超越机器制成品的传统工匠的个人手工艺技巧，重振了共产主义思想。

狄更斯的《雾都孤儿》是首部体现社会关怀的小说，极大地改变了公共阅读的感受。在读者面前呈现的不再是"含着金汤匙出生"的上流社会的浪漫故事，读者被面对面地带入贫困人群的生活当中，了解贫困的含义。这个时代的悲惨之处通过图书馆中流通的书籍传播开来。到了19世纪40年代末，诸如小说家加斯克尔夫人（Mrs Gaskell）*创作的《玛丽·巴顿》(*Mary Barton*)和查尔斯·金斯莱（Charles Kingsley）创作的《奥尔顿·洛克》(*Alton Locke*)等书，开始将英国公众的注意力吸引到贫困阶层的生活和工厂中童工的生活之上，激起人们对这两类群体的处境与对奴隶制类似的愤怒。19世纪了解底层人民生活的英国公众成了一个忧国忧民的群体。这是一个崇尚崇高精神的特殊年代，国家话语权被政治家、

---

* 伊丽莎白·加斯克尔，1810—1865，英国维多利亚时代的小说家。——编者注

改革家和作家等人主导，他们难以抑制将世界变得更加美好的愿望，并且他们的愿望产生了强大的感染力。沙夫茨伯里伯爵揭露事实的激昂文字使人们相信，榨干工厂中童工的劳动力从道德上讲是错误的。截至19世纪末，强制性的初等义务教育体系终于确立，童工终于成了过去式。

尽管英国人对繁荣给人类生活带来的代价有了全新的认识，但在墨尔本政府好大喜功的外交大臣的领导下，英国的自信心膨胀到了前所未有的程度，沉迷于本国伟大的海外成就难以自拔。第三代帕默斯顿子爵——赛马场主亨利·坦普尔（Henry Temple）是一头典型的"约翰牛"（John Bull）*。他是爱尔兰贵族出身，因此有资格坐在下议院中。争强好胜的帕默斯顿向英国民众展现出讨人喜欢的个人形象。他表现得好似能言善辩的自由主义斗士和立宪主义捍卫者，支持葡萄牙和西班牙的合法女王，撵走了反对革命的觊觎王位者唐·米格尔（Don Miguel）和唐·卡洛斯（Don Carlos）。他还保护比利时不受荷兰王国的攻击，保证了其中立国的地位。多亏了"帕姆"（"帕默斯顿"的昵称）的愤怒，在实行君主专制的俄国、普鲁士和奥地利的利爪之下，立宪主义仍然深深地扎根于伊比利亚半岛和整个西欧。

与此同时，如果国外君主制国家的统治违背了英国的利益，帕默斯顿会毫不犹豫地将其推翻，或者使用武力支持英国的贸易活动。"武力外交"这个词恰如其分地描述了他的行为。1838年，印度的西北边界出现了一系列危机，其中以俄国在阿富汗的阴谋最具代表性。英国担心自身利益受损，发动了第一次英国—阿富汗战争（First Anglo-Afghan War）†，派遣一支远征军前往阿富汗，用英国傀儡政权代替了明显亲俄的阿富汗埃米尔‡多斯特·穆罕默德（Dost Mahomed）。一年之后，第一次鸦片战争爆发，中国人民销毁了禁运品——英国贸易者的鸦片，并且关闭了港口，拒绝印度和英国商人推销这种利润丰厚但致命的农作物。

英国凭借强大的皇家海军轻而易举地取得了战争的胜利。1842年，中英签订《南京条约》（Treaty of Nanking）。条约规定：中国的5个港口向英国开放通

---

* 英国的拟人化形象，出自约翰·阿布斯诺特的小说《约翰牛的生平》，用于讽刺辉格党内阁。——编者注

† 1839年爆发的英国东印度公司与阿富汗酋长国之间的战争，至1842年结束。——编者注

‡ 阿拉伯国家贵族头衔，在这里相当于国家元首。——译者注

商，中国不得征收高额关税破坏英国贸易，英国商人不受中国法律约束。此外，英国成为香港岛的永久所有者，20年后还将拥有相邻的九龙地区。到1898年，邻近的新界也被纳入香港租界。英国对新界的租借期为99年，于1997年6月到期。在20世纪，香港将成为英国巨额财富的来源。虽然威廉·尤尔特·格莱斯顿（William Ewart Gladstone）等觉悟高的议员反对强迫中国人违背自己的意愿进口鸦片，但帕默斯顿反对他们的意见。

1839年，在法国的怂恿下，埃及帕夏*穆罕默德·阿里（Mehemet Ali）发动叛乱，反对奥斯曼帝国和埃及入侵叙利亚。作为回应，帕默斯顿迅速派遣皇家海军前往阿卡（Acre）。俄国、奥地利和普鲁士联军的威胁有效牵制住了埃及帕夏的进攻。在19世纪，英国外交政策的基本点是维护奥斯曼帝国的完整，以期用奥斯曼帝国作为对抗俄国的堡垒。因此，英国不会对穆罕默德·阿里的叛乱坐视不管。同样，英国也不会姑息法国在中东地区的扩张行动。穆罕默德·阿里为了在埃及实行世袭统治而臣服于土耳其苏丹，叛乱得以平息。1841年，和平会议在伦敦举行，帕默斯顿老练地对所有国家的军舰关闭了博斯普鲁斯海峡，包括俄国军舰。从1833年开始，为了回报土耳其在穆罕默德·阿里早期叛乱中提供的帮助，土耳其苏丹和俄国沙皇之间发展出一种令人担忧的密切关系，俄国舰队一度可以在黑海自由航行。

帕默斯顿虽然性格粗暴，但可谓直率豪爽，让英国人民深受其吸引。他不断尝试，因此不会在失败的道路上走得太远，因为这一点，他更加受到人们的尊重。他认为，英国没有永远的敌人，也没有永远的朋友，只有永远的利益，而维护英国利益才是他的职责所在。帕默斯顿信奉排外主义，对女性非常殷勤，他的花边情事为人们津津乐道，他甚至在70岁高龄的时候还卷入了一起离婚案中。他讨厌浮夸和自大。然而，有一个人不认可人们对"帕姆"或者说"丘比特子爵"的奉承，这个人就是英国的新君主维多利亚女王。她在1837年继承王位。她性格坚毅、谦虚，婚姻幸福。在接下来的30年中，她将逐渐被帕默斯顿蛮横的态度和花花公子的作风所激怒。

---

* 帕夏是敬语，相当于英国的"勋爵"，是埃及前共和时期的最高官衔。——译者注

维多利亚
Victoria

1837—1901

《谷物法》和爱尔兰大饥荒（1837—1854）

维多利亚是威廉四世的侄女，威廉四世在1837年6月去世后，18岁的她从伯父手中接过了王位。维多利亚是威廉四世的弟弟肯特公爵唯一的孩子，她8个月大的时候父亲便去世了。维多利亚由寡母萨克森－科堡－哥达的维多利亚公主（Princess Victoria of Saxe-Coburg-Gotha）在极为安静的肯辛顿宫中抚养长大，其成长环境与伯父放纵的宫廷生活形成了鲜明的对比。在德意志母亲严肃天性的影响下，新女王有着强烈的责任感。在英国君主名誉扫地之后，她将君主及王室家族变成了国人引以为傲和爱戴的对象。她统治英国长达64年，直到20世纪初才结束。她的统治时期将成为英国历史上持续时间最长的辉煌时代。由于《萨利克法典》（Salic Law）禁止女性继承王位，维多利亚无法在继承英国王位的同时继承汉诺威王位，因此她的叔父坎伯兰公爵成了汉诺威国王。

维多利亚在1840年结婚之前，一直单纯地迷恋着她的第一任首相——温文尔雅的墨尔本子爵。在女王这个新位置上，她完全依赖墨尔本子爵来获得慰藉和信息。维多利亚是一个纯真的小姑娘。威廉四世去世后，坎特伯雷大主教和张伯伦勋爵直接从老国王临终的床头来到肯辛顿宫，当时是清晨5点，她穿着睡衣、披散着长发前去迎接，从这一点上我们更能看出她的纯真本性。尽管年轻的女王仍然在母亲的房间里就寝，但她的日记已经透露出坚定不移的性格，她深刻了解自己对这个国家的责任："我还非常年轻，在许多方面我都没有经验，尽管不是所有方面，但我确信，很少有人能够比我有更多的善意和愿望来做恰当而正确的事情。"女王的加冕仪式在1838年6月举行。

墨尔本子爵虽然赢得了女王的信任，但在19世纪30年代末逐渐失去了国家的支持。帕默斯顿熟练地利用全球战略将英国的利益扩张到前所未有的程度，然而他的外交政策代价十分高昂，英国正在进入一个经济萧条时期。工人阶级受到打击，尤其是在撤销价格补贴之后，工人的生活变得更加艰辛。到了19世纪40年代初，即我们所熟知的"饥饿的40年代"，英国北部纺织城镇出现了十分严重的失业危机，以至于在利兹等城市，贫困人口不得不依靠当地市民的募捐维持生活。济贫院爆满，无法容纳更多人。仅一个城镇就有1.7万人死于饥饿。辉格党政府死气沉沉，他们能想到的解决帕默斯顿冒险政策引发的财政赤字问题的唯一方案是间接征税。间接征税导致生活成本大幅上升。墨尔本子爵的性格特点并不适合在此时担任英国首相。在他的领导下，辉格党的改革热情渐渐熄灭。

为使法案通过而做出巨大努力的激进分子十分失望。显然，大多数辉格党人将法案的通过视为投票权改革的终点，而非起点。他们几乎没有在工人阶级的组织上花费时间，还对工会的潜在力量十分忌惮。罗伯特·欧文建立了代表所有工会和手工业者协会的全国总工会（Grand National Consolidated Trades Union）*，以促使工人阶级的各个组织凝聚成一股不可阻挡的力量。对此，辉格党人十分警觉。1834年，多塞特的6名农业劳动者因私下宣誓而触犯法律，被判流放澳大利亚，这6人被称为"托尔普德尔蒙难者"（Tolpuddle Martyrs）。只因为他们所在的农

---

* 英国建立全国工会联盟的早期尝试。——编者注

业劳工友好协会（Friendly Society of Agricultural Labourers）隶属于欧文的全国总工会，原本无害的行为就被定性为具有革命性质。虽然判决结果使英国群情激愤，但时任内政大臣墨尔本仍拒绝减刑。不过，经过两年的游说，"托尔普德尔蒙难者"终于被无罪释放。

鉴于议会内部毫无改革意愿，激进派议员转而投身到户外游说运动当中。1838年，前爱尔兰议员费格斯·奥康纳和机械师威廉·洛维特创立了伦敦工人协会，以期完成《改革法案》未能实现的目标。洛维特起草了包含6项宪法改革要求的请愿书，伯明翰政治联盟创始人兼激进派议员托马斯·阿特伍德向议会递交了请愿书。这份请愿书又被称为《人民宪章》（People's Charter），支持此次请愿的人被称为"宪章派"（Chartist）。《人民宪章》坚决要求实行不设财产资格要求的全民投票：无论财产多寡，每位年满21岁的男性都应享有投票权；议员应享受工资待遇，否则的话只有那些拥有独立资产的人才能负担起参加选举的费用；投票应该是匿名的，这样投票人便不易受到威胁；每个选区的选民应具有平等的价值；最后，《人民宪章》要求每年召集一次议会。这些要求将有助于限制议员的独立性，迫使他们听从选民的意见。

在接下来的70年里，除了每年召集议会之外，《人民宪章》的各个要点都得到了遵守。但是，在19世纪30和40年代，宪章遭到激烈的反对，原因不仅在于宪章派中的部分成员提倡暴力革命。1839年，名为"武力党"的一个宪章派分支准备发起全体暴动，他们计划从攻占南威尔士的纽波特市政厅开始。但市长及其支持者奋力防守，挫败了宪章派的企图。暴动一直没有得以实施，其领导者被流放到澳大利亚。虽然大部分宪章派支持通过宪法等和平途径实现目的，但他们仍无法与纽波特事件撇清关系。当前困境十分严峻，捣毁机器分子和焚烧工厂分子不可避免地混入宪章派中，致使他们一直背负着"革命危险分子"的名号。从1838年开始的10年间，宪章派不断举行规模庞大、令人警觉的集会，试图说服议会同意他们的要求，但都没有成功。

然而，以大规模游行和示威为武器的并不只有宪章派。另一个户外运动组织——当时最强大、最完善的压力团体反谷物法联盟（Anti-Corn Law League）在1838年成立，为了迫使议会撤销限制进口廉价谷物的法案，该组织开始了每天的游行活动。19世纪30年代末期，贫困人口过着十分悲惨的生活。失业率飙升使得雇主可以维持较低的工资水平，托利党持续在上议院中占据多数席位，加上土地收益的影响，面包涨到穷人难以接受的价格。1846年，为了喂饱遭遇马铃薯歉收的爱尔兰贫困人口，英国议会终于废止了《谷物法》。反谷物法联盟为了废除土地特权的最后一道堡垒，采取了与宪章派一样的暴力手段。但是，联盟的暴乱更加有效，因为其支持者中包括约克郡和兰开夏郡受人尊重的富裕制造业主。

领导反谷物法联盟的是两位十分优秀的演说家——花布印刷工理查德·科布登（Richard Cobden）和贵格会制造商约翰·布赖特，他们俩都是在19世纪40年代加入激进派的。布赖特从《圣经》和主祷文中汲取了强大的政治资本。布赖特在数百场演讲和报纸杂志中反复强调：穷人不能每天吃到面包是一种罪恶。这是一种难以驳斥的洪亮措辞。他给反谷物法联盟的廉价面包运动披上了宗教的神圣外衣。联盟在利用公共会议的同时，充分利用"1便士邮资制度"——一种推动与"伟大改革法案"同类型的公众意见风潮的运动方式，公众很快开始支持实行自由贸易。如果从国外进口廉价谷物，该国也会允许英国向那里出口商品，进而为英国开拓新的商品市场。与此同时，辉格党在疯狂地抑制飙升的国家债务，试图通过向食品征收更多的进口税来筹措资金。然而，这项政策既没能筹集到资金，也没能让穷人吃饱肚子。

我们可以从这一时期英国开拓的海外殖民地的数量上一瞥国内民生。南澳大利亚（South Australia）*在1836年被殖民地化，其首府阿德莱德（Adelaide）以威廉四世的妻子命名。3年之后，吉本·韦克菲尔德在新西兰设定居点。英国更加深入地参与了南非事务。开普殖民地原有的欧洲殖民者是布尔人（Boer）†。1834年，英国发起废奴运动，由于布尔人依靠奴隶进行农业生产，当地人民开始与布尔人发生对立。次年，多数布尔人开始从开普殖民地向北进行大迁移，在南非东北部海岸创建了纳塔尔共和国（Republic of Natal）。但是，英国殖民者干劲十足，一直驱逐布尔人，并在1843年接管了纳塔尔共和国。1854年，布尔人向更北的地区进发，创建了布尔

---

* 澳大利亚中南部。——编者注

† 对居住于南非的荷兰、法国和德意志白人移民后裔形成的混合民族的称呼。——译者注

共和国——奥兰治自由邦（Orange Free State）；两年后另一布尔共和国——南非共和国［（South African Republic），即德兰士瓦（Transvaal）］独立。布尔人在那里获得了和平。

美国发生叛乱之后，英国当局对美洲殖民地仍与母国保持紧密联系并不抱太大期望。1837年，下加拿大的法国人对上加拿大的英国人发起了叛乱；3年后，英国允许加拿大自治，创设了直接对加拿大议会负责的执行内阁，奠定了多数殖民地自治的基础。1850年，南澳大利亚、维多利亚和塔斯马尼亚（Tasmania）*成立了代议制政府。稍后，维多利亚发现金矿，导致澳大利亚人口暴涨。

与这些进步形成鲜明反差的是，英国自己的内政开始变得难以管理。各冲突党派之间达成和解，促使改革运动重回议会的希望全部寄托在一个引人注目的人身上——罗伯特·皮尔爵士，现在多数激进分子都将选票投给了他。1839年，墨尔本子爵的席位减少到5个，他被迫辞职。皮尔开始组建自己的政府。但是，年轻的女王因拒绝解雇原先的辉格党宫廷女侍引发了一场宪法危机。按照之前的管理习惯，王室内务部的工作人员都应该是执政党成员，当他们所属的党派失势后，这些工作人员就会辞职。但是，对于当时还是一个小姑娘的女王来说，女侍（属于墨尔本派系）不仅是一个政治符号，还是她的亲信。虽然墨尔本得体地建议女王按照皮尔的要求任命新的托利党女侍，但年轻的女王还是固执地坚持自己的意见。女王十分沮丧，她认为皮尔冷酷、态度生硬且难以相处，与殷勤而令人愉悦的墨尔本形成了鲜明的对比。这起事件被称为"后座议员危机"（Bedchamber Crisis）。荒唐的是，由于双方都不愿意做出让步，皮尔又坚决要求女王使用托利党宫廷女侍，墨尔本子爵和辉格党得以再次执政——如人们所说，成了"站在后座议员衬裙后面"的官员。

可是好景不长，辉格党对解决财政赤字问题做出了最后尝试，其政策已无回旋余地地朝着自由贸易的方向发展。人们对辉格党的预算感到担忧，加之国人对皮尔的支持，使得托利党领导者在1841年迫使议会重新举行选举，并且赢得了压倒性优势。与此同时，维多利亚女王嫁给了萨克森-科堡-哥达公爵的小儿子——她的

---

* 一座心型岛，位于澳大利亚大陆东南角的外海。——编者注

表弟阿尔伯特亲王（Prince Albert）。阿尔伯特亲王沉静、虔诚、友善的天性极大地帮助了他的妻子。维多利亚女王婚后的变化之一就是不再需要墨尔本子爵和辉格党女侍的陪伴。阿尔伯特亲王十分了解英国历史，急切地希望找到能够发挥自身价值的位置。他在艺术上可谓一位资深的业余爱好者，并立志为艺术做出贡献。他和皮尔关系友善，因为他们都拥有真诚的道德观，肩负着崇高的公共责任。

皮尔及支持他的议员，如W.E.格莱斯顿，一直推动政府朝着自由贸易的方向迈进，皮尔政府决定尝试一项巧妙的试验。格莱斯顿是利物浦商人之子，现在担任贸易大臣。皮尔采取了大胆的举措，重新征收曾经被许多人憎恶的所得税。英国曾经为了筹措拿破仑战争的开支而征收所得税，现在所得税将被用来减轻穷人身上的间接税负担。皮尔和格莱斯顿相信，尽管只在3年的试行期内重新恢复所得税，但这将有助于降低许多普通项目，如谷物的关税。而且，政府将从小康阶层中筹措资金以缓解财政赤字，而这部分人几乎感觉不到所得税的负担。皮尔削减和取消了600多种消费品和原材料的税收，从重新引入的所得税中弥补了因此减少的200万英镑财政收入。所得税的税率为1英镑征收7便士，年收入低于150英镑的人不需要纳税。当时教区助理牧师的年收入也才100英镑，这意味着大多数人都不需要缴纳所得税。政府将留有50万英镑的剩余税款用于消除财政赤字，虽然局势依然严峻，但在接下来的几年内，物价开始逐渐回落到大众能够接受的水平。

从政府的各个方面来看，皮尔用生意人般的思维实行了明智的管理。《银行特许条例》（Bank Charter Act）稳定了资金供应。在过去十几年中，小型私人银行可以发行价值超过实际拥有的准备金的支票，进而导致了一系列恶性的银行倒闭事件。现在，条例禁止银行发行此类支票。19世纪30年代末和19世纪40年代，英国铁路事业腾飞，从某种程度上说，铁路事业的发展缓解了纺织业的失业情况。纵横交错的铁路网连通了英国各个地区，大多数铁路的修建资金来自于向疯狂投机的普通公民出售股份。就在将要出现经济过热的危险时，《银行特许条例》限制信贷，抑制了投机行为。

阿伯丁伯爵是皮尔的外交大臣，他和帕默斯顿形成了鲜明的对比。他认为，维护国外和平也属于政府管理的一部分职责，因为和平的国家环境能够降低国库开支。战争需要付出昂贵的代价，也会使政府无法削减税收。阿富汗战争花费了

1500万英镑，数千名英国士兵因此丧生，英国政府陷入了高达700万英镑的财政赤字当中。而这场战争没有实现任何目标。1841年，阿富汗部落人民不服从英国的傀儡政权，发动起义，屠杀了许多英国人，重新拥护埃米尔多斯特·穆罕默德。更加糟糕的是，虽然英国军方获得了安全通行证，被允许撤离阿富汗，返回印度，但他们在撤退途中的山区遭遇了伏击。1.5万士兵中只有布赖登医生（Dr Brydon）一人活着回到了通向英国统治下的印度必经之路——开伯尔山口（Khyber Pass）。新任印度总督埃伦伯勒伯爵（Lord Ellenborough）愤怒地下令血洗阿富汗首都喀布尔（Kabul）。

在这起灾难性事件发生之后，阿伯丁和皮尔反对在南亚次大陆进一步扩张。他们不像帕默斯顿那样惧惮俄国，并且对埃伦伯勒吞并信德（Sind）的举动十分警觉。1843年，埃伦伯勒出于安全原因考虑，匆忙吞并了毗邻孟买的信德。1845年，英国在对阿富汗的战争中惨败，北部独立的旁遮普邦（Punjab）中的锡克人（Sikh）*受到鼓舞，也向英国发动了进攻。他们发动战争的原因仅仅是由于旁遮普邦被降为杜利普·辛格大君（Maharajah Dhulip Singh）统治下的受保护国。

不同于帕默斯顿因法国人的野心而对其非常不信任，阿伯丁希望与法国建立友好关系。维多利亚女王和阿尔伯特亲王曾两次到访路易-菲利普在厄镇（Eu）的城堡。法国宫廷画师弗朗茨·温特哈尔特（Franz Winterhalter）在那里被介绍给这对王室伉俪，他创作了一系列迷人的画像，用以纪念女王和亲王，以及整个王室家族。路易-菲利普也进行了友好回访，造访了英国的温莎城堡。英法两国的友好关系促成了协约的签署，两大欧洲强国之间达成了外交和解。美国由于人口日益增长，发起了西进运动，进而引发了美加边界争端这一外交问题。问题的关键点在于温哥华所在的太平洋西北海岸线，以及加拿大和美国缅因州之间的边界。阿伯丁伯爵用温和的方法解决了这一外交争端。

在美国，波尔克总统（President Polk）刚刚凭借"要么54°40′，要么战斗"的口号赢得大选。他要求将俄勒冈州（Oregon）与加拿大的边界定为北纬54°40′线，即与当时俄国管辖的阿拉斯加（Alaska）地区接壤。而皮尔和阿伯丁却主张边界应沿

---

* 信仰锡克教的旁遮普人。——译者注

着北纬49°线划定，否则加拿大就失去了太平洋的入海口。波尔克并没有发动战争，双方商定，除了温哥华岛所在地区向南延伸的一小块地方之外，以北纬49°线作为两国边界。卡斯尔雷子爵谈判签署了另一项协定，废除了五大湖区现有的海军和军事设施，这象征着两国之间确立了互信关系。

尽管皮尔首次在财政预算上进行了根本性调整，但动荡仍在继续，反谷物法联盟继续游说政府全面废除《谷物法》。皮尔虽然对联盟不负责任地使用演说策略煽动民意感到不满，但他私下其实与自由派的同僚一样，已经被联盟说服。进口廉价粮食似乎是养活纺织业城镇中正在挨饿的失业工人的唯一办法，即便大量从国外进口廉价小麦，海外强国生产的粮食数量也不足以威胁到英国的农民。

由于1842年削减谷物税并没有导致农业工人的工资下降，所以到了1843年，皮尔对自己是否应该继续支持《谷物法》产生了切实的焦虑。他认为，农业的成功最终取决于更科学的种植方法，而不是单纯的保护。反谷物法联盟有组织地制造敌对情绪，导致人民的愤怒日益高涨，且没有平息的迹象，这可能会威胁到拥有土地的阶层，并最终对整个国家构成威胁。皮尔一直担心爆发革命。当时，他的私人秘书爱德华·德拉蒙德（Edward Drummond）在皇家游行队伍中因乘坐首相马车而被当成了皮尔，遭到名叫丹尼尔·麦克诺滕（Daniel Macnaghten）的疯子刺杀，而皮尔当时正和英国女王坐在一起。

皮尔极有可能尽快改革《谷物法》，他的全部预算都朝着自由贸易的方向发展。但是，作为回应，一支被称为"反对反谷物法联盟"（Anti-Anti-Corn Law League）的压力团体不负责任地使用暴力方式来保护本国的粮食生产。该团体由托利党中的极端右翼组建，极端右翼成员自从皮尔在天主教解放运动上背叛了他们之后，就一直反对皮尔；他们还担心保护以小麦种植为基础资产的日子已经所剩不多了。19世纪30年代，他们在托利党内部围绕贵族政治神秘乃至虚无的观点发起了带有怀旧情绪的"青年英国运动"。本杰明·迪斯雷利（Benjamin Disraeli）和乔治·本廷克爵士（Sir George Bentinck）领导了反对反谷物法联盟。前者是一位天赋极高的青年演讲家，他既是一位举止文雅、言语华丽的小说家，又是第一位具有犹太血统的英国议员。后者是波特兰公爵之子，对赛马极为痴迷。

皮尔决定增加国家对国家神学院［The National Seminary，即梅努斯大学

（Maynooth College）]的拨款，以此来提高天主教在爱尔兰的地位。托利党极端右翼作为英国国教的传统支持者，对皮尔的这种做法极为警觉。此时，托利党对天主教解放运动最大的担心得到了印证。1845年，英国圣公会高教会派和牛津运动（Oxford Movement）领导者约翰·纽曼（John Newman）强调，高教会派与古老的前改革教派之间存在密切联系；他皈依罗马天主教后，人们惊恐失措。英国国教的官方地位似乎即将受到政教分离主义（Disestablishmentarianism）的侵害。而就在一年之前，500名牧师及信众宣布脱离苏格兰教会，自行组建了更为民主的苏格兰自由长老会。他们公开祷告"我们是苏格兰自由长老会信徒"，之后他们被称为"极少自由者"（Wee Frees）。

本廷克和迪斯雷利忘记了皮尔曾为托利党复兴所做的努力，他们现在只记得他的无数次背叛。迪斯雷利身穿怪异奇妙的服装，披着黄、黑、橙三色相间的奇怪斗篷，接连好几个晚上在下议院里指挥支持者用犀利的言辞辱骂自己所在党派的领导人。在他最成功的一次骂战中，迪斯雷利指责皮尔曾经撞见正在洗澡的辉格党人，然后抱着他们的衣服跑掉了。

但是，皮尔需要应对的不只是议会中的党内敌对情绪，他还需要与党外敌对势力抗争。反谷物法联盟甚至焚毁了他的肖像画。1843年，在爱尔兰，丹尼尔·奥康奈尔在自称为"青年爱尔兰"的组织的支持下，宣布当年为"撤销合并年"（Repeal Year）；青年爱尔兰组织希望爱尔兰恢复到1798年的状态。在泰拉（Tara）等爱尔兰具有历史意义的地方爆发了民众集会，奥康奈尔对集会人群说，他计划召集300万成员，废除各个教区的管理者以及国民公会，并将他口中的"撒克逊人"从爱尔兰驱逐出去。

在天主教解放运动期间，奥康奈尔采取了巧妙的策略，有可能取得新一轮成功。皮尔对此感到警觉，并禁止他们召开会议。奥康奈尔不得不在服从法律和发动武装起义之间做出选择，但从个性和意愿上他都不愿意选择后者。他的追随者发现他并没有发动武装起义的想法，之后参与运动的热情逐渐冷却并消失。而英国政府为了以儆效尤，做出了一个愚蠢的决定——以叛国罪对奥康奈尔进行迫害。不过，判决在上议院中被搁置了3年之久，潦倒的奥康奈尔死于前往罗马朝圣的途中。

高涨的反合并之声、极高的谋杀率，加上爱尔兰人民的普遍不满，令皮尔困扰不已，他试图从教育中寻找解决之道。即便经过天主教解放运动，所有最具影响力的工作也仍然由新教徒从事，因为他们的受教育水平远远高于天主教徒。1845年，为了使天主教徒和新教徒一起平等地接受世俗教育，皮尔在贝尔法斯特（Belfast）、科克和戈尔韦（Galway）建立了女王学院（Queen's College），希望通过教育消除人们歧视天主教徒的理性根源。然而，这项举措和深谋远虑的皮尔所做的许多正义而具有建设性意义的事情一样，使他本人变得非常不受欢迎。许多天主教徒和新教徒认为，新成立的大学将会成为对上帝不敬的机构。

即将在爱尔兰发生的可怕灾难证明，虽然皮尔的初衷是好的，但近一个半世纪以来，憎恨和愤怒仍是爱尔兰人对英格兰人的主要感情。1846年，马铃薯传染病暴发，摧毁了爱尔兰人唯一的粮食作物。由于历史留下了大量英格兰外居地主*，所以爱尔兰农民几乎没有自己的土地。18世纪英格兰的科学种植技术革命并没有传播到爱尔兰，在爱尔兰，任何人如果试图改进耕种方式，都可能面临被代理人收取更高地租的风险。占爱尔兰总人口3/4的农民唯一的赚钱方式就是把自己拥有的土地的一部分转租给其他家庭，以获得更高租金。结果他们只得依靠少量土地维持生活。

爱尔兰农民发现，马铃薯种植所需要的土地数量最少。到了1845年，在800万农民中，已有400万只种植马铃薯。虽然这样的饮食结构不太均衡，但如果收成好的话，产出的马铃薯足以维持生活。可是当年夏天，一种名叫"马铃薯早疫病"的美洲真菌性疾病传播到欧洲。这种疾病会导致田里的每一株马铃薯分泌黏浆。夏天的潮湿天气加速了病情的传播。8月，皮尔十分担心传染病的影响，要求国家警察部队进行科学调研，每周上报土地情况。截至10月，据爱尔兰总督汇报，爱尔兰的马铃薯已经被摧毁得干干净净，爱尔兰半数人口面临彻底饥荒。400万爱尔兰人冲到田里，一株一株地拔起马铃薯，希望田里散发的恶臭并不意味着所有马铃薯都腐烂了。但是，人们并没有太多机会打败这种可以通过风传播并被雨水加重的疫病。

---

* 将土地租给另一方，而本身并不居住在土地所在地区的个人或组织。——译者注

皮尔在11月6日内阁会议上宣布，根据他掌握的现有证据，需要开放港口，以较低的紧急关税从国外进口廉价粮食，同时向议会提交了一份新的《谷物法》。但是，内阁中只有3名大臣支持他的决定，其他大臣并没有看到局势的紧迫性，他们倾向于等到月末，两位科学家莱昂·普莱费尔（Lyon Playfair）和林德利博士（Dr Lindley）完成报告之后，再采取行动。等到报告终于递交上来之后，托利党还是不同意废除面包税。皮尔辞职，辉格党人约翰·罗素伯爵尝试组建一个同意废除《谷物法》的内阁，但努力失败。之后，皮尔又高调返回首相职位，再次为了废除《谷物法》重新组建政府。1846年5月，托利党中的皮尔支持者（后被人们称为"皮尔派"）和罗素的辉格党一同形成了自由贸易主义者，在他们的共同努力之下，《谷物法》终于被废除。但是，皮尔本人被迫辞去了托利党领导职务，托利党也随之分裂成皮尔派和贸易保护主义派。贸易保护主义派由迪斯雷利领导，他们用伤害性最大的方式攻击皮尔派，称其为叛党者。不过，皮尔在最后一次首相演讲中坚称他没有背叛任何保守主义原则，他仅仅做了他在议会应该做的事情，这表明"立法机关中存在着一种真诚的愿望，希望基于平等和正义原则构建法律"。

但是，爱尔兰人并不这样看待威斯敏斯特政府。尽管都柏林大主教要求每一座天主教堂都祈求上帝的仁慈，但上帝的仁慈并没有到来。仅仅在1846—1847年这一年的时间里，就有100万爱尔兰人死于饥荒，这个数字是灾难性的；在接下来的3年中，又有100万人死于饥饿，没有饿死的人也因为营养不良患上不治之症。在19世纪，神圣的政治经济法律规定，不得免费向人民发放粮食。粮食只得存放在政府的仓库中，人们出卖劳动力才能获得。在紧急状态下，这种官僚制度毫无用处。粮食发放拖延了数月之久，成百上千的人因此饿死。私人慈善机构在这种紧急情况下已经没有时间顾及经济法律规则了，它们代替政府发放赈灾粮食。让灾民获得粮食的唯一办法是组织大规模赈灾，直接将粮食发放到他们手中。

在19世纪，爱尔兰大饥荒放到任何一个欧洲国家，都将是一场巨大的社会灾难。然而，在约翰·罗素伯爵领导下新上任的接替皮尔政府的辉格党政府，并不能胜任赈灾任务。到了1847年，议会终于投票通过了《热汤厨房法案》（Soup Kitchen Act），向爱尔兰提供1000万英镑的救灾款。至此，300多万男女老少都能从热汤厨房获得食物。但是，人道主义援助却早早结束了。1847年年末，英国政府决定，爱尔兰救灾应当由当地的教区联盟负责。但是，在经济崩溃的前提下，当地教区联盟没有任何税收可用于赈灾。英国官方的观点是，如果继续向爱尔兰人提供援助，他们将变得过于依赖政府。在同样的思维指导下，济贫院将穷人拒之门外。

大多数地主表现出令人震惊的麻木。他们对周围垂死的男女老少无动于衷，仅仅派代理人前去登记无法缴纳的租金；他们自己及其雇员关心的只是农场雇工体系——拥有少量土地的自耕农被证明无利可图；他们开始了一系列残忍的土地收回行动。在19世纪中期，英格兰土地主兼并了许多爱尔兰自耕农的土地，平均每年有2万个爱尔兰家庭的土地被收回。幸存的贫民开始持续以游击战对抗地主。爱尔兰青年运动在史密斯·奥布赖恩（Smith O'Brien）的领导下得以复兴。1848年，该组织领导了另一场起义，但同样以失败告终。爱尔兰人对故乡痼疾最常见的反应是逃离。

可以确定的一点是，在接下来的50年里，100万爱尔兰男男女女的生活从未有过任何好转，他们伤心地朝着大西洋彼岸的美国这个更友善的国度迁移。他们主要定居在美国东部海岸，尤其是波士顿周围。他们带到美国的除了可怜的少量随身财物之外，还有一样重要的东西——对英国的憎恨。大饥荒将这种憎恨封存在爱尔兰人的血液之中，在他们后代身上一直流淌，直到现在仍然如此。在美国的一些学校中，英格兰人在大饥荒中对待爱尔兰人的方式被列为种族灭绝行为，即故意毁灭一个民族。

但是，在19世纪中期，英国人十分自信。《谷物法》被废除之后，德比伯爵（Earl of Derby）开始领导托利党中的贸易保护主义者。1848年，乔治·本廷克勋爵去世之后，贸易保护主义者转而由迪斯雷利领导。1850年，皮尔去世的消息传开之后，由40名自由贸易主义者组成的"皮尔派"的领导权转移到了前任外交大臣阿伯丁侯爵手中。皮尔派虽然人数不多，但在上议院中的影响力很大，因为其成员包括议会中最有才能的一批议员，如格莱斯顿和西德尼·赫伯特（Sidney Herbert）。他们经常和辉格党及激进派一同投票，在以后的20年中逐渐发展成一支自由主义政党。

到了1852年，事实证明，自由贸易是促使英国贸易获得最大利益的政策，因此自由贸易变成所有党派的施政方针，德比和迪斯雷利也默默地放弃了贸易保护主义的主张。《谷物法》被撤销之后，英国的农业并没有被摧毁，劳动者并没有像一些人担心的那样失去土地和工作。只不过在19世纪的最后25年中，从北美平原进口的粮食导致英国的粮食价格有所下跌。1846年，粮食价格并没有像反谷物法联盟预期的那样剧烈下跌。在之后的10年中，所有商品的价格都普遍上涨，废除《谷物法》正好起到了抵消粮食价格上涨的作用。

与之前的10年相比，英国在1846—1852年处于相对和平的状态。人们认为，面包税这一巨大的社会不公正事物应该被消除。社会更加繁荣，失业人数减少，得益于沙夫茨伯里伯爵的不懈努力，《工厂法》规范了大部分制造厂的用工行为，包括漂染工厂、蕾丝工厂、火柴工厂和陶器制造工厂。之所以出现这个结果，是因为多个委员会对雇用童工的物理环境进行了调查。在陶器制造工厂，委员会发现6岁的童工一天竟然要工作15个小时。调查员在火柴工厂发现了更为骇人的现象：那里的女工患上了一种由磷引起的名为"磷毒性颌疽"的疾病，这种疾病会导致她们面部腐烂。

1848年，沙夫茨伯里支持设立《公共健康法案》(Public Health Act)。在该法案的指导下，埃德温·查德威克爵士创立了卫生委员会，管理地方当局。在受工业革命影响而形成的城镇中，地埋式排污系统出现，替代了源自中世纪的排布于街道两侧的简陋水槽。这类城镇的居民人均预期寿命原本比乡村地区人均寿命短一半，现在却快速增加。在沙夫茨伯里的努力下，雇用小男孩钻进烟囱清扫污垢的行为得到了禁止。尽管直到1875年，才最终确立了完善的体系：只有不违背任何一项雇用童工的法律，才能获得烟囱清扫证。1863年，查尔斯·金斯利出版了《水孩子》(The Water Babies)，唤醒公共意见联合反对此类用工行为。沙夫茨伯里还担任精神病事务管理委员会专员，揭露了精神病治疗机构对待病人的残酷做法。在他干预之前，许多精神病患者被关在黑暗的房间，锁在床上，度过原本就不快乐的人生。

即便在欧洲大陆爆发革命的1848年，英国的局势也波澜不惊。尽管人们把宪章派递交最后一份请愿书当成类似拿破仑即将入侵英国一类的重大事件对待，近80岁高龄的威灵顿公爵在伦敦组织防卫，每座桥梁上都架设了加农炮，但预想中的大规模示威并没有实际出现。请愿者乘坐一辆出租车安静地在唐宁街上进行请愿。请愿书上的一些签名被发现是伪造的（威灵顿公爵、庞奇先生和维多利亚女王的名字多次出现在签名当中），虽然这一点让请愿活动遭人诟病，但此次请愿仍可以算作英国工人阶级对议会信任的集中体现，虽然工人阶级本身被排斥在议会之外。

在那个时代，流行作家塞缪尔·斯迈尔斯（Samuel Smiles）提出的"自助"信条成了人们的座右铭。农业劳工友好协会在19世纪中期刚刚成立，该协会要求工人每周缴纳一定数额的费用作为疾病或失业保险，如果上述情况发生，协会将为他们提供收入，一些工会也为其成员提供类似的服务。今天我们仍然能在一些大街上看到的合作社（Co-op）也是从那时起开始大量出现的。一开始，许多人一起以批发价批量购买食品。几年过去了，合作社开设普通商店，以正常的价格出售食品；年末的时候，合作社的成员可以共同分红。

在19世纪中期，英国发展到繁荣的顶峰，成了工业革命的领导者。英国在开拓国际市场上也取得了杰出的成就，尤其是在南美和印度市场。罗素受到鼓励，大胆地废除了《航海条例》的剩余条款。在制造廉价商品方面，没有任何一个国家可以与英国媲美。英国的对外贸易不再局限于几个指定的国家，而是任何国家的船只都可以运送英国的商品，也可以配备任何国籍的海员。这大大提升了英国商人和制造商可利用的海运容量。截至1850年，1/4的世界贸易是通过英国港口完成的。

1847年，直布罗陀商人唐·帕西菲科（Don Pacifico）的房屋被暴民摧毁，希腊政府拒绝给他赔偿。罗素的外交大臣帕默斯顿以轰炸雅典作为威胁，显示了英国极度膨胀的自信心。这种行径令皮尔派及其激进派盟友心生厌恶。然而，在帕默斯顿及其支持者看来，大英帝国已经成了和古老的罗马帝国一样强大的国度。帕默斯顿曾自信满满地在演说中表示："在古代，罗马人只要说出'我是罗马公民'，就可以不受侮辱；今天，英国公民也是如此。无论在哪块土地上，英国人都应该相信，母国关注的目光和有力的手臂会保护他不受任何不公和错误的对待。"

1851年，阿尔伯特亲王在伦敦组织举办了万国工业博览会（The Great Exhibition），展示了当时世界上能够制造的最先进的商品，用以象征这个人们希望中的和平与进步的时代。人们期待，在这次博览会之后，能举办更多类似的国际性聚会。博览会在海德公园中一座由钢铁和玻璃特别建造的建筑中举办，该建筑由约瑟夫·帕克斯顿（Joseph Paxton）设计，被人们称为"水晶宫"。参观者乘坐新型火车，购买便宜的展览门票即可前去参展。万国工业博览会成了大英帝国在制造业上优越性、多样性和廉价性领先世界的切实证明，现在，90%的英国制造品出口国外。后来，"水晶宫"发展成了维多利亚和阿尔伯特博物馆（Victoria and Albert Museum），为艺术品和工业制造品提供了永久性的展示场所。小说家夏洛蒂·勃朗特（Charlotte Brontë）等对威灵顿公爵着迷的参观者能够在参观时一直注视着自己的偶像，直到他从身边快步走过。1852年，威灵顿公爵逝世，标志着英国自滑铁卢战争开始的辉煌时代终结。

繁荣在各个方面孕育出新的自信，在女性身上表现为反抗。女性，数个世纪以来，一直被认为是精神和身体上的弱势性别，但现在她们突然进入人们的视线当中。她们撰写文章，讨论之前一直被认为不适合女性谈论的话题。她们的行为被认为离经叛道。她们拒绝被束缚在相夫教子的妻子和母亲的角色上，而19世纪的英国社会一直推崇这样的角色。女性问题，即对女性来说什么才恰当的问题，成了人们热烈讨论的话题。1851年，谢菲尔德女性政治协会等女性主义机构首次发声，致力于争取女性投票权。

勃朗特姐妹的第一部小说出版于1847—1848年这样一个非比寻常的时期。勃朗特姐妹表现出的热情、诚实和现实主义震惊了传统社会，伊丽莎白·巴瑞特·伯朗宁（Elizabeth Barrett Browning）、加斯克尔夫人和哈丽特·马蒂诺（Harriet Martineau）等作家也突破了传统的偏见。1848年，女王学院在哈利街创建，今天这座古老的学府依然坐落在那里，向女性传授开创职业生涯所需要的知识。女子学校如雨后春笋般出现，比如受人尊敬的弗朗西丝·巴斯（Frances Buss）和多萝西娅·比尔（Dorothea Beale）分别在1850年和1853年创建了北伦敦学校（North London Collegiate School）和切尔滕纳姆女子学院（Cheltenham Ladies' College）。从理论上说，女子学校为女性提供了获得高等学位和投票权的捷径，尽管直到20世纪下半叶，女性才获得上述两项权利。

1848年欧洲各国爆发了一系列武装革命，而英国国内罕见地没有爆发任何骚乱,这是因为,英国在被迫进行改革之前预先接受了一系列社会和议会改革建议。像今天一样,英国稳定而包容的环境吸引了许多政治难民。在伦敦的沙龙里,你可能随时会碰到流亡的法国国王路易-菲利普、保守主义外交家梅特涅,以及许多流亡在外的意大利革命爱国分子。事实上,行为如此自信、思想如此自由、如此不受敌对势力威胁的英国敞开了宽广的胸怀,甚至为资本主义生活方式的讨伐者留出了空间。

1848年,马克思因发表《共产党宣言》(*Communist Manifesto*)而被逐出巴黎和布鲁塞尔(第一版宣言由弗里德里希·恩格斯起草)。40年来,马克思一直自由地在大英博物馆利用恩格斯提供的统计学知识搜索资料,为改革提供良方。他们俩一起抨击资本主义宗教和文化,共同畅想他们设想的历史进程中最后一个不可避免的发展阶段:在无产阶级专政后,国家将逐渐萎缩,一个全面繁荣的社会将为人类共同所有。他们的信念也被称为科学社会主义,在此后的一个半世纪中,将对世界政治产生巨大的影响。

不过,在1853年,马克思和恩格斯相对来说还不出名。激进派仍然投身于选举权改革运动。财政大臣格莱斯顿正致力于关注如何创造自由贸易的条件以及如何实现低税收;前者是理查德·科布登一直致力于推广并视为医治世界痼疾的良方,格莱斯顿认为后者是培养自食其力的工人阶级的必要条件。1853年,格莱斯顿在第一次预算中将进口税降低到历史最低点,同时宣布他将要平稳地降低所得税,直至1860年将其彻底取消。一旦新的税收政策发挥作用并刺激消费,所得税便变得不再必要。格莱斯顿的预算体现了他对英国维持世界第一贸易强国地位和世界和平的信心。他作为虔诚的基督徒,相信大多数战争都是错误的,同时认为兜里有钱的基督徒比政府更倾向于行善。他认为并不存在战争威胁,因此削减了英国的军备支出。

在印度,英国直接管理南亚次大陆的大部分地区,其领土从西部的信德一直延伸到远东地区缅甸的南端。在缅甸,由于英国商人在仰光遭到了不良对待,于是1852年,英国吞并了勃固(Pegu)。1848—1849年,第二次锡克战争爆发,愤怒的英国人吞并了旁遮普邦。然而,在之后的20年,我们将发现英国的东方统治实际上非常脆弱,其糟糕的国家军备状况也会被暴露出来。事实将证明,英国不再是国际事务的仲裁人。反观欧洲大陆，法国、新兴国家意大利和德意志决定摧毁1815年签订的《维也纳和约》，根据自己的意愿重塑欧洲版图，继而产生了无法估计的后果。

好战的帕默斯顿（1854—1868）

在接下来的20年中，意大利和德意志的统一意愿变得不可阻挡。在这样的背景下，英国在发展中面对的是前所未有的多次战争和欧洲大陆各国边界线的急剧变化。到了1871年，意大利国家和德国不再只是一种"地理上的表述"，而是单一统治者领导的政治组织联合在一起的国家。英国当时的3位杰出自由党政治家帕默斯顿、约翰·罗素伯爵和格莱斯顿都热切地期望意大利能够在君主立宪制国王撒丁尼亚－皮埃蒙特（Sardinia-Piedmont）的领导下实现统一。然而，意大利最终却是在军国主义的普鲁士统治者帮助下，才完成意大利半岛拼图的最后部分。德意志的统一诉求促使其进攻邻国：首先是丹麦，接着是丹麦的盟友日耳曼奥地利，最后是法国。

普鲁士王国首相奥托·冯·俾斯麦（Otto von Bismarck）昭告同胞："当代重大政治问题不是说空话和多数派决议所能决定的，必须用铁和血来解决。"1871年，普鲁士国王在凡尔赛宫加冕为德意志皇帝，标志着世界秩序终于发生了变化。凡尔赛宫由路易十四建造，象征着法兰西的灿烂文明。而现在，德国人出现在那里，挫败了法国人的骄傲，标志着法兰西第二帝国的覆灭。普鲁士军队不仅素质超群，使用起武力来也无所顾忌，凭借这些，他们在欧洲大陆占据了统治地位。统一的德意志在好战的普鲁士当局的庇护之下，出人意料地跻身世界舞台上的重要角色。英国作为"后滑铁卢时代"最活跃的担保人之一，被限制在了旁观者的位置上，既无法对大多数事件施加影响，也无法维持各国势力的平衡。

从1871年到1914年第一次世界大战爆发，普鲁士的侵略本性令同时代的国家产生警惕。但是，英国由于没有大陆军队，对压制普鲁士的崛起束手无策，而此时许多其他欧洲国家也正在一心谋求改变。英国并不信任海峡对岸崛起的拿破仑政权，因此也不可能帮助法国军队。19世纪50和60年代，虽然俄国在亚洲的扩张一直威胁着印度，但在英国看来，真正的危险来自于拿破仑的侄子路易－拿破仑亲王。

路易－拿破仑亲王在1848年当选法兰西第二共和国总统。但他希望延长任期，于是在1851年夺取政权，然后制订计划，意图将令法国蒙羞的1815年边界向有利于法国的方向改变。一年后，路易－拿破仑称帝，自立为拿破仑三世（Napoleon Ⅲ，他的堂弟小罗马王应为拿破仑二世）。拿破仑三世是一位不安的梦想家和理想主义者，在执政末期他病入膏肓，成了欧洲变革的催化剂。他希望用战争赢得荣耀，利用一切机会提高自己在人民心中的威望，并重塑他认为已经没落的法国的国际地位。虽然拿破仑三世曾间断地充当英国的盟友——的确，他曾有一段时间流亡伦敦，并在那里被招募进军队，担任特别治安官——但是海峡对岸出现一个新的拿破仑政权的消息传到英国之后，爆发了一场类似小皮特执政时期的志愿者运动的骚动。在拿破仑三世执政的20余年中，英国一直面临着战争威胁。15万英国士兵在南部海岸进行军事训练，丁尼生（Tennyson）*在《冲啊，步枪手！》（"Riflemen Form!"）一诗中记录了当时的情形。

约翰·罗素伯爵的外交大臣帕默斯顿一开始很欢迎拿破仑三世发动政变。他的自由主义立场促使他对1848年欧洲革命持支持态度，但是当君主立宪制革命演变为街头肉搏之后，他开始警觉起来。他认为，法国发生革命的危险性很大，所以最好由军事独裁政权统治。在未经女王和首相授权的情况下，帕默斯顿官方承认了路易－拿破仑的政变。但是，维多利亚女王和罗素伯爵已经受够了帕默斯顿轻率的行事方式，故而将其解雇。愤怒的帕默斯顿决定进行报复，他提出法案，要求强化对抗拿破仑威胁的军事力量，导致政府倒台。但是，因为帕默斯顿无法单独组建政府，托利党贸易保护主义者上台，德比伯爵担任首相，迪斯雷利担任财政大臣。尽管迪斯雷利促使托利党放弃了贸易保护主义，皮尔与辉格党仍保持着密切的关系，但帕默斯顿不在阵营内的情况使双方都无所作为。

1852年年底，辉格党和皮尔派让政府得不到支持，托利党辞职。像玩"抢椅子"游戏一样，在阿伯丁伯爵的领导下，皮尔派和辉格党联合政府再次上台，格

---

* 阿尔弗雷德·丁尼生，1809—1892，英国桂冠诗人，著有《尤利西斯》、《悼念》等诗作。——编者注

莱斯顿重返财政部,约翰·罗素执掌下议院,帕默斯顿重返政府,担任内政大臣。虽然帕默斯顿在内政部任职,但他的出现为政府注入了采取军事行动的动力。1853年,俄国人入侵奥斯曼帝国在多瑙河沿岸的两个省份,击沉土耳其舰队,英国进行了反击。虽然这场战争发生在俄国南部海岸克里米亚半岛(Crimean Peninsula)深入黑海的位置,但战争使近东问题再一次回到世界舞台的中心。

这场冲突发生的背景十分明晰。俄国沙皇尼古拉一世认为土耳其帝国被几大强国瓜分是不可避免的,因而一直试图预先抢占土耳其帝国的领土。奥斯曼帝国统治本质薄弱,甚至在19世纪中期,尼古拉一世就认为几大强国应该对其进行瓜分。这将防止奥斯曼帝国分裂之后出现不受控制的混乱局面,进而催生一个独立的巴尔干国家。自从希腊获得独立以来,保加利亚、阿尔巴尼亚、塞尔维亚和马其顿人民就因自治问题吵得不可开交。

只要俄国仍能对伊斯坦布尔施加至高无上的影响力,沙皇便不准备干涉土耳其帝国内政。但是,到了1852年,法国似乎取代了俄国,成为对其影响力最大的国家。路易-菲利普派往土耳其的大使说服了土耳其苏丹同意此后由耶路撒冷的天主教圣职人员而不是希腊东正教圣职人员保管基督圣墓的钥匙。此举意在使法国圣职人员与拿破仑政权建立密切关系。

所谓的"圣职人员事件"使欧洲卷入纷争。对于俄国人来说,让天主教圣职人员保管圣墓钥匙无异于让法国舰队驻扎在达达尼尔海峡(Dardanelles)。沙皇及其顾问不希望邻国土耳其的控制权落入法国人手中。该事件导致俄国在1853年入侵了多瑙河畔的瓦拉几亚和摩尔达维亚公国(Wallachia and Moldavia),即今天的罗马尼亚。之后,俄国人拒绝离开,除非土耳其宣布将圣墓钥匙的保管权交给希腊人。同年11月30日,俄国在黑海的锡诺普(Sinope)击沉了土耳其舰队,英国强烈要求向威胁自己的"俄国熊"开战。帕默斯顿一直不信任俄国的意图,于是和拿破仑三世结盟,而法国新上任的皇帝则十分满意拿破仑战争结束之后法国的隔绝状态。

在俄国入侵多瑙河畔的公国之后,英法舰队已经在伊斯坦布尔抛锚。1854年1月,英国舰队从博斯普鲁斯海峡逆流而上驶入黑海。他们的军队将在那里登陆,摧毁俄国在克里米亚半岛塞瓦斯托波尔(Sebastopol)的军事据点,彻底削弱俄国军事力量，使其无法再占领土耳其领土。同时，另一支英国舰队将北上进入波罗的海沿岸的喀琅施塔得（Kronstadt）。喀琅施塔得在俄国的地位相当于英国的朴次茅斯。

这次行动是一场彻头彻尾的灾难。英国军队既没有配备抵御俄国严冬的装备，也没有做好进行长期围城战的准备。英国错误地估计6周之内就可以攻占塞瓦斯托波尔，但实际上，战争持续了一年之久。秋季的暴雨几乎摧毁了每一艘穿越黑海运送粮食和保暖衣物的船只。而由于军需机构的大意，最后运达战争地区的衣物常常不合适或根本没法穿，比如，皮靴因为在装船时没有两两配对而剩下了5000只。"巴拉克拉法帽"成为半岛环境的写照。这种现代服饰的名称来源于在最靠近塞瓦斯托波尔的俄国城镇中发生的一场战役。俄国的冬季十分寒冷，而英国军队又装备奇差，导致士兵不得不将袜子套在脸上御寒，只在眼睛和嘴巴的位置剪几个洞。克里米亚战争（Crimean War）*还因"轻骑旅冲锋事件"而声名狼藉。600名英国骑兵在卡迪根伯爵（Lord Cardigan）的率领下，在俄国军队的枪口下前往2英里之外的"死亡之谷"。这是副官卢肯伯爵误解了命令而做出的指挥，结果只有1/3的士兵生还。当时被封为桂冠诗人的阿尔弗雷德·丁尼生写下了让这次冲锋成为不朽的诗句。法国将领博斯凯元帅（Marshal Bosquet）目睹了这次冲锋，他感到不可思议，感叹道："太壮观了，但仗不是这样打的。"

幸运的是，那些英国士兵并没有都白白牺牲，在那个犯下愚蠢错误的地点还有另一个更具影响力的目击者——伦敦《泰晤士报》（The Times）的记者威廉·霍华德·罗素（William Howard Russell）。他追究了长官的责任，向世人展示了在19世纪，钢笔的力量真的比刀剑还大。罗素是从事新兴的战地记者这一职业的第一人。虽然大多数军队都会遭遇人员伤亡事件，但战地记者的出现使人员伤亡第一次如此清晰地展现在一个国家的公众面前。电报线路发出的嗡鸣声响彻了整个世界。罗素从维也纳开始，接着从伊斯坦布尔的新办公室里，每天发回电报，报道战争进程。

罗素首先抨击了伦敦方面的荒唐规定，以及军队领导未能因地制宜地调整

---

* 1853年至1856年俄国与英、法为争夺小亚细亚而爆发的战争。——编者注

策略。士兵们因营养不良而患病。他们本来可以食用大米（大米是土耳其当地人的主食，很容易获得），但却被禁止这样做，因为大米不是规定的标准粮食。只有召集由6名指定人员组成的委员会，在委员会核查了包装物的内容之后，军备物资的包装才能被拆开。这种做法的目的是为了防止物资被盗。但在混乱的战争局势下，成捆的冬季制服和衣物可能会因此滞留数周而无法拆封，因为很难同时找到足够多的指定人员组成六人委员会。于是，在战场上浴血奋战的士兵就错过了堆在码头的冬衣，受伤的战士也因为拿不到捆扎在一起的干净绷带而伤情恶化。

罗素大胆的批评起到了应有的作用。英国公众的意见一般迟缓而倦怠，但一旦被唤醒，将会爆发出惊人的力量。现在，英国的公众意见开始被唤醒了。下议院投票支持成立皇家委员会，调查克里米亚战争的指挥方式。这表明，英国民众对阿伯丁担任战争领导者非常失望，渴求帕默斯顿这样富有经验而果断的人物掌控大局。阿伯丁将这次投票视为公众对自己没有信心的表现，于是辞去了首相的职务，由帕默斯顿接任。

但是，在1855年阿伯丁政府下台之前，战争大臣西德尼·赫伯特的行动稍微弥补了之前的过失。他曾要求自己的朋友弗洛伦斯·南丁格尔（Florence Nightingale）前往斯库台（Scutari），访问那里正对着伊斯坦布尔坐落在黑海土耳其一侧的英国医院。弗洛伦斯·南丁格尔当时34岁，是一位富裕人家的小姐，在伦敦的哈利街管理着一家护理院。西德尼希望她能帮助发现医院的护理工作有什么错误之处。在南丁格尔管理这家医院之前，在斯库台军营医院中死去的士兵人数要比野战医院还多。医院伤员的死亡率接近50%。在冰冻的地面上单薄的帐篷里躺着的士兵要比待在一家大型医院里的士兵更容易存活下来，这意味着一定存在一些严重的差错。赫伯特相信，弗洛伦斯·南丁格尔是可能单纯通过个性的力量改变这一不利局势的人。他的判断是正确的，南丁格尔出现在斯库台与帕默斯顿接管战争同样重要。

当南丁格尔小姐穿着整洁的白色围裙往返于病房之间时，一个明显的问题立即显现出来。她经过之处，受伤的士兵躺在开放的下水道旁边，在呼吸时感染病菌，环境比监狱还要恶劣。官员对士兵的态度也令她震惊。她和她的30名护士无法想象，她们的简单要求，比如把病人从下水道所在区域移开、经常清理废弃物、使用干净的外袍、提供充足的绷带和充分烹调的肉类，都被认为"会宠坏了刁蛮的士兵"。南丁格尔犀利地指出，驻奥斯曼宫廷最具影响力的大使斯特拉特福德·德雷德克利夫子爵（Lord Stratford de Redcliffe）多年以来一直随身携带27个仆从，从他位于博斯普鲁斯海峡的宫殿可以看到医院的全景。但是，令她惊讶和愤慨的是，斯特拉特福德大使没有向他代表的英国公民提供任何帮助，而是眼睁睁地看着"英国士兵在他的窗外一个接一个地死去"。

幸运的是，帕默斯顿听从了弗洛伦斯·南丁格尔的建议：英国使用蒸汽机帮助军队。为了高效地运输物资，让伤员在运送途中感到舒适，塞瓦斯托波尔的前线营地和港口之间很快修建了一条铁路。改革俱乐部（Reform Club）*受人追捧的大厨索耶（Soyer）自愿来到克里米亚服务，为恢复期的伤员研发可口的食物。士兵在温柔和充满关爱的管理制度下得到人性化的待遇，身体开始康复，而之前他们只能在那里等死。

虽然弗洛伦斯·南丁格尔从未使用过"细菌"一词，实际上，10年之后，消毒法的创始人约瑟夫·李斯特（Joseph Lister）才提出了细菌的概念。但她凭直觉感受到存在着类似细菌的东西，或者是她所说的从一个人身上传播到另一个人身上的"污物"。她指出，对于重伤员来说，这是致命的。她强制要求护士维持整洁，并且在两次检查之间必须洗手。在她的努力下，感染率明显下降。在抗生素发明之前，这几乎算得上一个奇迹。多亏了这种基本的卫生规定，弗洛伦斯·南丁格尔打败了某种能够摧毁一支军队的东西——疾病。

在克里米亚进行调查的皇家委员会对弗洛伦斯·南丁格尔授予了至高无上的荣誉，她成了人们熟知的"提灯女士"（因为她晚上习惯提着一盏小灯巡房）。克里米亚战争结束之后，在她创设的严格制度下，护士成了受人尊敬的职业。之前，医院里的护士只是助手，一般来源于受牧师感化从良的妓女。

由于弗洛伦斯·南丁格尔的出色工作，参加克里米亚战争的2.5万英国士兵，丧生或因病弱被轮船运送回国的不到1万人。尽管英国士兵进行了英勇的战斗，

---

* 英国伦敦市中心的一家私人俱乐部。——编者注

但攻陷塞瓦斯托波尔的主要还是无畏的法国士兵（法军增加了1.5万名撒丁岛士兵，以保障能够在谈判桌上提出意大利问题）。到了1856年，战争已经走向结束，双方都渴望和平。当时，英国舰队仍然在喀琅施塔得的海军基地逡巡，俄国尤其迫切地希望英国舰队返航。同年，双方签订《巴黎条约》，规定黑海为中立地区，英国对此十分满意，但俄国却蒙受了耻辱。不过，1871年，德法两国之间发生战争，俄国趁机单方面废除了条约。此后，黑海地区的去军事化越发变得不可能实现。到19世纪90年代，俄国舰队已经成了世界上最强大的舰队之一，塞瓦斯托波尔得以重建。然而，该条约坚决要求土耳其在对待基督徒的问题上进行必要的改革，因为这给俄国提供了一个干涉其内政的借口，英国外交家普遍认为应该继续支持奥斯曼土耳其帝国。

事实证明，英国的军事机构几乎和奥斯曼土耳其一样，改革难以渗透。虽然关于克里米亚战争指挥失当的传言四起，皇家委员会也发现了许多问题，但只有很少一部分改革建议得到了采纳。英国花费了15年的时间，在法国军队被普鲁士打败的警示下，才有足够动力改革自己的军队，全面纠正英国军事防御中的问题。

1855年起，在未来的10年中，帕默斯顿作为首相几乎一直领导着辉格党政府，直至逝世。在此期间，只出现了一届保守党内阁——1858—1859年的第二届德比-迪斯雷利内阁（Derby-Disraeli ministry）。在外交事务上，帕默斯顿更像辉格党中的改革派，或曰因辉格党-皮尔派联合政府而日益为人知晓的自由派，他们是君主立宪制政府和意大利爱国流亡者的朋友。但在国内事务上，帕默斯顿的改革计划完全停滞下来。正如19世纪60年代早期他被迫进行教育和投票权改革时所说："确实无法采取任何措施。我们不能无止境地在法典上添加条款。"因此，直至他去世，自由党（Liberal Party）*都未能开辟独立道路，只能继续被束缚在保守主义的紧身衣中。

帕默斯顿很快投入另一场战争——维护英国在中国的利益的战争。虽然英国在第一次鸦片战争之后获得了贸易特许权，但中国仍然不愿意向西方开放贸易市场，而英国却迫切希望与中国进行贸易。中国不允许英国大使来到中国的土地上，

---

* 成立于1859年，在英国历史上长期执政，与保守党并列，后于1922年被工党取代。——编者注

中国政府以涉嫌海盗行为关押了英国"亚罗"号（Arrow）船员，为英国宣战提供了借口。到了1860年，英国占领了白河（Peiho River，今海河）的炮台，烧毁了中国皇帝的颐和园，以此报复中国政府关押英国船员。之后，帕默斯顿迫使中国对英国海关开放主要港口。1857年，资深激进派成员理查德·科布登提出一项议案，谴责帕默斯顿的好战行为，帕默斯顿只得前往乡下暂避风头。但他对中国的行动得到了议会的完全支持，并且以85个多数席位重返首相职位。

英国好战情绪持续高涨，而1857年印度爆发了反英大起义（Indian Mutiny），消息传来，犹如晴天霹雳。印度军队进行了一系列起义和屠杀，不仅对英国在印度的统治构成威胁，更威胁着被围困在坎普尔（Cawnpore）和勒克瑙（Lucknow）的英国人的生命。雪上加霜的是，在这个关键时刻，印度军队中的大多数英国士兵都被派遣到了克里米亚、中国和伊朗。俄国的同盟伊朗攻占了阿富汗斯坦的赫拉特（Herat），英国人认为他们对印度西北部边界构成了威胁。在印度，英国军队中的士兵大多是印度雇佣兵。大起义在密拉特县（Meerut）爆发，接着传播到整个印度北部和中部地区，而受影响最大的是东印度公司的孟加拉军队。克里米亚战争直接促使武器装备更新为新型德式步枪，因为人们认为德式步枪比老式滑膛枪高级。在军队中流行着一个邪恶的传言：被用来当作弹药筒润滑剂的油脂其实是用牛油和猪油混合制成的。这则恶心的传言同时冒犯了在英国印度军队中占大多数的印度教士兵和伊斯兰教士兵。印度教认为，牛是一种神圣的动物；伊斯兰教认为，触碰猪油会玷污自己。信仰印度教和伊斯兰教的士兵都拒绝操作弹药筒，因为要使用弹药筒，士兵必须用嘴把它的一头咬开。

但是，印度在过去20年中经历的剧烈西化是引发这起事件的深层原因。倒数第二任英国驻印度总督达尔豪西侯爵（Marquis of Dalhousie）沿袭了前任传统，也执着地在印度推进现代化。其前任总督威廉·本廷克爵士*将开启印度改革之路视为己任。本廷克在19世纪30年代废除了印度的寡妇殉夫制——在已婚男性的火葬堆上烧死他的遗孀，同时还根除了暗杀教派（Thuggees）。暗杀教派是一个由世代从事谋杀之人组成的社会团体，他们的宗教信仰是忠于迦梨女神（Kali）；在

---

* 1774—1839，英国驻印度（马德拉斯）总督、枢密院顾问。——编者注

女神的指引下，他们在乡间四处游荡，勒死受害者。达尔豪西侯爵将基督教布道活动作为另一种在印度传播西方文明的办法。他将电报引入印度，在印度修建了规整的公路，解决了当地教育问题，开创了灌溉体系，还兴建了许多工业港口，最重要的是，他将铁路引入了印度。虽然达尔豪西侯爵的目标令人钦佩，措施也富于远见，但他的计划总体上来说是失败的，因为他没有将印度人民的情感因素考虑在内。

印度人民主要信奉印度教，对他们来说，铁路并不像欧洲人认为的那样代表着进步。在印度，铁路被看成是对种姓制度的一种冲击，因为不同种姓的人在旅行时不得不坐在同一节车厢里。1856年，达尔豪西侯爵的继任者坎宁伯爵改变了服兵役的适用条件。这进一步引起印度人民的愤怒，尤其激怒了印度军队中的婆罗门种姓。此后，前往国外服役被写进印度军队的兵役合同。这为不同种姓之间的通婚创造了机会，而印度教严令禁止不同种姓之间通婚。

最重要的是，达尔豪西侯爵实行了无嗣失权政策，借此拓展英国在印度控制的领土。印度人民对此大为恼火。缅甸也面临着同样的情况，1852年，第二次缅甸战争爆发；之后，下缅甸和仰光的重要贸易点被英国吞并。英属印度先后在1848年、1853年和1854年占领了萨塔拉（Satara）、那格浦尔（Nagpur）和占西（Jhansi）。达尔豪西侯爵还以原统治者没有直接继承人为由，接管了3块马拉地族人战士的世袭土地。如果原统治者没有直接继承人，依据印度教的传统，原统治者会收养一名男性继承人。但是，总督不接受这样的做法。他坚持认为，如果统治家族没有自然继承人，一个国家的主权在英国政府至高无上的权力面前便自动失效。只有经过总督允许，权力才能够移交给养子，而达尔豪西侯爵永远也不会同意这样的做法。

到了19世纪50年代，在这个失去独立的国家中，任何一个印度统治家族，无论多么高贵，都对达尔豪西侯爵的存在感到不安，原因是达尔豪西侯爵大规模地拓展英属印度的领土。1856年，英国吞并了强大的欧德王国（Kingdom of Oude），理由仍是原统治家族没有男性继承人，这成了压垮骆驼的最后一根稻草。虽然在英国看来，欧德王国的统治极为腐败、残忍，巨额税收落到了苦难的贫民头上，但吞并欧德王国的举动激起了已故统治者亲属的愤怒。达尔豪西公爵本人也注意到，孟加拉军队的婆罗门种姓爆发了多次起义，参与起义的士兵大多招募自欧德王国。一则古怪的预言在印度流传开来：克莱武于1757年在普拉西战役取得胜利的100年后，英国人将被赶出印度。英国军队在克里米亚战争中的糟糕战况传到印度，深受鼓舞的印度军队开始了反抗。

印度反英大起义的导火索是在孟加拉交给印度士兵的德式步枪和所谓的亵渎神灵的弹药筒。尽管动物油脂被收回，但谣言仍然继续在印度疯狂传播。谣言称，英国人即将开始废除种姓制度，摧毁印度教和伊斯兰教信仰，迫使印度人皈依基督教。慌乱情绪在整个印度弥漫开来，印度人民开始发起反抗。印度反英大起义是大英帝国自拿破仑战争以来面临的最严重危机。印度大部分地区都加入了起义，只有坎普尔和勒克瑙等孤立的要塞还掌握在英国手中。最终，英国军队在坎普尔的驻防地经历了长期围困之后，被迫在休·惠勒（Hugh Wheeler）的领导下投降。

不幸的是，领导坎普尔围城之战的是达尔豪西侯爵"无嗣失权"政策的受害者——浦那（Poona）最后一任佩什瓦*的养子那那·萨希伯（Nana Sahib）。那那·萨希伯存心报复英国，他欺骗了英国的驻防部队，首先给英国士兵的妻儿发放安全通行证，然后在他们乘船顺流而下的时候，命令士兵开枪，在他们的丈夫和父亲面前射杀了这些妇女和儿童。

侥幸未被杀死的人一边流血，一边恐惧地被押送到当地宫殿关押。在那里，那那·萨希伯命令自己的5个部下将他们砍死，然后把大大小小的肢体扔进坎普尔的一口井中。只有3名男性侥幸逃脱，他们将坎普尔发生的事情报告给了英国，英国卫戍部队因此在好几代人的时间里一直十分憎恨印度人。英国士兵在坎普尔的井里发现了战友妻儿的尸体，他们愤怒无比，对印度人实施了同样的报复——他们把一些印度人绑在加农炮上射出去。印度的受害者同样也忘不了这段仇恨。

在勒克瑙的卫戍部队一直坚守到哈夫洛克将军（General Havelock）率部下从旁遮普邦赶来。8年前，英国在与好战的锡克教徒进行了两场艰苦的战斗之后，

---

* 希瓦吉的孙子沙胡在位期间所设立的一个政治头衔。论权力佩什瓦相当于现今的总理。——译者注

才吞并了旁遮普邦及其位于印度西北部的下属省份克什米尔。不过，在亨利·劳伦斯（Henry Lawrence）和约翰·劳伦斯（John Lawrence）两兄弟的管理下，英国人对待旁遮普邦的方式与对待欧德王国及其他不忠地区的方式截然不同。劳伦斯兄弟成年之后，大部分时间生活在印度，他们尊重并崇敬印度文化，公开谴责达尔豪西的无嗣失权政策。两兄弟在旁遮普邦建立的政权能够被锡克教徒接受，也确保了该地区一直忠于英国。实际上，锡克教徒的军事传统和英勇无畏的士兵成了维持大英帝国统治的一个关键因素，在印度反英大起义期间更是如此。

英国确信，旁遮普邦不会参与起义，所以召集了一支部分由英国士兵、部分由锡克教徒士兵组成的军队。这支军队从旁遮普邦出发，向南挺近，再次攻占了德里；其他军队沿着恒河航行，向保卫勒克瑙的薄弱兵力提供援助。孟买、马德拉斯和下孟加拉没有加入起义，霍尔卡王子和辛迪亚王子等多数当地独立领导者一直都是英国的可靠盟友，这对英国来说是一种幸运。幸运的还有，英国派去中国参加第二次鸦片战争的士兵可以在途中转而派往印度。

印度反英大起义表明，用本质上属于商业性质的企业来管理广袤的印度次大陆大部分地区是一种荒谬的做法，即便英国有内阁代表来监管这个企业。1858年2月，帕默斯顿被踢出政府，德比-迪斯雷利领导的第二届保守党政府掌权。在两党一致同意下，《印度法案》解散了东印度公司，也结束了其在印度101年的统治。《印度法案》将管理英属印度的权力归英国国王，由印度事务大臣作为国王代表；同时，专家委员会代替了原先由东印度公司董事组成的管理委员会。新总督取代了原先的总督，孟买、马德拉斯等地所有的前总督也随之从属于印度总督[*]。东印度公司和英国政府的军队合并。英国首相乔治·坎宁之子——"仁慈的"坎宁伯爵（Lord 'Clemency' Canning）[†]成了第一任印度总督。他在印度反英大起义中表现得沉着冷静，并坚持善待大多数起义者。

1859年，德比和迪斯雷利组建的少数派政府倒台，帕默斯顿二度出任首相。虽然这届政府被人们叫作"辉格党-皮尔派联合政府"，但实际上到1865年转变

---

[*] 《印度法案》实施后，印度的管理者在英文中的称呼由 Governor-General 变成 Viceroy。这两个词的中文译法都是"总督"，但 Viceroy 包含了"国王代表"的意思。——编者注

[†] 1812—1862，英国政治家，曾担任印度总督，也是第一任印度副王。——编者注

为了第一届自由党政府。1859年6月6日,在帕默斯顿就职的几天前,约300名辉格党、皮尔派和激进派成员聚集在伦敦的"威利斯集会室"(Willis's Rooms),他们联合成一股反对德比和迪斯雷利的力量。许多年来,这三大派系在代议制政府和自由贸易等问题上相互支持。在帕默斯顿担任首相期间,扩大投票权和社会改革日益成为新的党派议题,而不同派系的领导人在这些问题上常常意见相左,政府内部的紧张氛围仍在延续。不过,现在已经出现了一种融合的趋势。

实际上,下议院议员普遍意识到了时代的变化,这与他们属于哪个党派无关。19世纪中期,城市中与英国国教抗争的不遵奉国教者,在自由党的支持者中占大部分比例。这时,两个多世纪以前伊丽莎白一世实行的宗教宽容政策已经不再适用,英国人的排外情绪有所消减。1858年,在保守党的领导下,《犹太人救济法》(Jewish Disability Act)允许非基督徒陪审员担任议会议员。1847年,犹太人莱昂内尔·德·罗斯柴尔德(Lionel de Rothschild)在投票中获胜,获得了下议院席位。同年,《财产资格法》(Property Qualification Act)首次取消了仅有钱人才能成为议会议员的规定。

自1859年以来,自由党改革派领导人之一威廉·尤尔特·格莱斯顿一直担任英国财政大臣。他与年长自己约25岁的帕默斯顿之间频繁发生冲突。格莱斯顿一生都在探索新知识,而帕默斯顿却死守陈旧观念。帕默斯顿无法理解,为何格莱斯顿对人类的可臻完善性和民主思想越来越充满信心。格莱斯顿也越发担忧,财富水平将阻碍一些人获得投票权。这与他的基督教思想发生了冲突,从而推动他平等地看待所有人。很快,他发表演讲,支持推行普选并进行议会改革。而帕默斯顿则下达了严肃的命令,严厉谴责一切试图扩大投票权的尝试。帕默斯顿甚至试图驳回格莱斯顿提出的降低报纸税的法案,因为该法案会使工人阶层能够买到更廉价的报纸。帕默斯顿与上议院联合,试图驳回这一提案。但是,格莱斯顿将这项法案包含在预算案之中,使法案得以通过。因为宪法规定,涉及金钱的法案不需要经过上议院同意。

1859年,自然科学家查尔斯·达尔文(Charles Darwin)出版了《物种起源》(Origin of Species)。"适者生存"的观念随之广泛传播,英国人对文明的信念也得到了增强。著名历史学家麦考利男爵(Lord Macaulay)认为,英国历史进步的脚步永远不会停止，他的"辉格党式"文章成了当时人们的必读作品。印度反英大起义表明，尽管其他民族低估了维多利亚时代的文明成果，但英国人并未放弃向欠富裕民族输出物质成就的爱国使命。

19世纪50年代，英国势力渗透到中非地区，英国人的优越感得到进一步强化。从罗马时代开始，非洲赤道地区独特的内部环境就让外来者无法渗透，欧洲人的征服计划相继落空。在18世纪末，一位名叫芒戈·帕克（Mungo Park）的年轻医生勇敢地独自前往冈比亚探险，他沿着人迹罕至的尼日尔河（Niger River）前行，试图找到河流的源头。但是，他消失在途中，从此之后再也没有一个英国人到达那里。热带疾病肆虐，加上缺少地图，任何考察都存在致命的危险。但是，到了19世纪50—70年代，传教士戴维·利文斯通（David Livingstone）*、理查德·伯顿（Richard Burton）和约翰·汉宁·斯皮克（John Hanning Speke）等英国探险家终于绘制出非洲的地理轮廓。蒸汽船的发明和广泛使用让人们能够更加快捷地前往非洲，医药学上的进步则增加了人们在那里生存下去的可能。

英国自从在拿破仑战争中攻占好望角之后，便逐渐在南非展开传教活动，传教活动的范围也从开普勒逐步向北延伸。传教士的一系列活动重新唤起了人们对非洲赤道地区的兴趣。曾在苏格兰拉纳克郡（Lanarkshire）当过磨坊工人的戴维·利文斯通是维多利亚时代最著名的英国传教士之一，他成了当时的国家英雄，1874年英国为他举行了国葬仪式。他头戴热带大檐帽的雕像坐落在海德公园门口的皇家地理学会（Royal Geographical Society）总部对面，一直提醒着人们他是19世纪最重要的探险家之一。

利文斯通认为医药学知识将对自己的传教事业有所帮助，于是报名参加了医药学短期课程。但他还没来得及充分了解非洲的其他方面，就在1840年被伦敦传教会（London Missionary Society）派去了贝专纳［Bechuanaland，今博茨瓦纳（Botswana）］。他从那里开始徒步向北进入未知的大陆，他的装备只有一本《圣经》和一支枪，在途中完全依靠物物交换获得食物。他在接下来的30年中穿越了非洲中东部，而此前没有任何一个欧洲人把英国的基督教带到那里，也没有任何

---

* 1813—1873，英国传教士、探险家，发现了维多利亚瀑布和马拉维湖。——编者注

一个欧洲人去那里宣布奴隶制为非法。疟疾和其他热带疾病往往会侵袭早期欧洲冒险者，而利文斯通开创性地靠使用金鸡纳霜（奎宁）活了下来。

虽然不断遭受疟疾的困扰，但金鸡纳霜却让他能够生存下去。他拒绝放弃自己的使命，像所有传教士一样，一直单纯依靠人们的施舍维持生活。在传道途中，利文斯通成了第一个发现恩加米湖（Lake Ngami）、维多利亚瀑布（Victoria Falls）、赞比西河谷（Zambezi Valley）、尼亚萨湖（Lake Nyasa）和卢阿拉巴［River Luabala，后来发现是刚果河（River Congo）的源头］的欧洲人。

利文斯通在 1865 年到 1871 年这段时间消失在非洲的丛林中。全世界都非常关注这位神奇人物的行踪，《纽约先驱报》（New York Herald）甚至派探险家兼记者亨利·莫顿·斯坦利（Henry Morton Stanley）前往非洲寻找他。斯坦利独自一人走在坦噶尼喀湖（Lake Tanganyika）的湖岸上，忽然发现了一位上了年纪的白人。他对面前的这个人打了个招呼并说出了一句不朽的话："我猜想，您就是利文斯通先生吧？"

利文斯通希望找到自北向南流淌的尼罗河的源头。寻找尼罗河源头是维多利亚时代欧洲人最为着迷的事情，也是自希罗多德（Herodotus）时代起的一个未解之谜。埃及探险家、传教士及利文斯通本人倾向于认为尼罗河的源头在大湖地区，而不是希罗多德所说的非洲中心地区的 4 个泉眼。他们的说法在 19 世纪 50 年代吸引了一大批英国人前往非洲探险，其中最为人称道的要数著名的阿拉伯语言文化学者理查德·伯顿爵士及探险家兼士兵 J. H. 斯皮克，前者曾乔装前往圣城麦加。他们俩在 1858 年共同发现了坦噶尼喀湖。1862 年，斯皮克独自一人继续前进，发现尼罗河源头是一个巨大的湖泊，他将这个湖泊命名为维多利亚湖（Lake Victoria）。他顺流而下，探索地图上未标识的土地。途中，他遇到了探险家塞缪尔·贝克（Samuel Baker）。贝克一边记录，一边沿着尼罗河缓慢地溯流而上。实际上，尼罗河源头位于何处仍众说纷纭。1864 年，贝克发现了尼罗河的另外一个源头——尼亚萨湖。为了纪念女王的丈夫，他将这个湖命名为阿尔伯特湖（Lake Albert）。

不过，到 1864 年，阿尔伯特亲王已经去世 3 年了。在卫生的污水处理系统建立起来之前，穷人和富人都可能感染伤寒。1861 年，42 岁的亲王不幸成了伤寒的受害者。温莎城堡古老而不卫生的下水道系统总是萦绕在维多利亚女王的心头，在丈夫生病之后，温莎城堡才更换了新的污水处理系统。临时代理医生一开始没能诊断出亲王患上了伤寒，之后亲王的疾病便一发不可收拾起来。阿尔伯特亲王去世之后，他深爱的女王——9个孩子的母亲成了寡妇。女王变得喜欢隐居，并因为太过悲伤而无法出席任何国家场合的活动。伦敦肯辛顿宫对面接连修建了阿尔伯特大厅（Albert Hall）和阿尔伯特纪念馆（Albert Memorial），向公众表达了女王的哀思。女王由此变成了极不受欢迎的君主，还被冠上了"温莎寡妇"的称号。她逐渐淡出公众视野，变得深居简出。她甚至把亲王的去世怪罪到儿子威尔士亲王，也就是未来的爱德华七世的头上，因为她认为阿尔伯特亲王是在访问儿子的时候感染上了这种致命的疾病。

维多利亚女王长达10年的悲痛期恰逢英国外交的低潮期。当时年迈的帕默斯顿不再过问英国的外交事务，而是忙于应付拿破仑三世对英国安全构成的威胁。阿尔伯特亲王的去世中断了对德关系的有效信息来源，英国变得无法了解普鲁士的动态。1862年，俾斯麦成了德意志首相。

帕默斯顿极力支持意大利统一事业。意大利的统一进程始于1859年4月，在意大利人民起义结束后很快便开始了。英国的中立态度对意大利统一起到了决定性的帮助作用。英国政府3位最重要的成员帕默斯顿、外交大臣约翰·罗素伯爵和财政大臣格莱斯顿都非常支持意大利人民起义，视其为"重生"（意大利语：Risorgimento）。大多数富裕农民、受过良好教育的反教皇统治的中产阶级也持相同态度，因为英国长期以来一直是意大利民族主义流亡者的避难所。1861年，第一届意大利议会宣布维克托·伊曼纽尔（Victor Emmanuel）为统一的意大利的国王。

拿破仑三世和意大利民族主义领导人卡米洛·加富尔伯爵（Count Camillo Cavour）签署了一项秘密协定，约定他们将一起向奥地利人发动进攻，并将其赶出意大利。之后，意大利解放战争便开始了。后来，人们发现，拿破仑皇帝愿意帮助意大利的交换条件是获得萨伏依和尼斯，而这会使法国边界向南一直延伸到阿尔卑斯关口，至此，帕默斯顿再也不相信法国领导者了。英国人更倾向于将拿破仑三世当成一个好战分子，认为他会不惜一切代价扩张法国疆土。法国对英国的最后一次冒犯发生在1859年，法国工程师费迪南·德·雷赛布（Ferdinand De Lesseps）灵光乍现，开始修建苏伊士运河（Suez Canal）——一条从地中海跨越埃及直达红海的水上通道。帕默斯顿认为，这将威胁大英帝国在印度的统治。

就这样，英国与法国产生了隔阂，而此时恰逢英国需要在欧洲大陆结交盟友，尽管意大利和英国的关系在半个世纪中一直甚为密切。在拿破仑三世统治期间，英国一直对法国保持着警惕。对战争的担心促使英国在1859年成立了皇家委员会，专门负责英国防御工作。但是，事实证明，皇家委员会并不能胜任此项工作。拿破仑三世不仅组建了一支蒸汽船舰队，据说还以瑟堡为基地，组建了一支能够跨越海峡的大型舰队。难道有朝一日他不会像他的伯父曾经计划的那样跨越海峡，从土伦入侵英国吗？

备战要求英国增加开支，导致帕默斯顿和格莱斯顿之间的冲突变得无休无止。如果依据帕默斯顿要求的方式强化朴次茅斯和普利茅斯的防御工事，就必须极大地提高税收，而格莱斯顿每年都试图削减税收，他从伦理上认为战争是罪恶的。1860年，在格莱斯顿的鼓励下，激进派理查德·科布登引入了降低英法两国之间关税的《英法商业条约》(Franco-British Commercial Treaty)。格莱斯顿和科布登都笃信自由贸易原则，认为自由贸易才是维护和平的长久之计。但是，英国对法国的不信任仍在继续。

1861年，美国内战爆发，亚伯拉罕·林肯（Abraham Lincoln）成为首位反奴隶制的美国总统。南部各州的主要经济来源是棉花和烟草种植园，依赖于奴隶制获得财富。林肯入主白宫之后，南部各州宣布行使脱离联邦的权利，在杰佛逊·戴维斯（Jefferson Davis）总统的领导下组建了邦联国。但是，北方人民决不允许这样的事情发生。当南方人民试图攻占南卡罗来纳的首府查尔斯顿（Charleston）附近的萨姆特堡（Fort Sumter）时，美国内战爆发。虽然英国人厌恶奴隶制，但大多数英国人还是对南方人民持同情态度。格莱斯顿认为，杰佛逊·戴维斯创立了一个国家，每个国家都享有民族自决权。而比起"粗野的北方佬"，帕默斯顿本人更喜欢美国南方贵族社会的绅士作风。尽管如此，英国支持任何一方都将犯下巨大的错误，进而被卷入战争。帕默斯顿成功地说服了英国保持中立。

不过，在英格兰北部，纺织业主希望政府说服美国北方解除对南方的海上运输封锁。海上封锁阻碍了南方各州的棉花出口，而棉花是兰开夏郡产量数百万磅的棉纺织业赖以生产的基础。即便英国成功说服美国北方解除封锁，兰开夏郡的棉纺织业也难免部分遭到毁灭。这是因为操作机器的工人宣布抵制所有来自美国南方的棉花，以表达对废奴运动的支持。结果导致约 100 万兰开夏郡居民靠领救济金为生，情况甚至惨过"饥饿的 40 年代"。尽管如此，主流民意还是坚决主张宁愿忍饥挨饿，也不向奴隶制低头，由于战争影响，埃及很快成为英国纺织业的主要棉花来源，在 1882 年英国军队占领埃及之后更是如此。

美国内战持续了 4 年，在 1865 年接近尾声。美国北方依靠更加雄厚的财富、工业经济和较大的人口数量，在军事天才尤利西斯·辛普森·格兰特（Ulysses S. Grant）的领导下战胜了人口较少、以农业经济为主的南方。北方迅速创建了一支强大的海军，使南方的棉花和烟草等主要出口行业陷入瘫痪。在这场战争期间，所有黑人都获得了自由。

拿破仑三世趁美国内战之机将法国的势力拓展到美国在门罗主义中定义的势力范围。美国将墨西哥视为"后花园"，禁止欧洲势力插足。英国向墨西哥派遣了一支部队，要求其支付欠外国债券持有人的债务。法国紧跟着也派遣了一支远征军进入墨西哥，迫使破产的墨西哥成为法国的附庸国。而此时，美国正忙于内战，无暇顾及。拿破仑三世任命哈布斯堡皇帝弗兰茨·约瑟夫一世（Franz Joseph I）之弟马克西米利安为墨西哥皇帝。不过，1865 美国内战结束之后，美国人民向拿破仑三世施压，要求其将军队撤出墨西哥，废黜了所谓的墨西哥人自己决定的皇帝。

拿破仑三世在墨西哥的冒险行为给他带来了"莽撞的干预者"的恶名。但是，拿破仑三世在欧洲的举动才是英国真正担心的。英国外交家相信，拿破仑三世计划将法国边境向莱茵河靠拢，实际上确实如此。虽然英法两国现在互为最惠国，但是法国的计划将对比利时构成威胁，而英国一直以来都将比利时的安全放在优先考虑的位置。英国逐渐放弃了与拿破仑结盟的想法。1863 年，反抗俄国霸主的波兰人表现出明显不满，北德意志邦联声称占领了丹麦公国的石勒苏益格和荷尔斯泰因。两者相加给拿破仑三世创造了机会，他提议召开欧洲议会，重新划定 1815 年之后的所有边界。英国认为，这是法国改变边界的借口，所以清楚地表示对此没有任何兴趣。

但是，鉴于石勒苏益格和荷尔斯泰因的问题，英国急需一个盟友。帕默斯顿命令北德意志邦联撤出这两个公国。但是，在普鲁士的鼓励下，北德意志邦联没有被帕默斯顿的命令吓退。帕默斯顿完全低估了德意志的民族主义。1863年，丹麦新任国王通过母系血统继承了王位，但公国仅承认父系血统继承人的合法性，因此德意志继承人可以接任这两个公国的君主之位。丹麦国王颁布了新宪法，将石勒苏益格整体并入丹麦。奥地利和普鲁士支持德意志联邦威胁丹麦人，如果他们不放弃两个公国，将对其发动战争。

对帕默斯顿来说，由欧洲权力游戏的新参与者德意志邦联来决定古老的君主国丹麦的领土归属是非常不合情理的。但是，他对过去会令他十分激动的事情已经不那么感兴趣了。帕默斯顿在1809年首次成为议会议员，现在他已经年近古稀。他并不了解俾斯麦将德意志各邦国合并为一个统一的德意志国家的计划的意义是多么重大，也不知道德意志实现统一的愿望有多么强烈。1864年2月，令帕默斯顿惊讶的是，普鲁士和奥地利军队向英国摊牌，入侵了石勒苏益格－荷尔斯泰因，夺取了丹麦的两个公国，而他却对此无能为力。

帕默斯顿警告德意志人，英国不会让丹麦孤军奋战。他认为，德意志人会被他的警告吓退。就在1863年，威尔士亲王和美丽的丹麦公主亚历山德拉（Alexandra）成婚，帕默斯顿的"护花精神"被激发了出来。在奥地利－普鲁士继续为战争做准备的时候，拿破仑三世引诱俾斯麦做出承诺，如果法国在丹麦公国问题上保持中立的话，将获得莱茵河地区作为补偿。但是，单凭英国海军无法挽救石勒苏益格－荷尔斯泰因。在帕默斯顿大放狠话之后，丹麦还是不得不孤军奋战。

英国的国际声誉在克里米亚战争后就跌倒了谷底，现在仍然处于低迷状态。截至目前，帕默斯顿和罗素的表现越发愚蠢。维多利亚女王把他们称为"两个可怕的老家伙"。他们先是争夺对波兰问题的话语权未果，接着又干涉丹麦问题不成。德比伯爵讽刺他们只会"管闲事、和稀泥和摆摆空架子"。

英国成了强弩之末，法国变得俯首帖耳。不仅丹麦人民感到惊讶，连德意志邦联和德意志亲王奥古斯滕堡的腓特烈（Frederick of Augustenberg）也没有料到，石勒苏益格最后被普鲁士吞并，荷尔斯泰因被奥地利吞并。而奥地利人和普鲁士人正是以腓特烈的名义为公国而战。

石勒苏益格－荷尔斯泰因事件之后，德意志的自由派也转而支持俾斯麦。他们意识到，他在军事上激烈言辞的背后隐藏着统一德意志的野心。1866年，奥属威内托被意大利吞并，而将莱茵河各省交给拿破仑三世的许诺为另一场战争埋下了隐患。俾斯麦在1863年波兰起义时支持俄国，以此买通俄国人，并等待着所谓的"合适时机"。现在，普鲁士可以确保在进攻奥地利夺取北德意志邦联领导权的时候，俄国不会从东部"背后捅刀子"。俄国和法国均保持中立，普鲁士和意大利以管理荷尔斯泰因为借口，一起向奥地利发动进攻。

令世界震惊的是，在三周之内，普鲁士军队凭借强大的士兵、严明的纪律和新型针刺枪，在1866年7月的克尼格雷茨战役（Battle of Königgrätz）中，即英国人所说的萨多瓦战役（Battle of Sadowa），打败了奥地利军队。奥地利被驱逐出北德意志邦联，威内托如期被并入意大利。但是，当拿破仑三世要求兑现更大的战利品，即将法国边界拓展到阿尔萨斯-洛林北方的莱茵河沿岸各省时，俾斯麦冷酷地告诉他绝不可能，他简直是在做梦。

但是，帕默斯顿并没有看到普鲁士的军事入侵将世界搅得天翻地覆的骇人景象。1865年10月，"丘比特子爵"在过完自己81岁生日后不久，在吃早餐时被一块羊肉卡住了气管，窒息而亡。他虽然最近犯下一些错误，但仍是维多利亚时代备受爱戴的人物。因为每当自然正义遭到威胁时，他总能激烈地彻底拒绝单纯依靠外交途径解决问题，而他的演讲每次总能唤起英国人民的激情。约翰·罗素伯爵再一次仓促地接任英国首相，他继续致力于推动扩大投票权运动。虽然现在改革派在自由党中占据优势地位，但仍有足够多的帕默斯顿支持者加入保守党。1866年，新的《改革法案》遭到否决，罗素内阁下台，德比成为首相，罗素同时也离开自由党的领导岗位，由格莱斯顿取而代之。

由于迪斯雷利的机智运作，事件发生了戏剧性的转变，1867年，保守党政府引入了第二次《改革法案》。此时，迪斯雷利在党内已经被剥夺领导权达20年之久，心中郁积了太多的愤懑；新一轮投票权运动开始。1866年秋天，海德公园爆发了骚乱，骚乱人群高呼"为了格莱斯顿和自由"。迪斯雷利告诉保守党人，除非他们采取措施，满足工人建立民主议会的愿望，否则他们将面对真正的骚乱。显然，保守党并不想听取中产阶级的意见，但是如果大量潜在的工人阶级选民获得投票权的话，他们的支持率很可能会显著上升。

虽然克兰伯恩子爵（Lord Cranborne，未来的英国首相索尔兹伯里侯爵）等保守党贵族在1867年递交了辞呈，但从《选举法修正案》（Great Reform Bill）颁布开始，中产阶级民主时代已经走到了尽头。正如迪斯雷利所说，他通过在城镇引入以户为单位的选举权"挫败了辉格党的计划"。在新政策下，租房人只要每年支付满10英镑的租金，并在同一个房间居住满1年就可以获得投票权。在英国的各个郡中，租金标准是12英镑。德比将此项改革称为"黑暗中的一次跳跃"：谁能预测在新的投票制度下，选民将选出怎样的政府呢？选民的受教育程度普遍不高，因此实施教育改革变得比以往更加迫切。伴随着投票权的扩大，《席位分配法案》（Distribution of Seats Bill）应运而生。11个被废弃的行政区丧失了投票权，35个居民数少于1万的行政区被削减了1个投票名额，从而为人口增长的城市和郡县释放出充足的议员名额。

迪斯雷利颁布了一系列引人注目的国际政策，对帝国"进步"持积极态度，同时推行了一些重要的社会变革，客观上促进了工人阶级的形成。1867年，他颁布了《选举法修正案》，引入了全新的部分，创造了一批支持保守党的工人阶级选民。格莱斯顿领导的自由党致力于实施符合道德的国际政策，维护国际道德准则和弱小民族的权益；在他的反衬下，迪斯雷利作为英国利益维护者的严肃谈判立场变得岌岌可危。

19世纪60年代末，英国第一次感受到了爱尔兰军事力量的强大威力。在之后的55年中，爱尔兰的军事力量一直让英国苦不堪言。过去10年是"芬尼亚勇士团"的初创阶段，这是一个致力于建立爱尔兰共和国的秘密组织。美国内战结束之后，许多爱尔兰人将他们的军事经验带回了故国。1867年，芬尼亚运动（Fenian）成员发动起义。起义失败之后，他们移居到英国大陆，组织了一系列暴乱活动。在暴乱高潮，他们炸毁了克勒肯维尔监狱（Clerkenwell Prison）的围墙。这起事件之后，格莱斯顿认为"礼拜堂的钟声已经响起"，宣示着他将肩负起平息爱尔兰纷争的使命。

格莱斯顿在后半段政治生涯中，把全部精力放在解决爱尔兰问题上。毫不夸张地说，正是爱尔兰问题在1868年导致了保守党政府下台（德比因健康问题辞职，保守党现在由迪斯雷利领导）。保守党是传统的教会政党，连迪斯雷利也不能改变这一点。格莱斯顿为了取悦爱尔兰人,在爱尔兰新教教会中推行政教分离运动,保守党派成员不出意料地提出了反对。占选民绝大多数的平民投票支持格莱斯顿的提案,迪斯雷利政府因此倒台。在 1868 年的选举中,刚刚获得投票权的选民仅给迪斯雷利留出 265 个席位,而格莱斯顿则获得了 393 个席位并成功组建了第一届自由党内阁。

时年 64 岁的迪斯雷利只得从首相的位置上退下来,独自舔着保守党的伤口。保守党在他的领导下,重新变成了保守主义中心机关。他身材修长、气质典雅而富有诗意,长长的卷发光泽饱满,垂在瘦削而又充满智慧的面庞两侧。但是现在,他在文件递送箱*旁边的位置被愁眉苦脸的有着超人般毅力的格莱斯顿取代了。

格莱斯顿和迪斯雷利(1868—1886)

第一届威廉·尤尔特·格莱斯顿内阁始于 1868 年。这是一届充满活力的内阁,辉格党贵族第一次在自由党中不再占据大多数,激进派和非国教徒开始崭露头角。格莱斯顿担任改革派政府首相,自格雷和皮尔塑造了我们今天习以为常的现代英国政府之后,就一直没有出现过改革派政府。公务员和军队都采用了公开竞聘机制。1870 年,英国确立了公职人员招考制度,从 1871 年开始,军队中便不得再通过购买委任状获得官衔了。

从克里米亚战争开始,英国军队的恶劣行径就让许多人相信,需要彻底改革军队,将贵族指挥官全部清理出去。但是,说服军队自我改革十分困难,尤其在威灵顿公爵继续充当体制维护者的情况下。新任战争部大臣爱德华·卡德韦尔(Edward Cardwell)认为,让军队进行内部改革不仅是不公平的,而且鉴于卢肯伯爵和卡迪根伯爵在克里米亚战争中的表现,也是十分危险的。此外,普鲁士军队的武装力量已经逼近海峡对岸的法国,法国的武装力量可能在几天之内就会被摧毁。英国军队改革迫在眉睫。

---

* 下议院的长桌两边各有一个箱子,叫作"文件递送箱",原是议员带文件用的公文递送箱,后演变成两党重要成员的发言处。——译者注

卡德韦尔的意见引起了强烈的反对。上议院通过了自我保护的法案，但格莱斯顿不会因此而退却，他巧妙地说服维多利亚女王取消了允许购买委任状的皇家授权令，通过买官获得晋升的体系这才得以终结。短期服役制度被引入，国民军和志愿军被整编入雇佣军。卡德韦尔还废除了在拿破仑战争和克里米亚战争中长期困扰英国军队的指挥分制，即总指挥部所在地的骑兵卫队和战争办公室之间的分制。总指挥的职位通常由王室公爵担任，而他不一定站在经选举产生的政府一边。现在，王室公爵从属于战争大臣，战争大臣则属于执政党成员。

1871年，伴随着投票权的扩大，工会实现了合法化。《工会法》（Trade Union Act）将工会定性为友好的社会组织。从1872年开始，《无记名投票法》（Secret Ballot Act）保证了投票者不会再遭受恐吓。此前，咄咄逼人的候选者也许会在选民将投票结果告诉计票员时恐吓选民。而从现在开始，投票是将匿名纸放在投票箱中。女性仍不享有投票权，但在过去的40年中，报纸曾大肆宣扬的女性大脑不如男性的古老伪科学论调已逐渐消失，人们对女性能力的质疑声也渐渐平息。尽管女性无法获得学位，但在1872年，剑桥大学的格顿学院（Girton）和纽纳姆学院（Newnham）开始招收女生，剑桥大学还专门修建了女生宿舍楼。1874年，伦敦女子医学院（London School of Medicine for Women）成立。随后，牛津大学成立了玛格丽特夫人学堂（Lady Margaret Hall）和萨默维尔学院（Somerville）。

在牛津大学和剑桥大学，女性不再只能与英格兰教会成员见面。1871年，在非国教徒的压力下，《高校核验法》（University Test Act）最终被废除。至此，自由派帮助英国的古老学府向所有知识分子敞开了大门，无论他们是犹太教徒、罗马天主教徒还是非国教徒。在那一天到来之前，英国非国教徒如果不向国教教会领袖宣誓效忠的话，便会被禁止进入牛津和剑桥学习。

女性作为变化的一部分，在19世纪余下的时间里，社会地位在不断提高。虽然女性并不属于国家的少数群体，但在19世纪，她们不仅社会地位低于男性，法律地位也低于男性。直到1857年，已婚女性在法律上才能够独立于丈夫代表自己。1869年，颇具影响力的哲学家约翰·斯图亚特·穆勒（John Stuart Mill）出版了《妇女的屈从地位》（The Subjection of Women）。这部著作不仅反映了时代的进步思想，还极大地唤醒了人们的意识，促使人们认识到女性的受压迫地位。

扩大选举权运动开展得如火如荼，引发了人们对女性选举权问题的思考。1865年，威斯敏斯特激进派议员穆勒提案，要求赋予女性投票权，在第二次《改革法案》修订过程中他以出色的口才倡导实现男女平等。虽然提案被否决，但妇女选举权协会开始在主要城市出现。

1869年，自由派政府赋予女性市政选举投票权。从1870年开始，女性可以在学校董事会选举中投票，也有资格被选举为董事会成员。到了1894年，女性被允许在市、区一级的市政服务机构中任职，她们在地方政府中开始发挥起日益重要的作用。1873年，英国出台了人性化的《婴儿抚养权法案》（Custody of Infants Acts），确保所有女性能够在离婚和分居的情况下享有子女探视权。而在此之前，女性被直接剥夺了这些权利，也因此酿成了许多悲剧。

从19世纪70年代到19世纪末，大量案例法被采纳，为女性作为独立个体享有独立、平等的权利提供了法律支持。1882年，《已婚妇女财产法》（Married Women's Property Act）终于从法律上结束了丈夫拥有妻子全部所得的状况。尽管在实践中，多疑的父亲和兄弟，或是像夏洛蒂·勃朗特这样的聪明女性，总有办法通过托管将财产全部划归到自己名下，但这依然是一项重要的成就。

教育也从根本上进行了改革。1870年，内阁大臣W. E. 弗罗斯特（W.E.Froster）在下议院中通过了《初等教育法》（Elementary Education Act）。他是一名前贵格会教徒，迎娶了阿诺德博士（Dr Arnold）的女儿。阿诺德博士借助公共服务精神重振了拉格比学校（Rugby School）。《初等教育法》创立了首个国家教育体系，保证所有5~13岁的儿童都能接受教育。任何一个地方行政区都可以通过选举成立校董事会；校董事会有权征税，并将税款用于维护本地区原有学校或新建学校。尽管校董事会有权强制13岁以下的儿童入学，但直到1880年，强制性初等义务教育才被写入法律。而直到1891年，新教育法规定实行免费的初等教育之后，强制入学才有意义。

人们通常认为，第二次《改革法案》标志着中产阶级统治过渡到了更为广泛的民主阶段。但在维多利亚晚期，英国的总体特点表现为中产阶级高端文化的自我完善，从利物浦和曼彻斯特的市政建筑中我们可以看出这种特点。1880年，美国百万富翁、慈善家安德鲁·卡内基（Andrew Carnegie）开始修建音乐大厅、交响乐大厅、艺术展览馆、公共公园和免费图书馆。维多利亚时代的人热衷于参与公共事务，也喜欢修建建筑物。

从1845年开始，牛津大学和剑桥大学之间就开展了划船比赛。1863年，两校组建了足球联盟。第一届国家板球比赛在1864年举行。年轻的板球运动员威廉·吉尔伯特·格雷斯（William Gilbert Grace）开始为玛丽勒本板球俱乐部（Marylebone Cricket Club）效力，接着很快出现了一些像今天一样的超级体育明星和他们的球迷。铁路运输发展，加上1871年确立了3个法定假日，英国人对竞技运动越发着迷；同年，橄榄球联盟成立。1873年，第一个草地网球俱乐部成立，新哥特风格的国家历史博物馆也于同年完工。这座建筑物矗立在南肯辛顿，很容易被人们误认为是教堂，它为探险家带回英国的珍奇异宝提供了一个安置之处。

对于喜欢欣赏文学作品的人来说，到了19世纪70年代，国外兴起了一种不同以往的写作风格。查尔斯·狄更斯将各种社会痼疾串联在一起，构成了维多利亚时代早期社会的写照。1870年，狄更斯去世，留下了尚未完成的最后一部小说《艾德温·德鲁德之谜》（*The Mystery of Edwin Drood*）。正如乔治·艾略特（George Eliot）在1872年出版的《米德尔马契》（*Middlemarch*）和托马斯·哈代出版的第一部小说《绿荫下》（*Under the Greenwood Tree*）一样，他的遗作集中关注了情感和道德的两难境地。整个社会都被文学作品号召起来应对社会问题，救世军等组织纷纷出现。哈代是石匠的儿子，他的出身背景表明，这部小说开始将社会中没有代表权的那部分人囊括进来。在诗歌方面，最具魅力的王者仍然要数阿尔弗雷德·丁尼生爵士，他无愧于"桂冠诗人"的美誉。查尔斯·道奇森（Charles Dodgson）成了被牛津的数学课吓坏的第一名"儿童"，他以刘易斯·卡罗尔（Lewis Carroll）为笔名撰写了《爱丽丝梦游仙境》（*Alice's Adventures in Wonderland*）。虽然维多利亚女王仍沉浸在对亲王的哀思之中，但她也亲自执笔当起了作家，在1868年出版了畅销小说《日记留影——我们的苏格兰高地生活》（*Leaves from the Journal of Our Life in the Highlands*）；同年，威尔基·柯林斯（Wilkie Collins）出版了《月亮宝石》（*The Moonstone*）。

作为现代化的开拓者，自由党在正义的分配方式上表现得有些不耐烦。传统规则现在已经落满历史尘埃，变得含混不清，因此急需重新组织和理性化。19世纪70年代，在斯特兰德林肯律师学院（Lincoln's Inn）和内殿法律学院（Inner Temple）之间建起了被称为"皇家法院"的建筑群，为所有民事法庭提供了办公场所。从此之后，各个民事法庭的工作人员开始在同一个屋檐下办公。英国的法律体系由几个世纪以前的古老御前会议（Curia Regis）缓慢发展而成，其中包括多种不同的法庭，如财政法庭、民事诉讼法庭、王座法庭和大法官法庭等，不可避免地存在包含许多重叠的无效划分。现在，所有法庭被整合成一个最高法院。

爱尔兰问题越发成为英国政治机构的痛处。那时，非国教徒已经在政府中占据了相当大的比重，在这种情况下，人们提出了一种处理爱尔兰问题的全新方法。1869年，《教会解散法》（Church Disestablishment）颁布，禁止使用对爱尔兰新教教会少数派的侮辱性官方称呼。在北爱尔兰，由于大部分阿尔斯特人（Ulsterman）属于长老会信徒，因此新教除了自己的牧师之外，几乎没有一个信徒。爱尔兰教会发展成一个自由的主教制教会，其主教在上议院不再拥有席位。

但是，在爱尔兰，大多数人还是把土地视为最重要的问题。除了北部地区的亚麻纺织和造船工业之外，农业是爱尔兰唯一的行业。爱尔兰在经历了大饥荒之后，人口锐减，土地价格下跌，土地主利益受损。但事实证明，土地主还是和过去一样残忍，他们只不过在管理方式上变得更加科学了一些。1870年，格莱斯顿颁布了第一部《爱尔兰土地法》（Irish Land Act）。该法案试图减轻爱尔兰佃农遭受的不公正待遇，规定如果佃农改良了租赁的土地，土地主在收回土地时，必须对佃农进行补偿。此外，爱尔兰还建立了借贷系统，使佃农可以购买土地。

虽然自由党可能会为新政策取得的成果感到高兴，但改革的基础岌岌可危。1870—1871年普法战争（Franco-Prussian War）结束之后，人们终于清楚地意识到，权力的平衡正在偏离英国和法国。400年来，英国即便没有一直将法国视为敌人，但也对其采取极为谨慎的态度。北德意志邦联在1870年的色当战役（Battle of Sedan）中俘虏了拿破仑三世和他手下的10.4万大军。法国成了可怜的受害者。

俾斯麦继续推进统一大业，准备将德意志南部普鲁士领导下的各邦国也统一起来。他利用各邦国都反对来自德意志霍亨索伦家族（House of Hohenzollern）的候选人继承西班牙王位，欺骗法国展开了普法战争。拿破仑三世急需用一场战争来扭转自己低迷的声望，他虽然开始计划将法国边界向比利时推进，但仍觊觎着莱茵河沿岸各省。普鲁士的行动越发野蛮，而法国的反应越来越软弱，整个欧洲都吓得屏住了呼吸。和平的代价是法国将阿尔萨斯和洛林拱手让给德意志，并向德意志支付了2亿英镑的"引起战争"赔款。在这笔款项支付完毕之前，德意志的卫戍部队将一直驻扎在法国的土地上。法国花了10年时间，才恢复了国际强国的地位，英国也第一次开始将德意志视为劲敌。对普鲁士军队的恐惧迫使英国同意立即进行此前提及的改革。

但英国仍对普法战争保持中立态度。欧洲大陆原先的势力平衡被打破已成常态，英国也无力干涉欧洲大陆事务。英国政治家已经意识到英国这头无牙的雄狮对石勒苏益格-荷尔斯泰因问题嘶吼实在愚蠢。1871年，法国局势一片混乱，俄国人借机正式废除了结束克里米亚战争的和平条约，将黑海地区重新军事化，英国无可奈何地接受了变化。

选民通过一种隐秘的方式表达了他们不易察觉的不满情绪。随便在大街上找一个人来问，他们都会表示停泊在黑海上的俄国舰队把英国搅得鸡犬不宁。人们依稀察觉到，虽然英国仍占据着世界头号海军强国的地位，但它的制造业所占的份额已经不如20年前。英国在美国内战期间，为南部联邦政府建造了"亚拉巴马"号（Alabama）巡洋舰，该舰击沉了美国北部的商船。因此格莱斯顿同意，由美国指定仲裁方，裁定英国需要为此支付多少赔款。仲裁方认为，英国需要向美国支付1550万英镑的巨额赔款。消息传来，英国人惊讶得几乎要晕过去。帕默斯顿在几年前才刚刚制定了英国的"战船外交"方针。"亚拉巴马"号事件使英国公众更加坚定地认为，虽然格莱斯顿在国内事务上做出了巨大贡献，但他无法维护英国的海外利益。难道是自由党的思维方式让他变得软弱了？

到了1874年，英国公众已经目睹了足够多的改革成效。迪斯雷利重组保守党之后，保守党变成选举中的一股强大力量。迪斯雷利大胆抨击格莱斯顿和自由派人士不够爱国，还把前排座椅上的内阁成员比喻为一排"死火山"。他巧妙地利用了富裕阶层的担忧：赞助的老路子被取消之后，他们的儿子将如何当上公职人员或到军队中谋得一职呢？不大支持改革的人普遍感到，对他们来说，世界的变化来得太迅猛了。

1872年，格莱斯顿颁布了《许可证法》，缩短了酒馆的营业时间。这惹怒了每一个过去喜欢在地方酒馆享受时光的人。他在下一届选举落败之后，曾这样告诉哥哥，他被"一股杜松子酒和啤酒的激流击败了"。1874年，格莱斯顿解散了议会，承诺当选之后废除所得税。但是，选举结果是迪斯雷利第二次担任英国首相，直到1880年。格莱斯顿从个人立场出发，愤怒地宣布退出自由党和议会，这样他就能"在议院和坟墓之间稍事休息"。而实际上，他之后还会担任三任首相，英国女王却并没有预见这一点。

迪斯雷利热情高涨，正如他在1868年所说的那样，他返回了"滑竿的顶端"。英国女王对选举结果也十分高兴。格莱斯顿在与女王的私人会谈中，习惯像在"公共会议"中那样对她发表演讲。让女王恼怒的是，他总是试图将威尔士亲王拉到国家事务中来。迪斯雷利则不同，他是一个有文学修养的人，因而会把女王当成古老传奇故事中的人物一样对待。他不断告诉女王，在他看来，女王就像"仙子"一样。这种说法让女王很是受用。他们会相互交流文学中的名人逸事，维多利亚女王对自己的日记成功出版非常得意，迪斯雷利这位杰出的小说家在与她的谈话中会巧妙地使用"我们这些作家"的说法来拉近彼此的关系。

迪斯雷利结束了自阿尔伯特亲王去世之后英国君主长达10年的不受欢迎期。在这10年当中，共和运动开展得如火如荼，促使维多利亚女王在隐居多年之后重新返回公众视野。很快，迪斯雷利被允许在王室成员面前坐着说话，而格莱斯顿却只能站着。他还被允许以第一人称，而非"首相"向女王写信。他不仅能逗乐女王，还会交替表现出渊博的知识和洞察世事的机智。他并没有拿"民主"的沉闷雷声来恐吓女王。和迪斯雷利共事就像喝香槟一般，稍不注意就微醺起来，而他本人也十分享受这种状态。

最重要的是，迪斯雷利着意地拓展大英帝国的领土。像大多数同时代的政治家一样，迪斯雷利一开始也认为殖民地是挂在英国政府脖子上的磨盘，但后来他改变了这种想法，转而对大英帝国的命运感到兴奋。他公开表示，他后悔没有要求殖民地支付帝国关税，就赋予了加拿大等殖民地自治权。他还急切地希望联合荷兰，一起在南非建立殖民地。1876年，在迪斯雷利的运作下，维多利亚女王加冕为印度女皇，英国女王又多了一个头衔，获得了更多荣耀。加冕仪式在德里以一种全新的方式对公众展示。不过，到目前为止，他最重要的成就是保住了英国的苏伊士运河。

苏伊士运河是通往印度的便捷通道。1869年，苏伊士运河开通，将英国到印度的行程缩短了几千英里，路上的时间减少了大约6周。庞大而遥远的印度帝国对英国来说，战略价值甚至超过了商业价值。如果印度爆发另一场起义，或者俄国再次入侵南亚次大陆，英国通过苏伊士运河能够比通过原先的开普殖民地更快地提供补给。如果英国人控制了苏伊士运河，他们便控制了通往整个东方帝国的关卡。

迪斯雷利十分擅长处理国际事务。对他来说，秘密交易和暗箱操作是外交之本。1875年秋天，密探向他提供情报——埃及总督濒临破产，苏伊士运河的股份将供人竞购，更重要的是，股份即将被一家法国垄断企业购得。他没有时间再等下去了。

英国议会仍在休会期，无法立即同意拨款。这样的购买活动可能需要花费好几个月的时间进行辩论，才能获得批准。迪斯雷利以雷厉风行的典型作风联系了罗斯柴尔德银行家族（Rothschild Banking Family），他们的流动资产十分雄厚，在拿破仑战争期间政府资金短缺时，经常向军队提供现金支持。首相派私人秘书蒙塔古·科里（Montague Corry）前往罗斯柴尔德银行总部。科里被引到了罗斯柴尔德面前，他告诉罗斯柴尔德，首相需要400万英镑，当时这是一笔巨款（大约相当于今天的10亿英镑）。"什么时候？"罗斯柴尔德伯爵问道，并没有显得过于吃惊。"明天。"科里回答。当时，罗斯柴尔德正从一个镀银的台子上摘下一颗泛着光泽的麝香葡萄。他剥掉葡萄皮，又吃了一颗，认真地思考了一会，问道："你拿什么担保？""英国政府。"科里回答。"你会拿到这笔钱。"罗斯柴尔德说。

迪斯雷利用罗斯柴尔德的贷款购买了苏伊士运河40%的股份，使英国成为该公司中份额最大的股东。这是绝妙的一计。迪斯雷利向女王递送了一张关于苏伊士运河情况的戏剧性的纸条，他在上面写道："它是您的了。"好像运河是一件私人礼物似的。

迪斯雷利在首相任期中还大举建设国内司法体系。他和皮尔一样，认为保守主义者如果希望组建一个可以独立生存的政党，就必须在国家商业利益和土地利益之间重新建立起联盟。从1867年开始，工人阶级获得了投票权，因此必须在追求商业利益时考虑工人阶级的利益。如果希望加强迪斯雷利所称的"托利民主"，就必须进行社会改革。政府开始着手改善穷人的命运。格莱斯顿偏爱升华人们的灵魂，而迪斯雷利则强调满足人们的物质需求。

在杰出的保守党内政大臣理查德·克罗斯（Richard Cross）的努力下，保守党在1875年通过了多项实用的社会法律。《工匠住宅法》（Artisans Dwellings Act）使得当地政府能够清理贫民窟，用卫生的住宅代替它们。这项运动在伯明翰成效最为显著，在激进派市长约瑟夫·张伯伦的领导下，制造业工厂周围滋生的不卫生的贫民窟被改造为现代化的公共住房。限制工会的最后一丝法律残留也被废除，《共谋和财产保护法案》（Conspiracy and Protection of Property Act）承认了和平抗议的合法性。

1875年，迪斯雷利登上世界舞台的机会出现了，这是他担任首相的第二年，近东问题再次爆发（近东问题特指奥斯曼帝国问题）。但这一次，意大利和德意志的统一影响了近东问题。巴尔干地区的人民从未如此深切地感到自己的国家也需要统一，而意大利的统一剥夺了奥地利部分领土，促使奥地利试图从巴尔干半岛获得补偿。

同一年，波斯尼亚和黑塞哥维那人民为反抗土耳其的残暴统治发动了一系列起义，尽管有来自强国的保护，可起义还是被残酷地压了下去。随后，保加利亚、塞尔维亚和黑山也爆发了人民起义。1876年6月，人民武装力量在波斯尼亚和黑塞哥维那已发展得足够强大，进而爆发了对抗土耳其的战争。但是，土耳其军队十分成功地镇压了两地人民的起义，致使俄国觉得需要支持基督徒的起义。1878年，俄国人抵达阿德里安堡（今埃迪尔内），并且因此对伊斯坦布尔构成了威胁。

保护土耳其变得日益迫切起来。但是，在1876年6月底，英国人已经普遍放弃了对土耳其政策的默许态度。战地记者发回消息，《每日新闻》（Daily News）报道了保加利亚发生的骇人大屠杀。就像在希腊独立战争中一样，阅读报纸的大量英国公众无不义愤填膺。英国作为自由的朋友、奴隶的敌人、正义的家园以及受压迫流亡者的港湾，怎么能够与这样一个民族同流合污呢？这难道不是与野蛮人为伍，自甘堕落吗？

格莱斯顿在一周之内撰写出了最为知名的政治手册《保加利亚恐怖活动与近东问题》(Bulgarian Horrors and the Question of the East)。迪斯雷利表示，这是针对保加利亚的骇人恐怖活动。这本小册子在一个月之内就卖掉了20万册，它掷地有声地呼吁土耳其人离开保加利亚："我希望，每个人、每件武器，都从亵渎神灵、令人悲伤绝望的地区撤出。"欧洲列强不应允许土耳其再次获得统治保加利亚的特许权。

格莱斯顿在布莱克希思召开了一场伟大的公众会议，号召解放所有惨遭土耳其蹂躏的地区。他因此重返政治舞台。抵抗俄国的最佳方案不是直接与土耳其人短兵相接，而是支持那些反抗它的国家发展壮大、获得自由。格莱斯顿说，解决近东问题的办法是"在俄国和土耳其之间设置一个活的障碍"。

迪斯雷利对这种道德上的高姿态不以为然。即便派去土耳其的一个政府机构已经确认了报告中最残酷的描述，他还是没有意识到局势的严重性。成百上千的英国人认为，与土耳其这种国家结盟是一种耻辱。迪斯雷利则认为，结盟不需要考虑道德问题，他从道义上并不反对与土耳其结盟。直到最后，他还是认为，一些大屠杀的报道是编造的，像"咖啡的泡沫"。但是，在格莱斯顿的领导下，英国还是坚决反对土耳其的暴行。格莱斯顿的演讲令英国女王大怒，她开始觉得格莱斯顿是一个快发疯的政治煽动者。

然而，公众意见可谓变化无常，天才将军奥斯曼·努里·帕夏（Osman Nuri Pasha）*在普列文城（Plevna）牵制俄国军队长达5个月之后，英国公众又突然开始支持土耳其。土耳其军队在围城战中的英勇抵抗让英国公众忘记了他们在保加利亚恐怖事件中的行为，使英国公众像对待弱势者一样同情他们。他们回忆起了"俄国熊"如何在亚洲笼罩上阴影，如何威胁印度，想起了俄国才是英国真正的敌人。1877年12月，普列文城陷落，奥斯曼帝国投降；1878年1月底，俄国将军斯科别列夫（Skobelev）到达阿德里安堡。现在，英国必须采取行动，否则当俄国人到达伊斯坦布尔之后，可能再也不会撤离。

俄国占领了整个亚美尼亚和土耳其亚洲部分的大片土地，引起了整个欧洲的

---

* 1832—1900，奥斯曼帝国元帅、陆军大臣。——编者注

警觉。英国民意现在变得极为亲土反俄，这对迪斯雷利来说是一种幸运。民情鼎沸，义愤填膺。街道上的人们对格莱斯顿一片嘘声，甚至有人砸破了他的窗户。音乐厅传出这样的歌声：

> 我们不希望发生战争，但我们对上帝发誓，如果战争打响，
> 我们有人力，我们有战船，我们也有资金，
> 我们之前与俄国熊打过战，英国人应该坚信，
> 俄国人占领不了伊斯坦布尔。

这首歌引发了极端爱国主义和军国主义情绪。这种情绪随着歌声四处传扬，到了19世纪末，变得越发激烈。如果英国再不"给这些俄国佬一个教训"，女王本人将面临被废黜的危险。

1月28日，迪斯雷利被册封为比肯斯菲尔德伯爵（Earl of Beaconsfield），并从议会得到600万英镑的战争拨款。他命令英国舰队离开贝西卡湾（Besika Bay），向伊斯坦布尔前进。到2月15日，英国舰队已经就位。俄国军队在向伊斯坦布尔进发时，突然得到了停止进军的命令。在他们眼前是6艘巨大的灰色英国战舰，好似马尔马拉海普林基波岛（Prinkipo Island）附近的姥鲨，保卫着伊斯坦布尔闪耀着光芒的清真寺尖塔。

俄国军队折返至阿德里安堡。虽然俄国沙皇希望向伊斯坦布尔加速进发，但他的弟弟尼古拉大公认为，继续前进简直是疯了。虽然英国舰队停泊在附近，但严格地说，俄国尚未与英国交战。3月3日，俄国为了巩固他们已经获得的优势，很快与土耳其签署了独立的和平条约《圣斯特凡诺条约》（Treaty of San Stefano）。迪斯雷利的行动虽然阻止了俄国进入伊斯坦布尔和攻占海峡，但这能持续多久呢？在两个半月内，英国一直屏住呼吸，认为英俄战争随时可能爆发。

迪斯雷利对和平条约持怀疑态度，所以他并没有停止备战。后来，据透露，和平条约准备重新划分巴尔干半岛，使半岛处在"大保加利亚"统治之下；其中的斯拉夫人将使俄国能够对巴尔干半岛施加主导性影响。英国首相就此宣布开始征募预备役。两周之后，他派遣7000名印度士兵前往马耳他——这是印度重新

回到大英帝国怀抱的标志。英国的一系列行动促使俄国驻伦敦大使舒瓦洛夫伯爵（Count Shuvalov）认为，俄国人如果占领伊斯坦布尔，将不可避免地受到惩罚。俄国政府做出让步，表示这些改变会影响欧洲局势，因而会事前征求各大强国的意见。各国同意在当时的欧洲强国普鲁士的首都柏林举行大国会议。

迪斯雷利将这次会议的召开视为英国的胜利，在许多方面确实是这样——会议结束时，他被维多利亚女王授予公爵爵位。尽管迪斯雷利此时患有肾病，面色苍白，晚上出门也不得不在脸上涂上修容粉，但他在会议中的表现还算说得过去。3年之后，他死于肾病。当英国试图阻止土耳其人控制巴尔干半岛南部保加利亚的通道并占领亚美尼亚更多领土时，迪斯雷利透露英国与土耳其苏丹签订了秘密协定：英国保证土耳其在亚洲的领土，但是作为回报必须获准占领塞浦路斯。现在，迪斯雷利下令更多英国战舰前往塞浦路斯。俄国在两支英国舰队的压力下，答应了一切条件。

迪斯雷利回到祖国，宣布自己维护了和平。他以高超的桥牌手法维护了英国在国际上古老帝国的荣耀：他通过阻止建立大保加利亚，在巴尔干地区削弱了俄国势力；他更好地维护了苏丹统治下的基督教居民的权益，而苏丹受制于军事总督；他阻止俄国人进入伊斯坦布尔，还制止了俄国过多地侵占亚美尼亚的领土。亚美尼亚可能被当作俄国人向小亚细亚或波斯湾渗透的跳板。由于大英帝国在地中海东端建立了基地，所有危险都被抵销了。

实际上，这次大会有点儿像一场出色的舞台表演，充分使用了烟雾和镜子。保证大会顺利进行的几大国一致同意的领土协议实际上在1个月之前就已经安排好了。在迪斯雷利持续的战争威胁下，俄国同意将大保加利亚一分为二。与此同时，英国与奥匈帝国签订了绅士协议，支持其占领波斯尼亚和黑塞哥维那。

虽然人们兴奋地赞扬柏林会议（Congress of Berlin），但实际上它并没有带来什么持久的东西。迪斯雷利坚持认为，必须保留土耳其帝国作为对抗俄国的战略堡垒，但是土耳其帝国还是被部分肢解了，在原先的位置上出现了一系列较小的国家。事实证明，担心保加利亚变成俄国的卫星国毫无必要。虽然7年之后，保加利亚的两个部分重新统一了，但这个新成立的国家对俄国的影响十分抗拒，同时十分忌妒俄国的独立。事实证明，塞浦路斯是依附在英国脖子上的一个累赘，其很快变成了埃及在东地中海地区的军事基地。此外，与土耳其捆绑在一起令英国十分尴尬，因为土耳其一直没有按照承诺进行改革。虽然英国对土耳其实行军事监管，但土耳其统治者还是放肆地践踏人权。其中最臭名昭著的事件是1894年的亚美尼亚大屠杀（Armenian Massacre）*。实际上，俄土战争（Russo-Turkish War）和柏林会议造成的最大影响是塞尔维亚受到不公正对待。虽然塞尔维亚像黑山和罗马尼亚一样取得了独立，但它仍然满腹委屈，因为奥匈帝国被允许占领波斯尼亚和黑塞哥维那，那里主要居住着塞尔维亚人。

虽然如此，但除了格莱斯顿，大部分英国人对迪斯雷利所说的"最美好的时刻"深信不疑。迪斯雷利拒绝接受爵位，但同意接受勋章，条件是外交大臣索尔兹伯里也一起被授予勋章。然而迪斯雷利扩张英国领土的"前进"政策在南非和印度并不那么奏效。英国自18世纪以来就在西非建立了贸易定居点，1873年英国在黄金海岸打败了好战的阿散蒂部落（Ashanti tribe），但1878—1879年的祖鲁战争（Zulu War）可谓一场公共关系的灾难。祖鲁人（Zulu）是南非最令人畏惧的部落，他们因为干旱被迫到其他土地上牧牛。1877年，德兰士瓦共和国破产，为了保护本国不受祖鲁人攻击，同意并入英国。

祖鲁首领塞奇瓦约（Cetewayo）势不可当，他振兴了建立在古老军事基地上的部落组织。所有未婚男青年必须被编入军队，在青春期时就离开家庭，前往王室栅栏村庄或宫殿旁边的兵营中生活，直到他们的长矛沾上鲜血之后，他们才被允许结婚。英国要求祖鲁人结束这种军事动员，祖鲁战争爆发。显然，长矛在枪炮面前毫无战斗力。尽管如此，一支2万人的卡菲尔武装部队，或称祖鲁军队，还是在伊桑德尔瓦纳（Isandlwana）消灭了英军的一个营。祖鲁人对地形十分熟悉，移动速度极快且行踪隐秘，没有人能够察觉出他们就在附近，直到他们戴着特有的头饰突然从泥土里钻出来，给英军致命一击。战局进行得极不顺利：拿破仑三世的儿子皇太子为了积累经验自愿参加战斗，结果在一次伏击中丧生。被法军指挥官抛弃之后，他被发现死在自己的血泊之中。虽然维多利亚女王十分欣赏祖鲁人（她认为他们勇敢又"利落"），但是祖鲁人科学地切开法国皇太子的主动

---

* 1894年在奥斯曼帝国发生的针对亚美尼亚人的杀戮，估计伤亡人数在80 000到300 000不等。——编者注

脉，让他没有痛苦地死去，还是让女王大为惊骇。

在罗克渡口（Rorke's Drift），少量英国士兵抵挡住了全体祖鲁战士的进攻，从某种程度上挽回了英国的帝国荣耀。在乌伦迪战役（Battle of Ulundi）中，祖鲁人终于被打败，而且此后多年，他们都无法再积聚起力量。但是，战争导致迪斯雷利的支持率下降。指挥失当，士兵毫无意义地丧命，几乎让人感到荒诞，这让全体选民愤怒不已，他们的儿子和兄弟的性命白白断送了。

阿富汗是英国另一个受辱之地。虽然印度本身很平静，但英俄之间的紧张关系达到顶峰时，1878年夏天俄国在亚洲的活动便有了新的意义。阿富汗接待了俄国派去的大使，却拒绝接待英国大使，导致英国担心沙皇会在阿富汗先发制人，随即派遣3支英国军队入侵阿富汗。阿富汗埃米尔出逃，其子雅各布汗（Yakub Khan）与英国签订了条约，似乎使阿富汗变成了英国的受保护国。然而，1879年9月，英国驻阿富汗使馆常驻大使路易斯·卡瓦尼亚里爵士（Sir Louis Cavagnari）及整个使馆的工作人员遭到杀害，新任埃米尔被迫到英国军营寻求庇护。在老练的弗雷德里克·罗伯茨（Frederick Roberts）的领导下，英国发动了第二次对阿富汗的惩罚性入侵。弗雷德里克曾因在镇压印度叛乱时的出色表现获得了一枚维多利亚十字勋章。

尽管罗伯特成功占领喀布尔，废黜了雅各布汗，英勇无畏地从喀布尔向坎大哈（Kandahar）挺近，但英国大使、外国与殖民地官员惨遭杀害，加上英国政府在南非战争中种种不胜任的表现，还是在1880年的大选中抹去了迪斯雷利的光辉。雪上加霜的是，19世纪70年代末，一场严重的农业危机袭击了英国。虽然这并不是保守党的错误，但却给人们留下了政府对局势失去控制力的印象。

到了1876年，英国人民从19世纪40年代起开始享受到的巨大经济繁荣已经结束。其他欧洲国家，包括德国和法国等稍后经历工业化的国家，开始赶超英国。1879年，经济暴跌和破产潮出现。与此同时，英国谷物价格暴跌。这是因为，1875年到1880年粮食连续歉收，使得英国不得不进口廉价的谷物，而此时从加拿大和美国中西部地区进口的谷物价格突然变得便宜起来。

廉价的外国谷物不受贸易保护的阻碍，陆续进入英国，数以千计的农民走投无路，历史的潮流随之开始背离保守党。迪斯雷利不愿意重新采取贸易保护主义政策，表示贸易保护主义"该死也已经死了"。虽然其他欧洲国家开始采取关税措施来保护他们尚在襁褓中的工业，但英国仍然坚持自由贸易的原则，结果导致人口大规模地逃离土地。在1860年到1901年，大约40%的男性劳动力前往城镇或海外居住；截至20世纪初，95%的英国食物依赖进口，这种情况一直延续到现在。19世纪末，冰箱和罐头工艺的发明使得从阿根廷进口廉价肉类成为可能，花费也更低。

迪斯雷利对下议院的管理也很失败。新一代爱尔兰民族主义议员更加好战，他们自称"地方自治者"，试图阻止威斯敏斯特议会正常工作。粮食歉收对爱尔兰农村经济造成的打击要比对英格兰更加严重；同时，1870年的《土地法》仅取得了部分成功。这使得他们决定再次召集都柏林议会。

格莱斯顿是一位杰出的演讲家，他的许多事迹都可供引用。在席卷苏格兰全境的中洛锡安郡运动（Midlothian Campaign）中，格莱斯顿大获全胜。他在新颖的"树桩演讲"*中激情澎湃地谴责任何与奥斯曼帝国结盟的行动，让听众觉得迪斯雷利的政策看上去既危险又有违道德。他日复一日，连续几个小时在演讲中向人们宣传自己的观点，乘坐呼啸而过的火车前往全国各地成了新型竞选形式。格莱斯顿发明了一种吸引大量选民的方式，他不是像维多利亚时代的绅士那样一本正经地陈述自己深思熟虑的观点，而是更加关注普通听众，偏向于使用简单和情绪化的表达方式说明问题。

格莱斯顿的演讲取得了巨大成功，在1881年的选举中，自由党以压倒性优势取得了胜利，获得349个席位，保守党获得了243个席位。"伟大的老人"格莱斯顿简直像超级巨星一样。然而，得益于实行无记名投票，60名爱尔兰人获得了地方自治者的选票。未来的战场就在于此。与此同时，随着格莱斯顿开始废除迪斯雷利的大部分帝国主义政策，英国从阿富汗撤军，德兰士瓦共和国获得独立，而迪斯雷利本人的生命却快走到终点。维多利亚女王曾经征求迪斯雷利的意见，问是否能够去他的病床前看望他，却被拒绝了。迪斯雷利半开玩笑地说，女王只是想让他给阿尔伯特亲王捎个话。1881年4月，迪斯雷利去世。维多利亚女王十分

---

* 19世纪的"树桩演讲"讲求接地气，演讲者常常即兴发挥，甚至直接攻击对手。——译者注

难过，亲自在《宫廷公报》(Court Circular) 上为他撰写了讣告。尽管外交礼节不允许君主参加葬礼 [这个习惯被她的玄孙女伊丽莎白女王打破，她参加了英国首相温斯顿·丘吉尔（Winston Churchill）*的葬礼]，但维多利亚女王还是从奥斯本送去一个报春花花圈，并附上字条说报春花是迪斯雷利生前最喜欢的花。

新上台的自由党议会似乎注定比 1868 年的激进派先驱更加成功。但是，格莱斯顿的第二届政府并没有继续推行改革政策，而是陷入爱尔兰僵局。现在，查尔斯·斯图尔特·帕内尔（Charles Stewart Parnell）这位无情的战术大师指挥着爱尔兰地方自治运动。格莱斯顿将大部分精力花在对付他及其领导的爱尔兰恐怖分子上，但是一系列反常事件使其受欢迎程度大大下降。格莱斯顿下定决心，一举摧毁被他轻蔑地称为"比肯斯菲尔德主义城堡"的迪斯雷利帝国主义宏伟计划。这成为他此后政策的主色调。他强烈地感觉到，大英帝国不可能继续扩张，也不可能继续管理如此广阔的地区和庞大的人口；他鼓励自决和他所说的"地区自由健康发展"，认为这样将更好地服务于英国的利益。

1881 年，马尤巴山战役（Battle of Majuba Hill）爆发，标志着第一次布尔战争（First Boer War）†以英国惨败而告终。格莱斯顿再次允许德兰士瓦独立。现在，祖鲁人的威胁解除了，布尔人再也没有理由和英国结盟。在英国，这场战争被视为一次耻辱的失败，因为许多联邦主义者认为，英国军队和格莱斯顿应该继续坚持战斗，将德兰士瓦限制在开普殖民地内。1880 年，英国从阿富汗撤军。在英国的帮助下，阿卜杜尔·拉赫曼（Abdur Rahman）成为阿富汗国王。英国希望通过对他的扶植，将阿富汗变成印度和俄国之间的坚实屏障。1885 年，俄国军队占领了阿富汗境内的彭狄（Penjdeh），英国似乎即将被迫对俄宣战。但是，两国将矛盾交给了国际仲裁方丹麦国王，丹麦支持由俄国统治中亚细亚地区，英俄两国之间的"大博弈"这才得以避免。

尽管如此，格莱斯顿也无法阻止英国向新领土扩张、维持原有帝国领土的倾向。颇具讽刺意味的是，他本人将英国兴趣的中心转移到了近东地区。1882 年，

---

* 1874—1965，英国前首相，政治家、演说家、外交家和作家。——编者注
† 1880 年 12 月至 1881 年 3 月，英国与南非布尔人之间爆发的小规模战争。——编者注

英国占领埃及，阻止了一名叛变官员关闭苏伊士运河。苏伊士运河改变了英国事务的优先顺序——它的对外政策不得不突然转向保护埃及不受任何外来者的入侵。格莱斯顿通过占领埃及，建立了大英帝国在非洲进行大规模扩张的基地大本营。他的行动被称为"新殖民主义"（New Colonialism）*。

理论上讲，埃及在土耳其总督的管理下仍是奥斯曼帝国的一部分，随着土耳其解体，埃及几乎完全获得了自治。现在，世界主要海运航线都得通过苏伊士运河，埃及的地位变得越来越重要。但是，大量新资本涌入埃及，引发了经济不稳定。1879年，由于埃及总督管理无效且喜欢挥霍，埃及破产。此时，迪斯雷利和法国一起，在埃及设立了一套双轨制管理体系。英法两国股东的大量资金很快涌入埃及，他们有效地控制了埃及政府。

1882年，在埃及军官阿拉比·帕夏（Arabi Pasha）的领导下，埃及爆发了阿拉伯民族主义暴乱。阿拉比·帕夏攻占了埃及重要港口和堡垒亚历山大港，威胁着苏伊士运河。暴徒洗劫了亚历山大港，这与格莱斯顿最根本的原则相违背，因此他不得不派加尼特·沃尔斯利爵士（Sir Garnet Wolseley）领导一支军队，代表运河的债权方占领埃及。埃及总督陶菲克（Tewfik）官复原职。法国现在仍因普法战争造成的巨大灾难和战争赔款而精疲力竭，因此拒绝派兵支援，英国只得单独行动。控制海上霸权长达75年的英国舰队向亚历山大港发动了猛烈的攻击，直到暴乱分子投降。格莱斯顿认为，英国别无选择，只能这么做。但是，他的做法冒犯了所有德高望重的老激进派同僚，比如向他辞去政府职务的贵格党人约翰·布赖特。

法国的立场导致双轨制管理制度终结。尽管埃及总督已经官复原职，但真正统治埃及的是英国军队和埃弗林·巴林（Evelyn Baring）——格莱斯顿派去监督埃及运转的实际而高效的财政管理者，他的任务是清理埃及混乱的财政，恢复其偿还能力。因此，英国几乎是意外地控制了埃及，格莱斯顿只是凭良心才没有让英国彻底吞并埃及。虽然英国并未从官方上占领埃及，但埃及实际上已经成了大英

---

* 大国利用经济帝国主义、全球化、文化帝国主义来影响甚至控制发展中国家，而不是通过军事力量的做法。——编者注

帝国的一部分。所有争取独立的弱小国家的朋友——格莱斯顿派到埃及的英国军队，在1954年之前一直驻扎在那里。

1907年，第一代克罗默伯爵巴林（Baring, 1st Earl of Cromer）辞职，埃及在他推行了大约40年的改革活动之后，已经变得繁荣富强起来。但是，一旦英国插手埃及事务，埃及的其他问题就都浮现了出来。从1880年开始，狂热的宗教领袖马赫迪（Mahdi）在埃及南部占领的苏丹地区领导了起义，起义很快席卷了大部分地区。英国官员希克斯·帕夏（Hicks Pasha）向南部派遣了一支埃及军队，准备俘虏马赫迪。但是，希克斯·帕夏却被叛军及其支持者杀害，英国报纸愤怒地报道了这个消息。这起事件引起了决定性转折作用，英国政府放弃控制苏丹，决定撤离留在苏丹中部喀土穆（Khartoum）附近的少数埃及卫戍部队。

决定从苏丹撤军的英国官员戈登将军（General Gordon）是英国公众眼中的一位传奇人物。他在19世纪70年代担任埃及总督期间，积极地打压了苏丹的奴隶贸易。1883年，内阁大臣、剑桥公爵和军队司令官在查令十字街安排了盛大的欢送仪式，但是戈登将军刚刚抵达苏丹，政府就以花费过大为由，拒绝进一步派给他取得胜利所需要的足够兵力。结果导致戈登被困喀土穆，与埃及总部之间的通信也被切断。从1884年3月底开始，埃弗林·巴林就恳求内阁派军解喀土穆之围，虽然英国报纸和大多数英国公民都极力支持支援戈登将军，但内阁还是驳回了提案。令格莱斯顿尤其担心的是英国在非洲大陆上越陷越深。他不愿意面对现实，英国在占领埃及之后，就无可挽回地被困于非洲大陆事务。

尽管英国人民对政府置戈登于不顾越来越愤怒，内阁也因此瘫痪了4个月之久，但直到1885年1月28日，副将赫伯特·斯图尔特（Herbert Stewart）才一路打到尼罗河沿岸，终于抵达喀土穆前去解救戈登。但是，喀土穆已经在两天前被马赫迪占领，戈登本人也被杀死。

据少数幸存者描述，戈登因疾病和缺少粮食而营养不良，变得十分虚弱，他的部下甚至不得不吃掉军犬和战马。戈登照顾垂死部下的举动让大家印象深刻。大部分士兵都十分虚弱，甚至无法直立站在栅栏旁守卫堡垒。1月26日，尼罗河水位过低，阻碍了英军救援队伍逆流而上。河水逐渐退去，最后只有几股涓涓细流将喀土穆和马赫迪分开。午夜，马赫迪和他的手下穿过了尼罗河。

戈登拒绝躲在封闭的城堡里，他坚持要与城里的居民共存亡。就在破晓之时，他走下宫殿的台阶，屠杀开始，他被杀死。赫伯特·斯图尔特就是在那里发现了他缺失头颅的尸体。此外，他还找到了戈登的日记："如果我要求的不到200名远征军未能于10天内抵达，城镇便会陷落；为了祖国的荣耀，我已竭尽全力。再见了。"——这是这位将军最后的一篇日记，写于12月的6周前。很快，人们在与喀土穆隔河相望的乌姆杜尔曼（Omdurman）的马赫迪军营中发现了戈登的头颅，他那蓝色的眼睛仍然半睁着。

当消息在英国传开，维多利亚统治下的英国人民沸腾了。愤怒的女王亲自向外交大臣、战争大臣和格莱斯顿本人发了3封电报。电报特意用了普通文字，没有使用密码，以便让报社能够读懂，公开报道女王的观点。这是一个非比寻常的举动。女王控诉格莱斯顿应该对戈登的死负责，她在电报中写道："喀土穆传来可怕的消息，一想到如果早采取行动，就可能阻止这一切发生，挽救多少条性命，我就觉得十分恐怖。"现在的问题在于，是选择报复喀土穆，还是选择放弃，让马赫迪控制苏丹。而这时，俄国占领阿富汗彭狄的消息传来，印度西北部边境地区受到威胁，格莱斯顿只得下令英军撤退。同时应付俄国和马赫迪将使英国不堪重负，因为英国的军事资源向来都不是十分充足。

格莱斯顿变得非常不受欢迎，人们原先为了表示亲昵，叫他"伟大的老人"（GOM, Grand Old Man），现在改叫他"谋杀戈登的人"（MOG, Murderer of Gordon）。他去剧院的时候，人们都会当他的面"呸"他。戈登身上有维多利亚时代的英国人引以为傲的品质，在英国人眼中，他像维多利亚时代的其他英雄，如非洲探险家和传道士利文斯通医生一样，成了照亮昏暗世界的一盏明灯，向世界各地传播英国文明特有的美德、虔诚和责任感。抛弃这样一个人让英国公众十分反感，导致公众对政府丧失了信心。

如果说格莱斯顿尚能对公众的鄙视毫不在意，那么同时期党内的意见让他不得不予以重视。他没能援救戈登的一大原因是他整个人都投入到了解决爱尔兰问题上。芬尼亚运动者最近成立了土地联盟，试图鼓动爱尔兰佃农拒绝支付土地租金，将爱尔兰公民暴乱推到了顶峰。其主席查尔斯·斯图尔特·帕内尔在1880年成为爱尔兰议员中的领导人物。

盎格鲁－爱尔兰人帕内尔面色苍白,是来自威克洛郡(County Wicklow)的新教徒地主。前爱尔兰议员领袖是艾萨克·巴特(Isaac Butt),他也曾经提出实行爱尔兰地方自治,但成效甚微。帕内尔比他更加强势和冷酷。他由来自美国革命家庭的母亲抚养长大,心中充满了对英国的仇恨。他意识到,在实行无记名投票之后,威斯敏斯特议会中的大量爱尔兰议员可以通过投票彻底阻止议会法案通过,甚至可能会投票让威斯敏斯特议会同意爱尔兰独立。与此同时,土地联盟可以通过土地战争使爱尔兰不受英国管理,对威斯敏斯特议会施压,迫使其同意爱尔兰成立独立的议会。

设立土地联盟的初衷是抑制19世纪70年代农业危机在爱尔兰造成的大规模驱逐租客现象。由于粮食价格下跌,农民收获的小麦不足以支付他们的地租,因此驱逐租客事件大量增加,数量甚至达到了数千起。这种可怕的事件一再在爱尔兰重演,年迈、多病的农民只能躺在路边的床铺上。但这次情况有所不同,土地联盟召开了大规模会议,迫使土地主根据小麦的价格水平调低租金。

虽然格莱斯顿在1870年颁布的法案原本是出于好意,但是该法案存在一个致命的问题。地主本来应该向被他驱逐的佃农支付补偿,但法律规定,只有当要求支付的租金"高得离谱"时,才需要做出补偿。该法令的初衷是保护佃农不受大幅涨价的影响,但是,在1880年,问题却不在于此。地主要求佃户支付的地租处于正常水平,下降的是农民从谷物中获得的收入。

土地联盟取得了巨大成功,但领导者主要是前芬尼亚运动成员,在他们的领导下,土地联盟成了一个目无法纪的组织,认为恐怖活动才是最有效的手段。人们能够在白天看见该组织有序地进行大规模集会,要求降低租金;而到了晚上,它就开始从事不一样的活动了。土地联盟正在开展一场土地战争。午夜时分,一群暴徒会对任何一个被联盟怀疑支付过高租金或者接管了被驱逐者土地的人家破门而入。有人会向他们的窗口开枪,还有人会在他们家门口挖一个坟墓,在泥土上签上"月光队长"字样。这样的恐怖活动持续了一年之久,爱尔兰完全陷入了土地联盟的控制之下,成了英国政府无法控制的地方。

正如联盟主席帕内尔本人在议会上的表现一样,土地联盟的领导者在官方层面与暴力撇清关系。帕内尔口头鼓励的唯一行动是"道义上的排斥"。土地联盟宣称,应该"像对待古老的麻风病人一样"对待敌人,坚决切断他们所有的社会和商业关系。在被如此对待的受害者中,最有名的是"博伊科特上尉"(Coptain Boycott),他被驱逐出了爱尔兰。这种做法也因此被命名为"博伊科特"(Boycott,意为"抵制")。实际上,在他们宣称的"道义上的排斥"背后,往往伴随着"月光队长"及其朋友的造访。

然而,帕内尔的计划却和土地联盟及其爱尔兰-美国资金赞助人完全不同。大多数美国人相信,只有通过暴力革命才能使爱尔兰获得独立。帕内尔则认为,只有通过宪法途径才能带来改变。然而,由于他在与英国政府的对抗中,本质上依赖于对土地联盟及其影子支持者的控制,所以他并不敢触怒他们。而麻烦在于,联盟开始认为,他们制造的混乱是爱尔兰独立的序曲。因此在1881年,格莱斯顿颁布了一项法令,批准了长期以来被认为能够解决佃农困难的方法,即所谓的"3F要求",包括实行公平地租(fair rents)、固定租期(fixity of tenure)和自由出让承租权(free sale)。土地联盟却拒绝接受,因为这可能会消除人们对"地方自治"的渴望。因此,农村地区的犯罪并没有停止,暴力仍在继续。

帕内尔想要让爱尔兰人停止目无法纪的行为,就难免触怒美国和爱尔兰住在山区的人,或让他们心生怀疑。他们对宪法途径的接受度仅限于此。但是,帕内尔是一名技艺高超的政治操纵者,他虽然认为不可能用革命的方式取得最终胜利,但同时也不想失去爱尔兰人的支持。他为了私利,不得不脚踏两只船。他迫于压力,谴责了格莱斯顿的《土地法案》(Land Act)和英国政府,因此很快提升了自己在害怕被出卖的革命者中的信誉,尤其是当格莱斯顿因他没有呼吁停止暴力而将他投入监狱时。

虽然格莱斯顿恼怒地说"文明的资源还没有耗尽",但当他把帕内尔及其支持者投入凯勒梅堡监狱时,文明的资源已经耗尽了。帕内尔从狱中发表宣言,号召爱尔兰人拒不缴纳租金。虽然英国政府取缔了土地联盟,但事件尚未陷入僵局。爱尔兰陷入一片混乱,讲求实效的格莱斯顿认为,控制暴力的唯一方法是依靠帕内尔,虽然内阁对帕内尔存有顾虑,用他们的话说,这个人的手上沾着鲜血。格莱斯顿开始与狱中的帕内尔谈判,承诺如果他能使爱尔兰处在英国政府控制之下,就将他释放。这尤其让爱尔兰事务大臣威廉·爱德华·福斯特(William Edward

Forster）感到气愤。

格莱斯顿是幸运的，因为帕内尔也做好了谈判的准备。1882年4月，双方通过调解人达成了谅解协议《凯勒梅堡协约》（Kilmainham Treaty）。而一个月之后，发生了一起事件，将格莱斯顿的计划撕得粉碎，也使大多数自由党人对帕内尔毫无办法。福斯特气愤至极，辞去了内阁职务。娶了格莱斯顿妻子外甥女的辉格党－自由党人弗雷德里克·卡文迪什（Frederick Cavendish）接替了爱尔兰事务大臣一职，但是他的任期极为短暂。几天之后，他到达都柏林，和副大臣托马斯·伯克（Thomas Burke）步入凤凰公园（Phoenix Park）之时，遭到帕内尔的盟友爱尔兰共和国兄弟会一伙暴徒的袭击并被对方砍死。

凤凰公园谋杀案（Phoenix Park Murders）击碎了帕内尔和支持地方自治的自由派之间的非官方联盟。英国政府再也不能对爱尔兰做出任何妥协和让步。遭到谋杀的卡文迪什是德文郡公爵的弟弟，而德文郡公爵领导自由党中的辉格党部分。格莱斯顿因为担心造成党派分裂，不得不对爱尔兰采取十分严厉的方式。帕内尔丝毫不掩饰自己对英国的憎恨，许多自由党议员十分厌恶他，同时坚信永远不应该让这样一个人管理爱尔兰。让自由党更加愤怒的是，帕内尔对格莱斯顿投了反对票，转而支持保守党。

1885年6月，格莱斯顿政府倒台。迪斯雷利的外交大臣索尔兹伯里侯爵领导少数派保守党接管了政府，直至11月举行大选。帕内尔在伦敦与保守党举行了他曾和自由党举行过的秘密会议。他认为，索尔兹伯里侯爵担任首相之后，会实行"地方自治"。因此，他让自己在英国大陆上的支持者做好准备，在11月的选举中把选票投给保守党，增加保守党的得票数，而他自己的爱尔兰议员则将与索尔兹伯里联盟。

这时自由派内部也发生了混乱——格莱斯顿正与党派内部的各个派别发生冲突。与他同时代的反帝国主义自由党成员在埃及问题上背叛了他。他本人因为担心可能会触怒前任伯明翰市长、螺钉制造商约瑟夫·张伯伦（Joe Chamberlain）领导的新一代激进派，对是否应该进一步推进选举权改革运动也犹豫不决。尽管如此，激进派还是促使议会通过了1884年的第三次《改革法案》，赋予了农业工人选举权。让格莱斯顿感到警觉的是，张伯伦以一场运动作为回应，令他强烈反对的阶层名誉扫地。张伯伦的父亲曾是一名皮匠，对于这样一个自力更生的人来说，保守党的勋爵们是站在他们先辈的土地上，"自己既不做工，也不纺织"，所以他们无权干涉拥有体面工作的富裕人民获得投票权。张伯伦进行了一系列激动人心的演讲，号召全国人民"要么改变现状，要么终结现状"。他提议，如果上议院不通过提案，便要废除上议院。不过，提案得到通过，英国选民增加了200万人。1885年，《议席再分配法案》（Redistribution of Seats Act）扩大了该提案的影响。

从个人关系上看，格莱斯顿和张伯伦一直相处得不太融洽。虽然格莱斯顿本人来自商人家庭，但他接受的古典教育使得他与张伯伦分属于不同的阵营。从另一方面来说，张伯伦被"把手牌贴在胸上，不愿意让别人看到"的领导方式激怒了。此外，他们俩还存在理念上的差异。格莱斯顿锱铢必较，张伯伦及其朋友认为国家干预是积极的，殖民地和大英帝国还存在大量没有释放的潜能。不过，张伯伦在英国的影响力再大，也只能屈居贸易委员会主席。

到了1885年的秋季大选，张伯伦和格莱斯顿之间的关系极度恶化，属于激进派的张伯伦无法推进关于社会和农业的"未经授权的项目"（因该项目未经格莱斯顿同意）——每名工人应拥有3英亩土地和1头奶牛。张伯伦是一位优秀的演说家，吸引了大批追随者，尤其是在英国中部地区。自由党在投票战中取得的胜利都要归功于他。但是，第三次《改革法案》在爱尔兰产生了最富戏剧性的效果。在11月的大选中，支持帕内尔的"地方自治者"比之前多出25人。索尔兹伯里依靠86名民族主义议员加上249名保守党议员赢得了大多数席位，得以继续掌权，虽然自由党拥有335个席位。多亏了帕内尔，索尔兹伯里才能继续担任首相。但是这种奇怪的联盟很快就瓦解了。

尽管索尔兹伯里依靠帕内尔和爱尔兰民主主义者的投票才得以掌权，但批准爱尔兰"地方自治"极不符合保守党的一贯做法。保守党即将放弃地方自治的传言四起。与此同时，到了12月中旬，在大家都不知情的情况下，格莱斯顿终于确定，实现地方自治是非常重要的事情。选举中爱尔兰地方自治力量使他担心，如果不快速通过地方自治法案，爱尔兰可能会分裂，导致英国不得不再次征服爱尔兰。现在，他听到消息，如果保守党不这样做，自由党也一定会这样做。不幸的是，格莱斯顿没有想到，他的影子内阁把他决定批准爱尔兰自治的消息传了出去。

1885年12月17日，他的儿子赫伯特·格莱斯顿（Herbert Gladstone）*把这个决定透露给了报纸，这触怒了自由党权力构架中的两个关键性人物：约瑟夫·张伯伦和德文郡公爵。前者因为自己一直蒙在鼓里而勃然大怒，后者因格莱斯顿想要向恐怖主义做出让步而非常愤怒。

消息的泄露终结了短命的保守党政府。索尔兹伯里宣布保守党将不会通过地方自治法案后，帕内尔转而和格莱斯顿结成联盟，保守党少数派政府随即倒台。1886年2月，格莱斯顿重返政府，请求通过爱尔兰地方自治的法案。但是，到了春天，张伯伦和哈丁顿不仅都没有辞职，还转而支持对手否决了地方自治法案，并打败了来自保守党席位的前任领导。地方自治问题导致自由党内部发生了分裂。

在被自由党议员称为"犹大"的张伯伦的帮助下，索尔兹伯里否决了格莱斯顿的第一次《爱尔兰自治法案》（Irish Home Rule Bill）。93名自称"自由党统一派"（Liberal Unionist）的自由党人加入了保守党。他们担心，格莱斯顿提议的建立爱尔兰政府来管理所有爱尔兰内部事务的法案将成为英国分裂的第一步。因为这将导致爱尔兰议会不再向威斯敏斯特议会派出代表，也不再参与国际事务的决议。张伯伦尤其拒绝相信《爱尔兰自治法案》真如他们所说的并不意味着爱尔兰独立。

作为保守党内的"骨干小组"成员，马尔伯勒公爵的小儿子伦道夫·丘吉尔（Randolph Churchill）使议会的争吵变得更加激烈。他引起了信奉长老会教派的北爱尔兰人的不安全感。他们自从17世纪处在信奉天主教的北爱尔兰人当中，就一直被这种不安全感包围着。狡黠的丘吉尔告诉他们，他们很可能会遭到信奉天主教的都柏林政府的不良对待。北爱尔兰应该竭尽全力，以自己的力量阻止地方自治。1886年，他们第一次喊出"阿尔斯特人将会战斗，阿尔斯特人是正确的"的口号。

同年6月，保守党的93个新盟友中只有30个投票赞成《爱尔兰自治法案》，因此法案被否决，格莱斯顿辞职。在1886年7月的选举中，自由党统一派和保守党联盟打败了格莱斯顿和帕内尔，获得了压倒性的多数席位。他们的首相是擅长

---

* 1854—1930，第一代格莱斯顿子爵，英国自由党政治家，曾任内政大臣、南非总督。——编者注

处理国际事务的索尔兹伯里。保守党和自由党统一派联盟在接下来的20年里一直掌权。

这20年是大英帝国的全盛期，特别是在非洲。19世纪60年代，英国在非洲发现了钻石，19世纪80年代发现了黄金。英国在非洲的势力迅速增长。冒险家塞西尔·罗兹（Cecil Rhodes）梦想在英国领地开普殖民地和开罗之间修建一条铁路。新增加的200万选民对罗兹这种充满热情的人深深着迷，他们在那段时期占据了主导地位。报纸的报道变得喜欢哗众取宠，如乔治·纽恩斯（George Newnes）在1880年创办的《点滴》（Titbits）、《蓓美尔街报》（Pall Mall Gazette）和在1896年开始发行并首次大规模流通的报纸《每日邮报》（Daily Mail），以此满足人们的好奇心。

正如有些故作清高的言辞所说，英国可能是在一种漫不经心的状态下获得了某些帝国领土，即便果真如此，在直到19世纪末的短暂时期中，人们突然对这一点感到欢欣鼓舞。投身于所谓的"帝国主义"事业就像是非常短暂的宗教热情，这种热情甚至也感染了自由党人——格莱斯顿的同僚、未来的英国首相罗斯伯里伯爵（Lord Rosebery）。"迄今为止世界上最伟大的世俗机构"，他这样称呼大英帝国。

帝国主义和社会主义（1886—1901）

不同于罗马祖先的领土，大英帝国的版图很不规则，无固定形状，也不连贯。这是在过去250年中，一系列英勇的冒险家、特许经营公司，以及政府在极偶尔的情况下采取的临时政策所共同创造的结果。贸易是大英帝国背后的驱动力，而自从美国殖民地独立之后，以印度为中心的贸易控制着英国的前进方向。印度被誉为"大英帝国皇冠上的珍珠"，因此维护在印度的统治成了大英帝国最重要的任务。

从17世纪开始，印度的香料及奢华的丝绸和厚棉布等商品帮助东印度公司积累了大量财富。200年之后，印度成了复杂的三角贸易的货物集散地。英国商人和制造者、印度商人和邦主、中国商人和官吏继续在印度会聚，他们都极为富有。工业革命之后，英国将廉价的成品棉、羊毛和金属商品出口到印度，印度再将这些货物当中的一些转卖到中国，中国则向英国出口茶叶。截至19世纪中期，印度国内的棉花生产行业还在为英国制造业提供棉花，印度的茶叶种植园也还在生产用于出口至英国市场的茶叶。

英国向来不是西班牙和法国那样的军国主义或中央计划帝国。尽管如此，18世纪在与法国争夺印度的战争及争夺美洲殖民地的强国之战中，英国也通过战争获得领土并保护本国贸易。1713年签订的《乌得勒支条约》拉开了英国成为世界第一贸易强国的序幕；拿破仑战争之后，英国在《乌得勒支条约》中获得的利益得到了巩固。截至19世纪末期，英国占领了全球具有战略地位的港口。这意味着，英国占领的安全港构成了一张十分有力的安全网。这张安全网从中国延伸到印度，途经非洲海岸线附近的阿拉伯海（Arabian Sea）；从香港延伸到距北婆罗洲不远的纳闽岛（Labuan Island），直达红海入海口的亚丁（Aden）。英国在拿破仑战争之后占领了斯里兰卡，从而可以从东西两个方向保卫印度。1819年，斯坦福·莱佛士（Stamford Raffles）占领新加坡，保证了英国与中国的茶叶贸易。英国因此也控制了马六甲海峡，将其变为帝国最重要的海军基地。英国商船在非官方旗帜后面常紧接着插上政府的官方旗帜，从中我们可以看出英国对贸易的重视。

印度具有无法估量的商业价值，连格莱斯顿这样极不情愿成为帝国主义者的人都为了保护苏伊士运河而占领埃及，同时巩固以印度为中心的帝国防御体系。保护印度常常意味着拓展帝国的领土。1886年，英国吞并了与印度东面接壤的缅甸，因为英国担心法国在印度和中国的活动会威胁印度。为了保护印度的西北部边界，英国将拒不臣服的阿富汗变成自己的受保护国。1876年，英国占领俾路支（Baluchistan，位于伊朗东南部）；1907年，英国将伊朗南部变成受保护领地。英国采取的这一切行动都是为了控制前往印度的陆路，这引起了俄国持续的敌意，俄国开始向中亚地区扩张。

大英帝国也扶植殖民地的帝国主义活动。新加坡本来只是一个小岛上的贸易殖民点，1900年，其坚持为了自我保护占领了马来亚联合邦（Malay States）。在19世纪末期，澳大利亚和新西兰将大约100个太平洋岛屿新并入了自己的领土，它们分别在1883年和1887年占领新几内亚岛（New Guinea）和新赫布里底群岛（New Hebrides）。截至19世纪80年代末期，英国和布尔人争夺南非统治权的斗争已经持续了将近一个世纪，其中涌现出了最不含蓄的帝国主义者——开普殖民地议员塞西尔·罗兹。他身高超过6英尺，很快获得了"巨人"的名号，这是针对他的名字和他对大英帝国野心的双关语。

罗兹是圣公会教区牧师的儿子，他年轻时患有心脏疾病，曾被送往南非疗养，最终在49岁时死于心脏病。他到达南非之后，反而在金伯利（Kimberley）的戴比尔斯钻石公司大赚了一笔。他是一位十足的爱国主义者，认为英国应该在南非大规模向北扩张领土，这与索尔兹伯里侯爵拓展英国贸易市场，同时阻止德国野心的想法不谋而合。

罗兹是19世纪末最著名的三大帝国缔造者之一，另外两位是威廉·麦金农爵士（Sir William Mackinnon）和乔治·塔伯曼·格尔迪爵士（Sir George Taubman Goldie）——他们的行动极大地扩张了大英帝国在非洲的领土。到1900年，欧洲国家在非洲的30个保护国中有15个属于英国。从19世纪80年代末开始，在德国和美国的竞争下，英国经济开始停滞不前。大多数欧洲国家放弃了自由贸易，转而实行关税保护政策，保护他们尚在襁褓中的化学和电子工业。经济萧条和失业引发了英国国内人民的普遍不满。罗兹、麦金农和格尔迪等雄心勃勃的爱国商人相信，非洲这个英国势力已经相当强大的地区就是解决问题的答案所在。英国不仅在埃及占据了主导地位，还控制了好望角。这是50年前英国领导废奴运动的结果，荷兰和丹麦在非洲西海岸的定居点被扫清。到了19世纪70年代，在打败加纳民族阿散蒂人之后，英国先后控制了冈比亚、黄金海岸和塞拉利昂。

广袤的非洲大陆的许多地区丝毫找不到人类定居的痕迹。蒸汽机的使用，加上新近绘制出的非洲地图，使人们能够更加容易地进入非洲大陆，从而获得了新市场和在欧洲变得日渐稀缺的原材料。发达国家现在用英国的机械进行大批量生产。英国世界霸主的地位维持了一个世纪之后，其世界贸易份额逐渐下降，使得保守党和自由党统一派政府相信，应该积极响应帝国缔造者的计划，拓展他们可以经营的范围。获得皇家特许权的公司可以在指定土地上开采资源，与当地首领签订协议之后便可以管理那片土地。格尔迪在1886年成立了皇家尼日尔公司（Royal Niger Company），巩固了英国在非洲西海岸已经确立的主导地位。该公司将英国原有的内陆领土从几内亚湾的拉各斯（Lagos）拓展至法属西非和德国殖民地喀麦隆的边界。

麦金农将结束阿拉伯的奴隶贸易视为自己的使命。利文斯通曾经目睹的奴隶贸易当时在非洲东海岸仍然十分兴盛。麦金农的这项使命也见证了英国对这些地区统治的开端，后来这些地区更名为肯尼亚和乌干达。1888年，麦金农创建了东非公司，他雇用亨利·莫顿·斯坦利与尼罗河湖泊地区的首领商谈生意。他们不是从事贩卖人口的贸易，而是付钱在他们的土地上开采矿山。

拥有特许权的私人企业在非洲划分势力范围或受保护国，这意味着英国政府不需要耗费一兵一卒，就可以实现对外政策的目标。然而，将非洲视为解决经济困境方法的不只有英国。到19世纪80年代，其他国家也决心在非洲开发自己的钻石矿井，面对其他欧洲强国渗透的威胁，英国决定为了保护通向印度的通道而占领埃及。

比利时国王利奥波德二世（Leopold Ⅱ）*在19世纪70年代末和当地首领签署协议，在刚果河流域建立了一个国家，利文斯通发现的刚果河庞大的水系自东向西将非洲大陆一分为二。其他欧洲强国开始对利奥波德的活动产生警惕，进而于1884年在柏林召开了会议，密谋以和平方式将非洲划分为多个殖民地。这次会议制定了划分领土和势力范围的规则。所有国家的船只都可以在刚果河、赞比西河和希尔河（Shire River）自由航行，而利奥波德在刚果盆地建立了刚果自由邦，将其变成自己的私人封地。

一系列安排形成了一种规避战争的模式，在接下来的5年中，索尔兹伯里与其他欧洲强国以和平方式商定了如何在非洲划分势力范围。利奥波德国王与英国私下签订了协议，将坦噶尼喀湖附近的土地割让给了英国的东印度公司；1890年，英国将北海中看上去似乎并不重要的黑尔戈兰岛交给德国，以换回桑给巴尔（Zanzibar）和奔巴岛（Pemba）。1890年，《英法条约》（Anglo-French Treaty）确定了两国在尼日尔、桑给巴尔和马达加斯加的利益范围。1891年，英国与意大利和葡萄牙的条约确定了英国和意大利在索马里（Somaliland）的势力范围，同时拓展了葡萄牙和英国的领土。

尽管如此，在1884年德国也加入了所谓的"非洲争夺战"之后，英国及英国

---

* 利奥波德·维克多，1835—1909，欧洲近代最臭名昭著的暴君。——编者注

在开普殖民地的居民还是十分担心。实业家让英国相信,作为一个统一的帝国,它应该争取自己在"太阳底下的位置"(有利地位),在之后的两年中,德国获得了英国好望角殖民地以北数百万平方英里的土地,还将军队派遣到了西海岸的多哥(Togo),同时创建了德属东非(German East Africa),其领土从维多利亚湖一直向南延伸到葡萄牙的莫桑比克殖民地。最令英国警觉的是,德国在南非西海岸占领的领土一直沿着奥兰治河从开普殖民地的北部边界延伸到安哥拉(也称葡属西非,Portuguese West Africa)。这片领土被命名为德属西南非洲(German South West Africa)。

75年以来,英国原本可以将势力范围拓展到这一地区,但却一直未能实现。1885年,德国在那里建立了一个大型殖民地,对英国构成了威胁。在塞西尔·罗兹的建议下,英国政府吞并了贝专纳,将其领土从北部的开普殖民地一直延伸到布尔共和国和德属西南非洲。1886年,布尔人在德兰士瓦共和国发现了金矿,罗兹和许多开普殖民地的英国人认为,这会打破非洲南部的势力平衡。德兰士瓦共和国一年可以从兰德(Rand)金矿获得2400万英镑的巨额收入,有可能发展得比英属开普殖民地还要强大。

人们认为,为了使天平再次倾向好望角,应该构建一个南北向横跨非洲的大英帝国。罗兹认为,如果英国不够小心的话,将很快被布尔人和德国人建立的殖民地包围。德国希望在南非拓展势力,所以开始向布尔共和国示好,而德国与布尔共和国之间存在天然的亲密关系。英国吞并贝专纳之后,布尔定居者结束了在那里的活动。但罗兹认为,英国应该把领土进一步向南延伸至赞比亚,向北延伸至比属刚果(Belgian Congo)*的广袤土地。1889年,罗兹成立了自己的特许经营公司——英国南非公司,意在在赞比亚布尔人的领土北面找寻新的大型金矿。与半个世纪前大迁徙的情况类似,布尔人依然不愿意和罗兹等非布尔人合作。布尔人的殖民地接二连三地被英国人无情地占领,先是开普殖民地,后是纳塔尔。布尔人由于害怕,剥夺了外国人或白人移民的大部分公民权,还强迫他们支付重税。

在好望角帝国主义者的影响下,英国在非洲攫取土地的热情开始像滚雪球般膨胀起来。这些帝国主义者拥有在布尔人的德兰士瓦开采金矿的特许权,同时也

---

* 1908年至1960年,比利时在今刚果民主共和国的殖民地。——编者注

是新建的私人企业的投资方。阻止德国、荷兰、法国、葡萄牙和比利时扩张的爱国意识甚至也感染了从伦敦派出的帝国公职人员。

到了1895年，罗兹颇有远见地将75万平方英里的非洲土地收入英国囊中，英国在北起德兰士瓦、南到比属刚果的土地上建立了津巴布韦殖民地。罗兹成了许多英国人眼中的宠儿，据说也成了世界上最富有的人之一。大规模发行的报纸最爱报道"黑色大陆"上的冒险故事，它们构成帝国主义狂热的一部分，后来催生了"日不落帝国"的说法——大英帝国横跨8个时区，是名副其实的"日不落帝国"。

这个地区当时叫作罗德西亚（Rhodesia），现在叫作津巴布韦，是英国使用计策获得的。当地国王洛本古拉（Lobengula）强大而难以对付，他收到了位于伦敦的原住民保护协会发来的警告，除了采矿权，不得在与罗兹的谈判中授予他任何其他权利。虽然在谈判中，洛本古拉明确地表示只出让采矿权，而非土地权，但到了1890年夏天，精心选出的殖民地开拓者还是徒步进入赞比西河以南洛本古拉手下的马绍纳兰（Mashonaland）。罗兹现在担任开普殖民地首相，他承诺殖民者每人可以获得3000英亩的农田，作为修建跨国公路的回报。殖民者在被命名为汉普登山（Mount Hampden）的山顶插上旗帜，甚至为了纪念英国首相，他们开始建造一座名叫索尔兹伯里的城市。

虽然洛本古拉拒绝接受特许权公司用船只送来的步枪，以表达对罗兹违反条约的抗议，但他却不敢袭击殖民者。毕竟，英国人曾经凭借先进的武器，在乌伦迪屠杀了他们的远亲祖鲁人。与此同时，巧舌如簧的斯托尔·詹姆森博士（Dr Storr Jameson）和罗兹的得力助手兼执行董事戴比尔斯继续公开声明，特许公司怀着和平的目的。戴比尔斯曾经和国王洛本古拉进行谈判，并签订协议。如一些殖民地官员所料，马绍纳兰并没有成为第二座金矿。周围的特许经营公司因需要支付武警、电报线和铁路的巨额费用而纷纷破产，它们并没有开采到金矿来支持上述基础设施建设。1893年，詹姆森博士成了新殖民地的常驻传道士，他和罗兹断定，走出破产的方式是继续向北扩张，吞并洛本古拉的另外一个邦国马塔贝莱兰（Matabeleland）。詹姆森越过马绍纳兰的边界发动突袭，摧毁了马塔贝莱兰的军队，国王服毒自尽，人们用牛皮裹住他的尸体，将其葬在一个洞穴之中。

马塔贝莱兰成了北津巴布韦，被纳入英国女王的领土中。特许经营公司非法占有了恩德贝莱人（Ndebele）的所有土地和牛群。公司还向恩德贝莱人征收棚屋税，但他们因为无法通过出售牛来支付税款，不得不充当劳工。恩德贝莱人原属于贵族部落，一直依靠仆人从事卑下的工作，现在却被迫为白人修建城市，或在铜矿中充当劳工。这些骄傲的武士一旦进行反抗，就会遭到罗兹部下的殴打。过去，英国在非洲废除奴隶制的行动可能起到了振奋人心的作用，而现在在罗兹的统治下，一种新型的奴役形式产生了。

英国的自由派报纸认为这是一场骗局，面对人们对罗兹不道德方式的质询却不加理会——为了到达目的的确可以不择手段。到19世纪80年代末期，思想高尚的人士对帝国巨人的厌恶和反感变得无关紧要。英国南非公司的股权逐渐变得出名起来，在股票交易中"特许权"可以兑换大量股权。剑桥近现代史教授约翰·西利爵士（Sir John Seeley）在1883年出版了《英格兰的扩张》（*The Expansion of England*）一书，包括他在内的许多颇具影响力的思想家在书中表达了对大英帝国使命的坚定信念。在孟买出生的鲁德亚德·吉卜林（Rudyard Kipling）从1880年代开始撰写流行小说和畅销散文，他的作品也体现了相似的信念。无论帝国怎样攫取土地和资源，在吉卜林的强制令中，一切都变得合理起来。

> 承担起白人的负担，
> 把你们培育的最好的东西传播开来；
> 让你们的子弟离家远去，
> 去满足你们奴隶的需要。

这是大英帝国的非官方座右铭。令英国人引以为傲的是，他们在原先的桑给巴尔的奴隶市场建起了一座教堂，还解放了被铁链子一个接一个地锁在一起的奴隶，他们原本会被押运着穿过森林，然后被装上开往阿拉伯地区的船只。维多利亚时代最优秀的新来者给非洲带来了惊人的进步——他们制造出了那个世纪最先进的药物，提供了最优质的教育，生产了工业制成品，还研究出了科技创新。对于那些过着简单的乡村生活、思想迷信的人，谦逊的基督教人道主义者常常想施以援手，改善他们过于落后的生活条件。

改变英国面貌的土木工程也更为显著地改变了非洲。水坝和大桥使得原本不通公路的地方可以通上公路，驱车可以穿越令人眩目的瀑布和壮阔的河流。英国公司还带来了卫生的下水道系统，很快它们就铺设了电缆，为照明、冰箱和电话提供了电力。

然而，在英国国内反帝国主义者看来，帝国缔造者的多数行为更像是在剥削当地的廉价劳动力，窃取实际上属于当地人民的财富，比如锌、铜、铁矿石和其他珍贵的矿产。英国士兵或许会和伺机掠夺附近非洲部落的奴隶贩子战斗，而开发当地矿产资源的权利一般是靠拿枪指着对方获得的。乔治·塔伯曼·格尔迪的皇家尼日尔公司持有皇家特许证，控制着尼日尔从贝努埃（Benue）一直到大海的所有土地；但从历史角度看，这片土地应该属于贝宁人。这些私人公司虽然不为国家承担义务，但其行为却代表着大英帝国，它们身上存在巨大的缺陷。正如东印度公司的历史所示，它们大多是唯利是图的公司，除了边际利润之外，对慈善等其他事业丝毫不感兴趣。然而，他们却被允许统治成百上千平方英里的土地和上面的居民。

但是，帝国主义是那个时代的主导思想。1887年，在庆祝完维多利亚女王金禧即登基五十周年纪念日之后，英国的帝国主义氛围更加浓厚了。来自大英帝国的各个国家、民族的众多代表参加了女王从白金汉宫到威斯敏斯特教堂的列队仪式，大英帝国的盛况被鲜活地呈现在人们的眼前。畅销书作家亨利·莱特·哈葛德（H. Rider Haggard）分别在1886年和1887年出版了小说《所罗门王的宝藏》（*King Solomon's Mines*）和《不可违抗的她》（*She*），为非洲增添了更为浓厚的传奇和神秘色彩，时至今日这两本小说仍然拥有大量读者。年轻人十分向往去殖民地开创事业，无论是去印度经营茶叶种植园、担任地区长官，还是探索非洲的丛林。到1907年时，大英帝国将占据世界1/5的领土，北至加拿大哈德逊湾冰封的港口，东到新西兰葱茏的山区，成为有史以来世界上最庞大的帝国。

然而，即便是最狂热的帝国主义者，也不禁会提出这样几个问题：考虑到不可避免的高昂管理支出，帝国应该扩张至多大范围呢？世界各个殖民地还要继续被威斯敏斯特议会管理多久呢？此外，帝国还必须面对两个特殊的问题，这两个问题都与自治有关：一个是爱尔兰，一个是新兴的印度。印度最近爆发了第一次致力于实现自治的运动，印度国民大会党开始作为政党定期召开会议。

到了19世纪末，鉴于殖民地人民的欧洲血统，殖民地自治已经成了一个既定事实。1840年，加拿大被赋予组建责任制政府的权利，1856年、1872年和1892年，澳大利亚、开普殖民地和纳塔尔也分别获得了自治权，英国君主派去的高级专员只统治但并不进行管理。考虑到安全因素，爱尔兰未能获得自治。此外，英国人认为非欧洲血统人民的文明尚未达到欧洲水平，因此也没有赋予他们自治权。

下一届英国政府对赋予印度自治权迟疑不决。英国经过很长时间的反复考虑，才将投票权赋予了没有资产和不识字的印度本国人。种姓制度导致印度人并不太关心如何提高大众的受教育程度，而这种态度冒犯了从理论上来讲更加民主的英国人。英国人认为，这样一个普遍贫困且文盲率极高的国家并没有做好接受民主制度的准备，西方的议会制度才是管理当地的最佳方式。印度作为大英帝国的基石，其独立性受到严格的控制。在印度的英国人普遍存在肤色歧视的问题。19世纪80年代，自由党总督里彭侯爵（Lord Ripon）司法改革的计划允许印度法官审判欧洲人，英国人对此十分愤怒。

作为回应，1885年印度国民大会党创立，该党派在20世纪初获得了全国性的支持。虽然1892年和1909年当地选出的议会权力范围得到了拓展，印度人民在自由党执政期间获得了一些小范围的自治权，但这并不够。英国投资方和工程人员已经在印度修建了4万英里的运河和覆盖数百万公顷农田的灌溉系统。但是，印度越来越不满于被当成孩子一样对待。在政治积极分子兼记者巴尔·甘加达·提拉克（Bal Gangadhar Tilak）和费边主义社会改革家安妮·贝赞特（Annie Besant）的领导下，限制印度对英国出口纺织品的贸易保护主义政策在1916年引发了一场地方自治运动。

爱尔兰和印度一样，也在大英帝国的战略体系中占据重要位置，因此英国也不可能赋予它自由。保守党在掌权时试图"温柔地扼杀地方自治"。1891年，英国颁布《集中化地区议会法案》（Congested District Board Act），改进了爱尔兰的农耕方式，19世纪90年代的多种土地购买法案允许更多佃农以国家贷款的方式购买土地。保守党和统一派一致认为，他们以一种安全的方式消解了爱尔兰民族主义。

与此同时，爱尔兰民族主义者的事业也遭遇了一系列困扰。1888年，爱尔兰民族主义领导者帕内尔因伪造批准凤凰公园谋杀的信件而被清除出议会委员会，《泰晤士报》公开披露了信件的内容。一年之后，帕内尔又卷入了与妻子苏格兰民族主义议员奥谢（O'Shea）的离婚案件，他在党内的声望因此毁于一旦。在那个时代，维多利亚女王不会接纳离过婚的人进入宫廷，自由党中严格遵守伦理规范的非国教徒也拒绝与他共事，帕内尔被迫辞去了爱尔兰地方自治领导人的职务。他虽然坚持创办了自己的政党，但离婚丑闻和伪造信件对他造成的压力实在太大了。1891年，他因公离开英国时，告诉他的爱尔兰朋友将在一周之内返回。但是，他却被装在棺材中运了回来。他死于肺炎，年仅44岁。

格莱斯顿促使地方自治法案在下议院通过之后，该法案在1894年遭到上议院的否决。之后相当长的一段时间，爱尔兰人完全不理会英国政治。《爱尔兰自治法案》被两度否决之后，他们已经丧失了对议会政治的信心，地方自治者分裂成"帕内尔派"和"反帕内尔派"。相反，爱尔兰民族主义者在爱尔兰人的生活领域中找到了适合自己的方式。爱尔兰文化复兴运动开始了：学者开始重新研究爱尔兰语；学校开设了只以盖尔语授课的课程，由帕特里克·皮尔斯（Padraic Pearse）等热情的民族主义者担任教职工；爱尔兰神话传说激发威廉·巴特勒·济慈（William Butler Yeats）、约翰·米林顿·辛格（John Millington Synge）和肖恩·奥凯西（Sean O'Casey）等人创作出优秀的诗歌，为爱尔兰爱国主义之火增添了燃料，使其越烧越旺。20世纪早期，爱尔兰独立文化和民族意识高涨，汇聚成一股强大的力量。爱尔兰与英国整体分离的趋势变得不可阻挡。

直到1990年，爱尔兰议员约翰·雷德蒙（John Redmond）才获得足够的权威，能够将威斯敏斯特议会中的爱尔兰民族主义者重新联合起来，号召他们采用宪法方式实现地方自治。但是，1907年，记者亚瑟·格里菲思（Authur Griffith）创立了主张争取爱尔兰完全独立的革命派政党新芬党（Sinn Fein），意思是"我们自己"，很快吸引了许多原先支持地方自治的人。争论已经进入了新的阶段——雷德蒙被人切断了脚下的根基。

处理这些纷争的是满脸胡子、像熊一样沉着冷静的第三代索尔兹伯里侯爵，他在这段时期的大部分时间里担任首相。直到1902年，他才因健康问题不得不卸任。他的外甥亚瑟·詹姆斯·贝尔福（Arthur Jamas Balfour）接任他的职位。索尔兹伯里喜欢研究外交政策，在欧洲局势极不稳定，欧洲大陆国家的权力失衡并持续缔结相互敌对的条约之时，他使得英国免于外交纠纷。俾斯麦将奥匈帝国和俄国联合成一张复杂的网络，以保护德国的侧翼不受他认为有朝一日可能出现的法国报复行动的攻击。

英国对欧洲大陆的纷争一直保持冷淡的姿态。索尔兹伯里认为英国首先应该保证自己的安全，于是拒绝了与其他强国结盟，从而避免被卷入可能的战争。对于战争，英国人民既没有兵力也没有意愿参与其中。1896年，加拿大总理首次使用"光荣孤立"（Splendid Isolation）来描述索尔兹伯里的政策："现在，我不想争辩，是光荣孤立，还是危险孤立；但从我个人角度看，我会选择光荣孤立，因为英国的孤立源自她的优越性。"

索尔兹伯里本人也奉行"光荣孤立"政策。他是伊丽莎白一世最优秀的仆人伯利男爵的后裔，也是一位难以接近的人物。他的大部分时间在距伦敦12英里的宏伟府邸哈特菲尔德庄园（Hatfield House）中度过。伊丽莎白一世就是在那座庄园的一棵橡树下接到了继位的消息。索尔兹伯里侯爵智商极高，以做化学实验为乐。但他对人际关系并不感兴趣，据说他自己内阁中成员的名字他一个都不知道。

此外，他似乎对18世纪八九十年代经济日益恶化所造成的巨大社会不满也不甚关心。1884年，一份名为"伦敦弃儿痛苦呼喊"的报告描述了伦敦贫民的悲惨生活；作为回应，他在威尔士亲王和枢机主教曼宁之外，兼任工人阶级住房情况皇家调查委员会（Royal Commission on the Housing of the Working Classes）成员。虽然他在委员会中听到许多证据，但出于保守主义原则，在接下来的15年中，他进行的改革十分有限，而其中没有任何一项可以有效帮助失业群体。1884年投票权的扩大带来了必然结果——保守党在1888年建立了由选举产生的郡议会，从理论上将达官显贵从当地政府中剔除。但是，大多数平民百姓没有太多时间关注郡县议会，因此情况还是一如往常。拥有投票权似乎并不能让他们脱离贫民窟，也不能让他们免于因过度劳累、疾病和贫穷而死去。

1886年，内阁中唯一的保守党人士伦道夫·丘吉尔辞职，之后保守党政府丧失了对社会改革的兴趣，但是这不意味着英国决心推行改革的人数量不多。归功于教育法案和投票权的扩大，英国人的政治觉悟和军事意识有所提高，一个代表性事件就是1886年年初伦敦西区失业工人以打砸商店橱窗进行示威。工团主义从工程师等中产阶级传播到熟练技术工人当中；新成立的工会组织了一系列争取高工资和低工时的大规模罢工，其中最为著名的要数1889年的码头工人罢工。这些基于某一个行业组织起来的新工会不再像原先的老工会一样对自由党表示满意，他们认为自由党并没有充分代表工人阶级的利益。

进步的知识分子在地方自治问题上与自由党产生分歧之后，也开始对自由党表示不满。废除威尔士教会的凯尔特人计划和推进《爱尔兰自治法案》正逐渐成为自由党的执政重心。但是，改革动力由于无法在政党政治中充分体现，转而开始在其他领域中浮现出来。19世纪70年代，哲学家托马斯·希尔·格林（Thomas Hill Green）在积极公民权和阶级融合需求理论的指导下，对牛津大学中的顶尖知识分子产生了重要影响。19世纪80年代，伦敦东区（East End of London）兴起了著名的睦邻组织运动（University Settlement），试图将理论应用到实践之中，其中最为著名的是汤因比馆（Toynbee Hall）。高校像今天一样，建立了法律中心，提供免费的法律咨询服务。年轻毕业生满怀热情，认识到自己肩负的社会责任，纷纷搬到伦敦东区，希望用自己学到的知识影响比自己穷苦的人们。从汤因比馆开始，出现了一度非常著名的工人教育协会（Workers' Education Association），它设立的目的在于为那些受雇用却从来没有机会接受高等教育，但希望拓展知识的人提供成人教育和夜校教育。

在汤因比馆公社的推动下，福音派信仰实现了强有力的复兴，福音派信仰曾经引导沙夫茨伯里伯爵开创性地改革了《工厂法》。1870年，托马斯·巴纳多（Thomas Barnardo）在伦敦东区为贫困儿童修建了90所"儿童之家"；威廉·布斯（William Booth）几乎同时创立了基督教救世军（Salvation Army），从事社会工作，在复兴运动倡导者的大型会议上拯救伦敦东区那些不幸、贫困、酗酒和罪孽深重的人。到20世纪末，身着黑色制服、和着铜管乐队音乐的"撒玛利亚军队"在伦敦行进变成了人们熟悉的场景。

工厂的工人、卖火柴的女孩和码头工人的罢工反映了他们悲惨的生活境遇，码头工人手持鱼头（他们仅能负担得起的果腹之物）在伦敦街头游行，给具有社会意识的中产阶级敲响了警钟。社会改革家有了新的目标，他们开始调查贫困人群面临的困境。他们利用科学调研和数据分析来研究出现了什么问题，同时寻找恰当的解决方案，而不是头痛医头、脚痛医脚。查尔斯·布斯（Charles Booth）等富裕且有良知的商人出身的社会改革家率先开创了此类方法。富裕企业家之女比阿特丽斯·波特（Beatrice Potter）为布斯里程碑式的研究项目"伦敦人民的生活和劳动"（Life and Labour of the People in London）收集数据。该研究始于1886年，1903年才结项，是对改革思想影响力最大的调研之一；同时，它也推动了《济贫法》的修改，肯定了养老金的需求。

这项研究揭露了一系列可怕的事实，让人们更加清楚地认识到现行体制中的不公正现象。许多人认为，似乎只有实行某种形式的生产资料公有制，抑或社会主义制度才能挽救这些资本主义的副产品——骇人听闻的人类灾难。一系列社会主义协会在19世纪80年代发展壮大，到目前为止其中最具影响力的是改革家、社会研究员西德尼·韦伯（Sidney Webb）、他未来的妻子比阿特丽斯·波特及剧作家乔治·萧伯纳（George Bernard Shaw）创建的费边社（Fabian Society）。该组织以罗马将军昆塔斯·费边（Quintus Fabius）命名。费边在与卓越的迦太基将军汉尼拨交战时从未与其正面交锋，而是在僵持中逐渐拖垮对方。费边主义者也打算对英国政府采取僵持战术，直到当局接受他们创建更加美好的社会主义社会的想法。

张伯伦在伯明翰的工作影响了许多此类组织。社会主义思想家对他采取的这种国家拨备的形式称赞不已，并将其命名为"市政社会主义"。但是，张伯伦的激进主义受地方自治的影响，被限制在保守党内部。即便如此，费边社高喊"要改革，不要革命"的口号，在1900年之后还是在代表工人阶级的工党的形成中发挥了重要作用。1892年，英国举行了新一届普选。此时距离1900年2月27日费边社代表、社会民主联盟［19世纪80年代由前证券经纪人亨利·迈耶斯·海因德曼（Henry Mayers Hyndman）*创立］代表和50万工团主义者在法林顿街的纪念堂前创立劳工代表委员会（Labour Representation Committee），组织

---

* 1842—1921，英国作家、政治家、马克思主义者、社会党的右翼领袖之一。——编者注

候选人参加议会选举还有 8 年时间。不过，1892 年的普选反映了民意，说明现行政党体制即将解体。

苏格兰前矿工基尔·哈迪（Keir Hardie）和两名工团主义者被选入议会，他们首次尝试不依靠自由党，另外创建一个代表工人阶级利益的政党。他们的支持者开始相信，只有成立新的政党，才能取得立法胜利，用法律来限制工人的工作时长。以往议员往往头戴丝质礼帽出席会议，令他们惊讶的是，哈迪头戴代表工人阶级的布帽现身会场，并将其当成一种荣誉的标志。1893 年，哈迪在布拉德福德创建了一个小型的独立工党，履行工会的职责。但是他在 1895 年的选举中未能在议会中取得席位，事实证明，只有建立一个全国性的组织才能保证其持续拥有代表地位。新成立的工会缺乏经验，罢工运动变得更加凶猛，应对罢工的法律措施也变得更加严厉，保守党政府和工人阶级的关系进一步恶化，组建一支大众型政党变得十分必要。

1892 年，自由党与爱尔兰地方自治者结成联盟，衰落的自由党再度成为执政党。此次选举可以被视为对保守党社会改革乏力的抗议。近 83 岁高龄的格莱斯顿参加了不下 85 场辩论，最终使下议院通过了爱尔兰地方自治提案，但提案在上议院遭到否决。1894 年，格莱斯顿辞去领导职务，富有活力的罗斯伯里侯爵担任了一年首相。他英俊潇洒、风流倜傥，迎娶了一名罗斯柴尔德家族的女子，但他并不受自由党普通成员欢迎。他缺乏平易近人的特质，也没有威严的态度，并且还没有学习这两种特质的意愿。他曾经两度夸口要战胜德比，但都未能成功，因为这一点在自由党中仍发挥重要作用的非国教徒势力公开表示不支持他。1895 年，自由党再次下台，保守党和索尔兹伯里侯爵在之后 10 年持续掌权，在此期间帝国主义热情不断增长。自由党政府实施了许多激进的改革措施：首先，他们通过在农村地区创立教区推动了地方政府的民主化进程。但是，此项改革并不足以使渴望取得更多军事胜利的公众感到兴奋。在赫伯特·亨利·阿斯奎斯（Herbert Henry Asquith）的领导下，自由党进一步向帝国主义靠拢，其曾经长期吸引激进派的和平主义特质遭到削弱。由于反战思想在社会主义思想中占据重要地位，因此激进派当中的一些人转而被新社会主义组织所吸引。

虽然总体而言强大而具有征服性的思想激发了英国公众的想象力，但他们还是把选票投给了保守党。1895 年，索尔兹伯里重返首相职位；此时英国刚刚征服了上罗得西亚和下罗得西亚，帝国主义热情空前高涨。帝国主义不只是英国的指导思想，同年衰落的大清帝国被小小的岛国邻国日本打败*，日本和西方国家一起经历了工业化和现代化，它对中国的举动也传递出俄、德、法、英划分各自帝国势力范围的野心。4 年后，大清帝国爆发了义和团运动，义和团成员杀死了欧洲列强驻中国使馆的工作人员。这是一场起义，不过，欧洲列强很快便重新控制了局势，甚至连美国这个整个国家史就是一部反抗殖民主义历史的国家也屈服于时代精神，加入了瓜分欠发达国家的队伍。1898 年，美国向西班牙宣战，占领了西班牙控制的关岛（Guam）、菲律宾群岛、波多黎各和古巴。在欧洲之外，唯一成功反抗帝国主义侵略的案例是埃塞俄比亚，它在 1896 年于阿杜瓦（Adowa）击溃了意大利军队；如若不然，欧洲之外的整个世界便都将被帝国主义列强击败。

　　甚至连鲁德亚德·吉卜林也会偶尔以忧郁的历史视角审视大英帝国的扩张。1897 年，在帝国主义热情膨胀到顶点的时候，他写下了这么一首"退场赞美诗"：我们昨天所有的盛宴跟当年的尼尼微（Nineveh）† 和提尔（Tyre）‡ 不是一样吗！其中暗含对突然变故的警告。但是，没有人比前自由党成员约瑟夫·张伯伦对帝国扩张持更忧郁的态度了，他完全以螺钉制造商的立场来评估大英帝国的经济实力。张伯伦认为不应该试图将自由党内两个派别联合在一起，于是放弃了党内联合的计划，向索尔兹伯里申请了当时还不甚重要的殖民地大臣的工作，从而紧紧握住了帝国主义的舵柄。他能想起的一切是，大英帝国在 12 年中获得了 350 万平方英里的土地，这一定能成为解决英国财政危机的办法。钢铁时代逐渐代替了铁器时代，截至 19 世纪 90 年代中期，德国凭借钢铁制造优势，在钢铁产量上超过了英国。大英帝国就像一个不发达的地区。但是，如果精于管理的话，大英帝国还可以再创辉煌——毕竟，大英帝国的总人口数高达 3 亿。

　　张伯伦认为，英国拥有一股向好的方向发展的力量，但是只有在给新领土带

---

* 甲午中日战争，即 19 世纪末日本侵略中国和朝鲜的战争。按中国干支纪年，战争爆发的 1894 年为甲午年，故称甲午战争。——编者注

† 古代亚述的首都。——译者注

‡ 古代腓尼基著名港口，现属黎巴嫩。——译者注

来"从未有过的安全、和平和相对繁荣"时，英国对新领土的占领才具有合理性。在张伯伦的领导下，殖民地官员成体系地种植和生产热带农作物和农产品，如黄麻、可可、棕榈油和咖啡。在西非，他令政府兴建港口和医学院，还派遣军队肃清在当地四处劫掠的部落。他让皇家委员会调查西印度群岛的贸易状况，以此干预当地经济。欧洲大陆从19世纪末期开始种植甜菜，导致制糖业在西印度群岛的工业中比重下降，一些当地企业面临破产。的确，张伯伦让世界看到，英国在过去以一个国家的立场来思考问题，而现在却站在一个帝国的立场。审慎的索尔兹伯里侯爵本人甚至还致力于将世界划分为"生存和垂死"两类不同民族，同时强调"英国的……帝国本能"。

1887年，第一届殖民地总理会议召开，同时标志着英国女王迎来了登基五十周年。在会上，索尔兹伯里强调了帝国自我防御的需要。10年之后，在维多利亚女王登基六十周年之际，张伯伦试图进一步拉近殖民地与英国的关系。作为女王登基六十周年庆典活动的一部分，15名殖民地总理以枢密院成员的身份进行了宣誓。在新一届殖民地会议上，张伯伦试图创建一个理事会来推行协同防御政策。但是，尽管加拿大、澳大利亚和新西兰因作为大英帝国的一部分而感到骄傲，但它们更珍视的是不久之前才取得的自治。它们担心，协同防御政策将开启危险的中央集权，于是礼貌地拒绝了张伯伦的邀请。

英国国内和国际社会都对女王登基六十周年庆典投入了极大的关注。所有受帝国保护的国家都派代表参与了声势浩大的游行，这场游行甚至比女王登基五十周年庆典的游行还要壮观。停泊在朴次茅斯的巨轮提醒世界，英国继续控制着自特拉法尔加海战之后夺取的海上霸权。小巧的维多利亚女王头戴寡妇蕾丝面纱，乘坐敞篷马车引领着帝国列队在伦敦市内行进。人们把她称为"欧洲祖母"，因为她的许多后代和欧洲多国的王位继承人结婚，帮助英国安然成为世界上有史以来最富有、强大和稳固的帝国。《笨拙》(*Punch*)杂志刊登了一幅著名的时代漫画，漫画中的英国人在"光荣孤立"中自顾自地跳舞。从表面上看，英国并不需要与其他国家结盟，因为她现在拥有如此广阔的世界。而实际上，大英帝国正在急速走向衰落。

詹姆森突击队（Jameson Raid）于两年前到达德兰士瓦共和国，英国的帝国主义扩张开始失控。塞西尔·罗兹和兰德的领主们凭借自己的工程技术开辟了兰德金矿（Rand Goldmines），德兰士瓦共和国是依靠他们的付出才积累了大量财富，因此他们对荷兰人对待他们的方式一直心存怨恨。德兰士瓦共和国的总统克鲁格（Kruger）还是一个10岁的小男孩时，曾参与了以开普殖民地为起点的大迁徙，跟随族人向外寻找新的"应许之地"。他对改善外来移民的生活条件并不感兴趣，因为外来移民在当地主要充当投机者、冒险家和随营人员这些三教九流的角色，他认为他们败坏了德兰士瓦的社会氛围。克鲁格像宗教信徒布尔先辈一样，也十分厌恶这些外来移民。1895年，矛盾激化到了顶点，3.5万名外来移民联名签署了请愿书，要求布尔人更好地对待他们。但是，请愿遭到了拒绝，许多外来移民的领导者随即开始谋划直接反抗克鲁格的统治。

在殖民地大臣张伯伦的命令下，英国动用了自帕默斯顿之后就没有再使用过的战船和士兵，使用武力阻止了法国对英属西非的长期蚕食鲸吞。在张伯伦的第一届任期中，英国的战船出现在印度洋上，迫使克鲁格总统重新打开了为了规避铁路税收而向外来移民关闭的堡垒。现在善于创新的塞西尔·罗兹成了开普殖民地的总理。张伯伦如此执着地保护英国的利益，让他和副总督詹姆森相信，控制德兰士瓦并从布尔人手中夺取金矿的计划一定会得到许多人的支持。

罗兹和詹姆森找到张伯伦，告知了他们的计划——率领大约500人去援救外来移民。张伯伦得知计划之后并没有试图阻止他们，他甚至可能通知了英国的受保护国贝专纳派警方加入援助队伍。但是，张伯伦并不知道武力援助将在何时到来。而与此同时，起义的动力正在一点点消失，一部分原因在于许多外来移民并不是英国人，而是德国人或美国人。美国总统斯蒂芬·格罗弗·克利夫兰（Stephen Grover Cleveland）恰巧在此时面临换届选举，他选择在这个时刻威胁英国将以战争解决英属圭亚那（British Guiana）与委内瑞拉的边界争端问题。美国国内的爱国主义高涨，美国人认为克利夫兰很好地羞辱了英国。

外来移民不希望这次武力援助变成英帝国主义的胜利，因此起义一直没能成型。不过，詹姆森及470名支持者过分乐观地估计了局势，他们大张旗鼓地前往德兰士瓦。但这次他们对付的可不是轻信别人的马塔贝莱兰黑人战士，而是在政治上十分狡猾的克鲁格。结果克鲁格不仅俘虏了詹姆森及其支持者，还针对他们企图侵占德兰士瓦的举动在国际上制造了声势浩大的抗议。作为回应，英国试图用官方调查来掩饰犯下的错误，而自由派媒体将调查描述为"遗体告别仪式"。尽管张伯伦澄清了自己，罗兹还是被迫辞去了开普殖民地总理一职。但是，英国民众仍然十分支持詹姆森，他的大胆举动成了许多民间歌谣的主题。张伯伦同情地将他描述为"造反的爱国者"，这个称呼得到了许多人的赞同。

人们这次更加真切地感受到了英德之间的较量。1896年1月，维多利亚女王的外孙威廉二世（Wilhelm Ⅱ）皇帝给克鲁格总统发去了一封言辞不当的电报，进一步体现了英德之间的对抗。威廉二世恭喜克鲁格"没有求助友好国家"就挫败了叛乱，暗示如果南非发生战争，德国将站在荷兰一边。德国对英国较为不友好的态度因此得到了注意。英德这两个国家不仅在南非问题上相互较劲，在中东地区也互不相让：德国企图取代英国，成为伊斯坦布尔的最惠国。1898年，土耳其制造了对亚美尼亚人的新一轮屠杀，英国要求土耳其进行改革，德国借机强化了自己在土耳其的地位，并获得柏林—巴格达铁路的修建权。虽然法国仍是英国最大的殖民地竞争对手，但它从来没有犯下试图与英国舰队一较高下的错误。1897年，德国开始筹建一支赶超英国的大型舰队。德国皇帝宣布"德国的未来在海上"，英国政府就此提高了警惕。众所周知，100年来，英国的职业陆军数量一直很少，不得不依赖海军保卫国家。德国拒不限制海军军费开支，同时将陆军人数保有量增加到40万。德国陆军在普法战争中曾击败了法国军队，英国因此将此举视为敌对行动。

德国正在取代俄国成为英国最为忌惮的对手。1890年之后，俄国在旁遮普危机中因受到英国的威胁而放弃继续向中亚扩张，转而开始侵吞衰落的大清帝国的领土。总体上来说，19世纪90年代中期，虽然英国继续保持不结盟的态度，但各列强的联盟都进行了重新组合。威廉一世去世，俾斯麦政治生涯结束，德国和俄国联盟解体。法国一直担心被德国攻击，急切地寻找新的盟友，因此开始向俄国示好。法国证券交易所为修建跨西伯利亚铁路筹款，标志着俄国和法国之间达成和解。1895年，两国以官方形式承认了结盟关系。对德国的恐惧导致欧洲各国形成了奇怪的联盟关系：东方专制主义国家俄国和动荡的法兰西第三共和国结成两国同盟，共同对抗德国、奥匈帝国和意大利结成的三国同盟。法国夺取了北非的突尼斯之后，意大利因殖民野心受挫倒向了德国阵营。1895年至第一次世界大战爆发，欧洲地缘政治的特点是两大相互对立的武装阵营共存。

但是，对德国的不安情绪并没有给英法两国的殖民地竞争带来什么影响。英法两国差点在上尼罗河地区的法绍达（Fashoda）开战。詹姆森突击队虽然失败了，但英国国内的帝国主义热情前所未有地高涨。1898年9月，总司令霍雷肖·赫伯特·基钦纳爵士（Sir Horatio Herbert Kitchener）在乌姆杜尔曼战役（Battle of Omdurman）中领导埃及军队重新占领了苏丹，英国大为振奋。基钦纳消灭了马赫迪继承者哈里发的伊斯兰军队，再次占领了喀土穆，英国这才得以重拾帝国荣耀，并为戈登报仇雪恨。法国一直不满英国控制埃及，于是从法属西非派来一支军队，准备争夺尼罗河的控制权；基钦纳表明了对法国军队的立场，英国民众得知后更加欢欣鼓舞。基钦纳从乌姆杜尔曼战役的激烈战场直接赶往法绍达，向高举法国大旗的马尔尚（Marchand）发起挑战；作为回应，基钦纳举起英国和埃及的大旗，将一支埃及军队留下来驻扎。虽然当前的荒唐局势为威廉·吉尔伯特爵士（Sir William Gilbert）和亚瑟·萨利文爵士（Sir Arthur Sullivan）提供了充足的当代滑稽剧素材，但英法两国还是十分认真地考虑了开战的可能。索尔兹伯里侯爵宣布，英国皇家海军枕戈待旦，已经做好了开战的准备。但是，法国的盟友俄国却明确表示它没有计划在非洲与英国交战，法国被迫示弱。

英国看似再次取得了胜利，并在爱国主义的推动下开始与布尔人交战。布尔人认为，英国政府在背后秘密支持詹姆森突击队，未来某一天会夺回德兰士瓦。克鲁格总统领导政府从金矿中获取了巨额利润，用于囤积军火。张伯伦连同其余保守党和统一派成员开始认为，布尔人不仅威胁着和平共存，还威胁着英国在开普殖民地的霸权，因为詹姆森突击队已经在布尔人和英国定居者之间制造出种族仇恨。罗兹辞职后，支持布尔人的荷兰政府取代了原政府管理开普。在德兰士瓦，一些布尔人标榜自己解放了开普殖民地被压迫的荷兰人，他们宣称在荷兰人的领导下，殖民地更有可能加入荷属南非联邦。有谣言声称，德国官员在背后给布尔人充当顾问。当然，德国人的确正在向布尔人出售军火。

布尔共和国内外国移民的境遇恶化。布尔警方和外国移民之间持续发生冲突，2万名工人联名向维多利亚女王递交了请愿书，要求她提供帮助。南非高级专员阿尔弗雷德·米尔纳爵士（Sir Alfred Milner）警告英国必须尽快干预外国移民为提高自身待遇进行的抗议活动，否则"成千上万的英国人民将永远处在被奴役的位置"，大英帝国的自信心将被逐渐削弱。如果克鲁格拒不赋予英国人要求得到的公民权，战争将不可避免。1899年，双方在布隆方丹（Bloemfontein）举行了最后一次会议，但克鲁格年迈而固执，他不愿意背叛人民和神圣的土地。如果他赋予外国移民投票权，他们的人数将在未来5年之内超过布尔人。克鲁格拒不同意妥协，米尔纳退出谈判，回到开普殖民地。随后爆发了第二次布尔战争。

除了自由党激进派，包括新兴的威尔士事务律师兼议员戴维·劳合·乔治（David Lloyd George）及社会主义者，其他英国公众和媒体都还处在对战争的狂热之中。年轻人极度渴望战争，尤其是富裕的年轻人，他们模模糊糊地认为，战争将考验他们，对他们产生益处。几乎每个人都凭借自己的想象，以为战争是短暂而甜蜜的。但实际上，战争不仅十分漫长，且代价极高，远非英国人设想的那样——如一场"走过场的比赛"。

布尔人实际上拥有一批优秀的狙击手，他们装备着当时最先进的欧式武器。虽然大多数布尔人士兵只不过是荷兰农民，但疏林草原耕种的艰苦生活使他们锻炼出超强的身体素质。大英帝国的行动好像是在欺负两个弱小的布尔共和国一般，导致英国国际声誉受损，国际地位跌落到危险的低谷。奥兰治自由邦和德兰士瓦共和国几乎和英国旗鼓相当。英国在两年半的时间里，耗费2亿英镑和45万兵力才击败了5万布尔人。越来越多身穿崭新卡其布制服的志愿兵乘坐轮船被运送到4000英里之外的地方参与作战，这种颜色的制服可以使他们更好地隐藏于非洲丛林当中。

布尔人犯下了一个致命的错误——进攻只有英国定居者的纳塔尔殖民地，而没有向拥有3万荷兰定居者的开普殖民地前进。尽管如此，在1899年到1900年的大部分时间里，英国军队依旧对纳塔尔的莱迪史密斯之围（Siege of Ladysmith）、贝专纳与德兰士瓦共和国交界处的马弗京之围（Siege of Mafeking）束手无策。在罗伯特·巴登·鲍威尔（Robert Baden Powell）上校的领导下，马弗京的守军坚持了217天。（稍后，巴登·鲍威尔将成为著名的童子军运动创始人，该运动旨在将年轻人训练成自信、自律的人）虽然英军人数大大超过布尔人，但他们的境况十分糟糕：1899年12月的"黑色星期"（Black Week）之后，英军经历了一系列大规模战败，罗伯茨勋爵取代雷德弗斯·布勒（Redvers Buller）成为总司令。直到1900年5月，罗伯茨才解除了马弗京之围。

最终，布尔人因军事训练不足，战略缺乏连贯性而战败。罗伯茨及其副将喀土穆的基钦纳成功地从侧翼包抄了布尔人将军克龙涅（Cronje）。到了1900年8月，罗伯茨攻占了布尔共和国首都布隆方丹和约翰内斯堡（Johannesburg），布尔人的主力部队放弃作战，莱迪史密斯之围得到解除。当年稍晚些时候，德兰士瓦共和国和奥兰治自由邦作为殖民地正式并入了大英帝国。保守党组织了因投票者身穿卡其布制服而得名的"卡其布选举"，他们希望能够趁着战争的热度提高支持率。

保守党如期赢得了选举，但是他们即将失去对国家的控制。到1900年2月，工党的雏形——劳动代表委员会（Labour Representation Committee）成立已经有半年时间。劳动代表委员会代表在选举中仅赢得了2个席位，而保守党则获得了134个席位。虽然工党直到1906年的选举中才取得了突破性进展，但它就像初升的太阳一样具有活力。工人在保守党执政的漫长岁月中并未获得多少权利，布尔战争开始时招募上来的新兵身体素质十分糟糕，也印证了这一点。令人震惊的是，军医发现1/3自愿应征入伍的英国人身体素质不合格。在张伯伦向非洲派遣军队的时候，保守党既无法承担支持社会改革的费用，也没有进行改革的政治意愿。

少量布尔人团体坚持在山区进行游击战，延续着布尔战争。基钦纳出任战争总司令，他用全面战争的策略无情地打败了布尔人。他修建碉堡和驻防木屋阻止布尔人炸毁铁路，成功地保卫了铁路的安全。布尔人使用游击战术，将每座民宅都变成了一个潜在的隐蔽之所。基钦纳为了挫败这种游击战术，疏散了布尔农场中的人员，引起了更大的争议。手无寸铁的布尔平民被安置在巨大集中营里的棚屋中，周围圈上了带刺的电线。大约在30年之后，德国也犯下了相似的滔天罪行。

虽然这种方式效率很高，但极不人性化，在英国国内引起了骚动，集中营内1/5的布尔人死亡的消息传出之后，骚动更加严重。被监禁的10万名布尔人有2万人死去。在其中一处集中营里，死亡情况更为惨烈，疾病和不卫生的环境导致半数儿童死去。那时出现了一位永远受到布尔人和党内激进派爱戴的人物——自由党领袖亨利·甘贝尔－班纳曼（Henry Campbell-Bannerman）。他刚刚上任不久，原是一位富裕家庭出身的格拉斯哥议员。在国内情绪变得盲目爱国之时，他大胆地公开批评英国军方的集中营措施为"野蛮主义"。态度强硬的"老处女"、无畏的埃米莉·霍布豪斯小姐（Miss Emily Hobhouse）*率领一支远征队前往南非调查事实真相。军队以沉默和拖延战术阻止她的调查，她向媒体披露了这一事件，引起了更大的风波。张伯伦被迫向集中营派遣合适的管理人员，接替军队实施管理，而英国军队本身就存在严重问题，更别提应付敌人了。英国的人道主义和反帝国主义精神在经历了长期沉默之后，终于重新开始发挥作用。迅速发展的帝国主义开始回落，迅速萎缩，一如它之前迅速萌芽。

但是，英国女王也正在迅速枯萎。在女王去世前3年，维多利亚时代的伟大人物格莱斯顿去世。英国为他举行了盛大的国葬仪式，将其葬在威斯敏斯特教堂。此后，衰老的女王健康状况一直在恶化，她活到了能够看见20世纪的第一年。1901年1月22日，82岁高龄的女王在怀特岛的奥斯本宅第（Osborne House）去世。她虽然在晚年与直率、上了年纪的苏格兰人约翰·布朗（John Brown）相交甚笃，但从未停止过对阿尔伯特亲王的怀念。她死后被葬在温莎花园内的弗罗格穆尔陵墓（Mausoleum at Frogmore），在阿尔伯特亲王的身边。

维多利亚时代和19世纪一起落幕。人们在得知维多利亚女王去世的消息之后，不仅表现出了巨大的悲痛，还夹杂着一种不相信的感觉。她于1837年继位，因此在她去世之时，甚至连花甲老人都不知道英国还有其他君主。维多利亚女王已经成为和伦敦塔一样"恒久不变"的英国象征。

---

* 1860—1926，英国福利活动家、和平主义者。——编者注

the STORY of BRITAIN

诸王的不列颠

Vol. III — Rebirth in the Afterglow of the Two World Wars

从罗马帝国时代到联合王国的2000年

第三册：两次大战余晖中的新生

[英] 丽贝卡·弗雷泽 著

叶锬焰 史林 译

中国画报出版社·北京

9
萨克森－科堡王朝
Saxe-Coburg

爱德华七世
EDWARD Ⅶ

1901—1910

在接下来的13年中，英国呈现出超现代化特征与古老传统并存的有趣现象。15%的英国民众受雇于服务业，富裕人士有可能效仿新君主爱德华七世所树立的典范，享受到如王室一般的奢华生活。我们从爱德华七世统治时期的照片中可以看出，人们所穿的长裙和正式服饰勾勒出的年代仍然与我们今天有着明显不同。从另一方面看，在爱德华七世统治时期的第一次选举之后，超过50个英国选区拥有了工党议员。与此前相比，更多女性从事教师、护士和打字员这种新兴职业。虽然女性仍不享有投票权，但全民普选运动方兴未艾。

1906年，自由党在选举中以压倒性多数优势胜出，社会改革家在过去20年中全心全意进行的战斗似乎取得了人道主义的伟大胜利。犁头正变得比刀剑更加有力。人们普遍认为，国家有责任照顾生病和年老的公民。截至1911年，残酷的古老《济贫法》已被废除，英国开始实行养老金制度和国家保险制度。战争不再是时代的潮流，而变成了不文明的产物，属于过去那个不发达的年代。但是，这段时期始终被笼罩在德国扩充军备的阴影之下。英国国防大臣认为，裁军会议及和平运动会使英国灾难性地容易受到他国的攻击。这一时期以第一次世界大战的杀戮作为结束，英国全国因战争有1000万人丧生，导致人们进一步认为进步的信念只是一个泡影。

但是，在20世纪初，一切都显得那么欣欣向荣。远程通信技术让地球变得更小。1901年，英国政府支持进行了一系列实验，英裔意大利人古列尔莫·马可尼（Guglielmo Marconi）将第一通电磁信号从康沃尔的利泽德半岛发射到大西洋彼岸的纽芬兰岛，电波将英国和北美联系在一起。到1912年，大约70万英国人安装了电话。连南极和北极这些地球最遥远的区域也交出了自己的秘密。1900年至1904年，英国船长罗伯特·斯科特（Robert Scott）率领他的队伍进行了第一次南极远征，发现了一片新的陆地，他将其命名为"国王爱德华七世地"（King Edward VII's Land）；美国海军上将罗伯特·皮尔里（Robert Peary）在1902年到达了北极点附近100英里的地区。公共巴士遍布伦敦，巴克鲁线和皮卡迪利大街线在地下贯通，伦敦的交通变得更加便捷。

在1905年左右，被称为"布鲁姆伯利团体"（Bloomsbury Group）的左翼知识分子小型分散团体兴起。少量极具天赋的出版人、作家、艺术家和艺术史家比女王的去世更有力地结束了维多利亚时代特有的姿态。罗杰·弗赖伊（Roger Fry）、克莱夫·贝尔（Clive Bell）等先锋艺术倡导者通过艺术展将欧洲大陆概念性的革命引入英国。布鲁姆伯利团体无情地摧毁了伴随他们成长的维多利亚时代惯例，他们常常是维多利亚时代的名人之后，如女作家弗吉尼亚·伍尔夫（Virginia Woolf）的父亲莱斯利·斯蒂芬爵士（Sir Leslie Stephen）主持编纂了《英国人物传记辞典》（Dictionary of National Biography）。如立体画派拒绝循规蹈矩地表现世界一样，弗吉尼亚等作家借助撕裂和隐喻等手法挑战传统文学类型。他们也对精神分析这门新科学和潜意识感到着迷。西格蒙德·弗洛伊德（Sigmund Freud）开创的精神分析法在世纪之交时开始施展魔法。越来越多的人重视直觉甚于智力，戴维·赫伯特·劳伦斯（David Herbert Lawrence）便是其中的代表。他是诺丁汉的一名矿工之子，1913年出版了小说《儿子与情人》（Sons and Lovers）。

一位老派的新国王统治着变化中的英国。爱德华七世最深入人心的形象是他在桑德林厄姆宫中身穿朴实的诺福克收腰夹克从事最喜爱的射击运动。他的朋友将他的着装称为"马尔伯勒府邸套装",其风格可以追溯到摄政王时期。爱德华七世喜欢品尝美食,每顿饭都极尽奢华,常常上不止 10 道菜,他还喜欢大量饮用葡萄酒,抽雪茄烟。但是,他以自己特有的方式实现了创新——他将结识各路人士视为自己的工作,其中也包括工会领袖和新任工党议员。他还是一个年轻人的时候,意大利革命者加里波第(Garibaldi)曾造访英国,他坚持与其见面,令他的母亲惊慌不已。维多利亚女王的宫廷包含拥有土地的贵族,而爱德华七世却更愿意将富豪和犹太金融家纳入宫廷。

40 年来,腰围肥大、外表和蔼的爱德华频频出席英国本土及大英帝国各种庆典场合。但是,维多利亚却力图避免让他承担任何实质性的皇家责任,忌妒地维护着自己的权力。实际上,女王并不喜欢自己的长子。她甚至不顾大臣们的抗议,在爱德华已 15 岁的时候,还不允许他阅读任何国事文件。爱德华继位时已经快到花甲之年,在被剥夺了实权之后,他完全将自己定义为一个追求愉悦的人,竭尽全力地要活得与母亲不同。在维多利亚统治时期,礼拜日是神圣的,因为维多利亚时代的许多人会在那一天开始时和结束时去教堂祷告;而威尔士亲王却偏偏要把礼拜日定为举行大型晚宴的日子。虽然爱德华七世全心全意爱着自己美丽又高雅的妻子亚历山德拉王后,但他身边也有不少情妇,其中最为人熟知的要数艾丽斯·凯佩尔(Alice Keppel)夫人和来自泽西岛的女演员莉莉·兰特里(Lillie Langtry)。爱德华七世还是威尔士亲王的时候,就曾卷入两起离婚案中。不过,最令当时的人们大跌眼镜的是,他最后被查出曾在一家名叫特兰比·克劳夫特(Tranby Croft)的娱乐场所玩非法的巴卡拉纸牌游戏(Baccarat)。威廉·戈登·卡明(William Gordon Cumming)曾起诉一同前去特兰比·克劳夫特娱乐场玩牌的人作弊,在那场臭名昭著的审判中,爱德华被当作目击者传唤出庭。

爱德华七世继承王位之后,开始以更加严肃的态度对待自己和自己的角色。他在整个执政时期,都兢兢业业地维护着英国与欧洲其他主权国家的和平关系。他与许多国家建立了密切的关系,因此获得了"和平使者"的美誉。他极富个人魅力,法语极好,成为消解英法两大西方民主国家之间敌意的重要武器。他对巴黎进行国事访问之后,英法两国关系中的最后一丝芥蒂自然消除。1904 年,英法签署了《英法协约》(Entente Cordiale),标志着两国达成外交谅解。实际上,自法绍达问题得到解决之后，一系列关于领土问题的协约逐渐缓解了两国之间的敌对状态，在全球范围内许多18世纪早期重新浮现出的殖民地争端的处理取得了历史性的突破，纷争终于尘埃落定，包括纽芬兰岛附近海域的捕捞权争端也得到解决。法国无条件地承认了英国对埃及的占领，而英国允许法国"自由干涉摩洛哥"，摩洛哥被并入法国在北非和西非的帝国财产。

英国在这一时期十分焦虑，因为布尔战争透露出英国在欧洲已无盟友。爱德华七世统治早期，英国进行了许多改善与世界其他地区关系的尝试。尽管英国领土变得前所未有地广阔，但这一时期的最后几年不甚光彩。为了应对危机，在新任外交大臣兰斯多恩侯爵（Lord Lansdowne）的领导下，英国于1902年和新兴东方强国日本结盟。

和许多英国政治家一样，爱德华七世对德国的意图也感到不安。他的妻子——前丹麦公主亚历山德拉惊恐地看到德意志军队挺进她的母国，因而对大多数德国人心存怀疑。成为一名和平使者是爱德华的毕生心愿，因此他非常讨厌自己的外甥——冲动但常常灵光一闪、"无所不知"的德意志皇帝威廉二世。威廉二世的个人外交行为往往无法预测，他常不征求大臣的意见，就向国外发布外交情报或发表演讲。他生于一个好战的社会，天生一只手臂萎缩，他的母亲是英国人，因为这一点他被德国社会认为是一名危险的自由主义者。而威廉二世对自己身上的英国血统怀着既崇敬又憎恨的复杂情绪。虽然英国人在发现他痴迷于军装这一怪诞行为之后，一直嘲笑他，但他十分严肃地筹划着组建一支海军与他的舅父竞争。

面对正筹谋着创建海军的德国，英国的最大威胁似乎突然从英吉利海峡对岸转移到了北海对岸，局势的发展和17世纪末如出一辙。爱德华七世强烈支持地中海舰队司令即未来的第一海军大臣"杰克"·费希尔（'Jacky' Fisher）。1903年，他坚持在英国东海岸的罗赛斯（Rosyth）修建海军基地，用来保护英国不受来自德国北部海岸的攻击。为了对抗德国的威胁，费希尔建造了大型战列舰"无畏"号战舰（Dreadnought）*，以及移动迅速、全副武装的巡洋舰。任何其他低吨位的较

---

* "无畏舰"后成为20世纪初各海军强国竞相建造的一类先进的主力战舰的统称。——编者注

小船只在它们的面前都会变成一堆废铁。到了1907年，英国第一次设立了总参谋部。其他欧洲列强早在15年前就已经拥有了总参谋部，英国觉得自己再也无法不设立这个部门了。

英国开始将本国海军安全和法国捆绑在一起。英国为了将更多皇家海军调回国内水域进行军事演习，减少了驻扎在马耳他基地的地中海舰队。英国将依靠法国海军帮助自己在地中海上逡巡。两国开始互换军事机密。没有什么比这种方法能更快地拉近《英法协约》双方的关系了，不过英国外交官由于担心触怒德国，最终没有对法国做出承诺。

保守党政府在执政的最后几年疲于应付，逐渐失去了影响力。1902年7月，索尔兹伯里侯爵因健康问题辞职，他的外甥亚瑟·詹姆斯·贝尔福——天赋卓越的知识分子、前爱尔兰事务大臣接任首相一职。次年，英国颁布了《爱尔兰土地收购法案》（Irish Land Purchase Act），这是解决爱尔兰土地问题最成功的一次尝试。政府每年为希望购买土地的佃农准备了500万英镑的贷款。佃农通过按揭，每年偿还贷款，将在68年之后成为土地所有者。到了1909年，已经有25万人加入这一计划。但是，此时爱尔兰独立运动再次抬头，许多爱尔兰人仍然认为，国家独立远比按揭贷款更有吸引力。

为了应对工业衰退，贝尔福在1902年颁布了新的教育法案，将中等教育收归国家控制，同时兴建了数百所地方文法学校。但是，英国未来教育亟须解决的是贫困问题。新兴统计学给具有实证主义思维和务实传统的英国人带来一记重击。查尔斯·布斯的数据显示，贫困和年老之间几乎存在必然联系。1903年，统计结果被详尽地发布在《伦敦人民的生活与劳动》（Life and Labour of the People in London）中。1901年，本杰明·西博姆·朗特里（B. Seebohm Rowntree）在纽约发表了同样具有影响力的突破性研究《贫困：城镇生活研究》（Poverty: A Study of Town Life），产生了不可否认的作用。大约1/3的英国人正生活在西博姆定义的贫困线以下。

约瑟夫·张伯伦坚持认为，被世界其他国家和地区追捧的"帝国主义关税联盟"，即所谓的"创新型帝国主义"，在当前的紧急局势下并不适用。张伯伦卸任殖民地大臣之后，设立了关税改革同盟（Tariff Reform League），并计划利用进口关税为国内社会改革筹措资金。而他的这两项举措却被谴责会对食品价格构成威胁。党内分裂似乎是张伯伦难以逃脱的宿命，这次轮到了保守党。自由贸易原则帮助英国获得了巨大繁荣。温斯顿·丘吉尔等保守党自由贸易者认为，帝国关税联盟将显著增加人民的生活成本，因为其他国家也会对本国零售商品施加进口关税。相应地，保守党中的自由贸易派转向自由党，他们高呼口号"大圆面包压倒小圆面包"*，为即将举行的选举造势。1905年12月，保守党政府领导不得不提出辞职；自由党在亨利·甘贝尔-班纳曼的领导下重新掌权，但是分裂成帝国主义派和反帝国主义派。在布尔战争时期，英国人民热情高涨，自由党凭借无畏的进攻，将各个党派联合起来。一年之后，张伯伦中风发作，不得不退出政坛。保守党转而被视为"麻木不仁"的代表。正如我们所知，尽管奴隶制已经被废除，但在英国高级专员米尔纳子爵的默许下，兰德金矿使用了大量中国劳工。在工党运动开展得如火如荼之际，中国劳工的待遇普遍得到了显著提高。

在1906年6月的普选中，自由党以压倒性多数优势取得胜利，自由党赢得了377个席位，保守党和自由党统一派仅获得157个席位。这使得新一届政府获得了掌控国家的权威，能够推行真正的社会改革。但是，选举也出现了让人大跌眼镜的结果——工党议员数量从1900年的2人一跃至53人（其中29人属于劳动代表委员会成员，另外24人将自己算作工党成员）。自由党被迫接受了1901年塔夫河谷罢工案的司法判决——允许人们起诉工会赔偿罢工造成的损失，从而将工会赶到工党的阵营中。许多在劳动代表委员会中任职的议员表达了显著改善工人待遇的强烈欲望。1906年选举之后，29名劳动代表委员会成员自称为"劳动议会党"，基尔·哈迪出任主席。实际上，许多自由党人的心态与工党十分类似。毕竟，自由党一直是代表工人阶级的党派，许多选区直到最近仍是如此。自由党议员约翰·伯恩斯（John Burns）成为地区政府委员会成员，他也是第一位工人出身的内阁成员。他是一名工程师，也是工会成员，崇尚社会主义，曾是19世纪80年代末大罢工的主要发起者。

我们可以在新一届自由党行政部门中发现许多20世纪最为杰出的英国政治家和未来的首相，他们领导英国安全度过了第一次世界大战和第二次世界大战。

---

* 大圆面包指自由贸易和自由党，小圆面包指关税改革和保守党。——译者注

约克郡人财政大臣赫伯特·亨利·阿斯奎斯是天赋异禀的非国教律师。他打造人际关系网时十分务实，却令人惊讶地迎娶了化工界巨头之女玛戈特·田纳特（Margot Tennant）。玛戈特本人也是爱德华七世统治时期最时髦靓丽的女性。贸易委员会成员、被称为"威尔士怪人"的事务律师戴维·劳合·乔治很快成为英国财政大臣。他在威尔士峡谷中长大，是当地鞋匠的外甥；对贫穷的切实体验对他的政见造成了巨大影响。温斯顿·斯宾塞·丘吉尔时任殖民部次长，不过他很快就会前往贸易委员会任职，接着还将在英国内政部任职。他的父母分别是保守党中的民主派人士伦道夫男爵（Lord Randolph）和美丽的美国女人珍妮·杰罗姆（Jenny Jerome）。他可能出生于布莱尼姆宫，但他和劳合·乔治一样深深地憎恨不正义的现象。诺森伯兰土地主爱德华·格雷伯爵（Sir Edward Grey）出任英国外交大臣，他在第一次世界大战爆发前一直担任这一职务。1906年，20世纪给人们带来了许多期许，让人们认为19世纪的许多丑恶问题将在新世纪得到解决。

大多数自由党和工党政治家对非洲的态度与对印度类似，他们认为大英帝国只是未来的托管人。英国的作用是引导这些地区的人民做好实行民主制度的准备，所谓"准备"，就是让他们普遍接受教育。

撒哈拉以南地区殖民地开始在距离英国一拳之隔的地方实行管理，自由党人倾向于依靠当地领袖或当地机构实现所谓的"间接管理"。1908年，英国议员构成了海外使团的重要组成部分，该团体调查了国王利奥波德下令在比属刚果屠杀非洲人的传言。报道称，"文明使命"造就的刚果变成了利奥波德的私人奴隶制王国，任何反抗的人都会被处死，这时国王被迫将权力移交给比利时政府。

亨利·甘贝尔-班纳曼曾在布尔战争中与当地人直接交锋，他发现当地领导人十分容易对付。无论从哪个角度看，1902年签订的结束布尔战争的和平条约都十分慷慨。与英国对抗的布尔领导者均未受到惩罚，英国支付了300万的战争赔款，用于重振因基钦纳的焦土政策而毁于一旦的布尔人农场。自由党决定于1907年赋予布尔人自治权，这也推动了双方关系的改善，虽然两名前叛乱领袖路易斯·博塔（Louis Botha）和扬·史末资（Jan Smuts）成了德兰士瓦共和国最重要的人物。1908年，自由党政府邀请4个南非殖民地，即2个前布尔共和国和2个英国殖民地［开普（Cape）和纳塔尔（Natal）］成立南非自治领（Dominion of South Africa）。

然而，创建另一个自治领的代价是赋予黑人投票权，正如人们熟知的，从1907年开始，奥兰治和德兰士瓦政府经选举产生。不论这是不是一种理想主义，绝大多数英国政府成员愿意付出这种代价。1910年，由4块殖民地组建起来的不是殖民地联邦，而是南非联邦（Union of South Africa），其中布尔人的理念占据了主导地位。古老的开普敦议会实行"不分肤色"的投票制度，但迫于布尔人的压力，南非联邦的新宪法包含了布尔人提议的肤色限制。威廉·施赖纳（William Schreiner）领导代表占南非多数的900万黑人的代表团对这项规定表示抗议，此外原住民保护协会、自由党议员查尔斯·迪尔克（Charles Dilke）和工党议员拉姆齐·麦克唐纳（Ramsay MacDonald）等机构和个人也提出了抗议，但都被无视。自由党考虑到坚持保护非洲黑人的权利可能导致和平联盟过程解体，于是决定不再插手。不过，英国政府确实向贝专纳、巴苏陀兰（Basutoland）和斯威士兰（Swaziland）这3个没有白人居民的地区的黑人高级专员保证，会将它们都吸纳进联邦，同时保证它们的安全。英国也的确兑现了承诺。但是，肤色限制得以通过。南非联邦与伦敦当局的关系变得更加友善，1914年南非联邦还派兵为大英帝国作战。史末资接替博塔担任南非总理，他也是英国战时内阁成员。

甘贝尔-班纳曼在处理布尔战争战后问题上耗费了全部精力。在他的领导下，英国通过了一些重要的内政措施。但是，到了1908年4月，鉴于甘贝尔-班纳曼糟糕的健康状况，赫伯特·亨利·阿斯奎斯接任了首相职务，党内改革派走在了时代前端。英国通过大量法案，社会格局发生了翻天覆地的变化。

英国在囚犯的待遇上也取得了巨大进步。监禁时间被普遍缩短。14岁以下的年轻人不得再被关进监狱，而是被送到少年劳教所——一种带有教育性质的教养中心。所有囚犯在刚刚入狱时，不再被单独关押在单人监狱中，同时被废除的还有无法支付罚款即被自动收监的规定。自由党政府预见到了50年之后的许多刑罚改革者考虑的问题，将囚禁经历本身视为一种有害的体验。为了帮助囚犯更好地适应最后一定会回归的外部世界，英国监狱引入了图书馆和讲座制度。自由党认为，如何处理犯罪和如何对待罪犯是现代文明的真正考验之一。

1908年，英国终于通过了工伤补助的相关法宗。井下作业时间上限最终固定为每天8个小时。1906年的《贸易纠纷法》（Trade Disputes Act）驳回了塔夫河谷罢工案的上诉，要求铁道工会赔偿塔夫河谷公司因罢工造成的损失。工会单靠自己的资金根本无法承担这笔赔款。1909年，《贸易纠纷法》设立了确定工资的机构，以防止用人单位压榨劳工。而另一项法案设立了更为严格的安全标准。1914年，自由党试图将店员的工作时长从每周80小时缩减为每周60小时，但是他们迫于店主的压力而撤回了法案。不过，政府成功实施了每周1天提早闭店的制度；1911年，英式茶歇也被写进法律。

年轻的大学讲师、费边主义者韦伯夫妇的门徒威廉·贝弗里奇（William Beveridge）开创了劳工介绍所这一国家组织，解决了季节性失业问题。贝弗里奇的兴趣就在于此。35年之后的1944年，他作为伦敦经济学院的院长，发表了《贝弗里奇报告》（Beveridge Report），催生了福利型英国；同时，英国还推行对人民从"摇篮到坟墓"的保障制度，建立了全民医疗服务体系。

1908年的《养老金法》（Old Age Pensions Act）和1911年的《国家保险法》（National Insurance Act）提供了这项福利制度的最早范本。这是自由党政府最大的创新之处，劳合·乔治和温斯顿·丘吉尔凭借能力和信念推动上议院和下议院通过了这两项法案。《养老金法》保证每位70岁以上的老人每周可获得5先令的补贴，前提是他们从其他来源获得的收入不超过每周8先令。《国家保险法》为生病的人提供了免费的医药治疗。员工只要每周缴纳少量费用，就可以在失业时每周获得一定补助作为回报。自由党政府还发起了解决贫困问题的改革运动。但是，如何为改革筹集资金呢？德国的威胁迫使英国大量增加陆军和海军军费，在这样的情况下，改革资金更成了一个问题。

自由党政府的陆军大臣理查德·伯登·霍尔丹（Richard Burdon Haldane）和德国有着密切的联系，他警觉地注视着德国的军备活动。他不仅增加了英国的军备开支，还创建了装备极为先进的小型英国远征军部队。在第一次世界大战期间，英国可以利用这支军队保护法国不受德国人的侵犯。《英法协约》驱使偏执的德国更大规模地扩充海军，同时更加关注殖民地扩张。德国认为，它这么做只是在保护自己的商业利益。不过，比起1905年，现在的德国对英法更具侵略性。英法无法接受德国的扩张。德国为了阻止法国将摩洛哥变成殖民地，威胁法国如果不在未来举行会谈进行磋商的话，将发动战争。次年，在西班牙阿尔赫西拉斯

（Algeçiras）举行的大国会议证明德国的粗暴行为起了作用：摩洛哥的发展将被置于国际监督之下，这将为德国贸易留出空间。

接着，在1907年的海牙裁军会议（Hague Conference on Disarmament）上，德国果断拒绝为了回报英国的裁军行动而缩减无畏舰队规模。德国认为，这是英国狡猾的招数，目的是削弱德国的海军力量。

对德国行动的持续不安，促使英国选择保护帝国不受德国的侵害。《英法协约》将英国拉进了与法国盟友俄国的关系之中。俄国曾是英国在中亚的最大敌人，而俄国在1904—1905年的日俄战争中战败后，英国发现俄国只不过是强弩之末。现在，似乎与俄国联合阻止德国向中东地区渗透更加重要。1907年签订的《英俄条约》（Anglo-Russian Entente）从理论上并未向英国做出任何承诺。条约只是确认了英国在阿富汗和南波斯至高无上的影响力，而俄国在波斯北部的统治地位也得到确认。但是，英俄之间的相互理解让德国更加害怕被包围。

1908年，欧洲潜藏的冲突大幅度升级。塞尔维亚威胁要对奥匈帝国发动攻击，德国此时宣称，如果俄国支持塞尔维亚的话，德国将对俄国发动全面战争作为报复。奥匈帝国因为担心伊斯坦布尔的青年土耳其革命会逐渐削弱其三十多年来建立的统治地位，在1878年吞并了巴尔干地区的波斯尼亚和黑塞哥维那。奥匈帝国将此视为对其在意大利和德国失去的领土的补偿，但塞尔维亚认为，它对这两个地区拥有更多权利，因为当地人口多为塞尔维亚人。塞尔维亚人自认为可以与对手一搏，创造梦想中更加辽阔的塞尔维亚-南斯拉夫帝国。同时，塞尔维亚又吸引了斯拉夫人的特殊保护者俄国一起对抗奥匈帝国。

俄国因为刚在日俄战争中失败，不具备与德国和奥匈帝国抗衡的条件。奥匈帝国夺得了新的领土，但这只不过为未来的麻烦埋下了伏笔。虽然塞尔维亚人被迫撤退，但他们没有停止担心居住在波斯尼亚和黑塞哥维那的兄弟姐妹们。德意志皇帝接受了伦敦《每日电讯报》（Daily Telegraph）的采访，他透露大多数德国人都不喜欢英国，也很乐意对英国开战，而他本人才是英国的唯一朋友。但这并没有扭转欧洲的氛围。

1909年，就在巴尔干半岛危机爆发，同时英国召开国际会议的要求遭到忽视之时，德国秘密计划大规模扩充海军的消息传出。英国议会估算了德国拥有的海军数量之后，陷入了恐慌。在海军上将提尔皮茨（Tirpitz）的推动下，德国无畏舰队的规模已经赶上了英国，这使打败英国成为可能。包括布尔战争总司令罗伯茨伯爵在内的许多军人都希望英国立即开始征兵。歌词"我们要建8艘，我们不愿等待"表达了英国新建无畏舰队的强烈愿望。甚至连向来反感加大军事开支的自由党都认为，不论考虑当前还是以后，英国在与德国的海军军备竞赛中都需要建造更多军舰。

但是，钱从哪里来呢？英国不仅需要为舰队筹措资金，还需要另外提供新的福利支出资金。英国财政大臣戴维·劳合·乔治认为，答案在于实行分级所得税制度，即向富人多征税。但是，上议院却在暗中保护最富裕的阶层。自从在爱尔兰地方自治问题上产生了分歧之后，自由党便退出了上议院。此外，上议院一直习惯利用占大多数的保守党议员的投票来否决自由党主导的下议院提交的提案。

自由党政府试图在英国人的生活中实行更加公平的举措，但上议院对此十分抵触。前两任英国首相索尔兹伯里和贝尔福都是贵族出身，许多贵族相信，那些穿着白色貂皮*的职位也注定应该由王室成员担任。此外，政府还试图通过法案来结束多重投票，允许当地市政府在必要时吊销酒业销售执照，同时增加苏格兰小土地主的数量。但这些法案均因种种原因触怒了贵族阶层，遭到他们的否决。

1894年，在上议院否决了《爱尔兰自治法案》之后，格莱斯顿曾经警告过上议院议员，他们的行为违犯了宪法，因为未经选举产生的议会正在干涉经选举产生的议会所做出的决定。他曾告诉上议院议员，如果他们继续阻挠民主意愿的话，他们应该担心自己的未来。在过去30年中，上议院一直不停地否决自由党的提案。现在，自由党已经受够了他们充满20世纪智慧的法案被劳合·乔治犀利描述的"从失业者中随意挑出的500个普通人"毁掉。劳合·乔治质问道，上议院是否有理由"践踏数百万投身于工业、创造社会财富的人所做出的判断"？此时，等级特权已经显得十分荒谬。劳合·乔治决定彻底废除上议院的权力。他决定以一种几乎一定会引起上议院愤怒的方式筹措所需的巨额资金——在所得税之外，对

---

* 尤用于法官、国王等的服饰。——译者注

高收入群体征收附加税。此外，他还计划针对富裕阶层持有的房产征收税率更高的遗产税。最让上议院愤怒的是，自由党政府决定，在土地转让时，所有人必须为任何非劳动所得的土地价值支付税款。

依据传统，在英国只有下议院才可以改变与金钱有关的提案。如果上议院拒绝预算，将违背宪法惯例。劳合·乔治指出，人民提出的预算将验证"管理英国的究竟是国王和贵族，还是国王和人民"。但是，上议院对预算案十分恼怒，也不满于国家准备对每块土地的增值额进行估价，他们甚至完全丧失了理智。1909年，英国最大的土地主仍是几个世纪以来一直拥有土地的贵族和乡绅，他们都有亲戚任上议院的代表。劳合·乔治的税收制度看起来就是在针对他们——占全国总人口的1%，却拥有全国70%土地的一群人。

自由党主导的下议院通过了劳合·乔治的预算，但上议院却驳回了预算。财务大臣得知结果后高呼，"我们最后成功了！"阿斯奎斯以下议院的权利遭到侵犯为由解散了议会，之后在1910年1月举行大选。选举的过程十分曲折。贵族成员也参与其中，但这却是他们犯下的一个巨大错误。可能他们的集体智慧如百科全书般丰富，他们对地方事务的了解程度也无人可比，但竞选最大限度地暴露了等级制度的缺陷。许多来自边远地区的贵族步态笨拙，给人留下偏执、自私的印象，让选民觉得他们只会考虑自己的利益。

自由党在爱德华七世统治时期的第二次大选中重新掌权，但选举结果不免让他们有些失望。自由党并没有取得压倒性胜利，只比统一派多获得3个席位。自由党依赖于工党和爱尔兰民族主义者的投票，才得以推行本党举措。为了与爱尔兰民主主义者达成合作，自由党不得不重新颁布了《爱尔兰自治法案》。

保守党贵族突然同意通过预算，但阿斯奎斯和劳合·乔治并没有满足于此。阿斯奎斯引入《议会法案》（Parliament Bill），严格地限制了上议院的权力：他们不再有权更改或否决关于金钱的法案；如果某项法案连续3次在下议院通过，即便每次都遭到上议院驳回，也可以成为法律。

在上议院复活节休会期间，《议会法案》在下议院通过了第一轮审阅。但在1910年5月，英国的注意力被突然吸引到其他方面，和蔼的爱德华七世在从法国最受欢迎的度假胜地比亚里茨（Biarritz）归来后，突发心脏病，在白金汉宫去世。

10
温莎王朝
Windsor

乔治五世
George V

1910—1936

最后的和平年代（1910—1914）

乔治五世登基时已经年近 45 岁，他是爱德华七世的次子，在 1892 年以前做了 15 年的英国海军军官。他在多病的兄长克拉伦斯公爵（Duke of Clarence）去世之后，成了王位继承人。乔治五世任高级军官多年，养成了明智、自律、公事公办的作风。他在出公差时曾访问过帝国的大部分海外领土，对大英帝国有着深刻的认识。为了昭告自己成为印度皇帝，他在加冕当年年底，在德里举办了一场盛大的"杜尔巴"（Durbar，意为"聚会"）。乔治五世的妻子泰克的玛丽公主（Princess Mary of Teck）是乔治四世的弟弟剑桥公爵的外孙女，她在英国出生并长大，和乔治五世共同养育了 6 个子女。

乔治五世勤奋、讲求实际，办完父亲的葬礼之后，他立即召集了圆桌制宪会议，力图促使各个党派领袖对如何修改宪法达成共识。但是，制宪会议未能达成任何一致意见，各党派领导不愿意国王插手政治，自由党决定进行第二次选举。

乔治五世坚持认为，为了使保守党贵族提出其他建议，应该在阿斯奎斯组织新选举之前，由上议院对法案进行投票。但是，正如威廉四世在1832年《改革法案》危机中的选择一样，乔治五世也同意召集大约250名贵族，如果他们拒绝法案的话，将能够阻止《议会法案》在上议院通过。

1910年12月，自由党政府的地位再次得到确认。实际上，选举结果并没有带来改变：自由党人和工团主义者各获得了272个席位，数量相同；爱尔兰民族主义者的席位增加了2个，达到84个；工党获得了40个席位。1911年5月，新《议会法案》在下议院通过了第三次审读，当时的场面群情激愤，议员也放下了绅士的架子。索尔兹伯里侯爵的儿子休·塞西尔（Hugh Cecil）一度失控，狠狠地质问首相，迫使他不得不停止发言。在上议院中，由部分贵族组成的"顽固团体"负隅顽抗，企图让其他贵族驳回提案。但在7月，消息走漏。无论上议院议员对他们自古有之的权力遭到践踏感到多么愤怒，到了1911年8月，面对陷入困境的威胁，还是有足够多的贵族放弃投票，法案得以通过。

然而，政府还面临着更大的麻烦。全国工人进行了广泛的罢工，整个夏季，英国社会陷入瘫痪。《议会法案》的通过伴随着辱骂和多次骚乱。最近的一次选举清晰地显示，有些人对正在变化中的世界十分警觉，但并不是每一位英国人都拥有进步意识。到6月底，战争的威胁突然出现。

德国政府派遣"黑豹"号（Panther）炮艇占领了摩洛哥的阿加迪尔港（Agadir）。在过去的几年里，德国新任首相贝特曼－霍尔维格（Bethmann-Hollweg）有意打破英、法、俄之间过分亲密的关系，在他的领导下，德国与英国的关系有所改善。德国皇帝本人也表现得更加友好，他甚至在1911年初夏访问了伦敦，参加他的外祖母维多利亚女王纪念活动的揭幕仪式。但是，鉴于1909年的海军危机和德国政府总体上的威胁姿态，"黑豹"号可能代表着多种意图。在德国政府拒绝公开意图的17天里，整个世界都屏住了呼吸。

人们对德国的意图进行了种种揣测，有人认为德国已经做好了开战准备，即将进攻比利时。根据德国境内的军营报告，和平时期驻扎的士兵数量高达100万，德国持续向比利时边界地区增兵，战争传言更甚。英国军方在很久之前就注意到，德国在比利时边界地区修建了奇怪的加长型火车站，这只可能是为部队修建的。

英国首次出台了《官方机密法》(Official Secrets Act)，用以保护据说正在码头和全国开展的反间谍活动，任何被怀疑传达德国命令的信件都会拆开查看。

1911年见证了40年以来最炎热的夏季。伦敦市民汗流浃背，对德国接下来的举动焦虑不安。德国想要干什么，想发动战争吗？德军从其控制的港口出发，可以对英国进入地中海和穿越大西洋的船只发动突袭。由和平主义者组成的内阁对此十分焦虑，他们提出警告，如果"黑豹"号不撤离的话，英国将对德国宣战。德国人开始退缩了。他们表明自己并不想和英国或其他任何一方发生战争。事实证明，"黑豹"号炮艇是德国对法国在阿尔赫西拉斯港（Algeçiras）违背国际协议中规定摩洛哥为自由贸易区的条款的非外交反应。法国趁摩洛哥内政动荡之机，企图将其变为殖民地。德国认为法国侵犯了自己的商业利益，用"黑豹"号表明，如果法国一意孤行的话，德国将干预摩洛哥问题，维护自己的利益。

9月，随着与德国的谈判继续进行，英国越来越相信，敌对状态近在咫尺。于是，英国派兵保卫东南部铁路沿线。法国的兵力只有德国的3/4，这也让英国十分担心。此前一度模糊不清的局势开始明晰起来。10月，阿加迪尔危机（Agadir Crisis）结束。德国侵占了更多领土，包括刚果10万平方米的土地，于是撤回了"黑豹"号。但是，到1912年，英国军方不由得对德国的未来意图表示悲观。霍尔丹促使英军总参谋部和远征军加强了作战准备，并在1911年坚决要求起草《战争手册》（War Book）。《战争手册》规定了战争状态下英国政府各个部门应该遵守怎样的工作流程。此外，削减德国船只数量的举措失败了，英德两国之间的海军军备竞赛并未停止。德国认为，英国建议的德国船只数量过少；同时提出条件，英国必须终止与法、俄的友好协约，只与德国维持盟友关系。英国外交大臣爱德华·格雷（Edward Gray）认为，英国不可能同意这样的要求。

格雷拒绝了德国提出的条件。据估计，1912年，德国海军已经变得前所未有地庞大。英国作秀般地撤回了驻扎在土伦和地中海的全部作战舰队。从此之后，根据《英法协约》的规定，两国海军分别负责保卫两国之间各自的水域——法国负责保卫地中海，英国负责保卫英吉利海峡和北海。

英法两国政府之间建立了非常密切的军事联系。从1912年开始，英法开始共享军事机密，变成了彼此军队的第二方；而除了英国外交大臣和首相，大部分内阁成员对此并不知情。

虽然官方没有公开承认，但从道义上说，英法两国已经建立了实际的同盟关系：在法国看来，如果德国对法国北部和西海岸发动攻击，就等于对英国发动战争。但是，英国政府拒绝公开承认这一点。如果法国率先进攻德国，英国的公众意见绝对不会赞成国家为法国而战。3/4 的自由党内阁成员属于和平主义者，他们不会赞成与法国结盟。英国政府也希望不以结盟的方式让德国产生警觉，因为如果公开与法国结盟，德国便会发现英国的目标是针对它。如果真的爆发战争，友好协约下的两个国家会举行会议，共同商议进一步行动，讨论它们是否需要采取一致的实际行动。在这种奇怪的局势下，法国只好表示满意。但是，自由党政府的行动表明，他们只是"雷声大、雨点小"罢了。1912 年年初，在阿加迪尔危机的推动下，阿斯奎斯创立了帝国防卫委员会侵略委员会（Invasion Committee of the Committee of Imperial Defense），1914 年之前，委员会一直断断续续地召开会议，聚焦于如何向法国派军的问题。

在其他国家看来，阿加迪尔危机意味着"武力得到了嘉奖，侵略得到了回报"。1911 年 9 月，英国海军部正在就战争程序问题和英国军队争执不休（因为大部分战斗在海上展开，海军部希望让士兵待在离岸的船只中），而意大利则成功入侵了北非的的黎波里（Tripoli）。当时，土耳其新政权被骚乱折磨得筋疲力尽，意大利不费吹灰之力就迅速将这个的黎波里名义上的领主打败。意大利的成功为许多不满于土耳其统治的巴尔干国家带去了希望，它们也决心展开对土耳其的斗争。

国际局势发展到了无法控制的地步，经历了工业革命的动荡仍得以维持的英国国内和平局势也滑向了破裂的边缘。工会、投票权运动、保守党和北爱尔兰统一党要么认为政府改革过多，要么认为政府改革过少，都不甚满意。虽然政府颁布了《议会法案》，但近期包括工人阶级、工团主义者和好战的投票权运动者在内的各种政治参与者，都对议会缓慢的程序失望透顶。各方都以打破传统和合法途径的方式表达自己的诉求；无政府状态正在逼近。

从 1912 年到 1914 年，英国发生了一系列全国性的大罢工，几乎整个国家都不得不屈服于罢工。在 1910 年 1 月的选举中，工党失去了 25% 的席位，议员席位从 53 个减少至 40 个。这表明，蓝领工人逐渐意识到，议会并不能作为他们表达诉求的方式。单一票制导致第三方政党处于劣势，工党难以获得选票。工党支持者认为，工党代表的席位数量与其成员数量不符。奥斯本案榨干了工党的资金。1909年，16名工党议员失去了工资，工党的处境更为艰难。由工党支持的铁路工人W. V. 奥斯本（W. V. Osborne）成功挑战了工会对工党的强制征税。经上议院裁定，工会不得再刻意通过强制征税为议会代表提供工资。1911年，自由党修订了这项裁定。他们将向议员支付工资定为一项制度，而宪章派从19世纪40年代开始就一直要求向议员支付工资了。

但是，这项制度也带来了危害。工党议员在议会中的数量达到了历史最高峰，但他们却没有带来任何改变，人们的乐观态度随即转变成了怒火。在许多行业，工人阶级仍然普遍处于困境。不仅工资和世纪初持平，物价和生活成本还有所上升。人们希望得到立竿见影的解决方案，罢工的威胁再次出现。迫于工党的压力，与罢工相关的法律近来有所放松；结果，罢工席卷全国。在短视的人看来，罢工途径似乎比诉诸议会更加有效；一些工团主义者受法国工会或工团主义运动的影响，对议会途径持不信任的态度，他们宁愿选择罢工这种可操作的方式。工团主义者向往乌托邦式的未来，在他们的构想中，工会将构成社会的基础单元。

1910年，南威尔士罗达谷（Rhondda Valleys）矿工为了要求加薪，袭击了一处矿井井口。英国政府并不愿意使用军队镇压。起初，政府只是派出警察维持秩序。自由党相信工厂主常常和工人一样蛮不讲理，进而认为有必要动用军队处理工业纠纷。他们因为这个想法而失去了公众的信任。但是，动用军队令工会更加不满。1911年夏天，在阿加迪尔危机中，海员、消防员和码头工人的工会举行了另一场罢工，导致伦敦港陷入瘫痪。他们直到薪资提高后，才答应复工。接下来，铁路工人举行了近乎全国性的大罢工，抗议士兵开枪射杀了利物浦骚乱中的两名码头工人。这场罢工导致英国中部工业区的大部分工厂连续停产4天。局势十分危急，政府担心革命即将爆发，于是将军队调回伦敦中心。在酷暑之中，军队把帐篷挤挤挨挨地支在圣詹姆士公园、海德公园和肯辛顿花园被晒蔫的草坪上，而之前那里是人们推着婴儿车散步的地方。不过，劳合·乔治操纵工会的手法十分娴熟。工党议会的新任领袖拉姆齐·麦克唐纳加入了谈判，铁路工人罢工才得以在没有出现相互指责和解雇的情况下结束。

为了缓解铁路工人的不满情绪，政府设立了永久性的机制。尽管码头工人、煤矿工人和铁路工人在总罢工中进行了合作，但总体上来说，政府对工会的态度是富有同情心的，这保证了英国罢工一直没有发展为谋求社会变革的工具。1912年，煤矿工人要求设定最低工资标准，而矿井所有者采取了不妥协的态度，导致问题未能在地方层面得到解决，于是煤矿工人举行了新一轮罢工。最终，自由党通过了最低工资法案。到1913年，政府推翻了奥斯本案的判决后，仍有许多工人表示不满。1913年，《工会法》规定，工会成员为了宣传自己的观点，可以通过征税筹集政治资金，而属于不同政治游说团体的成员可以拒绝缴纳税款。

罢工运动逐渐消失，但纵火运动又接着在伦敦蔓延开来。这项运动由妇女参政运动的军事分支——妇女社会和政治联盟（Women's Social and Political Union）领导。1903年，独立工党未能将妇女参政权纳入项目，具有领导才能的艾米琳·潘克赫斯特（Emmeline Pankhurst）夫人和她的两个女儿西尔维娅（Sylvia）、克里斯塔贝尔（Christabel）领导了这项运动。克里斯塔贝尔虽然拥有法学学位，但却因身为女性而被禁止报考律师资格证。

1907年颁布了《妇女资格法》（Qualification of Women Act），规定女性无论婚否，都可以担任市议员、高级市政官和市长，也可以在农村或自治郡议会获得席位，但女性仍然无法在议会上投票。数千名女性为了获得参政权而进行游行，但没有取得任何成果。潘克赫斯特夫人和她的两个女儿，以及其他为妇女参政权奔走的人士，在自由党选举时组织了示威活动，她们被扣上了扰乱公共秩序的罪名，数度遭到逮捕。妇女参政权改革的两次尝试均以失败告终；第一次失败是因为自由党政府不同意引入赋予单身而拥有财产的女性投票权，因为这会增加传统意义上的"保守党老处女"。潘克赫斯特对此感到大为沮丧，遂决定放弃宪法途径。

多处邮政信箱、一所学校和一座火车站被烧毁。大英博物馆和克佑区的兰花园也被烧毁。妇女参政权运动者甚至烧毁了伦敦塔。在英格兰，妇女参政权运动有超过4万名女性成员参加。她们在天黑之后拉起20世纪早期礼仪规范要求女性穿着的长裙，偷偷溜出去剪断电话线，甚至把自己绑在唐宁街10号的围栏上。很快，几百名妇女参政权运动成员遭到逮捕，她们被关押在霍洛韦女子监狱（Holloway Women's Prison）。更严重的是，妇女参政权运动成员一旦遭到逮捕，就会绝食示威。随着一些人绝食致死，焦虑的监狱管理者转而开始强制给她们喂食。不过人们却担心这种做法是否具有合法性。在矛盾之中，内政大臣雷金纳德·麦肯纳（Reginald McKenna）颁布了所谓的"猫捉老鼠法案"（Cat and Mouse Act）。该法案允许释放绝食的罢工人员，不过一旦她们在家中恢复过来，政府便可以不经过任何手续再次逮捕她们。1913年，时年41岁的艾米丽·戴维森（Emily Davison）作为潘克赫斯特领导的妇女参政权运动的激进分子之一，在赛马会上将自己置于乔治五世赛马的蹄下，几天后，她死于赛马踏伤。妇女社会和政治联盟疏远了许多较为温和的妇女参政权运动者，如资深活动家、剑桥大学格顿学院创始人之一艾米丽·戴维斯（Emily Davies）。之后，英国政府对克里斯塔贝尔·潘克赫斯特下达了逮捕令，她被迫逃亡巴黎，骚乱得以大体平息。

在英国国内，人们的意识逐渐消沉。1906年时高涨的自信心逐渐退去，取而代之的是对未来大灾难模糊但普遍的恐惧。1912年，"泰坦尼克"号（Titanic）在撞击冰山后沉没，凸显了现代人类及工程技术的脆弱。在1914年之前，罗伯特·福尔肯·斯科特（Robert Falcon Scott）船长远征南极的命运常常萦绕在人们的想象中。那时候，征服自然并不像20世纪人们所认为的那么容易。

1912年1月17日，罗伯特·斯科特船长和包括劳伦斯·奥茨（Lawrence Oates）船长在内的其他5名船员抵达南极点，但是他们发现挪威人罗阿尔·阿蒙森（Roald Amundsen）已先于他们到达。奥茨脚上的冻伤开始拖慢探险队的进程，他为了队友牺牲了自己，爬出帐篷，然后消失在暴风雪中。"我马上要出去了，可能过一段时间才回来。"他说。人们一直没有找到他的尸体，但他的话语被推崇为英式低调的典范。斯科特船长和其余远征队员也没能活着到达食物储备仓库。1912年11月，一支南极搜救队终于到达了他们所在的地点，发现他们在距离仓库几英里之外的帐篷里死去。除了斯科特的遗体，他们还发现了一本详细叙述奥茨英雄事迹的日志。

阿斯奎斯作为高尚、廉洁的模范接管了政府，但现在连他都深陷财政丑闻。在邮政部门的庇护下，政府将提供全帝国无线电服务的合同奖励给了马可尼无线电信号公司。但在1912年，人们认定，邮政总局局长赫伯特·塞缪尔（Herbert Samuel）和检察总长鲁弗斯·艾萨克斯（Rufus Isaacs）都持有马可尼公司的股份，他们事前并没有对相关利益做出申报。面对内部交易的指控，双方均做出了澄清，塞缪尔彻底撇清了关系，而艾萨克斯则表示自己是在马可尼公司赢得合同之后，才购买了该公司美国分公司的股份。但是人们发现，美国分公司的秘书原来是艾萨克斯的弟弟，对他利用个人影响力确保马可尼公司拿下合同的怀疑仍未消除。人们认为，即便不存在强迫行为，他们也在私下进行了一些秘密交易。这起事件给自由党留下了污点。

最重要的是，阿斯奎斯无法控制爱尔兰的局势。上一届保守党政府无所不能的副检察长爱德华·卡森（Edward Carson）和议员詹姆斯·克雷格（James Craig）从1912年开始准备第三次《爱尔兰自治法案》起，便开始组建一支名叫"阿尔斯特志愿军"（Ulster Volunteers）的武装力量，用以抵抗阿尔斯特的地方自治运动。现在，自动占据上议院多数的统一派不再能够阻止地方自治，他们转而委托武装力量。毫无经验的安德鲁·博纳·劳（Andrew Bonar Law）接替贝尔福成为保守党和统一派的领导，他进一步鼓励了这种非法行为。他在一系列骇人的演讲中表示，如果英国政府强制推行地方自治，保守党成员应该用身体保护阿尔斯特志愿军不受政府的攻击。他甚至亲自前往爱尔兰，向阿尔斯特志愿军的游行队伍致敬。

1912年9月28日，贝尔法斯特全面瘫痪，人们签署了抵制地方自治的《神圣盟约》。将近50万人列队签署请愿书，他们通过请愿书表示拒绝承认任何地方自治议会的权威，造船厂的汽笛声和工厂机器的轰鸣声随之停息下来。大多数阿尔斯特志愿军都拿起武器，许多人甚至用自己的鲜血在请愿书上签字。

虽然半数信奉新教的阿尔斯特志愿军反对地方自治，另一半天主教徒却支持自治。更重要的是，身为爱尔兰民族主义议员领袖的约翰·雷德蒙也不愿放弃阿尔斯特和爱尔兰统一。支持地方自治而非独立已是雷德蒙做出的重大让步。在过去几年里，他的领导地位遭到了支持爱尔兰完全独立的新芬党挑战。1912—1913年，南爱尔兰蓝领工人在一系列罢工中被政治化，爱尔兰完全独立的观点逐渐被他们接受。詹姆斯·康诺利（James Connolly）和詹姆斯·拉金（James Larkin）在都柏林领导了名叫"爱尔兰志愿军"的罢工者军队，他们逐渐发展壮大，而且并不像雷德蒙一样对使用暴力有所顾忌。爱尔兰志愿军开始像阿尔斯特志愿军一样进行军事训练。截至1914年，这支武装力量已经拥有10万名强大的士兵，其中

1/3 位于爱尔兰北部。

随着爱尔兰北部和南部局势更加不受控制，双方都开始谋划进口武器，英国下议院两度通过了《爱尔兰自治法案》，但上议院又两度否决了法案。到了 1913 年秋季，地方自治几近落实，政府也越发对强迫阿尔斯特志愿军接受地方自治感到不安。也许英国政府无法强迫阿尔斯特志愿军做出任何行动，因为在任何情况下，强迫都不是自由党的作风。

在乔治五世的保护下，各方人士聚集在巴尔莫勒尔堡（Balmoral Castle），公开讨论是否有可能将阿尔斯特排除在外。雷德蒙虽然不情愿，但还是同意了实施地方自治，这惹恼了许多新芬党人，也进一步削弱了他在爱尔兰志愿军中的地位。问题在于，应该如何划分"排除在外"的界线？从 1913 年至 1914 年冬季，对话一直在继续，爱尔兰北部和南部的两支非法军队却一直不顾对话，继续练兵。

1914 年 4 月，阿尔斯特志愿军获得了 3 万支来复枪和 100 万发子弹，政府对所谓的"拉恩走私"（Larne gun-running）*视而不见，表明政府明显地偏向统一派一边。警察和海岸护卫队并没有采取实质性行动阻止走私。但在当年 7 月，爱尔兰志愿军将枪支运送到都柏林附近的霍斯（Howth）时，英国政府召集军队制止了他们的走私行为。都柏林抗议者向军队投掷物品，引起士兵向人群开枪，导致 3 人被射杀，40 多人受伤。该事件导致都柏林和威斯敏斯特之间，以及雷德蒙和爱尔兰志愿军之间的关系进一步恶化。

与此同时，英国政府一直怀疑爱尔兰军队是否忠诚。爱尔兰军队总司令亚瑟·佩吉特爵士（Sir Arthur Paget）拥有统一派人士的大力支持，他选择忽视英国政府军队应该保持中立、服从平民的传统。1914 年 3 月，军队的基地爆发了"卡诺兵变"（The Curragh Incident）事件，佩吉特告诉他的军官们，他无法命令那些不赞成地方自治的人强迫阿尔斯特志愿军接受自治，尤其是对那些住在北部的人。他建议不愿意强迫阿尔斯特志愿军的人离开军队。在 70 名军官中，不少于 50 人表示，如果他强迫北部人民接受自治，他们将提出辞职。

---

* 1914 年 4 月由弗雷德里克·克劳福德少校和威尔福里德·斯彭德上尉组织的一次大型枪支走私行动，旨在为阿尔斯特志原军提供枪支。——编者注

在事件公开之后，放任佩吉特玩忽职守的陆军大臣遭到解雇。但相关官员并没有受到军事审判，政府高层的焦虑情绪逐渐增加，战争似乎并不遥远。在美国观察者豪斯上校（Colonel House）看来，1914年5月末欧洲的气氛可以被描述为"军国主义疯狂蔓延"。法国通过征兵极力扩充军队。谣言一直宣称，德国军队是其坚持征收战争税和收回所有国外贷款等外交政策背后真正的力量。

5月和6月相继过去。英国政府在5月似乎找到了一种打破爱尔兰僵局的方法。这是一种典型的劳合·乔治式的智谋——对《爱尔兰自治法案》提出修正案。修正案规定，如果大多数投票者投票赞成，则爱尔兰可以脱离地方自治6年。民族主义者一致赞成，但上议院却坚持修改修正案——整个阿尔斯特地区必须不受时间限制地被排除在地方自治之外。然而，当修改后的法案在6月14日返回下议院的时候，政府的注意力已经从爱尔兰问题上转移到了更广阔的世界中。

6月28日，奥匈帝国继承人弗兰茨·斐迪南（Franz Ferdinand）大公在波斯尼亚首府萨拉热窝被一名塞尔维亚青年刺杀。奥匈帝国一直觊觎塞尔维亚，其军事组织急于进攻，正好利用这个借口将局势推到战争边缘。但问题在于，奥匈帝国会将所有欧洲的同盟国拉入战争之中吗？欧洲各国的大臣和官员不停地相互发送电报。

对爱尔兰地方自治的讨论势头已过，世界再一次屏住了呼吸。处于修正案状态的提案无法被下议院接受，但是仍有解决爱尔兰危机的办法。7月18日，双方都不愿做出妥协，在阿斯奎斯的提议下，白金汉宫召开了另一场圆桌会议。雷德蒙和民族主义者同意将爱尔兰志愿军排除在外，统一派同意在爱尔兰其他地区实行地方自治。但是，会议在弗马纳郡（Fermanagh）和泰隆郡（Tyrone）这两个地区引发了分歧，它们究竟应该属于北爱尔兰还是南爱尔兰呢？爱尔兰两个相互敌对的阵营都在这两个地方进行军事训练。内战虽然尚未爆发，但威胁仍然存在。然而，在外部世界发生的事件面前，整个爱尔兰地方自治问题变得不那么重要了。会议破裂，未达成共识，计划在当年秋季重新召开。就在与会成员起身离席之时，外交大臣爱德华·格雷走进了会场，带着奥匈帝国在7月24日向塞尔维亚发出的最后通牒。尽管塞尔维亚以最为谦卑的态度回应了最后通牒，奥匈帝国还是与其断绝了外交关系，开始轰炸塞尔维亚的首都贝尔格莱德（Belgrade）。第一次世界大战爆发。

英国于1914年8月宣战。9月，议会再次召开会议，爱尔兰地方自治问题仍然悬而未决。该提案连同威尔士政教分离的提案都成功地在下议院3次通过，即将成为法律。虽然议会在阿尔斯特问题上没有达成一致，但阿斯奎斯最初宣布的提案将把阿尔斯特排除在地方自治之外。自由派一直依靠爱尔兰地方自治者才在议会中占据多数席位，当他们也拒绝支持修正案时，阿斯奎斯才不得已同意将按照提案原本的内容立法。统一派成员愤怒地离开下议院表示抗议。爱尔兰地方自治和威尔士政教分离陆续形成法案，但是另一项举措使得这两项法案直到第一次世界大战结束半年后才得以执行。因此，问题被搁置起来。

现在，我们必须将目光拉回到第一次世界大战的爆发上。这场战争又被称作"巨大的战争"，或费边主义作家赫伯特·乔治·韦尔斯（Herbert George Wells）笔下的"以战止战"。1914年之前，欧洲的和平局势虽然十分脆弱，但却得以维持。原因一方面在于欧洲各国采取大量措施安抚德国，另一方面在于德国本身对敌对行为也十分克制。虽然德国持续施加战争威胁，引起英法等国的不悦，但并未采取实质性行动。

虽然英国对德国的意图持怀疑态度，但在1913年以前，英国一直试图使德国确信其对德友好的态度。同年，英国又采取另一项行动试图缓解紧张气氛。英国试图在两国之间设立一个为期12个月的"海军假期"，但建议遭到了德国拒绝。到了1914年，劳合·乔治在演讲中对德国建造"黑豹"号炮艇的行为提出警告，此时3/4的政府成员回归到了原有的激进和平主义阵营。他们认为，和平的希望在于英国减少建造舰船的数量。

针对非洲殖民地、巴格达铁路和波斯湾这几个长期存在的争端，德国达成了有利于本国的协约。格雷并不想激怒德国，所以尽管英法两国在军事上关系密切，英国仍不愿意和法、俄正式结盟。这种态度后来遭到了人们的批判，因为有人认为，如果英国表明准备为法国而战的意图，德国将永远不会诉诸战争。

然而，巴尔干地区局势在1913年出现了极大动荡，彻底改变成了对俄国有利的权力结构。在俄国的赞助下，巴尔干同盟战争将土耳其在欧洲部分的领土缩小成一个宽仅30英里的角落，俄国势力从而在伊斯坦布尔占据了主导地位。巴尔干半岛战争似乎一触即发。俄国受限于与英国签订的友好协定，不得进入中亚和波斯湾地区，同时又在1904年被日本打败而无法进入中国，只得将爪牙伸向原先立足的巴尔干地区。俄国作为传统意义上的斯拉夫民族捍卫者，决定再一次专注于古老的目标——在伊斯坦布尔赢得优势地位，同时控制达达尼尔海峡——沟通黑海和爱琴海的重要水道。

但是，俄国的计划将威胁德国在中东地区扩张的野心，因为这会为德国径直穿过伊斯坦布尔修建柏林－巴格达铁路的计划增加不确定因素，同时也会影响奥匈帝国的继续存在。促使奥匈帝国在不久的未来展开战争的原因在于来自塞尔维亚的威胁。1908年，在俄国软弱和德国强势的共同作用下，塞尔维亚放弃了对奥匈帝国动武。塞尔维亚人闷闷不乐地遵守了德国的外交警告，停止在政府报纸上进行政治宣传，同时还解除了他们招募来的军队武装。但是，1913年，塞尔维亚人取得了战争的胜利，他们的国土面积翻了一倍，哈布斯堡帝国内的所有塞尔维亚人都处在狂热的民族主义情绪中。

奥匈帝国方面认为，塞尔维亚显然不再受到强权的压迫。从1913年开始，塞尔维亚民族统一主义，又称扩张主义，连篇累牍地见诸报端，表达将散落在奥匈帝国的600万塞尔维亚人聚集到塞尔维亚母国的诉求。此外，塞尔维亚人不仅将国土面积扩展了一倍，还向世界展示了其强大的兵力，他们可以打败巴尔干地区公认的最强大的军队——在德国受训的土耳其军队。如果奥匈帝国对塞尔维亚宣战的话，塞尔维亚人很可能获胜。局势如此危急，双方还没有来得及签订和平协议，奥匈帝国就决定攻打塞尔维亚。不过，德国在意大利的支持下，成功约束住了奥匈帝国。战争并没有爆发，因为奥匈帝国无法承受失去德国这个盟友。因此，虽然整个欧洲都对德国心存恐惧，但正是德国在1913年阻止了战争的爆发。

同时，巴尔干地区的冲突正在升级。俄国、奥匈帝国和德国三大强国的军事战略家一致认为，战争必定会在未来某个时间点爆发。1914年6月，两名塞尔维亚人在波斯尼亚刺杀了奥匈帝国继承人斐迪南大公。这似乎是一种信号，宣告塞尔维亚人将要进攻奥匈帝国；奥匈帝国也找到了一个绝佳的借口，在未来发动一场局部战争，以挫败"毒蛇的巢穴"——奥匈帝国将军对塞尔维亚的称呼。1914年，德国没有再一次采取行动阻止战争爆发。

局势十分危急，似乎急需采取补救措施。德国出于恐惧和担心，不能承受坐视自己唯一的盟友被塞尔维亚民族主义者打败。在奥匈帝国和德国军队当中，许多高级将领从某种程度上都将巴尔干地区的防御战视为解决困境的方法，他们在军备和人员上占据优势。欧洲的总体平衡已向德国和奥匈帝国倾斜了数年。但现在，塞尔维亚的首要盟友俄国仍处在现代化的最后阵痛期。德国军队总参谋部的军官力图使政府相信，为了维护德国在巴尔干地区的影响力，现在就是打响局部战争的最佳时机。德国皇帝告诉弗兰茨·约瑟夫，德国将支持奥匈帝国。

但是，局部战争的想法其实只是一种空想。塞尔维亚的盟友俄国与巴尔干地区之间存在诸多利害关系，不得不开始了耗时费力的军事动员过程。这个决定不可避免地将法国卷入了战争。在俄国拒不取消动员令的情况下，德国于8月1日和2日分别向俄国和法国宣战。1905年制订的战争计划脱离了常识性的优先顺序：德国计划首先攻打法国，在6周之内击败法国，然后向东进攻俄国。

接连发生的全球性杀戮让人们明白，战争绝不是局部性的。战前，一些德国政府官员表示，希望英国能够协助限制俄国的军事动员。实际上，英国大使的确曾经请求俄国停止军事动员。但是，复杂的联盟网络自动产生了一系列后果，正如一位作家所言，"枪自己走了火"。

对英国来说，宣战并不简单。英国受法律条文的约束，自比利时于1839年获得独立时起，就负有保护其存在的责任，1870年的普法战争也再次确认了英国的责任。在英法两国的海军计划中，英国有责任保卫两国共有的英吉利海峡。这一切使英国对德国宣战变得在所难免。但是，直到德国军队真正入侵比利时之前，格雷还是不确定内阁和英国公众是否会同意开战。他最多可以向法国大使保证，不会允许德国舰队进入英吉利海峡。英国陆军和海军将密电和旗语通信手册交给了法国，虽然两军被禁止使用它们。

英国内阁中的主和派依然占据上风，英国第一海军大臣丘吉尔坚持召集预备舰队，但八九名内阁大臣表示没有必要。幸运的是，意志坚定、雷厉风行的丘吉尔在一周之前就已经做出决定，在如此紧迫的国际局势下，应该将保卫英吉利海峡的部分富余舰队秘密调遣到位于英国上方的斯卡帕湾（Scapa Flow）奥克尼群岛的"战时驻地"中驻扎。这么一来，主舰队就不会突然遭到德国的鱼雷袭击。

与此同时，英国并不确定，如果德国要求比利时允许他们的军队穿越其国境到达法国，比利时会做何反应。许多内阁成员认为，比利时不会进行抵抗。甚至有人怀疑，比利时已经和德国签署了秘密协定，允许德国军队自由通过比利时到达法国。由于在刚果发生的暴行，比利时的物资储备并不充足；秘密协定可以解释为什么在比利时和德国的交界处设置了如此多的德国军事设施。然而，在诸多争论之后，大部分内阁成员最终同意，如果比利时的中立状态被打破，英国将进入战争状态。

8月2日周日晚，战争威胁突然迫近。德国向比利时政府递交了12小时的最后通牒，要求比利时允许德国军队途经比利时境内到达法国东北部。但是，比利时新任国王阿尔贝一世（Albert I）有着与他的伯父利奥波德二世不同的魄力。8月3日周一，比利时人民在国王的领导下，拒绝德国军队进入他们的国土。他们准备好了对德作战。国王阿尔贝一世亲自向乔治五世发送了一封电报，请求英国的援助。

只有议会才能决定英国是否开战。于是，当天下午，格雷在下议院进行了极具说服力的演说，既解释了英国对比利时负有的法律责任，也说明了英国进行干预的理由。他描述了英吉利海峡对法国起到的保护作用，要求所有到场的人都扪心自问，当朋友受到像德国那样的敌人威胁时，《英法协约》中的"友谊"意味着什么。他认为，即便英国袖手旁观，也无法在战争结束之后恢复战前格局，同时无法阻止整个西欧落入单一政权的统治之下。他补充道："我十分确信，我们负有道义上的责任，否则我们将失去所有人的尊重。"

在下议院中，博纳·劳和保守党表示支持格雷。爱尔兰民族主义领袖约翰·雷德蒙也向格雷承诺，他的议员会支持英国对德宣战。除工党议员，各方一致支持开战，工党中的许多人仍坚持和平主义基调。格雷并没有靠激发战争热情来促使各方同意干预。他认为，这场战争将导致文明的覆灭。那天晚上，他望着外事办公室的窗外，喟叹道："整个欧洲的灯火正在熄灭。我们在有生之年不会看到它被重新点燃。"

第二天，英国下达了动员预备役的命令，但仍然没有对德宣战。德国在当天早晨入侵了比利时，英国向德国发出了限时12小时的最后通牒。如果德国不从比利时撤军并保证其中立国地位，英国将对德国宣战。8月4日的夜晚极为炎热，在格林尼治时间晚上11点，也就是柏林当地时间12点的时候，英国的最后通牒期限将至。人群开始在议会大楼外聚集。就在11点之前，人们开始高唱："上帝将拯救国王。"随着大本钟敲响，最后期限到了，一个德国士兵都没有撤出比利时。一夜之间，消息以密电的形式很快传遍了半个世界，大英帝国对德国宣战了。

8月5日破晓，因为霍尔丹的事先准备，总司令约翰·弗伦奇（John French）领导英国远征军的6个师做好了在法国登陆的准备。英国还派遣了驻扎在地方的14个师保卫不列颠群岛。不过，当前的问题在于如何让6个常规师渡过英吉利海峡。横渡海峡的行动从8月9日一直持续到22日，在行动到达顶峰的3天中，英国舰队一直在一旁护卫。英国因担心运兵船被德国鱼雷击沉，一直战战兢兢，但什么也没有发生。护卫舰顺利返航，毫发无损地回到英国北方斯卡帕湾的隐蔽位置。到了24日，英国军队已经抵达法国中部，开始对德作战。

英国新任陆军大臣基钦纳警告人们不要过于乐观。与其他英国将领不同，他认为战争不会在几周内结束，而会持续数年。他认为，英国必须在陆地而非海洋作战，才可能取得胜利。英国必须立即征兵，来弥补约100万男性志愿兵的缺口。即便在那个孤注一掷的时刻，英国政府仍坚持认为英国人口不足以支持如此庞大的征兵，这也体现自由党执政理念的特点。

在第一次世界大战爆发之际，英国面临着一些重要问题。与奥匈帝国和德国等中央集权国家不同，英国经济不以战争为导向。英国极力避免第一次世界大战，所以它几乎做了一切有可能阻止战争爆发的努力。英国即便征募了足够的士兵加入"基钦纳军队"，也没有足够的枪支和生产枪支的兵工厂，更别提枪支所需的子弹了。

今天，我们认识到，商业和殖民地竞争在各大强国之间创造了不可克服的压力，也是第一次世界大战爆发最重要的潜在原因。从另一个方面看，对于那些生活在那个年代的人来说，战前世界最大的威胁源自统一的德国及其军国主义文化。即便奥匈帝国也参与了战争，但应该负首要责任的还是德国。大多数英国家庭认为，是德国想要开始战争，是德国人将人类推向了第一次世界大战。

第一次世界大战（1914—1918）

15万强大的英国职业军队——英国远征军训练有素，径直前往法国。但是，大英帝国在世界上覆盖了广袤的土地，意味着英国将在全世界范围内展开军事行动。大英帝国将200万军队投入了与主战场分离的附属战区——占领了德国在非洲的殖民地；1914年10月，土耳其代表同盟国宣战，之后英国又将军队派往奥斯曼帝国所在的中东地区，保护苏伊士运河和印度的安全。

带来4年的巨大痛苦之后，战争终于结束。英国和法国分割了其军队在古老的奥斯曼土耳其帝国占领的大部分土地。大英帝国的领土也扩展到了前所未有的范围，它以非官方帝国主义的形式将美索不达米亚和巴勒斯坦收入囊中，在1921年保护伊拉克王国建立政权。某历史学家将此称为"土耳其争夺战"。此后30多年，英国一直在中东地区占据主导地位。但这只是一种假象，第一次世界大战摧毁了英国和法国的全球霸权，美国成为新兴超级强国。"一战"的战后处理实际上是英法两国200年来作为帝国主义强国的最后一次狂欢。虽然英国利用久负盛名的海上优势封锁并拖垮了德国，法国军队也表现出了极大的勇气，但最后打破平衡、赢得第一次世界大战胜利的并不是这两个国家，而是工业和经济强国美国。

第一次世界大战的最初几个月决定了我们所知的西线战场的形状。英国军队在3年半的时间里一直在西线战场战斗，法国和大英帝国的军队阻止了德国践踏法国。众所周知，德国的军事战略"施里芬计划"（Schlieffen Plan）预计用6周时间，在俄国老式战争机器尚未完成全国动员之前，攻克法国。然而，德国并没有借助这个计划达成避免双线作战的目的。

比利时前线上的众多防御堡垒在德国的战争机器面前更像玩具。1914年8月，超过100万德国士兵横扫比利时，聚集在法国东北部地区。但是，英国远征军在8月23日的蒙斯战役（Battle of Mons）中极大地阻碍了德国军队的进程，而德国皇帝轻蔑地将英国远征军称为"不起眼的小军队"。9月初，德国军队已经到达距法国首都巴黎40英里以内的地方，巴黎人民深感恐惧，许多人联想到1870—1871年的"巴黎之围"（Siege of Paris）*。尽管如此，在法国境内的战争绝非闪电战和包围法国那么简单，英国和法国军队远比德国在拟订施里芬计划时设想的强大。此外，德国受限于在东线战场与俄国的交锋，无法向法国派遣更多士兵。

---

* 这场围城战是普法战争的高潮，最终以普鲁士与法国签订停战协议而告终。——编者注

俄国在尚未准备帮助法国吸引德国兵力之前就已经入侵了东普鲁士（East Prussia）。1914年9月6日至12日爆发了第一次马恩河战役（First Battle of Marne）。德国企图利用包围战术围困法国军队，但他们的计划失败了。法国名将霞飞将军（General Joffre）和英国远征军从背后进攻德国军队，使之放弃了围攻巴黎的计划，德军主帅海因里希·冯·克卢克（Heinrich von Kluck）被迫撤退。马恩河战役的胜利从一开始便挫败了施里芬计划。德国被迫双线作战，而这一直是德国力图避免的。德国从未能够从法国战场上抽身，一心一意地对付俄国。

进一步说，施里芬计划原先依赖的关键性因素——缩短防御战线，途经荷兰和比利时进攻法国——已经不可能实现了。如果能从荷兰发动攻击，德国将可能剿灭比利时的抵抗，同时阻止英国修建从伊普尔（Ypres）到海岸的防御工事，进而确保德国攻占英吉利海峡的港口。但实际上，德国军队退到了埃纳河（Aisne River）一线，而且不得不力争先于协约国赶到北海。如果德军率先到达北海，将可能产生灾难性后果，英国不得不从法国部分撤军，用以支援国民自卫军（Home Guard），这也会进一步阻止英国军队登陆法国援助盟友。1914年10月19日到11月11日，比利时佛兰德斯爆发了第一次伊普尔战役。战役阻止了最糟糕的情况发生。但毫不夸张地说，英国付出了毁灭性的代价，英国1/10的远征军在这场战役中丧生，这些年轻男性都是在过去7年中为战争精心培养的。

这场战役结束之后，双方剩余军队整个冬季都在堑壕里相互对峙。在接下来的3年半中，在堑壕里对峙的军队数量持续增长。而战争快要结束的时候，德国和英国士兵开始在圣诞节期间一起踢足球，情状可谓相当超现实主义。战事在第一次世界大战中最具特点的防御工事——堑壕里陷入了一种明显的僵持状态中。同盟国和协约国双方在两条由隐藏着士兵的连续深沟组成的防线中相互对峙。堑壕从比利时海岸向南延伸至法国北部工业区，穿过法国的阿尔萨斯和洛林边境，直达瑞士边境。

1914年12月，德国开始轰炸斯卡伯勒、惠特比和哈特尔普尔（Hartlepool），对于那里的人来说，战争变得真实可触起来。自查理二世统治时期荷兰舰队起航驶向梅德韦以来，德国是第一个袭击英国平民的敌人。到圣诞节，100万外貌不同、信仰各异的人在基钦纳伯爵（Lord Kitchener）征兵动员的鼓舞下，自愿加入英国军队保卫祖国。在著名的征兵海报中,基钦纳手指观众,下方有一行文字"你的国家需要你"。

截至1916年,英国引入征兵制后,250万英国人自愿走上前线。他们在接受了短暂的持枪训练之后,便越过英吉利海峡前去援助堑壕里的战友——堑壕通常在相邻军营间分布。为了阻止德军践踏法国,英国第一次组建了一支如此庞大的陆军。基钦纳的志愿军变得不可或缺,因为到1915年年底,原来15万人的由职业老兵构成的军队已经被彻底摧毁。

在接下来的3年中,超过100万法军、英军和帝国军队士兵寸土必争,最终葬身于堑壕。协约国为了维护战线的稳固,付出了巨大的生命代价。英法军队向前推进并将德国人驱逐出去,或者德国人进入法国的唯一办法,就是使用重炮清除敌军。然后步兵从堑壕中一跃而起,从"顶部"制服敌人。战线从未向东或向西移动超过20英里,在1917年以前,战线从未被突破过,只不过在其他人填补过来之前会稍稍凸出来一些。

年轻的花朵凋谢之后,被匆匆埋葬在佛兰德斯的土地上。在这些也可以称作"屠宰场"的战场上,多少早期自愿参战的最优秀、最勇敢的战士献出了年轻的生命,英国在20世纪二三十年代痛苦地经历着这一切。因为许多行动要求从正面迎击重机枪构成的密集火力网,丧生的下级军官,也就是最具才能的年轻士兵,数量尤其惊人。

虽然俄国军队数量庞大、毅力惊人,但位于欧洲另一侧的东线战场局势并没有表现得更有希望。俄国军队英勇地进攻了东普鲁士,帮助协约国保住了巴黎;但在1914年8月底的坦能堡战役(Battle of Tannenberg)和接下来9月初的马祖里湖战役(Battle of the Masurian Lakes)中,25万俄国士兵丧生。冯·兴登堡(von Hindenburg)和鲁登道夫(Ludendorff)这两名优秀德国军官的战略为德军带来了胜利。俄军占领了奥匈帝国的加利西亚省,但1915年夏季,德军将俄国人赶到了多瑙河一线。

奥斯曼帝国也参与了战争,希望借机从英国手中夺回埃及和塞浦路斯。因此,奥斯曼帝国军队对苏伊士运河构成了额外威胁,英国不得不增派25万军队保卫苏伊士运河。英法联军开始向土耳其帝国的整个中东地区发动进攻。从印度招募的士兵为英国在美索不达米亚始于1915年的战斗提供了大量兵力，虽然他们在1916年底格里斯河的库特－阿玛拉之围（Siege of Kut Al Amara）后被迫投降。

意大利在仔细思度能从战争中有何收益，并经历了攻占的黎波里以及与奥斯曼帝国的冲突之后，于1915年5月宣布加入协约国。意大利一直与英国保持着密切的关系，它计划在战争结束之后，通过占领更多的奥匈帝国领土来巩固本国的"复兴运动"（Risorgimento）。协约国在4月26日秘密签订《伦敦条约》（Treaty of London），保证将南部的蒂罗尔（Tyrol）、特伦托（Trentino）、伊斯特利亚（Istria）和达尔马提亚海岸（Dalmatian Coast）交给意大利。本来有可能加入协约国的保加利亚最终加入了同盟国阵营，于10月入侵塞尔维亚。

1915年的战局对协约国极为不利。英国的粮食完全依赖从殖民地进口，现在其运输粮食的船只不断被德国的鱼雷和潜艇击沉。德国在潜艇战中进行了许多军事创新。5月，第一艘灰色的气动式飞行器"齐柏林飞艇"出现在伦敦上空，成为第一次世界大战的标志之一。这种新型军事设备袭击了英国多个城市。1916年9月，14艘德国飞艇在亨伯河到泰晤士河之间进行了大规模轰炸。

空袭在第一次世界大战中出现。1908年，英国的第一架飞机起飞；1909年，法国人路易·布莱里奥（Louis Bleriot）乘飞机飞跃了英吉利海峡。虽然皇家空军部队（Royal Air Force）直到下一场战争才体现出自身价值，但其前身皇家飞行队（Royal Flying Corps）在1912年便已经成立；截至1914年，皇家飞行队共拥有120架飞机。1918年4月，英国为了应对空袭，正式将皇家空军部队设立为一个独立的部门。

与此同时，英国人民已经失去了不计其数的儿子、丈夫和兄弟，在他们震惊不已之际，英国远征军总司令约翰·弗伦奇的丑闻又传到公众耳中。传言称其部下因为没有子弹而战死沙场。媒体大肆渲染了这则传言，人们普遍相信，政府的低效率导致了战争的失利。1915年5月，自由党政府被迫与保守党和部分工党议员组成联合政府。多党联合政府任命劳合·乔治为军需大臣，子弹的产量随即大幅上升。这位"威尔士奇才"凭借旺盛的精力和独创精神成了政府的主导人物，他很快便独揽大权。次年年底，在保守党发动的一场政变的影响下，他将一举取代阿斯奎斯成为英国首相。

劳合·乔治坦言，他的核心观点导致所有将军都低估了士兵的需求而从未发放足够的子弹；士兵的实际需求应该是将军订购数量的3倍。幸好军需生产商中的许多人是劳合·乔治的朋友，兵工厂很快在英国全境建立了起来。虽然加入工会的劳动力相对于子弹的需求量来说并不充足，但工会不愿意"稀释劳动力"，也就是说引入不熟练工人。但是，劳合·乔治与工会达成了一项交易：在战争期间，工会允许接受女性和非熟练工人；条件是战争结束后，一切恢复常态。他还承诺，在战争时期限制企业利润，暂时搁置工会的权利。工会将参与企业决策，决定企业如何组织生产。因此，工会的作用在战争期间得到了显著提高，其成员数量成倍增长。这些天才般的创举被劳合·乔治叫作"劳动者的《大宪章》"。它不仅打消了工厂工人的顾虑，还激发了工人对战争和政府的热情，有效地提高了生产率。"大宪章"降低了英国因国内罢工导致战败的风险。这是因为，战前工团主义的影响仍在，只不过暂时被爱国主义抵消了而已。

虽然子弹数量上去了，但是，1915年9月25日到10月13日之间，在伊普尔战役之后不到一年的时间里爆发了卢斯战役（Battle of Loos），又有5万名英军丧生。伤亡数字令英国目瞪口呆，这个国家还不习惯如此巨大的伤亡数字。防毒面具成了第一次世界大战的标志之一，而毒气的使用让可怜的"汤米"（英国兵的昵称）不堪重负，受害者常常被送回国，一生孱弱，忍受无法控制的"神经风暴"。

协约国在1915年遭遇的最大挫折是达达尼尔海峡大灾难（Dardanelles catastrophe）。俄军在年初时遭遇了军备物资和食物短缺的麻烦，加之西线战场正处在僵局之中，丘吉尔和劳合·乔治认定，应该在另一侧开辟战场，以此打破西线战场的僵局。劳合·乔治希望以萨洛尼卡（Salonika）为基地，开辟巴尔干战场，以此向北进攻奥匈帝国；而丘吉尔则提议从达达尼尔海峡的加利波利半岛（Gallipoli）实施登陆。英国远征军计划占领伊斯坦布尔，迫使奥斯曼帝国退出战争，然后穿过黑海向俄国运输物资。

但是，这种试图打破西线战场僵局的创新性战略执行得十分糟糕。水雷阻止了英法联军的战船进入达达尼尔海峡，于是他们断定，只有从达达尼尔海峡登陆，才有可能占领半岛。登陆成了英军的职责，本来计划掩护登陆的海上进攻却被取消了，而那原本是整项行动的一个组成部分。土耳其人很清楚敌方的意图，于是将枪架在位于英法联军上方的悬崖之上。一支大部分由澳新军团（Australian and New Zealand Army Corps）组成的7.5万人的强大部队在加利波利半岛的远端登陆。土耳其人的枪口就在上方正对着他们，所以他们无法前进，只得原地待命。从4月25日（后被定为澳新军团日）到12月的7个月中，他们一直被困在加利波利半岛，直到最后撤离。许多士兵未能从海滩成功撤离，他们在土耳其人的枪口下，像挨打的苍蝇一样死去。丘吉尔声称要为这一决策负责，随后辞去了职务。

整个战争期间，西线论者和东线论者一直争论不休。西线论者认为，应该将主要精力集中在西线战场上，西线战场的长期包围战才是取得胜利的关键；东线论者认为，西线战场造成了难以承受的巨大人员伤亡，但取得的效果微乎其微。加利波利大灾难给西线论者打了一剂强心针。

西线战场一直是第一次世界大战的主战场。当主战场需要支援时，中东地区等次要战场便会被列为次要优先级。虽然如此，在整个战争中，实现劳合·乔治所说的"击败德国的同伙"，即打败德国的盟友保加利亚、土耳其和奥匈帝国，也同样重要。尽管劳合·乔治不再关注马其顿的萨洛尼卡，那里原是英法联军从南部进攻奥匈帝国最脆弱防线的军事基地，但他仍坚定地支持从北部开辟插向奥匈帝国的意大利战线。这可能最终击败德国的同伙，迫使德国最高指挥官承认同盟国战败。

尽管开辟非西线战场的主张并不受欢迎，并且同时丘吉尔的声望也跌到了谷底，不过好在劳合·乔治的创新政策仍然继续为战争提供支持。政府成了英国最大的雇主。截至战争结束，英国军需部在新建的工厂中雇用了300万人。强大的战时国有经济催生了许多兵工厂，英国制造出的子弹不仅足够供本国军队使用，还可以援助盟友。

1916年6月初，基钦纳在前往俄国的途中溺亡，劳合·乔治接替了战争大臣的职位。这是协约国的低谷时刻。基钦纳的去世极大地影响了英国的士气；同时某共和势力企图在复活节起义中夺取爱尔兰都柏林政权，虽然起义失败，但英国仍担心爱尔兰的局势不稳。一直是英国致命弱点的爱尔兰决定最大限度地利用英国的困境。叛乱者大多遭到枪决，包括曾经创立爱尔兰志愿军的凯尔特语教师帕特里克·皮尔斯。数学教师埃蒙·德·瓦勒拉（Eamon De Valera）因持有美国护照而未被枪决，他后来成了爱尔兰共和国的第一任总统。前英国领事罗杰·凯斯门特爵士（Sir Roger Casement）因乘坐配备德军武器和由德国资助的潜艇登陆，经简单程序接受了庭审，随后被绞死。这场审判令许多人感到失望，因为它不符合英国正义的最高标准。从另一方面来说，乘坐德国潜艇确属叛国行为，因为当时英国还处在与同盟国的生死较量中。

索姆河战役（Battle of the Somme）也于1916年爆发。这场战役从7月1日一直持续到11月18日，改变了英国人民对战争的态度。基钦纳未能活着看到"他的"2万名志愿参战的士兵在战役打响的第一天就一起死在彼此相邻的军营中。英国新任总司令道格拉斯·黑格（Douglas Haig）认为，英军可以突破德军位于法国东北部索姆河一线的防线。于是，他集中所有兵力投入了1916年的战斗，希望能够改变战争局势。索姆河战役的目的在于将德军的注意力从同年2月就开始的凡尔登战役中转移过来。

位于阿登高地（Ardennes）的凡尔登是保护法国前线最重要的堡垒之一，那里发生过许多历史事件和爱国传奇故事。德军司令冯·法尔肯海因（von Falkenhayn）将军认为，法国将会不惜一切代价保卫凡尔登，进攻凡尔登将吸引法国位于西线战场的所有兵力，然后德国就可以损耗法国直至其投降。现在，英国的舰队完全封锁了德国的港口，德国将英国视为头号敌人。虽然德国已经放弃了入侵英国的计划，但德军总司令仍然认为，如果他们能够在凡尔登战役中打败法国，英国便会失去它在欧洲大陆"最锋利的宝剑"。

索姆河战役是一场灾难，突围一直未能成功。英国的进攻一直持续了5个月之久，共损失了大约40万士兵。但是，黑格似乎并不在意到底牺牲了多少英国士兵。从7月1日开始，每一天都有数千名英国士兵在没有事先用炮火覆盖敌军阵地的情况下，被命令冲出堑壕，其中多数都是毫无战斗经验的青年。他们在突围过程中被德军击毙，伤亡十分惨烈。9月，英军使用了坦克，作为冲破德国防线的最后一次尝试。

在索姆河战役中，单是英国的伤亡人数就高达50万人。佛兰德斯的土地上开满了罂粟花，在阵亡将士纪念日，人们用罂粟花象征死去的将士，他们的生命和花儿一样被轻易收割。索姆河战役第一天的屠杀就十分血腥，甚至没有剩下活着的人掩埋尸体。将士们常常倒在两军之间的无人区，尸体就在倒下的地方腐烂，不断提醒着堑壕中焦虑等待出发的战友前方是什么。而堑壕里的积水常深及膝盖，导致将士们患上了一种名为"堑壕足"的疾病。

将士们日复一日尽职尽责地按照命令冲出堑壕，但是他们的死亡似乎并没有带来显而易见的改变。徒劳而愤怒的情绪开始在军队中弥漫开来，人们愤怒于将领为何如此不爱惜部下的性命。事实证明，这种情绪是难以摆脱的，即便到了1917年索姆河战役明显达成目标之后仍是如此。索姆河战役阻止了法国的溃退，同时削弱了德军战线。德军被迫撤退到兴登堡一线，这是西线战场用以阻止协约国军队突破的最后一个堡垒阵地。然而，对于那些整天生活在战场上的人来说，他们的战友似乎是为了一些诸如几英里土地这样微不足道的东西献出了生命。战争的代价实在太高了，反战情绪开始蔓延，其中最主要的敌对情绪是针对黑格的。

1916年，劳合·乔治为了集中精力应对战争，下达了国家公共场所饮酒限时令。酒吧必须在下午2:00之前关闭。限时令一直延续到20世纪末。英国的伤亡状况最终迫使劳合·乔治在当年引入了征兵制度。由于英国拥有强大的反军国主义传统，所以直到战争打响两年之后，当局才敢推行征兵举措。而几乎欧洲大陆的所有其他国家都认为，国家有权征募国民加入军队。在这一点上，英国与欧洲其他国家有所不同，一旦引入征兵，反对者就可以在自由党不愿意的情况下，前往特别法庭，解释他们不愿意参加战争的理由。许多反战人士认为，派遣救护队前往前线是既能够做出贡献，又不造成人员伤亡的最佳方式。征兵会让人们开始察觉，在全面战争中，规则已经改变；如果英国想要取得战争胜利，国家必须倾尽一切，利己主义已无容身之处。而在此之前，英国一直自信地认为，战争将在需要采取这样一个措施之前结束。

英国皇家海军一直在质量上占据优势，从克伦威尔时期开始，它就一直是欧洲最强大的舰队；最能说明问题的是，自特拉法尔加海战之后，皇家海军就从未战败过。总体来说，在大多数英德之间的全球性战争中，德国的战况越来越糟糕。然而，1914年10月，两国的大型舰队首次在智利的科罗内尔（Coronel）沿岸相遇，德国的太平洋舰队取得了胜利。这是英国海军100年来第一次战败，就像英国东海岸的轰炸一样令大众震惊不已。不过，数周之后，英国就在马尔维纳斯群岛海战中报仇雪恨，摧毁了德国的太平洋舰队。

对战前紧张局势起到推波助澜作用的公海舰队军备竞赛直到1916年5月才告一段落。接着，公海舰队参与了它们唯一的一次战役——日德兰海战（Battle of Jutland）。虽然英国再次确认了海上霸权，但这场战斗毕竟只是一次小规模的遭遇战。德国舰队给英国舰队造成的损失比自身严重，但是到了晚间，德国舰队突然匆匆向波罗的海返航。在第一次世界大战剩下的时间里，德国舰队受制于一直准备起航迎战的英国舰队的威胁，再也没有冒险进入北海海域。

如前文所说，交战双方在第一次世界大战首次使用了潜艇。1915年春天，德军开始不事先警告就击沉敌方船只，无论战船还是没有武装的民船，这种行为遭到全世界的一致谴责。1915年5月，跨大西洋邮轮"卢西塔尼亚"号（*Lusitania*）于爱尔兰城市科克沿岸的老金塞尔角（Old Head of Kinsale）被德军鱼雷击沉，1291人罹难，其中包括怀抱婴儿的母亲。舆论一片哗然。"卢西塔尼亚"号乘载了多位美国乘客，其中一些恰巧是美国总统伍德罗·威尔逊（Woodrow Wilson）的朋友。美国对此进行了抗议，因为美国当时完全是一个中立国。德国也因此有所收敛，随后宣布只袭击战船。

美国直到1917年4月才加入协约国阵营。当年冬天，俄国爆发了布尔什维克革命，东线战场解体，美国参战恰逢其时。而美国国内存在强大的亲德力量。由于美国在1812年曾与英国交战，许多美国人一直将英国视为敌人。此外，英国的对德封锁战略违背了海上自由原则，美国人认为这是英国典型的统治全球的帝国主义欲望。美国还反对英国海军搜查中立船只，没收走私物品。但是，到1916年年底，威尔逊总统还一直提议让自己充当战争的和谈调解人，这可以被视作美国对双方阵营持一视同仁态度的表现。

威尔逊的建议激怒了协约国，它们不愿意在道德上被视为德国的同类。虽然它们也同样希望进行和谈，但前提是取得对德作战的胜利。不过，将美国巨大的经济和工业优势投入协约国一方将有助于打破僵局，所以英国也不能粗暴地对待威尔逊的建议。英国在与美国讨论战争的目的时，必须小心措辞，以取悦当时还强烈反对帝国主义的美国人民及其国会领袖。弱小国家应拥有民族自决权开始成为公认原则，但这根本算不上战争的目的。

1917年年初，美国更明确地倒向协约国一方。不过那时美国仍然继续通过斯堪的纳维亚半岛的港口向德国运输食物。现在，德国最高司令官迫切希望英国退出战争，他认为，饥饿可以迫使英国屈服。没有武装的民船也不能免于遭到潜艇的袭击，1917年2月1日，一场"不受限制的潜艇战争"开始打击任何造访英国港口的船只。英国海域聚集了100艘德国U型潜艇，德军总司令认为，英国将在接下来的5个月中被迫退出战争。前一年12月当选联合政府首相的劳合·乔治在这样的威胁下再一次展现出无人能及的管理才能。他越过海军部，重启了曾在拿破仑战争中发挥过重要作用的护航体系。面对潜伏在英海岸线上的杀伤力极强的敌方潜舰，皇家海军驱逐舰为商船护航，能够保证足够的食物到达英国维持国家运转。

现在，援助物资可以从大西洋彼岸运送到英国了。2月3日，威尔逊总统宣布与德国断交，因为美国不允许进行无限制的潜艇战争。2月23日，英国海军情报部门破译了德意志帝国外务大臣亚瑟·齐默尔曼（Arthur Zimmermann）发给华盛顿德国大使馆的电报。电报透露，德国正在和日本及墨西哥这两个威胁美国后方的国家谈判。德国要求墨西哥如果美国对德宣战，便入侵美国本土。当年3月，俄国革命进入第一阶段，保守的沙皇被废黜，共和政府取而代之。在此背景下，威尔逊总统更倾向于作为独立或联合力量加入协约国一方，而非听命于协约国的指挥。

1917年4月，美国参战，提振了协约国正在衰落的士气，同时也极大地缩短了战争延续的时间。美国不再谴责大英帝国对德国实施的封锁。封锁最终让德国屈服，正如将从北美输送来的无限人力、物力意味着协约国最终一定会战胜同盟国。美国新征募的30万军队在来年春天为协约国军队输送了新鲜的血液。

但是，1917年11月，俄国十月革命爆发，几乎摧毁了美国参战带来的所有优势。弗拉基米尔·列宁（Vladimir Lenin）在共产主义理论的指导下领导了布尔什维克革命，他说服忍饥挨饿的俄国士兵离开战场，从他所说的资本主义战争中抽身返回家乡，寻找"面包、和平和土地"。同盟国因此不再需要派遣50万军队驻守东线战场。此外，布尔什维克革命再次点燃了战前欧洲盛行的革命理想。蓝领工人对工厂主的历史性憎恶感被唤醒，英国罢工运动重新抬头。1917年，法国身处险境，在埃纳河附近由法军总司令罗贝尔·尼维尔（Robert Nivelle）领导发起的攻势中，反战革命宣传加上军事领导不爱惜士兵生命的态度，促使约10万法国士兵发动兵变。法国当局艰难地镇压了兵变。

幸运的是，在劳合·乔治老练的运作下，英国政府借助工党议员的帮助成功克服了国内政治和工业动荡。虽然英国国内和平呼声仍在，仍有人高呼"不吞并，不赔款"，但在劳合·乔治执政期间，工会实际上享受着政府合作伙伴的待遇，工会的支持保证了反战意见永远不会过于激烈。

1917年，中东地区也传来好消息。英国驻扎在埃及的军队使奥斯曼帝国迅速解体。英国军队在艾伦比将军（General Allenby）的率领下占领了耶路撒冷。在麦加圣城守护者、先知穆罕默德的后裔侯赛因的努力下，沙漠部落已经加入了协约国一方，一起带领阿拉伯人反抗他们6个世纪以来一直憎恶的土耳其霸主。富于浪漫情怀的东方学者管理着埃及的特派使团，其中考古学家托马斯·爱德华·劳伦斯（Thomas Edward Lawrence）很快以"阿拉伯的劳伦斯"的称谓闻名于世，他成了侯赛因之子费萨尔王子（Prince Faisal）的军事顾问。

劳合·乔治关爱士兵，推行进步化的企业管理，以此鼓励人民通力配合战争。他还在1918年2月全面引入投票制度，规定19岁以上的男性和30岁以上的女性拥有投票权。但是，西线战场的战局却一直呈现出一种焦虑之感——惨烈的伤亡状况和毫无成效的结果对黑格来说似乎并不意味着什么。1917年7月31日，他开始在佛兰德斯地区发动一场进攻，即帕斯尚尔战役（Battle of Passchendaele），希望能够弥补当年较早时间发生的灾难性的法国战役，并解放比利时。这场战役持续到11月6日，结果也只是让黑格变得更加不受欢迎而已。

英国军队向西北方向推进，准备通过帕斯尚尔，冲破伊普尔三角地区，到达比利时海岸，然后击败德军。曾有人就地区排水问题警告过黑格，但黑格却没有在意。在一年中最为潮湿的8月，乡村地区将变得一片泥泞，"佛兰德斯的泥泞"毫不夸张地描述了当地的环境。军队根本无法行进，甚至连新式武器坦克也深陷泥沼，无法工作。士兵在进攻中死在泥地里，伤亡人数高达24万。持悲观主义论调的战时内阁成员担心这场战争会演变成第二场索姆河战役。他们要求黑格，如果第一次进攻没有成功的希望，便取消进攻的命令。但是，黑格的坚持使帕斯尚尔战役持续了长达3个月之久，直到最后他才意识到进攻毫无成效。

英国国内食品和燃料短缺，民众大为不满，在战争的最后几年，英国一直实行配额制。政府中的"共识政治"被打破，在劳合·乔治的灵活手腕下，工党得以维持在内阁中的地位。在卡波雷托战役（Battle of Caporetto）中，意大利被宿敌奥匈帝国彻底打败，所以英法军队不得不从西线战场调兵前去救援。到目前为止，英国已经轻率地向盟友借出了大量资金，用以支援作战，但它想要从美国借来数额相当的资金却不那么顺利。在许多国家中，战争的努力面临陷入完全停滞的危险。这时，英国护卫舰保证了协约国能够获得充足的食物，而德国却开始遭受饥饿。

德国要想入侵法国，必须抓住1918年年初的最后机会。3个月以来，命运女神一直眷顾德国：苏维埃俄国在1918年3月签署《布列斯特－立托夫斯克条约》（Treaty of Brest-Litovsk）之后退出战争，德国不再需要在东线战场投入兵力。虽然同盟国军队仍然需要在后方监视以防协约国从罗马尼亚运送石油和食物等重要战略物资，但同盟国多余的兵力可以赶在美国陆军登陆欧洲大陆补充协约国兵力之前，前往西线战场增援。

1918年3月21日，德国军队开始沿着一条长达4英里的前线进行一场大规模进攻，在此过程中他们几乎摧毁了整个英国"第5军"。不过，虽然在西线战场溃退，但协约国军队目前唯一的领导者——杰出的法国总司令福煦元帅（General Foch）率领一支英勇的部队向前推进，填补了空缺。英法联军最终在7月和8月之间开始反击，在唯一的元帅领导下，英法军队进行了整合，以便更好地协同作战。

夏日将尽，北部的英国军队开始击退德国军队。堑壕战结束。9月底，英国军队终于突破了兴登堡防线。在中东地区，艾伦比在叙利亚和巴勒斯坦取得了胜利。英国军队不仅到达了摩苏尔（Mosul），还向西进发，到达了伊斯坦布尔，与来自阿勒颇的军队胜利会师。与此同时，协约国在巴尔干地区取得胜利之后，以萨洛尼卡为基地，像羽毛一样向外延伸。9月29日，保加利亚投降。协约国军队到达了多瑙河下游、匈牙利平原和中欧更远的西部地区，同时对伊斯坦布尔构成威胁。土耳其军队受到钳形攻势的牵制，于10月30日签署了停战协定。当月，奥匈帝国迅速解体为多个不同国家，并很快被意大利打败。11月3日，奥匈帝国投降。此时德军仍在战场上处于不败地位，尽管他们在美军的打击下已开始溃退。不过，德国最高指挥官认定，以现有的武器和人力，德国无法继续维持战争。由于英国的封锁，德国士兵忍饥挨饿，筋疲力尽，士气低落。

10月3日，德国政府口头向威尔逊总统询问了和平条件。随着战争的继续，德国国内越来越多的社会民主党人投票反对政府继续进行战争。早在当年1月，威尔逊总统提出了"十四点原则"（Fourteen Points），作为和平谈判的基础；10月23日，德国接受了"十四点原则"。11月7日，德国的外交使节穿越前线，接受了英法军事代表海军上将威姆斯（Admiral Wemyss）和福煦元帅递送的停战协议，他们坐在同一节火车车厢里。停战协定要求德军撤回到1914年前的国境线之后。

驻扎在基尔港（Kiel）的德国海军发动兵变，标志着旧制度的终结。11月初，工兵委员会效仿俄国推翻了德国北部的军事统治者，建立了政权。德国皇帝逃往荷兰，虽然有人主张将其绞死，但荷兰政府还是拒绝执行。德意志共和国在柏林宣布成立；11月11日早晨，新成立的德意志共和国的社会主义政府在贡比涅森林（Forest of Compiègne）签署了停战协议。1918年11月11日11时，枪声息止，第一次世界大战结束。

1919年1月，签署停战协定后，32个来自协约国和其他参战国的70名代表参加了巴黎和会，共同商讨如何重建世界秩序。不过，单独与战败的同盟国签订和约的却主要是"四巨头"，即再次当选英国联合政府首相的劳合·乔治、法国总理克列孟梭（Clemenceau）、意大利首相奥兰多（Orlando）和美国总统威尔逊。

和平谈判和法西斯主义兴起（1918—1936）

如爱德华·格雷预言，欧洲的文明之光几近熄灭。欧洲战前的旧秩序完全崩塌，法国和比利时境内一片荒芜，目之所及，田地荒置、野火肆虐，两国面临食物匮乏。数百万在军队中服役的士兵和退伍士兵将要返回故乡，而他们已经失去了此前一直激励他们的战争理想。许多人在经历了战争之后，变得十分残暴。许多人处在半饥饿状态，或身患疾病。

英国自治领也在战争中失去了大量人口。虽然英国政府并没有要求自治领提供援助，但它们还是自觉派遣了数千名士兵参与战争。在战场上死去的澳大利亚人数量高达6万，实际上1/6的澳大利亚男性都战死或负伤。56700名加拿大士兵战死，15万人严重受伤，伤亡总数占加拿大男性总人口的1/20。

法国东北部和比利时的土地成了一片废墟，仿佛已经被他国吞并，两国共损失了200万人。整个欧洲处在一片混乱之中。穿越法国、意大利和奥匈帝国国境的铁路曾经可以迅速将士兵运送至每个前线，现在铁路线已经断裂、变形。在英国经济全面转向为战争服务之后，英国的日用品产量几乎为零。随着各国军队的进退和践踏，欧洲大陆的多个边界和路标都发生了变化，各国领土一直处在不断的获得和丧失的交替之中。

这场大灾难吞没的不仅仅是数百万性命，人们在1914年以前的战争中熟悉的标志性事物也消失了。英国援助法国的70万匹战马在战争中毫无用武之地，战马只属于旧兵器时代的骑士战争，坦克和空中武器代替了它们。"一战"后的世界变得很奇怪而又常常令人不安。第一次世界大战导致四大帝国解体，数个世纪以来，它们一直是地球上永恒的存在：俄罗斯帝国、奥斯曼帝国、奥匈帝国和德意志帝国。1914年之前，大英帝国凭借遍及世界各地的投资，一直是世界上最大的债权国，而美国一直是世界上最大的债务国。战争结束之后，双方的地位发生了互换。

俄罗斯帝国失去了在18世纪获得的波兰、波罗的海地区和乌克兰，失去了世界强国的地位。共产主义信念和工人委员会开始在俄国扎根，为许多欧洲国家带来了革命的压力。受到最大威胁的是德国和意大利，因为革命对于被战争折磨得筋疲力尽的人们很有吸引力。恐惧蔓延、宗教信仰的力量衰退，精神领域一片真空。俄国革命从本质反映出新生力量对世界其他地区现存结构的厌恶，因此苏维埃政府退出了国际会议，他们希望发动全球性的工人阶级革命，推翻当前的世界秩序，所以丝毫没有兴趣加入其中。

对和平调解来说，不幸的是，曾经如此激烈的冲突带来了不计其数的死难者，我们无法不客观地看待战后处理问题。在第一世界大战中，全球共计1000万士兵丧生，1700万士兵受伤，其中500万人在余生一直难逃慢性疾病的困扰。这样的数字几乎超出了人类的理解范围。欧洲青年男性减少了大约1/3，从人口统计学和心理学上看，其带来的可怕影响不亚于黑死病。

战争导致欧洲出现了400万名寡妇。法国人口锐减，1/4的孩子失去了父亲。战后社会无可避免地弥漫着悲伤、痛苦和消极的情绪。在布鲁塞尔被德国人处决的英国护士伊迪丝·卡维尔（Edith Cavell）成了英国人的英雄。人们在伦敦为她建造了塑像，上面刻着她的著名语录："光有爱国主义是不够的，我还必须不对任何人心怀仇恨与抱怨。"但是，法国人拥有的仅仅是爱国主义。虽然德国政府已经将军国主义领导人清理出去，但人们还是认为，德国仍被普鲁士贵族统治，并且应该为世界性的重大灾难负责。"西班牙流感"的大规模流行使战后局势进一步恶化。这种流感起源于南非，1918年6月有50万德国士兵被感染，西班牙流感横扫战后的脆弱人口，杀死了1000万人，造成了最为黑暗的一段时期。

法国对德国施加了报复性的惩罚措施，企图永久性地消除这一宿敌的威胁，但这也摧毁了1914年前曾推动欧洲经济发展的动力。惩罚性措施还动摇了德国文明的整体结构。与欧洲其他国家一样，德国普通民众的生活也因战争变得无比艰难。1919年6月28日，各国在巴黎和会上与德国签订了《巴黎和约》，拉开了战后德国人民因绝望而求助于极端方式的序幕。德国人被视为"二等公民"。国内经济危机，加上国际地位下降造成的绝望情绪，他们很快变得具有侵略性，进而威胁着战后的局势。

与1815年重塑欧洲不同，此时没有出现类似威灵顿这样的人物来限制对德制裁，也没有人思考过让德国遭受痛苦将产生怎样的后果。1918年，劳合·乔治宣称要打压德国直至将其"榨干"，以此赢得了选举。第一次世界大战结束之后，德国人民因巴黎和会的不公对待而团结起来，复仇成了他们的下一个共同心愿。法国大革命结束后的20年里，即到1815年，反法同盟施行的是不过分严苛的对法政策，确保法国在建设性氛围下很快回归到了欧洲大家庭中。但是，人们在1919年时忘记了这个例子。我们必须记得，法国人对德国极度恐惧，以至于不敢大度地对待他们。法国人决定让德国人血债血偿，也尝一尝普法战争之后法国人遭受的痛苦。在过去的40年里，德国曾两度差一点儿就灭掉了法国。在克列孟梭的领导下，法国人的目标非常明确：确保同类事件不再发生。法国对德国怀有的深仇大恨促使法国人相信，为了约束住德国这头怪兽，必须首先将它弄瘸。

除了保卫波罗的海安全的一支小型海面舰队之外，德国不被允许拥有海军和空军。为了防止德国军国主义像1914年一样威胁世界和平，德国的陆军规模被限制在10万人以内，同时不得设立总参谋部。阿尔萨斯和洛林被理所应当地归还给了法国，虽然40年以来，这两个地区一直是德国的冶铁业和新兴钢铁工业的中心。德国同时被剥夺了大片本国领土。煤矿中心，即蕴藏巨大工业资源的萨尔盆地由国际联盟代管。15年后，当地居民才可以通过全民公投决定加入德国或法国。在过渡时期，所有煤矿收入要交给法国。虽然德国保留了荷尔斯泰因和石勒苏益格南部，但石勒苏益格北部地区的居民可以通过全民公投决定他们的未来。

在欧洲东部，波兰复国。西普鲁士和波森（Posen）并入波兰，波兰的边界线大致恢复到18世纪被瓜分前的样子。德国不仅失去了300万人口，其剩余领土还耻辱地与德意志帝国的精神家园东普鲁士分割开来，中间隔出了一条被称为"波兰走廊"（Polish Corridor）的地带，以便为波兰留出出海口。德国还失去了多处煤矿，尤其是在另一场全民公投之后，上西里西亚（Upper Silesia）连同那里的钢铁工厂一起并入波兰。位于"波兰走廊"上方波罗的海沿岸的但泽〔Danzig，即波兰的格但斯克（Gdańsk）〕因为生活着大量德意志人口而没有划给波兰。但是，为了保证波兰的自由贸易，但泽作为自由市由国际联盟管辖。总而言之，在欧洲，德国因为领土变动大约失去了400万公民。

实际上，即便是这种拆散德国的措施也没有真正满足法国寻找安全感的诉求。法国一开始要求将本国的东部边界推进到莱茵河一线。它认为，必须将萨尔盆地中立化，并确保莱茵地区永久非军事化。莱茵地区包括德国莱茵河以西的所有领土，以及莱茵河以东50千米之内的领土。伍德罗·威尔逊总统保证美国将维护法国的边界。至于德国人民，巴黎和会很少关注民族自决的问题。但是，法国仍不满意。

法国试图以战争罪绞死德意志帝国皇帝，但提议遭到阻止；于是，法国不得不诉诸和约中的战争罪条款，启动战争赔款。条款从技术上做出了声明——德国应就海、陆、空三方面的侵略行为，赔偿协约国人口及财产损失。但是，人们更愿意将战争的罪行全部算到德国人头上。而许多德国人认为，协约国也在很大程度上应该为战争负责，于是这成了他们对《凡尔赛和约》愤怒不已的另一个原因。德意志共和国政府"背后捅刀子"的理论传播开来，德国人民认为，共和政府不可信任，因为即便德军没有战败，政府也会签署背信弃义的和约。

"战争罪"条款意味着只有法国能够从德国获得战争赔款，因为大部分毁灭性行动都发生在法国领土。劳合·乔治现在坚决要求在和约中增加向战争中死亡的英国士兵遗孀和遗孤支付抚恤金的条款。1921年，经过长期讨论，德国应向两国支付的赔款总额超过了60亿英镑。德国的所有原殖民地都被没收，战后德国只能在欧洲进行贸易，巨额赔款已经远远超过了德国的支付能力。

然而，德国代表并没有被允许亲自参加上述问题的讨论，他们只能通过书面方式表达反对意见。但他们也几乎没有时间这么做，因为和谈条约几乎是被强加在德国身上的。《凡尔赛和约》在凡尔赛宫镜厅签署，而1871年德意志帝国正是在这个房间里宣告成立，以此羞辱法国。现在，法国人用同样的方法羞辱了德国。在下一个十年快结束时，英国人普遍认为，巴黎和会对德国过于严苛，《巴黎和约》应该做出修改。经济学家约翰·梅纳德·凯恩斯（John Maynard Keynes）在巴黎和会上辞去了英国财政部首席代表的职务，他很快撰写了《和约的经济后果》（The Economic Consequences of the Peace），有力地表述了对德处理过于严苛的观点。

威尔逊总统本人乐观地相信，规范世界的国际组织——国际联盟作为《凡尔赛和约》不可分割的一部分，能够调整此前不切实际的问题。但是，没有任何一次和平会议比1919年重塑欧洲的巴黎和会更为理想化。伍德罗·威尔逊提出的"十四点原则"承诺，将在放弃秘密外交的陈旧模式、推行平等的贸易环境和无差别地调整殖民地归属的基础上，建立一个新世界。如果能够在旧世界的灰烬上建立一个更加美好的新世界，将1914年前的世界文明水平作为基准可能会产生积极意义。世界大多数国家的人民，包括大部分德国人，都怀有一种宏大的心愿，希望再也不会有毁灭性的世界战争践踏人们的生命。

加拿大等英国自治领第一次派出了自己的代表，而不是被英国的帝国主义政治家代表，他们在和平会议上热情洋溢地发言。伍德罗·威尔逊认为应该有一个国际联盟将战争认定为非法，并保护所有弱小民族的利益，这一理念激励了这些代表。最大限度地削减军备的运动在世界范围展开，如威尔逊所说，这有助于"在全世界实现民主"，提供机会让人们远离过去盲目的破坏性战争。威尔逊花费大量时间和精力阐释的国际联盟在瑞典日内瓦成立，每个国家都被邀请派代表参加国际联盟召开的国际会议。

威尔逊提出了创新性想法——所有和平条约都应将国际联盟宪章作为不可分

割的一部分，各国代表均采纳了他的建议。国际联盟宪章反映了"一战"期间发展壮大的和平运动及1914年前的裁军会议状况，同时制定了国际仲裁程序。签署《国际联盟盟约》（Covenant of the League of Nations）的强国注意到小规模战争可能在经历了无法控制的加剧过程之后发展为大规模战争。各国签署盟约，宣誓将在采取武力行动之前，将分歧诉诸国际联盟会议进行讨论。他们还宣誓，将在任何国际联盟成员国遭到攻击时进行援助，同时采取行动，反对任何成员国以武力对抗国际联盟。

这样的举动令人兴奋。战争将世界折磨得精疲力竭，任何一位出席巴黎和会的政治家都无法想象其他国家重复法国的经历。世界和平的梦想似乎变成了现实。巴黎和会建议，为了防止奥匈帝国再次爆发类似塞尔维亚冲突的争端，应该基于民族自决的原则重新划分欧洲。哈布斯堡皇室在签署停战协议后被废黜，不复存在。其广阔的土地被分割成以民族划分界线的各个国家。新成立的奥地利共和国签署了《圣日耳曼条约》（Treaty of St Germain），成了一个较小的内陆国家，仅有700万人口，且被禁止与德国合并。西斯拉夫人（捷克人、斯洛伐克人和鲁塞尼亚人）居住的波希米亚、摩拉维亚（Moravia）和匈牙利北部地区合并成捷克斯洛伐克共和国。南斯拉夫人居住的克罗地亚、达尔马提亚（Dalmatia）、斯洛文尼亚、波斯尼亚和黑塞哥维那与塞尔维亚合并成南斯拉夫王国。意大利虽然失去了达尔马提亚，但获得了的里雅斯特（Trieste）、南蒂罗尔和伊斯的利亚（Istria）。同时，匈牙利失去了1867年前大约3/4的国土，在1920年不情愿地签署了《特里亚农条约》（Treaty of Trianon）。罗马尼亚则获得了整个特兰西瓦尼亚（Transylvania）。

《纳伊条约》（Treaty of Neuilly）迫使同盟国成员保加利亚将大片领土交给希腊和新成立的南斯拉夫王国。芬兰和波罗的海地区国家立陶宛、拉脱维亚和爱沙尼亚获得独立。但是，俄国拒绝签署和平条约。虽然英法最初曾派军队援助俄国境内的"白军"或曰保守派军队对抗布尔什维克，但他们随后陷入僵局，被迫撤离。

同意与奥斯曼帝国议和的《色佛尔条约》（Treaty of Sèvres）直到1920年才得以签署。该条约摧毁了存在了300年的奥斯曼帝国，或多或少将土耳其人从除伊斯坦布尔之外的欧洲部分驱逐了出去；条约赋予亚美尼亚和库尔德斯坦（Kurdistan）获得独立的权利，奥斯曼帝国原先在阿拉伯半岛、巴勒斯坦、美索不达米亚、叙利亚、塞浦路斯及北非的土地被剥夺。希腊获准得到士麦那（Smyrna）后方大片土耳其的亚洲部分土地。

威尔逊总统预计欧洲帝国主义会逐渐消亡。曾经被古老的帝国主义强国所控制的前德国殖民地和前土耳其领土现在被要求实行委任统治。《国际联盟盟约》规定，在这些国家做好加入联盟的准备之前，英法等强国将一直代表当地居民的利益实行管理。人们相信，巴黎和会将塑造一个更加美好的世界。不幸的是，虽然威尔逊总统以国际联盟为基础制定了各项和平条约，也对新世界怀有无限热情，但他却犯下了一个基本错误。威尔逊总统没有说服美国国会认同维护战后秩序的重要性，因此尽管他本人赞成国际主义，但战后英国又回归到了孤立状态。美国没有加入国际联盟，但整个新秩序却依赖美国对国际联盟的支持。美国也表示不保证法国与德国的现有边界。

至于威尔逊总统关于帝国主义消亡的预言，英国当时的确处于资金短缺的状态。战后经济萧条，加之对美国的9亿英镑欠款，导致大英帝国匆匆走到了尽头。从1919年10月开始，寇松侯爵（Lord Curzon）担任英国外交大臣。他与印度办公室的多数官员一样，都对委任统治制度感到无比兴奋，因为该制度将英属美索不达米亚和巴勒斯坦都置于英国的管理之下，为大英帝国扩张提供了一种非官方方式。英国在战前就认识到石油资源丰富的中东地区的重要性，随着印度制造业继续发展，那里又为英国提供了新兴市场。此时，俄国正忙于处理国内革命，英国在中东地区没有竞争者。但是，战后严重的经济衰退阻止了英国像此前一样在委任统治的土地上施加自己的影响。古老的大英帝国遭到了印度民族主义者的进攻。第一次世界大战结束后的第二年，爱尔兰反英独立战争爆发。在"一战"开始时成为英国受保护国的埃及也爆发起义，要求立即获得独立。

美索不达米亚地区也处在暴乱状态。虽然那里蕴藏着丰富的石油资源，但英国政府的大多数成员都不希望花费资金镇压当地暴乱。不过，大英帝国仍然拥有强大的影响力，1921年，英国人将这片地区变成伊拉克王国。11年之后，委任统治结束，伊拉克在1932年取得了完全独立。为了奖励哈希姆·谢里夫·侯赛因

（Hashemite Sharif Hussein）在战争期间做出的贡献，他的儿子费萨尔成为伊拉克国王。伊拉克的独立部分兑现了英国的承诺。英国曾在"一战"期间许诺，将在叙利亚和巴勒斯坦创建独立的阿拉伯国家，同时还会在对巴勒斯坦的委任统治中对约旦实行单独的委任统治。费萨尔的兄长、侯赛因的另一个儿子阿卜杜拉（Abdullah）成为约旦埃米尔。英国人一开始控制了约旦的经济和金融政策，但1946年英国委任统治地区成立了约旦哈希姆王国（The Hashemite Kingdom of Jordan）。

因为1917年的《贝尔福宣言》（Balfour Declaration），巴勒斯坦带来了一个更重要的问题，在战争期间，这个问题对于英国赢得美国国内犹太人的支持十分重要。《贝尔福宣言》承认犹太民族有权在巴勒斯坦重建母国，前提是不伤害当地阿拉伯人。19世纪末，犹太人逐渐变成了被迫害的民族（尤其是在中东地区），这也同时见证了强大的犹太复国主义运动的发展。犹太复国主义运动的目标是在巴勒斯坦地区重建古老的犹太人家园。结果，从1882年至1914年，巴勒斯坦吸引了6万名犹太移民，当地犹太人口增长至8.5万人。在接下来的25年中，英国政府一直在不断地讨论，在不使当地6万名阿拉伯人失望的前提下，巴勒斯坦能够容纳多少犹太人。英国官方担心，未受过良好教育的巴勒斯坦当地居民将很快成为这个土地资源稀缺国家的弱势群体，而遭遇阿拉伯人攻击的犹太移民同情派则一直在与英国的官方观点抗衡。

第一次世界大战促使大英帝国的领土变得前所未有地辽阔，但同时也极大地放松了原本的税收纽带。1914年前，大英帝国政府掌管着整个帝国的外交政策。但"一战"结束后，由于英国损失惨重，且各自治领分别派代表参加了国际联盟会议，各自治领从真正意义上开始走上独立国家的道路。各自治领明确表示，若未来发生战争，英国不会理所当然地获得它们的支援。1926年，英国召开帝国会议；1931年，英国颁布《威斯敏斯特法案》（Statute of Westminster），承认了这一变化和自治领的完全独立，但自治领仍然"与联合王国一起组成英联邦，共奉英王为国家元首"。

然而，印度却被排斥在奇妙的自治领圈子之外。印度士兵尽管为"一战"做出了重大贡献，但并没有得到期望的回报，因此他们万分失望。在第一次世界大战中，50万印度士兵为了大英帝国而战。印度还参加了1917年的帝国会议，并像其他自治领一样派出独立的代表参加国际联盟会议。许多印度人一度相信，实行议会制度的英国人拥有热爱自由的本性；他们推断，战争结束之后，印度便可以立即获得自治领的地位。其中以曾在伦敦学习法律并成为内殿律师学院成员的莫罕达斯·甘地（Mohandas Gandhi）为代表。但是，他们预想的事情并没有发生。

印度专业阶层认为，英国政府在1919年颁布的《印度政府法》（Government of India Act）蒙骗了他们。该法案在印度设立了两院制议会体系，允许印度人在中央立法委员会占大多数，但仍实行双头政治，将法律、秩序和税收控制在非印度人手中。印度人民对英国的统治渐渐失去了信任。此外，立法权仍包含行政权。1919年爆发了臭名昭著的阿姆利则大屠杀（Amritsar Massacre），戴尔将军（General Dyer）在旁遮普邦射杀了379名抗议新安全法案的手无寸铁的平民。在接下来的7年中，甘地领导印度走上了新的独立道路，频繁举行罢工和抵制英国商品。

印度受到了与大英帝国"关系恶劣"的爱尔兰启发。爱尔兰正在通过一系列激烈的运动摆脱英国政府的统治。对参与复活节起义的爱尔兰人的严厉惩罚导致新芬党和革命派在战后第一次选举中战胜了持温和观点的地方自治者，爱尔兰退出威斯敏斯特议会。73名新芬党成员在都柏林的市长府邸集会，宣布成立爱尔兰独立议会，他们把该议会叫作 Dáil Éireann，意为"爱尔兰共和国议会"。德瓦莱拉（De Valera）被选举为临时政府总统。截至1919年，英国和南爱尔兰之间的全面内战爆发。

爱尔兰议会财政部长迈克尔·柯林斯（Michael Collins）极具领导才能，人称"大块头"，他出任南爱总司令，领导非正规军，即原先的爱尔兰志愿军，他身穿双排扣大衣，头戴软毡帽，每次进行游击战之后，便消失在阴影之中。他凭借个人魅力，以及在都柏林骑自行车时拒绝过分伪装自己的勇敢举动，成了爱尔兰的民间英雄。英国政府虽然召集了8000名前士兵组成皇家爱尔兰警察队，但也没能控制住南爱局势。由于缺少常规的深绿色制服，新招募的警察队只得穿上卡其色制服，佩戴黑色腰带和深绿色帽子。他们常常跟在一群蒂珀雷里郡猎犬后面追击爱尔兰游击队，这种野蛮的行为让他们获得了"黑棕部队"这个讽刺性的称号。英国政治家不堪爱尔兰动荡所扰，试图通过政治途径解决爱尔兰问题。

英国军事领导者告知劳合·乔治，他们将采取10万人的军事行动迫使爱尔兰屈服；但劳合·乔治认为，在第一次世界大战的创伤后不久就采取这样的行动过于轻率，于是进行了阻止。他认为，英国需要的是战后重建，而不是去攻打爱尔兰。1921年，爱尔兰和英国开始了双边谈判。12月，双方签订了《英爱条约》（Anglo-Irish Treaty），决定实施爱尔兰分治，从而解决了阿尔斯特统一党（Ulster Unionist Party）的问题。南爱尔兰成为英国的一个自治领，更名为"爱尔兰自由邦"。

但即便如此，爱尔兰的和平状态也没能维持下去。1922年，爱尔兰内战爆发，迈克尔·柯林斯和亚瑟·格里菲思领导的武装力量支持《英爱条约》，德瓦莱拉等人领导的另一派则认为应该建立一个包含阿尔斯特在内的爱尔兰共和国。随着爱尔兰死亡人数增长，反条约的民族主义者新组建了军事组织爱尔兰共和军（Irish Republican Army），开始实施刺杀行动（柯林斯成为受害者之一）。嫌疑犯未经爱尔兰自由邦政府的审判，就在黎明时分被处决。人们怀疑，是冷酷、工于心计、戴着眼镜的德瓦莱拉下令刺杀了柯林斯；他最终被迫叫停了违反条约的爱尔兰共和军的战斗。内战逐渐止息。尽管德瓦莱拉在选举中利用爱尔兰共和军制造恐怖压力，以此赢得选票，促使爱尔兰共和党势力迅速壮大，但他表示，斗争应该诉诸政治途径。

如果说，在20世纪20年代早期，大英帝国一直处于混乱之中，那么英国本土则经历着更多痛苦和动荡，即便它已经走出战争。从1916年开始，直到1918年工党从国民政府中退出，英国一直在名义上由三大政党联合执政，但实际上掌控英国的人物是精力出奇充沛的劳合·乔治。原议会本应在1916年解散，但战争时期不可能进行选举，于是政府便不断颁布法案延长议会任期，也随之延长了三党联合执政的时间。1918年，劳合·乔治和保守主义领导人博纳·劳认为，没有理由不延续之前的政策。他们同意，英国在和平时期也应继续延续"共识政治"。1918年，英国举行大选。这场选举又称为"优待券选举"，因为劳合·乔治和博纳·劳书写了信件，或称优惠券，告诉各自党派成员不要相互投反对票。联合政府成功再次执政，其中包括335名保守党成员和133名自由党成员。新政府一直持续到1922年。1918年，《选举改革法案》（Representation of the People Act）颁布，选民数量扩大了3倍。如果劳合·乔治希望再度当选首相，他必须兑现承诺，使英国成为"适合英雄生活的土地"。

选举权扩大后新增的选民许多来自工人阶级，他们要求政府大举推行社会改革举措。劳合·乔治承诺进行的改革甚至比战争改革产生了更加广泛的影响。国家将出资修建简易住宅，以代替有损市容的贫民窟。1920年颁布的《失业保险法案》（Unemployment Insurance Act）规定，工作满12周的工人有权获得15周的工资。但很快许多措施都被证明无法实行，包括1918年颁布的《教育法》（Education Act）。《教育法》意图提高教师工资，为14岁以下的儿童提供义务教育，为18岁以下的男孩和女孩设立进修学校。尚在复苏中的英国无法承担实行这些措施的支出。1921年，在战争带动的军工业繁荣和战后纺织品贸易复兴结束之后，英国出现了经济衰退，失业人数高达200万。战前提供了大量就业岗位的家政服务几乎完全消失，因为很少有人能够负担起雇用仆人的费用。而在1914年以前，中产阶级中最一般的家庭也会雇用一些帮手。

不过，英国并未遭受一些欧洲国家面临的严重问题。德国的重工业减少了一半，在巨额战争赔款的压力下一蹶不振。法国才刚刚开始重建本国农业和工业，而它不得不在劳动力锐减1/3的状况下实现农业和工业复兴。意大利遭到罢工的严重打击，当局甚至担心被共产主义工人接管。1922年，意大利出现了可怕的革命混乱，政府放弃了民主议会制，崇尚暴力的曾参加"一战"的法西斯党军人在贝尼托·墨索里尼（Benito Mussolini）的领导下实行专制统治，又称极权统治。意大利并没有在巴黎和会上获得它期望得到的北非利比亚殖民地，《伦敦条约》将原本承诺划给意大利的大片土地交给了南斯拉夫。至此，意大利民众对议会政府产生了不信任。持极端民族主义的法西斯分子既是反资本主义的，又是反教会的，它同时憎恶社会主义和共产主义。"法西斯"的名字源自束棒——罗马参议员随身携带、象征权威的一捆木棍。法西斯主义分子在战后虚无主义盛行的氛围中凭借简单化的口号安抚大众，对君主和教会许下口惠而实不至的承诺，准军事化法西斯军队帮助这个极度不稳定的国家恢复了秩序、目标和国家声誉。结果导致20世纪20年代末时，法西斯党已经与从社会俱乐部到市镇委员会的所有意大利机构完全交织在一起了。

尽管英国人有可能继续享受自由表达政治意见的乐趣，但美国要求英国立即偿还战争贷款的要求还是使其不堪重负。战争期间，英国对欧洲国家提供了大量财政支援，而没有要求这些国家立即偿还贷款，因为大多数欧洲国家现在都没有偿还能力。欧洲各国面临经济建设资金短缺、人口锐减、荒废土地需要重耕的困境，生产正在缓慢恢复到战前水平。

英国的煤炭和棉花出口市场崩溃。政府任命商人欧内斯特·格迪斯（Ernest Geddes）研究可以在何处节约开支，他的措施被人们称为"格迪斯大斧"，砍掉了劳合·乔治承诺的多项举措。"适合英雄生活的土地"变成了一种讽刺。罢工和停工本身便表达了战后的整体不满情绪。由于尚未投资新的机器设备，英国曾经领先于世界的行业落在了后面。虽然如此，在此后的40年里，英国在造船业上依然领先世界，与其在近一个世纪里海军强国的地位相符。

但是，即便这最后一丝帝国荣耀也结束了。1921年年底，英国和美国签署《华盛顿海军协议》（Washington Naval Agreement），标志着时代的改变。英国在协议中同意与美国分摊海军费用，它不再能够独自负担建造舰船和海军基地来保卫帝国的费用。在接下来的20年中，苏伊士运河以东原本应属于大英帝国的重要防御性海军基地新加坡没有得到恰当保卫，英国也没有提供充足的军队使其能够自我防卫。

英国皇家海军的所有船只都在英国本土建造，所有焊工和工程师都有着令其他先进国家忌妒的技术。然而，一股强烈的罢工和激进工团主义热潮对英国造船业造成了致命一击，在格拉斯哥附近人们所熟知的"红色克莱德赛德"运动（Red Clydeside）更是如此。海军规模缩小，罢工挫伤了码头经济，一切因素交织在一起，导致英国造船业持续萎缩。

劳合·乔治虽然一直活到1945年，但1922年他的政治生涯便在一片苦涩中结束了。他在巴黎和会上的不作为举动过多，未能有效约束法国；在他的领导下，自由党开始与保守党发生摩擦。他在夺取阿斯奎斯权力的时候分裂了自由党，因而少有追随者。荣誉榜事件令他声誉受损。有传言称，在詹姆士一世时期，购买准男爵爵位需要花1万英镑，购买贵族爵位需要花5万英镑，等等。在经济衰退的严峻形势下，人们不停地讨论他的企业家朋友如何从战争中获利。此外，还有许多保守党人士不赞同他放弃南爱尔兰的做法。

我们熟知的"郡县骑士"，即保守党后座议员，对"恰纳卡莱危机"（Chanak

Crisis）的担忧加速了劳合·乔治的下台。土耳其共和国政府在穆斯塔法·凯末尔（Mustapha Kemal）的领导下拒绝按照《色佛尔条约》的规定将士麦那交给希腊。保守党后座议员担心劳合·乔治为此再度与土耳其开战。在1922年10月的一次反对运动中，保守党在卡尔顿俱乐部的一次投票中决定脱离战时党间合作，独立出来。随着凯末尔获胜，军队向达达尼尔海峡的中立地区挺进，查尔斯·哈林顿将军（General Charles Harington）使用计策避免了与英国卫戍部队发生冲突。1923年，《洛桑条约》（Treaty of Lausanne）签订，以牺牲希腊利益为代价，土耳其重新获得了之前被剥夺的大面积的欧洲领土。

恰纳卡莱危机谱写了劳合·乔治倒台的序曲。他提出辞职，联合政府倒台。保守党领导博纳·劳仓促组建了一个保守党政府，从1922年到1923年一直由他执政，直到他因健康问题被迫辞职。典型的英式实用主义者钢铁制造商斯坦利·鲍德温（Stanley Baldwin）继任英国首相，他喜欢叼着烟斗，给人一种和蔼可亲的印象。但他执政才一年便犯下一个错误：他在1923年12月的大选中抛弃了自由贸易政策。他曾经通过呼吁进行自由贸易来巩固自己的地位，现在却希望借关税改革缓解灾难性的失业问题。虽然保守党重新掌权，成了下议院中的多数派，但鲍德温作为首相仍然缺少多数支持。正在衰落的自由党通过宣扬古老的自由贸易理念，在阿斯奎斯的领导下重新和工党联合，通过不信任投票否决了关税改革提案。工党成了人数最多的反对党，乔治五世接着要求通过大选组建少数派政府。1924年1月23日，苏格兰农民私生子出身的拉姆齐·麦克唐纳宣誓就任第一届工党政府首相，同时兼任外交大臣。

工党在经历了战后的失意期之后，第一次执掌政府，党内情绪高涨。不过，工党政府只维持了8个月的时间。工党政府一直依赖自由党掌权，所以无法推行本党的一些极端理念，比如兑现他们在1917年提出的宣言第4款，将重要工业部门收归国有，或如工党章程规定的那样，通过财富再分配"逐步建立新的社会秩序"。乔治五世在私人日记中坦言，他对祖母维多利亚女王竟然曾经考虑过组建一个完全由"社会主义者"组成的政府感到惊讶，不过他认为，应该"给他们一个机会"。

但是，持保守主义观点的人士担心，工党政府可能意味着布尔什维克革命的序曲。不久之前，克莱德赛德和伦敦波普勒区（Poplar）等工党市政府大楼都插上了红色的革命旗帜。在极端理想主义的乔治·兰斯伯里（George Lansbury）的领导下，波普勒区市政委员会树立了地方政府违抗中央政府的典范。1930年，兰斯伯里暂时担任工党领导人。波普勒区市政委员会较为穷困，其工党议员拒绝支付与富裕地区同等数额的税收，用以维持伦敦市政委员会的运转，为此他们频繁遭到逮捕或惹上麻烦。在他们的努力下，贫困救助金应高于当时物价成为一项惯例。

实际上，短命的工党少数派政府是正派、明智而富有建设性的。事实证明，工党是负责且值得信赖的管理者。他们在执政的8个月中很大程度上延续了劳合·乔治的执政理念。许多工党领导者，包括内政大臣亚瑟·亨德森（Arthur Henderson）在内，都强烈反对暴政和苏联共产主义体制。他们认定，实行议会民主制的英国绝不应该采取任何此类政策。工党继续拒绝与成员不足1000人的英国共产党（1920年创立）建立任何联系。工党不允许共产党员担任工党候选人，或成为工党成员。

此前，从火车司机到熔炉烧火工都可以成为议员，他们的首要目标是提高工人阶级的待遇。新的教育法案使中等教育成为多数人的权利，而不是只有少数能够负担得起私立教育费用的人才可以享有。国家有义务为年满14周岁的儿童提供高年级课程教育，而不仅仅是小学教育，这样一来，学生离校年龄有望提升至15周岁，虽然较高的成本使得国家在几年内还无法切实实行这项政策。工党再一次试图解决住房短缺问题，承诺政府将通过15年的规划建设可供租住的公屋。这项法案在议会中轻松获得通过。政府负有提供住房的责任正在成为战后的共识，这也属于国家对公民更为广泛的责任的一部分。失业保险的覆盖范围也得到了拓展。但是，尽管如此，工党发现工人阶级并未发展壮大，工人数量徘徊在100万左右。这是有着"世界工厂"美誉的英国从未遇到过的问题。

像许多工党成员一样，拉姆齐·麦克唐纳是一名理想社会主义者和虔诚的国际主义者。他曾对英国参战投反对票，认为战争仅会使帝国主义者和军火贩子受益，而工人阶级只会充当炮灰。同时，他也是一名热忱的国际机构倡导者，他参加了在日内瓦召开的国际联盟会议，希望会议能够修改现行和约中令人不满意的地方。

德法关系仍然十分脆弱，随时可能破裂。美国和英国因为不属于受德国威胁了半个世纪的欧洲大陆的一部分，两国政治家并不能自然而然地理解法国对其邻国的感受。法国在和约中同意不将边境拓展到莱茵河一线，因为法国认为自己会得到美国的庇护。然而，在美国拒绝加入国际联盟之后，法国由于担心自身的安全问题而再一次变成好斗的公鸡。这就导致当德国在1923年拒绝支付对法国的战争赔款时，法国派军队冲进德国的工业中心地带鲁尔谷（Ruhr Valley），企图迫使德国支付赔款。一年之内，法军便占领了鲁尔区，德国工业全面中止，以此表达对入侵者的反抗。1924年，法国军队离开，但他们已经对德国的经济造成了危害，德国马克崩溃。到1923年年底，通货膨胀已经无法控制，1美元可兑换几亿马克。由于马克贬值，人们不得不使用手推车满载马克来购买哪怕很便宜的商品。同时，德国还遭受暗杀和政变的长期困扰。

然而，麦克唐纳等欧洲的国际主义者不愿坐视德国沉没，他们决心帮助德国。1925年美国的"道威斯计划"（Dawes Plan）调整了德国的赔款负担，减轻了赔款的苛刻性。1929年，协约国赔款委员会调查认为，战争赔款过于沉重，于是决定将1921年敲定的赔款数额降低到不足原来的1/3。到20世纪20年代中期，德国的情况已经不那么糟糕了。德国马克的汇率开始反弹。

德国在极具外交天赋的古斯塔夫·施特雷泽曼（Gustav Stresemann）的领导下似乎正在朝着更加美好的方向迈进。虽然德国一直没有停止要求修改《巴黎和约》，但1925年《洛迦诺公约》（Locarno Treaties）的签订似乎最终表示德国官方已经接受了与法国的西部边界。德国被允许加入国际联盟，莱茵河地区进行了去军事化。到了1926年，德国人不再被视为欧洲的"二等公民"。1928年，美国和法国签订了《凯洛格－白里安和平条约》（Kellogg-Briand Pact），试图将国际政策作为消除战争的工具，这一多边条约几乎弥补了美国未加入国际联盟产生的不利影响。

第一届工党政府表现温和。为了使人们安心，工党政府还将大法官霍尔丹勋爵等上一届阿斯奎斯内阁成员包括在内，表现得让人难以挑剔。然而，工党试图与苏联就贸易协定和贷款事宜进行谈判，苏联则企图以此为革命工具影响英国政府。1924年10月，在大选开始的4天前，《每日邮报》刊登了一封署名为苏维埃布尔什维克领导人之一季诺维也夫（Zinoviev）的信件，这封信件似乎是写给工党的，英国上下大为震惊。

保守党在新任领导斯坦利·鲍德温的带领下重新掌握了政权。工党虽然下台，但仅有40名自由党人返回议会，与之相对，工党和保守党重返议会的人数分别为151人和413人。因此，1925年的大选非常有意思，因为它实际上标志着自由党的淡出。工党的选票增加了100万，上升为英国两党制体系下的第二大党。

鲍德温体面地获得了多数派领导者的地位。他总以叼着烟斗的形象出现在公众面前，逐渐成了一位在动荡年代安稳人心的人物。不过，在他随和的外表下，隐藏着狡猾的头脑，他其实是一位了不起的议会操纵者。1921年开始的经济危机并没有结束，反而越发严重。温斯顿·丘吉尔曾经在鲍德温的内阁中担任财政大臣，但他在1903年关税改革时退出，最终成了一名保守党成员。许多保守党人认为，解决经济萧条的唯一方法是恢复1914年前的货币制度，其中英镑的价格被固定在反映黄金储备的水平上。1925年，丘吉尔任英国财政大臣，英国恢复了金本位制。然而，这是一场灾难，新政造成了大规模的通货紧缩和物价上涨。英镑强势导致出口产品价格过高，出口制造商发现他们的订单大幅萎缩。

经济危机还导致英国煤矿业出现危机。英国直到1914年都一直是世界上最大的出口国，但许多工业化国家开始开采本国煤矿。若非得益于法国入侵德国鲁尔煤矿产区，英国的煤矿业将衰退得更为迅速。到1926年，未来的经济发展趋势一片灰暗。作为战时经济政策的一部分，私人大型工业企业被收归国有。战争结束之后，由于私人提供的工资低于政府，煤矿工人不希望将煤矿交回私人手中。即便为了诱使工人返工，私企业主提出了1天工作7个小时的条件，工人仍连续几个月拒绝返回原工作岗位。事实十分明确，英国煤矿业的成本过于昂贵。煤矿所有者要求削减工资，并稍微延长工作时间。皇家调查委员会并没有取得任何成果，政府最终似乎站在煤矿所有者的一方，建议将工作时间恢复至每天8个小时。煤矿工人向英国工会大会总理事会提出抗议。1926年5月3日，工人宣布发动全面罢工。

但是，这并不是人们所担心的类似俄国革命的开端。虽然铁路工人、印刷工人和钢铁工人都对煤矿工人持支持态度，但罢工也只是一个社会事件而非政治事件。煤矿工人并不希望推翻政府。全面罢工——工人可以使整个国家屈服的强大武器——绝不可以任意使用。英国工会大会负责而正直,它并不希望损伤国家的健康,医务人员和农业工人被排除在此次罢工之外。

到5月12日,在罢工进行了9天之后,警方和工会之间出现了一些暴力冲突。英国再次屏住了呼吸。多亏了从学生到商人等希望推动商业发展的各界热情人士,全面罢工被叫停,革命并未发生。工人要求工党在议会中代表自己。再次组建工党政府,而非实行具有破坏性的全面罢工,才是确保工人意见得到倾听的明智方法。英国并不喜欢采取国外广泛流行的全面罢工,因为这将产生致命的后果。

只有煤矿工人还在坚持罢工,罢工又持续了7个月,直到1926年12月才结束。此时,工会的资金耗尽,工人不得不返回工作岗位。罢工对煤矿工业产生了持久的影响,许多煤矿工人由于矿井没有重开而一直无法复工。煤矿行业的高失业率迫使煤矿工人接受更低的工资和更长的工作时间。为了防止爆发另一场全国性的罢工,保守党在1927年引入了新的《贸易纠纷法》。全面罢工被宣布为非法,工会只能由相关人员以个人名义支持工党。

工会虽然遭到保守党的削弱,但进步的社会改革仍在继续。战争带来的最显著改变之一在于,现在所有党派都认可国家应该承担福利提供者的角色,在英国社会生活中发挥更加有力的作用。英国设立了卫生部(Ministry of Health),用以提供保险和解决健康问题。战争结束之后,随着国家养老金和保险支出持续扩大,卫生部继续发挥作用。约瑟夫·张伯伦之子内维尔·张伯伦(Neville Chamberlain)担任英国卫生大臣,他废除了自伊丽莎白时代开始的贫困人口监护制度,从而消灭了对贫困的惩罚性措施的最后一丝残余。相反,应对贫困问题成了郡县地方政府的职责,地方政府的公共援助委员会为无家可归的老人和患病之人提供住房及援助。1928年,保守党政府推行了第五次《改革法案》,允许年满21岁的女性享受和男性相同的投票权,同时引入了更加慷慨的国家养老金计划。1925年,张伯伦出台了《寡妇、孤儿和老人纳款性养老金法案》(The Widows, Orphans and Old Age Contributory Pensions Act),首次确立了缴费型的养老金制度。年满65岁的人可以开始领取养老金,寡妇和14岁以下的孤儿可以获得补助。

保守党还建立了全国性的国家电网,政府管理的中央电力委员会(Central Electricity Board)通过电缆和电缆塔体系为全国提供廉价的国有电力。截至1939

年，英国 2/3 的地区覆盖了电力，虽然边远地区的电力供给还较不稳定。苏格兰高地常常因为降雪或天鹅缠住电线而连续停电一至两天。

1927 年，英国广播公司（British Broadcasting Corporation, BBC）创立，它是政府所有的国家垄断企业。BBC 获得皇家特许而创立，目的在于掌握道德制高点，这很大程度上成了它一贯延续的风格。BBC 拒绝发布广告，从而保证了编辑的自由和职业操守。很快，大多数英国家庭都拥有至少一台无线电收音机。第一任董事长苏格兰人约翰·雷斯男爵（Lord John Reith）认为，企业的使命在于推动英国进步，在他的鼓励下，BBC 开创了高尚的职业传统，并一直秉承公共服务的理念。在 1944 年《教育法》提供免费的中等学校教育之前，BBC 对许多英国人来说，一直是一种继续教育的形式，是 20 世纪英国最杰出的组织之一。BBC 也得到了其他国家的敬佩，象征着英国人对公平竞争的热爱。BBC 世界范围的广播服务从传统意义上给政治流亡者提供了向母国发声的机会。

英国女性的生活因为战争发生了巨大改变。350 万英国男性应征前往法国作战，女性不得不接管原先许多男性在农场或兵工厂里从事的工作。在西线战场担任战地护士的女性赢得了男性由衷的尊敬。1920 年，牛津大学允许招收女性，反映出女性群体受到日益认真的对待。但直到 1948 年，女性才能获得剑桥大学颁发的完整学位。1918 年和 1919 年的其他法案承认了女性在战争中做出的贡献，通过废除招聘和下议院席位的性别限制，革命性地改变了女性的公民地位。其中最著名的受益者要数在美国出生的南希·阿斯特（Nancy Astor），她的丈夫继承了父亲的子爵爵位，她本人于 1919 年顶替了丈夫沃尔多夫·阿斯特（Waldorf Astor）在普利茅斯萨顿市的议会席位，成为第一位在下议院获得席位的女性。她在此后的 25 年里一直担任议员。

1928 年，所有 21 岁以上的英国女性都获得了投票权，比起她们被呵护得更好的法国姐妹，先发制人地取得了成就。在法国，女性直到 1944 年才享有投票权。在瑞士，女性直到 1971 年才获得投票权。短裙作为独立的标志，更加受到女性的追捧，那时还兴起了短发潮流。该潮流始于战争期间，女性为了防止头发被卷进机器而剪了短发。战前女性一度流行将光泽而柔软的长发编成繁复的发式，现在这种发式已经消失了。

爵士音乐兴起于美国新奥尔良（New Orleans）的黑人区，随后传遍了美国。1929年，爵士音乐跨越大西洋，成为风靡英国的潮流。数百万年轻人购买留声机来听录音带，还跳起了疯狂的查尔斯顿舞。他们的热情表达了他们属于一个崭新的世界，这个世界拒绝无聊和具有破坏性的陈旧观念。战后，人们在解放思潮和世界复苏的带动下，成了幸福的享乐主义者。法国人没有把胡安莱潘（Juan les Pins）、比亚里茨与战争联系起来，反而将这些地方变成度假胜地，富裕的年轻人、才华横溢的人在那里嬉戏玩乐，其中包括斯科特·菲茨杰拉德（Scott Fitzgerald）等美国作家。

菲茨杰拉德给两次世界大战之间的短暂喘息时期起了一个绰号"爵士时代"。"及时行乐"成了时代的座右铭，已经有那么多年轻人死去了，谁可以保证自己能活到明天呢？绝望的轻浮行为成了主流。从20世纪20年代中期开始，伦敦剧院就充斥着诺埃尔·考沃德（Noël Coward）喜忧参半的喜剧，描画了当代疲惫、自由的年轻人。在1914年以前，离婚是一种耻辱，如今离婚开始被人们接受。现在，重要的是实事实是，坦诚地对待自己，而从宗教到军队等欧洲文明中人们曾经坚守的古老事物逐渐消解。年轻的伊夫林·沃（Evelyn Waugh）撰写了许多残酷而愤世嫉俗的小说，如《衰落与瓦解》（*Decline and Fall*，1928）、《邪恶的躯体》（*Vile Bodies*，1930）等变得十分流行。

工会运动在全面罢工之后衰落下去，尽管如此，工党在1929年重新上台，继续执政了两年。虽然工党拥有287名议员，保守党拥有261名议员，而自由党只遗憾地拥有59名议员，但工党仍不是绝对多数。工党再次试图与自由党合作，但并未取得成效。1929年，世界性的大萧条开始了。首先出现的是美国华尔街股灾，10月时股市蒸发了数百万市值。破产金融家从摩天大楼上跳楼自杀的消息充斥着报纸版面。

华尔街危机导致美国也无力支撑欧洲的货币系统。从第一次世界大战开始，美国便一直支撑着欧洲的货币系统。美国金融家被迫收回他们的贷款。德国银行倒闭。在1929年至1932年，美国经济缩水了将近40%。但是，处在美国黑色风暴中的失业者并没有引发类似欧洲失业危机那样的政治事件。经济崩溃导致负责的共和党政府下台，而世界政治家正是依靠他们维持着世界和平。

事情的真相是，"一战"结束11年后，欧洲经济体系并没有恢复到战前状态。甚至又过了70年之后，欧洲经济在许多方面仍没有恢复到战前水平。美国为欧洲经济纾困掩盖了真实的问题，尤其是德国的问题。"一战"结束后，德国商品没有被其他国家大量购买，所以没有足够的资金重建经济。其他国家为了恢复本国经济，开始独立生产商品，而之前他们都是从德国购买这些商品。俄国市场在战争之前是欧洲国家的主要收入来源，但俄国革命发生之后，俄国市场几乎不复存在。如果没有来自美国的大量借款，德国根本无法支付强加在自己身上的战争赔款；因此，1929年美国收回贷款时，德国经济面临崩溃。

1929年至1932年，德国的国际贸易额下降了2/3，中产阶级的存款几乎完全被掏空。局势比1923年还要严峻，专业人士和富裕人士的生活从富足跌至赤贫，被迫转租公寓的房间。我们可以从克里斯托弗·伊舍伍（Christopher Isherwood）的文字中清楚地窥见这一点。柏林发生了极为严重的通货膨胀。阴谋论开始四处传播，其中《犹太人贤士议定书》（The Protocols of the Elders of Zion）危害最大。这是一份伪造的文件，描述的是犹太人意图征服世界，摧毁每个非犹太民族。绝望中的德国人不仅失去了民主信念，也丧失了理性。他们希望寻找一个替罪羊，而阿道夫·希特勒（Adolf Hitler）和民族社会主义德国工人党（又称纳粹党）将犹太人、犹太人控制的大财团、外国人、共产党和《巴黎和约》变成了替罪羊。纳粹党日益获得德国民众的支持。

1929年，保守党由于未能成功解决就业问题，在投票中落败。但是，接下来的两年，在工党的领导下，失业率飙升到前所未有的水平。在英国北部，大批工厂关闭，曾经在过去为英国带来巨大财富的各个工业部门，包括煤炭、钢铁、造船和服装等行业，都开始出现大规模倒闭的情况。在"可敬的比德"的故乡，泰恩赛德（Tyneside）的贾罗等一些城镇，失业率飙升到了75%。投资者开始从伦敦撤回资金。截至1930年7月，失业人数共计100万人。根据如此迅速上升的失业率估计，大约1/3的劳动者将很快失去工作。但是，由于引起经济萧条的原因是世界范围的压力，以及被战争打乱的国际贸易环境，所以任何一届政府都无法控制日益严重的工业萧条。

经济危机使工党陷入一片混乱。年轻而富有的工党议员奥斯瓦德·莫斯利爵士（Sir Oswald Mosley）受约翰·梅纳德·凯恩斯作品的影响，在1930年建议国家对工业施加更有力的管控，同时开创更多国资公共服务部门，此外采用类似美国总统富兰克林·德拉诺·罗斯福（Franklin Delano Roosevelt）用以复苏美国经济的新政（New Deal）的政策。但是，内阁否决了他的提案，冲动的莫斯利辞去了政府和党内职务。他试图和其他6名前工党议员组建新党（New Party），但没有成功，莫斯利就此认定，议会对他来说已经毫无用处。1932年，他放弃了组建新党的想法，转而创建了英国法西斯联盟（British Union of Fascists）。他曾访问过法西斯统治下的意大利，并深受此次访问的影响。意大利的公共部门体系、国家对重工业的垄断和建立自给自足经济的尝试让人误以为经济危机已经得到了解决。

在崇尚节俭的菲利普·斯诺登（Philip Snowden）的领导下，工党将削减开支并从美国获得更多贷款视为走出经济萧条的唯一办法。但是，美国为了平衡预算，实行了比英国更严格的紧缩政策。除非工党政府同意削减国家开支，不然美国金融家便不会同意向英国借贷。1931年8月，麦克唐纳向工党内阁提议将最贫困人口的失业福利以及教师、军人和大臣的工资调低10%，许多大臣愤而辞职。麦克唐纳在保守党和工党的共同帮助下，组建了一个新的国民政府，以期重树英国的国际声誉，同时维持英镑汇率稳定。内阁中包括财政大臣斯诺登在内的其他3名工党成员，依然追随麦克唐纳。但许多工党成员认为他的行为构成了"阶级背叛"，一直没有原谅他。

为了缓解北部地区严重的失业危机，国民政府在1934年依法向经济危机最严重的地区提供了特别援助，但是面对东北传统重工业地区代表，如由议员爱伦·威尔金森（Ellen Wilkinson）陪同的"贾罗镇游行者"的援助呼声，英国议员似乎不为所动。政府对失业超过半年的人进行经济情况调查，而公务员在调查过程中需要进入被调查者的家中，评估他们能否利用住房赢利，这加剧了工党对麦克唐纳的愤怒。许多人觉得经济情况调查的执行方式极不顾及被调查者的感受，让被调查者觉得自己身处狄更斯笔下的济贫院。在那个时代，"资产调查"在政治上依然不被接受。

实际上，国民政府没有挺过导致许多工党议员辞职的经济危机。1.2万名水手聚集在因弗戈登（Invergordon）进行和平抗议，政府产生了警觉，同意修改削减工资的举措。但是，由于政府已经借不到更多的钱，且从 7 月以来已经有价值 2 亿英镑的黄金从伦敦撤出，政府于 1931 年 9 月放弃了金本位制。人们担心这一举措将引发灾难，但实际上该项举措取得了巨大成功，英镑贬值之后英国的商品变得更为廉价。英国的出口贸易开始复苏。

麦克唐纳于当年稍后举行投票，希望为国民政府赢得合法性，国民政府以 558 个席位的压倒性多数赢得选举（其中 471 个席位属于保守党）。由乔治·兰斯伯里领导的工党作为反对党仅获得 2/5 的席位。麦克唐纳仍然担任首相，但国民政府变得越来越倾向于保守党。内维尔·张伯伦重新担任财政大臣，斯诺登就任掌玺大臣，政府为补救经济危机采取了保护性措施，向大多数进口商品征收 10% 的关税，尤其是制造业商品。结果导致自由党的自由贸易倡导者递交了辞呈。

1932 年，英国在渥太华举行的帝国会议上希望设立优惠的帝国贸易政策，在大英帝国内部实行优惠的关税政策。然而，自治领只同意了不损害本国产品的部分。因此，渥太华帝国会议未取得显著成效。不过，国民政府成功平衡了预算，重新树立了国际声誉。1934 年，失业减薪情况得到了缓解；到 1936 年，英国已经走出经济衰退的危机。最严重的时候，300 万英国人失业。与此同时，由于缺少美国的投资，欧洲各国更加难以支付战争赔款和债务。1931 年，美国总统赫伯特·胡佛接受了为期一年的偿还延长期。次年，在洛桑战争赔款会议之后，德国永久性地延期了赔款支付。到了 1933 年，英国由于自身贷款未得到偿还，而无法偿还亏欠美国的贷款，于是英国放弃了原先盟友亏欠自己的贷款，同时也放弃支付给美国 9 亿英镑的欠款。这种做法让美国更加觉得，蹚旧世界这摊浑水不会有好果子吃，于是更加坚定地奉行孤立政策。

20 世纪 30 年代前半期，极端裁军运动吸引了英国民众。1935 年，由国际联盟组织、积极分子推广的"和平问题"无记名投票调查显示，90% 的英国人依然支持多边裁军运动。被调查者普遍认为，应该将"集体安全"和争端提交至国际联盟处理，以免引起另一场世界大战。1933 年，牛津大学学生俱乐部辩论社团以"下议院不会为国王和国家而战"作为辩题，标志着反战情绪发展到了顶峰。但是，在 20 世纪 30 年代早期，人们也逐渐意识到，基于集体安全，依靠国际联盟维持的巴黎和会战后秩序不会一直保持现状。每一方都必须遵守规则，该体系才能正常运转。1930年，麦克唐纳在伦敦主持了海军裁军会议，英、美、法、意、日都参加了会议。但是，一年之后，日本就占领了中国东北。在国际联盟对其做出谴责后，日本退出了国际联盟。

虽然国际联盟的承诺很美好，但它并没有对日本采取进一步行动。大多数成员国的经济都处在停滞状态，因此他们除了表达道德上的谴责外，并不能采取其他行动。联盟的创立者无法想象，在20世纪30年代，居然有政府会拒绝签署各国过去一直引以为荣的盟约，也不在意是否会因此丧失良好的国际评价。但是，一旦日本开始带头违反盟约，国际联盟的整个理论基础便全部崩塌了。即便如此，英国依然笃信国际联盟的理论基础，1932年国际裁军会议在麦克唐纳的敦促下召开，标志着国际联盟的信念发展到了顶峰。

但是，裁军会议落得惨淡收场。法国不同意将军备削减至德国官方限额的同等水平，除非英国派军队在法国东部边境巡逻。德国军国主义复兴的前景困扰着法国，因为德国已经重新武装起来早已成了公开的秘密。英国因为没有足够的财政支持派遣军队保卫德法边境，所以拒绝了法国的提议。与此同时，1933年1月，德国领导人希特勒上台，他促使德国民众认定自身受到了法国人的侮辱。当年10月，德国退出了裁军会议，也离开了国际联盟。

希特勒凭借十分明晰的方案赢得了大选：一洗《巴黎和约》之耻，重新夺回被剥夺的德国土地。希特勒在自传《我的奋斗》(*Mein Kampf*)中公开描述了他的种族灭绝计划。他认为，应该消灭像犹太人这样邪恶的民族或像斯拉夫人这样愚蠢的民族。他还计划占领欧洲东部地区，以便为优越的德意志民族腾出生存空间。不过，这本书出版于20世纪20年代，当时并没有人拿他的话当一回事。希特勒曾因慕尼黑政变失败而被捕，他原本很可能成为一名画家或政治活跃分子。然而，在他接任德国总理仅仅几天之后，就剥夺了犹太人的民事自由权。两年之后，他又颁布了种族主义法律，禁止犹太人与非犹太人通婚。到了1938年，德国境内的半数犹太人生活在绝望之中。

希特勒的行动有效地摧毁了最大限度削减军备的集体安全原则，但狂热分子却十分推崇他的做法。在那个十年的剩余时间里，温斯顿·丘吉尔发出了敦促采取行动制约纳粹德国的最强音。早在1933年4月，他就警告过议会："我们从世界大战中得到的经验之一是将德国变为议会民主国家有助于维护我们的安全。民主若不复存在，便会形成独裁，最可怕的独裁。"他说，如果允许德国重新拥有武器，它将很快夺回失去的土地。大批德国失业青年气势汹汹地发起运动要求夺回土地，他们"高唱古老的歌曲，要求被招募进军队，急切地寻找着最可怕的战争武器"，他们"渴望为国捐躯，为国受难"。丘吉尔认为，麦克唐纳的观点虽然听上去冠冕堂皇，但其实只是纸上谈兵；他谈到，在英国削减了4个空军师的时候，欧洲的工厂里却装满了武器。他对下议院说："我不记得还有什么时候，政治家的言辞和许多国家实际发生的事情之间存在如此巨大的差距。"

德国退出裁军会议之后，英国政府在某种程度上承认了裁军和最大限度地削减军备是无法实现的。1934年，英国政府宣布实施新的空中防御计划，为皇家空军部队增添了41个中队；次年，英国政府发表白皮书，承认了增加军备的需求。然而，大众仍普遍认为，裁军是医治世界痼疾的良药。人们普遍不愿意去想是否有可能再次爆发战争。此外，英国政府和许多英国人都觉得对德国的战后处理过于严苛，对希特勒修改《巴黎和约》的举动持赞同态度。1935年，希特勒向世界宣布，德国创建了空军，同时开启了征兵制度，为德国陆军新增36个师。出于上述原因，国际社会并没有做出任何反应。英国认为，可以通过与希特勒签订条约保护本国安全，将德国海军规模限制在英国的35%以下，将德国潜艇力量限制在英国的45%以下。

同时，英国和法国都不希望疏远意大利领导人墨索里尼。1935年4月，斯特雷萨会议（Stresa Conference）特别讨论了对希特勒宣布德国不再受制于《巴黎和约》中军备限制条款一事，如何做出应对。英、法、意力图达成一致，组建一个反德武装统一战线。然而，墨索里尼的政权基于暴力而非类似英法的西方民主制度，他作为独裁者与希特勒有更多相同之处。

虽然意大利于当年10月加入了斯特雷萨战线，但它对在《凡尔赛和约》中获得的领土极为失望，遂无视国际联盟准则，入侵了埃塞俄比亚，开始在北非追逐帝国梦想。英国虽然仍然寄希望于将墨索里尼拉入统一战线，但又不得不和其他国际联盟成员国一道不情愿地对意大利提出谴责。然而，意大利并没有从埃塞俄比亚撤军。

英法政府当时的表现十分奇怪，他们决定绕开国际联盟，和墨索里尼单独进行交易。英国外交大臣塞缪尔·霍尔（Samuel Hoare）和法国总理皮埃尔·拉瓦尔（Pierre Laval）秘密签订了《霍尔－拉瓦尔协定》（Hoare-Laval Pact），他们向意大利提供了一份分割计划，将埃塞俄比亚2/3的领土划给意大利。12月，协定内容泄露，引起了英国国内的愤怒，霍尔不得不提出辞职。然而，意大利仍然占领埃塞俄比亚大部分土地。英法的绥靖政策开始逐渐浮现——比起战争，他们更倾向于默许独裁者占领大片土地。

麦克唐纳等理想主义者势单力薄，无法继续任职。在1935年11月的大选中，鲍德温担任首相，他领导的国民政府赢得了245个席位，成立了多数派政府。在公立学校接受教育的出庭律师克莱门特·艾德礼（Clement Attlee）当选工党领袖，工党虽然仍未担任公职，但在议会中已经获得了154个席位，新增100个席位。

希特勒看到墨索里尼对埃塞俄比亚的行为并没有引起什么后果，于1936月7日将军队派遣到莱茵兰的非军事化地区，同时宣布德国不再受《巴黎和约》限制。《巴黎和约》终于崩塌。德法之间的缓冲地带消失，现在法国直接面对的是德国布满重兵的军事化边境地区，德国的行动令法国极度不安。

但法国的盟友英国并没有感受到同样的恐惧。英国的大臣们诸事缠身，而这些事情看上去似乎和控制欧洲独裁者同样重要。在英国委任统治的巴勒斯坦，阿拉伯人和犹太定居者之间发生了激烈的冲突，英国不得不大量增兵。随着时间的推移，虽然1930年英国政府针对巴勒斯坦问题发表了白皮书，强调了阿拉伯人的困境，但越来越多的犹太难民还是从德国逃到那里。如果不暂时限制犹太移民，阿拉伯人有可能被占大多数的犹太人吞没。

不过，真正占据英国报纸头条的是印度问题。1931年，建筑师埃德温·路特恩斯（Edwin Lutyens）完成了他的杰作——位于新德里的总督府，他完全没有料到总督府会被继续使用16年之久。英国一直在不断寻找各种理由，阻止印度独立或哪怕是获得自治领的地位。穆罕默德·真纳（Mohammed Jinnah）领导建立了政治意图清晰的穆斯林联盟（Muslim League）。真纳和甘地一样都是律师出身，他呼吁在印度实行分治政策，以缓解穆斯林和印度教徒之间的仇恨。

印度的生意与许多中产阶级的利益相关，因此20世纪30年代印度独立的问题一直困扰着英国人。几代英国人都曾到印度当过公务员、茶叶商人、种植园主或地方委员。甘地对英国商品的抵制毁了英国人的生意，让他们怒不可遏。

到1927年，英国议会拒绝承认印度的地方立法权，因为议员认为英国政府应该对印度负有完全责任，印度的不满催生了新的议会委员会（Parliamentary Commission）。英国三大党均派遣代表前往印度调查当地人民的疾苦。虽然该委员会由杰出的自由党人约翰·西蒙（John Simon）领导，他同时也是前任检察总长和内政大臣，但该委员会内部连一名印度成员也没有。未来的哈利法克斯伯爵——印度总督欧文爵士（Lord Irwin）与甘地关系甚笃，他在1929年宣称，英国政府在印度统治的终极目标是将其变为英国的一个自治领。但是，在极为好斗的印度政治家看来，这是不够的；同时，1930年发布调查报告时，西蒙领导的委员会也没有承诺将赋予印度自治领的地位。

1935年的《印度政府法》赋予了印度自治领的地位。10万人在参加公民不服从运动后被捕，英国当局认识到与甘地进行对话才是唯一的解决方案；之后，该法案才得以出台。在比卡内尔王公（Maharajah of Bikaner）领导的印度土邦参与下，该法案提供了一个联邦架构，以便国民政府能够反映出印度各邦的差异性。虽然这项法案赋予了印度各邦自治的权力，但并不等同于实行自治领的自治。虽然国家层面设立了由内阁负责的联邦立法机构，但外交、国防和宗教等事务的话语权仍然掌握在总督手中。人们认为新法案没有恰当地考虑穆斯林的权利，而赋予了印度王公过多权力。但是，该法案刚一实施，第二次世界大战便爆发了。

毕业于剑桥大学的爱德华·摩根·福斯特（Edward Morgan Forster）在《印度之行》（*A Passage to India*）中强调了英国和印度殖民地之间的紧张关系。该书于1924年出版，很快成为畅销英国的经典作品。然而，在20世纪30年代，自满是大英帝国的主要特征，造成这种情绪的部分原因在于大英帝国的影响力似乎变得前所未有地广阔。1936年的条约结束了英国对埃及的占领，但是英国军队仍然负责保卫苏伊士运河，条约中的一项条款允许英国在自身利益受到威胁的时候，重新占领整个埃及。

英国商人、官员、公务员和专家顾问继续在开罗的谢泼兹酒店（Shepheard's Hotel）周围闲逛，其他英国知名外籍人士也经常出现在那里。19世纪签署的狡猾的协定保证了大英帝国仍然控制着波斯湾地区。其中，科威特直到1961年仍然由英国管理。阿拉伯民族主义者逐渐增加，他们认为世界并未发生太多变化。1924年，好战的瓦哈比部落在伊本·沙特（Ibn Saud）的领导下，对麦加的谢里夫·侯赛因发起攻势，迫使其退出麦加城。他们与英国就边界问题进行了谈判，将整个阿拉伯统一到后来的沙特王室家族的统治下。

虽然在1932年之后，伊拉克不再由英国实施委任统治，但英国的飞机依然对反叛的伊拉克部落进行了低空扫射。马来西亚婆罗洲的一个邦沙捞越（Sarawak）和19世纪时一样，继续由布鲁克王朝（Brooke dynasty）的白人酋长统治。正如小说家萨默塞特·毛姆（Somerset Maugham）观察到的那样，他喝着当地"男孩"卖给他们的"1盎司装酒"，消磨着时间，好像没有什么能够扰乱大英帝国的现状一样。很少有人意识到，英国已经没有绝对自信能够保卫大英帝国的远东地区，比如新加坡和马来西亚。在新的汽车时代，当地的橡胶资源对日本极富吸引力。

在英国国内，人们的生活一如往常。1935年，出版商维克托·戈兰茨（Victor Gollancz）开创了"左翼图书俱乐部"（Left Book Club），使之成为反对法西斯主义、推动左翼思想的工具。该俱乐部在创立两年之后，就拥有100万会员。戈兰茨及其支持者希望能够帮助英国面对现实：意大利的法西斯主义者已经摧毁了自由言论，将反对者关押起来；而德国的犹太人几乎每天都会遭到莫名其妙的殴打、抢劫甚至杀害。但是，英国民众和政府却试图忽视欧洲正在发生的一切，继续充当一个老套而乏味的宁静国度。在英国，各个阶级都热衷于各种运动。太多英国人没有察觉到另一场世界大战即将发生。

爱德华八世
EDWARD VIII

1936

乔治六世
GEORGE VI

1936—1952

绥靖政策的失败（1936—1939）

斯坦利·鲍德温是位令人安心的国家领导人。英国人民渴望稳定，喜欢怀旧，他们希望回到1914年以前那个记忆中的英国。然而，英国在两次世界大战中间那段梦幻般的平静却被退位危机（Abdication Crisis）匆匆打破。1936年，鲍德温成为首相的第二年，受人民爱戴的乔治五世去世。他和可敬的玛丽王后获得了人民的衷心爱戴（乔治五世甚至为了支援战争而戒酒）。从1935年5月举行的乔治五世登基25周年纪念活动上，我们就可以看出英国人民对这位君主的热爱。

但是，他的儿子爱德华八世却不似父王。他相貌英俊、意志薄弱，可以说是一个纨绔子弟，以养情妇和在贝尔维德堡（Fort Belvedere）的享乐生活而为人们熟知。他丝毫没有展示出英国王室家族责任心强的特点，反而举止轻浮且贪图享乐。然而，他也有温柔和情绪化的一面。在经济大萧条时期，他因为直言威尔士的失业情况和矿工的恶劣处境而赢得了一些欢迎。但是，他把大量时间花在伦敦急速变化的时尚潮流之上。他迷恋上了不易追到手、结过两次婚的美国女士辛普森夫人（Mrs Simpson），她非但不会使王座增色，实际上还有可能让国王失去它。英国国王同时也是英国国教会的领导者，虽然英国国教的创立者亨利八世曾经结过许多次婚，但人们还是认为，国王不能娶一个离过婚的女人。人们还认为，这种不般配的婚姻将成为压垮脆弱的大英帝国和自治领关系的最后一根稻草，因为大英帝国和自治领是由国王联系起来的。

不知出于何种原因，爱德华八世在斯坦利·鲍德温的指导下，对王室的退位权有了充分的认识。他通过BBC向世界发表广播讲话时，戏剧性地说出"为了我心爱的女人"。爱德华接受了温莎公爵的头衔，回到法国。他的弟弟约克公爵加冕为乔治六世。乔治六世有两个女儿，即时年10岁的伊丽莎白公主和6岁的玛格丽特·罗斯公主（Princess Margaret Rose）。约克公爵的夫人前伊丽莎白·鲍斯·莱昂女士（Lady Elizabeth Bowes Lyon）成了伊丽莎白王后。在鲍德温的努力下，国王和王后经受住了流言蜚语，赢得了民众的欢迎。而国际局势却突然恶化了。

当1936年奥林匹克运动会在柏林举行的时候，纳粹似乎赢得了国际社会的尊重。奥运会的场馆在纳粹上台前两年就修建好了，场馆中悬挂的万字旗将奥林匹克与纳粹联系在了一起，玷污了奥林匹克精神。纳粹分子还利用奥运会散发传单，宣传雅利安人（Aryan，非犹太裔德国人）的优越性。虽然德国人获得的奖牌数量最多，但在美国黑人杰西·欧文斯（Jesse Owens）赢得4块金牌之后，种族主义的荒谬性便不攻自破了。纳粹主义越来越被社会所接纳，尤其在温莎公爵和公爵夫人于奥运会举办后的第二年造访德国与希特勒会面之后。

尽管鲍德温为人友善，能够尊重他人的不同观点，是一位天资卓越的议员，但作为首相，他的缺点也很明显——他对国际事务并不真正感兴趣。在20世纪30年代末期，英国人的思想变得颇为狭隘，有人将那时的英国比喻为一艘在欢乐和舒适中驶向灾难的邮轮。红色电话亭（首次出现于1929年）、红色巴士和戴着圆顶礼帽的男士使伦敦显得和从前一样有序而安全。尽管欧洲大陆发生了混乱，英国却没有出现极左或极右运动。

莫斯利为了对抗他所说的共产主义威胁，在1932年创建了英国法西斯联盟，但是英国人很少加入这个组织。他宣称犹太人是俄国革命的背后推手，以此为借口,指挥准军事队伍"黑衫党"(Blackshirt)对犹太人进行残酷的迫害。黑衫党曾经在伦敦东区四处殴打许多当时居住在那里的犹太人。同年,议会通过了《公共秩序法案》(Public Order Act),规定内政大臣有权禁止游行,禁止人们穿着政治制服。但是,即便这样,人们还是觉得,内政大臣原本能够更加迅速地采取行动,制止莫斯利的所作所为。伦敦包容的传统促使大部分人将莫斯利视为一个傻瓜。在这种包容的政治传统下,共产主义可能会吸引知识分子的同情,但不会催生大型政党。莫斯利被禁止继续组织英国法西斯联盟集会——1937年,他在利物浦被人打到失去意识——直到1940年5月,即"二战"爆发近9个月后,他才被拘禁(他在1943年11月被释放)。

然而,对年轻人和知识分子而言,英国对外国极端主义采取漠视态度是一种道义上懦弱的体现。只要极端主义不威胁到英国自身利益,英国便不会选择站在任何一方。1936年,西班牙内战的爆发便是一个典型的例子。许多人认为,英国应该更加积极地阻止弗朗西斯科·佛朗哥(Francisco Franco)领导的右翼军事力量摧毁西班牙共和政府。欧洲的英法等自由政权不愿支援西班牙共和国,这些国家和美国勇敢的年轻人便自发前往西班牙为共和国作战。显然,他们对法西斯主义的传播感到警觉,但鲍德温和张伯伦却固执地认为,干涉他国内战是错误的。

英法两国也不愿意和意大利对立起来,他们希望意大利能够远离德国,甚至在意大利和德国组成支持西班牙内战中右翼势力的"轴心国"联盟,而苏联为西班牙的合法政府提供军事援助之后,仍抱有这样的幻想。

1937年,鲍德温看到乔治六世已经安全继位,温莎公爵和公爵夫人永久性地流亡海外之后便辞去了首相职位。内维尔·张伯伦接任首相,他善良、正派,推动了立法进步。但是,艰难的国际局势让人们普遍认为,应该阻止英国被独裁者希特勒拖入战争。张伯伦也同意这一观点,结果导致他执行了第二次世界大战结束后被视为怯懦的绥靖政策。不过,实际上英国当时的军备十分空虚,并无力采取更多行动。

20世纪30年代末,国际局势开始失控,甚至连爱尔兰也在制造麻烦。到了1933年,德瓦莱拉的爱尔兰共和党成为多数派,他们立即着手单方面离间爱尔兰和大英帝国的关系,并且废除了爱尔兰自由邦的古老宪法。英国和爱尔兰(Eire,

爱尔兰共和党对南爱尔兰的新称呼）的关系变得更加糟糕：1903年《爱尔兰土地法案》出台之后，德瓦莱拉回绝了英国政府向他们提供的1亿英镑贷款，这笔钱原本准备用来帮助佃农从地主手中购买900万英亩土地。爱尔兰和英国之间的贸易战打响了。到了1937年，南爱尔兰实际上变成了独立的共和国，虽然名义上还不是。1949年，爱尔兰独立的最后细节修订完毕，爱尔兰共和国最终宣布成立。爱尔兰在第二次世界大战爆发时宣布保持中立，但不让英国使用其南部港口，因此危害了英国的安全。

自从德国撕毁《巴黎和约》以来，温斯顿·丘吉尔等越来越多的工党和保守党议员便清楚地预见到德国对和平构成的威胁。他们认为，英国应该直面正在摧毁欧洲民主的独裁者，投入更多资金进行武装，以便在必要时以诉诸战争作为警告。但是，在伦敦掌权的国民政府仍然坚持绥靖政策。英国受第一次世界大战重创，还没有走出孤立政策，所以不愿意卷入另一场战争之中。

1937年，英国派遣哈利法克斯伯爵前往中欧，与希特勒商谈和约修订的问题。令批评者错愕的是，一年之后，张伯伦做出了一个更为戏剧性的决定：英国政府为了使墨索里尼远离希特勒，承认意大利国王为埃塞俄比亚君主，接受了墨索里尼对埃塞俄比亚的占领。但是，外交大臣安东尼·艾登已经认识到，绥靖政策是一种错误，他认为英国付出的代价太高，于是在1938年2月辞职。

1938年3月，希特勒开始大幅重塑德意志帝国。一支德国军队进入了奥地利，与奥地利联合形成第三帝国。德奥合并是《巴黎和约》明确禁止的，而这受到了大多数奥地利人的欢迎。但是，没有一个人站出来加以阻止。曾在伦敦待过的德国大使约阿希姆·冯·里宾特洛甫（Joachim von Ribbentrop）断定，英国上层人士属于亲德派，因此纳粹政府自认为英国不会做出任何反应。而里宾特洛甫之所以得出了这个结论，是因为他在南希·阿斯特家中会见了绥靖主义者〔所谓的克莱夫登派（Cliveden Set）〕。其中，《泰晤士报》编辑杰弗里·道森（Geoffrey Dawson）在报纸上写下了亲德的评论文章。奥斯瓦德·莫斯利爵士继续得到大多数伦敦上层人士的认可。他十分推崇纳粹主义，甚至前往柏林，在戈培尔家中与第二任妻子戴安娜·米特福德（Diana Mitford）完婚。

但希特勒的行动才刚刚开始而已。德国政府的宣传部门不断发出指示，告诉新成立的德意志帝国的公民应该做些什么。1919年的《圣日耳曼条约》将哈布斯堡王朝的领土交给了新成立的捷克斯洛伐克。宣传部门开始编造各种各样的宣传口号，诉说300万居住在前哈布斯堡领土上的德国人的悲惨遭遇。显然，捷克斯洛伐克是希特勒的下一个目标。9月，他如期发出了最后通牒。美国未能维持和平，导致法国被迫与德国边境上的国家结盟，以求自保。但是，结盟条约中的多项条款规定，法国有义务援助捷克斯洛伐克。这意味着战争不可避免。

此时，英国并没有做好开战的准备。此外，由于欧洲崇尚民族自决，因此苏台德地区似乎有理由加入德国。内维尔·张伯伦曾经在较早时候分别在贝希特斯加登（Berchtesgaden）和哥德斯堡（Godesberg）两度会见希特勒。他被希特勒说服了，也认为苏台德地区的日耳曼人有理由加入德国。法国总理爱德华·达拉第（Édouard Daladier）、希特勒、墨索尼里和张伯伦参加了慕尼黑会议，他们也同意德国接管捷克斯洛伐克的苏台德地区。张伯伦手持一张报纸返回英国，说出了一句遗臭万年的话："这是我们时代的和平。"英国海军部的首席大臣达夫·库珀（Duff Cooper）辞职，以抗议英国背叛捷克斯洛伐克。

没有比张伯伦的"这是我们时代的和平"更虚妄的信念了。他为了赢得一丝喘息的机会，将捷克斯洛伐克扔进豺狼的口中。德国的军事地位更加不可一世，德国的坦克刚一开进捷克斯洛伐克，便征用了该国军队的4个师及大部分自然资源。这是绥靖政策失败最明显的标志。

张伯伦的意见是："如果我们为了两个毫不了解的遥远国度的人民之间的争执而深挖堑壕、戴上防毒面罩，这将是多么可怕、奇怪且难以置信的事。"然而，局面越发明晰，连英国也无法置身于希特勒的魔掌之外。到1939年3月，德国元首希特勒违背了对张伯伦的承诺，强占了捷克斯洛伐克的其余地区，即非德国人居住的捷克斯洛伐克领土，包括土地上的铁矿工厂、工业设施和人口。张伯伦为英国争取的只是时间——一年的时间，英国得以重新武装起来，创建一支能与德国纳粹空军相抗衡的空军部队。现在，连他也意识到，对独裁者的绥靖政策失败了。1939年3月31日，绥靖时期正式结束。英国和法国向荷兰保证将维护其领土完整。很快，英法两国也向罗马尼亚和希腊做出了相似的承诺。

即便在第一次世界大战的高潮，征兵制在英国似乎也是一个伦理问题，人们担心征兵制会威胁英国公民的自由。但在4月29日，英国政府没有事先讨论，也未遭遇太多抗议，便实行了征兵制。这是英国第一次在和平时期实行征兵制。希特勒接连吞并了一个又一个国家，大多数英国人开始认为国家有必要进行军事训练。英国再一次和疏远了太久的"一战"盟友法国秘密达成了军事合作协议。

希特勒并不畏惧英法的军事准备。从1936年开始，为了支援德军向东开进，重新夺取在1919年被错误地划分给波兰的所有城市，许多之前不是兵工厂的普通德国工厂都转而开始生产武器。那年夏天比往年更加酷热难耐，德国媒体铺天盖地地报道，德国要求夺回他们"有权"拥有的格但斯克和波兰走廊。唯一能够阻止德国成功夺回这两个地区的是苏联。英国和法国发现，他们现在正处在与德国的一场竞争中，看看谁能争取到和苏联的新任统治者约瑟夫·斯大林（Joseph Stalin）结盟。

但是，对于西方各国牺牲捷克斯洛伐克以保全自身的做法，斯大林不为所动。而波兰人对曾经的俄国统治下的残暴行为仍留有痛苦的记忆，所以拒绝允许任何一支苏联军队进入自己的领土。

1939年8月23日，令西方列强绝望的是，苏德达成了《苏德互不侵犯条约》（Non-Aggression Pact）。条约包含一项秘密协议：德国和苏联将瓜分波兰。张伯伦警告希特勒，如果波兰遭到攻击，英国将支援波兰，这一承诺最后发展为8月25日的官方《英波互助协定》（Anglo-Polish Treaty）。但是，局势允许希特勒继续前进。9月1日，纳粹坦克在轰炸机的掩护下入侵了波兰，恐怖气息四处弥漫，第二次世界大战爆发。两天后，英国和法国向纳粹德国宣战。

第二次世界大战（1939—1945）

对于英国公民而言，第二次世界大战以一种非同寻常的迟疑步调开始了。在距离英国几百英里远的欧洲大陆中部地区，硝烟弥漫在遭到轰炸的波兰城市上空。截至1939年9月底，已经有超过8万波兰士兵为了避免被德军及其盟友，还有当月从东面入侵波兰的苏军俘虏，加入现有的70万战俘，而抛弃了他们的祖国。但是，在波兰的盟国英国，一切都一如既往地安静祥和，好像战争根本就没有发生一样。

　　为了保卫国家，英国创建了一支被称作"地方防卫志愿军"（Local Defence Volunteers）的国防民兵；当年夏天，14.6万人应征入伍。地方防卫志愿军大多是参加过"一战"的老兵，年轻男性则留着派往国外作战。但是，除了空袭警报发出的刺耳声，灯火管制造成路灯停止照明和交通事故增加一倍之外，并无敌军飞机飞过英国上空。伦敦东区（贫民区）的一半儿童被迫撤离，其中许多人被分配到遥远的康沃尔部队临时营舍暂住，以保证他们在纳粹德国空军轰炸伦敦码头时不会受到伤害。但是，轰炸一直没有发生。一个月之后，被迫撤离的儿童又回到原来的家中。美国报纸通讯员把这一时期称为"假战争"，他们很奇怪两国政府都在做些什么。英国和法国最终会像背叛捷克斯洛伐克一样接受和平条件，背叛波兰吗？

　　到了1939年年底，由于张伯伦继续拖延对德宣战，慕尼黑会议的气氛仍然笼罩在英国政府之上。文明世界好奇而恐惧地注视着新闻短片，上面记录了德国坦克在波兰境内横冲直撞的场景。英国政府在两天之内没有任何动作。这种迟疑似乎非同寻常；实际上，这种迟疑是明智的，它反映出英国的立场——绝不希望对任何一方发动战争，更别说前往远在千里之外的波兰了。但是，根据8月签订的协约，英国有责任向希特勒宣战。如若不然，看上去便是一种懦夫行为。

　　在希特勒闪击波兰48小时之后，张伯伦首相居然向下议院宣称，在英国政府看来，如果德国政府撤回军队，局势仍可以恢复到之前的和平状态！他希望波兰人能够将格但斯克割让给希特勒，以免英国卷入战争。即便局势已经发展到这种地步，张伯伦仍然认为，他还能够和希特勒进行谈判。半数内阁成员以辞职相逼，才迫使张伯伦在午夜时分认清了局势。当晚较早的时候，在下议院的一片愤怒声中，劳动党副领导人亚瑟·格林伍德（Arthur Greenwood）抗议张伯伦"使我们国家荣誉的基石陷于危险之中"。"为英国发言，亚瑟！"他站起来时，愤怒的保守党后座议员大声喊道。

　　9月3日早晨，张伯伦向德国下达的最后通牒期限已到。但是，尽管英国和法国都有义务援助波兰，但两国将在一个不同的战场代表波兰进行战斗。而那些急于对背叛捷克斯洛伐克做出补偿的人并没有立即理解这一点。德国军队的新式战争方式"闪电战"浮出水面——在轰鸣的俯冲式轰炸机的掩护之下，德军坦克一天可以前进数百英里——它们在两周之内踏平了波兰。虽然波兰人中不乏勇敢的战士和杰出的飞行员，但他们的设备过于老旧。他们甚至还动用了一支珍贵的骑兵师，但很快便被德军摧毁了。

虽然许多人公开敦促英国派遣轰炸机掩护法国进攻德国，但英国的军事将领们不愿意冒这个险。如果英国向德国发动进攻的话，便没有足够的飞机进行自卫。政府的绥靖政策导致英国现有飞机数量过少。直到1940年春天，英国的空军力量才和德军旗鼓相当。在战争初期，英国只有少量专业军队可供作战。英国最初认为，战争只能在海上展开，而不是在波兰境内。英国的海军力量比德国雄厚得多，英国将利用海军力量切断德国的食物和燃料补给。但是，这是一个缓慢的过程。

从另一方面看，法国陆军在数量和力量上都比英国优越得多。法国陆军共有90个步兵团，与英国的10个步兵团形成了鲜明的对比；如果法国陆军和波兰陆军在9月初就进行合并，他们将比德国军队多出40个师，而德国只留下了23个师在德法边界附近进行防御，原本可以被轻易攻克。

但是，法国陆军一直没有找到机会从后方攻入德国，减轻波兰的压力。法国依靠应征入伍的士兵作战，也就是说，依赖在和平时期从事一般性工作的士兵。这意味着，1939年9月，法国光是征兵动员就花了两周时间。当法国人离开原来的律师、职员或旅店老板等岗位，穿上军装的时候，波兰已经被占领了。17日，苏联军队进入波兰，从东部迅速完成了对波兰的瓜分。所以，法国只得下令撤回已经在德国西部边境地区进行了几场游击战的少量法国士兵。相反，法国开始着手构建马其诺防线——一道沿着德国边界线，由堑壕、碉堡和大炮筑成的防线。其他欧洲国家继续保持中立，和平似乎是那个冬季的主旋律——除了芬兰，苏联在11月的最后一天入侵芬兰，重新控制了波罗的海地区。

现在的问题在于，同盟国应该从哪里发起对轴心国的进攻呢？从9月起，英法两国就开始疯狂地制造飞机。尤其是英国，显然它正在十分急切地备战。虽然皇家海军部队正在北部冰冷的海水中搜索着德国的深海潜艇，但斯卡帕湾海军基地所需要的先进设备，如更优越的反潜艇帆桁，需要等到来年才能准备就绪。10月，德军潜艇成功进入斯卡帕湾海军基地，击沉了"皇家橡树"号

(*Royal Oak*)战列舰，导致800余名船员丧生。直到1940年3月，20个师的应征士兵才能完成军事训练，准备好渡过海峡加入法军及小型专业化部队的英国远征军。

这是对热爱和平的非军事化国家的一种惩罚。英国在战争开始时，一只手被绑在背后。20世纪30年代，当法西斯德国庞大的职业军队举着火炬进行阅兵游行时，一旁事不关己的英国人觉得他们非常可笑。而现在，英国面对法西斯德国庞大的职业军队，只能召集一支奇怪的业余部队。德国人还征用了奥地利和捷克斯洛伐克的军需物资和军队。从另一方面看，英国背后有法国及大英帝国丰富的资源支持。

参与第二次世界大战的英国军队甚至比"一战"中的基钦纳军队还要庞大。6年之后，截至"二战"结束时，单单从英国征募的男性就有500万人。但是，近20年刚刚结束的世界大战给英法两国留下了浓重的阴影，它们极不愿意将军队投入对德国和苏联的战争之中。刚刚过去的堑壕战记忆尚未淡去，尤其是索姆河战役的悲惨经历使英国军事领导相信，英国只有在空中才能赢得战争。但是，战争究竟会在哪里展开呢？

1940年春天，同盟国决定阻止德国通过挪威纳尔维克港口（Narvik）出口瑞典铁矿石。铁矿石对德国的战斗力有着至关重要的作用，尤其在子弹、潜艇和坦克制造方面。该计划涉及在挪威水域布雷。与此同时，从9月3日起，英国第一海军大臣温斯顿·丘吉尔在BBC广播中动情地呼吁挪威、荷兰、丹麦、比利时和瑞士等中立国家加入英法的反法西斯同盟，同时警告它们，如果不这样做，它们也难逃被吞并的命运。"每个人都希望，如果把鲨鱼喂饱，鲨鱼就会最后一个吃掉他。"丘吉尔这样说。但是，还有第二条鲨鱼在行动：芬兰人小而勇敢的雪橇部队，尽管只有25个师，却一直牵制着苏联的100个师，一直到1940年3月12日才被迫投降。

此时同盟国在挪威水域布雷的计划已经被柏林方面获知。因此，德国军队发动了一次出人意料的入侵，于4月9日登陆挪威，就在英军计划抵达的日期前不久。他们在轰炸机的掩护下，几个小时之内便迅速占领了挪威首都奥斯陆（Oslo），以及挪威全部的主要港口和军用机场。德国的坦克部队在同一天向北进发，跨越德国边界，占领了哥本哈根，踏平了丹麦。英军很快在挪威登陆，但是挪威的主要港口仍然稳稳地掌握在德国人手中。挪威国王离开奥斯陆，从一个秘密山村通过广播发出信号，号召全国人民进行反抗；之后，国王不情愿地同意撤离。1940年6月，挪威国王和英国最后一批士兵一同乘上前往英国的轮船，离开了自己的祖国。

国王的离开连同从南部传来的消息一起摧毁了将挪威保留为盟军区域的希望。5月10日，游击战在白雪皑皑的挪威峡湾继续进行的同时，德国军队入侵了中立国荷兰和比利时。和挪威的战争进程相似，德国伞兵在黎明时分空降到荷兰的两大主要城市鹿特丹（Rotterdam）和海牙，在荷兰人炸毁桥梁之前占领了所有的桥梁。到了15日，荷兰投降。在几百英里之外的比利时西南部，那里的人民也在为生命而战斗。他们在英国远征军的协助下，冲上前线帮助法国军队。在另一场致命的突袭中，德国仅用了78名伞兵工程师就占领了保卫阿尔贝特运河（Albert Canal）的堡垒。进一步的空中入侵阻止了其他关键性桥梁被炸毁。很快，比利时也难以抵挡德军的攻击。但是，这只是希特勒主要计划的序曲，他的核心目标是攻占比利时面积广阔的邻国——法国。他用来实施终极博弈的飞机将控制法国大西洋沿岸港口，在他占领苏联的欧洲部分之后，未来的德意志帝国将做好和美国开战的准备，他认为这一天迟早会到来。

就在法国军队和英国远征军全员出动，准备保卫比利时东北部之时，德国军队在南部出其不意地入侵了法国。德军坦克穿过阿登高地茂密的树林，从卢森堡北方马其诺防线恰好终止的地方进入法国。早在战前，英国战略家就曾忧虑地指出法国边界防线上的这处弱点。但是，法国军方总以阿登高地陡峭崎岖、茂林覆盖的地形来自我安慰，认为坦克不可能从那里通过。因此，法国军方认为，并不需要在阿登高地刻意设防，其本身便构成了一道天然屏障。

领导坦克师驶入阿登高地的德国将领是海因茨·古德里安（Heinz Guderian）。早在战前，他便痴迷于坦克战。英军一直是坦克战的领导者，古德里安也紧紧追随着英军的脚步。他不仅确信坦克可以在森林地区冲撞，还十分擅长此项战术。他的理论基于军事历史学家巴兹尔·利德尔·哈特爵士（Sir Basil Liddle Hart）的名言："运用独立装甲力量实行深入穿透的战略"可以取得胜利。该战略包括"长距离的坦克移动，远远地从敌军前线后方切入主要战线"。古德里安可以完全参照这套战略对付同盟国军队。

该战略的实施要点在于，在法军意识到发生什么之前，指挥坦克部队迅速渡过默兹河（Meuse）。5月13日在色当，就在法军曾经大败于德国的地方稍微偏西的位置，德国步兵团又一次在轰鸣的轰炸机掩护下，乘坐皮筏艇渡过了默兹河。河对岸的法国军队被包围，与此同时，河面上搭建起一座浮桥。很快，沉重的德国坦克缓慢地从浮桥上驶过。而此时，法国的注意力仍在派兵支援比利时上。德国坦克师横扫西部，切断了英法在比利时的军队与法国本土之间的联系。德国接着占领了索姆河畔的阿布维尔（Abbeville），到达法国的海岸线，占领了布伦和加来。现在，他们距离法国和比利时交界处的敦刻尔克只有不到15英里的距离，而那里是被围困的英军唯一一个可以撤离的出口。但是，有意思的是，德国坦克并没有继续前进，因为希特勒下达了停止向前的命令。这有时被视作希特勒的第一个失误（他的第二个失误是入侵苏联）。他听从了在法国指挥作战的陆军元帅格尔德·冯·伦德施泰特（Gerd von Rundstedt）的建议，将坦克留着调往南部使用。持相同看法的还有戈林，他认为动用轰炸机就足以剿灭所有英国军队。如果德军没有停止前进，英国远征军便都会被杀死或俘虏。这样的话，英国只能将所有重型武器和坦克留在法国境内，任其被德军缴获。

英军从敦刻尔克撤退的命令是在法国的一片抗议声中下达的。不过，显而易见的是，英军要么撤走，要么被俘虏。5月26日，大规模撤退开始了。在后来被人们称为"敦刻尔克奇迹"的事件中，850~950艘普通船只响应了政府的SOS求救信号，在海军部的组织下，迅速前往法国帮助英军撤退。其中包括能够横渡英吉利海峡的普通船只、假日邮轮、伦敦郡议会的倾卸式驳船，还有9艘后面拖着驳船的拖船，以及游艇、救生船等其他小型私人船只。筋疲力尽的士兵在齐腰深的水中艰难前行，头顶是疯狂轰炸并扫射他们的德国轰炸机，他们拼命登上在英吉利海峡中随海浪摇晃的几百艘船。大约有22.4万名英国士兵和9.5万名法国士兵从法国撤退。幸而有英国皇家空军和天气的双重作用，尽管德军轰炸机进行了疯狂的轰炸，在这次指挥得当的撤退中，只有2000名士兵丧生。

6月9日，法国军队溃败，德军横扫法国，法国政府撤离巴黎，搬到图尔。

与此同时，墨索里尼嗅到了战利品的气味，他认为现在是拓展意大利帝国疆土的绝佳机会。10日，意大利宣布加入希特勒的阵营，进入战争状态。在此之前，意大利一直保持中立。6月14日，德国军队正步走过法国首都。两天后，法国政府请求停战。6月20日，德国在20年前在贡比涅签署"一战"停战协定的同一节火车车厢里批准了法国的停战请求。德国对《巴黎和约》的复仇似乎已经完成。在个人和祖国命运即将发生突变的时刻，丘吉尔担任了英国首相。在听到法国被纳粹打败的消息后，他流下了热泪。

悲剧降临法国之后，英国的近海岛屿直接面对的是2000英里的敌方海岸线。法西斯政权似乎想要折磨或杀死任何一个胆敢阻碍或忤逆它的国家。最可能出现的前景是，英国将成为下一个被践踏的对象。不过，希特勒确信，就像美国驻伦敦大使约瑟夫·帕特里克·肯尼迪（Joseph Patrick Kennedy）预测的那样，英国将和德国签署单独的和平协定。

但是，希特勒错误地估计了英国的本性。从荷兰和比利时遭到入侵开始，英国就处在近10年中一直提醒世界警惕纳粹主义邪恶势力的丘吉尔的领导之下。在"二战"期间，温斯顿·丘吉尔将超人的能力发挥到了极致。最终，丘吉尔首相树立起一种真正的战斗精神，时刻准备提醒英国人，"问题不在于为格但斯克而战，还是为波兰而战。我们的战斗是为了使世界免遭纳粹独裁者的荼毒，保卫一切对人类来说最为神圣的东西"。

如果张伯伦还继续担任首相的话，英国可能会投降；当然，一些内阁成员也考虑过接受和平谈判。现在，德国的飞机和舰艇在法国北部海岸梭巡，整个北欧和西欧都处在德国军队的铁蹄之下，按照正常逻辑推测，英国这样一个高度依赖食品进口的国家理所应当会接受谈判。意大利的参战导致在任何时候，在埃及和苏丹的小部分英国军队（人数分别是3.6万人和9000人）将面对20万驻扎在北非的意大利侵略军。

然而，英国仍然拥有广阔的自治领和殖民地，以及遍布全球的劳动力。他们都宣布支持大英帝国，许多国家的流亡政府，包括挪威、荷兰和比利时的流亡政府，都在英国得到了庇护。他们的同胞将在被法西斯占领的国家内部展开抵抗运动。此外，丘吉尔几乎立即与美国总统罗斯福进行了谈判。谈判的目的当然是为了获得军用物资，但首要目的是为了取得互信，英国希望美国在未来的某一天也会加入反法西斯战争。

5月10日，丘吉尔接管英国政府，同一天，德国侵略者的伞兵空降在荷兰和比利时，从此以后一种新的精神融入大英帝国。在国家面临严重威胁，挪威战役溃败的时刻，下议院终于意识到，不能再继续忍受张伯伦出于善意的"和稀泥"政策。现在，英国有了丘吉尔——杰出的公共演说家和英国战时最鼓舞人心的首相。1940年6月4日，他像在敦刻尔克撤退后一样，激情澎湃地在国家广播中发表演讲，表示英国永远不会屈服："我们将不惜任何代价保卫我们的岛屿，我们将在海滩上作战，我们将在敌人登陆的地点作战，我们将在田野和街头作战，我们将在山区作战，我们决不投降。"这种精神被人们称为"斗牛犬精神"，一种即便处于垂死的痛苦之中，也不愿意松口的精神。这位身材矮小、肥胖秃顶的伟大英国人成了这种精神的象征。虽然他在军事战略上常常显得很业余，以至于他的将军们时常觉得他疯了，但他身上充满了创造力，他拒绝接受失败；最重要的是，他出色的口才使他能够在国家最黑暗的时刻唤起人民的情绪。他在首相就职演讲中说，"我没有别的，只有热血、辛劳、眼泪和汗水献给大家"，但这已足够。他身穿工作服，叼着雪茄，手指比出V字胜利标志，他代表了希望。

在20世纪30年代中期，丘吉尔因为反对印度自治，支持爱德华八世而声名受损。由于他习惯于改换党派阵营，所以并不受保守党草根人士的欢迎。但是，他超越党派的作风在第二次世界大战中变成了一笔巨大的财富。他上任之后，立即创建了一个联合政府，将4名劳动党议员（艾德礼担任掌玺大臣）、1名自由党成员引入议会。这是因为，面对战争危机，将国内各方力量团结起来非常重要。丘吉尔如"一战"时期的劳合·乔治一样精明，在他的精心安排下，各方力量都被整合起来投入战争当中。工党被留作负责掌管国内事务，并开始构思未来的社会改革方案。比起劳合·乔治，丘吉尔更像一位战时的官方领袖，他不怎么喜欢玩弄权术和阴谋，与武装部队的关系非常亲近。此外，他在1940年5月获得防务大臣的官衔，掌握了战时内阁国防委员会的指挥权。

丘吉尔最重要的任命之一是指派行为高调的加拿大新闻大亨比弗布鲁克男爵（Lord Beaverbrook）为飞机生产大臣。在比弗布鲁克男爵的影响下，飞机产量增长了3倍。但是，缺少受过训练的飞行员依然是一个严重的问题。敦刻尔克撤退之后，英国意识到，武器制造业必须得到显著加强。如果德国在法国战败后的一个月内登陆英国，英国将没有足够的军备物资来对付德国军队。

在伦敦寻求庇护的还包括夏尔·戴高乐（Charles de Gaulle），他是一名优秀的士兵，从法国逃亡到英国继续坚持战斗。他成了"自由法国部队"的领导人，因此同时也是法国所有殖民地的潜在领导人。法兰西第三共和国留下的是一个以法国南部城市维希为中心的残存国家，由第一次世界大战凡尔登战役的英雄贝当元帅（Marshal Pétain）领导。法国其余地区被德国占领。许多法国人感到英国背叛了他们。他们认为，英国本来可以在法国陷落前借给他们更多战斗机。1940年7月，在凯比尔港（Mers El Kébir），英国海军为了阻止德国人使用法国地中海舰队而将其击沉，造成1300名法国海军将士丧生。

战斗机司令部总指挥官休·道丁爵士（Sir Hugh Dowding）在仔细计算了保卫英国本土所需的战斗机数量后，拒绝向法国借用战斗机的请求做出让步。8月，在丘吉尔拒绝与德国单独签订条约的10天后，不列颠之战开始了。借用威灵顿将军曾说过的话，不列颠之战是"最势均力敌的较量"。和滑铁卢战争一样，其结果是英国取得了决定性胜利。

1940年8月，温斯顿·丘吉尔用具有说服力的咆哮声清楚地表示，英国将继续依靠自身力量与纳粹主义斗争到底。此时，希特勒决定入侵英国，这项计划称为"海狮行动"（Operation Sealion）。从斯凯尔特河到布伦港，法国海峡和北海南部的所有港口都挤满侵略的驳船，上面装载着身着灰色制服的士兵，他们在等待德国轰炸机率先飞往英国上空削弱英国。人们开始害怕起来，担心英国像其他西欧国家一样，很快被纳粹的闪电部队踏平。6月30日，德国占领了海峡群岛，并在奥尔德尼岛（Alderney）建立了一座集中营。丘吉尔政府宣布，英国即将遭到入侵。但是，在入侵不列颠本岛之前，德国人必须首先与守卫英吉利海峡的皇家海军护卫队交锋——那些战舰同时处在英国皇家空军的掩护之下。

1940年8月13日，不列颠之战打响了。德国向英国东南部军用机场出动了1485架次轰炸机。它们连续多天，在肯特和苏塞克斯投下了极具杀伤性的炸弹。幸运的是，由于英国秘密使用了雷达，德国轰炸机的效率极大地降低了。雷达由罗伯特·沃特森－瓦特（Robert Watson-Watt）发明，在两次世界大战之间得到英国科研人员的改进。英国在南部和东部沿岸地区间隔地修建了雷达站。从1936年开始，雷达就被用于侦察迫近的飞机，提早发出警告，为皇家空军部队飞行员争取时间，以便他们尽快冲到飞机上在空中迎击敌人。8月15日，皇家空军部队与大约1800架次德国轰炸机展开大规模战斗，取得了决定性胜利。这些德国轰炸机原本可以用来摧毁保卫英国南部的战斗机。在炎热的8月，英国在空中展开的战斗对于阻止外敌入侵来说起到了至关重要的作用。

如果德国轰炸机坚持轰炸英国的战斗机军用机场和飞机制造厂的话，他们可能真的会最终打败英国。但是，英国皇家空军误以为德军轰炸了伦敦，作为报复，他们在柏林上空投下了炸弹。得知这一消息后，希特勒和德国轰炸机部队总指挥官赫尔曼·戈林（Hermann Göring）十分生气，他们下令德军停止袭击军用机场，改为轰炸伦敦。该行动代号为"闪电"（Blitz）。9月7日，伦敦市民惊诧地发现，900架德国飞机（其中包括300架轰炸机和600架战斗机）在下午4:30左右，在光天化日之下，从他们的头顶上呼啸而过。德国飞机就像一群可怕的巨鹅，先飞到伦敦东区，再从英国南部飞到法国。接着，当晚8:30左右，夜间轰炸开始了。一批又一批德国轰炸机轮番轰炸伦敦，直到凌晨4:30才停止。到了那时，整个伦敦上空就像燃烧了起来，大约2000人丧生或身负重伤。伦敦东区和泰晤士河畔的码头都被烧毁。与此同时，伦敦的防御系统——地面防空部队的探照灯正对着天空搜寻德军飞机。

英吉利海峡的德国运输船数量每天都在增加，但对英国来说，危险已经过去。虽然在9月，英国南部村庄的一些教堂仍用钟声作为警报，提醒居民注意空袭，但德国正在空战中节节败退。德国停泊在英吉利海峡的船只从未有机会吐出它们承载的凶狠士兵，也没有将鲜血和死亡带到英国宁静的沙滩之上。伦敦虽然在未来57天连续遭遇夜间轰炸，但截至9月17日，英国取得了不列颠之战的阶段性胜利。希特勒被迫无限期推迟了入侵英国的计划，再次入侵至少得等到来年春季。然而第二年（1941），希特勒的注意力就转移到攻占苏联上了。在拿破仑战争之后，英国再一次维护了本国的自由以对抗欧洲大陆的独裁者，这也是其通过长期斗争推翻暴政的立足点。

年轻的英国空军在勇敢的波兰人的协助下，决定为祖国遭受的损失展开复仇，他们以损失 900 架飞机为代价，击落了敌军大约 2000 架飞机。从一年前战争开始以来，不列颠之战让纳粹德国第一次遭遇挫折。丘吉尔表达了对飞行员的崇敬之情，希望以此鼓舞国民斗志："在人类战场上，从来没有一次像这样，以如此少的兵力，取得如此大的成功。"

即便如此，英国也只是短暂地喘息了一下，夜间空袭一直持续到 1941 年 5 月。许多伦敦人一直利用地铁网络躲避空袭，直到空袭完全结束。根据 1940 年 9 月 27 日的官方统计，17.7 万名男性、女性和儿童晚上睡在地铁站里。1940 年 9 月到 1943 年 5 月，大约 1.88 万吨炸弹从伦敦上空投下。但是，并非只有伦敦一座城市遭遇空袭。德国也对其他城市进行了"闪电"轰炸。11 月 14 日到 15 日，在考文垂，1000 人死于空袭。11 月 29 日，德军对伯明翰进行了密集轰炸。同一天晚上和 1941 年 5 月初，利物浦也遭遇空袭。1940 年 11 月 30 日，南安普敦和普利茅斯遭到轰炸。布里斯托尔、曼彻斯特和格拉斯哥也分别在 1940 年 12 月 2 日、12 月 22 日和 1941 年 3 月 18 日至 19 日遭遇了空袭。贝尔法斯特在 1941 年 4 月的 4 个晚上和 5 月的 2 个晚上遭遇了空袭。1942 年 4 月 23 日到 6 月 6 日，希特勒下令袭击英国历史名城，作为对英国轰炸吕贝克的报复；这次轰炸被称作"贝德克尔空袭"（Baedeker raids）。埃克塞特、巴斯、约克、诺里奇和坎特伯雷都相继遭遇空袭。

但是，英国不仅需要维护本土利益，还需要考虑中东地区，尤其是埃及和通往印度一线的利益。1941 年 5 月，英国阻止了亲轴心国集团对抗伊拉克的摄政者。澳大利亚、印度、英国和自由法国的军队攻占了叙利亚和黎巴嫩，自由法国取代了当地维希政权掌控的政府。意大利军队在北非挑起战端，英国无法坐视不管。英国同时希望鼓励欧洲大陆的中立国远离轴心国。从 1940 年 10 月末开始，巴尔干地区出现了同盟国事业的"机会之窗"。

1939 年 5 月，墨索里尼已经占领了阿尔巴尼亚；1940 年 10 月，他企图入侵希腊。虽然当年签订的《钢铁条约》（Pact of Steel）*确定了德意联盟，但希特勒却

---

* 指 1939 年 5 月 22 日德意两国签订的《军事同盟条约》，亦称《钢铁条约》。——译者注

在巴尔干地区挑战意大利的天然霸主地位（此时希特勒已经部分肢解了罗马尼亚，控制了那里的油田），而墨索里尼则计划将意大利帝国的领土拓展到巴尔干地区。希腊人驱逐了墨索里尼的军队，到1940年12月，希腊人已经部分占领了阿尔巴尼亚。英国开始逐步在希腊组建军队。但是，德国军队快速穿过巴尔干地区挽救局势，"机会之窗"开始关闭。次年3月，英国5万大军在奥康纳将军（General O'Conner）的率领下，开始在北非西部沙漠地区取得了一系列胜利，几乎就要将意大利人从北非完全驱逐出去。但在4月，希特勒向希腊和南斯拉夫发动进攻，英国军队突然被迫转向希腊。这两个国家在西莫维奇将军（General Simović）发动反德政变之后，宣布反抗轴心国。5月中旬，战争结束，这两个国家都被德国占领。

英国军队不得不撤退到希腊本土南端的克里特岛。5月20日，约3万英国、澳大利亚和新西兰军队在对抗德军的另一次空中入侵时战败。虽然同盟国军队作战十分英勇，但因为缺少空中掩护，他们只得尽快撤离。现在，不仅西北欧处在德国的控制之下，连南欧也落入了德国的手中。

1941年年初，意大利人已经完全被驱逐出北非，但是现在北非再一次成了令人绝望的战场。如果奥康纳将军没能完成任务，希特勒便有充足的时间将他最优秀的将军埃尔温·隆美尔（Erwin Rommel）及其非洲军团的坦克运送过地中海援助意大利人，就像他在巴尔干半岛援助意大利人一样。隆美尔沿着海岸线向东将英国军队逐出了昔兰尼加（Cyrenaica），开始在埃及对英军构成威胁。现在，只有埃塞俄比亚是安全的。英国士兵和肯尼亚人及非洲其他国家和地区的人民并肩作战，共俘虏了20万意大利人，恢复了海尔·塞拉西（Haile Selassie）的王位。

巴尔干战役（Balkans Campaign）对英国来说是一次失败。不过，巴尔干战役也产生了意料不到的重要影响；在德国踏平希腊和南斯拉夫的时候，希特勒入侵苏联的步调被拖慢了整整6周。而这6周成为德国入侵苏联失败的主要原因，因为这段时间的延迟使得德国无法在冬季到来之前完成入侵计划。在1941年3月，希特勒已经开始构建他的"巴巴罗萨计划"（Operation Barbarossa）——在夏季入侵苏联。和差点儿成为世界征服者的拿破仑进攻俄国的结果一样，希特勒因进攻苏联走向了无法挽回的失败。巧合的是，德国元首在6月22日开始入侵苏联，这正是拿破仑在1812年开始入侵俄国的日期的前一天。"巴巴罗萨计划"结束了英国遭到的入侵威胁，在未来的几年内牵制住了德国的兵力。

这个错误最终导致了希特勒的失败，他为何会犯下这样一个意义深远的错误呢？实际上，希特勒一直打算入侵苏联，将其变为德意志帝国的一部分，但他真正开始实施这一计划是在1943年左右。希特勒对布尔什维克的真实厌恶意味着苏德同盟只能短暂维持。推动战争爆发的事件是1940年苏联占领了罗马尼亚一半的领土，进而对德国的一处重要石油资源——罗马尼亚油田构成了威胁。此时，由于伊拉克和波斯均被同盟国占领，希特勒无法使用那里的石油资源。1940年，苏联占领了波罗的海国家立陶宛、爱沙尼亚和拉脱维亚。这加剧了希特勒对斯大林意图的怀疑。截至1940年圣诞节，希特勒已经秘密决定在以一场战斗结束不列颠战役之后，迅速发动对苏战争，以防止德国被对手从背后捅刀子。

对希特勒来说，不幸的是，英国已经了解了他的计划。1941年年初，英国从德国U110潜艇上获得了德国密码机"恩尼格玛"（Enigma，意为"谜团"）。经过英国译码员的分析，英国可以解密由柏林最高司令部向所有德国军队发送的密报信息。这台密码机是英国人在德国船员弃船逃走后，从他们逼上水面的德国潜艇中截获的。由学者、数学家和字谜爱好者组成的团队在牛津郡的布莱切利园夜以继日地研究密码的各种变式，同时监听德国向全欧洲发出的电报。正是因为"恩尼格玛"，1941年3月，英国才能够在丘吉尔所称的"大西洋海战"即将战败的情况下扭转战局。这是一场对抗德国U型潜艇的战争，起因是德国占领了法国，威胁着英国从美国获得粮食和石油供给。德国潜艇从法国大西洋沿岸港口出发，以所谓的"狼群"战术在海里搜寻"猎物"，摧毁的运输船总吨位达到数十万吨。

英国译密员已经破译了从柏林发送给东线战场德国军队的"巴巴罗萨计划"。但是，当英国政府通知苏联时，苏联人却拒绝相信。他们认为，这是资本主义离间德国和苏联的诡计。但是，他们很快意识到，这并不是什么诡计。德国军队只留下44个师在后方保卫西线，6月22日，德国军队在南部喀尔巴阡山脉和北部波罗的海之间推进了1000英里。斯大林于20世纪30年代末在苏联内部发起了大清洗运动（Great Purge），致使英国低估了苏联军队的战斗潜力。但是，苏联拥有的坦克数量是德国的3倍；此外，苏联还拥有庞大的爱国人口，大批士兵做好了为国捐躯的准备。苏联还有一个"秘密武器"：苏联路况极差，足以阻止任何入侵者过分深入。不同于荷兰、比利时和法国用柏油铺成的平整汽车道，一旦下起雨来，苏联的道路便会变得泥泞不堪，德国坦克根本无法通行，苏联的道路几乎和苏联人民本身一样，成了阻止德国军队前进的有力武器。苏联战役的这个特点对德国来说是始料未及的。

随着德军的深入，以往的闪电战策略已经不再奏效。德军在苏联找不到像西欧一样便捷的进军路径，因而必须采取不同的军事战略。至于切断苏联人与他们的物资运输车之间的联系，也不可行，因为苏联人根本没有物资运输车。他们一直处在半饥饿状态，靠吃地里长出来的东西和所有能跑的动物为生。到了1941年12月，已经深入苏联境内的希特勒军队被迫停了下来，徒劳地与暴风雪抗争。暴风雪遮蔽了所有路标，冻住了他们的坦克。然而，对于欧洲其他被占领的国家和地区来说，此时尚未有人料到希特勒自此走向失败的末路。

然而，那年冬天发生了一起事件。事实证明，这起事件和希特勒入侵苏联一样，起到了重要作用。12月7日，日本偷袭了美国珍珠港。300架日军飞机从夏威夷上空飞到太平洋中部，在事先没有做出任何警告，也没有向美国宣战的情况下，轰炸了停泊在珍珠港的美国舰队。此次轰炸造成3000名美国船员丧生，8艘美军战列舰被击沉了4艘。这起事件立刻在美国国内引起了巨大的骚动。美国终于加入了第二次世界大战。

原本局限于欧洲大陆的战争已经发展为真正意义上的全球性冲突。希特勒在12月11日向美国宣战。如果希特勒没有这么做的话，美国国会可能坚持认为，战争应该被限制在东南亚和太平洋，这将导致欧洲仍然在纳粹的铁蹄下挣扎。许多美国人在日本偷袭珍珠港之后，才不再把希特勒征服欧洲单纯视为一个地区性问题。

从1940年夏天法国陷落，四面楚歌的丘吉尔向美国求援以来，颇有远见的美国总统罗斯福便开始向英国提供非官方支持。美国借给英国50架轰炸机，作为回报，英国允许美国租用英属西印度群岛的基地。从1941年2月起，英美两国便确定了这种慷慨的"平等租借交换"安排，美国以借贷形式向英国提供食物和物资。英国因战争影响贸易而出现的现金流短缺问题得到了解决。但是，这与1942年之后美国大兵和英国士兵并肩作战，以及美国将全部制造业引擎都用于同盟国一方不是同一个概念。现在，世界第一大工业强国——美国参与了战争，纳粹可能会被打败。罗斯福同意，在击败日本之前，应该首先击败德国。

从1937年起，长期对西方民主国家持敌对态度的日本作为轴心国成员之一，决定利用英法两国在西线战场的困境，乘机在太平洋和东南亚地区称霸。法国和英国的殖民地，包括荷属东印度群岛、中南半岛和马来西亚出产了世界上大约80％的橡胶。橡胶在20世纪这个坦克和汽车的时代是一种非常重要的商品。这些地方可以同时为日本提供其所需的石油和橡胶，充分满足其需求。从1940年开始，随着经济形势下滑，日本政府逐渐被军队所控制；一年之后，好战分子东条英机成了日本政府的首脑。在他看来，日本对太平洋地区有着合法的统治权，而英国在新加坡的基地和美国在夏威夷的舰队阻碍了日本在太平洋地区称霸。东条英机将美国舰队视为"刺向日本咽喉的匕首"。如果摧毁珍珠港，日本便能够明目张胆地控制太平洋地区。日本的计划几近成功，只不过在接下来的4年中，在太平洋地区与美国超长时间地持续作战阻止了日本占领澳大利亚。但是，日本在大英帝国远东地区的前哨基地取得了胜利。1942年2月中旬，香港和本来被认为坚不可摧的新加坡落入了日本人之手。

日本还占领了缅甸，直逼印度边境地区，印度国民大会党利用这个情况获取了英国允许其战后独立的承诺。如若不然，印度人将欢迎日本军队前来"解放"他们。英国军队从缅甸缓慢地驱逐日本人，并南下马来半岛，3年半之后重新夺回了新加坡。在许多英勇的同盟国士兵中，奥德·温盖特将军（General Orde Wingate）领导的缅甸"钦迪特部队"（Chindits）以英勇壮举谱写了传奇故事。

然而，在1942年年末，除了英国本土，从法国与中立国西班牙的边界到穿过苏联领土的道路的中段，欧洲大部分地区都处在轴心国的掌控中。人们并不清楚苏联其余地区还能坚持多久。从8月开始，史诗般的斯大林格勒保卫战（Battle of Stalingrad）就一直激烈地进行着，这座城市控制着前往高加索地区的入口和那里的油田。虽然英国破译了"恩尼格玛"，但德国潜艇仍在大西洋战场上严重威胁着同盟国军队，盟军的船只以平均每天3艘的速度被德军潜艇击沉。

被占领地区出现了独立自主的抵抗运动，这是惨遭纳粹蹂躏的国家所出现的唯一积极现象。各类英雄人物延续着民族精神，与纳粹展开了艰苦卓绝的斗争。因为陆军准将菲茨罗伊·麦克莱恩（Fitzroy Maclean）的勇敢行动，南斯拉夫游击队仍然支持英国。1943年，菲茨罗伊敦促丘吉尔支援南斯拉夫领导人约瑟普·布罗兹·铁托（Josip Broz Tito），并以空降的方式向南斯拉夫游击队提供武器支援。在余下的战争中，铁托手下的一支小型游击队躲藏在南斯拉夫境内的山洞中，牵制住德国的25个师。

像法国地下反抗军（French Resistance）的神秘英雄让·穆兰（Jean Moulin）一样的男男女女继续进行着谍报活动这项"致命游戏"。他们代表同盟国，汇报德军行动，以达到破坏德军防御的目的，尤其是帮助同盟国特别部队使用降落伞秘密空降在欧洲被占领地区。从1941年开始，纳粹实施了骇人听闻的暴行，还美其名曰"最后方案"——对波兰死亡集中营里的犹太人、吉卜赛人和斯拉夫人进行大规模屠杀。而谍报人员的作用常常是带领犹太人逃到安全地带。德国一旦占领一个国家，就会把所有犹太人集中起来，窃取他们的财物，将他们押上火车，送往奥斯维辛和达豪等集中营。

美国参战后，同盟国内部的战略目标出现了不一致。美国面积广大，是英国的老牌盟友，但它的战后世界愿景与英国并不契合。美国不希望花钱派军队保护大英帝国。同样，丘吉尔也表示："我成为国王的首席大臣并不是为了管理大英帝国的债务清算。"其潜台词给本来应该非常良好的两国关系增添了一丝紧张气氛。

1942年上半年，托布鲁克（Tobruk）落入隆美尔之手。对大英帝国在北非西部沙漠的利益来说，这是一个坏消息。3个月前，新加坡陷落，英军急需重整士气。英军被迫放弃了埃及境内的对德前线以及一半的埃及领土，仓促撤退到埃及中部地区，在距离重要港口亚历山大港仅55英里的阿拉曼（El-Alamein）挖掘壕沟进行防护。6月3日，隆美尔将军队调集到阿拉曼直面英军。情况十分危急，已经在亚历山大港抛锚停泊的英国舰队不得不起航掉头通过苏伊士运河，进入红海躲避。埃及人认为英国已经输掉了战争，马上就要驶离。然而，英军坚守住了埃及，并在奥金莱克将军（General Auchinleck）的领导下，在当年7月对隆美尔的阿拉曼战役（Battle of El Alamein）中首战告捷。那时，英国军队已经委任了新指挥官——精力充沛的蒙哥马利将军。同时，英国军队得到了大量美式谢尔曼坦克的支援,"沙漠之狐"(英军给隆美尔起的绰号)最终被打败。1943年1月,紧随埃及战役的胜利,德国第六集团军在斯大林格勒保卫战中被打败。战争的转折点到来了。

尽管罗斯福并不愿意承担英国实现帝国目标产生的连带经济责任,但既然美国已经宣布参与战争,人民便期待政府在战争中有所作为。因此,罗斯福同意支持丘吉尔保卫埃及的计划,两国准备一起将所有德国和意大利军队逐出北非。截至1943年5月,继英美军队于前一年11月在摩洛哥和阿尔及利亚登陆之后,这一目标顺利完成。

1943年年初,斯大林敦促英国和美国在欧洲开辟第二战场:如果英美两国在法国北部登陆,苏联的压力将大大减轻。经过一些争论之后,三国同意,只有在英国南部海岸聚集了足够多的军队,并尽可能保证登陆成功之后,才可以实施开辟第二战场的计划。

不过,同盟国一致同意从意大利南部进入欧洲大陆,以此迫使纳粹军队从欧洲大陆撤退。轴心国的兵力部署降低了达成这个目标的难度。轴心国将大部分兵力投入北非战场,而没有在欧洲留下足够部队进行防御。英国利用"肉糜行动"(Operation Mincemeat),成功欺骗了德国,进一步摧毁了德国的计划。英国将一具无名尸体运送到西班牙海岸,在他的钱包里放置了一份文件,文件显示同盟国进入欧洲的计划将从撒丁岛开始。撒丁岛的确是支援法国更符合逻辑的登陆地点,因为它几乎就在法国马赛的正南方。但实际上,同盟国军队在7月10日从西西里岛登陆。这意味着,他们需要一路战斗,才能到达意大利半岛。但是,这条路径比从法国海岸进入欧洲更为安全,尤其是在墨索里尼拒绝了希特勒派遣德国军队保卫意大利本土这个令他尴尬的建议之后更是如此。地中海几乎快变成轴心国的内湖,占领西西里岛将有助于解放地中海地区。马耳他人民面对德国空军的狂轰滥炸进行了英勇抵抗,使德国军队计划落空。乔治六世向马耳他人民颁发了乔治十字勋章,以表彰他们的英勇抵抗。

1943年7月25日,意大利发生政变,墨索里尼政府倒台。此次政变之后,同盟国的领导者终于表现出一丝审慎的乐观。新一届意大利政府在巴多里奥元帅(Marshal Badoglio)的带领下,于9月向同盟国投降。之后,德国被迫同时和其前轴心国盟友意大利及英美军队作战。不过，同盟国军队在意大利半岛上的推进速度极为缓慢，他们几乎用了两年时间才到达意大利的北部边境地区。

战争十分惨烈。9个月之后，1944年6月4日，同盟国仅仅到达了从那不勒斯乘坐火车4个小时就可抵达的罗马。两天之后，在一次精彩的水陆两栖作战中，同盟国军队在美国将军德怀特·艾森豪威尔（Dwight Eisenhower）的总指挥下从法国被占领地区的海岸成功登陆。

幸好不列颠群岛仍然是自由的，登陆所需要的人员和物资都可以被放置在英国南部海岸地区，在那里，可供30万士兵训练的营地也在稳步建设中。尽管这些准备都是切实可见的，但对行动尽可能地保密也非常重要。德国高级将领可以从这些军营中看出同盟国即将发动进攻；但是，军营位置并不能表明进攻将在哪里开始。西线战场总司令冯·伦德施泰特（von Rundstedt）陆军元帅认为，同盟国军队将从英吉利海峡最狭窄的部分渡过，然后在加来与迪耶普之间登陆。希特勒和隆美尔（他现在正有效地指挥着德军防守英吉利海峡）都从一些迹象中察觉出同盟国军队可能将在诺曼底登陆。隆美尔凭借这种预感，在1944年春天下令在诺曼底沿岸布设地雷。

在6月6日诺曼底登陆日，同盟国占据了所有的空中优势。在一场杰出的后勤补给战中，同盟国15.6万军队成功登陆诺曼底沙滩，其中主要是英国、加拿大和美国士兵。5天之后，其余士兵从英格兰到达法国，并带来5.4万辆汽车；他们建立了长达80千米的桥头堡，呈扇形从西向南展开。虽然统领陆军的蒙哥马利元帅会说，一切在诺曼底登陆日像发条一样精准地运行，但它的成功绝不是预先就能确定的。诺曼底登陆那天的天气十分严酷，暴风雨肆虐，尽管这样的天气给英国远征军创造了意外的优势，因为德国军队会认为盟军不会冒险在这样的天气下登陆，但是也造成了十分严重的人员伤亡——盟军的伤亡人数高达1万，其中约2500人直接在沙滩上阵亡。不过，倘若德军部队没有在意大利受到牵制，盟军的伤亡情况将更加惨重。数千名盟军士兵奋不顾身地从小型登陆船上冲上海滩。他们的背后是特别为登陆而建的马尔伯里人工港（artificial Mulberry Harbours），军备物资可以通过港口运送到岸上。与此同时，美军的飞机冲进法国上空，炸毁了塞纳河和卢瓦尔河沿线的所有桥梁，切断了德军坦克冲进诺曼底的道路。

诺曼底登陆标志着纳粹独裁统治开始走向终结。截至1944年9月，同盟国已经扫清了从东方到西方，包括苏联、法国和意大利境内的一切德国军队。法国于当月获得解放。现在，由于德军轰炸机的起飞地点已被占领，英国不再受到又被称为飞行炸弹或"蚁蛉炸弹"的V-1s骚扰。但是，在接下来的几个月中，新式火箭V-2还是在有限范围内引起了局部破坏。同样在9月，从飞机上降落到地面准备攻占莱茵河沿线桥梁的同盟国士兵或被杀死，或被俘虏；蒙哥马利将军在进入德国境内的过程中，在荷兰的阿纳姆（Arnhem）遭到了阻截。但是，总体而言，盟军开始走向胜利。

1945年1月，苏联军队在朱可夫将军（General Zhukov）的率领下，攻占了之前落入德国之手的波兰首都华沙，随后向东普鲁士进发。很快，苏联军队与他们西方盟友的阵线前沿之间只剩下不到400英里的距离。比起美国军队和英国军队，希特勒对不断逼近的苏联军队更为警觉。在苏联军队的威胁之下，希特勒只好将军队派往东线战场的奥德河（River Oder）*。此举解放了西线战场的英美军队，使得他们能够穿过莱茵河。在此之后，希特勒很快落败。苏联军队在4月底到达柏林，希特勒随后自杀。德国最终投降，5月8日被宣布为欧战胜利纪念日。对抗日本的战争在此之后又持续了3个多月。

英国人民走上街头载歌载舞。他们终于解脱了，一身轻松地涌入皮卡迪利大街和伦敦摩尔大街（The Mall），欢呼簇拥着丘吉尔和拒绝离开伦敦的王室家族。伦敦每一处地标性建筑都承载了战争的伤痕，比如白金汉宫和议会大厦，英国主要城市也普遍受到炸弹的袭击。

约6万英国公民死于德国轰炸机的轰炸，900万人服务于各类军事组织；几乎每个家庭都因战争失去了至少一个儿子、兄弟或父亲。英国人民响应丘吉尔的号召，为了取得战争胜利而挖掘马铃薯，以求不需要依赖粮食进口，同时坚持以少量的配额供给维持生活。此外，他们还要承担高额税收。美国在战争中向英国提供了经济援助，向丘吉尔提供了他所说的"完成工作"所需的工具。现在，英国终于完成了它的"工作"。

---

* 发源于捷克，流经波兰西部，全长854公里。——编者注

到了 1945 年年底，英国已经变成了一个与 1939 年时截然不同的国家，其内部更加紧密团结。全面战争激发了友爱的精神，大规模地消除了阶级差异。丘吉尔政府在战争期间获得国内的一致支持，同时还规划了社会改革方案，该方案几乎得到每个人的欢迎。在这样一场史诗性的战争之后，大部分英国人认为，应该建立一套安全网络，保护贫困人口和易受伤害的人群，比如安抚丈夫为国捐躯的遗孀，为英勇就义的士兵之子提供良好的教育机会。在严酷的战争考验之后，英国出现了新理想主义。英国人民更加渴望建立一个公正公平的国家。

同时，世界和英国本土也弥漫着令人沮丧的悲观情绪。全球范围内的死亡人数高达 5500 万人，是第一次世界大战死亡人数的 5 倍，这可谓可怕得难以想象。纳粹分子对犹太人，日本人对同盟国战俘均做出了无法形容的残酷行径。然而，同盟国也对世界使用了大规模杀伤性武器。在未来的 40 多年中，原子弹这一大规模杀伤性武器一直让世界笼罩在阴影之中。为了尽快结束战争，同时防止苏联军队占领日本，两颗原子弹被投向日本的城市广岛和长崎。每一颗原子弹的爆炸都造成了大约 8 万人死亡，以及成千上万例新生儿缺陷。炽热的空气和耀眼的白光上方升腾起的巨大蘑菇云宣告人类已经找到了一种足以摧毁地球上一切生命的能量。日本 90% 的战舰已被摧毁，但仍拒不投降。成千上万名同盟国战俘还被日本人关押在极端残酷的环境中。1945 年 8 月 14 日，在广岛原子弹爆炸 8 天之后，帝国主义日本终于宣布无条件投降。

日本投降后，第二次世界大战结束。大英帝国的殖民地虽然仍广布全球，但帝国荣耀已逝。印度获得了独立；非洲和亚洲的英国殖民地兴起了反殖民主义，那里的当地人民也渴望获得独立和自由。英国与加拿大、澳大利亚和新西兰自治领之间的关系因共同反抗希特勒独裁统治而得到了巩固。但在 1945 年之后，环太平洋国家与美国签订了自我防御协定。因为有美国军事力量的支持，澳大利亚在"二战"中才免于被日本占领。

国内改革与国外共产主义的发展（1945—1952）

1945 年 5 月 8 日，德国无条件投降，支离破碎的欧洲终于正式迎来了和平。

在德国投降前一周，西线战场的各条前线相继签署了一系列停战协议。自从4月30日希特勒自杀的消息传开之后，德国就无心应战，虽然战争的影响在一段时间之后才得以逐渐消除。1945年年初，取得胜利的苏联军队遍布欧洲，促使少数德国高级将领，如在意大利作战的陆军将领沃尔夫将军，独立于希特勒之外，秘密与同盟国军队进行谈判。德国人可能不喜欢同盟国的民主制度，但却更害怕红色苏维埃军队代表的共产主义。许多德国官员认为，德国最好现在加入同盟国，一同对抗共产主义。但是，同盟国对德国无条件投降的坚持及希特勒的暴政延长了战争。希特勒躲在柏林总理府下方100英尺处的掩体中，而从郊区到城市中心，德国的平民百姓却在大街上和苏联人战斗。他们由于绝望，勇敢得几近疯狂。

德国对苏联红军的恐惧很快被证实确有必要。苏联红军在东欧蔓延开来，各种迹象表明他们将留在那里。在带领苏联取得斯大林格勒保卫战胜利的伟大将军朱可夫的领导下，苏联军队的英雄功绩为他们赢得了传奇声誉。苏联以牺牲2000万士兵的生命为代价，将德国人从东欧驱赶了出去：首先从苏联本土，接着从波兰、匈牙利和奥地利；苏联军队一路战斗，穿过半个德国，进入柏林。但是，在这个过程中，苏联红军占领了沿途各个国家，并且在战争结束之后拒不撤出。这就是同盟国允许苏联红军将欧洲大陆各地区从纳粹暴政中解放出来所付出的代价。

罗斯福和丘吉尔已经宣布两国"不追求领土或其他方面的扩张"，尊重"各国人民选择其政府形式的权利"。而他们的盟友斯大林的战争目的则恰好相反。但是，为了将苏联留在同盟国阵营，罗斯福和丘吉尔不得不同意了斯大林的要求，将东欧纳入苏联的势力范围。斯大林希望重新恢复苏联在第一次世界大战结束之前的大国地位。为了防止中欧产生类似德国的超级大国，斯大林计划将所有与苏联接壤的国家变为忠于苏联的卫星国或附庸国，也就是说，变成由共产主义政权统治，由莫斯科培养出来的领导人领导的国家。

美国政府部门总体上对斯大林持友善态度，一位美国历史学家曾经把斯大林叫作"魅力四射的临时绅士乔大叔"。美国人和丘吉尔及更加谨慎的英国外交部不同，他们天真地推测，苏联会依据英美的民主路线建设东欧附庸国。美国政府认为，斯大林会不可思议地改变本性，在苏维埃全部势力范围内允许自由选举。

在英国挺身而出，反抗纳粹在欧洲的统治时，美国总统罗斯福起到了至关重要的作用。他在多数美国人都没有对参战建立起同理心的时候，以非官方方式向英国提供了财政援助。但是，他对欧洲的战后局势并不像原先那般感兴趣，部分原因在于他已经到了垂暮之年。与丘吉尔不同，在1945年2月于克里米亚举行的雅尔塔战略会议上，罗斯福没有对斯大林摆出进攻的架势。罗斯福去世后，美国政坛出现了一些混乱，杰出但缺乏经验的哈里·S·杜鲁门（Harry S. Truman）继任美国总统，在他的领导下，美国并没有将注意力聚焦在斯大林在东欧的行动上。但丘吉尔却一直在关注斯大林在东欧的动作。

丘吉尔运用惯有的战略意识，看到随着战争的结束，西方强国需要做的事情应该是阻止苏联红军过分向西推进。苏联军队一旦进入一个国家，不通过战争很难将其赶出去，而英国凭借当前的人力、物力，已经无法支撑再次开战。但是，如果同盟国军队先于苏联军队进入布拉格、柏林、维也纳和华沙，解放这些地区，那么苏联人便没有理由靠近这些国家的首都。但是，美国指挥官对这个计策不感兴趣，美国总统并没有命令他们继续前进，因此他们拒绝了继续向东前进的要求。丘吉尔牵制苏联的计划遭到了阻碍。苏联军队将势力拓展到了目之所及之处，斯大林的力量比以前更加强大。

随着和平重新到来，之前被战争阻碍的苏联开始重新向世界输出革命。比起曾经的共产国际，苏联红军传播共产主义的效率要高得多。在战后波兰实行自由选举是丘吉尔对斯大林提出的要求之一，当时斯大林也同意这个要求。但是，斯大林食言了。1945年，伦敦的波兰流亡政府的意愿被忽略。无论如何，自1943年波兰总理西科尔斯基（Sikorsky）神秘死亡之后，波兰流亡政府的领导已经变得支离破碎、毫无效力了。

1945年7月，在德国被占领城市波茨坦（Potsdam）举行了和平会议。会上战后西方民主政府和东方苏维埃政府之间发生了摩擦。但是，也出现了一些预示着希望的事件。一个月之前，国际组织联合国（United Nations）在美国旧金山成立，旨在完成类似国际联盟未能实现的使命——维护世界和平。50个国家签署了联合国宪章，开始定期参与类似于会员大会的联合国大会。创建联合国反映了第二次世界大战结束之后的世界政治格局，美国、苏联、中国、英国和法国5个国家成为常任理事国，拥有一票否决权。

但是，在波茨坦会议上最紧迫的问题是如何处置德国和奥地利，其次是如何处置意大利。意大利虽然在"二战"即将结束时加入了同盟国阵营，但它不得不将伊斯的利亚的部分地区和城市港口阜姆（Fiume）让给南斯拉夫，并将多德卡尼斯群岛（Dodecanese）让给希腊；意大利还声明放弃其对非洲的殖民统治。奥地利被划分为英占、法占、美占和苏占区，直到1955年才变成严格意义上的中立国。

各国同意将德国也划分为4个区域，分别由四大国占领。虽然法国在1940年战败，但英国还是为它争取到一块占领区。德国首都柏林也被划分为4个区域，分别由四大国占领。不幸的是，无论经由铁路还是公路，柏林与西方强国的距离都相对较远，而波兰正位于老普鲁士的苏占区。这种情况很快引发了问题。

英国最初派了两名代表参加波茨坦会议，包括丘吉尔和工党领袖克莱门特·艾德礼。丘吉尔在当时选举结果悬而未决时担任临时政府的领导。令保守党惊讶的是，1945年7月末，艾德礼领导工党取得了压倒性胜利，组建了第一届工党多数政府。英国人民虽然爱戴丘吉尔这位伟大的国家领袖，但是重返家园的士兵却投票支持工党领导国家重建家园。在英国人看来，保守党看起来仍然像是"负罪之人"，即便是在战争快要取得胜利的时候，也是如此。人们认为，保守党应该为其在20世纪30年代不够关心战争和实行绥靖政策承担责任。简单地说，英国人不相信保守党在进行了6年全面战争之后，能够推行他们希望进行的社会改革。

艾德礼曾担任丘吉尔的副首相。虽然他和列宁长相十分相似，但性格却大为不同。他之前是一名善良的出庭律师，大部分时间都扑在伦敦东区的慈善项目上。不过，他非常善于识人。他任命欧内斯特·贝文（Ernest Bevin）为外交大臣，许多人对他的决定表示惊讶，因为贝文既没有外交工作的背景，也没有敢于直言的声誉。当时，他因为在担任运输工人与普通工人工会及战时联合工会主席时表现出的稳健领导力而被人们熟知。贝文是一个受人尊敬且无所畏惧的人，他对国际事务总是充满兴趣，满怀激情，他在任何一场辩论中都会一直坚持自己的观点。他成了绥靖政策最早的批评者之一。此外，许多年来，贝文一直坚持与工会中的共产主义者进行战斗。随着苏联与其前盟友之间的关系日益紧张，他处理冷战问题的能力也得到了充分体现。

工党政府正在迅速改变英国。1927年的《贸易纠纷法》解放了工会，工会可以重新开始筹措资金。政府还对重工业实施了国有化，同时构思了新的住房计划和创新性的免费医疗计划。不过，艾德礼和贝文面临的最大问题在于如何处理被分区占领的战后德国。

现在，半个多世纪以后，我们已经很难想象第二次世界大战结束之时，人们对德国是多么愤怒。仅仅在第一次世界大战结束20年后，德国军国主义便再一次吞噬了欧洲大陆，将世界变成了战场。法国在70年间三次惨遭入侵，三度国家不保，首都巴黎两度遭到占领。法国人完全无法相信可以将一个民族的中央政府交给德国人管理。过去的经历让法国人相信，德意志民族过于好战，无法有效地自我约束。民族本性、国土面积和矿产资源导致德意志人不可避免地想要统治欧洲大陆。法国对德国战后处理问题进行了集中讨论。

不过，同盟国在讨论如何处理战后德国时，也存在诸多争议。一些人认为，应该像德意志统一前一样只设立地方政府，而联邦层面的政府则应该由英法控制。德国的工业发展受到限制，任何可能演变为军事工业的部门都遭到禁止。与此同时，法国制订了一套计划，对德国工业中心鲁尔区的钢铁制造业实行国际监控。

在政治和地理等长期解决方案之外，遭到战争摧残的国家还面临着大量更为实际的问题。不但德国乡村地区毁于一旦、疮痍满目，而且欧洲四处游荡着无家可归的人和到处劫掠的士兵。200多万德国人从雅尔塔会议后变成波兰西部领土的地区逃离。

一开始，占领德国的美国和英国士兵是不被允许与当地德国人讲话的。英国士兵对他们解放贝尔森集中营（Belsen concentration camp）时所见的景象十分震惊，600万犹太人在那里丧命。他们或是被毒气杀死，或是因患病、劳累过度而死。所以，美国和英国士兵并不希望与当地德国居民友好相处。在靠近这些集中营的城镇中，德国居民被强迫将这些在集中营里死去的人重新单独埋葬，之前其中许多人都被扔进集体墓地之中。但是，许多年过去之后，德国人民的惨境又令同盟国心生同情。在一个几乎连一处完整的建筑物都找不到的国家，他们开始明白丘吉尔建议不要坚持对德提出惩罚性赔款要求的智慧。所以，虽然位于德国城市纽伦堡（Nuremberg）的多国军事法庭以战争罪、反人类罪和种族灭绝罪等罪名审判了纳粹领导人，但提出的战争赔款（除了对苏联赔款）是德国很快就能付清的。

在1947年至1948年的严冬，局势发展到一个至关重要的阶段。气候似乎与资金匮乏合谋将欧洲战后经济复苏推迟了12个月之久。极寒阻断了煤炭运输，英国经济陷入了停顿。大部分时间煤矿都无法开工，严重地破坏了原本就摇摇欲坠的收支平衡。战争期间，英国大部分工厂都转向军需生产，因此这时面临着没有产品可出口赚钱的境地。由于天气原因，加之刚刚国有化的采矿行业在这个冬天发生持续罢工，英国持续发生停电事故。

然而，工党政府仍旧对改革"兴奋不已"，正如财政大臣休·道尔顿（Hugh Dalton）指出的那样，工党认为，改革将赋予英国生命。但是，改革需要大量资金。另外，尽管当时的税率很高，但缺少资金是1945年后工党政府最显著的特征之一。1940年之后，英国依靠美国的贷款和慷慨援助才得以继续进行战争。1945年8月，对日战争刚一结束，美国就削减了基于《租借法》（Land-Lease Loans）向英国提供的贷款。从当年9月开始，英国财政便变得困难重重。

美国一直怀疑英国心存帝国主义目的，对英国抵抗希特勒所做出的牺牲视而不见，为应对希特勒的战争已经消耗了英国大约1/4的国家财富和全部海外资产。为了打败德国，英国的制造业全面转向军需生产，其重工业转向战舰、坦克和飞机制造等行业。战后，美国没有给英国留出调整经济结构的时间。在原本受雇于武装部队的900万人中，大约有2/3面临失业。虽然传统行业随后复兴，这些人只是暂时失业，但由于英国已经失去了战前拥有的海外市场，相应国家陆续开设自己的工厂，用本国商品代替了英国的商品，所以回归正常的生产水平并不容易。

美国和加拿大同意向道尔顿借出13亿英镑，条件是12个月之后英镑可以和其他任何一种货币兑换。但是，仅仅在6个月之后，贷款就被花光了。道尔顿让位于斯塔福·克里普斯爵士（Sir Stafford Cripps）——一个品格高尚但枯燥乏味的人——他成了严格节制消费的代名词。在"兑换危机"中——英镑由于被兑换为美元，用以购买战后占主导地位的美国商品而消耗殆尽——英国再一次实行了战时政策，只允许极少量的资金流向国外。由于英国没有足够资金进口食品，也没有足够的能力种植粮食，所以配额制一直延续到 20 世纪 50 年代初。英镑贬值。英国报纸最多只能印刷 4 页。只有符合政府列出的特殊原因时，私人才可以购买汽油。黑市重新抬头。

在国内改革代价高昂和帮助德国战后重建花费巨大的双重打击下，英国民众的情绪开始消沉。美国的马歇尔计划（Marshall Plan）拯救了英国。尽管西方军队尽了最大努力，但英国政府和法国政府还是无力承担德国战后重建所需的资金，无论是铺设新的下水管道还是重建被轰炸过的城市住宅。对英法来说，幸运的是，1947 年，杜鲁门总统终于认识到了同盟国经济处在怎样一个危险的境地。杜鲁门身材矮胖，虽然不具备罗斯福的个人魅力，但却是一个勤奋、真诚的人。杜鲁门希望通过马歇尔计划帮助欧洲复苏经济，同时提出了杜鲁门主义（Truman Doctrine），"支持自由民族，他们抵抗着企图征服他们的掌握武装的个人或外来的压力"。

美国 200 年来对欧洲的一贯态度是，美利坚合众国自新世界诞生之日起就应该远离注定要逃离的颓败旧世界。《巴黎和约》便建立在美国的孤立政策上，是威尔逊总统拒绝承担经济责任的产物。但是，从 1947 年起，美国便开始承担起"二战"之后旧世界经济复苏、重建繁荣的费用。马歇尔计划以宣布实行该项计划的美国国务卿乔治·卡特利特·马歇尔（George Catlett Marshall）命名，向欧洲国家提供了总计 13.25 亿英镑的资金，欧洲各国可以通过欧洲经济合作组织（Organisation for European Economic Co-operation）申请获得资金。美国用美元帮助欧洲恢复战后局势，而所要求的回报很少。这可以称得上一种无私的行为。这种慷慨的赠予行为有时被认为是为了打破共产主义的藩篱，但实际上这笔资金流向了所有欧洲国家，并不因其政治结构有所区分。不过，苏联代表所有处在其控制下的东欧国家的政府拒绝了这笔资金。

马歇尔计划使铁幕在欧洲划分出的界线更加清晰。界线以西的国家经济开始繁荣发展；而界线以东的欧洲各国，乡村地区仍然零星分布着破败的建筑物和锈迹斑斑的机器。［个人天赋只允许在太空项目上彰显：1957 年，苏联成功发射人造地球卫星"伴侣"号（Sputnik），成为开启人类航天时代的国家］斯大林拒绝接受西方援助。他希望并相信，资本主义的固有矛盾必将导致西方国家毁灭。

得益于马歇尔计划，西方强国有能力改革各自在德占区的货币。取消对德控制之后，德国工农业被施加的惩罚性措施减缓，产生了神奇的效果。在1948年以前，大量使用钢铁的行业在德国遭到禁止；作为一种赔偿形式，工农业生产的产品超过一定数量之后，富余产品全被出口到了同盟国。而现在，德国黑市一下子全部消失，商店中出现了较为丰富的食品，金钱交易取代了德国经济崩溃时的易货交易。

在那个时候，德国的4个占领区还没有实现统一的可能。因此，西方各国继续各自管理各自的占领区。小镇波恩（Bonn）成了西德政府的临时首都。到了1949年8月，西方各国允许德意志联邦共和国颁布宪法，康拉德·阿登纳（Konrad Adenauer）通过自由选举成为联邦德国第一任总理。同年10月，莫斯科控制的东德成立了德意志民主共和国。不过，西柏林作为通向西方的大门，一直像一块磁铁一样，吸引着对民主德国不满的年轻人。1961年，苏联人在城市的东西部分之间修建了一道墙，被称为"柏林墙"（Berlin Wall），用以阻断移民潮。柏林墙的顶部缠绕着带刺的铁丝网，由哨兵把守，射杀试图翻越柏林墙的人，然后把尸体拖回他们原来所属的部分。柏林墙成了冷战的象征。

在柏林遭到封锁之后，西方对苏联采取了强硬态度。成立军事联盟变得十分必要。西方十分担心苏联的企图，于是在1949年创建了北大西洋公约组织（North Atlantic Treaty Organization）。北约作为杜鲁门主义的可见标志，前所未有地赋予美国保护西欧的军事责任。英国已经通过共同防御条约，和比荷卢经济联盟（Benelux）及法国紧密联系在了一起。现在，美国、加拿大、意大利、挪威、丹麦、冰岛和葡萄牙将军队联合起来，组成了一个势不可当的军事体系。

北大西洋公约组织的成立让苏联意识到应该加倍谨慎。美国一手炸弹、一手美元，将欧洲置于自己的势力之下。英国原子弹专家克劳斯·富克斯（Klaus Fuchs）的背叛导致关键数据泄露，极大地加快了苏联原子弹项目的进程，1949年8月，苏联成功引爆了第一颗原子弹。次年，朝鲜战争（Korean War）爆发，西方各国联盟和冷战停战协定的力量才真正得到检验。朝鲜战争可能再一次导致远东地区爆发重大灾难，有关各国都焦急地防止局势失控。

朝鲜位于从中国大陆延伸出去的一个半岛上，正对着日本。从1945年开始，美国军队就占领了朝鲜半岛南部地区，苏联军队占领了北部地区。但是，1950年

6月25日，朝鲜政府在苏联飞机和坦克的协助下，向韩国派遣军队。联合国开展了新一轮行动，要求其成员国向韩国派遣国防军进行支援。虽然此时英国国内的经济负担十分沉重，但它还是派遣了国防军。

美国此时已经占领了日本，在日本驻扎了大量军队。一开始，在麦克阿瑟将军（General McArthur）的领导下，英美军队几乎一路将朝鲜军队驱赶到朝鲜与中国东北的交界之处。随着美国军队开始直接与中国军队接触，世界一度在第三次全球性冲突的边缘颤抖，但冲突最终还是得到遏制。美国没有进攻中国本土，也没有使用原子弹。苏联也采取了克制的态度，尽管它一开始为朝鲜提供了军事援助，但没有直接派兵作战。

朝鲜战争双方都急切地表明自己并不是真的希望进行战争。1951年，双方同意停火，局势恢复到战前状态。1953年，双方同意签订条约，以北纬38°线作为韩国和朝鲜的边界线。斯大林也于那年去世，整个世界长舒了一口气。尼基塔·赫鲁晓夫（Nikita Khrushchev）接任苏维埃共产党总书记。

虽然工党政府取得了杰出成就，但派遣军队参加朝鲜战争造成了巨大的战争支出，成为将其压垮的最后一根稻草。工党为改变英国社会结构做出了巨大努力，但因改革花费过高，他们要求公众采取严格的节制消费措施。英国花费了数亿英镑将矿井从私人手中收归国有，铁路、公用事业（煤气、电力和水）、钢铁行业的国有化也花费了同等的巨额资金。虽然工党在1951年的普选中落败（同年较早时候，英国举行了另一场选举，工党的席位明显减少），但还是取得了许多值得骄傲的政绩。相对而言，不同意工党改革措施的人很少。如果国有化比少数富裕人士掌握资产的私有制对整个国家更有益的话，许多保守党人士还是会真心赞同实施国有化。他们同样认为，最为进步的20世纪民主文明的基石——建立国民医疗服务体系能够实现。

20世纪的政府所代表的当然是战后英国政治的最前沿。纳粹对少数族裔和弱势群体的迫害使得人们在应该建立怎样的战后社会这个问题上有了更多的思考。实际上，在20世纪50年代，英国全国性政治体现出了"共识"的本性：工党和保守党都倾向于实行各个党派一致同意的中庸政策。这种"共识政治"后来被称为巴茨凯尔主义（Butskellism），这个称呼源自改革派保守党财政大臣理查德·奥斯丁·巴特勒（Richard Austen Butler）及其前任休·盖茨克尔（Hugh Gaitskell）。巴特勒在1944年起草了《教育法》，使得全体公民在15岁之前可以获得免费的中等教育。1955年，艾德礼退休后进入上议院，盖茨克尔成为工党领袖。他们俩的政策十分相似，"共识"元素被保留至玛格丽特·撒切尔（Margaret Thatcher）上台之前。

工党对英国最重要的贡献是在1948年开始创立福利型国家。福利型国家由两大法律构建而成：《国民保险法》（National Insurance Act）和《国民医疗服务法》（National Health Service Act）。福利型国家的设计者威廉·贝弗里奇被称为"人民的威廉"，他骄傲地解释，包罗万象的国民保险计划将"从摇篮到坟墓"照顾每一位英国公民。在英国，每个成年人都会缴纳国民保险，用以保证英国社会中的每个人都能享受保险。在《国民医疗服务法》建立的免费医院中，每位英国公民都有权享受免费的医疗。公民如果生育1个以上的孩子，就可以领取儿童津贴。职业意外伤害也包含在保险中。60岁以上的女性和65岁以上的男性都可以获得养老金。

到1951年，工党已经用完了用于国内未来改革的所有资金——光是第一年的免费牙科和眼科医疗就耗资4亿英镑。资金极度短缺，导致政府原本打算修建的免费医疗中心都被迫搁置。由于政府没有足够的资金兑现修建新房的承诺，许多人被迫永久性地居住在他们的"预制房屋"中。朝鲜战争爆发之后，工党发现，解决财政支出的唯一方案是实行处方药物收费制度。卫生大臣安奈林·贝文（Aneurin Bevan）和哈罗德·威尔逊（Harold Wilson）从政府辞职以示抗议。

1951年，工党精神随着欧内斯特·贝文的去世而蒸发。维艰时代和经济紧缩伴随着工党，除非工党拥有超人的力量，否则无法结束配额制。工党在第二次世界大战中已经做出了足够多的牺牲。在1951年的选举中，保守党再度以17个席位的优势成为多数党。近77岁高龄的丘吉尔重返政坛，他并不是英国年纪最大的首相——格莱斯顿拥有这项殊荣，他曾在近83岁高龄时出任英国首相——但丘吉尔的年龄有着不同的意义。国王乔治六世于次年去世，他25岁的女儿继承了王位，史称伊丽莎白二世。

伊丽莎白二世
Elizabeth II

1952—2022

改变之风（1952—1964）

丘吉尔担任首相给新女王伊丽莎白二世执政带来了良好的开局和连贯性。从第二次世界大战开始，伊丽莎白在英国民众中就广受欢迎。伊丽莎白二世按照英国王室的服役传统穿上戎装，进入后方防卫支援部队"妇女辅助本土服务部队"（Women's Auxiliary Territorial Service）服役。她在服役期间熟练掌握了换胎技术。1947年，她与希腊表兄菲利普·蒙巴顿（Philip Mountbatten）结婚，他们很快便有了两个孩子——查尔斯亲王（Prince Charles，1948年出生）和安妮公主（Princess Anne，1950年出生）。

1953年6月，伊丽莎白二世在威斯敏斯特教堂加冕。而就在几天之前，新西兰人埃德蒙·希拉里（Edmund Hillary）成功登顶珠穆朗玛峰。一年之后，英国人罗杰·班尼斯特（Roger Bannister）成为世界上跑得最快的人，他用了不到4分钟就跑完了1英里。一切迹象表明，由新的"荣光女王"伊丽莎白统治的时代已经拉开了序幕。在塞西尔·比顿（Cecil Beaton）拍摄的照片中，伊丽莎白女王看起来如此光彩夺目、尊贵无比。泰晤士河南岸形成了一个庞大的艺术建筑群，好似一座奇异的现代城市，为英国的创意产业提供了场所。皇家国家剧院（Royal National Theatre）和海沃美术馆（Hayward Gallery）将最终坐落在那里。1951年，那里的第一座建筑——皇家节日音乐厅（Royal Festival Hall）对外开放，随后成了不列颠节（Festival of Britain）*的中心。这座建筑由工党内政大臣赫伯特·莫里森（Herbert Morrison）组织修建，用以展示在阿尔伯特亲王举办国际博览会庆祝维多利亚时代的发明之后100年间英国的文化成就。

对于英国来说，20世纪50年代将是一个繁荣时期。日本和德国的工业基础还需要经历10年的重建期，英国此时可以向之前的国际市场大量出口商品。虽然越来越多的人开始意识到历史上面积最为辽阔的大英帝国气数已尽，但当前英国仍是重要的世界强国。从直布罗陀海峡到马耳他，从埃及、西非到亚丁湾和马来半岛，到处分布着英国的军事基地和行政机构。教育和商贸往来使得英联邦内这些相距甚远的国家之间形成了一种共同的归属感。英国是世界上掌握原子弹制造技术的三大国家之一。英国也是联合国安理会5个常任理事国之一，对联合国提案拥有一票否决权。

然而，相比于维多利亚时代，年轻的伊丽莎白二世统治的国土面积大大缩小了，未来还会持续缩小。20世纪50年代和60年代早期见证了去殖民地化的快速过程，英国在非洲的古老殖民地兴起了一系列独立运动。维持庞大帝国的费用逐渐让英国不堪重负。

即便如此，从20世纪40年代开始，英国仍在马来半岛的雨林中展开了一场战争。马来半岛拥有世界2/3的橡胶种植园，"二战"期间这些种植园由于日本入侵而遭到严重损毁。"二战"结束之后，当地华人组成了共产党游击队，威胁着英国对那里的控制权。到1956年，共产党游击队虽然已经被剿灭，但当地人民对英国产生了强烈的敌对情绪，拖延独立已经变得毫无意义。1957年，马来半岛成立

---

* 最初由皇家艺术协会发起，主要展示英国"二战"之后复苏的新面貌，推动英国科技、工业设计、建筑和艺术的发展，意图重振民众的信心。——译者注

了独立国家，但仍隶属于英联邦。

不过，1956年，英国终于意识到自己在战后世界的地位发生了怎样的变化。英国的实力曾经如此强大而稳定，以至于一年前接替丘吉尔首相职位的安东尼·艾登（Anthony Eden）还认为，英国在受到威胁时，仍然可以继续使用武力维护自身利益。艾登是一名勤勉、具有绅士风度、正直的保守主义政治家，他在20世纪30年代面对张伯伦的绥靖政策时选择了辞职。不幸的是，担负起对抗后来的独裁者，防止其成为下一个希特勒的责任的想法一直困扰着他。当埃及的新领导人纳赛尔（Nasser）宣布将苏伊士运河收归国有时，艾登决定使用武力阻止他的行动，即便这可能会导致英国与埃及开战。

美国和英国撤回了在尼罗河上修建阿斯旺大坝（Aswan Dam）的投资计划，之后阿拉伯民族主义者纳赛尔接管了苏伊士运河。冷战期间，纳赛尔政府在财政上漫不经心的态度以及与苏联的武器交易引起了美国的警觉。纳赛尔占领了苏伊士运河，宣布将用苏伊士运河的收入修建阿斯旺大坝。但是，艾登和多数英国民众不认同他的做法。虽然两国在20年前已经达成一致，英军将在1956年撤离苏伊士运河，同时结束对埃及的影响。但是，艾登计划在法国政府的默许下重新占领苏伊士运河。法国政府与以色列关系密切，以色列认为这是一个以牺牲埃及为代价拓展本国领土的绝佳机会，遂从法国购买了大批武器。法国尤其希望纳赛尔被罢免，因为他是法国殖民地阿尔及利亚民族主义起义者的主要武器提供者。

纳赛尔并不像艾登所说的那样会威胁整个中东地区的安全。虽然纳赛尔接管由英法花钱修建的苏伊士运河的做法确实令人难以接受，但明智的反应是将其视为后殖民世界的一种冒险。美国曾经警告英国不要插手埃及事务，但是艾登却执迷于和法国及以色列共谋一个进攻埃及的复杂计划。

10月29日，以色列军队进入埃及的西奈沙漠（Sinai Desert），一天之后，英法双方协商后共同呼吁埃、以两国各自从运河区后撤10英里。24小时的最后通牒没有产生效果，英法军队轰炸了埃及的军用机场。4天之后，英法军队成功空降埃及，占领了塞得港（Port Said）。国际社会大为震惊。但24小时之后，令法国大为恼火的是，英国单方面决定退出行动。两国行动被迫中断，英法伞兵部队没有按计划攻占苏伊士运河区。

全世界的谴责阻止了艾登进一步行动,苏联威胁要向英法军队发射火箭进行打击,澳大利亚则拒绝支持英国的行动,联合国以64:5的投票结果判定英法停止举动。美国也向英国施压,要求其从苏伊士撤军。英国由于需要从美国控制的国际货币基金组织(International Monetary Fund)获得另一笔巨额贷款,无法不顾及来自美国的压力。最后,英国的行动便不光彩地结束了。艾登下令停火,联合国军队取代英法军队进入苏伊士运河地区。

"英国失去了帝国地位,却还没有找到自己的角色"——这是美国前国务卿迪安·艾奇逊(Dean Acherson)在6年之后被引用得最多的一句评价。英国和法国在苏伊士运河危机中蒙羞,也验证了这样一个事实:两国已经失去了两个世纪以来强大的帝国地位,无法继续按照本国意愿干涉别国内政。英法两国失去道德制高点致使国际地位受损。阿拉伯国家十分愤怒,纳赛尔势力不断壮大。法国觉得遭到了英国的背叛,认为英国已经沦为美国的贵宾犬。两国的外交创伤花了20年的时间才逐渐愈合。英国的这次冒犯导致法国在1963年投票反对英国加入欧洲共同市场。

欧洲经济共同体(European Economic Community)又称欧洲共同市场,基于20世纪40年代末比荷卢经济联盟及法国的一系列计划发展而来,意在帮助德国工业融入欧洲。其前身是法国外交部长罗伯特·舒曼构思的舒曼计划(Schuman Plan),该计划在1951年发展成了《欧洲煤钢共同体条约》(European Coal and Steel Community)。条约规定,法国和德国将在一个高于两国的共同权力机构管理下进行钢铁生产。德国虽然在20世纪50年代经历了一系列动荡,但舒曼和法国政治家让·莫奈(Jean Monnet)认为,德国幅员辽阔、资源丰富,将很快实现国家复兴,因此应该帮助其融入欧洲。

德国和比利时、法国、意大利、荷兰和卢森堡一样,都被这项计划吸引了。《欧洲煤钢共同体条约》成功实施。为了将农业也包含在共同框架内,这6个国家在1957年创立了欧洲经济共同体。尽管英国也考虑加入其中,但它认为,六国坚持对其他非欧洲国家实行单一关税有违英联邦的特殊优惠关税政策。虽然英国曾对欧洲经济合作组织(成立之初是为了推行马歇尔援助计划)能起到欧洲各国交流论坛的作用表示满意,但它在1960年还是与瑞典、挪威、丹麦、葡萄牙、奥地利和瑞士一道创立了欧洲自由贸易联盟（European Free Trade Association）。这些国家组成松散的关税联盟，没有限制成员国与外部国家的贸易。

但是，从20世纪60年代起，英国政府对共同市场的态度发生了急剧转变。英联邦在过去10年一直是联系英国殖民地的纽带，但现在由于殖民地相继取得独立，这种纽带变得十分脆弱。数据显示，英国与共同市场的贸易额已经超过了英联邦。苏伊士运河危机对英国来说虽不甚愉快，但却有利可图。法国则不同，它既没有政治意愿，也没有资金为了维护殖民地而战斗。

从20世纪开始，伦敦殖民地办公室的许多官员就倾向于将英国在殖民地的管理目的定义为受当地人民委托，帮助他们接受西式教育，进而做好接受民主制度的准备。不过，到了20世纪50年代，大部分英国殖民地的精英管理阶层已经通过了英国委员会的同等水平考试，也接受了英国高校的同等水平教育。他们对西方政治理念拥有同等知识储备。此外，每个英国殖民地（除了最近获得的马里兰之外）的立法议会均通过选举产生，当地精英管理者也拥有丰富的议会民主经验。

继印度走上独立道路之后，非洲殖民地也爆发了一系列起义。克瓦米·恩克鲁玛（Kwame Nkrumah）领导了黄金海岸的独立运动，也成了第一个因此入狱的人。不过，英国在1957年终于向不可逆转的潮流屈服，克瓦米·恩克鲁玛成为加纳的第一任总理（"加纳"源自一个古老的非洲国名）。1960年，尼日利亚独立。这两个国家经过选举，决定留在英联邦内，直到今天它们仍是英联邦成员。

这仅仅是哈罗德·麦克米伦（Harold Macmillan）领导的去殖民地化进程的开始。1957年，艾登在苏伊士运河危机后辞职，麦克米伦接任英国首相。1960年，他在南非的演讲中提及"改变之风……吹遍了欧洲大陆"。他在演讲中表示，英国应该顺应非洲民族意识觉醒的潮流。之后，一系列非洲国家相继取得独立。1961年，塞拉利昂和坦噶尼喀（今坦桑尼亚）独立；1962年，乌干达独立；1963年，肯尼亚独立；1964年，北罗得西亚（Northern Rhodesia，今赞比亚）和尼亚萨兰（Nyasaland，今马拉维）独立；1965年，冈比亚独立；1966年，巴苏陀兰（今莱索托）和贝专纳（今博茨瓦纳）独立；1967年，亚丁（也门民主人民共和国）独立；最后，1968年，斯威士兰独立。除了其中两个前英国殖民地——南罗得西亚（Southern Rhodesia）和南非联邦之外，在这些非洲国家，占人口大多数的黑人接管了白人殖民地政府。

1948年，布尔民族主义党（Boer Nationalist Party）击败了史末资将军的联合党，开始统治南非。布尔民族主义党在南非实行了种族隔离政策，将非洲黑人及印度人与欧洲的少数白人群体分开管理，世界其他国家都对该项政策惊慌不已。学校、公共卫生间甚至游泳池都实行种族隔离，政府人为地在一个国家里创造出两个完全隔离的环境。1961年，种族隔离政策逐渐变得越发野蛮和不人性，南非被迫退出英联邦，在国际上被剥夺了法律地位，南非商品遭到国际社会长达30年的抵制。直到1994年纳尔逊·曼德拉（Nelson Mandela）被选为总统之后，南非才重新加入了英联邦。

除南非之外，英国的其他前殖民地也迅速取得了独立，脱离大英帝国。1962年，牙买加、特立尼达和多巴哥独立；1965年，新加坡独立；1966年，巴巴多斯和圭亚那独立；1968年，毛里求斯独立。作为回报，它们大多同意继续留在英联邦。塞浦路斯从第一次世界大战之后便成了英国的殖民地，从1954年开始，塞浦路斯和英国展开了长期斗争。虽然塞浦路斯岛上生活着数量可观的土耳其族裔，但大部分居民为希腊人，他们在马卡里奥斯（Makarios）的领导下，渴望与希腊合并。但英国不愿意遂其所愿，因为这样会使英国丧失在东地中海地区的重要基地，同时令英国的重要盟友土耳其失望。不过，1960年，土耳其和希腊都保证不损害在塞浦路斯生活的希腊人和土耳其人的权利，之后塞浦路斯取得了独立。1974年，希腊军政府试图发动政变，塞浦路斯分裂成两个部分。

曾有人将哈罗德·麦克米伦和迪斯雷利相提并论，认为两者都怀有强烈的浪漫主义爱国情感，并且对英国的国家尊严具有历史性的认识。在战后英国仍摸索着前进的时刻，哈罗德·麦克米伦凭借智慧和活力，帮助英国重拾了自信。虽然麦克米伦身上散发出一种贵族政治家般的慵懒，外表如纯血猎犬般流露出哀伤，但他的个性却是冷酷无情的。1962年7月，他一口气解雇了大部分内阁成员，其中包括财政大臣塞尔文·劳埃德（Selwyn Lloyd）。他的行动被后人冠以"长刀之夜"（Night of the Long Knives）的称号——这是希特勒在1934年屠杀所有政敌的行动代号。此前，麦克米伦的第一任财政大臣和两位财政部官员都相继辞职，而他只是简单地将其称为"局部小问题"。不过这一次，人们认为他已经慌乱了。

20世纪50年代，英国经济取得了实质性进展。此时，欧洲其他国家尚处在一片废墟之中，英国少有竞争者，同时其帝国责任和海外负担也大为减轻。麦克米伦像迪斯雷利一样，从未低估营造舒适国内环境的重要性。英国政府利用帝国终结时期的红利新建了成百上千所房屋。到1959年，英国人民真切地体会到了哈罗德·麦克米伦鼓吹的"从未有过的美好生活"。保守党在当年的大选中增加了100个席位。

麦克米伦还着力加强了英国后帝国主义时代的防御策略。英国已经研制出原子弹，核导弹为英国提供了比传统武器费用更低的防御方式。英国不再需要为驻守军事基地的男性及其家属提供补贴，这样便能省下一大笔经费。英国还结束了从"二战"开始实施的"国民兵役"制度，这种制度既不受欢迎，又与英国特色不符。不过，英国虽然成功进行了数场核弹头实验，但美国显然已经将核武器技术发展到了英国无法负担的水平。

1962年，英美首脑达成《拿骚协定》(Nassau Agreement)，英国放弃了本国的核武器研究，完全依赖美国的核武器进行防卫。法国对此十分警觉。1963年，英国决定申请加入欧洲经济共同体，而法国总统戴高乐认为，美国通过英国及英国自身可能主导该组织。具有强烈民族主义意识的戴高乐不容许法国的国际地位下降，同时担心英国在中欧的势力过于强大，也不希望美国成为超级大国，于是法国行使了一票否决权，拒绝英国加入欧洲经济共同体。

英国对申请加入欧洲经济共同体被拒感到耻辱，工党对保守党鼓吹的"英国独立的威慑力"进行了无情的奚落，嘲讽道"既不独立，也构不成威慑"。保守党为期13年的统治即将结束。在冷战达到顶峰时，间谍丑闻接二连三地传出。20世纪60年代早期，英国的安全问题似乎漏洞百出，丑闻接连不断地曝出。1963年，普罗富莫事件(Profumo Affair)曝光。英国战争大臣约翰·普罗富莫(John Profumo)被指控和苏联海军使馆随员共享一名叫作克里斯廷·基勒(Christine Keeler)的应召女郎。英国公众更加相信，政府高层已经从内部开始腐坏了。

普罗富莫一开始在下议院发表声明否认了指控，但他最终被迫承认，并随后辞职。审判长丹宁男爵(Lord Denning)的官方报告指出，普罗富莫并没有犯下间谍罪，但媒体间流传的阿斯特子爵（Lord Astor）府邸克利夫登（Cliveden）乡间别墅发生的丑闻的确属实。这起事件让保守党政府变得越来越不受欢迎，也敲响了政府的丧钟。史蒂芬·沃德因涉嫌将基勒介绍给普罗富莫并向多名保守党政治家提供情妇从中获利而被审判，与之形成鲜明对比的是，英国货币危机导致公共部门无法提高工人工资。从1959年起，保守党就很少出台新的国内法案。1961年，英国新建了4所高校，1963年的《罗宾斯报告》（Robbins Report）表示还将继续新建另外6所高校。英国政府也计划新建多家医院。但是，政府给民众留下的印象是难以维持所有公共工程的支出，不只是学校。《英联邦移民法案》（Commonwealth Immigrants Act）限制了英联邦国家向英国移民，被批评涉嫌种族主义。休·盖茨克尔在下议院中谴责该法案是一种"明显的反肤色措施"。《租赁法案》（Rent Act）促进了房屋租赁市场的价格竞争，也催生了诸如伦敦的彼得·拉赫曼（Peter Rachman）这样无情的房东，他对诺丁山贫民窟无辜的租客实施了胁迫。

麦克米伦与约翰·费茨杰拉德·肯尼迪（John Fitzgerald Kennedy）总统之间私人关系甚笃，进一步促进了英美两国建立起密切的同盟关系。不过，1962年爆发的古巴导弹危机说明，无论英美两国之间的关系有多么"特殊"——两国都常常提到这个词——美国都没有把英国当成真正的伙伴。美国的间谍卫星在古巴周围侦察时，发现苏联在古巴安装的导弹明显对准了美国，世界大部分地区笼罩在核阴影之下。虽然美国属于北大西洋公约组织，但年轻而颇具人格魅力的美国总统肯尼迪决定单独对抗来自苏联的威胁。

肯尼迪没有事先告知盟友，甚至也没有通知英国，便对古巴采取制裁。世界似乎走到了第三次世界大战的边缘。英国公职人员与政治家开始意识到，与美国结盟并不能真正解决后帝国主义时代的英国安全问题，因为美国显然不愿意与英国进行平等的讨论。因此，英国不顾戴高乐的生硬拒绝，试图重新通过推动欧洲国家组织的发展为本国谋求利益。如果欧洲各国能够联合起来，那么凭借欧洲的全部人口、工业实力和经济实力，足以与美国抗衡。

麦克米伦具有优秀的表演和演说天赋，在漫画家的笔下，他成了"超级麦克"这样的人物。但是，在1963年年底，甚至连他也无法说服公众。虽然20世纪50年代英国的就业率保持在较高水平，但政府的经济政策实施得一直极不顺利。保守党为了抑制通货膨胀，重新开启了"先紧缩后刺激"的政策：若物价上涨过快，则突然增加税收；若物价下跌，则调低利率。总之，麦克米伦的政策在华而不实的道路上越走越远。最终，他因健康问题在 1963 年的一次会议中戏剧性地辞职了。

"超级麦克"在医院的病床上确认了他的首相职位和保守党领袖地位由第十四代霍姆伯爵（Earl of Home）接任。这只是一个折中的做法。霍姆伯爵能力平平，看上去总显得十分疲惫。他放弃了伯爵身份，成为亚历山大·道格拉斯－霍姆爵士（Sir Alexander Douglas-Home）和下议院议员。如果他的主要竞争者——天赋卓越的改革派人士理查德·奥斯丁·巴特勒接任英国首相的话，1964 年的大选将可能会产生不同的结果。

不幸的是，亚历山大爵士是一个毫无野心的贵族。比起管理下议院，他更喜欢去打松鸡。他之前一直是上议院议员，所以对下议院的事务所知甚少。麦克米伦或许也会以高傲的方式假装打松鸡是他的自然习性，但实际上，在他故作轻松的外表之下，隐藏着一名保守党政治家的勃勃野心。

随着 1964 年的选举将近，世界上出现了越来越多的科学新发现，其中以美国登月计划为代表。英国国际地位长久以来的确定性因素正在逐渐消失。新兴行业注定会取代古老的落后行业，谁更适合领导英国进入这样一个更具竞争性的未来世界呢？是满面倦容、声音微弱，宣称自己还使用火柴棒计数的贵族勋爵，还是承诺带领英国进入"技术白热化"时代的年轻经济学家？虽然事关大局，但决定起来并不麻烦。1964 年 10 月，工党候选人哈罗德·威尔逊以 5 个席位的优势赢得了大选。

欧洲病夫（1964—1979）

1964 年 10 月，工党上台，英国进入了"摇摆的 60 年代"，改革真正拉开了序幕。英国首相哈罗德·威尔逊决定在英国开启现代化改革之路。英国历史的稳定性意味着传统势力一定会倾向于抑制改革。为了推动英国进入摩登时代，英国设立了技术部。20 世纪 60 年代末，英法工程师通力合作，击败了美国竞争者，研制出协和式超音速飞机（Concorde）。30 年之后，杰出的水下工程项目——英吉利海峡隧道贯通，英法两个国家第一次连接在一起。

威尔逊首相恰逢这一意义深远的历史转型期，此时英国和国际思想领域都发生了革命性变化。1964年7月，温斯顿·丘吉尔在担任议员60余年后从议会退休；最后一批年轻人于前一年服完了国民兵役。这标志着战时经济紧缩时代及强制兵役制度的彻底终结。

1956年，约翰·奥斯本（John Osborne）出版了戏剧作品《愤怒的回顾》（*Look Back in Anger*），宣告了年青一代对老一代的反叛。从大学中走进社会的"愤怒一代"留着长发，身着奇装异服，他们不仅是国家的牛虻，也奠定了英国的基调。他们被定义为"反主流"，而实际上，是他们造就了一种新的主流文化。他们的同盟里不乏流行明星，比如利物浦的披头士乐队（The Beatles），还包括一些演员、摄影师和模特。电视剧《一周过去了》（*That Was the Week That Was*）和讽刺杂志《第三只眼》（*Private Eye*）不仅嘲笑了政治家，还讽刺了王室家族。公共领域中的人物不再能够远离媒体的批判。新建高校如雨后春笋般出现。1961年，苏塞克斯大学（University of Sussex）建校；1965年，肯特大学（University of Kent）和华威大学（University of Warwick）成立；1966年又新建了6所大学——它们为英国培养了大批本科毕业生。其中许多人成为其所在家庭中第一个接受过高等教育的人，高校成为孕育激进思想的温床。

经纪人、导演和无政府主义者琼·利特尔伍德（Joan Littlewood）向"所有戏剧都应该发生在起居室里"的观点发起挑战。她在她位于伦敦东区的皇家剧院里上演了许多以工人阶级为主人公的戏剧。1963年，她创作了《蜂蜜的味道》（*A Taste of Honey*），以厨房为背景，不动声色地展现了一位未婚妈妈面临的考验。1963年，她创作了音乐剧《哦！多么可爱的战争！》（*Oh, What a Lovely War!*），集中展现了当时社会对官员阶层的鄙视，后来英国官员发现自己很难逃脱这部音乐剧给他们塑造的刻板印象。

20世纪60年代是观点百花齐放和理想主义的全盛时期，而矛盾的是，这也是一个富足的年代。年轻人喜欢购买电视机、现代家具和标新立异的流行服饰，那时出现了一种极短的"迷你裙"，只有那一代女性才敢穿在身上。1966年，英国年轻人带动了"购物狂潮"，这股潮流一直到今天仍没有停止，而他们的父辈却不能理解购物的乐趣。巴克莱信用卡（Barclaycard）首次在英国出现，信贷理念发生了转变，在此之前信贷不过是用来购买一个家具三件套而已。巴克莱信用卡为今天的休闲服饰激增、家用电器普及，以及打包度假盛行开辟了道路，所有这些商品和服务都可以通过信用卡购买。截至2002年8月，英国的信用卡持有者总数占到全国总人数的49%，他们每分钟使用信用卡消费54万英镑——单单2001年一年，信用卡消费额就高达2850亿英镑。

20世纪60年代伊始，一桩出版审查大案吸引了人们的注意。企鹅出版社（Penguin Books）因涉嫌出版戴维·赫伯特·劳伦斯撰写的"淫秽"小说《查泰莱夫人的情人》（*Lady Chatterley's Lover*）而受审。最后，企鹅出版社被宣判无罪，审判结果结束了文学审查的传统。陪审团的决定预示着一个大胆尝试时代即将到来，而每个人日常生活的各个方面均难逃关联。避孕药的发明降低了性放纵的成本。矿工议员之子、伟大的改革派内政大臣罗伊·詹金斯（Roy Jenkins）将英国社会变得更加温和和人性化。1967年，堕胎合法化，至此穷人也能更加安全地实施堕胎（对之前的有钱人来说，堕胎尽管非法，但一直是安全的）。这也使得女性越来越能够掌握自己的命运。从20世纪60年代末开始，妇女解放运动飞速发展，越来越多的年轻女性接受了良好的教育。在1951年，仅有1/4的学生是女性；到了20世纪末，女学生人数约占学生总数的一半。

在现代化高校中，精神病学和心理学等新兴学科开始流行，英国古老的以压迫性校董事会为特征的私人教育体系开始显得野蛮而原始。公立学校开始嘲笑私立学校只能为帝国培养毫无想象力的办事员，而他们在迟暮的大英帝国中变成了一种冗余的存在。的确，教育在各个层面都正经历着巨大的变化。在英国的总人口中，只有一小部分能够在11岁时通过"11岁以上"考试，这部分被挑选出来的具有天赋的少数人群可以到文法学校继续深造，而其余大多数人只能到1944年《巴特勒教育法案》（Butler Education Act）设立的现代中等学校上学。工党决定打破这种恶性循环，于是致力于推动社会改革。为了使具备不同能力的孩子都在一起接受教育，工党实行了一项设立综合性学校的计划。工党认为，这将照顾到发育迟滞或来自劣势家庭的孩子，而原先的"11岁以上"体制只会让他们的处境恶化，被迫前往现代中学遭受歧视的压抑环境中接受教育。

英国在1967年发表了《普劳顿报告书》（Plowden Report），初等教学进入了一个试验性和富于想象力的阶段。英国学校一直以纪律严苛而闻名，而现在学校认为学生比纪律更加重要。在愉悦的教学氛围中，整整一代儿童成长起来，他们会用酸奶盒做成各种各样的东西，却几乎不会阅读。毫无疑问，一开始，人们觉得开明之人似乎在地球上创建了一个新的天堂，过去在课程主导观念下存在的问题已经不复存在。年轻的伊顿公学（Eton College）毕业生不再佩戴圆顶礼帽，他们操着仿伦敦东区口音，模仿年轻工人阶级摄影师的行话。这也是一个浪漫的年代：发型设计师成了工人阶级的英雄，女继承人常常和发型师私奔，女伯爵会和流行明星私奔。英国严格的社会等级发生动摇，阶级观念被彻底打破。金钱成了俗气的东西，上层人士和中产阶级不再把儿子送到古老的预科学校，而是送到地方小学接受教育。在威斯敏斯特公学（Westminster School）接受教育的工党议员托尼·本（Tony Benn）声明放弃子爵爵位，并把所有孩子送到霍兰德公园综合学校（Holland Park Comprehensive）读书，令这座学校名噪一时。

1967年，成年人自愿的同性恋行为合法化，男性可能因同性恋行为入狱的悲惨年代结束了（女性之间的同性恋行为一直都不被认为是一种犯罪）。法律不再将离婚定性为一种罪恶，原本令人痛苦的离婚程序变得不那么冷酷。同时，法律认定，如果双方分居两年以上，就表示这段婚姻关系确已破裂且无法挽回，双方可以离婚。最重要的变化也许在于，英国在1965年废除了死刑。不过，死刑废除也许来得太迟，之前已经有许多因带有偏见的审判而被定罪的无辜受害者，如德里克·本特利（Derek Bentley）*惨遭处决。

同年，工党出台《种族关系法》（Race Relations Act），创立了种族关系委员会，专门处理种族问题。自1945年政府为了填补工厂、医院和铁路用工缺口而鼓

---

* 1952年11月2日晚，19岁的本特利和16岁的克里斯·克雷格正想闯入伦敦南部的一家仓库时，被巡逻的警察发现。本特利被一名警察抓住，而克里斯则开枪打死其中一名警察。尽管本特利没有开枪杀人，但是在场的另外3名警察都做证说，当时本特利对克里斯大声叫道："给他，克里斯！"正是这句话给本特利带来杀身之祸。警察都认为，这是本特利在暗示克里斯开枪；而本特利则坚称，他的意思是叫克里斯把枪交给警察。法庭最终认为警察的证词有效，又因死者为警察，故判本特利谋杀罪成立，并于1953年将其处以绞刑；而克里斯尽管是杀人凶手，却因未成年而被判有期徒刑10年。1998年，英国最高法庭决定将46年前的判决结果推翻，还本特利清白。——编者注

励移民以来，越来越多的印度、巴基斯坦和加勒比海地区移民从古老的大英帝国的各个部分来到英国本土。英国北部工业城镇形成了成规模的移民社区，担心移民无法融入英式生活的人开始利用移民的文化差异制造种族矛盾。《种族关系法》将煽动种族仇恨定性为一种犯罪行为。1968年，政府出台了第二版《种族关系法》，规定用工、广告和住房方面不得存在种族歧视，同时设立了新的移民申诉程序，赋予种族关系委员会直接出庭的权力。

美国将人类送上月球，在太空领域超越了苏联。此外，美国还深陷与越南共产主义政权的战争中。

工党虽然拒绝了美国的派兵请求，但对美国参与越南事务持支持态度。但是，随着战争陷入胶着状态，英国的这种支持显得极端残酷。不仅工党左翼坚决反对他们眼中的新殖民主义，而且数百万美国青年也对此愤怒不已。到当时为止，威尔逊还一直被认为属于工党左翼。美国反越战示威使得抗议成为一种社会主流现象，到1968年，全世界的青年都聚集在一起，准备发动革命。

虽然英国社会在各个层面都经历了革命性的变化，但英国仍幸免于革命的暴力。财政问题才是关键所在。哈罗德·威尔逊喜欢将手拿烟斗、身穿雨衣的形象展示在电视屏幕上，以此让观众相信他是一个脚踏实地的领导者。但他似乎总是无法战胜经济不稳定的问题，他就任之际便发现英国深陷于一场由保守党在财政上的不负责行为引发的国际收支危机当中。他和财政大臣詹姆斯·卡拉汉（James Callaghan）勉强将一场货币贬值危机延缓了足够长的时间，保证他们能够在1966年的选举中获胜，工党的多数席位大幅增加到97个。但是，英国经济仍在持续下滑。德国、法国和日本经济迅速复兴，对英国的工业构成了外部威胁，而工人运动和罢工，加上日益增长的工资要求则从内部损害了英国的工业发展。1965年，英国出台了新的《贸易纠纷法》，保护了工会领导者在出现裁员危机时发动罢工的合法权利，从而使得工人更易于以罢工作为武器。

威尔逊设立了物价与收入委员会（Prices and Incomes Board），其中的商界和工会代表会调查物价水平和工资要求，但后来通货膨胀不断加剧，迫使委员会通过立法压制工人不断增长的工资要求，这令工党左翼和工会十分气愤。很多人认为，工党政府根植于工会，所以没有理由阻止工人提出更高的工资要求。但是，威尔逊根据数据断定英国已经无法承受工会提出的工资要求。他宣布，议会将出台工资冻结措施，以避免英镑贬值。工党的后座议员得知后一片哗然。随着20世纪60年代继续向前迈进，这种喧嚣之声只会更大。

威尔逊冻结和限制工资的新举措并没有阻止英镑贬值。1967年秋天，在进入共同市场的愿望刺激下，英国再度爆发货币危机。英国的黄金储备迅速缩水，人们对英镑的信心跌至新低，罢工威胁全面爆发。10月，政府无处举债支撑英镑，被迫允许英镑贬值。自1949年艾德礼政府部署了多项计划之后，工党一直极力避免再采用极端补救措施。所以，这次危机对工党来说是一种创伤。虽然狡黠的威尔逊第二天就坚决表示，他的意思并不是"你们口袋里的英镑"不值钱了，但没有一个人相信他的话。

国际货币基金组织向英国提供了10亿英镑贷款，但条件和以前一样，英国政府必须限制开支，英国民众不能再一味地伸手向政府要钱。20世纪50年代初，艾德礼政府引入了处方药收费政策，哈罗德·威尔逊因此辞职。但20年之后，威尔逊主持了国民医疗服务体系（National Health Service）的处方药收费改革，减少了修建公屋的数量，延迟了关于儿童生活的关键性改善措施（直到1973年才实施），并将离校年龄提高到16岁。

工党并不希望放弃整体改革计划，但他们不得不依靠紧急预算筹措资金。从世界范围来看，市场处在混乱之中。英镑贬值之后，罗伊·詹金斯代替卡拉汉担任英国财政大臣，石油、烟酒价格上涨，詹金斯意图控制通货膨胀。国库空虚，政府不得不执行严格的财政紧缩政策。在20世纪40年代末期，英国人在出国度假时只被允许携带50英镑出境，如今，这一情形重现了。直到1969年秋天，英国才出现经济复苏，贸易顺差结束了财政紧缩政策。如果将那时的政策放到今天，英国人一定会觉得难以接受。

与此同时，罢工和长期工业停工正在摧毁英国经济。为了阻止左翼商店工会代表进行非官方罢工，政府需要出台相应法律。威尔逊和就业及生产大臣芭芭拉·卡素尔（Barbara Castle）试图通过立法规范工会运动。在名为《免于冲突》（In Place of Strife）的白皮书中，他们提出所有罢工必须首先经工会成员投票表决。但是，詹姆斯·卡拉汉与詹金斯互换了职位，现在詹金斯担任英国内政大臣。

卡拉汉对引入可能由保守党草拟的法律十分不悦。后座议员进行抗议，同时英国劳工联合会议（Trades Union Congress）也拒绝接受针对罢工的罚款或立法，两者导致威尔逊和卡素尔在1969年被迫同意，即便法案得到多数议员同意，政府也不得通过议会设立反罢工法案。他们只能依靠英国劳工联合会议的口头承诺，寄希望于该组织能够通过自身影响力阻止非官方罢工。

1967年，英镑贬值后不久，英国再一次试图加入欧洲共同市场，但戴高乐又一次行使了一票否决权。1969年，戴高乐辞职，英国的日子终于变得舒坦一些了，下一次加入欧洲共同市场，它将面临较小的阻力。因此，英国一直坚持进行加入欧洲共同市场的谈判。虽然工党政府已经成立了海外发展部（Ministry for Overseas Development），帮助独立后的英联邦国家找准自己的定位，但民族主义的强劲发展势头还是导致旧殖民地与英国之间的关系日渐松散。英国与欧洲的贸易额日益攀升，加入欧洲共同市场迫在眉睫。

工党加大推行减轻英国责任的举措，从苏伊士运河东部撤军。1965年，罗得西亚白人政治家伊恩·史密斯（Ian Smith）为了避免将政权移交给占大多数的黑人，发表了《单方面独立宣言》（Unilateral Declaration of Independence）。在非洲英联邦国家的压力下，英国政府对他实施了制裁。1967年，英联邦的压力加上工党的理想主义本质，共同促使英国停止向南非出售武器。虽然许多人持反对意见，认为这会使英国丧失数千个工作机会，南非同样也可以从法国和以色列购买武器，但是，工党认为，英国不能被国际社会误认为同意"二等公民"的存在。然而，在尼日利亚当局拒绝同意比夫拉（Biafra）独立并展开血腥战争（1967—1970）的时候，威尔逊政府却采取支持态度。下议院的左翼和右翼成员均十分愤怒。

工党似乎一定会在1970年的大选中再度获胜，因为其领导的政府已极大地改善了英国现代社会结构。英国设立了议会监察使（Parliamentary Ombudsman），负责调查白厅的工作失误，使得政府在工作流程上变得对人民更加负责。但是，在1970年，英国人似乎被保守党对大英帝国辉煌过去的描述所吸引，而且对提高税收表示不满。虽然工党进行了多项改革，但其支离破碎的财政报告不可避免地导致选民转向言论冠冕堂皇的保守党。他们谴责工党的"计划"经济、高税收和收入政策干预了公民的个人事务。

保守党在新任领导——声音洪亮，有着湛蓝色双眼的爱德华·希斯（Edward Heath）的领导下，变得空前团结。希斯上台之后，决心完成威尔逊未竟的事业。他准备削减政府开支，同时解散工会。虽然英国劳工联合会议宣称将加强自我规范，非官方罢工仍导致英国工业浪费了无数的工期，严重拖累了英国的工业发展，同时导致内部市场变得更加松散。20世纪70年代发生了全球性的通货膨胀，保守党吃尽苦头。世界粮食和商品价格大幅上涨，极大地冲击了英国的商店。

保守党被迫大量使用纳税人资金挽救英国的知名行业，如罗尔斯－罗伊斯航空发动机公司和克莱德赛德的各大造船厂。但是，英国劳工联合会议和英国工业联合会（Confederation of British Industry）都未能履行自我约束的承诺，工会大为光火，希斯政府于是决定在全国范围内实行工资冻结。这两个组织的成员坐视牛奶和黄油价格在一年之内上涨了25%。希斯创立了两个全国性组织——价格管理委员会（Price Commission）和薪酬委员会（Pay Board），规定影响范围超过1000人的工资上涨都必须经过这两个委员会批准，它们所产生的影响甚至比威尔逊设立的组织更加深远。

加入欧洲共同市场是希斯关注的最为重大的项目，这一直是他的兴趣所在（他的其他兴趣还包括游艇和音乐——他曾是牛津大学贝利奥尔学院（Balliol College）的优秀管风琴演奏者）。在他的领导下，英国在1973年1月1日成为欧洲经济共同体的一分子。1971年，保守党为了做好加入欧洲经济共同体的准备，引入十进制计量单位，将英镑的进制变为十进制，以便与欧洲大陆保持一致。英国大力宣传了新的进制规则，现在1英镑相当于100新便士，而不是过去的240旧便士；原先的6便士被新的2.5便士取代，1先令被5便士取代。虽然英国也同意改用欧洲通用的单位千米来计算长度，但大多数英国人，无论老少，都习惯于继续沿用罗马人带到英国的古老长度单位英里。不过，千克和毫米现在都成了英国计算重量和长度的官方单位。

市场的共同外部关税结束了英国与新西兰等英联邦国家非常密切的关系，新西兰曾经将大约90%的乳制品出口到英国，相应地，新西兰从英国进口的商品大约占其总进口商品的一半。现在，新西兰乳制品的主要贸易对象变成了亚洲国家。大英帝国古老贸易关系的断裂惹恼了许多政治家，他们担心由于每个欧洲经济共同体国家有各自的定额，大英帝国的廉价食物来源可能中断，英国渔民可能会无法依据自己的意愿在英国附近海域捕捞。工党左翼开始反对英国加入欧洲经济共同体，一些保守主义者也不满于英国这么快便抛弃英联邦，转而投入欧洲的怀抱。

1971年，英国政府准备实行一项严苛的新移民法案，导致英国与英联邦的关系急剧恶化。该法案禁止任何前英联邦国家的移民不受限制地进入英国，而使欧洲经济合作组织成员国的移民较易进入英国。上议院和下议院都对这项法案表示愤怒。保守党议员伊诺克·鲍威尔（Enoch Powell）曾在1968年发表了一个题为《血流成河》（"Rivers of Blood"）的演讲，他在演讲中建议亚洲和西印度移民自愿返回母国，议员对他的演讲仍心有余悸。立法也进行了修改：拥有"祖父母/外祖父母辈"亲属（祖父母/外祖父母来自英国）的英联邦国家公民相较于欧洲经济共同体国家公民具有优先权。1972年，保守党政府不假思索地接受了从乌干达独裁者伊迪·阿明（Idi Amin）手下逃到英国的4万名乌干达亚裔移民。英国与英联邦国家的关系得到修复。英国对津巴布韦的持续制裁也起到相同的作用。

保守党拥有支持英国军工业发展的传统，人们期待在保守党的领导下，英国能够恢复向南非出售武器。但英联邦国家越发坚定地谴责英国的行动。1971年，保守党政府与澳大利亚、新西兰、马来西亚和新加坡签订了防御互助条约，苏伊士运河以东地区展现出某种回归"微型帝国主义"的趋势。英国在这一时期与毛泽东领导下的中国建立了外交关系，自1949年起，中英关系就一直十分紧张。1974年北京向伦敦动物园赠送了两只大熊猫"佳佳"和"晶晶"，标志着中英关系的缓和。

希斯政府不满于英镑汇率和英国贸易导向的变化，开始根据人口的发展趋势，大刀阔斧地重塑地方政府。伦敦周围形成了6个城市群，分别是默西塞德郡（Merseyside）、南约克郡（South Yorkshire）、泰恩-威尔郡（Tyne and Wear）、西米德兰兹郡、西约克郡（West Yorkshire）和曼彻斯特大区。

因北爱尔兰问题引发的内战在威尔逊政府执政的最后一年爆发，希斯政府执政时期内战加剧。1920年，斯托蒙特（Stormont）议会在贝尔法斯特附近成立，代表占人口2/3的新教徒统治北爱尔兰，主要负责管理内政事务。新教徒控制了一切，包括住房和就业，导致天主教徒的公民权遭到严重剥夺。当地警察力量——北爱尔兰皇家阿尔斯特警察部队（Royal Ulster Constabulary）只把新教徒当成公民，而对天主教徒采取歧视态度。

40多年来，北爱尔兰的天主教徒一直被当作次等公民对待。20世纪60年代末，黑人民权运动在美国取得了成功。在黑人民权运动的激励下，自由党改革派总理特伦斯·奥尼尔（Terence O'Neill）领导的北爱尔兰民权运动蓬勃发展。令世界震惊的是，皇家阿尔斯特警察部队对抗议者使用了暴力，但没有一名警察因暴力事件而受到惩罚，政府也没有试图提高斯托蒙特议会对天主教群体需求的灵敏度。局势一度失控，新教徒和天主教徒的示威者发生冲突，数百座房子被烧毁，主要是天主教徒的房子。1969年，威尔逊向北爱尔兰派兵。

与此同时，武装分裂组织临时爱尔兰共和军开始在北爱尔兰进行致命的行动——谋杀新教徒。他们认为，改善天主教处境的唯一方式是统一爱尔兰。临时爱尔兰共和军实施了一系列暴力行动，其血腥程度不亚于新教徒对天主教徒的迫害。临时爱尔兰共和军成员与新教徒恐怖组织一样血腥，他们制造了残酷的爆炸事件。英国政府未经审判便对其进行拘留，对恐怖分子的区别对待似乎验证了天主教徒遭到的歧视，因为没有一个新教徒恐怖分子被政府拘留。

1972年1月的一天，分水岭事件爆发——13名天主教和平示威者在北爱尔兰德里市（Derry）被枪杀。这起事件和"血色星期天"（Bloody Sunday）一样臭名昭著。在北爱尔兰爆发骚乱的背景下，保守党议会认定应该关闭维持了50余年的斯托蒙特议会。英国政府将在接下来的12个月中对北爱尔兰实行直接管理，同时计划创设更加公平的议会和分权制行政部门，保证天主教徒和新教徒享有平等的权利。

希斯政府明白，南爱尔兰即爱尔兰共和国，将是维持北爱尔兰和平的关键性因素。1973年，爱尔兰议会在森宁代尔（Sunningdale）成立，北爱尔兰和南爱尔兰都是其成员。都柏林方面同意放弃延续了50年的北爱尔兰所有权，以交换在北爱尔兰问题上的发言权。都柏林方面也同意爱尔兰永不改变现状，并不会与南爱尔兰重新合并，除非绝大多数北爱尔兰公民投票同意。

这些交换起到了重要作用，尽管如此，北爱尔兰的宗派怨恨还是阻止了议会在1974年1月如期对北爱尔兰实行管理。对于被选出的所有新议会议员，除了其中一位之外，宗派主义者反对其他所有人与天主教会分享权力。北爱尔兰爆发了全面罢工，抗议《森宁代尔协定》（Sunningdale Agreement）。英国政府被迫暂停了斯托蒙特议会，再一次实行直接管理，并派遣2万名士兵驻扎在北爱尔兰。

1973年年初，希斯在北爱尔兰的行动受挫，他的工业策略也同样遭到坚决抵制。工人发动了一系列大规模罢工，抗议他的薪酬和物价政策。由于食品价格暴涨，失业率飙升，一贯克制的公务员也参与到了罢工中来。美元贬值，英镑也受到影响。通货膨胀率飙升，局势难以控制，希斯的财政大臣安东尼·巴伯（Anthony Barber）被迫动用紧急资金，用以支付社会安全行业工人的工资，并对黄油价格做出补贴。他还向抵押贷款公司提供了不少于1500万英镑的资金，以便在生活成本急剧上升的情况下，确保抵押贷款公司维持较低的贷款利率。

与工党不同，保守党在通过立法限制工会权力上不存在内部分歧。保守党政府颁布了多项劳资关系法案，还设立了国家劳资关系法院。但是，应对政策并没有阻止罢工。1972年，经过调查，国家劳资关系法院裁定，参加罢工的煤矿工人工资应该是政府设定额的3倍。保守党政府名声扫地。

1973年，严冬渐渐逼近，整个国家开始陷于停顿。希斯感到，他必须出台抑制通货膨胀的政策，但结果却走进了一个死胡同。政府再一次被迫采取紧急措施。英国工业界不得不实行供电配额制，每周只允许工作3天。一种绝望感席卷了英国。政府以限速政策取代了石油配额政策，但前者对国民士气的打击不亚于后者。政府被迫命令电视台在每晚10:30停止播放节目。英国劳工联合会议随后介入，与煤矿工人协商希斯工资标准之外的一次性解决方案。这时，报纸提出了"谁来管理英国？"的问题。但是，煤矿工人拒绝进一步谈判。他们不管英国经济能否负担得起他们的工资要求，执意要求大幅度加薪。当煤矿工人的要求遭到拒绝后，他们宣布将在1974年2月9日举行罢工。作为回应，希斯宣布解散议会，在2月28日举行大选。

工党的政策实质上与希斯政府相同，只不过工党采取了更加谨慎的态度。与此前希斯被矿工挫败的情况类似，他在大选中落败了。其实，他差一点儿就可以找到自由党人，邀请他们与自己联合参选。当时，保守党和工党之间没有达成足够的共识，因此哈罗德·威尔逊组建的少数派政府第三次上台执政。当年10月，威尔逊再战大选，试图获得压倒性多数的支持。他成功取得了多数席位，但只有2个席位的优势。1975年2月，英国教育大臣玛格丽特·撒切尔在保守党选举中出奇制胜，在右翼势力的支持下击败了希斯。

2月之前，工党和英国劳工联合会议便已经签订了所谓的"社会协约"，从理论上讲英国的行业关系应该已经不那么脆弱了。英国劳工联合会议为了回报工党政府撤销希斯的反工会立法，承诺再一次向工会施压，并成功说服工会放弃要求国家支付难以负担的工资。煤矿工人的罢工的确被很快平息下去，但通货膨胀率使得工会不会倾向于进行自我约束。截至1975年，年均工资涨幅为25%，与通货膨胀率持平。在过去的5年中，公共事业借贷需求，即政府和国有企业的借贷总额，高达80亿英镑。1975年7月，工党再一次依法实行了物价冻结和依法限定价格、收入的政策，年收入超过8500英镑的工人不被允许增加工资。

工党未能成功限制政府支出。政府依然大量举借外债，投入利兰汽车公司、罗尔斯－罗伊斯航空发动机公司和费兰蒂电气等英国企业中。到了1976年，在国际社会看来，工党领导下的英国这艘巨轮正在沉没。3月，威尔逊毫无预警地提出辞职。詹姆斯·卡拉汉接任英国首相，之前他在威尔逊政府中曾担任内政大臣和财政大臣，并从1974年开始一直担任外交大臣。卡拉汉和财政大臣丹尼士·希利（Denis Healey）面对的首要任务便是与华盛顿国际货币基金组织协商，争取获得另一笔39亿英镑的巨额贷款，用以扶持英国货币。而国际货币基金组织再一次要求英国政府削减公共支出。

丹尼士·希利深度削减了医疗和教育支出，但通过高税收进行财富再分配是工党的根本性政策。希利向富人征收重税的政策不会轻易被人们遗忘。当时，英国政府实行了附加税政策，最高税率甚至达到83%。许多高收入者选择离开英国，因为现在他们每赚得1英镑，只能获得17便士。英国民众普遍认为，工会已经控制了英国，新政府也无法消除这种广为流传的观点。政府在各个方面表现出了软弱性。

工党在一系列递补选举中表现惨淡，优势从绝对多数降至仅多出1个席位。卡拉汉不愿意再次进行大选，于是只得依靠"自由党－工党协议"继续执政。自由党在"男孩大卫"——青年领袖大卫·斯蒂尔（David Steel）的领导下，支持工党执政，条件是自由党对工党的新法案拥有一票否决权。自由党仍然希望推行选举改革，按比例派出代表：1974 年 2 月，共计 2700 万张选票中有 600 万张选票支持自由党，约占参与投票人数的 1/4，然而自由党在下议院的 635 个席位中仅获得 14 个席位。不过，凯尔特民族主义暴乱导致自由党得票数下跌。于是自由党决定撤回对工党的支持，卡拉汉只得转向新成立的苏格兰民族党，后者在 1974 年 10 月的选举中获得了 11 个席位。苏格兰民族主义者要求进行权力下放，并在苏格兰组建议会，作为支持工党的条件。20 世纪 60 年代末，苏格兰北海沿岸发现了石油，苏格兰人民信心大增，认为"他们的"石油将为独立的苏格兰政府提供经济支持。鉴于苏格兰独立的呼声高涨，工党被迫加快调研权力下放和组建苏格兰议会、威尔士议会的可行性。

绰号"阳光吉姆"的卡拉汉在工会的全力支持下，信心满满地开始执政。他决心将工党内部的左翼和右翼联合起来。但是，到 1979 年年初，工会已经不像以前那样乐于听从卡拉汉或英国劳工联合会议的命令了。政府为了抑制通货膨胀，要求限制工资涨幅，但工会干脆地拒绝了政府的要求。几乎所有工会都要求工资翻倍，而且成功了。

工会通过罢工实现了目的。运输工人不断采取劳工行动，英国各个行业都陷入了不安的罢工情绪之中。1979 年 1 月末，超过 100 万公共行业服务人员、清洁工、救护车司机和水利工程师发动了为期 1 天的联合罢工，英国似乎将在自己制造的混乱中崩溃。甚至没有丧葬工人埋葬逝世者的遗体。这个冬季被称为"不满之冬"。

卡拉汉对工会的态度一直十分软弱，与之形成鲜明对比的是保守党新任领袖玛格丽特·撒切尔的强硬姿态。她直截了当地表示，她认为工会摧毁了政府对工资收入和工业政策的指导地位。在一场为期 3 个半月的清洁工罢工中，英国民众眼见窗外的垃圾逐渐堆积成山，于是越来越多的人开始同意她的观点。1979 年 3 月末，工党对罢工束手无策。下议院提出了不信任动议，工党以一票之差落败，同意在 3 月 3 日举行大选。

撒切尔夫人的遗产（1979—2002）

1979 年的英国选举发生了戏剧性的变化，保守党获得了 339 个席位，工党只获得了268个席位。保守党领袖玛格丽特·撒切尔以43票的绝对优势当选英国首相。她将金发梳成典雅的发式，脚踩高跟鞋，身穿飘逸的长裙，手握手袋，看起来并不比企业高管的妻子更具威胁性。但是，撒切尔夫人恬静的外表掩盖了她的本质，她事实上是一名右翼革命派。

截至1979年，英国工业产值再创新低。英国成了"欧洲病夫"。在工会的勒索和支持下，英国实行了罕见的茶歇制度，沦为全世界的笑柄。工党政府试图压制暴风骤雨般的工会运动，却难以阻止英国国际地位的削弱和英国货币的贬值。政府颁布了限制工会的规定，比如工人只能进行工会允许的活动等。这导致英国无法在某一行业不消亡的前提下进行技术创新。印刷行业工会试图阻止报社使用电脑排版，因为电脑会降低生产成本，导致排版工人失业。排版工人当前使用的热金属模板印刷技术早在15世纪就已经开始使用。日本和德国率先使用了电脑排版技术，因为这两个国家的工业体系在第一次世界大战期间毁于一旦，它们可以从无到有地重建工业体系，而并不会受到工会的阻挠。

毫不夸张地说，在1979年的英国，所有大型工业部门均归国家所有，从维克斯船厂到英国钢铁公司，从捷豹汽车公司到英国天燃气公司，从英国航空公司到劳斯莱斯汽车公司。全国的公屋均归国家所有并得到政府的支持，政府承担整个公务员系统的工资以及数量庞大的部门开支，政府雇员负责从税收到收缴停车罚款等多项工作。政府雇员还包括在国民医疗体系中工作的医生、护士和保洁人员。英国面临着数额巨大的福利账单。从20世纪之初起，英国政府就一直在不断扩大其职权范围，直到政府成了国家最大的雇主和赡养人。但是，大不列颠也在逐渐走向破产。政府无法负担其拥有的全部工业部门的开支，同时还不断被迫为包括造船业和采矿业在内的多个传统行业纾困。这是因为，这些行业在其他国家的生产成本更低。在依托造船业和采矿业发展起来的社区中，大规模失业一直是一个难以解决的问题。

撒切尔夫人坚定地认为，英国不能再出于情感因素继续依靠国际货币基金组织的巨额贷款来挽救衰落的国有企业。她认为，英国必须大幅削减不堪重负的公共部门借贷需求，同时抑制骇人的通货膨胀。可以采取的方法不仅包括和工会达成协定，还包括控制资金的投入。撒切尔夫人按照国家的承受力控制支出，采用了教科书般的方式维持了英国的收支平衡；同时她还发起了一项运动，结束了无房产者与承担责任的房主争抢福利的文化。

尽管从传统上说，保守党属于实用主义党派，该党派并不相信所谓的意识形态的区别，但撒切尔夫人的支持者却喊出了著名的口号。她认为，英国在摆脱社会主义思想的道路上，尚有一段艰难的路程要走。撒切尔夫人的顾问基思·约瑟夫（Keith Joseph）将社会主义思想这种战后共识称为"本意良好的中央集权主义"。"缩小政府的边界"这一著名口号能够很好地概括撒切尔革命的特点。撒切尔政府在政策上对英国的最大贡献在于将数量庞大的部门进行私有化。在私有化的过程中，其发明了奉行"利益相关者民主"的"大众资本主义"。英国政策发生了彻底转变。

保守党政府几乎将所有已经变得无利可图的庞大国有行业转卖给了私人，或是进行私有化改革。私有化改革在20世纪80年代从英国宇航公司（British Aerospace）和英国航空公司开始。政府极力鼓励私人因素参与公共部门。撒切尔夫人用了大约10年时间就完成了前任首相在过去30年都没有实现的改革：她彻底打破了工会的权力，扭转了通货膨胀趋势。她去除了政府对效率低下、开支巨大的国有行业的责任，到20世纪80年代末，财政部已经积累了200亿英镑资金。她解除了政府管制，开启了自由市场经济，之后英国的消费开始增长，从而为财政部筹措了更多资金。

撒切尔夫人允许之前从未购买过股份的普通公民拥有英国私有化行业和事业部门的股份，希望以此提振英国公民作为独立个体的自豪感，进而增强民主进程对抗社会主义的力量。她认为，依赖心理正在腐蚀英国民众。许多人希望依赖福利型国家为他们提供一切，而不愿自己努力。她决心营造并鼓励民众融入一种进取文化，而不是一切都依赖所谓的"保姆国家"。从某种意义上说，撒切尔夫人的信念是正确的。她最爱的口号之一是英国必须回归"维多利亚时代的价值观"。在维多利亚时代，自立的民族以"一臂之距"（Arm's Length）*原则管理国家，使英国发展成一

---

* "一臂之距"是令经济过程各参与者拥有独立、平等地位的管理方法，在行政和社会治理上要求国家采取分权式的行政管理体制。——译者注

个强大的国家。她认为，如果拥有房屋的产权，人们将变成更加正直的公民，并且会更加尽心地保护环境。1980年和1984年，她两次出台《公屋法案》（Council House Acts），规定公租房的居住者可以以较大的优惠购买公租房。这促使工人阶级转而将选票投给了保守党。

20世纪40年代末，撒切尔夫人在牛津大学攻读化学专业，她当时就已经是一位小有成就的女性了。她担任英国首相时，所有内阁成员都是男性；1979年，英国的女性议员仅有19人，下议院中的男性则多达635人。她在爱德华·希斯手下担任教育大臣时，就展现出类似的强硬姿态，这也预示着她将实行怎样的后续政策。她叫停了学校向学生提供免费牛奶的政策，也因此被戏称为"牛奶掠夺者"。和她一样信奉节约、勤劳和自立价值观的英国亚裔商人成了她最坚定的支持者。此外，她还拥有其他来自广泛背景的追随者，包括商人和金融家、小生意人、私营店主，以及厌倦了以效率低下和店铺关闭为特点的工党文化的普通民众。一张记录了领取失业金的蜿蜒长队的照片，再配上"工党不管用了"的口号，成功帮助保守党赢得了1979年的大选，足以说明一切。

爱尔兰共和军制造了两起谋杀事件，给新政府的上台蒙上了阴影。5年之后，爱尔兰共和军为了将英国军队赶走，袭击了英国本土。他们在M62高速公路以及吉尔福德（Guildford）和伯明翰的酒吧制造了爆炸事件。在撒切尔被选为英国首相的前几天，爱尔兰共和军成功潜入下议院的停车场，炸死了她的顾问——议会议员和科尔迪茨逃亡（Colditz escape）的幸存者艾瑞·尼夫（Airey Neave）。人们对国家安全面临的威胁开始感到巨大恐慌。接着，1979年8月底，蒙巴顿伯爵（Earl Mountbatten）和他的家人在爱尔兰的一艘渔船上惨遭杀害，人们的震惊程度不亚于前一起事件。

保守党在上台的第一个月就在外交上取得了杰出成就。南罗得西亚的战争已经持续了15年之久，现在杰出的外交大臣卡林顿男爵（Lord Carrington）成功解决了这个顽固的问题。他决定直接与游击队交涉。1979年，《兰开斯特宫协议》（Lancaster House Agreement）签订，史密斯及游击队领导者同意停火并进行民主选举。游击队员有序地在收缴地点上交了他们的枪支，并按照一人一票的原则进行了自由选举。1980年2月，占大多数的黑人选出了前游击队领导人罗伯特·穆加贝（Robert Mugabe）掌权。他成了独立国家南罗得西亚的总理，南罗得西亚后改名为津巴布韦。

同年，英国在北海油田勘探出大量石油，英国储油量实现了跨越式发展。油田投入生产之后，英国的石油危机得以解决。20世纪80年代早期，在石油收入的刺激下，英国工业产值增长到接近世界总产值的1/10。这表明，撒切尔成功振兴了英国经济。在财政大臣杰弗里·豪（Geoffrey Howe）的领导下，工党向富裕人士征收巨额税款的政策被废除，附加税税率由83%削减至60%，所得税也有所降低。若干年之后，税率的最高值降低至40%。撒切尔夫人认为，纳税人手中省下的英镑将促进消费增长。与此同时，增值税等间接税收的税率几乎翻了一番。正如一些评论者所说，这样的政策使得税收的负担重新落到了最无承受能力的人群身上。

撒切尔政府将国家从各项负担中解放了出来，并且拆散了许多过于庞大的公共部门，成功地将通货膨胀率百分号前的数字降到了个位数。撒切尔及其政府逐渐打破了国家垄断，许多英国民众的生活也开始慢慢好转。例如，1980年，政府取消了邮局对电话设备的控制，再一次在电信行业引入竞争机制。20世纪70年代的250万人等着打电话的糟糕状况结束了。英国的电信行业完成了私有化，原本的国有机构改名为英国电信，参与市场竞争。英国各个行业整体都变得更为高效。

然而，市场必须占据统治地位、政府不得干预市场的原则既为撒切尔主义带来了成功，又为其埋下了诅咒。撒切尔主义也产生了一些社会问题：大规模失业和英国制造业基础萎缩。新政府在状况恶化之后决定不再继续投资，国有企业和私人企业大量破产。1980年9月，达勒姆郡康塞特（Consett）的钢铁工业破产，掐断了当地的主要收入来源。在利兹等传统制造业中心，土木工程、纺织业和印刷业在近1000年间一直提供主要就业岗位。用撒切尔主义术语来说，"薄利市场"已经陷入绝境。制造业在英国经济中的比重从52%下降到32%。在整个北部重工业中心，失业率呈爆炸式增长。

到了1982年春天，英国的失业人口已经超过300万人，甚至比大萧条时期还要严重。借助严酷的经济气候，撒切尔夫人在与工会的斗争中取得了巨大成功。她宣布"二级纠察"（阻止未参加罢工的工人向企业供应货物）为非法，缩小了闭店范围，使得雇主更容易解雇不合格的员工，而此前这一切都会刺激工会发动罢工。如果工会采取非法的劳工行动，还会被处以罚款。随着20世纪80年代早期经济衰退进一步加重，大量用工冗余导致工会丧失了大部分权力。工会因成员的数量急剧下降而无法举行罢工，英国劳工联合会议也不再像过去一样鼓励罢工。1983年，曼彻斯特的报纸出版商埃迪·沙阿（Eddy Shah）开创了报纸行业的电脑化时代。他创立的报纸《今日》（Today）雇用的员工都不是工会成员。

撒切尔夫人的政策都基于她所处的舒适环境和她本人的强硬个性，而没有考虑到贫困人群或失业人群面临的困境，这也成为其失败的根源。她并不了解，他们依靠补贴生活并不是因为自己的过错。撒切尔政府为了打消人们对福利型国家的依赖，并迫使失业人员寻找工作，刻意将福利的涨幅水平设置为5%这样一个低于通货膨胀率的数值。尽管节约开支以牺牲最无承受能力群体的利益为代价，但撒切尔夫人坚信，严厉的政策是打破她所说的"恶性循环"的唯一方法。

撒切尔夫人在声明中表达了她的主旨思想——她认为打击政府的并不是高校、教会、地方市政委员会和医疗行业等各种"协会"，能够打击政府声望的只有当前严峻的就业形势。保守党内部开始抱怨起撒切尔主义的冷酷无情，抱怨者大多持"一国迪斯雷利主义"*（One Nation Disraelian）思想。他们和皮尔及迪斯雷利一样，认为保守党的原则必须对有产者进行管理，但不应该触及无产者的利益。撒切尔夫人本人将保守党分成"干派"（一国保守主义者）和"湿派"（她的理智追随者）。在许多人看来，英国最伟大的资产是其特有的关怀型社会，国民医疗服务体系被视为英王王冠上的宝石。但是，撒切尔夫人及其聪明的内阁成员运用神秘的经济学知识，让反对者无话可说，他们坚持认为正是这种言论导致英国债台高筑。撒切尔夫人身边的人一直激烈地向她谏言，失业者"只能骑得起自行车了"，他们不得不在社会保障金之外另寻工作。然而，无论如何谏言，在许多领域，失业率已经接近50%。

1981年春天，英国的紧张局势突然演变成城市内乱。在伦敦南部的布里克

---

* "一国迪斯雷利主义"，又称"一国保守主义"，出自本杰明·迪斯雷利，该思想重视社会凝聚力，并对相关的"社会制度与组织"给予支持。——译者注

斯顿，警方连续数天对局势失去控制。虽然这场骚乱被视作"种族暴乱"，但暴乱的动机似乎跟种族没有太大关系，发动暴乱的是城市中看不到未来方向的弱势群体。学习法律出身的斯卡曼男爵（Lord Scarman）主持了对暴乱的调查之后，得出这样的结论：潜在的问题不是犯罪，而是衰败的内陆城市中的失业危机和社会危机。然而，撒切尔夫人拒绝相信他的调查结论。此外，斯卡曼还建议从少数族裔中召集更多警力，并采取更多措施加强社区警务。

虽然撒切尔夫人仍然坚持认为暴乱属于"犯罪因素"，但政府其他成员转而接受了斯卡曼男爵的报告，认识到暴乱波及的一些郡县急需加速振兴。政府计划采取补助金资助计划，帮助失业人群重新开创自己的事业。环境大臣迈克尔·赫塞尔坦（Michael Heseltine）在北部发起了一项大型倡议活动，以期能够帮助利物浦托克斯泰斯区（Toxteth）实现振兴，那里的暴乱已经持续了3天。

1981年7月，在布里克斯顿骚乱爆发的几个月后，英国的社会结构已经足够稳固，人们可以接受王位继承人查尔斯王子和幼儿园教师戴安娜·斯宾塞女士（Lady Diana Spencer）结婚。戴安娜当时只有19岁，天生金发碧眼，美丽迷人，来自与宫廷关系密切的古老贵族地主家族。戴安娜王妃年轻、自然，将英国公众对王室的欢迎程度推到了新的高度，王子和王妃温馨的婚礼也感动了许多人。戴安娜王妃因为坚持与艾滋病患者握手而受到人们的尊重，因为当时许多人还认为艾滋病会像麻风病一样通过握手传播。在她的努力下，使用地雷在全世界成了不道德的行为。在全世界数百万人的注视下，王子和王妃在圣保罗大教堂举行了婚礼，英国的大街上挤满了举行庆祝仪式的人群。

与此同时，撒切尔的"成功曲线"继续朝着更广和更高的领域辐射。她为了收回国家贸易顺差对欧共体预算的贡献额，设立了专门的金融机构。截至1983年，欧共体预算共计返还英国4.5亿英镑。然而，她的改革引起了英国社会许多部门的反感，同时因为她与华盛顿政府极端保守派共和党的关系过于密切，引发了许多不满。1979年，苏联在西伯利亚和西欧之间修建了输油管道；1980年，罗纳德·里根（Ronald Reagan）当选美国总统。缓和时期带来的希望才稍稍显现，冷战又重新开始了。

比起美国，多数西欧国家对苏联的行动都持更加实际的态度；但里根及其右翼支持者却坚持认为，美国应该与苏联展开新一轮军备竞赛。美国对苏联实施了制裁，东欧和西欧之间日益增长的信息技术交流也突然中断。

里根政府罕见地宣布，美国计划将军备竞赛拓展到太空，通过"星球大战"（Star Wars）项目为美洲大陆创造一个防御性的核保护伞。这时，欧洲和平运动才开始如雨后春笋般出现。苏联退出了限制军备的对话，同时苏联与美国保守派人士的对话也面临停顿的危机。欧洲似乎走到了核战争的边缘。到1981年，英国共有超过20万人加入核裁军运动（Campaign for Nuclear Disarmament）。20世纪60年代，奥尔德玛斯顿游行（Aldermaston marches）发生之后，核裁军运动曾一度淡出人们的视野。

为了保护西方不受苏联300台SS-20S导弹的威胁，美国在西欧安装了最新一代核导弹。大批欧洲抗议者认为，美国主导着与苏联的对抗，但美国人却一直处在3000英里之外的安全地带，欧洲国家才真正承担着核战争的风险。当英国政府决定同意美国在伯克郡格林汉康蒙（Greenham Common）的皇家空军机场部署巡航导弹时，来自全英国的女性，无论老少，自发地在机场周围建立了抗议营地。

1982年春天，撒切尔夫人和撒切尔主义越来越不受民众欢迎，改革面临流产。然而，当年4月，阿根廷对福克兰群岛（Falkland Islands）实施军事收复行动，出人意料地拯救了撒切尔。在加尔铁里将军（General Galtieri）的命令下，一支小型阿根廷军队战胜了主岛上的皇家海军。雷克斯·亨特爵士（Sir Rex Hunt）和福克兰群岛总督逃到了蒙得维的亚（Montevideo）。1.2万阿根廷军队直接登陆了福克兰群岛，阿根廷人宣布占领福克兰群岛，将其更名为马尔维纳斯群岛（Las Malvinas）。

撒切尔夫人被崇拜者比作布狄卡王后，好战的她选择继续战争。英国动用了最后的帝国力量，100余艘皇家海军舰船在2艘航空母舰的保护下开足马力驶向阿根廷。其中一艘航空母舰上坐着女王的次子安德鲁王子（Prince Andrew）——一位英勇无比的直升机飞行员。

6月底，阿根廷战败撤军，英国耗费了数亿资金取得了胜利。但是，英国再也无力动用如此庞大的力量和资金，以如此高的效率在殖民地展开战争。在直布罗陀，英国已经不可能再以同样的原则进行战争。英国也不可能在没有美国政府协助处理诸多后勤事务的前提下，在遥远的南半球打赢一场战争。

马尔维纳斯群岛战争使得撒切尔夫人成了国内备受欢迎的女英雄。爱国主义热情加上英国传统的仇外情绪掩盖了对撒切尔主义的抗议之声。在1983年6月的选举中，因为接任卡拉汉的工党领袖迈克尔·富特（Michael Foot）难以胜任职务，以及工党提出的被称为"史上最长的绝命书"的左倾宣言，保守党多数席位从43个增加到144个。一个月之后，为了庆祝获胜，保守党宣布削减5亿英镑的公共支出。

工党的得票比例萎缩至25%，创造了反对党得票率的历史新低。1981年，4位重要的工党影子内阁成员为了抗议党内强硬左翼势力的影响及其对独立意见的打压，组建了社会民主党，造成工党内部分裂。这4名工党成员包括前工党外交大臣戴维·欧文博士（Dr David Owen）及前内政大臣兼财政大臣罗伊·詹金斯。他们相信，工党不再是致力于通过议会途径实现主张的政党。新规定允许剥夺冒犯普通民众的议员的席位，同时将选举团中40%的投票者分配给工会和其他集团，供他们选举党派领导人。工党"反共同市场"的观点体现出了它的回顾式和原始性特质，同时工党还在核单边主义*中表现得不负责任和不切实际。工党认为英国应该销毁本国的核武器，但并不要求其他国家也同样销毁核武器。经过一系列戏剧性的议会选举，被称为"四人组"的社会民主党领袖空降议会。社会民主党已经发展成英国一支不可忽视的力量。

不过，历史的潮流仍然站在撒切尔夫人这边。1984年，在大量选举人的支持下，撒切尔夫人开始向煤矿工人开刀。1981年，她曾试图关闭23座生产力低下的矿井，但未能成功。而这一次，她下定决心要取得煤矿行业改革之战的胜利。煤矿行业一年需要消耗政府8亿英镑的补贴。在一些矿井中，每吨煤炭的开采价格甚至比出售价格高出20英镑。自20世纪20年代的煤矿行业全盛时期开始，煤矿行业共雇用了145万名矿工。然而，对煤炭的需求却在急剧萎缩，煤炭作为能量来源正逐渐被更为廉价和洁净的替代能源取代——核电、中东石油，以及现在从北海输送过来的石油和天然气。截至20世纪80年代，英国只剩下30万名矿

---

* 指单方面销毁核武器的政策。——译者注

工。在20世纪60年代，40万名矿工在提前退休计划中自愿离开煤矿行业，接受了再就业培训。

3月，政府宣布必须关闭20座煤矿，20万人面临失业。全国矿工联盟（National Union of Mineworkers）领导人亚瑟·斯卡吉尔（Arthur Scargill）依据传统马克思主义理论，决定阻止政府的行动。他组织工人进行了长达一年的罢工，但是他没有经过全国性的投票表决，因此一直没有赢得整个行业的支持。此外，7月，新的《工会法》出台，剥夺了工人的法律豁免权。如果工人不进行全国性投票就开始罢工，则触犯了法律。到1984年10月，最高法院下令暂时查封全国矿工联盟的资金。全国矿工联盟在资金短缺的情况下，无法长期组织罢工。

虽然多年以来，英国民众一直对工会持宽容态度，但现在人们普遍对工会产生了反感。不过，在围绕矿井形成的社区当中，人们仍然对面临失业的矿工及其家庭所处的困境怀有极大同情。与此同时，警戒线上发生了多起针对希望复工的矿工的暴力和恐吓事件，这也令许多人反感。在一起事件中，一名出租车司机被掉落在出租车上的水泥块砸死。斯卡吉尔和利比亚存在经济上的往来也令许多人不齿。就在那年，卡扎菲（Gaddafi）的驻英国外交官吓坏了英国政府，他开枪射杀了英国女警察伊冯娜·弗莱彻（Yvonne Fletcher）。当时她正在伦敦圣詹姆士广场疏导一起针对利比亚人民办事处的抗议活动。

撒切尔政府决定不再重犯希斯的错误，政府花了3周时间在发电站大量储备煤炭，并计划让非工会成员的司机运送煤炭。撒切尔政府还计划改进多个发电站的机械设备，使其既能使用煤炭，又能使用石油作为燃料。此外，政府还提升了警察素质，保证警方一接到通知，便可以立即赶到事发地点。煤矿行业内部对罢工的意见也从未统一过：只有不到2/3的矿井监察员投票支持罢工。在诺丁汉等生产率较高的矿井，矿工创建了独立的工会，希望能够继续工作。

截至1985年3月，为期一年的罢工告一段落。在苏格兰人伊恩·麦格雷戈（Ian McGregor）的领导下，国家煤矿委员会成功叫停了罢工。伊恩·麦格雷戈曾经移居加拿大，他承诺重新审视关闭矿井的决定。1983年，工党在民调中表现糟糕，之后迈克尔·富特接任工党领袖。他没有谴责警戒线上的暴力行为，导致工党的群众基础被进一步削弱。他个人认为，比起保守党，斯卡吉尔对煤矿行业造成的打击更为致命。煤矿一旦关闭，重新启动便需要花费更多资金。罢工使英国政府损失了30亿英镑，但工党会议和英国劳工联合会议仍都支持罢工。

煤矿工人罢工集中体现了老工业部门与撒切尔政府实施的英国工业现代化改革之间的冲突，同时反映了落后、陈旧的工联主义和进步力量之间的诸多矛盾。撒切尔主义取得了斗争的最后胜利。次年，国际传媒巨头鲁珀特·默多克（Rupert Murdoch）成功违拗了印刷工会，将《泰晤士报》及其他报纸从舰队街转移到沃平区（Wapping）。他在那里成立了与工会无关的报纸，成功地将新技术应用到报纸行业，间接为英国《独立报》（*The Independent*）的创刊扫清了道路。《独立报》由不愿越过罢工警戒线的记者创立。撒切尔主义开始发展为一种类似规范的东西。

煤矿工人的失败导致工党支持率跌至历史最低点。1983年，撒切尔夫人取得了意义深远的胜利，许多英国民众开始反对工会运动。部分原因在于，工人阶级（体力劳动者）所占比重缩小为职业群体总人数的1/3。撒切尔夫人的政策看似无情，但人们却越来越难以否认其有效性。她打破了工会的束缚，使衰落的英国工业转而成为世界其他国家学习的榜样。她的成功产生了这样一种影响：人们在选择政党时越来越无法认真考虑工党这个工会委托方。很少有人再相信可以依靠工会落实切实可行的新薪酬政策。事实证明，国家资本主义的代价过于高昂，无法施行。撒切尔夫人极大地减轻了政府的负担，抑制了通货膨胀。这似乎证明了200年前亚当·斯密的话——自由市场才是医治政府痼疾的良药。

左倾改革派人士认为，在接受过良好教育的英国人中占主导地位的价值观已经过时。但是，极端左翼人士在20世纪80年代中期控制了工党，使得工党坚持认为，政府如果想要继续推行改革，不可避免地会花费越来越多的资金。工党的每次会议都要求更大程度地推行国有化，但他们却没有提及资金从何而来。在20世纪60年代，右翼观点一度令人反感，然而随着英国经济开始出现奇迹般的好转，支持右翼观点逐渐成了一种潮流。公立学校和消费也变成了一种潮流。被称为"撒切尔的孩子"的一代人从骨子里去除了老一辈英国人对社会改革的渴望，而这曾是19世纪最伟大的遗产。

撒切尔夫人成功地对国有行业进行了私有化改革，用市场竞争取代了僵化的国家垄断。撒切尔夫人的国际声望可以和温斯顿·丘吉尔相媲美，她被称作"铁娘子"。她的政策势如破竹。她在马尔维纳斯群岛战争中的表现巩固了她与里根总统的私人关系。因为撒切尔夫人和里根总统之间良好的私交，战后多位英国首相与美国总统之间的特殊友谊在20世纪80年代真实地存在着。从1984年开始，撒切尔夫人成了这段特殊时期内东西方关系的主要参与者。

1991年年底，苏联解体。俄罗斯、乌克兰和白俄罗斯等15个苏维埃共和国宣布组成独立国家联合体（Commonwealth of Independent States）。由于苏联已不复存在，戈尔巴乔夫也不再担任苏联总统。

这些全球性重大事件似乎预示着后意识形态时代的到来。苏联解体引发了无尽的回响，至少现在世界上只剩下美国一个超级大国了。由于新成立的俄罗斯联邦中的各个加盟国共拥有大约2.7万枚核弹头，所以美国立即同意签订一些限制核武器的条约。许多东欧国家申请加入欧盟；2003年，10个东欧国家签署了《入盟条约》（Treaty of Accession），被吸纳为欧盟成员国；它们将在2004年5月1日加入15个现有的成员国的行列。从前的苏联加盟国也加入了北大西洋公约组织，而设立该组织的初衷是对抗这些国家原来所属的华沙条约组织（Warsaw Treaty Organization）。

尼尔·基诺克（Neil Kinnock）认为，如果工党想要重新执政，必须变得更加温和。社会民主党的成功警示了他，从20世纪80年代中期开始，社会民主党与自由党的打包选举便开始蚕食工党的选票。在接下来的10年中，尼尔·基诺克将工党的极左翼势力清理了出去。在传媒天才——年轻的电视制片人彼得·曼德尔森（Peter Mandelson）的帮助下，基诺克开始扭转工党在人们心中的形象。彼得·曼德尔森的外祖父赫伯特·莫里森曾在1945年担任工党内政大臣。1986年，在工党大会上，工党的标志由过时的革命红旗更换为更加温和的红玫瑰旗。接下来的几年见证了工党放弃核裁军运动、国有化改革和惩罚性税收。

基诺克的最大挑战来自工党内部顽固的激进分子。激进分子在地方政府中影响颇大，他们坚持走革命而非议会民主道路。事实证明，这部分人难以去除。基诺克出人意料地在撒切尔夫人身上发现了一种反激进分子的态度。撒切尔夫人在她的第二个任期中，开始着手控制地方政府的开支。

激进分子给市政厅资金带来了不良声誉，他们坚持将资金花在与他们的极端主义理念相符的项目上，但纳税人越来越难以理解这样做的意义，遂逐渐产生反感情绪。1984年，英国政府引入了限定税额机制，当中央政府认定税额过高时，可以"盖帽"（限制）税额。撒切尔夫人希望结束激进分子的活动。支出超标的议会不得不削减补助金——这是莫顿叉妙招的变异版本，在20世纪末的英国同样流行。虽然英国民众开始厌恶被称为"疯狂左翼"的奇怪项目，但他们也不喜欢用"限定税额"来限制地方服务。受到损害的包括学校建设、社会服务、住房建设和无家可归者的棚屋改造。1985年，英国国教委员会发表报告《城市的信仰》（Faith in the City），敦促政府采取紧急行动缓解内陆城市的困境。

在利物浦等地区，许多市政议会的成员属于激进分子，他们拒绝接受"限定税额"，坚持继续扩大开支。然而，扩大支出已被认定为非法，所以议会领导人有责任自行负担费用，而当中央政府撤回资金之后，利物浦市议会通过投票进入破产程序，不得不从国外银行借了3亿英镑巨款用于偿还债务，这是闻所未闻的。但即便这样，议会仍然无法承担许多普通工人的工资。激进分子不负责任的行为激怒了工党的普通支持者。

1987年6月，撒切尔夫人第三次赢得选举。她获得的选票数量虽然有所下降，但仍有101票的压倒性多数优势。而她控制地方政府开支的最后一项举措证明，她已经丧失了政治敏感度。1988年，她颁布了《地方政府法案》（Local Government Act），其中第28条禁止地方政府推动为同性恋争取权益的运动。此举触犯了地方自由权。这项条款是她为应对媒体报道做出的举措。媒体的相关报告显示，地方议会正在提倡两个同性恋者组成家庭。

更重要的是，20世纪80年代末，撒切尔主义经济奇迹的镀金外衣正在剥落。1986年，英国的通货膨胀率一度下降到2.5%，世界为之惊叹。但曾经的经济繁荣正在走向破灭。1987年，随着经济的腾飞，亲欧财政大臣尼格尔·劳森（Nigel Lawson）大幅削减利率。他正在欧洲货币体系上施加自己的影响力，迈出了在整个欧洲实现单一货币的第一步。与此同时，他开始大幅削减税收，所得税的基础利率从27%降至25%。劳森认为，英国将一直保持经济腾飞，但低利率和低税收的双重刺激引发了房地产销售热潮，住宅价格在一年之内猛涨34%。政府为了给过热的经济降温，不得不急剧提高利率。随着零售商品价格的飙升，通货膨胀率在1990年上升到10%，劳森执政时期的经济腾飞结束了。

1986年，大伦敦议会（Greater London Council）拒绝削减开支，撒切尔夫人在加强中央集权的狂热思想推动下，撤除了大伦敦议会。当时，工党为了抵制中央压缩支出的举措，仍继续提高利率水平。撒切尔夫人认为，取消利率是唯一的解决方案。她引入了替代性政策——人头税。人头税是一种古老的税种，按人头收取。人头税曾在理查二世统治时期引发了骚乱。在伊丽莎白二世统治时期，人头税将产生相似的影响。

与撒切尔革命的许多其他措施一样，人头税对撒切尔主义者来说具有重要意义，但不相信撒切尔主义的人很难理解。这次，被称为怀有"不可思议的想法"的撒切尔支持者确实成了"不可思议"的人，甚至可以说人头税引起了一场公关灾难。撒切尔及调查人员发现，在英国3500万选民中，只有不到一半的人口在地方纳税。政府将向每位投票的男性和女性收取一次人头税（其正式名称应为"社区税"）。撒切尔主义者认为，缴纳人头税的选民将会投票赞成削减开支，从而将议会的税收保持在较低水平（保守党当然也会投票赞成削减开支）。

撒切尔夫人及其内阁成员认为，人头税将促使愤怒的公民投票赞成市政议会削减开支。但是，政府打错了如意算盘：作为对政府的回应，愤怒的市民转而发动了大规模的人头税暴动。英国民众注意到的信息在于，公爵和清洁工需要支付相同数额的人头税，这有违公平的原则。

然而，撒切尔夫人不会收回自己的决定。她曾说过，她的座右铭是"这位女士永不回头"。但是，许多保守党成员开始担心她会越来越不听取选民和内阁的意见。1989年，尼格尔·劳森辞职。他辞职的主要原因在于，虽然撒切尔夫人在1986年签署了《单一欧洲法案》（Single European Act），但却不愿意加入欧洲汇率机制（European Exchange Rate Mechanism）。《单一欧洲法案》促进了欧共体经济发展，并在1992年开启了欧洲社会一体化进程。

1990年3月，人头税引发了骚乱。同年，美国新任总统乔治·布什（George Bush）在联合国的赞助下领导了多国联合制裁。在萨达姆·侯赛因（Saddam Hussein）拒绝了联合国的要求之后，美国对萨达姆政权发动了战争。但是，心怀不满的保守党人担心,该行动会削弱保守党在民调中的影响力。撒切尔革命正在失去动力,即便对其支持者来说也是如此。3个月之后,撒切尔夫人发现自己的领导权遭党内暗算。当年11月,约翰·梅杰(John Major)当选英国首相。

撒切尔夫人执掌英国政坛11年。毫无疑问,她有着狮子般的野心。她不仅几乎在一夜之间改变了英国,而且在她的教育大臣基思·约瑟夫的领导下,英国开创了更为先进的考试制度和标准化教育体系。自1988年起,英国引入了全国性课程体系。撒切尔执政生涯中的大多数教育举措都应该归功于约瑟夫。为了检验教学中存在的问题,英国政府会分别在儿童7岁、11岁和14岁时组织测试。这项制度标志着延续了13年的渐进式教学法的终结。渐进式教学法的依据是,对孩子来说重要的是探索或"自我发现",而不是学习知识,然而它已经脱离了原先的轨道,演变成一种散漫的信条。

1985年,撒切尔夫人签署了《希尔斯伯勒协约》(Hillsborough Agreement),开创了一种试验性的英国-爱尔兰跨政府议会。天主教领导者一直意图达成的解决北爱尔兰内战的唯一政治方案被提上日程。1984年10月,保守党在布赖顿开会的酒店被炸毁,一半内阁成员在爆炸中丧生。爆炸事件令撒切尔夫人极为震惊,她这才意识到,英国永远无法战胜爱尔兰共和军。即便如此,她仍坚决要求当地的玛莎百货商店提早开门营业,以便为穿着睡衣仓皇逃出宾馆的议员提供外衣。虽然她的两位朋友在爆炸中丧生,贸易和工业大臣诺曼·泰比特(Norman Tebbit)的妻子也严重受伤,但她仍执意在当天早晨主持内阁会议。"照常开会。"她宣布。

英国政府不顾共和派和忠英派的抗议,开始就北爱尔兰管理问题与爱尔兰政府定期进行官方磋商,同时就边界安全与正义敲定了共同政策。英国-爱尔兰的8年合作终于在1993年促成爱尔兰总理伯蒂·埃亨(Bertie Ahern)和英国首相约翰·梅杰签署《唐宁街宣言》(Downing Street Declaration)。该宣言欢迎新芬党加入多党谈判,最终爱尔兰共和军同意停火。

虽然撒切尔夫人能力卓越,但到了20世纪90年代,内阁成员希望建立更多合议庭*,因为她正在逐渐变得独裁起来。同时,英国在与欧洲的外交关系上也存

---

* 合议庭实行少数服从多数原则。——译者注

在难以调和的分歧。撒切尔执政的几年恰逢法德两国推动欧洲共同市场内的国家加速建立"前所未有的密切联系",而欧洲共同市场正在演变为一个欧洲超级大国。此项运动由欧洲委员会主席法国人雅克·德洛尔（Jacques Delors）牵头,德国总理科尔（Kohl）和法国总统密特朗（Mitterrand）协助。3人公开提出,希望由欧洲议会而非从国家层面实现80%的立法。

撒切尔夫人基于辅助性原则为英国辩护。辅助性原则是欧洲委员会使用的术语,指各项决策均应在最低效力水平上做出,但是英国人却委婉地用它指代国家层面的决策。1990年10月,撒切尔为了不失去她的新任财政大臣约翰·梅杰和同样亲欧的外交大臣道格拉斯·赫德（Douglas Hurd）,同意加入欧洲汇率机制。欧洲汇率机制是加入欧洲货币体系的预备步骤,也是在欧洲实现单一货币需要迈出的第一步。欧洲汇率机制的目的是在欧洲委员会成员国之间创立一种国家银行层面上的统一货币体系,要求国家政府干预外汇市场,以保证成员国的货币在这个体系内能够保值。

撒切尔夫人卸任一个月后,新任首相约翰·梅杰及财政大臣诺曼·拉蒙特（Norman Lamont）只得独自面对欧洲汇率机制的变迁。不幸的是,他们都不具备撒切尔夫人那样的天赋和政治运气,无法带领英国平安度过暴风骤雨般的两年困难时期。前财政大臣劳森时期的经济腾飞结束之后,高利率已经开始对撒切尔夫人创建的企业经济核心造成冲击。英国加入欧洲汇率机制之后,英镑与欧洲最强劲的货币——德国马克挂钩。之后,英国的利率开始冲破天花板,而英国精神却深陷衰退。民主德国与联邦德国完成了统一,所以德国不得不将利率维持在较高水平。截至1992年8月,德国利率迫使英国利率翻了一倍,导致英国经济无法持续发展。20世纪80年代的经济奇迹正在迅速演变为20世纪90年代早期的经济灾难。9月16日,"黑色星期三"（Black Wednesday）到来,梅杰和拉蒙特被迫做出了不光彩的决定——立即将英国货币从欧洲汇率机制中撤出。英国经济和欧洲战略一下子变得支离破碎。

崩溃的拉蒙特不愿意承认失败。虽然如此,"黑色星期三"不仅让欧洲怀疑主义者更加确信英国只能在单一货币体系中取得繁荣,还导致保守党"经济安全管理者"的名声扫地——这曾是保守党最珍贵的资产。从1992年9月开始,工党在民调中的支持率开始超越保守党，而保守党则在欧洲问题上展开了一场内战，这场内战导致保守党内部逐渐分裂。实际上，退出欧洲汇率机制虽然一开始让人们十分震惊，但的确产生了有益的效果。未来10年，英国继续享受着低通胀、稳增长和低失业的优势，其经济增长速度在法国和德国之上，通货膨胀率相对较低，失业人数也相对较少。

半数保守党人坚决反对英国加入欧洲共同体（European Community），他们开始在媒体上上演与亲欧派保守党人自相残杀的戏码，而亲欧派保守党人占了内阁成员的大部分。但是，约翰·梅杰仍不愿放弃对《马斯特里赫特条约》（Treaty of Maastricht）的坚持。2月，经议会通过，他签署了该项条约。《马斯特里赫特条约》修订了创建欧洲共同体的基础性条约《罗马条约》（Treaty of Rome），欧洲共同体发展为欧洲联盟（European Union）。这标志着欧洲朝着创建"更紧密的政治联盟"又迈进了一步。但是，梅杰也让欧洲联盟做出了让步，英国不需要放弃本国货币改用欧洲单一货币，也不需要接受德洛尔提出的《欧洲社会宪章》（European Social Charter）。《欧洲社会宪章》规定了欧洲联盟成员国的最低工资标准，人们认为它将增加英国的劳动力成本。

约翰·梅杰出身贫困，是空中飞人项目表演者的儿子。有人开玩笑说，他一直在反抗自己的出身，所以从马戏团逃到了银行。他在伦敦的贫困经历也许使他比自己原先的老板更具同情心。在他的执政时期，福利支出和通货膨胀成比例地提高，人头税改为根据财产价值缴纳的家庭税。政府仍然在既得利益改革和私有化上坚持激进的撒切尔主义原则。但是，"黑色星期三"事件发生之后，很多人觉得保守党的日子快要到头了。

敏感的英国公众希望重启古老的共识政治，他们不希望自己的国家中生活着一群被美国社会学家称为"下层阶级"的人。实际上，保守党政府每年都在增加国民医疗服务支出，但各部大臣却让民众产生了国民医疗服务体系即将成为明日黄花的感觉。部分原因在于，他们引入了内部市场机制，将其作为一种推动医疗保健行业的有效竞争手段。

人们普遍期望工党在1992年4月的大选中取得胜利。英国中部在削减税收上已经做出了足够多的努力。民众认为，在保守党的领导下，国家珍贵的基础设施正在坍塌。议会资金不足留下的坑洼路面、糟糕的公共服务和破败不堪的校园，以及超长的就医等待名单（因为大量病房关闭）令人们感到沮丧。但是，约翰·梅杰的不当建议接着让英国财政部笼罩在阴影之下。许多人觉得，工党如果重新执政，将重拾20世纪70年代的惩罚性收税政策。最后的选举结果是保守党连续第四次赢得大选，尽管多数党只有21个席位的优势，但是工党仍处在阴影之中。

选举失利之后，尼尔·基诺克退出工党领导岗位，约翰·史密斯（John Smith）接任。史密斯改进了选举团的投票制度，同时警告工会，不提高生产率就别指望提高工资水平。但是，1994年，史密斯意外去世，工党领导权转交给颇为上镜的托尼·布莱尔（Tony Blair），当时他还不到40岁。

布莱尔曾做过出庭律师，是一名虔诚的基督徒。他的妻子能力出众，是英国皇家律师。他们一共养育了3个孩子，当时孩子们都还很年幼。2000年年初，布莱尔迎来了第4个孩子，成为150年来第一个在任职期间有孩子降生的英国首相。他在彼得·曼德尔森和戈登·布朗（Gordon Brown）的帮助下，进一步推动了工党的现代化发展。他们认为，民众现在仍然惧怕工党，而他们有责任让人们相信，工党已经抛弃了所谓的"邪恶政治"，即始于1918年的致力于通过税收重新分配国家财富的政策。布莱尔删除了工党宪法第4条，这项条款承诺实行"生产、分配和交易方式的共同所有制"。工会被限制在"一臂之距"的范围内，同时热情地采纳了融入欧洲的建议。布莱尔和曼德尔森认为，新工党必须赢得更为广泛的支持群体。

1994年5月6日，英吉利海峡隧道贯通，标志着英国和欧洲大陆之间建立起更为紧密的联系。英国从冰河世纪开始第一次与欧洲大陆连在了一起。人们从100多年前就一直梦想着将英国和欧洲大陆连接起来，但直到20世纪80年代末，英法两国才拥有足以在海平面以下150米修建海峡隧道的技术。隧道由3条平行隧道组成，分为北线、南线和后勤服务隧道，耗资150亿英镑，共需要挖出1700万吨泥土。隧道贯通之后，从巴黎市中心到伦敦市中心只需要3个小时。

但是，欧洲隧道的胜利贯通和随之而来的兴奋并没有给保守党的声望带来任何好处。在民调中，工党的呼声越来越高，而保守党政府则逐渐陷入舞弊、撒谎、非法销售武器和贿选等丑闻中。

在爱尔兰问题上，保守党也极不走运。20世纪90年代撒切尔夫人出台的《希尔斯伯勒协约》开始产生积极影响。虽然一些统一党成员将该条约视为一种背叛，但爱尔兰政府再次声明，只有在北爱尔兰大多数公民愿意的前提下，才会开启爱尔兰统一进程。新芬党意识到许多支持者已经对战争产生了厌倦情绪，于是也开始转变态度。1994年8月，爱尔兰共和军同意停火，10月，亲英派准军事组织也宣布停火。爱尔兰内战在持续了20年之后，终于迎来了这一伟大的时刻。但是，统一党与新芬党在解除爱尔兰共和军武装的问题上产生了分歧，统一党要求新芬党在爱尔兰共和军销毁武器前不得参与政治活动。

1996年1月，梅杰政府拒绝了美国前参议员乔治·米切尔（George Mitchell）的建议。米切尔是克林顿总统的爱尔兰事务顾问，他领导独立的国际机构来监督爱尔兰准军事组织解除武装的进程。他提议在多党对话之下推进解除武装的进程。梅杰政府却在新芬党不在场的情况下，启动了选举。次月，爱尔兰共和军炸毁了伦敦码头区的金丝雀码头（Canary Wharf），作为对梅杰政府举动的回应。和平进程显然已经偏离了既定轨道。

但是，最终导致保守党下台的事件是牛海绵状脑病（又称"疯牛病"）从牛到人的传播。英国海关起诉3名商人非法将武器运送至伊拉克。他们在接受英国上诉法院常任法官理查德·斯科特爵士（Sir Richard Scott）的询问时，曝出了美思奇-丘吉尔*事件（Matrix-Churchill Affair）。斯科特在1996年2月公开发表了案件的报告。疯牛病暴发之时，公众刚刚准备接受内阁对这起事件的搪塞之词。斯科特的报告显示，保守党的大臣们宁愿让无辜的3人入狱，也不愿透露被告人为英国情报机关工作的事实。电视新闻报道了年轻人感染克雅氏病（疯牛病在人类身上的变种），在他们的生命危在旦夕之际，保守党大臣却拒绝说明食用牛肉是否安全。这时，英国政府的保密文化已经危害到了国家健康，保守党终于失去了民心。英国屠宰了470万头牛，共损失了30亿英镑，之后英国牛肉在全世界被禁止销售，保守党18年的统治终于倒台。在明理踏实、能言善辩的托尼·布莱尔的

---

* 美思奇-丘吉尔是英国的一家航空器材设备生产公司，在20世纪80年代末被伊拉克政府收买，向伊拉克出售用于制造武器的设备。——译者注

领导下，工党远离了社会主义理念，按照更容易被接受的中间路线发展。工党看起来似乎和保守党不同，是一个值得信赖的政党。

1997年5月，英格兰民众明确地表达了他们对保守党的意见。工党获得了419个席位，其中101个由女性获得，她们被称为"布莱尔宝贝"。保守党在苏格兰也遭遇了彻底失败。布莱尔大获全胜，赢得了179个多数席位，并着手推行广泛的宪法改革。约翰·梅杰辞去保守党的领导职位，由36岁的威廉·黑格（William Hague）接任。黑格是一位天赋卓越的资深议员，曾担任过威尔士事务大臣。但是，虽然黑格表现出了与其约克郡出身相符的踏实作风，保守党也进行了深刻的反思，但其在民调中仍表现不佳。2002年6月，工党又取得了压倒性胜利（167个多数席位），黑格辞职，退伍军人伊恩·邓肯·史密斯（Iain Duncan Smith）接任保守党领导人。

工党政府很快展现出现代政府的姿态。工党内部包含妇女事务机构，虽然尚未设立妇女事务部，但从2000年起，工党设立了经选举产生的伦敦市长，用以取代撒切尔夫人在1986年废除的大伦敦议会。1997年，工党上任伊始，便让英格兰银行全权负责决定利率，英格兰银行成了独立的机构，而此前这一权力一直由财政部掌握。利率决定权至此独立于政治领域之外，从而避免了再次出现劳森时期的"景气波动"，进一步为经济增长创造了稳定的环境。

1999年，延迟了大约120年之后，上议院终于迈出了现代化的第一步——除了让选出的92名贵族负责监督改革之外，其余世袭贵族全部被赶出上议院。这项改革保证了英国在进入21世纪之后能够持续健康发展。改革后的上议院将保留古老传统的精华，作为无党派专家和智者的集合，上议院议员可以在下议院企图仓促通过立法时起到延缓和修订的作用。然而，4年之后，2003年7月，英国并没有做出设立改革后的"第二院"的决议，"第二院"不会与经选举产生的下议院发生竞争。

工党承诺在苏格兰和威尔士成立地方议会。在两轮公投之后，投票结果显示，民众支持权力下放。2000年，苏格兰议会和威尔士国民议会召开会议。苏格兰议会反映了苏格兰悠久的独立历史和独立的立法体系，并有权在上下3%的范围内调整威斯敏斯特制定的税率，也可以对环境、社会服务、教育和医疗等内部事务立法。作为一个附属英格兰的历史悠久的小国,威尔士的议会没有立法权,但可以修改一些威斯敏斯特形成的法案。威斯敏斯特议会将保留同等数量的威尔士和苏格兰议员,一些评论家甚至好奇,如果按照公平原则,英格兰是不是也应该成立地方议会呢?

工党上台后决定结束英国的社会分化,以及公共事业和制造业投资长期不足的情况。英国再也不存在绝对贫困人口,而就在20世纪末,布斯和朗特里的研究还曾披露过绝对贫困现象,使中产阶级的良心饱受折磨。但在2002年,备受尊重的慈善组织儿童贫困行动组织(Child Poverty Action Group)估计,大约1/4的英国人口还生活在国际定义的"低收入贫困状态",其中包括大约400万儿童。对于文明国家来说,这个数字简直高得无法忍受。英国的新生儿死亡率曾是世界上最低的,但现在却开始上升。这显示出贫困人口的生活环境正在恶化,情况亟待改善。

工党认为,政府肩负着解决失业问题、促进经济增长的社会责任,政府不应该放任市场发挥作用,任由贫困人口陷于无人施救的境地。但曾经的教训让工党确信,离开私有部门的帮助,政府无法独自负担工业投资。在财政大臣苏格兰人戈登·布朗的指导下,工党实行了审慎的财政政策,声望也飙升到前所未有的高度。2001年,政府从第三代移动电话许可证的拍卖中筹集了225亿英镑的巨款。据报道,连伦敦——传统意义上保守党的票仓,都至少暂时变成了工党的阵地。工党还取消了医院护理行业的内部市场,免除了领取养老金者的采暖费账单,并向贫困人口提供多种税收抵免。同时,工党政府为了帮助人们尽快就业,摆脱靠福利为生的窘境,实行了"新政"。

1997年7月,香港回归中国。中国政府承诺,香港回归后将作为特别行政区,拥有相当的自主权和自由活动空间,资本主义制度在香港至少保持50年不变,同时香港将继续作为自由港存在。此外,《香港特别行政区基本法》(Basic Law of the HongKong Special Administrative Region)维护自由选举的立法机关,自由选举将一直受到尊重。

1997年8月,威尔士亲王的前妻——美丽的戴安娜王妃在巴黎的一起车祸中丧生,年仅36岁。在过去的16年中,她凭借善良的品性、青春自然的气质赢得了英国人民的爱戴。她去世时，举国哀悼。英国民众也十分怜惜失去母亲的儿子——15岁的威廉王子（Prince William）和未满13岁的哈里王子（Prince Harry）。

1998年的复活节，北爱尔兰持续了26年的战争终于结束。经决定，英国政府允许北爱尔兰在设立新政府的同时解除武装。新芬党和亲英派阿尔斯特防务协会（Ulster Defense Association）等准军事化政治组织需要参与的唯一事情是命令其准军事部队成员恢复1994年的停火状态。1997年7月，爱尔兰共和军启动了停火进程。

1998年，北爱尔兰的各个意见团体签署了《星期五和平协议》（Good Friday Agreement），创立了权力共享机构。该机构的创立已经拖延了25年。协议再一次重申，决定未来发展方向的是北爱尔兰人民的意愿，而非爱尔兰共和国或英国的意愿。英国从北爱尔兰撤军，意味着每个英国士兵职业生涯中最危险的一段执勤期结束。

1998年8月，爱尔兰共和军控制之外的民族主义恐怖团体制造了奥马爆炸事件（Omagh bombing）。和平进程原本可能因此脱离原轨道。不过，新芬党和爱尔兰共和军以最激烈的言辞谴责了这起悲剧，权力共享机构得以维持。但正式解除武装仍然是一个问题。2001年，美国纽约发生"9·11"恐怖袭击事件，宗教恐怖主义者撞毁了双子塔，美国人亲身体会到恐怖主义的威力。因此，虽然爱尔兰共和军在传统上受到美国的支持，但现在他们也认识到自己必须改变策略。于是在当年10月，新一轮的解除武装行动开始了。但是，由于双方互不信任并继续进行惩罚性打击措施，北爱尔兰问题依然严峻。遗憾的是，2002年10月，权力共享机构被迫中断（2003年7月再次中断），英国重新实施了直接统治。一名爱尔兰共和军间谍在斯托蒙特被指控实施了电话窃听行动，之后其他党派拒绝继续留在新芬党政府中。

1999年1月1日，欧洲联盟15个成员国中的11个成员国放弃使用本国货币，改用单一货币欧元。欧洲中央银行（European Central Bank）成功实现了这一举措。这11个国家包括芬兰、葡萄牙、奥地利、荷兰、卢森堡、意大利、爱尔兰、法国、西班牙、德国和比利时；2001年，希腊也改用欧元。截至2003年，英国仍未加入欧元区。*民调显示，约60%的英国商人支持放弃使用英镑，但相同比例的英国普通民众持反对态度。托尼·布莱尔承诺在废除英国货币和加入单一欧洲货币体系之前进行全民公投。不过，他的政府原则上同意英国加入欧元区。1999年2月，首相首次发表全国性的转变计划，概括了加入欧元区的步骤。

英国古老的民主机构意味着它不可能不对在欧洲建立超级大国的计划提出抗议。欧盟总部实行"一人一票"的投票制度，似乎和由任命产生的官僚机构没有可比性。但是，在一些人看来，欧盟可能会对英国的自由构成威胁。塔西佗等观察者从一开始便注意到，这里的岛国居民过分沉溺于自由。今天，自由可以被解读为希望在税收等问题上保持国家自治，以及暂缓由欧盟协调国家法律的进一步尝试。从另一方面来看，也许有人辩称，在（欧洲的）罗马人到达不列颠群岛之前，那里尚未开化，直到今天这一直是公认的事实。英国人对自由意志的兴趣将提醒世界，欧洲本身并不缺乏自由。1998年，工党签署了《欧洲社会宪章》，保证英国工作场所实行更高的健康和安全标准，同时引入其依靠自身力量似乎无法设立的最低工资标准。斯特拉斯堡人权法庭对英国儿童的恶劣境遇和性别平等问题提出上诉，这都表明英国在许多方面还需要向欧洲其他国家学习。1998年，工党出台了《人权法案》（Human Rights Act），将《欧洲人权公约》（European Convention on Human Rights）引入英国的法律体系，促使英国向更加人性化的标准靠拢。英国女性尤其期待欧洲对英国产生正向影响。直到最近，她们才享受到自由的权利。直到1993年，英国国教会才允许任命女教皇。英国女性的报酬在其他欧盟国家中排名靠后。正如机会平等委员会（Equal Opportunities Commission）的宣传海报所表达的那样："让你的女儿准备好工作。比起儿子，少给女儿点儿零花钱。"

虽然女性不再被视为少数群体，但直到最近，在少数族裔的反衬下，人们才注意到，司法体系中缺少较高层次女性代表是一个客观存在的事实。种族平等委员会（Commission for Racial Equality）25年来一直致力于抗击种族主义，在协调少数族裔和英国白人之间的关系上一直表现出色。然而，1999年，斯蒂芬·劳伦

---

* 至2023年，英国仍未加入欧元区。——编者注

斯（Stephen Lawrence）的父母未能让有关部门恰当地调查其子在7年前被谋杀的事情真相，使得最高法院法官威廉·麦克弗森（William Macpherson）判定，英国警方犯有制度性种族歧视的过失。他将制度性种族歧视定义为因为肤色、文化或种族而拒绝向申请人提供专业服务。大部分英国白人对麦克弗森报告备感羞愧，此事进而为英国机构带来了大规模变革。内政部对种族和刑事审判制度的数据进行了调查，工党政府决定积极抗击其他公共部门中隐藏的或制度化的种族主义。2001年4月，《种族关系修正案》（Race Relations Amendment Act）出台，规定中央和地方政府机构对按照少数族裔在社区中的人口比例设置代表负有法律责任。这项要求也适用于医院、学校、高校和BBC等公共机构。

30年来，查尔斯王子一直对大城市内部的改革十分感兴趣。他付出了许多努力，促进英国多元文化社会中的诸多不同元素融合在一起。他表示，他打算让先辈亨利八世被授予的英国教会最高首领头衔与现代社会相适应。他不仅是基督教信仰的保卫者，也是所有信仰的保卫者。

伊丽莎白二世在女王宝座上已经坐了半个世纪*，她赢得了优雅、人性和尽责的口碑，在一个不断变化的时代延续着英国王室的地位。2002年6月，女王的登基金禧庆典取得了巨大成功，标志着她已登基50周年。100万英国民众聚集在白金汉宫前的林荫道向她致敬。在伊丽莎白二世登基50周年之际，她的妹妹玛格丽特公主和母亲伊丽莎白王太后辞世，英国公众对女王更加同情。

女王继续生活在温莎城堡。9个多世纪以前，威廉大帝在泰晤士河畔选定了城堡的地址，因为从伦敦塔出发，一天之内便可以到达那里。修建温莎城堡的最初目的是保卫通向首都的西侧道路。现在，虽然温莎城堡和伦敦塔之间已经开通了M4高速公路，架起了错综复杂的立交桥，但英国女王在那里的住址仍然提醒着人们不要忘记英国王室非同寻常的延续性。英国王室已经发展成为一种国家机构，象征着英国自1066年以来就未曾遭到入侵的好运气。君主的古老根基为不断变化的世界提供了一个稳定的基础。但是，女王本人也养成了紧跟时代变化的习惯。虽然她乘坐的劳斯莱斯汽车可能看上去像她的手袋一样过时，但在1953年，

---

* 本书英文版出版于2003年，因此在介绍一些近代人物时是依据这个时间节点进行叙述。——编者注

为了最大限度地让同胞观看到她的加冕礼，她坚持要求采取电视转播的方式播放仪式过程。今天，她甚至设立了自己的网站。

回顾英国北部曾经的工业和工程景象，正如安东尼·葛姆雷（Antony Gormley）在讽刺性雕塑"北方天使"（Angel of the North）中用锈蚀的铁铸成的巨型天使提醒我们的那样，英国超级强国的荣耀已经成为过去。无论是伦敦河畔区曾经的发电站还是利物浦的阿尔伯特码头，整个英国的古老工业结构都演变成了一种"娱乐产业"。河畔区和阿尔伯特码头已改建成泰特现代美术馆（Tate Modern）和泰特利物浦美术馆（Tate Liverpool）。英国的制造业基地可能经历着持续衰退，但服务行业和技术行业的重要性得到了提升。在21世纪，英国的专家成了帝国的强大力量，他们将原先船靠岸后在码头卸货的商人之间的非正式协议发展成了复杂的国际保险和海运业务。在超级电信领域，伦敦幸运地位于亚洲时区和美洲时区的等距离点上。凭借这个得天独厚的优势，伦敦成了世界最大的金融中心，全球48%的国外股权在那里进行交易。但是"娱乐产业"似乎未能很好地描述英国人民提高本国文化的期待。进入电脑芯片时代之后，高新技术行业越发成为欧洲的财富增长点。机械和电脑使得许多体力劳动变得冗余，而第三世界在劳动密集型行业上仍具有一定的竞争力。2001年，福特汽车关闭了在英国的最后一家工厂。

在18世纪，泰恩赛德的早期居民修道士比德从英国庄园的档案和罗马教皇注册表中收集文件证据，编纂成他的英国人物史。他所面对的读者只是一小部分能够阅读的贵族。在那个年代，文化通过教士布道或教堂中的《圣经》传播给许多人，即便不是所有人。但是，在比德收集的故事中，最动人的一则要数关于凯德蒙的故事。他是一位可怜的修道士，靠着写诗在修道院中赢得一席之地。在比德出生13个世纪之后，一种包容性文化正在泰恩河畔宏伟的新建筑里复兴。如果他地下有知，该有多么高兴啊！这座建筑便是2002年8月开始营业的波罗的海交易所（Baltic Exchange）。泰恩赛德曾经是一个被遗忘的萧条工业区，现在已发展成重要的文化中心，聚集着电影院、音乐厅建筑群，以及供年轻专业人士居住的便宜住宅。

虽然英国发生了巨大的变化，但有一些东西一直未改变。在许多人看来，英国最显著的特点在于团体意识，无论撒切尔夫人如何认为，这实际上是一种社会性意识。人们曾一度认为，最接近英国国家信仰的是国民医疗服务体系。或许撒切尔主义有可能演变为一场革命，但既然革命已经结束，国家的旧信念作为一种客观的积极力量便无可阻挡地重新施展着威力。撒切尔夫人开创的私有化正在失去光芒。对铁路的私有化改造尤其激怒了许多人，因为政府将最大的分红给了股东，而非投身于铁路基础设施维护或监管的人。2002年，赫特福德发生铁轨断裂事件，造成了不可避免的撞车事故。这是距离今天最近的一起严重铁路事故。私人部门投资*开始变成不那么光彩的事情。许多选民开始期待工党政府在公共服务领域肩负起更大的政治责任。

英国依靠精明谨慎、富有活力、没有过多顾虑的人民，从一个西北部的岛国发展成强大的贸易帝国。现在，英国可以说已经从有着400年历史的贸易帝国优雅转身。虽然英国的领土已经缩小到只包含本岛和一些近海岛屿，其南北跨度最长的岛屿也只有600多英里长，但英国仍是世界第四大经济体和第四大货币强国。它仍在发挥着远超其国土面积的国际影响力。

英国现在已经成为正式的欧盟成员国。†但是，问题在于，英国同意加入的是怎样一个欧洲？英国会再次起肩负起领导人们抵抗欧洲大陆专制统治的历史责任吗？欧洲机构在政治上不够负责的表现已经显现出专制统治的端倪。

我经过认真思考，选择使用了"英国"这个词。因为"不列颠"这个常用国名始于1707年，用以描述苏格兰和英格兰实现合并的状态，而现在"不列颠"可能很快便会不复存在。在布鲁塞尔的财政支持下，苏格兰可能会再次不可避免地希望成为一个独立的国家。

英国人是一个充满矛盾且神秘莫测的群体，原因也许在于他们不得不适应多次外敌入侵——罗马人、盎格鲁-撒克逊人、维京人和诺曼人都曾入侵过英国。几个世纪以来，威尔士人、苏格兰人和爱尔兰人也一直在与好战的英国政府争斗。英国人身

---

* 英国政府于1992年提出，其含义是公共工程项目由私人资金启动、投资兴建，政府授予私人委托特许经营权，政府通过特许协议和项目的其他各参与方分担建设和运作风险。——译者注

† 英国于当地时间2016年6月23日举行了"脱欧"公投；2017年2月1日，英国议会下议院投票决定支持政府提交的"脱欧"法案；2017年3月16日，英国女王伊丽莎白批准"脱欧"法案，授权英国首相特蕾莎·梅正成启动"脱欧"程序。后于2020年1月31日正式"脱欧"。——编者注

上既有他们承认的官方文化，也存在他们传承下来却不自知的凯尔特文化。这个国家的自然地理环境也造就了它的繁荣——浓重的雾霭、茂密的森林、锯齿状的海岸线和隐秘的山谷（尤其在北部和西部），养成了英国人抗拒中央集权政府的天性，无论其表现形式是新王朝还是新宗教。个人主义的火苗一直闷燃着，无法扑灭，并阶段性地燃烧成熊熊烈火，布狄卡王后起义、"觉醒者"赫里沃德起义、天主教"拒绝国教"运动和詹姆士党人起义，都是典型代表。谁才是英国最伟大的英雄？谁又是英国最伟大的反英雄？是罗宾汉，还是罗布·罗伊？

2002 年，英国科学进步协会（British Association for the Advancement of Science）主席霍华德·纽比（Howard Newby）曾警告，英国必须抵抗"日益增长的反智主义"和对科学进步的敌对态度，它们可能导致英国落后于世界。英国人对乡村生活的热爱、对尘世伊甸园的依恋有时会导致他们对一切科学实验产生怀疑态度，质疑转基因食品研究和为治疗疾病而进行动物实验的必要性。不过，从艾萨克·牛顿开始，英国生活中总不乏对科学研究的强烈热情。英国人并不满足于发明出了蒸汽机，他们还分裂了原子，培育出第一个试管婴儿，成功克隆了第一只动物"多利"绵羊。

特里斯特拉姆·亨特博士（Dr Tristram Hunt）在女王登基金禧庆典上提醒人们不要对君主政治过于赞扬。他尖锐地指出，岛国故事也是"自由思想和难以驾驭的创造力最终冲破令人窒息的宫廷生活的故事。英国的托马斯·霍布斯（Thomas Hobbes）、亚当·斯密和杰里米·边沁开创了西欧无法匹敌的政治思想传统"。尽管非国教徒思想可能被定义为仅存在于 17 世纪的英国，但具有反叛精神的英国人似乎生来就倾向于将它变为国家标志性的曲调。

虽然英国的稳定性世界闻名，但英国人也自有他们的可怜之处。他们的国家四面环海，不停地遭受一个又一个浪头的冲击。英国人的观点似乎和这个国家的天气一样古怪。难道是多变的海风使他们的反应完全无法预测，上一分钟还表现出高昂的爱国主义热情，下一分钟就变得极端理性和多疑起来？英国人的头脑中存在两种相互冲突的思想，导致他们一直难以达成自我调和。这就是英国民众普遍认为有必要保留国王和女王的原因了。不过，与之共生的是同样强大而又鲜活的自由、进步传统，一些在世界上堪称最伟大的改革运动，如议会民主运动、反奴隶制运动、刑罚改革、反军国主义和市政社会主义，也验证了这一点。

从中世纪开始，高度流动的社会阶层便成为英国与其他欧洲国家的重要区别。社会阶层的流动性也被视为英国长久繁荣的秘诀所在。但是，外国人经常抱怨，英国人虽然看似不拘礼节，但他们实际上比其他任何一个国家的人都更加难以接近，对阶级差异也比其他任何一个国家都更加敏感。至于英国在欧洲的地位，欧洲人认为它是一个极度自律的国家，国民对任何观点都既不会完全赞同也不会极力反对。总之，英国人是一个奇怪、有趣且充满矛盾的民族。

英格兰各王朝系谱

Genealogies

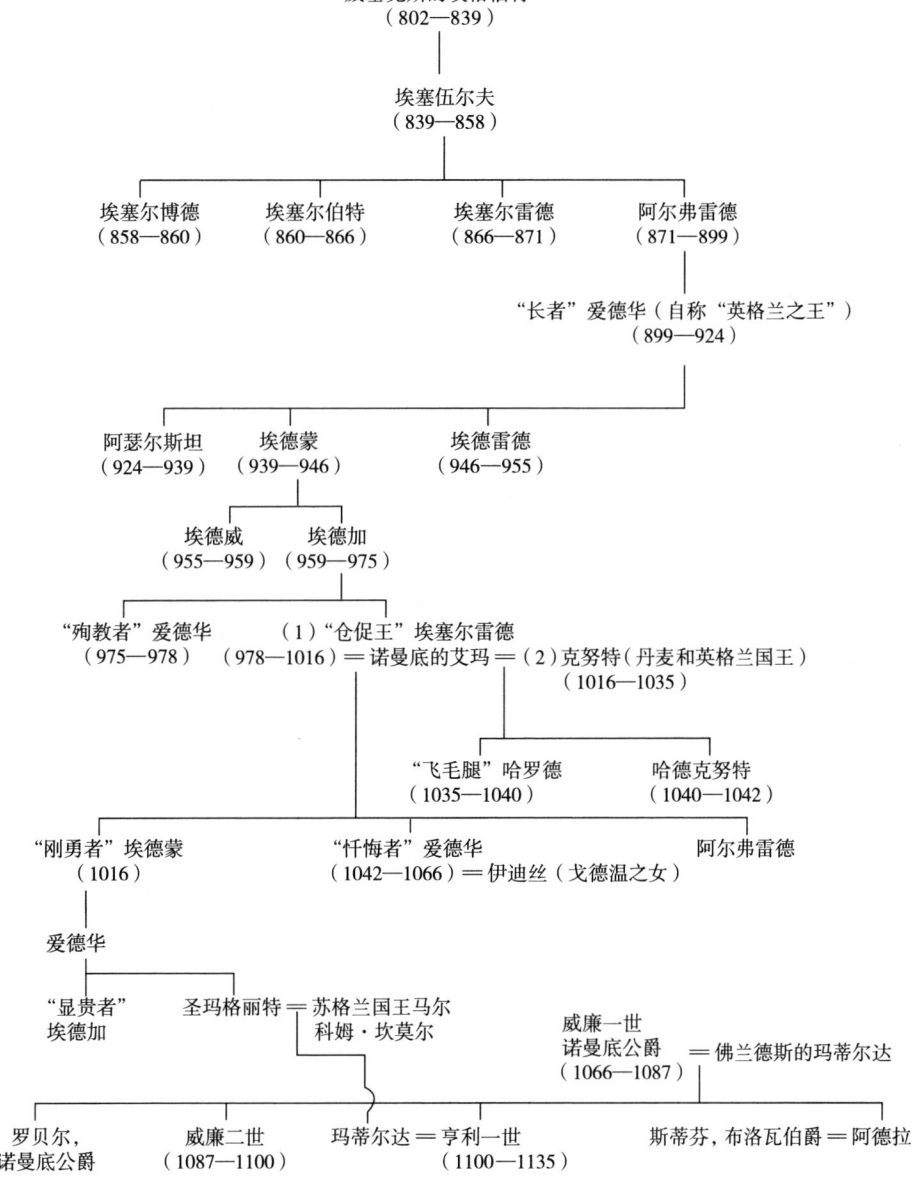

* 本表所有国王的备注年份均为执政年份,其他人的备注年份则为生卒年份。

诺曼王朝和安茹王朝

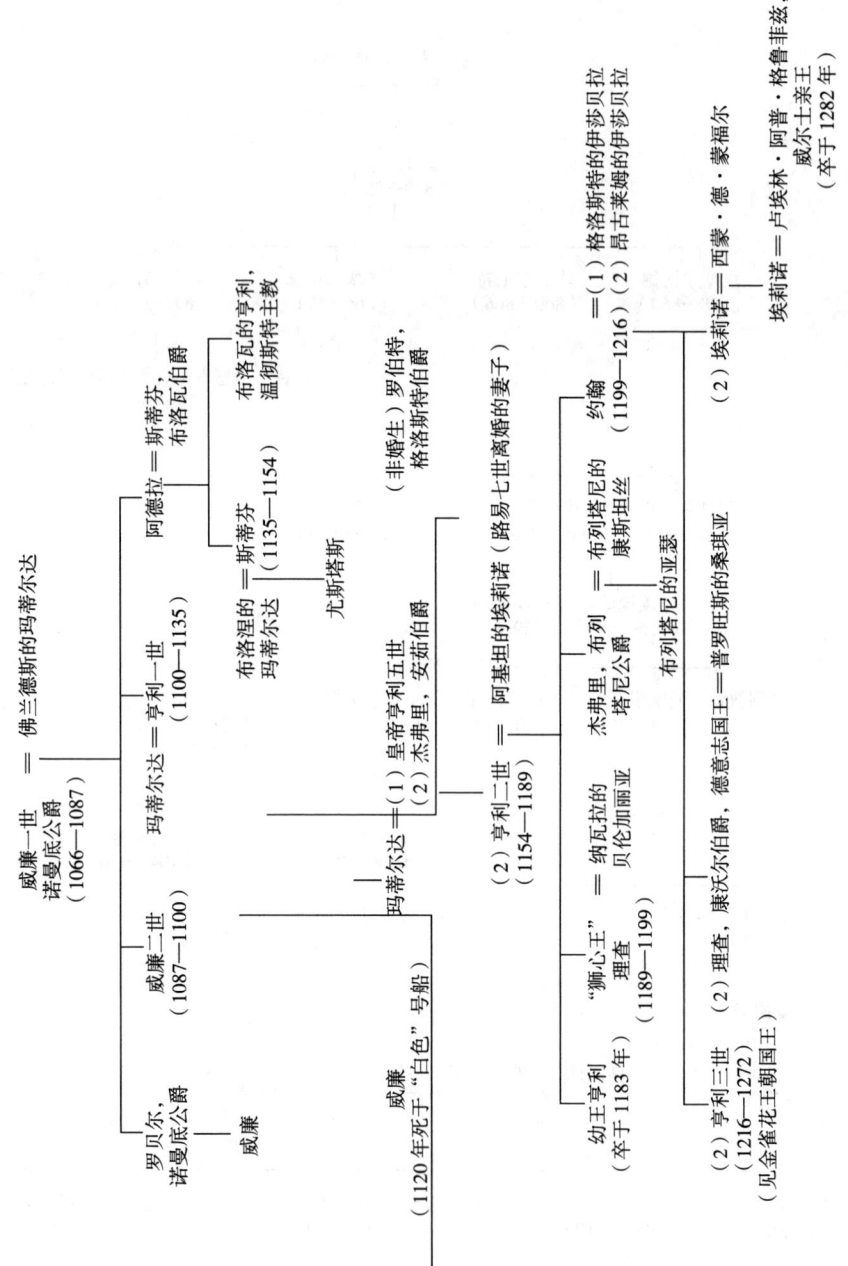

金雀花王朝

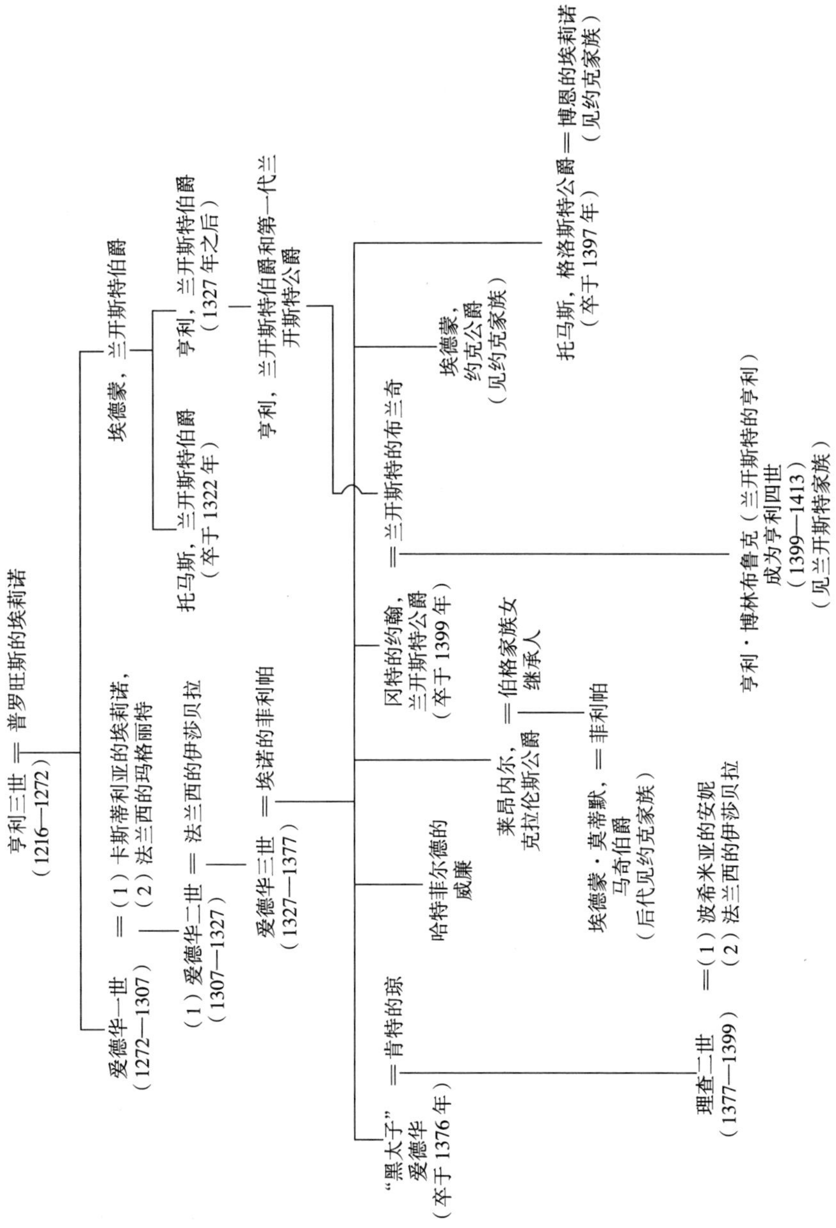

亨利三世 = 普罗旺斯的埃莉诺
(1216—1272)

- 爱德华一世 = (1) 卡斯蒂利亚的埃莉诺
  (1272—1307)   (2) 法兰西的玛格丽特
  - (1) 爱德华二世 = 法兰西的伊莎贝拉
    (1307—1327)
    - 爱德华三世 = 埃诺的菲利帕
      (1327—1377)
      - "黑太子"爱德华 = 肯特的琼
        (卒于 1376 年)
        - 理查二世 = (1) 波希米亚的安妮
          (1377—1399)   (2) 法兰西的伊莎贝拉
      - 哈特菲尔德的威廉
      - 莱昂内尔,克拉伦斯公爵
        - 埃德蒙·莫蒂默,马奇伯爵 = 菲利帕
          (后代见约克家族)
      - 冈特的约翰, = 伯格家族女继承人
        兰开斯特公爵
        (卒于 1399 年)
        - 兰开斯特的布兰奇
          - 亨利·博林布鲁克（兰开斯特的亨利）成为亨利四世
            (1399—1413)
            (见兰开斯特家族)
  - 埃德蒙,兰开斯特伯爵
    - 亨利,兰开斯特伯爵 (1327 年之后)
    - 托马斯,兰开斯特伯爵 (卒于 1322 年)
    - 亨利,兰开斯特伯爵和第一代兰开斯特公爵
      - 埃德蒙,约克公爵 (见约克家族)
      - 托马斯,格洛斯特公爵 = 博恩的埃莉诺
        (卒于 1397 年) (见约克家族)

兰开斯特家族

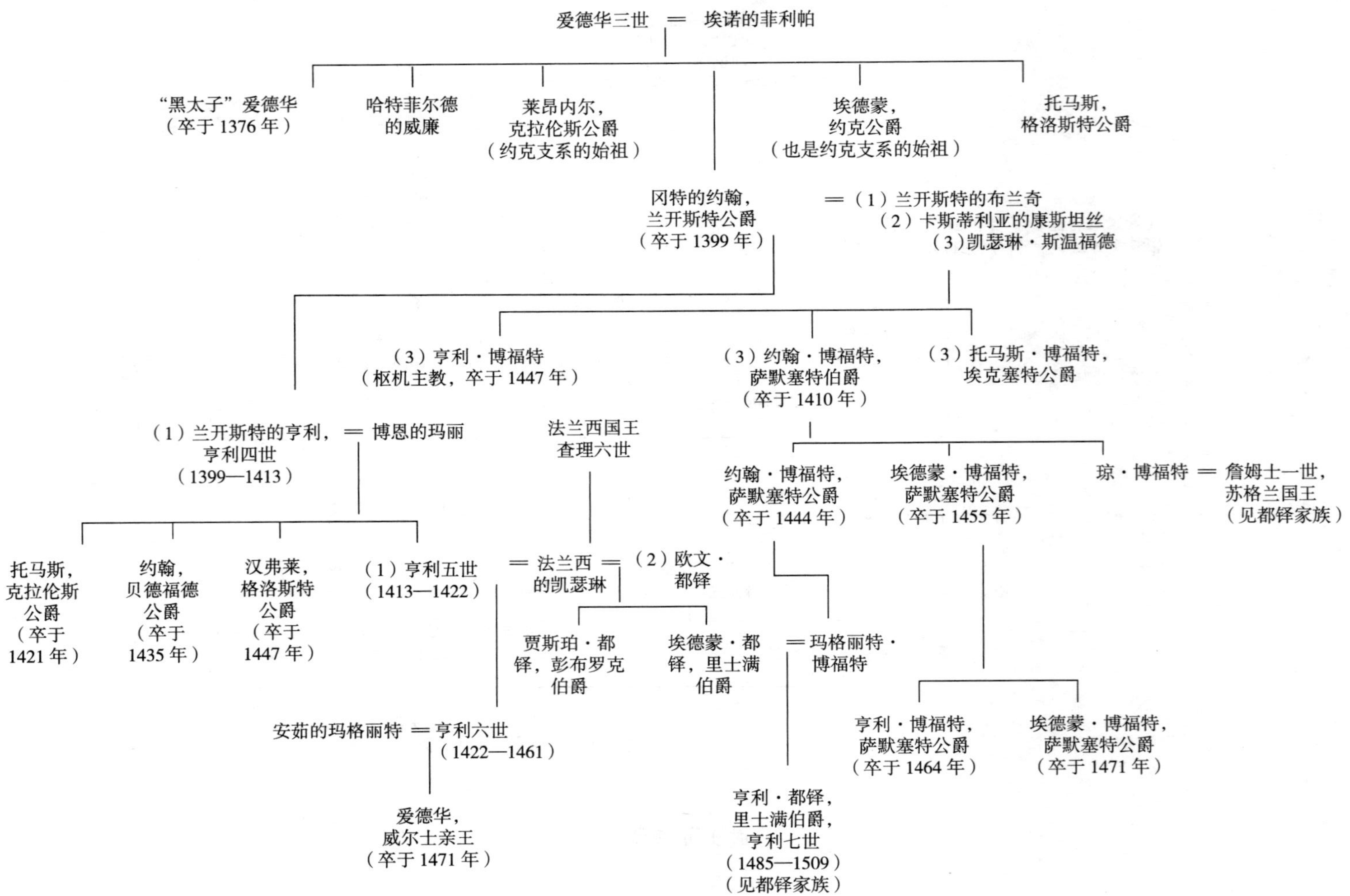

爱德华三世 = 埃诺的菲利帕

- "黑太子"爱德华（卒于1376年）
- 哈特菲尔德的威廉
- 莱昂内尔，克拉伦斯公爵（约克支系的始祖）
- 冈特的约翰，兰开斯特公爵（卒于1399年）
  - =（1）兰开斯特的布兰奇
  - =（2）卡斯蒂利亚的康斯坦丝
  - =（3）凯瑟琳·斯温福德
- 埃德蒙，约克公爵（也是约克支系的始祖）
- 托马斯，格洛斯特公爵

冈特的约翰与（1）兰开斯特的布兰奇之子女：
- （1）兰开斯特的亨利，亨利四世（1399—1413）
- 汉弗莱，格洛斯特公爵（卒于1447年）
- 约翰，贝德福德公爵（卒于1435年）
- 托马斯，克拉伦斯公爵（卒于1421年）

亨利四世之后：
- （1）博恩的玛丽 = 亨利四世
  - 亨利五世（1413—1422） = 法兰西的凯瑟琳 =（2）欧文·都铎
    - 亨利六世（1422—1461） = 安茹的玛格丽特
      - 爱德华，威尔士亲王（卒于1471年）
    - 贾斯珀·都铎，彭布罗克伯爵
    - 埃德蒙·都铎，里士满伯爵 = 玛格丽特·博福特
      - 亨利·都铎，里士满伯爵，亨利七世（1485—1509）（见都铎家族）

冈特的约翰与（3）凯瑟琳·斯温福德之子女：
- （3）亨利·博福特（枢机主教，卒于1447年）
- （3）约翰·博福特，萨默塞特伯爵（卒于1410年）
  - 约翰·博福特，萨默塞特公爵（卒于1444年）
    - 玛格丽特·博福特
  - 埃德蒙·博福特，萨默塞特公爵（卒于1455年）
    - 亨利，萨默塞特公爵（卒于1464年）
    - 埃德蒙·博福特，萨默塞特公爵（卒于1471年）
- （3）托马斯·博福特，埃克塞特公爵
- 琼·博福特 = 詹姆士一世，苏格兰国王（见都铎家族）

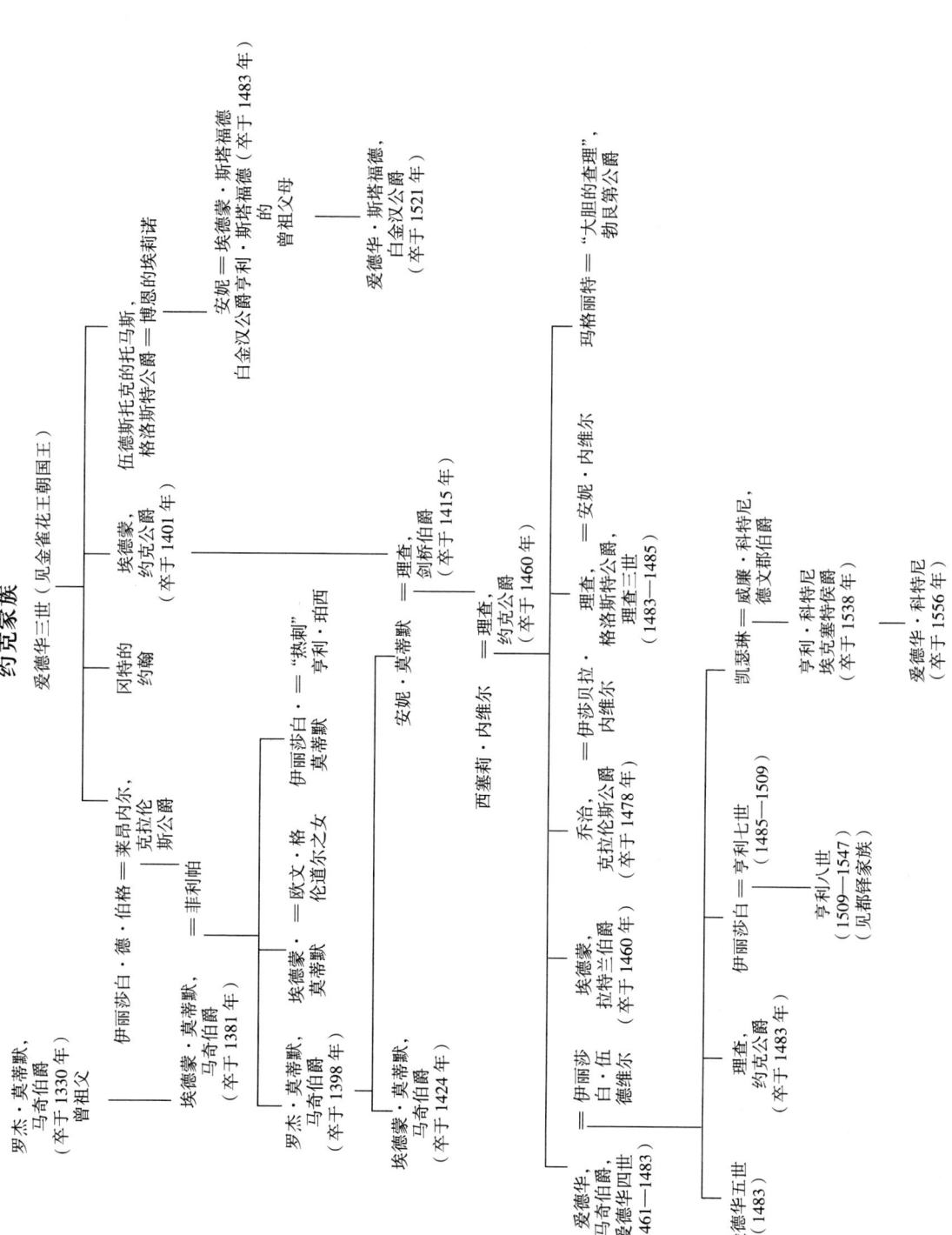

都铎家族

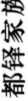

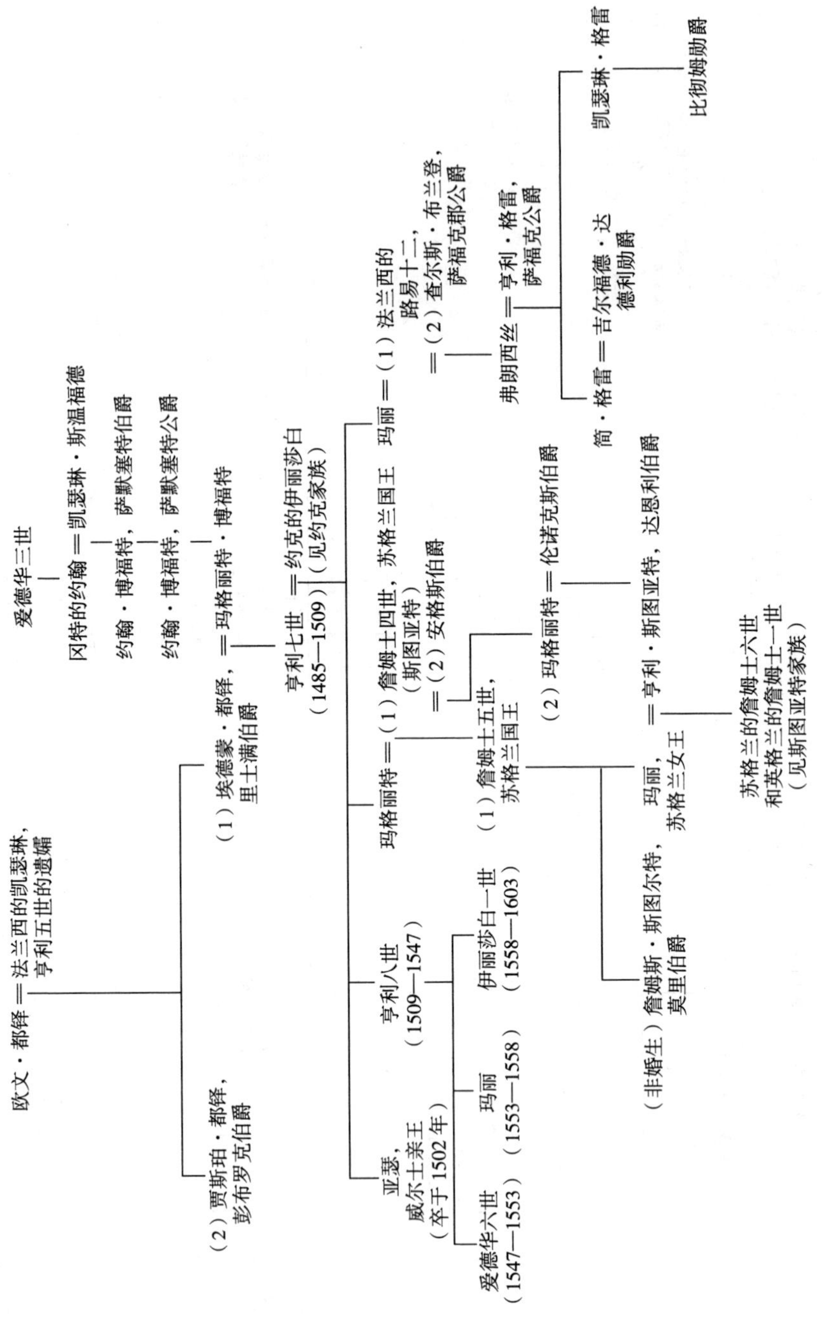
爱德华三世
冈特的约翰 ═ 凯瑟琳·斯温福德
约翰·博福特，萨默塞特伯爵
约翰·博福特，萨默塞特公爵
欧文·都铎 ═ 法兰西的凯瑟琳，亨利五世的遗孀
（1）埃德蒙·都铎，里士满伯爵 ═ 玛格丽特·博福特
（2）贾斯珀·都铎，彭布罗克伯爵
亨利七世（1485—1509） ═ 约克的伊丽莎白（见约克家族）
亚瑟，威尔士亲王（卒于1502年）
亨利八世（1509—1547）
玛格丽特 ═（1）詹姆士四世，苏格兰国王（斯图亚特）
═（2）安格斯伯爵
玛丽 ═（1）法兰西的路易十二，
═（2）查尔斯·布兰登，萨福克郡公爵
爱德华六世（1547—1553）
玛丽（1553—1558）
伊丽莎白一世（1558—1603）
（1）詹姆士五世，苏格兰国王
（2）玛格丽特 ═ 伦诺克斯伯爵
弗朗西丝 ═ 亨利·格雷，萨福克公爵
简·格雷 ═ 吉尔福德·达德利勋爵
凯瑟琳·格雷
比彻姆勋爵
（非婚生）詹姆斯·斯图尔特，莫里伯爵
玛丽，苏格兰女王 ═ 亨利·斯图亚特，达恩利伯爵
苏格兰的詹姆士六世和英格兰的詹姆士一世（见斯图亚特家族）

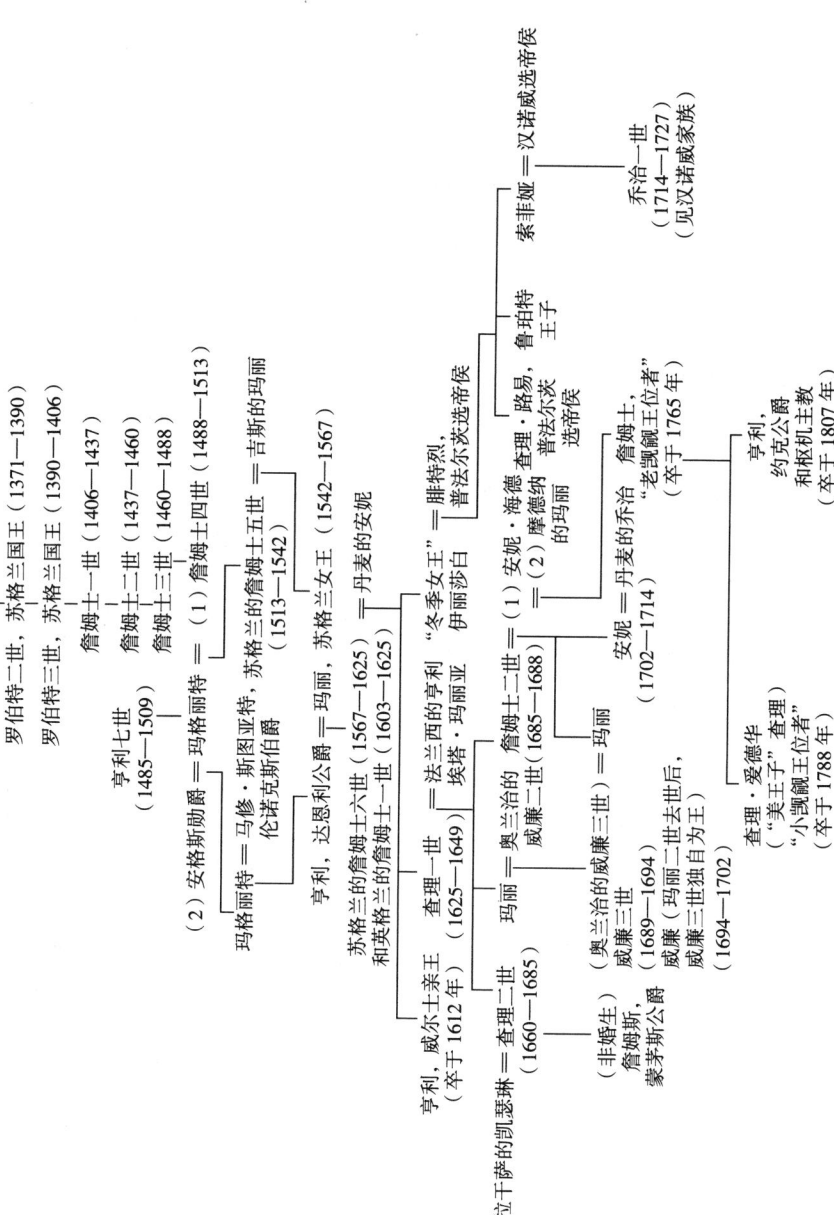

汉诺威、萨克森-科堡-哥达和温莎家族

```
詹姆士一世
伊丽莎白 ═ 普法尔茨选帝侯
  │
索菲娅 ═ 欧内斯特·奥古斯塔斯,不伦瑞克-吕讷堡公
        (1692年之后,汉诺威选帝侯)
  │
(乔治·路易,1698年成为选帝侯) ═ 策勒的索菲娅·多萝西娅
乔治一世(1714—1727)
  │
勃兰登堡-安斯巴赫的卡罗琳 ═ 乔治二世        索菲娅·多萝西娅 ═ 普鲁士的腓特烈
                    (1727—1760)                          │
                                                    腓特烈二世,
                                                    腓特烈大帝
  │
弗雷德里克,威尔士亲王 ═ 萨克森-   安妮 ═ 奥兰治的   威廉,
  (卒于1751年)      哥达的奥古斯塔      威廉四世    坎伯兰公爵
                                              (卒于1765年)
  │
奥古斯塔 ═ 威廉·斐迪南,     乔治三世 ═ 梅克伦堡-斯特雷利茨的夏洛特
         不伦瑞克-          (1760—1820)
         沃尔芬比特尔公爵
  │
不伦瑞克的卡罗琳 ═ 乔治四世   弗雷德里克,   威廉四世 ═ 萨克森-   爱德华, ═ 萨克森-    欧内斯特,
              (1820—      约克公爵     (1830—1837) 迈宁根的  肯特公爵  科堡的    坎伯兰公爵,
              1830)      (卒于1827年)         阿德莱德 (卒于1820年)维多利亚  1837年
                                                                        成为汉诺威国王
                                                                        (卒于1851年)
  │
夏洛特 ═ 萨克森-科堡的利奥波德        萨克森-科堡的阿尔伯特 ═ 维多利亚              乔治
(卒于1817年)(1831年成为比利时国王)  (肯特公爵夫人和萨克森-    (1837—1901)     (卒于
                                  科堡的利奥波德的侄子)
  │
腓特烈三世,普鲁士国王, ═ 维多 爱德华 ═ 亚历山德拉  艾丽斯 ═ 路易,   阿尔弗雷德,  海伦娜 ═ 石
德意志皇帝(卒于1888年)    利亚  七世  (丹麦国王  (卒于  黑森-    爱丁堡公爵 (卒于  荷
                          (1901— 克里斯蒂安    1878年) 达姆施塔 (卒于    1923年)
                          1910)  九世之女)            特大公    1900年)
  │
威廉二世,德意志皇帝
(1888—1918)
                                            阿尔伯特·维克多,  路易丝 ═ 法夫
                                            克拉伦斯公爵            公爵
                                            (卒于1892年)
  │
威廉
  │
黑森的维多利亚 ═ 巴滕贝格的路   黑森的阿利克斯 ═ 尼古拉二世,
              易斯,第一代米              俄国沙皇
              尔福德港侯爵              (1894—1918)
                                                        爱德华八世 ═ 沃利斯· 乔治六世
                                                        (1936)    辛普森  (1936—
                                                        温莎公爵   (1938— 1952)
                                                                  1972)
  │
乔治·蒙巴顿,  路易斯·蒙巴顿,  巴滕贝格的艾丽斯 ═ 希腊的安德鲁            安东尼·阿姆斯 ═ 玛格丽
第二代米尔福   缅甸的第一代蒙                                          特朗-琼斯,    (卒于
德港侯爵      巴顿伯爵                                                斯诺登伯爵
                                  │
                           菲利普亲王, ═ 伊丽莎白二世
                           爱丁堡公爵    (1952—2022)
                           (1921—2021)
  │
戴安娜·斯宾塞,斯宾 ═ 查尔斯,  安妮, ═(1)马克·菲利普斯  安德鲁, ═ 莎拉·爱德华
塞勋爵之女(离婚)  威尔士亲王 长公主  (2)蒂姆·劳伦斯   约克公爵  弗格森  威塞克斯
(卒于1997年)     (生于1948年)(生于1950年)       (生于1960年)(离婚)伯爵(生于
                                                                       1964年)
  │
威廉王子      哈利王子    彼得·菲利普斯  扎拉·菲利普斯  比阿特  尤金妮娅公主
(生于1982年)(生于1984年)(生于1977年)  (生于1981年)  丽斯公主(生于1990年)
                                                  (生于1988年)
```

```
                                           阿道弗斯,     6个女儿
   斯塔斯,                                剑桥公爵
   斯公爵                                (卒于1850年)
  1843年)

  公爵                                                                玛丽·阿德莱德 ═ 弗朗西斯,
   年)                                                                (卒于1900年)      泰克公爵

  格-       路易丝 ═ 约翰,      亚瑟,       利奥波德,   比阿特丽斯 ═ 巴滕贝格的
  恩的       阿盖尔公爵       康诺特公爵   奥尔巴尼                  亨利亲王
  安亲王    (卒于1939年) (卒于1942     公爵          维多利亚·尤金妮娅 ═ 阿方索十三世,
                               年)       (卒于1884                           西班牙国王
                                           年)

              维多利亚           莫德 ═ 挪威国王哈肯
            (卒于1935年)     (卒于1938年)

                    乔治五世 ═ 泰克的玛丽,
                   (1910—1936)   玛丽王后(卒于1953年)

  ·鲍     玛丽,  ═ 亨利,拉塞尔斯  亨利,格 ═ 艾丽斯·蒙    乔治, ═ 玛丽娜,       约翰
         长公主    子爵,第六代黑   洛斯特公   塔古-道格    肯特公爵  希腊公主   (卒于1919年)
  莫      (卒于    尔伍德勋爵     爵(卒于     拉斯·斯科特  (卒于     (卒于1968年)
  女      1965年) (卒于1942年)   1974年)   (卒于2004年) 1942年)
   年)
              乔治,第七代            威廉      理查德,       爱德华,  亚历山    迈克尔
             黑尔伍德伯爵         (卒于1972年)格洛斯特公爵   肯特公爵  德拉    (生于1942年)
             (卒于2011年)                   (生于1944年)  (生于1935年)(生于
                                                                      1936年)

  里      大卫,    ═ 塞丽娜·斯       莎拉·阿姆斯 ═ 丹尼尔·查托
  斯      林利子爵    坦诺普         特朗-琼斯
         (生于1961年)              (生于1964年)

         查尔斯·阿姆斯   玛格丽塔·阿姆      塞缪尔·查托   亚瑟·查托
         特朗-琼斯       斯特朗-琼斯      (生于1996年) (生于1999年)
         (生于1999年)   (生于2002年)
```

英国历任首相

Prime Ministers

1721 年 4 月	罗伯特·沃波尔爵士（辉格党）
1742 年 2 月	威尔明顿伯爵（辉格党）
1743 年 8 月	托马斯·佩勒姆（辉格党）
1754 年 3 月	纽卡斯尔公爵（辉格党）
1756 年 10 月	德文郡公爵（辉格党）
1757 年 7 月	纽卡斯尔公爵（二度当选，辉格党）
1762 年 5 月	比特伯爵（托利党）
1763 年 4 月	乔治·格伦维尔
1765 年 7 月	罗金汉侯爵
1766 年 7 月	查塔姆伯爵（老皮特）
1768 年 10 月	格拉夫顿公爵
1770 年 1 月	诺斯伯爵（托利党）
1782 年 3 月	罗金汉侯爵（二度当选，辉格党）
7 月	谢尔本勋爵（辉格党）
1783 年 4 月	波特兰公爵（联合内阁）
12 月	小威廉·皮特（托利党）
1801 年 3 月	亨利·阿丁顿（托利党）
1804 年 5 月	小威廉·皮特（托利党）
1806 年 2 月	格伦维尔男爵（辉格党）
1807 年 3 月	波特兰公爵（二度当选，联合内阁）

1809年10月	斯宾塞·珀西瓦尔（托利党）	
1812年 6月	利物浦伯爵（托利党）	
1827年 4月	乔治·坎宁（托利党）	
8月	戈德里奇子爵（托利党）	
1828年 1月	威灵顿公爵（托利党）	
1830年11月	格雷伯爵（辉格党）	
1834年 7月	墨尔本子爵（辉格党）	
12月	罗伯特·皮尔爵士（保守党）	
1835年 4月	墨尔本子爵（二度当选，辉格党）	
1841年 9月	罗伯特·皮尔爵士（二度当选，保守党）	
1846年 6月	约翰·罗素伯爵（辉格党–自由党）	
1852年 2月	德比伯爵（保守党）	
12月	阿伯丁伯爵（皮尔派）	
1855年 2月	帕默斯顿子爵（自由党）	
1858年 2月	德比伯爵（二度当选，保守党）	
1859年 6月	帕默斯顿子爵（二度当选，自由党）	
1865年10月	约翰·罗素伯爵（二度当选，自由党）	
1866年 6月	德比伯爵（三度当选，保守党）	
12月	威廉·尤尔特·格莱斯顿（自由党）	
1874年 2月	本杰明·迪斯雷利（保守党）；1876年成为比肯斯菲尔德伯爵	
1880年 4月	威廉·尤尔特·格莱斯顿（二度当选，自由党）	
1885年 6月	索尔兹伯里侯爵（保守党）	
1886年 2月	威廉·尤尔特·格莱斯顿（三度当选，自由党）	
7月	索尔兹伯里侯爵（二度当选，保守党）	
1892年 8月	威廉·尤尔特·格莱斯顿（四度当选，自由党）	
1894年 3月	罗斯伯里伯爵（自由党）	
1895年 6月	索尔兹伯里侯爵（三度当选，保守党–统一派）	

Prime Ministers

1902 年 7 月	亚瑟·詹姆斯·贝尔福（保守党 – 统一派）
1905 年 12 月	亨利·甘贝尔 – 班纳曼爵士（自由党）
1908 年 4 月	赫伯特·亨利·阿斯奎斯（自由党）
1915 年 5 月	赫伯特·亨利·阿斯奎斯（二度当选，联合内阁）
1916 年 12 月	戴维·劳合·乔治（联合内阁）
1919 年 10 月	戴维·劳合·乔治（二度当选，联合内阁）
1922 年 10 月	安德鲁·博纳·劳（保守党）
1923 年 5 月	斯坦利·鲍德温（保守党）
1924 年 1 月	詹姆斯·拉姆齐·麦克唐纳（工党）
11 月	斯坦利·鲍德温（二度当选，保守党）
1929 年 6 月	詹姆斯·拉姆齐·麦克唐纳（二度当选，工党）
1931 年 8 月	詹姆斯·拉姆齐·麦克唐纳（三度当选，国民内阁）
1935 年 6 月	斯坦利·鲍德温（三度当选，国民内阁）
1937 年 5 月	内维尔·张伯伦（国民内阁）
1940 年 5 月	温斯顿·斯宾塞·丘吉尔（二度当选，联合内阁）
7 月	克莱门特·艾德礼（工党）
1950 年 2 月	克莱门特·艾德礼（二度当选，工党）
1951 年 10 月	温斯顿·斯宾塞·丘吉尔（三度当选，保守党）
1955 年 4 月	安东尼·艾登爵士（保守党）
1957 年 1 月	哈罗德·麦克米伦（保守党）
1959 年 10 月	哈罗德·麦克米伦（二度当选，保守党）
1963 年 10 月	亚历山大·道格拉斯 – 霍姆爵士（保守党）
1964 年 10 月	哈罗德·威尔逊（工党）
1966 年 3 月	哈罗德·威尔逊（二度当选，工党）
1970 年 6 月	爱德华·希斯（保守党）
1974 年 3 月	哈罗德·威尔逊（三度当选，工党）
1976 年 5 月	詹姆斯·卡拉汉（工党）
1979 年 5 月	玛格丽特·撒切尔（保守党）

1983年 6月　玛格丽特·撒切尔（二度当选，保守党）
1987年 6月　玛格丽特·撒切尔（三度当选，保守党）
1990年11月　约翰·梅杰（保守党）
1992年 4月　约翰·梅杰（二度当选，保守党）
1997年 5月　托尼·布莱尔（工党）
2001年 6月　托尼·布莱尔（二度当选，工党）

人名、地名、专有名词对照表

Names, Place Names and Proper Nouns

Names, Place Names and Proper Nouns

1066 and All That	《1066年和所有》
A History of the World	《世界史》
A Midsummer Night's Dream	《仲夏夜之梦》
A Passage to India	《印度之行》
A Taste of Honey	《蜂蜜的味道》
Abbé Suger	苏格神父
Abbess Hilda	女修道院院长希尔达
Abbot Anselm	修道院长安瑟伦
Abdication Crisis	退位危机
Abdullah	阿卜杜拉
Abdur Rahman	阿卜杜尔·拉赫曼
Abelard	阿伯拉尔
Aboukir Bay	阿布基尔海湾
Abraham	亚伯拉罕
Abraham Lincoln	亚伯拉罕·林肯
Acadie	阿卡迪亚
Acre	阿卡
Act of Indemnity and Oblivion	《大赦令》
Act of Indulgence / Declaration of Indulgence	《信教自由令》
Act of Settlement	《王位继承法》
Act of Supremacy	《至尊法案》
Act of the Six Articles	《六条法令》
Act of Toleration	《宽容法案》
Act of Union	《联合法案》
Acts of Supremacy and Uniformity	《教会统一法案》
Addington	阿丁顿
Addled Parliament	"糊涂议会"
Adela	阿德拉
Adelaide	阿德莱德
Adeliza of Louvain	鲁汶的阿德莉萨
Aden	亚丁
Adminius	艾德米尼厄斯
Admiral Anson	海军上将安森
Admiral Brueys	吕埃海军上将
Admiral de Grasse	德格拉斯海军上将
Admiral Duncan	邓肯上将
Admiral Rodney	海军上将罗德尼
Admiral Rooke	海军上将鲁克
Admiral Tourville	海军上将图维尔
Admiral Wemyss	海军上将威姆斯
Adolf Hitler	阿道夫·希特勒
Adowa	阿杜瓦
Adrian IV	阿德里安四世（教皇）
Adrianople	阿德里安堡
Adwalton Moor	艾德沃顿沼泽
Aelfgar	阿弗加
Aelle	埃利
Aeneid	《埃涅阿斯纪》
Aetius	埃提乌斯
Agadir	阿加迪尔港
Agadir Crisis	阿加迪尔危机
Agricola	阿格里科拉
Ahlden	阿尔登

Aisne River	恩河	Alnwick	阿尼克
Alabama	"亚拉巴马"号	Alps	阿尔卑斯山脉
Alan	阿兰人	Alsace	阿尔萨斯
Alan Palmer	艾伦·帕尔默	*Alton Locke*	《奥尔顿·洛克》
Alaric	阿拉里克	Ambrosius Aurelianus	安布罗斯·奥雷连
Alaska	阿拉斯加	American Peace Treaty	《北美和平条约》
Alberoni	阿尔贝罗尼	American Wars of Independence	北美独立战争
Albert Ⅰ	阿尔贝一世	Amritsar Massacre	阿姆利则大屠杀
Albert Canal	阿尔贝特运河	Anabaptist	再洗礼派信徒
Albert Hall	阿尔伯特大厅	Anderida	安德里达港
Albert Memorial	阿尔伯特纪念馆	Andrew Bonar Law	安德鲁·博纳·劳
Albigensian	阿尔比教派	Andrew Carnegie	安德鲁·卡内基
Aldermaston marches	奥尔德玛斯顿游行	Aneurin Bevan	安奈林·贝文
Alderney	奥尔德尼岛	Angel of the North	"北方天使"
Aldwick	奥德维克	Angelcynn	英格兰人
Aldwych	奥德维奇	Angevin Empire	安茹帝国
Alemanni	阿勒曼尼人	Anglesey	安格尔西岛
Alexander Ⅰ	亚历山大一世	Anglican National Society	圣公会全国协会
Alexander Ⅲ	亚历山大三世	Anglo-French Treaty	《英法条约》
Alexander Ⅲ	亚历山大三世（教皇）	Anglo-Irish Treaty	《英爱条约》
Alexander Pope	亚历山大·蒲柏	Anglo-Polish Treaty	《英波互助协定》
Alexandra	亚历山德拉	Anglo-Russian Entente	《英俄条约》
Alexandria	亚历山大港	Anglo-Saxon	盎格鲁-撒克逊人
Alfred and Guthrum's Peace	《阿尔弗雷德与古斯鲁姆和平协议》	Anjou	安茹
		Anne Boleyn	安妮·博林
Alfred the Great	阿尔弗雷德大帝	Anne Mortimer	安妮·莫蒂默
Algeçiras	阿尔赫西拉斯港	Anne Neville	安妮·内维尔
Algeçras	阿尔赫西拉斯	Anne of Bohemia	波希米亚的安妮
Algernon Sidney	阿尔杰农·西德尼	Anne of Cleves	克里维斯的安妮
Alice Keppel	艾丽斯·凯佩尔	Anne of Denmark	丹麦的安妮
Alice Perrers	艾丽斯·佩勒斯	Annie Besant	安妮·贝赞特
Alice's Adventures in Wonderland	《爱丽丝梦游仙境》	Anthony Ashley Cooper	安东尼·阿什利·库珀
		Anthony Babington	安东尼·巴宾顿
Alison Samuel	艾莉森·塞缪尔	Anthony Barber	安东尼·巴伯
Allan Ramsay	艾伦·拉姆齐	Anthony Eden	安东尼·艾登
Allectus	阿列克图斯	Anti-Corn Law League	反谷物法联盟
Almeida	阿尔梅达	Antioch	安条克

Names, Place Names and Proper Nouns

Antonia Fraser	安东尼娅·弗雷泽	Artisans Dwellings Act	《工匠住宅法》
Antoninus Pius	安东尼·庇护	Arundel Castle	阿伦德尔城堡
Antony Gormley	安东尼·葛姆雷	Aryan	雅利安人
Antwerp	安特卫普	Ash Wednesday	圣灰星期三
Aphra Behn	阿芙拉·贝恩	Ashanti tribe	阿散蒂部落
Apsley House	阿普斯利宅邸	Ashmolean Museum	阿什莫尔博物馆
Aquitaine	阿基坦	Asser	阿塞尔
Arabi Pasha	阿拉比·帕夏	Assize of Arms	《武备条例》
Arabian Sea	阿拉伯海	Assize of Northampton	《北安普敦法令》
Archbishop Sharp	大主教夏普	*Astraea Redux*	《回来的星辰》
Archduchess Marie Louise	玛丽·路易丝女大公	Aswan Dam	阿斯旺大坝
Archduke Charles	查理大公	Athelstan	阿瑟尔斯坦
Archduke Charles of Austria	奥地利大公查理	Atrebates	阿特雷巴特人
Archduke Joseph	约瑟夫大公	Attila	阿提拉
Archduke Philip	腓力大公	Augustine	奥古斯汀
Arcot	阿尔果德	Augustus	奥古斯都
Ardennes	阿登高地	Auld Alliance	"老同盟"
Arles	阿尔勒	Aulus Plautius	奥卢斯·普劳提乌斯
Arm's Length	一臂之距	Aurangzeb	奥朗则布
Armagh	阿尔马	Austerlitz	奥斯特里茨
Armagnac	阿马尼亚克派	Austrian Netherlands	奥属尼德兰
Armenia	亚美尼亚	Authur Griffith	亚瑟·格里菲思
Armenian Massacre	亚美尼亚大屠杀	Auvergne	奥弗涅
Arminianism	阿米尼乌斯派教义	Avalon	阿瓦隆
Arminius	阿米尼乌斯	Avebury	埃夫伯里
Armorica	阿莫里凯	Avranches	阿夫朗什
Arnhem	阿纳姆	Azores	亚速尔群岛
Arrow	"亚罗"号	Aztecs	阿兹特克人
Arthur	亚瑟		
Arthur Greenwood	亚瑟·格林伍德		
Arthur Henderson	亚瑟·亨德森	B. Seebohm Rowntree	本杰明·西博姆·朗特里
Arthur James Balfour	亚瑟·詹姆斯·贝尔福	Baccarat	巴卡拉纸牌游戏
Arthur Scargill	亚瑟·斯卡吉尔	Badajos	巴达霍斯
Arthur Wellesley	阿瑟·韦尔斯利	Baedeker raids	贝德克尔空袭
Arthur Young	亚瑟·杨	Bal Gangadhar Tilak	巴尔·甘加达·提拉克
Arthur Zimmermann	亚瑟·齐默尔曼	Balfour Declaration	《贝尔福宣言》
artificial Mulberry Harbours	马尔伯里人工港	Balkan	巴尔干

Balkans Campaign	巴尔干战役	Battle of Brunanburh	布鲁南波夫战役
Balliol College	贝利奥尔学院	Battle of Cape Passaro	帕塞罗角海战
Balmoral Castle	巴尔莫勒尔堡	Battle of Caporetto	卡波雷托战役
Baltic Exchange	波罗的海交易所	Battle of Castillon	卡斯蒂永战役
Baluchistan	俾路支	Battle of Copenhagen	哥本哈根战役
Bamburgh Castle	班堡城堡	Battle of Crécy	克勒西战役
Bank Charter Act	《银行特许条例》	Battle of Dettingen	德廷根战役
Bank of England	英格兰银行	Battle of Dunbar	邓巴战役
Bankside	班克塞德	Battle of Edgcote	艾奇科特战役
Bannock	班诺克河	Battle of Edge Hill	埃吉山战役
Barbara Castle	芭芭拉·卡素尔	Battle of El Alamein	阿拉曼战役
Barbara Villiers, Lady Castlemaine	卡瑟梅夫人 芭芭拉·维利尔斯	Battle of Ellandune	伊朗顿战役
		Battle of Evesham	伊夫舍姆战役
Barbican	巴比肯	Battle of Falkirk	福尔柯克战役
Barclaycard	巴克莱信用卡	Battle of Flodden	弗洛登战役
Barebones Parliament	"瘦骨议会"	Battle of Friedland	弗里德兰战役
Barfleur	巴夫勒尔	Battle of Halidon Hill	哈里登山战役
Baring, 1st Earl of Cromer	第一代克罗默伯爵巴林	Battle of Hatfield	哈特菲尔德战役
		Battle of Hexham	赫克瑟姆之战
Barons' Wars	男爵战争	Battle of Jutland	日德兰海战
Bartholomew Fair	巴塞洛缪市场	Battle of Kinsale	金塞尔战役
Basic Law of the Hong Kong Special Administrative Region	《香港特别行政区基本法》	Battle of Königgrätz	克尼格雷茨战役
		Battle of La Hogue	拉霍格海战
Bastille	巴士底狱	Battle of Leipzig	莱比锡战役
Basutoland	巴苏陀兰	Battle of Majuba Hill	马尤巴山战役
Bataille	巴塔伊	Battle of Maldon	马尔顿之战
Bath	巴斯	Battle of Malplaquet	马尔普拉凯战役
Battle Abbey	贝特修道院	Battle of Marston Moor	马斯顿荒原战役
Battle of Agincourt	阿金库尔战役	Battle of Milvian Bridge	米尔维安大桥战役
Battle of Almanza	阿尔曼萨战役	Battle of Mollwitz	莫尔维茨会战
Battle of Arsuf	阿尔苏夫战役	Battle of Mons	蒙斯战役
Battle of Bannockburn	班诺克本之战	Battle of Mons Badonicus	蒙斯-贝多尼克斯战役
Battle of Barnet	巴尼特战役	Battle of Mons Graupius	格劳庇乌山战役
Battle of Blore Heath	布洛希思之役	Battle of Mortimer's Cross	莫蒂默十字路战役
Battle of Bosworth Field	博斯沃思原野战役	Battle of Nancy	南锡战役
Battle of Bothwell Bridge	博斯韦尔桥战役	Battle of Naseby	纳斯比战役
Battle of Bouvines	布汶战役	Battle of Navarino	纳瓦里诺海战

Names, Place Names and Proper Nouns

Battle of Neville's Cross	内维尔十字之战	Bay of Biscay	比斯开湾
Battle of Omdurman	乌姆杜尔曼战役	Bayeux Tapestry	巴约挂毯
Battle of Orewin Bridge	奥列文桥战役	Bayonne	巴约讷
Battle of Passchendaele	帕斯尚尔战役	Beachy Head	比奇角
Battle of Pavia	帕维亚战役	Beauchamp	比彻姆家族
Battle of Pinkie	平齐战役	Beauclerk	"贤明者"
Battle of Plassey	普拉西战役	Beaufort	博福特
Battle of Prestonpans	普雷斯顿潘斯战役	Beauport Park	博波尔公园
Battle of Radcot Bridge	拉德科特桥战役	Bec	贝克
Battle of Sadowa	萨多瓦战役	Bechuanaland	贝专纳
Battle of Sedan	色当战役	Bedchamber Crisis	"后座议员危机"
Battle of Sedgemoor	塞奇莫尔战役	Bedford	贝德福德
Battle of Sheriffmuir	谢里夫缪尔战役	Belfast	贝尔法斯特
Battle of Sluys	斯鲁伊斯海战	Belfast Lough	贝尔法斯特湾
Battle of St Quentin	圣昆廷战役	Belgae	比利其人
Battle of Stalingrad	斯大林格勒保卫战	Belgrade	贝尔格莱德
Battle of Stamford Bridge	斯坦福德桥战役	Bellingham	贝林罕
Battle of Stirling Bridge	斯特灵桥战役	Belsen concentration camp	贝尔森集中营
Battle of Stoke	斯托克战役	Ben Jonson	本·琼森
Battle of Taillebourg	塔耶堡战役	Benedict Biscop	本尼狄克特·比思考普
Battle of Tannenberg	坦能堡战役	Benelux	比荷卢经济联盟
Battle of Tewkesbury	图克斯伯里战役	Benito Mussolini	贝尼托·墨索里尼
Battle of the Boyne	博伊恩战役	Benjamin Disraeli	本杰明·迪斯雷利
Battle of the Catalaunian Plains	沙隆战役	Benjamin West	本杰明·韦斯特
Battle of the Dunes	沙丘之战	Benue	贝努埃
Battle of the Masurian Lakes	马祖里湖战役	Beorhtric	贝奥特里克
Battle of the Somme	索姆河战役	Beorhtwulf	贝奥特伍尔夫
Battle of the Spurs	马刺之战	Beowulf	贝奥武夫
Battle of the Standard	旗帜之战	Berchtesgaden	贝希特斯加登
Battle of Towton	陶顿战役	Berengaria	贝伦加丽亚
Battle of Ulundi	乌伦迪战役	Berkeley Castle	伯克利城堡
Battle of Valmy	瓦尔密战役	Berkhamsted	伯克姆斯特德
Battle of Wakefield	韦克菲尔德战役	Berkshire	伯克郡
Battle of Waterloo	滑铁卢战役	Berlin Wall	"柏林墙"
Battle of White Mountain	白山战役	Bernicia	伯尼西亚王国
Battle of Worcester	伍斯特战役	Bertie Ahern	伯蒂·埃亨
Battle	巴特尔	Bertrand du Guesclin	贝特朗·杜·盖克兰

Berwick-upon-Tweed	特威德河畔贝里克	Bloomsbury Group	布鲁姆伯利团体
Besika Bay	贝西卡湾	Boer	布尔人
Bethlehem	伯利恒	Boer Nationalist Party	布尔民族主义党
Bethmann-Hollweg	贝特曼-霍尔维格	Bohemia	波西米亚
Beveridge Report	《贝弗里奇报告》	Bolingbroke	博林布鲁克
Biafra	比夫拉	Bombay	孟买
Biarritz	比亚里茨	Bona of Savoy	萨伏依的博纳
Bill against Occasional Conformity	《反对偶奉国教法案》	Bond of Association	《联合契约》
		Boniface VIII	卜尼法斯八世
Bill of Attainder	《剥夺公权法案》	Bonn	波恩
Bill of Pains and Penalties	《严刑惩治法案》	*Book of Kells*	《凯尔经》
Bill of Security	《安全法案》	Bordeaux	波尔多
Bishop Gardiner	加德纳主教	Borders	博得斯
Bishop Laurentius	主教劳伦修斯	Boroughbridge	巴勒布里奇
Bishop Odo	巴约主教厄德	Boscobel House	博斯科贝尔府
Bishop of Bath and Wells	韦尔斯教区主教	Bosporus Strait	博斯普鲁斯海峡
Bishop of Beauvais	博韦主教	Boston Harbour	波士顿湾
Black Death	黑死病	Boston Tea Party	"波士顿倾茶事件"
Black Hole of Calcutta	"加尔各答的黑洞"	Botany Bay	植物学湾
Black Prince	"黑太子"	Boudicca	布狄卡
Black Wednesday	"黑色星期三"	Boulogne	布伦
Black Week	"黑色星期"	Bourbon	波旁王朝
Blackheath	布莱克希思	Boxing Day	节礼日
Blackshirt	"黑衫党"	Bradford	布拉德福德
Blanche of Castile	卡斯蒂利亚的布兰奇	Braemar	布雷马
Blanche of Lancaster	兰开斯特的布兰奇	Brandenburg	勃兰登堡公国
Blanche Taque	布朗什塔克	Brecon	布雷肯
Blangy	布朗日	Breffny	布列夫尼
Blenheim	布伦海姆	Bremen	不来梅
Blenheim Palace	布伦海姆宫	Bremerhaven	不来梅哈芬
Blitz	"闪电"	Brest	布列斯特
Bloemfontein	布隆方丹	Brest Fleet	布列斯特舰队
Blondel	布隆德尔	Bretwalda	英格兰共主
Bloodless Revolution	"不流血的革命"	Bridget	布丽奇特
		Bridgnorth	布里奇诺斯
Bloody Assizes	血腥审判	Brigadier Wolfe	沃尔夫陆军准将
Bloody Sunday	"血色星期天"	Brigantes	布里甘特人
Bloomsbury	布鲁姆斯伯利		

Names, Place Names and Proper Nouns

Brighthelmstone	布赖特赫尔姆斯通	Byland Abbey	拜兰修道院
Brighton	布赖顿		
Brighton Pavilion	布赖顿行宫		
Bristol	布里斯托尔	Cabal	五大臣小集团
Britannia	不列颠尼亚	Cádiz	加的斯
British Aerospace	英国宇航公司	Cadwallon of Gwynedd	格温内思的凯德瓦隆
British Association for the Advancement of Science	英国科学进步协会	Caedmon	凯德蒙
		Caen	卡昂
British Broadcasting Corporation, BBC	英国广播公司	Caerleon	卡利恩
		Caernarvon	卡那封
British Guiana	英属圭亚那	Caesar of the British	"不列颠人的恺撒"
British Union of Fascists	英国法西斯联盟	Caithness	凯思内斯
Briton	布立吞人	Calais	加来
Brittany	布列塔尼	Calcutta	加尔各答
Brixton Deverill	布里克斯顿–戴维利尔	Caledonians	喀里多尼亚部落
Brixworth Church	布里克沃思教堂	Caligula	卡里古拉
Brooke dynasty	布鲁克王朝	Calvinist Reformation	加尔文主义宗教改革
Brooklyn	布鲁克林	Cambridge	剑桥
Bruges	布鲁日	Campaign for Nuclear Disarmament	核裁军运动
Brunswick	不伦瑞克人	Campbell Family	坎贝尔家族
Brussels	布鲁塞尔	Camulodunum	卡姆洛杜努姆
Brythonic	布立吞语	Canaan	迦南
Buckinghamshire	白金汉郡	Canary Wharf	金丝雀码头
Bulgarian Horrors and the Question of the East	《保加利亚恐怖活动与近东问题》	Canon law	教会法
		Canterbury	坎特伯雷
Bunker Hill	邦克山	Canterbury Cathedral	坎特伯雷大教堂
Burford	伯福德	Cantii	坎蒂人
Burgh by Sands	布拉夫桑斯	Cantium	肯提姆
Burgos	布尔戈斯	Cape	开普
Burgoyne	伯戈因	Cape Breton Island	布雷顿角岛
Burgred	伯格雷德	Cape of Good Hope	好望角
Burgundians	勃艮第人	Capitulation of Klosterzeven	《克罗斯–齐文投降书》
Burgundy	勃艮第		
Bury St Edmunds	贝里圣埃德蒙兹	Caractatus	卡拉克塔库斯
Butler Education Act	《巴特勒教育法案》	Carausius	卡劳修斯
Butskellism	巴茨凯尔主义	Cardiff	加的夫
Bye Plot	"次要阴谋"	Cardigan	卡迪根

Cardinal College	枢机主教学院	Caxton	卡克斯顿
Cardinal Mazarin	红衣主教马扎然	Ceawlin	查乌林
Cardinal Morton	枢机主教莫顿	Cecil Beaton	塞西尔·比顿
Cardinal Richelieu	红衣主教黎塞留	Cecil Rhodes	塞西尔·罗兹
Cardinal Stephen Langton	枢机主教斯蒂芬·朗顿	Cedd	切德
Carisbrooke Castle	卡里斯布鲁克城堡	Central Electricity Board	中央电力委员会
Carlisle	卡莱尔	Cerdic	策尔迪克
Carlton House Terrace	卡尔顿府联排	Ceylon	锡兰
Carmarthen	卡马森	Chalgrove Field	查尔格罗夫平原
Carmarthen Bay	卡马森海湾	Chalus	恰卢斯
Carnarvon	卡那封	Champagne	香槟
Carolina	卡罗来纳	Chanak Crisis	恰纳卡莱危机
Caroline of Ansbach	安斯巴赫的卡罗琳	Chancery	大法官法庭
Carolingian	加洛林王朝	Chandernagore	金德纳戈尔
Carolingian Renaissance	加洛林文艺复兴	Channel Islands	海峡群岛
Carrick Fergus	卡里克弗格斯	Charing Cross	查令十字
Cartimandua	卡迪蔓杜亚	Charlemagne	查理曼
Cassivellaunus	卡西维劳努斯	Charleroi	沙勒罗瓦
Castle Howard	霍华德城堡	Charles II	卡洛斯二世
Castle of Dürnstein	迪恩斯泰因城堡	Charles IV	查理四世
Castle of Rougemont	鲁日蒙城堡	Charles V	查理五世
Castle Rising	赖辛堡	Charles VI	查理六世
Cat and Mouse Act	"猫捉老鼠法案"	Charles VII	查理七世
Cathedral Chapter	座堂圣职团	Charles VIII	查理八世
Catherine de Medici	凯瑟琳·德·美第奇	Charles Barry	查尔斯·巴里
Catherine Howard	凯瑟琳·霍华德	Charles Blount	查理·勃朗特
Catherine of Aragon	阿拉贡的凯瑟琳	Charles Booth	查尔斯·布斯
Catherine of Braganza	布拉干萨的凯瑟琳	Charles Darwin	查尔斯·达尔文
Catherine Parr	凯瑟琳·帕尔	Charles de Gaulle	夏尔·戴高乐
Catherine the Great	叶卡捷琳娜大帝	Charles Dickens	查尔斯·狄更斯
Catholic Board	天主教委员会	Charles Dilke	查尔斯·迪尔克
Catholic Emancipation Act	《天主教徒解禁法》	Charles Dodgson	查尔斯·道奇森
Catholic Relief Act	《罗马天主教徒解放法》	Charles Grey	查尔斯·格雷
Cato Street Conspiracy	卡托街阴谋	Charles James Fox	查尔斯·詹姆斯·福克斯
Catuvellauni	卡图维劳尼人	Charles Kingsley	查尔斯·金斯莱
Cavendish Family	卡文迪什家族	Charles Martel	查理·马特
Cawnpore	坎普尔	Charles Montagu	查理·蒙塔古

Charles Pratt	查尔斯·普拉特	Christopher Marlowe	克里斯托弗·马洛
Charles Stewart Parnell	查尔斯·斯图尔特·帕内尔	Christopher Woodhead	克里斯托弗·伍德黑德
Charles the Bald	"秃头"查理	Christopher Wren	克里斯托弗·雷恩
Charles the Rash	"大胆的查理"	Church Curia	教廷
Charles the Simple	"直率的查理"	Church Disestablishment	《教会解散法》
Charles Townshend	查尔斯·汤森	Church Father	教父
Charles Wheatstone	查尔斯·惠斯通	Church of England	英国国教会
Charleston	查尔斯顿	Church of St Clement Danes	圣克莱蒙教堂
Charlotte Brontë	夏洛蒂·勃朗特	Church of the Holy Sepulchre	圣墓教堂
Charter of Liberties	《自由宪章》	Cimbrian Peninsula	辛布里半岛
Chartist	宪章派	Cinque Ports	五港同盟
Château de Hougoumont	霍高蒙特城堡	Cirencester	赛伦塞斯特
Château Gaillard	盖拉德城堡	Cistercian	西多会
Chauvelin	肖夫兰	Cistercian Priory of Beaulieu	西多会小隐修院
Cheapside	齐普赛街	Ciudad Rodrigo	罗德里戈城
Chelsea	切尔西	Civil List Bill	《王室年俸法案》
Chelsea Physic Garden	切尔西药用植物园	Clare	克莱尔
Cheltenham Ladies's College	切尔滕纳姆女子学院	Clarendon Code	《克拉伦登法典》
		Claudius	克劳狄
Cherbourg	瑟堡	Clemenceau	克列孟梭
Cheshire	柴郡	Clement Ⅶ	克雷芒七世
Cheshire Archers	柴郡弓箭手	Clement Attlee	克莱门特·艾德礼
Chester	切斯特	Clement	克雷芒
Child Poverty Action Group	儿童贫困行动组织	Clerkenwell Prison	克勒肯维尔监狱
Chiltern Hills	奇尔特恩山丘	Clermont	克莱蒙
Chindits	"钦迪特部队"	Clio	克利俄（缪斯女神）
Chippenham	奇彭纳姆	Clive Bell	克莱夫·贝尔
Chi-Rho	凯乐符号	Cliveden	克利夫登
Chiswick	奇西克	Cliveden Set	克莱夫登派
Christ Church	基督教堂学院	Cnut	克努特
Christabel	克里斯塔贝尔	Codrington	科德林顿
Christendom	基督教世界	Coercive Acts	《强制法案》
Christian Rome	"基督教的罗马"	Coifi	考菲
Christine Keeler	克里斯廷·基勒	Colchester	科尔切斯特
Christopher Columbus	克里斯托弗·哥伦布	Colditz escape	科尔迪茨逃亡
Christopher Isherwood	克里斯托弗·伊舍伍	Coleman Saunders	科尔曼·桑德斯

Collingwood	科林伍德
Colman	科尔曼
Colombières	科隆比埃
Colonel Bradstreet	布拉德斯特里特上校
Colonel Eyre Coote	艾尔·库特上校
Colonel House	豪斯上校
Colonel Penruddock	彭拉多克上校
Colonel Saxby	萨克斯比上校
Colonel Thomas Pride	托马斯·普莱德上校
Combination Acts	《联合法》
Commentaries on the Gallic War	《高卢战记》
Commission for Racial Equality	种族平等委员会
Commius	科米乌斯
common law	普通法
Commonwealth Immigrants Act	《英联邦移民法案》
Commonwealth of Independent States	独立国家联合体
Communist Manifesto	《共产党宣言》
Company of Merchant Adventurers	商人冒险家公司
Compiègne	贡比涅
Comprehension Act	《理解法案》
Compromise of Avranches	《阿夫朗什妥协案》
Concert of Europe	欧洲协调
Concord	康科德
Concorde	协和式超音速飞机
Confederation of British Industry	英国工业联合会
Confederation of the Rhine	莱茵邦联
Confirmatio Cartarum	《确认宪章》
Congested District Board Act	《集中化低区议会法案》
Congress of Berlin	柏林会议
Connaught	康诺特
Connecticut	康涅狄格
Conservative Party	保守党
Consett	康塞特
Conspiracy and Protection of Property Act	《共谋和财产保护法案》
Constable of England	英格兰皇家军事总长
Constance	康斯坦丝
Constantine	君士坦丁
Constantine the Great	君士坦丁大帝
Constantinople	君士坦丁堡
Constantius I	君士坦提乌斯一世
Constitutions of Clarendon	《克拉伦登宪章》
Conventicle Act	《秘密集会法》
Convention of Cintra	《辛特拉协定》
Convention of Pardo	《帕尔多公约》
Convocation of Canterbury and York	约克教士会议
Co-op	合作社
Coptain Boycott	博伊科特上尉
Corbridge	科布里奇
Cork	科克
Cornet Joyce	科尼特·乔伊斯
Coronel	科罗内尔
coroner	验尸官
Corporation Act	《团体法》
Corsica	科西嘉岛
Cotentin Peninsula	科唐坦半岛
Cotton Mills and Factories Act	《棉纺织工厂法》
Council House Acts	《公屋法案》
Council of Fifteen	十五人议会
Council of Officers	军官委员会
Council of State	国务委员会
Council of the North	北方法院
Council of Wales	威尔士顾问委员会
Count Baldwin	鲍德温伯爵
Count Camillo Cavour	卡米洛·加富尔伯爵
Count Eustace of Boulogne	布洛涅伯爵尤斯塔斯
Count Königsmark	柯尼希斯马克伯爵
Count Mansfeld	曼斯菲尔德伯爵
Count of Poitou	普瓦图伯爵
Count Shuvalov	舒瓦洛夫伯爵

NAMES, PLACE NAMES AND PROPER NOUNS

Counter-Reformation	反宗教改革运动
Countess of Buchan	巴肯伯爵夫人
County Louth	劳斯郡
County Meath	米斯郡
County Wicklow	威克洛郡
Court Circular	《宫廷公报》
Court of Common Pleas	高等民事法庭
Court of Ecclesiastical Commission	教会委员会法庭
Court of High Commission	高等宗教事务法庭
Court of King's Bench	王座法院
Court of Star Chamber	星室法庭
Coutances	库唐斯
Covenant of the League of Nations	《国际联盟盟约》
Covenanters	苏格兰盟约派
Cowton Moor	考顿沼泽
Craftsman	《匠人》杂志
Crécy	克勒西
Crete	克里特岛
Cricklade	克里克莱德
Crimean Peninsula	克里米亚半岛
Crimean War	克里米亚战争
Cronje	克龙涅
Cross Keys	克罗斯基斯
crown court	巡回刑事法庭
Croyland	克罗尔兰德
Culloden	卡洛登
Cumberland	坎伯兰
Cumbria	坎布里亚郡
Cunobelinus	库诺比莱纳斯
Curia Regis	御前会议
Custody of Infants Acts	《婴儿抚养权法案》
Cynewulf	基涅武甫
Cynric	坎里克
Cyrenaica	昔兰尼加
Dáil Éireann	"爱尔兰共和国议会"
Dafydd	戴维兹
Daily Mail	《每日邮报》
Daily News	《每日新闻》
Daily Telegraph	《每日电讯报》
Dalmatia	达尔马提亚
Dalmatian Coast	达尔马提亚海岸
Damascus	大马士革
Danegeld	丹麦金
Danelaw	丹麦区
Daniel Defoe	丹尼尔·笛福
Daniel Finch	丹尼尔·芬奇
Daniel Johnson	丹尼尔·约翰逊
Daniel Macnaghten	丹尼尔·麦克诺泰
Daniel O'Connell	丹尼尔·奥康奈尔
Dante	但丁
Danzig	但泽
Daphne du Maurier	达夫妮·杜穆里埃
Darby Family	达比家族
Dardanelles	达达尼尔海峡
Dardanelles catastrophe	达达尼尔海峡大灾难
Dárien	达里恩
Dárien Scheme	达里恩计划
Darnell's case	达内尔案件
David II	大卫二世
David Herbert Lawrence	戴维·赫伯特·劳伦斯
David Leslie	戴维·莱斯利
David Livingstone	戴维·利文斯通
David Lloyd George	戴维·劳合·乔治
David Rizzio	戴维·里齐奥
David Steel	大卫·斯蒂尔
Dawes Plan	道威斯计划
Days of May	"五月风云"
De legibus et consuetudinibus regni Angliae	《论英格兰的法律与习惯》
De Valera	德瓦莱拉

Deal	迪尔	Dissenter	不遵奉国教者
Dean Acherson	迪安·艾奇逊	Distribution of Seats Bill	《席位分配法案》
Dean Swift	主任牧师斯威夫特	Diviacus	迪维阿库斯
Declaration of Breda	《布雷达宣言》	Dodecanese	多德卡尼斯群岛
Declaration of Independence	《独立宣言》	Dome of the Rock	岩石圆顶清真寺
Declaration of Rights	《权利法案》	*Domesday Book*	《末日审判书》
Declaration of the Rights of Man and of the Citizen	《人权宣言》	Dominica	多米尼克
		Dominican	多明我会
Decline and Fall	《衰落与瓦解》	Dominion of South Africa	南非自治领
Decretal Commission	教皇特使团	Domitian	图密善
Dee	迪河	Domremi	栋雷米
Defender of the Faith	"护教者"	Don Carlos	唐·卡洛斯
Deira	德拉	Don Miguel	唐·米格尔
Delicate Investigation	"微妙调查"	Don Pacifico	唐帕西菲科
Denis Diderot	德尼·狄德罗	Dorchester	多尔切斯特
Denis Healey	丹尼士·希利	Dorchester Heights	多切斯特高地
Deptford	德特福德	Dordogne	多尔多涅
Derby	德比	Dorothea Beale	多萝西娅·比尔
Derby–Disraeli ministry	德比–迪斯雷利内阁	Dorset	多塞特
Derbyshire	德比郡	Dost Mahomed	多斯特·穆罕默德
Derek Bentley	德里克·本特利	Douai	杜埃
Dermot, King of Leinster	伦斯特国王德莫特	Douglas Haig	道格拉斯·黑格
Derry	德里市	Douglas Hurd	道格拉斯·赫德
Desiderius Erasmus	德西德里乌斯·伊拉斯谟	Dover	多佛
Despenser	德斯潘塞	Downing Street Declaration	《唐宁街宣言》
Devizes	迪韦齐斯	Dr Arnold	阿诺德博士
Devon	德文郡	Dr Barnes	巴恩斯博士
Devorgil	德沃吉尔	Dr Brydon	布赖登医生
Diana Mitford	戴安娜·米特福德	Dr David Owen	戴维·欧文博士
Diaspora	犹太人离散	Dr Johnson	约翰逊博士
Dictionary of National Biography	《英国人物传记辞典》	Dr Lindley	林德利博士
		Dr Ralph Shaw	拉尔夫·肖博士
Dictum of Kenilworth	《凯尼尔沃思声明》	Dr Sacheverell	萨谢弗雷尔博士
Diet of Worms	沃姆斯议会	Dr Storr Jameson	斯托尔·詹姆森博士
Diocletian	戴克里先	Dr Tristram Hunt	特里斯特拉姆·亨特博士
Dionysius Exiguus	狄奥尼修斯·伊希格斯	Drake's Bay	德雷克湾
Disestablishmentarianism	政教分离主义	*Dreadnought*	"无畏"号战舰

Names, Place Names and Proper Nouns

Drogheda	德罗赫达	Dumnia	杜姆尼亚
Druids	德鲁伊教团员	Dundas	邓达斯
Drumossie Moor	德拉莫西沼泽	Dungannon	邓甘嫩
Dublin	都柏林	Dunkirk	敦刻尔克
Dubrae	多伯利	Durbar	杜尔巴
Duchess of Kendal	肯德尔公爵夫人	Durham Cathedral	达勒姆大教堂
Duchy of Milan	米兰公国	Dwight Eisenhower	德怀特·艾森豪威尔
Duchy of Normandy	诺曼底公国	Dyfed	德韦达
Duff Cooper	达夫·库珀		
Duke Humphrey of Gloucester	格洛斯特公爵汉弗莱	Eadbald	埃德博尔德
Duke Leopold	利奥波德公爵	Eadburgha	伊德伯格
Duke of Alencon	阿朗松公爵	ealdormen	郡长
Duke of Alva	阿尔瓦公爵	Ealdred	埃尔德雷德
Duke of Argyll	阿盖尔公爵	Eamon De Valera	埃蒙·德·瓦勒拉
Duke of Beaufort	博福特公爵	Earl Mountbatten	蒙巴顿伯爵
Duke of Buckingham	白金汉公爵	Earl of Argyll	阿盖尔伯爵
Duke of Cambridge	剑桥公爵	Earl of Beaconsfield	比肯斯菲尔德伯爵
Duke of Clarence	克拉伦斯公爵	Earl of Chatham	查塔姆伯爵
Duke of Cleves	克里维斯公爵	Earl of Danby	丹比伯爵
Duke of Cumberland	坎伯兰公爵	Earl of Derby	德比伯爵
Duke of Devonshire	德文郡公爵	Earl of Devonshire	德文郡伯爵
Duke of Gloucester	格洛斯特公爵	Earl of Guildford	吉尔福德伯爵
Duke of Grafton	格拉夫顿公爵	Earl of Hereford	赫里福德伯爵
Duke of Medina-Sidonia	梅迪纳－西多尼亚公爵	Earl of Home	霍姆伯爵
Duke of Monmouth	蒙茅斯公爵	Earl of Lucan	卢肯伯爵
Duke of Newcastle	纽卡斯尔公爵	Earl of Manchester	曼彻斯特伯爵
Duke of Norfolk	诺福克公爵	Earl of Mar	马尔伯爵
Duke of Orléans	奥尔良公爵	Earl of March	马奇伯爵
Duke of Parma	帕尔马公爵	Earl of Marlborough	马尔伯勒伯爵
Duke of Richmond	里士满公爵	Earl of Montrose	蒙特罗斯伯爵
Duke of Savoy	萨伏依公爵	Earl of Moray	莫里伯爵
Duke of Shrewsbury	什鲁斯伯里公爵	Earl of Newcastle	纽卡斯尔伯爵
Duke of Somerset	萨默塞特公爵	Earl of Oxford	牛津伯爵
Duke of Valois	瓦卢瓦公爵	Earl of Portland	波特兰伯爵
Dukedom of Savoy	萨伏依公爵领	Earl of Rutland	拉特兰伯爵
Dumfries	邓弗里斯	Earl of Shaftesbury	沙夫茨伯里伯爵

Earl of Shelburne	谢尔本伯爵		伯爵埃德蒙·都铎
Earl of Sunderland	桑德兰伯爵	Edmund	埃德蒙一世
Earl of Surrey	萨里伯爵	Édouard Daladier	爱德华·达拉第
Earl of Warwick	沃里克伯爵	Edred	埃德雷德
Earl Warenne	瓦伦伯爵	Education Act	《教育法》
East Angles	东盎格鲁	Edward Ⅰ	爱德华一世
East Anglia	东安格利亚	Edward Ⅱ	爱德华二世
East End of London	伦敦东区	Edward Ⅳ	爱德华四世
East India Company	东印度公司	Edward Ⅴ	爱德华五世
East Prussia	东普鲁士	Edward Ⅵ	爱德华六世
East Saxons	东撒克逊	Edward Barker	爱德华·巴克
Eastern Association	东部联盟军队	Edward Braddock	爱德华·布拉道克
Eastern Question	东方问题	Edward Cardwell	爱德华·卡德韦尔
Ecgbert	埃格伯特	Edward Carson	爱德华·卡森
Ecgfrith	埃格弗里斯	Edward Drummond	爱德华·德拉蒙德
Ed Victor	埃德·维克托	Edward Fitzgerald	爱德华·菲茨杰拉德
Eddy Shah	埃迪·沙阿	Edward Gibbon Wakefield	爱德华·吉本·韦克菲尔德
Edessa	埃德萨		
Edgar the Atheling	"显贵者"埃德加	Edward Gray	爱德华·格雷
Edgitha	艾金萨	Edward Grim	爱德华·格里姆
Edgware Road	埃奇韦尔路	Edward Heath	爱德华·希斯
Edict of Nantes	《南特赦令》	Edward Hyde	爱德华·海德
Edinburgh	爱丁堡	Edward Morgan Forster	爱德华·摩根·福斯特
Edington	爱丁顿	Edward of Caernarvon	卡那封的爱德华
Edith Cavell	伊迪丝·卡维尔	Edward the Confessor	"忏悔者"爱德华
Edmund	埃德蒙	Edward the Elder	"长者"爱德华
Edmund Beaufort	埃德蒙·博福特	Edward the Martyr	"殉教者"爱德华
Edmund Bonner	埃德蒙·邦纳	Edwin	埃德温
Edmund Burke	埃德蒙·伯克	Edwin Lutyens	埃德温·路特恩斯
Edmund Cartwright	埃德蒙·卡特莱特	Egbert	埃格伯特
Edmund Dudley	埃德蒙·达德利	Egbert's Stone	埃格伯特之石
Edmund Grindal	埃德蒙·格林德尔	Eikon Basilike, 'The Royal Image'	《国王的圣像》
Edmund Hillary	埃德蒙·希拉里		
Edmund Ironside	"刚勇者"埃德蒙	El Dorado	埃尔多拉多
Edmund Mortimer	埃德蒙·莫蒂默	El-Alamein	阿拉曼
Edmund Rich	埃德蒙·里奇	Elba	厄尔巴岛
Edmund Tudor, 1st Earl of Richmond	里士满	Eleanor Crosses	埃莉诺十字架

Eleanor of Aquitaine	阿基坦的埃莉诺
Eleanor of Castile	卡斯蒂利亚的埃莉诺
Eleanor of Provence	普罗旺斯的埃莉诺
Electors	选帝侯
Electress of Hanover	汉诺威选帝侯夫人
Electress Sophia	选帝侯夫人索菲娅
Elegy Written in a Country Churchyard	《墓园挽歌》
Elementary Education Act	《初等教育法》
Elfrida	艾芙丽达
Elizabeth Ⅰ	伊丽莎白一世
Elizabeth Barrett Browning	伊丽莎白·巴瑞特·伯朗宁
Elizabeth Fry	伊丽莎白·弗赖伊
Elizabeth Longford	伊丽莎白·朗福德
Elizabeth Woodville	伊丽莎白·伍德维尔
Ellen Wilkinson	爱伦·威尔金森
Eltham Palace	埃尔特姆宫
Elvas	埃尔瓦斯
Emily Davies	艾米丽·戴维斯
Emily Davison	艾米丽·戴维森
Emma of Normandy	诺曼底的艾玛
Emmeline Pankhurst	艾米琳·潘克赫斯特
Emperor Maximilian	马克西米利安一世
Enclosure	圈地运动
Encyclopédie	《百科全书》
Encyclopédistes	百科全书派
English Channel	英吉利海峡
Enigma	恩尼格玛
Enlightenment	启蒙主义
Enniskillen	恩尼斯基林
Enoch Powell	伊诺克·鲍威尔
Entente Cordiale	《英法协约》
Episcopalian	苏格兰圣公会教徒
Equal Opportunities Commission	机会平等委员会
Erasmus	伊拉斯谟
Ermine Street	埃尔明大道
Ernest Bevin	欧内斯特·贝文
Ernest Geddes	欧内斯特·格迪斯
Eroica Symphony	《英雄交响曲》
Erwin Rommel	埃尔温·隆美尔
Estates General	三级会议
Ethelbald	埃塞尔博德
Ethelbert	埃塞尔伯特
Ethelburga	埃泽布加
Ethelflaed	埃塞尔弗列德
Ethelgiva	埃塞尔吉娃
Ethelred	埃塞尔雷德
Ethelred Ⅱ	塞尔雷德二世
Ethelswith	埃塞斯维斯
Eton College	伊顿公学
Eu	厄镇
European Central Bank	欧洲中央银行
European Coal and Steel Community	《欧洲煤钢共同体条约》
European Community	欧洲共同体
European Convention on Human Rights	《欧洲人权公约》
Leaves from the Journal of Our Life in the Highlands	《日记留影——我们的苏格兰高地生活》
European Economic Community	欧洲经济共同体
European Exchange Rate Mechanism	欧洲汇率机制
European Free Trade Association	欧洲自由贸易联盟
European Social Charter	《欧洲社会宪章》
European Union	欧洲联盟
Eustace	尤斯塔斯
Eva	伊娃
Evangelical Movement	福音运动
Evelyn Baring	埃弗林·巴林
Evelyn Waugh	伊夫林·沃
Evil Neighbour	"恶邻城堡"

Exchequer	财政署	的第一声号角》	
Exclusion Bill	《排除法案》	*First Blast of the Trumpet against the Monstrous Regiment of Women*	
Exclusion Crisis	《排除法案》危机		
		First Boer War	第一次布尔战争
		First Dutch War	第一次英荷战争
Fabian Society	费边社	First Statute of Westminster	《威斯敏斯特第一法案》
Factory Act	《工厂法》		
fair rents	公平地租	Firth of Clyde	克莱德河湾
Fair Rosamund	"美人罗萨蒙德"	Firth of Forth	福斯湾
Faith in the City	《城市的信仰》	Fishbourne Roman Palace	菲什本罗马宫殿
Falaise	法莱斯	Fishguard	菲什加德
Falkland Islands	福克兰群岛	Fitzherbert	菲茨赫伯特
Falstaff	福斯塔夫	Fitzroy Maclean	菲茨罗伊·麦克莱恩
Fashoda	法绍达	Fitzstephen	菲茨斯蒂芬
Father Garnet	加内特神父	Fiume	阜姆
Father Gerard	杰拉德神父	Five Boroughs	五大区
Father Greenway	格林韦神父	Five Mile Act	《五英里法案》
Feast of St Bartholomew	圣巴托罗缪节	fixity of tenure	固定租期
Fenian	芬尼亚运动	Flambard	弗朗巴尔
Ferdinand	斐迪南	Flanders	佛兰德斯
Ferdinand Ⅱ	斐迪南二世	Fleet Street	舰队街
Ferdinand De Lesseps	费迪南·德·雷赛布	Fleming	佛兰芒人
Ferdinand of Aragon	阿拉贡的斐迪南	Fleming	弗莱明
Ferdinand of Brunswick	不伦瑞克的斐迪南	Flight of the Earls	伯爵出逃事件
Fermanagh	弗马纳郡	Flintshire	弗林特郡
Ferrol	费罗尔	Flora Macdonald	弗洛拉·麦克唐纳
Festival of Britain	不列颠节	Florence Nightingale	弗洛伦斯·南丁格尔
Field Marshal Blücher	布吕歇尔陆军元帅	Florida	佛罗里达
Field of the Cloth of Gold	金缕地	Fontenoy	丰特努瓦
Finisterre	菲尼斯特雷	Forest Law	《森林法》
First Anglo-Afghan War	第一次英国—阿富汗战争	Forest of Compiègne	贡比涅森林
		Fort Belvedere	贝尔维德堡
First Battle of St Albans	第一次圣奥尔本斯战役	Fort Duquesne	迪凯纳堡垒
		Fort Frontenac	弗兰克特纳堡垒
First Bishops' War	第一次主教战争	Fort Niagara	尼亚加拉堡垒
First Blast of the Trumpet against the Monstrous Regiment of Women	《吹响反对可怕的妇女统治	Fort Sumter	萨姆特堡
		Forth Act of Uniformity	《第四教会统一法案》

Names, Place Names and Proper Nouns

Forty-Two Articles of Faith	《四十二信条》
Fosse Way	福斯路
Fotheringhay Castle	福瑟临黑城堡
Fourteen Points	"十四点原则"
Foxe's Book of Martyrs	《福克斯殉道者名录》
Frances	弗朗西丝
Frances Buss	弗朗西丝·巴斯
Francis	弗兰茨
Francis I	弗朗索瓦一世
Francis II	弗朗索瓦二世
Francis Atterbury	弗朗西斯·阿特伯里
Francis Drake	弗朗西斯·德雷克
Francis Lovel	弗朗西斯·洛弗尔
Francis Place	弗朗西斯·普莱斯
Franciscan	方济各会
Francisco Franco	弗朗西斯科·佛朗哥
Franco-British Commercial Treaty	《英法商业条约》
Franco-Prussian War	普法战争
Frank Longford	弗兰克·朗福德
Frankish / Franks	法兰克人
Frankish Empire	法兰克帝国
Franklin Delano Roosevelt	富兰克林·德拉诺·罗斯福
frankpledge	十户联保制
Franz Ferdinand	弗兰茨·斐迪南
Franz Joseph I	弗兰茨·约瑟夫一世
Frederick I	腓特烈一世
Frederick II	腓特烈二世
Frederick Cavendish	弗雷德里克·卡文迪什
Frederick of Augustenberg	奥古斯滕堡的腓特烈
Frederick Roberts	弗雷德里克·罗伯茨
Frederick Robinson	弗雷德里克·罗宾逊
Frederick the Great	腓特烈大帝
free sale	自由出让承租权
French Resistance	法国地下反抗军
French Revolution	法国大革命
Friedrich Engels	弗里德里希·恩格斯
Friendly Society of Agricultural Labourers	农业劳工友好协会
Frisia	弗里西亚
Fulham	富勒姆
Gaddafi	卡扎菲
Gaelic	盖尔语
Galilee	加利利
Gallipoli	加利波利半岛
Galloway	加洛韦
Galway	戈尔韦
Garibaldi	加里波第
Garonne	加伦河
Gascony	加斯科涅
Gaul	高卢人
Gdańsk	格但斯克
General Allenby	艾伦比将军
General Assembly	最高宗教会议
General Auchinleck	奥金莱克将军
General Charles Fleetwood	查理·弗利特伍德将军
General Charles Harington	查尔斯·哈林顿将军
General Cornwallis	康沃利斯将军
General Council	大公会议
General Dyer	戴尔将军
General Foch	福煦元帅
General Gage	盖奇将军
General Galtieri	加尔铁里将军
General George Wade	乔治·韦德将军
General Gordon	戈登将军
General Greene	格林将军
General Havelock	哈夫洛克将军
General Ireton	艾尔顿将军

General Joffre	霞飞将军	Gerald Brodribb	杰拉尔德·布罗德里布
General Junot	朱诺将军	Gerald of Windsor	温莎的杰拉尔德
General Masséna	马塞纳将军	Gerd von Rundstedt	格尔德·冯·伦德施泰特
General McArthur	麦克阿瑟将军		
General O'Connor	奥康纳将军	Get-out Clause	《退出条款》
General Orde Wingate	奥德·温盖特将军	German Confederation	德意志邦联
General Simović	西莫维奇将军	Ghent	根特
General Sir William Howe	威廉·豪将军	Gibraltar	直布罗陀海峡
General Stanhope	斯坦诺普将军	Gilbert Foliot	吉尔伯特·福利奥特
general warrant	普通令状	Gildas	吉尔达斯
General Zhukov	朱可夫将军	Giraldus Cambrensis	吉拉尔杜斯·凯姆布闰斯
Geneva Conventions	《日内瓦公约》		
Geoffrey	杰弗里	Glamorgan	格拉摩根
Geoffrey Chaucer	杰弗里·乔叟	Glanvill	格兰维尔
Geoffrey Dawson	杰弗里·道森	Glasgow	格拉斯哥
Geoffrey Fitz Peter	杰弗里·菲茨·彼得	Glastonbury	格拉斯顿伯里
Geoffrey Howe	杰弗里·豪	Glenshiel	格伦希尔
Geoffrey of Mandeville	曼德维尔的杰弗里	Gloriana	"荣光女王"
Geoffrey of Monmouth	蒙茅斯的杰弗里	Glorious Revolution	光荣革命
George I	乔治一世	Gloucester Cathedral	洛斯特大教堂
George Bernard Shaw	乔治·萧伯纳	Godesberg	哥德斯堡
George Bush	乔治·布什	Godfrey de Bouillon	戈弗雷·德·布永
George Canning	乔治·坎宁	Godiva	戈黛娃
George Catlett Marshall	乔治·卡特利特·马歇尔	Gododdin	葛德丁
		Godwins	戈德温家族
George Eliot	乔治·艾略特	Goidel	戈伊德尔语
George Gordon	乔治·戈登	*Golden Hind*	"金鹿"号
George Lansbury	乔治·兰斯伯里	GOM, Grand Old Man	"伟大的老人"
George Mitchell	乔治·米切尔	Gondomar	贡多马尔
George Monck	乔治·蒙克	Good Friday Agreement	《星期五和平协议》
George Newnes	乔治·纽恩斯	Good Parliament	正当议会
George of Hanover	汉诺威的乔治	Gordon Brown	戈登·布朗
George Stevenson	乔治·史蒂芬逊	Gordon Riots	戈登暴动
George Washington	乔治·华盛顿	Goree	戈雷岛
George Whitefield	乔治·怀特菲尔德	Government of India Act	《印度政府法》
Georgia	佐治亚	Granada	格拉纳达
Georgian era	乔治王时代	Grand Alliance	大联盟

Names, Place Names and Proper Nouns

Grand Duchy of Warsaw　华沙大公国
Grand National Consolidated Trades Union　全国总工会
Grand Remonstrance　《大抗议书》
Grantabridge　格兰塔布里奇
Granville Sharp　格兰维尔·夏普
Great Charter / Magna Carta　《大宪章》
Great Council　大议会
Great Fire of London　伦敦大火
Great Harry　"哈利大帝"号
Great Plague　大瘟疫
Great Purge　大清洗运动
Great Reform Bill　《选举法修正案》
Great St Bernard Pass　圣伯纳德大山口
Great Yorkshire Petition　《大约克郡请愿书》
Greater London Council　大伦敦议会
Greek Wars of Independence　希腊独立战争
Greenham Common　格林汉康蒙
Greenwich　格林尼治
Greenwich Palace　格林尼治王宫
Gregorian calendar　格列高利历
Gregory VII　格列高利七世
Gregory IX　格列高利九世
Gregory XIII　格列高利十三世
Gregory the Great　格列高利一世（教皇）
Grenada　格林纳达
Grenadines　格林纳丁斯群岛
Gruffydd ap Llywelyn　格鲁菲兹·阿普·勒韦林
Guadeloupe　瓜德罗普
Guala　瓜拉
Guam　关岛
Guglielmo Marconi　古列尔莫·马可尼
Guienne　吉耶纳
Guildford　吉尔福德
Gunhildis　甘西蒂斯
Gunpowder Plot　火药阴谋
Gustav Stresemann　古斯塔夫·施特雷泽曼
Guthrum　古斯鲁姆
Guy Fawkes　盖伊·福克斯
Gwynedd　格温内思
Gyrth　吉尔斯

H. Rider Haggard　亨利·莱特·哈葛德
Habeas Corpus Act　《人身保护法》
Hadrian　哈德良
Haesta　黑斯塔
Haesten　希斯坦
Hague　海牙
Hague Conference on Disarmament　海牙裁军会议
Haidar Ali　海德尔·阿里
Haile Selassie　海尔·塞拉西
Hainault　埃诺
Halfdan　哈夫丹
Halliwell Street　哈利韦尔街
Halls of Valhalla　瓦尔哈拉神殿
Halwell　哈尔韦尔
Hammersmith　哈默史密斯
Hampshire　汉普郡
Hampton Court Palace　汉普敦宫
Hamwic　汉姆维克
Handel　亨德尔
Hans Holbein　汉斯·荷尔拜因
Harald Fairhair　"金发王"哈拉尔
Harby　哈比
Harfleur　阿夫勒尔
Harold Hardrada　哈罗德·哈德拉达
Harold Harefoot　"飞毛腿"哈罗德
Harold Macmillan　哈罗德·麦克米伦
Harold Pinter　哈罗德·品特
Harold Wilson　哈罗德·威尔逊
Harriet Martineau　哈丽特·马蒂诺

Harry Percy	哈利·珀西	Henry Campbell-Bannerman	亨利·甘贝尔-班纳曼
Harry S. Truman	哈里·S·杜鲁门	Henry Compton	亨利·康普顿
Harrying of the North	"北方大掠夺"	Henry Fielding	亨利·菲尔丁
Harthacnut	哈德克努特	Henry Grattan	亨利·格拉顿
Hartlepool	哈特尔普尔	Henry Hunt	亨利·亨特
Hashemite Sharif Hussein	哈希姆·谢里夫·侯赛因	Henry Mayers Hyndman	亨利·迈耶斯·海因德曼
Hastings	黑斯廷斯	Henry Morton Stanley	亨利·莫顿·史丹利
Hatfield House	哈特菲尔德庄园	Henry of Anjou	安茹的亨利
Havana	哈瓦那	Henry of Lancaster	兰开斯特的亨利
Hawke Breton	霍克·布雷顿	Henry of Monmouth	蒙茅斯的亨利
Hawksmoor	霍克斯莫尔	Henry of Navarre	纳瓦拉国王亨利
Hayward Gallery	海沃美术馆	Henry Pelham	亨利·佩勒姆
Heads of Proposals	《提案纲要》	Henry Percy, 4th Earl of Northumberland	亨利·珀西，第四代诺森伯兰伯爵
Hebrides	赫布里底群岛	Henry St John	亨利·圣约翰
Heidelberg	海德堡	Henry Temple	亨利·坦普尔
Heights of Abraham	亚伯拉罕高地	Henry the Fowler	"猎鸟者"亨利
Heinrich von Kluck	海因里希·冯·克卢克	Henry the Navigator	"航海家"亨利
Heinz Guderian	海因茨·古德里安	Henry Tudor	亨利·都铎
Helen Fraser	海伦·弗雷泽	Henry, Bishop of Winchester	温彻斯特的主教亨利
Helena	海伦娜	Herat	赫拉特
Hell-Fire Club	"地狱火俱乐部"	Herbert George Wells	赫伯特·乔治·韦尔斯
Hemel Hempstead	赫默尔亨普斯特德	Herbert Gladstone	赫伯特·格莱斯顿
Hengistbury Head	亨吉斯特伯里角	Herbert Henry Asquith	赫伯特·亨利·阿斯奎斯
Hengister	亨吉斯特	Herbert Morrison	赫伯特·莫里森
Henrietta Maria	亨利埃塔·玛丽亚	Herbert Samuel	赫伯特·塞缪尔
Henrietta Marshall	亨利埃塔·马歇尔	Herbert Stewart	赫伯特·斯图尔特
Henry Ⅰ	亨利一世	Hereward the Wake	"觉醒者"赫里沃德
Henry Ⅱ	亨利二世	Hermann Göring	赫尔曼·戈林
Henry Ⅲ	亨利三世	Herodotus	希罗多德
Henry Ⅳ	亨利四世	Herstmonceux Castle	赫斯特蒙苏城堡
Henry Ⅴ	亨利五世	Hertfordshire	赫特福德郡
Henry Ⅵ	亨利六世		
Henry Ⅶ	亨利七世		
Henry Ⅷ	亨利八世		
Henry Beaufort	亨利·博福特		
Henry Brougham	亨利·布鲁厄姆		

Names, Place Names and Proper Nouns

Hibernia	希伯尼亚
Hicks Pasha	希克斯·帕夏
High Church	高教会派
Hildebrand	希尔德布兰德
Hillsborough Agreement	《希尔斯伯勒协约》
Hindlip	辛德勒普
Histriomastix	《讨戏子檄》
Hoare-Laval Pact	《霍尔–拉瓦尔协定》
Hockwold	霍克沃
Holland Park Comprehensive	霍兰德公园综合学校
Holles	霍利斯
Holloway Women's Prison	霍洛韦女子监狱
Holmby House	汉姆比山庄
Holstein	荷尔斯泰因
Holy Alliance	神圣同盟
Holy Island	霍利岛
Holy League	神圣同盟
Holy See	圣座
Home Guard	国民自卫军
Honorius	霍诺留
Horace Walpole	霍勒斯·沃波尔
Horatio Gates	霍雷肖·盖茨
Horatio Nelson	霍雷肖·纳尔逊
Horik	霍里克
Horsa	霍萨
Hotspur	"热刺"
Hounslow Heath	豪士罗荒地
House of Brandenburg	勃兰登堡家族
House of Hohenzollern	霍亨索伦家族
Howard Newby	霍华德·纽比
Howth	霍斯
Hoxne	霍克森
Hubert de Burgh	休伯特·德·伯格
Hubert Walter	休伯特·沃尔特
Huddersfield	哈德斯菲尔德
Huddleston	赫德尔斯顿
Hudibras	《胡迪布拉斯》
Hudson Bay	哈德逊湾
Hudson River	哈德逊河
Huge de Morville	休·德·莫维尔
Hugh Cecil	休·塞西尔
Hugh Dalton	休·道尔顿
Hugh de Lusignan	休·德·吕西尼昂
Hugh Latimer	休·拉蒂默
Hugh O'Donnell, Earl of Tyrconnell	蒂尔康奈伯爵休·奥唐纳
Hugh O'Neill, Earl of Tyrone	泰隆伯爵休·奥尼尔
Hugh of Chester	切斯特的休
Hugh Wheeler	休·惠勒
Huguenot	胡格诺派教徒
Human Rights Act	《人权法案》
Humber	亨伯河
Humberside	亨伯赛德
Humble Petition and Advice	《恭顺的请愿和建议书》
Humphrey Bohun	汉弗莱·博恩
hundred court	百户法庭
Hundred Days	"百日王朝"
Hundred Years' War	百年战争
Huns	匈人
Hunsdon	汉斯顿
Huntingdon	亨廷登
Hurst Castle	赫斯特城堡
Hyde Park	海德公园
Hythe	海斯
Iain Duncan Smith	伊恩·邓肯·史密斯
Ian McGregor	伊恩·麦格雷戈
Ian Smith	伊恩·史密斯
Iberian Peninsula	伊比利亚半岛
Ibn Saud	伊本·沙特
Iceni	爱西尼人
iconoclasm	反偶像运动

Idi Amin	伊迪·阿明
In Place of Strife	《免于冲突》
India Bill	《印度法案》
Indian Mutiny	（印度）反英大起义
Inigo Jones	依理高·琼斯
Inner Temple	内殿法律学院
Innocent Ⅲ	英诺森三世
Inns of Court	律师学院
Instrument of Government	《政府组织法》
International Monetary Fund	国际货币基金组织
Intolerable Acts	《不可容忍法案》
Invasion Committee of the Committee of Imperial Defense	帝国防卫委员会侵略委员会
Inveraray	因弗拉里
Invergordon	因弗戈登
Inverness	因弗内斯
Invernesshire	因弗内斯郡
Investiture Contest	叙任权斗争
Iona	艾奥纳岛
Ipswich	伊普斯维奇
Irish Home Rule Bill	《爱尔兰自治法案》
Irish Land Act	《爱尔兰土地法》
Irish Land Purchase Act	《爱尔兰土地收购法案》
Irish Parliament	爱尔兰议会
Irish Republican Army	爱尔兰共和军
Ironsides	铁甲军
Isaac	以撒
Isaac Butt	艾萨克·巴特
Isaac Newton	艾萨克·牛顿
Isabella	伊莎贝拉
Isabella of Angoulême	昂古莱姆的伊莎贝拉
Isabella of Castile	卡斯蒂利亚的伊莎贝拉
Isabella of Gloucester	洛斯特的伊莎贝拉
Isandlwana	伊桑德尔瓦纳
Isca Dumniorum	伊斯卡–杜姆诺尼拉姆
Island of Heligoland	黑尔戈兰岛
Island of Ictis	艾克提斯岛
Island of St Helena	圣赫勒拿岛
Isle of Athelney	阿塞尔内岛
Isle of Ely	伊利岛
Isle of Man	马恩岛
Isle of Sheppey	谢佩岛
Isle of Wight	怀特岛
isles of Brasil	巴西群岛
Isleworth	艾尔沃思
Islington	伊斯灵顿
Istanbul	伊斯坦布尔
Istria	伊斯特利亚
Ivar the Boneless	"无骨者"伊瓦尔
Jack Cade	杰克·凯德
Jack Hawkins	杰克·霍金斯
Jack Ket	杰克·科特
'Jacky' Fisher	"杰克"·费希尔
Jacobite	詹姆士党人
Jacques Delors	雅克·德洛尔
Jacquetta of Luxembourg	卢森堡的杰凯塔
Jaffa	雅法
James Ⅳ	詹姆士四世
James Ⅴ	詹姆士五世
James Burbage	詹姆斯·伯比奇
James Butler, Marquis of Ormonde	奥蒙德侯爵詹姆斯·巴特勒
James Callaghan	詹姆斯·卡拉汉
James Connolly	詹姆斯·康诺利
James Craig	詹姆斯·克雷格
James Edward Stuart	詹姆斯·爱德华·斯图亚特
James Hepburn, Earl of Bothwell	波斯威尔伯爵詹姆斯·赫伯恩

Names, Place Names and Proper Nouns

James Larkin	詹姆斯·拉金
James Oglethorpe	詹姆斯·奥格尔索普
James van Artevelde	詹姆斯·范·阿特威尔德
Jameson Raid	詹姆森突击队
Jan Hus	扬·胡斯
Jan Smuts	扬·史末资
Jane Seymour	简·西摩
Jane Shore	简·肖
Janus	雅努斯
Jarrow	贾罗
Jasper Tudor	贾斯珀·都铎
Jean Monnet	让·莫奈
Jean Moulin	让·穆兰
Jedburgh	杰德堡
Jefferson Davis	杰佛逊·戴维斯
Jenny Geddes	詹妮·格迪斯
Jenny Jerome	珍妮·杰罗姆
Jeremy Bentham	杰里米·边沁
Jerusalem	耶路撒冷
Jesse Owens	杰西·欧文斯
Jethro Tull	杰思罗·塔尔
Jewish Disability Act	《犹太人救济法》
Jhansi	占西
Joachim von Ribbentrop	约阿希姆·冯·里宾特洛甫
Joan Littlewood	琼·利特尔伍德
Joan of Arc / Jeanne d'Arc	圣女贞德
Joan, Fair Maid of Kent	肯特的琼
Joanna	胡安娜
Joe Chamberlain	约瑟夫·张伯伦
Johan Gutenberg	约翰·谷登堡
Johannesburg	约翰内斯堡
John Aislabie	约翰·埃斯勒比
John Ball	约翰·鲍尔
John Ballard	约翰·巴拉德
John Balliol	约翰·贝利厄尔
John Bradshaw	约翰·布拉德肖
John Bright	约翰·布赖特
John Brown	约翰·布朗
John Bull	约翰牛
John Bunyan	约翰·班扬
John Burns	约翰·伯恩斯
John Byng	约翰·宾
John Cabot	约翰·卡伯特
John Calvin	约翰·加尔文
John Carteret	约翰·卡特里特
John Churchill	约翰·丘吉尔
John Colet	约翰·科利特
John Comyn	约翰·科明
John Dalrymple, Master of Stair	斯泰尔领主约翰·达尔林普尔
John Dryden	约翰·德莱顿
John Dudley	约翰·达德利
John Dunning	约翰·邓宁
John Fisher	约翰·费希尔
John Fitzgerald Kennedy	约翰·费茨杰拉德·肯尼迪
John Forbes	约翰·福布斯
John French	约翰·弗伦奇
John Graham, Viscount Dundee	敦提子爵约翰·格雷厄姆
John Hampden	约翰·汉普登
John Hanning Speke	约翰·汉宁·斯皮克
John Hawkins	约翰·霍金斯
John Hooper	约翰·胡珀
John Howard	约翰·霍华德
John Kay	约翰·凯
John Knox	约翰·诺克斯
John Lackland	"无地王"约翰
John Lambert	约翰·兰伯特
John Locke	约翰·洛克
John Major	约翰·梅杰
John Maynard Keynes	约翰·梅纳德·凯恩斯
John Millington Synge	约翰·米林顿·辛格

John Milton	约翰·弥尔顿	Joseph Paxton	约瑟夫·帕克斯顿
John Moore	约翰·摩尔	Joseph Stalin	约瑟夫·斯大林
John Nash	约翰·纳什	Josip Broz Tito	约瑟普·布罗兹·铁托
John Newman	约翰·纽曼	Juan les Pins	胡安莱潘
John of Brittany	布列塔尼的约翰	Judge Jeffreys	首席法官杰弗里斯
John of Gaunt	冈特的约翰	Judith	朱迪思
John of Salisbury	索尔兹伯里的约翰	Julian	尤里安
John Osborne	约翰·奥斯本	Julius II	尤利乌斯二世
John Profumo	约翰·普罗富莫	Julius Caesar	尤利乌斯·恺撒
John Pym	约翰·皮姆	Junto	"小集团"
John Redmond	约翰·雷德蒙	Jutes	朱特人
John Rogers	约翰·罗杰斯		
John Simon	约翰·西蒙		
John Smith	约翰·史密斯	Kali	迦梨女神
John Stuart Mill	约翰·斯图亚特·穆勒	Kandahar	坎大哈
John Talbot	约翰·塔尔博特	Karnatic	卡纳塔克
John the Fearless / Jean Sans Peur	"无畏的约翰"	Kate Ashley	凯特·阿什利
		Katherine	凯瑟琳
John Tillotson	约翰·蒂洛森	Keir Hardie	基尔·哈迪
John Wesley	约翰·卫斯理	Keith Joseph	基思·约瑟夫
John Whitgift	约翰·惠特吉夫特	Kellogg-Briand Pact	《凯洛格-白里安和平条约》
John Wilkes	约翰·威尔克斯		
John Winthrop	约翰·温思罗普	Kenninghall	肯宁霍尔
John Wyclif	约翰·威克利夫	Kensington Palace	肯辛顿宫
John, Duke of Bedford	贝德福德公爵约翰	Kent	肯特
Jonathan Swift	乔纳森·斯威夫特	Kew	克佑区
Jorvik	约维克	Khartoum	喀土穆
Joseph Bancroft Reade	约瑟夫·班克罗夫特·里德	Kiel	基尔港
		Kievan Rus'	基辅罗斯
Joseph Bonaparte	约瑟夫·波拿巴	Kildare	基尔代尔
Joseph Chamberlain	约瑟夫·张伯伦	Kilkenny	基尔肯尼
Joseph II	约瑟夫二世	Kilmainham Treaty	《凯勒梅堡协约》
Joseph Lister	约瑟夫·李斯特	Kimberley	金伯利
Joseph Mallord William Turner	约瑟夫·玛洛德·威廉·透纳	King Arthur	亚瑟王
		King Billy	比利王
Joseph Patrick Kennedy	约瑟夫·帕特里克·肯尼迪	King Clovis	高卢国王克洛维
		King Edward VII's Land	"国王爱德华七世地"

King Ethelfrith	国王埃塞尔福里斯	情人》	
King Ethelwulf	国王埃塞尔伍夫	Lady Diana Spencer	戴安娜·斯宾塞女士
King Ine	国王伊恩	Lady Elizabeth Bowes Lyon	伊丽莎白·鲍斯·莱昂女士
King Louis-Philippe	国王路易–菲利普		
King of Bohemia	波希米亚国王	Lady Hester Stanhope	赫斯特·斯坦诺普女士
King of Ireland	爱尔兰之王	Lady Jane Grey	简·格雷夫人
King of Westphalia	威斯特伐利亚国王	Lady Margaret Beaufort	玛格丽特·博福特夫人
King Solomon's Mines	《所罗门王的宝藏》		
King William's War	威廉王之战	Lady Margaret Hall	玛格丽特夫人学堂
King's Bench	王座法庭	Lady of the Mercians	"麦西亚贵妇"
King's Corner	国王角	Lady Yarmouth	雅茅斯夫人
King's Party	国王党	Lagos	拉各斯
Kingdom of Castile	卡斯蒂利亚王国	Lake Albert	阿尔伯特湖
Kingdom of Navarre	纳瓦拉王国	Lake District	湖区
Kingdom of Oude	欧德王国	Lake Ngami	恩加米湖
Kingdom of Piedmont	皮埃蒙特王国	Lake Nyasa	尼亚萨湖
Kingdom of Prussia	普鲁士王国	Lake Ontario	安大略湖
Kingston	金斯敦	Lake Tanganyika	坦噶尼喀湖
Kirk O' Field	柯克欧菲尔德	Lake Victoria	维多利亚湖
Klaus Fuchs	克劳斯·富克斯	Lanarkshire	拉纳克郡
Kohl	科尔	Lancashire	兰开夏郡
Konrad Adenauer	康拉德·阿登纳	Lancaster House Agreement	《兰开斯特宫协议》
Korean War	朝鲜战争		
Kronstadt	喀琅施塔得	Lancastrian Revolution	兰开斯特革命
Kruger	克鲁格	Land Act	《土地法案》
Kurdistan	库尔德斯坦	Land's End	兰兹角
Kwame Nkrumah	克瓦米·恩克鲁玛	Landau	朗道
		Land-Lease Loans	《租借法》
		Lanfranc	兰弗朗克
La Haiye Sainte	圣杰安山高地农庄	Larne gun-running	"拉恩走私"
La Rochelle	拉罗谢尔	Las Malvinas	马尔维纳斯群岛
Labour Representation Committee	劳动代表委员会	Lateran Council	拉特兰会议
		Latin Kingdom of Jerusalem	耶路撒冷王国
Labuan Island	纳闽岛	Laura Lindsay	劳拉·林赛
Lady Caroline Lamb	卡罗林·兰姆女爵	Laure de Gramont	劳里·德·格拉蒙
Lady Catherine Gordon	凯瑟琳·戈登夫人	Lavenham	拉文纳姆
Lady Chatterley's Lover	《查泰莱夫人的	Law of Neutrals	《中立法案》

Lawrence Oates	劳伦斯·奥茨
Lazare Carnot	拉扎尔·卡诺
Le Mans	勒芒
Le Morte d'Arthur	《亚瑟王之死》
Leaves from the Journal of Our Life in the Highlands	《日记留影——我们的苏格兰高地生活》
Leeds	利兹
Left Book Club	左翼图书俱乐部
Leicester	莱斯特
Leicester House	莱斯特府
Leofric	利奥弗里克
Leofwine	利奥夫温
Leopold I	利奥波德一世
Leopold II	利奥波德二世
Les Andelys	莱桑德利
Levant	黎凡特
Leveller	平等派
Lewes	刘易斯
Lewis Carroll	刘易斯·卡罗尔
Lexington	列克星敦
Liberal Party	自由党
Liberal Unionist	自由党统一派
Licensing Act	《许可证法》
Lichfield	利奇菲尔德
Liddington	利丁顿
Life and Labour of the People in London	"伦敦人民的生活和劳动"
Ligny	利尼
Lillebonne	古镇利勒博讷
Lillie Langtry	莉莉·兰特里
Lily Richards	莉莉·理查兹
Limoges	利摩日
Limousin	利穆赞
Lincoln	林肯
Lincoln Cathedral	林肯大教堂
Lincoln's Inn	林肯律师学院
Lincolnshire	林肯郡
Lindisfarne	林迪斯法恩岛
Lindisfarne Gospel	《林迪斯法恩福音书》
Lindum	林德姆
Lines of Torres Vedras	托里什韦德拉什防线
Linnaeus	林奈
Lion of Justice	"正义之狮"
Lionel de Rothschild	莱昂内尔·德·罗斯柴尔德
Lionel of Clarence	克拉伦斯的莱昂内尔
Lisbon	里斯本
Lisieux	利雪
Little Parliament	小议会
Lizard Peninsula	利泽德半岛
Lloyd's	劳埃德的咖啡馆
Llywelyn ap Gruffydd	格鲁菲兹·阿普·勒韦林
Llywelyn ap Iorwerth	勒韦林·阿普·约沃思
Lobengula	洛本古拉
Local Defence Volunteers	地方防卫志愿军
Local Government Act	《地方政府法案》
Locarno Treaties	《洛迦诺公约》
Loire	卢瓦尔河
Loire Valley	卢瓦尔河谷
Lollard	罗拉德派
Londinium	朗蒂尼亚姆
London Bridge	伦敦桥
London Missionary Society	伦敦传教会
London School of Medicine for Women	伦敦女子医学院
Londonderry	伦敦德里
Long Melford	朗梅尔福德
Long Parliament	长期议会
Longshanks	"长腿王"
Look Back in Anger	《愤怒的回顾》
Lord 'Clemency' Canning	"仁慈的"坎宁伯爵
Lord Abercromby	阿伯克龙比勋爵
Lord Arlington	阿灵顿男爵

Lord Ashley	阿什利勋爵	Lord Mounteagle	蒙提戈男爵
Lord Astor	阿斯特子爵	Lord Mountjoy	芒乔伊男爵
Lord Beaverbrook	比弗布鲁克男爵	Lord Nithsdale	尼斯代尔伯爵
Lord Burghley	伯利男爵	Lord North	诺斯伯爵
Lord Bute	比特伯爵	Lord of Ireland	爱尔兰之主
Lord Byron	拜伦男爵	Lord Randolph	伦道夫男爵
Lord Cardigan	卡迪根伯爵	Lord Ripon	里彭侯爵
Lord Carrington	卡林顿男爵	Lord Rivers	里弗斯伯爵
Lord Chesterfield	切斯特菲尔德伯爵	Lord Russell	罗素勋爵
Lord Clifford	克利福德男爵	Lord Scarman	斯卡曼男爵
Lord Cranborne	兰伯恩子爵	Lord Shaftesbury	沙夫茨伯里伯爵
Lord Curzon	寇松侯爵	Lord Stanley	斯坦利勋爵
Lord Darnley	达恩利勋爵	Lord Strange	斯特兰奇男爵
Lord Darnley	达恩利勋爵	Lord Stratford de Redcliffe	特拉特福德·德雷德克利夫子爵
Lord Denning	丹宁男爵		
Lord Derwentwater	德文特沃特伯爵	Lord Townshend	汤森勋爵
Lord Ellenborough	埃伦伯勒伯爵	Lords Ordainers	贵族委员会
Lord Fairfax	费尔法克斯勋爵	*Lorna Doone*	《洛娜·杜恩》
Lord Goderich	戈德里奇子爵	Lorraine	洛林
Lord Grenville	格伦维尔爵士	Lothian	洛锡安区
Lord Grey of Ruthin	格雷·里辛勋爵	Lough Foyle	福伊尔湖
Lord Halifax	哈利法克斯伯爵	Louis VII	路易七世
Lord Holland	霍兰男爵	Louis IX	路易九世
Lord Howard of Effingham	埃芬厄姆的霍华德伯爵	Louis XI	路易十一
		Louis XIII	路易十三
Lord Irwin	欧文爵士	Louis XIV	路易十四
Lord John Reith	约翰·雷斯男爵	Louis XVIII	路易十八
Lord Kenmure	肯莫尔子爵	Louis Bleriot	路易·布莱里奥
Lord Kitchener	基钦纳伯爵	Louis Botha	路易斯·博塔
Lord Lansdowne	兰斯多恩侯爵	Louise de Kerouaille	路易丝·德·克鲁阿尔
Lord Latimer	拉蒂默勋爵	Louise, Duchess of Portsmouth	波特茅斯女公爵路易丝
Lord Liverpool	利物浦伯爵		
Lord Lovat	洛瓦特勋爵	Louvre	罗浮宫
Lord Macaulay	麦考利男爵	*Love's Labour's Lost*	《空爱一场》
Lord Macclesfield	麦克尔斯菲尔德勋爵	Low Church	低教会派
Lord Mandeville	曼德维尔勋爵	Low Countries	低地国家
Lord Melbourne	墨尔本子爵	Lucius Cary, Viscount Falkland	福克兰子爵卢修斯·卡里

修斯·卡里
Lucknow 勒克瑙
Luddite 勒德分子
Ludendorff 鲁登道夫
Luidhard 路德哈德
Luna 卢纳
Lusitania "卢西塔尼亚"号
Lynn 林恩河
Lyon Playfair 莱昂·普莱费尔

Mac Ian 麦克·伊恩
Macbeth 《麦克白》
MacHeath 麦克希斯
Machiavelli 马基雅维里
Madras 马德拉斯
Magellan 麦哲伦
Magnus Maximus 马格努斯·马克西穆斯
Maharajah Dhulip Singh 杜利普·辛格大君
Maharajah of Bikaner 比卡内尔王公
Mahdi 马赫迪
Maid of Norway "挪威少女"
Maid of Orléans "奥尔良少女"
Main Plot 主要阴谋
Maine 曼恩
Majorca 马略卡岛
Makarios 马卡里奥斯
Malay States 马来亚联合邦
Malcolm 马尔科姆
Malcolm IV 马尔科姆四世
Malcolm Canmore 马尔科姆·坎莫尔
Malmesbury 马姆斯伯里
Malmsey wine 马姆齐甜酒
Malta 马耳他
Malvoisin 马尔沃辛城堡
Manila 马尼拉
Mantes 芒特

Marble Arch 大理石拱门
Marchand 马尔尚
Margaret of Anjou 安茹的玛格丽特
Margaret of Burgundy 勃艮第的玛格丽特
Margaret of York 约克的玛格丽特
Margaret Thacher 玛格丽特·撒切尔
Margot Tennant 玛戈特·田纳特
Maria Theresa 玛丽娅·特蕾莎
Marie Antoinette 玛丽·安托瓦内特
Market Bosworth 马基特博斯沃思
Marquis de Lafayette 拉法耶特侯爵
Marquis de Montcalm 蒙卡尔姆侯爵
Marquis of Dalhousie 达尔豪西侯爵
Marquis of Dorset 多塞特侯爵
Marquis of Exeter 埃克塞特侯爵
Marquis of Hamilton 汉密尔顿侯爵
Marquis of Montrose 蒙特罗斯侯爵
Marquis of Rockingham 罗金汉侯爵
Marquis Wellesley 韦尔斯利侯爵
Married Women's Property Act 《已婚妇女财产法》
Mars 马尔斯
Marshal Badoglio 巴多里奥元帅
Marshal Bosquet 博斯凯元帅
Marshal Ney 内伊元帅
Marshal Pétain 贝当元帅
Marshal Soult 苏尔特元帅
Marshal Tallard 塔拉尔元帅
Marshall Plan 马歇尔计划
Martin V 马丁五世
Martin Bucer 马丁·布策尔
Martin Frobisher 马丁·弗罗比舍
Martin Luther 马丁·路德
Martinique 马提尼克岛
Mary Anne Clark 玛丽·安·克拉克
Mary Barton 《玛丽·巴顿》
Mary of Burgundy 勃艮第女公爵玛丽
Mary of Guise 吉斯的玛丽

Names, Place Names and Proper Nouns

Mary of Modena	摩德纳的玛丽
Mary of Scotland	苏格兰女王储玛丽
Mary Rose	"玛丽玫瑰"号
Marylebone Cricket Club	玛丽勒本板球俱乐部
Mashonaland	马绍纳兰
Mass	马斯
Massachusetts	马萨诸塞
Massilia	马西利亚
Master of the Revels	娱乐总管
Matabeleland	马塔贝莱兰
Matilda of Flanders	玛蒂尔达
Matrix-Churchill Affair	美思奇－丘吉尔事件
Matthew Parker	马修·帕克
Maurice	莫里斯
Mausoleum at Frogmore	弗罗格穆尔陵墓
Maximilian	马克西米利安
Mayflower	"五月花"号
Maynooth	梅努斯
Maynooth College	梅努斯大学
Medeshamstede	麦迪桑斯泰德
Medway	梅德韦
Meerut	密拉特县
Mehemet Ali	穆罕默德·阿里
Mein Kampf	《我的奋斗》
Mendicant	托钵修会
Mendoza	门多萨
Mercia	麦西亚王国
Merciless Parliament	"残忍议会"
Merioneth	梅里奥尼思
Merry Monarch	"快活王"
Mers El Kébir	凯比尔港
Mersey	默西河
Merseyside	默西塞德郡
Mesopotamia	美索不达米亚
Messiah	《弥赛亚》
Messina	墨西拿
Methodism	卫理公会
Meuse	默兹河
Michael Collins	迈克尔·柯林斯
Michael de la Pole	迈克尔·德·拉波尔
Michael Foot	迈克尔·富特
Michael Heseltine	迈克尔·赫塞尔坦
Middlemarch	《米德尔马契》
Middlesex	米德尔塞克斯
Midlothian Campaign	洛锡安郡运动
Midsummer Day	仲夏节
Mikhail Gorbachev	米哈伊尔·戈尔巴乔夫
Mile End	麦尔安德
Miles Coverdale	迈尔斯·科弗代尔
Milford Haven	米尔福德港
Militia Bill	《民兵法案》
Minden	明登
Minerva	密涅瓦
Mines Act	《煤矿法》
Minette	米内特
Ministry for Overseas Developemnt	海外发展部
Ministry of Health	卫生部
Minorca	梅诺卡岛
Minster	敏斯特
Minster Lovell	敏斯特洛弗尔
Minute Men	"一分钟人"
Mir Jaffier	米尔·贾法尔
Mise of Amiens	《亚眠和约》
Mise of Lewes	《刘易斯协定》
Miss Emily Hobhouse	埃米莉·霍布豪斯小姐
Mississippi River	密西西比河
Mithras	密特拉神
Mitterrand	密特朗
Model Parliament	模范议会
MOG, Murderer of Gordon	"谋杀戈登的人"
Mohammed Jinnah	穆罕默德·真纳
Mohandas Gandhi	莫罕达斯·甘地

Moidart	莫伊达特	Narvik	纳尔维克港口
Monroe Doctrine	门罗主义	*Naseby*	"纳斯比"号
Montague Corry	蒙塔古·科里	Nassau Agreement	《拿骚协定》
Montereau	蒙特罗	Nasser	纳赛尔
Montesquieu	孟德斯鸠	Natal	纳塔尔
Montevideo	蒙得维的亚	National Covenant	《国民誓约》
Montgomery	蒙哥马利	National Health Service	国民医疗服务体系
Montreal	蒙特利尔	National Health Service Act	《国民医疗服务法》
Moor	摩尔人		
Moravia	摩拉维亚	National Insurance Act	《国民保险法》
Moray Firth	马里湾	National Portrait Gallery	国家肖像馆
Morcar	莫卡	National Union of Mineworkers	全国矿工联盟
Morton's Fork	莫顿叉	*Natural History*	《自然史》
Moseley Old Hall	莫斯利古宅	Navigation Act	《航海条例》
Mosul	摩苏尔	Navy Board	海军委员会
Mount Calvary	加略山	Nazareth	拿撒勒
Mount Hampden	汉普登山	Ndebele	恩德贝莱人
Mrs Abigail Masham	阿比盖尔·玛沙姆夫人	Nebel	内贝尔
Mrs Gaskell	加斯克尔夫人	Ned Ludd	内德·勒德
Mrs Simpson	辛普森夫人	Neil Kinnock	尼尔·基诺克
Muhammad	穆罕默德	Nell Gwynne	内尔·格温
Mungo Park	芒戈·帕克	Nelson	纳尔逊
Municipal Reform Act	《市政改革法案》	Nelson Mandela	纳尔逊·曼德拉
Municipal socialism	市政社会主义	*Neptune*	"海王星"号
Munro Price	芒罗·普赖思	Nesta	内斯塔
Munster	芒斯特省	Neville Chamberlain	内维尔·张伯伦
Muslim League	穆斯林联盟	New Amsterdam	新阿姆斯特丹
Mustapha Kemal	穆斯塔法·凯末尔	New Colonialism	新殖民主义
		New Deal	新政
		New England	新英格兰
Nagpur	那格浦尔	New Forest	新森林
Namur	那慕尔	New Guinea	新几内亚岛
Nana Sahib	那那·萨希伯	New Hebrides	新赫布里底群岛
Nancy Astor	南希·阿斯特	New Learning	新学问
Naples	那不勒斯	New Minster	纽敏斯特
Napoleon Bonaparte	拿破仑·波拿巴	New Orleans	新奥尔良
Napoleon III	拿破仑三世	New Party	新党

New Port	纽波特	Northumbria	诺森布里亚王国
New Spain	新西班牙	Norwich	诺里奇
New York	纽约	Nottingham	诺丁汉
New York Herald	《纽约先驱报》	Nottingham Castle	诺丁汉城堡
Newark	纽瓦克	Nottinghamshire	诺丁汉郡
Newcastle	纽卡斯尔	Nuremberg	纽伦堡
Newfoundland	纽芬兰岛	Nyasaland	尼亚萨兰
Newmarket	纽马克特		
Newstead	纽斯特德		
Nicholas Breakspear	尼古拉斯·布雷克斯皮尔	O'Shea	奥谢
		Oath of Supremacy	"至上宣言"
Nicholas I	尼古拉一世	Odin	奥丁
Nicholas Ridley	尼古拉斯·里德利	Offa	奥法
Nigel	奈杰尔	Official Secrets Act	《官方机密法》
Niger River	尼日尔河	*Oh, What a Lovely War!*	《哦！多么可爱的战争！》
Night of the Long Knives	"长刀之夜"	Ohio Valley	俄亥俄河谷
Nikita Khrushchev	尼基塔·赫鲁晓夫	Ohtere	欧特利
Nineteen Propositions	《十九条建议》	Olaudah Equiano	阿罗德·爱克伊诺
Nineveh	尼尼微	Old Age Pensions Act	《养老金法》
Noël Coward	诺埃尔·考沃德	Old Head of Kinsale	老金塞尔角
Non-Aggression Pact	《苏德互不侵犯条约》	Old Minster	奥尔特敏斯特
Nonconformist British and Foreign School Society	非国教徒学校协会	Old Pretender	"老觊觎王位者"
		Old Sarum Cathedral	老塞勒姆大教堂
Nonsuch Palace	无双宫	Oldcastle Plot	奥尔德卡斯尔阴谋
Nordic Empire	北欧帝国	Oliver Cromwell	奥利弗·克伦威尔
Norfolk	诺福克	*Oliver Twist*	《雾都孤儿》
Norman Lamont	诺曼·拉蒙特	Olney	奥尔尼
Norman Tebbit	诺曼·泰比特	Omagh bombing	奥马爆炸事件
Norseman	北欧人	Omdurman	乌姆杜尔曼
North Atlantic Treaty Organization	北大西洋公约组织	*On The Idea of a Patriot King*	《论爱国主义国王》
North Briton	《北不列颠人报》	*On the Ruin and Conquest of Britain*	《不列颠的征服与毁灭》
North London Collegiate School	北伦敦学校		
Northampton	北安普敦	One Nation Disraelian	"一国迪斯雷利主义"
Northamptonshire	北安普敦郡	Operation Barbarossa	巴巴罗萨计划
Northern Rhodesia	北罗得西亚	Operation Mincemeat	"肉糜行动"
Northumberland	诺森伯兰	Operation Sealion	"海狮行动"

Orange Free State	奥兰治自由邦
Order of the Garter	嘉德勋章
Ordericus Vitalis	奥尔德利库斯·维塔利斯
Ordovices	奥陶人
Oregon	俄勒冈州
Organisation for European Economic Co-operation	欧洲经济合作组织
Origin of Species	《物种起源》
Orkneys	奥克尼群岛
Orlando	奥兰多
Orosius	奥罗修斯
Orwell	奥威尔
Osborne House	奥斯本宅第
Oslo	奥斯陆
Osman Nuri Pasha	奥斯曼·努里·帕夏
Osnabrück	奥斯纳布吕克
Ostorius Scapula	欧斯托里乌斯·斯卡普拉
Ostrogoth	东哥特人
Oswald	奥斯瓦德
Oswy	奥斯维
Other House	"其他院"
Otto	奥托
Otto von Bismarck	奥托·冯·俾斯麦
Oudenaarde	奥德纳尔德
Our Island Story	《岛国故事》
Ouse	乌斯河
Owen Glendower	欧文·格伦道尔
Oxford Castle	牛津城堡
Oxford Movement	牛津运动
Oxford Parliament	牛津议会
Pact of Steel	《钢铁条约》
Padraic Pearse	帕特里克·皮尔斯
Painted Hall	彩绘厅
Palace of Holyroodhouse	荷里路德宫
palatine earldom	巴拉丁伯爵领
Pall Mall Gazette	《蓓美尔街报》
Palladian	帕拉第奥建筑风格
Palm Sunday	圣枝主日
Panama	巴拿马
Pandulf	潘道夫
Panther	"黑豹"号
Papal Court	教皇法廷
Parisi	帕里西人
Parliamentary Bill	《议会法案》
Parliamentary Commission	议会委员会
Parliamentary Ombudsman	议会监察使
Parrett	帕雷特河
Pascal II	帕斯加尔二世
Pas-de-Calais	加来海峡
Pass of Killiecrankie	基利克兰基山口
Patay	帕泰
Patriarch Heraclius	牧首希拉克略
Patrick Henry	帕特里克·亨利
Patrick Seale	帕特里克·西尔
Paul Jones	保罗·琼斯
Paulinus	波莱纳斯
Pavia	帕维亚
Pay Board	薪酬委员会
Peace of Lunéville	《吕内维尔和约》
Peace of Pressburg	《普莱斯堡和约》
Peace of Ryswick	《里斯维克和约》
Peace of Westphalia	《威斯特伐利亚和约》
Peada	匹达
Peasants' Revolt	农民起义
Pedro the Cruel	"残忍的佩德罗"
Pegu	勃固
Peiho River	白河
Pelagianism	贝拉基主义
Pelagius	贝拉基
Pelham brothers	佩勒姆兄弟
Pemba	奔巴岛
Pembroke	彭布罗克

Names, Place Names and Proper Nouns

Pembroke Castle	彭布罗克城堡	Piccadilly	皮卡迪利大街
Penda	彭达	Picts	皮克特人
Penelope Hoare	佩内洛普·霍尔	Piedmont	皮埃蒙特
Penguin Books	企鹅出版社	Pierre Laval	皮埃尔·拉瓦尔
Penjdeh	彭狄	Piers Gaveston	皮尔斯·加韦斯顿
Pennines	奔宁山脉	*Piers Plowman*	《农夫皮尔斯》
People's Charter	《人民宪章》	Pilgrimage of Grace	求恩巡礼
Percy Bysshe Shelley	珀西·比希·雪莱	Pilton	皮尔顿
Percy Family	珀西家族	Pipe Rolls	国库卷档
Perkin Warbeck	珀金·沃贝克	Pittsburgh	匹兹堡
Perpendicular	垂直式建筑	Pius V	庇护五世
Perth	珀斯	Plantagenets	金雀花王朝
Peter des Roches	彼得·德·罗什	Plevna	普列文
Peter James	彼得·詹姆斯	Pliny	普林尼
Peter Mandelson	彼得·曼德尔森	Plowden Report	《普劳顿报告书》
Peter Martyr	殉道者彼得	Plymouth	普利茅斯
Peter of Blois	布洛瓦的彼得	Polish Corridor	"波兰走廊"
Peter Paul Rubens	彼得·保罗·鲁本斯	Political Union	政治联盟
Peter Rachman	彼得·拉赫曼	Polyclitus	波利克里托斯
Peterborough	彼得伯勒	Pompeii	庞贝古城
Petition of Right	《权利请愿书》	Pondicherry	本地治里
Pevensey	佩文西	Pontefract Castle	庞蒂弗拉克特城堡
Philhellenic Society	希腊爱好者协会	Ponthieu	蓬蒂厄
Philip I	腓力一世	Poona	浦那
Philip II	腓力二世	Poor Law	《济贫法》
Philip IV	腓力四世	Poplar	波普勒区
Philip VI	腓力六世	Poppy Hampson	波佩·汉普森
Philip Augustus	腓力·奥古斯都	Port Said	塞得港
Philip Flower	菲利普·弗劳尔	Porthgwarra	密林湾
Philip Mountbatten	菲利普·蒙巴顿	Portland	波特兰
Philip of Anjou	安茹公爵腓力	Portobelo	波多贝罗
Philip Snowden	菲利普·斯诺登	Portsmouth	朴次茅斯
Philip the Good	"好人"腓力	Posen	波森
Philippa	菲利帕	Potsdam	波茨坦
Philippe Égalité	"平等的菲利普"	Poundbury	庞德伯里
Phoenix Park	凤凰公园	*Poverty: A Study of Town Life*	《贫困:城镇生活研究》
Picardy	皮卡第		

Powys	波厄斯		伦堡 – 斯特雷利茨的夏洛特公主
Poynings' Law	《波伊宁斯法》	Princess Elizabeth of York	约克的伊丽莎白公主
Pragmatic Sanction	《国事诏书》	Princess Margaret Rose	玛格丽特·罗斯公主
Praisegod Barbon	"赞扬上帝的巴尔邦"	Princess Mary of Teck	泰克的玛丽公主
Pratusagus	普拉图萨古斯	Princess Victoria of Saxe-Coburg-Gotha	萨克森 – 科堡 – 哥达的维多利亚公主
Pre-Raphaelite Brotherhood	前拉斐尔兄弟会		
Presbytery	长老会	Prinkipo Island	普林基波岛
President Monroe	门罗总统	Private Eye	《第三只眼》
President Polk	波尔克总统	Procopius	普罗科匹厄斯
Price Commission	价格管理委员会	Profumo Affair	普罗富莫事件
Prices and Incomes Board	物价与收入委员会	Property Qualification Act	《财产资格法》
Pride's Purge	普莱德肃清	Prophesyings	神启运动
Primate of All England	全英格兰首席主教	Propositions of Newcastle	《纽卡斯尔提案》
Prince Albert	阿尔伯特亲王	Protestant East Wind	"新教东风"
Prince Andrew	安德鲁王子	Provisions of Oxford	《牛津条例》
Prince Charles	查尔斯亲王	Public Health Act	《公共健康法案》
Prince Charles Edward	查理·爱德华王子	Public Order Act	《公共秩序法案》
Prince Charles Edward Stuart	查理·爱德华·斯图亚特王子	Pudding Lane	布丁巷
		Punch	《笨拙》
Prince Eugene of Savoy	萨伏依的欧根亲王	Punjab	旁遮普邦
Prince Faisal	费萨尔王子	Puritan Revolution	清教徒革命
Prince Hal	哈尔亲王	Puritanism	清教主义
Prince Harry	哈里王子	Putney	帕特尼
Prince Metternich	梅特涅亲王	Pyrenees	比利牛斯山脉
Prince of Conde	孔代亲王	Pytheas	皮西亚斯
Prince of Wales's Council	威尔士亲王顾问委员会		
Prince Rupert	鲁珀特王子	Quaker	贵格会
Prince William	威廉王子	Qualification of Women Act	《妇女资格法》
Princes in the Tower	"伦敦塔里的王子"	Quatre Bras	四臂村
Princess Adelaide of Saxe-Meiningen	萨克森 – 迈宁根公主阿德莱德	Quebec	魁北克
		Queen Anne	安妮女王
Princess Alice	艾丽斯公主	Queen's College	女王学院
Princess Anne	安妮公主	Queen's House	王后之屋
Princess Augusta	奥古斯塔公主	Quia Emptores	《禁止分封法》
Princess Bertha	贝莎公主	Quiberon Bay	基伯龙海湾
Princess Charlotte of Mecklenberg-Strelitz	梅克	Quintus Fabius	昆塔斯·费边

NAMES, PLACE NAMES AND PROPER NOUNS

Quo warranto	根据什么行使职权

Race Relations Act	《种族关系法》
Race Relations Amendment Act	《种族关系修正案》
Raedwald	雷德沃尔德
Rain, Steam and Speed—the Great Western Railway	《雨、蒸汽和速度——西部大铁路》
Ralph de Broc	拉尔夫·德·布洛克
Ralph Griffiths	拉尔夫·格里菲思
Ramillies	拉米伊
Ramsay MacDonald	拉姆齐·麦克唐纳
Rand	兰德
Rand Goldmines	兰德金矿
Randolph Churchill	伦道夫·丘吉尔
Ranulf	雷纳夫
Ranulf Glanvill	雷纳夫·格兰维尔
Raphael	拉斐尔
Raphael Holinshed	拉斐尔·霍林斯赫德
Ravenspur	拉文斯博
Reada	里达
Reading	雷丁
Real Presence	圣体实在
Red Clydeside	"红色克莱德赛德"运动
Redistribution of Seats Act	《议席再分配法案》
Redvers Buller	雷德弗斯·布勒
Reflections on the Revolution in France	《法国革命论》
Reform Bill	《改革法案》
Reform Club	改革俱乐部
Reform Movement	改革运动
Reformation Parliament	宗教改革议会
Regent Street	摄政街
Reginald	雷金纳德
Reginald Fitz Urse	雷金纳德·菲茨·厄斯
Reginald McKenna	雷金纳德·麦肯纳
Reginald Pole	雷金纳德·波尔
Regius professorship	钦定教授职称
Renaissance	文艺复兴
Renard	雷纳
Rent Act	《租赁法案》
Repeal Year	撤销合并年
Report on the Sanitary Condition of the Labouring Population of Great Britain	《关于英国劳动人口的卫生条件报告》
Representation of the People Act	《选举改革法案》
Republic of Genoa	热那亚共和国
Republic of Natal	纳塔尔共和国
Republic of Venice	威尼斯共和国
Revenge	"复仇"号
Rheims	兰斯
Rhineland	莱茵兰
Rhode Island	罗得岛
Rhodesia	罗德西亚
Rhondda Valley	罗达谷
Rhys ap Tudor	里斯·阿普·都铎
Richard Ⅲ	理查三世
Richard Arkwright	理查德·阿克赖特
Richard Austen Butler	理查德·奥斯丁·巴特勒
Richard Brinsley Sheridan	理查德·布林斯利·谢里丹
Richard Burdon Haldane	理查德·伯登·霍尔丹
Richard Burton	理查德·伯顿
Richard Cobden	理查德·科布登
Richard Cromwell	理查德·克伦威尔
Richard Cross	理查德·克罗斯
Richard de Clare	理查德·德·克莱尔
Richard Empson	理查德·恩普森
Richard Grenville	理查德·格伦维尔
Richard Hakluyt	理查德·哈克路特

Richard le Breton	理查德·勒布雷顿	Robert de Comines	罗贝尔·德·科米纳
Richard Lyons	理查·莱昂斯	Robert de Mowbray	罗贝尔·德·莫布雷
Richard Neville	理查德·内维尔	Robert de Vere	罗伯特·德·维尔
Richard of Cornwall	康沃尔的理查	Robert Devereux	罗伯特·德弗卢
Richard of Gloucester	格洛斯特的理查	Robert Dudley	罗伯特·达德利
Richard of York	约克的理查	Robert Falcon Scott	罗伯特·福尔肯·斯科特
Richard the Lionheart	"狮心王"理查	Robert Grosseteste	罗伯特·格罗斯泰斯特
Richmond Palace	里士满宫	Robert Harley	罗伯特·哈利
Ridgeway	里奇韦	Robert Ker, Viscount Rochester	罗切斯特子爵罗伯特·科尔
Ridolfi	里多尔菲		
Rievaulx Abbey	里沃修道院	Robert Mugabe	罗伯特·穆加贝
Riflemen Form!	《冲啊,步枪手!》	Robert Nivelle	罗贝尔·尼维尔
Riot Act	《骚乱取缔令》	Robert of Gloucester	格洛斯特的罗伯特
Risorgimento	"复兴运动"	Robert of Jumièges	朱米耶吉斯的罗贝尔
River Boyne	博伊恩河	Robert Owen	罗伯特·欧文
River Congo	刚果河	Robert Peary	罗伯特·皮尔里
River Forth	福思河	Robert Scott	罗伯特·斯科特
River Luabala	卢阿拉巴	Robert Silver	罗伯特·西尔弗
River Oder	奥德河	Robert Spencer, Earl of Sunderland	桑德兰伯爵罗伯特·斯宾塞
River Shannon	香农河		
River Tay	泰河	Robert Venables	罗伯特·维纳布尔斯
River Tweed	特威德河	Robert Walpole	罗伯特·沃波尔
River Welland	韦兰河	Robert Watson-Watt	罗伯特·沃特森-瓦特
River Wye	瓦伊河	Robert Winchelsey	罗伯特·温奇尔西
Rivers of Blood	"血流成河"	Robin Hood	罗宾汉
Roald Amundsen	罗阿尔·阿蒙森	Rochester	罗切斯特
Roanoke	罗阿诺克	*Rocket*	"火箭"号
Rob Roy	《罗布·罗伊》	Rockingham Castle	罗金厄姆城堡
Robbins Report	《罗宾斯报告》	Rockinghamite	罗金汉派
Robert Aske	罗伯特·阿斯克	Roger Ascham	罗杰·阿斯克姆
Robert Baden Powell	罗伯特·巴登·鲍威尔	Roger Bacon	罗杰·培根
Robert Blake	罗伯特·布莱克	Roger Bannister	罗杰·班尼斯特
Robert Boyle	罗伯特·波义耳	Roger Bigod	罗杰·比戈德
Robert Bruce	罗伯特·布鲁斯	Roger de Montmorency	罗杰·德·蒙莫朗西
Robert Catesby	罗伯特·凯茨比	Roger Fry	罗杰·弗赖伊
Robert Clive	罗伯特·克莱武	Roger Mortimer	罗杰·莫蒂默
Robert de Bellême	罗贝尔·德·贝莱姆	Rollo	罗洛

Roman mile	罗马里	Royal Niger Company	皇家尼日尔公司
Romano-Briton	罗马－布立吞人	*Royal Oak*	"皇家橡树"号
Romeo and Juliet	《罗密欧与朱丽叶》	Royal Society	进皇家学会
Romney	罗姆尼	Royal Ulster Constabulary	皇家阿尔斯特警察部队
Ronald Reagan	罗纳德·里根		
Root and Branch Bill	《根除法案》	Rudyard Kipling	鲁德亚德·吉卜林
Rorke's Drift	罗克渡口	Rufus Isaacs	鲁弗斯·艾萨克斯
Rosamund Clifford	罗萨蒙德·克利福德	Rufus Stone	鲁弗斯石
Rosamund's Bower	罗萨蒙德避暑别墅	Rugby School	拉格比学校
Rosamundi	罗萨曼迪	Ruhr Valley	鲁尔谷
Ross	罗斯	Rump Parliament	残缺议会
Rosyth	罗赛斯	Runnymede	兰尼米德
Rothschild Banking Family	罗斯柴尔德银行家族	Rupert Murdoch	鲁珀特·默多克
		Rurik	留里克
Rotterdam	鹿特丹	Russell Family	罗素家族
Rouen	鲁昂	Russo-Turkish War	俄土战争
Roundhead	圆颅党人	Rye	拉伊
Rousseau	卢梭	Rye House Plot	黑麦屋阴谋案
Rouvray	鲁夫赖		
Rowland Hill	罗兰·希尔		
Rowton Heath	罗顿希斯	Saddam Hussein	萨达姆·侯赛因
Roxburgh	罗克斯堡	Saint Andrew	圣安德鲁
Roy Jenkins	罗伊·詹金斯	Saint George	圣乔治
Royal Abbey of Fontevraud	风弗洛修道院	Saint Lucia	圣卢西亚
Royal Air Force	皇家空军部队	Saint Vincent	圣文森特岛
Royal Charles	"皇家查理"号	Saint-Germain-des-Prés	巴黎圣日耳曼
Royal Charter	皇家特许状	Saladin	萨拉丁
Royal College of Surgeons and Physicians	皇家内外科医学院	Saladin tithe	萨拉丁税
		Salic Law	《萨利克法典》
Royal Commission on the Housing of the Working Classes	皇家调查委员会	Salisbury	索尔兹伯里
		Salonika	萨洛尼卡
Royal Festival Hall	皇家节日音乐厅	Salvation Army	基督教教世军
Royal Flying Corps	皇家飞行队	Samuel Baker	塞缪尔·贝克
Royal Fortress of Chinon	希农城堡	Samuel Butler	塞缪尔·巴特勒
Royal Geographical Society	皇家地理学会	Samuel Horace	塞缪尔·霍尔
Royal Marriages Act	《王室婚姻法》	Samuel Pepys	塞缪尔·佩皮斯
Royal National Theatre	皇家国家剧院	Samuel Richardson	塞缪尔·理查森

Samuel Smiles	塞缪尔·斯迈尔斯	Secret Partition Treaty	《秘密分割条约》
Samuel Whitbread	塞缪尔·惠特布雷德	Seine	塞纳河
San Francisco	圣弗朗西斯科	Self-Denying Ordinance	《自我否定条例》
Sandwich	桑威奇	Seljuk Turk	塞尔柱土耳其人
Santa Cruz	圣克鲁斯	Selkirk	塞尔扣克
Santo Domingo	圣多明各	Selwyn Lloyd	塞尔文·劳埃德
Sarah Jennings	莎拉·詹宁斯	Senegal	塞内加尔
Sarah Marlborough	莎拉·马尔伯勒	Senlac	森拉克
Saratoga	萨拉托加	Seven Years' War	七年战争
Sarawak	沙捞越	Severn	塞文河
Sardinia	撒丁岛	Shaftesbury	沙夫茨伯里
Sardinia-Piedmont	撒丁尼亚–皮埃蒙特	*She*	《不可违抗的她》
Satara	萨塔拉	Sheen	希恩
Savoy Palace	萨伏依宫	Sheldonian Theatre	谢尔登剧院
Savoyard Boniface	萨伏依的卜尼法斯	Shepheard's Hotel	谢泼兹酒店
Saxony	萨克森	Sherborne	舍伯恩
Scapa Flow	斯卡帕湾	Sherwood Forest	舍伍德森林
Scarborough Castle	斯卡伯勒城堡	shield money	盾牌钱（免服兵役税的别称）
Scheldt	斯凯尔特河	ship money	造船费
Schism Bill	《分裂法案》	Shire River	希尔河
Schleswig	石勒苏益格	Shirley	雪利
Schlieffen Plan	"施里芬计划"	Shoreditch	伦敦肖尔迪奇区
Schmalkaldic League	施马尔卡尔登联盟	Shoreham	肖勒姆
Schuman Plan	舒曼计划	Short Parliament	短期议会
Scott Fitzgerald	斯科特·菲茨杰拉德	Shrewsbury	什鲁斯伯里
Scottish Assembly	苏格兰议会	Shropshire	什罗普郡
Scrooby	斯克鲁比	Sicily	西西里岛
scutage	免服兵役税	Sidney Godolphin	西德尼·戈多尔芬
Scutari	斯库台	Sidney Herbert	西德尼·赫伯特
Sean O'Casey	肖恩·奥凯西	Sidney Webb	西德尼·韦伯
Sebastian Cabot	塞巴斯蒂安·卡博特	Siege of Kut Al Amara	库特-阿玛拉之围
Sebastopol	塞瓦斯托波尔	Siege of Ladysmith	莱迪史密斯之围
Second Anglo-Dutch War	第二次英荷战争	Siege of Mafeking	马弗京之围
Second Bishops' War	第二次主教战争	Siege of Paris	"巴黎之围"
Second Statute of Westminster	《威斯敏斯特第二法案》	Sierra Leone	塞拉利昂
		Sigismund	西吉斯蒙德
Secret Ballot Act	《无记名投票法》	Sigmund Freud	西格蒙德·弗洛伊德

Names, Place Names and Proper Nouns

Sikh	锡克人		曼·格尔迪爵士
Sikorsky	西科尔斯基	Sir Horatio Herbert Kitchener	霍雷肖·赫伯特·基钦纳爵士
Silchester	锡尔切斯特		
Silesia	西里西亚	Sir Hugh Dowding	休·道丁爵士
Silures	志留人	Sir James Mackintosh	詹姆斯·麦金托什爵士
Simon de Montfort	西蒙·德·蒙福尔	Sir James Tyrell	詹姆斯·蒂雷尔爵士
Sinai Desert	西奈沙漠	Sir John Cope	约翰·科普爵士
Sind	信德	Sir John Eliot	约翰·艾略特爵士
Single European Act	《单一欧洲法案》	Sir John Grey	约翰·格雷爵士
Sinn Fein	新芬党	Sir John Oldcastle	约翰·奥尔德卡斯尔爵士
Sinope	锡诺普	Sir John Seeley	约翰·西利爵士
Sir Alexander Douglas-Home	亚历山大·道格拉斯-霍姆爵士	Sir Leslie Stephen	莱斯利·斯蒂芬爵士
		Sir Louis Cavagnari	路易斯·卡瓦尼亚里爵士
Sir Alfred Milner	阿尔弗雷德·米尔纳爵士	Sir Oswald Mosley	奥斯瓦德·莫斯利爵士
Sir Arthur Hazelrigg	亚瑟·黑兹里格爵士	Sir Peter de la Mare	彼得·德·拉梅尔爵士
Sir Arthur Paget	亚瑟·佩吉特爵士	Sir Peter Lely	彼得·莱利爵士
Sir Arthur Sullivan	亚瑟·萨利文爵士	Sir Philip Sidney	菲利普·锡德尼爵士
Sir Basil Liddle Hart	巴兹尔·利德尔·哈特爵士	Sir Ralph Abercromby	拉尔夫·阿伯克龙比爵士
		Sir Ralph Hopton	拉尔夫·霍普顿爵士
Sir Christopher Hatton	克里斯托弗·哈顿爵士	Sir Rex Hunt	雷克斯·亨特爵士
		Sir Richard Scott	理查德·斯科特爵士
Sir Edmund Berry Godfrey	埃德蒙·贝里·戈弗雷爵士	Sir Robert Calder	罗伯特·考尔德爵士
		Sir Robert Carey	罗伯特·凯里爵士
Sir Edmund Mortimer	埃德蒙·莫蒂默爵士	Sir Robert Cecil	罗伯特·塞西尔爵士
Sir Edward Coke	爱德华·科克爵士	Sir Roger Casement	罗杰·凯斯门特爵士
Sir Edward Grey	爱德华·格雷伯爵	Sir Samuel Romilly	塞缪尔·罗米利爵士
Sir Edward Poynings	爱德华·波伊宁斯爵士	Sir Spencer Compton	斯宾塞·康普顿爵士
Sir Edwin Chadwick	埃德温·查德威克爵士	Sir Stafford Cripps	斯塔福·克里普斯爵士
Sir Francis Bacon	弗朗西斯·培根爵士	Sir Thomas Fairfax	托马斯·费尔法克斯爵士
Sir Francis Burdett	弗朗西斯·伯德特爵士	Sir Thomas Malory	托马斯·马洛礼爵士
Sir Francis Walsingham	弗朗西斯·沃尔辛厄姆爵士	Sir Thomas Overbury	托马斯·奥弗伯里爵士
		Sir Thomas Rowe	托马斯·罗爵士
Sir Garnet Wolseley	加尼特·沃斯利爵士	Sir Thomas Wentworth	托马斯·温特沃斯爵士
Sir Gawain and the Green Knight	《高文爵士与绿衣骑士》		
		Sir Thomas Wyatt	托马斯·怀亚特爵士
Sir George Bentinck	乔治·本廷克爵士	Sir Walter Raleigh	沃尔特·雷利爵士
Sir George Taubman Goldie	乔治·塔伯	Sir Walter Scott	沃尔特·司各特爵士

Sir Watkin Wynn	沃特金·温爵士	Southern Rhodesia	南罗得西亚
Sir William Gilbert	威廉·吉尔伯特爵士	Southwark	萨瑟克
Sir William Mackinnon	威廉·麦金农爵士	Soyer	索耶
Sir William Penn	威廉·佩恩爵士	Spanish Armada	西班牙无敌舰队
Sir William Wallace	威廉·华莱士爵士	Spanish Inquisition	西班牙宗教裁判所
Siraj ud-Daulah	西拉杰·乌德·达乌拉	Spanish Main	西班牙大陆美洲
Siward	西沃德	Spanish Netherlands	西属尼德兰
Six Acts	《第六法案》	Speenhamland System	斯皮纳姆兰救助系统
Skobelev	斯科别列夫	Spencean Philanthropists	斯宾塞派
Skye	斯凯岛	Spencer Perceval	斯宾塞·珀西瓦尔
Sligo Bay	斯莱戈湾	Splendid Isolation	"光荣孤立"
Smith O'Brien	史密斯·奥布赖恩	*Sputnik*	"伴侣"号
Smithfield	史密斯菲尔德	St Aaron	圣亚伦
Smyrna	士麦那	St Aidan	圣艾丹
Snowdonia	斯诺登尼亚	St Alban	圣奥尔本
Socinian	索齐尼派	St Albans	圣奥尔本斯
Solemn League and Covenant	《神圣盟约》	St Andrews	圣安德鲁斯
Solidarity movement	波兰团结工会运动	St Augustine of Hippo	希波的圣奥古斯丁
Solway Firth	索尔韦湾	St Augustine's Abbey	圣奥古斯汀修道院
Somerset	萨默塞特	St Bart's	圣巴特
Somerset House	萨默塞特公爵府	St Bartholomew's	圣巴托罗缪
Somerset Maugham	萨默塞特·毛姆	St Benedict	圣本笃
Somme	索姆河	St Bonaface	圣卜尼法斯
Sons and Lovers	《儿子与情人》	St Brice's Day	圣布莱斯节
Sons of Liberty	"自由之子"	St Ceadda	圣查达
Sophia	索菲娅	St Columba	圣科伦巴
Sophia Dorothea of Celle	索菲娅·多萝西娅	St Crispin's Day	圣克里斯滨节
Soup Kitchen Act	《热汤厨房法案》	St Dunstan	圣邓斯坦
South African Republic	南非共和国	St George's Chapel	圣乔治礼拜堂
South Australia	南澳大利亚	St Germanus	圣杰曼努斯
South Cadbury	南卡德伯里	St Giles Cathedral	圣吉尔斯大教堂
South Sea Bubble	南海泡沫	St Ignatius Loyola	圣依纳爵·罗耀拉
South Sea Company	南海公司	St James's Palace	圣詹姆士宫
South Uist	南尤伊斯特岛	St James's Park	圣詹姆士公园
South Wales	南威尔士	St Julian	圣朱利安
South Yorkshire	南约克郡	St Martin	圣马丁
Southampton	南安普敦	St Mary's Church	圣玛丽教堂

Names, Place Names and Proper Nouns

St Mawes	圣莫斯	Strathclyde	斯特拉思克莱德
St Michael's Mount	圣米迦勒山	Stresa Conference	斯特雷萨会议
St Ninian	圣尼尼安	Strode	斯特罗德
St Patrick	圣帕特里克	Strongbow	"强弓手"
St Paul's Cathedral	圣保罗大教堂	Sudbury	萨德伯里
St Peter	圣彼得	Sudeley Castle	休德利城堡
St Valery	圣瓦莱里	Suetonius	苏埃托尼乌斯
St. Lawrence River	圣劳伦斯河	Suetonius Paulinus	苏埃托尼乌斯·保利努斯
Staffordshire	斯塔福德郡	Suevi	苏维汇人
Stamford	斯坦福德	Suez Canal	苏伊士运河
Stamford Raffles	斯坦福·莱佛士	Suffolk	萨福克
Stamp Act	《印花税法案》	Sultan of Mysore	迈索尔王国
Stanley Baldwin	斯坦利·鲍德温	"Summer is icumen in"	《夏天来了》
Star Wars	"星球大战"	Sun King	"太阳王"
State Apartments	国家公寓	Sunningdale	森宁代尔
State of the Prisons in England and Wales	《英格兰和威尔士的监狱状况》	Sunningdale Agreement	《森宁代尔协定》
		Surat	苏拉特
Statute of Gloucester	《格洛斯特法案》	Surrey	萨里
Statute of Labourers	《劳工法令》	Sutton Hoo	萨顿胡
Statute of Mortmain	《没收法》	Suvorov	苏沃洛夫
Statute of Praemunire	《蔑视王权罪法》	Swaziland	斯威士兰
Statute of Provisors	《圣职授职法》	Sweyn Forkbeard	"八字胡"斯韦恩
Statute of Wales	《威尔士法案》	Sylvia	西尔维娅
Statute of Westminster	《威斯敏斯特法案》	Synod of Cashel	卡舍尔宗教会议
Stephen Gardiner	斯蒂芬·加德纳	Synod of Whitby	惠特比宗教会议
Stephen Grover Cleveland	斯蒂芬·格罗弗·克利夫兰	Syon House	赛昂宫
Stephen Lawrence	斯蒂芬·劳伦斯		
Stephen of Blois	布洛瓦的斯蒂芬	Tacitus	塔西佗
Stigand	斯蒂甘德	Tadcaster	塔德卡斯特
Stirling	斯特灵	Talavera	塔拉韦拉
Stone of Scone	斯昆石	Talleyr	塔列朗
Stormont	斯托蒙特	Tamar	泰马河
Strand Street	河岸街	Tangier	丹吉尔
Strasbourg	斯特拉斯堡	Tara	泰拉
Stratford upon Avon	沃里克郡埃文河畔斯特拉特福	Tariff Reform League	关税改革同盟
		Tasmania	塔斯马尼亚

Tate Liverpool	泰特利物浦美术馆		
Tate Modern	泰特现代美术馆		
Taunton	汤顿		
Tayside	泰赛德		
Tees	蒂斯河		
Temeraire	"敬畏"号		
Temple of Solomon	所罗门神庙		
Tenerife	特内里费岛		
Tennyson	丁尼生		
Terence O'Neill	特伦斯·奥尼尔		
Ternoise	泰努瓦斯河		
Test Act	《核验法》		
Tewfik	陶菲克		
Tewkesbury Abbey	图克斯伯里修道院		
Texel	泰瑟尔岛		
Thames	泰晤士河		
Thamium	泰米尔		
Thanet	塞尼特		
That Was the Week that Was	《哪一周》		
The Anglo-Saxon Chronicle	《盎格鲁-撒克逊编年史》		
The Beatles	披头士乐队		
The Beggar's Opera	《乞丐的歌剧》		
The Book of the Duchess	《公爵夫人之书》		
The Burial of Sir John Moore at Corunna	《约翰·摩尔爵士在科伦纳的葬礼》		
The Canterbury Tales	《坎特伯雷故事集》		
The Cessation of Arms	停战协议		
The Condition of the English Working Class	《英国工人阶级状况》		
The Country-Wife	《村妇》		
The Curragh Incident	"卡诺兵变"		
The Drapier's Letters	《布商来信》		
The Dream of the Rood	《十字架之梦》		
The Ecclesiastical History of the English People	《英国教会史》		
The Economic Consequences of the Peace	《和约的经济后果》		
The Expansion of England	《英格兰的扩张》		
The Faerie Queen	《仙后》		
The Great Exhibition	万国工业博览会		
The Hashemite Kingdom of Jordan	约旦哈希姆王国		
The History of the Great Rebellion	《大叛乱史》		
The Independent	《独立报》		
The King James Bible	钦定本《圣经》		
The Mall	摩尔大街		
The Mask of Anarchy	《暴政的假面游行》		
The Moonstone	《月亮宝石》		
The Mystery of Edwin Drood	《艾德温·德鲁德之谜》		
The National Seminary	国家神学院		
the Palatinate	普法尔茨伯爵领		
The Pale	英国辖区		
The Pictorial History of England	《英国历史图说》		
The Pilgrim's Progress	《天路历程》		
The Principal Navigations, Voiages and Discoveries of the English Nation	《英国主要航线、航行和发现》		
The Protocols of the Elders of Zion	《犹太人贤士议定书》		
The Rake's Progress	《浪子生涯》		
The Revolutionary Settlement	《革命法案》		
The Rights of Man	《人的权利》		
The Septennial Act	《七年法案》		
The Social Contract	《社会契约论》		
The Subjection of Women	《妇女的屈从地位》		
The Taming of the Shrew	《驯悍记》		
The Times	《泰晤士报》		
The Two Gentlemen of Verona	《维洛那二绅士》		
the Unready	"仓促王"		

Names, Place Names and Proper Nouns

The Water Babies	《水孩子》	Thomas Spencer	托马斯·斯宾塞
The Widows, Orphans and Old Age Contributory Pensions Act	《寡妇、孤儿和老人纳款性养老金法案》	Thomas Wolsey	托马斯·沃尔西
		Thor	雷神托尔
Theatre Royal Drury Lane	特鲁里街皇家剧院	Throckmorton Plot	思罗克莫顿阴谋
Theobald	西奥博尔德	Thuggees	暗杀教派
Theodore of Tarsus	塔尔苏斯的西奥多	Thundridge	桑德里奇
Theodosius	狄奥多西	Thurstan	瑟斯坦
Third Anglo-Dutch War	第三次英荷战争	Tilbury	蒂尔伯里
Third Statute of Westminster	《威斯敏斯特第三法案》	Tinchebrai	廷切布雷
		Tincommius	汀科密乌斯
Thirty Years War	三十年战争	Tirpitz	提尔皮茨
Thomas à Becket	托马斯·贝克特	*Titbits*	《点滴》
Thomas Arundel	托马斯·阿伦德尔	Titus Oates	泰特斯·奥茨
Thomas Attwood	托马斯·阿特伍德	Tobago	多巴哥岛
Thomas Barnardo	托马斯·巴纳多	Tobruk	托布鲁克
Thomas Burke	托马斯·伯克	*Today*	《今日》
Thomas Coke	托马斯·科克	toga	托加袍
Thomas Cranmer	托马斯·克兰默	Togo	多哥
Thomas Cromwell	托马斯·克伦威尔	Tolpuddle Martyrs	托尔普德尔蒙难者
Thomas Edward Lawrence	托马斯·爱德华·劳伦斯	Tone	托恩河
Thomas Gray	托马斯·格雷	Tony Benn	托尼·本
Thomas Habington	托马斯·哈宾顿	Tony Blair	托尼·布莱尔
Thomas Hardy	托马斯·哈代	Torbay	托贝
Thomas Harrison	托马斯·哈里森	Tory	托利党
Thomas Hill Green	托马斯·希尔·格林	Tostig	托斯蒂格
Thomas Hobbes	托马斯·霍布斯	Toulon	土伦
Thomas More	托马斯·莫尔	Toulouse	图卢兹
Thomas Mowbray	托马斯·莫布雷	Touraine	都兰
Thomas Newcomen	托马斯·纽科门	Tower Hill	塔山
Thomas of Lancaster	兰开斯特的托马斯	Tower of London	伦敦塔
Thomas of Woodstock	伍德斯托克的托马斯	Towton	陶顿
Thomas Osborne	托马斯·奥斯本	Toxteth	托克斯泰斯区
Thomas Paine	托马斯·潘恩	Toynbee Hall	汤因比馆
Thomas Roper	托马斯·罗珀	Trade Disputes Act	《贸易纠纷法》
Thomas Seymour	托马斯·西摩	Trade Union Act	《工会法》
		Trades Union Congress	英国劳工联合会议
		Trafalgar Square	特拉法尔加广场

Traitor's Gate	"叛国者之门"	Trentino	特伦托
Tranby Croft	特兰比·克劳夫特	Trewhiddle Hoard	特雷维多宝窟
Transvaal	德兰士瓦	Tribal Hidage	部落海得书
Transylvania	特兰西瓦尼亚	Triennial Act	《三年法案》
Treaties of Nijmegen	《奈梅亨条约》	Trieste	的里雅斯特
Treaty of Accession	《入盟条约》	Trim	特里姆
Treaty of Aix-la-Chapelle	《亚琛和约》	Trinidad	特立尼达岛
Treaty of Amiens	《亚眠和约》	Trinovante	特里诺文特人
Treaty of Berwick	《贝里克条约》	Triple Alliance	三国同盟
Treaty of Brest-Litovsk	《布列斯特-立托夫斯克条约》	Tripoli	的黎波里
		Truman Doctrine	杜鲁门主义
Treaty of Brétigny	《布雷蒂尼条约》	Truro	特鲁罗
Treaty of Conway	《康韦条约》	Tsar Alexander I	沙皇亚历山大一世
Treaty of Dover	《多佛条约》	Tudor despotism	都铎王朝专制主义
Treaty of Falaise	《法莱斯条约》	Turin	都灵
Treaty of Lausanne	《洛桑条约》	Turnham Green	特南格林
Treaty of Limerick	《利默里克条约》	Tutankhamun	图坦卡蒙
Treaty of London	《伦敦条约》	Tutbury Castle	塔特伯里城堡
Treaty of Maastricht	《马斯特里赫特条约》	Two Sicilies	两西西里王国
Treaty of Nanking	《南京条约》	Tyburn Tree	泰伯恩刑场
Treaty of Neuilly	《纳伊条约》	Tyne	泰恩河
Treaty of Paris	《巴黎条约》	Tyne and Wear	泰恩-威尔郡
Treaty of Rome	《罗马条约》	Tyneside	泰恩赛德
Treaty of San Stefano	《圣斯特凡诺条约》	Tyre	提尔
Treaty of Sèvres	《色佛尔条约》	Tyrol	蒂罗尔
Treaty of Shrewsbury	《什鲁斯伯里协议》	Tyrone	泰隆郡
Treaty of St Germain	《圣日耳曼条约》		
Treaty of Tilsit	《提尔西特和约》		
Treaty of Tours	《图尔停战协议》	Ubba	乌比
Treaty of Trianon	《特里亚农条约》	Ulm	乌尔姆
Treaty of Troyes	《特鲁瓦条约》	Ulrich Zwingli	胡尔德莱斯·茨温利
Treaty of Utrecht	《乌得勒支条约》	Ulster Defense Association	阿尔斯特防务协会
Treaty of Versailles	《巴黎和约》	Ulster Plantation	阿尔斯特殖民地计划
Treaty of Wallingford	《沃灵福德条约》	Ulster Unionist Party	阿尔斯特统一党
Treaty of Wedmore	《韦德摩尔条约》	Ulster Volunteers	阿尔斯特志愿军
Treaty of Westminster	《威斯敏斯特和约》	Ulsterman	阿尔斯特人
Trent	特伦特河	Ulysses S. Grant	尤利西斯·辛普森·格兰特

Under the Greenwood Tree	《绿荫下》	Verulamium	维鲁拉米恩
Undertakers	"代理人"	Vexin Region	韦克桑地区
Unemployment Insurance Act	《失业保险法案》	Victor Emmanuel	维克托·伊曼纽尔
		Victor Gollancz	维克托·戈兰茨
Unilateral Declaration of Independence	《单方面独立宣言》	Victoria and Albert Museum	维多利亚和阿尔伯特博物馆
Union of South Africa	南非联邦	Victoria Falls	维多利亚瀑布
United Nations	联合国	Victory	"胜利"号
United Provinces	联合省	Vienne	维埃纳河
University Church of St Mary the Virgin	圣母马利亚大学教堂	Vile Bodies	《邪恶的躯体》
		Vimeiro	维梅鲁
University of Bologna	博洛尼亚大学	Virgil	维吉尔
University of Kent	肯特大学	Virgin Queen	童贞女王
University of London	伦敦大学	Virginia Woolf	弗吉尼亚·伍尔夫
University of Paris	巴黎大学	Viroconium	维罗卡尼姆
University of Sussex	苏塞克斯大学	Visconti	维斯康蒂
University of Warwick	华威大学	Viscount Bolingbroke	博林布鲁克子爵
University Settlement	睦邻组织运动	Viscount Castlereagh	卡斯尔雷子爵
University Test Act	《高校核验法》	Viscount Palmerston	帕默斯顿子爵
Upminster	阿普敏斯特	Visigoth	西哥特人
Upper Silesia	上西里西亚	Vladimir Lenin	弗拉基米尔·列宁
Urban II	乌尔班二世	Voltaire	伏尔泰
		von Falkenhayn	冯·法尔肯海因
		von Hindenburg	冯·兴登堡
		von Rundstedt	冯·伦德施泰特
Valens	瓦伦斯	Vortigern	伏提庚
Valentine	瓦伦丁		
Valley of Glencoe	格伦科山谷		
Valois	瓦卢瓦王室		
Van Dyck	凡·戴克	W. V. Osborne	W. V. 奥斯本
Van Tromp	范·特龙普	Wagram	瓦格拉姆
Vanbrugh	范布勒	Walcheren	瓦尔赫伦岛
Vandal	汪达尔人	Waldorf Astor	沃尔多夫·阿斯特
Vendée	旺代	Wallachia and Moldavia	瓦拉几亚和摩尔达维亚公国
Venerable Bede	可敬的比德		
Veneto	威内托	Wallingford	沃灵福德
Verden	费尔登	Walter Tyrrel	沃特尔·蒂勒尔
Vermont	佛蒙特	Waltheof	瓦尔塞奥夫

Walton	沃尔顿	White Tower	白塔
Wandewash	万达瓦西	Whitehall Palace	白厅宫
Wantage	旺蒂奇	Whitsunday	圣灵降临节
War Book	《战争手册》	Wild Geese	野雁军
War of Jenkin' Ear	詹金斯的耳朵战争	Wilfrid of Ripon	里彭的威尔弗里德
War of the British Succession	英国继承权之战	Wilhelm II	威廉二世
War of the Spanish Succession	西班牙王位继承战争	Wilkie Collins	威尔基·柯林斯
Warren Hastings	沃伦·黑斯廷斯	William III of Orange	奥兰治亲王威廉三世
Wars of the Roses	玫瑰战争	William Allen	威廉·艾伦
Warsaw Treaty Organization	华沙条约组织	William Bentinck	威廉·本廷克
Warwick	沃里克	William Beveridge	威廉·贝弗里奇
Warwick the Kingmaker	"造王者"沃里克	William Blake	威廉·布莱克
Wash	沃什湾	William Booth	威廉·布斯
Washington Naval Agreement	《华盛顿海军协议》	William Butler Yeats	威廉·巴特勒·济慈
Wat Tyler	瓦特·泰勒	William Camden	威廉·卡姆登
Water Music	《水上音乐》	William Caxton	威廉·卡克斯顿
Watling Street	惠特灵大道	William Cecil	威廉·塞西尔
Wavre	瓦夫尔	William Cobbett	威廉·科贝特
Weald	威尔德	William Cooke	威廉·库克
Wear	威尔河	William Cowper	威廉·柯珀
Wee Frees	"极少自由者"	William Davison	威廉·戴维森
Wenceslaus	文西斯劳斯	William de Tracy	威廉·德·特雷西
Wesley brothers	卫斯理兄弟	William Edward Forster	威廉·爱德华·福斯特
Wessex	威塞克斯王国	William Ewart Gladstone	威廉·尤尔特·格莱斯顿
West Midlands	西米德兰兹郡	William FitzOsbern	威廉·费茨奥斯本
West Riding	约克郡的西区	William Gascoigne	威廉·盖斯戈威戈尼
West Yorkshire	西约克郡	William Gilbert Grace	威廉·吉尔伯特·格雷斯
Western Isles	西部群岛	William Gordon Cumming	威廉·戈登·卡明
Westminster	威斯敏斯特	William Hague	威廉·黑格
Westminster Abbey	威斯敏斯特教堂	William Harvey	威廉·哈维
Westminster Hall	威斯敏斯特大厅	William Henry Fox Talbot	威廉·亨利·福克斯·塔尔博特
Westminster School	威斯敏斯特公学	William Hogarth	威廉·贺加斯
Westmorland	威斯特摩兰	William Howard Russell	威廉·霍华德·罗素
Wexford	韦克斯福德	William Huskisson	威廉·赫斯基森
Whig	辉格党		
Whitby	惠特比		

William Juxon	威廉·贾克森	Woburn Abbey	沃本修道院
William Lamb	威廉·兰姆	Wocca	沃卡
William Langland	威廉·兰格伦	Woden	战神沃登
William Laud	威廉·劳德	Woking	沃金
William Longchamp	威廉·朗香	Wolfe	沃尔夫
William Macpherson	威廉·麦克弗森	Wolverhampton	伍尔弗汉普顿
William Marshall	威廉·马歇尔	Women's Auxiliary Territorial Service	妇女辅助本土服务部队
William Morgan, Bishop of Asaph	威廉·摩根		
William Morris	威廉·莫里斯	Woodrow Wilson	伍德罗·威尔逊
William Murdock	威廉·默多克	Woodstock	伍德斯托克
William of Orange	奥兰治的威廉	Woodville Family	伍德维尔家族
William Pitt	威廉·皮特	Woolwich	伍尔维奇
William Prynne	威廉·普林	Worcester	伍斯特
William Pulteney	威廉·普尔特尼	Workers' Education Association	工人教育协会
William Rufus	威廉·鲁弗斯	Wrekin	里金
William Sancroft	威廉·桑克罗夫特	Wroxeter	罗克塞特
William Schreiner	威廉·施赖纳		
William the Conqueror	"征服者"威廉		
William the Lion	"狮王"威廉	Yakub Khan	雅各布汗
William Tyndale	威廉·廷代尔	Yom Kippur War	赎罪日战争
William Walworth	威廉·沃尔沃思	Yonne	约讷
William Wilberforce	威廉·威尔伯福斯	York Minster	约克大教堂
William Wycherley	威廉·威彻利	Yorkshire	约克郡
Willibrord	威利布罗德	Yorktown	约克镇
Willis's Rooms	"威利斯集会室"	Ypres	伊普尔
Wilton	威尔顿	Yvonne Fletcher	伊冯娜·弗莱彻
Wiltshire	威尔特郡		
Winchelsea	温奇尔西		
Winchester	温彻斯特	Zambezi Valley	赞比西河谷
Windsor	温莎	Zanzibar	桑给巴尔
Winston Churchill	温斯顿·丘吉尔	Zinoviev	季诺维也夫
Witan, Witenagemot	贤人会议	Zulu War	祖鲁战争
Wittenberg	维滕贝格	Zulu	祖鲁人